DIE GROSSE
BERTELSMANN
LEXIKOTHEK

DIE WELT
DER
TIERE

DIE GROSSE BERTELSMANN
LEXIKOTHEK

DIE WELT DER TIERE

HERAUSGEGEBEN VON
RUDOLF ALTEVOGT

MIT EINER EINFÜHRUNG VON
HEINZ SIELMANN

BERTELSMANN
LEXIKOTHEK VERLAG

Als Autoren waren an diesem Band beteiligt:
Prof. Dr. Rudolf Altevogt, Dr. Martin Berger,
Dr. Hartmut Greven, Prof. Dr. Karl-Heinz Grzeschik,
Prof. Dr. Heinrich-Otto von Hagen, Dr. Norbert Kaschek,
Dr. Horst Müller, Dr. Siegfried Peterseim,
Dr. Klaus-Dieter Richter, Dr. Joachim Weiss

Chefredakteur: Dr. Gert Richter
Redaktion: Ursula Rzepka
Grafik: Angelika Otte
Bilddokumentation: Max Oberdorfer
Herstellung: Gerhard Richter und Martin Kramer
Layout: Raimund Post

Landkarten vom Kartographischen Institut Bertelsmann, Gütersloh
Transgraphic-Transparentdarstellungen Gloatz, Hille & Co. KG., Berlin (West)
Einband: Cabra-Lederfaser,
Peyer & Co. GmbH, Leonberg, Chemische Werke Salamander GmbH, Türkheim
Gesamtherstellung
Mohndruck Graphische Betriebe GmbH, Gütersloh
Printed in Germany
ISBN 3-570-03901-3

Vorwort des Herausgebers

Eine auch im Tagesgeschehen immer wieder aufflackernde Diskussion kreist um die Bedrohung unserer Umwelt, vor allem ihrer Tiere und Pflanzen, durch unbedachte, kurzsichtige, aber lange nachwirkende Einflüsse des Menschen. Weil hier und da die schlimmen Folgen solchen Umweltfrevels auch den biologischen Laien schon persönlich betreffen, macht sich ein neues Verhältnis zur Natur breit: das Bewußtsein, daß es Tiere und Pflanzen zu schützen und zu erhalten gilt, wenn unser blauer Planet Erde auch kommenden Generationen noch menschenmöglicher oder gar menschenwürdiger Lebensraum sein soll. Dieses sich langsam abzeichnende neue Bewußtsein weckt die Wißbegierde für biologische Einzelheiten und Zusammenhänge in höchst erfreulicher Weise. Immer mehr Menschen aller Alters- und Bildungsstufen interessieren sich für die große und oft wunderbare Welt der Tiere und den ökologischen Gesamtzusammenhang alles Lebendigen. So ist es nur selbstverständlich, daß ein modernes Nachschlage- und Informationswerk wie die LEXIKOTHEK auch einen Themaband über »Die Welt der Tiere« aufweist.

Vor der Lektüre sollte man jedoch einiges wissen und bedenken. Dieses Buch wendet sich an den zoologisch interessierten Laien und nicht an den Fachwissenschaftler. Es ist ein Sachbuch und kein Fach*lexikon*, in dem man etwa über die Zahl der Halswirbel der Giraffe oder über die Zahnformel des Faultiers nachschlagen kann. Ebenso ist es angesichts der eineinhalb bis zwei Millionen Tierarten unmöglich, auch nur annähernd alle Formen zu erwähnen oder gar darzustellen. Vor allem aber: Man weiß heute in der Zoologie – wie in den meisten anderen Wissenschaften – unendlich viel mehr, als die Menschen noch vor hundert Jahren wußten. Die moderne Zoologie ist seitdem zu einer Wissenschaft mit hohem Schwierigkeitsgrad geworden, in der es zahlreiche Einzeldisziplinen und Spezialgebiete gibt. Alle diese Einzelgebiete bedingen sich wechselseitig, tragen Methoden und Kenntnisse hinüber und herüber und reichen weit in andere naturwissenschaftliche Disziplinen wie etwa Botanik, Chemie, Physik, Geographie, Geologie und selbst Mathematik und natürlich Medizin.

So kann also der vorliegende Band kein Tierbuch im herkömmlichen Sinn sein, in dem systematisch und methodisch die wichtigsten Tierarten aufgelistet und beschrieben werden. Dieser Band ist vielmehr als ein Bestandteil der LEXIKOTHEK konzipiert, und er möchte – wie die anderen Themabände der LEXIKOTHEK auch – *Zusammenhangwissen* vermitteln, Auskunft geben über die vielfältigen Erscheinungen in der Welt der Tiere und ihre Ursachen. Das kann aber nur auf exemplarische Weise geschehen, also durch Abhandlung wichtiger biologischer Probleme an einzelnen Beispielen. So erhält der Leser einen Einblick, eine Einführung in die modernsten Erkenntnisse und Ergebnisse der zoologischen Wissenschaft, das Buch vermittelt wichtige und interessante Grundkenntnisse über die Entstehung des Lebens, über Bau, Erscheinungsformen und Zusammenleben der Tiere.

Die Autoren, allesamt kompetente Fachwissenschaftler und Vertreter ihrer Spezialdisziplinen, versuchen, den Leser methodisch einzuführen in dieses unendlich vielgestaltige Reich der Tiere. Die Konzeption ist so angelegt, daß die Lektüre dieses Buches gewissermaßen einem ebenso lehr- wie abwechslungsreichen und stets interessanten Spaziergang durch das Tierreich gleicht. Dennoch werden vom Leser einige Anstrengungen und eigene Bemühung verlangt: Trotz allgemeinverständlicher Sprache und obwohl keine Grundkenntnisse vorausgesetzt werden, wird der Leser da und dort mitdenken, nachdenken, wohl auch einmal nachschlagen, vor- und zurückblättern müssen. Dabei wird ihm jede Hilfe zuteil: Die reichhaltige und den Text sinnvoll ergänzende *Bebilderung* mit hervorragenden Fotos und Schaubildern, zahlreiche *Informationskästen* verschiedener Art sowie eine Fülle von *Literaturhinweisen* zu den großen Themenkomplexen sollen dem Leser die Wissensaneignung erleichtern.

Das Buch ist so angelegt, daß dem Leser die wesentlichen, grundlegenden Erkenntnisse nahegebracht werden, die heute unser Wissen vom Leben im allgemeinen und vom Tier im besonderen ausmachen, und diese Erkenntnisse werden anhand einer Fülle von Beispielen veranschaulicht. Auf diese Weise entsteht ein Gesamtpanorama der modernen Wissenschaft Zoologie. Der Leser wird zunächst mit den neuesten Theorien und Erkenntnissen über die Entstehung der Welt bekannt gemacht und erfährt in dem Zusammenhang, wie das Leben auf unserem Planeten begann und wie es sich über viele Jahrmillionen in seinem Artenreichtum von einfachen zu immer komplizierteren Formen bis heute entwickelt hat; er erkennt, daß diese Entwicklung keineswegs beendet ist, sondern mit jedem Tag weitergeht. Einen Einblick in Bau und Funktion tierischer Organismen vermittelt zunächst die Betrachtung der kleinsten Lebenseinheit: der Zelle. Wie sich Zellen zusammenschließen und spezialisieren und so die vielzelligen Organismen aufbauen, zeigt ein weiteres Kapitel. Darüber hinaus erhält der Leser einen Einblick in die moderne Vererbungslehre, die Genetik, die in den letzten Jahrzehnten einen stürmischen Aufschwung genommen hat. Auch Möglichkeiten und Grenzen moderner Gentechnik werden dargestellt. Die Vorgänge der Vererbung finden gewissermaßen praktische Anwendung bei der Fortpflanzung, und um diese zu bewerkstelligen und zu sichern, hat sich eine ungeahnte Fülle von einfachen bis hochkomplizierten, von durchschaubaren bis höchst raffinierten Mechanismen und Methoden entwikkelt. Sie sind Grund genug, in einem eigenen Kapitel mit Wort und Bild ausgebreitet zu werden. Einen weiteren Schwerpunkt des Bandes bilden die Wechselbeziehungen zwischen den Lebewesen und ihrer Umwelt. Der Leser wird in das heute so aktuelle Gebiet der Ökologie eingeführt und erhält einen Einblick in die Vielgestaltigkeit der Lebensformen, die die verschiedenen Lebensräume unserer Erde bevölkern. Ein großes Kapitel ist dem Verhalten der Tiere gewidmet, ihren Werbezeremonien, ihrer Brutpflege, ihren Beutefang- und Verteidigungsstrategien, die uns die moderne Verhaltensforschung bekannt gemacht hat. Daß die brennenden Probleme des Umwelt- und Artenschutzes zu Wort kommen, ist nach dem einleitend Gesagten eine selbstverständliche Notwendigkeit, aber auch nützliches und schädliches Getier, Jagdbiologie und Haustierkunde finden ihren gebührenden Platz. Das brisante Problem der Tierversuche in Medizin, Pharmakologie und Biologie und deren moralische Rechtfertigung werden nicht ausgespart, so daß der Band als ein Beitrag zur Grundlegung eines naturwissenschaftlich geprägten Weltbildes verstanden werden möchte.

Ein solches, auf nachprüfbaren Tatsachen fußendes Weltbild führt auch den Leser selbst zu einer besseren Urteilsfähigkeit über Tagesparolen wie den politischen Mißbrauch des Begriffs Ökologie und längerfristige menschliche Entwicklungen wie Geburtenschwund hier und Übervölkerung dort. Schließlich hat im Reich der Tiere auch der Mensch seinen biologischen Platz mit allen seinen Vorzügen und Nachteilen, mit dem Erbe der jahrmillionenalten Stammesgeschichte und der Chance, ihren und seinen weiteren Kurs durch Wissen und Wissenschaft zu steuern. Möge dieser Band der Aneignung solchen Wissens dienen.

Inhalt

Ein 🅱 kennzeichnet Bilddoppelseiten

HARTMUT GREVEN

Vom Ei zum Organismus: Entwicklungsbiologie 118

HORST MÜLLER

Tiere in ihrer Umwelt: Ökologie 129

HEINRICH-OTTO V. HAGEN

Vorkommen und Verbreitung der Tiere: Tiergeographie 157

HEINRICH-OTTO V. HAGEN

Vielfalt eines Lebensraumes: das Meer 185

HARTMUT GREVEN

Die Eroberung des Landes 220

RUDOLF ALTEVOGT

Tiere in der Luft 229

HORST MÜLLER

Tiere in Brack- und Süßwasser 249

RUDOLF ALTEVOGT

Härtetests: Anpassungen an extreme Lebensräume 262

JOACHIM WEISS

Wie Tiere sich verhalten: Ethologie 274

RUDOLF ALTEVOGT

Dem Menschen zum Nutzen: Haustiere 318

KLAUS-DIETER RICHTER

In der Hand des Menschen: Versuchstiere 358

NORBERT KASCHEK

Schädlinge und wie man sie bekämpft 367

MARTIN BERGER

Ein aktuelles Problem: Naturschutz 380

Transparentdruck »Vogel – Säugetier – Fisch« 24/25

Heinz Sielmann

Das neue Verhältnis zum Tier

Jean Jacques Rousseaus Forderung »Zurück zur Natur« wurde nur von wenigen Außenseitern befolgt. Man kann das Rad der Menschheitsgeschichte nicht zurückdrehen. Die Urbanisierung, der Zug vom Land in die rapide wachsenden Städte mit leichteren Erwerbsmöglichkeiten, schreitet unaufhaltsam voran. Aber der Homo sapiens, diese erstaunlichste Spezies der Schöpfung, hat sich mit zunehmender Naturentfremdung in den von ihm geschaffenen Mammutsiedlungen aus Stein und Beton ein neues Verhältnis zur Natur geschaffen. Aus Rousseaus Forderung »Zurück zur Natur« entstand der Trend: Mit der Natur in die künstlich geschaffene Umwelt.

Vorgärten, Veranden und Fensterbänke werden immer üppiger mit Ranken und Blütenpflanzen verziert. An die 5 Millionen Bundesbürger besitzen ein Zierfischaquarium. Vorwiegend im Ruhrgebiet gibt es an die 7 Millionen Brieftauben, und nach Auskünften des Zentralverbandes Zoologischer Fachgeschäfte werden in Käfigen und Volieren 4 Millionen Sittiche und Papageien und 2 Millionen Kanarienvögel gehalten. Besonders stark ist auch die Zunahme von Hunden aller Rassen in Stadtwohnungen, wobei viele Rassen in Behausungen leben müssen, die ein hundeunwürdiges Leben verlangen: in überheizten Zimmern mit mangelndem Auslauf.

Dieses neue intensive Verhältnis von Mensch und Tier regt dazu an, Rückschau zu halten und die Wandlung des Menschen in seinem Bezug zu den Geschöpfen historisch zu verfolgen.

Vor 20000 bis 30000 Jahren gab es im Vergleich zu heute erst eine geringe Bevölkerungszahl auf der Erde. Der Mensch lebte noch in einer ursprünglichen Wildnis. Ohne feste Siedlungen zog er als Nomade, als Sammler und Jäger, in kleinen Sippenverbänden durch Wald und Steppe. Längst hatte er gelernt, Steine zu schleudern, Äxte zu schleifen und Fallen zu stellen, um Tiere zu erbeuten, deren Fleisch er zur Ernährung und deren Felle er als Schutz gegen die Kälte brauchte. Während die Jagd heute für den Menschen in erster Linie Hege und Hobby ist, war sie in der Frühzeit des Menschen die wichtigste Angelegenheit seines Daseins, denn es ging schlechthin um die Behauptung seiner Existenz. Dieser Kampf ums Dasein zwang zur Auseinandersetzung mit Wildtieren, die dem Jäger körperlich weit überlegen waren. Man darf annehmen, daß der Eiszeitmensch zu den Tieren eine besondere seelische Nähe empfunden hat und das Gefühl einer Schuld und Reue beim Töten und Blutvergießen empfand. Von den nordamerikanischen Indianern wird noch aus jüngster Zeit berichtet, daß sie die Köpfe getöteter Bären an ihre Zelte hefteten und sich in besonderem Ritual dafür entschuldigten, daß sie töteten. Die Entdeckung zahlreicher Wohn- und Kulthöhlen in Europa beweist, daß unsere Vorfahren den riesigen Höhlenbären jagten und einen speziellen Jagdkult betrieben. Bei Beginn der Jagd versprach man, dem Jagdgott an geweihten steinernen Opferstellen einen Teil der Beute zu überlassen. Dieser Bärenkult erstreckte sich vom nördlichen Europa über Nordasien bis nach Nordamerika. In all diesen Ländern genoß der Bär eine besondere Verehrung, und man versuchte überall, dem Tier klarzumachen, daß man seinen Tod bedauerte, daß jedoch sein Opfertod die Krönung der innigen Verbundenheit mit dem Menschen sei. Den kultischen Zusammenhang mit der Jagd bei den Eiszeitmenschen lassen auch die großartigen Höhlenmalereien erkennen. Diese Darstellungen von Bären, Auerochsen, Wildpferden und Rentieren waren Bildzauber, magische Jagdmethoden. Man versuchte durch diese Abbildungen das Jagdtier in seine Macht zu bekommen.

Neben dem Bären scheint der Wolf den Jäger der Vorzeit auf besondere Weise beschäftigt zu haben. Auch der Wolf folgte den Wildtieren und machte dem Menschen Konkurrenz. Mag sein, daß vor vielleicht 10000 Jahren der erste »Verhaltensforscher« die Wölfe aufmerksam beobachtete, die sich an die Lager der Menschen heranschlichen, weil sie gelernt hatten, daß dort meistens Knochen mit Fleischresten übrigblieben, und vielleicht fanden unsere Vorfahren gelegentlich einen jungen Wolf, den sie aufzogen. Sie sahen in ihm nicht die Bestie, die kaum ausrottbare Konkurrenz, wie später in unserer Zeit, in der man diese herrlichen Wildtiere mit Gift bekämpfte, weil es unmöglich schien, die intelligenten Tiere mit der Schußwaffe zu dezimieren. In der Vorzeit entdeckte der Mensch im Wolf jene Eigenschaften, die ihn zum Gefährten und Helfer befähigten. Der Wolf wurde zum Hund, zum ersten Haustier.

Dann wurde aus dem Jäger ein Bauer, aus dem Nomaden ein Dörfler mit festem Wohnsitz. Der Mensch lernte den Ackerbau und begann Wildtiere einzufangen und zu züchten, zum Beispiel Rinder, Schafe, Ziegen und Geflügel. Ein weiterer bedeutender Schritt bei den Bemühungen des Menschen, sich Tiere dienstbar zu machen, war das Zähmen des Wildpferdes. Von Rind und Pferd konnte er fortan den Pflug ziehen lassen. Auf dem Pferd konnte er reiten. Jetzt war er schneller als viele Wildtiere, die er jagte. Das »Lauftier« Pferd verhalf ihm zu vier Beinen. Das »Nasentier« Hund fand die Wildspur.

Was dem Menschen nützte, züchtete er, was ihm schadete, verfolgte er. Bald gab es aus der Sicht des Menschen nur noch »nützliche« und »schädliche« Tiere. Er lernte Städte und Befestigungen bauen, Schiffe, Wagen, Geräte und Waffen in immer größerer Perfektion. Das »Raubzeug« flüchtete vor den Nachstellungen des Menschen in die schrumpfende Wildnis. Die Tierkulte einer Zeit, in der der Mensch ein Geschöpf der Wildnis war, schwanden rasch dahin.

Aber die Einstellung des Menschen der Natur gegenüber war von Anfang an destruktiv. Aus dem genügsamen Nomaden wurde der Spekulant, der Geschäftemacher. Mit dem Zeitalter der Entdeckungen begann die Massenvernichtung der Tiere. In die Neue Welt zogen Scharen von geldgierigen Abenteurern. In nur zweihundert Jahren wurden die 60 Millionen Bisons vom weißen Mann fast ausgerottet. Die Indianer hatten Jahrhunderte hindurch von den Wildrindern gelebt, ohne daß deren Zahl merklich abgenommen hatte.

Die Bevölkerung der Erde vermehrte sich in den letzten Jahrhunderten gewaltig. Im Jahr 1650 betrug die Erdbevölkerung rund 470 Millionen. 1850 waren es schon eine Milliarde und 94 Millionen, um 1900 eine Milliarde und 430 Millionen. Innerhalb der letzten fünfzig Jahre hat sich trotz zweier Weltkriege die Zahl verdoppelt. Man rechnet damit, daß im Jahr 2000 die Menschheit die Acht-Milliarden-Grenze erreichen wird.

Das 19. und ganz besonders das 20. Jahrhundert mit seinen technischen und wirtschaftlichen Kraftentfaltungen brachten einen gigantischen Eingriff in die Natur und ihre Tierwelt. Kulturland verdrängte auf allen Kontinenten die Wildnis, schablonenhaft aufgeteilt und bewirtschaftet, von hochgezüchtetem Rassevieh bewohnt.

Der Siegeszug der Technik gab dem Menschen die Mittel, die Natur weitgehend nach seinem Willen zu verändern. Zwei Drittel der gesamten Waldfläche der Erde hat er bisher vernichtet, zahllose Flußläufe in Kanäle verwandelt und Hunderte von Tierarten ausgerottet. Heute leben bereits 65 Prozent der Europäer in städtischen Siedlungen, und man kann damit rechnen, daß es in wenigen Jahren 85 Prozent sein werden. Aber der Mensch beginnt im wachsenden Streß des Großstadtlebens unter körperlichen und seelischen Erkrankungen zu leiden. Bewußt oder unbewußt zieht es ihn aus hektischer Enge in die freie Natur.

Heute streiten führende Persönlichkeiten in der ganzen Welt für Natur und Umweltschutz. Wenn man noch vor zehn Jahren von Naturschutz sprach, glaubten die meisten, daß es sich um den Schutz besonders bedrohter Tiere, um Zivilisationsflüchter wie Kranich, Schwarzstorch, Adler, Fischotter oder Biber handele. Heute ist aus Naturschutz Umweltschutz, ja Lebensschutz für alle Geschöpfe geworden. Immer mehr Menschen erkennen, daß der wirtschaftlichen Ausbeutung unserer Erde Grenzen gesetzt sind und daß der einst so gepriesene technische Fortschritt bei zunehmender Verunreinigung von Luft und Wasser, bei teilweise bereits unzumutbarer Lärmbeeinträchtigung, eine bedrohliche Einengung der gesunden Lebensbedingungen zur Folge hat.

Wegen dieses Gefühls der Hektik, der Enge und Unsicherheit wächst der »Trend zum Tier« ständig. Obwohl der Mensch unserer Tage das Tier kaum noch als Gehilfen benötigt – Katzen brauchen in Reihenhäusern keine Ratten und Mäuse zu fangen, Hunde haben in Stadtwohnungen keine Funktion als Wachhunde –, wollen immer mehr Menschen ein Stück Natur bei sich in ihrer sterilen Umwelt haben.

In sehr vielen Fällen versündigen sich aber die Tierfreunde an ihren vierbeinigen Hausgenossen und halten sie aus Unkenntnis oder Egoismus unter falschen Lebensbedingungen. Das betrifft vor allem die fünf Millionen Haushunde der Bundesrepublik. Der Hund stammt vom Wolf ab. Der Mensch züchtete allein in Europa 203 Hunderassen. In der ganzen Welt gibt es annähernd 800 Rassen. Alle sind aus den verschiedensten Kreuzungen heraus gezüchtet worden. Jede Rasse mit anderen Eigenschaften und anderen Lebensvoraussetzungen. Was sie alle als Erbgut ihrer Ahnen – also mit den Wölfen – gemeinsam haben: Sie brauchen Gesellschaft und viel Bewegung. Das Rudel des Haushundes ist die Menschenfamilie. Anführer ist meist Herrchen, es kann aber auch Frauchen oder eines der Kinder sein. Es kommt darauf an, wen der Hund als Autorität akzeptiert, wer sich mit ihm am meisten beschäftigt. Hunde sind gelehriger und anpassungsfähiger als die meisten anderen Tiere, aber ihr Wohlbefinden hängt weitgehend sowohl von dem Territorium ab, das wir ihnen bieten können, als auch von Zuwendung und Bewegung. Wer im Zentrum einer Großstadt wohnt und seinen Hund nur im turbulenten Straßenverkehr an der Leine »Gassi« führt, der versündigt sich nicht nur an seinem Hund, den er gewissermaßen in einer Zwangsjacke vegetieren läßt, sondern auch an seinen Mitmenschen, die an der Straßenecke in »Waldis« Exkremente treten.

Die Wandlung des menschlichen Zusammenlebens von der einstigen Dorfgemeinschaft, wo jeder den anderen kannte, bis zur oft völligen Anonymität und Isolation in einem modernen Hochhaus ist enorm. Kein Wunder, daß viele einsame und vor allem alte Menschen ein Tier als Lebensgefährten wählen. Oft führt das zu peinlichen Übertreibungen, wenn Pinscher, Schnauzer oder Dackel – Kleinhunde, die man verhältnismäßig gut in Etagenwohnungen halten kann – zu Schoßhunden degradiert oder gar vermenschlicht werden.

Große Sportveranstaltungen, vor allem »König Fußball«, erweisen sich heute als Magneten für die Stadtbevölkerung. Dennoch kommen zehnmal mehr Menschen in die Tiergärten als zu den Sportveranstaltungen. Dieses Zoo-Interesse, das Bedürfnis zur persönlichen Begegnung mit Tieren aus aller Welt, ist um so bemerkenswerter, da uns das Fernsehen Tiere in vielen guten Sendungen frei Haus liefert. Tiergärten erweisen sich in der Industriegesellschaft als eine gesunde Alternative zur übertriebenen Haustierliebe. Noch zu Beginn dieses Jahrhunderts wurden Tiere als Kuriositäten in Käfigen zur Schau gestellt, die man zu Recht als »Zwinger« bezeichnete. Es waren Tiergefängnisse, in denen die eingepferchten Geschöpfe ohne Rücksichtnahme auf ihre Lebensbedürfnisse vegetierten. In der zweiten Hälfte des 19. Jahrhunderts baute man Tierhäuser – unter dem Einfluß der Romantik – in fast allen Zoos im Stil ägyptischer und maurischer Tempel oder der so beliebten lichtarmen Grotten. Seit dem Jahr 1907, als Carl Hagenbeck in Hamburg-Stellingen seine »Idee der Tierfreiheit« mit der Schaffung der ersten Freigehege verwirklichte, hat sich unsere Kenntnis über das Verhalten der Tiere in freier Natur und in Tiergärten entscheidend vermehrt.

Tiere werden heute ihren natürlichen Gewohnheiten entsprechend gehalten. Die Gefangenschaft im Zoo ist keine Quälerei. Wenn Raubtiere wie Leopard, Jaguar oder Puma die meiste Zeit einzeln in verhältnismäßig kleinen Gehegen gehalten werden, so liegt das daran, daß es sich um solitäre Lebewesen handelt, sogenannte Einzelgänger, die nur in der Hochzeit eine Partnerschaft dulden. Außerdem ist der Bewegungsdrang bei sehr vielen Tieren weit geringer, als es der Laie vermutet, vor allem wenn sie keine Feinde haben und nicht weite Strecken zur Nahrungssuche zurücklegen müssen. Aus den Erfahrungen über die Haltung und Pflege der Tiere ist heute eine regelrechte Zoo-Biologie entstanden, und es ist bezeichnend, daß die von Fachwissenschaftlern geführten Tiergärten sogar Arten zur Fortpflanzung bringen, die in freier Natur auf der Liste der aussterbenden oder stark bedrohten Tierarten stehen. Denken wir allein an das Indische Panzernashorn, an den Sibirischen Tiger, an Leopard, Gorilla und Orang-Utan. Der Zoobesucher fühlt das Wohlbefinden seiner Mitgeschöpfe. Er kann die Tiere in ihrem natürlichen Verhalten aus der Nähe beobachten und findet dabei in herrlicher Umgebung Entspannung.

Populärwissenschaftliche Bücher über Tiere erreichen heute sehr hohe Auflagen, und man hat errechnet, daß Tiersendungen im Fernsehen, die im Abendprogramm gezeigt werden, 22 Millionen Zuschauer zu verzeichnen haben. Da von beiden Medien die Tierreservate Afrikas mit ihrem herrlichen Großwild besonders propagiert werden, haben sich die meisten Reisegesellschaften auf hervorragend organisierte Afrika-Safaris spezialisiert. Zu erschwinglichen Preisen fliegen heute in jedem Jahr an die hunderttausend Menschen nach Afrika und erleben Tiere in freier Wildbahn.

Der modernen Verhaltensforschung ist es zu verdanken, daß wir das Leben der Tiere nicht mehr in plumper Unterteilung von gut und böse, nützlich oder schädlich abhandeln und ihr Verhalten aus menschlicher Sicht deuten oder vermenschlichen. Mit großer Genugtuung können wir heute feststellen, daß auf der ganzen Erde nationale und internationale Verbände für die Erhaltung einer gefährdeten Tierwelt und ihrer Refugien kämpfen. Selbst die Jägerschaft tritt heute in immer stärkerem Maße an die Seite der Naturschützer. Die Jagdgesetze unterliegen in unserer dicht besiedelten Landschaft einer zunehmenden Kontrolle. Die Überwachung des Abschusses wird durch die Pflichttrophäenschauen wirksam durchgeführt, und es wird immer mehr darauf geachtet, daß der Jäger das Ziel der Hege, nämlich die Erhaltung eines den landschaftlichen Bedingungen angepaßten Wildbestandes, vor Augen hat.

Viele Außenstehende wird es überraschen zu erfahren, daß es weitgehend dem Jäger zu verdanken ist, wenn wir in unserer so dicht besiedelten Heimat immer noch stattliche Bestände von Rehwild, Hirschen, Wildschweinen, Gemsen, Hasen, Füchsen, Mardern und Greifvögeln haben. Nur die verantwortungsvolle Hege der Revierinhaber ermöglicht in unserer hochzivilisierten Kulturlandschaft einen dauernden Fortbestand des Wildes. Der Jäger hat heute im biologischen Gleichgewicht des Waldhaushaltes die Funktion, die früher die bei uns ausgestorbenen oder verdrängten Tierarten Bär, Wolf, Luchs, Adler und Uhu in der Lebensgemeinschaft unserer Heimatnatur erfüllten.

Unsere heutigen Wälder haben kaum noch Ähnlichkeit mit den riesigen Laubwäldern vor Hunderten von Jahren. Damals fand das Wild ausreichende artgemäße Nahrung, und es herrschte ein natürliches biologisches Gleichgewicht. In den letzten Jahrhunderten hat der Mensch das Gesicht unserer Landschaft, vor allem auch unserer Wälder, verändert. Die rapide wachsende Bevölkerung brauchte immer mehr Holz, und darum wurde unser Laubwald zugunsten schnellwüchsiger Nadelhölzer eingeengt. Zwangsläufig veränderte sich hierdurch der natürliche Nahrungshaushalt des Wildes. In lichtarmen »Fichten-Plantagen« zum Beispiel gibt es kaum Bodenbewuchs, und so wurde das Rotwild aus Nahrungsmangel gezwungen, Bäume zu schälen und junge Triebe zu verbeißen.

Beim Rotwild haben wir im Herzen Europas den eklatanten Fall, daß das Wild durch Überhege, durch kostspielige Winterfütterungen und zu geringen Abschuß eine untragbare Belastung für unsere Wälder geworden ist. Und so wird die berechtigte Forderung laut, unser Rotwild auf ein erträgliches Maß zu reduzieren. Niemand will den »König des Waldes« ausrotten, aber eine Überhege wird künftig nicht mehr statthaft sein. Experten haben errechnet, daß der Waldhaushalt pro hundert Hektar nur noch einen Rotwildbestand von maximal zehn Tieren zuläßt.

Wie stark Naturschutz ein internationales Anliegen ist, erkennen wir kraß an unseren Singvögeln, die bei uns geschützt, aber auf ihren Wanderungen nach Süden wie im Mittelalter gefangen und verspeist werden. Man hat errechnet, daß die Millionen Singvögel, die alljährlich in Frankreich, Belgien und Italien in Netzen gefangen werden, pro Monat an die 37000 Tonnen Insekten vertilgen würden. Durch die Dezimierung der Vögel wird das biologische Gleichgewicht der Natur in alarmierender Weise gestört. Um die gefiederten Schädlingsverfolger zu ersetzen, müssen viele Tonnen chemischer Insektenvertilgungsmittel versprüht werden. Dies aber hat vielfach unvorhergesehene bedrohliche Auswirkungen auf die übrigen Lebewesen. So gelangen DDT und viele andere Chemikalien – das ist einwandfrei erwiesen – durch die Nahrungsmittel auch in unseren Körper und können schwere gesundheitliche Schäden verursachen. Wenn man diese Auswirkungen bedenkt, wird der Nutzen unserer Vogelwelt für die Menschheit erst richtig deutlich. Erfreulicherweise mehren sich aber auch in Italien Proteste gegen das Töten und Verspeisen von Singvögeln. Es bleibt zu hoffen, daß die Proteste und die zunehmende Kritik in Presse, Fernsehen und Funk bald zu einem ausreichenden Schutz der kleinen Zugvögel führen werden.

Tierschutz ist offenbar immer wirksamer bei Tieren, denen wir gefühlsmäßig verbunden sind, wie zum Beispiel den Singvögeln. Problematischer scheint es zu sein, Krokodile und »Raubkatzen« zu schützen, deren Haut Modeexperten zum Nonplusultra der Damenmode erklären.

Krokodile gehören zu den ältesten Lebewesen der Erde. Millionen von Jahren konnten sie allen Veränderungen auf unserem Erdball widerstehen. Daß mehrere Arten in den letzten Jahrzehnten an den Rand der Ausrottung gebracht wurden, liegt weniger am rapiden Vordringen der Zivilisation in entlegenen Urlandschaften (an der wirtschaftlichen Erschließung tropischer Sumpfgebiete) oder an der Jagdpassion von Jägern, der wahre Grund für den alarmierenden Rückgang der letzten Panzerechsen unserer Erde sind die Menschen, die dem betrüblichen Modetrend folgen und sich einbilden, »in« zu sein, wenn sie eine Hand-, Brief- oder Aktentasche oder gar Schuhe und Koffer aus »echt Kroko« besitzen.

Bestürzend ist auch der rapide Rückgang der großen gefleckten Katzen, die als Juwele der Pelzmode oder als besonders begehrte Trophäen in ihrer Existenz bedroht sind. Der Gepard ist auf dem Indischen Subkontinent bereits ausgerottet und nur noch in afrikanischen Nationalparks häufig anzutreffen. Von den 40000 Tigern, die noch vor 40 Jahren in Indien lebten, gibt es nur noch an die 1800. Ja, es ist damit zu rechnen, daß heute in allen Zoos der Welt mehr Tiger leben als in freier Natur. Ebenso bedrohlich ist der Rückgang der Leoparden.

Die Menschheit hat die Aufgabe, bestimmte Gebiete unserer Erde in ihrem ursprünglichen Zustand zu bewahren. Die Natur kann aber nur durch die enge Zusammenarbeit von Naturschützern mit verantwortlichen Wissenschaftlern und Wirtschaftsfachleuten auf der ganzen Erde gerettet werden. Unter den Biologen sind es vor allem die »Ökologen«, die Erforscher der Zusammenhänge von Umwelt und der Wechselwirkung verschiedener Tierarten, der Pflanzen und Menschen im Miteinander des biologischen Gleichgewichts. Das vorrangige Ziel der Ökologie sind die Erhaltung und Wiederherstellung gesunder, funktionsfähiger Landschaften, in denen Mensch, Tier und Pflanze in harmonischem Nebeneinander gedeihen können. Es bleibt zu hoffen, daß diese Erkenntnisse, die durch unsere modernen Medien der Kommunikation überall propagiert werden, auch befolgt werden. Naturschutz bedeutet in der Tat Lebensschutz für alle Geschöpfe und nicht nur für solche, die der Mensch favorisiert.

Siegfried Peterseim

Wie das Leben begann

»Es ist reiner Unsinn, gegenwärtig über die Entstehung des Lebens nachzudenken; man könnte ebensogut über die Entstehung der Materie überhaupt nachsinnen.«

Der diesen Satz schrieb, war kein geringerer als Charles Darwin, der Begründer der Abstammungslehre, die unsere Einsichten in das Werden und die Entwicklung der Lebewesen entscheidend bestimmt hat und heute Grundlage der modernen Biologie ist.

Darwins Zitat stammt aus dem Jahre 1863 und hatte erstaunlicherweise noch bis vor wenigen Jahren seine Gültigkeit und Berechtigung. Fast jedes in den vergangenen Jahrzehnten erschienene Buch über die Welt der Tiere beginnt mit einer Beschreibung der Zelle als Grundbaustein der Lebewesen und schließt daran eine Beschreibung der primitivsten Tiere an, die nur aus einer solchen Zelle bestehen. Vielleicht finden sich noch eine vage Andeutung über Vorstadien der Zellbildung und der Hinweis, daß die ersten Einzeller bereits im präkambrischen Erdzeitalter, also vor über einer Milliarde Jahren auf der Erde existierten. Stets wurde jedoch bislang die Erscheinung der Lebewesen getrennt von der unbelebten Materie, dem rein Stofflichen, betrachtet. In den letzten Jahren ist es nun allerdings gelungen – und zwar vornehmlich durch die Erforschung des Weltalls –, die Brücke zu schlagen zwischen der Materie an sich und der Erscheinung des Lebens, wie wir es auf der Erde vorfinden. Wir können heute den Faden der Lebensentstehung auf unserem Planeten zurückverfolgen über die Bildung der Erde, die Bildung der Himmelskörper allgemein, sogar des gesamten Universums bis hin zum Uranfang der Entstehung von Materie überhaupt. Darwins einleitend zitierter Satz ist heute nicht mehr gültig. Auf der Suche nach der Entstehung des Lebens stießen die Wissenschaftler auf den Ursprung der Materie und können heute rekonstruieren, wie im Laufe kosmischer Zeiträume die Evolution der Urmaterie zur Bildung der Weltkörper, zur Bildung vielfältiger stofflicher Erscheinungen und endlich zur Bildung lebendiger Formen geführt hat.

Um es aber gleich vorwegzunehmen: Die von der Natur vollzogene Lebensentstehung aus unbelebten Substanzen kann heute noch in keinem Labor nachvollzogen werden; dazu sind die Vorgänge im einzelnen viel zu kompliziert. Dennoch herrscht inzwischen im großen und ganzen Klarheit über die Szenerie, in der sich die Entstehung des Lebens abspielte. Die Abschnitte dieses Kapitels führen uns durch diesen faszinierenden Ablauf vom Uranfang des Kosmos bis zur Bildung der ersten tierischen Einzeller in der sogenannten »Ursuppe«, jener Brühe biochemischer Substanzen in den Urozeanen der jungen Erde.

Vom Urknall bis zur Bildung der Himmelskörper

Die Frage nach der Entstehung des Lebens führt uns darüber hinaus zur Frage nach dem Ursprung der Materie, aus der alle Dinge, auch die Lebewesen, bestehen. Ein großer Erfolg der Naturforscher war die Entdeckung der Zelle als Grundbaustein der Lebewesen. Doch ist die lebende Zelle keineswegs der kleinste Baustein der Natur, sondern sie stellt bereits eine komplizierte Einheit dar, wie alle Stoffe aufgebaut aus Atomen und Verbindungen von Atomen, den Molekülen. Es gibt in der gesamten wahrnehmbaren Natur nur 92 verschiedene Atomarten, aus denen alle Dinge, die wir kennen, aufgebaut sind: nämlich die 92 chemischen Elemente vom leichtesten Gas Wasserstoff bis zum schwersten Metall Uran. Für die Lebewesen spielen Wasserstoff-, Stickstoff-, Sauerstoff- und vor allen Dingen Kohlenstoffatome eine besondere Rolle, denn das sind die Atome, die unsere Zellsubstanzen bilden und die lebenswichtigen Stoffwechselvorgänge ausführen können.

Nehmen wir die 92 Atomarten nicht einfach als gegeben hin, sondern wollen wir wissen, wo sie aus ihren Elementarteilchen zusammengebraut wurden, dann spätestens wird unser Blick ins Weltall gelenkt. Wir haben in den vergangenen Jahrzehnten erkannt, daß unsere Erde nicht isoliert im Kosmos steht, sondern eines seiner vielen Produkte ist. Astronomen entdeckten, daß die Wiege unseres Lebens auf der Erde, die Wiege aller dazu notwendigen Materie aber im Ursprung des Universums selbst liegt.

Vor ungefähr fünfzehn Milliarden Jahren entstand das von uns heute zu beobachtende Universum aus dem unvorstellbar energiereichen Blitz eines kosmischen Feuerballs, in dem die Materie und Energie des gesamten Kosmos enthalten war. Dieser Vorgang wird gemeinhin als »Urknall« bezeichnet. Mit dem Auseinanderfliegen des ursprünglichen kosmischen Feuerballs verdünnte sich seine Energie im Laufe der Zeit so stark, daß die ersten Atome bestehenbleiben konnten, ohne wieder zerschmolzen zu werden. Dies gelang anfänglich aber nur dem am einfachsten aufgebauten Atom, dem Wasserstoff. Mehr Elemente waren in der Jugend des Weltalls nicht vorhanden. Alle Atome, die schwerer als Wasserstoff sind, vom Helium bis zum Uran, mußten erst noch aufgebaut werden. Das geschah in den ersten Spiralnebeln, die sich eine Milliarde Jahre nach dem Urknall bildeten. Spiralnebel, auch Milchstraßensysteme genannt, sind Weltinseln, riesige Sternensysteme, in denen jeweils ungefähr hundert Milliarden Sonnen als Atombauöfen arbeiten. Auch unsere Sonne ist ein solcher Stern unter hundert Milliarden anderen Sternen in unserem Milchstraßensystem. Die Strahlung der Sonne zeugt davon, daß in ihrem Innern ständig schwere Atome aus einfach gebauten leichten Atomkernen zusammengebacken werden.

Als sich vor fünf Milliarden Jahren unsere Sonne bildete, war die kosmische Materie durch die Atomproduktion früherer Sterne schon soweit mit schweren Atomen angereichert, daß sich um den glühenden Gasball der Sonne herum, die noch überwiegend aus den leichten Atomen des Wasserstoffs und Heliums besteht, eine Schar kleinerer Himmelskörper als Trabanten bilden konnte, die sich überwiegend aus den vorhandenen schweren Atomarten zusammensetzten: die Planeten. Einer von ihnen, der in 150 Millionen Kilometern Abstand die Sonne umkreist, ist die Erde. Sie besteht nicht nur aus den leichten Atomen des kosmischen Anfangs, sondern vorwiegend aus schweren Stoffen, die erst in fernen Sternen erzeugt werden mußten: Magnesium, Silizium und Eisen zum Beispiel bilden die Gesteine, Sauerstoff und Stickstoff bauen die Lufthülle auf, und Kohlenstoff, Schwefel und Phosphor dienen als Bausteine lebendiger Substanzen. Man muß sich diese kosmische Szenerie einmal klarzumachen versuchen: Jedes Atomteilchen in einem Bergkristall oder in einer Kornblume oder in einem Eichhörnchen mußte vor Milliarden von Jahren erst einmal im glühenden Inneren eines fernen Sterns erzeugt werden. Nicht nur ohne unsere Sonne, die uns mit Licht und Wärme versorgt, auch ohne den gesamten Kosmos mit all seinen Himmelskörpern wäre das vielfältige Leben auf unserer Erde niemals entstanden. Wir sind im wahrsten Sinne des Wortes Kinder des Weltalls.

Die Entstehung der Erde

Die Entstehung des Lebens, wie wir es kennen, ist an Himmelskörper wie die Erde gebunden. Es kann nicht irgendwo draußen im freien Weltall zustande kommen. Die Bildung hochmolekularer Substanzen, wie zum Beispiel der Erbsubstanz (Nukleinsäure), oder gar die Entstehung lebender Zellen brauchten nach allem, was wir heute wissen, eine ganz bestimmte Umgebung. Diese war offenbar auf der Erde gegeben.

Die Bildung der Erde ist an die Entstehung der Sonne geknüpft. Die Astronomen wissen heute, wie Sonnen, also Sterne, entstehen. Sie beobachten an verschiedenen Stellen des Weltalls kosmische Materiewolken, häufig

rotglühend, in denen sich kleine Gebiete unter ihrer eigenen Schwerkraft zusammenziehen und zu Sonnen zusammenballen. Der Pferdekopfnebel im Sternbild Orion ist ein eindrucksvolles Beispiel für eine solche Sternregion als Geburtsstätte neuer Himmelskörper. Ein ähnlicher Vorgang hat auch vor ungefähr fünf Milliarden Jahren in einer kosmischen Wolke stattgefunden, an deren Stelle heute unser Sonnensystem steht. Während die Sonne durch ihre große Masse in ihrem Innern so stark aufgeheizt wird, daß Atomkerne miteinander verschmelzen, und sie dadurch einen durch und durch glühenden, strahlenden Gasball darstellt, auf dessen Oberfläche sechstausend Grad Hitze herrschen, besitzen die Planeten, die die Sonne umkreisen, so wenig Masse, daß sie, wie etwa die Erde, wohl im Inneren glutflüssig, an der Oberfläche jedoch kalt sind. Das ist eine wichtige Bedingung zur Lebensbildung. Auf der Sonne und auf anderen Sternen kann wegen der großen Hitze kein größeres Molekül existieren und erst recht kein Leben entstehen. Die Moleküle, die die Substanzen des Lebens bilden, können nur bei Temperaturen zwischen 0° und 100°C existieren. Ein Planet liefert mit seiner erkalteten Oberfläche also die geeigneten Bedingungen für die Entstehung von Leben.

Unsere Erde entstand zusammen mit ihren Geschwisterplaneten und ihrem Mond etwa zur gleichen Zeit wie die Sonne, und zwar aus klumpigen Verdichtungen des kosmischen

Der Pferdekopfnebel im Sternbild Orion ist eine gewaltige Materiewolke, in der sich einzelne Bezirke unter ihrer eigenen Schwerkraft zusammenballen: So entstehen neue Himmelskörper.

Staubes in jener Urwolke von Sternmaterie, aus der sich unser gesamtes Sonnensystem bildete. Diese Staubklumpen bestanden im wesentlichen aus Siliziumkristallen oder aus Silikaten mit Magnesium und Natrium, Aluminium, Kalzium und Eisenbestandteilen. Außerdem waren aber noch sämtliche anderen chemischen Grundstoffe vom Wasserstoff bis zum Uran vorhanden. Diese kosmischen Staubkörner bildeten durch gegenseitige Anziehungskraft nach und nach einen größeren kugelförmigen Erdkörper mit knapp 13000 Kilometern Durchmesser. Dieser Vorgang wird nur einige Millionen Jahre in Anspruch genommen haben. Das ist kosmisch gesehen eine relativ kurze Zeit. Die Bildung der Erdkugel war zunächst einmal abgeschlossen, nachdem alles verfügbare kosmische Material an Gas und Staubkörnern in der Nähe der Erdbahn durch die Anziehungskraft der Erdkugel aufgefegt worden war.

Für die Entstehung von Leben ist die Erdkugel in ihrem Abstand zur Sonne überaus günstig plaziert, denn von der Sonnenstrahlung kommt bei ihr gerade noch genug an, um die Energie in Form von Licht und Wärme zu liefern, die alle lebensbildenden Prozesse benötigen, gleichzeitig steht die Erde der Sonne aber auch nicht so nahe, daß die auftreffende Sonnenstrahlung alles an der Erdoberfläche verbrennen, die Meere verdampfen und die Lufthülle wegblasen würde.

Unsere Erde hat außerdem genügend Materie aufgesammelt, um durch ihre Schwerkraft eine Atmosphäre halten zu können, ohne die wiederum die Ozeane nicht existieren könnten. Beide, Lufthülle und Ozeane, sind lebenswichtig im wahrsten Sinne des Wortes; sie bilden die Voraussetzungen zur Lebensentstehung. Hingegen wäre es fatal gewesen, hätte die Erde zuviel Masse abbekommen. In diesem Falle hätte der relativ hohe Druck im Erdinnern einen heftigen, ständigen, weltweiten Vulkanismus zur Folge gehabt, der kaum eine ruhige Minute für die Bildung empfindlicher Moleküle an der Erdoberfläche gelassen hätte.

Wir sehen: Unser Planet hat bei seiner Entstehung vor über vier Milliarden Jahren in jeder Hinsicht Bedingungen und Eigenschaften abbekommen, die die Bildung von höheren Formen bis hin zu Lebewesen auf seiner Oberfläche möglich machten. Ein zunächst völlig unscheinbares Nebenprodukt bei der Entstehung unserer Sonne hat sich als Logenplatz für die Ausbildung von Leben entpuppt.

Der irdische Urozean

Der Prozeß der Zusammenklumpung kosmischen Staubes um die Ursonne herum hat zwar zunächst einen Planetenkörper von günstiger Größe und Lage im Hinblick auf die Entstehung von Leben hervorgebracht, aber damit allein war noch nicht viel erreicht. Ohne die anschließenden geologischen und physikalischen Prozesse auf der Erde wäre unser Planet heute noch so leblos wie zur Zeit seiner Entstehung. Das Leben, wie es sich uns heute darbietet, ist in allererster Linie an das Vorhandensein eines flüssigen Mediums geknüpft, um die vielen komplizierten chemischen Reaktionen, die wir »Stoffwechsel« nennen, zu ermöglichen. Einen wesentlichen Teil der Kulisse auf der Bühne der irdischen Lebensentstehung bildeten daher die Ozeane. Sie waren jedoch auf der ursprünglich nackten, steinigen Erdoberfläche noch nicht vorhanden. Wie haben sie sich gebildet?

Der kosmische Staub, aus dem die Erde entstand, enthielt vorwiegend Kristalle von Aluminium-, Magnesium-, Eisen- und Nickelverbindungen und Silikate als Gesteinsbaustoffe. Sie bildeten den Erdkörper mit einer Kilogrammasse, die einer 25stelligen Zahl entspricht. Unter dem Druck einer solchen

oberfläche zunächst durch die heißen Vorgänge im Erdinnern kräftig mit aufgeheizt wurde, so daß große Mengen des ersten Regens bei Erreichen der heißen Erdoberfläche wie die Tropfen auf der heißen Herdplatte wieder verdampften. Dabei aber leiteten die Wasserdampfmassen der frühen Erdatmosphäre die Hitze aus dem Erdkörper ab, so daß der gesamte Erdball Jahrmillionen nach seiner Bildung soweit abgekühlt war, daß sich das ausgeschwitzte Wasser tatsächlich in den Niederungen der Erdoberfläche ansammeln

Die Bildung der Ozeane war die entscheidende Voraussetzung für die Entstehung von Leben auf der Erde.

Masse wurde das Erdinnere bis zum glutflüssigen Zustand erhitzt. An vielen Stellen bahnte sich die Glutschmelze ihren Weg an die Erdoberfläche. Ein weltweiter Vulkanismus kennzeichnete diese Phase der Erdgeschichte. Durch die Schlote der vielen Vulkane strömte aber nicht nur Lava ans Tageslicht. Viel wichtiger für die weitere Entwicklung der Erde war das Ausspeien gewaltiger Mengen an Gasen und Dämpfen, wie wir sie auch heute noch bei tätigen Vulkanen und Geysiren beobachten. Um welche Gase und Dämpfe mag es sich dabei gehandelt haben?

Im Erdgestein sind vorwiegend die Elemente Wasserstoff, Kohlenstoff, Stickstoff und Sauerstoff gebunden, und diese wurden durch die Schmelzvorgänge freigesetzt. Alle vier sind chemisch aktiv und bilden leicht die Verbindungen Wasser, Kohlendioxid, Ammoniak und Methan, Stoffe, die wir auch bei heutigen Vulkanausbrüchen feststellen können.

Die junge Erde hielt diese von zahllosen Vulkanen ausgespienen Gase durch ihre Schwerkraft fest. So bildete sich die erste Erdatmosphäre. Die wichtigste Verbindung darin stellte zweifellos der Wasserdampf aus dem Erdinneren dar, der sich nach und nach abkühlte und in unvorstellbaren Wolkenbrüchen im Laufe vieler Jahrmillionen die Senken des Erdkörpers auffüllte. So bildeten sich die Urozeane. Unser Planet hat sie buchstäblich ausgeschwitzt. Dieser Prozeß lief allerdings weit dramatischer ab als hier geschildert. Man muß sich vorstellen, daß die Erd-

In der ersten Phase der Erdgeschichte spieen unzählige Vulkane Lava aus. Wichtiger waren jedoch die dabei aus dem Erdinneren beförderten Gase. Aus ihnen bildete sich die erste Erdatmosphäre.

Geysire kommen in jungvulkanischen Gebieten vor. Es sind heiße Quellen, die durch vulkanische Wärme erhitztes Wasser sowie Wasserdampf ausstoßen. Wasserdampf war die wichtigste Verbindung in der frühen Erdatmosphäre.

konnte und die ersten Weltmeere bildete. Dieser Zustand dürfte schon vor vier Milliarden Jahren erreicht worden sein. Damit war eine wesentliche Voraussetzung dafür geschaffen, daß Leben entstehen konnte.

Die Tatsache, daß sich das lebensnotwendige Wasser in flüssiger Form erhalten kann, verdanken wir ausschließlich der passenden Entfernung der Erde von unserer Energiespenderin Sonne. Näher an der Sonne würden die Ozeane verdampfen, in größeren Entfernungen von der Sonne nur mehr riesige Gletscher bilden. Aber – als ob das Vorhandensein der irdischen Ozeane noch nicht erstaunlich genug wäre – ohne das Zusammenspiel des Wassers mit einer geeigneten Lufthülle hätte sich Leben auf unserer Erde auch nicht ausbilden können. Ozean und Atmosphäre, Wasser und Luft mußten zusammenwirken.

Die irdische Uratmosphäre

Wenn wir das Leben betrachten, wie es sich heute auf unserem Planeten darbietet, fällt uns schnell auf, welche Umweltbedingungen notwendig sind, um dieses Leben zu erhalten. Für fast alle Lebensformen, besonders aber für alle höheren Lebewesen, ist Atemluft von großer Bedeutung. Für die Tiere ist es der in der Luft enthaltene Sauerstoff, für die Pflanzen das in der Luft enthaltene Kohlendioxid. So mag es uns nicht verwundern, wenn wir bei der Suche nach der Lebensentstehung auf der jungen Erde neben dem Vorhandensein von Wasser auch auf die Existenz einer geeigneten Atmosphäre treffen. Erstaunlich ist nur, daß die ursprüngliche Luft der Erde ganz anders zusammengesetzt war als die Atmosphäre, aus der wir heute unsere Atemluft schöpfen. Wir werden sehen, warum das so sein mußte.

Die Bildung der irdischen Uratmosphäre ging einher mit der Entstehung der Ozeane. Die vulkanische Aktivität des Erdkörpers brachte die im Erdinnern freigesetzten Gase Wasserstoff, Wasserdampf, Kohlendioxid, Ammoniak und Methan an die Oberfläche. Durch die genügend große Anziehungskraft der Erde entwichen diese Gase nicht in den Weltraum, sondern bildeten einen stabilen Gasmantel um die Erdkugel. Es fällt auf, daß diese Uratmosphäre keinen freien Sauerstoff enthielt, sondern andere, zum Teil für uns heute giftige Stoffe (Grubengas, Ammoniak). Aber woher weiß die Wissenschaft, daß es wirklich so war? Nun, freier Sauerstoff ist chemisch sehr reaktionsfähig und verbindet sich im Nu mit anderen Stoffen, zum Beispiel wird Eisen von Sauerstoff leicht angegriffen und zu Eisenoxid umgewandelt, ein Vorgang, den wir schlicht als »rosten« bezeichnen. Nun fand man tiefliegende eisenhaltige Gesteinsschichten, die sich, wie man erkennen konnte, in erdgeschichtlich junger Zeit einmal an der Erdoberfläche befunden hatten (Erosionserscheinungen) und erst später durch

Rechts oben: Das Weltraum-Foto zeigt: Der Planet Erde unterscheidet sich grundlegend von den übrigen Planeten unseres Sonnensystems. Weite Teile sind mit Wasser bedeckt, und die Wolken zeigen an, daß die Erde von einer Lufthülle umgeben ist. Beides ist eine Voraussetzung für die Entstehung von Leben.

Oben: Bei Sonnenuntergang wurde dieses faszinierende Foto von der Erdatmosphäre aus dem Weltraum aufgenommen. Sie hat eine Mächtigkeit von 1000 bis 2000 km. Dabei spielt sich das Wettergeschehen aber nur etwa bis in 11 km Höhe ab.

Faltungsvorgänge ins untere Erdreich geraten waren, an denen jedoch kein »Rosten« stattgefunden hatte. Demnach kann also damals vor circa vier Milliarden Jahren kein freier Sauerstoff in der Erdatmosphäre enthalten gewesen sein, zumindest nicht in nennenswerten Mengen.

Eine zweite Bestätigung für die vermutete ursprüngliche Zusammensetzung der Erdatmosphäre erhalten wir aus dem Studium anderer Planeten unseres Sonnensystems: Jupiter, Saturn, Uranus und Neptun, die weiter entfernt von der Sonne ihre Bahnen ziehen, besitzen heute noch mächtige Gasmäntel aus genau den Stoffen, die wir vor vier Milliarden Jahren auch bei uns vorgefunden hätten, nämlich aus Wasserstoff, Ammoniak und Methan. Offenbar fehlte und fehlt nach wie vor auf diesen Planeten die Maschinerie, die auf der Erde im Laufe von ein bis zwei Milliarden Jahren eine völlige Umgestaltung unserer Lufthülle bewirkte. Diese Maschinerie bestand auf der Erde aus der energiereichen UV-Strahlung der Sonne, dem Wasser der Ozeane und vor allen Dingen dem Leben selbst. Sehen wir uns kurz an, wie diese Maschinerie aus Energie, Wasser und Luft auf der Erde anlief und schließlich eine völlige Umwandlung der Erdatmosphäre bewerkstelligte, die auf den anderen Planeten offensichtlich mangels Wasser und Leben nicht vollzogen werden konnte.

In dem Stadium der Entwicklung, in dem wir die Erde jetzt betrachten, war die erste Stufe zur Lebensbildung, die physikalische Entwicklung, weitgehend abgeschlossen. Die klassischen Elemente Feuer, in Form von Sonnenenergie, Wasser, Luft und Erde waren in der Natur bereitet worden. Nun konnte die chemische Evolution, die Entwicklung immer größerer Moleküle durch chemische Reaktionen ihren Anfang nehmen. Das begann sicherlich damit, daß die energiereiche UV-Strahlung des Sonnenlichts die Verbindungen in der Uratmosphäre und den Ozeanen gelegentlich sprengte, so daß sich aus den Grundbausteinen Wasserstoff, Stickstoff, Sauerstoff, Kohlenstoff mit Beimengungen von Phosphor und Schwefel neue Moleküle aufbauen konnten. Die gleiche Energie jedoch, die diese neuen, vielleicht komplizierteren Moleküle aufbaute, zerlegte sie durch ihre Kraft sogleich wieder, wenn die neuen Molekülgebilde nicht sofort Schutz vor der aufbauenden, aber auch zerstörenden Strahlung der Sonne fanden. Ein solcher Schutz war im Ozean mehrere Meter unter der Wasseroberfläche gewährleistet, wo die UV-Strahlen nicht mehr hingelangen konnten. Ein zweiter Schutz erwies sich als noch wirkungsvoller: Die UV-Strahlen, die die Uratmosphäre leicht durchdringen konnten, spalteten das Wassermolekül, so daß Wasserstoff und Sauerstoff frei wurden, ein Experiment, das jeder Chemiker in seinem Labor nachvollziehen kann. Während nun das leichte Wasserstoffatom in den Weltraum entwich, blieb das schwere Sauerstoffatom durch die Erdanziehungskraft an die Atmosphäre gebunden und bildete im Laufe der Zeit eine, wenn auch dünne, so doch wirkungsvolle Schicht in der Uratmosphäre, die fortan als Ultraviolettsperre wirkte. Rechnungen von Professor Urey und seinen Mitarbeitern zeigen, daß damals der Sauerstoffgehalt der Lufthülle nur ein Promille des heutigen Sauerstoffgehalts ausmachte. Doch das reichte, um den ultravioletten Strahlungsanteil der Sonne wirksam abzuschirmen. Da nimmt es auch nicht mehr Wunder, daß vor vier Milliarden Jahren im Laufe der chemischen Evolution auf der Erde Moleküle begünstigt wurden, die sonst durch UV-Licht am ehesten zerstört worden wären: etwa Eiweiße, Peptide, Aminosäuren, Porphyrine und Nukleinsäuren, jene Substanzen, die die lebendigen Organismen aufbauen. Die Uratmosphäre der Erde hat in ihrem Zusammenspiel mit Wasser und Sonnenenergie die wesentlichen Bedingungen geschaffen für den Aufbau von Stoffen, auf die das Leben angewiesen ist.

Aus Materie wird Leben

Der Chemiker teilt seit jeher die Stoffe, die er untersucht, in organische und anorganische Stoffe ein und will damit trennen zwischen denjenigen Verbindungen, die charakteristisch sind für Organismen, und denjenigen Substanzen, aus denen die nicht belebte Materie, etwa Luft und Erde, aufgebaut sind. Man weiß, daß alles Lebendige einer fast unübersehbaren Vielzahl chemischer Reaktionen bedarf (Stoffwechselreaktionen), deren Funktionieren das Vorhandensein komplizierter chemischer Verbindungen in Form von Großmolekülen erfordert. Dazu gehören: Aminosäuren, Nukleinsäuren, Zucker, Farbstoffe, Eiweiße, Fette, Enzyme und andere mehr. Solche großen organischen Moleküle stellen überwiegend Verbindungen dar aus den vier Grundbaustoffen Kohlenstoff, Stickstoff, Wasserstoff und Sauerstoff. Aber im Gegensatz zu den kleinen, verhältnismäßig einfach gebauten anorganischen Molekülen sind die organischen Moleküle vergleichsweise riesengroß und meist von komplizierter Struktur. Der Aufbau dieser lebensnotwendigen organischen Substanzen aus den ursprünglichen einfachen anorganischen Grundstoffen blieb lange ein Rätsel. In den letzten drei Jahrzehnten sind jedoch große Fortschritte in dieser Richtung erzielt worden, und wir haben heute bereits in manchen Fällen Kenntnis davon, wie die Natur aus den einfachen Bausteinen jene hochmolekularen organischen Verbindungen geschaffen hat, die schließlich in ihrem Zusammenspiel innerhalb abgeschlossener Gebilde, der Zellen, einen chemischen Apparat darstellen, der zu Reizverarbeitung, Energieumsetzung, Wachstum und identischer Vermehrung fähig ist: Gebilde, die wir als Lebewesen bezeichnen.

Wenn wir davon ausgehen, daß etwa Enzyme oder Nukleinsäuren aus kleinen, vorher vorhandenen anorganischen Verbindungen aufgebaut wurden, wie sie etwa auf der Urerde vorlagen, und uns dabei gleichzeitig vor Augen halten, wie umfangreich und kompliziert diese organischen Moleküle sein müssen, um die lebenswichtigen Reaktionen durchführen zu können, dann stellt sich unwillkürlich die Frage, ob solches durch zufällige Prozesse überhaupt vonstatten gehen kann oder ob die Notwendigkeit zur Annahme eines übernatürlichen Aktes besteht, um aus toter Materie lebendige Organismen zu schaffen.

Diese Frage hat natürlich weltanschaulichen Charakter und führt nach wie vor zu emotionsgeladenen Auseinandersetzungen zwischen Vertretern beider Denkrichtungen, obgleich die Forschungsergebnisse der letzten fünfzig Jahre viel zu einer sachlichen Klärung dieser Frage beigetragen haben. Die Antwort ist von entscheidender Bedeutung für unser Verständnis der Lebensentstehung, und man kann dieser Frage daher nicht ausweichen.

Worum geht es konkret? Betrachten wir als ein anschauliches Beispiel eines der vielen lebenswichtigen Enzyme, das in den tierischen Zellen etwa zur Produktion anderer Eiweißstoffe notwendig ist und dessen Fehlen den Tod der Zelle zur Folge hat. Ein solches Enzym besteht wie jedes Eiweiß aus einer kettenförmigen Anordnung von ungefähr hundert Aminosäurebausteinen. Dabei kommen in diesem Aminosäurestrang zwanzig verschiedene Säurearten vor. Von allen chemisch möglichen Aminosäuren hat die Natur in den Lebewesen nur diese zwanzig verwendet. Die Wirkung des Enzyms besteht nun gerade darin, daß es eine ganz bestimmte geometrische Form annimmt, die dadurch zustande kommt, daß die sprossenartig angeordneten Aminosäuren in einer ganz bestimmten Reihenfolge vorliegen. Wie groß mag wohl die Wahrscheinlichkeit sein, daß sich durch zufällige Bindung zwanzig verschiedene Aminosäuretypen auf hundert Positionen in einer ganz bestimmten Reihenfolge aneinanderreihen? Die Mathematik sagt uns: Diese Wahrscheinlichkeit beträgt $1:20^{100}$ oder $1:10^{130}$, also 0,00 (129 Nullen) . . . 001. Das aber bedeutet: Es ist so gut wie unmöglich.

Daraus ist nun vielfach der Schluß gezogen worden, Lebensentstehung durch zufällige anorganische Prozesse sei nicht möglich, es gäbe keine naturgesetzliche Entwicklung vom Unbelebten zum Belebten, das Leben sei übernatürlichen Ursprungs. Andere Wissenschaftler sind vorsichtiger und erkennen zumindest die Möglichkeit an, daß die Natur im gesamten Universum durch Zufallsprozesse die Bildung hochmolekularer Verbindungen versucht, die zur Zellenbildung führen können, daß aber, da die Erfolgsquote bei diesem Spiel so niedrig ist, Lebewesen dabei tatsächlich nur ein einziges Mal herausgekommen sind. Das irdische Leben wäre damit ein einmaliger Ausnahmefall, ein echter Zufallstreffer der Natur.

Inzwischen haben aber viele Wissenschaftler erkannt, daß eine solche Schlußfolgerung falsch ist, und zwar aus zwei Gründen. Die oben aufgeworfene Fragestellung ist falsch, denn für fast jedes konkrete Ereignis beziehungsweise für jede bestimmte Zusammenstellung besteht vor ihrem Eintreten eine charakteristische, oftmals sehr geringe Wahrscheinlichkeit. Zum Beispiel betrug die Wahrscheinlichkeit, daß eine bestimmte Zahlenreihe im Lotto gezogen wurde, noch kurz vor ihrer Ziehung 1:13 Millionen, und doch ist sie gezogen worden. Der Denkfehler besteht darin: Die angegebene Wahrscheinlichkeit bezieht sich stets nur auf eine konkrete erwartete Konstellation, im Lottobeispiel auf eine ganz bestimmte getippte Zahlenreihe.

Unsere obige Schlußfolgerung über die Unmöglichkeit der zufälligen Bildung lebensnotwendiger Großmoleküle geht stillschweigend davon aus, daß ein anderer Weg zum Leben über etwas andere Grundsubstanzen, die aber prinzipiell die gleichen Funktionen erfüllen – und solche gibt es –, ausgeschlossen ist. Das aber ist eine unzulässige Annahme. Vielmehr muß man bedenken, daß die Natur vor vier Milliarden Jahren auf der Erde nicht vor der Aufgabe stand, ganz bestimmte Typen von Organismen mit ganz bestimmten chemischen Substanzen in ihren Zellen durch Zufall hervorzubringen, sondern sie konnte aus einer unübersehbaren Vielfalt von Zufallsprodukten durch den Prozeß der Evolution, das heißt durch natürliche Auslese des lebenstüchtigsten Produktes, schließlich Gebilde mit immer komplizierteren Strukturen auswählen. Diese gingen im Laufe von Jahrmillionen als die Sieger aus dem Wettbewerb hervor, weil sie die geeignetsten Produkte des großen Würfelspiels darstellten und als solche allein übriggeblieben sind.

Und darin liegt der zweite Grund, warum unsere obige negative Schlußfolgerung für die natürliche Lebensentstehung durch Zufallsprozesse falsch war: Sie ließ die Wirksamkeit der in der Evolution sich vollziehenden natürlichen Auslese außer acht. Durch die Evolution werden bestimmte, zufällig entstandene Verbindungen begünstigt, zum Beispiel weil sie unter den jeweils herrschenden Umweltbedingungen chemisch stabiler sind als andere oder wandlungsfähiger oder aus welchen Gründen auch immer. Andere, weniger günstige Verbindungen vergehen wieder, so daß sich zwangsläufig – und gar nicht mehr so unwahrscheinlich – die brauchbaren Bausteine für lebende Organismen anreichern und vorherrschen. Der Zufall produziert blind eine große Anzahl von Zufallsprodukten, aus denen die Naturgesetze wie ein Sieb zwangsläufig diejenigen mit den günstigsten Fähigkeiten aussortieren. Zu erkennen, daß die Bildung von organischen Großmolekülen durch zufällige Prozesse aus anorganischer Materie sowohl im Weltraum als auch im irdischen Labor kein unwahrscheinlicher Vorgang ist, gehört zu den bedeutsamsten Entdeckungen der letzten Zeit.

Nachweis organischer Moleküle im Weltall

Die Naturforscher haben sich seit jeher Gedanken darüber gemacht, ob die Stoffe, die wir hier auf der Erde vorfinden, auch im Weltall und auf anderen Himmelskörpern vorhanden sind, insbesondere, ob woanders im Weltall auch Leben nachzuweisen ist. Die gezielte Untersuchung dieser Frage ist noch gar nicht lange möglich, aber schon sind erstaunliche Entdeckungen hierzu gemacht worden. Obwohl man außerirdisches Leben bisher noch nicht direkt hat nachweisen können – was aus verschiedenen Gründen auch fast unmöglich ist –, so ist doch bereits eine ganze Anzahl von komplizierten organischen Molekülen, Vorstufen von Bausteinen des Lebens, im Weltall entdeckt worden, und zwar vorwiegend in interstellaren (zwischen den Sternen befindlichen) Molekülwolken und in Meteoriten. Aus dem weiten Raum zwischen den Sternen können Radioteleskope die charakteristische Strahlung von einigen Dutzend organischer Moleküle auffangen. Unter ihnen befinden sich Verbindungen wie Formaldehyd, Ameisensäure, Acetaldehyd, Ameisensäure-Methylester, Äthanol und Tetrabenzporphin. Obwohl diese Moleküle noch ein weites Stück von den uns bekannten Zellsubstanzen entfernt sind, ist es erstaunlich genug, daß sie sich im freien Weltall bei Temperaturen nahe dem absoluten Nullpunkt bilden können. Ihr genauer Bildungsprozeß im Kosmos ist immer noch ein Rätsel.

Viel interessanter sind aber die organischen Stoffe, die aus bestimmten Meteoriten herausgelöst werden konnten. In diesen Steinen, die gelegentlich aus dem Weltall auf die Erde fallen und die wohl allesamt aus unserem Sonnensystem stammen, fanden sich Aminosäuren wie Glycin, Alanin, Glutamin und Asparaginsäure, die auch in den Lebewesen vorkommen. Außerdem entdeckte man Purine und Pyrimidine, Bausteine der Nukleinsäuren, weiterhin Fettsäuren, Zucker, Alkohole und Porphyrine, die Substanzen des Blattgrüns. Die in den Meteoriten vorgefundenen organischen Verbindungen könnten im Prinzip natürlich beim Kontakt mit der Erdoberfläche als irdische Verunreinigung hineingelangt sein; doch dagegen sprechen die teilweise andersartigen Strukturen und Mischungsverhältnisse bestimmter Stoffe, so daß man heute annimmt, in ihnen wirklich organische Großmoleküle und damit echte Bausteine des uns bekannten Lebens mit außerirdischem Ursprung vorliegen zu haben. Offensichtlich sind die Prozesse, durch die sich aus der ursprünglich vorhandenen anorganischen Materie die Bausteine des Lebens bildeten, nicht so selten wie ursprünglich angenommen, und sie haben auch nicht nur auf der Erde stattgefunden. Vielmehr scheint es sich dabei um weitverbreitete Vorgänge zu handeln, die sich auch im irdischen Labor nachvollziehen lassen sollten.

In einem aufsehenerregenden Experiment fand der amerikanische Chemiestudent Stanley Miller heraus, wie das Leben auf der Erde entstanden sein könnte.

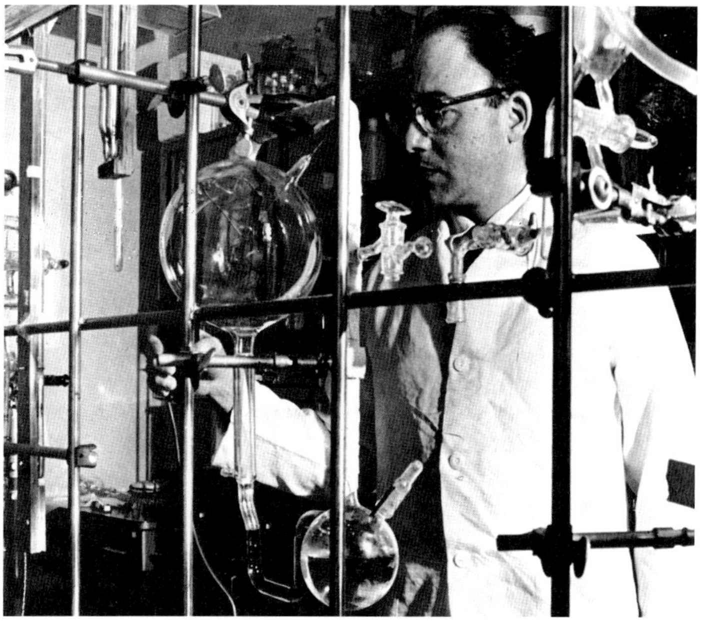

Die Bildung großer Moleküle auf der Urerde

Vor vier Milliarden Jahren war unsere Erde vielleicht noch etwas wüst, aber schon nicht mehr ganz leer. Es gab die Ozeane und eine Lufthülle aus Methan, Wasserdampf, Kohlendioxid und Ammoniak. Diese Szenerie wurde in gleicher Stärke wie heute von der Sonne bestrahlt. Die Wissenschaftler haben lange vergeblich versucht, die »abiotische« (aus unbelebter Materie) Bildung der für die Lebensentstehung notwendigen Großmoleküle zu bewerkstelligen. Es gelang 1952 dem damals 23jährigen Chemiestudenten Stanley Miller in Chicago auf eine so unkomplizierte Weise, daß kein ernsthafter Wissenschaftler zuvor daran gedacht hatte.

Stanley Miller baute in seinem berühmt gewordenen Experiment die Verhältnisse der irdischen Uratmosphäre im Labor nach. Sein Glaskolben enthielt Wasserdampf, Methan und Ammoniak, und anstelle der Sonnenstrahlung zuckte ein elektrischer Funke als Miniaturblitz zwischen zwei Hochspannungselektroden durch das Gasgemisch. Und anstatt der Jahrmillionen ließ Miller seine Anlage nur wenige Tage laufen. Die anschließende Analyse der Rückstände im Millerschen Glaskolben ergab eine Sensation. Binnen Tagen war in dem Versuchsaufbau, der die frühen Verhältnisse auf der Erde möglichst naturgetreu zu kopieren versuchte, aus den ursprünglich sehr einfachen Zutaten eine ganze Reihe von komplizierten organischen Verbindungen zusammengebraut worden: Da fanden sich Ameisensäure, Formaldehyd, Essigsäure und – das war die eigentliche Sensation – mehrere Aminosäuren, darunter Glycin, Alanin und Asparaginsäure, drei von zwanzig auf der Erde vorkommenden Bausteinen der lebenswichtigen Eiweiße.

Vielfach wurde Millers Experiment unter geänderten Bedingungen von anderen Wissenschaftlern wiederholt. Immer entstanden aus den unbiologischen Zutaten einige wesentliche biologische Moleküle, Bausteine des Lebens. Inzwischen ist es sogar gelungen, auf ähnlichem Wege stoffwechsel- und teilungsfähige Eiweißaggregate herzustellen. Aber man muß es betonen: Eiweißklümpchen sind noch keine Lebewesen. Bis dahin ist es immer noch ein weiter Weg, aber man ist mit dem Millerschen Experiment und nachfolgenden Arbeiten in dieser Richtung dem Ursprung des Lebens wieder einen entscheidenden Schritt näher gekommen.

Die Natur hat diesen Schritt offenbar bereits vor vier Milliarden Jahren auf der Erde vollzogen. Durch die heftigen Gewitterblitzentladungen in der Uratmosphäre und die UV-Strahlung der Sonne wurden die ersten Eiweißbausteine und andere komplizierte Substanzen gebildet, die nach und nach die Urozeane angereichert haben. Die Weltmeere sind damals von sterilen Wasserbecken in eine gehaltvolle Brühe verwandelt worden, die wir als Ursuppe bezeichnen: Sie bildete die Nährlösung für die Entstehung und Entwicklung von Organismen.

Biochemische Vorgänge in der Ursuppe

Vor mehr als vier Milliarden Jahren waren in der Erdatmosphäre zunächst nur die kleinen Moleküle Ammoniak, Methan, Wasserdampf und Kohlendioxid vorhanden. Durch ultraviolettes Sonnenlicht und die Energie der Gewitterblitze wurden diese Luftmoleküle gespalten und aus den Bruchstücken vielfach größere, kompliziertere Moleküle gebildet, unter anderem Aminosäuren, die Bausteine der Eiweiße. Der Regen hat diese vorbiologischen Großmoleküle in die Seen und Meere gespült, wo sie sich bald mehr und mehr anreicherten. Man bezeichnet diese wäßrige Lösung von biochemischen Verbindungen in den Urmeeren der Erde als »Ursuppe«. Was hat sich nun in jener Ursuppe abgespielt, daß im Laufe vieler Jahrmillionen schließlich Lebewesen entstanden?

Wie die Laborversuche von Miller, Fox, Ponnamperuma und vielen anderen Wissenschaftlern belegten, können sich durch vergleichsweise einfache chemische Reaktionen aus den Molekülen der Uratmosphäre die Bausteine der für Organismen notwendigen chemischen Stoffe gebildet haben. Die wichtigsten Substanzen lebendiger Zellen, Proteine und Nukleinsäuren, bestehen aus kettenartigen Zusammenschlüssen von Aminosäuren beziehungsweise Nukleotiden, wie sie ja schon in den Laborversuchen à la Miller entstanden waren. Auch hierin offenbart sich wieder die ständig zu beobachtende Tendenz der Natur, neue Ganzheiten zu bilden mit völlig neuen Eigenschaften, die die Ausgangsstoffe noch nicht besitzen: ein in der gesamten Natur immer wiederkehrendes Prinzip, das wir als Höherentwicklung oder Evolution bezeichnen.

Im vorliegenden Fall sah die Evolution so aus, daß bestimmte organische Moleküle (Monomere) durch Verkettung zu biochemischen Kettenmolekülen, zu Polymeren, wurden, ein Vorgang, der sich auch ansatzweise im Labor nachvollziehen läßt. So kommt es bei trockener Erhitzung von Aminosäure auf 160°C oder bei deren wäßriger Reaktion in Gegenwart von Blausäure und Ammoniak zur Ausbildung kurzer Proteinketten. Ähnliche Resultate lassen sich auch für den Aufbau kurzer Nukleotidketten erzielen. Zwei Faktoren begünstigten die Bildung von Biopolymeren in der Ursuppe entscheidend: die Wirkung von Katalysatoren und die zur Verfügung stehende lange Zeit.

Um die Bedeutung von Katalysatoren für den Zusammenschluß von Molekülketten zu verstehen, muß man sich klarmachen, daß für jede chemische Reaktion, das heißt für die Bildung neuer Moleküle, zunächst einmal Bindungen der Ausgangsstoffe mittels Energiezufuhr geöffnet werden müssen. Durch die gleiche Energie werden jedoch auch Bindungen des gerade entstehenden Kettenmoleküls wieder gelöst, so daß es immer wieder in kleinere Bestandteile zerbricht. Um dennoch die Bildung von Kettenmolekülen aus vielen Tausenden, vielleicht Hunderttausenden von Molekülbausteinen zu bewerkstelligen, hilft sich die Natur mit einem Trick: der Katalyse.

Ein Katalysatormolekül lagert sich an ganz bestimmte andere Moleküle an und bewirkt bei ihnen durch seine räumliche Struktur bildlich ausgedrückt eine Verbiegung. Durch die so entstandene geeignete Paßform erhöht sich die Bereitschaft, sich mit einem anderen Molekül zu verbinden, beträchtlich. Sofern nur der andere Reaktionspartner vorhanden ist, kommt eine chemische Verbindung mittels des Katalysators im Nu zustande, die sonst gar nicht abgelaufen wäre, ohne daß hierzu viel Energiezufuhr nötig gewesen wäre. Die neu gebildete Verbindung besitzt anschließend eine Form, die den Katalysator automatisch wieder abstößt, der dann unverändert seine Tätigkeit an einem anderen Molekül wieder in gleicher Weise ausüben kann. Katalysatoren wirken wie chemische Schlüssel, die die Verbindungstüren für Moleküle untereinander aufschließen.

Mit Hilfe der Katalyse konnten sich nun in der Ursuppe immer größere Kettenmoleküle bilden, nachdem erst einmal kurze Proteinketten entstanden waren, die wegen ihrer räumlichen Knäuelstruktur katalytische Wirkung besaßen. Je länger die unter der Mitwirkung kurzer Proteinketten gebildeten Molekülfäden wurden, um so mehr wuchs ihre Fähigkeit zur Katalyse und um so schneller konnten aus den in der Ursuppe gelösten Molekülen Polymere aufgebaut werden. War der Prozeß einmal angelaufen, so beschleunigte er sich schließlich von selbst, und die Zahl immer komplizierterer Moleküle in der Ursuppe wuchs an. In der zur Verfügung stehenden Zeit von mehr als hundert Millionen Jahren konnte sich eine unzählbare Vielfalt von Molekülaggregaten bilden. Aggregate bildeten sich, und Aggregate zerfielen wieder. In diesem Gleichgewicht aus Zusammenschluß und Zerfall von Riesenmolekülen konnten immer neue Kettenkombinationen ausprobiert werden. Bis in alle Ewigkeit hätte dieser Prozeß von Bildung und Zerfall der Aggregate weitergehen können. Daß es nicht so kam, lag wieder an der Maschinerie der Evolution.

Unter der unglaublichen Vielzahl der in der

Die Substanzen der Ursuppe

Aminosäuren: Einfache organische Säuren mit NH_2-Gruppe. Nur zwanzig von vielen möglichen bilden die Bausteine der Eiweiße aller Organismen.

Proteine: Eiweißstoffe; Ketten aus zwanzig Aminosäuren. Je nach Reihenfolge der Kettenglieder haben sie unterschiedliche, spezifische räumliche Knäuelstruktur.

Enzyme: Proteine mit der besonderen Fähigkeit, andere Stoffe zu spalten oder beim Aufbau größerer Moleküle zu helfen (Katalysatoren).

Nukleotide: Bausteine der Nukleinsäuren, bestehend aus einer der vier organischen Basen Adenin, Guanin, Cytosin und Thymin, einem Zucker (Pentose) und einem Molekül Phosphorsäure. Es passen nur Adenin und Thymin sowie Cytosin und Guanin chemisch aneinander. Darauf beruht die Fähigkeit der Nukleinsäuren zur Selbst-Kopie (Replikation).

Nukleinsäuren: Kettenmoleküle aus vielen Nukleotiden. Die Reihenfolge der Nukleotide beinhaltet die verschlüsselte Information für den Aufbau und die Funktion von Polymeraggregaten. Selbst-Kopie (Replikation) durch matrizenartige Anfertigung passender Nukleotidpaarungen und dadurch Informationsweitergabe.

Porphyrine: Gruppe organischer Moleküle, zu denen der grüne Blattfarbstoff Chlorophyll gehört, der zur Photosynthese fähig ist. Zellen, die diesen Stoff enthalten, können Lichtenergie für ihren Stoffwechsel nutzen (Pflanzenzellen).

Katalysatoren: Stoffe, die den Aufbau anderer Stoffe fördern und ermöglichen, ohne selbst bei diesem Vorgang verbraucht zu werden, und die somit ständig aufs neue wirken können. Wichtige biochemische Katalysatoren sind die Enzyme.

Ursuppe per Zufall entstandenen Polymere gab es einige wenige, die den anderen gegenüber zwei alles entscheidende Vorteile besaßen: Sie hielten sich etwas länger als die meisten anderen, bevor sie wieder zerfielen, und sie waren in der Lage, durch Anbindung zusätzlicher Bausteine neue Aggregate aufzubauen, die nach Abspaltung von den Ausgangsaggregaten diesen selbst ein wenig ähnelten. Solche ansatzweise zur Selbst-Kopie (Replikation) fähigen Polymeraggregate reicherten sich langsam, aber sicher in der Ursuppe an, denn sie hatten den Wettbewerb gegen ihren eigenen Zerfall gewonnen. Aber noch kann man nicht von richtiger Fortpflanzung sprechen. Noch waren die Abbildungen zu ungenau. Doch gerade diese Ungenauigkeit bot die Möglichkeit zu weiterer Verbesserung. Im Sieb der Selektion (Auslese) bleiben immer die besten Treffer hängen, während die Fehlkonstruktionen sich nicht behaupten können. So sortierte die Evolution schließlich jene Molekülmuster als allein übrigbleibende aus, deren Teile nicht einfach zusammenhanglos aneinandergekettet waren, sondern die eine Art von Aufeinander-Abgestimmtsein zeigten: Nukleotidketten, die zur Replikation fähig waren, und Proteingruppen, die ihrerseits die Bildung dieser Nukleotide begünstigten. Damit hatte die Evolution in der Ursuppe chemische Muster ausgesiebt, die als Baupläne für die wesentlich größeren und komplizierteren Aggregate dienten, die wir lebendig nennen.

Die Bausteine des Lebens

Wenn wir unter den Polymeraggregaten, die sich in der Ursuppe bildeten, nach Bausteinen des Lebens suchen, so müssen wir nach den Funktionen fragen, die solche Bausteine, die für das Leben charakteristisch sind, zu erfüllen haben. Worin also zeichnet sich Leben aus? Sicher zum einen darin, daß ein Lebewesen auf Reize reagieren kann. Dazu muß es Energie besitzen, die es über einen Stoffwechsel ständig von außen aufnimmt. Die biochemischen Bausteine von Lebewesen müssen also einen solchen Stoffwechsel ermöglichen. Außerdem muß sich ein Lebewesen fortpflanzen können, damit sein Weiterbestand bei Vernichtung oder Zerfall gewährleistet bleibt. Das erfordert, daß die Bausteine des Lebens den gesamten Bauplan eines Lebewesens in irgendeiner Form speichern können, nach dem ein neues, artgleiches Wesen erstellt werden kann.

Die Evolution hat in der Ursuppe zwei Gruppen von Polymeren ausgesiebt, die die gerade genannten Funktionen als Bausteine des Lebens erfüllen können: die Proteine und die Nukleinsäuren, wobei die Nukleinsäuren das Wissen, den Bauplan, besitzen, während die Proteine als die Macher bezeichnet werden können, die für den Ablauf des Stoffwechsels sorgen und alle dazu notwendigen Substanzen herstellen helfen.

Die Proteine, die uns als wichtige biologische Katalysatoren bereits im vorigen Abschnitt begegneten, bestehen aus einer Verkettung der zwanzig Aminosäuren. Diese Ketten sind ganz unterschiedlich lang und können aus hundert und mehr Aminosäuregliedern gebildet werden. Die Eigenschaften der Aminosäuremoleküle bewirken nun eine Faltung oder Knäuelbildung der Proteinketten, deren räumliche Struktur von der Anordnung der Aminosäureglieder in der Kette abhängt. Eine derart gewundene Struktur macht aber nun gerade die wichtige Paßformeigenschaft der Proteine aus, das heißt ihre Katalysatorfunktion, in der sie als chemische Schlüssel die Vereinigung von Molekülen in Reaktionen ermöglichen, die sonst nicht möglich wären, die aber im Stoffwechsel unbedingt benötigt werden. Diejenigen Polymeraggregate in der Ursuppe, die derartige Proteine (Enzyme) enthielten, hatten natürlich im Wettbewerb der Evolution einen beträchtlichen Vorteil, denn sie konnten viel leichter durch Anlagerung kleiner Bausteine wachsen als andere Aggregate, die solche Aminosäureketten nicht besaßen.

Die zweite erfolgreiche Polymergruppe im Kampf ums Dasein in der Ursuppe besaß die ersten Nukleinsäuren, fadenförmige Ketten aus den vier Molekülen Adenin, Guanin, Cytosin und Thymin, die jeweils verbunden mit einem Zucker und einem Phosphorsäuremolekül die Nukleotide bilden. Der Vorteil dieser Nukleinsäuren gegenüber anderen Polymeren bestand in ihrer Eigenschaft, als Bauplan wirken zu können. Weil an jedes Adenin nur ein Thyminmolekül und an jedes Guanin nur ein Cytosinmolekül paßt, wirkt solch ein Nukleotidstrang wie eine Druckmatrize, von der durch Anlagerung der passenden Partnermoleküle ein genaues Negativ des Original-Nukleinsäurestranges kopiert werden kann. Damit war die Fähigkeit zur exakten Replikation gegeben.

Die größte Möglichkeit jedoch lag im Zusammenspiel von Nukleinsäuren und Proteinen. Bedingt durch ihre spezifischen Paßformen, führte die Anlagerung bestimmter Nukleotidketten an Proteine zur Bildung neuer Proteine, zum Beispiel von Enzymen, die ihrerseits die Bildung neuer Nukleotidstränge bewerkstelligen konnten oder die aus energiearmen energiereiche Moleküle herstellen konnten. Damit existierte ein sich selbst erhaltendes und erweiterndes Rückkopplungssystem. Diejenigen Polymeraggregate in der Ursuppe, die durch Zufall sowohl die ersten Nukleotidketten als auch einige Aminosäureketten beherbergten, hatten das ganz große Los gezogen: Sie konnten sich selbst regenerieren, konnten wachsen, neue Baugruppen bilden und Duplikate von sich selbst herstellen.

Mögen auch die ersten Ansätze zu den genannten Funktionen noch sehr unvollkommen und fehlerhaft gewesen sein, so bot doch die unermeßliche Fülle von Kombinationsmöglichkeiten, die sowohl in der Nukleotidkettenbildung als auch in der Bildung der Aminosäureketten steckte, denkbar viel Spielraum für Verbesserung. (Eine Nukleinsäure aus hundert Gliedern besitzt $4^{100} = 1{,}6 \times 10^{60}$ Anordnungsmöglichkeiten, eine Proteinkette aus 100 Gliedern sogar $20^{100} = 1{,}3 \times 10^{130}$ Möglichkeiten der Anordnung.) Stetige Abänderung (Mutation) und Auslese des Funktionstüchtigsten (Selektion) sorgten in der Ursuppe schnell für eine Auswahl von Aggregaten, die stoffwechselähnliche und replizierende Funktionen immer besser ausführen konnten. Damit war die Schwelle zu lebenden Strukturen erreicht.

An der Schwelle zu lebenden Formen

Wenn wir eine Grenze ziehen wollen zwischen belebter und unbelebter Substanz, so war auf der Erde der Zeitpunkt dafür sicherlich dann vorhanden, als sich die ersten Nukleinsäure-Protein-Aggregate in der Ursuppe gebildet hatten. Von da an begann der Prozeß des Lebens, der schließlich vor über drei Milliarden Jahren zur Bildung der ersten Zellen, das heißt einzelliger Lebewesen, führte. Die optimalen Speicher- und Steuereigenschaften der Nukleinsäuren in Verknüpfung mit den substanzaufbauenden Eigenschaften der Ei-

Stufen der Lebensentstehung

Aus Wasserstoff bilden sich in Sternen die 92 chemischen Elemente.

Einzelne Atome schließen sich im Weltall zu Molekülen zusammen.

Aus den chemischen Elementen und einfachen Molekülen bildet sich bei der Entstehung des Sonnensystems unsere Erde.

Vulkane erzeugen auf der Erde die Ozeane und eine Atmosphäre aus Methan, Ammoniak, Kohlendioxid und Wasserdampf.

In der Uratmosphäre werden durch Sonnenenergie und Blitze größere organische Moleküle erzeugt, unter anderem Aminosäuren (Miller-Synthese).

In den Meeren schließen sich Moleküle (Monomere) zu Molekülketten zusammen (Polymere), zum Beispiel Aminosäuren zu Eiweiß.

Erstes zufälliges Zusammenspiel von Nukleinsäure als Informationsspeicher und Eiweiß als Synthesemaschine.

Bildung von Polymeraggregaten mit günstigem Funktionsmuster und Bauplan.

Zusammenschluß von Polymeraggregaten mit Nukleinsäure-Eiweiß-Mechanismen zu Einheiten mit der Fähigkeit zu Stoffwechsel und Replikation (Protobionten).

Zusammenschluß von Protobionten mit bestimmten speziellen Eigenschaften zum Zellapparat.

Gabelung in der Entwicklung von Zellen in solche mit Chlorophyllaggregaten, die die Fähigkeit besitzen, Energie aus Licht zu beziehen (Pflanzen), und in Zellen ohne diese Eigenschaft (Tiere).

weiße dürfen als Fundament dessen betrachtet werden, was wir Leben nennen. Ihr erstes Auftreten setzte die biologische Phase der Evolution in Gang.

Der nächste Schritt dieser Evolution muß darin bestanden haben, daß sich diese zur Selbsterhaltung befähigten Nukleinsäure-Eiweiß-Aggregate als selbständige Einheiten isolierten: ein erster Versuch zur biologischen Zellbildung. Wieder war dabei der treibende Mechanismus die natürliche Auslese. Wo immer ein komplexes Molekülaggregat mit einem Nukleinsäure-Eiweiß-Anteil »an Bord« eine, wenn auch vielleicht nur geringfügige, Abschirmung gegen zerstörende Umwelteinflüsse entwickelt hatte, konnte es sich länger behaupten als ähnliche Moleküle ohne Abschirmung. Es gewann solange an Vorherrschaft, bis derartige Aggregate mit noch besserer Schutzhaut entstanden waren.

Welcher Art könnten die ersten primitiven Schutzhäute von Protozellen gewesen sein? Sicherlich dürfen sie keine völlige Absonderung von der Umgebung bewirkt, sondern müssen die Eigenschaft einer selektiven Membran gehabt haben: durchlässig für bestimmte kleinere Moleküle, die als Aufbaumaterial (Nahrung) benötigt wurden, aber undurchlässig für alles andere. Eine einfache fettartige Lipidumhüllung des Nukleinsäure-Eiweiß-Apparates kann als Ausgangsform der Zellbildung angenommen werden, die dann im Laufe der Evolution ständig verbessert wurde. Parallel dazu hat die Evolution natürlich auch den Nukleinsäure-Protein-Wechselprozeß des Stoffwechsels und der Replikation immer weiter verbessert und erweitert, was um so effektiver gelang, je besser die selektive Schutzhülle funktionierte. Mehr und mehr vervollkommneten sich so Funktionen und Bau des ursprünglichen Aggregats zur ersten primitiven Zelle.

Betrachten wir heute höhere einzellige Lebewesen, so erkennen wir in diesen Zellen verschiedene Apparate, sogenannte Zellorganellen, die jeweils nur ganz bestimmte, für den Fortbestand der Zelle notwendige (»lebensnotwendige«) Funktionen ausüben. Da sind die Ribosomen, die Proteine herstellen, Mitochondrien, die für die Energieumsetzung sorgen, in den pflanzlichen Zellen noch durch Chloroplasten unterstützt, die das Blattgrün zur Photosynthese enthalten, schlagende Wimpern oder Geißeln, die bei tierischen Zellen für eine rasche Fortbewegung sorgen, Zellkerne, die in Form der Nukleinsäure Bauplan und Funktionsplan der Zelle enthalten und als Steuerzentrale fungieren, und andere Organellen mehr. Nach neueren Untersuchungen nimmt man heute an, daß derartige Organellen nicht in den Vorläufern der modernen Zellen gebildet wurden, sondern aus der Kooperation verschiedener, mit bestimmten sehr günstigen Eigenschaften ausgestatteten Aggregaten hervorgingen. Zum Beispiel konnten Aggregate, die sich die grünen Chloroplasten einverleibten, fortan ihren Energiebedarf aus dem Sonnenlicht decken, andere Aggregate, die sich mit haar- oder fadenartigen Gebilden zusammenschlossen, wurden dadurch beweglicher und erlangten beim Wettbewerb um die vorhandene Nahrung einen Vorteil.

Auf der Suche nach der Urzelle ohne Organellen hatte man früher die Viren in Verdacht. Diese einzelligen Gebilde zwischen lebenden und unbelebten Formen bestehen praktisch nur aus einem Nukleinsäurefaden in geeigneter Umhüllung. Ihre Wirkungsweise konnte an einigen Bakteriophagen (Viren, die Bakterien fressen) studiert werden. Dabei zeigte sich, daß ein Bakteriophage seine Nukleinsäure in eine Bakterienzelle schleust und diese so umprogrammiert, daß sie nun Virus-Nukleinsäure herstellt. Auf diese Weise wird die Vermehrung der Viren bewerkstelligt, wobei die Wirtszelle zugrunde geht. Viren sind demnach Parasiten und als solche auf die Existenz weiterentwickelter Zellen angewiesen. Sie werden daher heute nicht mehr als Urzellen, sondern lediglich als eine parasitäre Form eines Zellkerns, eine Zellorganelle also, angesehen.

Soviel läßt sich gegenwärtig in vereinfachten Zügen über die Entstehung der ersten lebenden Zellen sagen, die bereits vor mehr als drei Milliarden Jahren in den Urozeanen auftauchten. Wenngleich auch der Gang dieser Entwicklung im großen und ganzen einigermaßen klar ist, so sind doch die vielen damit verbundenen Detailfragen noch längst nicht hinreichend geklärt und verstanden. (Neue Ergebnisse über Details der ersten Arbeits- und Wirkungsweise von Ribonukleinsäure bei der Replikation von Vorzelleneinheiten in der Ursuppe gelangen kürzlich der Arbeitsgruppe um den Göttinger Nobelpreisträger Manfred Eigen, veröffentlicht im Magazin »Spektrum der Naturwissenschaften« vom Juni 1981.) Trotz solcher Teilerfolge ist die Entstehung des Lebens noch lange nicht im Labor nachvollziehbar. Doch der Molekularbiologie ist es immerhin gelungen, die prinzipiellen Abläufe in der Natur bei der Herausbildung lebendiger Formen aufzudecken. Dieses faszinierende Bild im Detail nach und nach auszuarbeiten, wird sicher noch sehr lange Zeit in Anspruch nehmen.

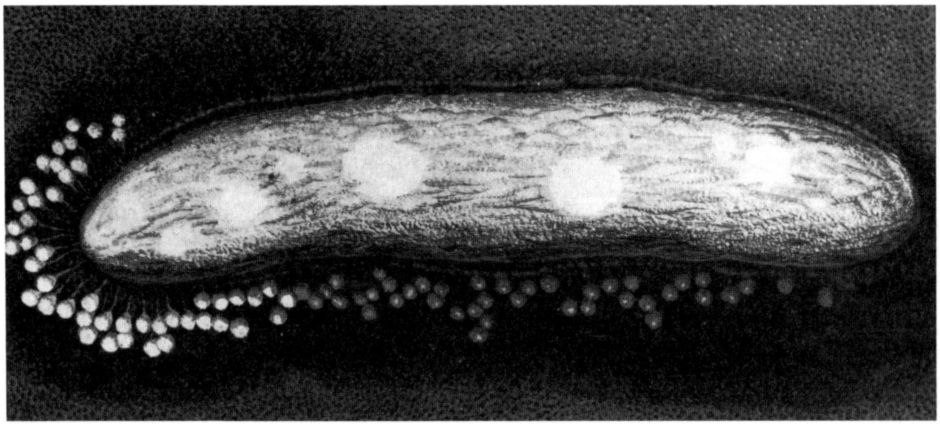

Bakteriophagen können sich nur vermehren, indem sie ihre Nukleinsäure in eine Bakterienzelle einschleusen. Daher kommen sie als Urzellen nicht in Betracht.

Ditfurth, H. von: *Am Anfang war der Wasserstoff,* München 1981. – Fesselnd geschriebenes Panorama der Naturgeschichte.

Herrmann, J.: *Astrobiologie,* Stuttgart 1974. – Behandelt allgemeinverständlich die Entstehung des Lebens auf der Erde und im All.

Herrmann, J.: *Geburt und Tod im Weltall,* Stuttgart 1964. – Populäre Kosmogonie.

Monod, J.: *Zufall und Notwendigkeit,* München 1977. – Gedanken zur Wahrscheinlichkeit der Lebensentstehung.

Siegfried Peterseim

Vom Schöpfungsglauben zum modernen biologischen Weltbild

Fragen nach dem Ursprung des Lebens, nach der Herkunft von Pflanze, Tier und Mensch haben sich die Menschen seit jeher gestellt, jedenfalls soweit alle Geschichtsschreibung zurückreicht. Da sich der Mensch – früher noch mehr als heute – in seiner Umwelt stets als Teil der belebten Natur und diese wiederum als Teil der großen unbelebten Natur sah, waren seine Vorstellungen vom Ursprung der belebten Welt stets eingebunden in die Vorstellungen von der Entstehung der Welt als Ganzes. Diese Vorstellungen sind bis heute eng mit den fundamentalen Glaubensinhalten aller Religionen verknüpft, nicht zuletzt mit der christlichen Lehre des Abendlandes, die in ihrem Schöpfungsbericht, der biblischen Genesis, manches vom Mythos früherer Hochkulturen in sich trägt. Außer den Israeliten besaßen aber auch die anderen Kulturvölker, ob Ägypter oder Babylonier, Chinesen, Japaner oder Indianer, afrikanische Stämme oder Polynesier, ihre eigenen Schöpfungsberichte, aus denen hervorging, wie die Welt angefangen haben soll. Vielfach spiegeln sich in diesen Erzählungen die Beobachtung und Auseinandersetzung des Dichters mit seiner Umwelt wider, seine Erfahrungen und Erlebnisse im täglichen Kampf ums Überleben. Konkrete Erfahrungen und Phantasie verschmolzen zu Bildern, die das unerklärlich Vorhandene zu erklären und verständlich zu machen versuchten und dabei immer typisch menschliche Verhaltensweisen und Wertungen offenbaren, auch wenn die beschriebenen Gestalten noch so phantasievolle Fabelwesen und Götter sind. Stets war es das Ziel, den Zuhörern Orientierungshilfen zu geben bei der Suche, sich selbst und das von ihnen Geschaffene in das große Weltgebäude einordnen zu können. Darin besteht wohl eine wesentliche Bedeutung aller Mythologien.

Kein Schöpfungsmythos unterstellt, daß am Anfang das absolute »Nichts« steht – ein den Menschen unvorstellbarer Zustand. Immer ist schon etwas da, meist der Weltschöpfer und das Chaos, aus dem der Schöpfer dann eine geordnete Welt schafft. Interessant ist hier der Vergleich mit unserer modernen wissenschaftlichen Erkenntnis vom Urknall als einer Art kosmischer Schöpfungsakt und der anschließenden physikalischen, chemischen und biologischen Evolution, der Bildung sogenannter Strukturen aus anfangs ungeordneter Materie.

»Im Anfang schuf Gott den Himmel und die Erde. Die Erde war wüst und leer, und Finsternis lag über den abgrundtiefen Fluten«, so lehren uns die bekannten Worte der Genesis, die vor über dreieinhalb Jahrtausenden niedergeschrieben worden sein dürfte. Andere Kosmogonien entstanden zum Teil noch früher. Aus Mesopotamien, dem Land zwischen Euphrat und Tigris, ist das uralte Weltschöpfungsepos »Enuma Elisch« überliefert. Darin steht am Anbeginn der Welt die große Schlacht zwischen dem Seeungeheuer Tiamat und dem göttlichen Helden Marduk. In einem grausamen Kampf gelingt es Marduk, die Bestie Tiamat zu erlegen und in zwei Stücke zu zerschlagen: Aus ihrem Rücken bildet der Gott das Himmelsgewölbe, aus ihrem Bauch die Erde.

Himmel und Erde, die ersten Schöpfungsprodukte der Genesis, spielen auch in den anderen Mythen die gleiche Rolle. Aus dem Japanischen erfahren wir: »Am Anfang waren Himmel und Erde noch nicht getrennt. Zusammen bildeten sie ein Chaos, das einem Ei glich, in dessen Mitte sich ein Keim befand.« Später zerbrach dieses Weltei, um die Kontinente zu bilden, und aus dem Keim entstanden die Lebewesen. Die Beziehung zum heutigen biologischen Evolutionsgedanken ist verblüffend.

Auch das Lebenselement Wasser fehlt in fast keiner der überlieferten Schöpfungsgeschichten, ja es spielt sogar meist eine entscheidende Rolle. Die alten Kulturen, besonders die in den regelmäßig überfluteten Niederungen angesiedelten Völker wie Ägypter oder Sumerer, wußten um den lebenspendenden, fruchtbaren Schlamm, den ihnen die Fluten der großen Ströme oder des Meeres zuspülten. So sahen die Ägypter den Ursprung der Sonne im Ei eines Wasservogels, und ihre Götter nahmen die Gestalten der Amphibien und Reptilien des Nils an. Auch der sagenhafte Kampf im sumerischen Epos zwischen Marduk und Tiamat dürfte ein Ausdruck des regelmäßigen Kampfes der Bewohner des Zweistromlandes mit den Meeresfluten gewesen sein, die ihnen aber die lebenswichtige Bewässerung ihrer Anbaugebiete bescherten.

Erde, Himmel, Wasser und nicht zuletzt auch Energie, symbolisiert durch das Feuer, sind die vier Urelemente, die in den uralten Kosmogonien von Bedeutung sind. Himmel, das heißt Luft, Wasser und Energie am Anfang des Lebens. Das erinnert uns sehr an den bedeutsamen Versuch Stanley Millers, worin er die biochemischen Grundbausteine des Lebens entstehen ließ. Die Dichter der Schöpfungserzählungen aller Völker scheinen die-

Für den Renaissance-Künstler Raffael war die Frage nach der Entstehung des Lebens noch selbstverständlich durch die biblische Schöpfungsgeschichte beantwortet.

sen Vorgang und die nachfolgende Evolution der Lebewesen intuitiv erahnt zu haben, nur daß sie fabelhafte göttliche Schöpferwesen an die Stelle der Naturgesetze rückten, Naturgesetze, die wir erst in den letzten Jahrzehnten aufzudecken begannen.

Entwicklung des biologischen Weltbildes

Mögen die Philosophen und Hohenpriester der alten Kulturvölker eine gewisse Ahnung vom Wirken der Naturkräfte besessen haben, als sie ihre Darstellungen vom Werden der Welt und dem Beginn des Lebens abfaßten, wissenschaftliche Überlegungen im heutigen Sinne waren sicher nicht damit verbunden. Die Wiege wissenschaftlichen Denkens, nüchtern und sachlich, losgelöst von mythologischen Fabeln und Phantasie, vielmehr fußend auf exakten Naturbeobachtungen und logischen Schlüssen, diese Wiege stand bekanntlich im antiken Griechenland. Hier nimmt die Biologie, die Lehre vom Lebendigen, ihren Anfang.

In Mazedonien wirkte im 4. Jahrhundert vor Christus Aristoteles, Lehrer Alexanders des Großen, der mit seinen Lehren das gesamte abendländische Denken bis ins Mittelalter hinein, also für fast zwei Jahrtausende, prägte. Dieser griechische Philosoph war einer der ersten Zoologen, ein Erforscher der Tierwelt. Mit Fleiß und Eifer beobachtete, sammelte und untersuchte er die Tiere seiner Heimat. Dabei gewann er bereits eine ganze Reihe moderner zoologischer Erkenntnisse über das Verhalten der Tiere in ihrer natürlichen Umwelt und schuf ein erstes System vom Aufbau der Tiere. Er hatte erkannt, daß manche Tiere einfacher, andere hingegen komplizierter gebaut sind. In seiner Theorie vom Wirken der Natur dachte er sich ein bereits sehr modern wirkendes Stufenleiterprinzip, das eine Entwicklung der Lebewesen von niederen, einfach gebauten Organismen zu höheren bis hin zum Menschen beschrieb: eine frühe Darstellung der biologischen Evolutionstheorie.

Aristoteles war als Naturphilosoph von dem Gedanken beseelt, daß die Natur auch in der Entwicklung der Tiere stets zielgerichtet arbeite. Der Zufall hatte in seiner Anschauung keinen Platz. (Hier werden wir an Albert Einsteins Ausspruch erinnert: »Ich werde nie glauben, daß der Liebe Gott mit der Welt Würfel spielt.«) Jedoch mußte diese teleologische (zielgerichtete) Auffassung des Aristoteles in der Neuzeit ebenso revidiert werden wie auch einige andere Ansichten dieses scharfsinnigen Griechen, insbesondere in bezug auf die Entstehung der Tiere, die zwar gut gemeint waren, sich aber leider als unzutreffend erwiesen. So schreibt er über die Entstehung der Aale: »Aale entstehen weder durch eine Begattung, noch pflanzen sie sich durch Eier fort. Sie entstehen aus Würmern und diese aus faulendem Schlamm.« Auch die Entstehung anderer Tiere deutete Aristoteles ähnlich: »... Alle Schalentiere entstehen von

Im Mittelalter ruhte die exakte Naturforschung in Europa fast völlig. Absurde Vorstellungen und Irrtümer beherrschten das Denken, wie dieser Gänsebaum zeigt.

selbst im Schlamm«, oder, »... Insekten entstehen nicht von lebenden Eltern, sondern ganz von selbst, ... andere kleine Tierchen entstehen in Wolle und Wollstoffen ...«!

Es ist bekannt, wie dogmatisch die aristotelische Lehre im Mittelalter übernommen wurde. Das galt selbstverständlich nicht nur für seine brillanten Erkenntnisse, sondern mit der gleichen sturen Hörigkeit auch für seine frappanten Irrtümer wie die soeben geschilderte Ansicht über die Entstehung von Aalen und anderen Tieren aus unbelebten Stoffen. Überhaupt zeichnet sich ja das Mittelalter durch fast völligen Stillstand auf dem Gebiet der Naturforschung aus, ja mehr noch durch einen Rückfall in absurde Vorstellungen und Irrtümer bei Fragen, die von antiken Naturphilosophen zum Teil schon richtig beantwortet worden waren. Das Mittelalter war geprägt von dogmatischem Festhalten an überlieferten Vorstellungen einschließlich Irrtümern sowie von mißverstandener Auslegung der christlichen Lehre, die sich buchstabengetreu auf die Heilige Schrift stützte. Damit war eine objektive und rein verstandesmäßige Naturerkenntnis jahrhundertelang behindert, und Irrlehren aller Art konnten ihr Unwesen treiben.

Von den aristotelischen Vorstellungen von der Entstehung der Tiere war schon die Rede. Ähnlich kurios mutet folgendes Rezept eines deutschen Gelehrten aus dem 16. Jahrhundert an: »Nimm zu beliebiger Zeit zwei bis drei Aale, koche sie zu Mus, wirf sie in einen pflanzenreichen Teich und binnen 8 Tagen wird eine Unmenge von Aalen darin sein.«

Auch Johannes Kepler, der um 1600 die komplizierte Bewegung der Planeten als erster mathematisch richtig zu beschreiben vermochte, irrte sich, als er 1605 über die Entstehung der Tiere behauptete: »Das ganze All ist von einem fortwährenden gestaltenden Geist beseelt, der weiß, was aus jeglicher überschüssiger Materie am besten zu machen ist. So verwandelt er den Schweiß der Frauen und Hunde in Läuse und Flöhe, den Tau in Heuschrecken und Raupen, den Morast in Frösche, das Aas in Würmer und den Kot in Käfer ...«.

1651 stellte der englische Biologe William Harvey fest, daß alles tierische Leben aus dem Ei kommt, ähnlich wie zweihundert Jahre später Louis Pasteur, der in seinen grundlegenden Versuchen zur Keimfreihaltung von organischen Stoffen herausfand, daß alles Lebendige nur aus Lebendigem entsteht. Damit war zwar dem Irrtum von der Urzeugung kleiner Tiere aus Faulschlamm begegnet, aber gleichzeitig ein neuer Irrtum heraufbeschworen: Denn wenn etwa jede Fliege aus dem Ei einer vorangegangenen Fliege entsteht, so läßt sich die Tierart der Fliegen zurückverfolgen bis an den Anbeginn der Welt. Das aber würde bedeuten: Alle Tierarten, und auch der Mensch, waren von Anbeginn so vorhanden, wie wir sie heute sehen.

Bei geologischen Ausgrabungen und aus Bergwerken zutage geförderte Tierfossilien bewiesen jedoch, daß die Arten nicht immer so waren, wie sie heute sind. Damit wurde ein Umdenken eingeleitet vom Schöpfungsmythos mit Artenbeständigkeit zur Evolution mit Artenentstehung.

Abstammungslehre. Kaum eine Erkenntnis hat der Erforschung vom Ursprung des Lebens einen größeren und weiterreichenden Impuls gegeben als diejenige, die der englische Arzt und Naturforscher Charles Darwin (1809–1882) in seinem weltberühmt gewordenen Werk »Über die Entstehung der Arten durch natürliche Zuchtwahl« 1859 darlegte: die Erkenntnis, daß sich durch erbliche Variationen und natürliche Auslese eine ständige Höherentwicklung der Organismen vollzieht, Evolution genannt.

Noch genau hundert Jahre vor Darwins Darlegung der Evolutionstheorie war Carl von Linnés berühmte »Systema Naturae« erschienen und allgemein akzeptiert worden. Es war der Entwurf eines umfassenden Ordnungssystems aller damals bekannten Arten von Pflanzen und Tieren. Linnés System basierte streng auf der Annahme, alle Arten seien stets nebeneinander so vorhanden gewesen wie heute, das heißt, sie seien allesamt auf einmal in einer irgendwie gearteten, vielleicht göttlichen Schöpfung erschaffen worden.

In den hundert Jahren bis zu Darwins Entdeckung waren durch genauere mikroskopische, anatomische und physiologische Untersuchungen sowie durch Fossilienfunde ausgestorbener Arten mehr und mehr Zweifel an der Unveränderlichkeit der Arten im Pflanzen- und Tierreich aufgekommen, bis schließlich Darwin auf seiner Forschungsweltreise durch seine berühmt gewordenen Befunde über die Tierwelt der isolierten Galápagos-Inselgruppe die Herausbildung neuer Tierarten durch einen Evolutionsprozeß erkannte. Dieser funktioniert so, daß durch gelegentlich auftretende Erbveränderungen (Mutationen), die Darwin damals allerdings noch nicht kennen konnte, Individuen einer bestimmten Art mit geringfügig geeigneterer Anpassung an die Umwelt entstehen, die sich dann im täglichen Kampf ums Dasein besser behaupten können und schließlich durch ihre bevorzugte Vermehrung zahlenmäßig vorherrschend werden (Selektion). Auf diese Weise entsteht schließlich eine neue »Art«, das heißt eine neue »Fortpflanzungsgemeinschaft«.

Die große Resonanz, sowohl in positiver wie negativer Hinsicht, auf Darwins Evolutionsgedanken kam dadurch zustande, daß sich danach alle beobachteten Tierarten wie auch der Mensch auf niedere Arten zurückführen lassen. Es läßt sich somit ein Artenstammbaum aufstellen, dessen weitest entwikkelter Ast beim Homo sapiens endet.

Eine derartige Beschreibung der belebten Natur, die der weithin akzeptierten religiösen Weltanschauung entgegensteht, hat naturgemäß seit ihrer ersten Darlegung 1859 bis heute in der Öffentlichkeit mehr noch als in Fachkreisen sowohl zu sachlichen wie auch gefühlserregten Diskussionen geführt. Hier können wir jedoch festhalten, daß der Evolutionsgedanke aus der modernen Biologie nicht mehr wegzudenken ist und sich als wesentliches Fundament herausgestellt hat.

Die Beweise für seine Richtigkeit gehen heute weit über das hinaus, was Darwin Mitte des vorigen Jahrhunderts hat wissen können. Wir besitzen heute nahezu lückenlose Fossilienfunde aus vielen Abstammungsreihen, dazu detaillierte Kenntnisse der Vererbungsmechanismen und vor allen Dingen eine hochgezüchtete Molekularbiologie, die aus der Biochemie unseres Jahrhunderts hervorging. Gerade die Molekularbiologie, die den Aufbau und die Wirkungsweisen der an den Stoffwechselprozessen in Organismen beteiligten Moleküle erforscht, hat in letzter Zeit Ergebnisse geliefert, die sehr eindrucksvoll die Evolution der belebten Natur veranschaulichen.

Charles Darwin gab der Erforschung von der Entstehung der Arten den entscheidenden Impuls. Er erkannte, daß neue Arten durch einen Evolutionsprozeß entstehen, dessen Grundlage die erblichen Variationen und die natürliche Auslese sind.

Ein besonders beeindruckendes Beispiel sei zur Erläuterung angeführt: Betrachten wir das in allen Tieren zur Sauerstoffübergabe in der Zelle notwendige Enzym Cytochrom C. Es handelt sich hierbei wie bei allen Enzymen um ein Eiweißmolekül, bestehend aus einer Kette der zwanzig biologischen Aminosäuren, und zwar besitzt Cytochrom C 104 Kettenglieder. Es ist nun gelungen, die Reihenfolge der verschiedenen Aminosäuren in den 104 Positionen des Moleküls für eine ganze Reihe von Lebewesen festzustellen. Dabei zeigt sich, daß sich bei allen untersuchten Arten – vom Menschen bis zur Bäckerhefe – die Aminosäuresequenzen erstaunlich wenig unterscheiden, wobei geringfügige Unterschiede mit abnehmendem Verwandtschaftsgrad deutlich zunehmen. So unterscheiden sich die Molekülketten von Mensch und Affe lediglich an einer einzigen der 104 Stellen im Molekül, zwischen Mensch und Hund gibt es schon 11 Unterschiede, noch mehr zwischen Mensch und Fisch, und bei der Bäckerhefe sind schließlich 45 Stellen der Aminosäurekette anders besetzt als beim Menschen.

Diese Zahlen belegen die entwicklungsgeschichtliche Verwandtschaft der betreffenden Arten noch viel deutlicher, wenn wir bedenken, daß es ja insgesamt 20^{104} Möglichkeiten für die Reihenfolge der Aminosäuren in der 104gliedrigen Kette gibt: eine 136stellige Zahl von Möglichkeiten! Eine zufällige Übereinstimmung des Cytochrom-C-Enzyms an mehr als der Hälfte der Kettenpositionen ist daher so gut wie ausgeschlossen. Hier kann nur die Höherentwicklung durch Mutation und Selektion im Laufe von vielen Jahrmillionen gewirkt haben. Die biologische Evolution erweist sich in ihrer Art und Wirkung als logische Fortsetzung der physikalischen und chemischen Evolution in der Welt der belebten Materie, die der Bildung des Lebens vorausging.

Bernal, J. D.: *Der Ursprung des Lebens,* Düsseldorf 1981. – Anspruchsvoll; für Fortgeschrittene.

Boschke, F. L.: *Die Schöpfung ist noch nicht zu Ende,* Düsseldorf 1981. – Populäre Beschreibung moderner Evolutionsforschung.

Bresch, C.: *Zwischenstufe Leben,* Frankfurt/M. 1979. – Sehr veständliche Darstellung der Lebensentwicklung.

Haas, J.: *Der Ursprung des Lebens,* Salzburg 1964. – Empfehlenswerte Einführung in die Evolutionslehre.

Huxley, J.: *Entfaltung des Lebens,* Frankfurt/M. 1956. – Standardwerk der klassischen Evolutionslehre.

Illies, J.: *Schöpfung und Evolution,* Osnabrück 1979. – Religiös orientierter Versuch zur Synthese von Naturerkenntnis und christlicher Lehre.

Heinrich-Otto v. Hagen

Die Entstehung der Arten: Evolution

Die Evolutionslehre (Abstammungslehre, Deszendenztheorie, Phylogenetik) beschäftigt sich mit der Entwicklung der Lebewesen im Laufe der Erdgeschichte, behandelt also einen überwiegend historischen Gegenstand. Darauf weist schon der Name »Stammesgeschichte« (Phylogenese) hin, mit dem man den Weg des Lebens von der »Ursuppe« bis zur Gegenwart bezeichnet (den Ausdruck »Entwicklungsgeschichte« = Ontogenese sollte man in diesem Zusammenhang nicht verwenden). Der Gegenstand der Evolutionslehre ist uns also zeitlich ähnlich verschlossen, wie den Biochemikern die Welt der Moleküle und Atome räumlich entzogen ist. Stammesgeschichte kann man nicht sehen, weil sie überwiegend vergangen ist, den eigentlichen Mikrokosmos der Biochemie und seine Prozesse kann man nicht sehen, weil seine Größenordnung überwiegend unterhalb des Auflösungsvermögens des stärksten Mikroskops liegt. Es gilt also, die entzogenen Welten durch Schlußfolgerungen »aufzuschließen«, und man muß Beweise oder Zeugnisse für das vorlegen, was man erschlossen hat. Das ist in den beiden genannten Wissenschaften längst geschehen.

Übersicht über die Erdzeitalter und Erdperioden

Zeitalter (Ära)	Periode (System)	Zeit seit Beginn in Millionen Jahren	Wichtige Ereignisse im Laufe der betreffenden Periode
Känozoikum (Erdneuzeit)	Quartär: Holozän	0,01	Ende der geologischen Vorzeit, erste Haustiere
	Quartär: Pleistozän	2	Eiszeit, Entfaltung des Menschen, am Ende: Aussterben vieler Großsäugetiere
	Tertiär	65	Entfaltung der Säugetiere, gegen Ende: erste Menschen
Mesozoikum (Erdmittelalter)	Kreide	135	Erste Blütenpflanzen, am Ende: Aussterben der Dinosaurier und Ammoniten
	Jura	190	Erste Vögel († Archaeopteryx)
	Trias	225	Erste Säugetiere und Dinosaurier
Paläozoikum (Erdaltertum)	Perm	280	Erste Therapsiden (säugetierähnliche Reptilien), Aussterben der Trilobiten
	Karbon	345	Erste Reptilien († Seymouria) und Landschnecken
	Devon	400	Erste Amphibien († Ichthyostega), Insekten und Ammoniten, Entfaltung der Fische
	Silur	430	Erste Knochenfische, Skorpione und Landpflanzen
	Ordovizium	500	Älteste bekannte Wirbeltiere (Kieferlose)
	Kambrium	570	Erscheinen der meisten Stämme der Wirbellosen (Weichtiere, Gliederfüßer u. a.)
Präkambrium (Erdurzeit)	Vendium	680	Erste vielzellige Tiere (Hohltiere u. a.)
	Ripheikum	1600	Erste Eukaryonten: einzellige Algen
	Prä-Ripheikum	3400	Erste Prokaryonten: Bakterien und Blaugrüne Bakterien (»Blaugrüne Algen«)
	Azoikum	4500–5000	Entstehung der Erde

Zeugnisse der Evolution

Mit Evolutionsbeweisen oder -zeugnissen zu beginnen ist somit ein »alter Zopf«, eine Erinnerung an die Zeit vor über hundert Jahren, als sich die Evolutionslehre gegen erhebliche Widerstände durchsetzen mußte. Wenn hier dennoch am Anfang die Evolutionszeugnisse dargestellt werden, so deshalb, weil man den Leser damit zugleich rasch in die klassischen Methoden einführen kann, die in der Evolutionsforschung noch heute mit Erfolg angewandt werden (über zusätzliche moderne Methoden → S. 34).

Dokumente der Paläontologie (Fossilien). Was sind Fossilien? Man verbindet mit diesem Begriff meist nur den Normalfall, den die Übersicht im Informationskästchen »Fossilien« (→ S. 27) in der linken Spalte berücksichtigt, also körperlich erhaltene versteinerte Schalen, Panzer und Skelette einiger typischer Tiergruppen wie Trilobiten, Brachiopoden, Ammoniten, Saurier usw. Die rechten Spalten der Übersicht zeigen, daß man mit diesem bekannten Normalfall jedoch keineswegs alle Fossilien erfaßt. Es ist darum besser, Fossilien (unter Ausschluß der Pseudofossilien) ohne Rücksicht auf die Erhaltungsform rein zeitlich zu definieren, nämlich als »vorzeitliche Reste von Lebewesen, die man durch Ausgrabungen (lat.: fodere) gewinnt«, wobei »vorzeitlich« vorholozän bedeutet, das heißt vor der geologischen Gegenwart, die vor ca. zehntausend Jahren begann. Dementsprechend versteht man unter Paläontologie die Wissenschaft von den vorzeitlichen Lebewesen.

Die Mehrzahl der vorzeitlichen Tiere ist nach ihrem Tod genauso zerstört und zersetzt worden, wie es auch gegenwärtig mit den meisten toten Tieren geschieht. Nur unter besonderen Umständen (sehr rasche Einbettung in Sand, Schlamm, Moor usw.) kommt es zur Fossilisation. Wenn man außerdem bedenkt, daß die vorzeitlichen Erdschichten nur an relativ wenigen Stellen aufgeschlossen sind (meist in Steinbrüchen oder an Meeresküsten), so wird man sich nicht wundern, daß man von den schätzungsweise 20 bis 30 Millionen Arten vorzeitlicher Lebewesen nur ca. 130000 kennt. Aus der Gegenwart sind dagegen etwa 1,5 Millionen lebende Tier- und Pflanzenarten beschrieben worden.

Erdzeit von Mitternacht bis Mittag. Man kann die geologische Zeit von der Entstehung der Erde bis heute auf zwölf Stunden umrechnen und einige wichtige Evolutionsschritte auf dem Ziffernblatt einer Uhr eintragen. So wird besonders deutlich, wie lange es dauerte, bis höher organisierte Zellen mit echtem Zellkern (Eukaryonten-Zellen) entstanden, und wie spät der heutige Mensch auf die Weltbühne trat: eine halbe Sekunde vor zwölf.

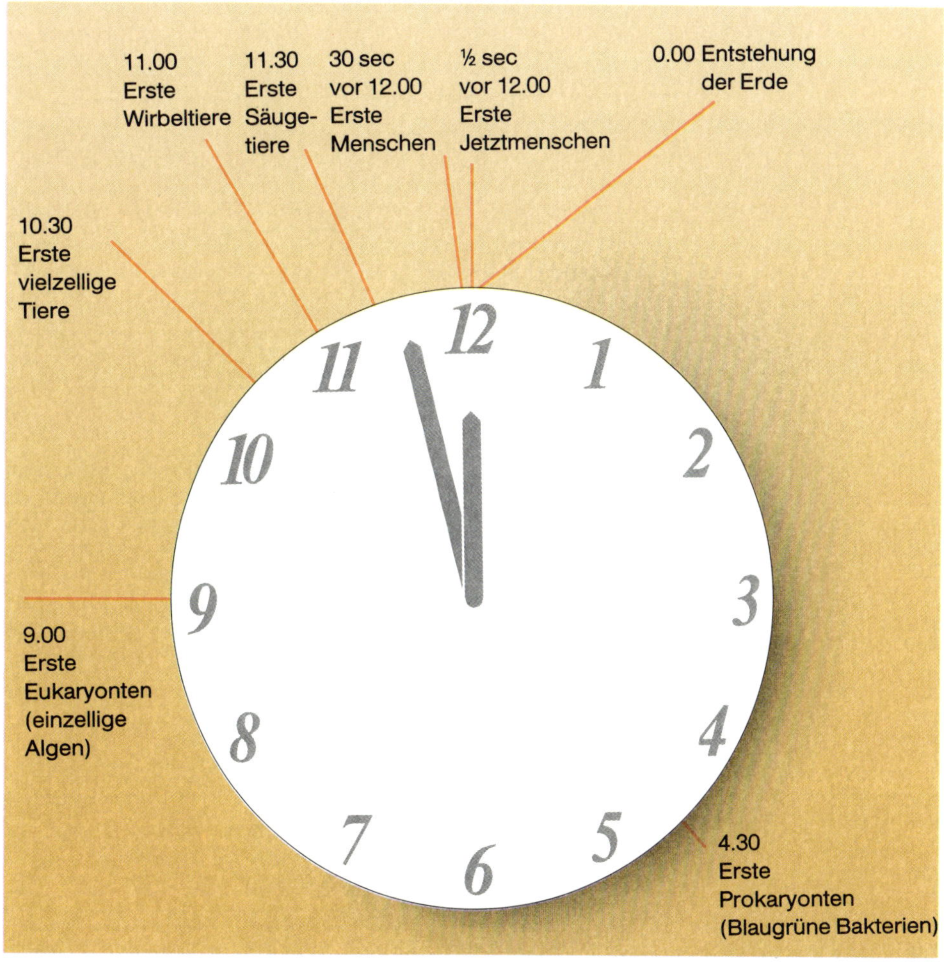

Was lehren Fossilien? Fossilien sind die einzigen direkten Zeugen des Lebens früherer Erdepochen. Nur sie dokumentieren unmittelbar das zeitliche Nacheinander der verschiedenen Tiergruppen und ihre Veränderung (→ Infokasten »Übersicht über die Erdzeitalter und Erdperioden« S. 26). Da in vielen Fällen ihre recht genaue zeitliche Einordnung (Datierung) möglich ist, dienen Fossilien als die grundlegenden »Beweisstücke« der Evolution.

Sie widerlegen den Satz von der Konstanz der Arten, den der große schwedische Biologe Carl von Linné 1737 aufgestellt hatte: »Species tot sunt, quot diversas formas ab initio produxit Infinitum Ens« (Es gibt so viele Arten, wie das Unendliche Wesen von Anfang an als verschiedene Formen hervorgebracht hat). Denn:

1. Aus früheren Erdepochen sind Tierarten und Tiergruppen nachweisbar, die heute ausgestorben sind, so zum Beispiel die riesigen Dinosaurier.

2. Nicht alle Tiergruppen waren von Anfang an da, einige tauchen erst im Laufe der Erdgeschichte auf.

3. Je älter die Gesteinsschichten, desto einfacher die Tierkonstruktionen. Das aber kann nur heißen, daß sich die späteren komplizierteren aus früheren einfacheren entwickelt haben.

Die Fossilien widerlegen aber auch den Satz der »Revolutionisten« (Georges Cuvier und seine Schule), daß die Lebewelt jeder geologischen Epoche durch Katastrophen insgesamt vernichtet worden sei und neue Lebewesen immer wieder durch Neuschöpfung entstanden seien (Katastrophentheorie). Denn: Die fossil bezeugten Tiere unterscheiden sich zwar oft von den rezenten (heute lebenden), doch sind sie offensichtlich mit ihnen verwandt, denn trotz aller Veränderungen sind Ähnlichkeiten doch erhalten geblieben. Allmähliche Abwandlung verwandter Lebewesen – das ist Evolution.

Fossilien: gewöhnliche und ungewöhnliche

Normalfall	Sonderfall mit Beispiel	
Körperfossilien	Abdrücke und Spurenfossilien	Grabspuren von Meerestieren, Saurierfährten, Chemofossilien (Kohlenwasserstoffe biologischen Ursprungs)
Versteinerungen	andere Erhaltungszustände	Bernstein-Einschlüsse, Mammutkadaver in Eis
Hartkörperreste (Schalen, Panzer, Skelette)	Weichkörperreste	Froschmumien in der Braunkohle, Fledermausmumien mit Flughaut und Mageninhalt aus den Ölschiefern von Messel
kambrische und nach-kambrische Fossilien (jünger als 570 Millionen Jahre)	präkambrische Fossilien (älter als 570 Millionen Jahre)	Fig-Tree-Fossilien aus Südafrika, Ediacara-Fauna aus Südaustralien
echte Fossilien	Pseudofossilien (»falsche« Fossilien)	Dendriten (Eisen- und Manganbäumchen in Gesteinsfugen)

Fundreihen und »connecting links«. Kann man solche Umwandlungen an den Fossilien wirklich ablesen? Keineswegs alle Umwandlungsschritte des ganzen Tierreichs sind erkennbar. Doch gibt es immerhin verschiedene Beispiele von geschlossenen Fundreihen, die alle Schritte einer bestimmten Evolutionsfolge oder Stammeslinie widerspiegeln. Am bekanntesten sind die lückenlosen Fossilfolgen von Pferden und Elefanten, aber auch von wirbellosen Tieren: von manchen Kammerlingen (Foraminiferen), Muschelkrebsen, Stachelhäutern und Ammoniten.

Schließlich gibt es jene berühmten »connecting links« (Bindeglieder, Übergangsformen), die Darwin »missing links« (fehlende Zwischenformen) nennen mußte, weil man sie zu seiner Zeit noch nicht gefunden hatte. Sie vermitteln zum Teil zwischen Tiergruppen, deren Baupläne inzwischen so unterschiedlich aussehen, daß man systematisch von verschiedenen Klassen sprechen muß. Die bekanntesten Beispiele für solche fossilen Verbindungsglieder (in Klammern jeweils die beiden Tierklassen, die sie verbinden) sind: Ichthyostega aus dem Devon (Fische – Amphibien), Seymouria aus dem Karbon (Amphibien – Reptilien), der Urvogel Archaeopteryx aus dem Jura (Reptilien – Vögel), die Cynodontier der Trias (Reptilien – Säugetiere).

Die Somasteroiden aus dem Ordovizium sollen abschließend als Beispiel einer besonderen Ausprägung von Bindegliedern genannt werden. Sie verbinden Seesterne und

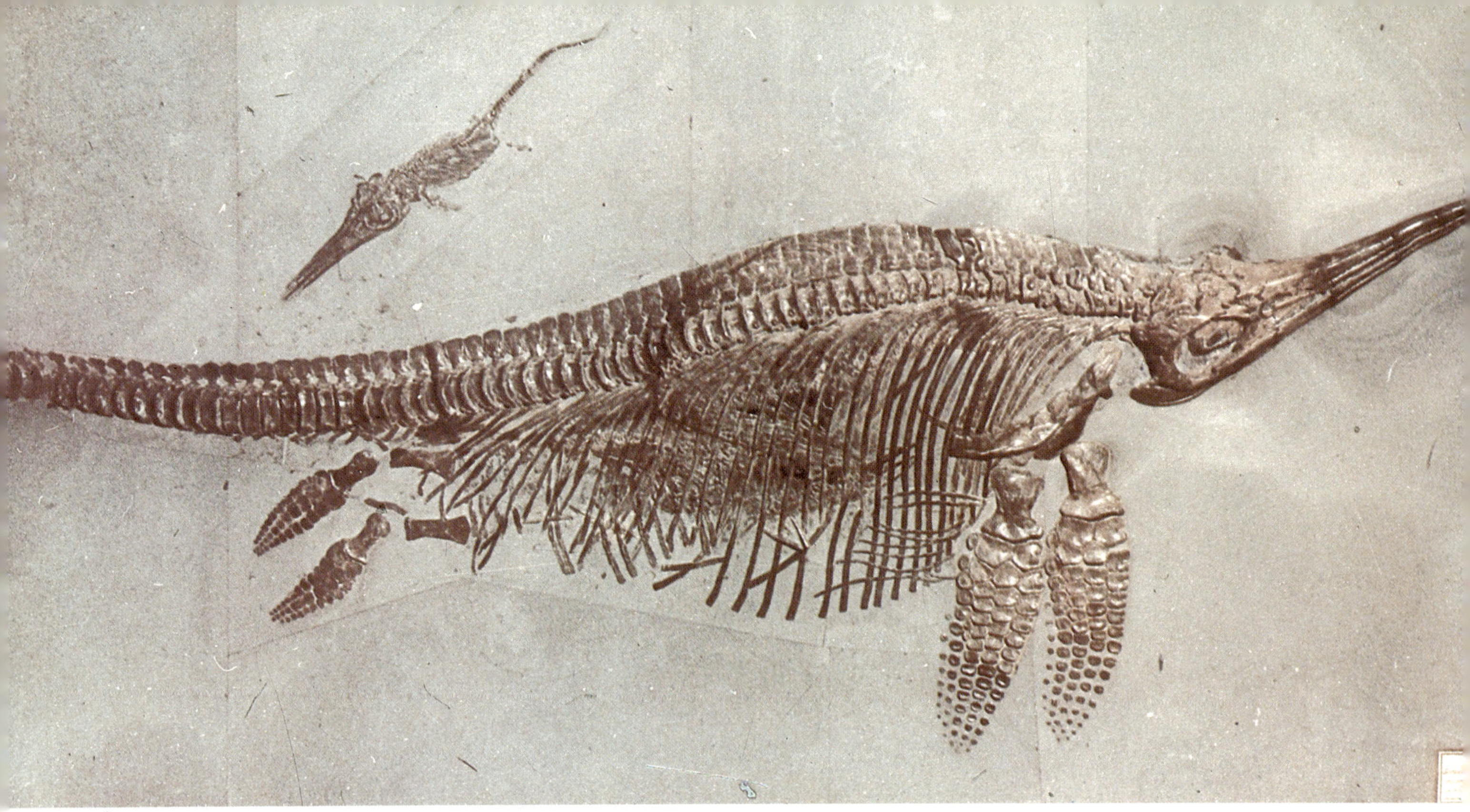

1
2

3
4

Fossilien: Lebenszeugnisse aus der Vergangenheit

Unter günstigen Umständen haben sich vor Jahrmillionen manche Tiere und Pflanzen in zunächst weichen, dann versteinerten Erdschichten erhalten, wobei in seltenen Glücksfällen sogar das ganze Tier mit zartesten Strukturen in unsere Tage herübergerettet wurde. Das geschah besonders im Bernstein, der als Kiefernharz zunächst das Tier überfloß, luftdicht einschloß und dann aushärtete (3, Vogelfeder, 40 Mio. Jahre alt; 5, Rindenlaus, 25 Mio. Jahre alt). Auch die Versteinerung von Schlangensternen aus dem Kambrium (vor 500 Mio. Jahren) läßt zahlreiche Einzelheiten erkennen (6). Von Ammoniten, Tintenfischen aus der Jurazeit (vor 190 Mio. Jahren), findet man manchmal die Gehäuse (4). Direkte Lebensspuren erhielten sich im weichen Uferschlamm: Fußabdrücke von Sauriern (2). Selbst Geburtsvorgänge bei Fischsauriern blieben als Momentaufnahmen erhalten: Embryonen von Ichthyosauriern im Geburtskanal des Muttertieres (1).

5

6

Schlangensterne miteinander, doch nicht in der Weise, daß sie am Übergang von der einen Stachelhäuter-Gruppe zur anderen stehen, sondern sie bilden die gemeinsame Ausgangs- oder Basisgruppe für die beiden verschiedenen Klassen.

Hinweise der Tiergeographie. Die geographischen Verteilungsmuster der Tierwelt spiegeln ebenfalls die Evolution vieler Tiergruppen wider. Am Ausgangspunkt der entsprechenden Überlegung steht die Feststellung, daß fast alle Tiere nur einen begrenzten ökologischen Existenzraum haben, das heißt, ihr Vorkommen ist auf bestimmte Umwelten (z. B. tropischer Regenwald, Polarwüsten) beschränkt; man sagt, sie sind »ökologisch eingenischt«. Auffälligerweise enthalten aber ökologisch gleichartige Lebensräume der Erde nicht etwa gleichartige Faunenspektren (d. h. artmäßige Zusammensetzungen ihrer Tierwelt). Giraffen gibt es zum Beispiel nur in der afrikanischen Savanne, nicht aber in der südamerikanischen. Umgekehrt wird man in Afrika ein typisch südamerikanisches Savannentier, den großen Ameisenbären, vergeblich suchen. Die nächsten Verwandten beider Tierbeispiele leben gar nicht in den Savannen anderer Kontinente, sondern in einem anderen Lebensraum desselben Erdteils: Die Waldgiraffe, Okapi genannt, bewohnt den afrikanischen Urwald. Die beiden anderen Ameisenbären-Arten sind südamerikanische Urwaldtiere.

Das aber heißt: Die Verteilung der Tierwelt im Raum ist meist gar nicht direkt aus ihren Lebensansprüchen erklärbar, sondern aus ihrer Evolution in einer bestimmten Erdgegend. Über diese allgemeine Einsicht hinaus vermitteln tiergeographische Verbreitungsmuster Vorstellungen über Einzelmechanismen der Evolution: Verdrängung durch Konkurrenten, Artbildungsprozesse und anderes. (Näheres → S. 157 ff.).

Ergebnisse der Verwandtschaftsforschung. Lange bevor man etwas von Evolution und Stammbaumkunde verstand, bemühten sich Zoologen um die Aufstellung »natürlicher Systeme«, weil sie merkten, daß sich bestimmte Tiere näherstehen als andere und darum in die gleiche »Schublade« gehören. Die Evolutionslehre konnte sich von Anfang an auf die Ergebnisse dieser systematischen Forschung stützen: Sie fand die Tierwelt schon »auf Schubladen verteilt« vor. Sie brauchte zum Beispiel die längst entdeckte Entsprechung zwischen Walen und anderen Säugetieren (nicht Fischen) nur noch richtig zu deuten: als Ausdruck einer stammesgeschichtlichen Verwandtschaft, das heißt als Anzeichen für einen gemeinsamen Evolutionsweg.

Die Untersuchung von verwandtschaftlichen Entsprechungen nennt man Homologieforschung. Wenn man weiß, daß »Verwandtschaftsforschung« im weitesten Sinne der Evolutionslehre vorausgegangen ist, erstaunt es einen auch nicht mehr, daß der Ausdruck Homologie und sein Gegenbegriff Analogie schon vor Darwin geprägt wurden, nämlich 1843 von dem großen englischen Anatomen Richard Owen.

Homologie und Analogie. Homologie ist nach Owen »eine wesentliche strukturelle Entsprechung« zwischen zwei verglichenen Organen oder ganzen Tieren. Die Evolutionslehre hat solche Entsprechungen dann dadurch erklärt und definiert, daß sie sie auf einen gemeinsamen stammesgeschichtlichen Vorfahren zurückführt. Dem steht Analogie gegenüber als eine nur durch ähnliche Funktion bedingte oberflächliche Gleichheit, die nicht auf denselben gemeinsamen Ahn zurückgeht.

Man hat alles Wichtige an diesem Begriffspaar verstanden, wenn man sich folgendes klarmacht: Beide Bezeichnungen sind letztlich auf eine Situation zugeschnitten, wo der Betrachter von zwei Tierorganen oder Tiergestalten sich wundert, etwa: »Wie unähnlich sind sich Schlangenschuppe und Vogelfeder – und doch besteht zwischen ihnen eine verwandtschaftliche Abhängigkeit. Beide Bildungen gehen auf eine gemeinsame Wurzel zurück, auf die Schuppen fossiler Reptilienahnen« (Homologie). »Wie ähnlich sind sich Schwalben und Mauersegler – und doch besteht zwischen ihnen eine verwandtschaftliche Unabhängigkeit. Beide Formen stammen von ganz verschiedenen Ahnen innerhalb der Klasse der Vögel ab und gehören verschiedenen Vogelordnungen an« (Analogie). Der Ausgangspunkt ist also die Verwunderung über verwandtschaftliche Abhängigkeit bei Unähnlichkeit und das Erstaunen über verwandtschaftliche Unabhängigkeit bei Ähnlichkeit.

Kompliziertere Fälle. Ausgerüstet mit diesem grundsätzlichen Verständnis von Homologie und Analogie können wir uns etwas schwierigeren Problemen zuwenden.

1. Es können »Verschränkungen« zwischen Homologie und Analogie auftreten, und zwar dann, wenn zwei analoge Gesamtstrukturen verglichen werden, die aus homologen Teilen bestehen. Ein Fledermausflügel zum Beispiel ist unabhängig vom Vogelflügel und auch vom Flügel eines ausgestorbenen Flugsauriers entstanden. Also liegt für den, der sich über ihre Ähnlichkeit wundert, ein klarer Fall von Analogie vor. Dennoch bleiben die einzelnen Knochen aller drei Flügel homologisierbar, auch wenn sie sich teilweise noch so staunenswert unähnlich geworden sind.

2. Es gibt eine besondere Form von Homologie, die nicht bei der Gegenüberstellung zweier Tiere, sondern beim Vergleich zweier Organe desselben Tieres auftaucht. Obwohl so erstaunlich verschieden, sind die Fühler eines Hummers mit seinen Scheren und mit den Außenplatten seines Schwanzfächers homolog; alle drei sind aus Beinen entstanden. Man spricht in diesem Fall von serialer Homologie oder Homonomie.

3. Innerhalb der Analogien kann man (nicht alle tun es) zwischen Konvergenz und Parallel-Evolution unterscheiden. Im Falle einer Konvergenz haben sich die verglichenen Organe »von weit her«, das heißt aus großer verwandtschaftlicher Ferne kommend, einem ähnlichen Erscheinungsbild angenähert (Euhomologie). Beispiele: Grabbein von Maulwurf und Maulwurfsgrille, Vogel- und Insektenflügel, Wirbeltier- und Tintenfischauge. Bei paralleler Evolution stehen sich die Tiere verwandtschaftlich recht nahe und haben dennoch die entsprechende Organausbildung unabhängig voneinander »erfunden« (Homoiologie). Beispiele: die Atemhöhle bei Lungenschnecken und landlebenden Vorderkiemerschnecken, das vielzähnige Schloß bei Nußmuscheln und Archenmuscheln.

Homologie-Kriterien. Bei der Erforschung von Homologien darf man nicht einfach sagen: Diese Strukturen sind homolog, weil sie auf eine gemeinsame Ahnform zurückgehen. Das wäre ein Zirkelschluß, denn man will ja gerade einen stammesgeschichtlichen Zusammenhang durch den Strukturvergleich feststellen oder untermauern. Man braucht also Gesichtspunkte für die Unterscheidung: sogenannte Homologie-Kriterien. Die bekanntesten sind: gleiche Lage (eines Organs im Gefügesystem verglichener Tierkörper), gleiche spezielle Qualität der Strukturen (Übereinstimmungen bis in feinste Einzelheiten), Verknüpfung durch Zwischenformen (z. B. Fossilienreihen).

Homologisierbar sind im übrigen nicht nur Körpermerkmale, sondern auch chemische Strukturen, Körperfunktionen und Verhaltensweisen. Sehr bekannt geworden sind die von Konrad Lorenz gefundenen Homologien im Balzverhalten verschiedener Entenarten (→ S. 297).

Rudimente. Rudimente sind bis auf Reste oder Spuren zurückgebildete Organe, die nur aus einer gewesenen Funktion heraus verständlich sind. Als »Anpassungen von gestern« weisen sie auf einen vorausgegangenen Evolutionsablauf hin; zum Beispiel sind Reste von Flugorganen bei flugunfähigen Straußenvögeln nur durch die Abstammung von flugfähigen Vorfahren erklärbar.

Wann kommt es zur Rückbildung? Wenn die alte Funktion überflüssig geworden ist (z. B. die Sehfunktion bei blinden Höhlenfischen) oder wenn sie durch andere Organe übernommen wurde (z. B. übernahm beim Wal die Schwanzflosse die Ruderfunktion, so daß die Hinterbeine überflüssig wurden).

Rudimentäre Organe werden oft beim Embryo noch normal angelegt und bleiben erst später im Wachstum zurück. Daß sie beim erwachsenen Tier überhaupt noch vorhanden sind, ist in vielen Fällen dadurch erklärbar, daß eine Teilfunktion erhalten blieb oder eine neue Aufgabe hinzukam. So konnte man inzwischen nachweisen, daß die Griffelbeine der Pferde (die Reste der Mittelfußknochen der zweiten und vierten Zehe an den im übrigen einzehigen Beinen) wesentlich zur Biegefestigkeit des Hauptknochens beitragen. Auch der Wurmfortsatz (Appendix) am Blinddarm des Menschen, der Rest eines ehemals größeren Darmabschnitts, ist nicht funk-

Urvogel

Vom Urvogel † Archaeopteryx lithographica kennt man bisher fünf Skelette. Sie stammen sämtlich aus den Plattenkalken des Oberen Weiß-Jura von Franken (Solnhofen und Eichstätt). Der Kalkschlamm, in den die Urvogelreste vor ca. 140 Millionen Jahren eingebettet wurden, war so fein, daß auf den Fossilien-Platten meist sogar Abdrücke von Federn erhalten sind (Foto unten).

Der Urvogel ist das berühmteste Beispiel unter den bisher bekannten »connecting links«, den Bindegliedern oder Übergangsformen zwischen zwei deutlich verschiedenen Bauplänen des Tierreichs. Archaeopteryx vereinigt Merkmale von Reptilien und Vögeln (Gegenüberstellung rechts). Es gilt inzwischen als sicher, daß der Urvogel schon zu einem aktiven Hubflug fähig war, wenngleich sich seine Flugkünste mit denen der heutigen Vögel kaum messen konnten. Am Skelett dieser modernen Vögel ist gegenüber Archaeopteryx manches verändert (siehe die farbig hervorgehobenen Teile in beiden Skeletten rechts unten), so zum Beispiel: Zahl der Schwanzwirbel auf 11 bis 13 verringert, die letzten 5 bis 8 zum Schwanzstiel (Pygostyl) verwachsen, starke Verwachsungen auch im Bereich der Handknochen; das mit den Rippen verbundene Brustbein meist mit einem Kiel (Carina) zum Ansatz der Hauptflugmuskulatur; Hirnschädel wegen der starken Gehirnentwicklung relativ groß.

Reptilien- und Vogelmerkmale des Urvogels

Noch reptilienhaft:
- ☐ Kiefer bezahnt
- ☐ langer Schwanz aus ca. 20 freien Wirbeln
- ☐ Mittelhandknochen frei, Finger bekrallt
- ☐ Brustrippen schwach, ohne Hakenfortsätze und nicht mit dem Brustbein verbunden
- ☐ Bauchrippen vorhanden
- ☐ Großhirn schwach entwickelt

Schon vogelhaft:
- ☐ Federn vorhanden
- ☐ Beugung der Vordergliedmaßen im Handgelenk ähnlich wie bei heutigen Vögeln
- ☐ Verschmelzung der beiden Schlüsselbeine zu einem einzigen Knochen (Gabelbein)
- ☐ Schambein verlängert und nach hinten gerichtet
- ☐ Mittelfußknochen wenigstens teilweise verschmolzen

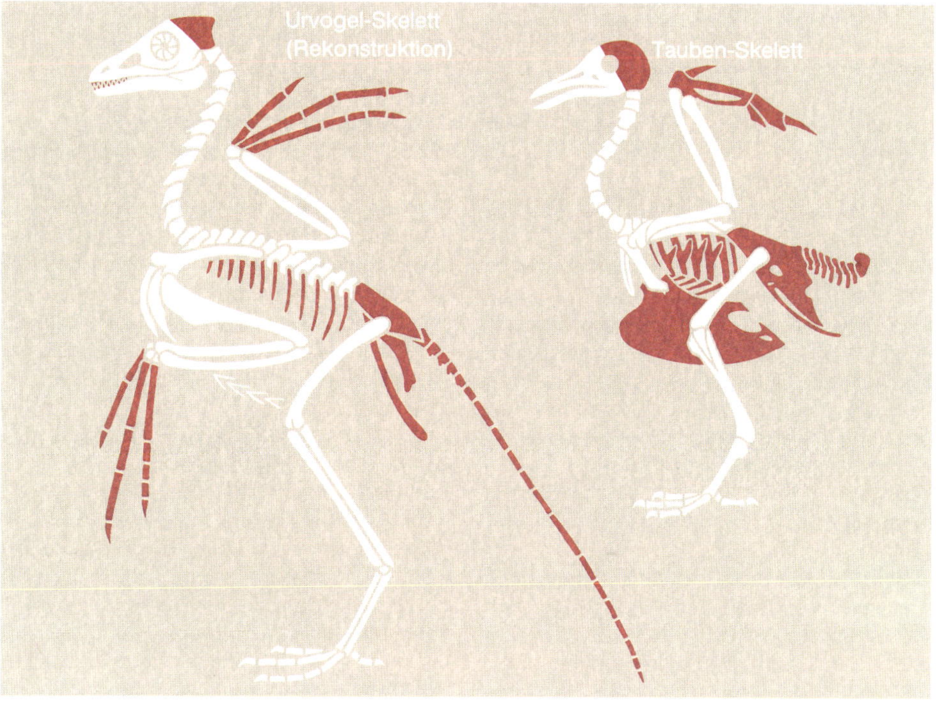

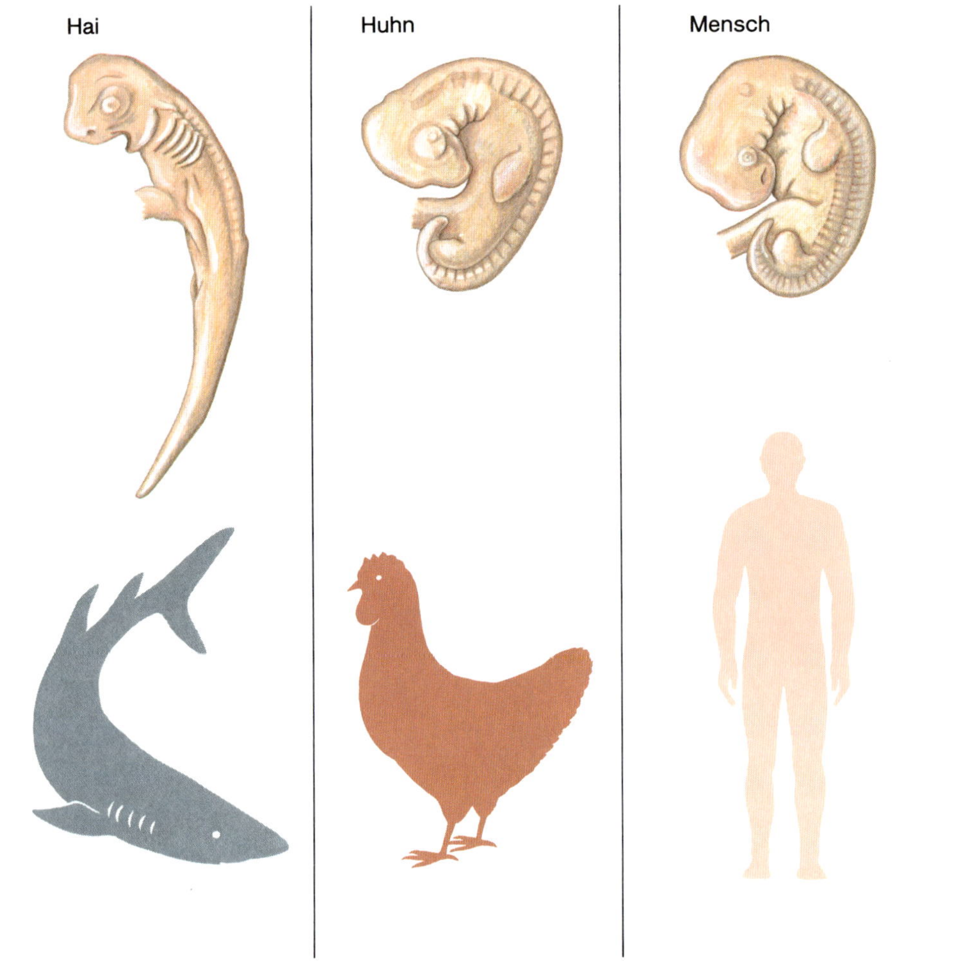

Biogenetische Grundregel. *Nach dieser von Ernst Haeckel aufgestellten Regel sind die frühen Embryonalstadien der Tiere häufig besonders konservativ. Junge Embryonen, etwa von Hai, Huhn und Mensch, sind sich darum wesentlich ähnlicher als die erwachsenen Lebewesen. Der menschliche Embryo ist in diesem frühen Stadium jedoch keineswegs ein Fisch, sondern er »rekapituliert« (wiederholt) vorübergehend einzelne Merkmale seiner wasserlebenden Ahnen, vor allem Kiemenspalten und Schwanz.*

tionslos: Er enthält Lymphknotengewebe und ist aufgrund seiner Abwehraufgaben unseren Halsmandeln vergleichbar.

Besonders interessant sind Experimente, mit deren Hilfe man funktionslose Rudimente zu ihrer gewöhnlich nicht mehr vorgesehenen Aufgabe »erwecken« kann. Sorgt man künstlich dafür, daß sich die Entwicklung des normalerweise blinden und weißen Grottenolms (eines Molches aus lichtlosen Höhlen) bei Licht vollzieht, so wird er dunkelgrau und entwickelt aus seinen Augenrudimenten sehtüchtige Augen. Von hier aus besteht ein fließender Übergang zu den Erscheinungen, die man als Atavismen bezeichnet.

Atavismen. Unter Atavismus versteht man einen »Rückfall« oder »Rückschlag« auf den Ahnenzustand, das heißt, es treten bei einzelnen Tieren abnormerweise Merkmale auf, die die betreffende Tierart schon seit vielen Generationen nicht mehr zeigte – oft nicht einmal mehr als Rudiment. Die Erklärung für dieses Phänomen? In der Mehrzahl der Fälle scheinen die von den Vätern übernommenen entsprechenden Erbanlagen noch »schlummernd« vorhanden zu sein. Durch Kreuzung mit Angehörigen anderer Unterarten (Hybridatavismus) bzw. durch Störungen bei der Embryonalentwicklung kommen die normalerweise unwirksamen Gene wieder zum Zuge. In anderen Fällen nimmt man die Rückmutation einzelner Erbanlagen an (mutativer Atavismus).

Rekapitulationen (biogenetische Regel). Unter den Bezeichnungen »biogenetisches Grundgesetz«, »biogenetische Regel«, »Gesetz der konservativen Vorstadien«, »Rekapitulationen«, »Palingenesen« und »Umwegsentwicklungen« wird mit wechselnden Schwerpunkten eine Gruppe von Evolutionszeugnissen zusammengefaßt, über die sehr viel geschrieben und gestritten worden ist. Verglichen wird in allen Fällen die Ontogenese eines Tieres (Individualentwicklung vom Ei zum Erwachsenen) mit seiner Phylogenese (Stammesgeschichte von den vorzeitlichen Vorfahren bis zur Gegenwart). Die erste, noch vorsichtige Formulierung stammt wohl von dem Anatomen Johann Friedrich Meckel (1821): »Das höhere Tier durchläuft in seiner Entwicklung dem Wesentlichen nach die unter ihm stehenden, bleibenden Stufen«. Die bekannteste Formulierung indes verdanken wir dem großen Zoologen Ernst Haeckel (1866): »Die Ontogenesis ist die kurze und schnelle Recapitulation der Phylogenesis«, und am gewagtesten hat sich wohl Thomas Huxley (1825–1895) ausgedrückt: »Jedes Tier ersteigt während seiner Entwicklung seinen Stammbaum«.

Der richtige Kern der zitierten Sätze ist unbestreitbar. Es gibt zweifellos eine Ähnlichkeit zwischen ontogenetischen Frühstadien lebender Tiere und ihren Ahnen. Die Keimesentwicklung nimmt tatsächlich oft (schätzungsweise zu 75 Prozent) einen Umweg über alte Formzustände, weil wie beim Schachspiel zunächst mit den gleichen »Eröffnungszügen« begonnen wird. Aber die oben zitierten Sätze gelten nur mit folgenden Einschränkungen:

□ In der Ontogenese werden nicht erwachsene Ahnenstadien durchlaufen. Trotz seiner Kiemenspalten ist der menschliche Embryo in keinem Stadium einfach als Fisch zu bezeichnen.

□ Nicht die gesamte Ontogenese stellt eine Rekapitulation dar, sondern nur die frühen Stadien (Embryonal- und Larvenstadien) sind betroffen.

□ Es werden weder die gesamte Stammesentwicklung noch vollständige Abschnitte wiederholt, sondern nur einzelne Merkmale, zum Beispiel Kiemenspalten und Schwanzstummel.

□ Nicht alle vorübergehenden Merkmale eines Embryos sind Rekapitulationen. Den rekapitulierten oder palingenetischen Merkmalen stehen nach Haeckel caenogenetische gegenüber, das heißt spezielle Eigenanpassungen des Keims, zum Beispiel der Mutterkuchen (Plazenta) der Säugetier-Embryonen.

Die Mehrzahl der untersuchten Rekapitulationen hat nur bestätigt, was man durch andere Evolutionszeugnisse (besonders Fossilien) schon wußte: zum Beispiel daß die Vorfahren aller höheren Wirbeltiere Fische waren, daß die freibeweglichen Haarsterne von gestielten Seelilien abstammen und daß die Ahnen der Plattfische normaläugig aussahen (d. h. auf jeder Körperseite ein Auge hatten und nicht beide Augen auf einer Seite).

Zum Teil gelang es aber erst mit Hilfe der biogenetischen Regel, parasitische Formen zuverlässig in das natürliche System einzuordnen.

Die Wurzelkrebse (Rhizocephalen) zum Beispiel erinnern als Erwachsene in keiner Weise an die Gestalt von Krebsen, sondern bestehen lediglich aus einem wurzelartigen Röhrengeflecht, das den Körper anderer Krebstiere (z. B. Schwimm- und Strandkrabben) durchzieht und nach außen nur einen Brutsack herausragen läßt. Aus den Eiern dieses Brutsackes aber schlüpfen Larven, die den Zoologen alles verraten haben. An den frühen Stadien (Nauplius) erkennt man, daß es sich um Krebse handelt, an den späteren Stadien (Cypris) kann man sogar die Unterklasse ablesen: Wurzelkrebse sind Rankenfüßer (Cirripedier) und als solche mit den Seepocken und Entenmuscheln verwandt.

Das Gegenbeispiel zu den Wurzelkrebsen liefern die Pfeilwürmer (Chaetognathen). Die

Homologie und Analogie

Homologie ist eine »wesentliche strukturelle Entsprechung« zwischen Organen, Körperfunktionen oder Verhaltensweisen verschiedener Tiere. Sie beruht auf der Abstammung von einem gemeinsamen Vorfahren. Die Schwimmblase der Fische scheint wenig mit unseren Lungen gemeinsam zu haben, dennoch handelt es sich um homologe Bildungen. Auch Reptilienschuppen und Vogelfedern sind denkbar verschieden, doch entstehen sie beim Embryo auf ähnliche Weise. Daß die Kiefergelenkknochen der Fische den so unähnlichen Gehörknöchelchen der Säugetiere homolog sind, lehrt der anatomische Vergleich und die Betrachtung von Zwischenstufen: Bei den Kriechtieren ist erst ein Gelenkknochen, das Hyomandibulare, zum Gehörknöchelchen geworden. Bei den Säugetieren sind dann auch die beiden übrigen als Amboß und Hammer ins Mittelohr gewandert.

Analogie bedeutet demgegenüber eine nur durch ähnliche Funktion bedingte Gleichheit, die nicht auf denselben gemeinsamen Ahn zurückgeht: Der Flügel eines Insekts (eine von Tracheen durchzogene, bewegliche Panzerfalte) hat mit einem Vogelflügel wenig strukturelle Gemeinsamkeiten. Ebenso gehören die beiden Gräbertypen (Maulwurf und Maulwurfsgrille) zu sehr verschiedenen Tiergruppen. Viel tiefer geht die Entsprechung bei den Linsenaugen von Tintenfisch und Wirbeltier. Sie sind auch nach Bau und Leistung erstaunlich ähnlich, entstehen aber embryonal auf andere Weise.

Verschränkung von Homologie und Analogie liegt vor, wenn unabhängig entstandene, also analoge Gesamtstrukturen (Flügel von Flugsaurier, Fledermaus und Vogel) verglichen werden, die aus homologen Teilen bestehen (farbig gekennzeichnete, vergleichbare Einzelknochen der Vorderextremität).

Knochenfisch

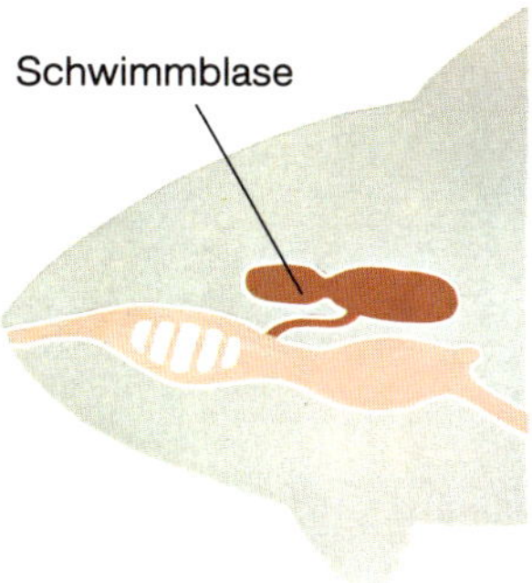

Säugetier

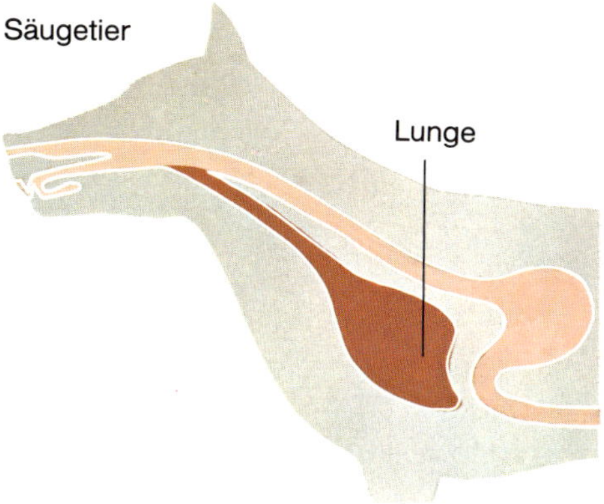

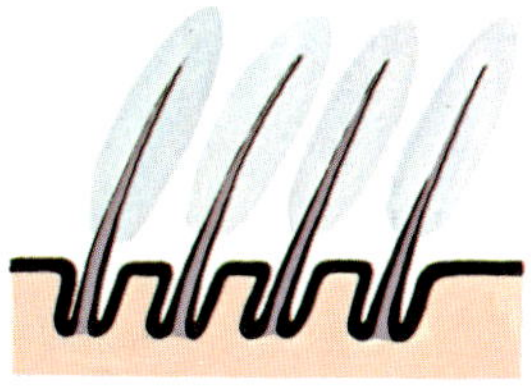

Federn der Vögel

Hornschuppen der Kriechtiere

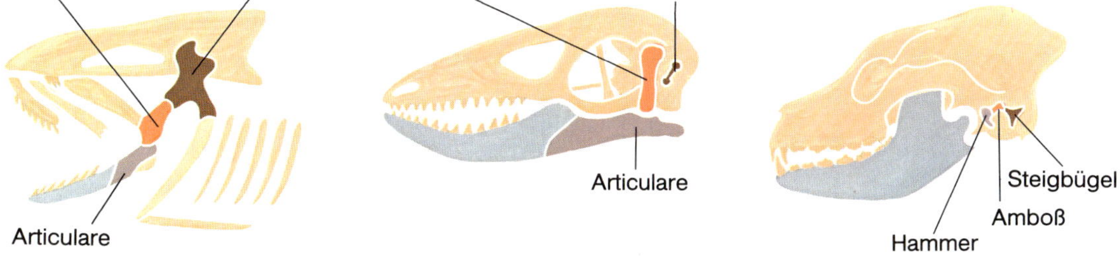

Knochenfisch Kriechtier Säugetier

Insektenflügel

Vogelflügel

Maulwurf

Maulwurfsgrille

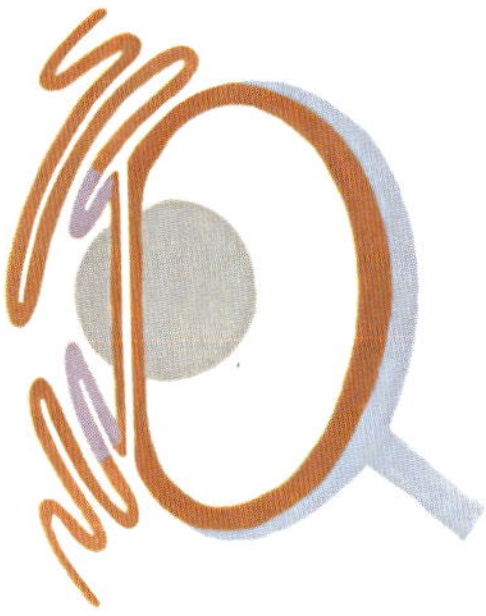

Tintenfischauge

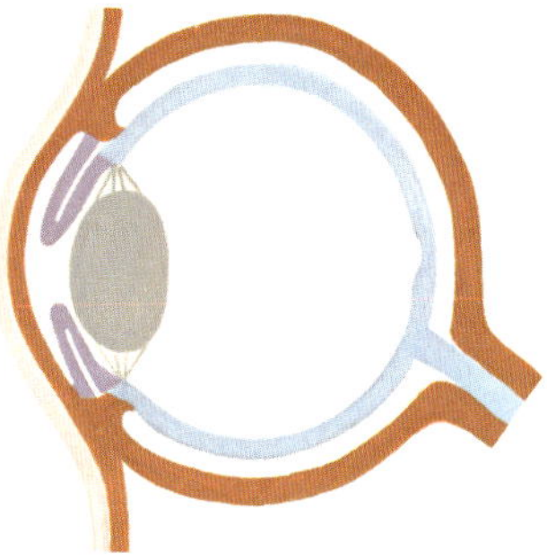

Säugetierauge

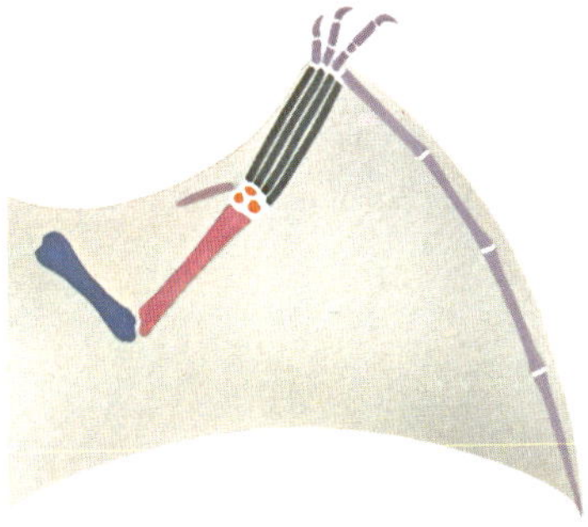

Flugsaurier

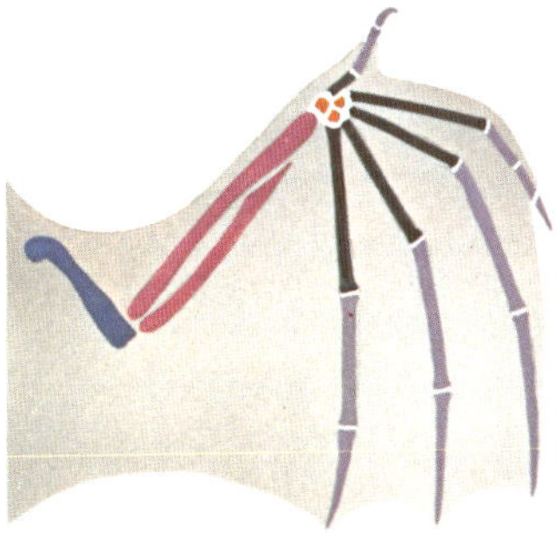

Fledermaus

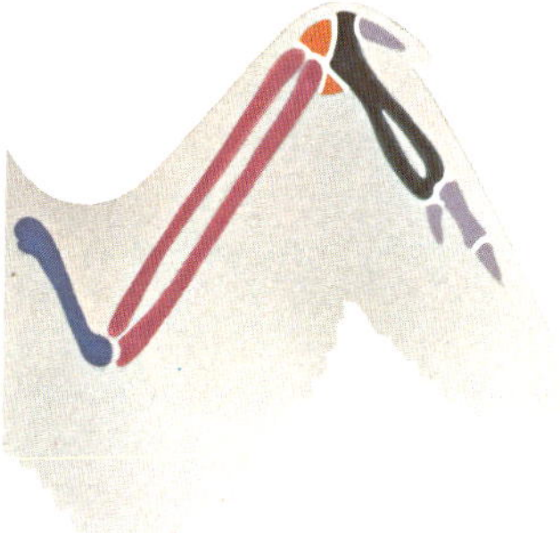

Vogel

Abstammung und Verwandtschaft dieser meist ein bis zwei Zentimeter langen Meeresplankter ist bisher rätselhaft geblieben. Auch ihre Larven geben keinen Hinweis, weil sie den erwachsenen Tieren stark ähnlich sehen.

Moderne Methoden der Evolutionsforschung

Zusätzlich zu den bewährten klassischen Methoden, die im Zusammenhang der Evolutionszeugnisse dargestellt wurden, gibt es heute eine Reihe moderner Verfahren, die mit wechselndem Erfolg angewandt werden. Die einzelnen Methoden sind teilweise so kompliziert, daß sie hier nur sehr kurz in Form einer Übersicht charakterisiert werden können.

Populationsgenetische Untersuchungen gehen davon aus, daß nicht das Einzeltier, sondern die Population (d. h. die lokale Fortpflanzungsgemeinschaft) die eigentliche »Evolutionseinheit« darstellt. Anhand von Populationsstichproben werden Genhäufigkeiten und ihre Veränderung in der Generationenfolge untersucht. Theoretischer Ausgangspunkt sind die sogenannte ideale Population und die für sie gültige Hardy-Weinberg-Formel.

Mathematische Modelle versuchen, Evolutionsfaktoren und ihre Komponenten durch Formeln zu erfassen und Evolutionsprozesse mit Hilfe von Computern zu simulieren (»durchzuspielen«). Eine bekannte mathematische Größe ist zum Beispiel der Anpassungs- oder Selektionswert W, der die Eignung (Fitness) und damit die Fortpflanzungswahrscheinlichkeit der betreffenden Tierart ausdrückt. Vor allem für Konkurrenzverhältnisse und Räuber-Beute-Beziehungen liegen zahlreiche Formeln vor.

Verbesserte paläontologische Methoden sind zum Beispiel: die Geochronometrie, das heißt die absolute Altersbestimmung von Fossilien mit Hilfe der Kenntnis von Zerfallsgeschwindigkeiten radioaktiver Elemente, die Molekular-Paläontologie, die sich mit den biologischen Chemofossilien aus der Zeit der Lebensentstehung befaßt, und der Einsatz von Röntgenstrahlen zur Aufklärung nicht präparierbarer Innenstrukturen von Fossilien.

Stammbaum-Analysen benutzen verschiedene Techniken, um das Verzweigungsmuster, das heißt die zeitliche Abfolge der einzelnen Stammeslinien innerhalb des ganzen Tierreichs oder einzelner Tiergruppen, zu ermitteln. Zoologen, die »klassische« (vor allem morphologische) Daten analysieren, verwenden dabei in neuerer Zeit vor allem eine bewußt verschiedene »Gewichtung« von ursprünglichen (plesiomorphen) und abgeleiteten (apomorphen) Merkmalen (Cladismus) bzw. funktions-anatomisch-biotechnische Überlegungen (z. B. Hydraulik-Theorie).

Stammbäume aus biochemischen Daten werden meist mit Hilfe von Computer-Rechnungen konstruiert. Diese biochemischen Daten gewinnt man durch immunologische Verfahren, Protein-Elektrophoresen, chemische Sequenzanalysen (von Aminosäure- und DNS-Sequenzen) und DNS-Hybridisierung. Die Auswertung dieser Daten ist oft noch schwierig, und es ergeben sich teils ähnliche, teils von den gewohnten Verzweigungsmustern abweichende verwandtschaftliche Beziehungen. Das gilt zum Beispiel für den Stammbaum, den man mit Hilfe der Unterschiede im chemischen Aufbau des Atemferments Cytochrom C (→S. 23) für mehrere Tiere und einige Pflanzen konstruiert hat.

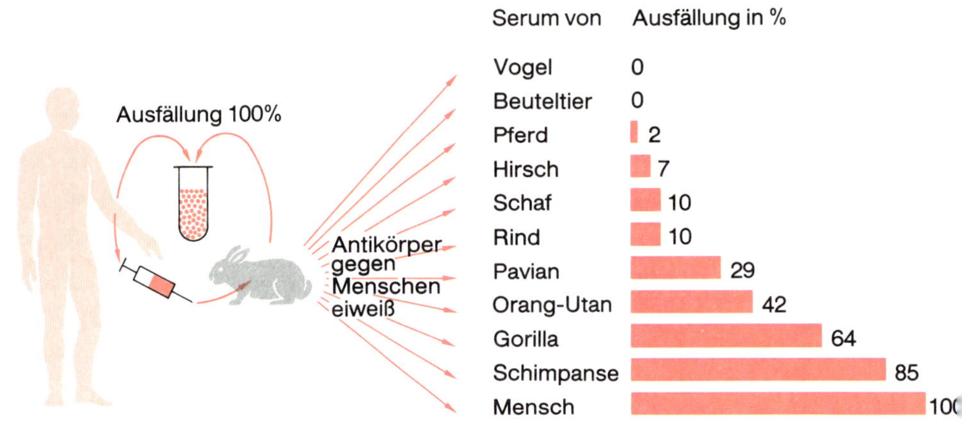

Immunologische Verwandtschaftsforschung. *Die moderne Verwandtschaftsforschung bedient sich häufig immunologischer Methoden. So kann man zum Beispiel Blutserum vom Menschen einem Kaninchen einspritzen, das daraufhin in seinem eigenen Blutserum Antikörper gegen Menschen-Eiweiß bildet. Mischt man im Reagenzglas diese Antikörper mit einer erneuten Serumprobe des Menschen, so ergibt sich eine starke Fällungsreaktion (Präzipitat-Bildung), die man gleich 100 Prozent setzt. Mit den Seren anderer Wirbeltiere erzielt man meßbar schwächere Ausfällungen. Sie sind um so schwächer, je ferner die jeweilige Tierart dem Menschen steht.*

Die treibenden Kräfte der Evolution

Hier geht es um die Ergebnisse der kausalen Evolutionsforschung, das heißt die Ursachen der Evolution, auch Evolutionsfaktoren genannt. Im Mittelpunkt stehen die Fragen: Warum gibt es Evolution, wovon wird sie regiert, und wie kann man sie erklären?

Lamarckismus und Darwinismus heißen die beiden bekannten Erklärungsmöglichkeiten, und man liest meist als Erläuterung dieser Theorien, daß von Lamarck (dem eigentlichen Begründer der Abstammungslehre) der Gedanke einer Vererbung erworbener Eigenschaften stammt, von Darwin aber die Annahme von Mutation und Selektion als Hauptevolutionsfaktoren. Dabei wird übersehen, daß Darwin von den Mutationen, die die moderne Vererbungswissenschaft kennt, noch nichts wissen konnte und daß Lamarck nur formulierte, was im vergangenen Jahrhundert alle dachten und auch noch heute viele meinen: daß nämlich der Gebrauch oder Nichtgebrauch von Organen Auswirkungen auf die Ausbildung dieser Organe bei den Nachkommen hat. Danach muß also ein Schmied kräftigere Kinder hervorbringen, wenn er schon zehn Jahre Zeit hatte, in seinem Beruf Muskelpakete zu entwickeln, als wenn er schon als junger Mann mit noch schwächlichen Armen Familienvater geworden wäre.

Dieser Gedanke scheint immer wieder sehr nahezuliegen. Auch Darwin hat ihn in späteren Jahren in seine Erklärungen mit eingebaut.

Mit Hilfe der Übersicht im Informationskästchen (→S. 35) lassen sich die Unterschiede zwischen Lamarck und Darwin genauer erfassen: Man erkennt zunächst, daß beide von stammesgeschichtlichen Veränderungen (»Variationen«) ausgehen, die auf die Nachkommen vererbbar sind, und daß die Umwelt in beiden Denkansätzen eine wichtige Rolle spielt. Der eigentliche Unterschied besteht darin, daß das Erklärungsschema von Darwin zwei verschiedene Phasen annimmt: Entstehung und Durchsetzung erblicher Variationen sind zwei getrennte Schritte. Das Schema von Lamarck ist dagegen einphasig.

Lamarck hatte gewissermaßen Pech: Er dachte hauptsächlich über die erste Phase (bei ihm die einzige Phase) nach, über die man damals noch nichts wußte, weil die Vererbungswissenschaft erst in den Anfängen steckte. Darwin hingegen hatte gewissermaßen Glück: Er beschäftigte sich hauptsächlich mit der zweiten Phase, über die man auch damals schon etwas wissen konnte: Die als Voraussetzung für seine Theorie wichtige Erkenntnis, daß alle Lebewesen mehr Nachkommen erzeugen, als zur Erhaltung ihrer Art notwendig sind (Nachkommenüberschuß), war schon vor ihm gewonnen und von dem englischen Wirtschaftswissenschaftler Thomas Robert Malthus in seinem Buch »Prinzipien der Bevölkerung« (1798) dargestellt worden. Und der Zeitgenosse und Tiergeograph Alfred Russel Wallace fand – unabhängig von Darwin – ebenfalls Beweise für die Wirkung einer natürlichen Auslese (Selektion) im Tierreich.

Neodarwinismus. Darwins Erklärung für die Durchsetzung erblicher Variationen, also seine Selektionstheorie, besitzt grundsätzlich noch heute Gültigkeit. Über die natürliche Auslese als Hauptfaktor der Evolution liegen inzwischen zahllose Untersuchungen und Berechnungen vor. Die Darwinsche Lehre hat sich inzwischen vor allem mit der Vererbungswissenschaft (Genetik) und der Zellenlehre (Cytologie) zum modernen Neodarwinismus vereinigt. Man spricht heute auch von »synthetischer Evolutionstheorie«, weil sich die Abstammungslehre zunehmend aus den Beiträgen vieler bis aller biologischen Forschungsrichtungen aufbaut. Der Neodarwinismus betrachtet heute meist das Zusammenwirken von fünf Hauptevolutionsfaktoren als Ursachengefüge für die Evolution der Lebewesen: genetische Variation (heute Mutation genannt), genetische Rekombination, Separation (geographische Isolation), Selektion und Gendrift.

Wir übergehen hier die genetische Rekombination (sie ermöglicht die Vereinigung mutierter Gene aus verschiedenen Individuen und Chromosomen auf ein einziges Individuum bzw. Chromosom und wirkt dadurch als »Evolutionsbeschleuniger« → S. 93) und verschieben die Besprechung der Separation auf später (→ S. 46). Es geht hier zunächst um Mutation, Selektion und Gendrift.

Die Mutationslehre, das heißt die Lehre von der Veränderung des Erbguts (→ S. 85 f.), ist der wichtigste ergänzende Baustein für Darwins Theorie, weil erst durch sie die erste Phase des oben besprochenen Evolutionsschemas verständlich wird: die Entstehung der erblichen Variation. Die Erbanlagen der nächsten Generation, die in den Keimzellen der gegenwärtig lebenden Generation schlummern, müssen mutieren, damit bestimmte Eigenschaften der kommenden Generationen bleibend verändert sind.

Durch die Mutationslehre ist der Zufall in das Erklärungsschema hineingekommen. Die Erbanlagen (Gene) mutieren nämlich so, »wie sie wollen«: weitgehend richtungslos und in unvoraussagbarer Weise.

Zwar läßt sich die Häufigkeit von Mutationen durch Mutagene (z. B. Strahlung) beeinflussen, aber offenbar nicht der Inhalt und die Richtung der Programmänderung. »Zufall« heißt die gedankliche Zumutung des Darwinismus, die man in ganzer Härte hinnehmen muß.

Betrachten wir das berühmte Beispiel, an dem sich schon Lamarck versuchte: den Hals der Giraffe. Wahrscheinlich hat der Vorfahre der heutigen Giraffe ungefähr so ausgesehen wie das Okapi, jedenfalls war er ähnlich kurzhalsig. Ein »Lamarcksches Okapi« reckt sich nach den höheren Zweigen und »meint«, es könne durch diese Aktivität nicht nur seine, sondern auch die Halslänge seiner Nachkommen beeinflussen. Nun kann man natürlich mit Erfolg versuchen, die Streckung des eigenen Halses als individuelle Anpassung (phänotypische Variation oder Modifikation) zu erreichen. Die berühmten »Giraffenfrauen« von Burma bewerkstelligen das seit vielen Generationen mit Halsringen aus Messing (wobei sie in Wirklichkeit nicht den Hals verlängern, sondern den obersten Teil ihres Rumpfes halsartig verformen). Aber ihre Kinder werden deshalb trotzdem weiterhin mit normalen Hälsen geboren. Ein »Darwinsches Okapi« wartet dagegen geduldig, bis in seinen Keimzellen zufällig die Mutationen gerade bei denjenigen Genen ansetzen, die das Halswachstum steuern und so den Nachkommen einen längeren Hals bescheren. Es wartet nicht vergebens.

Einen bunten Strauß neuer Mutationen bietet der Zufall im Laufe der Generationenfolge an – so bunt wie das mutative Farbenspiel japanischer Zierkarpfen. »Die Natur zielt nicht, sie spielt«, hat ein Zoologe einmal überaus treffend gesagt. Zweifellos war und ist auch die Halslänge der giraffenartigen Huftiere ständig zufälligen Mutationen unterworfen.

Neolamarckismus. Das Warten auf Zufälle erscheint manchen als ein so unzureichendes Prinzip, daß sie die Frage stellen, ob nicht Lamarck doch wenigstens teilweise recht hatte, und so hat es zu allen Zeiten einzelne Neolamarckisten gegeben. Bisher hat man jedoch alles, was sie an Argumenten vorbrachten, auch darwinistisch erklären können. Denn obwohl selbst Darwin einmal sagte: »Wenn ich an das menschliche Auge denke, bekomme ich Fieber«, ist die Behauptung nicht richtig, daß darwinistische Erklärungen vor hochkomplizierten Organen versagen. Umgekehrt hat bisher kein Neolamarckist glaubhaft aufzeigen können, wie sich erworbene Eigenschaften eines Individuums auf seine Nachkommen vererben sollen. Es könnte allerdings sein, daß neuere Ergebnisse aus der experimentellen Immunologie hier eine gewisse Wende bringen. Doch ist man auch dort über

Charles Darwin

Charles Robert Darwin war ein englischer Biologe, der von 1809 bis 1882 lebte. Sein Hauptinteresse galt nicht seinem – abgebrochenen – Medizinstudium und auch nicht seinem – abgeschlossenen – Theologiestudium, sondern von Anfang an seiner autodidaktischen naturkundlichen Ausbildung. Sie befähigte ihn, 1831 bis 1836 an einer Forschungsreise mit dem Vermessungsschiff »Beagle« teilzunehmen, von der er in seiner »Reise eines Naturforschers um die Welt« selbst erzählt. Diese Weltumseglung wurde zur »Reise der Entscheidung«. Besonders die in Südamerika und auf den Galápagos-Inseln gesammelten Erfahrungen begründeten Darwins Abstammungslehre, die er 1859 in seinem Hauptwerk »Über die Entstehung der Arten durch natürliche Selektion« veröffentlichte. Darwins Werk bietet nicht nur zahlreiche Beweise für die Tatsache der Evolution, sondern auch eine geschlossene theoretische Erklärung, die bis heute gültig ist. Die Revolution, die Darwins Theorie für die Biologie bedeutet, ist in der Biologiegeschichte ohne Parallele. Vor und nach der Veröffentlichung seines Hauptwerks ist Darwin trotz eines aus Südamerika mitgebrachten chronischen Leidens (wahrscheinlich eine unerkannte Chagas-Krankheit) unermüdlich wissenschaftlich tätig gewesen und hat eine Reihe weiterer grundlegender Schriften verfaßt. Die wichtigsten sind: »Eine Monographie der Unterklasse der Cirripedier« (1851–1854), »Das Variieren der Tiere und Pflanzen im Zustand der Domestikation« (1868), »Die Abstammung des Menschen und die geschlechtliche Auslese« (1871).

Lamarckismus und Darwinismus

	Jean-Baptiste de Lamarck (»Philosophie zoologique«, 1809)		**Charles Darwin** (»On the origin of species«, 1859 und spätere Auflagen)
1. Phase: Entstehung erblicher Variationen	Die Umwelt erweckt: Bedürfnisse (»Anstrengungen des inneren Gefühls«)	Gewohnheiten (»Gebrauch oder Nichtgebrauch von Organen«)	Ursachen der Variationen unbekannt, verschiedene Vermutungen: Störungen im Reproduktionssystem (1859), Gebrauch oder Nichtgebrauch von Organen (1872)
	Die Ergebnisse sind: Entstehung neuer Strukturen	Veränderung bestehender Strukturen	
2. Phase: Durchsetzung erblicher Variationen	– (Durchsetzung fällt mit Entstehung zusammen)		Nachkommenüberschuß, Wettbewerb, natürliche Auslese (Selektion) durch die Umwelt, Überleben der Geeignetsten

Die »Giraffenfrauen« aus Burma »strecken« ihren Hals mit Messingringen.

Dieses Okapi versinnbildlicht die Theorie Lamarcks von der Abstammungslehre: Er glaubte, daß der Gebrauch oder Nichtgebrauch von Organen sich auf die Nachkommen auswirke. Also: Wer häufig seinen Hals reckt, bekommt nicht nur selbst einen langen Hals, sondern vererbt ihn auch

Das »Darwinsche Okapi« wartet ruhig, bis ihm der Zufall eine Mutation in seinen Keimzellen beschert, die zu einem längeren Halswachstum führt – auch bei seinen Nachkommen.

einige Modellvorstellungen noch nicht hinausgekommen, die ohnehin nur als begrenzte Korrekturen an der darwinistischen Theorie gemeint sind.

Mutation als Störung. Was Mutationen sind und wie sie entstehen (im einfachsten Fall als kleiner »Druckfehler« in der genetischen Information), ist ein Thema der Genetik (→ S. 82 ff.). Daß Mutationen als Evolutionsfaktor wirken, wurde bereits erwähnt. Aber wie das geschehen kann, muß noch etwas veranschaulicht werden. Wir wählen dazu einige Beispiele aus der Humanbiologie (Biologie des Menschen).

Mutationen stellen nur allzu häufig reine Störungen eines ausgewogenen zweckmäßigen und bewährten Erbgefüges dar und verdienen dann zu Recht die Bezeichnung »genetische Last«. Schwächere erbliche Störungen sind beim Menschen zum Beispiel Polydaktylie (überzählige Finger und Zehen), Farbenblindheit, Albinismus und genetischer Zwergwuchs. Beispiele für stärkere Störungen, also wirkliche Erbkrankheiten des Menschen, sind Hämophilie (Bluterkrankheit), Trisomie 21 (mongoloider Schwachsinn) und Phenylketonurie (eine hirnschädigende Stoffwechselstörung).

Für die Abstammungslehre ungleich interessanter sind jedoch jene Fälle, wo Mutation nicht reine Störung, sondern bereits einen Kompromiß bedeutet. Hierher gehört die Sichelzellen-Anämie (Drepanocytose), eine erbliche Blutkrankheit, die hauptsächlich bei negriden Völkern und damit überwiegend in Afrika vorkommt. Mutiert ist ein Gen, das die Ausbildung der roten Blutkörperchen steuert. Reinerbigkeit (d. h. mutiertes Gen von Vater und Mutter geerbt) bedeutet eine starke Störung: Schon unter geringem Sauerstoffmangel verformen sich die roten Blutkörperchen des betreffenden Menschen sichelförmig und verlieren damit ihre Fähigkeit zum Sauerstofftransport in erschreckendem Ausmaß (bis zu 90 Prozent). Die schädlichen Auswirkungen sind vielfältig, die Säuglings- und Kindersterblichkeit sind so hoch, daß nur sehr wenige Patienten älter als fünf Jahre werden. Gemischterbige »Träger« (latent Kranke, die nur von einem Elternteil das mutierte Gen geerbt haben) sind jedoch normal lebensfähig, aber nicht nur das: Sie sind darüber hinaus viel weniger anfällig für die gefährlichste Malaria-Form, die Malaria tropica, die auch heute noch trotz Verbreitung von Medikamenten eine hohe Zahl von Todesopfern fordert.

Während also die reinerbig Normalen von Malaria bedroht sind und die reinerbigen »Sichler« durch Anämie (Armut an funktionstüchtigen Blutkörperchen), sind die gemischterbigen »Träger« vor beiden Gefahren geschützt. Da ihre Kinder aber teilweise wieder reinerbig sein werden, stellen das mutierte Gen und seine Folgen aufs Ganze gesehen einen Kompromiß dar, den Kompromiß zwischen einer Anämie- und einer Malaria-Todesrate.

Mutation als Fortschritt. Es gibt noch andere Mutationen, die die Eigenschaften des menschlichen Blutes verändert haben. Die Blutgruppe B ist ursprünglich nichts anderes als eine durch Mutation entstandene Sonderform (Mutante). Sie tritt gehäuft in Asien (vor allem Indien), Osteuropa, Nord- und Westafrika auf, das heißt, sie ist besonders in ehemaligen und neueren Seuchengebieten verbreitet. Das ist kein Zufall: Wie man heute weiß, sind Angehörige der Blutgruppe B besser gegen Pest und Pocken geschützt als Angehörige anderer Blutgruppen. Diese Mutation bedeutete somit in der Menschheitsgeschichte ein konstruktives Ereignis, einen Fortschritt.

Ähnlich steht es mit der Hellhäutigkeit (nicht zu verwechseln mit Albinismus) der Europäer, obwohl der Vorteil hier stärker räumlich begrenzt ist. Die meisten Europäer stammen von Ackerbauern ab, die ab 7000 v. Chr. vom Mittleren Osten nach Europa einwanderten. Ackerbauern ernähren sich überwiegend von pflanzlicher Kost, die das lebenswichtige Vitamin D (Calciferol) nur als Vorstufe enthält. Die Umwandlung zum wirksamen Vitamin ist nur unter dem Einfluß von UV-Strahlung in der Haut möglich. Im sonnigen Mittleren Osten konnten diese Ackerbauern dunkelhäutig sein. In den sonnenarmen Teilen Europas kann auf die Dauer jedoch nur leben, wer mutationsbedingt eine helle Haut besitzt, die die geringe verbleibende UV-Strahlung durchläßt.

Hauptfaktor natürliche Auslese (Selektion). Die helle Hautfarbe der Europäer ist ein Beispiel dafür, daß sich eine Mutation für die eine Gegend vorteilhaft auswirkt, für die andere aber nicht (dunkelhäutige Völker sind an die strahlungsreichen Tropen und Subtropen besser angepaßt als wir). Wer aber wacht darüber, daß die passenden Mutanten gerade dort erhalten bleiben, wo sie passend sind? Die Antwort lautet: die natürliche Auslese.

Künstliche Auslese (für Darwin seinerzeit eine wichtige Verständnishilfe) geschieht durch die Hand des Tierzüchters. Er läßt nur die Mutanten zur Fortpflanzung zu, die er aus irgendeinem Grunde positiv bewertet: zum Beispiel Kühe mit einer besonders großen Milchleistung oder Tauben mit einer attraktiven »Perücke«. Bei der natürlichen Auslese geschieht die Bewertung durch die jeweilige Umwelt. Sie bietet demjenigen die besten Fortpflanzungschancen, der die hier (oder

So vielfältig wie die Farbvariationen dieser Zierkarpfen sind die Mutationen, die der Zufall im Laufe von Generationen hervorbringt. Durchsetzen können sich jedoch nur die, die einen Selektionsvorteil bieten.

hier und überall) günstigsten Mutationen aufweist.

Die Mutationen liefern also nur das Rohmaterial, mit dem die Selektion »arbeitet«. Mit einem Vergleich aus der Technik (der freilich auf vielen Beinen hinkt) könnte man sagen: Mutationen sind das Benzin für das Fahrzeug Evolution, dessen Steuer Selektion heißt.

Die hohen Benzinpreise wären dann übrigens die schon erwähnte »genetische Last«, die die vielen schädlichen Mutationen mit sich bringen. Richtig ist jedenfalls, daß die natürliche Auslese das Steuer ist; sie wandelt Zufall in Zweckmäßigkeit um. Einen »unbewußt schöpferischen Prozeß« hat man sie genannt. Das hebt sie als Hauptfaktor der Evolution hervor.

Feinddruck und Konkurrenzdruck. Wie soll man sich aber das Wirken der natürlichen Auslese vorstellen? Die Umwelt, die da alles prüft und bewertet, kann vielerlei sein: Kälte und Hitze, Regen und Dürre, Steppe und Wald. Die bekanntesten Mittel der Selektion heißen jedoch Feinde und Konkurrenten. Da gibt es den Tiger, der ständig den Pfau bedroht und so dafür sorgt, daß das farbenprächtige Rad nicht noch größer und so schwer wird, daß der Vogel schließlich gar nicht mehr auf den Baum entkommen kann. Oft sind die Feinde auch winzig klein und heißen Parasiten und Krankheitserreger. In verschiedenen Experimenten hat man versucht, »Feinddruck« zu messen.

Weniger deutlich, aber nicht weniger wichtig ist die Selektionswirkung der Konkurrenz. Der Begriff ist – wie viele andere – aus der menschlichen Gesellschaft entlehnt. Biologisch gesehen geht es um die Nutzung einer nur begrenzt verfügbaren Lebensgrundlage wie Nahrung, Brutstätten, Ruheplätze, Überwinterungsquartiere. Man unterscheidet innerartliche und zwischenartliche Konkurrenz. Machen sich zwei verschiedene Tierarten in der gleichen ökologischen Nische Konkurrenz, so kann die eine Art die andere allmählich verdrängen, wie es in Australien wahrscheinlich der Dingo mit dem Beutelwolf getan hat. Häufiger aber kommt es zu einer Aufteilung der Nische, das heißt, der »Konkurrenzdruck« oder Zwang zum Arrangement verändert die Lebewesen, sowohl ihr Verhalten als auch ihr Aussehen. Wir wollen uns das am Beispiel der Geier vor Augen führen.

Der »ökologische Beruf« von Geiern ist die Verwertung von Aas. Natürlich machen ihnen dabei auch gewisse Säugetiere (Schakale und Hyänen) Konkurrenz, aber denen gegenüber haben die Geier oft einen zeitlichen Vorteil. Wer durch die Luft reist, ist schneller und kann schon satt sein, wenn der Stärkere auf vier Beinen eintrifft. Natürlich finden sich Konkurrenten auch unter anderen Vögeln, aber der Marabu zum Beispiel kann die Kadaver nicht allein öffnen. Er stiehlt nur im raschen Vorstoß einzelne Brocken aus dem Mahl, das die Geier bereitet haben. Wie aber steht es, wenn die Geier unter sich sind?

Geier und Geier ist keineswegs dasselbe. In Ostafrika kann man an einem einzigen toten Gnu sechs Arten von Geiern entdecken. Beobachtet man sie länger, so lernt man zu unterscheiden: Die einen (Sperber- und Weißrückengeier) zerren und wühlen. Ihr Schnabel ist nichts als ein starker »Zerrhaken«, mit dem sie Därme und andere Eingeweide aus dem Inneren größerer Kadaver hervorangeln, wobei der Hals bis zu den Schultern in den Körperöffnungen verschwinden kann. Der Hals ist lang und nahezu nackt, denn ein normales Halsgefieder würde ständig verschmutzen und verkleben. Zwei andere Arten (Ohren- und Wollkopfgeier) reißen mit mächtigen Schnäbeln zähe Hautfetzen und sehniges Fleisch von außen ab. Ihre Füße sind besonders kräftig und zum Greifen und »Gegenhalten« gut geeignet. Die beiden letzten Arten (Kappen- und Schmutzgeier) sind kleinere Tiere mit schlanken Schädeln und pinzettenartigen Schnäbeln. Sie picken kleinste Fleischstückchen von den Knochen oder auch vom Boden.

Damit ist deutlich, daß sich die scheinbar so einheitliche Nahrungsquelle »Aas« weiter unterteilen läßt und daß die sechs Geierarten in Wirklichkeit drei verschiedenen Gruppen von Spezialisten angehören. Die Konkurrenz hat sie zu Spezialisten gemacht, und innerhalb der einzelnen Gruppen hat man sich nochmals auf andere Weise geeinigt: So ist zum Beispiel der an Felswänden nistende Sperbergeier mehr ein Gebirgsbewohner als der auf Akazien brütende Weißrückengeier. Ähnlich ist es bei Schmutz- und Kappengeier, während Ohren- und Wollkopfgeier sich vor allem durch verschiedene Größe und Wendigkeit unterscheiden. Konkurrenz schafft Vielfalt, und Vielfalt bedeutet Konkurrenzvermeidung. Gause-Volterra-Prinzip nennt man diese Regel.

Innerartliche Konkurrenz. Ungleich härter als die zwischenartliche Konkurrenz muß, so scheint es uns, der innerartliche Wettbewerb ausfallen. Denn die Angehörigen einer Art bewohnen gewöhnlich alle dieselbe ökologische Nische. Da muß es ja zum »blutigen Kampf mit Zähnen und Klauen« kommen (wie man Darwins »Kampf ums Dasein« oft mißdeutet hat). Zweifellos kämpfen Tiere um Nahrung und Brutplätze. Es ist auch wahr, daß das Nesthäkchen mancher Singvögel meistens stirbt und daß der zuerst geschlüpfte junge Schreiadler regelmäßig das jüngere Geschwister erdrückt. Aber der Kampf verläuft überwiegend heimlicher und weniger dramatisch. Den Artgenossen bekämpfen, vertreiben oder gar töten ist keineswegs der einzige Weg zum Erfolg. Ein bißchen schneller wachsen, ein bißchen rascher laufen oder reagieren, länger hungern können – das kann schon entscheiden, ob man »floriert« und mehr Nachkommen aus dem allgemeinen Reservoir des Nachkommenüberschusses durchbringt als andere. Und darauf kommt es in der Evolution schließlich an. So ist auch die innerartliche Konkurrenz ein ständiger Anlaß, sich weiterzuentwickeln.

Im »Windschatten« der Selektion. Eins der interessantesten Probleme der Evolutionslehre ist die Frage, wie weit der Arm der natürlichen Selektion reicht. Überprüft sie ständig alle Einzelheiten, jede Kleinigkeit bei allen Lebewesen, oder ist manches ausgespart? Gibt es einen »Windschatten« der Selektion?

Unter den Abstammungswissenschaftlern mehren sich die Stimmen derjenigen, die die Allgegenwart der natürlichen Selektion bestreiten. Im Windschatten der natürlichen Auslese geschehe manches, so meinen sie. Trifft dies zu, so gewinnt der uns schon von der Mutationslehre her bekannte Zufall an Macht, denn wenn nicht jede Mutation gleich von der Selektion überprüft wird, können sich viel mehr Mutationen durchsetzen, als eigentlich nötig sind. So lautet die Lehre der »Neu-

Zwischenartliche Konkurrenz führt häufig zur Aufteilung einer ökologischen Nische, wie bei Geier und Schakal, die sich in die ökologische Nische als Aasfresser teilen.

tralisten«, die 1968 zum erstenmal deutlich durch den japanischen Molekularbiologen Motoo Kimura formuliert wurde.

Kimura schreibt über den roten Blutfarbstoff, das Hämoglobin: »Wir beide, der Karpfen und ich, brauchen Hämoglobin für genau dieselbe Aufgabe: den Sauerstofftransport im Körper. Aber die eine Hälfte aller chemischen Einheiten in meinen Hämoglobinmolekülen ist anders als beim Karpfen. Diese unnötige Art von Evolution sowie meine Untersuchungen über ihre Geschwindigkeit und Struktur lassen mich den Schluß ziehen, daß die Selektion keinen Grund hat, die eine Molekülvariante der anderen vorzuziehen.« Der letzte Satz des Zitats bedeutet, daß sich die Selektion gegenüber diesen vom Zufall diktierten Molekülvarianten neutral verhält – daher der Name »Neutralisten« für die Anhänger dieser Richtung.

Es erscheint jedoch nicht richtig, diese neue Lehre mit dem Begriff »Nicht-Darwinsche Evolution« zu belegen, weil sich die Gegensätze zwischen Neutralisten und »Selektionisten« durchaus überbrücken lassen. Der Neodarwinismus muß ohnehin an mehreren noch unerwähnten Punkten mit dem Zufall rechnen. So liefert die Erklärung »Zufall« bis heute die beste und einzige Antwort auf die Frage, warum diese und jene Einzelheit in Form und Farbe bei einer Tierart so und bei der Nachbarart anders ist. Die Schloßzähne der Muscheln zum Beispiel haben bei allen Arten dieselbe Funktion: Sicherung gegen Scherkräfte, die die beiden Klappen gegeneinander verschieben könnten. Diese Aufgabe wird offensichtlich von allen bekannten Schloßzähnen zufriedenstellend erfüllt; keine Muschel erscheint in dieser Hinsicht irgendwie benachteiligt. Dennoch sind die Zähne von Gruppe zu Gruppe und auch von Art zu Art so verschieden, daß man darauf eine Muschel-Systematik aufbauen kann. Warum variiert die Evolution hier ständig eine bewährte Einrichtung? Offensichtlich geschieht dies im Windschatten der natürlichen Selektion.

Gendrift. Ein weiterer wichtiger Punkt ist in diesem Zusammenhang die Gendrift (Sewall-Wright-Effekt). In großen Tierpopulationen existieren mutationsbedingt oft zahlreiche Versionen oder Alternativen eines Gens nebeneinander, sogenannte Allele. Kleine Tierpopulationen auf Inseln gehen indes manchmal auf ein einziges auf Treibholz angetriebenes Elternpaar zurück, das nur einen kleinen Ausschnitt der gesamten Allelen-Auswahl mitbrachte (Gründer-Prinzip): Wenn die Stammeltern zufällig besonders klein waren oder besonders groß, wird die gesamte spätere Inselpopulation entweder auffallend klein oder auffallend groß, ohne daß die natürliche Auslese ein einziges Wort mitreden konnte. Einen ähnlichen Gendrift-Effekt können auch Katastrophen haben, bei denen eine ganze Tierart bis auf wenige Reste umkommt.

Sexuelle Selektion. Im Windschatten der natürlichen Auslese vollzieht sich schließlich auch ein Teil der sogenannten geschlechtlichen Auslese oder sexuellen Selektion. Wenn natürliche Selektion Aussonderung nach allgemeinem Lebenserfolg im allgemeinen Wettbewerb der Lebewesen bedeutet, dann heißt sexuelle Selektion Auswahl nach Paarungserfolg im Wettbewerb der Geschlechtsgenossen. Darwin, von dem diese Unterscheidung zwischen zweierlei Arten von Selektion stammt, dachte auch über die Ursachen der geschlechtlichen Auslese nach: »Die Ursache (der sexuellen Selektion) scheint darin zu liegen, daß fast bei allen Tieren die Männchen stärkere Leidenschaften besitzen als die Weibchen. Die Männchen sind es daher, die miteinander kämpfen und eifrig ihre Reize vor den Weibchen entwickeln.« Damit gibt Darwin zugleich einen Hinweis auf die möglichen Taktiken eines Männchens, das vom Weibchen erwählt werden möchte: Es muß die Konkurrenten »ausstechen«, und dieses Ausstechen geschieht auf zweierlei Weise: durch meist ritualisierte Kämpfe zum Teil mit besonderen Waffen (so z. B. beim Hirsch) oder durch Schönsein und »Schöntun« (wie es beim Pfau und den Paradiesvögeln üblich ist).

Die vielen Prachtgewänder von Vogelmännchen – ein luxuriös anmutendes Spiel von Formen und Farben – sind also das Werk der sexuellen Auslese, und die natürliche Selektion läßt das alles zu. Allerdings stellt sie meistens einige grundlegende Bedingungen, die erfüllt sein müssen: Damit die Brut nicht gefährdet wird, müssen wenigstens die Weibchen ein schlichtes und unscheinbares Kleid behalten, und bei den Arten mit besonders auffälligen Männchen müssen sich diese Männchen vom Nest fernhalten und auf einer besonderen Balzarena »unter Männern« bleiben. Das Weibchen sucht sie nur kurz zur Paarung auf. Extrem sexualdimorphe (nach Geschlecht verschiedene) Vögel mit Arenabalz gibt es in verschiedenen Vogelordnungen. Am bekanntesten sind (außer den heimischen Rauhfußhühnern wie Auerhuhn und Birkhuhn) die Paradiesvögel aus dem Urwald von Neuguinea.

Sehr lehrreich ist nun das Beispiel der Laubenvögel, die von den Paradiesvögeln abstammen. Die Laubenvögel leben in Neuguinea und Australien zum Teil in offenem Gelände und balzen nur noch auf dem Boden. Da aber wurde es der natürlichen Selektion nun doch »zu bunt«. Unter diesen Bedingungen war der Feinddruck für die bunten Männchen offenbar zu stark. Die natürliche Selektion, deren »Geduld« zu Ende war, ließ das Gefieder der Männchen allmählich wieder unscheinbar werden. Aber zugleich trat etwas ganz Erstaunliches, geradezu Unwahrscheinliches ein. Es vollzog sich eine Übertragung des Balzschmuckes vom Gefieder des Männchens auf unbelebte Umweltobjekte: auf die berühmten »Liebeslauben« und auf die »Juwelen«, also auf bunte Gegenstände, die vor der Laube aufgehäuft werden. Wenn der Lauterbach-Laubenvogel (Chlamydera lauterbachi) an der Laube vor seinem Weibchen tanzt, nimmt er eine rote Beere auf und hält sie unter kreisenden Kopfbewegungen empor, so als wollte er dem Weibchen seine schöne rote Halskrause zeigen. Diese Halskrause hatten aber nur seine Vorfahren, die so ähnlich ausgesehen haben könnten wie die heutigen Kragen- und Fleckenlaubenvögel. Der Lauterbach-Laubenvogel aber hat die rote Farbe des Halsgefieders längst verloren und benutzt statt dessen eine rote Beere, die man schnell weglegen kann, wenn ein Feind kommt.

Schlüsselbegriff Anpassung

Neben der Artbildung ist die Anpassung ein sehr altes und zentrales Thema der Evolutionslehre. Viele wichtige Überlegungen haben bei der Anpassung ihren Ausgang genommen, denn die Evolutionsfähigkeit der Lebewesen beruht auf ihrer Anpassungsfähigkeit.

Anpassung ist – auch innerhalb der Zoologie – ein mehrdeutiger Begriff. Es gibt eine aktuelle Anpassung – etwa der Farbwechsel des Chamäleons oder die Einstellung unseres Auges auf eine bestimmte Umwelthelligkeit –, und es gibt eine individuelle Anpassung (phänotypische Variation oder Modifikation), zum Beispiel Sehtüchtigkeit und dunkle Haut des sonst blinden und weißen Grottenolms unter dem Einfluß von Licht (→ S. 32) oder die Halsverlängerung bei den »Giraffenfrauen« aus Burma (→ S. 35). In diesem Zusammenhang interessiert jedoch hauptsächlich die evolutive Anpassung, das heißt die langfristige überindividuelle Umkonstruktion im Laufe der Stammesgeschichte, durch die sich das Lebewesen auf eine bestimmte Umwelt spezialisiert. Man spricht deshalb von Kälte- und Wärmeanpassungen, Anpassungen an die Tiefsee und das Hochgebirge, Anpassung an Fleischnahrung und Pflanzenkost, Lauf-, Schwimm-, Flug- und Kletteranpassungen usw.

Allerdings ist der Anpassungsbegriff auch jetzt noch mehrdeutig: Er bezeichnet sowohl das Evolutionsergebnis (das Angepaßtsein) als auch den Evolutionsprozeß, der zum Ergebnis führt (den Vorgang des Angepaßtwerdens). Der Anpassungsprozeß ist das, was man verstehen möchte, der Anpassungszustand ist das, was einem zunächst ins Auge springt. Schon vor dem Aufkommen der Evolutionslehre hat man in ungezählten Darstellungen immer wieder das Angepaßtsein der Tiere an ihre Umwelt bewundert und als »Harmonie« bezeichnet. Dieser Ausdruck bezieht sich auf die vielen lebenserhaltenden und darum zweckmäßigen Einrichtungen der Lebewesen. Etwas Vergleichbares scheint allem Nichtlebendigen zu fehlen.

Die meisten Schulbeispiele für Zweckmäßigkeit im Tierreich betreffen körperliche Anpassungen. Zum Beispiel zeigen die Spechte zahlreiche auch äußerlich erkennbare Anpassungen an das »Zimmermannsleben im Walde«: Über Kletterfüße, Stützschwanz, Meißelschnabel und Harpunenzunge berichten alle alten und neuen Schulbücher. Aber auch dort, wo man äußerlich nicht soviel sieht wie beim Specht, können zahlreiche Anpas-

1

2

3

4

Pracht und Prunk bei Vögeln

Die luxuriös anmutenden Prachtgefieder vieler Vogelmännchen sind das Ergebnis sexueller Auslese, also gewiß kein zweckfreier Luxus, sondern Ausdruck höchst funktioneller Sachzwänge. Das Zurschaustellen solcher Pracht erfordert oft harte Arbeit: wenn etwa der Raggis Paradiesvogel sich bei der Schaubalz vor dem Weibchen bizarr vornüberneigt (5) und der Blaue Paradiesvogel kopfunter hängend seine reichen Schmuckfedern darbietet (1). So können die Weibchen den am schönsten, auffälligsten balzenden Mann auswählen, also den, der die arttypischen Eigenschaften am besten aufweist. Auf dem prächtigen Pfauenrad scheinen übergroße Körner angeordnet zu sein, die der Henne dargeboten werden (2). Farbige Pracht zeichnet auch den Kehlsack des Fregattvogelmännchens (6) aus, und beim Auerhahn (4) gesellt sich zum gespreizten Prunk des Gefieders das tiefe »Kollern« als Anlokkungslaut. Bei den bodennistenden Laubenvögeln Australiens und Neuguineas wären zu bunte Prachtgefieder wohl ausgemerzt worden: So helfen sich die unscheinbaren Männchen für die Damenwahl mit künstlichem Schmuck. Sie holen Beeren (3, Lauterbach-Laubenvogel) bzw. leuchtend bunte Gegenstände aus der menschlichen Plastikkultur herbei und schmücken damit den Balzplatz (7, Seidenlaubenvogel).

6

5

7

sungen vorliegen: Verhaltensanpassungen von staunenswertem Ausmaß.

In Afrika leben die Schliefer (Hyracoidea), eine wenig bekannte Gruppe kaninchengroßer Säugetiere, die mit den Elefanten verwandt sind. Schliefer sind geschickte Kletterer, vor allem die Baumschliefer (Dendrohyrax), von denen einige fast das ganze Leben auf den Urwaldbäumen verbringen. Aber nichts an ihrem Körperbau verrät wie bei anderen Baumtieren (z.B. Spechten, Hörnchen und Affen) ihre hohen Kletterkünste. Der Baumschliefer gleicht einem Spaziergänger, der lässig in Filzpantoffeln eine Steilwand im Gebirge erklimmt, während sich neben ihm die perfekt ausgerüstete Seilschaft emporarbeitet.

Schutzanpassungen. Wir Menschen als »Augentiere« schätzen natürlich mit den Augen erkennbare Anpassungen mehr, vor allem aber solche, die auch für die Augen »gedacht« sind: die verschiedenen Schutzanpassungen im Tierreich. Sie reichen von einfachen graubraunen Tarnfärbungen (z.B. Mäusefell) über die Nachbildung komplizierter Farben und Formen der belebten und unbelebten Umgebung (Mimese: z.B. gestaltauflösende Blätterzeichnung bei Vipern, zweigartige Körperformen bei Spannerraupen) und über Warntrachten (z.B. auffällige schwarzrote oder schwarzgelbe Zeichnung giftiger Insekten und Amphibien) bis hin zu den immer aufs neue verblüffenden Fällen, die man als Mimikry bezeichnet.

Mimikry ist eine »geborgte« Schutzanpassung, eine Schauspielerei mit den Signalen eines anderen, für den man »sich ausgibt«. Es existiert also immer beides: ein Vorbild, das die Schutztracht zu Recht trägt, und ein Nachahmer, bei dem »nichts dahintersteckt«. Im Falle des bekanntesten Mimikry-Typs, den der englische Naturforscher Henry Walter Bates 1862 grundlegend beschrieb, sind die Vorbilder ungenießbar oder wehrhaft oder beides zugleich. Die Nachahmer sind jedoch für insektenfressende Vögel schmackhaft. Solche Batessche Mimikry findet sich bei tropischen Schmetterlingen aus verschiedenen Familien.

Oben: Die Baumschliefer, kaninchengroße Säugetiere aus Afrika, sind hervorragend an eine kletternde Lebensweise angepaßt, doch nichts an ihnen verrät ihre Kletterfähigkeiten.

Unten: Eine verblüffende Art von Mimikry ist beim Kuckuck ausgeprägt. Jede Rasse legt Eier, die denen ihrer speziellen Wirtsvögel täuschend ähneln. (Rechts jeweils das Kuckucksei.)

Weitere klassische Beispiele für Vorbilder sind Hornissen und andere Wespen. Ihre Nachahmer (Hornissenschwärmer und Schwebfliegen) sind bekömmlich und harmlos, genießen aber den Schutz, den die gelbschwarze Wespentracht bietet, und werden gewöhnlich von Vögeln und anderen Jägern in Ruhe gelassen.

Auch der bekannte Brutparasitismus des Kuckucks hat viel mit Mimikry zu tun. Jede Kuckucksrasse legt Eier, deren Färbung und Zeichnung die Eischalenmuster ihrer speziellen Wirtsvögel (z.B. Wiesenpieper oder Gartenrotschwanz) so täuschend nachahmen, daß die Wirte sie nicht als »Fremdkörper« aus dem Nest werfen, sondern für ihre eigenen Eier halten müssen. Darüber hinaus haben die jungen Kuckucke den hellfarbenen »Sperr-Rachen« der echten Singvogel-Jungen kopiert, und neuerdings meint man sogar, die gesperberte (quergestreifte) Unterseite des Kuckucks sei dafür »gedacht«, daß alle Singvögel eines Gebiets den männlichen Kuckuck wie einen Sperber »hassen« (schimpfend umflattern und zu mehreren angreifen), während das Kuckucksweibchen unbemerkt sein Ei in das verlassene fremde Nest legen kann. Wirklich ein Gipfel an »Raffinesse«!

Co-Evolution. Es gibt aber noch andere »raffinierte« Anpassungen, bei denen jeweils zwei Partner im Laufe der Evolution in eine komplizierte Wechselbeziehung getreten sind. Gemeint sind die Fälle von »Hand-in-Hand-Evolution«, die man auch als Co-Evolution oder verschränkte Evolution bezeichnet. Dazu gehören zum Beispiel die wechselseitigen Anpassungen (Co-Adaptationen) zwischen Symbiose-Partnern (→S. 48/49), also etwa zwischen einem Einsiedlerkrebs und der Seerose auf seinem Schneckenhaus, aber auch die vielfältigen genauen Abstimmungen zwischen Blüten und bestäubenden Insekten.

Entstehung von Anpassungen. Je komplizierter die Anpassungen, um so dringlicher stellt sich die Frage nach ihrer Entstehung. Ausgehend vom Schlüsselbegriff Anpassung lassen sich nun auch die Erklärungen Lamarcks und Darwins (→S. 34) nochmals anders formulieren: Der Lamarckismus geht von einer direkten Anpassung aus, das heißt vom evolutiven Erwerb passender Eigenschaften durch Eigenaktivität der Lebewesen. Durch direkte Erfindung sollen neue, bleibende Strukturen und durch direktes Erlernen erbliche Funktionen und Verhaltensweisen entstehen. Der Darwinismus vertritt hingegen das Prinzip der indirekten Anpassung: Das Lebewesen selbst kann seine Veränderung nicht bewirken, es kann nur auf zufällige Änderungen seiner Erbanlagen warten und auf die Wirkung der natürlichen Auslese, die unter seinen Nachkommen in einem zweiten Schritt das Passendste auswählt.

Welten liegen zwischen der Galápagos-Meerechse, deren ureigenes Element das Wasser ist (oben), und dem Grünen Leguan, einem trägen Baumkletterer und Blattfresser (links).

Immer wieder aber können wir feststellen: Dieses Prinzip der indirekten Anpassung will uns viel schwerer einleuchten als die Sache mit der direkten Anpassung. Vor allem wird immer von neuem die Frage gestellt: Wo nimmt das Lebewesen so rasch die Erbanlagen für die vielen neuen Eigenschaften her, wenn es in die Zwangslage kommt, sich an eine neue Umwelt oder Lebensweise anpassen zu müssen? Man tut gut daran, das an einem praktischen Beispiel zu durchdenken.

Auf den Galápagos-Inseln lebt die schon Darwin bekannte Meerechse (Amblyrhynchus). Keiner zweifelt daran, daß ihre Vorfahren auf schwimmenden Urwaldbäumen mit dem Humboldtstrom angetrieben wurden und daß diese Vorfahren so ähnlich wie der Grüne Leguan (Iguana) ausgesehen haben müssen, der heute noch das südamerikanische Festland bewohnt.

Der Vergleich von Vorfahren-Modell und Nachfahre erscheint wie ein Vergleich zweier Welten. Hier der Grüne Leguan: auf einem Ast im schattigen Urwald kletternd, ein träger Blattfresser mit einem runden Peitschenschwanz – und dort die Meerechse: auf den durchsonnten Lavafelsen kletternd, ein Algenfresser, der mit Hilfe seines seitlich abgeflachten Ruderschwanzes durch eine gewal-

Mimese und Mimikry

Zu den eindrucksvollsten Anpassungen im Tierreich gehören die verschiedenen Tarntrachten, die ein wehrloses Opfer genauso verbergen können wie einen lauernden Räuber. Von Mimese spricht man, wenn Farb- und Formanpassungen eine optische Übereinstimmung des Tieres mit seiner Umgebung bewirken. Baumrinde wird vom Gefieder mancher Vögel, etwa der Zwergohreule (1), täuschend nachgeahmt. Die Zebraspinne (7) setzt in ihrer Körperzeichnung ein Zickzackmuster von Spinnfäden der Netzmitte fort. Zahlreiche Insekten ahmen in ihrem Körperumriß Pflanzenteile nach. Heuschrecken können wie Zweige – zum Beispiel die Stabheuschrecke (5) – oder wie Blätter (2) aussehen. Auch Spannerraupen sehen Ästen oft zum Verwechseln ähnlich (9). Die an viele Blätter erinnernde Zeichnung der Gabunviper (8) bewirkt eine Auflösung der Körperkonturen des Tieres (Somatolyse). Dunkle, dreieckige Kopfflecken, die wie Blattschatten wirken, lenken den Blick von den Augen der lauernden Schlange ab. Während hier die Augen im Verborgenen bleiben sollen, werden bei anderen Tieren, vor allem Schmetterlingen – etwa dem Kleinen Nachtpfauenauge (4) –, Augen auffällig zur Schau gestellt. Es handelt sich dabei um »nachgemachte« Augen, Flecken, die die Augen einer Eule oder eines anderen Raubtiers vortäuschen, vor dem sich kleine schmetterlingsjagende Singvögel fürchten. Da mit dieser Augenflecken-»Schauspielerei« Teile eines wehrhaften Tieres durch ein harmloses nachgeahmt werden, kann man bereits von Mimikry sprechen. Mimikry im engeren Sinn ist jedoch die »Kopie« spezieller Warntrachten. Der zu den Glasflügel-Schmetterlingen gehörende Hornissenschwärmer (6) sowie eine Vielzahl von Schwebfliegen (3) genießen dank ihrer nachgemachten Wespenzeichnung den Schutz, den die gelbschwarze Warntracht der Wespen bietet. Insektenjäger lassen diese Nachahmer gewöhnlich in Ruhe, obwohl sie keineswegs wehrhaft wie ihre »Vorbilder« sind.

1

2

3

4

5

6

7

8

9

tige Brandung in das salzige Meer zu den Fischen hinabtauchen und überschüssiges Salz aus der Nahrung durch besondere Nasendrüsen wieder ausscheiden kann.

Man braucht schon eine »Überbrückungshilfe«, um den gedanklichen und tatsächlichen Abgrund zwischen der Welt des Grünen Leguans und der Welt der Meerechse zu überwinden. Die Schlagworte »Anpassung« und »Umspezialisierung« reichen als Erklärung allein nicht aus. Tatsächlich gibt es eine solche Überbrückungshilfe, und sie heißt Voraus- oder Vorweg-Anpassung (Präadaptation). Genaue vergleichende Untersuchungen haben ergeben, daß bei den Meerechsen seit ihrer Verfrachtung auf die Galápagos-Inseln vor einigen Millionen Jahren im wesentlichen Fähigkeiten ausgebaut und verstärkt wurden, die auch schon ihre Vorfahren »als Reserve« besaßen: So fand man Grüne Leguane auf Kakteen in offener Landschaft der glühenden Sonne ausgesetzt. Auf der Flucht stürzen sie sich ins Wasser, gelegentlich sogar ins Meer, und halten es dort bis zu vier Stunden untergetaucht aus. Auch haben sie schon kleine salzausscheidende Drüsen im Nasenbereich entwickelt.

Fähigkeiten, die der Grüne Leguan nur gelegentlich braucht, setzt die Meerechse ständig ein und gründet darauf ihre Existenz. Natürlich mußte sich ihr Verhalten dahingehend ändern, daß sie freiwillig und gewohnheitsmäßig den Meeresgrund aufsucht und Algen als alleinige Nahrung aufnimmt.

Auch hat die natürliche Auslese den Urwaldtyp noch etwas in Richtung Schwimmtyp ummodelliert (vor allem im Hinblick auf den Schwimmschwanz). Das aber sind nur die nachträglichen und ergänzenden Verbesserungen (Postadaptationen), nachdem die verdrifteten Pioniere in der neuen Inselumgebung erst einmal Fuß gefaßt hatten. Für diese Postadaptation hatten die Tiere schließlich einige Millionen Jahre Zeit.

Die Präadaptationen sind also das Grundlegende, was ein erstes Fußfassen überhaupt ermöglicht und was den Gesamtvorgang der Anpassung weniger rätselhaft erscheinen läßt. Die Evolution stattet eben viele Lebewesen von vornherein durch vorauseilende genetische Reserve-Variationen so vielseitig aus, daß sie ohne große Veränderungen »umsteigen« können – sogar vom Urwaldbaum auf Lavaklippen und ins salzige Meer.

Aber noch etwas anderes lehren die Meerechsen: Anpassung muß nicht – auch wenn es bei den bisher gewählten Beispielen oft so aussah – immer etwas Perfektes sein. Neuere Untersuchungen haben gezeigt, daß Meerechsen gar nicht so ausgesprochene Schwimm- und Tauchkünstler sind, wie man früher dachte. Ihre Dauergeschwindigkeit im Wasser liegt bei 0,45 m/s, und die Höchstgeschwindigkeit, die sie nur in kurzen Spurten (kürzer als 2 min) erreichen, ist nicht einmal doppelt so hoch (0,85 m/s; gleich große Fische erreichen mehr als 10 m/s) und läßt sie überdies rasch ermatten. Kein Wunder, daß sie hin und wieder in den Mägen von Haifischen zu finden sind.

Aber ihre Künste reichen durchaus für den Normalfall der Nahrungssuche und Feindvermeidung aus. Und das ist das entscheidende Evolutionsergebnis: nicht Perfektion, sondern Überlebensfähigkeit. Selbst das so oft als Gipfel der Vollkommenheit gerühmte Auge der Wirbeltiere (also auch unser Auge) weist im Vergleich zum ähnlichen Linsenauge der Tintenfische eine erhebliche Unvollkommenheit auf: Die lichtaufnehmenden Elemente (Stäbchen und Zapfen) sind vom Licht abgewandt zum Augenhintergrund gerichtet. Das Licht muß also zunächst eine dicke Schicht von Nervenzellen und Leitungsbahnen durchdringen, ehe es an den Ort der Reizaufnahme kommt. Dank der Zusatzerfindung des »Gelben Flecks« (wo die störende Schicht sehr dünn ist) wurde das Wirbeltierauge dann aber doch noch »ganz passabel«, so daß man mit ihm auskommen kann.

Spielregeln der Evolution

Mit diesem Abschnitt treten wir in das Gebiet der Historischen Phylogenetik ein. Diese Teilwissenschaft fragt nicht nach dem Warum (wie die kausale Evolutionsforschung), sondern nach dem Wie der Evolution. Ihre Fragestellung kann einerseits zu speziellen Ergebnissen führen, etwa zu einem Stammbaum der Fische oder der höheren Primaten, andererseits aber auch zu allgemeinen Aussagen über generelle Evolutionsregeln und Ablaufformen der Stammesgeschichte. Hier sollen zunächst die Regeln der Artbildung oder Speziation dargestellt werden.

Was sind Arten? Nicht zufällig handelt Darwins Hauptwerk von der Entstehung der Arten. Artbildung ist bis heute ein zentrales Evolutionsproblem, und zwar ein schwieriges und strittiges. Zunächst eine Unterscheidung: Es gibt einen biologischen und einen morphologischen Artbegriff; der eine ist an lebendigen Tieren, der andere an ihrem Bauplan orientiert, den man auch am toten, konservierten Tier und an Fossilien studieren kann. Die Definition des morphologischen Artbegriffs lautet: »Eine Art umfaßt alle diejenigen Individuen, die in allen wesentlichen Merkmalen untereinander und mit ihren Nachkommen übereinstimmen.« Da es jedoch oft Ermessenssache ist, welches die »wesentlichen Merkmale« sind, kann das nur ein Hilfsbegriff sein.

Der biologische Artbegriff ist der eigentlich wichtige. Er läßt sich in eine sehr kurze Definition fassen (die sich sogar reimt): »Eine Art ist, was sich paart« oder wissenschaftlich ausgedrückt: »Art ist ein geschlossenes, reproduktiv isoliertes System«, das heißt, es kommt zu keinem Austausch von Erbanlagen (Genfluß) mit artfremden Lebewesen. Diese biologische Artdefinition bedeutet, daß man es eigentlich den Tieren jeweils selbst überlassen muß, ob sie andere noch als Artgenossen verstehen und sich mit ihnen unter natürlichen Bedingungen fruchtbar paaren oder nicht. Sie treten den Beweis für die Richtigkeit dieser Definition auch immer wieder an: Zilpzalp und Fitislaubsänger, Sommer- und Wintergoldhähnchen, Grün- und Grauspecht unternehmen praktisch keine zwischenartlichen Paarungsversuche, obwohl sie sich sehr ähnlich sehen und sich oft begegnen. Sie haben verschiedene Schutzeinrichtungen (Isolationsmechanismen) entwickelt, die eine Verwechslung verhindern. Vor allem sind die Lautäußerungen der beiden Zwillingsarten jeweils verschieden.

Die Verhältnisse lagen aber nicht immer so. Es hat eine Zeit gegeben, wo diese Vögel noch nicht in je zwei Artenpaare geschieden waren, sondern jeweils zu einer gemeinsamen Art gehörten – der Ahnform der heutigen Zwillingsarten. Wie kam es zur Trennung? Genau das ist das Problem der sogenannten Artaufspaltung, der synchronen Artbildung oder Speziation im eigentlichen Sinne. Die Frage, um die es geht, lautet: Wie entstehen aus einer Stammart zwei oder auch mehrere Geschwisterarten?

Artbildung durch Separation. Über eine bestimmte Form der Artbildung besteht unter den Biologen weitgehend Einigkeit, nämlich über die geographische oder allopatrische Artbildung. Am Anfang steht dabei stets die Trennung (Separation oder geographische Isolation) durch eine größere Schranke (Gebirge, Meeresarm, großflächiger Gletscher u.a.). Solche geographischen Barrieren werden entweder durch die Umwelt neu aufgebaut (zum Beispiel Vereisung Mitteleuropas) oder von den betreffenden Lebewesen innerhalb eines sehr langen Zeitraums ein- oder mehreremal zufällig aktiv überwunden. Indem sich die Auswanderer der neuen Umgebung durch die Wirkung von Mutation und Selektion anpassen, werden sie den früheren Brüdern jenseits der Barriere immer unähnlicher. Schließlich gibt es beiderseits der Schranke zwei verschiedene Unterarten (auch geographische Rassen genannt) – oder handelt es sich sogar schon um Arten? Die Entscheidung ist für den Systematiker oft schwierig, es sei denn, die Tiere klären die Frage durch ihr Verhalten selbst: Unterarten paaren sich noch miteinander, Arten jedoch definitionsgemäß nicht mehr.

In diesem Zusammenhang liefert die Kohlmeise ein vielzitiertes Beispiel. Sie bietet uns Einblick in einen Grenzfall von Unterart und Art und noch mehr: Sie veranschaulicht den zeitlichen Prozeß der Artbildung räumlich. Nur auf dem südlichen (nicht aber auf dem nördlichen) Verbindungsweg zwischen Europa und Ostasien ist es über zwei Gebirgsbarrieren hinweg zur Unterartbildung gekommen. Man kann diese Unterarten mit Hilfe der verschiedenen Gefiederzeichnung recht gut unterscheiden. Treffen sie sich erneut auf der »Südroute«, so erkennen sie sich noch als Angehörige einer Art, paaren sich, und es entstehen Bastarde. Treffen aber die südliche und die östliche Unterart im Fernen Osten auf die Kohlmeisen der »Nordroute«, so paaren sie sich nicht mehr, verhalten sich also wie verschiedene Arten.

Sympatrische Artbildung. Natürlich liegt die Frage nahe, ob es auch eine Artbildung ohne vorausgehende geographische Trennung gibt. Die »abtrünnige« Population müßte dabei also nicht erst in ein anderes Land »umziehen« (allopatrisch werden), sondern der Genfluß müßte unterbrochen werden, während alle im gleichen Gebiet wohnen (sympatrisch bleiben). Das Vorkommen dieser Form der Artbildung ist für das Pflanzenreich sicher nachgewiesen, wo sie durch Polyploidisierung (→ S. 86) geschieht, bei Tieren aber noch immer fraglich. Manche Zoologen bestreiten, daß sympatrische Artbildung im Tierreich irgendwo zweifelsfrei nachgewiesen sei, andere meinen, sie komme vor allem bei Parasiten, flugunfähigen Insekten und Nagetieren häufig vor.

Über die Art hinaus. Artbildung ist ein vergleichsweise kurzer Prozeß. Gelegentlich verläuft er so rasch, daß man fast zusehen kann (→ S. 55). Aber genügt es denn, diese kleinschrittige Evolution (Mikro-Evolution) zu kennen, wenn man die gesamte Evolution verstehen will? Galten nicht doch andere Spielregeln der Evolution, als durch ein »makroevolutives Geschehen« etwa die Vögel aus den Kriechtieren (Reptilien) entstanden? Die Antwort der neodarwinistischen Theorie ist ein klares Nein und damit eine Absage an die Lehre der Saltationisten oder Mutationisten (Richard Goldschmidt u.a.), die besondere Großmutationen zur Erklärung von »Typensprüngen« annehmen (denn ein Vogel ist ja wirklich ein anderer Konstruktionstyp als ein Reptil).

Makro-Evolution oder transspezifische Evolution (Evolution über das Artniveau hinaus) ist also nicht als etwas Gesondertes anzusehen, sondern auch sie nimmt den Weg über den Artbildungsprozeß und vollzieht sich mit Hilfe der bekannten Evolutionsfaktoren. Alles Geschehen ist Teil eines einzigen Evolutionsprozesses, und dieser verläuft von Art zu Art. Der »Sprung« vom Reptil zum Vogel war eben doch kein Sprung. Es kroch nicht eines Tages ein perfekter Vogel aus einem Ei, das ein echsenähnliches Kriechtier gelegt hatte, sondern der Weg verlief über eine lange Artenkette: über verschiedene baumlebende Kletterer, Springer von Baum zu Baum, Gleitflieger und mäßige Flieger wie den Archaeopteryx, den man als Fossil gefunden hat und dessen Flugkünste vielleicht so ähnlich vorzustellen sind wie die etwas unbeholfenen Kurven des chinesischen Spornkuckucks (Centropus sinensis). Allerdings: Manche Evolutionsregeln werden erst über sehr lange Zeiträume und über eine sehr lange Artenkette hinweg sichtbar. Solche Langzeitregeln sollen im folgenden dargestellt werden.

Anagenese. Die Lebewesen stehen auf unterschiedlichen Evolutionsstufen. Man kann zwischen primitiven und hochentwickelten Tieren unterscheiden. Den Langzeit-Trend von der niederen zur höheren Konstruktion nennt man Anagenese oder Aromorphose. Zur Anagenese (Höherentwicklung) gehören vor allem zunehmende Kompliziertheit der Organe, zunehmende Arbeitsteilung zwischen den Organen und zunehmende Freiheit des Organismus von den Zwängen der Umwelt. Bleiben wir bei dem Vergleich zwischen Reptil und Vogel, so müssen wir dem Vogel das viel kompliziertere Hirn zubilligen sowie eine extreme Arbeitsteilung zwischen Vorder- und Hinterextremitäten. Im Unterschied zu Reptilien kommen Vögel auch in den Polargebieten vor und können bei uns auch im tiefen Winter aktiv sein, wenn sich keine Eidechse zeigt.

Der anagenetische Trend ist weit verbreitet. Er bringt eine allgemeine Leistungssteigerung, ein rationelleres Ablaufen von Funktionen und eine Überlegenheit über Konkurrenten mit sich. Es handelt sich hierbei um Verbesserungen, die in verschiedenen Umwelten von Nutzen sind, nicht nur in einer bestimmten ökologischen Nische. In der Technik wäre zum Beispiel die Konstruktion des Verbrennungsmotors eine anagenetische Erfindung. Die gegenteilige Tendenz, nämlich ein Trend zur sekundären Vereinfachung und Preisgabe allgemeiner Verbesserungen, scheint dagegen viel seltener vorzukommen. Man kennt diese Neigung aber vor allem von Parasiten (Beispiel parasitische Krebse → S. 32).

Kladogenese. Immer wenn durch Anagenese eine bestimmte Zahl von allgemeinen Verbesserungen und Erfindungen zusammengekommen ist, kann man von einer neuen Evolutionsplattform oder einem neuen Konstruktionstyp (z.B. Bauplantyp des Vogels oder Säugetiers) sprechen. Er begründet eine neue Stammesreihe oder besser: einen neuen Stammbaum, und die nun folgende Verzweigungsphase (Kladogenese) gehorcht bestimmten Regeln. Am Beginn steht jeweils eine besonders lebhafte (explosive) Aufspaltung des neuen Entwicklungsstamms in zahlreiche Äste und Zweige und immer feinere Verästelungen. Diese Stammverzweigung geschieht in Anpassung (→ S. 39) an alle verfügbaren ökologischen Nischen und wird darum auch als adaptive Radiation (»Ausschwärmen« zur Neuanpassung) bezeichnet. Die Vögel teilten sich zum Beispiel in verschiedene Linien von Land- und Wasservögeln auf, die Wasservögel wieder in Süßwasser- und Meeresvögel, die Meeresvögel in Hochsee- und Küstenformen, in Fels- und Dünenbrüter usw. Die bekanntesten Beispiele für adaptive Radiation bei enger umgrenzten Tiergruppen (wie Beuteltieren oder Darwinfinken) betreffen Inseln und Inselkontinente (→ S. 170ff.).

»Gerichtete« Evolution. Auf die frühe Phase der Formenradiation kann ein weiterer Ausbau der Anpassungen folgen, eine fortschreitende Vertiefung der Spezialisierung (Idioadaptation) in den einzelnen Zweigen des neuen Stammbaums. Dabei entsteht immer wieder der Eindruck, als liege eine über lange Zeiten hin »gerichtete« Entwicklung (Orthogenese) vor und als walte im Hintergrund eine geheimnisvolle innere Kraft, ein autonomes Formwandelprinzip. Das »Paradepferd« für diese orthogenetische Auffassung war schon früh die Fossilienreihe der Pferde. Die Pferde-Evolution (→ Graphik S. 51) wirkt wie ein zielsicherer, geradliniger Aufstieg vom terriergroßen, vielzehigen und laubfressenden Urpferdchen (Hyracotherium) zum einzehigen, grasfressenden heutigen Pferd (Equus).

Eine geradlinige Evolution gibt es aber beim Pferd nicht einmal im rein beschreibenden Sinne. Je mehr Pferdeahnen man ausgräbt, um so gewisser wird die Erkenntnis: Die angebliche Evolutionsreihe ist in Wahrheit ein reich verzweigter »Stammbusch« mit zahlreichen blind endenden (ausgestorbenen) Seitenzweigen, also mit fehlgeschlagenen Versuchen der Evolution. Ein einziger Seitenzweig blieb übrig, zu dem alle heute lebenden Einhufer (Pferde, Zebras, Esel und Halbesel) gehören. Ein solches tastendes, richtungsloses Herumprobieren mit unterschiedlichem Erfolg sieht aber sehr nach dem gewohnten Wechselspiel von Mutation, Separation und Selektion aus. Es hat allenfalls ein längerfristig gleichgerichteter Selektionsdruck (Orthoselektion) eingewirkt: nämlich der Zwang oder die Chance zu immer vollkommenerer Anpassung an das Leben in Steppe und Savanne.

Daß ein schnellfüßiges Leben in offenen Grasländern häufig mit einer Selektion auf Wenigzehigkeit verbunden ist, beweisen mehrere Pferdefuß-Analogien (Analogie-Begriff → S. 30), die es unter Graslandtieren gibt. Einen Trend zur Einzehigkeit zeigen zum Beispiel die Hinterextremitäten von einem Savannenläufer unter den Beuteltieren, dem australischen Schweinsfuß (Chaeropus), sowie vom afrikanischen Strauß (Struthio). In jeder Hinsicht einem Pferd täuschend ähnlich war das ausgestorbene †Thoatherium, eins der sogenannten glattfersigen Huftiere (†Litopterna) aus dem Tertiär Südamerikas, die mit den Pferden jedoch nicht näher verwandt sind.

Opportunismus. Es war bereits wiederholt von ausgestorbenen Tieren die Rede. Warum kam es in der Stammesgeschichte immer wieder zum Erlöschen von Tierarten oder ganzen Tiergruppen? Wir nähern uns diesem Problem, indem wir zunächst über das Prinzip des Opportunismus in der Evolution nachdenken, und zwar am Beispiel der flugunfähigen Vögel.

Vögel – ursprünglich als Flugtiere konstruiert – haben in verschiedenen analogen Entwicklungslinien ihr Flugvermögen durch sogenannte regressive (rückschreitende) Evolution nachträglich wieder verloren. Sie hatten dazu verschiedene Gründe. In den meisten Fällen bestand ein konkurrierender Selektionsdruck, zum Beispiel der Zwang zur Flügelverkürzung bei Flügeltauchern (→ S. 213). Zum »Unterwasserfliegen« taugen nämlich am besten kurze, starke Flügel. In manchen Fällen scheint aber kein besonderer Zwang zur Flügelverkürzung vorgelegen zu haben, sondern es ist allenfalls ein bestimmter Druck fortgefallen: der Feinddruck.

Natürliche Auslese heißt, wie wir sahen (→ S. 37), Bewertung der Merkmale eines Le-

2

3

1

4

Co-Evolution

Manchmal sind Pflanze und Tier oder auch zwei Tiere Kooperationsverträge eingegangen, die von lockerer Zusammenarbeit bis zur totalen gegenseitigen Abhängigkeit reichen können. Während die Biene (1) den von der Salbeiblüte dargebotenen Nektar aufsaugt, betätigt sie nebenbei den Hebelmechanismus der Staubgefäße. Diese entleeren ihre Pollen auf die Biene, die damit die nächste Blüte bestäubt. Die Hummelragwurz (2) gaukelt in ihrer insektenhaften Blüte dem Hummelmännchen sogar den vermeintlichen Paarungspartner vor und erzwingt so die Bestäubung. Nektarhaltige Sporne von 30 Zentimetern Länge bei manchen Orchideen und entsprechend lange Saugrüssel bei »passenden« Nachtfaltern (5) sind Beispiele hochgradiger Co-Evolution. Weniger zwingend ist die Zusammenarbeit bei den Honiganzeigern (6) Südostafrikas und Asiens und den Honigdachsen (7): Die Vögel locken diese zu den Bauten wilder Bienen und Wespen, wo die Dachse die Waben aufbrechen und den Vögeln den Nachtisch in Form von Larven und Honig überlassen. Echte Symbiosen wie die zwischen Putzerfischen und Geputztem (4), Einsiedlerkrebs und Seerose (3) oder Clownfischen und Seeanemonen (8) bringen beiden Partnern lebenswichtige Vorteile: freien Spaziergang, Schutz, Nahrung oder saubere Zähne.

5

6

7

8

bewesens durch die jeweilige Umwelt. Die Auslese bewertet nun aber nicht nur alle Neubildungen (Mutationen), sondern sie überprüft auch ständig die schon bestehenden Anpassungen auf ihre Notwendigkeit. Sie erzwingt nicht nur, sie erlaubt auch; sie erlaubt den Opportunismus. Geraten Vögel in eine Umwelt, in der es keine Feinde gibt, etwa auf abgelegene Inseln, so erteilt die besondere Umwelt den Flügeln eine »Verlusterlaubnis«. Viele Rallenvögel (z. B. Wasserralle, Wachtelkönig und Tüpfelsumpfhuhn) sind schlechte Flieger, aber sie halten in Mitteleuropa trotzdem an ihrem Flugvermögen fest, denn im Auffliegen liegt oft die einzige Rettung, wenn Raubtiere plötzlich in der Nähe auftauchen. Erst das Inseldasein führt zur vollen Flugunfähigkeit: Die vierzehn flugunfähigen Rallenvögel der Erde (z. B. die Weka-Ralle Neuseelands und der Kagu auf Neukaledonien) leben bzw. lebten sämtlich auf Inseln ohne oder mit sehr wenigen Feinden. Besteht die entsprechende Erlaubnis zur Flugunfähigkeit schon sehr lange, so können die Flügel auf winzige Stummel verkürzt sein wie beim Kiwi, dem neuseeländischen Schnepfenstrauß.

Und der Weg zurück? Der belgische Paläontologe Louis Dollo formulierte 1893 die Regel von der Nichtumkehrbarkeit (Irreversibilität) der Evolution. Diese Regel besagt, daß die Evolution fast immer vorwärts schreitet: Ein ursprünglicher Zustand kann nicht wiederhergestellt werden.

Von dieser Regel gibt es allerdings bestimmte Ausnahmen. Wie wir am Beispiel der Laubenvögel (→ S. 39) sahen, kann ein buntes Vogelgefieder gelegentlich sekundär wieder tarnfarben werden. Auch lassen sich einfache Proportionsverschiebungen in gewissem Umfang wieder rückgängig machen: Die Evolution der Känguruhs brachte grundsätzlich eine Armverkürzung mit sich, aber die Baumkänguruhs haben als Kletteranpassung nachträglich wieder etwas längere und kräftigere Arme entwickelt. Wenn genügend Zeit zur Verfügung steht, ist selbst ein so einschneidender Schritt wie der Übergang zur festsitzenden Lebensweise wieder aufhebbar. Das zeigen die frei beweglichen Haarsterne, die von gestielten Seelilien abstammen.

Auch Rückverwandlungen ganzer Bauplantypen scheinen vorzukommen. Wie der irreführende, aber noch immer verbreitete Name »Walfisch« beweist, sind manche Säugetiere wieder ihren »Urgroßvätern«, den Fischen, ähnlich geworden. Aber hier muß man bereits vorsichtig sein: Die Evolutionsumkehr bezieht sich deutlich nur auf die Gesamtgestalt und ihren allgemeinen Eindruck. Ins Meer zurückgekehrte Säugetiere wie Wale und Robben konnten nicht wieder zu wirklichen kiemenatmenden Fischen werden. Sie behielten (ebenso wie die Pinguine und die ausgestorbenen Ichthyosaurier) ihre Lungen und müssen zum Luftholen immer wieder an die Wasseroberfläche kommen. Die meisten Körperfunktionen laufen bei ihnen etwas anders ab als bei Fischen.

Richtig formuliert besagt die Dollosche Regel also, daß völlig verlorene Organe und Fähigkeiten nicht wieder auftreten. Will man zur früheren Lebensweise zurückkehren, muß man sich anders behelfen. Wer als Vogel auf einer Insel das Flugvermögen völlig verloren hat, dem nützen seine Flügelreste nichts mehr, wenn plötzlich wieder Feinde auftreten. Die Feinde warten nicht so lange, bis der Vogel im Laufe von Jahrmillionen vielleicht ein neues, anderes Flugvermögen entwickelt. Der Opportunismus hat das Tier in eine Sackgasse der Evolution hineingeführt. Der Rückweg ist abgeschnitten, und es bleibt in diesem Fall nur das Aussterben.

Aussterben. Wenn im Frühjahr der Schnee »endgültig« geschmolzen ist, dann ist das eben nicht endgültig: Der neue Winter wird neuen Schnee bringen. Wenn eine Tierart ausstirbt, ist sie jedoch unwiederbringlich erloschen. Jede Tierart ist das Produkt einer langen Geschichte, eine einmalige Konstellation innerhalb des Evolutionsgeschehens. Gegenwärtig ist zweifellos der Mensch die häufigste Ursache dafür, daß Tierarten aussterben. Wenn in historischer Zeit sieben von jenen erwähnten vierzehn flugunfähigen Inselrallen ausstarben, so meistens deshalb, weil menschliche Siedler Hunde und Katzen auf die vorher raubtierlosen Inseln mitbrachten. Oder die Menschen waren selbst die Jäger wie im Falle der berühmten Dronte auf Mauritius, die möglicherweise auch zu den flugunfähigen Rallenvögeln gehörte. Aber die zahlreichen versteinerten Überreste ausgestorbener Tierarten aus allen Epochen der Erdgeschichte deuten darauf hin, daß Aussterben schon immer dazugehörte.

Natürlich sind nicht alle Fossilien Zeugnisse des Aussterbens. Viele Tiere der Vorzeit leben in mehr oder weniger abgewandelten Folgearten noch heute. Unter Aussterben versteht man aber das blinde, nachfahrenlose Enden von Evolutionslinien. Der Grund hierfür scheint im Prinzip immer der gleiche zu sein: Die Tiere haben sich opportunistisch auf eine bestimmte Umwelt eingestellt und spezialisiert. Aber mit dem Erwerb spezieller fortschrittlicher Fähigkeiten gingen ihnen häufig zugleich andere Fähigkeiten verloren. Umweltänderungen wie neue Feinde oder Konkurrenten, aber auch der Verlust der Ernährungsgrundlage oder neue klimatische Bedingungen führen das Ende herbei. Wie dieses Ende dann im einzelnen zustande kommt, ist verschieden. Betrachten wir als Beispiel das große Sterben der Dinosaurier.

Das Ende der Dinosaurier. Mehr als 100 Millionen Jahre lang, während des Jura- und Kreidesystems des Erdmittelalters »beherrschten« die Dinosaurier die Erde und verdammten die Säugetiere zu einer unscheinbaren Rattenexistenz. Am Übergang von der Kreide zum Tertiär, also vor 70 Millionen Jahren, starben alle Dinosaurier aus und gaben den Säugetieren und damit auch uns Menschen eine Chance. Warum verschwanden die Dinosaurier?

Im Jahre 1963 erschien eine Zusammenstellung aller Erklärungen, die die Wissenschaft bis dahin für den großen Sauriertod vorgelegt hatte. Es waren nicht weniger als 46 Deutungen, und inzwischen sind es sicher noch weit mehr. Diese Situation zeigt einmal das große Interesse, das man dem Problem schon immer entgegengebracht hat, und zum anderen, wie rätselhaft dieses allgemeine Sauriersterben ist. Vielleicht, so spotteten manche über die Ratlosigkeit der Wissenschaft, starben die Saurier ja auch an Langeweile oder weil sie wegen ihrer Größe keinen Platz in der Arche Noah fanden. Auch das berühmte Gedicht des volkstümlichen Dichters Victor von Scheffel (1826 bis 1886) gibt in der letzten Strophe eine entsprechende Erklärung: »Es starb zu derselbigen Stunde die ganze Saurierei, sie kamen zu tief in die Kreide, da war es natürlich vorbei.«

Das Dunkel über dem Ende der Dinosaurier ist heute keineswegs völlig gelichtet, aber einiges läßt sich inzwischen doch sagen:

- Nicht nur die Dinosaurier verschwanden am Ende der Kreide, sondern auch verschiedene wirbellose Tiergruppen des Meeres (Ammoniten, Belemniten, Rudisten). Alle Erklärungsversuche müssen also nicht nur das Sauriersterben, sondern den gesamten »Faunenschnitt« berücksichtigen.
- Das Ende aller genannten Tiergruppen trat nicht plötzlich ein, sondern verteilte sich über ca. 12 Millionen Jahre.
- In dieser Zeit vollzogen sich mehrere großräumige klimatische und geologische Veränderungen, auch ein Wechsel des Pflanzenkleids.

Besonders einschneidend scheint eine Veränderung der Küstengestalt gewirkt zu haben. Flachmeere einerseits und tiefländische Sumpf- und Lagunengebiete andererseits schrumpften gegen Ende der Kreidezeit zusammen. Das eine traf bestimmte Meerestiere, das andere verschiedene Dinosaurier.

Am besten untersucht sind drei küstennahe, inselförmige fossile Sumpflandschaften aus dem heutigen südlichen Frankreich und dem nordöstlichen Spanien, damals bewohnt von mindestens sechs Dinosaurier-Arten. Eine von ihnen (†Hypselosaurus priscus) legte vogelartige Eier mit verkalkten und darum gut fossilisierbaren Schalen. Der Bonner Paläontologe Heinrich Erben hat zahlreiche Reste fossiler Eischalen aus diesen Gegenden elektronenmikroskopisch untersucht und daraufhin ein recht genaues Bild entworfen, wie das große Sterben im einzelnen vor sich ging. Die Eischalen in den letzten noch schalenführenden Gesteinsschichten zeigten zwei verschiedene krankhafte Tendenzen: Die einen waren abnorm verdickt (bis zu sieben Schalen übereinander), so daß der Em-

Stammbaum der Pferde. *Vom terriergroßen, vielzehigen und laubfressenden Urpferdchen (Hyracotherium) zum heutigen einzehigen, grasfressenden Pferd (Equus) führte kein zielsicherer, geradliniger Evolutionsweg, sondern ein Labyrinth von Stammeslinien. Die meisten endeten blind.*

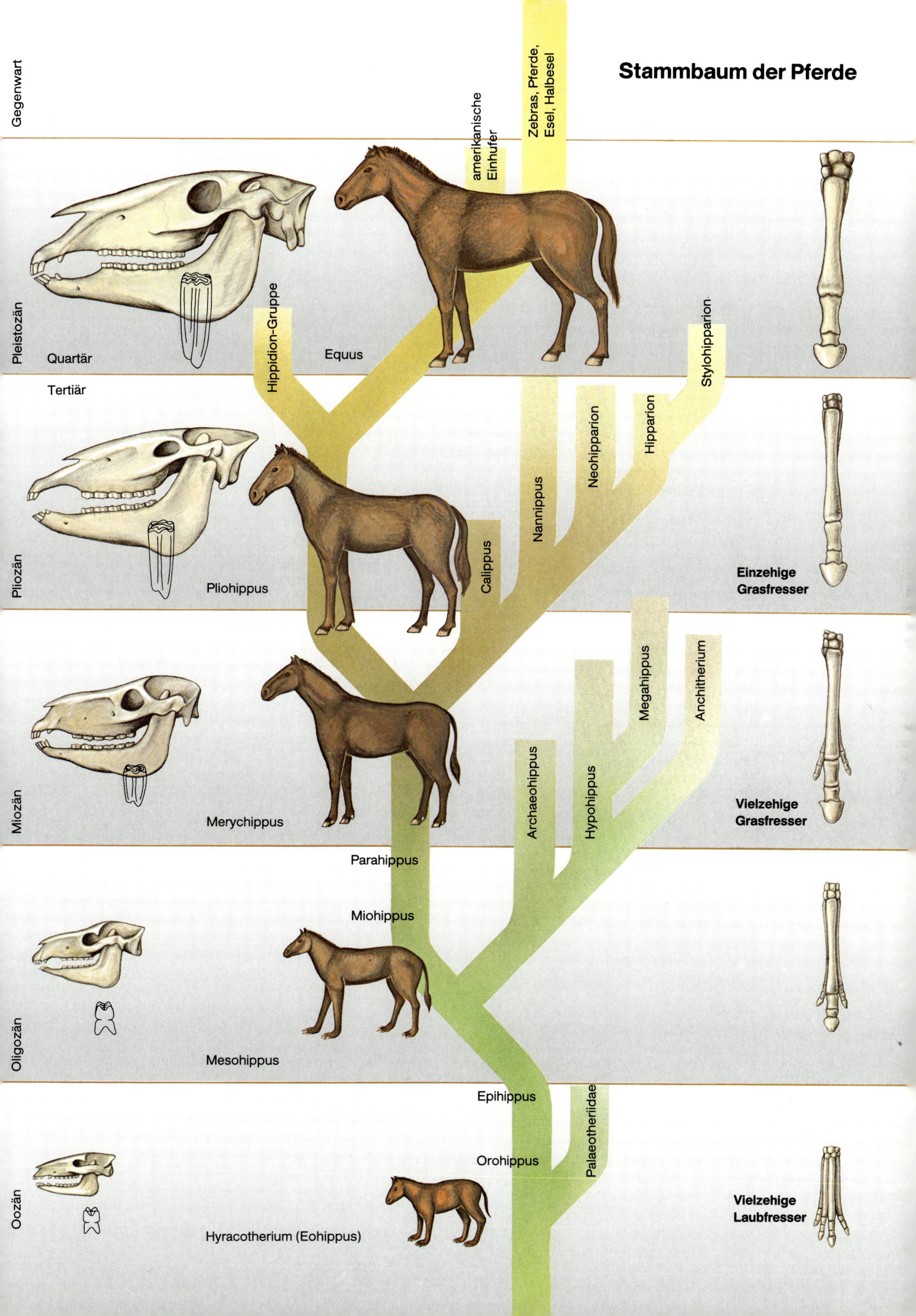

Stammbaum der Pferde
Gegenwart
Pleistozän
Quartär
Tertiär
Pliozän
Miozän
Oligozän
Oozän
amerikanische Einhufer
Zebras, Pferde, Esel, Halbesel
Hippidion-Gruppe
Equus
Stylohipparion
Hipparion
Neohipparion
Nannippus
Calippus
Pliohippus
Einzehige Grasfresser
Megahippus
Anchitherium
Archaeohippus
Hypohippus
Merychippus
Vielzehige Grasfresser
Parahippus
Miohippus
Mesohippus
Epihippus
Palaeotheriidae
Orohippus
Hyracotherium (Eohippus)
Vielzehige Laubfresser

2

3

1

4

»Lebende Fossilien«

Manche Tiere hatten das Glück, in einer besonders stabilen Umwelt zu leben und so ohne größere Veränderung Jahrmillionen überdauern zu können, etwa das Perlboot (Nautilus, 2), ein primitiver Tintenfisch. Die altertümliche Gruppe der Schwertschwänze existierte schon vor 560 Mio. Jahren und hat sich in der Gattung Limulus (4) bis in unsere Zeit erhalten. Der Kundige begegnet solchen Veteranen der Stammesgeschichte mit Ehrfurcht – und Erstaunen, wenn, wie 1938 geschehen, ein spätestens mit den Dinosauriern ausgestorben gewähnter Quastenflosser doch noch lebend und in unveränderter Gestalt wie »damals« auftaucht: Latimeria (1). Auch die noch auf einigen Inseln bei Neuseeland vorkommende Brückenechse (3) überlebte seit der Trias unverändert. Wie aus dem zoologischen Baukasten zusammengesteckt erscheinen die primitivsten Säuger, die Kloakentiere, die teils Vogelmerkmale (Schnabel), teils Säugetiereigenschaften (Haarkleid, Milchdrüsen) vereinen: das australische Schnabeltier (7) und der Schnabeligel (6) Neu-Guineas. Sie legen Eier und tränken ihre Jungen mit Milch. Obwohl ein echter Vogel, gehört auch der neuseeländische flügellose Kiwi (5) in das Museum lebender Fossilien ebenso wie das Spitzhörnchen (Tupaia, 8) Südostasiens, das man heute zu den Halbaffen zählt.

7

5

6

8

bryo darin ersticken mußte, die anderen waren hauchdünn, so daß der Embryo bald vertrocknete. Angesichts von Vergleichsuntersuchungen an Vögeln kann man aus den beiden genannten Störungen schließen, daß der Hormonhaushalt dieser Dinosaurier völlig durcheinander geraten war. Wodurch? Wahrscheinlich durch den Streß, den die Übervölkerung der schrumpfenden Sumpflandschaften mit sich brachte, in denen die letzten Saurier wie auf Inseln gefangen saßen. Sie hatten die stammesgeschichtliche Auswanderung aus diesen zu rasch schwindenden Lebensräumen nicht mehr geschafft.

Wer überlebt? Nicht alle Tiere müssen in eine Sackgasse der Evolution geraten und aussterben. Manche kommen durch. Den einen bleibt die Umwelt hold: Sie hatten das Glück, eine besonders stabile ökologische Nische zu finden (»lebende Fossilien« → weiter unten).

Den anderen gelingt eine genügend rasche Umspezialisierung, ein Anpassungswechsel, ein Umsteigen, wie es zum Beispiel im Stammbaum der Pferde erkennbar ist. Die Ahnen leben dann in den Nachfahren weiter. Allerdings müssen sie in Kauf nehmen, daß sie den Ahnen im Zuge des Artenwandels immer unähnlicher werden.

Voraussetzungen für das Umsteigen wurden bereits am Beispiel des Grünen Leguans und der Meerechse erläutert (→ S. 46). Wichtig sind die Voranpassungen (Präadaptationen). Eine solche »Reserve« besitzt aber nur derjenige, der nicht einseitig angepaßt ist, sondern relativ unspezialisiert oder besser: möglichst vielseitig (generalistisch) spezialisiert ist und ausbaufähige Mehrzweckorgane besitzt (Copesche Regel). Breit angepaßt, plastisch und (durch Anagenese) umweltunabhängig muß man sein. Ein »Hans Dampf in allen Gassen« hat die größten Überlebens- und Evolutionschancen. Ratte und Sperling fallen uns als Beispiele ein, und wir sagen ihnen eine große Zukunft voraus. Allerdings steht ihnen inzwischen überall jemand im Weg, der auch zu diesem Typus zählt (oder zählte?) – der Mensch, dem der Schluß (→ S. 56ff.) gewidmet ist.

Uralte Konservativformen (»lebende Fossilien«)

»Lebende Fossilien« sind Tiere, die das Aussterben ohne Anpassungswechsel, ohne »Umsteigen auf einen neuen Zug der Evolution« überlebt haben. Eigentlich ist der auf Darwin zurückgehende Ausdruck »lebendes Fossil« ein Widerspruch in sich, denn Fossilien sind definitionsgemäß nur vorzeitliche Reste von Lebewesen (→ S. 26). Aber der Name weist anschaulich auf etwas Typisches hin: Diese Tiere sind sich durch die Jahrmillionen in einem erstaunlichen Maße treu geblieben. Das wird vor allem deutlich, wenn man die »lebenden Fossilien« mit wirklichen Fossilien vergleicht, nämlich mit ihren versteinerten Ahnen, die man in vielen Fällen genau kennt.

Damit ist bereits das erste von drei kennzeichnenden Merkmalen genannt: Ein »lebendes Fossil« zeigt zahlreiche altertümliche Züge, und sein Aussehen hat sich über lange erdgeschichtliche Zeiträume kaum verändert; es »konserviert« den alten Zustand. Das allein genügt jedoch nicht, sondern es muß noch etwas hinzukommen: eine isolierte Stellung im System der heutigen Lebewesen (denn die früheren Verwandten haben sich inzwischen entweder stark gewandelt oder sind ausgestorben) und (meist) eine reliktartige geographische Verbreitung (→ S. 159ff.). Die anderen gebräuchlichen Bezeichnungen für »lebende Fossilien« versuchen, das Typische nochmals zusammenzufassen. Man spricht auch von stammesgeschichtlichen Dauertypen, evolutionsträgen Konservativformen und »Überbleibseln« (Superstiten).

Eigentliche und »maskierte« Konservativformen. Die beharrliche Merkmalstreue der »lebenden Fossilien« erreicht teilweise erstaunliche Ausmaße: Der Krebs Triops cancriformis ist als Art (!) seit 200 Millionen Jahren (späte Trias) unverändert geblieben, und die Armfüßer (Brachiopoden) Lingula und Crania sind mit einer Überlebensdauer von 430 Millionen Jahren (Ordovizium bis heute) die ältesten Dauergattungen, die man kennt.

Andere Konservativformen haben sich zwar etwas verändert, aber die verwandtschaftliche Nähe zu bestimmten fossilen Gattungen ist dennoch sehr groß. Man hat zum Teil versucht, diesen Sachverhalt in der Namengebung zu berücksichtigen. So steht das napfschalige Weichtier Neopilina in engen Beziehungen zu †Pilina aus dem Silur, und der australische Lungenfisch Neoceratodus gleicht dem triassischen †Ceratodus ganz weitgehend. Entsprechendes gilt auch für den Schwertschwanz Limulus und seine mesozoischen Verwandten (†Mesolimulus, †Palaeolimulus u.a.)

Manche »lebenden Fossilien« wurden jedoch durch zusätzlich erworbene hochspezialisierte Anpassungen so überformt, daß man ihren altertümlichen Charakter nur mit einiger Mühe erkennen kann. Dazu gehören zum Beispiel das Schnabeltier und der Ameisenigel. Man kann sie im Vergleich zu den eigentlichen »lebenden Fossilien« »maskierte« Konservativformen nennen. Hornschnabel und Schwimmhäute sind die Maske des einen, Wurmzunge und Stacheln die Maske des anderen. Aber die übrigen Merkmale sind zumeist konservativ, vor allem das Eierlegen.

Der spät entdeckte »Urgroßonkel«. Manche der »lebenden Fossilien« sind erst in unserem Jahrhundert entdeckt worden. Am bekanntesten ist die Entdeckungsgeschichte des lebenden Quastenflossers Latimeria chalumnae. Die Quastenflosser sind die Urahnen aller vierfüßigen Wirbeltiere und schienen am Ende der Kreidezeit (also gleichzeitig mit den Dinosauriern) ausgestorben zu sein.

Seit dem 22. Dezember 1938 mußte man jedoch umlernen. Damals prüfte die Museums-Kustodin Miß Courtenay-Latimer in East London, einer Hafenstadt an der Ostküste Südafrikas, den Fang eines Fischdampfers und entdeckte darin einen graublauen, großschuppigen Fisch von eineinhalb Metern Länge und mit gliedmaßenartigen, fleischigen Flossen. Aus einer Tiefe von 75 Metern war er heraufgeholt worden. Die Entdeckerin konnte den Fisch in keinem Buch finden und sandte darum eine rasch angefertigte Skizze an den Fischspezialisten Smith in Grahamstown (Südafrika). Er war wie vom Blitz getroffen: »Ich wäre kaum erstaunter gewesen, wenn mir auf der Straße ein Dinosaurier begegnet wäre.« Er erkannte den Fisch sofort als Quastenflosser und nannte ihn zu Ehren der Finderin Latimeria. Alle weiteren Fänge (ab 1952 wurden noch mehr als ein Dutzend Exemplare gefangen) stammen von den Komoren, wo der Fisch zwischen 150 und 800 Meter tief lebt. Das zuerst gefangene Exemplar war durch die Strömung weit nach Süden verfrachtet worden.

In einer Hinsicht wurde die Fachwelt allerdings enttäuscht: Innerhalb der Gruppe der Quastenflosser gehört Latimeria nicht zu den unmittelbaren Ahnen der Landwirbeltiere, sondern zu einem Nebenzweig. Aber wenn dieses »lebende Fossil« auch nicht aus der »richtigen« Linie stammt, so ist es doch immerhin unser »Urgroßonkel« (→ S. 225f.).

Die Gunst der Umwelt. Man nimmt an, daß die natürliche Auslese auch die Häufigkeit beeinflussen kann, mit der Mutationen auftreten. Vielleicht hat die Selektion die Mutationsrate der »lebenden Fossilien« extrem niedrig gehalten und ihren Konstruktionstyp dadurch stabilisiert. Sicher ist jedoch, daß die meisten Konservativformen an Umweltbedingungen angepaßt sind, die über lange Zeiträume hinweg verhältnismäßig konstant geblieben sind. Diese Tierkonstruktionen verdanken ihre Langlebigkeit also in erster Linie der Gunst der Umwelt.

Bevorzugte »Aufbewahrungsorte« für »lebende Fossilien« sind tropische Regenwälder, besondere Binnengewässer und tiefere Meeresgebiete. In größerer Meerestiefe leben außer Latimeria auch das berühmte Perlboot Nautilus (50 bis 540 m Tiefe) und das schon erwähnte urtümliche Weichtier Neopilina (1650 bis 6350 m Tiefe). Der vorhin als Dauerart aufgeführte Triops cancriformis bewohnt zusammen mit anderen altertümlichen Blattfußkrebsen ephemere Gewässer (unregelmäßig überschwemmte Tal-Auen). Es fehlen dort die Feinde, die es in allen Dauergewässern gibt. Im stabilen und geschützten Milieu der tropischen Regenwälder, die teilweise schon seit dem Tertiär bestehen, konnten sich zum Beispiel Rattenigel, Spitzhörnchen, Tapire und Hirschferkel halten.

Die Gunst der Umwelt kann aber auch auf geographischer Abgeschiedenheit beruhen. So beherbergen Inseln und Inselkontinente wie Australien eine ganze Reihe »lebender Fossilien«. Mit besonderen Kostbarkeiten ist Neuseeland gesegnet. Hier leben die Brückenechse (Sphenodon), die Urfrösche (Leiopelma) und der Kiwi (Apteryx).

Evolution vor unseren Augen

Die Überschrift wirkt sehr anspruchsvoll. Biologische Evolution ist normalerweise ein sehr langsamer Prozeß, dessen Schritte oft nach Jahrmillionen zählen. Mutationen treten spontan mit einer Wahrscheinlichkeit von nur etwa 1:10000 bis 1:1 Milliarde pro Gen und Generation auf (der Durchschnitt mag bei 1:100000 liegen). Artbildung erfolgt gewöhnlich in Zeiträumen, die man nach Jahrhunderttausenden bis Jahrmillionen mißt. Wie sollen wir da eine Chance haben, das Evolutionsgeschehen direkt zu beobachten?

Wenn wir unsere Ansprüche etwas herabschrauben und unter »Evolution vor unseren Augen« Beispiele einer Evolution in historischer Zeit verstehen, sieht das Problem bereits wesentlich anders aus. Man kann erkennen, wie sich einzelne Mutationen auswirken, wie Selektion eingreift und wie es zur Artbildung kommt – man kann also wenigstens Mikro-Evolution und ihre Faktoren in Ansätzen studieren.

Tierzüchtung. Ein großes Feld von Beobachtungsmöglichkeiten liefern Tierzüchtung und allgemeine Haustierkunde. Schon Darwin hat natürliche Auslese in Analogie zur auswählenden Hand des Züchters (künstliche Zuchtwahl) gesehen und selbst Erfahrungen als Taubenzüchter gesammelt.

Die Mehrzahl unserer Haustiere ist zwar bereits in vorgeschichtlicher Zeit in den Haustierstand gekommen (Hund, Ziege und Schaf schon vor zehntausend Jahren), aber viele besondere Mutanten sind erst in historischer Zeit aufgetreten und weitergezüchtet worden: so die Schweinerassen mit vermehrter Lendenwirbelzahl, die ein großes wirtschaftliches Interesse gefunden haben (mehr Koteletts), und die Zwergschweine, die seit 1960 als »Göttinger Miniaturschweine« auch in Deutschland gezüchtet werden und ideale Versuchstiere in Veterinär- und Humanmedizin sind.

Das Auftreten einer dunklen Variante des ursprünglich hellen Birkenspanners im Zuge zunehmender Umweltverschmutzung wurde als Industriemelanismus bekannt.

Sprühmittelresistenz. Nicht so erfreulich sind die Ergebnisse einer ungewollten »Tierzucht«, die der Mensch als Nebenprodukte moderner chemischer Schädlingsbekämpfung erzielt. Jeder Einsatz von Sprühmitteln (Insektiziden) liest resistente, das heißt gegen das jeweils angewandte Mittel unempfindliche, Mutanten unter den Schädlingen aus. In den Citrusfruchtanlagen in Südkalifornien werden auf diese Weise immer mehr Schildläuse sprühmittelresistent. Sämtliche Populationen der Stubenfliege in den USA sind im Laufe der letzten zwanzig Jahren gegen DDT unempfindlich geworden. Vielleicht sind die Mutanten erst während der Bekämpfungszeit entstanden, wahrscheinlich gab es sie jedoch großenteils schon vorher als Präadaptationen (→S. 46). Weil sie bei gründlichen Sprühfeldzügen des Menschen allein übrigbleiben, vermehren sich die resistenten Tiere rasch. Das hat zur Folge, daß die Chemiker fortlaufend neue Insektizide entwickeln müssen. Ein ähnlicher Wettlauf findet schon des längeren zwischen den Bakterien und den Erfindern antibakterieller Arzneimittel (Antibiotika) statt. Die »Wunderwaffe« des Penicillins wird zunehmend »stumpf«.

Industriemelanismus. Alles bisher Erwähnte spielte sich in der Welt des Menschen ab. Gibt es auch in der freien Natur in historischen Zeiträumen überblickbare Evolutionsprozesse?

Am besten untersucht sind diejenigen Fälle historischer Freilandevolution, die wenigstens indirekt doch wieder mit dem Einfluß des Menschen zu tun haben. Wichtigstes Beispiel ist der Industriemelanismus der Schmetterlinge.

Hauptschauplatz der Ereignisse sind die englischen Industriezentren von Manchester und Birmingham. Der Zeitraum der dramatischen Veränderungen beträgt nur etwa vierzig Jahre. Er liegt zwischen 1850 und 1890 und fällt mit der Industrialisierung Englands zusammen. Der Ruß aus unzähligen Schornsteinen schwärzte die Bäume (hauptsächlich Eichen) im Umkreis der Industriestädte und zerstörte durch seinen Schwefelgehalt den natürlichen Flechtenbewuchs auf den Stämmen. Diese weißlichen Flechten wählte der Birkenspanner (Biston betularia) früher bevorzugt als Ruheplatz und war auf ihnen ausgezeichnet getarnt, denn sein Flügelmuster und dessen Helligkeit entsprechen haargenau der Flechtenoberfläche.

Im Zuge der Verrußung nahm die helle Normalform des Birkenspanners (variatio typica) in den Industriegebieten ständig ab. Zugleich nahm dort aber eine melanistische (schwarzbraune) Mutante (var. carbonaria) immer mehr zu und erreichte in den neunziger Jahren des vorigen Jahrhunderts stellenweise einen Anteil von 99 Prozent. Diese melanistische Mutante, deren dunkle Färbung auf einem einzigen mutierten dominanten Gen beruht, war vorher (1819 und 1848) nur in einzelnen Exemplaren von lokalen Schmetterlingssammlern bei Manchester gefunden worden.

Da die carbonaria-Form des Birkenspanners auf der flechtenlosen, rußgeschwärzten Baumrinde kaum zu erkennen ist, mußte es sich wohl um eine neue Tarnfärbung handeln. Dreierlei sprach dafür:

1. In der ferneren ländlichen Umgebung, wo der Flechtenbewuchs noch intakt war, erreichte die dunkle Mutante nirgends mehr als 10 Prozent.

2. Als man seit Ende des Zweiten Weltkriegs einige Entrußungsanlagen für die Industrie-Abgase baute, nahm in einer bestimmten Testgegend die helle Normalform zwischen 1961 und 1975 von 5,2 wieder auf 10,5 Prozent zu.

3. In Freilandexperimenten konnte der Zoologe Kettlewell nachweisen und durch Filmaufnahmen belegen, daß Vögel (Rotkehlchen, Gartenrotschwanz und Heckenbraunelle) tatsächlich überwiegend diejenigen Varianten fangen, die auf dem jeweiligen Untergrund schlecht getarnt sind: Bei Birmingham fraßen sie hauptsächlich die hellen, in der ländlichen Gegend von Dorset dagegen überwiegend die dunklen Falter (wenn man gleiche Mengen von jeder Variante aussetzte). Die Selektion war damit in Gestalt der jagenden Vögel greifbar vor Augen gerückt worden.

Inzwischen kennt man zahlreiche weitere Fälle von Industriemelanismus bei Schmetterlingen. In Europa sind mindestens fünfzig Arten betroffen, in Amerika etwa hundert Arten. Zugleich wurde jedoch die Frage laut, ob nicht carbonaria-Mutationen als Nebenwirkung noch andere Vorteile für die Schmetterlinge mit sich bringen (Resistenz gegenüber Schwefeldioxid der Luft und gegenüber hoher Luftfeuchtigkeit), und es scheint, daß man das Gesamtproblem noch nicht völlig überschaut. Daß die klaren Befunde Kettlewells dadurch angetastet werden, ist jedoch wenig wahrscheinlich.

Der helle Birkenspanner war an die Rindenfarbe der Birke optimal angepaßt. Als die Stämme jedoch immer mehr verrußten, bot die dunkle Tarnfärbung besseren Schutz. So setzte sich die dunkle Mutante durch.

Zuschauen bei der Artbildung? Wie schnell kann sich eine Tierart in zwei aufspalten? Erschließt man die Geschwindigkeit der Artbildung aus Fossilfunden, so ergeben sich Zeiträume von wenigstens einigen Zehntausenden von Jahren. Daß Artbildung zum Teil aber auch viel rascher ablaufen kann, wurde aus rezenten (noch lebenden) Tierformen erschlossen:

Im ostafrikanischen Nabugabosee gibt es fünf Arten von Buntbarschen, die für dieses Gewässer endemisch sind, das heißt nirgends sonst vorkommen. Man weiß aber, daß dieser See erst vor weniger als viertausend Jahren vom Viktoriasee abgetrennt wurde. Und auf den Hawaii-Inseln leben fünf endemische Schmetterlinge der Gattung Hedylepta, die sich ausschließlich als Schädlinge der Bananenpflanze ernähren. Die Banane wurde aber erst vor tausend Jahren durch die Polynesier auf Hawaii eingeführt. In diesem Zeitraum müssen die neuen Arten also von Palmen auf Bananen »umgestiegen« sein.

Bei der Taufliege Drosophila gelang es nun wirklich, bei der Artbildung zuzuschauen – allerdings im Laboratorium. Amerikanische Wissenschaftler züchteten Wildfänge von Drosophila paulistorum in verschiedenen isolierten Linien im Labor weiter. Zu Beginn waren alle Linien untereinander fruchtbar zu kreuzen. Nach wenigen Jahren erzielte man jedoch bei Kreuzungsexperimenten mit einer bestimmten Linie stets nur unfruchtbare Bastarde. Da reproduktive Isolation das eigentliche Artkriterium ist (→S. 56), mußte man diese eine Linie als neue Art bezeichnen.

Freilich sollte man bei der Beurteilung von Isolationen, die möglicherweise nur auf einer einzigen Genmutation beruhen, etwas zurückhaltend sein, weil es auch Rückmutationen gibt. Es bleibt dabei, daß Artbildung gewöhnlich ein langwieriger Vorgang ist, bei dem sich zahlreiche Erbanlagen so verändern, daß die Rückkehr in den Schoß der alten Artgemeinschaft unwahrscheinlich wird.

Die Evolution des Menschen

Am Ende seines Hauptwerks über die Entstehung der Arten hatte Darwin 1859 in vorsichtiger Andeutung geschrieben: »Licht wird auch fallen auf den Menschen und seine Geschichte.« Andere Wissenschaftler, vor allem der deutsche Zoologe und Darwin-Anhänger Ernst Haeckel, nahmen diese Anregung unmittelbar auf und bezogen den Menschen ausdrücklich mit in die Evolutionslehre ein. Darwin äußerte sich dann ausführlich in seinem 1871 erschienenen zweibändigen Werk »Die Abstammung des Menschen und die geschlechtliche Auslese«. Er hatte noch nicht die Möglichkeit, sich auf Fossilien zu berufen, denn seinerzeit war praktisch nur der (damals noch umstrittene) Neandertalerfund bekannt. Darwin mußte die menschliche Stammesgeschichte indirekt aus dem Vergleich der heutigen Menschen und Affen erschließen. Da die uns nächstverwandten Menschenaffen, nämlich Schimpanse und Gorilla, in Afrika wohnen, nahm schon Darwin Afrika als Heimat der ersten Menschen an und brachte den damaligen Mangel an überbrückenden Fossilien mit der derzeitig geringen geologischen Erforschung Afrikas in Verbindung.

Affenabstammung. Die Paläontologie hat inzwischen ein umfangreiches Material fossiler Menschenreste zusammengetragen und bearbeitet. Allein aus den letzten zehn Jahren liegen mehr als fünfhundert Neufunde vor, und fast alle stammen aus Afrika. Die Auffassung, daß die »Wiege der Menschheit« im dunklen Erdteil stand, findet immer mehr Bestätigung. Vor allem aber wird die Fundreihe von unseren tierischen Vorfahren zum heutigen Menschen immer vollständiger, und es läßt sich nicht mehr umgehen, jene tierischen Ahnen beim Namen zu nennen: Wir Menschen stammen von Affen ab.

Auch heute noch reagieren viele Menschen auf diesen Satz mit einem überlegenen Lächeln: Diese Formulierung sei falsch, Mensch und Affe stammten nicht voneinander ab, sondern hätten nur einen gemeinsamen Vorfahren. Leider ist dieser Einwand nicht mehr als eine ausweichende Floskel, die zur Klärung des Problems nichts beiträgt. Natürlich können gleichaltrige Zeitgenossen rein technisch nicht voneinander abstammen. Von heute lebenden Affen können wir also nicht herkommen. Die heutigen Vögel stammen ja auch nicht von heutigen Reptilien ab. Aber die fossilen Ahnen der Vögel verdienen keinen anderen Namen als Reptilien, und unsere fossilen Vorfahren kann man ehrlicherweise nur als Affen bezeichnen. Wollte man mit der genannten Redensart ernst machen und wirklich die Vorfahren sämtlicher Affen beschwören, so käme man bei den Halbaffen an oder deren Vorfahren, den Insektenfressern. Es ist aber extrem unwahrscheinlich, daß der Mensch direkt auf Halbaffen oder Insektenfresser zurückgeht. Der Mensch stammt von fossilen Affen ab, und zwar wahrscheinlich von fossilen Menschenaffen, die den heutigen Schimpansen und Gorillas nicht unähnlich sahen.

Warum wehrt sich eigentlich der Mensch immer wieder gegen die Lehre von der Affenabstammung? Weil er befangen ist. Er kann unvoreingenommen und sachlich über die Evolution der Pflanzen und Tiere nachdenken, aber über sich selbst bringt er gewöhnlich ein Vorwissen mit, das psychologisch oder philosophisch-religiös begründet ist. Darwins Lehre von der Herkunft des Menschen stieß nicht nur unter vielen seiner Zeitgenossen auf die heftigste Ablehnung. In den Vereinigten Staaten kam man erst im Jahre 1968 zu einem – vorläufigen – Abschluß des sogenannten »Affenkrieges« (monkey war). Der Schulunterricht über Darwins Evolutionslehre, insbesondere über die Abstammung des Menschen vom Tier, war in manchen Staaten der USA aus fehlgelenkten weltanschaulichen Gründen bis in neuere Zeit gesetzlich verboten. Zuwiderhandelnden Biologielehrern drohte Entlassung und eine Geldstrafe bis zu hundert Dollar. Tennessee setzte dieses Gesetz 1967 außer Kraft, Arkansas 1968. In Mississippi ist es wohl noch heute gültig, wird aber in der Praxis nicht mehr beachtet.

In anderen Fällen mag ein bestimmtes Vorwissen über die Herkunft des Menschen sogar zur Fälschung von wissenschaftlichem Fundmaterial geführt haben. Der 1913 beschriebene Piltdown-Schädel (»Eanthropus dawsoni«) aus Südost-England wurde nach vierzig Jahren und Hunderten von einschlägigen wissenschaftlichen Veröffentlichungen als raffinierte Fälschung entlarvt. Daß es sich bei der Piltdown-Affäre um einen reinen Scherz handelte, wie man vielfach liest, ist nicht sehr wahrscheinlich. Die geschickte Kombination eines Hirnschädels vom Jetztmenschen mit einem zurechtgefeilten Orang-Utan-Unterkiefer entsprach genau der damaligen Auffassung, daß sich die Menschwerdung als »Sprung in die Intelligenz« vollzog, als plötzliche Großmutation des Gehirns.

AM und TMÜ. Wahrscheinlich spiegelt auch der noch heute nicht ganz abgeschlossene Streit um die Lage von AM und TMÜ nicht nur sachliche Schwierigkeiten wider, sondern auch die Befangenheit einzelner Wissenschaftler. Was bedeuten die beiden Abkürzungen? Mit der Bezeichnung AM (ancient member) meinte Darwin den letzten gemeinsamen Ahnen von Menschen und Menschenaffen. TMÜ heißt Tier-Mensch-Übergangsfeld. Bisher konnte man sich nicht einigen, wo AM zeitlich anzusiedeln sei (→ Graphik S. 58). Es existieren im wesentlichen drei verschiedene Hypothesen, die historisch gesehen in der Reihenfolge AM_1, AM_2, AM_3 aufgestellt wurden. Man hat also den letzten gemeinsamen Ahnen immer weiter zurückdatiert, und zwar aufgrund bestimmter Fossi-

Die Aufrichtung des Menschen. *Für die subhumanen Vorfahren des Menschen dient hier der heutige Schimpanse als Modell, der sich im halbaufgerichteten Vierfüßergang auf die Knöchel der Hände stützt (a) und sich nur kurzfristig zweibeinig fortbewegt, wenn beide Arme etwas tragen (b). Auf dem Wege zum Urmenschen (c) verloren die Arme ihre Stützfunktion: Bereits das älteste bekannte Urmenschenskelett (Australopithecus afarensis) läßt dauerhafte Zweibeinigkeit erkennen. Beim Frühmenschen (d) und auch auf dem »Nebengleis« des Altmenschen (e) blieb die Nackenmuskulatur besonders stark entwickelt – ein Hinweis darauf, daß der Kopf noch nicht so frei balancierte wie beim Jetztmenschen (f).*

Vom Menschenaffen zum Jetztmenschen

Obwohl die Fossilgeschichte des Menschen inzwischen durch viele hundert Funde belegt ist, hat man sich über das genaue Verzweigungsmuster des menschlichen Stammbaums noch nicht einigen können. Das gilt bereits für AM (»ancient member« im Sinne Darwins), das heißt den letzten gemeinsamen Ahn der Menschen und der heutigen Menschenaffen (Orang-Utan, Gorilla, Schimpanse). Der Stammbaum zeigt die Lage von AM nach drei verschiedenen Auffassungen. Ist die Hypothese AM_2 richtig, so sah der gemeinsame Ahn ähnlich wie die fossilen Menschenaffen Dryopithecus und Proconsul aus. Das Tier-Mensch-Übergangsfeld (TMÜ), an dessen Beginn Ramapithecus stehen soll, läßt man meist mit dem Erwerb des aufrechten Ganges (frühester Nachweis: vor 3,6 Mio. Jahren) enden.

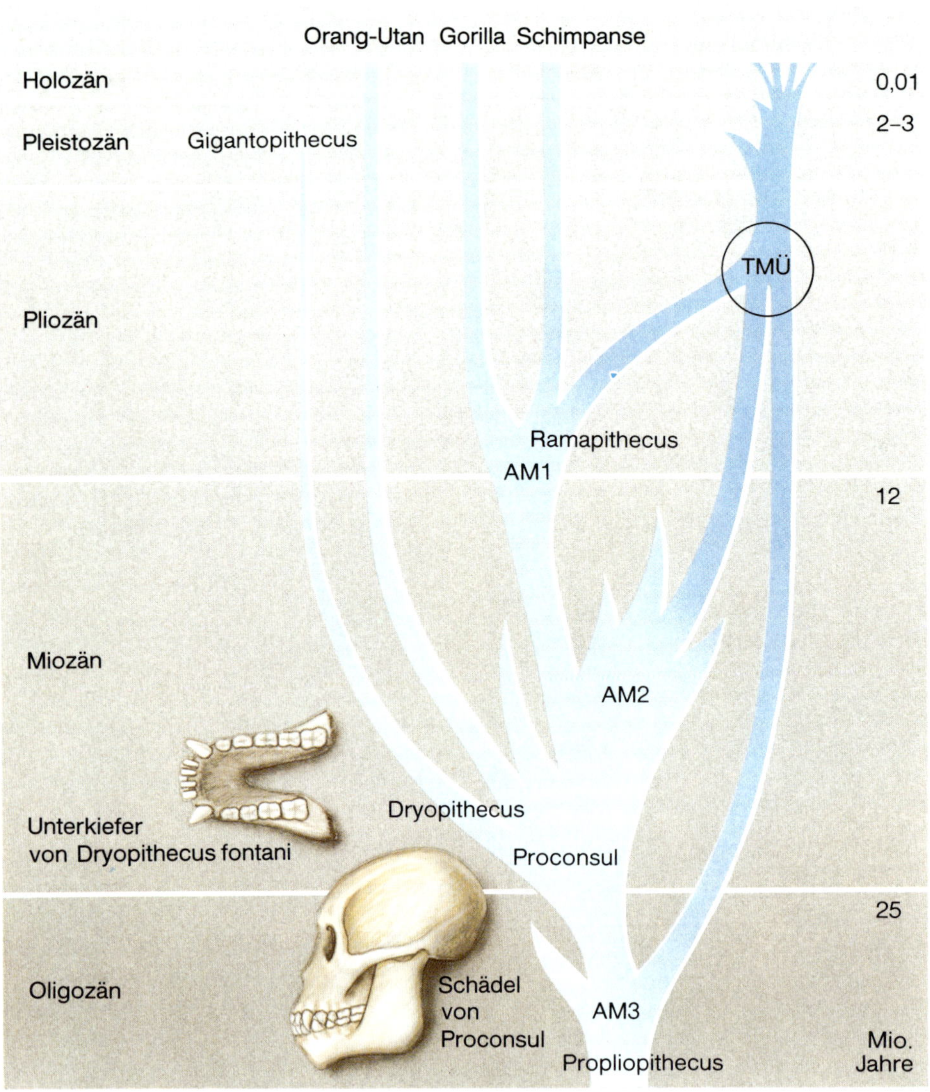

Stammbaum der Menschenaffen und Menschen

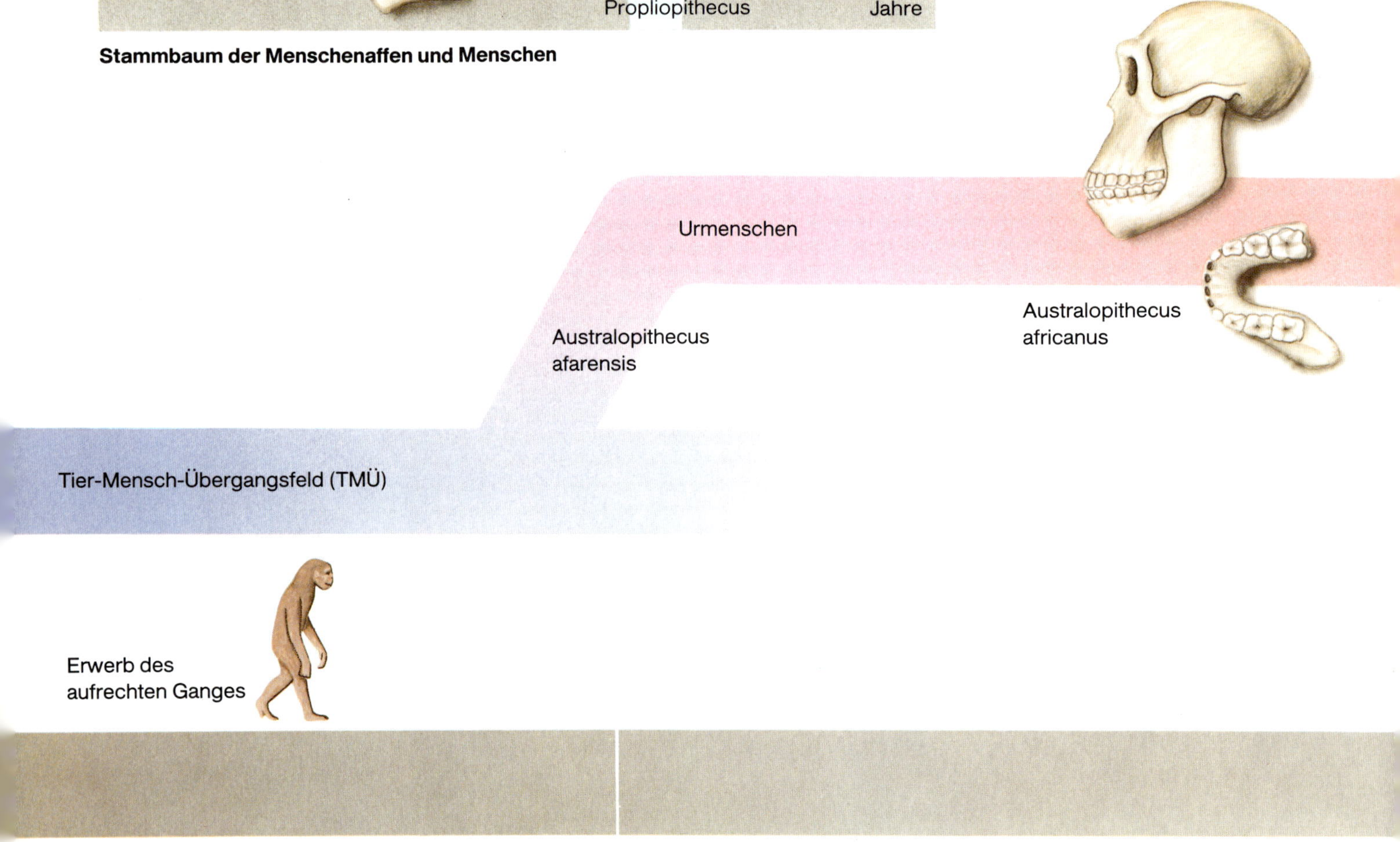

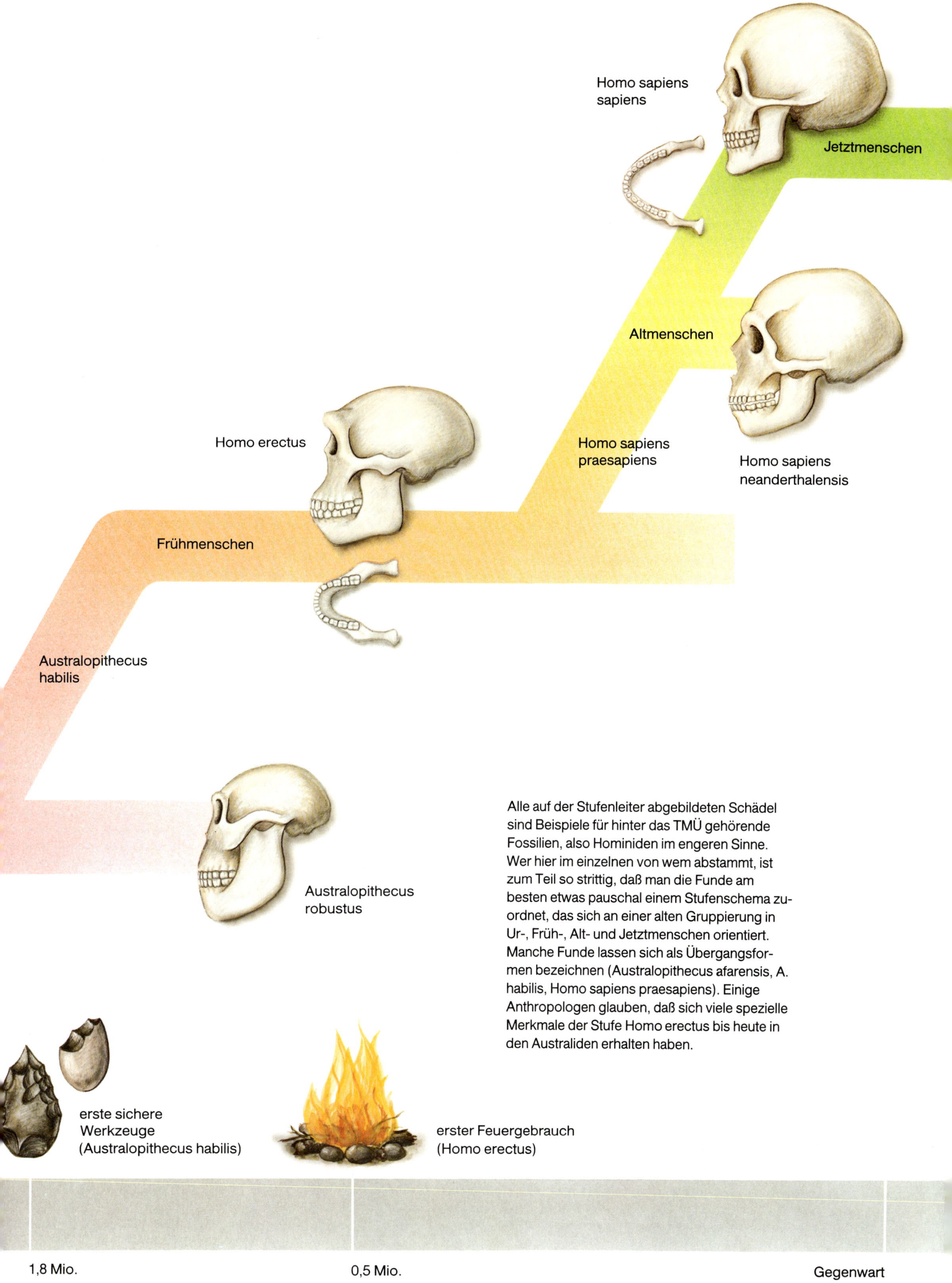

Alle auf der Stufenleiter abgebildeten Schädel sind Beispiele für hinter das TMÜ gehörende Fossilien, also Hominiden im engeren Sinne. Wer hier im einzelnen von wem abstammt, ist zum Teil so strittig, daß man die Funde am besten etwas pauschal einem Stufenschema zuordnet, das sich an einer alten Gruppierung in Ur-, Früh-, Alt- und Jetztmenschen orientiert. Manche Funde lassen sich als Übergangsformen bezeichnen (Australopithecus afarensis, A. habilis, Homo sapiens praesapiens). Einige Anthropologen glauben, daß sich viele spezielle Merkmale der Stufe Homo erectus bis heute in den Australiden erhalten haben.

liendeutungen unter sehr enger Auslegung der Irreversibilitätsregel (→S. 50).

Neuerdings ist die Tendenz wieder gegenläufig. Der Weg zum Menschen soll mindestens über die Dryopithecus-Proconsul-Stufe verlaufen sein. Im Rahmen funktionsmorphologischer Untersuchungen wurde der Gedanke Darwins wieder aufgegriffen, daß die Halbaufrichtung der jüngeren Menschenaffen (AM_1) und ihr gorillahafter »Knöchelgang« die Voraussetzung für die spätere Totalaufrichtung des Menschen waren. Auch immunologische Ergebnisse (→S. 34) sprechen für eine späte Trennung der menschlichen Evolutionslinie von der Linie der afrikanischen Menschenaffen. Dem immunologisch berechneten AM-Alter von 12 bis 14 Millionen Jahren entspricht am besten die AM_1-Hypothese.

Aufgrund eines Vergleichs von Aminosäure-Sequenzen (→S. 34) wollen einige kalifornische Wissenschaftler die letzte Weggabel sogar erst vor 6 Millionen Jahren ansetzen. Das würde uns noch näher an Schimpansen und Gorilla heranrücken und sogar †Ramapithecus aus unserer direkten Ahnenreihe ausschließen. Ramapithecus lebte vor 9 bis 15 Millionen Jahren. Daß diese fossil in Eurasien und Afrika gefundene subhumane (vormenschliche) Form auf der Verbindungslinie von AM und TMÜ anzusiedeln ist (→Graphik S. 58), bezweifeln bisher nur wenige. Vielleicht hängt das aber auch nur damit zusammen, daß man von Ramapithecus bislang nur einige Kieferbruchstücke und Zähne kennt.

Was definiert den Rubikon? Für Caesar war der »Würfel gefallen«, als er im Jahre 49 v. Chr. den Rubikon, den Grenzfluß zwischen Italien und Gallien, überschritt. Wo liegt der entscheidende Schritt der Menschwerdung? Die Bezeichnung TMÜ ist bereits eine Korrektur an der Frage »Wer war der erste Mensch?« Nicht ein einzelner Schritt ist zu suchen, sondern ein ganzes Feld von Schritten.

Es hat sich eingebürgert, die entscheidenden Schritte in der völligen Aufrichtung des Menschen zur dauerhaft zweibeinigen Haltung mit der entsprechenden Beinverlängerung zu sehen. Darum siedelt man das TMÜ im oberen Pliozän an (→Graphik S. 58). Dazu paßt einer der sensationellsten Funde, die im letzten Jahrzehnt gelangen: »Lucy« (offiziell: AL 288-1), 1974 bei Hadar in der Afar-Senke im nördlichen Äthiopien entdeckt – die ältesten bekannten menschlichen oder menschenähnlichen Skelettreste, die nicht nur aus Schädelteilen bestehen. »Lucy« (ca. 3 Millionen Jahre alt, 100 bis 150 Zentimeter groß, an den Beckenknochen als weiblich erkannt) vermittelt im Unterkieferbau zwischen Ramapithecus und der Australopithecus-Stufe und bewegte sich garantiert schon aufrecht auf zwei Beinen fort. Vielleicht gehen auf »Lucys« Artgenossen auch die 3,6 Millionen Jahre alten menschlichen Fußabdrücke in der versteinerten Vulkan-Asche von Laetoli (Tansania) zurück, die erst 1978 gefunden wurden.

Aber genügt der aufrechte Gang zur Definition des Menschen? Kommt es nicht auf Gehirnvolumen, Werkzeuge oder gar Feuergebrauch an? Wenn man so fragt, beginnt das TMÜ unversehens zu fließen und »etwas ratlos« durch die Jahrhunderttausende zu driften. Man gerät tief in das Hominiden-System (System der Menschenartigen) hinein, von dem der nächste Abschnitt handelt. Es wird zur Ansichtssache, wo man die entscheidenden Schritte ansetzt: Die ersten zweifelsfreien Werkzeuge sind nicht älter als 1,6 Millionen Jahre, und der erste sicher feststellbare Feuergebrauch liegt nicht weiter zurück als 500 000 Jahre. Die Feuerhersteller (Homo erectus) erreichten mit einem Schädelinhalt von über 1000 cm^3 zum erstenmal die Untergrenze des Gehirnvolumens des heutigen Menschen. Wer will, kann also das TMÜ erst hier enden lassen.

Stufen und Namen. Will man die vielen Einzelfunde aus der Fossilgeschichte des Menschen ordnen und zueinander in Beziehung setzen, so zeichnet man sie am besten in einen Stammbaum ein. Leider ist es – trotz mancher Bemühungen – bisher nicht gelungen, einen allgemein anerkannten Stammbaum zu erstellen, weil die Entwürfe der einzelnen Wissenschaftler zu verschieden sind. Das beste ist, sich vorläufig mit einem Stufenschema (→Graphik S. 58/59) zu begnügen, das sich an einer Gruppierung in Urmenschen, Frühmenschen, Altmenschen und Jetztmenschen orientiert. Diesen Stufen lassen sich die wissenschaftlichen Namen der fossilen und der lebenden Menschen zuordnen.

Auch diese wissenschaftlichen Namen boten früher ein sehr unübersichtliches Bild, weil fast jeder Fund seinen eigenen Gattungs- oder Artnamen trug (z. B. Pithecanthropus, Sinanthropus, Homo steinheimensis, Homo heidelbergensis). In neuerer Zeit hat man sich jedoch weitgehend auf ein stark vereinfachtes System geeinigt: zwei Gattungen (Australopithecus, Homo) und fünf bis zehn Arten mit allerdings zahlreichen Unterarten. Wertet man die verschiedenen Australopithecus-Formen als eine Stufe (Urmenschen), so verteilen sich die Homo-Formen auf die drei folgenden Stufen: Frühmenschen (Homo erectus), Altmenschen (Homo sapiens neanderthalensis) und Jetztmenschen (Homo sapiens sapiens). Verschiedene Funde nehmen eine Mittelstellung zwischen den Stufen ein: Vor den Urmenschen steht Australopithecus afarensis (das ist die oben erwähnte »Lucy«), zwischen Ur- und Frühmenschen vermittelt zum Beispiel Australopithecus (oder Homo) habilis (zu dem die ersten sicheren Steinwerkzeuge gehören), und den Alt- und Jetztmenschen geht als gemeinsame Vorstufe Homo sapiens praesapiens voraus.

Die afrikanische »Wiege«. Die Urmenschen (Australopithecus) wurden 1925 in Taung in Südafrika von Raymond Dart entdeckt. Sterkfontein, Swartkrans und Makapansgat sind weitere wichtige südafrikanische Fundorte. Am bekanntesten sind jedoch die zahlreichen Funde aus dem Ostafrikanischen Graben (Rift Valley) geworden, deren Entdeckungsgeschichte vor allem mit den Namen der Forscherfamilie Leakey verbunden ist. Nachdem zuerst (seit 1959) die Olduvai-Schlucht in Tansania das eigentliche Ausgrabungszentrum bildete, hat sich die Fossiliensuche in den siebziger Jahren weiter nach Norden in den Bereich des Turkana- oder Rudolfsees und nach Hadar in Äthiopien verlagert.

Die afrikanischen Urmenschen hatten zwar insgesamt die aufrechte Körperhaltung erworben, doch war ihr Schädel, abgesehen von Gebiß und Hinterhaupt, noch weitgehend schimpansenartig, und das Hirnvolumen erreichte nicht mehr als 680 cm^3 (Ausnahme: der Werkzeughersteller Australopithecus habilis mit ca. 800 cm^3; oberer Wert bei Schimpansen: 480 cm^3). Die südafrikanische »osteodontokeratische Kultur« (Knochen-Zahn-Hornwerkzeuge) der Urmenschen ist umstritten: Hyänenfraß könnte künstliche Bearbeitung von Knochen vorgetäuscht haben.

Die Urmenschen traten in Süd- und Ostafrika in zwei Typen auf. Der P-Typ (Australopithecus robustus und boisei) war ca. 165 Zentimeter groß und hatte besonders kräftige Backenzähne sowie einen knöchernen Scheitelkamm als Ansatzfläche seiner gewaltigen Kaumuskulatur. Wahrscheinlich lebte dieser P-Typ (von manchen Wissenschaftlern in eine gesonderte Gattung Paranthropus gestellt) hauptsächlich von pflanzlicher Nahrung und bewohnte die Galeriewälder der Feuchtsavanne. Der A-Typ (Australopithecus africanus) war kleiner (ca. 130 Zentimeter groß) und allgemein graziler gebaut. Man hält ihn für einen Sammler und Kleintierjäger der Trockensavanne. Der A-Typus und vor allem gewisse Varianten, die einige Forscher schon als Homo bezeichnen, gehören offenbar in die Linie, die zur nächsten Stufe führt.

Frühmenschen. Homo erectus (früher meist unter der Bezeichnung Pithecanthropus bekannt) war der erste systematische Werkzeughersteller und Jäger von größeren Wildarten. Seine Faustkeile gehören in die Steinwerkzeugstufen des Abbevilliums und des frühen Acheuliums. Zu Homo erectus gehören außer dem ersten sicheren Nachweis von Feuerstellen auch die ersten gesicherten Funde von Knochenwerkzeugen und hölzernen Lanzen (Clacton-on-Sea, England: 700 000 Jahre alt; Torralba, Spanien: 500 000 Jahre alt). Daß Homo erectus bereits ein Haus mit Herd gebaut haben soll (Ausgrabungen in Terra amata bei Nizza), ist jedoch neuerdings widerlegt worden. Die Nizza-Funde gehören schon in die Zeit von Homo sapiens.

Mit einem Gehirnvolumen von 700 bis 1250 cm^3 überschritten die Frühmenschen bereits die Untergrenze der Werte von Homo sapiens, die von ca. 1000 bis 2000 cm^3 reichen. Wie Homo sapiens war Homo erectus auch bereits weltweit verbreitet: Frühmenschen fehlen (wenn man von dem noch strittigen Fundort Stone Creek absieht) nur in Amerika. Besonders berühmt wurden die Funde aus Java und Peking.

Menschwerdung als Mischung von Verjugendlichung und Spezialisierung

Im Vergleich zu seinen Vorfahren ist der Mensch in mancher Hinsicht auf eine unspezialisierte Stufe und damit zu größerer körperlicher Vielseitigkeit zurückgekehrt. Die Evolution erreichte diese Entspezialisierung durch Verjugendlichung (Fetalisation): Jugend- oder sogar Embryonalmerkmale der menschenaffenähnlichen Ahnen werden bis ins menschliche Erwachsenenalter beibehalten. Der Mensch ist jedoch nicht als Ganzes verjugendlicht, sondern er steckt zugleich voller Spezialisierungen.

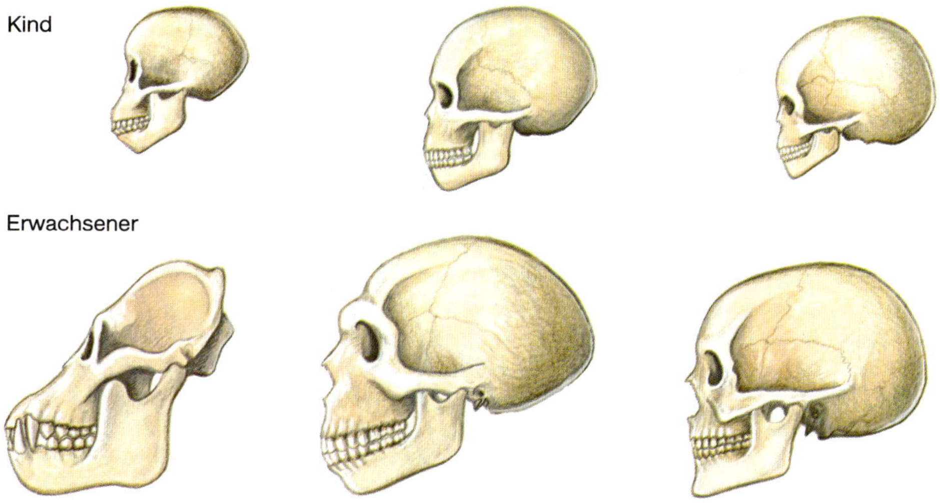

Die Schädelproportionen der Erwachsenen haben sich im Laufe der menschlichen Stammesgeschichte dem Kinderschädel der jeweiligen Ahnen angenähert: So ähnelt der Schädel des erwachsenen Jetztmenschen dem Kinderschädel des Neandertalers.

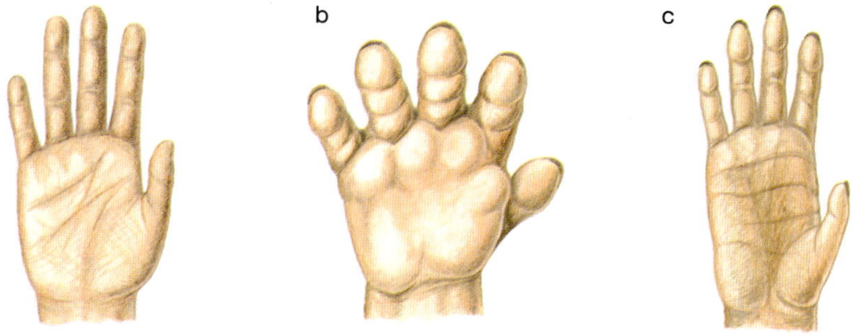

Die Hand des erwachsenen Menschen (a) ist der Hand des Schimpansen-Embryos (b) ähnlicher als der Hand des erwachsenen Schimpansen (c).

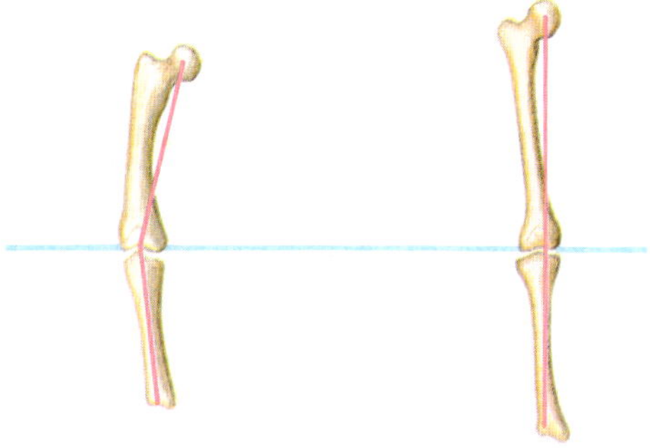

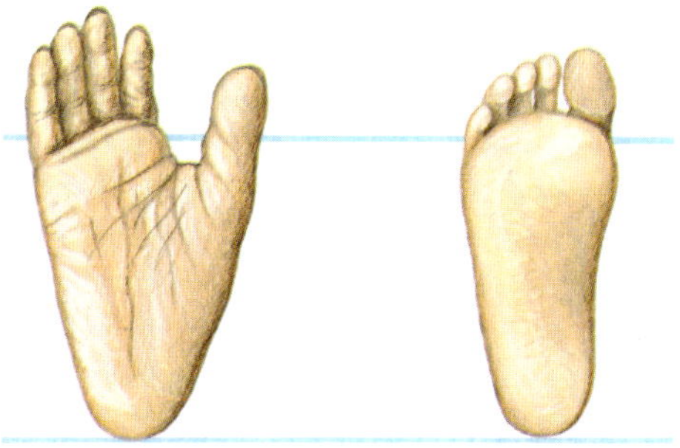

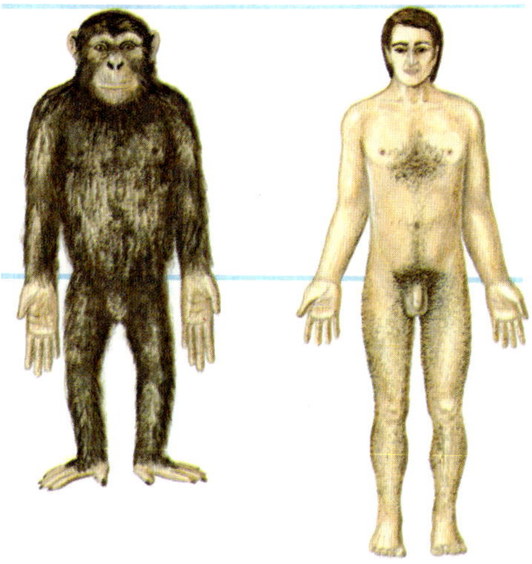

Mehrere wichtige Spezialisierungen des Menschen stehen in Beziehung zum Erwerb des ständig aufrechten Ganges. Zum Vergleich die entsprechenden Körperstrukturen bei den heutigen Menschenaffen, die nur relativ kurzfristig aufgerichtet laufen können: Ihre Beinknochen bilden noch keine vertikale Standachse (a); ihr Fuß ist noch mehr ein Kletterfuß als ein Stützfuß (b); sie haben noch viel kürzere Beine und sind darum im Vergleich zu uns »Sitzriesen« (c).

Diese Rekonstruktion eines Urmenschen zeigt, wie unsere frühen Vorfahren ausgesehen haben könnten: Australopithecus ging aufrecht, doch war sein Schädel – abgesehen von Gebiß und Hinterhaupt – noch weitgehend schimpansenartig.

Homo erectus ging so allmählich in die Jetztmenschen (Homo sapiens) über, daß die Grenze zum Teil nicht ganz leicht zu ziehen ist. Der Anthropologe Baker glaubt sogar, daß sich die heutigen Australier in vielen Merkmalen unmittelbar an Homo erectus anschließen lassen.

Großwildjäger mit Rachitis? Am Rande des Weges, der von den Frühmenschen zu den Jetztmenschen führt, steht die Rätselgestalt des Neandertalers. Früher glaubte man, die Altmenschen (Homo sapiens neanderthalensis) seien die unmittelbaren Vorfahren der Jetztmenschen. Inzwischen erscheint es jedoch als wahrscheinlicher, daß es sich bei ihnen um einen blind endenden Seitenzweig handelt. Der »klassische« Neandertaler ist eine fast rein europäische Erscheinung der letzten Vereisung (Weichsel-Würm-Kaltperiode). Außer dem Fund von 1856 aus dem Neandertal bei Düsseldorf sind vor allem französische Fossilien berühmt geworden: so der alte Mann von La Chapelle-aux-Saints.

Das insgesamt außerordentlich derbe und plumpe Skelett mit den besonders großen Händen läßt vermuten, daß wir im Neandertaler einen hochspezialisierten Jäger der Tundra vor uns haben, der seine großen, durchweg langhaarigen Beutetiere (Mammut, Wollhaarnashorn und Wisent) ansprang, am Fell packte und im Nahkampf mit verhältnismäßig primitiven Waffen erlegte. Wahrscheinlich ernährten sich die Altmenschen einseitig von dieser Fleischnahrung und starben zusammen mit ihren Jagdtieren aus.

Bedenkenswert erscheint aber nach wie vor das Urteil »Rachitis«, das der große Mediziner Rudolf Virchow schon 1857 über die gekrümmten Beinknochen des Neandertalers fällte. Zu dieser pathologischen Deutung passen auch andere Merkmale: der späte Schluß der Nähte des auffallend großen Schädels und Gebißanomalien. Rachitis ist bekanntlich eine Vitamin-D-Mangelkrankheit. Vielleicht hat der Neandertaler ohne Kenntnis des Fischfangs gelebt. Die Leber seiner Jagdtiere enthielt aber im Vergleich zu Fischleber nur geringe Spuren von Vitamin D.

Spezialisiert auf Unspezialisiertheit. Der Neandertaler war wahrscheinlich der letzte Fall einer extremen körperlichen Umweltanpassung in der Menschheitsgeschichte. Die Jetztmenschen (Homo sapiens sapiens), die ihre »Laufbahn« vor ca. 40000 Jahren begannen, entwickelten nur noch geringe körperliche Spezialanpassungen an lokale Umwelten. Gemeint sind die Rassenmerkmale, die sich vor ca. 40000 bis 10000 Jahren herausbildeten (man unterscheidet eine europide, negride und mongolide Großrasse und verschiedene Rassensplitter aus sogenannten Altschichten). Durch die gesamte Evolution des Menschen wurde offensichtlich gerade das Gegenteil von körperlicher Spezialisierung durchgehalten, nämlich ein Trend zur Entspezialisierung und damit zur Vielseitigkeit (→ S. 54). Konrad Lorenz hat den Menschen als »spezialisiert auf Unspezialisiertsein« charakterisiert und seine körperliche Vielseitigkeit folgendermaßen veranschaulicht: »Stellt man etwa die drei Aufgaben, 35 Kilometer an einem Tag zu marschieren, 5 Meter an einem Hanfseil emporzuklimmen und 15 Meter weit und 4 Meter tief unter Wasser zu schwimmen und dabei zielgerichtet eine Anzahl von Gegenständen vom Grunde emporzuholen, lauter Leistungen, die auch ein höchst unsportlicher Schreibtischmensch, zum Beispiel ich, ohne weiteres zustande bringt, so findet sich kein einziger Säuger, der ihm das nachmacht.«

Eine Korrektur ist allerdings nötig: Wie wir weiter oben sahen, steht gleich am Beginn des menschlichen Eigenweges (im TMÜ) eine immense Spezialisierung: der aufrechte Gang und alles, was damit zusammenhängt (Standachse des Beins, relative Beinlänge, Stützfuß u.a.). Auch unsere Gehirnvergrößerung wird man hier erwähnen müssen, obgleich sie eher unter Aromorphose (→ S. 47) als unter Spezialisierung fällt.

Verjugendlichung. Die relative Unspezialisiertheit des Menschen wirft verschiedene Fragen auf. Die erste lautet: Wie erreicht die Evolution eine Rückkehr auf unspezialisierte Ebenen? Durch einen Trick, der unter dem Aspekt der Evolutionsumkehr (→ S. 50) unerwähnt blieb: die phylogenetische (stammesgeschichtliche) Verjugendlichung oder Fetalisierung. Verschiedene Körpermerkmale des Menschen (z.B. der Bau seiner Hände, seine Schädelproportionen, seine Haararmut, die nach vorn gerichtete Lage der weiblichen Geschlechtsöffnung) entsprechen der Jugend- oder sogar Embryonalausprägung dieser Merkmale bei den Ahnen. Die Endausformung mancher Strukturen wird in einer retardierten Ontogenese (verlangsamten Individualgeschichte) weggelassen, und das Jugendstadium bleibt bis ins Erwachsenenalter erhalten. Vielleicht hat auch die besonders ausgeprägte menschliche Neugier mit dieser Tendenz zu tun.

Es ist jedoch nicht richtig, den Menschen insgesamt als »geschlechtsreif gewordenen Affenembryo« zu charakterisieren, denn die Rückkehr auf eine jugendliche Ausprägungsstufe betrifft nur bestimmte Strukturen. Der Mensch stellt insgesamt eine Mischung von Verjugendlichung und Spezialisierung dar.

Kulturelle Überformung. Eine letzte Frage soll in diesem Zusammenhang behandelt werden: Wie bewerkstelligt es der kosmopolitisch in tausend verschiedenen Umwelten lebende Mensch, daß er mit so wenigen Spezialanpassungen auskommt? Er hat einen sehr wirksamen Ersatz für körperliche Spezialisierung gefunden: die Vielzahl seiner Werkzeuge und Erfindungen, alles das, was man als Kultur zusammenfaßt. Der Mensch ist weniger körperlich als kulturell spezialisiert.

Diese durch Tradition fortgepflanzte Kultur setzt Evolutionsregeln außer Kraft. Denn im kulturellen Bereich gibt es ja sehr wohl eine »Vererbung erworbener Eigenschaften« im Sinne Lamarcks. Nicht nur materielle Kulturgüter (z. B. ein Mantel, ein durch Web- und Schneiderkunst erworbenes künstliches Fell) können vererbt werden, sondern auch geistige: Im Unterricht »vererben« die Lehrenden ihr Wissen und Können direkt an die Lernenden, vom kleinen Einmaleins bis zu Einsteins Formeln, vom Kuchenbacken bis zur Konstruktion einer Mondrakete. Das alles wird ohne den umständlichen und langwierigen Weg über die Erbanlagen in hoher Geschwindigkeit von Mensch zu Mensch weitergegeben, und zwar nicht nur an die eigenen Nachkommen, sondern an jeden beliebigen Mitmenschen.

Die überlieferte Kultur durchdringt das menschliche Wesen so sehr, daß es unmöglich wird, Kultur und Natur auseinanderzudividieren. Das geht bis tief in körperliche Merkmale hinein: Das bescheidene Gebiß des Menschen mit dem fortlaufend kleineren und runderen Zahnbogen und der abnehmenden Größe der Eckzähne – ist das nicht die körperliche Folge davon, daß die Werkzeuge unser Gebiß zunehmend entlastet haben? Der Mensch braucht sich weder mit Hilfe des Gebisses zu verteidigen, noch hängen der Erwerb und die Zubereitung der Nahrung wesentlich von unseren Zähnen ab. Kultur übt also Selektion. Jeder technische und medizinische Fortschritt entlastet auch den Körper: Es macht nichts mehr, wenn immer mehr Frauen ihre Kinder nicht mehr stillen können, man weicht eben auf die Flasche aus. Es macht auch nichts mehr, wenn zahlreiche Personen fehlsichtig sind, man verschreibt ihnen eben eine Brille. Inzwischen werden sogar die Möglichkeiten einer (freilich in ihrer Anwendbarkeit strittigen) genetischen Manipulation des Menschen immer greifbarer (→S.95).

»Natürliches« Verhalten? Während man diesen Zusammenhang leicht versteht, erscheint es eigenartigerweise immer wieder nur schwer einsehbar, daß auch unser Verhalten völlig »kulturdurchtränkt« ist. Alle Bemühungen, das »natürliche« Verhalten des Menschen herauszudestillieren, kommen über die Erhebung einiger gemeinsamer elementarer Verhaltensweisen (Lachen, Weinen, Augengruß, Zunge-Herausstrecken, Bettelbewegung, Handgeben, erregtes Abwinken u.a.) nicht wesentlich hinaus. Die Vorstellung, man könne durch eine allgemeine biologische »Humanethologie« (Verhaltensforschung, die den Menschen betrachtet) die vergleichende völkerkundliche und kulturgeschichtliche Forschung hinterfragen oder überbieten, erweist sich als illusorisch.

Die »Macht« der lokalen Kulturtradition sei abschließend an einem einfachen Beispiel veranschaulicht: In der Umgebung des Baringo-Sees in Kenia leben nicht weit voneinander zwei Stämme (Turgen und Njemps), die sich nach Rasse und Wirtschaftsform ähneln. Obwohl beide Stämme soziale Kontakte haben und Handel miteinander treiben, unterscheiden sie sich deutlich in ihrer Verhaltenstradition, sichtbar zum Beispiel an der Art, wie sie sich schmücken.

Aus allem bisher Gesagten läßt sich dieses Fazit ziehen: Das durch viele Fakten abgesicherte Wissen um die Evolution der Lebewesen bildet heute die Grundlage der modernen Biologie. Es stellt den Hintergrund dar, vor dem alle wissenschaftlichen Erkenntnisse, die im folgenden dargestellt werden, erst den richtigen Stellenwert bekommen und als Teilaspekte eines großen Ganzen verständlich werden.

Dzwillo, M.: *Prinzipien der Evolution,* Stuttgart 1978.
Osche, G.: *Evolution,* Freiburg 1979.

Remane, A./Storch, V./Welsch, M.: *Evolution,* München 1973.

Die drei klarsten und ausgewogensten Kurzdarstellungen der allgemeinen Evolutionslehre, das zweite Werk am besten bebildert.

Calder, N.: *Das Lebensspiel,* Bern 1973. – Journalistische Berichterstattung über die heutige Evolutionsforschung.

Erben, H. K.: *Die Entwicklung der Lebewesen,* München 1976. – Evolution in der Sicht eines Paläontologen, sehr anschaulich dargestellt.

Grzimek, B. (Hrsg.): *Tierleben, Ergänzungsband. Entwicklungsgeschichte der Lebewesen,* München 1972. – Die z.Z. umfassendste allgemeinverständliche Darstellung der Stammesgeschichte von der Entstehung des Lebens bis zum Menschen.

Heberer, G.: *Charles Darwin. Sein Leben und sein Werk,* Stuttgart 1959. – Eine unerhört lebendige Darstellung auf nur achtzig Seiten.

Mayr, E.: *Evolution und die Vielfalt des Lebens,* Berlin 1979. – Eine Sammlung von dreizehn sehr anregenden Aufsätzen.

Steitz, E.: *Die Evolution des Menschen,* Weinheim 1979. – Vielseitig und didaktisch geschickt aufgebaut.

Thenius, E.: *Versteinerte Urkunden,* (Verständliche Wissenschaft, 81), Berlin 1981. – Kurze Einführung in die Paläontologie.

Vogel, C.: *Humanbiologie.* Menschliche Stammesgeschichte, Populationsdifferenzierung. Biologie in Stichworten V, Kiel 1974. – Unüberboten übersichtlich, kritisch und zuverlässig.

Hartmut Greven

Kleinste Lebenseinheit: die Zelle

Im Jahre 1665 entdeckte der Engländer Robert Hooke bei mikroskopischen Untersuchungen in Flaschenkork, später auch in anderem pflanzlichen Material, kleine Löcher, die er »cellulae« (lat.: cellula – das Kämmerchen, die Zelle) nannte. Er wußte damals noch nicht, daß die deutliche Begrenzung dieser Kämmerchen die dicken, für alle pflanzlichen Zellen charakteristischen Zellulosewände waren. Kleine »Dierken« oder »animalcula«, die allerdings erst später als einzellige Lebewesen erkannt wurden, hatte auch der holländische Tuchhändler Antonie van Leeuwenhoek (1632–1723) mit Hilfe selbstgefertigter Mikroskope beobachtet und beschrieben.

Die mikroskopische Ansicht von Schnitten durch einen Flaschenkork, wie hier abgebildet, verhalf Robert Hooke 1665 zur Entdeckung der Zellen.

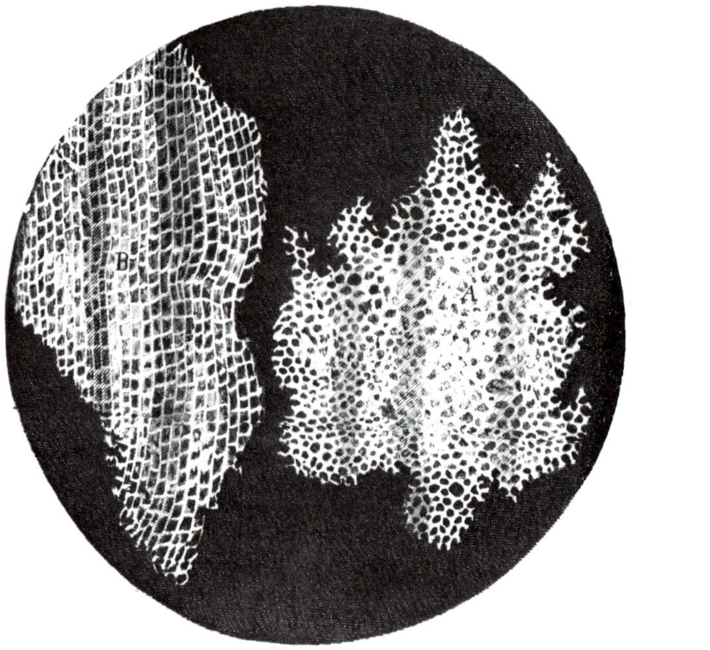

Aber erst 1838/39, nachdem zahlreiche andere Naturwissenschaftler des beginnenden 19. Jahrhunderts wie Dutrochet, Lamarck, Oken und Purkinje wichtige Vorarbeiten geleistet hatten, gelangten der Botaniker Matthias Jakob Schleiden (1804–1881) und der Zoologe Theodor Schwann (1810–1882) zu der Erkenntnis, daß die ungeheure Zahl der verschieden gestalteten Zellen, die Pflanzen und Tiere aufbauen, Gemeinsamkeiten aufweisen – das gilt sogar für die viel einfacher gebauten, nur aus einer Zelle bestehenden Bakterien – und daß Zellen die Grundbausteine aller Lebewesen sind. Das ist eine ungeheure Verallgemeinerung, die dennoch als eine der grundlegenden Erkenntnisse der Biologie angesehen wird und ihre Gültigkeit bis auf den heutigen Tag behalten hat.

Als Geburtsstunde der klassischen Zellenlehre (Cytologie) gilt das Jahr 1855, in dem der Pathologe Rudolf Virchow (1821–1902) seinen berühmten Satz »omnis cellula e cellula« formulierte, der frei etwa mit »Zellen entstehen nur aus Zellen« übersetzt werden kann. Damit betonte er vor allen Dingen, was heutzutage von niemandem mehr bestritten wird, daß Leben aus einer ununterbrochenen Folge von Zellen besteht und daß so unterschiedliche Lebensäußerungen wie Wachstum, Entwicklung und Vererbung sowie Altern und Tod nur verschiedene Aspekte eines Zellenlebens sind. Das gilt jedoch mit einer einzigen Einschränkung: Vor etwa 3,8 Milliarden Jahren hat sich das Leben einmal aus unbelebter Materie entwickelt.

Seit Max Schultze 1861 die Zelle als ein »mit den Eigenschaften des Lebens begabtes Klümpchen Protoplasma, in welchem ein Kern liegt« bezeichnete – dieser war 1831 von Robert Brown entdeckt worden –, haben ständig verbesserte Untersuchungsmethoden zahlreiche Geheimnisse dieses »Klümpchens« entschlüsselt. Dennoch ist die Zelle *das* universelle Bauelement geblieben: Sie ist die kleinste Einheit der Struktur und der Vermehrung (auch vielzellige Lebewesen durchlaufen in der Regel ein einzelliges Stadium) und die kleinste Einheit, in der sich noch sämtliche Grundfunktionen des Lebens nachweisen lassen.

Alle tierischen und pflanzlichen Zellen sind im Prinzip ähnlich gebaut und werden als Eukaryonten zusammengefaßt. Sie besitzen einen von einer Hülle umgebenen Zellkern sowie zahlreiche hochorganisierte Bestandteile, die mit spezifischen Enzymen ausgestattet sind und Zellorganellen genannt werden. Prokaryonten, zu denen die Bakterien und Blaualgen gehören, sind wesentlich einfacher gebaut. Ihnen fehlt unter anderem ein typischer Zellkern.

Chemische Bestandteile von Zellen

In Verbindung mit den Elementen Wasserstoff (H), Sauerstoff (O), Stickstoff (N), Schwefel (S) und Phosphor (P) bildet Kohlenstoff (C) wegen seiner Fähigkeit, sich zu lan-

Gebräuchliche Maßeinheiten in der Cytologie

Einheit	Symbol	Beispiel	Hilfsmittel
Zentimeter	cm = 0,01 m	Riesenzellen	bloßes Auge
Millimeter	mm = 0,1 cm	sehr große Zellen	bloßes Auge
Mikrometer	µm = 0,001 mm	die meisten Zellen und größere Organellen	Lichtmikroskopie
Nanometer	nm = 0,001 µm	kleinere Organellen und die größten Makromoleküle	Elektronenmikroskopie
Ångström	Å = 0,1 nm	Moleküle und Atome	Elektronenmikroskopie; Röntgenstrahlmethoden

gen Ketten zusammenzuschließen, im wesentlichen vier Klassen von Riesenmolekülen (Makromolekülen), aus denen alle Lebewesen aufgebaut sind: Eiweiße (Proteine), Nukleinsäuren, Kohlenhydrate und Fette (Lipide).

Eine ganz besondere Rolle kommt auch dem Wasser zu, das bis zu 85 Prozent einer Zelle ausmachen kann. Es dient als Transport- und Lösungsmittel für eine ganze Reihe wichtiger Stoffe und macht zahlreiche chemische Reaktionen zwischen Molekülen erst möglich.

Eiweiße oder Proteine stellen die mannigfaltigste Stoffklasse dar. Mit etwa 70 Prozent machen sie den größten Anteil der Trockenmasse einer Zelle aus. Ihre Bausteine, nur zwanzig Aminosäuren, können in immer neuen Abfolgen in einer nahezu unbegrenzten Zahl von Kombinationsmöglichkeiten, manchmal zu Ketten aus mehreren Tausend, verknüpft werden.

Eiweiße sind in kugeliger oder langgestreckter Form als sogenannte Strukturproteine unter anderem am Aufbau von Zellmembranen, Mikrotubuli und sogar Haaren und Fingernägeln beteiligt. Eiweiße katalysieren auch als Enzyme oder Fermente chemische Reaktionen, das heißt, sie vermitteln Reaktionen zwischen zwei oder mehreren Stoffen, die außerhalb der Zelle zu schnell, gar nicht oder nur sehr langsam ablaufen würden, ohne sich selbst dabei zu verändern. Zellen müssen stets Hunderte von diesen Enzymen bereithalten.

Kohlenhydrate treten ebenfalls häufig in sehr langen Ketten auf. Sie setzen sich aus einfachen Zuckern (Monosacchariden) zusammen. Das am weitesten verbreitete Monosaccharid ist die Glukose, die im tierischen Organismus die Transportform der Kohlenhydrate darstellt. Es gibt auch eine Speicherform, das Glykogen, das aus verzweigten Ketten von 25000 bis 90000 aneinandergeknüpften Glukosemolekülen besteht.

Lipide sind Substanzen, die sich in Wasser nur schlecht oder gar nicht, in organischen Lösungsmitteln wie Aceton, Chloroform und Alkohol hingegen gut lösen lassen. Sie stellen chemisch eine äußerst uneinheitliche Stoffgruppe dar. Im tierischen Körper sind sie als Fette und Fettsäuren außerordentlich energiereiche Reservestoffe. Darüber hinaus sind verschiedene Lipide Bestandteile der Zellmembranen (Phosholipide, Cholesterin) und der Steroidhormone (Cholesterin). Auch Karotinoide gehören zu den Lipiden; sie sind rot und gelb gefärbt und werden von pflanzlichen Zellen gebildet. Ihren Namen verdanken sie der Karotte.

Nukleinsäuren sind mit Abstand die längsten Makromoleküle. Sie enthalten die Erbinformation, nach der Aminosäuren zu ganz spezifischen Proteinen zusammengesetzt werden. Ihr Feinbau wird an anderer Stelle besprochen (→ S. 83).

Anzahl, Größe und Gestalt von Zellen

Abgesehen von Einzellern, bei denen eine einzige Zelle den gesamten Organismus bildet, besitzen Tiere Gewebe und Organe, die je nach ihren Aufgaben aus unterschiedlich großen und unterschiedlich gestalteten Zellen bestehen. Ihre Anzahl ist im allgemeinen nicht festgelegt, sondern wird lediglich durch die Körpergröße begrenzt. Eine Ausnahme machen hier kleine vielzellige Tiere, wie Bärtierchen, Rädertierchen und Fadenwürmer, die sich meist durch eine feststehende (konstante) Anzahl von Zellen auszeichnen.

Größe, Form und Gewicht tierischer Zellen sind entsprechend ihrer vielfältigen Funktionen außerordentlich verschieden. Ihre mittlere Masse beträgt etwa ein milliardstel Gramm, ihre durchschnittliche Größe liegt zwischen 5 und 100 tausendstel Millimetern, also in einem Bereich, der mit dem bloßen Auge nicht mehr wahrgenommen werden kann. Es gibt aber auch Ausnahmen: So kann das einzellige Wimpertierchen Spirostomum eine Länge von drei Millimetern erreichen. Amöben, die ebenfalls zu den Einzellern gehören, werden bis zu zwei Millimeter lang und Nervenzellfortsätze, namentlich solche, die vom Rückenmark ausgehen und die Fußmuskeln innervieren, sogar über einen Meter. Hinsichtlich Größe und Gewicht stellen Eizellen, die meist besonders viele Nährstoffe für den sich entwickelnden Embryo enthalten, Sonderfälle dar. Einen Rekord hält hier mit 7,5 Zentimetern Durchmesser das Eigelb des Straußeneis.

Trotz dieser enormen Schwankungsbreite gibt es eine durch physikalische und chemische Gesetze bedingte obere und untere Grenze für die Zellgröße. So ist für den Stoffaustausch mit der Umgebung die Oberfläche einer Zelle maßgebend. Je größer die Zelle wird, desto ungünstiger wird das Verhältnis von Oberfläche zu Volumen (Inhalt), da ja die Oberfläche nur in der zweiten, das Volumen jedoch in der dritten Potenz zunimmt. Auch innerhalb von zu großen Zellen kann es zu Schwierigkeiten beim Austausch und bei der Verteilung von Stoffen kommen. Zellen vergrößern daher häufig ihre Oberflächen durch fingerförmige Ausstülpungen (Mikrovilli) oder sind besonders flach.

Die meisten Zellen sind mit dem bloßen Auge nicht wahrnehmbar. Einen Sonderfall stellen Eizellen dar, und den Größenrekord hält hier wiederum das Eigelb des Straußeneis mit 7,5 cm Durchmesser.

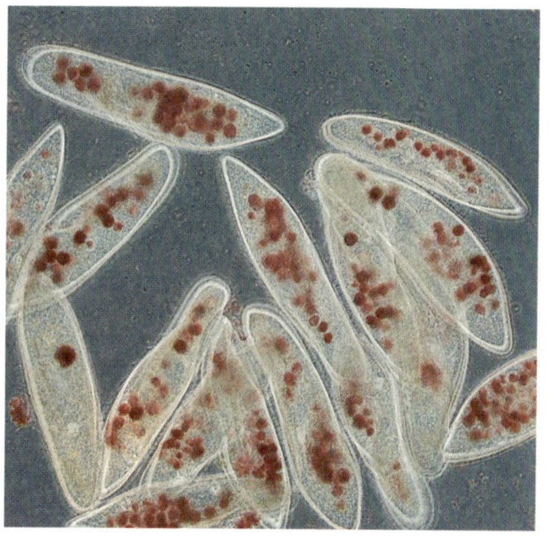

Beim Pantoffeltierchen bildet eine einzige Zelle den gesamten Organismus. Sie bewältigt sämtliche Aufgaben.

Die durch den Stoffwechsel der Zelle freiwerdende Wärme muß ebenfalls über die Zelloberfläche abgeführt werden, um eine gefährliche Überhitzung zu vermeiden. Der Verlust dieser Wärme hängt von der Zelloberfläche, ihre Produktion jedoch vom Zellvolumen ab. Ist die Zelle also sehr groß und stoffwechselaktiv, muß verhältnismäßig viel Wärme über eine vergleichsweise geringe Fläche abgegeben werden. Daraus folgt auch, daß kleine Zellen sehr viel aktiver sein können als große, und tatsächlich besitzen viele stoffwechselaktive Tiere kleinere Zellen als stoffwechselträge.

Die Größe einer Zelle wird auch durch ihren Kern begrenzt. Dieser kann als Kontroll- und Steuerzentrum immer nur eine bestimmte Menge von Plasma versorgen. Zellen teilen sich daher meist, wenn das Kern-Plasma-Verhältnis einen bestimmten Grenzwert zu überschreiten droht.

Manche Zellen, zum Beispiel Amöben oder weiße Blutkörperchen (Leukocyten), ändern ihre Gestalt häufig, andere hingegen weisen eine ganz charakteristische, mehr oder weniger konstante Form auf. Es gibt rundliche, längliche, fadenförmige, scheibenförmige, lappige und verzweigte, in Geweben auch

Die einzelligen Amöben verändern ihre Form ständig, indem sie Scheinfüßchen vorschieben, Fortsätze ihres Zellplasmas, die dann wieder in den Zelleib einbezogen werden. So »fließen« die Tiere vorwärts.

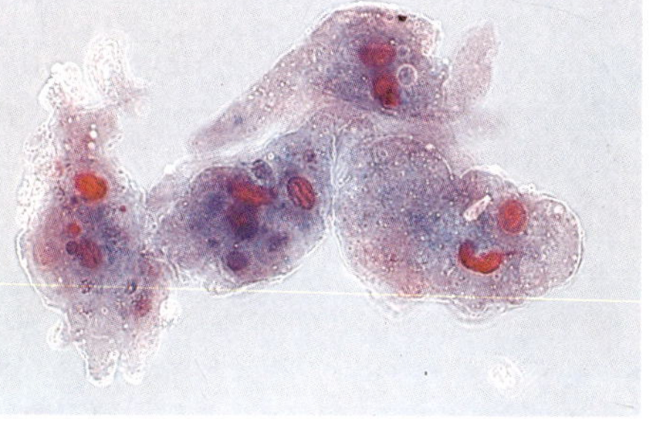

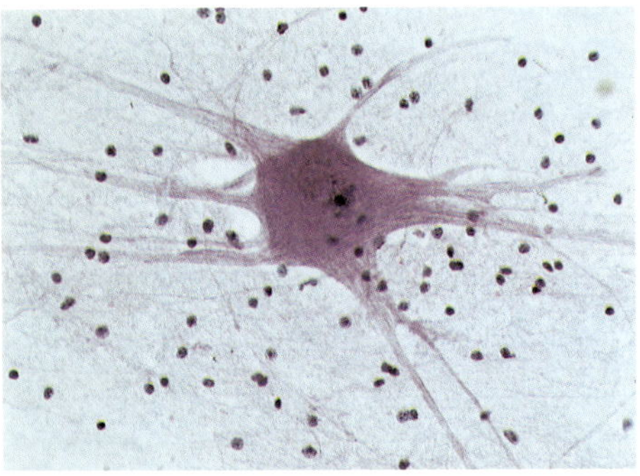

Nervenzelle aus dem menschlichen Rückenmark. Vom eigentlichen Zellkörper gehen zahlreiche Ausläufer ab.

prismatische, kubische oder plattenförmige Zellen. Vielfach ist diese Gestalt funktionsbedingt, teilweise wird sie aber auch von der Oberflächenspannung, von eventuell vorhandenen Stützelementen in der Zelle oder durch mechanische Einflüsse benachbarter Zellen und Gewebe sowie von der Beschaffenheit der Zellmembran bestimmt. Zellen außerhalb von Zellverbänden nehmen aufgrund ihrer Oberflächenspannung meist eine runde Form an, wie zum Beispiel weiße Blutkörperchen im Blut. Eine eindeutige Beziehung zwischen Gestalt und Funktion ist am besten an spezialisierten Zellen zu beobachten: So bilden Nervenzellen zur Übermittlung von Informationen zwischen weit entfernten Stellen des Körpers lange Fortsätze aus, und Muskelzellen können sich nur dann wirkungsvoll zusammenziehen, wenn sie in der entsprechenden Richtung gestreckt sind.

Die moderne Cytologie hat gezeigt, daß Zellen trotz unterschiedlichster Aufgaben aus denselben Molekülklassen aufgebaut sind, weitgehend dieselben Stoffwechselleistungen vollbringen, ähnlichen Vererbungsmechanismen folgen und häufig die gleichen Organellen enthalten. Dennoch gibt es keine typische Zelle. Das gilt für die Einzeller, bei denen alle Aufgaben von einer einzigen Zelle bewältigt werden müssen und die bereits über Spezialanpassungen, zum Beispiel über einen Zellmund oder über Einrichtungen zur Feindabwehr, verfügen, besonders aber für die zum Teil extrem hochspezialisierten Zellen der Vielzeller.

Im folgenden werden daher nur solche Strukturen behandelt, die in den meisten tierischen Zellen vorkommen.

Aufbau und Arbeitsweise der Zelle

Die lebende Zelle besteht aus einer strukturlosen Grundsubstanz, in der die Zellorganellen und andere Einschlüsse liegen (Zellplasma oder Cytoplasma). Diese haben bereits Forscher des vorigen Jahrhunderts trotz ihrer noch unzureichenden Lichtmikroskope mit Hilfe verschiedener Färbeverfahren sichtbar machen können. Diese Färbungen gelangen bei lichtmikroskopischen Untersuchungen von Zellen auch heute noch zur Anwendung.

Der relativ große, deutlich von der übrigen Zelle abgegrenzte Kern (Nukleus) fällt besonders auf; er läßt sich wegen seines Gehaltes an Desoxyribonukleinsäure (DNS) vor allem mit basischen Farbstoffen hervorheben. Bisweilen sind in ihm auch ein bis mehrere Kernkörperchen (Nukleoli) zu erkennen.

Netzartige Strukturen in Nähe des Zellkerns, die der italienische Anatom Camillo Golgi (1844–1926) entdeckte, wurden später zu seinen Ehren Golgi-Apparat genannt. Manche Zellen enthalten auch speziell anfärbbare Bereiche, die je nach Arbeitsrhythmus der Zelle kleiner oder größer werden. Sie wurden Ergastoplasma (griech.: ergastein – arbeiten) genannt und entpuppten sich später unter dem Elektronenmikroskop als rauhes endoplasmatisches Retikulum.

Mit dem Lichtmikroskop lassen sich auch noch Mitochondrien, Centriolen und verschiedene Reservestoffe erkennen, nur selten aber beobachtet man eine deutliche Begrenzung tierischer Zellen. Dennoch stellte man sich diese als dünne Haut (Membran) vor, die den Stoffein- und -austritt kontrolliert.

Erst das Elektronenmikroskop und die weitere Verbesserung der Untersuchungsmethoden ermöglichten es, ein wesentlich genaueres Bild vom Feinbau einer Zelle zu erhalten, neue Strukturen im Grundplasma zu entdekken und bereits bekannte besser zu deuten.

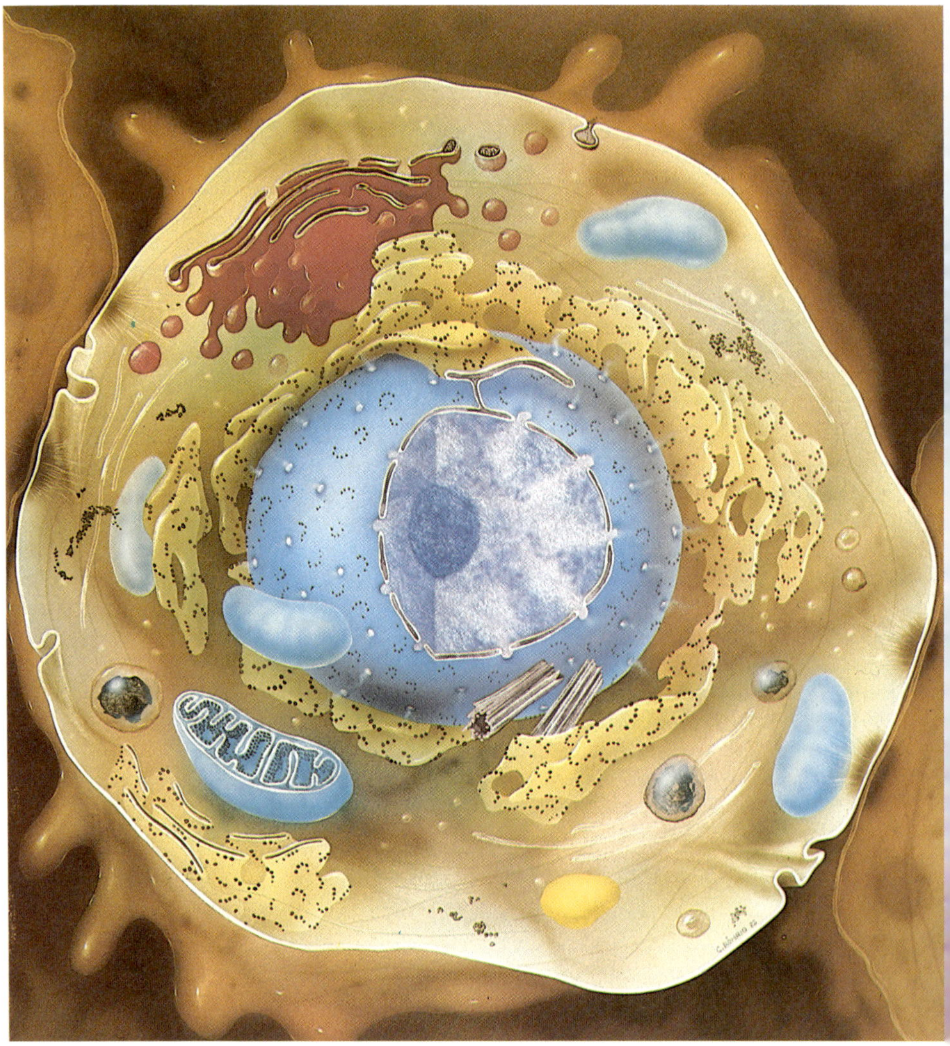

Schema einer tierischen Zelle. In der Mitte der Zellkern mit einem Kernkörperchen. Davor zwei Centrioli, Bündel aus Mikrotubuli. Um den Kern herum das endoplasmatische Retikulum (gelb) mit Ribosomen. Oben links der Golgi-Apparat (rot). Außerdem Mitochondrien (blau).

Nach außen wird jede Zelle von einer sehr dünnen Plasmamembran begrenzt. Da dieser von innen und außen meist noch verschiedene Substanzen aufgelagert und benachbarte Zellen häufig eng miteinander verzahnt sind, wird auch im Lichtmikroskop manchmal eine mehr oder weniger deutliche Zellbegrenzung sichtbar. Im elektronenmikroskopischen Bild sieht man die Plasmamembran meist als einfache dunkle Linie; bei guter Auflösung zeigt sie jedoch einen dreischichtigen Aufbau: Zwei dunkle Schichten werden durch eine hellere getrennt. Solche Membranen, die wegen ihres fast gleichen Aussehens in verschiedenen Zellen auch als Einheits- oder Elementarmembranen bezeichnet werden, kommen auch innerhalb von Zellen vor. Mit ihrer Hilfe wird das Plasma in verschiedene Abteilungen (Kompartimente) unterteilt. Solche Kompartimente sind das endoplasmatische Retikulum, der Golgi-Apparat, der Zellkern und die Mitochondrien sowie verschiedene Bläschen (Vesikeln).

Die Unterteilung (Kompartimentierung) von Zellen war eine wesentliche Voraussetzung für ihre Weiter- und Höherentwicklung. Nur so sind Zellen in der Lage, eine Fülle von verschiedenartigen chemischen Reaktionen, die sich gegenseitig behindern könnten, zu gleicher Zeit ablaufen zu lassen. Die Zellen und ihre Kompartimente sind auf eine Zufuhr von Stoffen angewiesen, müssen aber auch Stoffe abgeben. Das stellt noch weitere Anforderungen an die verschiedenen Membransysteme: Sie müssen zum einen als Sieb arbeiten, das manche Substanzen hindurchläßt, manche jedoch nicht, zum anderen aber auch von Zelle zu Zelle unterschiedliche Transportaufgaben durchführen.

Das Membranmodell. Diese verschiedenartigen Aufgaben können sicher nicht von einer starren, stets gleich aufgebauten Membran erfüllt werden. Daher sind in den letzten Jahren die Vorstellungen, die von einem einheitlichen Aufbau aller Biomembranen ausgehen – wie sie ja bereits in dem Begriff Einheits- oder Elementarmembran zum Ausdruck kommen –, verändert worden. Nach dem 1972 von den beiden amerikanischen Forschern Nicolson und Singer entwickelten Flüssig-Mosaik-Modell (»fluid mosaic model«) besteht eine Biomembran aus einer Doppellage von Phospholipiden (in die auch Cholesterin eingelagert sein kann). Diese Lipide machen die Membran für fettlösliche Substanzen durchlässig. Phospholipidmoleküle haben zwei Enden, ein wasserfreundliches (hydrophiles) und ein wasserabstoßendes (hydrophobes). Das hydrophile Ende zeigt in einer Membran zur Außenseite, das hydrophobe jedoch zur Innenseite der Lipiddoppelschicht. Auf diesen Lipiden oder ganz oder teilweise in diese versenkt liegen mosaikartig verteilt verschiedene Proteine. Manche von ihnen durchsetzen sogar die gesamte Doppelschicht und sind mit einem kleinen Kanal versehen. Sie besitzen eine gewisse Auslesefähigkeit, da nicht immer Moleküle, die klein genug wären, solch einen Kanal zu durchqueren, tatsächlich hindurchkommen.

Das Flüssig-Mosaik-Modell sieht nun die Membran nicht als starr an wie frühere Membranmodelle, sondern geht davon aus, daß sich die einzelnen, nur schwach miteinander verbundenen Lipidmoleküle seitlich bewegen können. Das gilt bis zu einem gewissen Grade auch für die Proteinmoleküle, die in der halbflüssigen Lipidschicht regelrecht schwimmen; die Proteine werden jedoch meist an bestimmten, mehr oder weniger festgelegten Orten in der Membran wichtige Transportaufgaben zu erfüllen haben oder als Enzyme wirken.

Das Flüssig-Mosaik-Modell der Zellmembran. *Eine Zellmembran besteht aus einer doppelten Lage von Lipidmolekülen und verschiedenen Proteinen, die mosaikartig auf der Lipiddoppelschicht verteilt oder in diese eingebettet sind. Manche durchsetzen die ganze Doppelschicht und bilden Tunnel. Außen auf der Membran sitzen fein verzweigte, fädige Gebilde, Kohlenhydrate, die an die Proteine oder Lipidmoleküle gebunden sind. Sie bilden die Glykokalyx.*

Die äußere Seite jeder Zellmembran ist zusätzlich mit feinfädigem Material, der Glykocalyx oder dem Zellcoat (engl.: coat – Mantel, Hülle), bedeckt. Es handelt sich dabei um Kohlenhydrate, die an die Proteine und Lipidmoleküle der Membran gebunden sind. Dem Zellcoat kommt ebenfalls eine Reihe wichtiger Funktionen zu. In ihm sind die Substanzen zu finden, die beispielsweise die Blutgruppeneigenschaften bestimmen, und mit seiner Hilfe erkennen sich Zellen untereinander.

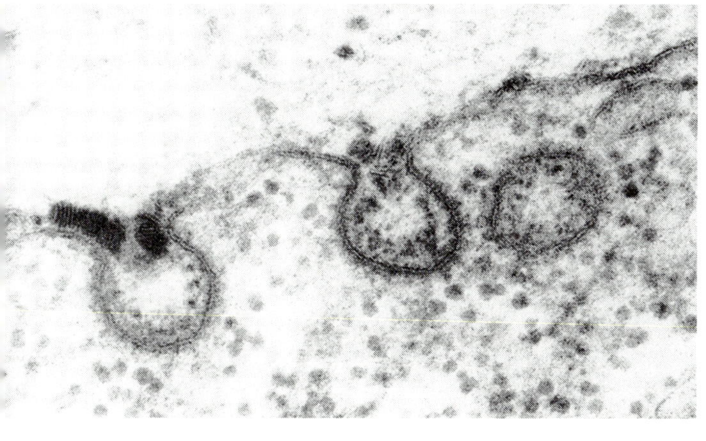

Elektronenmikroskopisches Bild einer Biomembran: Der dreischichtige Aufbau wird sichtbar. Außerdem findet gerade Endocytose statt: Die Membran stülpt sich ein und wird als Bläschen nach innen abgeschnürt.

Der Transport von Stoffen durch die Zellmembran erfolgt im einfachsten Falle durch Diffusion, das heißt durch das Bestreben eines Stoffes, sich gleichmäßig in dem zur Verfügung stehenden Raum zu verteilen. Das gilt für die Zelle unter der Voraussetzung, daß die Membran für diesen Stoff durchlässig ist und ein Konzentrationsunterschied eben dieses Stoffes zwischen der Zelle und ihrer Umgebung herrscht.

Für die meisten Stoffe sind Zellmembranen aber nur halbdurchlässig (semipermeabel): Das Lösungsmittel (Wasser) gelangt hindurch, während die Durchlässigkeit für den gelösten Stoff stark vermindert ist. Der Transport durch semipermeable Membranen wird Osmose genannt. Dennoch gelangen auch einfache Zucker wie Glukose oder auch Aminosäuren durch eine Zellmembran, obgleich beide fettunlöslich und zu groß sind, um durch die Membran beziehungsweise ihre Poren zu gelangen. Als Erklärung für diesen

Transport werden Trägermoleküle (engl.: carrier) angenommen, enzymähnliche Proteine, an oder in denen die zu transportierende Substanz durch die Membran geschleust wird. Auch bei diesen Vorgängen wird die Richtung des Transportes durch ein Konzentrationsgefälle bestimmt. Die Substanz gelangt von einem Ort hoher Konzentration zu Orten niederer Konzentration (»Bergabtransport«). Dieser Transport ist passiv und erfordert wie die Diffusion keine besondere Energie. Er wird daher auch erleichterte oder beschleunigte Diffusion genannt.

In anderen Fällen werden Substanzen gegen ein Konzentrationsgefälle transportiert, also von einem Ort geringer Konzentration zu einem mit höherer Konzentration (»Bergauftransport«). Dies geschieht, indem sie unter Energieverbrauch an den Carrier gekoppelt und nach Durchdringen der Membran wieder abgekoppelt werden. Die dazu notwendige Energie muß in der Zelle durch die energiereiche Verbindung Adenosintriphosphat (ATP) bereitgestellt werden. Ein Beispiel für einen solchen aktiven, energieverbrauchenden Transport sind Ionenpumpen, die sich in allen tierischen Zellen in der Plasmamembran befinden. Sie halten in der Zelle eine niedrige Natriumkonzentration und eine vergleichsweise hohe Kaliumkonzentration aufrecht.

Größere Teilchen und Riesenmoleküle können ebenfalls ins Zellinnere gelangen. Allerdings nicht durch Poren in der Membran oder mit Hilfe von Trägermolekülen, sondern durch Vorgänge, die unter dem Begriff Endocytose zusammengefaßt werden. Zunächst werden diese großen Partikeln, vielleicht an besonderen Bindungsstellen, der Membran angelagert; diese stülpt sich dann ein und wird als Bläschen (Vesikel) in das Innere der Zelle abgeschnürt. Sind diese Partikeln besonders groß, zum Beispiel Bakterien und Zelltrümmer, spricht man von Phagocytose (griech.: phagein – fressen). Amöben phagocytieren zum Beispiel andere Einzeller oder Bakterien, weiße Blutkörperchen eingedrungene Krankheitserreger. Handelt es sich um sehr kleines Material und Flüssigkeit, spricht man auch von Pinocytose (griech.: pinein – trinken).

Bei der Phagocytose sind die Vesikeln mit dem eingeschlossenen Material bereits im Lichtmikroskop erkennbar. In den Zellen der meisten vielzelligen Tiere sind sie jedoch häufig so klein, daß sie nur mit Hilfe des Elektronenmikroskops zu sehen sind. Hier lassen sich die Endocytosevorgänge besonders eindrucksvoll mit Hilfe von speziellen Makromolekülen verfolgen, die im Elektronenmikroskop sichtbar sind.

Als nächstes muß der Inhalt der Endocytosevesikeln so weit abgebaut werden, daß er über die Bläschenmembran ins Zellplasma gelangen kann. Dazu verschmelzen die Bläschen mit anderen Vesikeln des Zellplasmas, die auflösende (lytische) Enzyme enthalten und Lysosomen heißen. Mit ihrer Hilfe wird das aufgenommene Material in kleinere Bestandteile zerlegt. Hier zeigt sich, daß Vesikelmembranen und Zellmembranen nicht gleich gebaut sind, sondern unterschiedliche Eigenschaften besitzen. Zum Beispiel ist die Zellmembran von Amöben für Glukose undurchlässig, während die Membran eines Endocytosevesikels diesen Zucker ohne weiteres ins Zellinnere gelangen läßt.

Beim umgekehrten Vorgang, der Exocytose, verschmelzen Vesikeln aus dem Zellplasma mit der Zellmembran und geben dabei ihren Inhalt nach außen ab. Produkte der Zelle, aber auch unverdauliche Stoffe werden auf diese Weise entfernt.

Der Zellkern (Nukleus) ist in jeder Zelle von zentraler Bedeutung. Hier sind die Informationen für alle Proteine der Zelle gespeichert. Er ist allerdings nur während der Teilungsruhe (Interphase) sichtbar und dann von zwei Membranen umgeben. Diese Kernhülle ist in Wirklichkeit Bestandteil des rauhen endoplasmatischen Retikulums, mit dem sie auch in Verbindung steht, und ist wie dieses mit Ribosomen besetzt, an denen die Eiweißsynthese stattfindet.

In den Kern müssen im Grundplasma hergestellte Proteine, die zum Aufbau der Chromosomen und Ribosomen benötigt werden und die als Enzyme die Bildung von DNS und RNS vermitteln, sowie Bausteine der DNS und RNS eingeschleust, aber auch ständig Genprodukte ausgeschleust werden. Für diesen Transport stehen kompliziert gebaute Poren in der Kernhülle zur Verfügung, deren Anzahl je nach Aktivität einer Zelle beträchtlich schwankt. Die inaktiven Kerne der Samenzellen besitzen hingegen meist keine Kernporen. Darüber hinaus sind aktive Kerne häufig stark eingebuchtet oder gelappt und vergrößern so ihre Oberfläche.

Der Inhalt des Zellkerns besteht aus dem flüssigen Kernsaft (Karyolymphe), dem Chromatin sowie einem oder mehreren Kernkörperchen (Nukleolus). Das Chromatin enthält Proteine, um welche die Erbsubstanz DNS aufgewickelt ist; es wird während der Zellteilung extrem stark aufgerollt und verkürzt und dann in Form der deutlich sichtbaren Chromosomen transportiert.

Die Kernkörperchen (Nukleoli) stellen keine eigenen Organellen dar; sie sind nur während der Interphase in Funktion und verschwinden während der Kernteilung. Zellen, in denen nur wenig oder gar keine Proteinsynthese stattfindet, besitzen sehr kleine oder keine Nukleoli, während sie in Bildungsgeweben oder Drüsenzellen eine beträchtliche Größe erreichen können. Kerne von Amphibieneizellen enthalten sogar bis zu tausend kleine Nukleoli. Die Hauptfunktion des Nukleolus besteht in der Bildung und vorübergehenden Speicherung von Ribosomenbausteinen, die durch die Kernporen oder bei der Auflösung des Nukleolus während der Kernteilung in das Zellplasma gelangen.

Das endoplasmatische Retikulum, kurz ER genannt, stellt ein weitverzweigtes Kanalsystem aus Stapeln flacher Zisternen oder langgestreckter Schläuche dar. Sind weite Bereiche der die Zisternen begrenzenden Membran mit Ribosomen besetzt, spricht man von rauhem oder granulärem ER, fehlen die Ribosomen, handelt es sich um glattes ER. Beide Formen sind jedoch Teil ein und desselben Systems und gehen oft ineinander über.

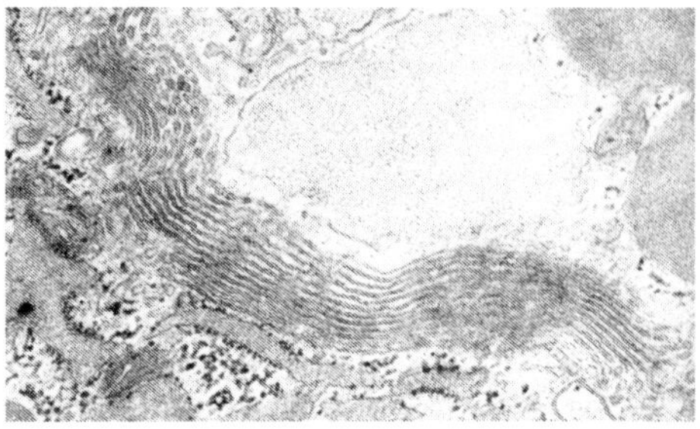

Rauhes ER und Dictyosom

Ribosomen bestehen aus Proteinen und Ribonukleinsäure (RNS). Sie werden im Nukleolus gebildet. Es handelt sich um kugelige Teilchen, die aus zwei unterschiedlich schweren Untereinheiten aufgebaut sind. Im Zellplasma findet man sie oft einzeln verstreut, meist sind sie jedoch perlschnurartig auf einem RNS-Faden zu mehreren aufgereiht (Polyribosomen). An den Ribosomen des rauhen ER werden entsprechend der in der DNS verschlüsselten Information Proteine hergestellt. Diese gelangen über die Membran in die Zisternen des ER und von dort entweder über den Golgi-Apparat oder direkt in Bläschen, wo sie eventuell konzentriert werden. Die Bläschen können schließlich zur Zelloberfläche wandern, wo sie mit der Membran verschmelzen und ihren Inhalt abgeben.

Glattes ER besitzt die Fähigkeit zur Lipidsynthese. Es tritt besonders in Zellen auf, die wie die Zellen der Nebennierenrinde oder die Zwischenzellen des Hodens Steroidhormone bilden. Im glatten ER von Leberzellen werden körpereigene und fremde Stoffe (Pharmaka, Drogen, Hormone) in eine unschädliche Form überführt; hier findet auch der Abbau des Glykogens zur Glukose statt, die dann in andere Gewebe und Organe transportiert werden kann.

Der Golgi-Apparat ist besonders stark in Drüsenzellen entwickelt; vielfach steht er in Verbindung mit dem ER. Er besteht aus zahlreichen Dictyosomen, das sind Stapel von übereinanderliegenden, membranbegrenzten Räumen, die Bläschen abschnüren. Die Aufgabe des Golgi-Apparates besteht darin, vom ER produzierte Substanzen zu übernehmen, diese eventuell einzudicken oder mit Kohlenhydraten zu versehen und zur Exocytose vorzubereiten.

Der An- und Abtransport von Substanzen erfolgt stets über Vesikeln. Auf dem Wege vom ER über den Golgi-Apparat zur Zelloberfläche verändern sich deren Membranen. Die Membran der Vesikeln, die vom ER kommen und mit dem Golgi-Apparat verschmelzen, ähnelt noch ganz der von ER und Kernhülle, während die Membran der Vesikeln, die den Golgi-Apparat verlassen, der Zellmembran ähnelt, mit der sie ja auch bei der Sekretabgabe verschmilzt.

Der Golgi-Apparat ist auch an der Erneuerung von Zellmembranen einschließlich der Glykocalyx beteiligt und stellt die bereits erwähnten Vesikeln mit Verdauungsenzymen (Lysosomen) bereit. Diese Lysosomen verdauen von außen aufgenommene Nahrung, spielen aber auch eine entscheidende Rolle bei der Selbstreinigung der Zelle, indem sie abgestorbene Zellorganellen beseitigen. Nach einer Zellteilung entstehen neue Dictyosomen entweder durch Längsteilung oder durch Umwandlung aus ER-Membranen.

Betrachtet man ein elektronenmikroskopisches Bild, das ja lediglich eine Momentaufnahme aus einem sehr dynamischen Geschehen liefert, kann nicht immer eindeutig entschieden werden, woher die unterschiedlich großen Vesikeln im Zellplasma stammen. Sie werden daher zunächst ganz neutral als Cytosomen (»Körperchen in der Zelle«) bezeichnet. Viele von ihnen enthalten ganz spezifische Enzyme, nach denen sie näher klassifiziert werden können. Cytosomen sind zum Beispiel die Lysosomen oder auch die Peroxysomen, die unter anderem Fette in Kohlenhydrate umwandeln. Alle sind jedoch letztlich Produkte des ER und des Golgi-Apparates. ER, Golgi-Apparat und Cytosomen sind also vielfältig miteinander verknüpft; sie gehen auseinander hervor, ineinander über und beliefern sich über Vesikeln mit verschiedenen Materialien.

Die Mitochondrien nehmen unter den Organellen einer Zelle eine besondere Stellung ein. Sie sind von zwei Membranen umgeben und stehen nicht mit anderen Kompartimenten der Zelle über Bläschen in Verbindung. Die äußere Membran grenzt das Mitochondrium zum Zellplasma hin ab. Sie enthält wie alle Eukaryontenmembranen unter anderem Cholesterin als Baustein und ist durchlässig für Calcium und Magnesium, die im Inneren des Mitochondriums gespeichert werden. Die innere Membran, deren Fläche durch zahlreiche Einstülpungen vergrößert ist, enthält kein Cholesterin, sondern Cardiolipin, das in Bakterienmembranen vorkommt, und ist undurchlässig für kleine anorganische Ionen. Ihr Transport erfordert daher Energie. Das Innere von Mitochondrien enthält hauptsächlich Proteine, Lipide und merkwürdigerweise Ribosomen und DNS. Damit besitzen sie ein eigenes System der RNS- und Proteinsynthese.

Mitochondrien werden oft als »Kraftwerke« der Zelle bezeichnet, da sie die in der aufgenommenen Nahrung gebundene Energie in eine für die Zelle verwertbare Form, das Adenosintriphosphat (ATP), umwandeln. Diese Energieumwandlung läuft stets unter Sauerstoffverbrauch ab.

Mitochondrien enthalten die Enzyme für den oxidativen Abbau von Fettsäuren und die Enzyme des Citratzyklus, eines Kreisprozesses, in den der Abbau der Kohlenhydrate, Fette und Proteine mündet und in dem stufenweise unter ATP-Gewinn Wasserstoff und Kohlendioxid gebildet werden. In der inneren Mitochondrienmembran befinden sich die Enzyme der Atmungskette, die bewirken, daß in mehreren kleinen Reaktionsschritten die Vereinigung von Wasserstoff und Sauerstoff stattfindet. Dabei wird die große Energie des Gesamtvorganges in kleinen Portionen als Wärme frei, zum Teil jedoch in der energiereichen Bindung des ATP aufgefangen.

Die Anzahl der Mitochondrien pro Zelle ist von deren Stoffwechselaktivität abhängig. In Zellen mit hohem Energieverbrauch, zum Beispiel den Muskelzellen, sind sie außerordentlich zahlreich. Eine Leberzelle von Säugetieren enthält etwa 1000 bis 15000, Amphibieneizellen besitzen sogar bis zu 300000 Mitochondrien. Mitochondrien vermehren sich stets durch Teilung, das heißt, sie können nur aus ihresgleichen hervorgehen.

Die Endosymbiontentheorie

Mitochondrien weisen erstaunlich viele Gemeinsamkeiten mit Bakterien auf. Beide besitzen eine ringförmige DNS, die sich nicht wie die der Eukaryonten um Histonproteine windet, kleinere Ribosomen und als Bestandteil der sie umhüllenden Membran Cardiolipin.

Daher wird heute eine Theorie vertreten, nach der ursprünglich bakterienähnliche Lebewesen von Zellen aufgenommen wurden – das würde die doppelte Membranhülle der Mitochondrien erklären; die äußere cholesterinhaltige stammt von der Zelle – und zum gegenseitigen Nutzen in ihr geblieben sind (Symbiose). Diese Endosymbionten (Symbionten innerhalb der Zelle) boten den Wirtszellen durch ihre Fähigkeit, organischem Material Energie zu entziehen, wahrscheinlich höhere Überlebenschancen.

Diese Theorie ist zwar nicht direkt überprüfbar, jedoch gibt es auch heutzutage Organismen, die zeigen, daß ein solcher Vorgang prinzipiell möglich ist. Im Cytoplasma der Amöbe Pelomyxa palustris, die selbst keine Mitochondrien besitzt, finden sich als Ersatz atmende Bakterien. Als besonders überzeugender Hinweis auf die enge Verwandtschaft von Bakterien und Mitochondrien wird gewertet, daß sich ihre Gene, die für die Bildung ihrer ribosomalen RNS verantwortlich sind, außerordentlich ähnlich sind.

Allerdings sind Mitochondrien nur innerhalb ihrer »Wirts«zelle lebensfähig; isoliert können sie sich nicht weitervermehren, da sie zu einem großen Teil von der DNS des Zellkerns abhängig sind, die die Bildung der meisten Mitochondrienproteine einschließlich ihrer Enzyme steuert; die eigene DNS reicht für diese Synthesen nicht aus. Wahrscheinlich sind die Endosymbionten im Laufe der Evolution immer abhängiger von ihrem Partner, der Zelle, geworden.

Fawcett, D. A.: *Atlas zur Elektronenmikroskopie der Zelle,* München 1977. – Bereits zum Klassiker gewordene Sammlung elektronenmikroskopischer Bilder von Säugetierzellen; Text nicht mehr auf dem neuesten Stand.

Jahn, T./Lange, H.: *Die Zelle,* Freiburg 1982. – Neuere verständliche Einführung in die Cytologie.

Im Grundplasma einer Zelle finden sich noch zahlreiche fädige Strukturen wie Mikrotubuli, Mikrofilamente und Tonofilamente sowie verschiedene Reservesubstanzen (Glykogen, Fett, Proteinkristalle).

Mikrotubuli sind aus Proteinen aufgebaut, die sich zu feinen Fäden (Filamenten) zusammenfügen; jeweils dreizehn solcher Filamente bilden ein Röhrchen, dessen Länge sich den Anforderungen in der Zelle anpaßt. Mikrotubuli dienen oft als Zellskelett. Weicht zum Beispiel die Form einer Zelle stark von der durch die Oberflächenspannung diktierten Kugelform ab, befinden sich an ihrem Rand meist besonders viele Mikrotubuli.

Gehäuft treten Mikrotubuli auch während der Zellteilung im Spindelapparat (→S.83) auf. Hier dirigieren sie wie über Haltestangen die Bewegung der Chromosomen. Die Tubuli selbst werden durch kleine Mikrofilamente verschoben.

Bei tierischen Zellen nimmt der Spindelapparat seinen Ausgang von Zentralkörperchen (Centrioli), von denen je eins während der Zellteilung zu den Zellpolen wandert. Während der Interphase liegen sie in Einzahl, manchmal aber schon in Zweizahl vor. Centrioli sind aus Mikrotubuli aufgebaut, und zwar zeigt ein Querschnitt jeweils neun kreisförmig angeordnete Dreiergruppen von Tubuli.

Mikrotubuli sind auch Bestandteile von Wimpern (Cilien) und Geißeln (Flagellen), haarähnlichen Fortsätzen von Zellen, die, wie bei Wimpertierchen (Ciliaten) oder Geißeltierchen (Flagellaten), der Fortbewegung, auf manchen Deckgewebe-Oberflächen auch dem Transport von Teilchen dienen. Überraschend ist, daß im gesamten Tier- und Pflanzenreich Wimpern und Geißeln ähnlich aufgebaut sind. Im Querschnitt liegen wiederum meist neun Gruppen aus je zwei verschmolzenen Mikrotubuli kreisförmig um zwei in der Mitte gelegene. Dort, wo Geißel oder Wimper in den Zellkörper übergehen, liegt der Basalkörper, der genauso aufgebaut ist wie ein Centriol.

Feinste Proteinfäden (Mikrofilamente), die der Bewegung dienen, kommen praktisch in jeder Zelle vor, in besonderem Maße jedoch in Muskelzellen. Davon zu unterscheiden sind noch andere, ein wenig dickere Fäden, die vor allem mechanisch stark beanspruchten Zellen Stütze und Festigkeit verleihen und Tonofilamente genannt werden.

Hartmut Greven

Zusammenschluß von Zellen: die Gewebe

Die Einzeller (Protozoen) bestehen – wie der Name sagt – aus einer einzigen Zelle, die alle Aufgaben erfüllen muß. Alle Vielzeller (Metazoen) setzen sich jedoch aus zahlreichen, unterschiedlich spezialisierten Zellen zusammen, die sich zu Organen und Geweben zusammenschließen und die verschiedensten Aufgaben wahrnehmen.

Trotz ihrer verschiedenen Funktionen ist der Grundbauplan aller Zellen gleich; sie alle gehen aus einer einzigen Zelle, der befruchteten Eizelle, hervor und spezialisieren sich erst im Laufe der Embryonalentwicklung für verschiedene Aufgaben (→ S. 118ff.). Das heißt nicht, daß nahezu alle zellulären Funktionen vollständig zugunsten einer einzigen aufgegeben werden, sondern daß Zellen neben ihren Grundfunktionen für bestimmte Aufgaben besonders gut geeignet sind. Prinzipiell sind *alle* Zellen in der Lage, Stoffe aus der Umgebung aufzunehmen und sie zu verwerten, dennoch gibt es bei Metazoen Zellverbände, die dazu ganz besonders befähigt sind, zum Beispiel diejenigen, die die Auskleidung des Darmes bilden. Auch speichern nahezu alle Zellen Reservestoffe in Form von Glykogen und Lipiden; Leberzellen jedoch reichern besonders große Mengen von Glykogen an, Fettzellen extrem viel Lipide. Fädige Proteine, die der Bewegung dienen und meist ungeordnet in wohl jeder Zelle vorhanden sind, liegen wohlgeordnet als Fibrillen in Muskelzellen, und die allen Zellen eigene Reizbarkeit ist in Nerven- und Sinneszellen besonders gesteigert.

Eine weitgehende Spezialisierung von Zellen wird allerdings oft mit dem Verlust ihrer Teilungsfähigkeit erkauft. Das wird besonders deutlich an den Nervenzellen des Zentralnervensystems, die sich nach der Geburt nicht mehr teilen, oder auch an den roten Blutkörperchen, die bei Säugetieren nicht einmal mehr einen Zellkern besitzen und ebenfalls nicht teilungsfähig sind.

Schon manche Geißel- und Wimpertierchen, die zu den Protozoen gehören, schließen sich zu Verbänden (Zellkolonien) zusammen, in denen sich manchmal sogar Keimbahn und Körperzellen unterscheiden lassen. Diese Möglichkeit der Aufgabenteilung war es, die den Zusammenschluß von Zellen im Laufe der Stammesgeschichte als vorteilhaft erscheinen ließ. Vielzellige Organismen sind leistungsfähiger, da durch Arbeitsteilung im Zellverband Spezialfunktionen von verschiedenen Zellgruppen übernommen und damit viele Aufgaben schneller und besser bewältigt werden können. Stirbt in einem solchen Verband eine einzelne Zelle ab, führt dieses Ereignis nicht gleich zum Tode des gesamten Individuums; die abgestorbene Zelle kann vielfach sogar wieder ersetzt werden.

Während der Embryonalentwicklung eines Organismus entstehen aus unspezialisierten Zellen zahlreiche Verbände von mehr oder weniger spezialisierten Zellen: die Gewebe.

Man unterscheidet nach ihrem Aufbau und ihrer Funktion vier Gewebegruppen: Deck- oder Epithelgewebe, Gewebe mit Interzellularsubstanz (Bindegewebe, Stützgewebe, Blut), Nervengewebe und Muskelgewebe. Sie alle sind die Baumaterialien, aus denen die Organe eines Tierkörpers gebildet werden. Nach ihrer Differenzierung ist eine Umwandlung von Gewebezellen in einen anderen Typ, etwa die Umwandlung einer Muskelzelle in eine Epithelzelle, nicht mehr möglich.

Deck- oder Epithelgewebe

Epithelgewebe sind Verbände von Zellen, die durch Kontaktstellen eng miteinander verbunden sind und keine nennenswerten Mengen von Interzellularsubstanz (Zwischenzellsubstanz) bilden. Alle Epithelzellen sitzen einer dünnen Basallamelle auf, die nur im Elektronenmikroskop eindeutig zu identifizieren ist. Generell bedecken Epithelien die gesamte innere und äußere Oberfläche eines Körpers und sind damit zunächst Deck- oder Oberflächengewebe. Erst später können sich aus ihnen die Drüsenepithelien entwickeln. Epithelgewebe sind aufgrund ihrer besonderen Lage und der damit verbundenen Beanspruchung gut zur Regeneration befähigt. Sie dienen dem mechanischen Schutz, der kontrollierten Stoffaufnahme (Resorption), der Stoffabgabe (Sekretion und Exkretion) sowie der Reizaufnahme, da in ihre Verbände Sinneszellen eingelagert werden oder Epithelzellen selbst sich zu Sinneszellen umwandeln können. Die verschiedenen Funktionen müssen sich nicht unbedingt gegenseitig ausschließen.

Epithelien kann man nach verschiedenen Gesichtspunkten einordnen. Will man ihre Funktion betonen, so spricht man von Deck-, Resorptions-, Exkretions- oder Sinnesepithelien. Meist werden jedoch die Zahl ihrer Zellschichten und die Form der Zellen als Unterscheidungskriterien herangezogen. So gibt es einschichtige Epithelien mit platten, kubischen oder zylindrischen Zellen und mehrschichtige Epithelien, bei denen die Gestalt

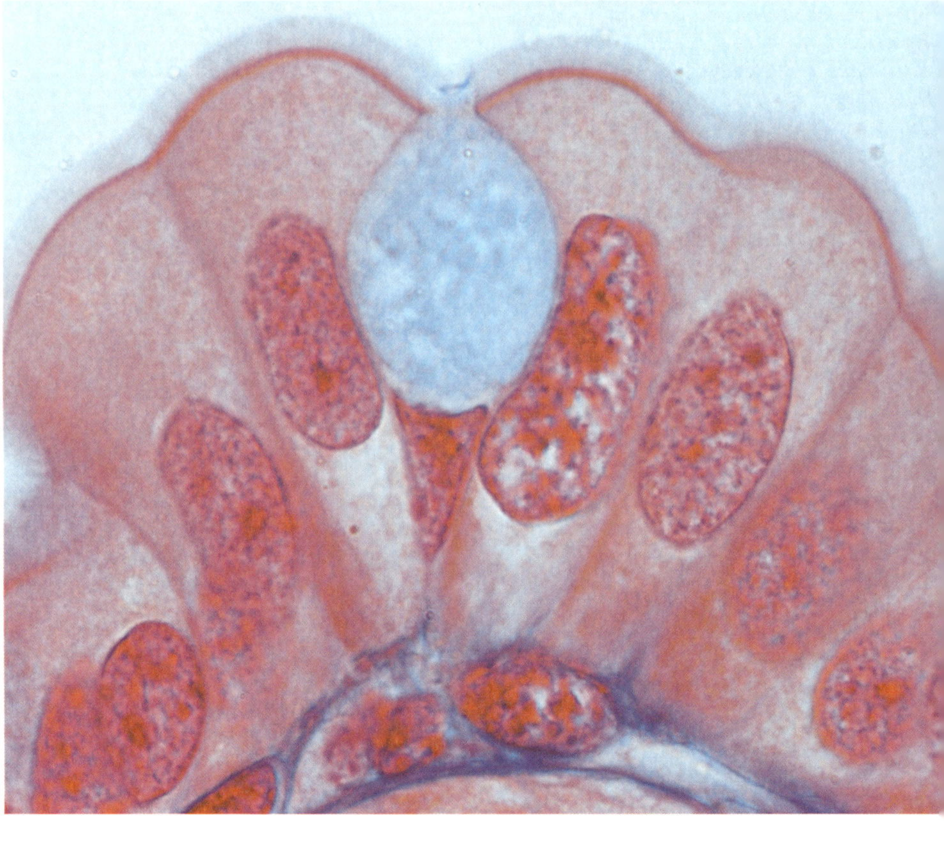

der obersten Zellschicht für die Benennung maßgebend ist (z. B. mehrschichtiges Plattenepithel). Einen Sonderfall des einschichtigen Epithels stellt das mehrreihige Epithel dar. Alle seine Zellen stehen zwar auf der Basallamelle, aber nur ein Teil von ihnen erreicht die Oberfläche. Da zudem die Zellkerne noch in unterschiedlicher Höhe liegen, entsteht oft der Eindruck, es sei zwei- oder mehrschichtig.

Sehr flache, einschichtige Plattenepithelien bilden kaum einen wirksamen Schutz. Sie kleiden die Leibeshöhle oder die Blut- und Lymphgefäße sowie die Lungenbläschen aus und sind für viele Arten von Stoffaustausch geeignet. Einschichtige, kubische Epithelien sind u.a. charakteristisch für verschiedene Abschnitte der Nierenkanälchen und für die Ausführgänge von Drüsen. Zylindrische Epithelien, die stets höher als breit sind, finden sich im Darm. In vielen Fällen hängt die Höhe einer Epithelzelle von ihrem Funktionszustand ab. So kann das Epithel der Schilddrüse im aktiven Zustand zylindrisch, im inaktiven kubisch oder sogar platt sein.

Mehrschichtige Epithelien gibt es nur bei Wirbeltieren, wo sie die gesamte Körperoberfläche und Teile des Darm- und Genitaltraktes bedecken. An mechanisch stark beanspruchten Stellen dienen sie vor allem dem Schutz. Ihre obersten Schichten können verhornt sein. Mehrschichtige, unverhornte Plattenepithelien sind beispielsweise die Oberhaut (Epidermis) von Fischen oder die Auskleidung der Mundhöhle vieler Wirbeltiere. Die Epidermis landlebender Tiere ist dagegen stets verhornt, das heißt, ihre obersten Zellschichten lagern Keratin, ein Gerüstprotein, ein und sterben ab.

Unverhornte wie auch verhornte Epithelien verlieren durch die ständige Beanspruchung stets Zellen ihrer äußeren Schichten. So findet man regelmäßig abgestoßene Mundschleimhautzellen im Speichel oder abgeschilferte Epidermiszellen auf der Haut. Vor allem bei Amphibien und Reptilien wird die abgestorbene Hornschicht in gewissen Zeitabständen in Fetzen oder als Ganzes gehäutet. Dieser ständige Verlust muß daher laufend durch Zellteilungen und Neubildung der verhornten

a

einschichtiges Plattenepithel

b

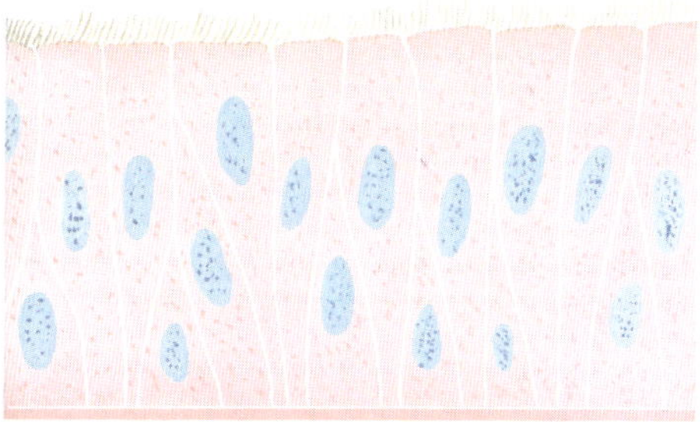

mehrreihiges hochprismatisches Epithel

c

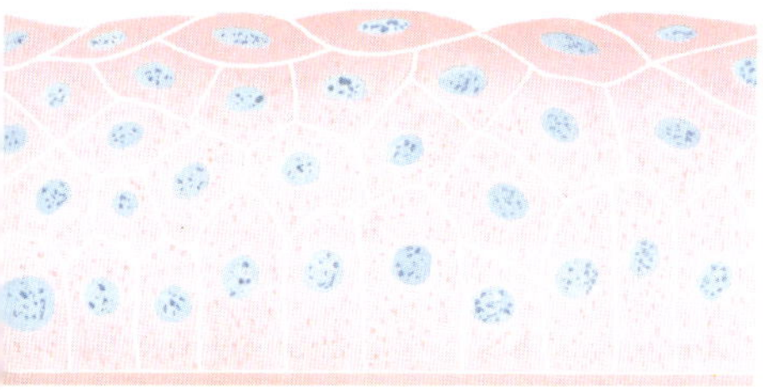

mehrschichtiges unverhorntes Epithel

Schematische Darstellung verschiedener Epithelien. *Besonders flache Epithelien werden Plattenepithelien genannt (a). Bei mehrreihigen Epithelien stehen die Zellen auf der für alle Epithelien charakteristischen gemeinsamen Basallamelle, erreichen jedoch nicht alle die Oberfläche (b). In mehrschichtigen Epithelien unterscheidet man eine Oberflächenschicht (Stratum superficiale), eine mittlere Schicht (Stratum intermedium) und eine Basalschicht (Stratum basale).*

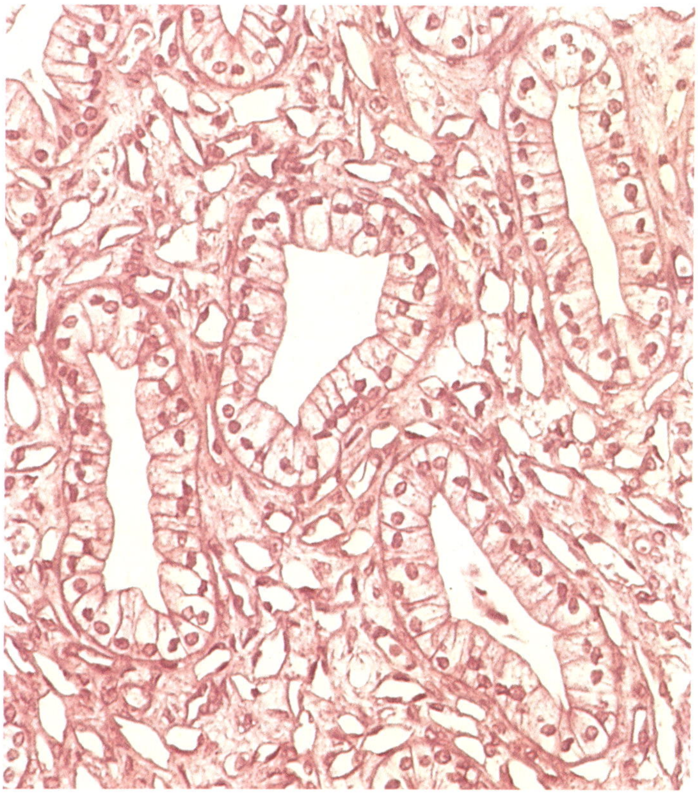

Schnitt durch die Nierenpapille eines Kaninchens. Die großen Sammelrohre sind von einem einschichtigen, kubischen Epithel ausgekleidet.

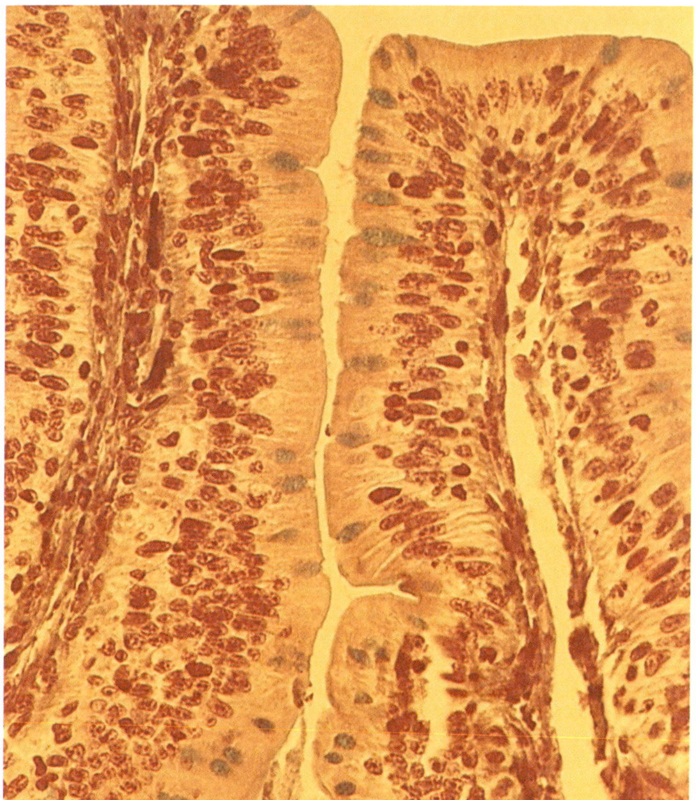

Schnittbild vom Darmepithel eines Frosches. Die Zellkerne des einschichtigen Epithels und des darunterliegenden Bindegewebes sind rot. Die blau gefärbten Bereiche sind Schleimzellen.

Linke Seite: Hier handelt es sich um einschichtiges, kubisches Epithel mit einer Schleimzelle. Die Zellkerne sind dunkelrot angefärbt. Außen befindet sich ein Saum von Flimmerhaaren.

Schicht ersetzt werden. Nur die untere, basale Schicht, das Stratum basale, hat sich die dazu notwendige Teilungsfähigkeit bewahrt (Keimschicht). Die äußere Hornschicht, das Stratum corneum, dient als wirksamer Verdunstungsschutz und kann einen großen Teil der schädlichen UV-Strahlung absorbieren. Es ist je nach Körperregion und Beanspruchung unterschiedlich dick. An der Fußsohle oder der Fingerbeere übertrifft es die Dicke der lebenden Zellschichten um ein Vielfaches. Bei anhaltender Beanspruchung nimmt die Stärke der Hornschicht zu, was durch die Bildung von Schwielen eindrucksvoll belegt wird. Abkömmlinge verhornter Epithelien sind Krallen, Hufe, Haare und Schuppen sowie die Federn der Vögel.

Die Epidermis vieler wasserlebender Wirbelloser, wie Schnecken und Strudelwürmer, trägt Wimpern (Cilien), die der Fortbewegung der Tiere, aber auch dem Transport von Nahrungsteilchen dienen. Solche Wimperepithelien sind im Tierreich weit verbreitet.

Bei wirbellosen Tieren geben die Epidermiszellen häufig eine zusätzliche schützende Oberflächenbedeckung, die Cuticula, ab. Sie besteht bei Ringelwürmern (Anneliden) aus kreuzweise übereinandergelagerten Kollagenfasern (Gerüsteiweiß), bei Gliederfüßern (Arthropoden), zu denen Krebse, Insekten und Spinnentiere gehören, aus dem stickstoffhaltigen Kohlenhydrat Chitin und Proteinen. Vor allem bei diesen Tieren erfüllt die Cuticula, die bei Krebsen (Crustaceen) noch durch die Einlagerung von Calciumcarbonat verstärkt wird, die Aufgabe eines Skelettes, die bei Wirbeltieren vom Knochengewebe übernommen wird. Die Cuticula der Gliederfüßer zeichnet sich dadurch aus, daß sie besonders leicht und äußerst widerstandsfähig gegen mechanische und sogar chemische Einflüsse ist. Ein Nachteil dieses Außenskeletts ist jedoch, daß es nicht mitwächst und daher periodisch abgestreift werden muß (Häutung). Seine Neubildung erfolgt wiederum durch die einschichtige Epidermis.

Andere Oberflächenbildungen sind die sogenannten Mikrovilli, kleine, fingerförmige Ausstülpungen der Zellmembran. Sie vergrößern die Zelloberfläche beträchtlich und finden sich bevorzugt dort, wo Stoffe resorbiert (aufgenommen) werden, zum Beispiel an der Oberfläche von Darmzellen, Nierenzellen oder auch auf der Epidermis vieler Wirbelloser, etwa der Bandwürmer, die als Darmparasiten (Schmarotzer) selbst darmlos sind und die vorverdaute Nahrung über die Haut aufnehmen. Mikrovilli sind häufig bereits im Lichtmikroskop als schmaler Bürstensaum zu erkennen. Meist ist die Oberfläche resorbierender Zellen auch noch durch Einfaltungen, das basale Labyrinth, vergrößert.

Aus Epithelien entstehen auch Drüsen, die ihre Produktion entweder direkt oder durch Ausführgänge abgeben (exokrine Drüsen). Dazu gehören zum Beispiel die Leber und die Bauchspeicheldrüse. Einzelne Drüsenzellen liegen häufig in einem Epithelverband, wie zum Beispiel die Becherzellen des Darms, die auf den Darmzellen eine schützende Schleimschicht ausbreiten. Derartige Drüsenzellen kommen besonders zahlreich bei wirbellosen Tieren vor und nehmen hier vielfältige Aufgaben wahr: Sie produzieren Sekrete, die im Dienste des Wasserhaushaltes stehen, der Fortpflanzung oder der Feindabwehr dienen oder die Verständigung untereinander erleichtern. Mehrzellige Drüsen verlagern sich meist aus dem Oberflächenepithel, aus dem sie entstanden sind, in das darunterliegende Bindegewebe. Doch bleiben sie mit der Oberfläche durch einen Ausführgang in Verbindung. Beispiele für solche außerhalb des Epithels gelegenen Drüsen sind die Schleim- und Giftdrüsen der Amphibien und die Schweißdrüsen des Menschen.

Manche Drüsen besitzen keinen Ausführgang mehr (endokrine Drüsen). Zu diesem Typ gehören zum Beispiel die Hirnanhangsdrüse (Hypophyse), die Langerhansschen Inseln der Bauchspeicheldrüse und die Schilddrüse. Drüsenzellen können ihr Sekret auf verschiedene Weise abgeben. Bei der merokrinen Sekretion wird das Sekret auf dem Wege der Exocytose abgegeben, indem sekretgefüllte Bläschen zur Drüsenzellmembran wandern und mit ihr verschmelzen (z. B. Zellen der Bauchspeicheldrüse); die Sekretabgabe kann also häufig wiederholt werden. Bei der apokrinen Sekretion wird der Teil des Cytoplasmas, der das Sekret enthält, abgeschnürt. Dadurch verkleinert sich die Zelle, da Membranmaterial und Cytoplasma verlorengehen (z. B. Schleimdrüsen der Amphibienhaut). Bei der holokrinen Sekretion füllt sich die gesamte Zelle mit Sekret und geht dann zugrunde. Sie wird aus dem Epithelverband ausgestoßen und muß durch undifferenzierte, das heißt noch unspezialisierte Zellen ersetzt werden (z. B. Giftdrüsen der Amphibienhaut).

Wie viele Aufgaben ein Epithel oft zu bewältigen hat, soll am Beispiel der Froschepidermis gezeigt werden. Diese Epidermis ist ein schwach verhorntes – das Stratum corneum besteht lediglich aus einer Zellschicht –, mehrschichtiges Plattenepithel. Die dünne Hornschicht stellt nur einen unvollkommenen Schutz gegen Austrocknung dar, so daß die Tiere in feuchten Lebensräumen oder sogar ständig im Wasser leben müssen. Zahlreiche schleimabgebende Drüsenzellen halten die Oberfläche der Haut feucht und erleichtern damit das Einströmen von Atemgasen – durch Hautatmung wird ein hoher Prozentsatz des Sauerstoffbedarfs gedeckt – sowie die Regulation der Körpertemperatur, denn Frösche sind wechselwarm und somit von der Temperatur ihrer Umgebung abhängig. Bei manchen Amphibien verhindert das Sekret der großen Giftdrüsen die Besiedlung der Haut mit krankheitserregenden Keimen und dient der Abwehr von Feinden. Die Zellschichten der Epidermis sind für Wasser durchlässig, das aufgrund der Tatsache, daß die Körperflüssigkeit höhere Konzentrationen an gelösten Stoffen aufweist als das umgebende Süßwasser, ständig in den Körper eindringt. Auf diese Weise wird der Wasserbedarf gedeckt (Frösche trinken nicht). Überschüssiges Wasser wird durch die Nieren ausgeschieden. Über die Epidermis verliert ein Frosch neben Exkretstoffen aber auch lebenswichtige Ionen. Diese, vor allem Natriumionen, werden unter Energieverbrauch aus dem umgebenden Wasser in den Körper zurückgepumpt. Dazu durchqueren sie passiv die verhornte Schicht und die Zellmembran der ersten lebenden Schicht. Aus diesen Zellen werden sie unter Energieverbrauch in den Interzellularraum gepumpt oder gelangen über spezielle interzelluläre Kontaktstellen in darunterliegende Zellen, von denen sie ebenfalls aktiv in die Interzellularräume befördert werden. Von dort erreichen sie schließlich das unter der Epidermis liegende Bindegewebe und die Blutgefäße.

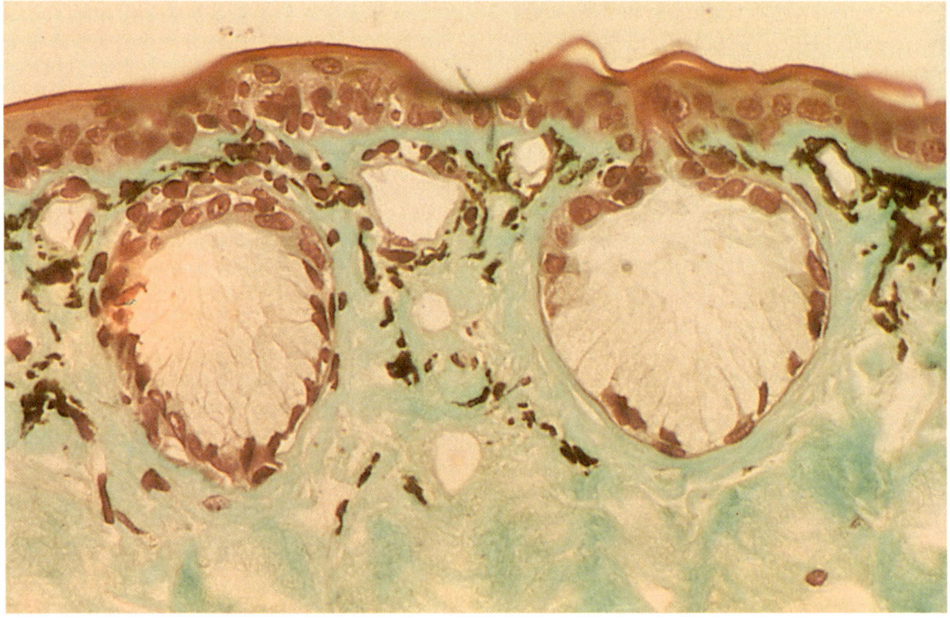

Die Hautdrüsen eines Salamanders (mikroskopisches Schnittbild) sind ein charakteristisches Beispiel dafür, daß sich Drüsen aus dem Oberflächenepithel, aus dem sie hervorgegangen sind, in das darunterliegende Bindegewebe verlagern.

Gewebe mit Interzellularsubstanz

Gewebe mit Interzellularsubstanz – dazu gehören Bindegewebe, Fettgewebe, Knorpelgewebe, Knochengewebe und Blut – liegen stets im Körperinneren; sie sind im gesamten Tierreich verbreitet – selbst so einfach gebaute Organismen wie Schwämme und Hohltiere besitzen bindegewebsähnliches Material zwischen ihren Epithelien –, in besonders vielfältiger Ausprägung jedoch bei Wirbeltieren, wo sie zahlreiche Aufgaben (Ernährung, Stütze, Schutz und Abwehr) zu erfüllen haben. Trotz großer Unterschiede im Aufbau und in ihrer Funktion gibt es Gemeinsamkeiten, mit deren Hilfe sich diese Gewebe von anderen Gewebegruppen abgrenzen lassen.

Während der Embryonalentwicklung bildet sich zunächst ein schwammiges Netzwerk von zum Teil beweglichen Zellen, das embryonale Bindegewebe oder Mesenchym, aus dem alle übrigen Gewebe mit Interzellularsubstanz entstehen. Kennzeichnend für diese Gewebe sind ortsansässige und in einigen Fällen auch bewegliche Zellen und extrazelluläres (außerhalb der Zellen befindliches) Material, das von den Zellen selbst produziert und abgegeben wird. Diese Zwischenzell- oder Interzellularsubstanz besteht aus einer Grundsubstanz, verschiedenen Fasern und der Gewebsflüssigkeit.

Die Grundsubstanz ist das Medium für den Stoffaustausch mit dem Kreislaufsystem. Sie besitzt ein hohes Wasserbindungsvermögen, so daß manche Gewebe mit Interzellularsubstanz ein wichtiges Reservoir für die extrazelluläre Flüssigkeit darstellen und maßgeblich am Wasserhaushalt und der Regulation der Blutkonzentration des Organismus beteiligt sind. Bei manchen Stoffwechselerkrankungen, wie Kreislaufstörungen, Nierenerkrankungen und gestörter Durchlässigkeit der Kapillaren, kommt es zu Wasseransammlungen in der Grundsubstanz des Bindegewebes, so daß Ödeme (Schwellungen) entstehen.

Die retikulären, kollagenen und elastischen Fasern in der Grundsubstanz bestehen aus Gerüsteiweißen, die sich zu fädigen Strukturen zusammenlagern und in ihrer wäßrigen Umgebung unlöslich sind.

Kollagene Fasern sind nahezu undehnbar und finden sich überall dort, wo mechanische Aufgaben zu erfüllen sind. Elastische Fasern können sehr dick werden und verzweigt sein; sie sind stark dehnbar und kommen zum Beispiel in der Wand der Lungenbläschen, in der Schallblase von Fröschen, um größere Blutgefäße herum oder in elastischen Bändern vor. Mit fortschreitendem Alter nimmt ihre Elastizität ab.

Fettgewebe. In vielen Bindegewebsarten liegen Zellen, die Lipide in solchen Mengen speichern, daß ihr Cytoplasma einschließlich der Organellen nur noch als dünner Saum zu erkennen ist. Im Fettgewebe stellen sie den Hauptzelltyp dar. Fettzellen, in denen Lipide als einzelner großer Einschluß eingelagert werden, sind bei Säugetieren als »weißes Fett« weit verbreitet. Im braunen Fettgewebe liegen mehrere Lipideinschlüsse in jeder Zelle. Es ist noch bei Embryonen und in der sogenannten »Winterschlafdrüse« der Nagetiere vorhanden. Braunes Fettgewebe ist besonders stark durchblutet, sehr mitochondrienreich und dient als Energie- und Wärmequelle.

Fett ist ein außergewöhnlich energiereiches Reservematerial, das ständig ab- und umgebaut wird. Beim oxidativen Fettabbau fallen zudem große Mengen Wasser an, so daß der Organismus einen Wasserverlust bis zu einem gewissen Grade durch einen gesteigerten Fettabbau wieder ausgleichen kann. Wegen der intensiven Beteiligung des Fettgewebes am Stoffwechsel wird es in reichem Maße mit Blut versorgt. Bei Hunger wird zuerst das Speicherfettgewebe abgebaut, das zum Beispiel in der Unterhaut vor allem bei Tieren kalter Regionen, wie Robben, Walen und Pinguinen, zu finden ist; hier dient es zugleich der Regulation der Körpertemperatur. Baufettgewebe, das in Gelenken, den Augenhöhlen oder als Druckpolster in der Fußsohle und dem Gesäß vorkommt, bleibt auch bei stärkerer Abmagerung zunächst erhalten.

Insekten besitzen im Fettkörper zusätzliche Zellen, die neben Lipiden auch Proteine und Kohlenhydrate speichern. Diese Reserven werden für die Umbauvorgänge während der Verpuppung oder nach der Metamorphose, wenn viele Insekten keine Nahrung mehr zu sich nehmen, benötigt. Oft enthält der Fettkörper auch symbiontische Bakterien (Symbiose = Gemeinschaft zum beiderseitigen Nutzen), die lebenswichtige Vitamine liefern.

Im lockeren Bindegewebe überwiegt Interzellularsubstanz mit kollagenen und elastischen Fasern. Ortsfeste Bindegewebszellen sorgen für den Aufbau und Erhalt der Interzellularsubstanz. Mastzellen, die bevorzugt in der Nähe von Blutgefäßen liegen, sondern Heparin ab, das die Blutgerinnung hemmt, und Histamin, das die Blutgefäße erweitert und die Durchlässigkeit ihrer Wände erhöht. Große Freßzellen (Makrophagen) bewegen sich durch die Grundsubstanz, phagocytieren (»fressen«) Zelltrümmer und Fremdpartikeln und spielen eine Rolle bei der Krankheitsabwehr, da sie bestimmte Antigene (körperfremde Stoffe) aufnehmen und anhäufen, bevor sie diese an die Lymphocyten (Zelltyp im Blut →S. 76) weitergeben. Bisweilen findet man auch Granulocyten, die die Blutbahn verlassen haben, und Lymphocyten, die Antikörper (Abwehrstoffe) gegen eindringende Krankheitserreger bilden.

Lockeres Bindegewebe ist außerordentlich weit verbreitet; es begleitet Nerven und Blutgefäße in sämtliche Organe, füllt Lücken zwischen Organen und verbindet sie miteinander. Zudem garantiert es auch die Verschiebbarkeit von Geweben, etwa der Haut, gegen ihre Unterlage. Seine Regenerationsfähigkeit ist beachtlich, so daß es überall dort auftritt, wo beschädigte Teile repariert werden müssen. Seine relativ flüssige Grundsubstanz dient dem Stofftransport, indem sie ständig Wasser und andere Bestandteile dem Blut entnimmt, weiterleitet und anderen Geweben zuführt.

Straffes Bindegewebe zeichnet sich durch Zellarmut und eine Interzellularsubstanz aus, in der verschiedenartig angeordnete Fasern verlaufen. Bei Zugbeanspruchung in mehrere Richtungen herrscht straffes Bindegewebe mit scherengitterartig verflochtenen Kollagenfasern und elastischen Fasernetzen vor, zum Beispiel in der unter der Epidermis gelegenen Lederhaut, aus der beim Gerben Leder wird. Findet hingegen eine starke Beanspruchung in nur einer Richtung statt wie bei der Übertragung des Muskelzuges auf Skeletteile, sind kollagene Fasern parallel angeordnet und bilden Sehnen.

Knorpelgewebe wird zusammen mit dem Knochengewebe wegen der besonderen Eigenschaften (Härte, Elastizität) seiner Interzellularsubstanz als Stützgewebe bezeichnet. Knorpel ist das erste Stützgewebe, das während der Embryonalentwicklung der Wirbeltiere auftritt. Er wird jedoch im Laufe der Embryonalentwicklung schrittweise abgebaut und durch das knöcherne Innenskelett ersetzt; bei erwachsenen Säugetieren kommt er nur noch in sehr begrenztem Umfang vor. Knorpelfische, zu denen die Haie und Rochen zählen, behalten indes zeitlebens ein knorpeliges Skelett.

Knorpel ist druck- und zugfest, aber dennoch biegsam. Seine Interzellularsubstanz enthält einen hohen Anteil an schwefelhaltigen Polysacchariden und kollagenen sowie in manchen Fällen elastischen Fasern. Man unterscheidet hyalinen Knorpel, elastischen Knorpel und Faserknorpel.

Bei der Bildung des Knorpelgewebes geben dicht gepackte Knorpelbildungszellen (Chondroblasten) Grundsubstanz und Fasern nach außen ab, bis jede von der Nachbarzelle getrennt in einen Hohlraum eingeschlossen ist. Hier teilt sie sich noch ein- oder zweimal, so daß kleine Gruppen von reifen Knorpelzellen (Chondrocyten) entstehen. Im Inneren eines Knorpels ist die Differenzierung der Zellen am weitesten fortgeschritten, während die Außenseite, die von dichtem Bindegewebe umgeben ist, noch Chondroblasten enthält, die neue Interzellularsubstanz bilden können. Daher wächst Knorpel entweder von außen oder, solange er noch jung und weich ist, von innen. Knorpel besitzt weder Nerven noch Blut- und Lymphgefäße.

Der hyaline, sehr druckfeste Knorpel ist am weitesten verbreitet. Er findet sich an den meisten Gelenkflächen, an der Verbindung zwischen Rippen und Brustbein und als Skelett der Knorpelfische. Alter hyaliner Knorpel kann verkalken und läßt häufig eine parallele Anordnung von Fasern (Asbestfasern) erkennen.

Elastischer Knorpel besteht aus zahlreichen Zellen und relativ wenig Interzellularsubstanz mit kollagenen und elastischen Fasern. Man findet ihn zum Beispiel in der Ohrmuschel und im Kehldeckel.

Faserknorpel zeigt Merkmale von hyalinem Knorpel und straffem Bindegewebe. Er kommt in den Zwischenwirbelscheiben, im Hufknorpel von Pferden, in Gelenkkapseln und in Ansätzen von Bändern und Sehnen vor.

Auch bei Wirbellosen gibt es knorpelähnliches Gewebe. Bei Tintenfischen (Cephalopoden) ist das Gehirn von einer schützenden Kapsel aus Knorpel umgeben, der dem der Wirbeltiere außerordentlich ähnlich ist. Im Unterschied zu diesem sind seine Zellen mit feinen Ausläufern versehen, die die gesamte Interzellularsubstanz durchdringen.

Knochengewebe ist eine spezielle druck- und zugfeste Form des Bindegewebes, die nur bei Wirbeltieren vorkommt und dort wesentliche Teile des Skeletts bildet. Seine Interzellularsubstanz besteht aus einer mineralisierten Grundsubstanz und kollagenen Fasern. Die mineralischen Komponenten, im wesentlichen Calciumphosphat, daneben auch Calciumcarbonat, Magnesiumphosphat und in geringen Spuren das besonders härtende Calciumfluorid, machen oft 65 Prozent der Knochensubstanz aus und geben dem Gewebe seine Festigkeit. Neben Stütz- und Schutzaufgaben ist Knochen auch aktiv an der Erhaltung des Calciumgleichgewichts im Körper beteiligt, da er ein wichtiger Speicher für Calciumionen und andere anorganische Ionen ist.

Knochenbildungszellen (Osteoblasten) geben zunächst Grundsubstanz und kollagene Fasern nach außen ab. Infolge rasch einsetzender Mineralisierung werden die Osteoblasten eingemauert und sind nun als reife Knochenzellen (Osteocyten) für die weitere Erhaltung der Grundsubstanz verantwortlich. Da die mechanische Beanspruchung eines Knochens sowie die Anforderungen an den Calciumhaushalt ständig wechseln, befindet sich Knochengewebe während des gesamten Lebens in einem Gleichgewicht von Auf- und Abbau.

Je nach Aufbau unterscheidet man zwei Haupttypen von Knochengewebe. Im stammes- und entwicklungsgeschichtlich älteren Geflecht- oder Faserknochen liegen die kollagenen Fasern als dichtes, unregelmäßiges Geflecht vor. Bei vielen Wirbeltieren entsteht dieser Knochen bei der Knochenentwicklung zuerst und wird später weitgehend durch den komplizierter gebauten Lamellenknochen ersetzt. Niedere Wirbeltiere, wie Amphibien, Reptilien und sogar manche Kleinsäuger, besitzen hingegen zeitlebens ein Skelett aus Faserknochen.

Knochen kann direkt aus dem embryonalen Bindegewebe entstehen, dessen Zellen sich zu Osteoblasten differenzieren. Aus diesen zunächst faserigen Bindegewebs- oder Deckknochen bestehen das Schädeldach, der Oberkiefer und Teile des Unterkiefers; sie werden allerdings später ebenfalls zu Lamellenknochen umgebaut. Die wesentlichen Teile des Skeletts werden aber aus hyalinem Knorpel vorgebildet, der schon während der Embryonalzeit abgebaut und später bis auf wenige knorpelig bleibende Abschnitte (Rippenknorpel, Gelenkknorpel) durch Knochen ersetzt wird. Solche Ersatzknochen sind beispielsweise alle Röhrenknochen, die Wirbel, das Becken und die Knochen der Schädelbasis.

Knochengewebe ist von einer straffen Bindegewebsschicht umgeben, von der aus Blutgefäße in den Knochen hineinziehen. Darüber hinaus enthält die Knochenhaut zahlreiche Nerven und Knochenvorläuferzellen, die während des Knochenwachstums oder im Falle einer Bruchheilung zu Osteoblasten werden.

Lamellenknochen bestehen meist aus zahlreichen Röhrensystemen, die Osteone genannt werden. Ein Osteon besteht jeweils aus einem zentralen Kanal, der lockeres Bindegewebe, Blut- und Lymphgefäße sowie Nerven enthält. Es ist umgeben von zahlreichen verkalkten Lamellen, in denen kollagene Fasern spiralig angeordnet sind. Dazwischen liegen die feinverzweigten Knochenzellen. Die zentralen Kanäle stehen untereinander in Verbindung.

Die großen Röhrenknochen enthalten in ihrem Schaft eine von Knochensubstanz freie Markhöhle, die beim wachsenden Tier aktives, rotes Knochenmark enthält, in dem Blutzellen gebildet werden. Bei Erwachsenen ist das blutbildende Knochenmark nur noch auf die Knochen des Rumpfes beschränkt, während die Markhöhlen der übrigen Knochen, etwa der Beine und Arme, mit gelbem Knochenmark, also mit Fettgewebe, gefüllt sind. Auch die innere Oberfläche eines Knochens ist von einem zarten Bindegewebe ausgekleidet. Es enthält knochenbildende Zellen, die beim Wachstum, Umbau oder bei Bruchheilung aktiviert werden.

Blut und Lymphe werden als Abkömmlinge des Mesenchyms ebenfalls zu den Geweben gezählt, deren Zellen sich allerdings in einer flüssigen Interzellularsubstanz, dem Blutplasma, bewegen. Beide fließen im Körper der Wirbeltiere in getrennten Bahnen, stehen jedoch in ständigem Austausch miteinander und mit der extrazellulären Flüssigkeit. Das Blut der Wirbeltiere befördert Gase, Nährstoffe, Stoffwechselabbauprodukte, Hormone und Zellen in einem geschlossenen, fein verzweigten Gefäßsystem durch den gesamten Körper. Darüber hinaus dient es der Infektabwehr, dem Wundverschluß, der Regulierung des Ionenaustausches sowie der Wärmeleitung. Die enorme Vielfalt seiner Zelltypen ist trotz unterschiedlichster Funktionen letztlich auf eine Stammzelle zurückzuführen.

Das Blutplasma ist eine gelbliche Flüssigkeit, die neben Wasser noch Salze, Nährstoffe, vor allem Glukose, und verschiedene Eiweiße enthält. Diese Plasmaproteine sind im wesentlichen Albumine, die als Transportproteine schwerlösliche Stoffwechselprodukte (z. B. Fettsäuren) binden, Globuline, von denen einige Lipide und Schwermetallionen transportieren, andere zu den Antikörpern des Immunsystems gehören, und Fibrinogen, das bei der Blutgerinnung zu unlöslichem Fibrin wird.

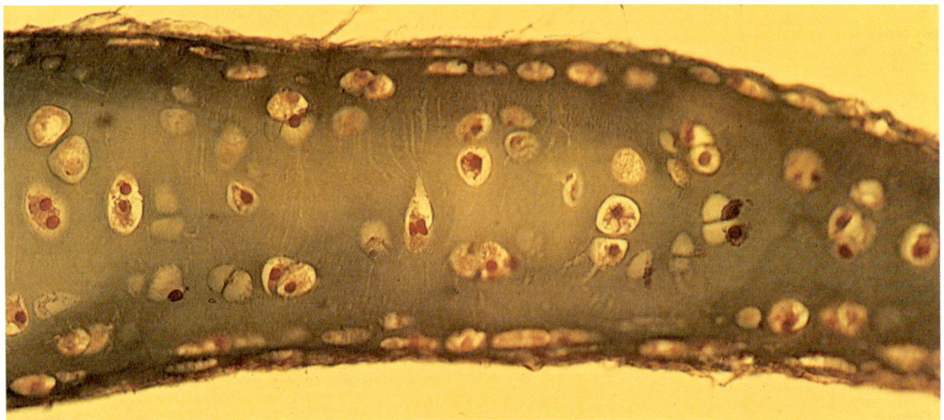

Knorpelgewebe bilden Stützgewebe bei den Wirbeltieren, kommen aber auch bei Wirbellosen vor. Hier: Knorpelgewebe eines Tintenfisches.

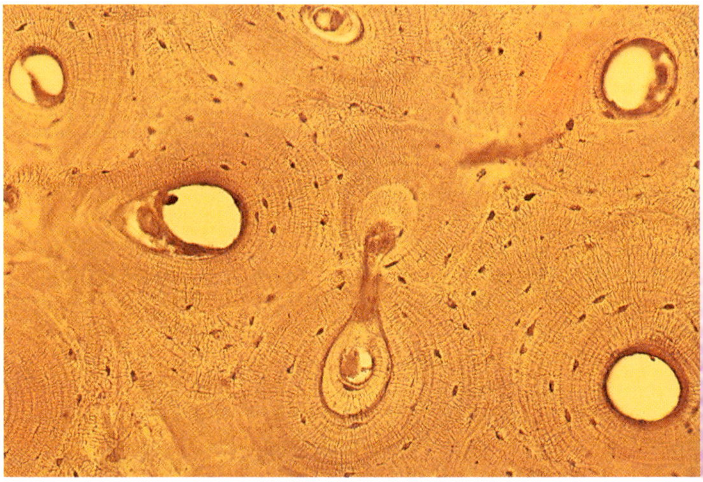

Dieser Schnitt durch einen Lamellenknochen zeigt mehrere Osteone.

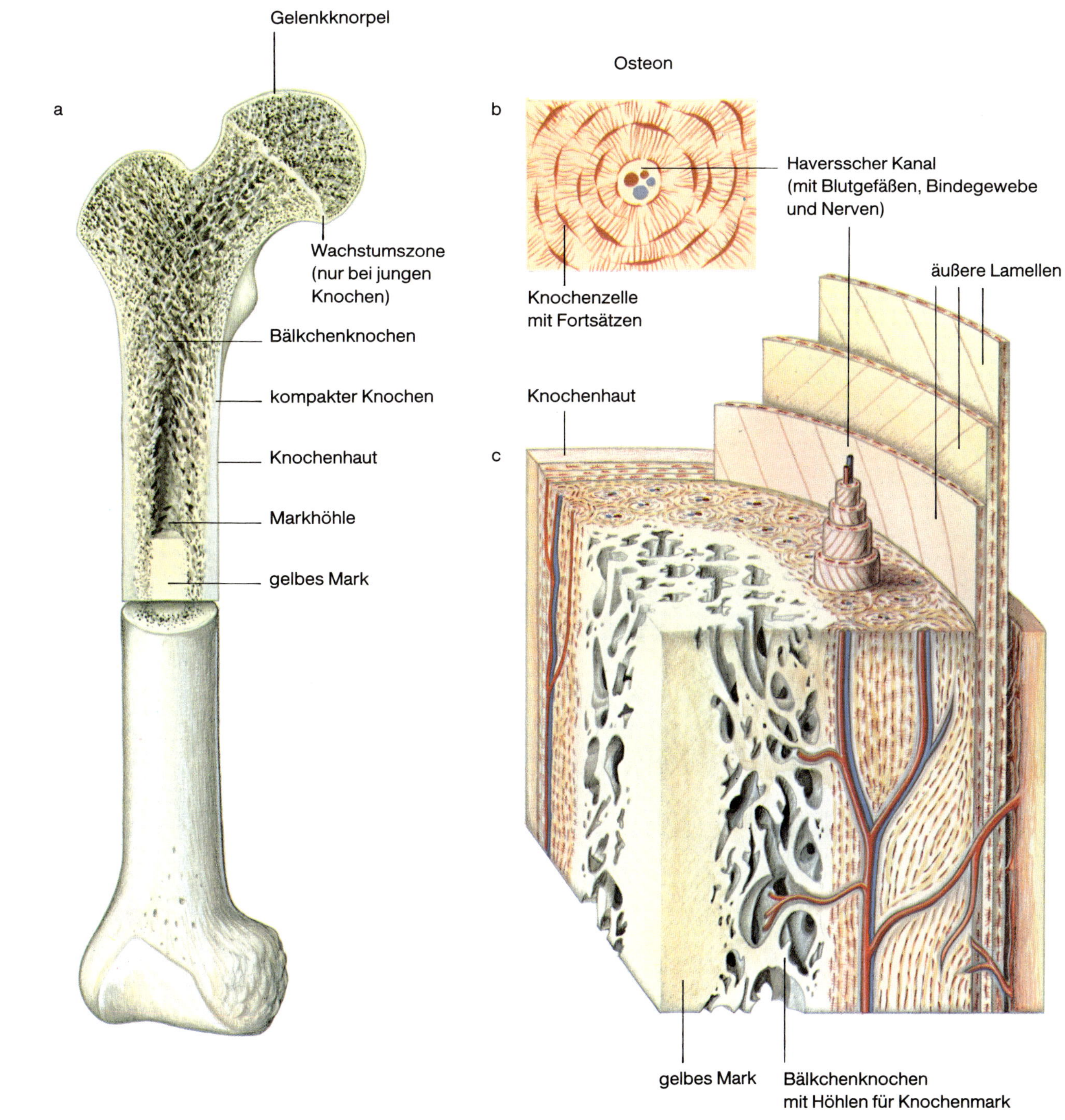

Bau eines Röhrenknochens (Oberschenkelknochen). *Er besteht aus den Gelenkenden und dem mit Knochenmark gefüllten Schaft und ist von der Knochenhaut umgeben (a). Der Querschnitt durch ein Knochenkanälchen zeigt, daß die Knochenzellen (Osteozyten) konzentrisch um einen Zentralkanal (Haversscher Kanal) angeordnet sind. Der Raum zwischen ihnen ist mit lamellär geschichteter Knochensubstanz (Kollagen und Kalksalze) gefüllt (b). Darunter Ausschnitt aus einem Röhrenknochen mit Knochenhaut, kompaktem und schwammigem Knochengewebe sowie dem gelben Knochenmark (c).*

Zu den freien Zellen des Wirbeltierblutes zählen die roten Blutkörperchen (Erythrocyten), die weißen Blutkörperchen (Leukocyten) und die Blutplättchen (Thrombocyten). Alle entstehen beim erwachsenen Säugetier im roten Knochenmark, dessen Farbe von den zahlreichen, sich bildenden roten Blutkörperchen herrührt.

Die Erythrocyten stellen den Hauptanteil der Blutkörperchen insgesamt. Beim Menschen beträgt ihr Anteil 4,5 bis 5,5 Millionen pro Kubikmillimeter. Ihre wesentliche Aufgabe besteht im Transport von Atemgasen. Da eine enge Beziehung zwischen Erythrocytenzahl und Sauerstoffgehalt der Atemluft besteht, nimmt ihre Zahl bei längerem Aufenthalt in der »dünnen« Luft des Hochgebirges zu. Auch menschliche Embryonen weisen infolge des geringen Sauerstoffangebotes im Mutterleib eine größere Zahl von Erythrocyten auf (etwa sechs Millionen pro Kubikmillimeter). Bei den in den südamerikanischen Anden beheimateten Lamas, die ständig in großen Höhenlagen leben, zählt man sogar 13,2 Millionen rote Blutkörperchen pro Kubikmillimeter Blut.

Die roten Blutkörperchen sind angefüllt mit einem eisenhaltigen Farbstoff, dem Hämoglobin, das dem Blut seine rote Farbe verleiht und sowohl Sauerstoff als auch das giftige Kohlendioxid binden und wieder abgeben kann.

Auf ihrem Weg zu allen Organen des Körpers müssen Erythrocyten sich durch feinste

Blutgefäße zwängen, die manchmal einen geringeren Durchmesser als sie selbst aufweisen; daher sind sie stark verformbar. Bei Erythrocyten von Dromedaren hat man kürzlich noch eine andere, erstaunliche Eigenschaft festgestellt: Sie können durch Wasseraufnahme bis auf das Zweieinhalbfache ihrer Ausgangsgröße gedehnt werden. Deshalb können Dromedare nach langen Durstperioden innerhalb von zehn Minuten bis zu 135 Liter Wasser aufnehmen, das in die Blutbahnen gelangt und von den Erythrocyten aufgenommen wird, ohne daß diese platzen.

Alle Wirbeltiere mit Ausnahme der Säuger besitzen in der Regel ovale, scheibenförmige, nach außen gewölbte Erythrocyten mit einem Zellkern. Bei Säugetieren sind die Erythrocyten dagegen rund, nach innen gewölbt und kernlos. Die beidseitige Eindellung vergrößert ihre Oberfläche beträchtlich. Der Zellkern wird während der Blutbildung ausgestoßen, und die Zellorganellen gehen zugrunde. Die Kernlosigkeit ermöglicht einen noch höheren Hämoglobingehalt, der beim Menschen etwa 75 bis 90 Prozent der Erythrocytentrockenmasse ausmacht. Rote Blutkörperchen mancher stammesgeschichtlich relativ alter Säugetiere (Kamele) weisen indes eine ovale Gestalt auf und sind im Profil trotz Kernlosigkeit nach außen gewölbt.

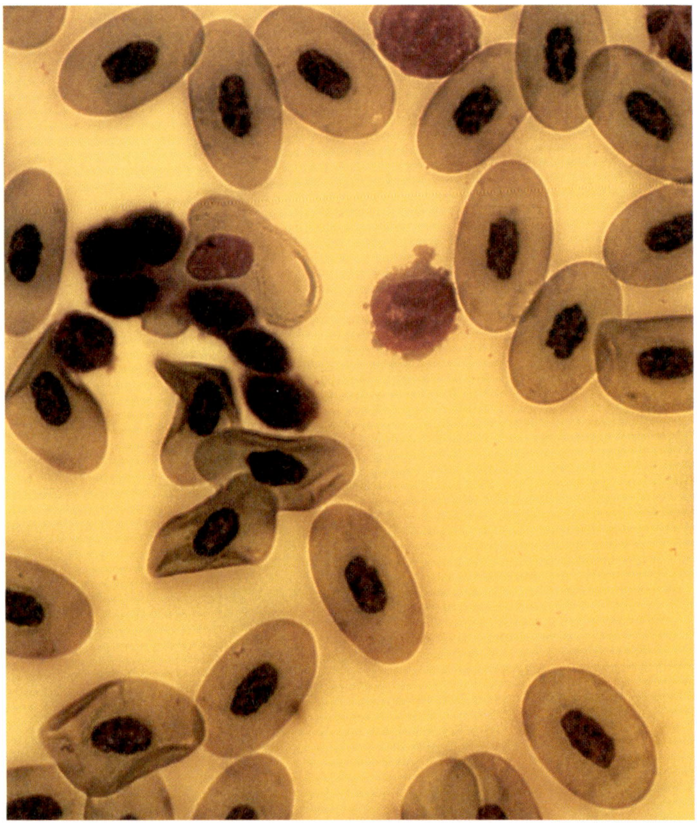

Mikroskopische Aufnahme vom Blut eines Frosches: Die roten Blutkörperchen sind oval, scheibenförmig, nach außen gewölbt und enthalten einen Zellkern, wie es für alle Wirbeltiere – mit Ausnahme der Säuger – charakteristisch ist.

Aufgrund der hohen Spezialisierung können sich ausdifferenzierte Erythrocyten nicht mehr teilen. Sie zerfallen nach einer Lebensdauer von 100 bis 120 Tagen meist bereits im Blut und werden vollständig in Milz und Leber abgebaut, wobei das freiwerdende Eisen wieder zum Einbau in neue rote Blutkörperchen verwendet wird.

Erythrocyten sind auch Träger spezifischer Blutgruppensubstanzen, die als Antigene wirken, wenn sie mit Fremdblut in Berührung kommen; das Fremdblut enthält Antikörper (Abwehrstoffe) gegen diese Antigene. Die Folge davon ist, daß sich die roten Blutkörperchen zusammenballen.

Hinter dem Begriff Leukocyten verbergen sich verschiedene Zelltypen, die alle zum Abwehrsystem eines Organismus gehören, weil sie eingedrungene Mikroorganismen unschädlich machen oder Zelltrümmer beseitigen. Diese Aufgaben erfüllen sie meist außerhalb des Blutes – sie können die Blutbahnen jederzeit verlassen –, so daß stets nur ein geringer Prozentsatz von ihnen im strömenden Blut zu finden ist.

Unter den weißen Blutkörpchern sind die Granulocyten besonders zahlreich. Ihren Namen verdanken sie kleinen Körnchen (Granula), die im Cytoplasma liegen. Ein Typ von Granulocyten besitzt einen stark zerklüfteten Kern, der bei Frauen zu etwa drei Prozent einen kleinen, trommelschlegelförmigen Anhang, das »sex-chromatin« (Geschlechtschromatin) oder sogenannte Barrsche Körperchen, aufweist. Es handelt sich hierbei um eines der beiden x-Chromosomen, das in kondensierter Form vorliegt. Viele Granulocyten sind beweglich, werden von Bakterien und zellulären Zerfallsprodukten angelockt und phagocytieren (»fressen«) diese. Bei akuten Entzündungsvorgängen sind sie an der Keimabwehr beteiligt; abgestorbene Granulocyten findet man in großen Mengen im Eiter.

Auch die Lymphocyten sind recht häufige Bestandteile des Blutes; sie stammen aus den lymphatischen Organen (Thymus, Lymphdrüsen, Milz). Im Blutausstrich erkennt man sie leicht an ihrem großen runden Kern und dem dünnen Plasmasaum. Lymphocyten spielen bei allen Abwehrmechanismen des Immunsystems die entscheidende Rolle. Sie bilden gegen Antigene (körperfremde Stoffe) spezifische Antikörper (Abwehrstoffe), die mit dem Antigen reagieren und es so unwirksam machen. Die Antigen-Antikörper-Komplexe werden dann mit Hilfe anderer Leukocyten beseitigt.

Die Thrombocyten haben entscheidenden Anteil an der Blutgerinnung und damit am Wundverschluß. Bei Säugetieren sind Thrombocyten keine echten Zellen, sondern winzig kleine scheibchenförmige Fragmente von Riesenzellen des Knochenmarks. Die übrigen Wirbeltiere besitzen dagegen relativ große spindelförmige Zellen mit der gleichen Funktion. Thrombocyten ballen sich nach Berührung mit einer verletzten Gefäßwand zusammen. Beim Zerfall überführen sie das im Blutplasma enthaltene Prothrombin in das aktive Enzym Thrombin. Dieses verwandelt das Fibrinogen in ein unlösliches, elastisches Faserprotein, das als Fibrin zusammen mit anderen Blutbestandteilen die Wunde verschließt. Darüber hinaus geben Thrombocyten auch Serotonin ab, das die beschädigten Gefäße veranlaßt, sich zusammenzuziehen, und so den Blutfluß vermindert.

Bei den meisten wirbellosen Tieren, zum Beispiel bei Gliederfüßern und Weichtieren, ist der Blutkreislauf nicht von der Lymphe getrennt; die Körperflüssigkeit dieser Tiere bezeichnet man daher als Hämolymphe. In ihr zirkulieren Blutzellen (Hämocyten), die manche Ähnlichkeit mit den Granulocyten der Wirbeltiere haben. Wenn es auch verschiedene Typen gibt, erreichen sie dennoch nicht die Vielfalt der Wirbeltierblutzellen. Meist sind die Hämocyten als bewegliche Wanderzellen in der Lage, eingedrungene Fremdstoffe zu vernichten. In einigen Fällen können sie sich auch zusammenballen und Wunden verschließen oder eingedrungene Parasiten mit einer bindegewebigen Kapsel umgeben, zum Beispiel bei Insekten. Nur bei sehr wenigen Wirbellosen ist auch der respiratorische (zur Atmung dienende) Farbstoff an Blutzellen gebunden, so zum Beispiel bei Schnurwürmern (Nemertini) das Hämoglobin und bei manchen meeresbewohnenden Ringelwürmern (Polychaeten) das ebenfalls eisenhaltige Hämerythrin. In den meisten Fällen ist der Farbstoff aber in der Blutflüssigkeit gelöst, wie das Hämoglobin bei den Posthornschnecken (Planorbiden) und den roten Mükkenlarven (Chironomus) oder das kupferhaltige Hämocyanin bei der Weinbergschnecke (Helix pomatia), den zehnfüßigen Krebsen (Dekapoden) und manchen Spinnentieren (Cheliceraten).

Nervengewebe

Erregbarkeit gehört zu den Grundeigenschaften jeder lebenden Zelle. Auch Einzeller, wie Amöben, Flagellaten und Ciliaten, empfangen aus der Umwelt Reize, die innerhalb der Zelle von einem Ort zum anderen weitergeleitet und mit einer Reaktion beantwortet werden. Im vielzelligen Organismus gibt es für diese Aufgaben hochspezialisierte Nervenzellen, bei denen die Erregbarkeit besonders stark ausgeprägt ist und die Erregung sehr rasch über weite Strecken fortgeleitet werden kann.

Nervenzellen von Vielzellern – selbst so einfache Organismen wie die Schwämme besitzen bereits Zellen, die Eigenschaften von Nervenzellen aufweisen – bilden meist ein verzweigtes Netzwerk, also ein zusammenhängendes System, in dem mit Hilfe langer Zellfortsätze Erregungen von einem Körperteil zum anderen geleitet und somit auch die Tätigkeiten einzelner Organe aufeinander abgestimmt werden können.

Einfache Nervensysteme sind bereits bei Hohltieren (Coelenteraten) verwirklicht. So sind bei dem Süßwasserpolypen Hydra verzweigte Nervenzellen, die unter keiner zentralen Kontrolle stehen, über den gesamten Körper verteilt (diffuses Nervennetz). Nervöse Impulse breiten sich in den Zellfortsätzen nach allen Richtungen aus und nehmen mit fortschreitender Entfernung vom Ort des Reizes an Intensität ab.

Erst im Laufe der Höherentwicklung der Organismen kam es zu einer Anhäufung von Nervenzellen und den sie verbindenden Fortsätzen. Von solchen Ganglien (Nervenknoten) zogen schließlich Nervenzellfortsätze zu den einzelnen Organen, während andere die einzelnen Ganglien miteinander verbanden. Im Kopfbereich gelegene Ganglien entwickelten sich zu übergeordneten Zentren (Zentralnervensystem).

Auch die Erregungsleitung veränderte sich. War sie bei einfachen Organismen noch in alle Richtungen möglich, wurde sie nun auf eine Richtung beschränkt. Sensorische (afferente) Fasern nahmen nun Reize aus der Umwelt oder aus dem Körperinneren auf und leiteten die Erregung von den Sinnesorganen oder Sinneszellen zum Nervenzentrum, wo motorische (efferente) Fasern beginnen, die die Erregung zu den Erfolgsorganen, zum Beispiel Muskeln oder Drüsen, leiten. Die nervösen Wege innerhalb der Zentren wurden immer komplexer, indem zwischen Erfolgsorgan und aufnehmende (Sinnes-)Zelle zusätzliche Nervenzellen geschaltet wurden.

Nach seinem Aufbau läßt sich ein Nervensystem in das zentrale (bei Wirbeltieren Gehirn und Rückenmark) und das periphere System (alle nervösen Gewebe außerhalb des zentralen Systems) gliedern, nach seiner Funktion unterscheidet man das willkürliche (animalische) Nervensystem, das den Organismus mit seiner Umwelt verbindet, und das unwillkürliche (autonome) Nervensystem, das die Verbindung mit den Eingeweiden herstellt. Das gesamte Nervensystem besteht aus unterschiedlich angeordneten Nervenzellen (Neuronen) sowie einem speziellen Hüllgewebe, der Neuroglia.

Nervenzellen besitzen außer ihrem Zellkörper (Perikaryon = das um den Kern Gelegene) entsprechend ihrer leitenden Funktion noch mehr oder weniger lange Fortsätze, von

Bau einer Nervenzelle. *Es handelt sich hier um eine Nervenzelle aus dem peripheren System mit markhaltigem Axon, das an einer Muskelfaser endet. Die Dendriten nehmen die Erregung auf, das Axon leitet sie weiter.*

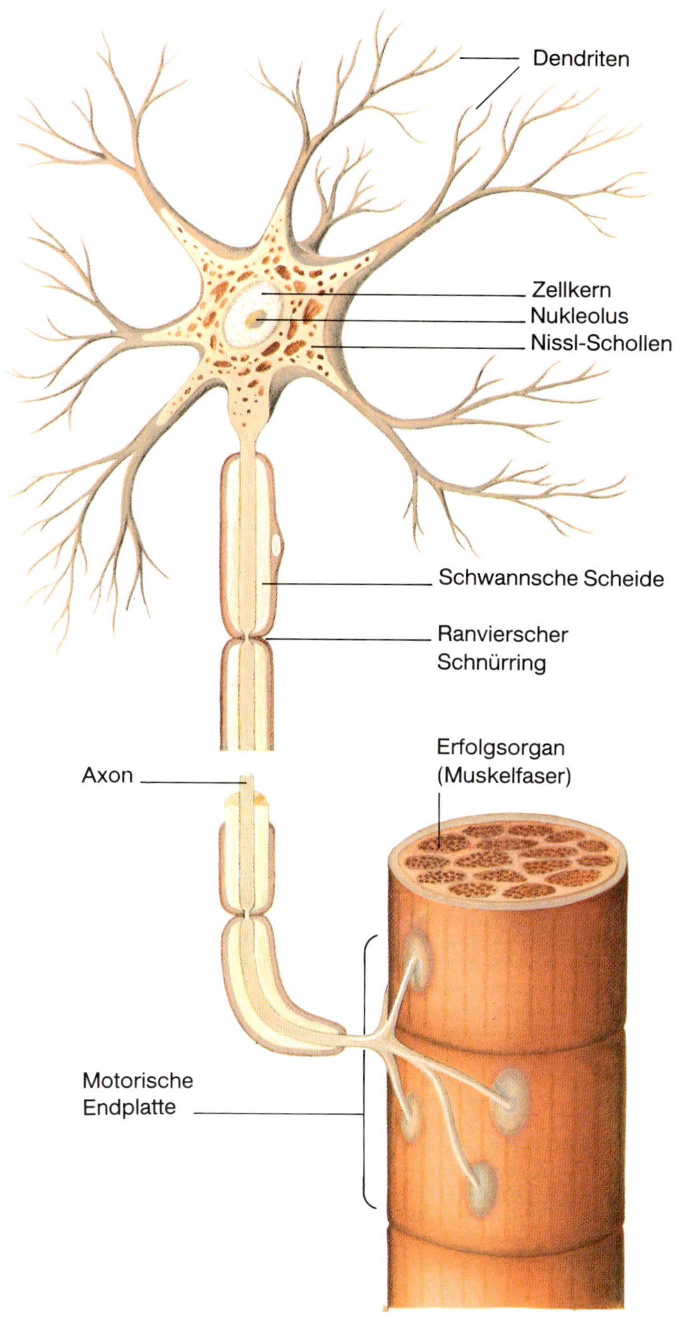

denen das Axon meist sehr lang und am Ende wenig verzweigt, der Dendrit jedoch – er kann auch in der Mehrzahl vorhanden sein – meist kurz und stark verzweigt ist. Der Dendrit dient als Empfänger der Erregung; seine Verzweigungen beginnen entweder in speziellen Sinneszellen oder sind über Synapsen (Schaltstellen) mit anderen Neuronen, von denen er die Erregung empfängt, verbunden. Das Axon entspringt dem Perikaryon und endet mit einer Anzahl kleiner Verdickungen (Endknöpfchen) an anderen Neuronen oder einem Zielorgan, zum Beispiel an Muskeln. Axone können sehr lang werden, bei Großsäugetieren wie der Giraffe bis zu zwei Metern. Trotz ihrer enormen Formenvielfalt weisen alle Nervenzellen in etwa die gleiche Grundstruktur auf.

Die Zellkörper von Nervenzellen schwanken in ihrer Größe beträchtlich. Niedere Wirbeltiere, wie die Fische, und viele Wirbellose besitzen besonders große Nervenzellkörper, die man bei manchen Schnecken sogar mit bloßem Auge sehen kann. Solche Riesenneuronen haben sich als hervorragende Untersuchungsobjekte in der Neurophysiologie bewährt.

Im Zentralnervensystem der Wirbeltiere kann man eine graue und eine weiße Substanz unterscheiden. Die graue Substanz enthält alle Nervenzellen und dazugehörige Fasern, die weiße Substanz besteht lediglich aus Nervenfasern, die gebündelt aus dem Zentralnervensystem aus- beziehungsweise eintreten. Außerhalb des Zentralnervensystems werden sie durch Bindegewebshüllen zu Nerven zusammengefaßt, in denen die Axone wie Drähte in einem Kabel verpackt liegen.

Die ungeheure Zahl von Nervenzellen ist in eine noch größere Zahl von Gliazellen eingebettet. Bei Wirbeltieren übertrifft die Anzahl der Gliazellen die der Nervenzellen etwa um das Zehnfache. Die Glia übernimmt Aufgaben, die andernorts vom Bindegewebe erfüllt werden, wie Stützfunktion, Phagocytose und Narbenbildung; Gliazellen sind im Gegensatz zu Nervenzellen noch teilungsfähig und erfüllen wichtige Aufgaben bei der Isolierung der besonders leicht erregbaren Nervenzellen.

Im peripheren Nervensystem umgeben Gliazellen entweder als Mantelzellen die Nervenzellen in manchen Ganglien oder umwikkeln als sogenannte Schwannsche Zellen die langen Axone. Die Axone des autonomen Nervensystems werden von einer marklosen Gliascheide, die des animalischen Nervensystems von einer markhaltigen Gliascheide (Mark- oder Myelinscheide) umgeben. Die Markscheide hat die Aufgabe, das Axon chemisch und elektrisch zu isolieren. An der Grenze zweier benachbarter Schwannscher Zellen ist keine Myelinscheide ausgebildet, daher erscheint das Axon an dieser Stelle eingeschnürt (Ranviersche Schnürringe).

Zwischen der Innen- und Außenseite eines Axons besteht eine Spannung von etwa −60 bis −90 Millivolt, die als Membranruhepotential bezeichnet wird. Die Innenseite des Axons ist gegenüber der Außenseite negativ; bei der Angabe von Ruhepotentialen wird stets das Vorzeichen der Innenseite angegeben.

Das Ruhepotential kommt folgendermaßen zustande: Im Inneren des Axons befinden sich viele positiv geladene Kaliumionen, relativ wenige positive Natriumionen und negative Chlorionen und eine beträchtliche Menge von negativ geladenen Proteinionen. Außen dagegen ist der Anteil von Kalium gering, der von Natrium und Chlor jedoch hoch; Proteinionen sind nicht vorhanden. Wegen des Konzentrationsgefälles wandert Kalium, für das die Zellmembran besonders durchlässig ist, ständig nach außen. Die negativ geladenen Proteinionen sind so groß, daß sie nicht durch die Membran nach außen gelangen können; sie halten aber einen Teil der Kaliumionen zurück. So entsteht nach einer gewissen Zeit ein Gleichgewicht zwischen dem Ein- und Austritt der Ladungsteilchen, also zwischen Konzentrationsgefälle und elektrischer Anziehungskraft; die dabei herrschende Spannung ist das Ruhepotential.

Wegen des Konzentrationsgefälles von außen nach innen gelangen andererseits auch Natriumionen, für welche die Membran jedoch viel weniger durchlässig ist, sowie Chlorionen in das Innere das Axons. Um die ungleiche Ionenverteilung aber aufrechtzuerhalten, werden Natrium und wahrscheinlich auch Chlor gegen das Konzentrationsgefälle unter Energieverbrauch wieder aus der Zelle herausgepumpt. Mit dem aktiven Auswärtstransport von Natrium ist zugleich ein Einwärtstransport von Kalium gekoppelt, weshalb man auch von einer Natrium-Kalium-Pumpe spricht. Natrium-Kalium-Pumpe und Membranpotential sind Merkmale aller Zellen. Das Besondere an erregbaren Nervenzellen ist jedoch, daß sie nach einem Reiz die Durchlässigkeit der Membran für Ionen kurzfristig verändern können.

Die hier abgebildeten Nervenzellen stammen aus dem Kleinhirn eines Menschen. Ihre fein verästelten Ausläufer, Dendriten, ziehen zur Kleinhirnrinde.

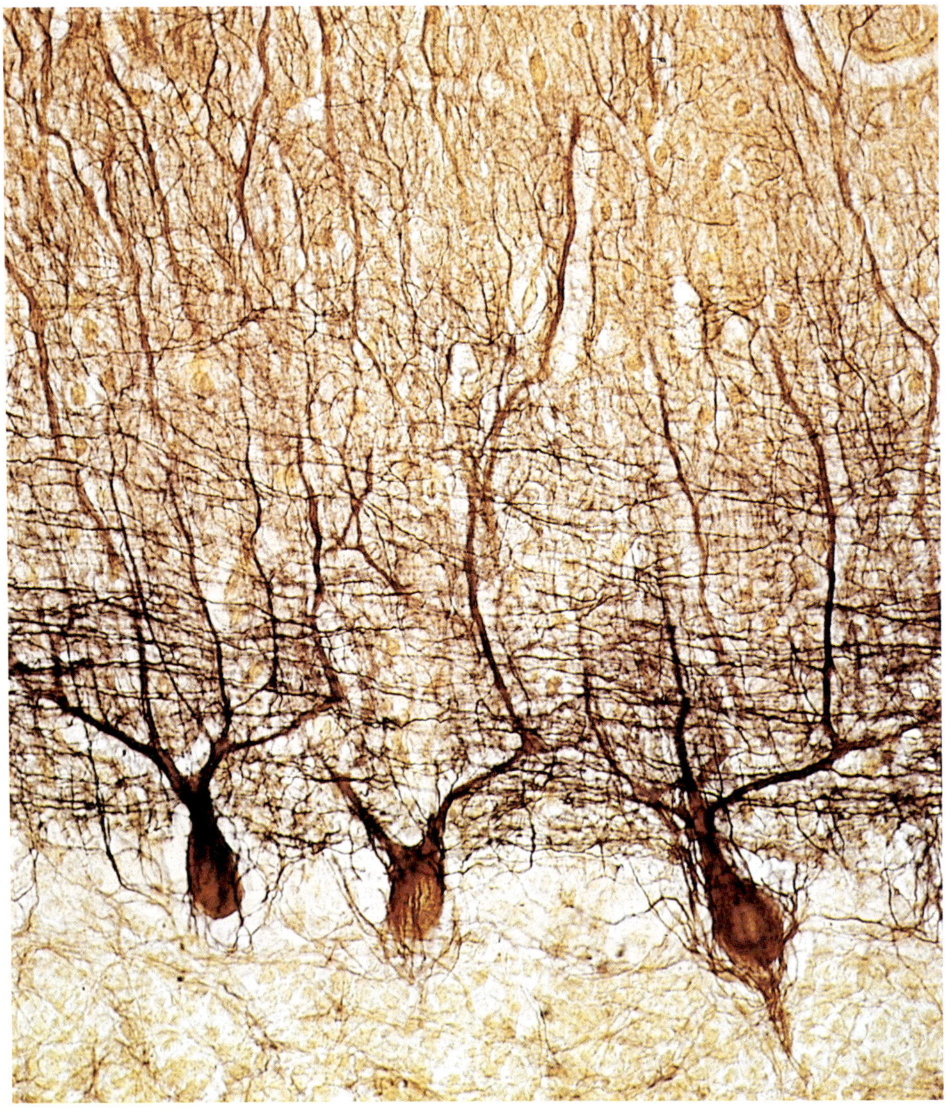

Erreicht eine Erregung eine Nervenzelle, wird die Zellmembran kurzfristig für Natrium durchlässiger, so daß zunehmend mehr Natriumionen in das Innere des Axons gelangen und das Ruhepotential verringern; die Membran wird depolarisiert. Wandern ebenso viele oder mehr Natriumionen in das Axon hinein, als Kaliumionen hinauswandern, so sinkt das Ruhepotential unter einen »kritischen Schwellenwert«. Dadurch wird die Durchlässigkeit der Membran für Natriumionen schlagartig weiter verbessert, und zahlreiche Natriumionen strömen ein, so daß die Innenseite des Axons kurzfristig positiv, die Außenseite jedoch negativ wird: Es kommt zu einer Potentialumkehr – die Spannung erreicht nun Werte von +20 bis +40 Millivolt –, die Aktionspotential genannt wird. Der Natriumeinstrom verebbt allerdings nach Bruchteilen einer Millisekunde wieder, und die kurzfristig stärker ausströmenden Kaliumionen bringen das Membranpotential innerhalb von 0,5 bis 1 Millisekunden wieder auf seinen Ausgangswert zurück; die Membran wird repolarisiert.

Aktionspotentiale sind die nervösen Impulse, die Meldungen von Neuron zu Neuron weiterleiten. Sie entstehen allerdings zunächst nur lokal. Da sich in unmittelbarer Nachbarschaft jedoch Bereiche mit normalem Ruhepotential befinden, also an der Außen- und Innenseite des Axons entgegengesetzt geladene Zonen aufeinanderstoßen, beginnen die Ionen zu wandern. Der Potentialunterschied zwischen den erregten und unerregten Bereichen erzeugt lokale Strömchen, die die angrenzende Membran so stark depolarisieren können, daß ein neues Aktionspotential ausgelöst wird. Ist die Kettenreaktion von Ionenströmen und Potentialzusammenbrüchen erst einmal angestoßen, kommt es zur kontinuierlichen Fortleitung des Aktionspotentials über das Axon. Aktionspotentiale werden, wenn sie erst einmal angestoßen worden sind, mit gleichbleibender Stärke fortgeleitet. Sie laufen auch stets nur in eine Richtung. Eine Umkehr ist schon deshalb nicht möglich, weil dort, wo sich gerade ein Aktionspotential gebildet hatte, die Zellmembran für eine oder zwei Millisekunden nicht erregbar ist.

Auch bei markhaltigen Neuronen spielen sich im Prinzip die gleichen Vorgänge ab. Die Aktionspotentiale können jedoch nicht kontinuierlich über das Axon laufen, da dieses von der Myelinscheide isoliert wird. Die lokalen Strömchen können also erst im Bereich der Ranvierschen Schnürringe das Axon verlassen und von dort zum nächsten Schnürring springen (saltatorische Erregungsleitung)

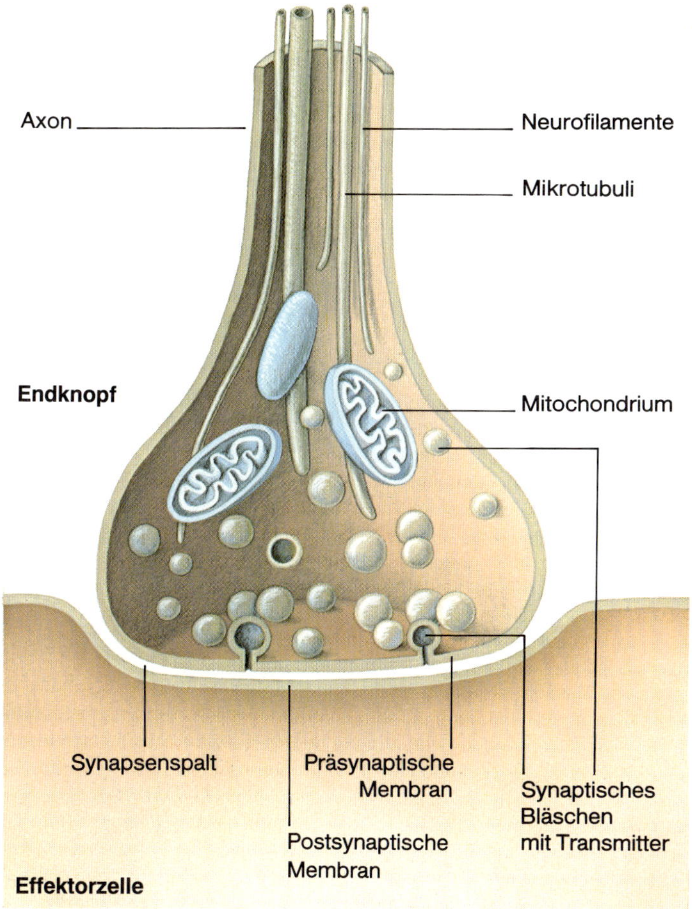

Synapse, Schaltstelle für die Weiterleitung der Erregung. An der Synapse ist das Axon zu einem Endknöpfchen verdickt. Es enthält glattes endoplasmatisches Retikulum, Neurofilamente, Mikrotubuli, Mitochondrien und synaptische Vesikeln, die ihren Inhalt, den Transmitter, bei Erregung in den synaptischen Spalt entleeren. Der Transmitter erhöht die Durchlässigkeit der Membran einer nachgeschalteten Nervenzelle oder eines Erfolgsorgans (z. B. Muskeln) für bestimmte Ionen, so daß die Erregung weitergeleitet werden kann.

Die Vorteile dieser Art der Erregungsleitung liegen auf der Hand; es wird weniger Energie verbraucht, da die Ionenpumpe verstärkt nur im Bereich der Ranvierschen Schnürringe zu arbeiten braucht. Zum anderen werden höhere Leitungsgeschwindigkeiten erzielt. Während manche marklose Riesenfasern mit einer Geschwindigkeit von etwa 20 Metern pro Sekunde leiten, erreichen markhaltige 130 Meter pro Sekunde.

Die Kontaktstellen zwischen den Endknöpfchen eines Axons und einer nachgeschalteten Nervenzelle oder zwischen Nervenzellen und Zielorgan werden als Synapsen bezeichnet. Hier wird das elektrische Signal mit Hilfe chemischer Überträgerstoffe (Transmitter) weitergeleitet. Nur bei den elektrischen Synapsen gelangt der Strom unmittelbar von Zelle zu Zelle. An der Synapse sind die beiden Zellen durch einen winzigen Spalt getrennt. Der Transmitter befindet sich in kleinen Bläschen in den Endknöpfchen. Bei cholinergen Nervenfasern ist der Transmitter Acetylcholin, bei adrenergen das Noradrenalin. Wenn ein Aktionspotential die Endknöpfchen erreicht und ihre Membran depolarisiert, wird der Inhalt der Bläschen in den Synapsenspalt entlassen. Der Transmitter gelangt zu der Membran der Dendritenausläufer der nachgeschalteten Nervenzelle, wo er an spezielle Rezeptoren (Empfänger) gebunden wird und zu einer erhöhten Durchlässigkeit für Natriumionen führt; die Membran wird depolarisiert, so daß, vorausgesetzt es ist genügend Transmittersubstanz freigesetzt worden, der bereits geschilderte Vorgang der Erregungsleitung ablaufen kann. Ausgeschüttete Acetylcholinmoleküle werden nach Erfüllung ihrer Aufgabe durch das Enzym Acetylcholinesterase gespalten und so unwirksam gemacht. Die Spaltprodukte werden von den Endknöpfchen wieder aufgenommen und erneut verwendet. Neben Acetylcholin und Noradrenalin gibt es noch eine Reihe weiterer Überträgerstoffe, wie Dopamin, Serotonin und Glutaminsäure.

Außer diesen Transmittern gibt es noch andere Substanzen, die ebenfalls an die Rezeptoren gebunden werden können. Das indianische Pfeilgift Curare besetzt zum Beispiel die Rezeptoren für Acetylcholin. Das führt zu einer Muskellähmung, weil das elektrische Signal der Nervenzelle nicht mehr auf den Muskel übertragen werden kann. Das Insektenbekämpfungsmittel E 605 hingegen macht die Acetylcholinesterase unwirksam und verstärkt somit die Wirkung des Acetylcholins.

Neuronen sind auch sekretorisch aktiv. Zum einen handelt es sich bei der Herstellung und Abgabe der Transmitter um einen sekretorischen Vorgang, zum anderen gibt es in nahezu allen Tierstämmen Nervenzellen, die als endokrine Drüsen Neurosekret direkt an das Blut oder die Hämolymphe abgeben. Wichtige Neurosekrete bei Säugetieren sind unter anderem die Zwischenhirnhormone Oxytocin, das die Gebärmuttermuskulatur zur Kontraktion anregt, und Vasopressin, das den Blutdruck steigert.

Muskelgewebe

Jede Zelle besitzt mehr oder weniger regelmäßig im Cytoplasma verteilte Mikrofilamente, fadenförmige Strukturen, die sie befähigen, sich zusammenzuziehen und zu bewegen. Sie sind wahrscheinlich auch an Endocytosevorgängen und an Vorgängen während der Zellteilung beteiligt und bilden die wesentliche Voraussetzung für die fließenden Bewegungen, wie sie besonders eindrucksvoll bei den einzelligen Amöben und weißen Blutkörperchen (Leukocyten) zu beobachten sind. Bei vielen gestielten Wimpertierchen (Ciliaten), so auch bei dem Glockentierchen Vorticella, finden sich bereits Bündel von parallel gelagerten Filamenten im Stiel, der sich mit ihrer Hilfe blitzschnell zusammenziehen kann.

Bei vielzelligen Organismen haben sich besondere Zellen, die Muskelzellen, darauf spezialisiert, Gewebe, Organe sowie den gesamten Organismus zu bewegen. Alle diese Bewegungserscheinungen sind wahrscheinlich – unabhängig davon, in welchem Organismus oder in welcher Zelle sie ablaufen – auf das Vorhandensein der Proteine Myosin und Aktin und deren Fähigkeit, aneinander vorbeizugleiten, zurückzuführen.

Bei höher organisierten Vielzellern sind Muskelzellen zu Muskelgewebe zusammengefaßt, das erst durch seine enge Verbindung mit dem lockeren und straffen Bindegewebe sowie den verschiedenen Stützgeweben seine Funktionsfähigkeit erhält. Allerdings arbeiten auch hier Muskelzellen bisweilen als einzelne kontraktile Elemente, wie die Epithelmuskelzellen, die um Drüsenenden angeordnet sind und das Sekret auspressen.

Einzelne Muskelzellen sind in der Regel langgestreckt und werden daher auch als Muskelfasern bezeichnet; sie enthalten entweder einen oder mehrere Kerne, da sie häufig durch Verschmelzen mehrerer Zellen oder durch vielfache Kernteilungen ohne nachfolgende Zellteilungen entstehen. Muskelfasern enthalten eine unterschiedliche Anzahl von oft bereits im Lichtmikroskop erkennbaren Fibrillen (fädige Strukturen). Aufgrund ihrer Feinstruktur unterscheidet man glatte, schräg- und quergestreifte Muskulatur sowie die Herzmuskulatur.

Quergestreifte Muskeln kommen in nahezu allen Tierstämmen, vor allem jedoch bei Gliederfüßern – diese besitzen sogar ausschließlich quergestreifte Muskulatur – und bei Wirbeltieren vor. Bei Wirbeltieren bildet dieser Muskeltyp als Skelettmuskulatur den größten Teil des »Fleisches«. Quergestreifte Muskelfasern sind in besonderem Maße dazu geeignet, schnell aufeinanderfolgende Kontraktionen (Zusammenziehungen) auszuführen.

Bereits der niederländische Naturforscher Antonie van Leeuwenhoek (1632–1723) hat die charakteristische Querbänderung dieser Muskelfasern erkannt. Diese beruht darauf, daß helle und dunkle Abschnitte etwa in gleichem Abstand abwechseln. Jede Muskelfibrille ist aus vielen, hintereinanderliegenden, kleinen kontraktilen Einheiten, den Sarkomeren, aufgebaut. Jedes Sarkomer besteht aus dicken, übereinandergeschichteten Filamenten (Fäden) aus dem Protein Myosin, zwischen denen dünnere Filamente aus dem Protein Aktin liegen. Die beiden Filamenttypen sind so angeordnet, daß sie aneinander vorbeigleiten können, wodurch das Sarkomer, nicht aber die Filamente, verkürzt werden.

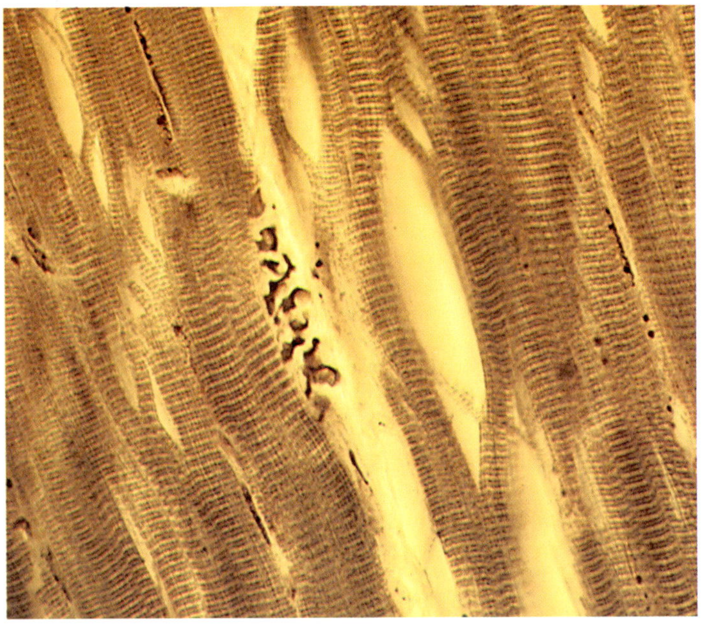

Diese mikroskopische Aufnahme vom Muskel eines Rindes zeigt die charakteristische Bänderung der quergestreiften Muskulatur, die darauf beruht, daß helle und dunkle Abschnitte miteinander abwechseln.

Die Verkürzung der einzelnen Sarkomeren summiert sich und bewirkt die Kontraktion der gesamten Muskelfaser.

Dieser Vorgang wird durch nervöse Impulse ausgelöst, die über spezielle Synapsen auf den Skelettmuskel übertragen werden, die Membran der Muskelzelle depolarisieren und so ein Aktionspotential verursachen. Damit überhaupt eine Muskelkontraktion stattfinden kann, muß chemische Energie in Form der energiereichen Verbindung ATP (Adenosintriphosphat) vorhanden sein. Dieses wird von den reichlich in Muskelzellen vorhandenen Mitochondrien (→S.69) angeliefert. Ohne ATP sind Myosin- und Aktinfilamente nicht mehr gegeneinander verschiebbar. Kann ATP auch nicht mehr nachgeliefert werden, etwa nach Eintritt des Todes, wird der Muskel starr. Totenstarre ist somit ein Zeichen von ATP-Mangel. Muskulatur, die vor dem Tode stark beansprucht wurde, enthält nur wenig ATP. Daher tritt in einem solchen Falle die Totenstarre besonders schnell ein, zum Beispiel bei gehetztem Wild.

Das zur Muskelkontraktion notwendige ATP kann unter Verbrauch von Sauerstoff, in vielen Muskelfasern aber auch – bei schlechter Sauerstoffversorgung oder sogar Sauerstoffmangel – ohne Verbrauch von Sauerstoff gebildet werden. Diese unterschiedliche Art der Energiegewinnung ist bereits am Aussehen der Muskelfasern abzulesen. Muskelfasern bei Wirbeltieren, die unter Sauerstoffverbrauch arbeiten, zeichnen sich durch eine sehr gute Blutversorgung, zahlreiche Mitochondrien und durch große Mengen von Myoglobin aus. Myoglobin verursacht die rote Farbe des Muskelgewebes und hat die Fähigkeit, viel mehr Sauerstoff zu binden als das chemisch verwandte Hämoglobin. Muskelfasern, die ohne Sauerstoffverbrauch arbeiten, sind schlechter mit Blut versorgt; sie enthalten auch weniger Mitochondrien und Myoglobin. Muskelfleisch aus diesen Fasern ist deshalb weiß. Weiße Muskelfasern kontrahieren und erschlaffen schnell, rote dagegen langsam. Daher findet man weiße Fasern beispielsweise in der Flugmuskulatur vieler Vögel, die oft nur kurz, dafür aber intensiv arbeiten muß, oder bei flinken Kurzstreckenläufern wie dem Kaninchen, das bei Gefahr rasch in seinen Bau flüchtet. Beim Hasen kommen hingegen mehr rote Fasern vor, denn er besitzt im Gegensatz zum Kaninchen keinen Bau und muß auf der Flucht weite Strecken zurücklegen.

Myoglobin kommt in hohen Konzentrationen auch im dunkelroten Fleisch von Thunfischen, Robben und Walen vor. Es dient nicht nur als Transportmittel und Speicher für Sauerstoff, sondern kann dem Hämoglobin des Blutes in großen Tiefen, also bei hohen Drücken, den Sauerstoff entreißen.

Quergestreifte Muskeln sind stets vielkernig. Die einzelne Muskelfaser ist von zartem Bindegewebe umgeben. Mehrere Muskelfasern bilden ein Primärbündel, das von lockerem kollagenen Bindegewebe umgeben ist. Zahlreiche Primärbündel wiederum bilden die von Bindegewebe umhüllten, bereits mit bloßem Auge sichtbaren »Fleischfasern«, aus denen sich schließlich ein ganzer Muskel zusammensetzt. Er ist von straffem Bindegewebe umhüllt, das sich in Sehnen oder Bänder fortsetzt, welche die durch die Muskelkontraktion ausgelöste Zugspannung auf das Skelett übertragen. Das Bindegewebe des Muskels enthält Blutgefäße und Nerven.

Wird ein Muskel stark beansprucht, werden die einzelnen Muskelfasern dicker und reicher an Fibrillen; meist wird auch das umgebende Blutgefäßnetz dichter. Bei Ruhigstellung eines Muskels werden die Muskelfasern hingegen dünn, und die Anzahl der Fibrillen nimmt ab. Das Regenerationsvermögen derartig hochdifferenzierter Zellen ist gering. Größere Defekte in der Skelettmuskulatur werden gewöhnlich durch bindegewebige Narbenbildung geschlossen.

Herzmuskulatur ist zeitlebens befähigt, Kontraktionen durchzuführen. Herzmuskelzellen sind verzweigt und besitzen in der Regel einen einzigen zentral gelegenen Zellkern. Das Herz ist in der Lage, sich ohne jede nervöse Versorgung rhythmisch zu kontrahieren. Es besitzt in Form spezieller Herzmuskelfasern ein automatisch arbeitendes System, das Erregung bildet und weiterleitet. Das läßt sich leicht am isolierten Herzen zeigen, das stundenlang auch außerhalb des Körpers schlägt, vorausgesetzt, es wird ausreichend mit Sauerstoff und Nahrung versorgt.

Herzmuskelzellen enthalten zahlreiche Mitochondrien und große Mengen von Myoglobin, sind also den »roten« Muskeln zuzuordnen. In den Lücken zwischen den Herzmuskelfasern liegt Bindegewebe, in dem vegetative Nerven und – als Zeichen des außerordentlich hohen Nähr- und Sauerstoffbedarfs – zahlreiche Blutgefäße verlaufen. Wie bei der Skelettmuskulatur umschließt auch hier Bindegewebe kleine Bündel von Herzmuskelzellen, die wiederum zu größeren Bündeln zusammengefaßt werden.

Schräggestreifte Muskulatur ist bei wirbellosen Tieren weit verbreitet und oft dort zu finden, wo Muskeln auf Schnelligkeit spezialisiert sind, zum Beispiel bei den schnellen Schließmuskeln der Muscheln. Die Schrägstreifung kommt dadurch zustande, daß die Sarkomeren schraubig angeordnet sind.

Glatte Muskelfasern sind meist langgestreckt und spindelförmig, seltener verzweigt. Ihr Zellkern liegt stets zentral. Die Filamente sind unregelmäßig angeordnet und lassen deshalb keine Querstreifung erkennen. Dennoch nimmt man an, daß auch diese Muskeln Myosin und Aktin enthalten und die Kontraktion nach dem Gleitmechanismus vonstatten geht. Glatte Muskelzellen kontrahieren relativ langsam und können eine gewisse Verkürzung ohne nennenswerten Energieverbrauch aufrechterhalten. Bei Wirbeltieren sind sie überwiegend in den Eingeweiden zu finden, zum Beispiel im Darm, in den Harn- und Geschlechtsorganen, generell in der Wand von Hohlorganen und um größere Blutgefäße herum. Sie sind zum Teil extrem dehnbar, so in der Gebärmutter. Hier werden Muskelfasern von ursprünglich 0,015 Millimetern Länge auf fast einen Millimeter gestreckt. Glatte Muskeln sorgen für eine bestimmte Weite der Pupille oder halten eine gewisse Spannung um die Blutgefäße herum aufrecht und finden sich in Drüsenendstükken oder an Haaren. Im Wirbeltierkörper sind glatte Muskelzellen weitgehend vom Willen unabhängig.

Leonhardt, H.: *Histologie, Zytologie und Mikroanatomie des Menschen,* Stuttgart 1981. – Verständlich geschriebenes Kurzlehrbuch der Histologie für den Fortgeschrittenen. Viele Schemata.

Welsch, U./Storch, V.: *Einführung in die Cytologie und Histologie der Tiere,* Stuttgart 1973. – Nicht ganz voraussetzungslos zu lesen; berücksichtigt auch Gewebe wirbelloser Tiere. Zahlreiche schöne Abbildungen.

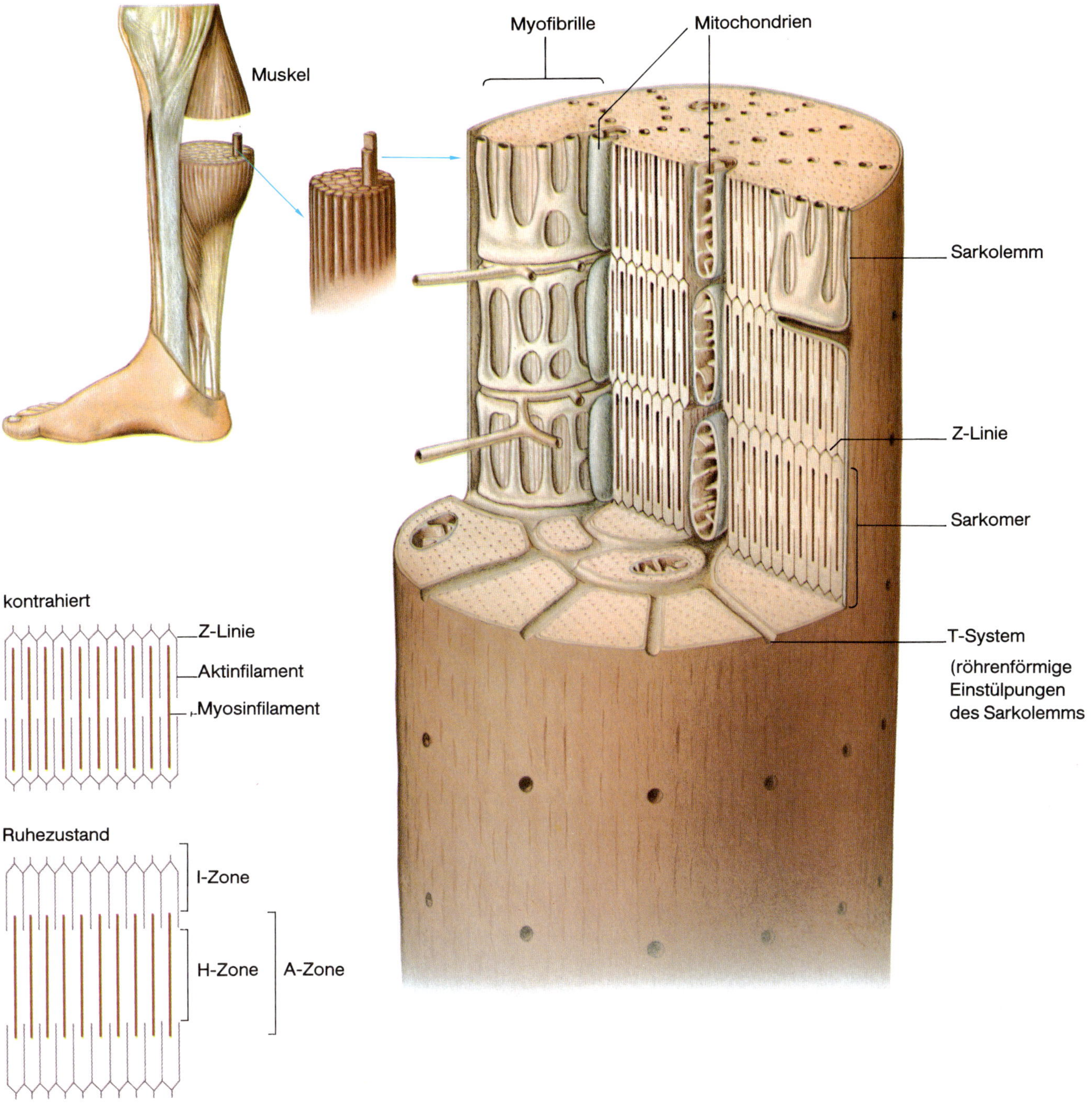

Feinbau eines quergestreiften Muskels

Quergestreifte Muskeln kommen in nahezu allen Tierstämmen vor. Bei Wirbeltieren bildet dieser Muskeltyp vor allem die Skelettmuskulatur. Hier besteht ein quergestreifter Muskel aus zahlreichen, von zartem Bindegewebe umgebenen Muskelfasern, von denen jede eine langgestreckte Muskelzelle darstellt.
Diese Muskelzellen besitzen viele, oft sogar mehrere hundert Kerne.
Die Muskelfasern enthalten zahlreiche Bündel (Myofibrillen) von Proteinfilamenten. Ihre charakteristische Querstreifung beruht auf der regelmäßigen Anordnung heller und dunkler Zonen. Die hellen Zonen, die jeweils durch eine dunkle Zwischenscheibe (Z-Linie) geteilt werden, nennt man aufgrund ihrer Lichtbrechungseigenschaften im Polarisationsmikroskop I-Zonen, die dunkleren A-Zonen. Die Funktionseinheit der Myofibrille ist das Sarkomer, das jeweils durch die Z-Linien begrenzt wird. Das Elektronenmikroskop zeigt, daß die hellen Zonen aus dünnen Aktinfilamenten, die dunklen im wesentlichen aus den dickeren Myosinfilamenten gebildet werden. Die Aktinfilamente, die sich mit Ausnahme einer schmalen H-Zone auch zwischen den Myosinfilamenten finden, inserieren an der Z-Linie, die Myosinfilamente sind an der M-Linie in der Mitte des Sarkomers befestigt. Bei einer Kontraktion gleiten die Aktinfilamente unter Verbrauch von Energie, die in Form der energiereichen Verbindung ATP von den in Muskelzellen zahlreich vorhandenen Mitochondrien bereitgestellt wird, zwischen die Myosinfilamente. Dabei bleibt die Breite der A-Zone unverändert, die I- und H-Zonen werden jedoch schmaler, und die Z-Linien sind einander genähert. Es werden also die Sarkomere und nicht die Filamente verkürzt. Die Verkürzung der Sarkomere der zahlreichen Myofibrillen einer Muskelfaser summiert sich und bewirkt die Kontraktion der gesamten Muskelfaser; die Kontraktion zahlreicher Muskelfasern wiederum bewirkt die Verkürzung des gesamten Muskels.

Karl-Heinz Grzeschik

Vererbung von Eigenschaften: Genetik

Tierische wie auch pflanzliche Lebewesen bestehen aus Zellen, manche sind nur einzellig, wie die Geißeltierchen, die Mehrzahl sind jedoch komplizierte Vielzeller.

Die Zellen besitzen als Kontroll- und Steuerzentrum einen Zellkern von kugeliger Gestalt, den eine Kernmembran umschließt. Im Innern des Kerns findet man eine Kernflüssigkeit, in der sich mit geeigneten Farbstoffen leicht anfärbbare Strukturen erkennen lassen, die man Chromatin (griech.: chroma – Farbe) nennt.

Das Konzept »Gen« als Grundlage der Genetik

Das Konzept, daß Gestalt und Wesen alles Lebendigen von Erbanlagen (Genen) gesteuert werden und daß sich diese im Zellkern befinden müssen, entwickelte sich gegen Ende des vorigen Jahrhunderts schrittweise aus den Ergebnissen der Zellforschung (Cytologie):

Oscar Hertwig (1849–1922) beobachtete als erster die Befruchtung bei Tieren und folgerte, daß der gleichartige Fortbestand der Lebewesen durch die Weitergabe gleichartiger Zellkerne bewirkt wird: »Jeder Kern kommt von einem Kern«. Walther Flemming (1843–1905) fand heraus, daß sich die Kernschleifen, die man im Mikroskop nach Anfärben zu bestimmten Zeiten im Leben einer Zelle beobachten konnte, bei ihrer Teilung in zwei Hälften (Schwesterchromatiden) aufspalteten. Wilhelm Waldeyer prägte den Ausdruck »Chromosomen« (1888). Edouard von Beneden beschrieb, daß die Chromosomen zu gleichen Teilen und regelmäßig auf die Tochterkerne verteilt werden (1883), und Theodor Boveri belegte, daß die Chromosomen jeweils paarweise einander gleichen und eine charakteristische Gestalt besitzen (1888). In dieser Zeit wurde auch die Vermutung ausgesprochen (Ernst Haeckel, Wilhelm Roux), daß im Zellkern in den Chromosomen die Erbanlagen enthalten sein müßten.

Das Konzept, daß Erbfaktoren, Gene, die von Generation zu Generation nach bestimmten Regeln weitergegeben werden, die Merkmale eines Individuums bestimmen, hatte bereits 1865 Gregor Mendel aus Kreuzungsversuchen an Erbsen abgeleitet. Offenbar waren seine Vorstellungen für seine Zeitgenossen jedoch unannehmbar, denn erst zu Beginn unseres Jahrhunderts wurden seine Regeln nach mühevoller Forschungsarbeit unabhängig von mehreren Wissenschaftlern wiederentdeckt und dann auch bald zu den Ergebnissen der Zellforschung in Beziehung gebracht: Der Würzburger Wissenschaftler Boveri und der Amerikaner Sutton folgerten unabhängig voneinander, daß die Chromosomen die Träger der Gene sind.

Es dauerte bis zum Anfang der vierziger Jahre, bis man den Mechanismus der Genwirkung aufklären konnte. Zunächst gelang es, Beweise für eine Vermutung zu liefern, die damals schon länger diskutiert wurde: Gene kontrollieren die Herstellung von Eiweißen (Proteine). Die amerikanischen Wissenschaftler Beadle und Tatum stellten die Theorie auf: Ein Gen – ein Protein. Diese Theorie regte zu intensiver Suche nach dem chemischen Aufbau der Gene an. Der Amerikaner Avery und seine Kollegen lieferten den ersten Schlüssel zur Lösung dieser Frage (1944): Sie übertrugen eine erbliche Eigenschaft von einem Bakterium auf ein anderes, indem sie gereinigte Desoxyribonukleinsäure (DNS; engl.: DNA), einen Bestandteil des Chromatins, von einem Bakterium in das andere hineinschleusten.

Watson und Crick schließlich lösten das Problem der räumlichen Anordnung des Kettenmoleküls der DNS und entdeckten damit nicht nur die grundlegende Struktur der Gene, sondern legten auch den Grundstein zur Lösung der Probleme, wie die Gene funktionieren, sich verdoppeln und an die Nachkommen weitergegeben werden (1953).

Gene waren nun auf einmal nicht mehr nur hypothetische Strukturen unbekannter Natur, die man hinter der Verteilung von sichtbaren Merkmalen vermutete, sondern klar umrissene chemische Moleküle. Die Genchemie oder, wie man üblicherweise sagt, die Molekularbiologie war geboren. Zunächst beschränkte sich die neue Wissenschaft auf die Untersuchung einfacher Lebensformen wie Viren oder Bakterien, die noch keinen echten Zellkern besitzen. Man glaubte nämlich, daß alle daran erzielten Entdeckungen auch für Tiere und Pflanzen mit echten Kernen gelten müßten.

In neuester Zeit mußte man allerdings zugeben, daß die These »was für das Bakterium Escherichia coli richtig ist, stimmt auch für den Elefanten« nicht generell gilt und daß man demzufolge die Genetik höherer Tiere oder des Menschen auch am Tier oder am Menschen erforschen muß. Man bedient sich dabei jedoch der Verfahren, die die Mikrobengenetik geliefert hat, arbeitet mit menschlichen oder tierischen Zellen in Kultur, zerlegt die Chromosomen in kleine Teilstücke, pflanzt diese in Bakterien ein und gewinnt so das Material zur chemischen Analyse der Erbanlagen.

Der Aufbau der Chromosomen

Die Bausubstanz der Chromosomen höherer Tiere, das Chromatin, besteht aus zwei Klassen chemischer Verbindungen: aus Eiweißen und der Nukleinsäure DNS.

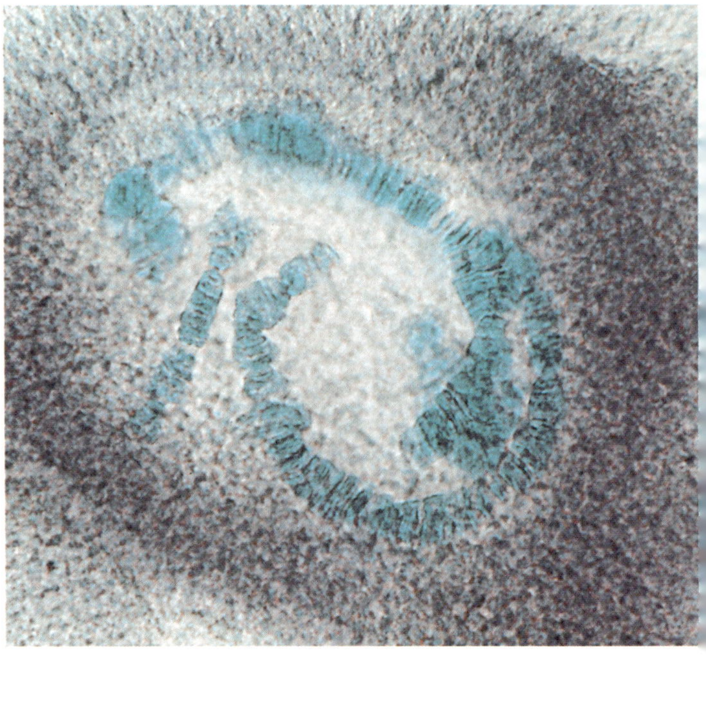

Riesenchromosomen, wie sie zum Beispiel in den Speicheldrüsenzellen von Zweiflüglern, also Fliegen und Mücken, vorkommen, eignen sich besonders gut für mikroskopische Untersuchungen der Erbsubstanz.

Die DNS ist ein schriftartig zusammengesetztes Kettenmolekül aus vier verschiedenen Buchstaben, den Nukleotiden. Diese vier Moleküle unterscheiden sich in einem ihrer Teilbausteine, den organischen Basen Adenin, Guanin, Cytosin und Thymin. Die Erbanlagen, die in dieser Schrift niedergelegt sind, müssen also durch die Basen, die in bestimmter, immer wieder wechselnder Reihenfolge angeordnet sind, verschlüsselt sein.

Watson und Crick entwickelten (1953) ein Modell für die räumliche Struktur dieser Kettenmoleküle, und zwar eine Wendeltreppe aus zwei DNS-Halbsträngen, die sogenannte Doppelhelix (Doppelschraube). Darin bilden jeweils zwei miteinander verbundene Basen der Nukleotidbausteine die Stufen. Durch die Reihenfolge der Basen in einer Kette des Moleküls ist jeweils festgelegt, wie die zweite Hälfte aussehen muß, da sich Adenin nur mit Thymin und Guanin nur mit Cytosin paart.

Die überwiegende Menge der Eiweiße, die am Aufbau des Chromatins beteiligt sind, gehört zu den Histonen. Sie haben die Aufgabe, gewissermaßen als »Gerüst« für den DNS-Faden zu funktionieren. Dazu bauen vier Histone gemeinsam ein Körperchen auf, das Nukleosom. Um jedes dieser Gebilde wird der lange DNS-Faden jeweils zweimal herumgewickelt. Soll diese Perlenkette verkürzt werden, kann das fünfte Histon die Nukleosomen in enger Packung aneinanderlagern. Diese unterschiedlich dicht gepackten Ketten bilden die Grundstruktur des Chromatins. Im Zellkern ist das Chromatin in mehrere einzelne DNS-Fäden unterteilt, die Chromosomen, deren Anzahl und Länge für jede Tier- und Pflanzenart charakteristisch sind.

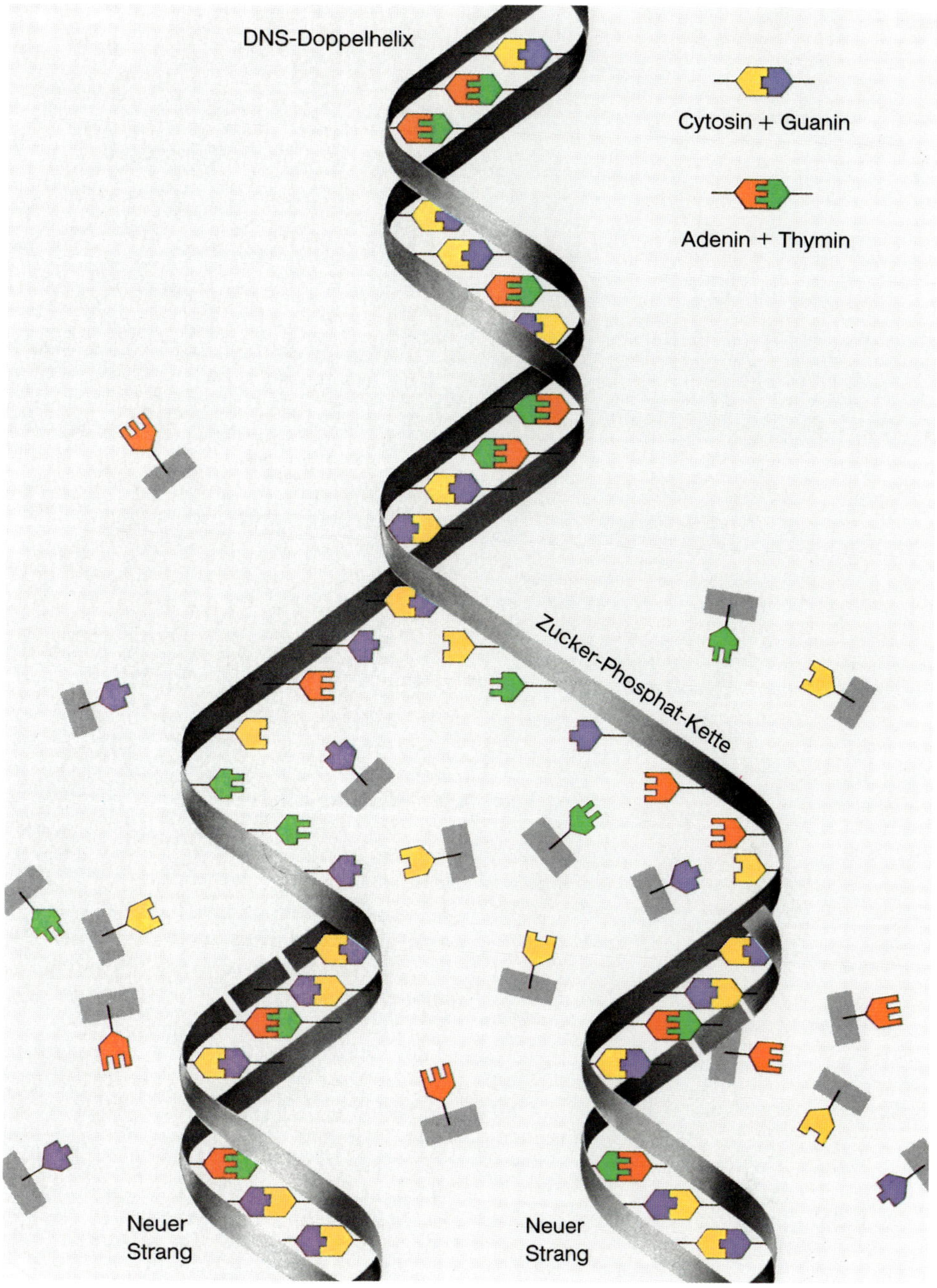

Zellzyklus und Zellteilung

Eine Verdoppelung des Erbgutes, häufig verbunden mit einer Zellteilung, wird erforderlich, wenn der Kern die in der Wachstumsphase G_1 (von engl.: growth – Wachstum) zu groß gewordene Zelle nicht mehr ausreichend steuern und versorgen kann (Kern-Plasma-Relation → S. 65). Die Zelle bereitet diese Teilung vor, indem sie zunächst mit Hilfe der in der G_1-Phase hergestellten Eiweiße ihre Erbinformation verdoppelt (Synthese-Phase). Sie trennt dabei die Halbstränge ihrer DNS-Doppelhelix wie die Hälften eines Reißverschlusses und stellt zu jeder Hälfte den dazu passenden Schwesterstrang neu her (semikonservative Verdoppelung). Nach einer kurzen Vorbereitungsphase (G_2) wird die DNS der Chromosomen sehr stark aufgeknäuelt und so in eine Transportform gebracht. Nach welchem Grundmuster diese dichte und offenbar für jedes Chromosom charakteristische Packung erfolgt, ist ungeklärt. Die durch Verdoppelung auseinander hervorgegangenen DNS-Stränge hängen zunächst an einer Stelle, dem Centromer, zusammen. Im Mikroskop sieht man sie dann als kleine Haken oder kreuzförmige Stäbchen.

Bei der nachfolgenden Kern- und Zellteilung (Mitose) löst sich die Kernmembran auf, und die Chromosomen werden in einer Ebene in der Mitte zwischen den zwei entgegengesetzten Polen der Zelle angeordnet. In diesem Stadium, der Metaphase, sind die Chromosomen am stärksten verkürzt. Jetzt sind sie am besten zu erkennen und zu zählen. Von den Polen aus baut sich ein spindelförmiger Apparat aus Fasern (→ S. 69) auf, die auf die Chromosomen zuwachsen und sich jeweils an eine Hälfte des entstandenen Doppelchromosoms anheften, und zwar bevorzugt in der Region des Centromers.

Die Spindelfasern ziehen sich zusammen, reißen dabei die beiden Chromosomenhälften auseinander und ziehen jeweils ihre Hälfte zu ihrem Pol hin (Anaphase). So wird sichergestellt, daß das verdoppelte Erbgut fehlerfrei in zwei untereinander und mit dem der Elternzelle identische (gleiche) Kerne zerlegt wird.

Um jeden neuen Kern bildet sich eine neue Membran (Telophase); die Zelle schnürt ih-

Identische Verdoppelung (Reduplikation) der DNS. *Das DNS-Molekül ist aus zwei DNS-Halbsträngen aufgebaut und ähnelt in seiner räumlichen Struktur einer Wendeltreppe. Je zwei miteinander verbundene Basen bilden die Stufen, wobei Adenin sich stets mit Thymin und Cytosin stets mit Guanin paart. Dieses von Watson und Crick 1953 entwickelte Modell hat als DNS-Doppelhelix Berühmtheit erlangt.*
Vor einer Zellteilung trennen sich die beiden Halbstränge der Doppelhelix wie die Hälften eines Reißverschlusses. Jeder Strang dient als Matrize für die Herstellung des zu ihm passenden Schwesterstranges. Nach der Verdoppelung besteht jede der beiden neuen Doppelschrauben zur Hälfte aus altem, zur anderen Hälfte aus neuem Material, weshalb man auch von semikonservativer Verdoppelung spricht.
Während der Zellteilung werden die beiden Doppelschrauben als Spalthälften eines Chromosoms (Chromatiden) sichtbar.

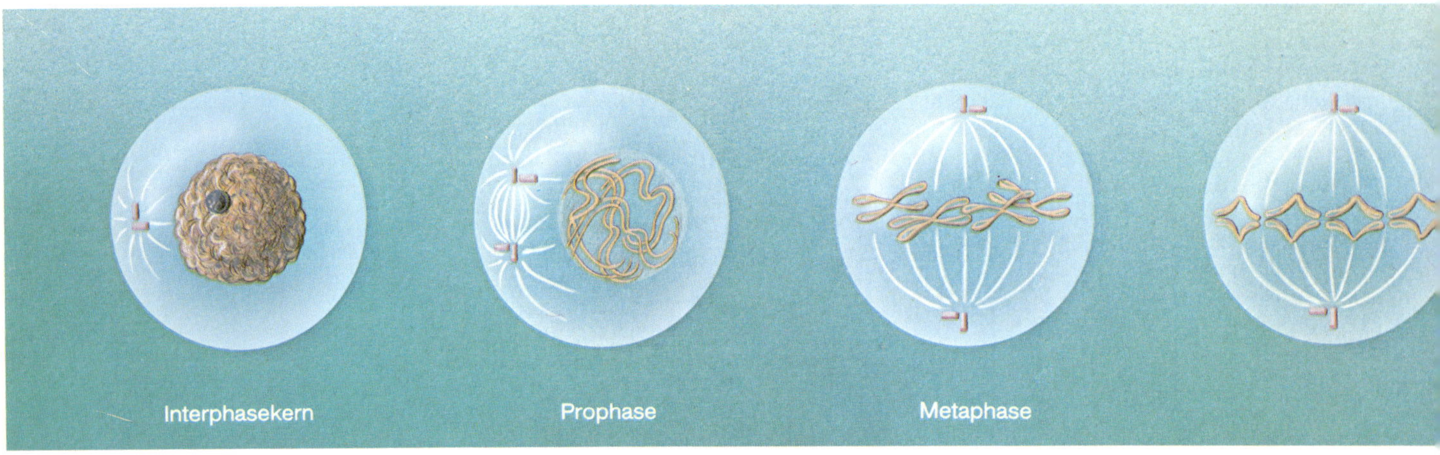

Kern- und Zellteilung (Mitose). *Der Interphasekern enthält noch ein wirres Chromatingerüst und einen Nukleolus. In der Prophase werden die Chromosomen sichtbar. Sie sind bereits verdoppelt, hängen aber noch zusammen. In der Metaphase löst sich die Kernmembran auf, und die stark verkürzten Chromosomen ordnen sich in der Mitte der Zelle an. Von den Polen her baut sich der Spindelapparat auf, die Spindelfasern heften sich an die Chromosomenhälften. In der Anaphase verkürzen sich die Spindelfasern wieder und ziehen je eine Chromosomenhälfte zu ihrem Pol hin. In der Telophase bildet sich um die beiden neu entstandenen Kerne eine neue Membran, die Zelle schnürt sich durch und verteilt so ihr Cytoplasma auf die beiden Tochterzellen. Die Chromosomen entspiralisieren sich wieder.*

ren Zelleib durch und verteilt so das Cytoplasma. Auf diese Weise sind zwei vom Erbgut her identische Tochterzellen entstanden.

Das Bild der Chromosomen im Mikroskop

Das Teilgebiet der Genetik, das die Chromosomen und die mikroskopisch sichtbaren Veränderungen der DNS, die Chromosomenmutationen, erforscht, heißt Cytogenetik. Die Entwicklung dieses Gebietes erfolgte in Schüben, abhängig von der Entdeckung neuer Präparationsverfahren.

Chromosomen – mit Ausnahme der Riesenchromosomen, wie sie in den Speicheldrüsenzellen der Fruchtfliege vorkommen – können außerhalb der Mitosephase (Zellteilungsphase) üblicherweise nur in Elektronenmikroskopen betrachtet werden und sind dann nur als ein Gewirr von Chromatinfäden sichtbar. Ein Zählen der Chromosomen oder ein Erkennen von Fehlern in Anzahl oder Form der Chromosomen ist in diesem Stadium nicht möglich. Dafür eignet sich am besten die Zellteilungsphase. So war es außerordentlich hilfreich, als man entdeckte, daß man die Chromosomen durch Behandlung der Zellen mit dem Gift der Herbstzeitlose (Colchicin) in diesem Stadium festhalten konnte. Ein erster, wesentlicher Anstoß für die Cytogenetik erfolgte durch die Entdeckung von Tijo und Levan, daß ein Aufquellen der Zellen mit einer gegenüber dem Zellsaft verdünnten (hypotonischen) Salzlösung Chromosomen wesentlich deutlicher hervortreten läßt (1956). Erst dadurch war es möglich, die genaue Anzahl der Chromosomen des Menschen zu bestimmen: Es sind 46. Um den Chromosomensatz (Karyotyp) zu bestimmen, werden die Metaphasechromosomen angefärbt und unter dem Mikroskop photographiert. Dann werden sie gezählt und nach ihrer Gestalt (Länge, Form und Lage des Centromers) sortiert (Karyogramm). Nachdem diese Verfahren entdeckt worden waren, erschöpfte sich die Cytogenetik weitgehend im Erstellen von Karyogrammen zahlreicher Tiere und des Menschen. Man konnte auf diese Weise zahlenmäßige und große strukturelle Veränderungen der Chromosomen nachweisen.

Einen neuen Impuls erhielt die Cytogenetik erst 1968 durch die Beobachtung von Caspersson und Lore Zech, daß durch bestimmte Färbeverfahren auf den Chromosomen ein Bänderungsmuster sichtbar wird, das für jedes Chromosom einer Tierart charakteristisch ist. Damit konnte man auch Chromosomen mit ähnlicher Gestalt eindeutig unterscheiden und Fehlstellen genauer erkennen.

Der Mechanismus des Entstehens dieser Banden ist noch nicht ausreichend geklärt. Ihre Reihenfolge spiegelt aber die Anordnung von DNS unterschiedlicher Zusammensetzung und damit einhergehend einen unterschiedlichen Bestand an Proteinen am Chromosom wider.

Wie die Schrift der Erbanlagen gelesen wird

Durch die Theorie von Beadle und Tatum »Ein Gen – ein Protein« war das Wirken der Erbanlagen klar umrissen: Sie bestimmen den Aufbau der Eiweißketten. In einem Gen muß somit verschlüsselt festgelegt sein, in welcher Reihenfolge die Bausteine der Eiweiße, die Aminosäuren, jeweils in einem bestimmten Protein (→S. 65) aufeinanderfolgen sollen. Das Entschlüsseln dieses genetischen Codes ist – in übertragenem Sinne – vergleichbar mit dem Entziffern einer Morseschrift. Zwanzig Buchstaben, die Aminosäuren, müssen durch eine Abfolge von vier Zeichen, nämlich den Nukleinsäurebasen Adenin, Gyanin, Cytosin und Thymin, codiert werden. Jede Codierungseinheit aus Basen (Codon) muß eine Aminosäure bedeuten, wie im Morsealphabet jeder Buchstabe durch eine Abfolge von langen und kurzen Zeichen verschlüsselt wird, die durch eine Pause von der nächsten getrennt wird.

Matthaei und Nierenberg lösten durch ein geniales Experiment das Rätsel dieses genetischen Codes (1961). Sie stellten künstlich ein »Gen« her, das nur aus einer einzigen Base bestand, brachten dieses in ein System, in dem die Herstellung eines Eiweißes möglich war, und analysierten die von diesem Gen bestimmte Aminosäurekette. Sie bestand aus einer Abfolge einer einzigen Aminosäure. Matthaei und Nierenberg nahmen nun als Hypothese an, daß die Codonen gleich lang und nicht durch Pausen voneinander getrennt seien und mindestens aus drei Basen bestünden. Wären nur jeweils zwei Basen zu einer Codierungseinheit zusammengefaßt, so ergäben sich bei vier verschiedenen Basen nur $4 \times 4 = 16$ verschiedene Kombinationsmöglichkeiten: zu wenig, um zwanzig Aminosäuren zu codieren. Ein Code aus drei Basen je Codon (Triplett) bietet $4 \times 4 \times 4 = 64$ verschiedene Möglichkeiten.

Durch gleichartige Experimente, in denen unterschiedliche Kombinationen der vier Basen als künstliche Gene eingesetzt wurden, gelang es, für alle 64 Möglichkeiten (Codonen) zugehörige Wörter zu entdecken. Die meisten Codonen codieren Aminosäuren. Da nur zwanzig verschiedene davon vorhanden sind, stehen manche Codonen für dieselben Aminosäuren. Einige Codonen sind als Satzzeichen für Anfang und Ende eines Satzes reserviert. Ein Gen besteht demnach im einfachsten Fall aus einem Zeichen, das Kettenanfang signalisiert, einer Abfolge von Tripletts und einem Codon für Kettenende.

Es bedurfte jahrelanger intensiver Forschung, um die Theorie über den genetischen Code mit experimentellen Befunden zu belegen. Heute ist deutlich, daß der genetische Code tatsächlich in dieser Weise funktioniert und bei allen Lebewesen, ob Einzeller oder Vielzeller, Pflanze oder Tier, einheitlich als Schrift eingesetzt ist, ein deutlicher Beweis für den gemeinsamen Ursprung allen Lebens.

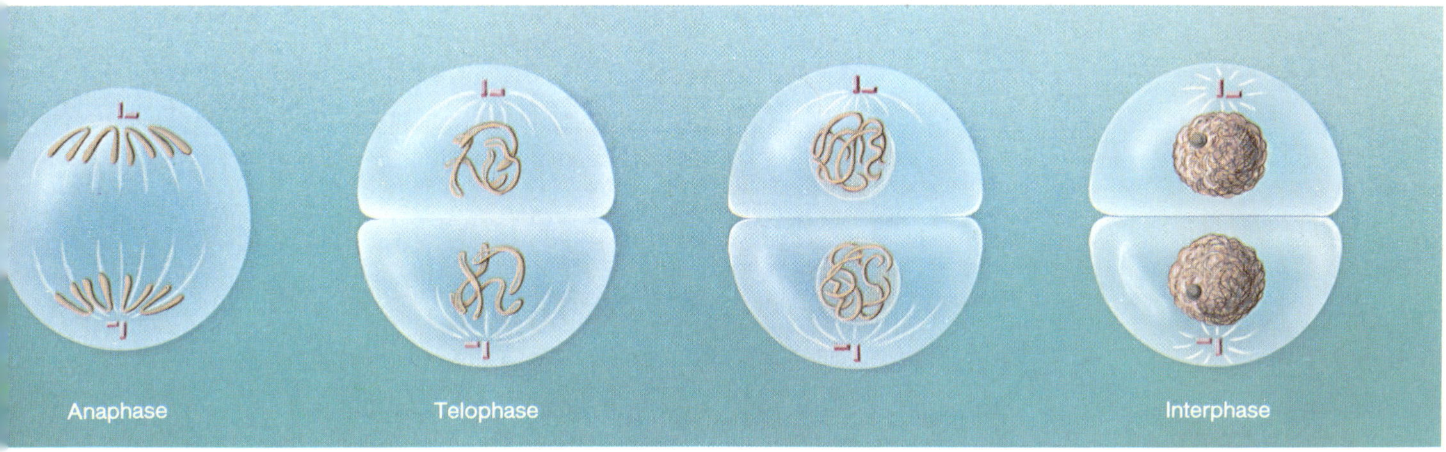

Die Eiweißsynthese. Die Abfolge der Aminosäuren der Eiweiße entspricht der Reihenfolge der Tripletts in der DNS. Man sagt: Gen und Eiweiß sind kolinear. Die Zelle stellt in ihrer Synthesephase eine große Vielzahl von Eiweißen her, die teilweise gleichzeitig aufgebaut werden. Alle diese Synthesevorgänge im Zellkern mit der erforderlichen Geschwindigkeit an der DNS durchzuführen ist wohl nicht möglich. In der Zelle werden daher von jedem Gen, das die Synthese eines bestimmten Proteins steuern soll, Abschriften angefertigt. Diese bestehen aus Ribonukleinsäuren (RNS), die sich in ihrem chemischen Aufbau in Einzelheiten von der DNS unterscheiden.

Eine Abschrift, die Boten-RNS oder mRNS (engl.: messenger – Bote), wird hergestellt, indem die Halbstränge der DNS voneinander getrennt werden und einer der beiden Stränge in der Länge des Gens ergänzt wird. Diese Kopie ist in der Abfolge der Basen komplementär zu der im Gen, das heißt, die Reihenfolge ihrer Basen wird durch die Reihenfolge der Basen in der DNS bestimmt.

Die Boten-RNS wird aus dem Kern ausgeschleust und dient im Cytoplasma (→S. 66) als Matrize (Vorlage) für die Eiweißsynthese. Hier befinden sich komplizierte Zellorganellen, die Ribosomen (→S. 68), die mit Hilfe weiterer Typen von RNS (ribosomale und transfer-RNS) und Eiweißen eine Aminosäure an die nächste fügen gemäß der Anordnung der Tripletts in der Boten-RNS. Die so entstehende Eiweißkette nimmt schon während ihres Aufbaues entsprechend der Reihenfolge ihrer Aminosäuren eine für das fertige Eiweiß charakteristische räumliche Struktur an.

Nicht alle DNS trägt Gene. Ein menschlicher Zellkern besitzt etwa 6×10^{-12} Gramm DNS; dies entspricht 7×10^9 Nukleotidpaaren oder $2{,}3 \times 10^9$ Tripletts. Damit könnten 11500000 verschiedene Eiweißketten mittlerer Länge codiert werden. Diese Fülle von DNS in einem Kern gibt eine Reihe von Fragen auf.

Man hat errechnet, daß der Mensch statt der möglichen 11,5 Millionen Erbanlagen nur etwa 50000 Strukturgene besitzt, die ein Eiweiß codieren. Dafür benötigt er nur einen Bruchteil der vorhandenen DNS-Menge. Ein Teil der überschüssigen DNS nimmt offensichtlich Aufgaben wahr bei der Steuerung des An- und Abschaltens von Erbanlagen in einzelnen Zellen (Regulation) oder bei der Entwicklung der Organismen mit ihren verschiedenen Organen und Strukturen aus einer einzigen Eizelle (Differenzierung →S. 118 ff.).

Die Erforschung derartiger Vorgänge ist bei Mikroorganismen weit vorangeschritten. Bei höheren Tieren oder beim Menschen steht sie jedoch noch sehr am Anfang. Man weiß, daß hier chemische Botenstoffe (Hormone) eine Rolle spielen, indem sie gezielt bestimmte Gene anregen, mRNS herzustellen, um Eiweiß zu synthetisieren. Einzelheiten dieses Mechanismus müssen aber erst noch erforscht werden.

Einen anderen Teil des DNS-Überschusses kann man dadurch erklären, daß zahlreiche Gene nicht nur in einmaliger Ausgabe im Chromosom vorhanden sind, sondern vervielfacht (redundant). Diese zusätzlichen Kopien werden teilweise verwendet, um Eiweiße herzustellen, von denen die Zelle große Mengen benötigt. Zum Teil sind sie aber auch durch Veränderungen unbrauchbar geworden oder werden aus anderen Gründen beim Ablesen der Information nicht verwendet.

Aber selbst wenn man all dies berücksichtigt, bleibt immer noch ein beträchtlicher Teil DNS übrig, deren Aufgaben man nicht kennt. Chemisch läßt sich dieser Teil dadurch charakterisieren, daß in ihm kurze Abschnitte (Sequenzen) aus wenigen Basen zusammengefügt sind, die sich in großer Zahl wiederholen. Deshalb bezeichnet man diese DNS auch als repetitiv. Die sich wiederholenden Abschnitte sind offensichtlich zu kurz, um ein funktionsfähiges Eiweiß zu codieren. Je nach der Anzahl der wiederholten Abschnitte bezeichnet man diesen DNS-Typ als niedrig-, mittel- oder hochrepetitive DNS.

Diese DNS-Sorte verursacht im Zellkern anfärbbare Strukturen, die früher als Heterochromatin bezeichnet wurden (griech.: heteros – anders). Die farblich nicht so hervorgehobenen Abschnitte heißen Euchromatin (griech.: eu – echt). Hochrepetitive Sequenzen finden sich häufig im Centromerbereich der Chromosomen. Möglicherweise ist dies von Vorteil, um mechanische Schäden an Strukturgenen durch die Trennung der Spalthälften in der Mitose zu verhindern. Doch sind alle diese Überlegungen zum Heterochromatin noch völlig hypothetisch und müssen erst noch im einzelnen bewiesen werden.

Neue Probleme: Was ist ein Gen? Lange Zeit galt die Regel der Kolinearität von Gen, mRNS und Protein (→Eiweißsynthese), die an Bakterien entdeckt wurde, als unumstößlich. Nachdem man aber nun gelernt hat, DNS-Sequenzen aus Chromosomen höherer Organismen und des Menschen zu isolieren und mit der von ihnen codierten mRNS und der Aminosäuresequenz des Eiweißes zu vergleichen, weiß man, daß die Gene der Eukaryonten (alle Lebewesen, deren Zellen einen Zellkern besitzen, →S. 64) komplizierter gebaut sind. Viele dieser Erbanlagen enthalten nämlich nichtcodierende Abfolgen von Nukleotiden (Introns), die zwischen die eigentlich codierenden Sequenzen eingeschoben sind und nach Abschrift einer vorläufigen mRNS aus dieser Vorstufe wieder entfernt werden müssen, bevor die Eiweißsynthese ablaufen kann.

Es gibt zudem Beispiele dafür, daß die Basensequenzen in einem Chromosom, die ein bestimmtes Eiweiß codieren, zunächst als Stücke weit auseinander liegen (getrennt durch andere codierende Sequenzen) und erst unter Herausschneiden der Zwischenstücke zusammengefügt werden müssen.

Möglicherweise hat die Natur sogar ein Baukastensystem erfunden, das es ihr ermöglicht, durch Aneinanderfügen eines Satzes unterschiedlicher Genstücke in verschiedener Weise und Länge unterschiedliche »Gene« zusammenzubauen.

Die Definition des Gens, das Fundament der Genetik, wonach ein Gen die kleinste, unteilbare Einheit der Erbinformation darstellt, ist damit ins Wanken geraten. Da die Forschung hier noch nicht abgeschlossen ist, ist jedoch jeder Versuch, das System neu zu ordnen, verfrüht.

Die Änderung der Erbinformation

In der DNS der Chromosomen können zufällige und ungerichtete (ohne bestimmtes Ziel erfolgende) Änderungen in der normalen Anzahl und Abfolge der Basen auftreten: die Mutationen. Sie machen sich durch die Veränderung eines Erbmerkmals, und zwar zunächst durch ein verändertes Eiweiß, bemerkbar. Mutationen kommen selten vor und können spontan auftreten oder durch mutagene Stoffe (Agenzien) ausgelöst werden. Die Ermittlung einer Mutationsrate, also der Wahrscheinlichkeit einer Mutation pro Zelle und pro Zellgeneration, ist äußerst schwierig. Sie liegt vermutlich in der Größenordnung von $1:10^6$ bis 10^8.

Mutagene Agenzien können Chemikalien sein, die die Basen der DNS verändern, aber auch physikalische Faktoren, wie etwa ionisierende Strahlen (UV-, Röntgen- und Gammastrahlen sowie die Höhenstrahlung). Die Gefährlichkeit von Röntgenstrahlen ist schon in weiten Teilen der Bevölkerung ins Bewußtsein gedrungen, aber nur wenigen Sonnenanbetern, die im Sommer die Strände bevölkern, ist klar, daß sie sich dabei der stark mutagenen Wirkung der ultravioletten Sonnenstrahlen aussetzen.

wenn nach der nächsten DNS-Verdoppelung der Fehler in beiden Halbsträngen auftaucht. Reparatursysteme können Fehler in einem Halbstrang der DNS erkennen, herausschneiden und durch die richtige Sequenz ersetzen.

Fehler in der Verteilung ganzer Chromosomensätze (Ploidiemutationen) führen zu Zellen mit einem Vielfachen des normalen Chromosomensatzes (polyploide Zellen).

Die Mutanten müssen sich bewähren. Mutationen sind, wenn sie in den Keimzellen erfolgen, von großer Bedeutung, da sie für die Veränderungen der Lebewesen verantwortlich sind, die eine Evolution durch Selektion überhaupt erst ermöglicht haben. Gerade in dieser

Eine Mutation hat bei diesem Albino-Hirsch zu einer Stoffwechselstörung bei der Bildung eines bestimmten Pigments geführt. Die auffällige weiße Färbung macht ihn anfälliger für die Verfolgung durch Feinde.

Man kann die Änderungen des Erbgutes nach dem Umfang der Veränderung in Gen- oder Punktmutationen und Chromosomenmutationen unterteilen, je nachdem, ob sie im Mikroskop erkennbar sind oder nicht. Diese Unterteilung ist aber rein willkürlich, denn die Übergänge von Austausch und Verlust einer einzigen Base zum Austausch oder Verlust ganzer Chromosomen oder Chromosomenabschnitte sind fließend. Da die Zelle auf möglichst geringe Abänderung ihrer Erbinformation angewiesen ist, erweist es sich als sinnvoll, daß sie über Reparatursysteme für mutierte Stellen verfügt. Eine Veränderung der DNS trifft meistens zunächst einen Halbstrang. Man spricht auch von einer Prämutation. Die eigentliche Mutation tritt erst auf,

Beziehung sind die Ploidiemutationen wichtig gewesen, denn sie verschafften den Organismen zusätzliches Erbmaterial, in dem durch Mutationen erfolgte Veränderungen ausprobiert werden konnten, die im Falle eines nachteiligen Ergebnisses nicht sofort zum Absterben des Individuums führen mußten.

Die durch Mutationen entstandenen Lebensformen (Mutanten) mußten sich neben den normalen Individuen der Aufgabe stellen, das eigene Erbgut an die Nachkommen weiterzugeben. Einige Mutanten waren darin gegenüber den ursprünglichen Formen erfolgreicher und konnten diese so mit der Zeit verdrängen. Andere besaßen weder Vor- noch Nachteile; sie erwiesen sich als neutral. Die Mehrzahl jedoch konnte sich nicht bewähren.

Unter normalen Bedingungen benachteiligte Mutanten können aber auch plötzlich – unter veränderten Umweltbedingungen – einen Auslesevorteil besitzen. Ein Beispiel aus neuerer Zeit liefert hierfür eine schwarze Mutante des normalerweise weißen Birkenspanners, eines Schmetterlings, die sich in Industriegebieten vielfach gegen die weiße Form durchgesetzt hat. Denn während die mutierten, schwarzen Schmetterlinge auf sauberer weißer Birkenrinde räuberischen Vögeln leicht ins Auge fallen, sind auf unseren von Ruß geschwärzten »Industriebirken« die Normalformen weniger getarnt und deshalb gefährdeter.

Mutanten können auch dadurch eine Chance erhalten, sich zu vermehren und eine große Nachkommenschaft zu erzielen, daß sie in isolierte Gebiete, zum Beispiel auf Inseln, ausweichen, die die Normalform nicht besiedelt.

Räumliche Trennung ist ein wichtiger Mechanismus bei der Entstehung von Rassen einer Art, also von Populationen untereinander ähnlicher Individuen, die sich von anderen Populationen in bestimmten Merkmalen unterscheiden. Diese Rassen können sich noch untereinander fruchtbar kreuzen. Neue Arten können über diesen Zwischenschritt entstehen, wenn die getrennte Entwicklung so weit vorangeschritten ist, daß eine fruchtbare Kreuzung der Formen nicht mehr möglich ist. Es war Charles Darwin (1809–1882), dem diese Zusammenhänge auf seinen Reisen bewußt wurden und der in seinem Werk »Über die Entstehung der Arten durch natürliche Zuchtwahl« (1859) den Grundstein für unser Verständnis von Evolution und Artwerdung legte (→ S. 26 ff.)

Mutationen können in allen Zellen erfolgen. Den Genetiker beschäftigen aber vor allem diejenigen, die die Erbsubstanz der Keimzellen verändern, denn nur diese werden an die nächste Generation weitergegeben. Mutationen in Körperzellen, sogenannte somatische Mutationen, führen zu Mosaiken normaler und mutierter Zellen. Derartige Mutationen kommen als ein Mechanismus der Tumorentstehung in Betracht.

Die Erforschung der Mutagenese. Die Untersuchung spontan auftretender Mutationen ist schwierig. Erst 1927 leitete der amerikanische Biologe Hermann Joseph Muller die Erforschung der Mutationsentstehung (Mutagenese) ein, als er zeigte, daß man die Mutationshäufigkeit bei Fruchtfliegen (Drosophila) durch Röntgenbestrahlung beträchtlich steigern konnte. Die chemische Mutagenese wurde 1942 entdeckt, und seitdem ist die Liste der mutagenen (mutationsauslösenden) chemischen Verbindungen bereits sehr lang geworden. Die Mutageneseforschung hat besonders in neuerer Zeit zunehmend an Bedeutung gewonnen, da der Mensch zahlreiche chemische Verbindungen herstellt und in die Umwelt entläßt, die das Erbgut zusätzlich zu den natürlichen Faktoren mit der Gefahr zunehmender Mutationen bedrohen. Sorgfältige Untersuchungen können wenigstens die

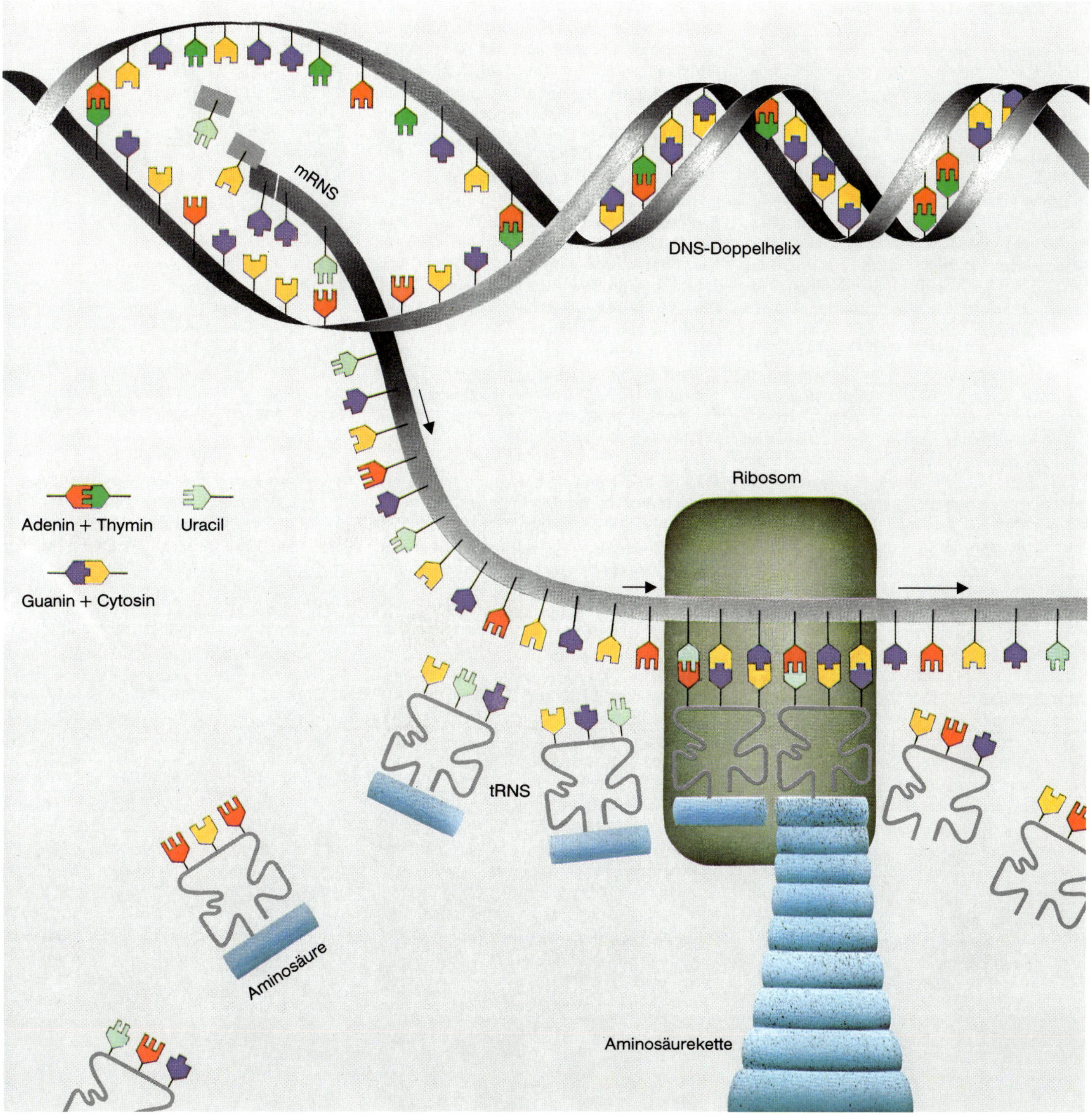

in dieser Hinsicht offenkundig schädlichsten entdecken und so ihre Verbreitung – möglicherweise – verhindern.

Die Wahl der Fruchtfliege Drosophila als Objekt für Mutageneseuntersuchungen erwies sich als besonders glücklich, da diese Tiere außer einer kurzen Generationsdauer und hoher Nachkommenzahl als Besonderheit Riesenchromosomen in den Kernen ihrer Speicheldrüsenzellen besitzen, die die mikroskopische Betrachtung außerordentlich erleichtern.

Diese Polytänchromosomen (griech.: polytän – vielsträngig) entstehen durch eine Vielzahl von DNS-Verdoppelungsschritten, bei denen die neuen Stränge nicht voneinander getrennt werden, sondern nebeneinander liegen bleiben. Ihre Verteilung auf Tochterkerne unterbleibt. Man hat ermittelt, daß solche Chromosomen aus über tausend Einzelsträngen bestehen. Wegen ihrer »Dicke« sind diese Chromosomen auch während der Wachstumsphase der Zelle (G-Phase) sichtbar. Im Mikroskop kann man an ihnen ein quergestreiftes Bändermuster aus hellen und dunklen Regionen erkennen (Chromomeren). Diesen Bändern konnte man durch künstlich erzeugte Mutationen und Kreuzungsexperimente bestimmte Erbanlagen zuordnen und so eine sehr genaue Genkarte des Erbgutes von Drosophila aufstellen.

Aus diesem Vorgehen wird deutlich, daß in der klassischen Genetik eine Erbanlage erst »sichtbar« wird, wenn sie durch eine Mutation verändert und dadurch auffällig wird. Erst seit allerjüngster Zeit verfügt die Genetik über Verfahren, Gene direkt zu erfassen, ohne auf das Auftreten von Mutationen angewiesen zu sein.

Eiweißsynthese. *Jeweils drei aufeinanderfolgende Basen (Triplett) eines Halbstranges der DNS-Doppelhelix liefern die Information für eine Aminosäure eines Eiweißes. Vom Original der DNS-Kette wird eine einzelsträngige Arbeitskopie (mRNS) angefertigt. Ribosomen tasten diese Matrize Triplett für Triplett ab und fügen die von der Transport-RNS (tRNS) herangebrachten passenden Aminosäuren zur Eiweißkette zusammen.*

Die Gesetze der Vererbung

Die meisten mehrzelligen Tiere und der Mensch verfügen über einen doppelten Chromosomensatz, sie sind diploid. Das bedeutet, daß die Chromosomen paarweise vorhanden sind. Eine Sonderstellung nehmen nur die Geschlechtschromosomen ein: Nur in einem Geschlecht sind in der Regel zwei gleiche Geschlechtschromosomen vorhanden, im anderen Geschlecht kommen hingegen zwei unterschiedliche Geschlechtschromosomen vor. Man nennt sie daher auch Heterosomen (griech.: heteros – anders). Die übrigen, paarweise gleichen Chromosomen bezeichnet man dementsprechend als Autosomen (griech.: autos – gleich). Die Gesamtheit der Erbanlagen eines Lebewesens nennt man den Genotyp, während die zur Ausprägung kommenden Merkmale den Phänotyp darstellen.

Die Erbanlagen liegen auf den DNS-Fäden der Chromosomen hintereinander aufgereiht. Denkt man sich die beiden zusammengehörenden Autosomen nebeneinander liegend, so befinden sich an den entsprechenden Stellen jeweils die gleichen Erbanlagen. Jedes dieser Genpaare, die das gleiche Merkmal codieren, nennt man allele Gene oder Allele. Sind diese Allele in der Basensequenz ihrer DNS gleich (homozygot), so sind auch die von ihnen bestimmten Eigenschaften gleich. Ist aber die Sequenz eines Allels durch eine Mutation verändert (heterozygot), so kommen neben den normalen auch veränderte Merkmale vor.

Gene codieren zunächst immer ein Protein. Eine Veränderung im genetischen Code der Erbanlagen kann für das herzustellende Protein unterschiedliche Konsequenzen haben: Ein Gen kann fehlen oder so zerstört sein, daß kein Protein mehr gebildet wird, oder das Protein wird in veränderter Aminosäuresequenz und damit zusammenhängend in veränderter räumlicher Struktur hergestellt. Diese veränderten Eiweiße können je nach Lage der defekten oder veränderten Stelle ihre Aufgabe entweder noch vollständig erfüllen oder nur noch zum Teil oder auch überhaupt nicht mehr. Auf seinem entsprechenden zweiten Chromosom kann das Lebewesen ein normales, funktionsfähiges Allel oder ein gleichermaßen oder an anderer Stelle defektes Gen tragen. Entsprechend werden die Konsequenzen für den Organismus sehr unterschiedlich ausfallen.

In der Regel waren die »Merkmale«, die man in genetischen Versuchen beobachtete, Eigenschaften, die man nur am fertigen Organismus, Pflanze oder Tier, erkennen konnte, wie Blütenfarbe, Form von Blättern und Früchten, Fellfarbe, Augenfarbe oder Flügelform. Eine Anlage, die einen erblichen Unterschied in der Ausprägung dieser Merkmale bedingt (monogene Vererbung), ist ein kleines Rädchen in einem gewaltigen Räderwerk und abhängig von den anderen Erbanlagen des Organismus wie auch von der Umgebung, in der das Lebewesen aufwächst.

Gregor Mendel gelang es, die Vererbungsgesetze zu entschlüsseln.

Die Mendelschen Erbgesetze. Bei derart komplexen Beziehungen zwischen der beobachteten äußeren Gestalt und den ihr zugrundeliegenden Genen verwundert es nicht, daß die Gesetze, denen die Vererbung gehorcht, lange Zeit im dunkeln blieben. Es ist das Verdienst des Augustinerpaters und späteren Abtes Gregor Mendel (1822–1884), daß er einen anderen Weg beschritt als viele vor ihm, die im 19. Jahrhundert versuchten, das Problem der Vererbung zu lösen. Er experimentierte in seinem Klostergarten in Brünn mit Erbsen. Dabei kreuzte er Varietäten, die sich in einzelnen Merkmalen unterschieden, wie der Farbe (gelb oder grün) oder der Form der Samen (glatt oder gerunzelt), und zählte alle unterschiedlichen Merkmalstypen, die in der ersten, aus der Kreuzung hervorgehenden Tochtergeneration sowie in den weiteren Generationen auftraten.

Die Ergebnisse seiner »Versuche über Pflanzenhybriden« trug er 1865 dem Naturforschenden Verein in Brünn vor und veröffentlichte sie später in dessen Abhandlungen. Man kann aus heutiger Sicht schwer nachvollziehen, warum Mendels Ergebnisse 35 Jahre lang unbeachtet blieben, obwohl er Kopien seiner Arbeit an die führenden Wissenschaftler seiner Zeit versandt hatte. Erst im Jahre 1900 wurden seine Erkenntnisse gleichzeitig von drei Forschern unabhängig und von verschiedenen Fragestellungen aus wiederentdeckt und bestätigt, von Karl Erich Correns in Leipzig, Erich von Tschermak in Wien und Hugo de Vries in Amsterdam.

Es erwies sich als günstig, daß Mendel seine Versuche an zwittrigen Gartenerbsen durchführte – bei zwittrigen Pflanzen sind das

Mutationen werden für den Betrachter nur dann auffällig, wenn sie ein äußerlich sichtbares Merkmal betreffen, wie es hier bei dem gelben Bungar (Bungarus fasciatus) der Fall ist. Diese Schlange ist normalerweise quergeringelt (links). Nur ganz selten tritt eine Mutation auf, die sich auf das Farbmuster auswirkt und dann ein längsgestreiftes Exemplar (rechts) zur Folge hat.

männliche und weibliche Geschlecht in einer Pflanze vereint –, denn bei derartigen Pflanzen läßt sich der Bestand an Erbanlagen, der Genotyp, jeder einzelnen Pflanze dadurch prüfen, daß man durch Selbstbestäubung zahlreiche Nachkommen von einer einzigen Elternpflanze zieht.

Die Generation der beiden verschiedenen Elternformen nennt man Parentalgeneration ($P_{I} + P_{II}$). Ihre Nachkommen bilden die erste Filialgeneration (F_1). Werden F_1-Individuen untereinander gekreuzt, geht daraus die F_2-Generation hervor, deren Nachkommen nennt man F_3 usw.

Aus den Ergebnissen der Kreuzungsversuche lassen sich drei Regeln ableiten, die ihre Wiederentdecker die Mendelschen Gesetze nannten:

1. Das Uniformitätsgesetz besagt: Kreuzt man zwei homozygote (mit gleichen Allelen ausgestattete) Individuen, die sich nur in einem einzigen Merkmal unterscheiden, so sind alle Nachkommen der ersten Filialgeneration (F_1) untereinander gleich und heterozygot (mit verschiedenen Allelen ausgestattet). Sind beide Allele gleich stark, so wird eine Mischform aus beiden Merkmalen ausgeprägt (intermediärer oder kodominanter Erbgang). Ist ein Allel stärker (dominant), so verdeckt es das schwächere (rezessive), und es kommt zur Ausprägung des einen Merkmals, obwohl Anlagen für beide Merkmale vorhanden sind (dominanter Erbgang). Für die Merkmalsausprägung ist es zudem unerheblich, ob die Eigenschaft vom Vater oder von der Mutter stammt.

2. Das Spaltungsgesetz besagt: Kreuzt man die Individuen der F_1-Generation untereinander, so kommt es zu einer Aufspaltung der Merkmale in die der Elterngeneration und die der F_1-Generation im Verhältnis 1:2:1.

3. Das dritte Gesetz, das Unabhängigkeitsgesetz oder Gesetz der Neukombination, leitet sich aus den Ergebnissen der Kreuzungen von Individuen ab, die sich in mehr als einem Merkmalspaar unterscheiden. Bei derartigen

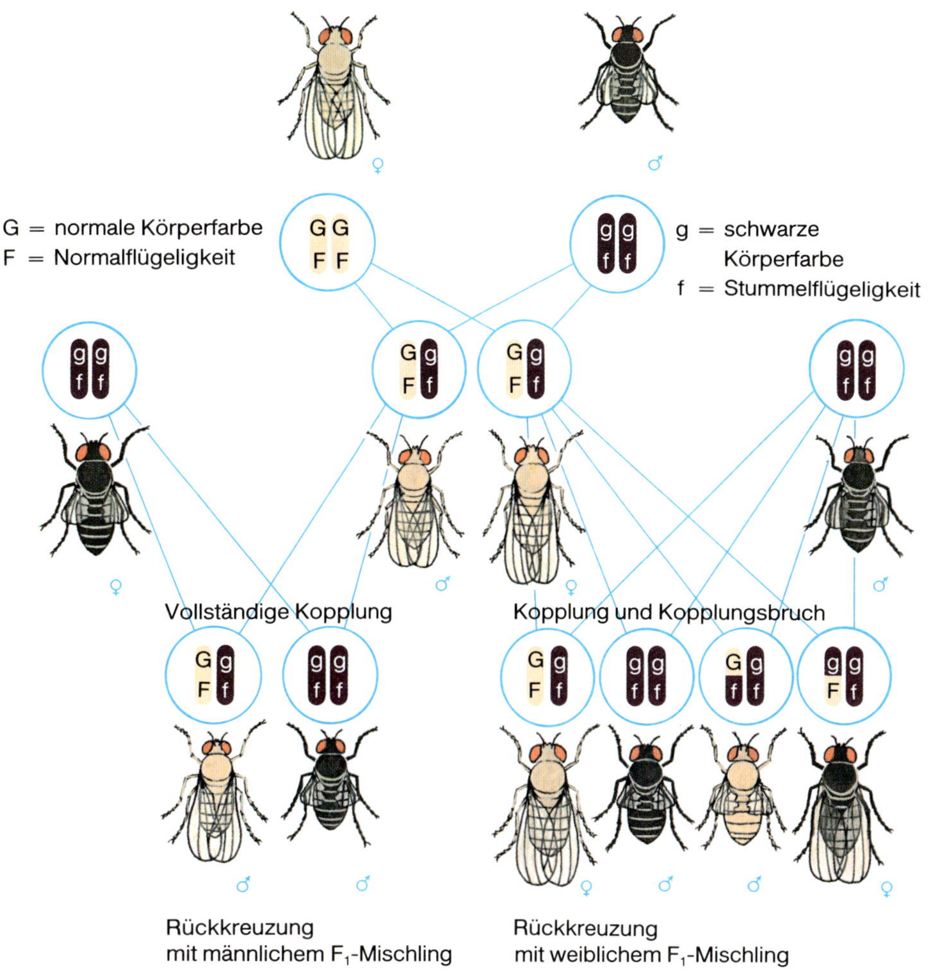

Die Verteilung der Erbfaktoren im Kreuzungsexperiment. *Bei der Fruchtfliege (Drosophila) liegen die Erbanlagen für Körperfarbe (G oder g) und Flügelform (F oder f) auf demselben Chromosom, das heißt, sie sind gekoppelt und werden gemeinsam als Gruppe weitergegeben. Da die normalen Erbmerkmale (G, F) die veränderten überdecken, zeigen mischerbige Tiere (GF/gf) nur die normalen Merkmale. Kommt es jedoch zwischen einem Chromosomenpaar während der Reifeteilung zu einem Stückaustausch (crossover), zeigen einige Nachkommen plötzlich eine normale und eine veränderte Erbeigenschaft.*

Unten: Die Fruchtfliege (Drosophila) wurde zum Lieblingsobjekt der Genetiker, weil sie zu vielerlei Mutationen von Körpermerkmalen neigt. Das Rasterelektronenmikroskop zeigt links ein Tier mit Riesenaugen, rechts eines ohne Augen.

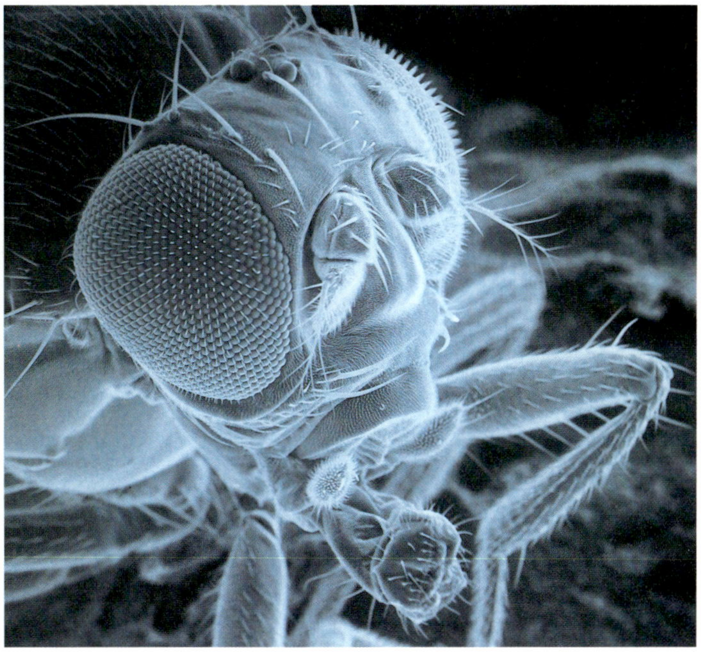

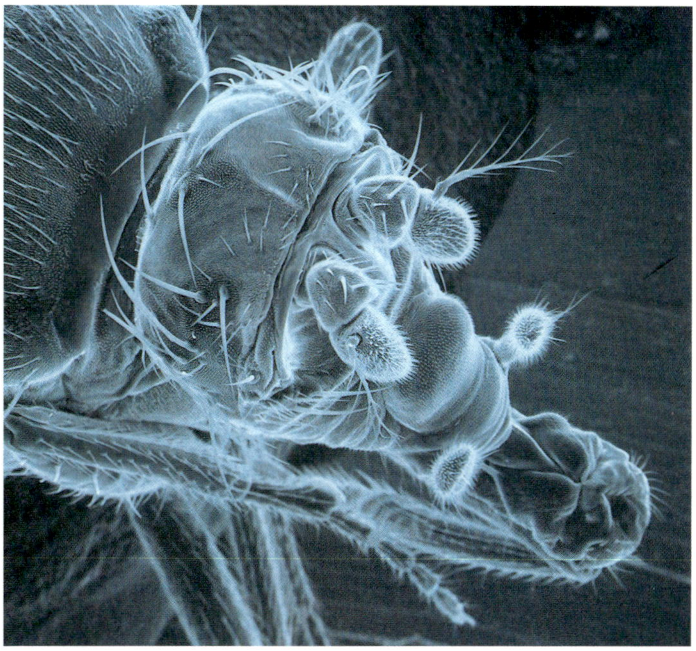

Kreuzungen zeigt sich, daß die Allele verschiedener Genpaare unabhängig voneinander vererbt und dabei neu miteinander kombiniert werden können.

Mendel leitete dieses Ergebnis durch Kreuzungen von Erbsen ab, deren Samen rund und gelb beziehungsweise runzelig und grün waren. Die Merkmale rund und gelb sind dominant. Entsprechend waren die Samen aller Nachkommen der F_1-Generation rund und gelb, denn die dominanten Eigenschaften überdecken die rezessiven.

In der zweiten Tochtergeneration (F_2) findet man neben den zwei Elternformen mit runden, gelben Samen und runzeligen, grünen Samen zwei neue Kombinationen, nämlich runden, grünen Samen sowie runzeligen, gelben Samen in folgendem Zahlenverhältnis: Neun Nachkommen mit rundem, gelbem, drei mit rundem, grünen, drei mit runzeligem, gelbem und einen mit runzeligem, grünem Samen. Jedes Genpaar spaltet also unabhängig vom anderen entsprechend dem zweiten Gesetz auf.

Dieses dritte Gesetz hat in der Tier- und Pflanzenzüchtung große praktische Bedeutung gewonnen, denn es zeigt, daß bestimmte Anlagen, die bei zwei Rassen jeweils vereinzelt auftreten, durch Kombinationszüchtung in einer Form zu vereinigen sind. Der Züchter ist also in der Lage, bei Haustieren und Kulturpflanzen erwünschte Eigenschaften zu kombinieren und auszulesen.

Das Neuartige, Geniale an Mendels Versuchen kann man in drei Punkten beschreiben:

□ Er wählte für seine Versuche erbliche Merkmale mit deutlich verschiedenen Ausprägungsformen, untersuchte sie einzeln, Fall für Fall, und ging erst dann zu komplizierteren Kombinationen von Merkmalen über.

□ Bei der Auswertung seiner Ergebnisse gab er sich nicht wie seine Vorgänger mit qualitativen Beschreibungen zufrieden, sondern er zählte die verschiedenen Typen aus. Dadurch entdeckte er das statistische Gesetz, mit dem man die beobachteten Phänomene beschreiben kann.

□ Er fand für diese statistischen Gesetzmäßigkeiten die richtige biologische Erklärung: Die Grundphänomene, die aus diesen Versuchsergebnissen abgeleitet werden können, finden sich in den Keimzellen. Bestimmte Erbfaktoren in den Keimzellen können sich frei miteinander kombinieren. Mit dieser Folgerung leitete Mendel zum Konzept des Gens hin, das zunächst rein formal auf statistischen Hinweisen beruhte, später dann aber durch die Molekularbiologen durch die Entdeckung der Basensequenz der DNS bestätigt wurde, die die Information für die Eiweißsynthese und damit für das Leben in all seinen Formen in sich trägt.

Die Mechanismen hinter den Erbgesetzen. Heute erklären uns die Befunde der Molekularbiologie, wie es zu Dominanz, Rezessivität oder intermediärem Erbgang kommt: Beobachtet man als ausgewählte Merkmale in Vererbungsstudien verschiedene Körperstrukturen, zum Beispiel eine Augenlinse oder die Funktion eines Eiweißes, etwa eines Enzyms, das als Katalysator (Vermittler) biochemischer Reaktionen dient, so kann man »mendelnde« Eigenschaften feststellen: Liefert zum Beispiel eine Erbanlage ein Eiweiß, das eine klare, durchsichtige Augenlinse aufbauen kann, und das allele Gen ein verändertes Eiweiß, das eine trübe Struktur aufbaut, wird die Linse insgesamt getrübt sein. Ein intaktes und ein fehlerhaftes Eiweiß können zusammen keine funktionsfähige (durchsichtige) Linse aufbauen. Das Merkmal »trübe« überdeckt also das Merkmal »klar«; es wird dominant vererbt. Das Merkmal »klar« ist in diesem Fall rezessiv. Dieser Vererbungsmodus trifft für die meisten Erbanlagen zu, die Struktureiweiße codieren.

Wird dagegen von einem Gen ein intaktes Enzym codiert, zum Beispiel eines, das an der Herstellung eines Pigmentstoffes in der Haut oder dem Auge beteiligt ist, vom Allel aber ein fehlerhaftes, kann in der Regel das intakte die Aufgabe, die eigentlich von beiden erfüllt werden müßte, hinreichend übernehmen. Erst wenn zwei defekte Enzyme gebildet werden, fällt die Funktion ganz aus. Dieser Ausfall wird dann am Fehlen einer Eigenschaft, im beschriebenen Fall am Fehlen des Pigments in Augen oder Haut sichtbar. Enzymdefekte werden also meist rezessiv vererbt; die normale Anlage überdeckt den Fehler. Erst das Zusammentreffen zweier fehlerhafter Anlagen führt zu einem sichtbar veränderten Merkmal.

Wenn man die Wirkung zweier Allele nebeneinander erkennen kann, liegt intermediäre Vererbung vor. Die Aussicht, beide Merkmale zu erkennen, wird um so größer, je mehr uns die Forschung die Möglichkeit bietet, die Eiweiße, die als »primäre Genprodukte« entstehen, zu untersuchen. Dies läßt sich sehr eindrucksvoll an einem Erbfehler zeigen, der beim roten Blutfarbstoff, dem Hämoglobin, auftritt. Dieser Farbstoff hat die Aufgabe, in der Lunge Luftsauerstoff zu binden und in den Blutkapillaren wieder abzugeben. Eine bestimmte Mutation führt dazu, daß dieser Farbstoff, nachdem er den Sauerstoff abgegeben hat, in den roten Blutkörperchen lange Kristalle bildet und sie so sichelförmig verformt. Solche roten Blutkörperchen verstopfen die kleinen Blutgefäße, und der Sauerstofftransport ist infolgedessen gestört. Man nennt die dadurch verursachte Erbkrankheit Sichelzellanämie (Anämie = Blutarmut). Nur Personen mit mindestens einem gesunden Allel überleben. Personen mit zwei Sichelzell-Genen sind hingegen nicht lebensfähig.

Betrachtet man die Lebensfähigkeit des Menschen, wird die Krankheit rezessiv vererbt. Der Defekt wird unter diesem Gesichtspunkt vom gesunden Allel überdeckt. Legt man dagegen die Krankheitsmerkmale, die der Arzt beobachtet, zugrunde, wird der Defekt dominant vererbt, denn schon ein verändertes Gen führt zum Auftreten der Beschwerden.

1949 zeigten Linus Pauling und seine Mitarbeiter dann, daß man das normale Blutfarbstoffmolekül mit einem einfachen Verfahren vom Sichelzellhämoglobin unterscheiden kann. Auf diese Weise lassen sich beide Farbstoffe nebeneinander nachweisen, und man kann erkennen, daß das Leiden kodominant vererbt wird. Letztlich lassen sich also bei Weiterentwicklung der Untersuchungsmöglichkeiten alle Erbgänge auf Kodominanz zurückführen.

Erbe und Umwelt prägen die Eigenschaften. Die Vererbung von Eigenschaften, an deren Ausprägung zahlreiche, voneinander unabhängige Gene und zum Teil in unbekanntem Umfang die Umwelt beteiligt sind, wie zum Beispiel bei der Körpergröße oder der Fellfarbe, läßt sich mit den von Mendel entdeckten Regeln nicht beschreiben. Man spricht hier von polygener Vererbung (griech.: poly – viel) oder multifaktoriellem Einfluß auf die Ausprägung einer Eigenschaft. Häufig bestehen überhaupt Zweifel, ob eine Eigenschaft wesentlich vom Erbgut abhängt oder ob sie vor allem durch die Umwelt beeinflußt ist. Der wissenschaftliche Streit um diese Fragen ist besonders heftig, wenn es sich um Eigenschaften unserer eigenen Art handelt, etwa um die Frage, ob Intelligenz überhaupt oder sogar überwiegend erblichen Einflüssen unterliegt.

Vergleicht man die Eigenschaften zahlreicher Individuen einer Art, die unter möglichst gleichen Bedingungen gehalten werden, mit Hilfe von Messungen, so findet man, daß multifaktoriell beeinflußte Merkmale regelmäßig einer sogenannten Normalverteilung unterliegen. Untersucht man beispielsweise die Körperhöhe, so stellt man fest, daß es wenige sehr kleine und wenige sehr große Individuen gibt, während die meisten dem Mittelwert am nächsten kommen.

Weiterhin stößt man auf eine familiäre Häufung bestimmter Eigenschaften oder anders ausgedrückt, unter Verwandten besteht eine Korrelation hinsichtlich der Merkmale: Untersucht man eine große Anzahl von Individuen, so findet man zum Beispiel, daß große Väter häufiger große Söhne, kleine Väter häufiger kleine Söhne haben. Erfüllt ein Merkmal derartige Kriterien, so ist eine erbliche Grundlage wahrscheinlich.

Beim Menschen, der einer experimentellen Erforschung dieser Probleme kaum zugänglich ist, sind Untersuchungen an eineiigen Zwillingen besonders aussagekräftig für die Klärung des Erbeinflusses auf die Ausprägung von Merkmalen. Eineiige Zwillinge entstehen durch Trennung der ersten zwei Zellen, die durch Teilung aus der befruchteten Eizelle hervorgegangen sind. Bei der Entstehung zweieiiger Zwillinge werden hingegen zwei Eizellen von zwei Samenzellen befruchtet. Zweieiige Zwillinge sind also nicht ähnlicher, als es Geschwister üblicherweise sind, während eineiige Zwillinge über genau das gleiche Erbgut verfügen. Abweichungen in Gestalt und Leistungsvermögen zwischen eineiigen Zwillingen müssen also dem Einfluß der Umwelt zugeschrieben werden.

Bei Tieren und Pflanzen kann man derar-

Auch die Umwelt kann die Merkmalsausprägung beeinflussen. So entstehen Modifikationen, die jedoch nicht erblich sind. Ein Beispiel für den Einfluß der Tageslänge liefert das »Landkärtchen«. Unter Kurztagsbedingungen im Herbst und Winter entsteht die braune Frühjahrsform, unter Langtagsbedingungen im Frühsommer die schwarze Sommerform.

tige Probleme eher durch Versuche klären als beim Menschen. Hier kann man nicht selten Beispiele dafür finden, daß und wie die Umwelt die Ausprägung von Merkmalen beeinflußt. Alle phänotypischen (äußerlich sichtbaren) Veränderungen, die durch Umwelteinflüsse hervorgerufen werden, durch die die Struktur des Erbmaterials selbst nicht verändert wird, bezeichnet man als Modifikationen. Solche äußeren Faktoren, die zu Veränderungen eines Phänotyps führen können, sind zum Beispiel Ernährung, Wasser, Temperatur, Licht und Tageslänge.

Ein eindrucksvolles Beispiel für den Temperatureinfluß auf die Ausprägung von Merkmalen liefern die Russen- und Himalaja-Kaninchen, bei denen Ohren, Nase, Schwanz und Pfoten schwarz sind, während im übrigen das Fell weiß ist. Die Bildung des schwarzen Farbstoffes ist bei dieser Rasse von der Hauttemperatur abhängig: Die Körperspitzen sind die kühlsten Körperteile. Entfernt man die weißen Haare auf einem Fellstück des Rumpfes und hält die Tiere kühl (+ 5° C), so wachsen schwarze Haare nach. Umgekehrt kann man auf einer gewöhnlich schwarzen Fellstelle weiße Haare nachwachsen lassen, wenn man die Tiere dauernd warm hält. Die Umwelt vermag eine Tierrasse oder eine Pflanzensorte jedoch nicht beliebig zu variieren. Die Möglichkeit, auf Umweltbedingungen zu reagieren, ist nur innerhalb einer erblich bedingten Reaktionsnorm gegeben.

Die durch langandauernde Veränderungen der Lebensbedingungen erzielten Modifikationen sind jedoch keineswegs erblich. Eine Rückkehr zu den früheren Lebensbedingungen führt vielmehr bei den Nachkommen wieder zur Ausprägung der ursprünglichen Eigenschaften. Ein im Frühling ausgesätes Wintergetreide wird normalerweise nicht im selben Jahr sprießen und Ähren ausbilden, denn dazu benötigt es eine Kältephase im Winter. Den gleichen Effekt kann der Landwirt jedoch erzielen, wenn er die keimenden Getreidekörner längere Zeit Temperaturen von etwa 3° C aussetzt. Dann trägt das Wintergetreide auch bei Frühjahrsaussaat Frucht. Diese Behandlung hat das Getreide in Form einer Modifikation in Sommergetreide umgestimmt. Vom Erbgut her ist es aber Wintergetreide geblieben, denn die nächste Saat trägt wieder nur Frucht, wenn sie im Herbst gesät oder mit Kälte behandelt wird.

Gelegentlich wird eine scheinbar »erbliche« Modifikation durch Umwelteinfluß vorgetäuscht. So bilden Pantoffeltierchen (Paramecium) unter unzureichenden Ernährungsbedingungen eine hornartige Verlängerung aus, und Wasserflöhe (Daphnia) zeigen einen verkleinerten Kopfabschnitt. Diese Veränderungen werden über mehrere Generationen weitergegeben, auch wenn sich die Lebensbedingungen inzwischen wieder normalisiert haben. Die Nachkommen gewinnen aber von Generation zu Generation allmählich die übliche Gestalt wieder. Ähnliches gilt für eine vorübergehende Resistenz (Widerstandsfähigkeit) gegen Gifte oder Salze, die man ebenfalls beim Pantoffeltierchen beobachtet hat.

All diese Veränderungen erweisen sich als sogenannte Dauermodifikationen. Sie werden von der Mutter an die Nachkommen weitergegeben. Offenbar kommt dem Cytoplasma (→ S. 66) hierbei eine gewisse Bedeutung zu. Die Ursache für dieses Phänomen ist noch nicht hinreichend geklärt. Festzuhalten ist aber in jedem Fall, daß auch über mehrere Generationen anhaltende Modifikationen ohne Veränderung der Erbanlagen im Zellkern bewirkt werden.

Der Umwelteinfluß auf die Merkmalsausprägung stellt sich nicht erst nach der Geburt ein, sondern die Bedingungen im mütterlichen Körper während der Keimentwicklung und sogar schon vorher während der Entwicklung der Eizelle (Prädetermination) sind von größter Wichtigkeit. Umweltschäden in diesem Stadium können zu angeborenen Mißbildungen bei Mensch und Tier führen, die nur den Phänotyp betreffen und die Erbanlagen selbst unberührt lassen (Phänopathien).

Erinnert sei hier an den besonders bekannt gewordenen Fall von Fehlbildungen, die bei zahlreichen Kindern auftraten, deren Mütter im ersten Drittel der Schwangerschaft das Medikament Contergan (Thalidomid) eingenommen hatten (Verkürzung von Gliedmaßen). Diese Fehlbildungen wurden in gleicher Weise bei Jungtieren beobachtet, deren Mütter zur Erforschung der Schadwirkung das Mittel während der Tragzeit angeboten bekamen, wie Affen oder Kaninchen.

Thalidomid ist nur einer von vielen Auslösern, die Phänopathien bewirken können. Eine Reihe von chemischen Verbindungen, wie Medikamente, Gifte, Hormone, oder Strahlen sowie bestimmte Ernährungsbedingungen können ebenfalls derartige Mißbildungen auslösen. In die Kategorie der in dieser Hinsicht schädlichen Substanzen gehören ohne Zweifel auch Genußgifte wie Alkohol und Nikotin. Andere Auslöser von modifikatorischen Mißbildungen beim Menschen kommen »natürlich« vor, wie Infektionen mit Mumps, Röteln, Gelbsucht oder Kinderlähmung in der frühen Schwangerschaft.

Die Wissenschaft, die die Entstehung von Mißbildungen untersucht und die hierfür verantwortlichen Schadstoffe identifiziert, die Teratologie, nimmt an Bedeutung immer mehr zu, seitdem der Mensch die Umwelt mit zahlreichen neuen chemischen Substanzen überflutet. Das Erkennen eines neuen teratogenen (Mißbildungen hervorrufenden) Stoffes ist besonders schwierig, wenn durch äußere Einwirkungen ausgelöste Mißbildungen solchen ähnlich sind, denen eine Mutation im Erbgut zugrunde liegt (Phänokopie).

Es bedarf sorgfältiger Analyse und großer Erfahrung durch Vergleichsfälle, um im Einzelfall eine erbliche Mutation von einer nichterblichen Modifikation unterscheiden zu können.

In diesem Zusammenhang muß die Bedeutung von Experimenten an Labortieren hervorgehoben werden, die von engagierten Tierschützern oft heftig bekämpft werden. Ohne Zweifel kann ein zunehmender Teil der Untersuchungen auf Mutagenität chemischer Substanzen an Mikroorganismen oder tierischen Zellen in Kultur erfolgen. Die Frage der Entstehung mutagener Substanzen aus unschädlichen Vorstufen im Körper und das drängende Problem der Auslösung angeborener Mißbildungen durch Schadstoffe in unserer Umwelt lassen sich aber nur am Gesamtorganismus erforschen. Der Mensch ist hier vor die Alternative gestellt, Schaden von seinen eigenen Nachkommen abzuwenden und dafür Tiere zu opfern oder zunehmend Gefahr zu laufen, durch Erbschäden oder schädliche Umwelteinflüsse mißgebildete Kinder zu gebären.

Die Meiose mischt und verteilt das Erbgut

Schon kurz nach ihrer Wiederentdeckung wurden die Mendelschen Erbfaktoren oder Gene, wie man sie später nannte, mit den mikroskopischen Beobachtungen der Zellforschung in Zusammenhang gebracht. Die Chromosomentheorie der Vererbung ging davon aus, daß die Gene als unabhängige Einheiten auf den Chromosomen lokalisiert seien. Diese Voraussage wurde nach 1953 durch die Ergebnisse der Molekularbiologie glänzend belegt.

Bei den meisten höheren Organismen sind die Körperzellen diploid, das heißt, jedes Chromosom liegt doppelt vor. Sollte durch die Kombination väterlichen und mütterlichen Erbgutes bei der Vereinigung der Keimzellen die Anzahl der Chromosomen nicht ins Unermeßliche steigen, mußte die Natur einen Trick erfinden, um die diploide Chromosomenausstattung von Generation zu Generation konstant zu erhalten. Dieses gelingt, indem Keimzellen (Gameten) gebildet werden, in denen der Chromosomenbestand auf einen einfachen Satz reduziert wird; Keimzellen sind also haploid.

Die Zellen, die als Keimzellen vorgesehen sind, werden bei manchen Tieren in der Entwicklung frühzeitig von den übrigen Körperzellen abgetrennt. Sie bilden die Keimbahn und geben von Generation zu Generation das Erbgut an die Nachkommen weiter. Die Teilungen, in denen diploide Zellen in der Keimbahn zu haploiden Eizellen oder Samenzellen reduziert werden, nennt man Meiose oder Reifeteilung. Sie ist ein Grundvorgang des Lebens und verläuft bei den höherentwickelten Einzellern, vielzelligen Pflanzen und Tieren in gleicher Weise.

Das zeitliche Verhältnis zwischen Befruchtung und Meiose ist bei höheren und niederen Lebewesen verschieden. Bei den vielzelligen Tieren (Metazoen) wird die Verminderung der Chromosomen von den diploiden Keimbahnzellen zu den haploiden Gameten erst bei der Keimzellenreifung unmittelbar vor der Geschlechtsreifung vollzogen. Man nennt diese Individuen »Diplonten«, da alle Körperzellen und die Keimbahnzellen bis zur Geschlechtsreifung diploid sind. Bei Algen, Pilzen und Moosen tritt die Chromosomenreduktion häufig unmittelbar nach der Befruchtung ein. Bei ihnen ist nur die befruchtete Eizelle (Zygote) diploid, während alle Körperzellen wieder haploid sind (Haplonten).

Der Haplontentypus hat sich offenbar in der Entwicklung zu höheren Organismen als weniger vorteilhaft erwiesen, möglicherweise wegen der großen Anfälligkeit haploider Lebewesen gegenüber Mutationen.

Haploide Individuen kommen unter den höheren Tieren allerdings auch bei einigen Insekten vor; man spricht dann im allgemeinen von monoploiden Tieren. Diese entwikkeln sich aus einer unbefruchteten weiblichen Eizelle, was man als Parthenogenese oder mit dem deutschen Begriff sehr treffend als Jungfernzeugung bezeichnet. Bei den staatenbildenden Bienen sind die monoploiden Tiere die Männchen oder Drohnen, während aus befruchteten Eiern Weibchen hervorgehen. Bestimmte, während ihres Larvenstadiums unter besonderen Ernährungsbedingungen aufgezogene Weibchen werden zu fruchtbaren Königinnen, die anderen zu unfruchtbaren Arbeiterinnen.

Die Monoploidie ist nur bei Insekten häufig, bei anderen höheren Tieren tritt sie nur selten auf.

Der Ablauf der Reifeteilung. Die Schritte der Meiose oder Reifeteilung verlaufen bei allen Lebewesen gleich: In der Gametenmutterzelle (bei Diplonten) oder der befruchteten Eizelle (bei Haplonten) verkürzen sich die Chromosomen, wie wir es von der Mitose her kennen. Bei der Meiose legen sich aber zusätzlich die paarweise zusammengehörenden (homologen) Chromosomen nebeneinander, und zwar so genau, daß jedes Gen neben seinem Partner aus dem anderen Chromosom liegt.

Da die Chromosomen vorher bereits ihre DNS verdoppelt haben, besteht jedes sich paarende Chromosom aus zwei völlig gleichen Strängen. Während der Paarung, im sogenannten Vierstrangstadium, liegen also je vier DNS-Fäden als Vierergruppe (Tetrade) eng nebeneinander. Dabei kann es zwischen den beiden Chromosomen zum Austausch gleichartiger Stücke kommen. Man nennt diesen Vorgang Crossover (engl.: überkreuzen), weil sich hierbei die DNS-Fäden überkreuzen.

Anschließend ordnen sich die Tetraden in der Mitte des Zellkerns in einer Ebene an. In der folgenden Phase (Anaphase) werden zwei DNS-Stränge der Tetraden zum einen und zwei zum anderen Pol der Zelle gezogen (erste Reifeteilung). Daran schließt sich unmittelbar eine weitere, wie eine normale Mitose ablaufende Zellteilung an, wobei jedoch eine Verdopplung der Chromosomen unterbleibt (zweite Reifeteilung). Dadurch erhält jede der entstehenden Tochterzellen nur ein Chromosom von jedem Paar; die auf diese Weise entstandenen Zellen enthalten also nur einen einfachen Chromosomensatz, das heißt, sie sind haploid.

Neben der Reduktion der Chromosomensätze hat die Meiose noch eine zweite Auf-

***Der Feinbau von Spermien** gleicht in wichtigen Einzelheiten der Geißel bzw. Wimper einzelliger Urtierchen (Flagellaten, Ciliaten): Neun Doppel-Mikrotubuli sind ringförmig um zwei zentrale Einzel-Mikrotubuli angeordnet.*

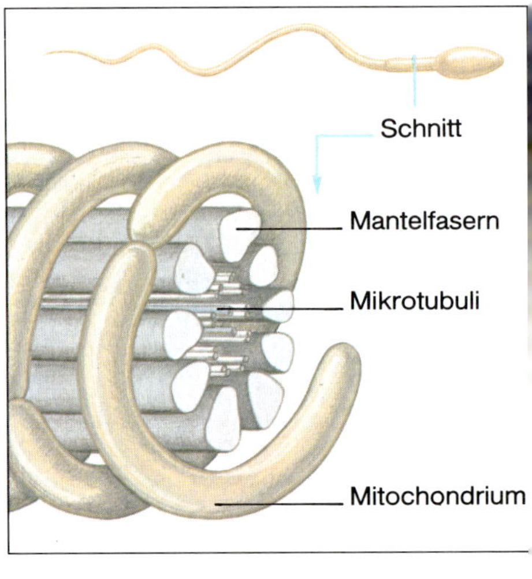

Geschlechtszellenreifung

Aus einer Ursamenzelle entstehen vier äußerlich gleiche Spermien, von denen zwei das X- und zwei das Y-Chromosom besitzen, also das weibliche bzw. männliche Geschlecht des Embryos bestimmen.

Aus einer Ureizelle entstehen – chromosomal gesehen – vier gleiche Eizellen, von denen aber drei als Polkörperchen zugrunde gehen und nur eine als befruchtungsfähige Eizelle reif wird.

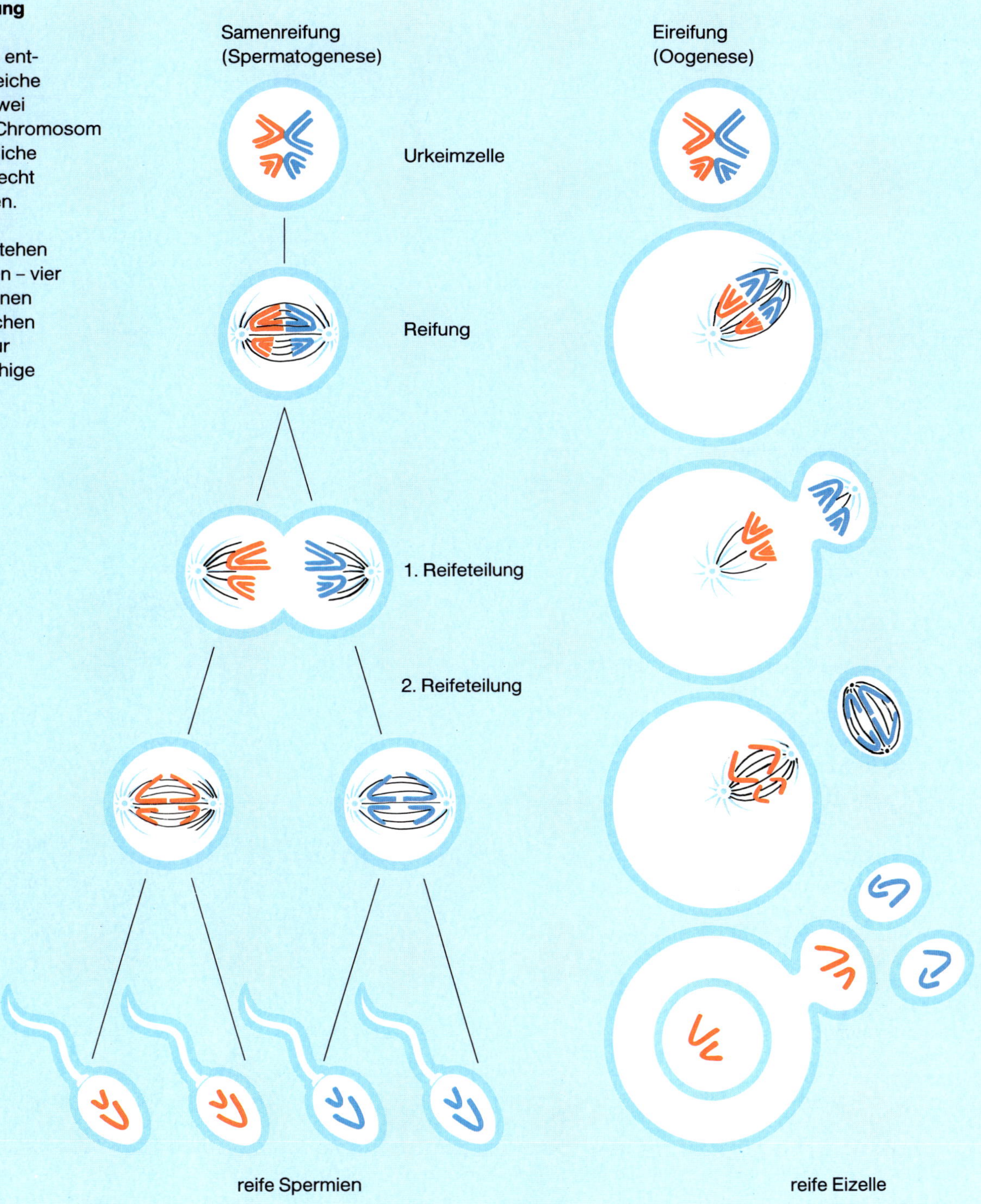

gabe: Durch zwei Vorgänge wird das Erbgut, das zur Hälfte vom Vater und zur Hälfte von der Mutter stammt, gemischt und neu kombiniert. Bei der Trennung einer jeden Tetrade bleibt es dem Zufall überlassen, welches Chromosom, das von väterlicher oder von mütterlicher Seite, jeweils in eine der beiden Tochterzellen gelangt. Zuvor können noch im Crossover beliebige Stücke zwischen väterlichem und mütterlichem Chromosom ausgetauscht worden sein. Die Natur hat auf diese Weise die Möglichkeit, immer neue Kombinationen von Erbanlagen auszuprobieren.

Bei der Befruchtung verschmelzen die einfachen Chromosomensätze der Samenzelle und der Eizelle wieder zum diploiden Chromosomensatz.

Die Erbanlagen liegen nicht nur im Zellkern. Man weiß heute, daß auch außerhalb des Zellkerns Erbanlagen in Form von Nukleinsäuren in bestimmten Organellen im Cytoplasma vorkommen, zum Beispiel in den Mitochondrien, deren Aufgabe die Energieversorgung der Zelle ist. Es gibt die begründete Vermutung, daß diese Partikeln in den Anfängen des Lebens einmal selbständige Organismen waren, die im Laufe der Evolution als Symbionten (Mitbewohner) zu gegenseitigem Nutzen in die Zelle aufgenommen wurden (Endosymbiontentheorie, → S. 69). Die chemischen Vorgänge, die in den Mitochondrien ablaufen, werden heute teilweise von Genen im Zellkern und teilweise von eigenen Mitochondriengenen gesteuert.

Die bei der Meiose entstehenden Samenzellen (Spermien) besitzen nur sehr wenig Cytoplasma, und so steuert die Eizelle bei der Befruchtung die Hauptmenge an Cytoplasma und damit auch an cytoplasmatischer Erbinformation bei. Diese Erbanlagen werden also fast ausschließlich über die Mutter vererbt.

Die Verteilung der Geschlechtschromosomen bestimmt das Geschlecht. Es gibt einige Tierarten, bei denen männliche und weibliche Anlagen nebeneinander vorkommen und es von äußeren Faktoren abhängt, welches Geschlecht zur Ausprägung kommt (→ S. 112). Die Geschlechtsbestimmung erfolgt bei solchen Tieren also in Form einer Modifikation. Bei den meisten Tieren jedoch bedingt die

Zuteilung verschiedener Erbanlagen an die Männchen oder Weibchen den Geschlechtsunterschied.

Die geschlechtsbestimmenden Erbanlagen liegen auf zwei Chromosomen, die bei vielen Arten in einem der Geschlechter ungleich aussehen (X- und Y-Chromosomen); dieses Geschlecht ist also heterogametisch. Das andere Geschlecht besitzt ein Paar gleicher Geschlechtschromosomen (XX); es ist homogametisch. Da hier ein X- und ein Y-Chromosom zusammen ein ungleiches Paar bilden, bezeichnet man die Geschlechtschromosomen auch als Heterosomen (griech.: heteros – anders). Dementsprechend nennt man die übrigen Chromosomen, die alle in gleichen Paaren vorkommen, Autosomen (griech.: autos – selbst, dasselbe).

Welches Geschlecht das heterogametische ist und ob die Geschlechtschromosomen unterschiedlich groß sind, das ist im Tierreich sehr unterschiedlich geregelt. Bei den meisten Säugetieren ist das Männchen heterogametisch (XY), das heißt, es besitzt ein X- und ein Y-Chromosom. Bei einigen Vögeln ist es jedoch genau umgekehrt. Es treten auch Fälle auf, wie bei einigen Schmetterlingen und bei der Mehrzahl der Spinnen, daß das heterogametische Geschlecht nur ein einziges Geschlechtschromosom, und zwar ein X-Chromosom, besitzt.

Die Besonderheiten geschlechtsgebundener Vererbung. Das X-Chromosom trägt nicht nur Erbanlagen, die das Geschlecht bestimmen, sondern auch eine Reihe anderer Gene. Das Y-Chromosom hingegen ist meist arm an Genen. Es gibt einen eigenen X-chromosomengekoppelten (geschlechtsgebundenen) Erbgang. Alle Anlagen auf einem X-Chromosom werden gemeinsam vererbt, sie stellen somit eine Koppelungsgruppe dar. Ist das männliche Geschlecht heterogametisch, so erhalten die Söhne ihr X-Chromosom nur von der Mutter, während die Töchter je ein X-Chromosom vom Vater und von der Mutter erhalten. Somit werden alle X-chromosomalen Erbanlagen nur von den Müttern auf die Söhne vererbt.

Das klassische Beispiel für einen geschlechtsgebundenen Erbgang ist die Bluterkrankheit, eine Hemmung der Blutgerinnung, die ihren Träger schon bei kleinsten Verletzungen in Lebensgefahr bringt. Die Anlage liegt auf dem X-Chromosom und wird rezessiv vererbt. Krank sind daher fast ausschließlich männliche Nachkommen, die die Anlage von ihrer Mutter geerbt haben, die selbst nur Überträgerin der Krankheit ist. Bei ihr überdeckt in der Regel die gesunde Anlage des zweiten X-Chromosoms die kranke Anlage, so daß die Blutgerinnung gesichert ist.

Der Mensch besitzt die Werkzeuge der Schöpfung

In den letzten Jahren haben die Molekularbiologen Verfahren entwickelt, die es erlauben, das Erbgut höherer Organismen mit den Verfahren der Mikrobengenetik zu analysieren. Im Prinzip gelingt dies, indem Stücke der DNS des Menschen oder höherer Tiere in die DNS von Bakterien oder Viren eingeschleust werden. Diese Organismen bestehen im wesentlichen aus einem ringförmig aufgebauten DNS- oder RNS-Molekül. Sie können ihre DNS in Bakterienzellen oder tierischen Zellen vermehren, indem sie zur Synthese ihrer Nukleinsäuren und Eiweiße den Syntheseapparat der Wirtszelle gebrauchen.

Anfang der 70er Jahre wurden chemische Werkzeuge entdeckt, die ein gezieltes Zerschneiden und Verkleben von DNS ermöglichen. Daraus entwickelte sich die Genchirurgie, mit deren Hilfe man DNS beliebiger Organismen, auch des Menschen, in Stücke schneiden und in die DNS von Bakterien oder Viren einfügen kann. Läßt man diese DNS sich in Wirtszellen vermehren, wird gleichzeitig das Stück eingeschleusten fremden Erbgutes mit vervielfacht. Man kann auf diese Weise einzelne Gene in solchen Mengen vervielfachen, daß sie chemischen Analysen zugänglich werden.

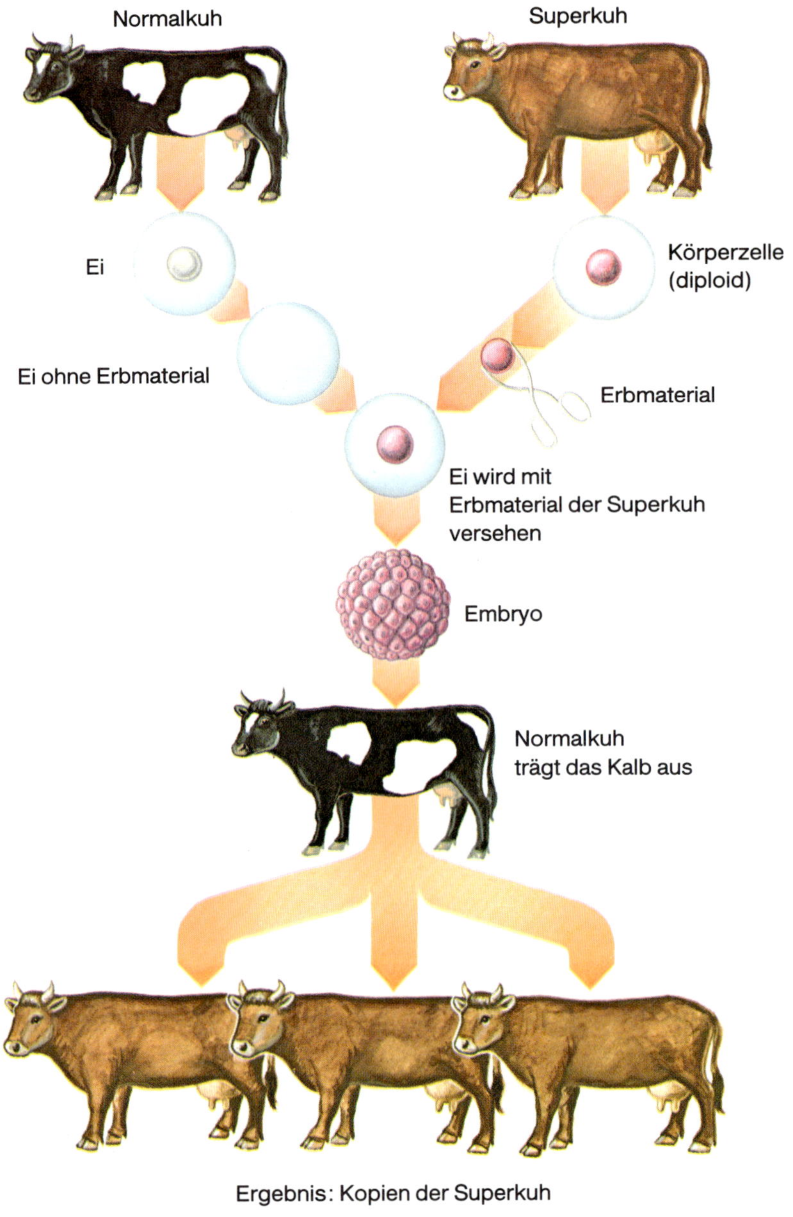

***Denkschema einer Klonierung.** Bei einer Klonierung werden die Kerne von Körperzellen, hier von einer Superkuh, in unbefruchtete Eizellen, etwa von einer Normalkuh, transplantiert. Diese werden Ammenmüttern eingepflanzt, die die Jungen normal austragen. So kann man von einem besonders wertvollen Tier zahlreiche mit ihm identische Nachkommen erzeugen. Bisher konnte man allerdings erst an Mäusen und Kaninchen zeigen, daß eine solche Kernübertragung von Körperzellen auf Eizellen grundsätzlich möglich ist.*

Man versucht heute außerdem, bestimmte Gene höherer Organismen auf diese Weise in Bakterien einzuschleusen, die nun die Produktion der von diesen Genen codierten Eiweiße in großer Menge übernehmen. Der Erfolg dieses Vorgehens wird große Wirtschaftszweige, wie die Arzneimittelindustrie und die Landwirtschaft, in noch nicht abzusehendem Umfang revolutionieren. Medikamente wie das Hormon Insulin oder das Wachstumshormon, deren Herstellung jetzt noch sehr teuer und aufwendig ist, könnten schon in naher Zukunft von Bakterien preiswert hergestellt werden.

Der wirtschaftliche Druck, den diese Aussicht erzeugt, beschleunigt die Investitionen in diese Art von Forschung in erheblichem Maße, so daß eine gewisse Gefahr besteht, daß unerwünschte Nebenergebnisse der Technik der Neukombination von Erbgut nicht sorgfältig und nüchtern genug abgeschätzt werden können.

Die an Bakterien oder Tieren erprobten Verfahren könnten einmal im Sinne einer gezielten Veränderung menschlichen Erbguts Anwendung finden. Hoffnung für Erbkranke, aber auch Horrorvisionen einer »schönen neuen Welt« mit monströsen Zuchtmenschen, wie sie Aldous Huxley schon 1932 ersann, eröffnen sich damit gleichermaßen.

Manipulationen am Säugerkeim. Diese Denkmöglichkeiten, das Erbgut von Säugern zu manipulieren und vom Produkt dieser Bemühungen viele Kopien anzufertigen, rücken bereits in den Bereich der Wirklichkeit, nachdem parallel zu den Verfahren der Neukombination von DNS Techniken zu mikrochirurgischen Eingriffen am Säugetierkeim entwickelt wurden. So kann man heute, zum Beispiel bei Kühen, zahlreiche Eizellen aus einem Tier entnehmen und nach der Befruchtung im Reagenzglas als besamte Eizellen anderen, scheinschwangeren Weibchen als Ammen in die Gebärmutter einpflanzen. Aus diesen außerhalb des Körpers besamten Eizellen können lebensfähige Individuen entstehen. Beim Menschen führten ähnliche Verfahren zur spektakulären Geburt sogenannter »Retortenbabys«.

Bei Tieren ist es darüber hinaus gelungen, aus der gerade befruchteten Eizelle, noch bevor die Zellkerne der Ei- und der Samenzelle miteinander verschmolzen sind, einen dieser Kerne herauszusaugen und den zurückbleibenden (haploiden) Kern dazu zu bringen, sein Erbgut zu verdoppeln, so daß er diploid wird. Auch aus dieser nun völlig homozygoten Eizelle können Keime entstehen, die zu lebensfähigen Tieren heranwachsen können und für die Tierzucht äußerst wichtige, völlig homozygote Linien liefern.

Schließlich besteht – wenn auch zunächst noch nur bei Mäusen – die Möglichkeit, befruchtete Eizellen zu entkernen und ihnen jeweils den Kern einer Körperzelle, die sogar ein artfremdes Gen tragen kann, einzupflanzen. Auf diese Weise kann man eine Serie von Lebewesen schaffen, die alle mit dem Spender der Körperzellen vollkommen übereinstimmen (Klonierung) und zusätzlich genetisch manipuliert sind.

Nur noch Grenzen der Moral und der Vernunft stehen einer Anwendung dieser Verfahren beim Menschen entgegen. Die Vergangenheit hat allerdings gezeigt, daß diese Kriterien bisher kein wirksamer Schutz gegen einen Mißbrauch des »Fortschritts« waren.

Die Entwicklung der letzten Jahre hat dem Menschen somit die Macht in die Hand gegeben, die bisher der Natur vorbehalten war: durch Veränderung und Neukombination von Erbgut neue Arten zu schaffen. Anders als in der Natur ist dies aber nunmehr gezielt möglich. Es wird die Aufgabe des Menschen sein, auch den zweiten Teil der Arbeit zu übernehmen, die ihm die Natur vorgemacht hat, nämlich die neuen Formen auf ihre Brauchbarkeit und Verträglichkeit mit den vorhandenen Lebensformen hin zu überprüfen. Im eigenen Interesse muß er Sorge tragen, daß die neuen Geschöpfe nicht seiner Kontrolle entgleiten und das bestehende Kräfteverhältnis unter den Lebewesen zum Einsturz bringen.

Rudolf Altevogt

Fortpflanzung und Sexualität

Fortpflanzung bedeutet die Erzeugung von Nachkommen, und selbstverständlich liegt es nahe, dabei zunächst an die Nachkommenschaft des Menschen, also an die Eltern-Kinder-Generationen, zu denken. Ein solches zeitliches Nacheinander verschiedener Altersklassen im Sinne von Generationen ist zwar bei Mensch und Tier (und Pflanze) wohl das am häufigsten auftretende Verfahren zur Produktion von Nachkommen und geht bei den höheren Organismen meist mit geschlechtlichen (sexuellen) Vorgängen einher. Auf den niederen Stufen des Tierreiches aber kann Fortpflanzung auch sozusagen im zeitlichen Nebeneinander, ohne das Generationenproblem, erfolgen und benötigt dabei auch keinerlei geschlechtliche Vorgänge (ungeschlechtliche oder vegetative Vermehrung).

Ein Vorteil dieser Art von Fortpflanzung ist die in sehr kurzen Zeiträumen mögliche Produktion großer Individuenzahlen. Dies ist zum Beispiel die Grundlage der massenhaften Vermehrung von Parasiten und Krankheitskeimen, wie Viren, Bakterien, parasitären Einzellern und manchen Würmern. Ein Beispiel mag dies verdeutlichen: Unter günstigen Bedingungen kann sich ein einzelliger Organismus alle zwanzig Minuten teilen, und ebenso jede aus einer Teilung hervorgehende Tochterzelle. So entsteht aus einer einzigen Ausgangszelle in nur 24 Stunden die unvorstellbare Menge von 4×10^{21} (eine Vier mit 21 Nullen) einzelligen Individuen. Wenn solche Vermehrungsraten auch nicht die Regel sind, so sind sie doch im Prinzip für die ungeschlechtliche Vermehrung von Einzellern (Protozoen) charakteristisch.

Die ungeschlechtliche Vermehrung der Einzeller

Ein typischer tierischer Einzeller ist etwa das Pantoffeltierchen Paramecium, das sich in einem einige Tage lang im Labor stehenden Heuaufguß »von selbst« einstellt, da seine Dauerstadien (Zysten mit derber Umhüllung) im Heu die Trockenzeit überstehen und nach dem Übergießen mit Wasser das in ihnen ruhende Lebewesen entlassen.

Ein solches zu den Wimpertierchen (Ciliaten) gehörendes einzelliges Lebewesen bringt unter günstigen Kulturbedingungen – genügend Wasser, genügend Wärme, ausreichend Sauerstoff und Nahrung – Nachkommen hervor, die eigentlich »Nebenkommen« heißen müßten. Sie entstehen nämlich durch Teilung des Individuums, wobei die Körpersubstanz des ursprünglichen Tieres halbiert wird und sich durch Wachstumsvorgänge in jeder Teilungshälfte rasch wieder zum normal ausgerüsteten Pantoffeltierchen entwickelt. Es existieren nach der Teilung also zwei gleichartige Individuen, in denen je die Hälfte des Urtieres weiterlebt. Ein Nacheinander im Sinne unserer gewohnten Vorstellung von Eltern und Kindern gibt es hierbei nicht, wohl aber das zeitliche Nebeneinander von Individuen mit demselben »Geburtstermin«.

Bei solchen Einzellern gibt es also die bemerkenswerte Situation, daß das »Elterntier« bei der Teilung zwar als solches verschwindet, aber mit seiner gesamten Substanz in den beiden Tochterzellen fortbesteht. Als wichtiger Nebenbefund ergibt sich dabei, daß ein individueller Tod bei dieser Vermehrung nicht auftritt; es gibt noch keine »Leiche«, wie sie bei der sonst geläufigen Folge der Generationen üblich zu sein scheint. Auf dem Niveau der Protozoen ist also potentiell das »ewige Leben« realisiert, wenn man einmal vom Tod durch Gewalteinwirkung und widrige Umweltbedingungen absieht.

Da die Protozoenzelle im Prinzip eine zum eigenständigen Leben befähigte Zelle ist, verläuft ihre Teilung wie jede normale mitotische Kern- und Zellteilung (→ S. 83 f.), und zwar entweder als Längs- oder Querteilung. Die Dauer solcher Längs- bzw. Querteilungen ist arttypisch und weitgehend von den Umweltbedingungen, vor allem Ernährung und Temperatur, abhängig. Bei Amoeba proteus dauert eine Zweiteilung nur wenige Minuten, beim Pantoffeltierchen aber schon 12 bis 24 Stunden.

Längsteilung. Die Längsteilung ist allgemein bei den einzelligen Geißeltierchen (Flagellaten) verbreitet, zu denen etwa der Erreger der Schlafkrankheit (Trypanosoma gambiense) gehört. Bei dieser Art der Vermehrung erfolgt die Zweiteilung also entlang der Körperlängsachse. Zunächst teilen sich der Kern und andere wichtige Strukturen innerhalb der Zelle (Organellen). Schließlich schnürt sich der Zelleib durch, so daß als Ergebnis dieser völlig ohne Sexualvorgänge verlaufenden Vermehrung zwei völlig identische Tochterindividuen entstehen, die man auch als Agameten bezeichnet. Dementsprechend nennt man den Vorgang Agamogonie (griech.: Fortpflanzung ohne Gameten, das heißt ohne Geschlechtszellen). Der für die ungeschlechtliche Fortpflanzung ebenfalls gebräuchliche Begriff vegetative Fortpflanzung entstammt dem Pflanzenreich, wo eine ungeschlechtliche Fortpflanzung häufig neben einer geschlechtlichen vorkommt.

Querteilung. Wimpertierchen, zu denen auch das Pantoffeltier gehört, können sich offenbar wegen ihres komplizierteren Innenlebens – sie besitzen zum Beispiel einen Klein- und einen Großkern (Mikro- und Makronukleus) – nicht durch eine einfache Längsteilung vermehren, sondern sie teilen sich quer. Da Wimpertierchen auch bestimmte Sondereinrichtungen wie Zellmund (Cytostom), Zellschlund (Cytopharynx), Exkretionsapparat und Zellafter (Cytopyge) besitzen, müssen auch diese Organellen bei der Querteilung neu gebildet werden.

Bei Amöben, deren Körper keine ausgeprägte Symmetrieachse aufweist, kann die Teilungsachse beliebig durch das Elterntier gelegt werden.

Multiple Teilung. Normalerweise erfolgt die Zellteilung in all diesen Fällen direkt anschließend an die Teilung von Kern und Organellen. Bei mehrkernigen Einzellern können Kernteilungen und anschließende Zelldurchschnürung jedoch zeitlich deutlich voneinander getrennt ablaufen, was bei manchen parasitär lebenden (schmarotzenden) Arten wichtige medizinische Konsequenzen haben kann. Das gilt zum Beispiel für den Erreger der Malaria (Plasmodium). Bei diesen zu den Sporentierchen (Sporozoen) gehörenden Einzellern erfolgt die Vermehrung durch eine Vielteilung (multiple Teilung), indem aus einem Kern durch mehrere rasch aufeinanderfolgende Teilungsschritte oft Hunderte von Agameten entstehen, die zunächst im Elterntier verbleiben, sich aber dann mit einer eigenen Hülle versehen und die übrigen Zellorganellen bilden. Danach werden sie frei und dringen nun massenweise in die roten Blutkörperchen des Menschen ein, bei dem eine solche massive Invasion den für die Malaria typischen Fieberanfall bewirkt.

Aber auch andere Einzeller bedienen sich zur Vermehrung der multiplen Teilung. Das gilt zum Beispiel für die ästhetisch so ansprechenden Sonnentierchen (Heliozoen), die in einigen Arten in stillen Waldtümpeln vorkommen. Diese Einzeller verfügen außerdem aber auch schon über die Art der geschlechtlichen Fortpflanzung.

Schließlich kommen multiple Teilungen auch bei den Lieferanten unserer Tafelkreide, den beschalten Foraminiferen und Radiolarien, vor, deren kalk- bzw. siliziumhaltige Gehäuse eine ausgeprägte Symmetrie aufweisen und als Foraminiferenkalk (Insel Rügen) beziehungsweise Radiolarienschlamm (Meeresboden) unsere Tafel-, aber auch Schlämmkreide für Zahnpasten liefern.

Koloniebildung. Vom Vorgang der multiplen Teilung läßt sich leicht der nächsthöhere Typ der Vermehrung ableiten: die Koloniebildung. Hierbei wird nach einer vielfachen Kernteilung lediglich die Abschnürung der entstandenen Tochtertiere verzögert, oder sie unterbleibt ganz. So ergeben sich alle nur denkbaren Übergänge vom rein äußerlichen Aneinanderhaften mit Hilfe von Hüllen oder Stielen bis zum echten, durch Zellsubstanz verbundenen Komplex vieler zunächst gleichartiger Lebewesen, unter denen es in manchen Fällen sogar zu einer echten Spezialisierung im Sinne von Arbeitsteilung kommen kann. Das zeigt sich etwa bei dem einzelligen Wimpertierchen Zoothamnium arbuscula, wo diese Arbeitsteilung in der Kolonie bis zur Übernahme von Stoffwechselvorgängen durch einige Individuen und zur Fortpflanzungsfunktion durch andere reicht.

Metamorphose. Bei einigen Einzellern kommt es bereits zu einer Metamorphose, einem Gestaltwandel, bei dem die jungen Tiere anders aussehen als die älteren. So schnürt das Elterntier sozusagen jugendliche, noch nicht teilungsfähige Tochterindividuen ab, die zunächst anders aussehen als das Elterntier (unreif sind) und erst später selbst Nachkommen abteilen können. Dieser Typ der Vermehrung ist vor allem bei festsitzenden Einzellern ausgeprägt, zum Beispiel beim Sauginfusor Tokophrya, das auf den Stielen von Glockentierchen und an Wasserpflanzen lebt. Ein wichtiger Vorteil dieser Methode besteht offenbar darin, daß dabei die Töchter anders als die festsitzenden Mütter gestaltet sind (»Schwärmer«) und schwimmend neue und damit auch günstigere Lebensräume aufsuchen können, wo sie sich nun ihrerseits festsetzen und erst jetzt die Gestalt der Elterntiere annehmen.

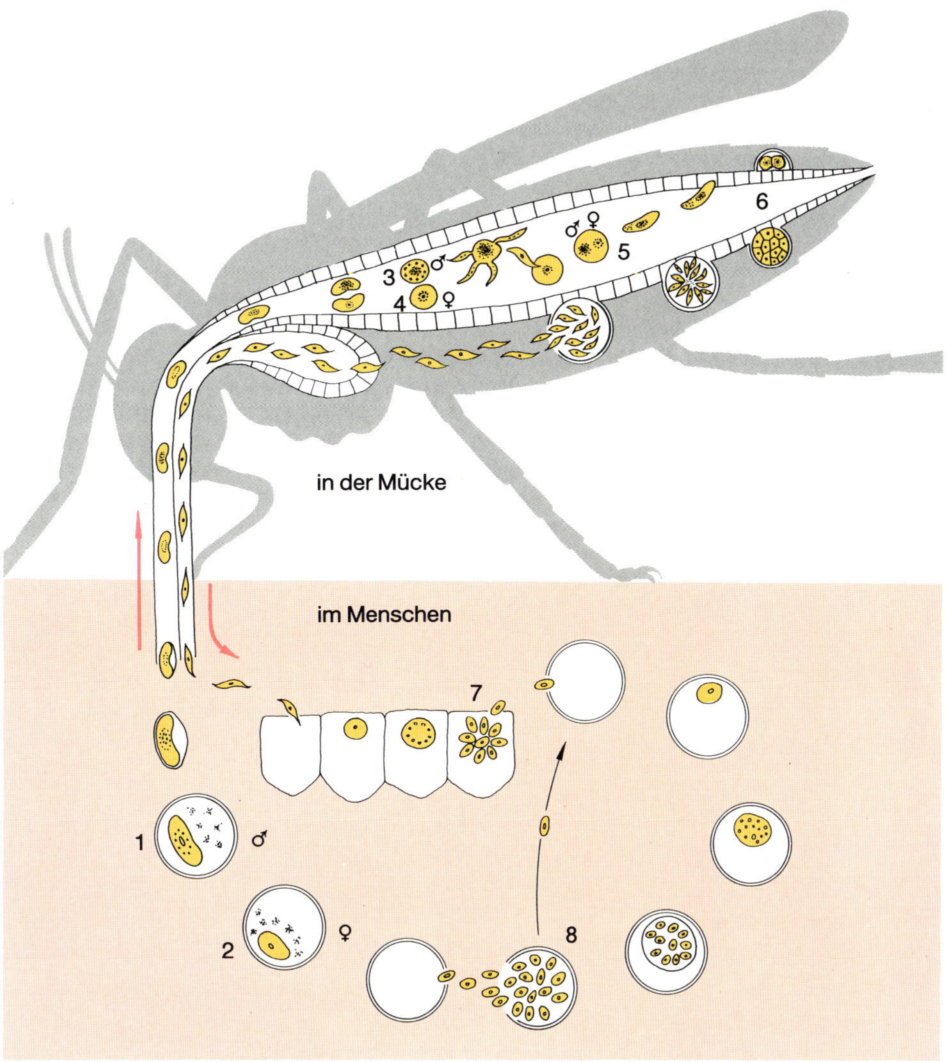

Generations- und Wirtswechsel des Malaria-Erregers Plamodium. *Die im Blut malariabefallener Menschen kreisenden unreifen Geschlechtsformen (Gamonten) des Erregers (1, 2) werden beim Stich durch die Malaria-Mücke (Anopheles) aufgesaugt (Wirtswechsel) und entwickeln sich im Mückenmagen zu reifen Mikro- und Makrogameten (3, 4). Diese verschmelzen zur beweglichen Zygote (5) und bilden in der Darmaußenwand die Sporozyste (6), die durch Vielfachteilung (Sporogonie) in sehr viele Sichelkeime (Sporozoiten) zerfällt. Diese gelangen in die Speicheldrüse, werden beim Stich dem Menschen in die Blutbahn injiziert (Wirtswechsel) und bilden in dessen Leber durch Vielfachteilung die Merozoiten (7), die die roten Blutkörperchen befallen. Durch Vielfachteilung (8) in den Erythrocyten zerstören sie diese (dabei entsteht das Fieber) und können als Merozoiten erneut andere Erythrocyten befallen und so fort. Mit den geschlechtlichen Formen der Gamonten (1, 2) kann das nicht selten tödliche Spiel von neuem beginnen.*

Ungeschlechtliche Fortpflanzung bei Vielzellern

Auch bei einigen Vielzellern findet eine ungeschlechtliche Vermehrung statt, die manches gemeinsam hat mit der Teilung der Einzeller. Eine einfache Abschnürung von Tochterindividuen kommt zum Beispiel auch bei festsitzenden Hohltieren (Coelenteraten) vor. In diesem Fall bezeichnet man den ungeschlechtlichen Vermehrungsvorgang als Strobilation: Ein an Felsen, Hafenmolen oder Bauholz angeheftetes Hohltier, ein sogenannter Polyp, kann an seinem freien Ende durch Abschnürung quer zur Körperlängsachse eine Vielzahl von Tochterindividuen entstehen lassen, die sich ablösen und als Qualle davonschwimmen. Diese jedem Wanderer am Meeresstrand bekannten Quallen können weibliche und männliche Geschlechtsorgane ausbilden und damit Eier und Samenzellen erzeugen. Deren Vereinigung führt zu einer Larvenform (Planula), die eine Zeitlang frei beweglich im Wasser schwimmt und sich schließlich an feste Gegenstände unter Wasser anheftet und nun wieder zum Polypen heranwächst. Damit kann der Knospungsvorgang von neuem beginnen.

Auch hier tritt also eine Metamorphose, ein Gestaltwechsel, auf, doch ist er bei den Quallen schon um den wichtigen Prozeß der Sexualität bereichert. Der Wechsel von ungeschlechtlicher (hier: Polyp) und geschlechtlicher Form (hier: Qualle) wird als metagenetischer Generationswechsel bezeichnet. Auf die sich ungeschlechtlich vermehrende Generation folgt (griech.: meta – folgend, danach) die geschlechtlich sich fortpflanzende in regelmäßiger Abfolge.

Eine ungeschlechtliche Art der Vermehrung findet sich auch bei den Strudelwürmern (Turbellarien) unserer Teiche und Bäche. Sie sind in der Lage, Verletzungen besonders rasch und meist komplikationslos auszubessern, ja sogar bei solchen Verletzungen verlorengegangene Körperteile neu zu bilden. Dieses Regenerationsvermögen bildet die Grundlage für die wunderbare Fähigkeit unserer Bachstrudelwürmer (Planarien), noch aus einem Hundertstel ihrer Körpersubstanz wieder ein ganzes Tier zu regenerieren. Eine derartige Überlebensgarantie auch nach schweren Beschädigungen ist nicht nur auf Strudelwürmer beschränkt, sondern tritt auch bei Ringelwürmern – dazu gehört unser Regenwurm – und Stachelhäutern auf, zu denen zum Beispiel die Seesterne zählen. Bei den

Die Polypen der Ohrenqualle (Aurelia) vermehren sich ungeschlechtlich durch eine Strobilation. Dabei schnüren sich quer zur Längsachse des becherförmigen Polypen zahlreiche Scheiben ab, die sich nach und nach ablösen und als Quallen davonschwimmen.

Unten: Auch der Süßwasserpolyp Hydra, der sich an Wasserpflanzen festheftet, kann sich ungeschlechtlich vermehren, indem er Knospen bildet (in Anfängen zu beobachten bei dem linken Tier). Sie wachsen heran und lösen sich vom Muttertier ab.

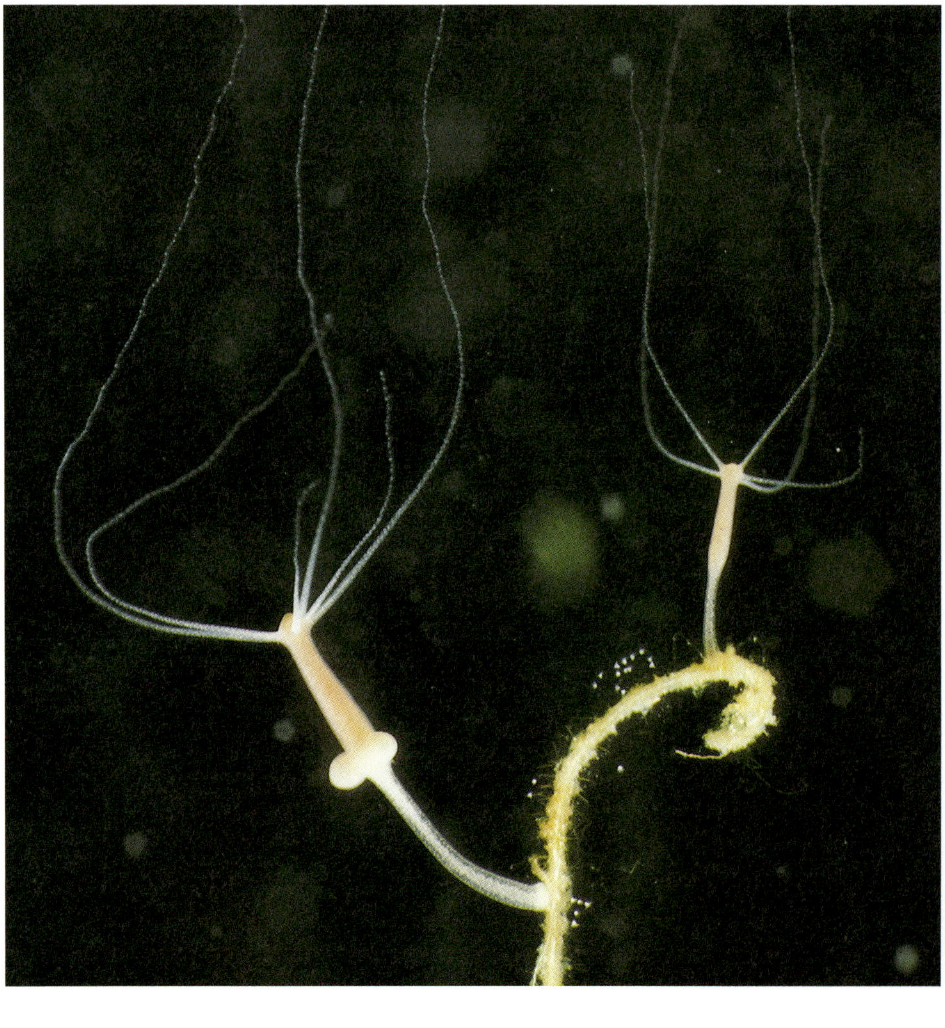

Seesternen genügt einer der fünf Arme mit erhaltenem Zentralkörperteil zur Wiederherstellung eines intakten Tieres. So kann ein fünfstrahliger Seestern durch Zerteilung und nachfolgende Regeneration sich in fünf Individuen fortpflanzen.

Aber auch ohne Gewalteinwirkungen setzt die Teilung bei gesunden Strudelwürmern spontan als Mittel der Vermehrung ein. Dabei entstehen am Hinterende eines Elterntieres durch Querteilung zur Körperlängsachse neue Individuen, die sich mit Erreichen einer bestimmten Körpergröße vom Elterntier ablösen und davonstrudeln. Solche Teilungsvorgänge treten besonders häufig bei ungünstigen Milieubedingungen ein. In solchen Situationen sind auch hier einige der so vermehrten Individuen am ehesten in der Lage, in neue und oft genug günstigere Gebiete zu geraten, womit die Existenz der Art gesichert wird. Diese offenbar recht erfolgreiche Methode wird auch bei einigen Ringelwürmern (Anneliden) beibehalten, und zwar nicht nur – wie bereits für den Regenwurm erwähnt – im Notfall. Bei dem im Meer lebenden vielborstigen Ringelwurm Autolytus (griech.: der sich selbst Lösende) bilden sich am Hinterende in einer besonderen Teilungszone weibliche oder männliche neue Individuen. Wenn sie eine bestimmte Größe erreicht haben, lösen sie sich von der »Amme« ab und schwimmen davon. Seltsamerweise sind diese Individuen nicht in der Lage, selbst Nahrung aufzunehmen, und führen nur eine kurze Zeit ein selbständiges Leben, wobei sie männliche und weibliche Geschlechtszellen in das umgebende Wasser abgeben. Nach deren Vereinigung (Befruchtung) entsteht wieder eine neue Amme, und der vegetative Vermehrungsprozeß beginnt von neuem.

Polyembryonie. Finden solche Teilungsprozesse während der Entwicklung der Keimlinge (Embryonalentwicklung) statt, so kommt es zur Polyembryonie (vervielfachte Keimlingsbildung). Sie beruht auf der mehrfachen Teilung der ersten Embryonalstadien und stellt also eigentlich den wohlbekannten Fall eineiiger Mehrlinge dar, der immer wieder einmal auch beim Menschen auftritt. Hier liegt also eine echte vegetative Vermehrung vor, die lediglich auf embryonale Stadien beschränkt ist. Sie ist bei niederen Tieren wie Moostierchen, Fächerflüglern und parasitären Schlupfwespen nicht selten. Bei den Wirbeltieren aber bleibt sie doch ein meist seltenes Zwillings- oder Mehrlingsereignis und kommt nur bei einigen Gürteltieren (Dasypodidae) regelmäßig vor. Diese in der Neuen Welt in Steppen und Wüsten lebenden, urtümlichen Säugetiere bringen durch Sprossung embryonalen Bildungsgewebes stets eineiige Mehrlinge zur Welt (Gattung Dasypus).

Wie aus den vorstehenden Beispielen ersichtlich, ist die Vielzahl von vegetativen, der Vermehrung dienenden Mechanismen oft nicht frei von geschlechtlichen Fortpflanzungsvorgängen (Abwechseln von ungeschlechtlicher und geschlechtlicher Genera-

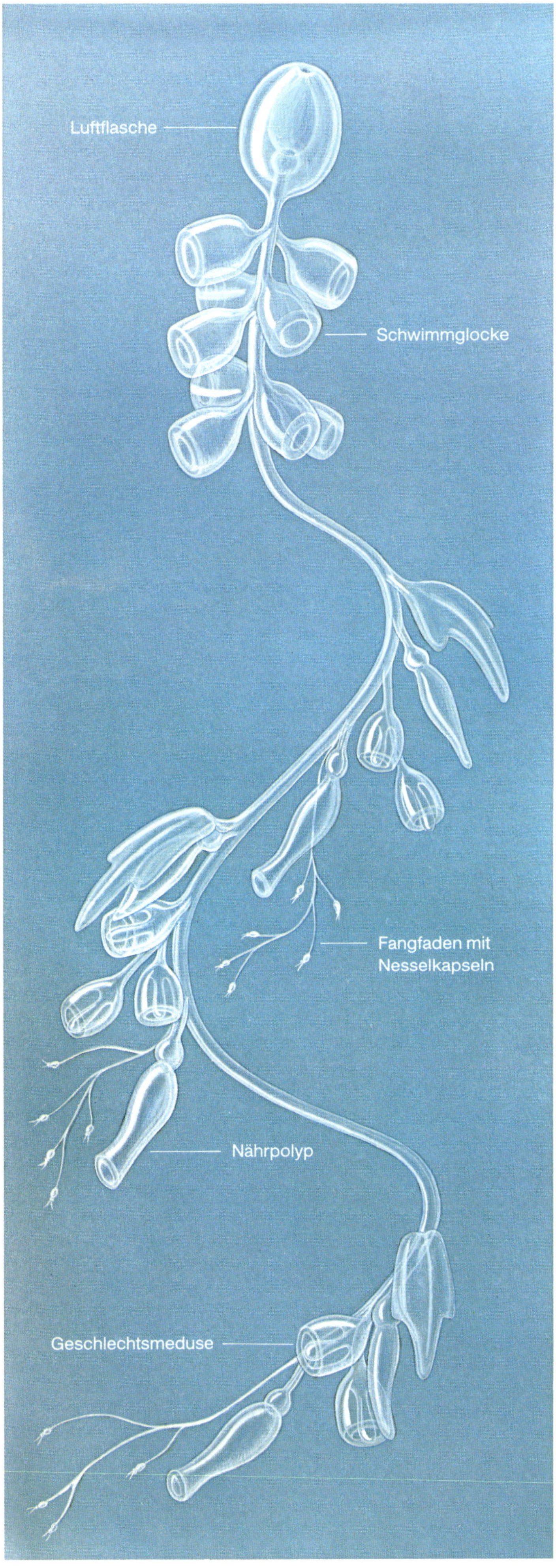

Staatsquallen *(Ordnung Siphonophoren) nennt man diese Tierkolonien, weil in ihnen die Einzeltiere zeitlebens miteinander verbunden bleiben und sich in die verschiedenen Aufgaben teilen, die zum Erhalt des Ganzen notwendig sind. Zu diesem Zweck sind sie hochspezialisiert: Es gibt Schwimmglocken für die Fortbewegung, Nährpolypen, Geschlechtsmedusen und Fangfäden mit Nesselkapseln.*

tion, Mehrlingsbildung erst nach erfolgter Befruchtung). Das scheint darauf hinzudeuten, daß die für die Sicherung des Überlebens und die stets aufs neue notwendige Anpassung an wechselnde Umweltsituationen und neue Lebensräume bessere Methode der Vermehrung die mit Hilfe von Sexualprozessen ist. Dennoch kommen im Tierreich noch weitere Arten ungeschlechtlicher Vermehrung vor.

Die Knospung. Sie stellt eine weitere Form der ungeschlechtlichen Vermehrung dar und läßt sich zum Beispiel beim Süßwasserpolypen Hydra beobachten und sogar im kleinen Aquarium provozieren. Bei genügender Fütterung, etwa mit Wasserflöhen Daphnia, stülpen sich aus der Körperwand an bestimmten Stellen Knospen aus, die sich langsam zu vollständigen Individuen mit Tentakelkranz, Mundkegel, Fußscheibe und den anderen Körperorganen entwickeln. Diese lösen sich später vom Muttertier ab und können sich dann auf dieselbe Weise vermehren.

Auch Korallen können mit Hilfe solcher äußeren Knospung in kurzer Zeit zahlreiche neue Individuen hervorbringen, die ausgedehnte Kolonien bilden. Dabei sind die Einzeltiere meist noch miteinander durch Ausläufer (Stolone) verbunden. Die von diesen Pseudo-Individuen abgeschiedenen stützenden und schützenden Kalkgerüste sind die Grundlage der bekannten Korallenbänke von oft enormer Mächtigkeit (etwa das große Barriereriff bei Australien).

Eine äußere Knospung führt auch zur Stockbildung bei Manteltieren (Tunicaten), wo sie unter anderem bei der in warmen Meeren lebenden Kettensalpe Salpa democratica ein echtes Nebeneinander von miteinander verbunden bleibenden Individuen im »demokratischen« Verband bewirkt. Der Dichter Adalbert von Chamisso (1781–1838) hat sich diesem Phänomen besonders gewidmet und an ihm die Metagenese entdeckt, also die Aufeinanderfolge einer sich ungeschlechtlich vermehrenden Generation und einer mit geschlechtlicher Fortpflanzung.

Äußere Knospungsvorgänge führen manchmal zu einem wichtigen Prinzip der Höherentwicklung, dem der Arbeitsteilung, nämlich dann, wenn die durch Knospung entstandenen Individuen sich nicht ablösen, sondern miteinander verbunden bleiben und sich für verschiedene Aufgaben spezialisieren. Das ist zum Beispiel bei den Staatenquallen (Siphonophoren) der Fall, die aus einer Vielzahl unterschiedlich spezialisierter Lebewesen bestehen: Gashaltige Individuen sorgen für den Auftrieb, mit Fangfäden versehene dienen dem Nahrungserwerb, während andere für Verdauung und Vermehrung zuständig sind.

Laufen Teilungsvorgänge im Inneren der Elterntiere ab, so spricht man von innerer Knospung. Mit ihrer Hilfe können vor allem festsitzende Tiere Perioden ungünstiger Umweltbedingungen überstehen, indem sie im schützenden Inneren Dauerknospen bilden. Diese sind oft mit derben Hüllen versehen, so bei einheimischen Süßwasserschwämmen, und enthalten sogar komplizierte und sehr ansprechend aussehende Nadeln aus Kieselsäure oder Kalk. So können diese Dauerknospen (Gemmulae) nach dem Tod ihres Erzeugers den Winter überstehen und im nächsten Frühjahr zum neuen Schwamm auskeimen. Dabei können die Gemmulae im Nadelskelett des abgestorbenen Tieres bleiben und es im Frühjahr mit einem neuen Schwammkörper besiedeln, oder aber sie können mit dem Wasser transportiert werden und so der Verbreitung und der Besiedlung neuer Lebensräume dienen.

Die innere Knospung ist auch die Ursache einer höchst lästigen, ja auch für den Menschen gefährlichen Erkrankung durch Befall mit dem Hundebandwurm (Echinococcus granulosus). Dieser nur sechs Millimeter lange Bandwurm lebt im Darm des Hundes, und der Mensch kann ungewollt Träger der Larvengeneration werden. Eine Infektion kann etwa durch Streicheln des Hundes erfolgen, der bei der Körperpflege After und Fell beleckt und dabei die Bandwurmeier verteilt. Dabei nimmt der Mensch durch mangelnde Hygiene nicht selten die Eier auf, die er ungewollt verschluckt. Diese entlassen im Magendarmkanal die Larven, die in Leber, Lunge und sogar in das Gehirn eindringen, wo sie durch innere Knospung gewaltige Finnblasen hervorbringen können. Dabei entstehen im Inneren der Larvenhüllen fortwährend neue Bandwurmköpfe als Anfangsstadien neuer Bandwurmindividuen. Da die Zahl solcher Innenknospen bis zu dreißig Stück pro Finne betragen kann, vergrößert sich die Finnblase bis zu vierzig Zentimetern Durchmesser und beansprucht dadurch im jeweils befallenen Organ Raum, was im Gehirn schwerste Ausfälle zur Folge hat. Aber auch in Lunge und Leber führt ein solcher Befall oft dazu, daß eine Operation notwendig wird.

Regeneration als Mittel der Fortpflanzung. Vom vorstehend geschilderten Typ der Vermehrung durch Knospung ist die Regeneration als Mittel der Fortpflanzung nicht grundsätzlich verschieden. Diese Möglichkeit wurde schon oben beim Regenwurm bzw. beim Seestern erwähnt. Die Fähigkeit, verletzte bzw. verlorengegangene Körperteile neu zu bilden, verlangt das Vorhandensein von undifferenzierten Zellen, die in der Lage sind, alle für den jeweiligen Reparaturfall benötigten Zell- und Organtypen entstehen zu lassen, also omnipotent, alleskönnend, zu sein. Solche omnipotenten Zellen werden von manchen Organismen dauernd bereitgehalten, andere Tiere aber lassen an der Schadensstelle aus bereits differenzierten, das heißt spezialisierten, Zellen rückläufig solche Regeneratzellen entstehen, die dann die entsprechenden Neubildungen bewirken. Diese Fähigkeit kann im bescheidensten Fall zum Wundverschluß und in höchster Ausprägung zur Hervorbringung vollständiger, neuer Individuen führen, die dann selbständig leben können, also echte Vermehrungsprodukte sind.

Das wohl eindrucksvollste Beispiel hierfür findet sich bei unserem einheimischen Süßwasserpolypen Hydra, der seinen Gattungsnamen der Fähigkeit verdankt, aus einem einzigen Tentakel mit etwas Basisgewebe ein vollständiges Hydra-Individuum zu bilden. Die Hydra der griechischen Sage war ja ein Ungeheuer, dem immer wieder neue und zahlreichere Köpfe nachwuchsen, so viele der edle Held Odysseus auch abschlagen mochte. So können aus einem »Muttertier« etliche Dutzend »Töchter« entstehen. Dabei laufen höchst komplizierte Vorgänge ab, denn die Bildung von Kopf- und Fußteil bzw. Vorder- und Hinterende muß gesteuert werden, und auch die zeitliche Reihenfolge der Bildung solcher Körperregionen bedarf der genauen und richtigen Festlegung.

Man hat in jüngster Zeit für solche Prozesse bestimmte Stoffe entdeckt, die in einem Regenerationsgewebe zum Beispiel die Ausbildung eines Kopfes fördern, aber die Fußbildung hemmen. Solche Stoffe befinden sich offenbar vor allem in den Nervenzellen. Wenn man etwa ein Stück aus dem Bauchmark des Regenwurms (das entspricht in seiner Funktion fast unserem Rückenmark) in den äußeren Hautmuskelschlauch eines anderen Regenwurms transplantiert, so wird dort die Bildung eines neuen Kopfendes angeregt. Beim Meeres-Schnurwurm (Lineus) entstehen durch spontane oder durch Unfall bewirkte Zerstückelung aus einem Individuum oft Hunderte von Abkömmlingen durch Regeneration. Es ist denkbar, daß die Erforschung solcher Regenerationsvorgänge auch für den Menschen – etwa in der Unfall- und Wiederherstellungsmedizin – noch wichtige Folgen haben wird.

Die urtümlichen Gürteltiere weisen eine Besonderheit in ihrer Fortpflanzung auf: In den ersten Embryonalstadien teilt sich der Keim mehrfach, so daß sie stets eineiige Mehrlinge zur Welt bringen (Polyembryonie).

Restitution. Die Nutzung der Regeneration als Mittel der Vermehrung wird bei höheren Organismen immer mehr eingeschränkt und ist dort nur noch zur Restitution (Wiederherstellung) kleinerer Körperpartien geeignet. Das gilt natürlich für die auch beim Menschen bekannten Restitutionen von Haut- und Knochenpartien nach Beschädigung, erreicht aber bei den Amphibien wohl den Höhepunkt. So können Molche zum Beispiel nach Verlust einer Augenlinse diese völlig neu bilden, wobei die Restitution vom oberen Rand der Regenbogenhaut ausgeht. Auch verlorene Gliedmaßen werden bei Molchen sogar noch im erwachsenen Zustand völlig ersetzt.

Auch die zu den Reptilien zählenden Eidechsen besitzen die erstaunliche Fähigkeit, bei Gefahr den Schwanz an einer kaum blutenden Sollbruchstelle abzuwerfen. Er bewegt sich danach noch einige Zeit sehr lebhaft und lenkt so den Feind oft genug von der wirklichen Beute, der Eidechse selbst, ab. Im Laufe von Monaten entsteht an der Abwurfstelle ein neuer Schwanz, der allerdings nicht ganz die

Länge des alten erreicht. Es ist zu erwarten, daß die weitere Erforschung der Restitutionsbiologie für die Humanmedizin und Transplantationsbiologie wichtige Resultate liefern wird.

Geschlechtliche Fortpflanzung

Diese Art der Vermehrung bringt den wichtigen Vorteil der Vermischung des Erbgutes beider Partner mit sich. Dadurch ergeben sich immer neue Kombinationen von Eigenschaften, die u.a. größere Widerstandskraft der Nachkommen bewirken (»Mischlingskraft«, Heterosis-Effekt). Daß dieser Mischungsprozeß von Genmaterial offenbar eine höchst wichtige Rolle spielt, erkennt man an der Vielzahl von Mechanismen, die das Zusammenkommen von »mütterlichen« und »väterlichen« Genomen (Gesamtheit der Erbanlagen eines Individuums) sichern bzw. dem Zueinanderfinden zweier passender Partner dienen. Solche Mechanismen reichen von der biochemischen Ebene (Anlockungs- und Befruchtungsstoffe) bis zur Sphäre komplizierten Sexualverhaltens.

Bevor die wichtigsten solcher Mechanismen vorgestellt werden, soll die Bedeutung der Durchmischung und Neukombination der Gene an einem berühmten Beispiel aus der Bakterienforschung unterstrichen werden.

Im Jahre 1946 arbeiteten Joshua Lederberg und Edward Tatum (USA) über die Vermehrung des auch im menschlichen Dickdarm lebenden Bakteriums Escherichia coli. Solche Mikroben lassen sich auf Nährböden züchten (d.h. vermehren), die nur Glukose (Traubenzucker) und einige Salze, nicht aber Aminosäuren, die Bestandteile der Eiweiße, enthalten. Die genetische Ausrüstung der normalen Coli-Bakterien ermöglicht ihren Trägern die eigene Produktion von Aminosäuren und damit der für ihre Lebensvorgänge wichtigen Proteine. Die beiden später mit dem Nobelpreis ausgezeichneten Forscher konnten jedoch durch Röntgenbestrahlung von Coli-Bakterien deren Fähigkeit auslöschen, bestimmte Aminosäuren zu bilden. Die auf diese Weise erblich veränderten Mutanten konnten auf dem Glukose-Salz-Nährboden nicht leben, da sie ja keine Eiweiße mehr herstellen konnten. Zum Überleben benötigten sie Nährböden, die gerade diejenigen Aminosäuren enthielten, die sie nach der Bestrahlung nicht mehr selbst aufbauen konnten. Im Laborjargon gesprochen, ergaben sich Coli-Stämme, die unfähig waren zur Bildung der Aminosäuren A, B und C, während andere Stämme die Aminosäuren D, E und F nicht synthetisieren konnten.

Diese beiden Defekt-Mutanten kultivierte man nun auf einem Nährboden, der die sechs Aminosäuren A, B, C, D, E und F enthielt. Natürlich vermehrten sich die beiden Defekt-Mutanten auf diesem für beide Stämme günstigen Nährboden. Nach einigen Stunden – Bakterien vermehren sich je nach Umweltbedingungen durch Teilung manchmal alle paar Minuten – nahm man einige Mikroben in Einzelkultur und brachte sie auf verschiedene Arten von Nährböden, auch auf solche, die frei von Aminosäuren waren. Der entscheidende Befund war nun, daß einige dieser Bakterien wieder die Fähigkeit erlangt hatten, alle Aminosäuren zu bilden.

Aus statistischen Gründen kommt die Annahme einer Rückmutation der durch Röntgenstrahlen erblich veränderten Stämme nicht in Betracht, denn die Chance hierfür beträgt nur $1:10^{15}$. Man mußte also folgern, daß die für die Produktion der Aminosäuren A, B und C benötigten Gene durch einen besonderen Prozeß mit denen für D, E und F erneut kombiniert worden waren. Eine solche genetische Rekombination bedingte die Annahme eines Stoffaustausches, denn Gene sind wohlbekannte chemische Verbindungen (→ S. 83). Dieser Prozeß ist seither in vielfältiger Weise analysiert worden und läßt sich mit Hilfe des Elektronenmikroskops sogar beobachten: Wenn zwei Bakterienzellen miteinander in Kontakt geraten, bildet sich zwischen ihnen oft eine Verbindungsbrücke aus Plasma. Durch diese Verbindung wird vom einen Organismus genetisches Material (Chromosomen) in den anderen überführt, was wie eine Injektion anmutet. Die Menge des so übergebenen Genmaterials hängt unter anderem von der Dauer der Verbindung ab: Je länger diese Brücke besteht, um so mehr Gene können übergeben werden, womit dem Empfänger die entsprechenden Eigenschaften verliehen werden.

Da solche konjugierenden (miteinander verbundenen) Bakterienpartner äußerlich gleich aussehen, muß ein Mechanismus existieren, der die eine Zelle zur Übergabe und die andere zum Empfang des Genmaterials veranlaßt. Die erstgenannte Zelle hätte gewissermaßen männlichen, die zweite sozusagen weiblichen Charakter. Man hat den dafür verantwortlichen Stoff den Sexfaktor genannt. Spritzt man diesen Geschlechtsfaktor einer Coli-Zelle ein, so kann man sie je nach Belieben »weiblich« oder »männlich« machen, das heißt zum Empfang oder zur Übergabe von Chromosomenmaterial veranlassen.

Dieses für die geschlechtliche Fortpflanzung entscheidende Prinzip gilt im Grunde genommen auch für die höheren Organismen, wenngleich es mit steigender stammesgeschichtlicher Höhe immer komplizierter zu werden scheint. Zunächst sind also die einfachen Sexualprozesse bei den Einzellern zu betrachten.

Hologamie. Darunter versteht man die Verschmelzung zweier ganzer Individuen (griech.: holos – ganz). Manche Einzeller, etwa die im Darm von Regenwürmern lebenden Gregarinen, vereinigen sich, gehen sozusagen ineinander auf und lassen so Erbmaterial in neuer Kombination miteinander wirksam werden. Das erfolgt, indem sich die beiden Partner nach der körperlichen Verschmelzung mit einer etwas festeren Hülle umgeben, in der sich ihre Kerne miteinander vereinigen. Auf diese Weise unterscheiden sich die Nachkommen von den Ausgangspartnern, und oft genug ist die Neukombination für das Leben in Wirtstieren besser geeignet. Die Nachkommen sind also nicht durch Vermehrung entstanden, sondern eher durch das Gegenteil: Zwei Individuen sind als Ganzes verschmolzen, so daß ihre Zahl halbiert wurde. Anschließend setzt jedoch bei den Nachkommen sogleich eine Phase der vegetativen Vermehrung ein, so daß auf diese Weise doch noch eine Vielzahl identischer Nebenkommen (Sporozoiten) entsteht. Da diese sich aber in ihren genetischen Eigenschaften von der Vorgeneration unterscheiden, ist der ständigen Neuanpassung an die Bedingungen im befallenen Wirtsorganismus mit der Hologamie der Weg geöffnet. Da bei diesem Sexualprozeß als Geschlechtszellen ganze Tiere (Gamonten) fungieren, spricht man auch von Gamontogamie.

Konjugation. Ein formal der am Beispiel von Escherichia coli beschriebenen Bakterienkonjugation ähnlicher geschlechtlicher Fortpflanzungstyp findet sich bei dem Pantoffeltierchen Paramecium und anderen Wimpertierchen. Unter günstigen Umweltbedingungen erfolgt deren Vermehrung – wie beschrieben – durch eine einfache Querteilung. Verschlechtern sich aber die Lebensumstände, etwa durch Anhäufung von Ausscheidungsprodukten der zahlreicher werdenden Kulturmitglieder, durch Sauerstoffmangel, Anreicherung von Kohlendioxid u.ä., so tritt die Konjugation auf. Hierbei legen sich zwei Individuen mit den Mundfeldern aneinander, bilden eine Plasmabrücke, tauschen genetisches Material aus und trennen sich wieder. Nach diesem sexuellen Akt setzt wieder die ungeschlechtliche Vermehrung der so durch die Rekombination erblich veränderten Individuen ein.

Die Wirkung der Konjugation besteht also im Austausch von Erbmaterial. Zur Sicherung dieses Austausches laufen in beiden Partnern komplizierte Vorgänge ab: Nach der Bildung der Plasmabrücke vergrößern sich die kleinen Kerne – Wimpertierchen besitzen einen kleinen Kern (Mikronukleus, generativer Kern) für die Fortpflanzungsvorgänge und einen Großkern (Makronukleus, somatischer Kern) für die Wachstums- und die übrigen ungeschlechtlichen Lebensleistungen. Diese Vergrößerung des Kleinkerns bildet die Vorstufe zu einer meiotischen Teilung (→ S. 92f.), die vier mit einem einfachen Chromosomensatz versehene Kerne liefert. Von diesen gehen drei zugrunde, und der vierte teilt sich ein weiteres Mal. Somit liegen in jedem Individuum zwei Kleinkernabkömmlinge vor, die als Geschlechtskerne fungieren. Der Makronukleus hat sich schon in den frühen Stadien der Konjugation aufgelöst, denn es sind ja im Augenblick wichtige Sexualvorgänge zu leisten, und diese sind dem Mikronukleus vorbehalten. Den beiden Kleinkernabkömmlingen fallen männliche bzw. weibliche Funktionen zu, indem der eine als Wanderkern (Migrationskern) über die Plasmabrücke in den Partner gelangt und der andere als stationärer Kern

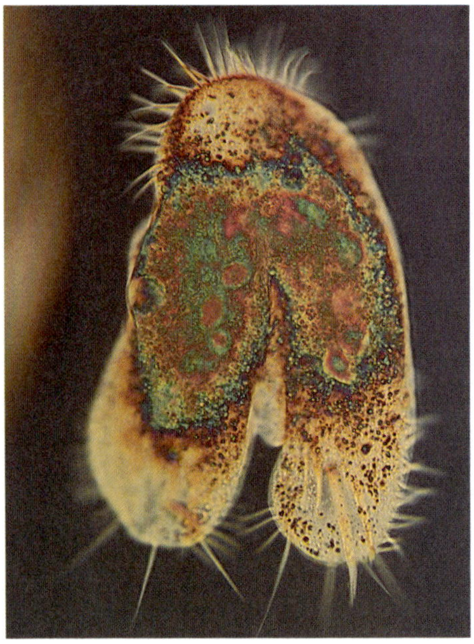

Wimpertierchen während der Konjugation

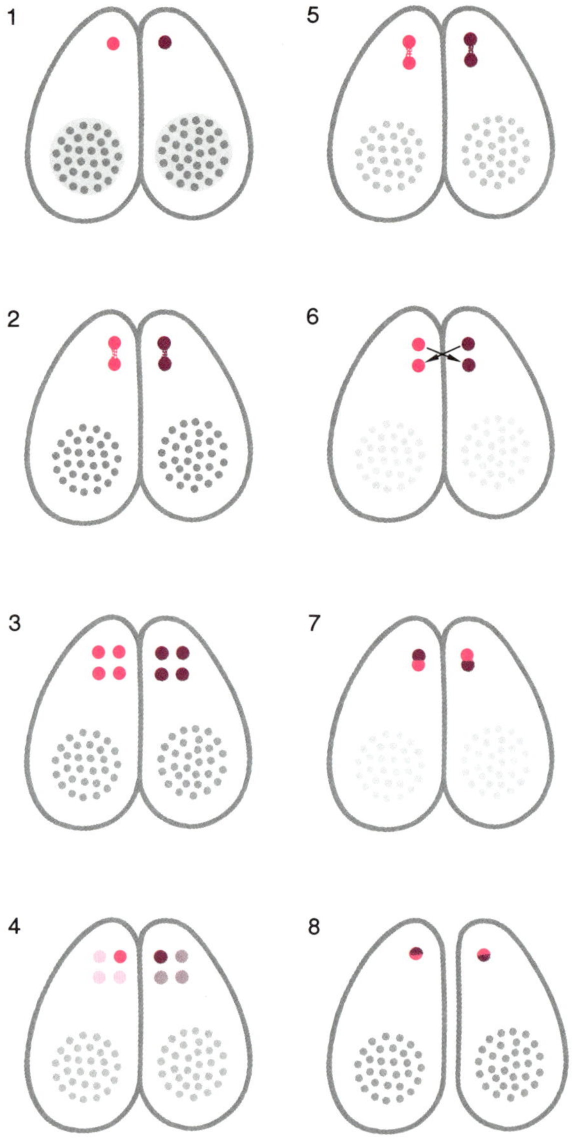

Konjugation bei Wimpertierchen. *Bei diesem einfachsten Geschlechtsvorgang legen sich zwei Tiere längs aneinander und verschmelzen dort mit einem Teil ihrer Körperoberfläche (1). Die Großkerne zerfallen (2), und die Kleinkerne teilen sich zweimal (3). Von den vier Tochterkernen gehen drei zugrunde (4). Der vierte Tochterkern teilt sich in einen Stationär- und einen Wanderkern (5). Dieser wandert in den Konjugationspartner und verschmilzt mit dessen stationärem Kern (und umgekehrt). Die Partner trennen sich, und die Großkerne werden wieder sichtbar.*

im ursprünglichen Individuum verbleibt. Entsprechendes gilt für die beiden Kleinkernabkömmlinge des Konjugationspartners. Somit verschmilzt in jedem Partner der eigene Stationärkern mit dem fremden Wanderkern.

Aus dem so entstandenen, wieder die doppelte Chromosomenanzahl enthaltenden Synkarion (es entspricht dem diploiden Kern einer befruchteten Eizelle, also dem Zygotenkern) bilden sich durch mehrere mitotische Teilungen (→S. 83f.) wieder Mikro- und Makronukleus. Danach kann der Vermehrungsprozeß mittels vegetativer Teilungen wieder aufgenommen werden. Erneut sei hier betont, daß diese Nachkommen dank ihres durch Chromosomenneumischung veränderten Erbgutes andere Eigenschaften besitzen als die »Elternindividuen« und offenbar häufig den verschlechterten Lebensbedingungen besser gewachsen sind.

Konjugationsprozesse finden sich auch beim Glockentierchen Vorticella und den übrigen Wimpertierchen. Bei Vorticella gibt es sogar schon Andeutungen von sichtbarer »Männlich-« bzw. »Weiblichkeit«, indem die Konjugationspartner äußerlich verschieden groß sind (Anisogamontie), was bei Paramecium nicht der Fall ist (Isogamontie). Aber auch bei isogamonten Wimpertierchen gibt es sogenannte Paarungstypen, das heißt, ein Individuum kann sich nicht mit jedem beliebigen anderen paaren. An solchen Sachverhalten zeigt sich besonders deutlich, wie sehr die Vorgänge um die Sexualität auf dem Einzellerniveau noch in der Erprobungsphase sind.

Keimzellen im Dienste der Fortpflanzung. Bei den meisten Organismen werden mit steigender Differenzierung besondere Geschlechtszellen oder Keimzellen (Gameten) mit der Aufgabe betraut, die Chromosomenausrüstungen der Tierarten neu zu durchmischen und so die Chance zur dauernden genetischen Neuanpassung zu gewährleisten. Es tritt also auch hier eine Arbeitsteilung ein: Keimzellen (generative Zellen) für die Fortpflanzung, Körperzellen (somatische Zellen) für das täglich zu Leistende.

Nur ein Teil des Individuums, die haploide Keimzelle, vereinigt sich also mit dem entsprechenden Teil des Partners und bildet die befruchtete diploide Zygotenzelle als Ausgangsstadium des neuen Lebewesens. Dieser Fortpflanzungsmodus heißt Merogamie (griech.: meros – Teil).

Die Arbeitsteilung in Keim- und Somazellen ist bei manchen Tieren schon früh sichtbar: So beteiligen sich etwa beim Frosch bestimmte Zellen des frühesten Embryonalstadiums nicht an der Bildung der Keimblätter und Organe, sondern verharren sozusagen in Ruhe. Sie sind an ihrer besonderen Größe erkenntlich. Aus ihnen entwickeln sich in der Reifezeit des Individuums die Geschlechtszellen. Sie selbst sind also Vorstufen dieser Geschlechtszellen, und seit Johann Nepomuk Nussbaum diese Entdeckung im Jahre 1880 machte, heißen sie Urkeimzellen. Sie sammeln sich an der Stelle des Organismus, wo später die primären Geschlechtsorgane (also Hoden bzw. Eierstöcke) entstehen.

Man kann demnach eine ununterbrochene Kette von Fortpflanzungszellen erkennen, die als Gameten miteinander verschmelzen, in der Zygote und den dann folgenden Entwicklungsstadien (→S. 118ff.) als besondere Urkeimbezirke bzw. Urkeimzellen sichtbar sind und wieder zur Ausbildung von reifen Gameten führen. Dieser zeitlich lückenlose Strom von Keimzellplasma hat zum Begriff der Keimbahn geführt. Er bezeichnet also das unsterblich durch die Generationen weitergegebene Keimplasma. An dieser Keimbahn hängen unsere Körper (Somata) sozusagen als Auswüchse für das jeweilige Individualleben daran, und es ist für das persönliche Weltbild und unsere eigene körperliche Existenz gewiß höchst wichtig, sich dieser Tatsache und Verantwortung zu erinnern. Von hier aus läßt sich eine gesunde und wohlverstandene Eugenik (Wissenschaft vom Erbgut, Pflege des Erbgutes) entwickeln. Auch der individuelle Tod (des Somas) wird hierdurch an seinen rechten Platz gerückt: Die Körper dienen vor allem der Sicherung der Keimbahn und der Weitergabe des Erbgutes, wobei ihre Geschlechtlichkeit die stete Neukombination dieses Erbgutes garantiert.

Henri Bergson (1859–1941) entwickelte die Vorstellung, daß das Leben ein Strom sei, der von einem zum anderen Keim zieht, wobei das übermittelnde Bindeglied jeweils ein höher entwickelter Organismus ist. Dabei haben die Körperzellen mit Erreichen ihres entsprechenden Differenzierungsgrades (als Nerven-, Drüsen-, Hautzellen usw.) ihre Bildungsfähigkeiten erschöpft. Die Keimbahnzellen und Keimzellen aber haben all ihre ursprünglichen Fähigkeiten bewahrt, sind omni- oder totipotent und können so ein neues Individuum hervorbringen. Es sei erneut betont, daß diese naturwissenschaftliche Erkenntnis wichtige philosophische Einblicke und Verbindungen ergibt, die für unser persönliches Weltbild und die Einschätzung unserer eigenen Existenz eine tragfähige Grundlage liefern können. Unsterblichkeit kann nur dem Keimbahnmaterial zukommen.

Diese Erkenntnis hat in neuerer Zeit von ganz anderer Seite eine überraschende Stütze und Ergänzung gefunden: Die etwa 1975 begründete Soziobiologie glaubt erkannt zu haben, daß jedes Individuum danach strebt, sich selbst fortzupflanzen, das heißt, die eigenen Gene selbst zu streuen und weiterzugeben. Im Bestreben, das eigene Erbgut durch Fortpflanzung zu sichern, wird oft auch die Hilfe von mit ähnlichem Erbgut versehenen nahen Verwandten ausgenutzt. Somit hätten die genetisch nahe verwandten Individuen besonders deutlich eine starke Durchsetzungskraft gegen Fremde. Man hat mit diesem angeblich neuen Zweig der Biologie also einige alte Weisheiten neu unterstrichen, die sich in der Äußerung zuspitzen lassen: »Die Organismen sind hauptsächlich Überlebensapparate des Erbgutes, und die Hennen sind nur eine Erfindung des Eies, um neue Eier hervorzubringen«.

Das erste Beispiel eines unausweichlichen individuellen Todes findet sich auf dem Niveau der Einzeller bei den parasitären Sporentierchen. Sobald diese aus dem vielkernigen Plasmodium (manchmal als Geschwulst bei den von Sporentierchen befallenen Fischen sichtbar) die Fortpflanzungsstadien, die Sporen, bilden, geht ein Teil des Plasmodiums zugrunde und bleibt als »Leiche« zurück, während sich aus den Sporen nach Kernverschmelzung ein neues Plasmodium (»Körper«) entwickelt. Auch beim Malariaerreger Plasmodium bleibt bei der Bildung der Sporozoiten ein Restkörper als Leiche zurück, dessen plasmatische Substanz also nicht in die Kette des weiterführenden Lebens eingeht. Es gibt keinen einsehbaren Grund, unseren individuellen Tod nicht nach diesem Modellbeispiel als in der Keimbahn einprogrammiert anzusehen und zu akzeptieren.

Isogamie. Die Fortpflanzung durch Keimzellen tritt in verschiedenen Ausprägungen auf. Die Gameten können gleich aussehen, isogam sein, aber gleichwohl miteinander verschmelzen und so die Vereinigung von »männlichem« und »weiblichem« Kernmaterial bewirken. Man muß also trotz aller äußeren Gleichartigkeit eine Verschiedenartigkeit hinsichtlich der Funktion dieser isogamen Gameten unterstellen. Diese drückt sich im Gehalt an Befruchtungsstoffen aus, die das Zueinanderfinden zweier Gameten mit entgegengesetzter »Geschlechtlichkeit« bedingen. Da bei solchen Gameten hinsichtlich Größe und Gestalt meist keine Unterschiede zu erkennen sind, sich aber doch nur bestimmte Geschlechtszellen mit bestimmten und nicht beliebigen anderen zur Zygote vereinigen, bezeichnet man sie mit + (»männlich«) bzw. — (»weiblich«). Man müßte also eigentlich von morphologischer (äußerer) Isogamie sprechen, die mit funktioneller Anisogamie gekoppelt ist. Sie findet sich zum Beispiel bei den schon wiederholt genannten einzelligen Foraminiferen.

Anisogamie. Die funktionelle Anisogamie setzt sich in der auch äußerlich gut erkennbaren morphologischen Anisogamie fort. Hierbei sind die Geschlechtszellen verschieden groß – es gibt männliche Mikro- und weibliche Makrogameten –, aber beide noch aktiv beweglich, da sie zum Beispiel mit Geißeln zur Fortbewegung versehen sind. Bei einigen, zu den Sporentierchen gehörenden, einzelligen Gregarinen ist diese Differenzierung in Weibliches und Männliches noch weiter gediehen, so zum Beispiel bei Stylocephalus. Hier bildet nur der männliche Gamet eine Geißel aus und kann sich so aktiv der fast unbeweglichen weiblichen Geschlechtszelle nähern, in die er eindringt und so die Kernverschmelzung bewirkt.

An solchen Beispielen wird zweierlei erkennbar:

□ daß es sich auf dem Niveau niederer Tiere um ein echtes Testfeld im Ausprobieren sexueller Vorgänge handelt und

□ daß es sich bei dem kleineren, beweglicheren, oft begeißelten männlichen Mikrogameten um den Prototyp des Samentierchens (Spermatozoon, Spermie) handelt, der bis zum Menschen beibehalten wurde. Gleiches gilt für die größere, unbewegliche(re) weibliche Geschlechtszelle, die als Eizelle ebenfalls einen dauernden Platz auf der Erfolgsseite des Lebens bis hinauf zum Menschen behalten hat.

Oogamie. Dieser Erfolg zeigt sich darin, daß bereits bei einigen Einzellern und bei *allen* Vielzellern die Sexualität nach dem Typ der Oogamie verläuft (lat.: ovum – Ei). Hierbei wird das schon beschriebene Prinzip beibehalten, daß eine kleinere, mit einer Geißel zur Fortbewegung versehene Samenzelle die größere, unbewegliche Eizelle aktiv aufsucht und mit ihr die Zygote bildet. Diese ist, da Spermium und Ei je einen einfachen (haploiden) Chromosomensatz beisteuern, wieder mit dem doppelten (diploiden) Chromosomensatz versehen, bildet also das Ausgangsstadium des diploiden Körpers des neuen Individuums.

Ein kurzer Blick auf die zeitliche Abfolge von haploidem und diploidem Anteil an der Keimbahn wird die Bedeutung der Sexualität noch einmal unterstreichen und auch für den Menschen wichtige Einsichten eröffnen.

Der Sexualprozeß, also die Vereinigung zweier Keimzellen zur Bildung eines neuen Lebewesens, würde zu einem stetigen Anwachsen der Chromosomenzahlen in den Zellen führen, hätte die Natur nicht einen Trick gefunden, um die arttypische Zahl von Chromosomen konstant zu halten. Das geschieht mit Hilfe einer Reduktionsteilung oder Meiose (→ S. 92f.). Sie setzt beim Menschen und fast allen vielzelligen Tieren zu Beginn der sexuellen Reife ein und heißt deshalb auch Reifeteilung. Sie liefert aus diploiden Zellen solche mit einfachem, haploidem, Chromosomensatz. Man sollte nicht vergessen, daß jeder von uns einige Zeit einen solchen haploiden Zustand durchlebt hat: als Samen- und Eizelle. Die Dauer solcher haploider Zustände ist auf verschiedenen Tierniveaus recht verschieden ausgeprägt, und man unterscheidet danach Haplonten, Diplonten und Diplo-Haplonten.

Bei den Haplonten setzt sofort nach der Befruchtung einer Eizelle durch eine Samenzelle, also nach Erreichen des diploiden Zustandes, die Reduktionsteilung ein. So ist nur die befruchtete Eizelle eine kurze Zeitlang diploid, während die sofort danach gebildeten Körperzellen des Individuums haploid sind. Das individuelle Leben wird hier also vom haploiden Körper (Haplont) getragen, während die diploide Phase nur sehr kurz ist und allenfalls einige Stunden andauert. Dieser Typ findet sich bei den einzelligen Sporentierchen und einigen Geißeltierchen.

Bei den Diplonten ist hingegen die diploide Phase, also die nach der Verschmelzung von weiblicher und männlicher haploider Keimzelle, der Träger des individuellen Lebens: Auch der Mensch erlebt sein Leben als Diplont. Der haploide Zustand ist nur auf die recht kurzlebigen Ei- und Samenzellen beschränkt. Eine solche Verlängerung der diploiden Phase im Individuum und Verkürzung der haploiden Zeit auf die Gametenexistenz findet sich bereits bei einigen mit Sexualität ausgerüsteten einzelligen Wimpertierchen, Sonnentierchen und Geißeltierchen sowie bei fast allen Vielzellern, also auch dem Menschen.

Man kann darüber spekulieren, ob diese allgemeine Bevorzugung des Diplonten-Typs für das Individualleben, also für unsere körperliche Existenz, Vorteile bringt. Da beim Diplonten jede Körperzelle zwei Chromosomensätze zur Steuerung der Lebensprozesse besitzt, dürften solche doppelt gegen Beschädigungen und Ausfälle einzelner Erbanlagen gesicherten Abläufe gegenüber dem Haplonten-Typ mit nur einfach gesichertem Erbmaterial deutlich bevorteilt sein.

Zwischen diesen beiden Typen steht vermittelnd die Mischung aus zeitlich etwa gleich langem Haplo- und Diplo-Zustand: die Diplo-Haplonten. Im Tierreich sind sie nur bei den einzelligen Foraminiferen anzutreffen, doch folgen auch viele Pflanzen diesem Prinzip.

Generationswechsel. Wenn im Entwicklungsgang einer Tierart verschiedene Arten der Fortpflanzung auftreten (etwa ungeschlechtliche und geschlechtliche), so spricht man von einem Generationswechsel. Dabei sind die beiden sich so verschieden fortpflanzenden Generationen meist auch verschieden gestaltet. Eine Ausnahme hiervon machen zum Beispiel die Stabheuschrecken.

Der allgemeine Vorteil eines Generationswechsels scheint darin zu bestehen, daß die vegetative bzw. eingeschlechtliche Fortpflanzung der einen Generation in kurzer Zeit enorme Zahlen von Nachkommen liefert und daß die dann folgende Geschlechtsgeneration die Neukombination des Erbguts und damit die Anpassungsfähigkeit der Nachkommen an wechselnde Umweltbedingungen sichert.

Die genauere Untersuchung des Generationswechsels hat zwei Typen offenbart, den primären und sekundären Generationswechsel. Ein primärer Generationswechsel kommt nur bei Einzellern vor, und zwar, wenn eine ungeschlechtlich sich vermehrende Generation mit einer durch Geschlechtszellen sich fortpflanzenden abwechselt. Das ist zum Beispiel bei den Sporozoen der Fall, etwa beim Malariaerreger Plasmodium (→S. 97). Bei diesem Parasiten liegt in der Abfolge von ungeschlechtlich durch Vielteilung (Schizogonie) sich vermehrender Generation und Geschlechtszellgeneration (Makro- und Mikrogamet) ein primärer Generationswechsel vor. Die Abfolge lautet also in diesem Fall: ungeschlechtliche Vermehrung in der Schizogonie und Entstehung von Geschlechtszellen und deren Vereinigung in der Gametogonie. Daß danach eine weitere Generation mit ungeschlechtlicher Vermehrung durch Vielteilung (Sporogonie) eingeschoben ist, ändert am Tatbestand des primären Generationswechsels nichts.

Bei den Vielzellern ist dagegen nur der sekundäre Generationswechsel ausgeprägt. Er tritt in zwei Formen auf: einmal als Wechsel von zweigeschlechtlicher und ungeschlechtlicher Generation, der also formal dem primären Generationswechsel entspricht. Dabei ist allerdings die Geschlechtsgeneration gestaltlich meist doch stark von der vegetativen verschieden. Dieses Geschehen ist schon oben für die Ohrenqualle geschildert worden (→S. 97) und heißt Metagenese. Auch die Entwicklungsvorgänge beim Hundebandwurm und beim Süßwasserpolypen Hydra verlaufen als Metagenese.

Wechselt dagegen eine zweigeschlechtliche Generation mit einer eingeschlechtlich sich vermehrenden ab, die sich also durch Jungfernzeugung fortpflanzt, so liegt Heterogonie vor (griech.: verschiedene Geschlechtszellen habend). Blatt- und Rebläuse sowie einige Rädertiere bedienen sich dieses Vermehrungsmodus und haben damit erfolgreich allen Bekämpfungsmethoden durch den Menschen widerstanden.

Die Bildung der Keimzellen

Zur Hervorbringung der mit dem einfachen Chromosomensatz ausgerüsteten Keimzellen finden sich in allen mit echter Sexualität versehenen Organismen die Keimdrüsen, die im weiblichen Geschlecht Eierstöcke (Ovarien), beim männlichen Individuum Hoden (Testes) heißen. In ihnen läuft die Oo- bzw. Spermiogenese ab, also die Bildung von befruchtungsfähigen Ei- bzw. Samenzellen. Sie erfolgt in Form einer Reduktionsteilung oder Meiose (→S. 92f.).

Oogenese. Bei der Oogenese (→Graphik S. 93) handelt es sich um die Bildung reifer, befruchtungsfähiger, haploider Eizellen aus dem diploiden Zellmaterial der Urkeimzellen der Keimbahn. Nachdem diese noch während der Embryonalentwicklung an den Ort ihrer endgültigen Lage im Individuum gewandert sind – bei Wirbeltieren in die Rükkengegend des Unterleibs –, vermehren sie sich durch viele mitotische Teilungen und bilden die Ureizellen (primäre Oozyten). Diese Vermehrungsphase dauert bei den Säugern und also auch beim Menschen nur bis zum Augenblick der Geburt. Die Zahl der so gebildeten, noch immer diploiden Ureizellen ist nahezu arttypisch und beträgt beim Menschen zum Beispiel etwa 200000 je Eierstock. Bei Kaninchen währt diese Vermehrungsphase nur zehn Tage und bei den meisten Vögeln allenfalls vier bis acht Tage nach dem Schlüpfen. Beim Menschen sind alle für das neue Individuum verfügbaren rund zweimal 200000 Ureizellen bereits am Ende der fünfzehnten Embryonalwoche vorhanden. Danach können keine neuen mehr gebildet werden. Von dieser großen Zahl primärer Oozyten entwickeln sich beim Menschen aber nur rund 200 je Eierstock zu reifen Eiern.

Das geschieht, indem die Ureizelle unter Bildung von Dottermaterial (bestehend aus Lipiden, Fetten, Proteinen, Kohlenhydraten) zur Oozyte erster Ordnung heranwächst, der Chromosomensatz also noch immer diploid ist. Durch die anschließende erste Reifeteilung, eine Meiose, wird der Chromosomensatz in den entstehenden beiden Tochterzellen zum einfachen, haploiden, Satz halbiert. Somit liegen jetzt zwei in ihrem Chromosomenbestand gleichartige Tochterzellen vor. Durch einen für die Oogenese typischen Prozeß wird jedoch das Dottermaterial ungleich auf diese beiden Zellen verteilt, so daß eine große, dotterreiche und eine kleine, dotterarme Zelle entstehen. Nur die große Zelle (Oozyte zweiter Ordnung) bleibt für die weitere Eibildung im Rennen, während die kleinere – als sogenanntes Richtungs- oder Polkörperchen – von der eigentlichen Eireifung ausgeschlossen wird.

Die Oozyte zweiter Ordnung und das Richtungskörperchen teilen sich beide ein weiteres Mal, diesmal durch eine Äquationsteilung (Mitose), wobei wiederum die weitaus größere Dottermasse in die eine Tochterzelle gelangt. Die kleinere erhält nur sehr wenig von dieser Mitgift und wird ebenfalls zu einem Richtungs- oder Polkörperchen. Da auch das erste Richtungskörperchen den Teilungsschritt mitgemacht hat, sind aus ihm zwei gleich große, oder besser gleich kleine, Zellen entstanden.

Sämtliche Richtungskörperchen haben mit den weiteren Vorgängen der Eireifung und eventuellen Befruchtung nichts zu tun und gehen zugrunde. Man mag sich hier der ähnlich ablaufenden Bildung des Wanderkerns bei der Konjugation der Pantoffeltierchen erinnern (→S. 101f.), wo ebenfalls drei Teilungsprodukte abgestoßen und dem Untergang überantwortet werden.

Das Ende der Oogenese ist also mit der Abschnürung der zweiten Polkörperchengeneration erreicht, und eine je nach Tierart verschieden große Eizelle (→S. 105) steht zur Befruchtung bereit. Während normalerweise die Polzellen im Vergleich zum Ei winzig sind, umfaßt ihre Größe bei der Maus immerhin fast ein Viertel des Eies. Auch das zeigt, daß selbst auf dem höheren Säugerniveau die Vorgänge der Geschlechtlichkeit noch nicht einheitlich ablaufen.

Die Oogenese läßt sich mit dem wichtigen Befund charakterisieren, daß aus einer diploiden weiblichen Urkeimzelle durch die beiden Teilungsschritte der Reifeteilung drei Polkörperchen, aber nur ein reifes Ei entstehen. Die Bezeichnung Polkörperchen bezieht sich auf die wichtige Tatsache, daß am Ort der Abschnürung der zweiten Polzelle vom endgültigen Ei dessen Polarität festgelegt wird, hier also der animale Pol (→S. 118) entsteht, der zur Bildung der Organanlagen des neuen Lebewesens dienen kann.

Spermiogenese. Chromosomal gesehen gleichen die Vorgänge bei der Spermiogenese (Samenzellbildung, →Graphik S. 93) denen bei der Oogenese. Auch hier bilden diploide Urkeimzellen aus der Keimbahn das Ausgangsstadium. Sie sammeln sich in der frühen Embryonalentwicklung in den Hoden, deren ursprünglicher Platz bei den Wirbeltieren ebenso wie der der Eierstöcke in der Rückengegend des Unterleibes liegt. Aus den Ursamenzellen bilden sich durch nur geringe Aufnahme von Plasmamaterial die Spermatozyten erster Ordnung, die noch immer mit dem diploiden Chromosomensatz ausgestattet sind. Dieser wird durch die erste Reifeteilung (Meiose) halbiert zum haploiden Satz, wobei aus jeder Spermatozytenzelle erster Ordnung zwei haploide Spermatozyten zweiter Ordnung entstehen. Im Unterschied zur Oogenese sind diese Teilungsprodukte gleich groß, da es hier keinen Ärger mit der Verteilung des nur geringen Zellplasmas gibt.

Aus den Spermatozyten zweiter Ordnung entsteht durch eine Äquationsteilung (Mitose) die Generation der wiederum gleich großen Spermatiden: Aus einer Ursamenzelle sind also vier gleich große, haploide Spermatiden hervorgegangen. Die weitere Spermiogenese führt zur Bildung je eines Spermatozoons aus jeder Spermatide. Hier bleibt also im Gegensatz zur Oogenese keinerlei Kernmaterial auf der Strecke wie in den Polkörperchen. Als wichtiges Endergebnis der Spermiogenese bleibt festzuhalten, daß aus einer diploiden Ursamenzelle über zwei Teilungsschritte vier gleich große, haploide, befruchtungsfähige Spermatozoen gebildet werden.

Im Unterschied zur Oogenese, die bei wirbellosen Tieren das ganze Leben anhält, bei höheren Wirbeltieren aber auf bestimmte frühe Phasen des Lebens beschränkt ist, kann die Bereitstellung von Spermatozyten und der Folgestadien das ganze Leben anhalten: Auch hochbetagte Männer bilden noch reife Spermien.

Erfolgreiche Konstruktion: das Ei

Sobald die Oozyten erster Ordnung entstanden sind, umgeben sie sich mit einer bestimmten Anzahl von Zellen aus dem benachbarten Körpergewebe. Das ist bei den Amphibien zum Beispiel die einschichtige Zellage des Bauchfells. Diese Haut legt sich mit einigen Zellen sozusagen schützend und nährend über die reifen Oozyten erster Ordnung. Durch die Ausbildung mehrerer Zellagen, auch solcher mit Blutkapillaren zum Herbeitransport von Nährmaterial für die wachsende Eizelle, entsteht ein bläschenartiger Hohlraum, der das reifende Ei umgibt: der Eifollikel (lat.: folliculus – Bläschen). Hat das Ei den endgültigen Reifezustand erreicht, reißt die Follikelhülle, bedrängt durch komplizierte hormonale Vorgänge, auf, und das Ei wird in die Leibeshöhle entlassen (Eisprung, Ovulation). Bei vielen wirbellosen Tieren können zur Bildung der Follikelzellen auch Oogonien eintreten, die zu Nährzellen für das reifende Ei werden und somit selbst dem Fortpflanzungsprozeß entzogen sind.

Bei den Säugern erreicht der Eifollikel beträchtliche Größen. Bei der Ratte hat er einen Durchmesser von 1,5 Millimetern und beim Menschen von 15 Millimetern, dabei beträgt der Durchmesser des Eies hier nur 0,1 bis 0,2 Millimeter. Die verschiedenen Schichten des Follikels erfüllen als Hormonproduzenten (z. B. Gelbkörperhormon u. a.) wichtige Funktionen für die Sicherung des weiteren Schicksals des Eies bzw. Keimlings. Auch in das Verhalten des weiblichen Individuums greifen diese Sexualhormone in entscheidender Weise ein. Der Säugerfollikel wurde 1677 von Regnier de Graaf entdeckt und wird heute oft mit seinem Namen belegt.

Eitypen. Je nachdem, ob das Ei für den rauhen Außen- oder den schonenden Innenbetrieb, das heißt Besamung im umgebenden Milieu, Entwicklung des neuen Wesens in oder außerhalb der mütterlichen Leibeshöhle, vorgesehen ist, zeigt es höchst eindrucksvolle Unterschiede im nährenden Dottermaterial, dessen Anordnung sowie Beschalung und nicht zuletzt Gesamtgröße.

Der Dotter, der sich im Plasma der Eizelle ansammelt, stellt die Nährsubstanz für den Embryo dar (vor allem Lipide, Fette, Kohlenhydrate und Proteine) und ermöglicht überhaupt erst den Beginn des neuen Lebens. Das Dottermaterial kann in verschiedener Weise im Ei verteilt sein, woraus sich einige Folgen für die anschließende Zellteilungsaktivität, also die Keimesentwicklung, ergeben.

Bei den Eiern mit reichhaltigem Dotteranteil ist dieser meist nicht gleichmäßig im Ei verteilt, sondern erreicht am vegetativen Pol seine größte Dichte. Damit ist die Entwicklungsachse des Embryos vom animalen Pol (für die Bildung der Organanlagen) zum vegetativen Pol (Bereithaltung von Reservestoffen) sichtbar gekennzeichnet: Es handelt sich um heterolecithale Eier (griech.: heteros – verschieden; hier: verschieden verteilter Dotter). Sie kommen bei Ringelwürmern (Anneliden), Muscheln und Schnecken (Mollusken), Kröten und Fröschen (Amphibien) vor und sind meist etwa einen Millimeter groß.

Ebenfalls reich an Dottermaterial sind die Eier von Tintenfischen (Cephalopoden), einigen Fischen, Reptilien, Vögeln und vom Schnabeltier (Ornithorhynchus) und Schnabeligel (Echidna). In solchen Eiern – wohlbekannt als Hühnerei – ist der Dotter (»Eigelb«) völlig vom Cytoplasma (Eiklar, »Eiweiß«) getrennt. Der am entgegengesetzten Ende heranwachsende Embryo kann zunächst diesen Dottervorrat aufzehren, bis er genügend weit entwickelt ist, um der Eihülle zu entsteigen. Wegen der sozusagen endständigen Anordnung des Dotters (griech.: telos – Ende) spricht man hier von telolecithalen Eiern. Sie können beträchtliche Größen erreichen: Das Eigelb des Straußes hat einen Durchmesser von sieben bis acht Zentimetern, und das Eigewicht beträgt hier 1,5 Kilogramm bei einem Körpergewicht von etwa 90 Kilogramm.

Bei kleineren Eiern, das heißt bei Durchmessern von einem bis mehreren Millimetern (bei Krebstieren und Insekten), ist die Dottermasse meist konzentriert um den im Inneren gelegenen Eikern angesiedelt, so daß man hier vom zentrolecithalen Eityp spricht.

Im Falle der nur mit wenig Reservematerial versehenen oligolecithalen Eier sind die Dotterstoffe in Form kleiner Körnchen über das ganze Eizellplasma verteilt, wenngleich sie am vegetativen Pol anscheinend eine etwas größere Dichte erreichen. Der vegetative Pol liegt dem animalen Pol gegenüber; letzterer wird durch die Abschnürung des letzten Polkörperchens festgelegt. Somit liegt der Eikern in diesen Fällen leicht zur animalen Hälfte hin verschoben. Eier dieses oligolecithalen Typs sind nur etwa 0,1 Millimeter groß und finden sich zum Beispiel bei den Stachelhäutern (Echinodermen) wie Seestern und Seeigel. Auch das zu den Chordatieren gehörende, unscheinbare Lanzettfischchen Branchiostoma unserer Meeresküsten, aus dessen Vorfahren sich einst die Wirbeltiere entwikkelten, besitzt oligolecithale Eier.

Das Höchstmaß in der Tendenz, die Dottermasse im Ei zu verringern und damit den Embryo immer mehr vom eigenen, frühen Überleben im Freien abzukoppeln und zur Entwicklung im Mutterleib zu führen, findet sich bei den fast dotterlosen alecithalen Eiern der echten Säugetiere, also auch beim Menschen. Diese Plazentalia, das heißt den Embryo über einen Mutterkuchen ernährenden Lebewesen, beweisen anhand ihrer Stammesgeschichte, daß die Vorläufer der Säuger wohl Eier mit reicherem Dottermaterial produziert haben dürften. Solche alecithalen Eier sind meist nur 0,1 bis 0,2 Millimeter groß.

Darüber hinaus ist das Ei noch mit mancherlei Hüllen, Häuten und Schalen versehen, wie einige Beispiele zeigen: Das rundliche Froschei ist rund zwei Millimeter groß und benötigt nach dem Freisetzen aus dem Eierstock etwa zehn bis zwanzig Stunden, um den Eileiter zu passieren. Die eigentliche Eihülle heißt Chorion und ist eine zarte Zellage. Auf diese lagern sich bei der Passage durch den Eileiter noch weitere Membranen auf: zunächst die Eischale und dann der Eikitt. Dieser quillt nach Austritt des Eis, wenn es zum Kontakt mit dem Außenwasser kommt, stark an, was zum wohlbekannten Bild des gallertigen Froscheies führt, das in zusammenhängenden, trüb-durchsichtigen Kugeln die großen Massen des Froschlaichs bildet, der im Frühling in unseren Gräben und Teichen zu finden ist. Hierbei ist die oben beschriebene animale-vegetative Orientierung von Kern, Dotterplasma und Zellorganellen schon äußerlich an einer dunklen Pigmentierung des animalen Poles sichtbar.

Das bekannteste Beispiel eines Tiereis stellt zweifellos das Vogelei dar. Als Frühstücksei zeigt es die allbekannte Sortierung in Eigelb (des Dotters) und Eiklar (Eiweiß) besonders deutlich. Dabei bildet sich das Eigelb während der Ovarialphase des Eis, das Eiweiß hingegen beim Durchmarsch durch den Eileiter. Das Wachstum der Eizelle aus dem Stadium der Oozyte zum abgelegten Ei des Huhnes stellt eine enorme Leistung des Organismus dar: Etwa sechs Tage vor dem Eisprung nimmt die Dottermasse von 0,2 auf etwa 16 Gramm zu, und der Dotterdurchmesser wächst täglich um rund vier Millimeter.

Dieser starke Wachstumsprozeß währt Tag und Nacht, aber je nach der Nahrungsaufnahme am Tage lagert sich das vom Hühnerkörper in der Leber bereitgestellte Nährmaterial in konzentrischen Schichten von dunkler (»gelber«) und hellerer Farbe ab. Der Eikern selbst ist leichter als dieses karotinhaltige Eigelb und steigt an die Oberfläche, wo die Keimscheibe als Bildungsort des späteren Embryos mit bloßem Auge sichtbar ist. Im Augenblick des Eisprunges (Ovulation) wird das erste Polkörperchen abgeschnürt, die Bildung der zweiten Polozyten erfolgt etwa 15 Minuten nach Freisetzen des Eies aus dem Ovar. Danach steigt das Ei durch den Eileiter hinab – befruchtet oder nicht – und umgibt sich mit Eiweiß und Eihäutchen, dem schließlich in der Gebärmutter noch die kalkhaltige Eischale aufgelagert wird. Die meisten Vögel besitzen von der ursprünglich zweiseitig symmetrisch angelegten Ausrüstung dieser Organe nur den linken Eileiter und die linke Gebärmutter. Vom Eisprung bis zur Eiablage benötigt ein gesundes Huhn nur 24 Stunden.

Mit der Konstruktion des auf allen tierischen Entwicklungsstufen grundsätzlich gleichartigen Eies ist offenbar ein Optimum an Brauchbarkeit und Funktionstüchtigkeit erreicht, und von diesem erfolgreichen Bauplan war keine Abweichung oder Umkonstruktion mehr nötig.

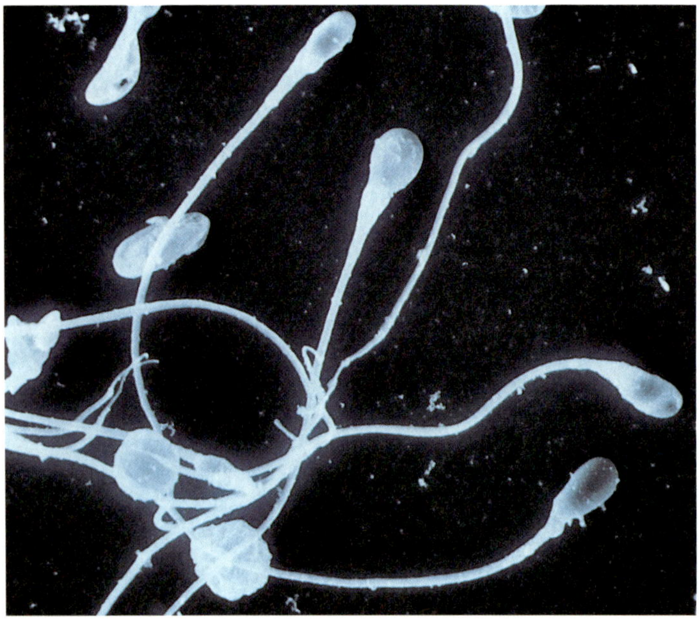

Die rasterelektronenmikroskopische Aufnahme vermittelt einen Eindruck vom Aufbau eines Spermiums (hier Spermien des Menschen): Ein solches Spermium besteht aus Kopf, Hals (nicht deutlich zu erkennen), Mittelstück und Schwanz.

Eigrößen. Unter den Eizellen finden sich die größten tierischen Zellen überhaupt, deren Durchmesser etwa bei Knorpelfischen (Haien, Rochen) 15 bis 100 Millimeter erreicht.

Den Rekord unter den Vogeleiern halten die Eier des ausgestorbenen Madagaskar-Straußes Aepyornis, die man auch heute noch immer wieder auffindet und die mit Gewichten von rund vier Kilogramm etwa dem 75fachen eines Hühnereies entsprechen. Aber auch bei weniger eindrucksvollen Eigewichten bleibt die Produktionsleistung eines weiblichen Vogels sehr bemerkenswert. Das mag das Beispiel des Haushuhnes zeigen: Eine Leghornhenne wiegt etwa 2,5 Kilogramm, legt aber in guten Zuchtrassen pro Jahr und Henne bis zu dreihundert Eier. Das mittlere Eigewicht beträgt etwa 55 Gramm. Somit ergibt sich pro Jahr eine Legeleistung von rund 16 Kilogramm, das heißt, eine solche Leghornhenne produziert etwa das 7fache ihres Eigengewichtes.

Niedere Wirbeltiere wie Frösche und Fische können mit noch erstaunlicheren Zahlen zur Eiproduktion aufwarten: Ein Frosch bringt pro Jahr rund viertausend Eier hervor, und wenn alle diese Eier sich ungestört und ungefressen zu erwachsenen Tieren entwikkelten, wäre die Erde in fünf Jahren mit einer vierzig Zentimeter dicken Froschschicht bedeckt. Ähnliches drohte von den Heringseiern, da pro Tier einige Millionen Eier pro Jahr produziert werden. Bei ungestörter Entwicklung wären die Ozeane in wenigen Monaten mit Heringen überfüllt. Die traurige Wirklichkeit, gerade beim Hering, sieht infolge von hoffnungsloser Überfischung leider anders aus.

Auch wirbellose Tiere sind oft extrem hochgezüchtete Eierlegemaschinen: Ein Spulwurmweibchen (Ascaris) legt 60 Millionen Eier pro Jahr.

Auch ohne äußere Eingriffe durch den Menschen oder andere Umweltfaktoren (Feinde, Witterungseinflüsse, Gift) entwikkeln sich meist längst nicht alle im weiblichen Tierkörper angelegten Eizellen zu reifen Eiern. Von den etwa 100000 Oozyten beim Huhn erreichen nur höchstens 1000 den legereifen Zustand. Auch beim Menschen kommen von 2×200000 nur rund 500 Oozyten bis zum Eisprung.

Aus diesen Befunden läßt sich schließen, daß die Eizahl immer geringer wird, je sicherer der Schutz der Jungen gewährleistet ist und je größer damit ihre Überlebenschance ist. So legen Flußfische weniger Eier als die gefährdeteren Meeresfische; Reptilien und Vögel mit ihren schalengeschützten Eiern legen weniger als etwa Amphibien. Schließlich bringen die Säuger mit dem höchstentwickelten Schutzmechanismus für die Jungen oft nur einen Embryo pro Fortpflanzungszyklus zur Welt.

Spermien bestimmen das Geschlecht

Samenzellen unterscheiden sich je nach Tierart oft beträchtlich in Form, Länge und Proportionierung der einzelnen Bestandteile. Immerhin herrscht von der Basis bis zur Spitze der Lebewesen, also vom Einzeller bis zum Menschen, ein bestimmter Spermatozoentyp deutlich als offenbar erfolgreichster vor.

Ein solches Norm-Spermatozoon besteht, etwa im Falle des Menschen, aus vier Regionen mit verschiedener Funktion: Der etwa 10 Mikrometer lange Kopf ist spatelförmig zugespitzt und trägt als Wichtigstes den männlichen Kern, der das Erbgut enthält. Die Spitze des Kopfstückes ist mit einer Akrosomenhaube versehen, die Enzyme zur Aufweichung bzw. Durchlöcherung der Hüllen des zu befruchtenden Eies enthält. Manche Spermienköpfe, so bei Ratte und Maus, besitzen daneben noch ein sogenanntes Perforatorium, das die Öffnung der Eihüllen mechanisch wie eine Säge oder ein Bohrer zu unterstützen scheint. Der Hals, etwa 1 Mikrometer lang, enthält die für den Zellstoffwechsel wichtigen Mitochondrien (→ S. 69) und ein Zentralkörperchen. Das rund 10 Mikrometer lange Mittelstück ist mit spiralig angeordneten Mitochondrien angefüllt (→ Graphik S. 92), wobei diese Mitochondrienspirale in gleicher Weise angeordnet ist, wie sie sich auch in den Geißeln der einzelligen Geißeltierchen findet. Der Schwanz, rund 15 Mikrometer lang, dient vor allem als Geißel, mit deren Hilfe sich das Spermatozoon schlängelnd vorwärts bewegt: in dieser Hinsicht ein getreues Abbild des einfachsten Geißeltierchens an der Basis des Lebendigen.

Die Chromosomenmasse im Spermienkopf läßt sich bestimmen und ergibt bei den Säugetieren rund 3×10^{-12} Gramm DNS. Dieser Betrag ist für die Chromosomenmasse der Körperzellen doppelt so hoch, was eindrucksvoll belegt, daß es sich hierbei um einen doppelten Chromosomensatz handelt, während in den Spermien nur der einfache enthalten ist.

In wenigen Fällen, so etwa bei Bachstrudelwürmern (Planarien), kommen Spermatozoen mit zwei Geißeln vor, und umgekehrt fehlen bei den Spermien einiger niederer Krebse, aber auch beim Hummer, Geißeln völlig.

Wegen ihrer Armut an Cytoplasma sind die Spermien stets viel kleiner als die zugehörigen Eier. So beträgt das Volumen der Samenzelle des Stieres nur rund ein Zwanzigtausendstel des Eivolumens der Kuh.

Die Größen der Spermien reichen von den winzigen Dimensionen bei Termiten (1,5 Mikrometer lang) bis zu den mit bloßem Auge sichtbaren Monsterspermien einiger Muschelkrebschen. Bei manchen Arten dieser winzigen niederen Krebse (sechs Millimeter Körperlänge bei Pontocypris monstrosa) erreichen die in Ruhe meist aufgerollten Spermien sechs bis zehn Millimeter Länge.

Neben dem für die jeweilige Art gültigen Normaltyp der Spermien treten stets auch abnorme Spermatozoen auf, die etwa einen deformierten, einen zu großen oder zu kleinen Kopf oder verdoppelte oder fehlende Geißeln aufweisen. Der Anteil solcher mißgebildeter Spermien pro Kubikmillimeter Samenflüssigkeit ist mit ein Maß für die Befruchtungsfähigkeit (Fertilität) des betreffenden männlichen Wesens.

Obwohl die Spermien eines Lebewesens äußerlich alle gleich aussehen, sind sie doch in zwei deutlich unterschiedliche Gruppen getrennt, was ihre Chromosomenausstattung anbelangt: Dieser Unterschied bedingt das ererbte Geschlecht des neuen Lebewesens, das heißt dessen Weiblich- oder Männlichkeit.

Bei den Säugern bestimmen die Geschlechtschromosomen über diese Geschlechtlichkeit: Die Körperzellen einer Frau besitzen neben den 44 für die nicht-geschlechtlichen Erbmerkmale zuständigen Chromosomen (Autosomen) die beiden Geschlechtschromosomen X und X (Heterosomen). Im haploiden Chromosomensatz der reifen Eizelle können sich also nur 22 Autosomen und ein X-Chromosom befinden. Alle Eizellen sind also hinsichtlich ihres Geschlechtschromosoms untereinander gleich.

Beim Manne aber finden sich in den Körperzellen 44 Autosomen und die beiden verschieden gestalteten X- und Y-Chromosomen, die hier ihren wissenschaftlichen Namen Heterosomen (griech.: heteros – anders) wirklich verdienen. Unter den Spermien, die ja nur einen einfachen Chromosomensatz enthalten, werden sich also fünfzig Prozent mit einem X-Chromosom und fünfzig Prozent mit einem Y-Chromosom befinden. Erstere liefern bei der Verschmelzung mit dem Eikern einen doppelten Chromosomensatz mit zwei X-Chromosomen und somit einen weiblichen Nachkommen. Die übrigen steuern jedoch bei der Befruchtung zu dem X-Chromosom der Eizelle ein Y-Chromosom bei und bedingen folglich einen männlichen Keimling.

Diese für den Menschen zutreffende genetische bzw. genotypische Geschlechtsbestimmung nach dem XY-Typ gilt auch für die übrigen Säugetiere. Bei den Vögeln, Reptilien und einigen Schmetterlingen aber wird das weibliche Geschlecht durch eine XY-Kombination, das männliche hingegen durch eine XX-Verbindung bestimmmt, während bei manchen Insekten (z. B. Schwammspinnern) der sogenannte XO-Typ vorkommt: XX bedeutet hier männlich, XO weiblich.

Da die X-Chromosomen deutlich größer als die Y-Heterosomen sind, ergibt sich auch für den Kopfdurchmesser der Weibchen bestimmenden X-haltigen Spermien ein größerer Wert als bei den Männchen bestimmenden Y-haltigen. Solche Unterschiede lassen sich durch bestimmte Verfahren im Labor zur Trennung von X- bzw. Y-haltigen Spermien benutzen. Auch im elektrischen Feld (der Elektrophorese) ist die Wanderungsgeschwindigkeit der beiden Spermiensorten verschieden. Mit solchen vorsortierten Spermien läßt sich bei künstlicher Befruchtung das Geschlecht des entstehenden Embryos einigermaßen steuern: Töchter und Söhne (fast) nach Wunsch.

Möglichkeiten der Besamung

Da es von größter Wichtigkeit ist, daß Ei- und Samenzellen auch wirklich aufeinandertreffen, damit ihre Kerne miteinander verschmelzen können, sind im Tierreich verschiedene Arten der Besamung verwirklicht, die diesen Vorgang gewährleisten. Bei der äußeren Besamung wird das Sperma in das umgebende Wasser entlassen und trifft auf die ebenfalls frei im Wasser umhertreibenden Eier. Diese Methode erfordert zum Erfolg eine genügend genaue zeitliche Koordinierung der männlichen und weiblichen Geschlechtsvorgänge, denn meist müssen die Eier innerhalb weniger Minuten nach Ablage besamt werden. Oft wird eine solche äußere Besamung durch Ansammlung vieler Individuen an einer Stelle gewährleistet. Das gilt zum Beispiel für manche Muscheln, Meeresringelwürmer, Seesterne und Seeigel. So ist in der Fortpflanzungszeit der Austern das Wasser auf den Austernbänken regelrecht getrübt durch die große Zahl von Eiern und schwärmenden Spermien.

Bei wasserlebenden Tieren ist die Besamung relativ einfach. Dennoch ist bei Fröschen ein echtes Paarungsverhalten entwickelt: Das Männchen umklammert das Weibchen und löst so die Abgabe der Eier aus. Dann entlädt es sein Sperma darüber.

Die Auslösung der Eiabgabe erfolgt hier durch Paarungsstoffe. Vor allem bei Seeigeln sind solche Paarungsstoffe analysiert worden. Schon 1913 stellte Lillie fest, daß Meerwasser, in dem reife Seeigeleier gewesen waren, die Beweglichkeit von bereits in ihren Bewegungen erlahmten Seeigelspermien wiederherstellte. Selbst im Labor läßt sich eindrucksvoll zeigen, daß Spermien gezielt auf die Mündung einer mit »Ei-Wasser« gefüllten Glaskapillare zuschwimmen und in ihr emporsteigen auf der »Suche« nach dem Ei. Hieran zeigt sich, daß die Befruchtung bei äußerer Besamung ausschließlich mit biochemischen Mitteln gesichert wird.

Ein besonders spektakuläres Beispiel äußerer Besamung liegt beim in der Südsee lebenden Ringelwurm Eunice viridis vor, der unter der Bezeichnung Palolo-Wurm bekannt geworden ist. Die Bewohner der pazifischen Inseln kennen genau die Fortpflanzungssaison und fangen die Würmer zur Bereicherung ihres Speisezettels.

Normalerweise leben diese Ringelwürmer in Spalten von Korallenriffen. Alljährlich zur Zeit des letzten Mondviertels Ende Oktober oder Anfang November schnüren die weiblichen und männlichen Individuen die dann mit Eiern bzw. Spermien prall gefüllten Hinterenden ab und entlassen sie in das Wasser der Rifflagune. Einzelne Segmente (»Ringel«) dieser Wurmstücke besitzen oft sogar Augen. Wenige Stunden lang schwimmen diese Palolos lebhaft umher, zerbrechen in kleine Stücke und entlassen so Eier und Spermien, die chemisch gesteuert zueinanderfinden. In diesem Beispiel zeigt sich auch eindrucksvoll die Mondphasenabhängigkeit (Licht als »Zeitgeber«) sexueller Vorgänge, die sich mehr oder weniger deutlich ausgeprägt auf allen Stufen des Tierreichs findet und auch bei der Frau mindestens als monatliches Ereignis des Eisprungs bzw. der Menstruation (lat.: mensis – Monat) erhalten geblieben ist.

Auch in anderen Erdregionen gibt es solche Palolo-Beispiele, so etwa in Nordamerika, wo der Ringelwurm Platynereis megalops in den mondlosen Abenden von Juni bis September schwärmt, das heißt seine Geschlechtszellen in das umgebende Wasser abgibt.

Es ist leicht einzusehen, daß die äußere Besamung mit enormer Produktion von Eiern und vor allem Samenzellen gesichert werden muß – dieses alte Erbe findet sich bis herauf zum Menschen. Doch ist sie offenbar nicht genügend erfolgreich gewesen und bei landlebenden Wesen schon gar nicht anwendbar. Dennoch blieb der alte Modus der äußeren Besamung beim Übergang vom Wasser- zum Landleben bei den Amphibien weiterhin bestehen: Molche und Frösche laichen noch immer im Wasser ab, auch wenn dabei bereits ein echtes Paarungsverhalten festzustellen ist.

Dabei wird unter dem Einfluß von Sexualhormonen beim Männchen eine Daumenschwiele ausgebildet, mit dem es das Weibchen besser festhalten kann. Diesem Zweck dient auch ein in der Paarungszeit auftretender Klammerreflex des Schultergürtels. Alles, was halbwegs umklammert werden kann, fällt diesem Griff zum Opfer: Holzstücke, Fischrücken – so entstehen oft Schäden in Karpfenteichen – und oft genug auch der Körper des Artgenossen. Damit unter den Artgenossen nun auch der gegengeschlechtliche Partner erkennbar wird, nehmen die Weibchen eine sogenannte Signalstellung ein. Dabei sagt ein »Hohlkreuz« dem Männchen, daß es richtig gegriffen hat. Unter pumpenden Bewegungen entlädt das Männchen sein Sperma dann über die vom Weibchen abgegebenen Eier. Das Absetzen der Eier wiederum läßt sich durch Tastreize von außen auslösen, die dem Greifen des Männchens entsprechen. Bei Fehlgriffen auf männliche Partner reagieren diese mit vernehmlichem Quaken. Auch diese hochstehend scheinende Verhaltensweise ist elementar genug als Quakreflex geschaltet, den man durch Berührung der Bauchseiten des Froschmännchens auslösen kann.

Es ist immer wieder erstaunlich, auf wie niederen Sinnesebenen die zur Besamung führenden Abläufe angesiedelt sind: Vor allem werden chemische (»Geruch«) und taktile (Tast-)Reize zur Sicherung des Zueinanderfindens von weiblichen und männlichen Geschlechtszellen eingesetzt. Die Kenntnis dieser Tatsachen vermittelt auch eine sehr befriedigende Würdigung der menschlichen Sexualität und der bei ihr beteiligten Sinnesgebiete.

Innere Besamung. Mit der Eroberung des Land- und Luftraumes ist natürlich der freien oder äußeren Besamung ein Ende gesetzt, und die innere Besamung übernimmt die Sicherung der Produktion von Nachkommen. Hierbei werden die Spermien vom Männchen mit besonderen Organen in das Innere der weiblichen Geschlechtswege gebracht. Wiederum ist die Vielfalt solcher Organe und der zugeordneten Verhaltensmechanismen beeindruckend und beweist die große Bedeutung der Sexualität.

Das Sperma kann als Aufschwemmung der Spermatozoen in einer Samenflüssigkeit aus besonderen Anhangdrüsen bestehen (Reptilien, Vögel, Säuger) oder in besonders umhüllten Paketen handlich verpackt sein. Das ist zum Beispiel der Fall bei Urinsekten, Skorpionen, Krebstieren und Molchen. Solche Samenpakete (Spermatophoren – Samenträger) können als gestielte, grazil wirkende, rundliche Behälter ausgebildet sein wie bei den winzigen Springschwänzen (Collembolen) und den Skorpionen. Sie werden am Boden befestigt, und das Weibchen muß dieses Samenpaket mit seiner Geschlechtsöffnung aufnehmen. Damit dies halbwegs sicher erfolgt, führen die Männchen in recht menschlich wirkenden Paarungsläufen, zerrenden Tanzbewegungen und Balzparaden die Weibchen über die Spermatophore hinweg.

Bei manchen Krebstieren werden solche Samenpakete dem Weibchen von außen an den Körper geheftet und sind etwa bei unseren Flußkrebsen als »Begattungszeichen« sichtbar.

Die Samenpatronen von Tintenfischen, etwa dem Mittelmeer-Octopus, werden vom Männchen mit Hilfe eines besonders dazu umgestalteten Tentakels übergeben. Dieser kann sich als »Hectocotylus« sogar selbständig machen und zum Weibchen schwimmen.

Selbst Wirbeltiere verlassen sich noch auf diese Spermienpaketversendung. Bei unseren Molchen setzt das Männchen am Boden der Gewässer eine kompliziert gestaltete Spermatophore ab, und mit Hilfe besonderer Duftstoffe wird das Weibchen zur Aufnahme dieses Samenpaketes in seine Geschlechtsöffnung veranlaßt. Typischerweise ist es wiederum der Geruchssinn, über den die Paarungs- und damit Besamungssicherung erfolgt: Düfte behalten bis hin zum menschlichen Liebesspiel ihre wesentliche Rolle.

In den seitlichen Höhlungen der Geschlechtswege des Molchweibchens bleiben die Spermatozoen bis zur bevorstehenden Eireifung lebensfähig. Ein solches Organ (Receptaculum seminis) findet sich auch bei einigen Insekten (z. B. bei der Königin der Honigbienen). Erstaunlicherweise bleiben auch im Receptaculum des Feuersalamanders die Spermien mehrere Jahre lang befruchtungsfähig: Von diesem Verfahren können die Leiter von Samenbanken für Haustiere und auch für Menschen nur träumen.

Die sicher am weitesten verbreitete Methode des Zusammenbringens weiblicher und männlicher Geschlechtszellen bedient sich der Begattungsorgane, die das Sperma in den weiblichen Körper befördern. Das muß keineswegs immer das von den Säugern bekannte männliche Glied (Penis) sein, obwohl es solche Samenübergabegeräte bereits bei Plattwürmern (Bandwurm) als Cirrus, bei Schnecken als Penis, manchmal wie bei der Weinbergschnecke mit »Liebespfeil« versehen, und bei Insekten in hoch komplizierter Ausprägung gibt.

Die Blutegel, die gleichzeitig als Männchen und als Weibchen fungieren können, also zweigeschlechtlich sind, zeigen, daß eine innere Besamung sogar ohne jedes Begattungsorgan möglich ist. Bei ihnen erfolgt sie wechselseitig, indem jeder Partner dem anderen eine feste Spermienmasse unter die weiche Haut schiebt. Die Spermatozoen zerstreuen sich im Körper und gelangen durch ein besonderes Bindegewebe zu den Eierstöcken, wo die Befruchtung erfolgt.

Der Vorgang der Befruchtung

Eine Befruchtung wurde erstmals 1875 von dem deutschen Zoologen Oskar Hertwig am Seeigelei beobachtet. Doch soll ihr Ablauf zunächst am Beispiel der höheren Säugetiere dargestellt werden: Bei den Säugern steigen nach der Begattung die Spermatozoen in den weiblichen Geschlechtswegen empor und treffen im erfolgreichen Falle auf die durch den Eisprung freigesetzten Eier. Das bedeutet, daß die Spermien normalerweise von der Scheide bzw. dem Gebärmutterhals einen bestimmten Weg zurücklegen müssen, bis sie einem Ei begegnen. Manchmal erfolgt das sogar erst im Follikelgewebe des Eierstockes. Das gilt zum Beispiel für den madagassischen Borstenigel oder Tanrek. So weit hergeholt dieser Fall scheinen mag, so beleuchtet er doch die allgemeine Situation: Auch beim Menschen gibt es Eileiter- oder sogar Bauchhöhlenschwangerschaften. Bei diesen ist die Befruchtung zu weit oberhalb des üblichen Ortes erfolgt und endet meist mit dem Tod des Embryos.

Der Aufstieg der Spermien dauert bei Ratte und Maus nur 15 Minuten, bei Kuh und Schaf etwa acht Stunden und beim Menschen sechs Stunden. Die aktiven Schlängelbewegungen der Spermatozoen werden durch zusammenziehende und saugende Bewegungen der Gebärmutter deutlich unterstützt, so daß die mit 0,05 Millimeter pro Sekunde (Mensch) nur geringe Geschwindigkeit doch ausreicht, innerhalb der Lebensdauer der Spermien (beim Menschen zwei bis drei Tage) diesen zur erfolgreichen Passage zum Ei zu verhelfen.

Von der großen Zahl der bei der inneren Besamung übergebenen Spermienzellen (beim Menschen 300 Millionen in 3 Milliliter Sperma) erreichen dennoch längst nicht alle das Gebiet der Befruchtung.

Beim Hund sind es von etwa 700 Millionen Spermien pro Besamung weniger als tausend. Beim Schaf erreichen höchstens dreihundert und bei Hamster, Maus und Ratte weniger als hundert das Ei. Die meisten Spermatozoen werden also vom weiblichen Körper aufgenommen. Dies erfolgt durch weiße Blutkörperchen, die nach der Besamung zum Ort des Geschehens in Marsch gesetzt werden und dort in etwa einem Tag reinen Tisch machen, indem sie die absterbenden Spermien amöbenartig umschließen und in sich aufnehmen (Phagocytose).

Die Befruchtung selbst ist ein Vorgang hochkarätiger Biochemie. Bei den Wirbellosen wirken mindestens fünf Substanzgruppen auf das Zusammenkommen der Keimzellen und ihre Verschmelzung ein: Die Eizellen sondern Substanzen ab, die man zum Beispiel im Meerwasser nachweisen kann. Sie bewirken eine Aktivierung der Spermienbewegung, eine Anlockung der Samenzellen zur Eizelle und eine Verklumpungstendenz der Spermatozoen mit der Eirinde. Einige dieser Stoffe sind Glykoproteide mit hohem Molekulargewicht und heißen Fertilisine (Befruchtungsstoffe). Sie werden von reifen Eiern in deren Hüllen gebildet und gelangen in das umgebende Milieu.

Auch die Spermienzellen arbeiten bei diesem Prozeß mit biochemischen Mitteln. Beim Kontakt mit der Eirinde müssen sinnvollerweise die Eigenbewegungen der Spermatozoen eingestellt werden. Dies erfolgt durch eine Art Agglutination (lat.: gluere – kleben), wie sie von der Antigen-Antikörper-Reaktion aus der Immunbiologie bekannt ist. Weiterhin muß die Eihülle geöffnet werden, damit Kopf und Hals des Spermiums mit ihren wichtigen Zellinhalten in das Eiinnere eindringen können. Eleganterweise wird das durch Enzyme aus dem Spermienakrosom bewirkt, wobei die Hyaluronidase eine wichtige Rolle spielt.

Sind die Befruchtungsvorgänge bei Tieren, die im Wasser leben, halbwegs überschaubar, so bieten die Organismen, die eine innere Besamung praktizieren, der Analyse besondere Schwierigkeiten. Die Sekrete der weiblichen Geschlechtswege wirken nämlich mit einer Reihe weiterer Stoffe auf den Vorgang ein. Einige Aspekte mögen dies erläutern:

In den Hoden der Säuger sind die Spermien noch unbeweglich. Erst in den männlichen Geschlechtswegen wird das Samenplasma den Spermien beigefügt, wonach sie zwar beweglich, aber noch immer nicht befruchtungsfähig sind. Erst nach einer bestimmten Zeitdauer erfolgt mit der sogenannten Kapazitation (capacitation = Befähigung) das Erlangen der Befruchtungsfähigkeit. Auch dabei können Stoffe aus dem weiblichen Genitaltrakt beschleunigend und verbessernd eingreifen. Diese Kenntnisse sind entscheidend für die oft schicksalhaften Fragen der Unfruchtbarkeit von Eheleuten und deren Behandlung und gelten selbstverständlich in noch größerem Maße für die künstlichen Befruchtungsversuche.

Die Befruchtungsvorgänge am Ei selbst sind noch immer am besten am Seeigel bzw. am Kaninchen erforscht. Vereinfacht dargestellt, verlaufen sie folgendermaßen:

Im alkalischen Milieu und unter dem Zugriff von Stoffen aus der Eirinde (Gynogamon I) werden die Spermienbewegungen intensiviert, und bei Berührung des Eies verkleben die Spermien an der Wand durch die Wirkung von Gynogamon II. Die Eihülle bildet am Kontaktpunkt eine Vorwölbung, den Befruchtungshügel. In diesem öffnet das Spermium mit Hilfe von Androgamon II die Hülle der Eizelle und gelangt mit Kopf und Mittelteil zum Eikern. Meist bildet sich sogleich eine zähere Befruchtungsmembran um das Ei, womit weiteren Spermien der Zutritt zum Eikern verwehrt wird. In manchen Fällen erfolgt eine mehrfache Befruchtung (Polyspermie) dennoch, aber die überzähligen Spermienkerne lösen sich im Eiplasma auf.

Mit der Verschmelzung von Ei- und Spermakern ist das Grundphänomen der Sexualität eingetreten: Die weiblichen und männlichen Chromosomen sind zu neuer Durchmischung vereint, und die Entwicklung des nunmehr diploid gewordenen neuen Lebewesens kann beginnen (→S. 118 ff.).

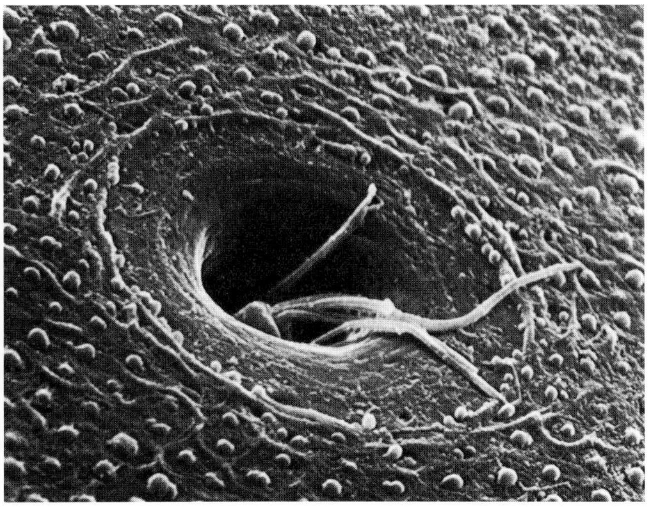

Diese Mikroaufnahme gestattet einen Einblick in geheimste Lebensvorgänge: Ein Samenfaden dringt in eine Eizelle ein. Dazu wird die Eihülle durch ein Enzym aus dem Spermienkopf geöffnet.

Vielfalt der Geschlechtsorgane

Zur Sicherung der Begegnung von Ei- und Samenzelle dienen die primären und sekundären Sexualorgane und -merkmale. Mit den primären meint man die Organe, die die Keimzellen bilden können, und die zu deren Übergabe bzw. Empfang dienenden Hilfsorgane. Sekundäre Geschlechtsmerkmale sind zum Beispiel die Mähnenpracht von Huf- und Raubtiermännchen und die stärkeren Geweihe männlicher Hirsche.

Die Geschlechtsorgane der Wirbellosen. Bei den Wirbellosen können die Keimdrüsen (Gonaden) an sehr verschiedenen Stellen des Körpers auftreten. Bei den parasitären Bandwürmern finden sich in jedem Segment (Proglottidium) des manchmal zehn Meter langen Wurmkörpers (so beim Fischbandwurm Diphyllobothrium) Hoden und nach deren Rückbildung Ovarien. Diese schwer zu verstehende Feststellung bedarf der Erläuterung, die schon ein wenig in die Sexualbiologie hineingreift:

Bandwürmer sind Zwitter, also zweigeschlechtlich. Die Chance, daß ein Wirtsorganismus mehr als einen dieser nicht gerade kleinen Parasiten in seinem Darm beherbergt, ist nicht sehr groß. So ist es praktisch, zur Produktion von Nachkommen mit sich selbst sexuell fruchtbar zu sein. Das geschieht mit Hilfe der Protandrie (griech.: zuerst männlich sein), wobei die einzelnen Bandwurmglieder zuerst männlich reif werden. Später gelangen diese durch die stete Bildung neuer Glieder hinter dem Kopf immer mehr an das Ende des so an Länge zunehmenden Wurmes und werden dann weiblich reif; nur so können die am Ende des Wurms abgeschiedenen einzelnen Glieder mit befruchteten Eiern angefüllt sein. Ein langer Bandwurm hat nur Platz im Darm des Wirtes, indem er Schlingen bildet. So gelangen männlich reife neben weiblich reife Proglottiden und können diese besamen.

Ein weiterer Vorteil der Protandrie besteht wohl darin, daß die einzelnen Glieder erst dann weiblich reif werden, wenn sie bereits herangewachsen sind, denn die Eiproduktion ist energieaufwendiger als Spermienbereitung. So ist die Protandrie nicht nur auf Bandwürmer beschränkt, sondern findet sich zum Beispiel bei der Pantoffelschnecke Crepidula, beim Meeresringelwurm Ophryotrocha und bei einigen Garnelen. Dieses zeigt, daß auch dieser Modus im weiteren Experimentierfeld der Sexualität seinen Platz bis heute behauptet hat.

Bei den Saugwürmern (Leberegel) sind die Keimdrüsen meist ebenfalls läppchenartig im Körper verteilt.

Bei höher entwickelten Organismen findet sich jedoch immer deutlicher die Zusammenfassung der Keimzellen zu kompakten Keimdrüsen. Dabei nutzt die so überaus wichtige Sexualität manchmal schon anderen Funktionen zugeordnete Organsysteme für ihre Zwecke aus: Zur Ableitung von Eiern und Samen dienen oft die bereits der Exkretion von Harnstoffen zugeteilten Nierengänge oder sonstige Ausführwege.

Sobald bei den wirbellosen Tieren die Segmentierung (Gliederung in hintereinanderliegende, gleichartige Abschnitte) des Körpers erreicht ist (zuerst bei den Ringelwürmern), gibt es eine Tendenz zur Anordnung von segmental hintereinanderliegenden primären Sexualorganen. Das ist beim Regenwurm deutlich, wo sich immerhin noch in fünf Segmenten Gonaden finden. Dabei sind zwei für die Hoden und drei für die Eierstöcke bestimmt. Die Gonaden entstammen der Leibeshöhlenwand, und die dort gebildeten Geschlechtszellen fallen offen in die von dieser Auskleidung begrenzte Leibeshöhle. Hier werden sie von offenen Wimperntrichtern aufgenommen und nach außen geführt, wo sie bei der Begattung zweier Individuen miteinander verschmelzen können. Die Idee eines solchen Fangtrichters war offenbar so gut, daß sie sich noch bis zum Menschen herauf erhalten hat: Sie findet sich modellmäßig im Trichter (Ostium) des Eileiters.

Die Geschlechtsorgane der Wirbeltiere. Auch bei den inneren Sexualorganen der Wirbeltiere stellt die segmentale Anordnung zunächst die Ausgangsform dar. Auch hier sind die Geschlechtsorgane mit dem Nieren- bzw. Exkretionssystem verbunden: Ein Teil dieser Nierenregion verliert nämlich später seine Exkretionsfunktion und wird in den Ausführgang der männlichen Sexualprodukte einbezogen. Zum Verständnis von Nebenhoden und anderen Hilfsapparaten des männlichen Urogenitalsystems (Harn-Geschlechts-Apparate) ist diese stammesgeschichtliche Herkunft sehr wichtig.

Bei den niedersten Wirbeltieren wie etwa dem Schleimfisch Myxine ist die segmentale Anordnung noch deutlich ausgeprägt: Von vorn nach hinten sind die Harnsammelorgane in Vor-, Ur- und Nachniere getrennt und in einzeln aufeinanderfolgenden Segmenten angeordnet. Der Harn wird aus Vor- und Urniere durch den primären Harnleiter oder Wolffschen Kanal abgeleitet. In der mittleren Gegend, das heißt an der Urniere, bildet sich die männliche bzw. weibliche Keimdrüse. So kann der Hoden die in ihm produzierten Spermien durch den bereits vorhandenen primären Harnleiter nach außen bringen: Der Harn-Samenleiter ist entstanden, der bei höheren Säugern schließlich nur noch als Samengang (Wolffscher Gang) dient. Für den Harn bildet sich im modernen Teil des Nierensystems, an der Nachniere, ein sekundärer Harnleiter aus.

Aus einem Nierentrichter der Vorniere entsteht der Trichter des Eileiters, der in einem besonderen (Müllerschen) Gang als Eileiter dem Transport der reifen Eizellen dient.

Der der Mündung benachbarte Teil des Eileiters weitet sich mit fortschreitender Organisationshöhe der Wirbeltiere immer stärker zum Uterus aus und wird schließlich zur geräumigen Gebärmutter der Säuger. Da fast alle Organsysteme beim Wirbeltier zweiseitig symmetrisch angelegt sind, gilt das auch für die Sexualorgane. Also findet man einen linken und einen rechten Eierstock bzw. Hoden, entsprechend einen linken und rechten Ei- bzw. Samenleiter und natürlich auch einen linken und einen rechten Uterus, ja im Grundbauplan sogar eine linke und eine rechte Scheide (Vagina) als Endabschnitt der weiblichen Geschlechtswege. Dieser Zustand mit zwei Scheiden findet sich noch heute bei den Beuteltieren. Bei Vogelweibchen ist nur die linke Seite der primären Geschlechtsorgane ausgeprägt: Rechter Eierstock und rechter Eileiter sind – wohl aus Gewichtsgründen, die bei der fliegenden Lebensweise eine Rolle spielen – nicht mehr vorhanden.

Einige Säuger, zum Beispiel die Nagetiere, aber auch natürlich die Beuteltiere, besitzen tatsächlich noch zwei Uteri (Uterus duplex). Selbst beim Menschen kommt als Erinnerung an diese frühen Entwicklungsstufen manchmal solch ein Doppeluterus vor, der meist operativ zu einem einzigen Uterus simplex vereinigt werden kann. Damit entspricht er dem Normaltyp des Menschen, der Affen und der Fledermäuse.

Die Ausführgänge des Ei- bzw. Samenleiters sind mit der Harnröhre eng benachbart bzw. sogar mit ihr verbunden. Außerdem ist der Austrittsort jeweils mit dem Geschlechtshöcker bzw. den Geschlechtsfalten und -wülsten umgeben. Mit diesen Vorwölbungen ist eine »saubere« Abgabe von schädlichen harnhaltigen Flüssigkeiten möglich. Zugleich gewinnt damit die Entstehung der äußeren Geschlechtsorgane ihren Ursprung und ihr Verständnis.

Die Erfindung des Penis. Für eine innere Besamung ist es offenbar günstig, den Samen möglichst weit in den Körper des weiblichen Partners, also möglichst nahe an den Ort des reifen Eies, zu bringen. Das ist mit einem Begattungsglied zu bewerkstelligen, das in sehr verschiedener Weise ausgeprägt, aber bei den Wirbeltieren doch von einem gemeinsamen Ursprung herzuleiten ist.

Es findet sich als Penis zuerst bei den Reptilien. Fische praktizieren die freie Besamung, nur einige wenige (Haie, Rochen, Zahnkarpfen) benutzen eine umgebildete Flosse als Begattungsglied. Wegen der beidseitigen Symmetrie der meisten Organsysteme sind auch die Geschlechtsorgane bei den Wirbeltieren paarig angelegt. So besitzen die meisten Kriechtiere an der linken und rechten Körperseite je einen Penis (Hemipenis), den sie abwechselnd benutzen können. Durch Füllung der in den Hemipenes fein aufgezweigten Gefäße mit Blut erfolgen eine Aufrichtung (Erektion) und Ausstülpung der Begattungsglieder aus dem Körper, so daß sie dann tief in die Kloake des Weibchens eingeführt werden können. Bei den meisten Vögeln (Ausnahmen Lauf- und Entenvögel) ist der Penis bis auf einen winzigen Kloakenhöcker zurückgebildet: Hier erfolgt die Besamung durch kurzfristiges Aufeinanderpressen der Kloakenränder.

Ansonsten aber setzte sich die Erfindung des Penis durch, und aus den beiden genannten Hemipenes bildete sich ein mitten am Unterbauch angebrachtes unpaares Begattungsglied. Seine Herkunft aus zwei symmetrischen Hälften läßt sich sogar noch beim Menschen feststellen: Der innere Bau der Schwellkörper und äußere »Nähte« an der Penishaut deuten darauf hin. Außerdem gibt es immer wieder einmal dem Doppeluterus entsprechende Mißbildungen, wo die Vereinigung der beiden Penishälften nicht ganz zu Ende gekommen ist.

Da offenbar die zum Einführen des Penis in die Scheide nötige Versteifung durch Blutzufuhr nicht bei allen Tieren ausreicht, finden sich mancherlei Stützapparate: Penisknochen sehr verschiedener Gestalt, die eine langfristige Erektion ermöglichen.

Die Dauer der geschlechtlichen Vereinigung (Koitus) reicht von wenigen Sekunden bei Kühen und Pferden bis zu Stunden bei manchen Hundeartigen. Bei diesen schwillt nach Eindringen des Penis ein an seiner Wurzel gelegenes Organ stark an, so daß das so noch vergrößerte Glied die Scheide ganz ausfüllt und die Partner mechanisch fest aneinanderkoppelt (»Hängen«). Bei gewaltsamer Trennung erleiden die Partner nicht selten Verletzungen.

Während beim weiblichen Säuger die primären Geschlechtsorgane in ihrem äußeren Bau fast dem embryonalen Stadium entsprechen – auch die Klitoris nimmt im Laufe der Jugendentwicklung kaum an Größe und Differenziertheit zu –, machen die Hoden eine wichtige Wanderung durch. Diese bringt sie von der ursprünglichen Lage an der rückwärtigen Wand des Bauchraumes hinunter, so daß sie schließlich unter Mitnahme ihrer Anhänge (Nebenhoden u.a.) und Samenausführgänge im Hodensack landen.

Ein solcher Hodenabstieg (Descensus) dient wahrscheinlich dem Schutz vor allzu hohen Temperaturen im Bauch von Warmblütern: Die Spermiogenese erweist sich nämlich bei manchen Säugern als sehr temperaturempfindlich. Zu hohe Temperaturen bewirken eine starke Abnahme der Spermienzahlen, und auch beim Menschen tritt diese Wirkung etwa bei häufigem und langem Saunabesuch ein, ist aber nur vorübergehender Natur. Obwohl die Rolle der Temperatur noch nicht ganz überschaut wird, liefert sie doch die Erklärung für die beim Menschen mit fehlendem oder unvollkommenem Hodenabstieg stets gestörte Samenbildung. Manche Säuger lassen ihre Hoden nur in der Fortpflanzungszeit in das Scrotum hinabwandern (Nagetiere, Elefanten), während sie sich bei ihnen normalerweise in den Bauchraum zurückziehen. Der dazu nötige Muskel ist in Resten auch noch beim Menschen vorhanden. Vögel allerdings tragen die Hoden dauernd im Körperinneren, und bei der hohen Eigentemperatur der meisten Vögel von 40°C und mehr ist die dabei dennoch ablaufende Samenbildung noch ein Rätsel.

Außer den Säugern haben auch andere Tiergruppen den Penis erfunden: Für Plattwürmer, Egel und Schnecken wurde dies bereits erwähnt. Dabei gibt es bei den Nacktschnecken wahrhaft enorme Größen solcher Begattungsglieder: 50 Zentimeter Länge sind bei Körpergrößen von etwa 15 Zentimetern durchaus üblich. Offensichtlich genügt manchmal die Benutzung eines Liebespfeils wie bei der Weinbergschnecke nicht, um den Partner genügend zu erregen und so zum zeitgerechten Bereitstellen von Eiern und Samen zu gelangen. Die Spitze der Begattungsglieder ist nämlich bei sehr vielen Tierarten mit Höckern und Stacheln versehen, die fraglos der Intensivierung des Tastgefühls dienen. Katzen mit ihrem bestachelten Penisende sind dafür Paradebeispiele, und selbst beim Menschen finden sich solche Bildungen noch als warzenartige Erhebungen auf der Haut der Penisspitze.

Außerordentlich wichtig neben seiner Rolle als Samenüberträger ist eine weitere Funktion des Penis bei den Insekten. Hier gilt bei vielen Arten das Schlüssel-Schloß-Prinzip, das heißt, der Penis paßt wegen komplizierter Höcker, Spitzen und Anhänger nur in die Geschlechtsöffnung artgleicher Weibchen. Diese Paßform ist oft so präzise ausgeprägt, daß der herangezogene Vergleich gewiß berechtigt ist. Offenbar werden mit diesem Mechanismus Artenkreuzungen vermieden oder jedenfalls erschwert.

Gefährliches Liebesspiel. Daß Samenübertragung auch ganz ohne Penis möglich ist, zeigen manche Spinnen. Am Beispiel unserer heimischen Kreuzspinne Epeira läßt sich dieser bemerkenswerte Vorgang sogar manchmal im Freiland beobachten. Die Männchen – kleiner als die gewichtigeren Weibchen – spinnen an warmen Tagen ein kleines »Spermanetz«, auf das sie einen Spermatropfen plazieren. Mit besonders gestalteten Kiefertastern, Tastorganen an jeder Kopfseite, nehmen sie dieses Sperma auf und tragen es in einer Art Injektionsspritze mit sich. Treffen sie bei ihren Streifzügen auf das Netz eines Weib-

Schwangerschaftsdauer bei einigen Säugern

Mäuse, Ratten	21–25 Tage
Kaninchen	30 Tage
Hasen	42 Tage
Meerschweinchen	9 Wochen
Hunde, Wölfe	9 Wochen
Hauskatzen	65 Tage
Tiger, Löwen, Jaguare	3–3,5 Monate
Schweine	4 Monate
Schafe, Ziegen	5–7 Monate
Schimpansen	8,5 Monate
Mensch	9 Monate
Rinder	9 Monate
Pferde	12 Monate
Esel	12 Monate
Kamele	13 Monate
Elefanten	23 Monate

chens, so bringen sie einen besonderen Faden an diesem Netz an, an dem sie mit einer bestimmten Frequenz rhythmisch zupfen. So teilen sie dem gefräßigen Weibchen mit, daß kein Beutetier, sondern jemand anders diese Netzerschütterungen ausgelöst hat. Immerhin kommt das Weibchen aus seiner Warte, um nach dem Rechten zu sehen. Unter eifrigem Zupfen am selbstgesponnenen Faden lockt das Männchen das Weibchen auf diese »Liebesbrücke«, und nach etlichem Hin und Her – der Trieb, das Männchen als Beute zu beißen und einzuspinnen, ist beim Weibchen überaus stark ausgeprägt – erfolgt die Besamung.

Auch diese ist spektakulär genug: Das Weibchen hängt sich Kopf abwärts an den Liebesfaden, verfällt in eine Art von Liebesstarre, und das Männchen kann mit den Kiefertastern den darin befindlichen Samen in die Geschlechtsöffnung des Partners entleeren. Der Liebeswahn des Weibchens währt allerdings nur etwa eine halbe Minute, und nicht selten erwacht der übliche Drang zum Beutefang zu früh für das enteilende Männchen: Es wird Opfer der Liebestat, hat allerdings ja auch seine Hauptschuldigkeit getan, nämlich – in der nüchternen Ausdrucksweise des Biologen – seine Gene zur Neukombination verteilt.

Sinn und Zweck der Sexualität. Ein Rückblick mag noch einmal die Vielfalt der zum Befruchtungsprozeß benutzten Organe und Vorgänge auf einen gemeinsamen Nenner bringen: Alle dienen dem Neukombinieren von Erbgut und eröffnen damit die Chance, anders zu sein als die Vorgänger und sich so anderen Umweltsituationen besser anpassen zu können. Mit der Befruchtung setzt die Entwicklung des neuen Lebewesens ein, obwohl eine solche – bei unverändertem Erbgut – auch mit anderen Mechanismen erreicht werden kann (u. a. mit vegetativer Fortpflanzung, Parthenogenese). Schließlich setzt die Sexualität einer ungehemmten Vermehrung Grenzen, denn nur die Weibchen können Nachkommen hervorbringen.

Warum allerdings die Sexualität überhaupt entstanden ist, entzieht sich noch immer der abschließenden Erkenntnis. Bei den zahlreichen Untersuchungen zur Fortpflanzung und Sexualität fand man u. a., daß die Anregung einer Eizelle, sich zu teilen, offenbar vom Spermium ausgeht. Bei näherer Analyse der Vorgänge während des Durchtritts des Spermatozoons durch die Eihülle ergab sich, daß schon der mechanische Reiz an der Außenhülle Anlaß genug sein könnte für die erste Zellteilung.

In der Folge hat man dieser Entwicklung unbefruchteter Eizellen zu Individuen mehr Aufmerksamkeit geschenkt: Eizellen lassen sich auch durch Anstechen mit feinen Nadeln oder Haaren, durch Zugabe von Säuren und Salzlösungen zur Teilung, das heißt zur Bildung neuer Individuen, anregen. Dabei entwickeln sich also aus haploiden Eiern Lebewesen mit nur der Hälfte des normalen Chromosomensatzes. Man spricht von Jungfernzeugung oder Parthenogenese. Sie bekam ihren Namen von der griechischen Göttin Athena parthenos, die dem Haupte des Zeus entsproß, also parthenogenetisch sogar aus Körperzellen entstand. Sie wäre damit ein Beispiel für die diploide Parthenogenese, über die weiter unten berichtet wird.

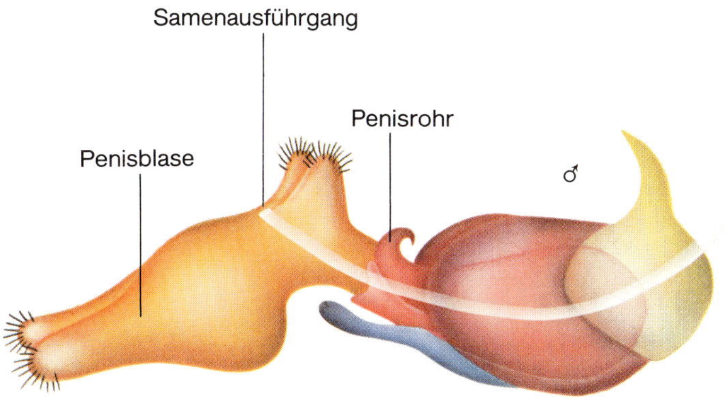

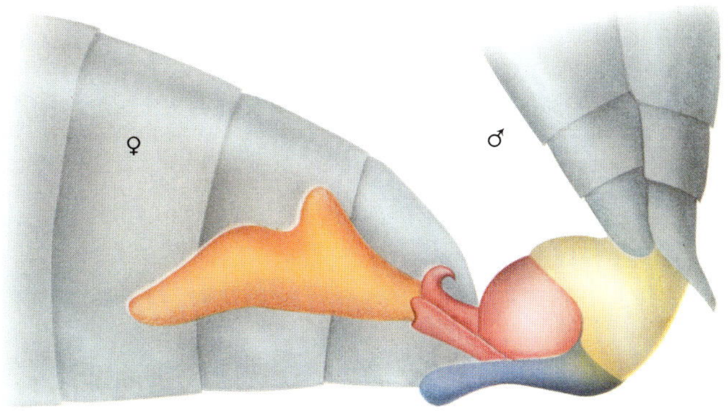

Sexualorgane bei Insekten. *Wie Schlüssel und Schloß passen männliche und weibliche Geschlechtsorgane bei den Insekten ineinander, wobei diese von Art zu Art außerordentlich verschiedenartig sind, so daß Fremdbegattungen ausgeschlossen sind. Oben: männliches Geschlechtsorgan eines Weichkäfers; unten: Kopulation bei Weichkäfern*

Jungfernzeugung in der Natur

Zunächst aber soll die in der Natur ohne menschliches Zutun ablaufende Parthenogenese betrachtet werden, wobei haploide Eier sich ohne Befruchtung durch ein Spermium zur Teilung anschicken und haploide Lebewesen hervorbringen. Ein solch überraschendes und dennoch völlig normales Geschehen tritt bei Tieren mit hoher Verlustquote auf. So ist es bei Rädertierchen (Rotatorien), unseren Flohkrebschen (z. B. Daphnia) und vor allem Blattläusen (Aphiden) deutlich ausgeprägt. Letztere können die Sommergenerationen, während derer ihnen mancherlei natürliche Feinde und Bekämpfungsmaßnahmen von seiten des Menschen drohen, schnell wieder durch Parthenogenese auffüllen. Mit Einsetzen der ungünstigen Herbstzeit legen die Weibchen sogenannte Dauereier, die von Männchen befruchtet werden müssen und derb beschalt den Winter überdauern können.

Natürliche Parthenogenese ist auch bei vielen Hautflüglern die Regel, so entstehen zum Beispiel die Männchen von Bienen, Wespen und Ameisen natürlicherweise durch Entwicklung unbefruchteter Eier. Diese Tiere sind also haploid.

Schließlich gibt es sogar bei Wirbeltieren natürliche Parthenogenese. Die Eidechsen (Lacerta saxicola) im Kaukasus treten ausnahmslos als Weibchen auf, die aus unbefruchteten Eiern entstanden sind. Man nennt diese Erscheinung geographische Parthenogenese. Sie findet sich auch in Frankreich bei der Assel Oniscus, die nur in ihren nördlichen Populationen Männchen aufweist, im südlichen Verbreitungsgebiet aber ausschließlich aus parthenogenetischen Weibchen besteht.

Selbst bei bestimmten Truthuhn-Zuchtschlägen in den USA entwickeln sich etwa vierzig Prozent der unbefruchteten Eier zu Embryonen, und manche dieser vaterlosen Wesen erreichen das Schlupf- oder gar das Erwachsenenalter.

Neben der hier beschriebenen haploiden Parthenogenese gibt es auch den entsprechenden Fall der Jungfernzeugung aus diploiden Zellen. Manche Tiere unterdrücken bei der Eientwicklung die Reduktionsteilung oder führen sie nicht ganz zu Ende: So bleiben die diploiden Ureizellen sozusagen auf dem Wege zum haploiden Eistadium stecken. Solche unreifen Eier können sich parthenogenetisch zu Embryonen entwickeln, die dann natürlich den diploiden Chromosomensatz besitzen. Ein solches Verfahren ist beim in Salzseen und Salinengräben lebenden Salzkrebschen Artemia salina die Regel, auch bei Wasserflöhen kennt man diesen Modus der diploiden Parthenogenese.

Bei der künstlichen Jungfernzeugung bringt man Eier durch mechanische (Anstechen, Schütteln) oder chemische (milde Säure, Salze) bzw. physikalische Reize (Hitze-, Kälteschock) zur Entwicklung und erhält manchmal aus haploiden Eiern diploide Individuen. Dabei hat sich durch Kernverschmelzung der diploide Satz wieder eingestellt. Solche Wesen besitzen selbstverständlich nur die Erbmerkmale der Mutter. Es mag schon hier vermerkt sein, daß bei der in jüngster Zeit bekannt gewordenen Klonierung (Entstehung erbgleicher Wesen zum Beispiel aus Körperzellen eines Wirbeltieres) eine solche Entwicklungsanregung von diploiden Körperzellen die Grundlage bildet für die Hervorbringung identischer Nachkommen. Solche Abkömmlinge sind bei Fröschen und sogar bei Kaninchen erreicht worden. Der Wissenschaftsjournalist Rorvik hat 1978 diesen auch für den Menschen gar nicht mehr so unwahrscheinlichen Vorgang in seinem Bestseller »In his image« (»Nach seinem Ebenbilde«) beschrieben.

Möglichkeiten der Geschlechtsbestimmung

Bei den meisten getrenntgeschlechtlichen Tieren bestimmen die Geschlechtschromosomen oder Heterosomen X und Y das Geschlecht des gezeugten Embryos. Man spricht hier von einer genotypischen Festlegung des Geschlechts.

Wie bereits dargestellt, entstehen bei der Spermiogenese in männlichen Säugern zwei Sorten von Spermien: Die Hälfte trägt ein X-Chromosom, ist also weibchenbestimmend, die andere Hälfte, die ein Y-Chromosom besitzt, führt zur Zeugung von männlicher Nachkommenschaft. Durch einfache Rechnung stellt man fest, daß die befruchteten Eizellen zu fünfzig Prozent XX- und zu fünfzig Prozent XY-haltig sind, daß also die Nachkommenschaft je zur Hälfte aus Weibchen und Männchen besteht. Rein formal folgt diese Art der genotypischen Geschlechtsbestimmung dem Rückkreuzungsschema des klassischen Mendelismus, wobei fünfzig Prozent reinerbige und fünfzig Prozent mischerbige Nachkommen entstehen. Pikanterweise entspricht der Mann also in dieser Hinsicht dem mischerbigen Bastard.

Damit ist die Entscheidung über das Geschlecht des Nachkommen genetisch gefallen. Besitzt er ein Y-Chromosom, so bestimmt dieses die Umwandlung der zunächst geschlechtlich noch undifferenzierten Gonaden zu einem Hoden. Das kleine Y-Chromosom enthält also fast nur die Erbinformation zur Entwicklung eines Hodens. Dieser produziert dann das männliche Sexualhormon Testosteron und einen Hemmfaktor für die Unterdrückung der weiblichen Teile des zunächst zweigeschlechtlich angelegten Urogenitalsystems. Ohne Y-Chromosom entsteht ein Eierstock, und ohne Testosteron wachsen die indifferenten Organanlagen zum weiblichen Typ heran. Andererseits sind auf dem Weiblichkeit bestimmenden X-Chromosom auch zahlreiche Erbanlagen für den Körper angesiedelt, von denen hier nur manche Hautleiden (Fischschuppenkrankheit), Rot-Grün-Blindheit und vor allem die Bluterkrankheit (Hämophilie) genannt seien (→S. 94).

Anders als bei den Säugetieren ist das männliche Geschlecht bei manchen Schmetterlingen, einigen Fischen und Amphibien, den Reptilien und Vögeln mit zwei X-Chromosomen ausgerüstet; es handelt sich hierbei also um Beispiele für männliche Homogametie. Schließlich kann das Y-Chromosom auch ganz fehlen, und es entstehen Männchen vom X0-Typ. Das gilt zum Beispiel für manche Wanzen.

Phänotypische Geschlechtsbestimmung. Neben der solcherart gesicherten Festlegung der Geschlechtlichkeit durch Geschlechtschromosomen gibt es auch die phänotypische Geschlechtsbestimmung. Hierbei entscheiden Umwelteinflüsse, also Außenfaktoren, und nicht die Gene über das Geschlecht. Das ist zum Beispiel der Fall beim Sternwurm Bonellia viridis. Dieser etwa ein Meter lange Wurm lebt im Mittelmeer in den Spalten felsiger Uferabstürze, wo ihn der schnorchelnde Taucher noch vor wenigen Jahren in beachtlicher Anzahl antreffen konnte. Bei diesen Würmern entwickeln sich die befruchteten Eier zu sexuell unentschiedenen Larven von etwa ein bis drei Millimetern Länge, die im Wasser einhertreiben und sich später zu Weibchen entwickeln. Gelangen sie aber während dieser frühen Driftphase in die Nähe eines Weibchens, so setzen sie sich an dessen Rüsselteil fest und werden zu Männchen. Offenbar geht von den weiblichen Rüsseln eine stoffliche Wirkung aus, die etwa sechs Tage anhalten muß, um die Vermännlichung der Larven zu bewirken. Bei kürzerer Rüsselzeit entstehen sexuelle Zwischenformen (Intersexe). Die zu Männchen gewordenen Individuen bleiben zeitlebens am Rüssel des Weibchens angeheftet, nehmen kaum an Größe zu und sind eigentlich nur Spermienbehälter. Auf diese Weise ist die Befruchtung der Eier gesichert: Das Weibchen hält sich sozusagen immer einige Spermienträger bereit.

Auch beim Meereswurm Ophryotrocha puerilis ist das Geschlecht nicht genetisch festgelegt. Man kann es beliebig umkehren, indem man einfach die Zahl der Körperabschnitte (Segmente), äußerlich an den Ringen erkennbar, verringert. Der erstaunliche Vorgang verläuft folgendermaßen: Die Jugendstadien dieses Wurms sind zunächst männlich und werden mit steigender Körpergröße, und zwar bei einer Anzahl von fünfzehn bis zwanzig Ringeln, plötzlich zu Weibchen. Schneidet man am Hinterende etwa fünf bis zehn Segmente ab, wird das so verkleinerte Tier wieder zum Männchen. Hier ist Weiblichkeit also eine Frage der Körpergröße bzw. -masse. Auch durch Hungernlassen oder erhöhten Kaliumgehalt im Meerwasser kann man Weibchen wieder zu Männchen machen.

Daß Außenfaktoren, vielleicht in Form von Stoffen, die der Artgenosse abgibt, über die jeweils ausgeprägte Geschlechtlichkeit entscheiden, zeigt sich auch an der Pantoffelschnecke Crepidula fornicata. Hier richtet sich die Weiblich- oder Männlichkeit der Individuen nach dem bereits Vorhandenen: Diese Schnecken setzen sich bevorzugt zu Ketten an- und aufeinander. Dabei bestehen solche Ketten an ihrem Anfang stets aus Weibchen, während die später gekommenen zunächst noch Männchen sind. Mit fortschreitender Sitzdauer werden sie jedoch zusehends ebenfalls zu Weibchen.

Wenn auch die genaueren Vorgänge bei dieser offensichtlichen Geschlechtsumwandlung noch nicht ganz überschaut werden, darf man doch annehmen, daß stoffliche Einflüsse sie bewirken. Gerade in der Gegenwart ist die Erforschung solcher Stoffe, die in geringen Mengen von einem Individuum zur Wirkung auf ein anderes produziert werden (Pheromone), in raschem Aufblühen begriffen. Sie hat schon manche Mechanismen des Zusammenlebens in Insektenstaaten, Fischschwärmen und anderen Tiergruppen aufgeklärt.

Unterschiede zwischen den Geschlechtern. Trotz solcher manchmal noch nach Erprobung aussehenden Fälle von Geschlechtsbestimmung findet sich doch bei der Vielzahl der Tiere die Getrenntgeschlechtlichkeit mit der typischen Ausprägung der weiblichen und männlichen Gestalt: der Sexualdimorphismus (griech.: Zweigestaltigkeit in Abhängigkeit von der Sexualität). Dabei betreffen diese geschlechtlich bedingten Unterschiede keineswegs nur die primären und sekundären Geschlechtsmerkmale im engeren Sinne, sondern auch zahlreiche Körperbaumerkmale und Verhaltenseigentümlichkeiten, über die weiter unten noch einiges nachzulesen ist. Hier seien zunächst nur besonders spektakuläre Beispiele von Sexualdimorphismus aufgeführt. Sie lassen sich meist als Resultat von Nebenwirkungen der Geschlechtsstoffe verstehen. Damit sind Wirkungen gemeint, die zwar im Dienst der Sexualität zu stehen scheinen, aber an anderen als den Geschlechtsorganen angreifen, indem sie zum Beispiel das Wachstum stark fördern. So ist gewiß die beim Mann meist stärkere Ausprägung der Muskulatur eine Nebenwirkung des männlichen Sexualhormons Testosteron (eine Wirkung, die sich durch die nahe verwandten Anabolica im Sport zum Doping mißbrauchen läßt).

Im übrigen ist die Mannigfaltigkeit der geschlechtlich bedingten Unterschiede »ungeschlechtlicher«, das heißt nicht direkt zur jeweiligen Sexualität gehörender, Merkmale wahrhaft verblüffend. Es gibt kaum ein Organ, kaum eine Eigenschaft, die nicht beim Weibchen und Männchen unterschiedlich wären. Selbst solche Eigenschaften wie die Zahl der roten Blutkörperchen (bei der Frau 4,5, beim Mann 5,5 Millionen pro mm^3), Blutmenge, Muskelgewicht und Körpergröße sind geschlechtsgebunden verschieden. Manchmal ist das Weibchen, meist aber das Männchen mit den »besseren« Werten ausgestattet. Das mag damit zusammenhängen, daß die Männchen der Weibchen habhaft werden müssen, um die Kopulation zu bewerkstelligen. Dazu bedarf es der Auffindung und Gefügigmachung der Weibchen. Das wiederum ist nur mit ausgezeichneten Sinnesorganen und notfalls – im Nahbereich – mit deutlicher Kraftentfaltung möglich.

Dementsprechend finden sich bei den Männchen vieler Käfer und Schmetterlinge deutlich längere Fühler, denn sie sind der Sitz der Geruchsorgane und können in den besten Fällen Sexualdüfte eines Weibchens noch auf zehn Kilometer Entfernung wahrnehmen und so den Weg zur fernen Liebespartnerin weisen. Unsere Bockkäfer und Nachtfalter sind hierfür gute Beispiele, und auch bei den Maikäfern zeigen sich solche Unterschiede in Bau und Größe der Fühler zugunsten des Männchens.

Auch die Augen sind im Bereich der wirbellosen Tiere bei den Männchen meist besser ausgestattet: Sie müssen ja die genaue Wahrnehmung des artgleichen Weibchens ermöglichen. So besitzt das Männchen unseres Junikäfers (Amphimallus solstitialis) tausend Einzelaugen pro Gesamtauge (Facetten- oder Komplexauge) mehr als das Weibchen: 3700 auf jeder Kopfseite. Beim Leuchtkäfer (Lampyris) ist dieser Unterschied noch gewaltiger: Das ungeflügelt am Boden hockende Weibchen (»Glühwürmchen«) besitzt nur 300 Einzelaugen, das Männchen aber 2500. So kann es das »richtig« leuchtende Weibchen wohl gut erkennen und sich ihm hoffnungsvoll zur Begattung nähern. Ähnliches gilt für die männlichen Bienen, die Drohnen: Wegen der großen Zahl von Einzelfacetten stoßen ihre beiden Augen in der Scheitelmitte zusammen, während sie bei den Arbeiterinnen und Königinnen in der Mitte noch Platz freilassen.

Manche Merkmale der Männchen lassen sich nur als Mittel zur Anlockung bzw. Erregung der Aufmerksamkeit der Weibchen verstehen. Die häufigen männlichen Prachtkleider dienen mit Sicherheit dem Anlocken neugieriger Weibchen, womit die jedem Lebewesen zunächst innewohnende Abstands- und Fluchttendenz zur Wahrung des persönlichen Abstands überwunden wird. Der neugierige Artgenosse kommt näher und kann dann durch Beschwichtigungsgesten zur eventuellen Kopulation bereitgemacht werden.

Auch manche Bewegungen, Tänze und Balzparaden dienen der Unterstützung auffälliger männlicher Körperteile. Das ist leicht zu beobachten an balzenden Hähnen, tanzenden Kranichen und kopfunter hängenden Paradiesvogelmännchen. Bei den Krebsen sind die großen Scheren der Hummermännchen bzw. die grotesk vergrößerte Winkschere der Winkerkrabbenmännchen ebenfalls Kennzeichen der Getrenntgeschlechtlichkeit. Über weitere Beispiele wird im Abschnitt über Sexualverhalten berichtet.

Zwitterwesen. Nicht bei allen Tieren ist Weiblich- und Männlichkeit so deutlich auf verschiedene Individuen verteilt, wie wir das vom Menschen gewohnt sind. Bei bestimmten Tiergruppen ist das Gegenteil geradezu die Regel: Hier sind männliche und weibliche Geschlechtsorgane gleichzeitiger Besitz eines Individuums, das dann Zwitter oder Hermaphrodit genannt wird (nach den griechischen Göttern Hermes und Aphrodite). Echte Zwitter besitzen also voll funktionsfähige Organe für die weiblichen und männlichen Aufgaben. Das ist zum Beispiel der Fall bei allen Plattwürmern (also etwa den Strudelwürmern, Leberegeln, Bandwürmern), den Regenwürmern, manchen Schnecken (Weinbergschnekken) und Muscheln (Austern) und schließlich den Manteltieren (Tunicaten). Bei den Schnecken finden sich sogar in einer einzigen Keimdrüse beide Eigenschaften vereinigt: Diese Zwitterdrüse produziert Eier und Spermien.

Es mag aufschlußreich sein, über die Vor- und Nachteile des Zwittertums nachzudenken. Gewiß ist es für festsitzende oder wenig bewegliche Tiere vorteilhaft, die Chancen zum geschlechtlichen Tun um rund 50 Prozent erhöht zu bekommen, indem man Weiblich- und Männlichkeit besitzt. Eine einfache Rechnung ergibt, daß es sich beim Zusammentreffen zweier Individuen entweder um zwei Männchen oder zwei Weibchen oder um ein Pärchen handelt. Die Wahrscheinlichkeit, daß die Tiere gleichen Geschlechts sind, sich also nicht sexuell fortpflanzen können, ist ebenso groß wie die, daß es Männchen und Weibchen sind. Wenn also nur zwei Individuen am jeweiligen Ort benachbart sind, kann nur in 50 Prozent der Fälle eine Fremdbefruchtung mit dem oft betonten Vorteil der Gendurchmischung erfolgen. Das ist bei zwei Zwittern viel günstiger, denn hier ist stets eine Kreuzbefruchtung möglich, da ja jeder die Rolle des andersgeschlechtlichen Partners übernehmen kann. Beim Regenwurm und der Weinbergschnecke ist dieser Vorteil leicht einzusehen, denn bei langsamer Lebensweise dieser Tiere ist ein Treffen der richtigen Partner nicht eben alltäglich. Auch für Binnenparasiten ist das Zwittertum, wie es für den Bandwurm bereits geschildert wurde (→ S. 109), natürlich vorteilhaft.

Der wichtigste Nachteil des Zwittertums besteht wohl im Wegfall der Arbeitsteilung zwischen weiblichen und männlichen Funktionsbereichen: Hier muß ja jedes Wesen beides leisten, nämlich die aufwendige Bereitstellung sowohl von Eiern als auch von Spermien.

So ist denn auch das Zwittertum mit steigendem Tierniveau immer seltener als Norm anzutreffen und findet sich im Bereich der Wirbeltiere nur noch bei den Fischen. Unter ihnen liefern der im Mittelmeer lebende Schriftbarsch (Serranus scriba) und der Geißbrassen (Sargus) die bekanntesten Beispiele.

Allerdings ist die Entwicklung zur Weiblich- oder Männlichkeit nicht immer eindeutig festgelegt und endet nicht selten mit einer teilweisen Zwitterigkeit, die in extremen Fällen sogar zum Halbseiten-Zwitter führen kann. Derartiges ist bei manchen Schmetterlingen beobachtet worden.

Auch der Bauplan der Wirbeltiere ist in den primären Sexualmerkmalen und den dabei beteiligten Organen so angelegt, daß entweder Männliches oder Weibliches daraus entstehen kann. Das Säugermännchen besitzt zum Beispiel noch die Anlagen für Milchdrüsen, und beim Weibchen findet man das dem Begattungsglied entsprechende Organ angelegt. Aus dieser bisexuellen Organanlage – auch beim Menschen – bildet sich unter dem Einfluß von Sexualhormonen die weibliche oder männliche Form keineswegs immer als Normzustand heraus, und so existieren alle nur denkbaren Zwischenformen im weiten Bereich zwischen Vollweibchen und Vollmännchen. Dieser Sachverhalt ist um etwa 1920 von dem deutschen Biologen Max Hartmann als relative Sexualität erkannt worden. Er erklärt das gelegentliche Auftreten von Zwittern bis herauf zum Menschen.

Sexualverhalten

In den vorhergehenden Betrachtungen zeigte sich eine mit steigendem stammesgeschichtlichem Niveau immer ausgeprägtere Beteiligung bestimmter Verhaltensweisen, die neben allem Anatomischen und Physiologischen der Sicherung der geschlechtlichen Vorgänge dienen. Viele Beispiele solchen Sexualverhaltens haben sich mit den Mitteln der Verhaltensforschung und der biochemischen Analyse als Nebenwirkungen von Sexualhormonen erwiesen. Diese, beim Wirbeltier als weibliche Östrogene und männliche Testosterone grob gekennzeichnet, greifen also neben ihrer primären Wirkungsweise (Ausprägung und Steuerung der Sexualorgane und sekundären Geschlechtsmerkmale) auch in das Verhaltensinventar ein, indem sie vor allem in den Fortpflanzungsperioden oft bizarre Balz- und Werbezeremonien sowie Kopulationsverhalten hervorrufen.

Es ist wichtig zu erkennen, daß sexuelle Verhaltensweisen nicht ausschließlich während der Fortpflanzungsperiode auftreten müssen. Bei vielen sozial lebenden Säugetieren wird das innerartliche Zusammenleben das ganze Jahr hindurch mit den Mitteln gestaltlicher und verhaltensmäßiger Männlich- und Weiblichkeit gesteuert: Der sozial niedriger Stehende bietet dem Herrscher seine Kehrseite dar. Dieses Angebot der Paarungsbereitschaft hat sich oft vom wirklichen Kopulationsvorgang weit entfernt und ist zur Ergebenheitsgeste geworden. Sie wird denn auch etwa bei Pavianen vom Hordenführer oft mit symbolischem Aufreiten beantwortet. Dabei ist diese gegenseitige Bestätigung des sozialen Status keineswegs nur zwischen dem Führer und den weiblichen Hordenmitgliedern üblich, sondern gilt auch für die übrigen Männchen. Solche homosexuell scheinenden Bindungen wurden früher oft als Gefangenschaftseffekt mißdeutet, finden sich aber auch genauso im Freiland. Man sollte nicht vergessen, daß diese Erscheinung – Benutzung sexuell bestimmter Macht durch die Herrschenden auch in nichtsexuellen Situationen – bis zum Menschen herauf anzutreffen ist. Soziale Unterdrückung hat sich in der Geschichte der

1
2

Werbung, Tanz und Balz

Das den meisten Tieren eigene Bestreben zur Wahrung eines persönlichen Abstandes zum Nächsten (Individualdistanz) muß bei der Vorbereitung zur Paarung erst einmal überwunden werden: Von der primitiven Vergewaltigung führt die Entwicklung immer mehr zur oft kunstvollen Anlockung des Partners. So flechten die Männchen der afrikanisch-asiatischen Weberfinken (1) in der Regenzeit aus Halmen dauerhafte und regendichte Nester, in deren Nähe sie auffällige »Zeige«-Zeremonien für die Weibchen aufführen. Findet das Kunstwerk das Gefallen des Weibchens nicht, wird ein weiteres Nest geflochten bis zum Erfolg. Bei einer indischen Weberfinkenart wird dann die dunkle Eikammer sogar mit lebenden und also noch »leuchtenden« Leuchtkäfern erhellt. Dem zeitgerechten Einstimmen des Ehepartners auf das gemeinsame Tun der Fortpflanzung dienen oft spektakuläre Balzrituale. So ist bei vielen Vögeln das Betteln um Futter, ursprünglich ein Element des Brutpflegeverhaltens, zum Balzsignal umfunktioniert worden, so auch bei Pelikanen (2). Kraniche führen gar überaus anmutige Schautänze auf, die oft von einem gemeinsamen, weithin hörbaren Trompetenkonzert begleitet werden. Auch schon vor der Brutsaison werden solch eindrucksvolle Trompetentänze von Männchen, Weibchen und jungen Erwachsenen veranstaltet.

Völker immer wieder der Mittel sexueller Hörigkeit bedient.

Die Funktion sexueller Verhaltensweisen beginnt mit der Anlockung des artgleichen Partners des anderen Geschlechts und der Überwindung seines Aggressions- bzw. Fluchtverhaltens: Normalerweise wehrt sich ein Tier gegen die Annäherung eines anderen, um seine Individualsphäre oder sein Territorium zu verteidigen, anderenfalls flieht es. Diese natürlichen Tendenzen müssen zum Fortpflanzungsgeschäft durch Beschwichtigungssignale und -gesten überwunden oder doch wenigstens gemildert werden.

Dies erfolgt durch Hinweise und Reize, die zunächst eine Fernwirkung ausüben müssen: Der Werbegesang von Grillen- und Heuschreckenmännchen, die Balzgesänge der Vögel und die Liebeslieder der Wale und menschlichen Troubadoure sind allgemein bekannt. Obwohl sie auch andere als sexuelle Funktionen haben (Territorialabgrenzung, Zusammenhalt von Tierverbänden durch Stimmfühlung), handelt es sich bei ihnen doch in erster Linie um die Einleitung des sexuellen Vollzuges, um den Anmarschweg zur Begattung.

Auch geruchliche Signale wirken über weite Strecken, sind also Fernkampfmittel im guten Sinne. Das gilt vor allem für nächtlich aktive Wirbellose, wie etwa Nachtfalter, bei denen schon ein Molekül des chemisch gut analysierten Duftstoffes Bombykol zur Wahrnehmung des Sexualpartners und zur Auslösung des entsprechenden Sexualverhaltens genügt. Aber auch die Anlockungskraft der Sexualduftstoffe brünstiger (»rolliger«) Katzen ruft oft Kater aus einem ganzen Stadtviertel auf den Plan. Die Wirkung solcher Sexualduftstoffe ist zum Beispiel auch bei den Huftieren zu beobachten, und auch beim Menschen bilden Duftsignale natürlicher (Schweiß-, Sexualduft) bzw. künstlicher Art (Parfüm) die Grundlage gegenseitiger Sympathie oder Antipathie. »Ich kann diesen Kerl nicht riechen« drückt diesen Sachverhalt aus.

Bei den elektrischen Fischen, wie Zitterrochen, Zitteraal und Zitterwels, dienen auch elektrische Signale zeitweise der Anlockung des Partners.

Die am ergiebigsten über die Distanz wirkenden Signale aber sind wohl diejenigen, die Farben, Formen, Bewegungsweisen und Lichtaussendung darbieten. Hier sei nur an die Pracht-(Hochzeits-)kleider von Vögeln erinnert und an die damit etwa bei Paradiesvögeln und Trappen, Kranichen und Auerhähnen verbundenen, oft grotesken Balz- und Zur-Schau-Stellungen. Sie äußern sich etwa beim Rudolph-Paradiesvogel so, daß sich das Männchen kopfunter an den Balzast hängt und seine Federpracht demonstriert. Auch die exerzierartig wirkenden Balzparaden von Winker- und Armeekrabben oder die Balzflüge mancher Mücken (»Tanzen der Mükkenschwärme«) sind Ausdruck solcher Einleitungsbestrebung zur Begattung.

Alle diese Signale, Reize und Verhaltensweisen dienen dem Einstimmen des Sexualpartners und rufen wohl immer auch handfeste physiologische Reaktionen bei ihm hervor. Diese können sich zum Beispiel in der Aktivierung bestimmter innerer Sekretionsvorgänge äußern, die dann erst zeitlich passende Verläufe der weiblichen Sexualvorgänge bewirken.

Die Männchen der Nachtschmetterlinge besitzen reich verzweigte Antennenfühler, mit denen sie selbst wenige Moleküle des weiblichen Sexuallockstoffs noch über große Entfernungen wahrnehmen können.

Im Nahbereich übernehmen dann Vibrations- und Berührungsreize die Sicherung der Endhandlung, das heißt der Begattung. Dabei erzwingt die normalerweise vorhandene Beutefangstimmung etwa von Spinnenweibchen höchst seltsam anmutende Verhaltensweisen. Da die oben beschriebenen Zupfsignale des Spinnenmännchens am Nest des begehrten Weibchens offenbar nicht genügend sicher vor dem Aggressionstrieb des Weibchens schützen, bringen manche Spinnenmännchen ein säuberlich eingesponnenes, lebendes Beutetier (Fliege, kleine Heuschrecke) mit, das sie der Angebeteten zwischen die beißtüchtigen Mundwerkzeuge schieben. So können sie meist ungefährdet, wenn auch in einiger Zeitnot, die Begattung vollziehen und vor Ende des Liebesmahles davoneilen.

Geschenke, wenn auch deutlich weniger durch Todesgefahr erzwungen als im vorigen Beispiel, bringen auch die Männchen mancher australischer und neuseeländischer Laubenvögel ihren Weibchen mit, bevor diese ihre Gunst verschenken.

Die stärkste Ausprägung solchen Verhaltens mit künstlerischem und damit recht menschlich wirkendem Einschlag findet sich wohl beim Lauterbach-Laubenvogel Chlamydera lauterbachi. Dieser baut für seine Zukünftige einen Kreuzgang aus Moos- und Halmwänden mit einem zentral gelegenen Korb. In die Mooswände steckt das Männchen Blüten, Knochen und farbige Fundgegenstände, heute oft aus unvergänglichem Plastikmaterial, die er dem Weibchen zuerst zeigt und manchmal nach beiderseitigem Begutachten an einer »besseren« Stelle anbringt. Manche Laubenvögel benutzen für diesen Zweck auch Beeren, und der Seidenlaubenvogel Ptilonorhynchos violaceus hat offenbar entdeckt, daß man mit dem Fruchtsaft mancher Beeren dauerhafte Muster auf die mit Lehm verschmierten Wände des Balzgemaches malen kann: Der Weg zur darstellenden Kunst ist damit modellmäßig geebnet. Auch beim Menschen ist ja die Verbindung von Kunst und Sexualität eine unleugbare Tatsache.

Obwohl nicht direkt mit der Fortpflanzung zusammenhängend, soll abschließend noch eine Verhaltensweise von Affen und Menschen erwähnt werden, die sich sehr offensichtlich der Sexualität bedient: das Präsentieren der männlichen Geschlechtsorgane. Entdeckt wurde es bei hirnphysiologischen Laboruntersuchungen am südamerikanischen Totenkopfäffchen Saimiri sciureus. Schon Jungtiere dieser leicht zu haltenden Affen zeigen bei Begegnungen mit Artgenossen ihren erigierten Penis, und bei Erwachsenen gehört es geradezu zum guten Ton, eine möglichst deutliche Erektion dieser männlichen Pracht zu zeigen, will man im sozialen Gefüge der Gruppe seinen Platz behaupten. Die oben erwähnte Verbindung von Sexualität und Sozialverhalten tritt also auch hier deutlich zutage und dürfte auch für den Menschen gelten. Darüber wird unten mehr gesagt.

Später hat man dieses Verhalten auch bei Meerkatzen, Pavianen und manchen anderen Affen im Freiland entdeckt. Dabei nehmen meist junge Männchen, die sich im kampffähigen Alter befinden, am Rand des jeweils von der Affenhorde besetzten Reviers eine Wächterposition ein, bei der sie mit gespreizten Beinen ihre bei Pavianen zum Beispiel auffällig bunten Geschlechtsorgane zeigen und im Fall einer bedrohlichen Annäherung von Konkurrenten kräftige Erektionen mit oft rhythmischen Kontraktionen hervorbringen. Offenbar dienen diese Signale der Demonstration von Überlegenheit, Kampfbereitschaft und Revierabgrenzung, haben also Sozialfunktionen ohne direkten Bezug zur Fortpflanzung.

Den Archäologen und Ethnologen war bei zahlreichen menschlichen Kulturen eine ganz entsprechende Benutzung der männlichen Sexualität längst bekannt: Die griechische Herme, eine Statue nur mit Kopf und – aufgerichtetem – Geschlechtsglied, war in der antiken Welt an Wegen und auf Plätzen weit verbreitet und mag ursprünglich als Grenzmarkierung gedient haben. Solche Wächterfunktionen haben entsprechende Statuen noch heute bei etlichen Völkerstämmen der Südsee, wo ebenfalls die männliche Sexualausrüstung in oft greller Überzeichnung wichtige Sozialfunktionen ausübt.

Der in unserer Zeit deutlich spürbare Hinweis auf die männlichen Sexualorgane durch übertrieben enge und vieles offenbarende Hosen (Jeans-Mode) läßt sich nicht anders deuten als die Fortsetzung jener archaischen bzw. tier-menschlichen sozio-sexuellen Verhaltensweisen. Diese Feststellung findet ihre Stütze in der in vielen Kulturkreisen des Mittelalters üblichen Betonung des Hosenlatzes durch Stickereien und andere Hinweissignale (Ritterrüstung mit besonders auffallendem Behältnis für die Zeugungsorgane, Schottentracht mit entsprechender Tasche u.ä.). Befunde dieser und ähnlicher Art an menschlichen Verhaltensweisen der Gegenwart finden so oft überraschende Erklärungen aus unserem alten Erbe der Sexualität, das wir fraglos mit unseren tierischen Vorläufern gemeinsam haben.

Fortpflanzung in der Retorte

Die nicht ausschließlich der Fortpflanzung zugeordnete Rolle der Sexualität klang in den vorstehenden Überlegungen immer wieder an: Je höher die betreffende Art auf dem Gerüst stammesgeschichtlicher Entwicklung steht, um so stärker die soziale, künstlerische, ja menschliche Rolle der Sexualität und um so weniger zwingend ihre bloße Fortpflanzungsrolle.

Diese Trennung von Fortpflanzung und Sexualität hat in unseren Tagen, etwa seit 1960, eine weitere Steigerung erfahren. Das Fortpflanzungsgeschäft ist zunächst bei Tieren, dann aber folgerichtig auch beim Menschen zur Laborroutine geworden, indem man in entsprechenden Nährlösungen Eier und Sperma zusammenbringt und hier die Befruchtung der Eizelle abwartet. Den so auf den Entwicklungsweg des Zwei-, Vier- und dann Vielzellstadiums geschickten Embryo, dieses Produkt der Zeugung in der Retorte, pflanzt man im Falle von Hochzuchtlinien, etwa von Rindern, in Ammenmütter ein, also in Kühe, deren Zykluszustand man künstlich passend gemacht hat. Hier legen sie den Rest der Embryonalentwicklung zurück, bis sie geburtsreif geworden sind. Die Ammenmütter erfüllen also reine Nähr- und Schutzfunktionen, der Embryo ist selbstverständlich das Ergebnis seines erblich festgelegten Merkmalprogramms.

Beim Menschen wurden solche Retortenbefruchtungen und Ammenimplatate zum ersten Mal 1979 von den Engländern Steptoe und Edwards bis zur erfolgreichen Geburt eines gesunden Mädchens vorangetrieben. Den Eltern war der natürliche Zeugungsvorgang nicht möglich. Also entnahm man der Mutter befruchtungsreife Eier, dem Vater das befruchtungsfähige Sperma, brachte beides in der Kulturschale im Labor zusammen und pflanzte das Mehrzellstadium der Mutter in die Gebärmutter. Nach rund neun Monaten erblickte ein gesundes Menschenkind das Licht der Welt. Hiermit ist die totale verhaltensmäßige Trennung von Fortpflanzung und Sexualität in ihr bisher deutlichstes Stadium gelangt.

Noch weiter in Richtung auf sexualitätslose Fortpflanzung haben sich die Erforschung und Anwendung der Klonierung entwickelt, über die schon im Kapitel »Genetik« berichtet wurde (→S. 95). Den damit verbundenen ethischen Problemen – Elternschaft, Mutter-Kind-Bindung, rechtliche Folgen, Änderungen des Sozialgefüges und der öffentlichen Normen – hat schon 1932 Aldous Huxley in seinem Buch »Schöne neue Welt« höchst geistvolle Betrachtungen gewidmet. Einige seiner damals utopisch anmutenden Schilderungen sind heute schon Alltagswirklichkeit, die man je nach Standpunkt bedauern oder bewundern kann.

Hartmut Greven

Vom Ei zum Organismus: Entwicklungsbiologie

Eines der faszinierendsten Phänomene in der Natur ist die Entstehung eines neuen Organismus. Läßt man einmal die verschiedenen vegetativen (ungeschlechtlichen) Fortpflanzungsarten außer acht, nimmt die Entwicklung vielzelliger Tiere ihren Ausgang stets von einer einzigen, im Vergleich zum fertigen Organismus relativ einfach gebauten Zelle, der Eizelle. Eine Befruchtung, also die Verschmelzung des Spermienzellkernes mit dem Kern der Eizelle, bringt zwar meist den Entwicklungsprozeß in Gang, ist jedoch keine unbedingte Voraussetzung dafür. Das zeigen die im gesamten Tierreich verbreitete Jungfernzeugung (Parthenogenese) und die Tatsache, daß auch dort, wo normalerweise eine Befruchtung vorkommt, Eier auch ohne Hilfe eines Spermiums durch mechanische, thermische oder chemische Reize zur Entwicklung angeregt werden können (→ S. 111).

Die reife Eizelle enthält – außer bei den Säugetieren – stets mehr oder weniger große Mengen von Dotter, der so lange als Energievorrat für das Wachstum und die Entwicklung des Embryos dienen muß, bis dieser sich zu einem späteren Zeitpunkt andere Nahrungsquellen erschließen kann. Darüber hinaus befinden sich in ihrem Cytoplasma noch zahlreiche Organellen und Substanzen für die nach der Befruchtung rasch einsetzenden Zellteilungen und Stoffwechselaktivitäten. Eizellen sind daher stets Riesenzellen, bei denen das Größenverhältnis von Kern und Plasma zugunsten des Plasmas verschoben ist. Ein besonders markantes Beispiel hierfür ist das Eigelb des Straußeneis, aber auch das Säugerei mit nur etwa 0,1 Millimeter Durchmesser ist noch um ein Vielfaches größer als die meisten Körperzellen. Eizellen sind zudem stets polar: Man unterscheidet einen sogenannten animalen Pol – hier findet sich häufig auch der Zellkern –, aus dem während der Entwicklung zum Beispiel nervöse Zentren hervorgehen, und einen vegetativen Pol, aus dem zum Beispiel der Darm entsteht. Am vegetativen Pol ist auch stets der Dotter konzentriert; dieser Pol zeichnet sich auch später durch größere und dotterreichere Zellen aus.

Die Entwicklung einer Eizelle beginnt mit zahlreichen aufeinanderfolgenden Zellteilungen, die zunächst zu einem noch wenig in spezialisierte Zellen differenzierten Keim (Embryo) führen, in welchem dann nach und nach funktionsfähige Organe geformt werden. Die Embryonalentwicklung ist mit dem Schlüpfen aus dem Ei beziehungsweise mit der Geburt beendet. Ihr schließt sich die Jugendphase (Postembryonalentwicklung) an, in der das Tier bis zur Geschlechtsreife heranwächst. Der Erwachsene (Adultus) ist im wesentlichen durch das Vorhandensein funktionsfähiger Keimdrüsen gekennzeichnet. Im Anschluß an die Adultphase folgt eine unterschiedlich lange Altersphase, die mit dem Tod des Individuums endet.

Die während all dieser Lebensabschnitte ablaufenden Vorgänge zu erfassen und ihre Ursachen aufzuklären, ist wesentliches Anliegen der Entwicklungsbiologie. Sie bedient sich dazu mit großem Erfolg modernster cytologischer (zellbiologischer), molekularbiologischer und genetischer Untersuchungsmethoden.

Embryonalentwicklung

Die Entwicklung des Embryos läuft zwar bei den verschiedenen Vielzellern recht unterschiedlich ab, doch lassen sich mit der Furchung, der Keimblätterentwicklung sowie der Organdifferenzierung Phasen abgrenzen, die sich bei ihnen allen in etwa entsprechen.

Meist unmittelbar nach der Befruchtung teilt sich die Eizelle, indem sich das Cytoplasma (→ S. 66) durchschnürt. Der Vorgang wird auch als Furchung bezeichnet, da die Grenzen der Tochterzellen (Blastomeren) als Furchen auf der Eioberfläche zu erkennen sind. Das Cytoplasma der Zellen vermehrt sich allerdings nicht, so daß zunächst ein einer Maulbeere ähnlicher Haufen aus immer kleiner werdenden Zellen, die Morula, entsteht, die insgesamt nicht größer als die ursprüngliche Eizelle ist.

Während der ersten Furchungsteilungen muß es im Zellzyklus vor allem Phasen geben, in denen die DNS beziehungsweise die Chromosomen verdoppelt werden. Die noch geringe Proteinsynthese hängt zu diesem Zeitpunkt hauptsächlich von der Boten-RNS ab, die während der Eireifung im Ei angesammelt wurde. Väterliche Gene waren an ihrer Bildung noch nicht beteiligt, da sie ja erst nach der Befruchtung in der Eizelle vorhanden sind. Erst in einem späteren Stadium beginnt der Keim mit der Eigensynthese der Proteine. Die Furchungsteilungen stellen allmählich das richtige Verhältnis von Kern und Plasma wieder her.

Ein bei vielen Tieren verbreitetes, charakteristisches Endstadium der Furchung ist der Blasen- oder Hohlkeim (Blastula). Hier umhüllen die Blastomeren als ein- oder mehrschichtiger Zellverband (Blastoderm) einen flüssigkeitsgefüllten Raum, das Blastocoel.

Die total-äquale Furchung. Das Lanzettfischchen (Branchiostoma), ein ursprünglicher Vertreter der Chordatiere, besitzt ein relativ dotterarmes (oligolecithales) Ei, in dem das Reservematerial überdies noch ziemlich gleichmäßig verteilt ist. Da das Blastoderm einschichtig ist, lassen sich die ersten Stadien der Embryonalentwicklung hier gut verfolgen: Die Furchung führt zu einer Aufteilung der gesamten Eizelle in etwa gleich große Tochterzellen (total-äquale Furchung). Die beiden ersten Furchungsteilungen verlaufen vom animalen zum vegetativen Pol, also meridional; dann teilt sich der Keim in der Mitte, das heißt äquatorial. Die weiteren Teilungen

Die Embryonalentwicklung eines Frosches beginnt mit der befruchteten Eizelle.

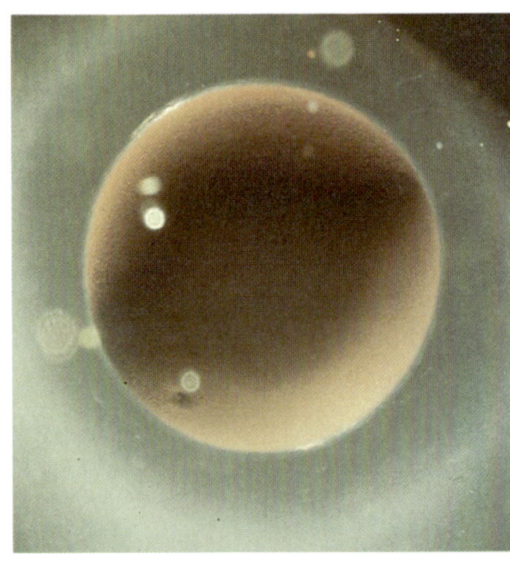

Die Eizelle fängt an, sich zu teilen, ein Vorgang, der als Furchung bezeichnet wird.

erfolgen abwechselnd meridional und äquatorial. Die Furchung liefert das Zellmaterial, das für die spätere Formbildung notwendig ist. Mit fortschreitender Entwicklung kommt es nicht nur zu weiteren Zellteilungen, sondern auch zu massiven Zellverlagerungen (Gestaltungsbewegungen), durch die die drei Keimblätter, das äußere Keimblatt (Ektoderm), das innere Keimblatt (Entoderm) und das mittlere Keimblatt (Mesoderm) entstehen. Dieser Vorgang, den man als Gastrulation bezeichnet, führt zum geschichteten Becherkeim, der Gastrula.

Beim Lanzettfischchen setzen die Gestaltungsbewegungen ein, wenn die Blastula aus etwa fünfhundert Zellen besteht. Zunächst bildet sich am vegetativen Pol eine kleine Einstülpung (Invagination), die immer größer wird und als Urdarm das Blastocoel, die primäre Leibeshöhle, verdrängt. An der Stelle, an der die Einstülpung begonnen hat, bleibt eine kleine Öffnung bestehen, der Urmund. Der Urdarm wird später zum Darm, der Urmund zum After. Der spätere Mund bricht auf der dem Urmund entgegengesetzten Seite durch.

Es gibt noch andere Formen der Gastrulation, jedoch ist die hier für Branchiostoma geschilderte Invaginationsgastrula im Tierreich weit verbreitet.

Die Gastrula besteht nun aus zwei Zellagen, dem äußeren Keimblatt und dem inneren Keimblatt. Das mittlere Keimblatt beginnt sich kurze Zeit später zwischen dem Ekto- und Entoderm aus Abfaltungen des Entoderms zu bilden. Auch bei der Mesodermbildung sind verschiedene Entstehungsmöglichkeiten verwirklicht. Es kann zum Beispiel auch aus Bereichen um den Urmund herum, wo sich Ekto- und Entoderm treffen, entstehen. Schwämme (Poriferen) und Hohltiere (Coelenteraten) bilden zeitlebens überhaupt kein Mesoderm.

Die auffälligen Gestaltungsbewegungen sind auf Änderungen von Zellformen, aktive Wanderungen von Zellen – an beiden Vorgängen sind sehr wahrscheinlich Mikrofilamente in den Zellen (→ S. 69) beteiligt –, Änderungen der Hafteigenschaften von Zelloberflächen sowie auf nicht gleichzeitig ablaufende Zellteilungen oder lokal erhöhte Zellteilungsraten zurückzuführen.

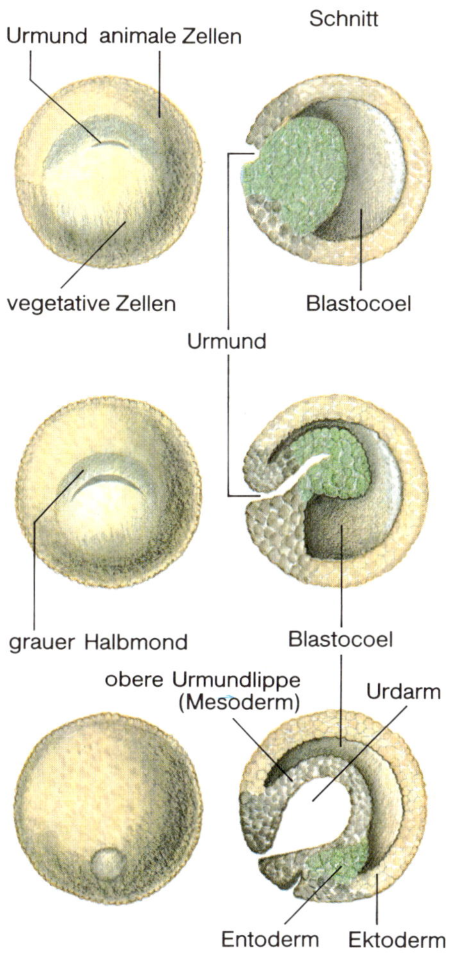

Gastrulation bei Amphibien. *Im Anschluß an die Furchungsteilungen während der Keimesentwicklung entsteht im Stadium der Blastula, einer kleinen Hohlkugel, zunächst ein Grübchen unterhalb des grauen Halbmonds, das allmählich zu einer sichelförmigen Rinne wird und sich daraufhin zu einem Ring schließt (links). Querschnitte (rechts) zeigen, daß während dieses Vorgangs Zellmaterial des heller gefärbten vegetativen Pols in das Innere des Keimes gelangt, wobei ein neuer Hohlraum, der Urdarm, entsteht, der durch den Urmund nach außen mündet.*

Die total-inäquale Furchung. Viele Eizellen enthalten jedoch größere und dazu noch ungleich verteilte Dottermengen (heterolecithale Eier), die den Furchungsverlauf und die Zellbewegungen ganz erheblich beeinflussen. Je mehr Dotter ein Ei enthält, desto mehr finden Furchungsteilungen nur noch am animalen Pol statt und desto komplizierter verlaufen die Gestaltungsbewegungen.

Das läßt sich bereits an Eiern beobachten, die nur eine durchschnittliche, ungleich verteilte Dottermenge besitzen. Es sind die Eier der Schwanz- und Froschlurche, die wohl als die klassischen Untersuchungsobjekte der Entwicklungsbiologie gelten können.

Der animale Pol vieler Amphibieneier ist dunkel pigmentiert, der vegetative, dotterreiche jedoch hell. Dazwischen liegt auf einer Seite eine halbmondförmige graue Übergangszone. Auch hier verlaufen die beiden ersten Furchungen vom animalen zum vegetativen Pol und teilen das Ei in vier etwa gleich große Zellen. Die nächste Teilung verläuft oberhalb des Äquators mehr in Nähe des animalen Pols, so daß der Keim nun aus vier kleinen (animalen) und vier großen (vegetativen) Zellen besteht. Von jetzt an teilen sich die animalen Zellen schneller.

Auch bei Amphibien ändert sich während der frühen Teilungen die Gesamtgröße des Embryos nicht, obgleich der Keim bei Beginn der Gastrulation aus fünftausend bis sechstausend Zellen besteht. Eine einfache Invagination des vegetativen Pols wie beim Lanzettfischchen ist wegen der großen Dottermengen hier nicht möglich. So kommt es zu einer Gastrulation, bei der eine Einstülpung mit einer Umwachsung (Epibolie) des Dotters verknüpft ist.

Direkt unterhalb des grauen Halbmondes entsteht zunächst eine kleine Einsenkung, die sich allmählich zu einer sichelförmigen Rinne erweitert und sich schließlich zu einem Ring schließt. Während dieses Vorganges werden ständig dotterreiche Zellen des vegetativen

Die zweite Furchung teilt das Ei in vier etwa gleich große Zellen.

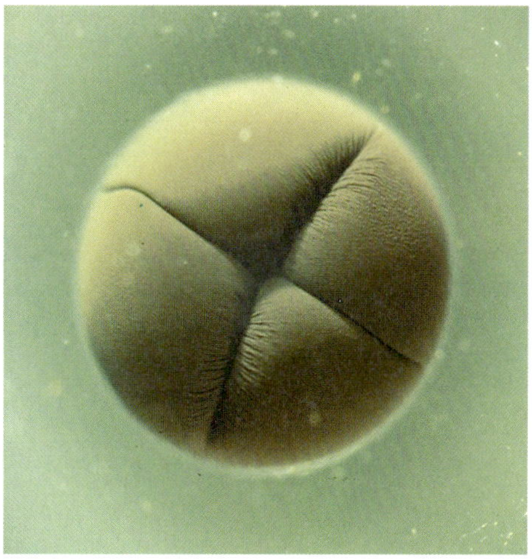

Unten: Nach weiteren Furchungen sieht man, daß sich die animalen Zellen schneller teilen.

Schließlich entsteht ein vielzelliger Keim, der die Form einer Hohlkugel hat, die Blastula.

Pols in das Innere der Blastula verlagert, so daß die Oberfläche der späteren Gastrula nur noch aus dunkel pigmentierten animalen Zellen besteht. Durch die Verlagerung der vegetativen Zellen nach innen entsteht auch hier ein neuer Hohlraum, der Urdarm, der durch den zunächst sichelförmigen, später ringförmigen Urmund nach außen mündet. Die Ränder des Urmundes werden als Urmundlippen bezeichnet. Das Urdarmdach entsteht aus Zellen, die ursprünglich über der oberen Urmundlippe lagen, der Urdarmboden jedoch aus Zellen des vegetativen Pols. Aus dem Dach des Urdarms im Gebiet der Urmundlippe beginnt sich schließlich das Mesoderm zu entwickeln. Es verbreitert sich und liegt dann zwischen Ektoderm und dem oben zunächst noch offenen Entoderm des Urdarms. Dieser schließt sich später zum Darmrohr.

Die partiell-discoidale Furchung. Die Eier der Fische, Reptilien und vor allem der Vögel besitzen derart große Dottermengen (telolecithale Eier), daß diese während der Furchung nicht mehr vollständig geteilt werden können. Die Furchungsteilungen beschränken sich daher nur auf einen Teil des Eies, die winzige, beim Hühnchen etwa drei Millimeter breite Keimscheibe (Discus), die dem Dotter aufliegt. Diese Furchung wird daher partiell-discoidal genannt.

Nach mehreren Teilungen sind auf der Keimscheibe äußere Blastomeren, die vom darunterliegenden Dotter nicht durch eine Zellmembran getrennt sind, und zentrale Blastomeren, die sich zum Dotter hin abgrenzen, zu unterscheiden. Am Ende der Furchung ist die Keimscheibe in einen äußeren, trüb erscheinenden Bezirk (Area opaca) und einen transparenten, zentralen Bezirk (Area pellucida) gegliedert. Zwischen den Zellen der Area pellucida und dem Dotter entsteht eine flüssigkeitsgefüllte Höhle, die dem Blastocoel der Amphibienblastula entspricht.

Die Gastrulation beginnt damit, daß sich die Area pellucida am hinteren Ende verdickt und von dort aus Zellen zwischen Ektoderm und Dotter einwandern, die das Entoderm bilden. Die Verdickung der Area pellucida verlängert sich zum sogenannten Primitivstreifen. Durch weiteres Einwandern von Zellen aus dem Primitivstreifen zwischen Ekto- und Entoderm, die zum Mesoderm werden, entsteht in der Mitte des Primitivstreifens eine leichte Eindellung; er wird zur Primitivrinne. Ektoderm und Entoderm umwachsen im weiteren Verlauf der Entwicklung den Dotter. Ein Urdarm wie bei Amphibien wird nicht ausgebildet.

Die partiell-superfizielle Furchung. Der Vollständigkeit halber sei noch ein weiterer Eizelltyp genannt, der ebenfalls nur eine partielle (teilweise) Furchung zuläßt: Bei den centrolecithalen Eiern der Insekten ist der beträchtliche Dottervorrat im Zentrum des Eis um den Kern herum angeordnet. Die Furchung beschränkt sich daher auf die oberflächliche dünne Cytoplasmaschicht, die dem Dotter aufliegt (superfizielle Furchung). Zunächst teilt sich aber nur der Eikern. Die zahlreichen Tochterkerne wandern in Richtung Eioberfläche, die sich furcht und das Cytoplasma in Zellen aufteilt.

Gewebebildung. Bereits Anfang unseres Jahrhunderts färbte der Anatom W. Vogt bestimmte Zellgruppen einer Amphibienblastula mit verschiedenen Farbstoffen und konnte so ihr weiteres Schicksal bei den bald darauf einsetzenden Gestaltungsbewegungen bis hin zum späten Embryo verfolgen. Auf diese Weise gelang es nicht nur, Anlagepläne zu erstellen, die zeigen, wo vor Beginn der Zellwanderungen das Material für die verschiedenen Organe liegt, sondern auch, die späteren Gewebe und Organe den drei Keimblättern zuzuordnen.

Aus dem Ektoderm entstehen die äußersten Schichten eines Körpers, also die Oberhaut und ihre »Abkömmlinge« (Nägel, Federn, Haare, Schuppen), Drüsen, die Augenlinse, die Cuticula (Chitin-Proteinpanzer) der Gliederfüßer und die Schalen der Schnecken.

Aus dem Entoderm werden die inneren Schichten eines Körpers gebildet: der Darmtrakt, die Atmungsorgane, die Leber und innersekretorische Drüsen.

Das Mesoderm liefert den größten Anteil der Gewebe, die zwischen Ekto- und Entoderm liegen, zum Beispiel die Muskulatur, Bindegewebe einschließlich des Blutes und der Stützgewebe, Gefäßsysteme und die Chorda dorsalis (Rückensaite), die manchen Chordatieren zeitlebens als Stützorgan dient, wohingegen sie bei den Wirbeltieren nur während der Embryonalentwicklung vorübergehend ausgebildet wird.

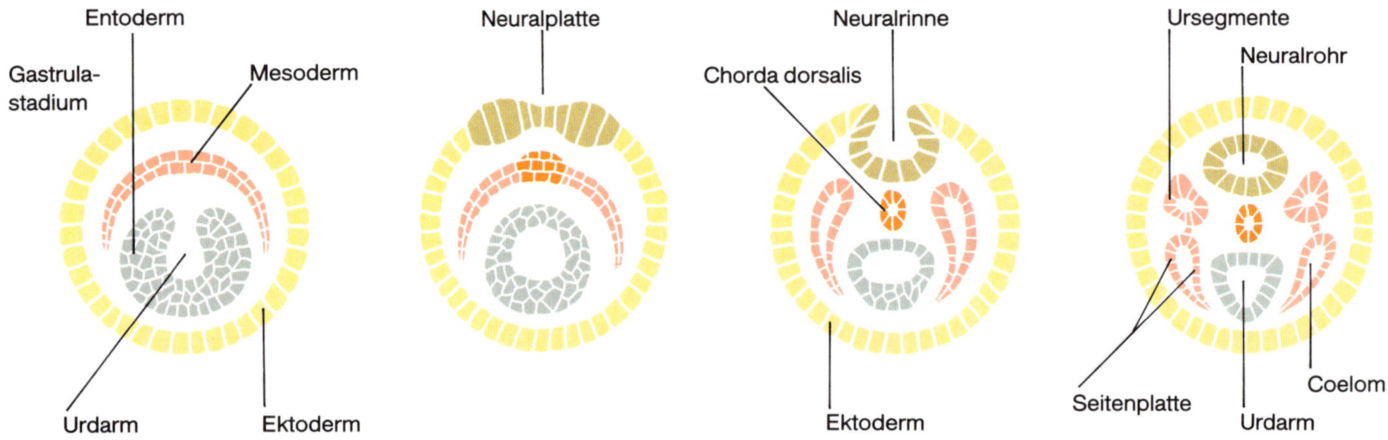

Neurulation und Mesodermentwicklung beim Amphibienkeim. *Auf der Oberfläche des Keims beginnt sich die Neuralplatte aufzufalten. Sie schließt sich zum Neuralrohr und wird ins Innere des Keims verlagert. Gleichzeitig bildet sich im Mesoderm die Rückensaite (Chorda dorsalis); seitliche Mesodermabschnitte gliedern sich in Ursegmente und Seitenplatten.*

Das Nervengewebe, das zwischen Haut und Darm liegt, ist allerdings ektodermaler Herkunft. Es beginnt seine Entwicklung mit der Neurulation. Dabei entsteht zum Beispiel beim Molchembryo auf der Oberseite der späten Gastrula über dem neu gebildeten Darm und dem eingewanderten Mesoderm des Urdarmdaches aus dem Ektoderm die Neuralplatte. Sie hat die Form einer Schuhsohle, deren Ränder aufgewölbt sind. Diese Wülste wachsen zusammen und bilden das sich längs über den Embryo erstreckende Neuralrohr. Dieses löst sich später von der Epidermis (Oberhaut) und bildet im vorderen Teil das Gehirn, im hinteren Teil das Rückenmark. Der innere Kanal bleibt als Hirnhöhlen (Ventrikel) und Rückenmarkskanal erhalten. Während der Einsenkung der Neuralplatte bildet das Mesoderm über dem Urdarmdach in der Mitte einen längs durch den Embryo verlaufenden Zellstrang, die Chorda dorsalis, die als erstes Stützorgan dient. Die seitlich von ihr gelegenen Mesodermanteile bilden Urabschnitte (Ursegmente), aus denen später die knöcherne Wirbelsäule und die Körpermuskulatur hervorgehen, und Seitenplatten. Ursegmente und Seitenplatten sind durch Mesodermzellen wie über Stiele verbunden. Aus den Stielen gehen die Anlagen für die Harnorgane hervor. In den Seitenplatten bildet sich ein Hohlraum, die sekundäre Leibeshöhle (Coelom), deren innere Wand auch beim Erwachsenen den Darm umhüllt und deren äußere Wand an die Körperbedeckung grenzt.

Die Zellbewegungen während der Gastrulation stellen die relative Lage der Keimblätter zueinander her; bei der anschließenden Neurulation erhält der Embryo seine Körpergrundgestalt. Bei Amphibien wächst nun an dem Ende, wo der Urmund liegt, die Schwanzknospe aus; der Urmund ist also auch hier nicht die Anlage des späteren Mundes, sondern des Afters. Bei vielen Wirbellosen ist das jedoch nicht der Fall. Bei ihnen wird der Urmund zur späteren Mundöffnung, weshalb man sie zu den Urmündern (Protostomiern) zählt. Die Tiere, bei denen der Urmund zum After wird und der spätere Mund sich neu bildet, bezeichnet man dementsprechend als Neumünder (Deuterostomier). Hierzu gehören die Stachelhäuter und die Chordatiere, zu denen auch die Wirbeltiere zählen.

Die Umbildung der embryonalen Zellgruppen (Blasteme) zu Organen geht unter weiterer erheblicher Zellvermehrung vonstatten. Örtlich begrenzte erhöhte Zellteilungsraten, Zusammenschiebungen von Blastemen und Wanderungen von Zellen bewirken eine Anhäufung bestimmter Zellen, die sich entweder im ursprünglichen Verband zu Organen, wie Haaren oder Drüsen, differenzieren oder sich unter weiterer Vermehrung ein- oder ausstülpen, um Drüsen, Darmdivertikel (sackförmige Ausstülpungen), die Augenblase oder ähnliches zu bilden.

Bei allen Differenzierungsvorgängen können Zellen bestimmte Fähigkeiten verlieren, andere jedoch verstärken. Bei Entwicklungsprozessen hängen also Gestaltbildung (Morphogenese) und Rückbildung (Dedifferenzierung) aufs engste zusammen. Selbst der Zelltod spielt in der Normalentwicklung eine wesentliche Rolle. So werden Finger und Zehen in der als kompakte Knospe angelegten Extremitätenanlage voneinander getrennt, indem Zellen zwischen ihnen absterben. Bei Tieren mit Schwimmhäuten zwischen den Zehen ist hingegen die Anzahl der zugrundegehenden Zellen vermindert. Auch Blutgefäße bestehen anfänglich aus kompakten Strängen von mesodermalem Gewebe, dessen innere Zellen langsam absterben.

Embryonalhüllen. Die höheren Wirbeltiere, also die Reptilien, Vögel und Säugetiere, unterscheiden sich von den niederen, den Fischen und Amphibien, unter anderem dadurch, daß das reife Ei bereits im Eileiter befruchtet wird und daß Teile des embryonalen Gewebes schützende Hüllen – das Amnion, den Dottersack, das Chorion und die Allantois – bilden. Daher werden sie als Amniota den Anamnia gegenübergestellt. Diese Embryonalhüllen, vor allem das Amnion – ein flüssigkeitsgefüllter Hohlraum, in dem der Embryo wie in einem »Miniaturteich« schwimmt –, ermöglichen eine vom Wasser unabhängige Entwicklung. Die überwiegende Mehrzahl der auf dem Land lebenden Amphibien hingegen muß zur Fortpflanzung ins Wasser zurück. Die Embryonalhüllen bildeten also eine wesentliche Voraussetzung für die dauerhafte und erfolgreiche Besiedlung des Landes.

Bei Vögeln verläuft die Entstehung dieser Hüllen besonders übersichtlich: An der Grenze zwischen Keimscheibe und außerhalb des Embryos liegendem Gewebe falten sich Ekto- und Mesoderm auf und schließen sich über dem Embryo wieder zusammen. Der entstehende Hohlraum, die Amnionhöhle, wird nun von zwei Hüllen, dem äußeren Chorion und dem inneren Amnion, begrenzt. Jede der beiden Hüllen besteht aus einem ektodermalen und einem mesodermalen Anteil. Ektoderm, Entoderm und zum Teil auch das Mesoderm haben mittlerweile den Dotter vollständig umwachsen und bilden den Dottersack. Ihm liegen zahlreiche Blutgefäße auf, die der Aufnahme des Dotters dienen. Das Darmrohr entsteht als eine zunächst zum Dotter hin offene Rinne. Der Enddarm stülpt die embryonale Harnblase (Allantois) aus, die stickstoffhaltige Exkrete speichert; sie wird später zu einem wichtigen embryonalen Atmungsorgan.

Auch bei Säugetieren, bei denen die Entwicklung der embryonalen Hüllen stark abgewandelt ist, wird ein Amnion gebildet. Obwohl die Eier dotterlos sind, entstehen ein

Erst die »Erfindung« schützender Embryonalhüllen machte die höheren Wirbeltiere in ihrer Entwicklung unabhängig vom Wasser. Hier: Hühnerembryo mit Dottersack

Dottersack sowie ein Chorion und eine Allantois, die in enge Beziehungen zur Gebärmutterwand des Muttertieres treten. Gefäßreiche Chorionzotten senken sich in die Uterusschleimhaut ein, und beide gemeinsam bilden den Mutterkuchen (Plazenta). Dieser produziert Hormone, dient dem Gasaustausch, nimmt Nahrungsstoffe auf und transportiert die Abfallprodukte des embryonalen Stoffwechsels.

Entwicklung nach der Geburt

Wie weit ein Tier zum Zeitpunkt der Geburt oder des Ausschlüpfens aus dem Ei entwikkelt ist, ist von Art zu Art verschieden und hängt auch von der Länge der Tragzeit und der Brutdauer ab und – bei den Tieren, die Eier legen – auch von der Menge des Dotters. Diese steht außerdem deutlich in Beziehung zur Zahl der abgelegten Eier und zur Brutpflege. Je ausgedehnter die Brutpflege ist, desto weniger Eier werden abgelegt und um so dotterreicher sind sie. Eine Ausnahme hiervon bilden allerdings die Säugetiere, bei denen der Keim direkt vom mütterlichen Organismus ernährt wird.

Manche Jungtiere sind unmittelbar nach der Geburt oder nach dem Schlüpfen bereits selbständig und benötigen keine elterliche

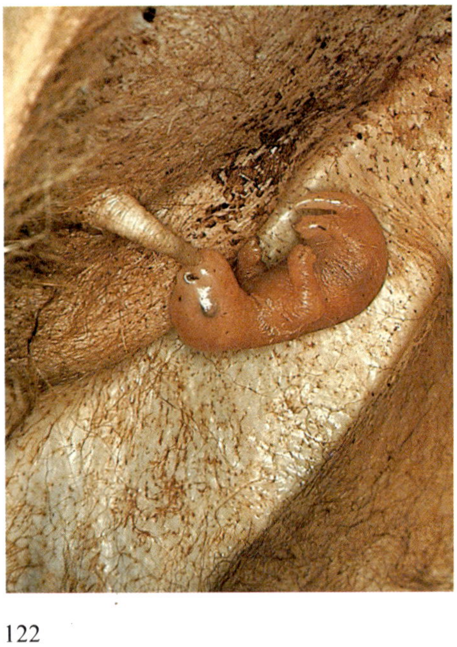

Die meisten Tiere erreichen das Erwachsenenalter nicht direkt, sondern über Larvenstadien, so auch die Schmetterlinge: Aus den Eiern des Tagpfauenauges schlüpfen die Raupen. Ihre wichtigste Aufgabe ist es zu fressen.

Fürsorge; andere müssen trotz großer Selbständigkeit noch von den Eltern versorgt werden, und wieder andere werden so unselbständig und wenig entwickelt geboren, daß sie gänzlich von den Eltern abhängig sind. Letzteres ist zum Beispiel bei vielen Vögeln der Fall, wo die Jungen nach relativ kurzer Brutzeit nackt aus dem Ei schlüpfen, oder bei vielen Säugetieren, deren Junge als typische, pflegebedürftige Nesthocker geboren werden, zum Beispiel bei Fledermäusen, Nagetieren und Raubtieren. Auch bei vielen Nestflüchtern (Hühner, Entenvögel, Huftiere) wird die Brutpflege nach der Geburt beziehungsweise nach dem Schlüpfen fortgesetzt.

Unter den Säugetieren sind die Beuteltiere mit ihrer nur unvollkommen entwickelten Plazenta ein besonders eindrucksvolles Beispiel für extremes Nesthockertum. Rote Riesenkänguruhs, die ausgewachsen ein Gewicht von siebzig Kilogramm erreichen können, gebären nach einer Tragzeit von nur 33 Tagen ein etwa 2, 2 Zentimeter langes und 0,75 Gramm schweres embryonenhaftes Jungtier, das ohne Hilfe der Mutter von der Geburtsöffnung in den Beutel klettert. Erst nach weiteren 235 Tagen im Beutel erreicht es ein Gewicht von etwa drei Kilogramm.

Nach der Geburt kommt es normalerweise nicht mehr zu auffälligen Entwicklungsvorgängen in Form von Gestaltungsbewegungen, es sei denn, das Tier ist verletzt und muß Wunden schließen oder verlorene Gliedmaßen ersetzen (z. B. Eidechsen), unterzieht sich einer Metamorphose (wie die meisten Insekten und Amphibien) oder ist zur ungeschlechtlichen Fortpflanzung befähigt. Dennoch vermehren und vergrößern sich seine Zellen und differenzieren sich zum Teil weiter. Am deutlichsten kommen diese Vorgänge im Wachstum zum Ausdruck. Gewichtszunahmen beginnen gewöhnlich recht langsam,

Junge Beuteltiere wie dieses winzige Riesenkänguruhbaby kommen extrem unausgereift zur Welt. Erst an der Zitze im Beutel der Mutter wachsen sie weiter heran.

nehmen dann innerhalb einer bestimmten Periode zu und verlangsamen sich schließlich wieder oder hören sogar auf. Wachstumskurven haben also im Idealfall eine geschwungene Form, von der jedoch häufig abgewichen wird, da äußere Faktoren eine Gewichtszunahme stark beeinflussen können. Abweichend verlaufen die Wachstumskurven der Gliederfüßer, die sich aufgrund ihres starren Chitin-Proteinpanzers, der Cuticula, periodisch häuten müssen. Bei ihnen ist Wachstum nur in der kurzen Zeit möglich, in der die alte »Haut« bereits abgestreift, die neue aber noch nicht hart geworden ist. Daher hat ihre Wachstumskurve das Aussehen einer Treppe.

Nur in seltenen Fällen wächst ein Organismus gleichmäßig (isometrisch). Vergleicht man einen Embryo, der die Körpergrundgestalt erreicht hat, oder auch Jungtiere mit Erwachsenen derselben Art, so kann man deutlich unterschiedliche Körperproportionen feststellen. So ist bei Jungtieren der Kopf meist verhältnismäßig groß, und die Beine sind lang. Die richtigen Proportionen entstehen erst im weiteren Verlauf der Postembryonalentwicklung, indem die verschiedenen Körperteile in unterschiedlichen Raten wachsen oder indem das Wachstum zu verschiedenen Zeiten eingestellt wird.

Bei den meisten Tieren wird das Erwachsenenstadium aber nicht direkt erreicht, sondern über Larvenstadien. Man nimmt sogar an, daß die indirekte Entwicklung die ursprünglichere ist und die direkte durch einen sekundären (nachträglichen) Verlust der Larvenstadien entstanden ist. Larven unterscheiden sich meist erheblich von den Erwachsenen und sind durch den Besitz spezieller Larvenorgane, die bei den Erwachsenen nicht vorkommen, gekennzeichnet. Je stärker die Lebensweise der Larve vom ausgewachsenen Tier abweicht, desto auffallender sind die Abweichungen der inneren und äußeren Organisation ihres Körpers. Die Unterschiede sind oft so groß, daß in vielen Fällen beide nicht eher als zu einer Art gehörig erkannt wurden, bis der gesamte Lebenszyklus aufgeklärt war. Nur so ist es erklärlich, daß viele Larven eigene Namen tragen; der Pluteus ist zum Beispiel die Larve der Seeigel, der Nauplius die Larve von zahlreichen Krebsen und so fort.

Die Umwandlung der Larve, die den völligen Abbau der Larvenorgane einschließt,

wird als Metamorphose bezeichnet. Sie erfolgt unter dem Einfluß von Hormonen allmählich oder auch ziemlich abrupt, und zwar nicht nur aufgrund von Wachstumsvorgängen – damit könnten die meist radikalen Umbildungen nicht bewältigt werden –, sondern stets auch durch Differenzierungsvorgänge und intensive Zellbewegungen.

Bei vielen meeresbewohnenden Wirbellosen dienen die Larven der Verbreitung der Art. So ist die Larve des Seeigels nichts weiter als eine freischwimmende Gastrula mit Wimpernkränzen, die der Fortbewegung dienen. Sie schwimmt eine Zeitlang umher, bis sie sich niedersetzt, die Wimpernkränze verliert und sich zu einem Seeigel umwandelt, der sich fortan nur noch kriechend bewegt. Für viele Parasiten ist eine freilebende Larve sogar oft die einzige Möglichkeit, sich zu verbreiten.

Larven erschließen einer Tierart oft auch zusätzliche Nahrungsquellen und Lebensräume, so zum Beispiel die Kaulquappen der Frösche und Kröten, die in der Regel Algen und Detritus (kleine Partikeln aus abgestorbenen organischen Resten) fressen, während ausgewachsene Frösche zum Teil recht große Beutetiere (zumeist Insekten, aber auch Mäuse) verschlingen. Typische Larvenmerkmale der Kaulquappen sind die anfängliche Beinlosigkeit, die Flossensäume sowie die Kiemenspalten und Kiemen. Erst in der Metamorphose entwickeln sich die Organe und physiologischen Leistungen, die dem Frosch das Leben auf dem Lande ermöglichen. Vergleichbare Vorgänge müssen sich auch bei der Eroberung des Landes durch die Wirbeltiere abgespielt haben (→ S. 225 ff.).

Schließlich beginnt die Raupe – durch Hormone gesteuert –, sich zu verpuppen. Während einer Phase völliger äußerer Ruhe spielt sich im Inneren des Kokons Dramatisches ab: Das Larvengewebe wird weitgehend abgebaut, neues Gewebe aufgebaut. Am Ende sprengt der fertige Schmetterling die Puppenhülle.

Die enormen Möglichkeiten, die sich für Larvenstadien bieten, lassen sich an Insektenlarven zeigen, die sich in Lebensweise und Nahrungsaufnahme oft besonders kraß vom ausgewachsenen Tier unterscheiden. Larven landbewohnender Insekten, zum Beispiel der Libellen, leben im Wasser und haben sogar larvale Atmungsorgane entwickelt, Engerlinge von Maikäfern leben im Erdboden, und die Raupen nektarsaugender Schmetterlinge fressen Blätter.

Bei den ursprünglichen Insekten, den Libellen, Wanzen und Heuschrecken, ist die Metamorphose unvollkommen (Hemimetabolie), da sich die Larven direkt und allmählich zur Imago (ausgewachsenes Insekt) verwandeln. Bei den stammesgeschichtlich fortgeschritteneren, den Schmetterlingen, Bienen und Käfern, erfolgt indessen eine vollkom-

Maximale Lebensdauer verschiedener Tiere mit unterschiedlicher Organisationshöhe:

Bandwurm	30 Jahre
Perlmuschel	100 Jahre
Flußkrebs	20 Jahre
Stubenfliege	4 Wochen
Feuersalamander	45 Jahre
Riesenschildkröte	200 Jahre
Hausmaus	3 Jahre
Papagei	70 Jahre
Kanarienvogel	20 Jahre
Pferd	40 Jahre
Elefant	70 Jahre
Menschenaffe	40 Jahre
Mensch	100 Jahre

mene Metamorphose (Holometabolie). Ihre Larven – Raupen oder Maden – häuten sich im Laufe ihres Lebens mehrmals, ohne der Imago dadurch ähnlicher zu werden. Die Umwandlung ist daher so radikal, daß das larvale Gewebe während eines Puppenstadiums weitgehend abgebaut und neues Gewebe aus kleinen Ansammlungen undifferenzierter Zellen aufgebaut wird.

Die Larven der Insekten haben in erster Linie die Aufgabe zu fressen, während die Erwachsenen für die Verbreitung und Fortpflanzung zu sorgen haben. Das ist ein wesentlicher Unterschied zu den Larven anderer Wirbelloser, die in erster Linie als Verbreitungsstadien dienen und erst nach der Metamorphose als Imago wachsen.

Die Wachstumsphase kann außergewöhnlich verlängert sein. So benötigt die Larve der nordamerikanischen Singzikade (Tibicen septemdecim) siebzehn Jahre, bis sie zu einer fortpflanzungsfähigen Imago herangereift ist, die selbst nur wenige Monate am Leben bleibt. Es kommt jedoch nicht nur eine Verlängerung der Larvalphase vor, manchmal wird die Geschlechtsreife auch ohne Metamorphose erreicht (Neotenie). Ein bekanntes Beispiel hierfür ist der mexikanische Axolotl (Ambystoma mexicanum), ein Vertreter der Querzahnmolche, der zeitlebens im Larvenstadium verharrt und sich auch als Larve fortpflanzt. Im Gegensatz zu anderen neotenen Schwanzlurchen, zum Beispiel dem Grottenolm Proteus, kann beim Axolotl die Metamorphose durch das Schilddrüsenhormon Thyroxin angeregt werden.

Lebensdauer, Altern und Tod

Mit dem Eintritt der Geschlechtsreife hört die Entwicklung nicht auf; auch der erwachsene Organismus verändert sich weiter, altert schließlich und stirbt.

Bei niederen Organismen wie Einzellern, Schwämmen und Hohltieren finden ein Altern und ein Alterstod wie bei uns noch nicht statt. Einzeller teilen sich und gehen dadurch in ihren Nachkommen auf. Diese potentielle Unsterblichkeit besitzen prinzipiell auch die noch teilungsfähigen Zellen höherer Organismen. So sind Fibroblasten, noch teilungsfähige Bindegewebszellen, aus dem Herzen eines Huhns über viele Jahre hinweg in einer Kulturlösung gehalten und gezüchtet worden. Nach 34 Jahren, also nach einer Zeit, die die maximale Lebensdauer eines Huhnes um ein Vielfaches übersteigt, ging die Kultur durch einen Unglücksfall zugrunde. Auch die für die Zellbiologie und Entwicklungsbiologie so wichtigen Hela-Zellen – das sind Zellen aus einem bösartigen Tumor (Cervixcarcinom) der Amerikanerin Henrietta Lacks – werden seit dem Tode der Spenderin im Jahre 1951 in zahlreichen Laboratorien der Welt in Kultur gehalten. Die verschiedenen Tierarten haben eine unterschiedlich lange maximale Lebensdauer (→ Infokasten links). Ein Zusammenhang zwischen Lebensdauer und Organisationshöhe, Größe oder Gewicht ist dabei nicht zu erkennen. Eher besteht ein solcher Zusammenhang zwischen Lebensdauer und Nachkommenzahl: Tiere mit sehr vielen Nachkommen leben durchschnittlich kürzer als solche mit wenigen.

Der Alterungsprozeß ist sicherlich mit der Spezialisierung von Zellen (→ S. 128) verknüpft. Unspezialisierte, teilungsfähige Zellen altern offenbar nicht so schnell wie spezialisierte und teilungsunfähige. Von diesen fallen im Laufe eines Lebens immer mehr aus, ohne ersetzt zu werden. Der verbleibende Rest übernimmt ihre Aufgaben und wird daher immer stärker beansprucht. Interessanterweise zeigen Tiere, die ihr ganzes Leben lang wachsen, zum Beispiel Krokodile und Schildkröten, weniger Alterserscheinungen als Säugetiere und Vögel, die bald nach der Geschlechtsreife das Wachstum einstellen.

Als Alterserscheinungen gelten zum Beispiel die Anhäufung von Stoffwechselendprodukten in den Zellen und die Verlagerung von Calcium aus den Knochen in andere Gewebe. Kollagen und elastische Fasern des Bindegewebes werden dicker und verlieren an Zugfestigkeit beziehungsweise Elastizität. Das alles führt unter anderem zu einer Schrumpfung und Elastizitätsänderung der Haut, zu einer Verhärtung der Arterien und einer Versteifung der Gelenke.

Altern, Tod und damit auch die maximale Lebensdauer eines Organismus sind wahrscheinlich ebenso genetisch (im Erbgut) vorprogrammiert wie die verschiedenen Veränderungen und das Absterben von Zellen bei früheren Entwicklungsprozessen. Hier ist ja der Tod einzelner Zellen oder Zellgruppen etwas völlig Normales. Einflüsse von außen, wie zum Beispiel Streß, können die genetisch festgelegte Lebensdauer verringern.

Vielleicht ist das Altern auf eine steigende Zahl somatischer Mutationen (Erbgutveränderungen in Körperzellen) zurückzuführen, die wiederum eine Produktion defekter Enzyme zur Folge haben könnten. Tatsächlich kann man durch Röntgenstrahlen, deren mutationsauslösende Wirkung bekannt ist, einen Alterungsprozeß beschleunigen. Unterschiedlich schnelles Altern wäre dann mit einer unterschiedlichen Fähigkeit der Zellen zu erklären, solche Mutationen auszumerzen, das heißt, die DNS zu reparieren.

Mit der Zeit wird es allerdings immer zu einer Ansammlung schädlicher Mutationen in Körperzellen kommen. Die Folge davon ist eine Veränderung vieler Proteine, die nun vom Körper als fremd behandelt werden; er bildet Antikörper gegen sie. Es ist in diesem Zusammenhang nicht überraschend, daß im Alter sogenannte Autoimmunkrankheiten, bei denen das Abwehrsystem körpereigene Stoffe angreift, vermehrt auftreten.

Ursachen der Entwicklung

Bei einer Mitose (Zellteilung) erhält jede Tochterzelle normalerweise einen kompletten Chromosomensatz, der mit dem der Ausgangszelle völlig identisch ist. Da es bisher keine Hinweise dafür gibt, daß Gene während der Entwicklung verlorengehen oder hinzukommen, ist anzunehmen, daß die genetische Ausstattung einer befruchteten Eizelle, einer embryonalen Zelle, aber auch einer biochemisch und strukturell differenzierten Zelle, wie beispielsweise einer Nerven- oder Muskelzelle, stets die gleiche ist.

Der Zellkern, der mit der DNS den Hauptteil der genetischen Information enthält, muß bei den Entwicklungsvorgängen eine ganz wesentliche Rolle spielen. Das wird bereits dadurch belegt, daß eine befruchtete Eizelle, aus der der Kern entfernt wurde, nur wenige Teilungen durchmacht und dann abstirbt. Tatsächlich scheint die Differenzierung von Zellen auf unterschiedlicher Genaktivität zu beruhen. Das bedeutet, daß in verschiedenen Differenzierungsphasen stets nur eine bestimmte Teilinformation aus dem Gesamtpaket genetischer Information in einer Zelle abgerufen wird; Gene können also an- und abgeschaltet werden.

Eizellen müssen in der Lage sein, diese Genaktivitäten mit Hilfe von Faktoren oder Signalen, die sich im Cytoplasma und eventuell sogar außerhalb der Zellen befinden, zu steuern. Es wurde bereits erwähnt, daß Eier polar gebaut sind und daß ihr Dotter bevorzugt am vegetativen Pol liegt. Bei den Furchungsteilungen wird daher nicht nur der Dotter, sondern auch cytoplasmatisches Material ungleich auf die Tochterzellen verteilt. Im Molchei kommt es bereits während der Befruchtung zu Umlagerungen im Cytoplasma. Der graue Halbmond erscheint jetzt auf der der Spermieneintrittsstelle gegenüberliegenden Seite. Sein Material ist für die weitere Entwicklung von entscheidender Bedeutung.

Bei der ersten Furchungsteilung erhält jede Tochterzelle jeweils die Hälfte des grauen Halbmondes. Trennt man jetzt beide Blastomeren, entwickelt sich aus jeder Zelle eine normale Larve. Beeinflußt man jedoch die Teilung so, daß nur eine der beiden Tochterzellen den grauen Halbmond mitbekommt, wird diese zur normalen Larve, die andere jedoch zu einem unorganisierten Zellhaufen. Das zeigt, daß, wenn der graue Halbmond mitverteilt wird, während der Teilungen bis zur Blastula noch nicht festgelegt ist, zu welchen Teilen des fertigen Organismus sich bestimmte Teile des Eis entwickeln werden. Die Furchungszellen haben noch alle Fähigkeiten der ursprünglichen Eizelle.

Solche Furchungen sind für die meisten Stachelhäuter und die Wirbeltiere charakteristisch. Nur diese Tiere sind in der Lage, identische, das heißt eineiige, Zwillinge oder Mehrlinge zur Welt zu bringen. Bei Gürteltieren sind Geburten eineiiger Mehrlinge sogar die Regel.

Bei Ringelwürmern (Anneliden), Weichtieren (Mollusken) und Manteltieren (Tunicaten) sind die ersten Furchungen jedoch determiniert: Es ist bereits im Ei festgelegt, welcher Bezirk zu welchem Organ wird. Trennt man hier die Blastomeren im Zweizellstadium, so entstehen zwei halbe, also unvollständige, Larven. Trennung im Vierzellstadium führt zu noch stärker reduzierten Teilembryonen. Entfernt man aus einer Blastula Zellgruppen, so unterbleibt die Ausbildung desjenigen Gewebes oder Organs, das sich bei normaler Entwicklung daraus gebildet hätte.

Die Eier mancher Muscheln und Meeresschnecken bilden vor der ersten Furchungsteilung eine Ausstülpung des vegetativen Pols, den Pollappen. Bei der Teilung erhält nur eine der beiden Tochterzellen den Pollappen. Trennt man die Blastomeren, so entwickelt sich die Zelle mit Pollappen zu einem normalen Keim, die andere zu einem Keim ohne Mesoderm. Der Pollappen scheint also einen Faktor zu enthalten, der die Information zur Bildung des Mesoderms aus dem Zellkern abrufen kann.

Eier wie die der Amphibien oder Säugetiere nennt man Regulationseier, da sie in der Lage sind, bei Störungen in der Entwicklung diese bis zu einem gewissen Grade auszugleichen. Kann eine solche Regulierung nicht stattfinden, wie bei den Eiern von Schnecken oder Ringelwürmern, wo bestimmte Bezirke bereits festgelegt sind, spricht man von Mosaikeiern.

Genaugenommen ist aber eine so strenge Unterscheidung nicht gerechtfertigt, da auch Regulationseier, wie das Beispiel des grauen Halbmondes zeigt, nur in bestimmten Grenzen regulieren können. Der entscheidende Unterschied liegt eigentlich nur im Zeitpunkt der Determination, also der Einschränkung der Entwicklungsfähigkeit. Er kann für verschiedene Zellgruppen durchaus unterschiedlich sein.

Sogar bei Tieren, deren erste Furchungsteilungen als undeterminiert (nicht festgelegt) gelten, bringt eine unsymmetrische Teilung des Cytoplasmas Zellen mit unterschiedlichen Entwicklungsfähigkeiten hervor. Bei Seeigeln verlaufen die beiden ersten Furchungsteilungen vom animalen zum vegetativen Pol. Diese Teilungen sind undeterminiert; aus den isolierten Blastomeren können ganze Larven entstehen. Die dritte Furchung verläuft horizontal und bildet einen Keim aus acht Zellen, von denen vier Material aus dem animalen und vier Material aus dem vegetativen Pol enthalten. Diese Furchung entpuppt sich als determiniert, wenn die animale von der vegetativen Hälfte getrennt wird. Aus beiden Hälften werden abnorme Larven, aus der animalen eine blastulaähnliche mit zahlreichen Cilien (Wimpern), aus der vegetativen eine mit besonders großem Blastocoel. Wird allerdings das Achtzellstadium entlang der von Pol zu Pol verlaufenden Achse halbiert, entsteht aus jeder Hälfte eine normale, aber sehr kleine Larve. Vermutlich wird die Entwicklung jeder Hälfte durch eine in der anderen Hälfte produzierte Substanz beeinflußt.

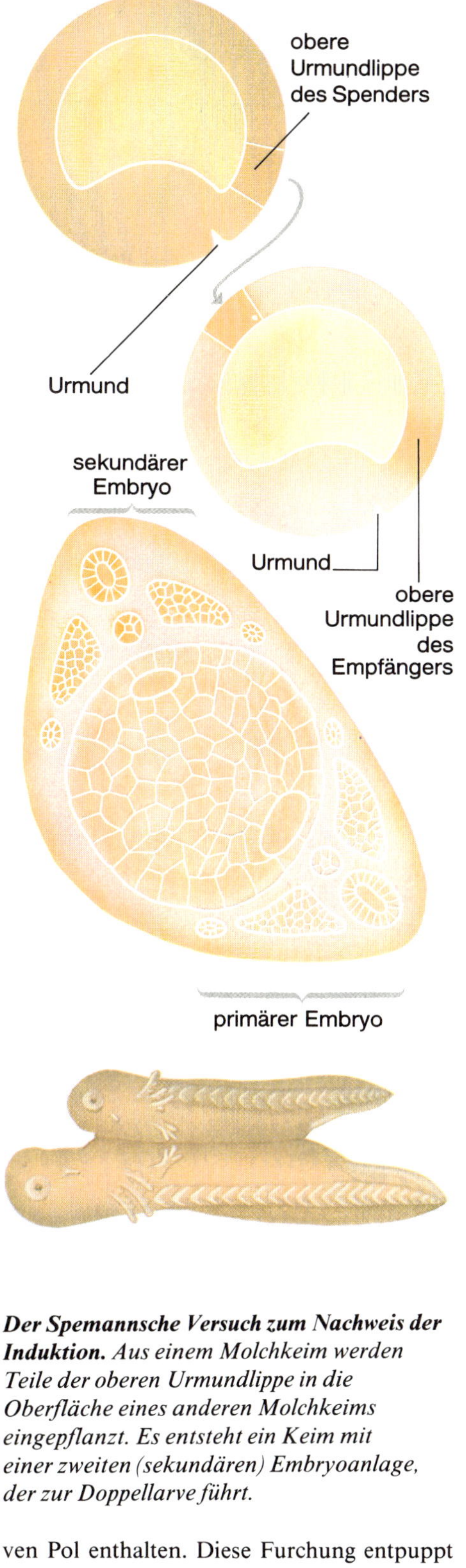

Der Spemannsche Versuch zum Nachweis der Induktion. *Aus einem Molchkeim werden Teile der oberen Urmundlippe in die Oberfläche eines anderen Molchkeims eingepflanzt. Es entsteht ein Keim mit einer zweiten (sekundären) Embryoanlage, der zur Doppellarve führt.*

Aus allen geschilderten Experimenten geht hervor, daß im Cytoplasma der Eizelle und der Zellen des frühen Keims Substanzen vorhanden sind, die zur Ausbildung bestimmter Merkmale notwendig sind und dem Kern signalisieren, welche Gene aktiviert werden müssen und welche nicht. Die Bezirke, wo sich diese Substanzen befinden, lassen sich in einigen Fällen sogar bestimmen. So muß man sie nach den Versuchsergebnissen im grauen Halbmond des Amphibieneis oder im Pollappen von marinen Schnecken vermuten.

Auch die weitere Differenzierung und die Abstimmung der verschiedenen Differenzierungsleistungen aufeinander werden letztlich vom Zellkern gesteuert. Und auch dazu werden zahlreiche Signale benötigt. Mit ihrer Hilfe beeinflussen sich benachbarte Zellen und Gewebe (Induktion) oder geben sich gegenseitig Informationen über ihre Lage.

Der Freiburger Entwicklungsbiologe Hans Spemann (1869–1941) entdeckte als erster das Phänomen der Induktion, als er die Normalentwicklung eines Molches experimentell beeinflußte. Das brachte ihm 1935 den Nobelpreis für Medizin ein. Spemann und seine Schülerin Hilde Mangold verpflanzten die obere Urmundlippe, also künftiges Chordamesoderm, einer hell gefärbten frühen Molchgastrula auf die Bauchseite eines anderen dunkel gefärbten Keims. Das transplantierte Stück Urmundlippe verhielt sich, wie es seiner Herkunft entsprach, das heißt, die Gastrulation fand sowohl im Bereich der eigenen Urmundlippe des Embryos als auch im Bereich der fremden Urmundlippe statt. Auch hier entstanden eine Neuralplatte und später ein Neuralrohr. In einigen Fällen bildeten sich sogar zwei vollständige Embryonen, die bauchseitig miteinander verbunden waren. Der größte Teil des Gewebes beider Embryonen war außerdem dunkel gefärbt. Die transplantierte Urmundlippe war selbst zur Chorda und anderem mesodermalen Material geworden und hatte darüber hinaus das umgebende Wirtsgewebe, das normalerweise nur Bauchhaut gebildet hätte, beeinflußt, sich in eine andere Richtung zu entwickeln. Die entsprechende Bildungsfähigkeit mußte natürlich bereits vorhanden sein. Das Implantat wirkte also als Induktor oder, wie Spemann es nannte, als Organisator, da es nicht nur die Bildung einer Neuralplatte im Bauchektoderm anregte, sondern die Umgebung auch so beeinflußte, daß sie sich dem Organisationsplan eines Molchkörpers einfügte.

In neueren Untersuchungen konnte man nachweisen, daß bereits Teile des grauen Halbmondes, aus dem ja die obere Urmundlippe hervorgeht, die gleichen induktiven Fähigkeiten besitzen.

Während einer Induktion erzeugt eine Zellgruppe ein Signal oder auch mehrere Signale, die eine benachbarte Zellgruppe mit dem Eintritt in einen bestimmten Entwicklungsweg beantwortet. Frühe Induktionen bestimmen recht allgemeine Entwicklungen. Das Chordamesoderm induziert zum Beispiel noch die Bildung des gesamten Neuralrohres und der Achsenorgane. Dann aber folgen hierarchisch geordnete Induktionen, deren Wirkungskreis zunehmend kleiner wird.

Bei der Augenentwicklung des Grasfrosches (Rana temporaria) bilden sich zunächst beidseitig Ausstülpungen des embryonalen Gehirns. Kommt eine solche Augenblase in Kontakt mit dem Kopfektoderm (Epidermis), so verdickt sich dieses, wölbt sich nach innen und schnürt eine Blase ab, die sich in der Pupillenöffnung des Auges – die Augenblase ist mittlerweile durch Einstülpung zum doppelschichtigen Augenbecher geworden – zur Linse entwickelt. Verhindert man den Kontakt zwischen Augenblase und Kopfepidermis, so entsteht jedoch keine Linse. Wird aber die Augenblase in den Rumpf des Embryos verpflanzt, entwickelt sie sich hier weiter und veranlaßt nun die Rumpfepidermis zur Linsenbildung. Offensichtlich wirkt die Augenblase als Induktor der Linse.

Induzierte Organe wirken aber auch auf ihren Induktor zurück. So beeinflußt die Linse wiederum die weitere Entwicklung des Augenbechers. Transplantiert man die Epidermis einer Art mit kleinen Augen auf den Kopf einer Art mit großen Augen, so haben die neugebildeten Augen keine kleine Linse und große Augenbecher, sondern beide sind in ihrer Größe genau aufeinander abgestimmt. Bei der Bildung der Augen können ganze Induktionsketten verfolgt werden. Der Augenbecher als Teil des embryonalen Gehirns ist erst durch die Induktorwirkung des Chordamesoderms entstanden (Induktor erster Ordnung). Er selbst induziert als Induktor zweiter Ordnung die Linsenbildung. Linse und Augenbecher bewirken als Induktoren dritter Ordnung die Ausprägung der durchsichtigen Hornhaut.

Für die gegenseitige Beeinflussung von Zellen und Zellverbänden können entweder eine direkte Berührung, Zellverbindung über Tunnelproteine in der Zellmembran und damit ein direkter Austausch morphogenetischer Signale oder chemische Substanzen, die zum Zielort diffundieren, verantwortlich sein.

Die direkte Berührung spielt wahrscheinlich eine bedeutende Rolle bei der Verteilung und Anordnung von Zellen im Embryo. Fibroblasten, noch teilungsfähige Bindegewebszellen, stellen in Kultur ihre Bewegungen ein und wandern in eine andere Richtung oder hören sogar auf, sich zu teilen, wenn sie miteinander in Berührung kommen, ein Vorgang, der Kontaktinhibition genannt wird.

Daß bei Induktionsvorgängen diffusionsfähige Stoffe, also Stoffe, die auch durch Zellmembranen dringen können, beteiligt sind, wird aus Versuchen deutlich, in denen künftiges Epithelgewebe und künftiges Bindegewebe einer Bauchspeicheldrüsenanlage getrennt gezüchtet wurden. Unter diesen Bedingungen wird das Epithel nicht zum Bauchspeicheldrüsenepithel. Wachsen jedoch beide Zellgruppen zusammen in einem Kulturgefäß und werden durch eine Membran getrennt, die für große Moleküle, nicht aber für Zellen oder größere Zellbestandteile durchlässig ist, so verläuft die Entwicklung zum Bauchspeicheldrüsenepithel normal. Hier scheint der Induktionsstoff eine lösliche Vorstufe des Kollagens (Gerüsteiweiß) zu sein.

Kollagen spielt vermutlich bei zahlreichen induktiven Prozessen eine Schlüsselrolle. In der überwiegenden Mehrzahl der Fälle ist der Induktionsstoff jedoch unbekannt. Es gibt allerdings Hinweise auf die Mitwirkung von Proteinen, Ionen (geladenen Teilchen) und Neurotransmittern, Überträgerstoffen, die von Nervengewebe gebildet werden. Erstaunlicherweise verlieren auch abgetötete Induktoren und deren Extrakte ihre induzierende Wirkung nicht. Selbst artfremde Implantate können Induktorwirkung entfalten. Induktionsstoffe sind offenbar nicht sehr spezifisch, das heißt nicht arttypisch, bewirken aber eine artspezifische Differenzierung, da ein Gewebe nur im Rahmen seiner Bildungsfähigkeiten auf den Induktionsreiz antworten kann. Das zeigt sich besonders deutlich in einem Versuch, in dem Spemann Bauchektoderm einer Froschgastrula in die Mundregion eines Molchkeimes verpflanzte. Das transplantierte Gewebe reagierte auf den induktiven Reiz des Wirtsgewebes mit der Bildung von Mundteilen, allerdings nicht mit echten Zähnen, wie es für Larven von Molchen normal ist, sondern mit den für Kaulquappen typischen Hornzähnen. Der Induktor kann also nur bestimmen, was sich entwickelt. Das reagierende Gewebe bestimmt jedoch gemäß seiner genetischen Ausstattung, wie es sich entwickelt.

In sehr vielen Fällen sind auch Hormone als morphogenetische (formgebende) Substanzen wirksam, und zwar meist dann, wenn Veränderungen in weit voneinander entfernten Geweben aufeinander abgestimmt werden müssen. Ihre Wirkungsweise läßt sich besonders gut bei der Metamorphose der Amphibien und Insekten verfolgen.

Die vielfältigen Änderungen bei der Metamorphose der Amphibien werden vor allem durch Schilddrüsenhormone, namentlich durch Thyroxin, koordiniert. Die Konzentration des Hormons, dessen Abgabe aus der Schilddrüse von der Hirnanhangsdrüse (Hypophyse) gesteuert wird, steigt bis zum Höhepunkt der Metamorphose kontinuierlich an. Die Gewebe der Larve reagieren darauf in ganz spezifischer Weise. Bei Kaulquappen wird der Schwanz eingeschmolzen. Vorder- und Hinterbeine wachsen aus, die Haut wird mehrschichtig und bildet Schleim- und Giftdrüsen, auf den Kiefern wachsen echte Zähne, die Kiemen werden abgebaut, und Lungen übernehmen die Atmungsfunktion, der Darm verkürzt sich und vieles mehr. Diese Rückbildungen, Neubildungen und Umkonstruktionen der Organe werden auch von zahlreichen biochemischen Änderungen begleitet, die letztlich den Tieren das Landleben ermöglichen. Ähnlich tiefgreifende Änderungen treten auch bei Schwanzlurchen auf, auch wenn sie auf den ersten Blick zunächst nicht so auffallen.

Wiederum entscheidet nur die Zuständigkeit des Gewebes über die Reaktion auf das Hormon und nicht seine Lage. Ein zusätzlicher Schwanz, der einer Kaulquappe am Rumpf eingepflanzt wird, unterliegt auch hier dem Abbau, nicht aber Beine, die in die Schwanzgegend transplantiert werden. Thyroxin, dessen Vorkommen nicht auf Amphibien beschränkt ist, wirkt ebenso unspezifisch wie andere morphogenetische Substanzen.

Bei Insekten sind zwei Hormone, das Ecdyson und das Juvenilhormon, von entscheidender Bedeutung. Das Sekret großer Nervenzellen im Gehirn gelangt in die Hämolymphe (das Blut der Insekten) und regt besondere, im Brustteil liegende Drüsen zur Abgabe von Ecdyson an, das für die Häutung verantwortlich ist. Paarige Drüsen in Nähe des Gehirns, die Corpora allata, produzieren zusätzlich das Juvenilhormon. Ob nun eine Larvenhäutung, Puppenhäutung (bei holometabolen Insekten) oder Imaginalhäutung (Häutung des erwachsenen Tieres) stattfindet, hängt von der Menge des Juvenilhormons ab. Sinkt seine Konzentration, bilden die Epidermiszellen

der holometabolen Insekten eine Puppencuticula, sinkt sie noch weiter ab oder wird die Produktion des Hormons ganz eingestellt, kommt es zur Imaginalhäutung. Den Schlüpfvorgang steuert noch ein anderes Hormon.

Zweiflügler (Dipteren) sind für einen Entwicklungsbiologen von unschätzbarem Vorteil, denn ihre Speicheldrüsen enthalten Riesenchromosomen, an denen die wechselnde Genaktivität direkt beobachtet werden kann. Die bereits lichtmikroskopisch sichtbaren aufgelockerten Regionen der Riesenchromosomen, die sogenannten Puffs (gesprochen: Paffs), zeigen jeweils die Aktivität eines bestimmten Chromosomenabschnittes an. Bei der Verpuppung und Metamorphose wird eine ganz charakteristische Abfolge von Puffs erkennbar, die auch experimentell, zum Beispiel durch Verabreichung von Ecdyson, ganz spezifisch verändert werden kann.

Entscheidend ist der Zeitpunkt. Es ist bereits wiederholt darauf hingewiesen worden, daß eine Differenzierung allmählich abläuft. In einer sehr frühen Amphibiengastrula kann bei entsprechenden Verpflanzungen noch jeder Teil des Ektoderms Epidermis oder Nervengewebe bilden. Entscheidend ist in diesem frühen Stadium nur die Lage des Transplantates. Führt man diese Experimente jedoch später aus, wird das Ektoderm, das einmal Nervengewebe wird, auch an einem anderen Ort zu Nervengewebe. In gleicher Weise verhält sich ein Stück künftiger Epidermis; es wird an anderer Stelle ebenfalls zu Epidermis. In der späten Gastrula ist also etwas geschehen, das die Zellen des Ektoderms veranlaßt, verschiedene Entwicklungswege einzuschlagen. Ein Teil wird durch das Chordamesoderm beeinflußt, der andere Teil folgt offenbar anderen Signalen.

Wird künftiges Rückenmark kurz nach der Neurulation an die Stelle verpflanzt, wo sich der Augenbecher bilden wird, so wird es zum Augenbecher. Auch hier verhält sich das Transplantat zunächst ortsgemäß. Ist das Nervensystem jedoch schon weiter entwickelt, wird das verpflanzte Rückenmark herkunftsgemäß ohne Rücksicht auf seine Lage zu Rückenmark. Das Ektoderm der Neuralplatte differenziert sich also zunächst zum Nervengewebe und später zu einem bestimmten Typ von Nervengewebe.

Aus den Eiern des Grasfrosches schlüpfen Larven, die Kaulquappen. Sie sind mit ihren Kiemen und breitem Ruderschwanz an ein Leben im Wasser angepaßt. Erst nach und nach wachsen ihnen Hinter- und Vorderbeine. Der Schwanz und die Kiemen werden abgebaut, Lungen übernehmen die Atmung, und schließlich hüpft der fertige Frosch an Land.

Der amerikanische Genetiker und Entwicklungsbiologe C. H. Waddington entwarf im Jahre 1940 die »epigenetische Landschaft«, die die komplexen Vorgänge bei Differenzierungsprozessen anschaulicher macht. Ein Hang mit zahlreichen sich verzweigenden Tälern stellt das gesamte genetische Programm eines Organismus dar. Eine Kugel am Anfang des verzweigten Systems ist die noch undifferenzierte Zelle. Die Neigung der Landschaft, die die Kugel in den Tälern herabrollen läßt und auf Kurs hält, verkörpert die verschiedenen Regulationsmechanismen in der Normalentwicklung. Die Kugel rollt den Hang hinunter in irgendeines der Täler. Jede Verzweigungsstelle, an der sie vorbeirollt, verringert die Zahl der möglichen Wege: Die Zelle verliert an Entwicklungsfähigkeit. Welche Abzweigung genommen wird, das heißt, welchen Entwicklungsweg die Zelle einschlägt, hängt von den morphogenetischen Signalen aus ihrer Umgebung ab. Am Ende eines Tales ist ein bestimmter Differenzierungsgrad erreicht. Einmal zu Ektoderm gewordene Zellen können kein Mesoderm mehr werden – die Kugel kann ja auch nicht bergauf rollen. Als Ektoderm sind sie zunächst in der Lage, zahlreiche Gewebe und Organe zu bilden, später jedoch nur noch Nervengewebe und so fort.

Daß Zellen sich schrittweise differenzieren, wird auch aus Versuchen deutlich, in denen nachgewiesen werden konnte, daß Zellen sich gegenseitig erkennen und aneinander haften. Diese Eigenschaften sind weitere, wesentliche Voraussetzungen für die Bildung vielzelliger Organismen.

Zerlegt man Schwämme verschiedener Arten in Einzelzellen, können diese sich nicht nur wieder zu neuen Schwämmen zusammenschließen, sondern sind auch in der Lage, dies artspezifisch zu tun, das heißt, jeder neu gebildete Schwamm besteht wieder nur aus den Zellen der eigenen Art. Embryonale Wirbeltierzellen schließen sich jedoch nicht artspezifisch zusammen, wenn man sie trennt, sondern organspezifisch, das heißt, isolierte embryonale Netzhautzellen eines Huhns vereinigen sich auch mit Netzhautzellen einer Maus. In Einzelzellen zerlegte und dann vermischte mesodermale und ektodermale Teile einer Amphibiengastrula bilden Zellhaufen mit außen liegenden Ektoderm- und innen liegenden Mesodermzellen. Einmal müssen sich dabei Ektodermzellen als Ektodermzellen und Mesodermzellen als Mesodermzellen erkannt haben, um sich erfolgreich zusammenzuschließen – man spricht auch von positiver Zellaffinität –, zum anderen müssen sich auch Ektoderm- und Mesodermzellen erkannt haben – sie weisen eine negative Zellaffinität auf –, um die richtigen Lagebeziehungen herzustellen.

Es wird deutlich, daß sich bereits in diesem Stadium Mesodermzellen klar von Ektodermzellen unterscheiden. Zu einem späteren Zeitpunkt schließen sich jedoch nicht einmal mehr ektodermale oder mesodermale Zellen zusammen, sondern nur noch künftige Leberzellen, Herzzellen und so weiter. Da man unterstellen muß, daß die embryonale Zelle die gesamte genetische Information des Organismus enthält, die fortschreitende Einschränkung ihrer Entwicklungsfähigkeiten während des Differenzierungsvorganges jedoch auch eine Einschränkung der genetischen Information beinhaltet, stellt sich zwangsläufig die Frage, ob die restliche Information noch einmal abgerufen werden kann, ob also Differenzierung rückgängig zu machen ist, das heißt – um beim Bild der morphogenetischen Landschaft zu bleiben –, ob die Kugel auch wieder ein Stück bergauf rollen kann.

Man kann heute annehmen, daß auch die Kerne differenzierter Zellen dieselben Gene besitzen wie die befruchtete Eizelle und diese unter bestimmten Umständen auch wieder aktivieren können. Hinweise darauf liefern Versuche, in denen Kerne differenzierter Zellen in wenig differenzierte Zellen übertragen werden. Man regte zum Beispiel Froscheier mit einer feinen Glasnadel zur Entwicklung an. Dann wurde der Kern mit einer kleinen Mikropipette entfernt und durch den Kern einer weiter differenzierten Zelle eines Froschkeimes ersetzt. Stammte der neue Kern vom animalen Pol einer Blastula, entwickelte sich tatsächlich ein normaler Embryo. Dieser Zellkern konnte also noch die gesamte Entwicklung steuern. Stammte er jedoch aus der späten Gastrula, entwickelte sich nur ein ganz geringer Teil der Versuchskeime normal.

Klarere Ergebnisse lieferten Experimente am südafrikanischen Krallenfrosch (Xenopus laevis). Zellkerne aus dem Darm von Kaulquappen, ja sogar aus der Epidermis erwachsener Tiere, die in kernlose Eizellen verpflanzt wurden, waren noch in der Lage, die Entwicklung zu steuern und geschlechtsreife Individuen hervorzubringen.

Daß Zellkerne reaktiviert werden können – ihre Gene also weder dauernd inaktiviert noch verlorengegangen sind –, konnte besonders elegant mit Hilfe von Zellverschmelzungen (Fusionen) belegt werden. Reife rote Blutkörperchen (Erythrocyten) von Vögeln besitzen zwar im Gegensatz zu denen von Säugetieren einen Zellkern; dieser ist aber vollständig inaktiv. Wird ein solcher Erythrocyt mit einer Hela-Zelle (→ S. 124) zur Verschmelzung gebracht, schwillt der Erythrocytenkern an, beginnt mit der Synthese von Boten-RNS und kann sogar neuerliche Zellteilungen veranlassen.

Auch an Regenerationsvorgängen wird erkennbar, daß differenzierte Zellen keine irreversiblen (unwiderruflichen) Änderungen erfahren haben. Fast alle tierischen Embryonen besitzen die Fähigkeit, verlorengegangene Körperteile zu ersetzen. Manche Tiere behalten diese Fähigkeit sogar zeit ihres Lebens, während andere sie – abgesehen von der stets ablaufenden physiologischen Regeneration, durch die fortlaufend verbrauchte Zellen (Blutzellen, Epidermiszellen etc.) ersetzt werden – vollständig verlieren.

Schwämme und Hohltiere kann man in viele Stücke zerschneiden; aus jedem Stück entsteht dank omnipotenter, undifferenzierter Zellen ein neues Individuum. Auch Strudelwürmer (Planarien) sind zu erstaunlichen Regenerationsleistungen fähig. Regenwürmer können Kopf oder Schwanz regenerieren, Eidechsen ihre Schwänze, die leicht an dafür vorgesehenen Stellen abbrechen. Molche sind in der Lage, verlorengegangene Gliedmaßen unter Mitwirkung des Nervensystems zu ersetzen. Nach dem Verlust eines Beines überwachsen Epidermiszellen die Wunde. Gleichzeitig wachsen Nervenfasern vom Rückenmark in den Wundbereich. Unter der Epidermis dedifferenzieren sich die verschiedenen Zellen (Muskelzellen, Knorpelzellen, Knochenzellen etc.) und bilden ein Blastem, aus dem sich ein neues Bein mit seinen spezifischen Geweben herausbildet. Woher das Blastem die morphogenetischen Signale erhält, ist nicht ganz klar. Auffällig ist zumindest, daß bei Entfernung der Nervenfasern, die in den Stumpf wachsen, die Neubildung des Beines unterbleibt.

Mit fortschreitender Organisationshöhe nimmt die Regenerationsfähigkeit ab. Vögel und Säugetiere können keine ganzen Organe mehr ersetzen. Ihre Regenerationskraft ist nur noch auf die Wundheilung beschränkt. Die Frage, ob die verschiedenen entdifferenzierten Zellen des Blastems nur wieder den Zelltyp bilden können, aus dem sie hervorgegangen sind, oder zurückgebildete Muskelzellen beispielsweise auch Knochenzellen liefern können, ob sie also umdifferenziert werden können, ist schwer zu beantworten. In einzelnen Fällen konnte eine solche Umdifferenzierung nachgewiesen werden. Wird nämlich aus einem Molchauge die Linse entfernt, bildet sich aus dem oberen Irisrand eine neue Linse. Linsen entstehen aber während der Entwicklung aus dem Hautektoderm. Die bereits differenzierten Iriszellen haben sich jedoch offenbar die Fähigkeiten zur Linsenbildung erhalten, die sie unter dem hemmenden Einfluß der vorhandenen Linse nicht verwirklichen konnten.

Danzer, A.: *Fortpflanzung, Entwicklung, Entwicklungsphysiologie,* Heidelberg 1982. – Anspruchslose, leicht lesbare Einführung in den Problemkreis.

Ede, D. A.: *Einführung in die Entwicklungsbiologie,* Stuttgart 1981. – Behandelt auch modernste Ergebnisse. Für den Laien teilweise unverständlich.

Emschermann, P.: *Entwicklung – Grundlagen – Erkenntnisse der tierischen Fortpflanzung und Ontogenie,* Freiburg 1981. – Lesbar und verständlich. Berücksichtigt sehr stark evolutive Vorgänge.

Hadorn, E.: *Experimentelle Entwicklungsforschung im besonderen an Amphibien,* Berlin 1981. – Sehr verständliche und anschauliche Einführung, die sich auf Amphibien, die klassischen Objekte der Entwicklungsbiologie, beschränkt.

Horst Müller

Tiere in ihrer Umwelt: Ökologie

In einer Zeit wachsenden Umweltbewußtseins weiter Kreise der Bevölkerung sind Begriffe wie »Umweltschutz«, »ökologisches Gleichgewicht« und »Ökologie«, die noch vor wenigen Jahren nur biologisch Interessierten bekannt waren, inzwischen zu alltäglichen Begriffen geworden. Es vergeht kaum ein Tag, an dem nicht in Presse, Funk oder Fernsehen diese Begriffe anhand konkreter, den einzelnen Bürger betreffenden Beispielen erläutert und somit der Öffentlichkeit nahegebracht werden. Daß sich diese biologischen Begriffe bei der Bevölkerung schneller als andere eingeprägt haben, liegt sicherlich daran, daß sie zumeist im Zusammenhang mit Berichten über die sich in den letzten Jahren in erschreckendem Maße häufenden »Umweltskandale« genannt wurden. Man denke zum Beispiel an die Berichte über gesundheitsgefährdende Quecksilbermengen im Thunfisch, über Vergiftungen durch Schwermetallemissionen (Luftverunreinigungen) aus Industriebetrieben, an die radioaktive Verseuchung von Luft und Wasser durch »Störfälle« in Kernkraftwerken und Aufbereitungsanlagen für Kernbrennstoffe, an die zahlreichen Ölpestkatastrophen nach Tankerunfällen, an die »Flußsäureverklappung«, das Einleiten von Flußsäure (Fluorwasserstoff) in die Nordsee bei Helgoland, die nachweislich Tumorbildungen bei Fischen auslöst, an die Schädigung der Ozonschicht der Erde durch bestimmte Treibgase in Sprays, Fluorkohlenwasserstoffe wie das »Freon«, an das Deponieren von Giftmüll im Bereich von Wassergewinnungsanlagen und im Bereich landwirtschaftlicher Nutzflächen, an das Vergiften von Wasser, Boden und Luft durch chemische Schädlingsbekämpfungsmittel (Pestizide) mit schwerwiegenden Schädigungen von Tieren und auch Menschen, wie sie zum Beispiel beim Umweltskandal von Seveso in Italien (1976) auftraten. Diese und die zahllosen »kleinen« Umweltskandale der letzten Jahre sowie die immer noch zu beobachtenden unüberlegten Eingriffe in den Naturhaushalt einiger noch weitgehend intakter Landschaftsstrukturen beunruhigen die Bevölkerung zunehmend und regen zum Nachdenken über ökologische Zusammenhänge an. Solche Negativ-Beispiele aus neuerer Zeit sind der Bau des neuen Großflughafens im »Erdinger Moos« bei München sowie der Ausbau der »Startbahn West« des Frankfurter Flughafens; gleiches gilt für den übertriebenen Ausbau des Bundesverkehrsnetzes, etwa für die geplante »Nordwest-Autobahn« und den Bau des Rhein-Main-Donau-Kanals.

Daß die Beschäftigung mit Fragen der Ökologie derzeit »in« ist, erkennt man unter anderem daran, daß der Begriff in den Programmen der politischen Parteien auftaucht und daß mit der Biologie nicht verwandte Wissenschaften wie die Soziologie (Sozio-Ökologie) und die Architektur (Öko-Architektur) den Begriff übernommen haben, wobei allerdings der hier verwendete Ökologiebegriff nur noch wenig mit dem traditionellen, biologisch geprägten Ökologiebegriff gemeinsam hat. In den Industriestaaten der westlichen Welt, in denen die Umwelt am stärksten belastet ist, sind in den letzten Jahren zahlreiche »Ökologiebewegungen« entstanden, deren Intentionen so unterschiedlich sind wie die Bedeutung des Ökologiebegriffs heute: So reicht das Spektrum der Ökologen von engagierten Artenschützern, etwa von der Bewegung »Green Peace«, über Kernkraftgegner (zum Beispiel ein Großteil der »Grünen« und der »Bürgerinitiative Umweltschutz«) bis hin zu Streitern für eine sozialere Umwelt, zum Beispiel die »Partei der Ökologen« in Frankreich.

Was ist Ökologie?

Der Begriff Ökologie geht zurück auf den berühmten deutschen Naturforscher Ernst Haeckel (1834–1919), der bereits im Jahre 1866 in seinem Buch »Die Generelle Morphologie der Organismen« die folgende Definition gab: »Unter Oecologie verstehen wir die gesamte Wissenschaft von den Beziehungen des Organismus zur umgebenden Außenwelt, wohin wir im weiteren Sinne alle ›Existenzbedingungen‹ rechnen können. Diese sind theils organischer, theils anorganischer Natur; sowohl diese als jene sind ... von der größten Bedeutung für die Form der Organismen, weil sie dieselben zwingen, sich ihnen anzupassen ...«. Hiermit hat Haeckel die Ökologie von anderen klassischen Teildisziplinen der Biologie wie Morphologie (Lehre von der Gestalt der Organismen), Anatomie (Lehre vom inneren Aufbau der Organismen) und Physiologie (Lehre von der Funktion der die Organismen aufbauenden Strukturen) deutlich abgegrenzt: Die Ökologie untersucht die Wechselwirkungen zwischen Organismen und ihrer Umwelt.

Heute stellt diese Betrachtungsweise, bei der der Einzelorganismus – als Vertreter seiner Art – in seiner Abhängigkeit von Umweltfaktoren im Mittelpunkt der Untersuchung steht, lediglich einen Teilaspekt dar, den man als »Autökologie« bezeichnet. Einen anderen Teilaspekt der Ökologie, der sich erst später entwickelte, bildet die Untersuchung der vielfältigen Wechselwirkungen zwischen den verschiedenen Individuen und Arten eines gemeinsamen Lebensraumes sowie zwischen ihnen und ihrer Umwelt. Diese »synökologische« Betrachtungsweise hat das wissenschaftliche Werk von Karl Möbius (1825–1908) maßgeblich bestimmt. Er prägte auch den wichtigen Begriff der »Biozönose« für eine Lebensgemeinschaft: »Die Wissenschaft besitzt noch kein Wort für eine Gemeinschaft von lebenden Wesen, für eine den durchschnittlichen Lebensverhältnissen entsprechende Auswahl und Zahl von Arten und Individuen, welche sich gegenseitig bedingen und durch Fortpflanzung in einem abgemessenen Gebiet dauernd erhalten. Ich nenne eine solche Gemeinschaft Biocoenosis oder Lebensgemeinde« (1877).

Auch heute noch werden mehr autökologische als synökologische Untersuchungen durchgeführt. Das liegt vor allem daran, daß die ökologischen Ansprüche der einzelnen Art – so kompliziert sie im einzelnen auch sein mögen – der Untersuchung leichter zugänglich sind als die vielfältigen Wechselwirkungen zwischen den zumeist zahlreichen Tier- und Pflanzenarten einer Biozönose. Die Erforschung eines so komplizierten Beziehungsgefüges stellt ein kaum lösbares Problem dar, das man allenfalls mit Hilfe von Schwerpunktforschungsprogrammen an artenarmen Lebensräumen in den Grundzügen klären kann. Trotz dieser Probleme geht die moderne Ökologie von der von Möbius vorgezeichneten ganzheitlichen Betrachtung aus.

In der seit einigen Jahren in den Vordergrund getretenen Ökosystemforschung werden autökologische und synökologische Teilaspekte im Dienst einer ganzheitlichen Betrachtung vereinigt. Unter einem Ökosystem versteht man die natürliche Einheit, die eine Lebensgemeinschaft (Biozönose) und ihr Lebensraum (Biotop) bilden. Bei dieser Betrachtungsweise werden nicht nur die Beziehungen zwischen den Organismen eines Biotops und die Umweltansprüche der einzelnen Arten untersucht, sondern auch der gesamte Energie- und Stoffhaushalt des Ökosystems und seine Produktivität. Die Ökosystemforschung hat sich ein sehr wichtiges Ziel gesteckt: Sie will realistische Prognosen über die Folgen von Eingriffen in Ökosysteme erstellen, dann wäre man nicht mehr – wie derzeit noch – auf bloße Vermutungen über mögliche Auswirkungen angewiesen, sondern könnte zukünf-

Dieser üppig wuchernde tropische Regenwald, noch unberührt von menschlichem Einfluß, bietet eine Fülle verschiedenartiger Lebensmöglichkeiten und zeichnet sich durch einen ungeheuren Artenreichtum aus.

tig irreparable Schäden am Naturhaushalt großer Gebiete der Erde, wie sie noch in jüngster Zeit vorgekommen sind, vermeiden. So hat man zum Beispiel die Fruchtbarkeit tropischer Böden weit überschätzt: In Brasilien wurden entlang der »Transamazonica«, einer 5000 Kilometer langen Straße in Ost-West-Richtung, riesige Flächen tropischen Regenwaldes vollständig abgeholzt, um Kulturpflanzen anbauen zu können. Dies hatte zur Folge, daß nach zwei Jahren der Boden bereits vollständig ausgelaugt war. Die anschließende Düngung mit Mineraldünger führte zur Versalzung der Böden, die schließlich dazu zwang, die Nutzung einzustellen. So wurden große Teile eines funktionierenden natürlichen Ökosystems aufgrund unzureichender ökologischer Kenntnisse zerstört.

Die Ökologie ist sicherlich die vielseitigste aller biologischen Teildisziplinen. Sie greift bei ihren Untersuchungen auf Arbeitsmethoden und Fachwissen der verschiedensten biologischen und auch nichtbiologischen Arbeitsgebiete zurück:

□ auf die *Systematik* oder *Taxonomie*, um die Tier- und Pflanzenarten zu bestimmen, die eine Biozönose bilden – also bei der Ermittlung des »Artenspektrums«;

□ auf die *Entwicklungsbiologie* (Embryologie und Entwicklungsphysiologie) bei der Altersbestimmung der verschiedenen Entwicklungsstadien einer Art, aber auch bei der Untersuchung, inwieweit die Entwicklungsdauer von Ökofaktoren wie Temperatur und Nahrungsangebot abhängig ist;

□ auf die *Verhaltensforschung* (Ethologie) zur Lösung solcher Probleme wie: Welche Nahrungsstrategie wendet ein Räuber beim Beutefang an? Wie verhält sich die Beute? Wie sieht das Aktivitätsverhalten, der Aktivitätsrhythmus einer Art aus?

□ auf die *Stoffwechselphysiologie*, um zum Beispiel zu klären, wieviel Energie der Räuber für den Beutefang aufwenden muß (Energieverbrauch), wie effektiv er die aufgenommene Nahrung ausnutzt (Wirkungsgrad, Produktivität) und wie hoch der Energieverbrauch von Jugendstadien im Vergleich zu Altersstadien ist;

□ auf die *Zell-* und *Gewebelehre* (Cytologie und Histologie) etwa bei der Beantwortung der Frage nach den physiologischen Wirkungen von Umweltgiften wie Schwermetallen oder Pestiziden auf Zellen und Gewebe;

□ auf die *Abstammungslehre* (Evolutionstheorie), um zum Beispiel die Frage zu klären, durch welche Auslesefaktoren eine Tier- oder Pflanzenart durch eine andere verdrängt wurde (Konkurrenzdruck);

□ auf die *Vererbungslehre* (Genetik), um zu erkennen, welche Ökofaktoren Änderungen der genetischen Information, die sogenannten Mutationen, auslösen;

□ auf die *Mathematik*, wenn im Rahmen ökologischer Untersuchungen statistische Methoden zur Absicherung von Meßergebnissen angewendet werden müssen;

□ auf die *Biochemie*, um zum Beispiel die physiologische Wirkung von Umweltgiften auf den Stoffwechsel der Organismen nachzuweisen;

□ auf die *anorganische Chemie*, zum Beispiel bei der chemischen Wasseranalyse und bei der Analyse des Mineralsalzgehaltes des Bodens.

Dies sind nur einige wenige Beispiele, die zeigen, wie eng verzahnt die Ökologie mit anderen biologischen und nichtbiologischen Wissenschaftsdisziplinen ist. Die Beispiele machen zudem deutlich, daß der einzelne Ökologe mit der Lösung derart komplexer Problemstellungen überfordert ist und daß darum nur eine Gruppe von Spezialisten eine Chance hat, das überaus komplizierte Beziehungsgefüge von Ökosystemen zumindest in Teilbereichen zu erforschen.

Ökosystem-Typen

Betrachtet man Luftbilder, so erkennt man, daß die Erdoberfläche aus einem Mosaik von verschieden großen Arealen mit charakteristischem Aussehen besteht. So ist zum Beispiel für Mitteleuropa der Wechsel von Wäldern, Wiesen, Feldern, Weiden und Siedlungen typisch. Untersucht man die einzelnen Bereiche aus der Nähe, so wird deutlich, daß sie in sich zumeist nicht einheitlich sind: So findet man innerhalb der Wälder zum Beispiel Bachläufe, Tümpel oder Kahlschläge. Alle diese unterschiedlichen »Raumgebilde« betrachtet die Ökosystemforschung als eigene Ökosysteme, die durch spezielle Eigenschaften charakterisiert sind.

Der deutsche Ökologe Ellenberg hat versucht, das »Global-Ökosystem« Biosphäre, das aus der Atmosphäe (Luft), der Hydrosphäre (Wasser) und der Pedosphäre (Boden) besteht, in Ökosystem-»Typen von abgestufter Wesensähnlichkeit« zu untergliedern (1973). Er faßt also – unabhängig von der Lage auf der Erdkugel – Räume mit wesentlichen gemeinsamen Merkmalen zu Ökosystem-Typen zusammen: etwa alle Seen, alle Wälder und alle Meeresgebiete. Das erste Unterscheidungsmerkmal stellt die Energieversorgung der Systeme dar. So trennt er als »erste Hauptgruppe« die »natürlichen« und »naturnahen« Ökosysteme, denen die Sonne als ständige Energiequelle dient, von künstlichen oder »urban-industriellen« Ökosystemen, die ihre Energie nicht aus der »aktuellen« Sonnenenergie, sondern aus anderen Energiequellen beziehen, zum Beispiel aus fossilen Brennstoffen wie Öl und Erdgas oder aus Kernbrennstoffen wie Uran und Plutonium. Die Gruppe der natürlichen und naturnahen Ökosysteme untergliedert er, von sechs Merkmalen ausgehend, in immer kleinere Einheiten. Diese Merkmale sind:

□ die vorherrschenden Lebensmedien wie Luft, Wasser und Boden und ihre Beschaffenheit;

□ die Biomasse und die Produktivität der Primärproduzenten, worunter man die grünen Pflanzen versteht;

□ begrenzende Faktoren für die Produktivität; denn diese hängt zum Beispiel von der Menge an Hauptnährsalzen wie Nitrat und Phosphat ab;

□ die regelmäßige Menge der Stoffzufuhr ins Ökosystem und des Stoffabflusses aus dem Ökosystem einschließlich des Zuzugs und der Verluste an Organismen;

□ der Anfall toter organischer Substanz und die Intensität des Abbaus dieser Substanz durch bestimmte Organismen, die »Destruenten«, einerseits und andererseits die Intensität der Nutzung pflanzlicher Biomasse durch Pflanzenfresser;

□ die Rolle des Menschen als Veränderer von Ökosystemen.

So unterscheidet man zwischen natürlichen Ökosystemen, in die der Mensch noch nicht eingegriffen hat – sie gibt es noch in Form kleiner Restareale zum Beispiel in der Antarktis, im Amazonasgebiet, in den Hochanden, in der Tundra und im Pazifischen Ozean –, na-

In Monokulturen herrschen vollkommen einförmige Lebensbedingungen. Nur wenige Arten finden hier noch Lebensraum.

turnahen Ökosystemen, in denen Veränderungen durch Eingriffe des Menschen relativ gering sind, naturfernen Ökosystemen, deren Struktur stark vom Menschen beeinflußt ist, und urban-industriellen Ökosystemen, die nur noch wenige oder keine natürlichen Strukturelemente enthalten; hierzu gehören unsere Städte und Industriegebiete.

Ökosysteme sind nicht nur räumliche, sondern auch zeitliche Gebilde – sie weisen eine »Raum-Zeit-Struktur« auf –, denn jedes Ökosystem verändert sich mit der Zeit, langfristig zum Beispiel durch Klimaänderungen. Man denke nur daran, daß noch vor etwa zehntausend Jahren dort, wo sich unsere heutigen Wälder ausbreiten, Tundravegetation vorherrschte. Kurzfristige Veränderungen ergeben sich durch Eingriffe des Menschen. So entstanden innerhalb weniger Jahre am Südrand der Sahara im Bereich der »Sahel-Zone« durch Klimaschwankungen und Überweidung der Grassteppen neue, ausgedehnte Wüstengebiete. Bei uns wurden in den letzten Jahrzehnten zahlreiche Feuchtgebiete (Moore, sumpfige Wiesen und Tümpel) entwässert und in »Kultursteppen« umgewandelt. Durch die Schaffung neuer urban-industrieller Ökosysteme (Industrie- und Wohngebiete) werden täglich auf der Erde große Flächen naturnaher Ökosysteme, vor allem Wälder, innerhalb kürzester Zeit vernichtet.

Der zu den Aaskäfern gehörende Totengräber nimmt eine wichtige Stellung in einem Ökosystem ein: Er verfüttert die Leichen kleiner Vögel und Säugetiere an seine Larven.

Wie funktioniert ein Ökosystem?

Ein Ökosystem ist die Einheit von Biotop und seiner Biozönose, das heißt der Lebensgemeinschaft, die sich unter den Bedingungen eines bestimmten Biotops einfindet. Es stellt ein mehr oder weniger offenes System dar, das Einflüssen aus benachbarten Ökosystemen unterliegt (z.B. Stoffzufuhr). Ökosysteme gehen zum Teil fließend ineinander über, etwa in Afrika die Wüste in die Trockensavanne, die Trockensavanne in die Feuchtsavanne oder in den Alpen die »subalpine Nadelwaldregion« in die alpine »Matten-« und »Zwergstrauchregion«. Es sind überdies abhängige Systeme, die auf eine ständige Energiezufuhr angewiesen sind, die in naturnahen Ökosystemen durch die Sonneneinstrahlung erfolgt.

Die zugeführte Sonnenenergie wird zu einem geringen Teil – insbesondere der blaue und rote Anteil des Lichts – für die Photosynthese, die wichtigste Syntheseleistung der Organismen, genutzt. Hierbei werden von den grünen Pflanzen aus Kohlendioxid und Wasser Kohlenhydrate aufgebaut, die wiederum die Basis bilden für die Synthese der zahlreichen anderen chemischen Verbindungen, aus denen die Organismen aufgebaut sind. Die grünen Pflanzen entnehmen die Elemente, die zum Aufbau von Eiweißen notwendig sind, wie Stickstoff und Schwefel, dem Boden beziehungsweise dem Wasser in Form bestimmter Nährsalze. Die Menge an organischer Substanz, die durch die Photosynthese sowie durch Aufnahme von Mineralsalzen von den grünen Pflanzen aufgebaut wird, bezeichnet man als »Biomasse« der Pflanzen, den Vorgang als »Primärproduktion« und die grünen Pflanzen dementsprechend auch als »Primärproduzenten«. Ihre Produktivität hängt von der Strahlungsmenge sowie von den Ökofaktoren Mineralstoffe, Kohlendioxid und Wasser ab. Diese abiotischen (unbelebten) Faktoren begrenzen, das heißt limitieren, die Primärproduktion und stellen also die »limitierenden Faktoren« dar. Nach dem Liebigschen »Gesetz vom Minimum« begrenzt derjenige Faktor die Primärproduktion, der in der geringsten Menge vorhanden ist. Die Nährstoffe müssen den Pflanzen also in einem ausgewogenen Verhältnis zur Verfügung stehen.

Von der Entwicklung der Primärproduzenten hängen die beiden anderen Gruppen von Organismen in einem Ökosystem ab: Die eine Gruppe besteht aus den Konsumenten, die sich von lebender organischer Substanz ernähren, also von Pflanzen oder von anderen Tieren. Die andere Gruppe bilden die Zersetzer (Destruenten), die sich von toter pflanzlicher und tierischer Substanz ernähren, die sie bis in ihre chemischen Grundbausteine zerlegen. Beiden Gruppen gemeinsam ist, daß sie ihre Biomasse mit Hilfe fremder organischer Nahrungsquellen aufbauen, das heißt, sie sind nicht selbstversorgend, autotroph, wie die grünen Pflanzen, sondern heterotroph, das heißt, sie alle bauen ihre Biomasse letztlich »auf Kosten« der grünen Pflanzen auf. Man bezeichnet sie daher auch als »Sekundärproduzenten«.

Die Destruenten sind neben den Primärproduzenten eine notwendige Voraussetzung für das Funktionieren naturnaher Ökosysteme. Sie schaffen die für die Primärproduktion der Pflanzen notwendige Basis, indem sie ständig in großer Menge anfallende tote organische Substanz (Tier- und Pflanzenleichen) bis zur Stufe der Mineralsalze abbauen. Hieran sind zwei sehr unterschiedliche Gruppen von Destruenten beteiligt: die Saprophagen (Fäulnisfresser) und die Mineralisierer. Zu den Saprophagen gehören unter den tierischen Organismen die Aasfresser, die Kotfresser und die Detritusfresser (die kleinere organische Partikeln fressen) und unter den pflanzlichen Organismen vor allem die Pilze. Die Mineralisierer oder Reduzenten bauen die von den Saprophagen über mehrere Stufen zu organischen Verbindungen abgebaute tote Biomasse zu anorganischen Verbindungen ab, die erneut von den Pflanzen aufgenommen werden können. Reduzenten sind in erster Linie die Bakterien.

Die dritte Gruppe in einem Ökosystem bilden die Konsumenten, die sich entweder direkt von den grünen Pflanzen ernähren (Pflanzenfresser) oder die andere Tiere fressen (Fleischfresser). Zu dieser Gruppe zählen auch die Parasiten, die an anderen Lebewesen schmarotzen. Konsumenten stellen zwar

Der Pillendreher sorgt für die Beseitigung von Tierexkrementen. Das Männchen formt eine Kugel aus Mist, die es oft meterweit rollt, bis es eine günstige Stelle findet, um sie einzugraben. Die Dungkugel dient zur Eiablage und bietet den schlüpfenden Larven Nahrung.

keine notwendige Voraussetzung für die Existenz eines Ökosystems dar, sind jedoch daraus nicht wegzudenken, zumal sich im Laufe der Evolution zahlreiche direkte Abhängigkeiten zwischen Pflanze und Tier herausgebildet haben. Man denke nur an die vielen Pflanzen, die nur durch Insekten bestäubt werden können.

Die Pflanzenfresser stellen eine sehr artenreiche Gruppe dar, sie nutzen die als Nahrung zur Verfügung stehende pflanzliche Biomasse sehr unterschiedlich: So gibt es Blatt-, Frucht-, Wurzel-, Blüten- und Holzfresser; kein Pflanzenteil bleibt also vom Fraß verschont. Von der Vielzahl der Pflanzenfresser, den Konsumenten erster Ordnung, ernährt sich wiederum ein großes Spektrum von Fleischfressern, die Konsumenten zweiter und höherer Ordnung. Alle diese Gruppen von Konsumenten können – als Wirtsorganismen – Parasiten als Nahrungsquelle dienen, die ihrerseits wieder von Überparasiten befallen werden. Zwischen den zahlreichen Individuen einer Biozönose bestehen also konkrete Beziehungen, zum Beispiel in Form von Nahrungsbeziehungen, die sich im Laufe der Entwicklung des Ökosystems herausgebildet haben.

Ökosysteme sind – zusammenfassend betrachtet – offene Systeme, die von ständiger Energiezufuhr abhängig sind. Sie besitzen überdies eine Raum-Zeit-Struktur, und es sind dynamische Systeme mit der Fähigkeit zur Selbstregulation, das heißt, sie können plastisch auf Veränderungen reagieren. Denn obwohl einzelne Faktoren wie Klima, Häufigkeit der einzelnen Arten und Stoffmenge mehr oder weniger starken jährlichen Schwankungen unterliegen, stellt sich in einem Ökosystem – insgesamt gesehen – doch ein relativ stabiles Gleichgewicht ein.

Regenwürmer sind wertvolle Humusbildner. Sie ziehen Fallaub ins Erdreich hinab und sorgen auf diese Weise für eine Durchmischung des Bodens mit organischem Material.

Die Bedeutung der abiotischen Ökofaktoren

Die wesentlichen abiotischen Ökofaktoren sind die Sonneneinstrahlung, die Raumstruktur und die zum Aufbau der Organismen notwendigen Stoffe. Die Raumstruktur ist zum Beispiel für die Ausbildung eines charakteristischen Kleinklimas verantwortlich; sie bietet den Organismen zudem Versteck- und Brutmöglichkeiten.

Nicht jeder abiotische Faktor hat für die einzelnen Arten dieselbe existentielle Bedeutung. Auch reagieren die einzelnen Organismen auf Veränderungen ihrer Hauptökofaktoren unterschiedlich empfindlich: Manche vertragen mehr oder weniger große Abweichungen von den optimalen Bedingungen, andere wieder können nur in engen Grenzen eines bestimmten Faktors existieren. Arten mit großem Toleranzbereich gegenüber einem »Faktor« bezeichnet man als »euryök«, Arten mit geringem Toleranzbereich als »stenök«.

Das Optimum eines Ökofaktors, in dessen Bereich die Organismen am vitalsten sind, geht in einen unteroptimalen Bereich über, der wiederum überleitet zum Pessimum, dem Grenzbereich, der noch gerade von den Organismen ertragen wird. Im Zentrum ihrer Verbreitung findet die Population einer Tierart im allgemeinen optimale Lebensbedingungen, zum Rand hin verschlechtern sich die Existenzbedingungen jedoch zum Pessimum. Selten ist nur ein einzelner Ökofaktor für die Existenzfähigkeit einer Tierart entscheidend, meistens ist es ein Komplex aus mehreren Ökofaktoren. Dabei kommen zu den abiotischen noch die biotischen Faktoren hinzu, wie zum Beispiel Konkurrenz und Räuber-Beute-Verhältnis. Die Summe aller Ökofaktoren, die eine Art zum Leben braucht, stellt ihre »ökologische Nische« oder »Minimalumwelt« dar. Nach dem Liebigschen »Gesetz vom Minimum« in seiner synökologischen

Fassung wird die Zusammensetzung einer Lebensgemeinschaft nach Art und Zahl durch denjenigen Umweltfaktor bestimmt, der sich am meisten dem Pessimum nähert.

Der Ökofaktor Licht

Die Sonneneinstrahlung ist nicht nur als Energiequelle für den Aufbau organischer Substanz (Assimilationsstärke) in der Photosynthese unentbehrlich, auch die Tiere hängen in vielfältiger Weise von der Energie der Sonne ab, ohne die es kein Leben auf Erden gäbe. Die Sonneneinstrahlung beeinflußt die tierischen Organismen in Form von Licht- und Wärmeenergie.

Licht als Orientierungshilfe. Das Licht dient den meisten Tieren in erster Linie zur Orientierung. Gerichtete Bewegungen zum Licht hin bzw. von der Lichtquelle weg, die man als positive bzw. negative Phototaxis bezeichnet, sind bereits bei einfachen Einzellern, den Geißeltierchen oder Flagellaten, ausgebildet, zu denen das Grüne Augentier (Euglena viridis) gehört, das sich auf Lichtquellen zubewegt. Zahlreiche Tierarten reagieren auf Licht sowohl positiv als auch negativ phototaktisch: Regenwürmer verhalten sich bei hoher Lichtintensität negativ (Verkriechen), bei niedriger Lichtintensität positiv phototaktisch. Wasserflöhe der Gattung Daphnia zeigen einen tagesperiodischen Wechsel von negativer und positiver Phototaxis (Auf- und Absteigen im Wasser). Bei einigen Tierarten ändert sich die Art der Phototaxis auch im Laufe ihrer individuellen Entwicklung (Ontogenese): So sind die Larven des Salzkrebschens (Artemia salina) positiv, die ausgewachsenen Individuen hingegen negativ phototaktisch gestimmt. Eine phototaktische Reaktion stellt auch der »Lichtrückenreflex« dar, der bei zahlreichen schwimmenden Wasserinsekten und Krebsen ausgebildet ist und der die Lage des Körpers im Raum stabilisieren hilft.

Bei einer Reihe von Tierarten ist ein erheblich komplizierterer optischer Orientierungsmechanismus entwickelt, die Orientierung nach dem »Sonnenkompaß«: So bestimmen Honigbienen mit Hilfe des Sonnenstandes die Richtung zur Futterquelle, Lachse nutzen ihn zur Orientierung bei ihren weiten Wanderungen im Meer. Auch für tagsüber fliegende Zugvögel stellt die Sonne die wichtigste Navigationshilfe dar. Die Sonnenkompaßorientierung setzt eine zeitliche Orientierung der Organismen voraus, das heißt einen inneren Mechanismus, sozusagen eine »innere Uhr«, die im Gehirn lokalisiert sein muß, über die wir jedoch noch nichts Genaues wissen.

Zahlreiche Insekten, zum Beispiel die Honigbienen, aber auch Krebstiere und Tintenfische können sich sogar noch bei teilweise bedecktem Himmel, wenn die Sonne als Orientierungspunkt wegfällt, mit Hilfe des polarisierten Himmelslichts, das ein vom Sonnenstand abhängiges Polarisationsmuster zeigt, orientieren.

Für einige Tiergruppen spielt die Qualität des Lichts, das heißt bestimmte Spektralbereiche, eine besondere Rolle. So reagieren Vögel zum Beispiel besonders empfindlich auf den gelben bis roten Spektralbereich: Fruchtfresser bevorzugen die Aufnahme von roten Früchten (»Vogelbeeren«), und Nektarfresser wie die Kolibris suchen bevorzugt rote Blüten auf (»Vogelblüten«). Die »rotblinden« Insekten fliegen hingegen nur diejenigen Pflanzen mit roten Blüten an, die ultraviolettes Licht reflektieren.

Licht als »Zeitgeber«. Wichtiger als der einzelne Wellenbereich ist für die meisten Tiere jedoch die Lichtmenge. Durch sie wird zum Beispiel ihr Aktivitätsrhythmus gesteuert, und zwar entweder durch die Lichtintensität oder durch die Belichtungsdauer, also die Tageslänge. Maikäfer (Melolontha melolontha) beginnen bei einer bestimmten Lichtintensität zu schwärmen, Stare, Lachmöwen und andere Vogelarten suchen ihre Schlafplätze auf, wenn eine bestimmte Lichtintensität erreicht ist, und Singvögel beginnen bei einer bestimmten Lichtintensität – und zwar je nach Art verschieden – mit ihrem Gesang, so daß man fast die Uhr danach stellen kann (»Vogeluhr«).

Die Tageslänge ist gleichfalls ein wichtiger Ökofaktor. Sie beeinflußt zum Beispiel die Reifung der Geschlechtsdrüsen bei Säugern und Vögeln unserer Breiten. Im Frühjahr, wenn die Tageslänge zunimmt, entwickeln sich die vorher zurückgebildeten Geschlechtsdrüsen, so daß eine verstärkte Produktion von Sexualhormonen einsetzt. Dadurch wird das Balzverhalten ausgelöst. Mit abnehmender Tageslänge im Spätsommer beginnen die Gonaden sich wieder zurückzubilden. Der Wechsel der Tageslänge greift somit bestimmend in hormongesteuerte Körpervorgänge ein. Diese Aktivitätssteuerung durch das Licht löst – in Zusammenhang mit dem Ökofaktor Temperatur – auch das Winterschlafverhalten aus, etwa beim Alpenmurmeltier (Marmota marmota) und einigen anderen Nagetieren sowie zahlreichen insektenfressenden Säugetieren. Auch der Vogelzug wird durch eine veränderte Tageslänge ausgelöst: So ziehen Mauersegler (Apus apus) unserer Breiten »pünktlich« um den 1. August weg, obwohl gerade in dieser Zeit die Nahrungsbedingungen für Insektenfresser optimal sind. Ferner ist die Entwicklung des »Landkärtchens«, eines bei uns nicht seltenen Tagschmetterlings, von der Tageslänge abhängig. Es bildet zwei Formen aus, die man früher als eigene Arten betrachtet hat: Die braune Frühjahrsform (Araschnia levana) entwickelt sich unter Kurztagsbedingungen im Herbst und Winter, die schwarzbraune Sommerform

Das Fell der Jungen mancher Säugetiere ist gefleckt oder gestreift wie bei diesen Wildschwein-Frischlingen. Dadurch entsteht eine Licht- und Schattenwirkung, die die Tiere vor Verfolgung schützen soll.

(Araschnia prorsa) hingegen unter Langtagsbedingungen im Frühsommer. Man bezeichnet das Vorkommen dieser zwei Farbvarianten als »Saisondimorphismus«. Auch die »Diapause«, eine Phase der Entwicklungsruhe insbesondere bei Insekten, wird bei zahlreichen Arten durch eine Änderung der Belichtungsdauer ausgelöst.

So kann man das gesamte Ökosystem unter dem Aspekt des Aktivitätsrhythmus der verschiedenen Arten betrachten: Durch unterschiedliche Tagesrhythmen sowie durch unterschiedliche Jahresrhythmen werden die Nahrungsquellen des Ökosystems optimal genutzt, zudem können konkurrierende Arten einander weitgehend ausweichen, so zum Beispiel die Tag- und die Nachtgreife sowie die tag- und die nachtaktiven Laufkäfer.

Die Wirkung des ultravioletten Lichts. Je kürzerwellig elektromagnetische Wellen sind, um so energiereicher sind sie. In einigen Ökosystemen – Wüste, Hochgebirge, Meeresküsten – spielt das energiereiche UV-Licht eine besondere Rolle. Hohe Dosen von UV-Strahlen können mutagen wirken, das heißt zu Veränderungen der Erbinformation führen, entweder in den Geschlechtszellen, was sich auf die Entwicklung der Nachkommen auswirken kann (Entstehung von Mutanten), oder in den Körperzellen, wodurch beim Menschen Hautkrebs hervorgerufen werden kann. Bei Tieren und Menschen UV-reicher Ökosysteme hat sich eine verstärkte Pigmentierung der Haut mit braunen bis braunschwarzen Farbstoffen (Melanine) entwickelt (Gebirgs- und Wüstenmelanismus), bei zahlreichen tagaktiven Reptilien ist sogar das Bauchfell als »UV-Filter« schwarzbraun pigmentiert.

Auch die Streifen der Zebras haben den Sinn einer Tarntracht. Sie verringern den Kontrast zwischen dem Körper und der Umgebung, der Körper verschwimmt weitgehend, eine Erscheinung, die man Somatolyse nennt.

Die Farbigkeit zahlreicher tierischer Organismen zeugt gleichfalls von den Bindungen an das Licht. Tagaktive Tiere, die Farben sehen können, zeigen im allgemeinen charakteristische Farbmuster, während nacht- und dämmerungsaktive Tiere meistens keine auffälligen Farben oder Farbmuster aufweisen, sondern im Gegenteil zumeist charakteristische Tarntrachten entwickelt haben, so daß sie tagsüber von ihren Freßfeinden nur schlecht zu erkennen sind. Typische Tarntrachten sind die Rindenfarbigkeit, eine Form der Tarnfärbung (Mimese), die zum Beispiel bei zahlreichen Nachtschmetterlingen, die tagsüber regungslos auf der Borke von Bäumen sitzen, und bei einer bei uns vorkommenden Nachtschwalbe, dem Ziegenmelker (Caprimulgus europaeus), deutlich ausgeprägt ist, sowie das Auflösen der Körperoberfläche durch Fleckung und Streifung (Somatolyse), wodurch gewissermaßen eine Licht- und Schattenwirkung erzielt wird. Beispiele hierfür sind zahlreiche junge Säugetiere wie Wildschweine (»Frischlinge«), Rehkitze und Hirschkälber, ferner Zebras und Giraffen.

Es gibt jedoch auch Tiere, die das Sonnenlicht nicht erreicht, etwa Höhlentiere, Tiere der Tiefsee oder nachtaktive Tiere, die sich tagsüber verkriechen. Bei ihnen haben sich entweder Lichtsinnesorgane von großer Sehstärke entwickelt, betrachtet man etwa die überproportional großen Augen bei Halbaffen und Eulen, oder die Lichtsinnesorgane wurden zurückgebildet, so beim Grottenolm, oder aber es entstanden künstliche Lichtquellen am Organismus. Diese sogenannte Biolumineszenz (»kaltes Leuchten«) hat sich mehrfach in verschiedenen Tierklassen unabhängig voneinander entwickelt. Es handelt sich dabei entweder um lichtproduzierende Gewebe der Haut oder um Leuchtbakterien, die mit ihrem jeweiligen »Wirt« in Symbiose, also in einer Gemeinschaft zum beiderseitigen Nutzen, leben.

Bei den Leuchtkäfern (aus den Familien der Schnellkäfer und Weichkäfer) wird der Leuchtstoff in körpereigenen Zellen produziert, und die Lichtreaktion findet dann in den Zellen der Haut statt, zum Beispiel bei unserem »Glühwürmchen« (Lampyris noctiluca). Dasselbe gilt auch für den Erzeuger des Meeresleuchtens (Noctiluca miliaris), ein marines Geißeltierchen, sowie für zahlreiche andere im Meer lebende wirbellose Tiere. Außer dieser Lichtreaktion innerhalb der Zellen hat sich bei einigen Tiefseekrebsen und Tiefseetintenfischen eine Biolumineszenz außerhalb der Zellen entwickelt, das heißt, die Leuchtstoffe werden von Hautzellen nach außen abgegeben. Einige Fische und Tintenfische der

Tiefsee leuchten dadurch, daß sie in Symbiose mit Leuchtbakterien leben, die ihnen gewissermaßen als Laterne dienen. Beim »Laternenfisch« (Linophryne arboriter) ist das Leuchtorgan als regelrechte Lockangel ausgebildet. Bei der inner- und außerzellulären Biolumineszenz erfolgt die Lichtabgabe spontan. Sie wird durch einen Reiz ausgelöst und dient der innerartlichen Kommunikation, unter anderem dem Anlocken des Geschlechtspartners, so zum Beispiel die Lichtsignale der »Glühwürmchen«. Bei der auf Symbiose beruhenden Biolumineszenz erfolgt das Leuchten dagegen ständig; nur durch zusätzliche Strukturen wie zum Beispiel Hautlappen kann es abgedeckt werden und dadurch Signalcharakter erhalten. Bei einigen Arten dienen die Leuchtorgane auch zur Beleuchtung der näheren Umgebung und erleichtern so die Nahrungsaufnahme.

Der Ökofaktor Temperatur

Die Sonneneinstrahlung liefert nicht nur Lichtenergie, sondern gleichzeitig auch in großer Menge Wärmeenergie. Schon die ersten Organismen, die auf der Erde entstanden, mußten sich folglich an den Ökofaktor Temperatur anpassen. Dazu entwickelten sie zunächst einmal »Meßfühler« (Thermorezeptoren), die sie über die Temperatur ihrer Umgebung informieren konnten. Im einfachsten Fall, bei den Einzellern, dient die gesamte Zelle als Meßfühler. Bei Vögeln und Säugern, die eine ziemlich gleichmäßige Körpertemperatur unabhängig von ihrer Umgebung aufweisen, entstanden Meßfühler, die sowohl die Außen- als auch die Innentemperatur messen können. Außerdem entwickelten sich Zentren im Gehirn, die die von den Meßfühlern kommenden Informationen auswerten (Kälte- und Wärmezentren), und darüber hinaus sogenannte »Stellglieder«, das heißt Organe wie unter anderem beim Menschen die Schweißdrüsen, die dem Organismus eine Reaktion auf bestimmte Umwelt- und Körpertemperaturen ermöglichen.

Aufgrund ihres chemischen Aufbaus können Organismen nicht alle in einem Ökosystem auftretenden Temperaturen ertragen. Das liegt daran, daß ihre Zellen zum größten Teil aus Wasser bestehen, das als Medium für die zahlreichen chemischen Reaktionen des Stoffwechsels dient. Körpertemperaturen unter 0° C führen also bei den meisten Organismen zur mechanischen Zerstörung der Zellen durch Eiskristallbildung. Ähnliches gilt für Körpertemperaturen oberhalb von 40 bis 50° C, die bei den meisten Tierarten zu einer nicht wieder rückgängig zu machenden Veränderung der lebenswichtigen Körpereiweiße führen. Körpertemperaturen zwischen 0° und ca. 50° C stellen also in der Regel Grenzwerte dar, innerhalb derer Organismen lebensfähig sind. Aktiv sind Lebewesen jedoch zumeist nur innerhalb eines engeren Temperaturbereichs: Sie haben »bevorzugte Körpertemperaturen« und »bevorzugte Milieutemperaturen«, also Temperaturen ihrer Umgebung.

Tiere haben mannigfaltige Mechanismen entwickelt, um das Optimum ihrer Körpertemperatur zu erreichen und aufrechtzuerhalten. Im Laufe der Evolution haben sich zwei Gruppen von Organismen mit unterschiedlichem Wärmehaushalt herausgebildet: Die erste Gruppe, die »wechselwarmen« (poikilothermen) Tiere, »bezieht« ihre Wärmeenergie durch Strahlungswärme direkt von der Sonne und vom umgebenden Medium: Luft, Wasser und Boden. Die zweite Gruppe, die »gleichwarmen« (homöothermen) Tiere, bezieht ihre Wärmeenergie fast ausschließlich aus der körpereigenen, chemischen Wärmeproduktion, und zwar durch den Abbau von Traubenzukker (Glukose) zu Kohlendioxid und Wasser. Die hierbei frei werdende Energie besteht zu etwa siebzig Prozent aus Wärmeenergie, »Abwärme«, die die gleichwarmen Tiere zur Aufrechterhaltung ihrer Körpertemperatur nutzen. Zu den Wechselwarmen gehören alle wirbellosen Tiere sowie die Fische, Amphibien und Reptilien, zu den Gleichwarmen gehören Vögel und Säuger.

Ökologisch betrachtet – unter dem Gesichtspunkt der Verbreitung der Arten – bringen beide Entwicklungen Vor- und Nachteile mit sich. Den größten Nachteil bildet für die Wechselwarmen – mehr als 99 Prozent aller Tierarten gehören dazu! – das völlige oder doch weitgehende Fehlen der körpereigenen Wärmeproduktion; das bedeutet, daß sie bei niedrigen Außentemperaturen bewegungsunfähig werden können. Diese Bewegungsunfähigkeit kann sich über Monate erstrecken, so daß sie relativ leicht das Opfer von Beutegreifern werden können. Ein gutes Beispiel hierfür ist die Kältestarre unserer einheimischen Reptilien und Amphibien sowie zahlreicher Insekten während der Wintermonate. Die Aktivität wechselwarmer Tiere ist also temperaturabhängig: Je höher die Körpertemperatur ist, desto rascher laufen chemische Reaktionen im Organismus ab, entsprechend der »R-G-T-Regel« (Reaktionsgeschwindigkeit-Temperatur-Regel) bei einer Temperaturerhöhung um 10° C um das Zwei- bis Dreifache.

Diese Temperaturabhängigkeit betrifft vor allem wechselwarme Tiere der Land-Ökosysteme, die im allgemeinen starken Tages- und Jahresschwankungen der Umgebungstemperatur von Luft und Boden ausgesetzt sind. Wasserorganismen sind hingegen aufgrund der großen Wärmekapazität des Wassers im allgemeinen nur geringen Jahres- und Tagesschwankungen der Außentemperatur ausgesetzt, so daß sie nicht in gleichem Maße dem Selektionsdruck durch den Ökofaktor Temperatur unterliegen. Wechselwarme Tiere konnten kalte Land-Ökosysteme wie die Tundra und die Hochgebirgsregionen nur besiedeln, weil sich bei einigen Arten im Laufe der Evolution charakteristische Anpassungsmechanismen entwickelt haben: So kann der Grasfrosch (Rana temporaria) bis in die alpine Region vorkommen, weil er eine extrem kurze Laichzeit besitzt (»Explosivlaicher«); Alpensalamander (Salamandra atra), Bergeidechse (Lacerta vivipara) und Kreuzotter (Vipera berus) sind vom Eierlegen (Ovoparie) zum Lebendgebären (Viviparie) übergegangen und haben sich dadurch an kühle Gebiete angepaßt.

Der Vorteil der wechselwarmen Organismen besteht vor allem in der günstigeren Energiebilanz. Da sie die Wärme überwiegend aus körperfremden Quellen beziehen, schonen sie ihre körpereigenen Energiedepots und haben somit einen wesentlich geringeren Nahrungsbedarf als gleichwarme Tiere. Da aber die Nahrung in den Ökosystemen vielfach den Faktor darstellt, der die Bevölkerungsdichte begrenzt, kann man sich vorstellen, daß wechselwarme Tiere in Ökosystemen mit relativ geringem Nahrungsangebot bei günstigen Strahlungs- und Temperaturbedingungen, zum Beispiel Eidechsen und Schlangen in Wüstengebieten, erheblich bessere Lebenschancen als gleichwarme Tiere haben.

Es gibt zahlreiche wechselwarme Tiere, die während ihrer Aktivitätsphasen sogar eine relativ konstante, weit über der Lufttemperatur

liegende Körpertemperatur aufweisen. Hierzu gehören vor allem fliegende Insekten sowie alle Reptilien. Libellen und Eidechsen nehmen in typischer Körperhaltung Wärmeenergie durch direkte Sonneneinstrahlung sowie durch Wärmeleitung vom Boden auf, sie haben also charakteristische temperaturregulierende Verhaltensweisen entwickelt, durch die sie ihre bevorzugte Körpertemperatur erreichen: Maikäfer produzieren Körperwärme durch das bekannte »Pumpen« kurz vor dem Abflug, Nachtschmetterlinge wie die Schwärmer zeigen als typisches »Aufheizverhalten« Flügelzittern und erreichen so die notwendige Flugtemperatur von 30 bis 35° C.

Der Vorteil der gleichmäßigen Körpertemperatur bei Vögeln und Säugern besteht in der weitgehenden Unabhängigkeit der Körpertemperatur von der Temperatur des umgebenden Mediums. Änderungen der Außentemperaturen stellen jedoch auch für sie Störfaktoren dar, auf die sie wie die Wechselwarmen entweder mit entsprechenden Verhaltenswei-

keln, weil sie gleichzeitig mit der Fähigkeit zur verstärkten chemischen Wärmeproduktion isolierende Strukturen entwickelten, die die Wärmeabgabe stark verminderten. Die wichtigsten isolierenden Materialien sind die Vogelfedern, die Säugetierhaare sowie das Unterhautfettgewebe, ferner die verschiedenen Nestbaumaterialien.

Während die meisten der gleichwarmen Tiere im Herbst aus winterkalten Gebieten abwandern, bleibt ein kleiner Teil zurück. Einige dieser Tiere überdauern den Winter in Form einer Winterruhe: Sie schränken ihre Bewegungsaktivität stark ein und sparen dadurch Energie; typische Winterruher sind Braunbär und Eichhörnchen. Andere Säugetiere wie der Igel, der zu den Insektenfressern gehört, die Fledermäuse und einige Nagetiere wie Murmeltier, Haselmaus und Feldhamster halten einen Winterschlaf, bei dem der Stoffwechsel über hormonelle und nervöse Mechanismen gedrosselt wird, so daß die Tiere mit

Die Hasen bestätigen die Allensche Klimaregel. Die kürzesten Ohren besitzt der Schneeschuhhase (oben), deutlich länger sind sie beim Europäischen Feldhasen (rechts), am längsten bei Allens Eselhasen (links), einem Wüstenbewohner.

sen, Verkriechen in angenehme Temperaturbereiche, Zusammenrollen, um die Wärmeabstrahlung zu verringern, oder mit physiologischen Mechanismen reagieren, wie Abgabe von Wärme durch »Hecheln« (= beschleunigte Atmung), Schweißabsonderung, Verengung und Erweiterung der Blutgefäße der Haut, Veränderung der Stellung von Haaren und Federn beziehungsweise »Ankurbeln« der körpereigenen Wärmeproduktion. Auf diese Weise wird die Körpertemperatur in engen Grenzen reguliert.

Bedingt durch die hohen Körpertemperaturen, die bei Säugern im Mittel 37°C, bei Vögeln 41°C betragen, ist die Stoffwechselintensität hoch. Das bedeutet einerseits, daß die Tiere ständig aktiv sein können – wenngleich jede Art ein charakteristisches Aktivitätsverhalten zeigt –, andererseits muß zur Aufrechterhaltung des Betriebsstoffwechsels viel Energie aufgewendet werden. Die relative Unabhängigkeit von der Außentemperatur läßt die Besiedlung auch kalter Lebensräume zu, vorausgesetzt, daß ausreichend Nahrung zur Verfügung steht. Ein Beispiel hierfür ist die arten- und individuenreiche Vogelfauna der Tundra. Sobald sich dort allerdings die Nahrungsbedingungen im Herbst verschlechtern, zieht der größte Teil der gleichwarmen Tiere nach Süden: Rentiere wie die Karibus in Kanada und Alaska treten ihre großen Wanderungen an, und die Vögel fliegen in riesigen Schwärmen davon. Diese Vögel sind dann zum Teil als »Wintergäste« für ein paar Monate wichtige Konsumenten in einigen unserer Ökosysteme, zum Beispiel dem Wattenmeer, dem größten europäischen Überwinterungsraum für Vögel der Tundra.

Die Vögel und Säuger konnten sich nur deswegen zu gleichwarmen Tieren entwik-

1
2

Winterruher, Winterschläfer

Die gleichwarmen Tiere haben verschiedene Strategien entwickelt, um mit den niedrigen Temperaturen im Winter fertig zu werden. Können sie vor der Kälte nicht in wärmere Regionen ausweichen, so trotzen sie ihr an Ort und Stelle entweder als Winterruher oder als Winterschläfer. Winterruher drosseln ihren Energiebedarf, indem sie einen großen Teil der kalten Jahreszeit verschlafen. Dabei verringert sich ihre Körpertemperatur allerdings nicht, nur der Herzschlag wird verlangsamt. Mehrmals während des Winters wachen sie auf und gehen auf Beutefang oder ernähren sich von rechtzeitig angelegten Vorräten. Braunbär (1) und Eichhörnchen (3) sind Winterruher. Sprichwörtlich bekannte Winterschläfer sind das Murmeltier (2) und der Siebenschläfer (4). Aber auch der Hamster (5) und die Feldmaus (6) gehören in diese Gruppe. Beim echten Winterschlaf wird der Stoffwechsel ganz erheblich eingeschränkt: Die Körpertemperatur wird bis nahe an den Gefrierpunkt erniedrigt, Atmung, Herztätigkeit und Blutumlauf werden stark vermindert. Auf diese Weise überstehen die Tiere mit den Energiereserven, die sie sich im Sommer angefressen haben, die kalte Jahreszeit. Manche Tiere, wie der Hamster, legen allerdings zusätzlich in ihrem Bau Nahrungsdepots an.

5

6

3

4

den Energiereserven, die sie sich den Sommer über angefressen haben, »über den Winter kommen«. Einige Winterschläfer wie der Feldhamster legen sich zusätzlich in ihren Bauen Nahrungsdepots an. Auslöser für den Winterschlaf sind die abnehmende Tageslänge sowie sinkende Temperaturen.

Eine dem Winterschlaf ähnliche, jedoch nur kurzfristige Drosselung des Stoffwechsels ist bei einer Reihe von nektarsaugenden und insektenfressenden Vogelarten entwickelt, die in Gebieten mit großen Tagesschwankungen der Temperatur leben. Bei niedrigen Temperaturen und unzureichender Nahrungszufuhr fallen diese Tiere in eine Körperstarre, die man als Torpidität bezeichnet. Bekannt ist die Torpidität von Kolibris, bei denen sie am eingehendsten untersucht wurde, Ziegenmelkern und Mauerseglern.

Kolibris sind die kleinsten und leichtesten Vögel. So wiegt der Hummelkolibri (Calypte helenae), die kleinste Vogelart, nur zwei Gramm, nicht viel schwerer sind die »Grüne Fliege« (Chlorostilbon mellisuga), der Zwergkolibri (Mellisuga minima) und der Braune Kolibri (Selasphorus rufus), dessen nördliche Verbreitungsgrenze in Alaska liegt. Zahlreiche Arten besiedeln zudem die Anden bis in 5000 Meter Höhe. Gerade diese Arten sind extremen Tagesschwankungen der Lufttemperatur ausgesetzt.

Obwohl Kolibris das dichteste Gefieder aller Vogelarten besitzen, können Arten dieser nachtkalten Gebiete starke Wärmeverluste nicht verhindern. Dies ist bedingt durch die kleine Körpermasse, die nur über eine geringe Wärmespeicherkapazität verfügt, während die Körperoberfläche im Verhältnis zum Volumen überproportional groß ist. Dadurch fließt übermäßig viel Körperwärme ab, die durch chemische Wärmeproduktion ersetzt werden muß. Kolibris haben deshalb einen etwa 40mal größeren Grundumsatz (Energieverbrauch in Ruhelage) als der Mensch. Daher müssen die kleineren Arten zur Deckung ihres Energiebedarfs jeden Tag etwa so viel energiereiche Nahrung (Nektar und Insekten) aufnehmen, wie sie selbst wiegen.

Außerdem bietet das geringe Körpervolumen keinen Platz für die Anlage von Energiedepots (Fett, Glykogen). Um kalte Nächte dennoch überleben zu können, verfügen die Kolibris über eine Art »Sparschaltung«: Sie können nämlich zeitweilig die Wärmeproduktion drosseln, so daß die Körpertemperatur stark abfällt. Das gleiche Verhalten wird auch tagsüber bei Nahrungsmangel ausgelöst. Diese Beispiele zeigen, daß der Selektionsdruck die Entwicklung energiesparender Systeme bei gleichwarmen Tieren begünstigt: Nur die Art überlebt, die ungünstigen Nahrungs- und Temperaturbedingungen eines Ökosystems am besten angepaßt ist. Auch für menschliche Populationen stellt die Energie in Form von Wärme, Licht und Nahrung einen begrenzenden Faktor dar. Zwangsläufig forscht man in einer Zeit wachsender Energieprobleme intensiv nach Möglichkeiten, wie man sich auf Dauer der zunehmenden Energieverknappung anpassen kann.

Der Ökofaktor Wind

Wenn auch Licht und Temperatur für die meisten Organismen die Hauptökofaktoren darstellen, so gibt es doch eine Vielzahl weiterer abiotischer Umweltfaktoren, die gleichfalls für die Verbreitung zahlreicher Tiere von großer Bedeutung sind. Dazu gehören zum Beispiel die Eigenschaften der verschiedenen Medien Luft, Wasser und Boden.

Betrachten wir vor allem das für Landtiere so wichtige Medium Luft. Die Luft hat nur eine geringe Massendichte und somit auch nur eine geringe »Tragkraft«, an die sich die fliegenden Organismen im Laufe ihrer Evolution angepaßt haben. Die bewegte Luft, der Wind, der die Ausgleichsbewegung der Luftmoleküle zwischen Bereichen mit niedrigem Druck (geringe Dichte der Luftmoleküle, »Tief«) und Bereichen mit hohem Druck (große Dichte der Luftmoleküle, »Hoch«) darstellt, ist in mehrfacher Hinsicht für die Tiere wichtig. Erstens hinsichtlich der Stärke und Stetigkeit der Luftströmung: Im Bereich der »braven« Westwinde der Südhalbkugel, die ständig mit hohen Windstärken wehen, haben sich Seevögel mit großen Spannweiten wie der Wanderalbatros (Diomedea exulans) entwickelt, die die starken Winde und Aufwinde über den Wellen für ihren »Segelflug« ausnutzen. Im Gegensatz hierzu verkümmerten (in Anpassung an die hohen Windgeschwindigkeiten) die Flügel bei einigen Insekten von Inselgruppen dieser Zone gänzlich, so bei der Kerguelenfliege (Anomalopteryx maritima). Greife und andere Großvögel wie die Störche nutzen die Energie aufsteigender Luftbewegungen (Thermik) vor allem während des Frühjahrs- und Herbstzuges und sparen hierdurch körpereigene Energie.

Zweitens stellt der Wind ein wichtiges Transportmittel dar: Er sorgt für eine ungleiche Verteilung von Temperatur, Luftfeuchtigkeit, Bewölkung und Niederschlag in den Ökosystemen. Durch den Wind werden Nährstoffe aus Ökosystemen weggetragen (»Winderosion«) und in andere eingetragen. Düngemittel und Schädlingsbekämpfungsmittel, die in großen Mengen in unseren Kultursteppen verwendet werden, verfrachtet der Wind in benachbarte naturnahe Ökosysteme, wo sie oft erheblichen Schaden anrichten. Schadstoffemissionen, z. B. Schwefeldioxid und Schwermetalle, werden aus Industriegebieten zum Teil in über Hunderte von Kilometern entfernte naturnahe Ökosysteme getragen: So können südwestliche Windströmungen giftige Schwefeldioxidemissionen, die hauptsächlich aus mit Kohle und Schweröl betriebenen Kraftwerken stammen, aus den Industriegebieten Mitteleuropas bis nach Skandinavien transportieren. Das Schwefeldioxid gelangt mit dem Niederschlag als schweflige Säure in die Gewässer, deren Säuregehalt daraufhin so zunimmt – im Extremfall bis zu einem pH-Wert von 3 bis 4 –, daß das bestehende Ökosystem völlig zusammenbricht, weil nur die wenigsten Organismen die geänderten Milieubedingungen ertragen. So sind inzwischen in Schweden und Norwegen zahlreiche Gewässer biologisch tot. Ferner befördert der Wind auch Emissionen aus Kernkraftwerken und oberirdischen Atombombenversuchen über Tausende von Kilometern; ihre Radioaktivität kann Mutationen und Tumorbildungen auslösen und auf diese Weise die Biozönosen weltweit schädigen.

In Wasser-Ökosystemen ist der Wind wichtig, weil er den Luftsauerstoff in den oberflächennahen Bereich des Gewässers einbringt und für die Durchmischung und Umwälzung der Wassermassen sorgt; auch verursacht er die Wellenbewegung, die im Uferbereich von größeren Seen zur Ausprägung extremer Lebensräume wie der Spritzwasserzone führt.

Ferner stellt der Wind einen wichtigen Faktor für die Entwicklung und Verbreitung zahlreicher Organismen dar. So werden viele Pflanzen vom Wind bestäubt (z. B. die Süßgräser und Nadelhölzer) und viele Früchte und Samen von ihm verbreitet; vom Wind verdriftet werden auch einige kleine tierische Organismen und Dauerstadien (Zysten).

Für tierische Organismen, die ihre Energie im wesentlichen unter Sauerstoffverbrauch mit Hilfe der Zellatmung (biologische Oxidation) gewinnen, ist der Sauerstoff außerordentlich wichtig. Er ist in der Luft in großer Menge (21 Prozent) vorhanden; lediglich unmittelbar über dem Boden sowie im Oberboden von Gewässern und Wäldern kann es – bedingt durch den sauerstoffzehrenden Abbau toter organischer Substanz durch Bakterien – zu Sauerstoffmangel kommen, so daß Organismen, die auf die Abnahme des Sauerstoffgehalts in ihrem Milieu empfindlich reagieren, wie zum Beispiel Regenwürmer und einige Insekten, nicht mehr existieren können.

Mit zunehmender Höhe wird die Luft »dünner«, und dementsprechend nimmt auch der Sauerstoffgehalt ab. In fünftausend Meter Höhe, in der noch zahlreiche Tiere leben und sich auch noch einige menschliche Siedlungen befinden (Hochanden, Himalaya), ist der Luftdruck nur noch halb so hoch wie in Meereshöhe. Gleichwarme Tiere dieser extremen Ökosysteme sind an den niedrigen Luftdruck und geringen Sauerstoffgehalt gut angepaßt: Sie besitzen mehr rote Blutzellen (Erythrocyten) pro Kubikmillimeter Blut als nahe verwandte Tieflandarten.

Diese Anpassung stellt sich auch beim Menschen ein, der sich längere Zeit in Hochgebirgsregionen aufhält. Außerdem besitzen Höhentiere einen roten Blutfarbstoff (Hämoglobin), der den Sauerstoff besser binden kann als »normales« Hämoglobin. Dasselbe gilt auch für die menschliche Bevölkerung der Hochländer.

Der Sauerstoffgehalt ist vor allem für Wasserorganismen von großer Bedeutung, da im Wasser nur etwa 3 bis 5 Prozent der Menge des in der Luft vorkommenden Sauerstoffs gelöst werden können. So begrenzt der Sauerstoffgehalt vielfach die Verbreitung der Wasserorganismen. Infolge der zunehmenden Belastung der Gewässer durch organische Verunreinigungen sinkt der Sauerstoffgehalt durch die intensive Abbautätigkeit der Bakterien weiter ab; diese »Sauerstoffzehrung« führt zum Aussterben von Wassertieren mit hohem Sauerstoffbedarf, zum Beispiel von zahlreichen Insektenlarven.

Neben dem Sauerstoffgehalt ist der Gehalt an Wasserdampf, die Luftfeuchtigkeit, für zahlreiche Tiere von Bedeutung, vor allem für Arten mit feuchter Hautoberfläche und überwiegender Hautatmung wie Regenwürmer und Amphibien. Sie verlieren bei geringer Luftfeuchtigkeit durch Transpiration viel Wasser, so daß ihr Wasserhaushalt empfindlich gestört würde, wenn sie sich nicht an feuchte Orte verkriechen könnten. Neben solchen feuchtigkeitsliebenden (hygrophilen) Arten gibt es auch solche, die die Feuchtigkeit meiden (hygrophobe Arten). Hierzu zählt in gewisser Weise auch der Mensch, der eine niedrige Luftfeuchte – vor allem bei hohen Lufttemperaturen – einer hohen Luftfeuchte (»Schwüle«) vorzieht.

Stoffkreisläufe in Ökosystemen

Die in Ökosystemen vorkommenden anorganischen Stoffe (Mineralien) stammen ursprünglich aus Verwitterungsprozessen der Gesteine und gingen mit der Entwicklung der Pflanzen teilweise in deren Biomasse ein. Diese stofflichen Verbindungen zwischen den Mineralien der Erdkruste und den Organismen bezeichnet man als biogeochemische Stoffkreisläufe.

Stoffe durchlaufen in Ökosystemen einen Kreislauf, der bei den Primärproduzenten, die anorganische Stoffe zum Aufbau ihrer Biomasse aufnehmen, beginnt, zum Teil über die Konsumenten verläuft und schließlich bei den Destruenten endet. Diese bauen die tote organische Substanz überwiegend wieder zu den mineralischen Ausgangsprodukten ab, die zum größten Teil wieder in den Stoffkreislauf eingehen. Durch natürliche Prozesse, wie zum Beispiel die Verwitterung der Gesteine, entstehen ständig neue Nährstoffe, denen auf der anderen Seite ein Verlust an Nährstoffen, zum Beispiel durch Ablagerung (Sedimentation), gegenübersteht. Wichtig ist in unseren heutigen Ökosystemen der Einfluß des Menschen, der vermehrt Nährstoffe, zum Beispiel in Form von Kunstdünger und phosphathaltigen Waschmitteln, in die Ökosysteme einträgt und somit die »kreisende Stoffmenge« in Form von Biomasse vergrößert. Dies kann zu schweren Schäden führen. Man denke nur an die Überdüngung (Eutrophierung) der Gewässer, die oft den Tod aller darin lebenden Organismen zur Folge hat (→ S. 259). Die durch den Menschen zusätzlich eingetragenen Stoffe stammen entweder aus fossilen Lagerstätten, so zum Beispiel Phosphat, Kohle und Erdöl, oder sie werden synthetisch hergestellt, so zum Beispiel Stickstoffdünger und Ammoniak.

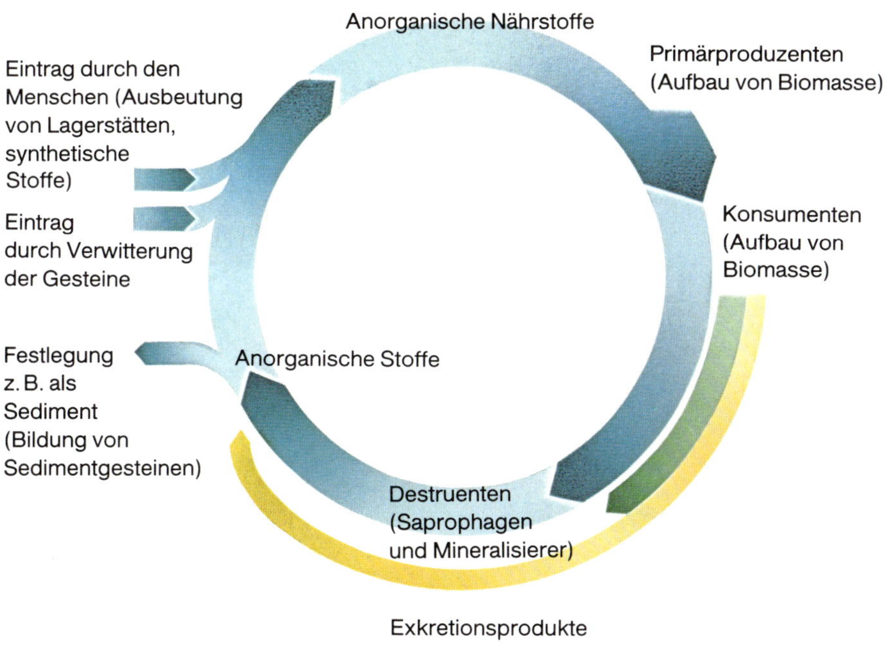

Der Stoffkreislauf in Ökosystemen *beginnt mit den Primärproduzenten, den grünen Pflanzen, die aus anorganischen Verbindungen mit Hilfe von Sonnenenergie Biomasse aufbauen. Von den Primärproduzenten ernähren sich die Konsumenten, die meisten Tiere. Abgestorbene Pflanzen und Tierleichen werden von den Destruenten (Aasfressern, Bakterien, Pilzen) bis zu anorganischen Verbindungen abgebaut, die wieder den Primärproduzenten zur Verfügung stehen. Hier schließt sich der Stoffkreislauf. Ein kleiner Teil der anorganischen Verbindungen geht für boden- und gesteinsbildende Vorgänge verloren, wird aber teilweise durch die Verwitterung von Gesteinen wieder ersetzt. Zusätzlich trägt der Mensch in die meisten Ökosysteme überschüssige Nährsalze etwa in Form von Kunstdünger ein, was manchmal zu einer unerwünschten Steigerung der Primärproduktion führt (Eutrophierung der Gewässer).*

Der Kohlenstoffkreislauf. Der zentrale »Stoff« in diesem Kreislauf ist das Kohlendioxid (CO_2), das die Ausgangsbasis für die Produktion von Kohlenhydraten in der Photosynthese der grünen Pflanzen darstellt. Bei der Zellatmung der Organismen wird es wieder freigesetzt. Durch die Nutzung fossiler Kohlenstoffquellen (Erdöl, Erdgas und Kohle) zur Energieproduktion durch den Menschen nimmt der Kohlendioxidgehalt der Atmosphäre jährlich um 0,7 Prozent zu. Hierdurch entstehen zunächst für die Ökosysteme keine Nachteile, sondern es wird im Gegenteil die Primärproduktion der grünen Pflanzen angekurbelt, wie es auch in Treibhäusern und Fischteichen zur Erhöhung der Primärproduktion in Form der »CO_2-Begasung« künstlich geschieht.

Der Stickstoffkreislauf. Stickstoff ist für die Pflanzen ein Nährstoff, der zum Aufbau der Aminosäuren und damit der Körpereiweiße (Proteine) dient, die in Form von Enzymen, Zellmembranproteinen und Strukturproteinen (Muskelfibrillen, Kollagen des Bindegewebes) maßgeblich am Aufbau der Biomasse von Organismen beteiligt sind. Stickstoff kann von den Pflanzen in großer Menge nur in Form von Nitrat (NO_3^-), in geringer Menge auch in Form von Ammonium (NH_4^+) aufgenommen werden. So müssen die beim mikrobiologischen Abbau (Ammoniak) und durch Exkretion (Harnstoff, Harnsäure, Ammoniak) anfallenden Stickstoffverbindungen zunächst zu Nitrat umgebaut werden. Dies geschieht durch verschiedene Arten von Bakterien, die die Nitrifikation, das heißt die Oxidation des Ammoniums (NH_4^+) über Nitrit (NO_2^-) zu Nitrat (NO_3^-) und die Oxidation des Luftstickstoffs (N_2) zu Nitrat durchführen. Im Falle von Sauerstoffmangel kann es jedoch zu einer Umkehr dieses Prozesses kommen: Durch Ammonifikation entsteht aus Nitrat Ammonium und durch Denitrifikation aus Nitrat über die Zwischenstufe Nitrit elementarer Stickstoff (N_2). Die beiden Vorgänge laufen in schlecht durchlüfteten Böden ab; die dabei gebildeten größeren Mengen des giftigen Nitrit schädigen die Bodenfauna: So leben zum Beispiel, bedingt durch übertriebene Kunstdüngung, in vielen unserer Äcker keine Regenwürmer mehr.

Für unsere heutigen Ökosysteme ist die ständige Zufuhr großer Stickstoffmengen in Form von Kunstdünger zur Steigerung der landwirtschaftlichen Produktivität (Erhöhung der Primärproduktion der Kulturpflanzen) charakteristisch. Ein Teil der Düngemittel gelangt durch den Wind und über das Grundwasser in andere Ökosysteme, deren ökologisches Gleichgewicht durch die Erhöhung der Produktivität empfindlich gestört wird. Das gilt insbesondere für Gewässer, deren Selbst-

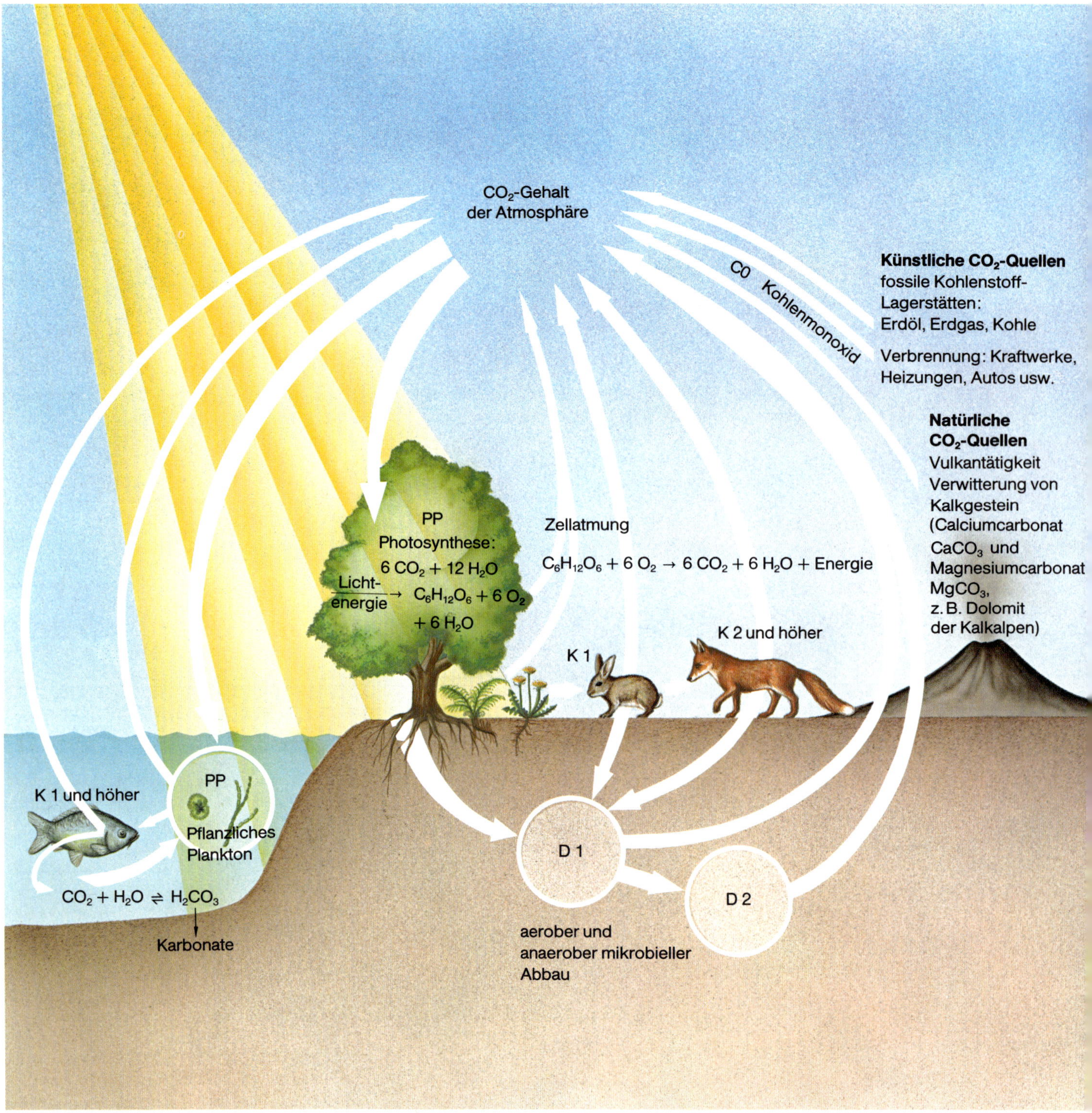

reinigungskraft vielfach nicht mehr ausreicht, das anfallende tote organische Material vollständig zu mineralisieren, so daß durch anaeroben Abbau giftige Abbauprodukte wie Ammoniak (NH_3), Schwefelwasserstoff, Nitrit und Methan entstehen, die die Lebensgemeinschaft schädigen.

Der Phosphatkreislauf. Phosphat ist der Faktor, der vielfach die Primärproduktion begrenzt. Er wird von Pflanzen und Tieren unter anderem zum Aufbau der Kernsäuren (Nukleinsäuren: DNS und RNS, →S. 82ff.), zum Aufbau energiespeichernder Verbindungen wie ATP (Adenosintriphosphat) und zum Aufbau der Biomembranen (Phospholipidmembranen) benötigt, er ist ferner in Form

Der Kohlenstoffkreislauf. *Alle Lebewesen benötigen für den Aufbau ihrer Biomasse Kohlenstoffverbindungen, doch nur die grünen Pflanzen können mit Hilfe der Photosynthese aus anorganischem Kohlendioxid (CO_2) und Wasser körpereigene Kohlenstoffverbindungen (Zucker, Stärke) aufbauen. Sie sind die Primärproduzenten (PP). Von ihnen ernähren sich die pflanzenfressenden Tiere, die Konsumenten 1. Ordnung (K1). Diese dienen wiederum den Fleischfressern, den Konsumenten 2. und höherer Ordnung (K2 und höher), als Nahrungsgrundlage. Andererseits wird Kohlendioxid bei der Zellatmung aber auch wieder freigesetzt und steht erneut den Pflanzen für die Photosynthese zur Verfügung. Abgestorbene pflanzliche und tierische Substanz wird von Destruenten, also von Fäulnisfressern (D1) und von Pilzen und Bakterien (D2), bis zum Kohlendioxid abgebaut, das wieder in den Kreislauf eingeht. Dieser natürliche Kreislauf sorgte dafür, daß die Kohlendioxidmenge in der Atmosphäre weitgehend konstant blieb. Seit dem Beginn der Industrialisierung ist der Kohlendioxidgehalt durch Verbrennung von Erdöl und Kohle in Kraftwerken, Heizungen und Autos jedoch stetig von 0,03 auf 0,034 Volumen-Prozent gestiegen. Ein weiterer Anstieg könnte der Erde ein Treibhausklima bescheren, weil durch die CO_2-Anreicherung in der Atmosphäre die Wärmeabstrahlung behindert würde.*

Die australischen Riesenkänguruhs und die ostafrikanischen Gnus nehmen innerhalb des Ökosystems Grassteppe die gleiche »ökologische Planstelle« ein: nämlich die des großen Pflanzenfressers.

von Calciumphosphat ein wichtiger Baustein der Knochensubstanz der Wirbeltiere. Der Gebrauch phosphathaltiger Waschmittel (Gehalt an Polyphosphaten 20 bis 50 Prozent) führt zu einer Belastung der Gewässer. Deshalb geht man heute mehr und mehr dazu über, die Phosphate in den Waschmitteln durch andere Substanzen zu ersetzen, die für Pflanzen keine Nährstoffe darstellen, zudem versucht man, in modernen Kläranlagen in einer dritten (= chemischen) Stufe, das Phosphat weitgehend zu entfernen.

Beziehungen innerhalb einer Biozönose

Der Begriff Biozönose wurde – wie eingangs bereits erwähnt – 1877 von Möbius geprägt. Unter Biozönose versteht man die Lebensgemeinschaft eines Ökosystems, das heißt die Gesamtheit aller in ihm zeitweilig oder ständig lebenden Organismen: Primärproduzenten, Konsumenten und Destruenten. Die Biozönose stellt sich auf der Basis der abiotischen (unbelebten) und biotischen (belebten) Ökofaktoren eines Ökosystems ein. Es bestehen also einerseits sehr enge Beziehungen zwischen den Organismen und den abiotischen Ökofaktoren sowie andererseits zwischen den Individuen verschiedener Arten (interspezifisch) und den Individuen einer Art (intraspezifisch). So ist die Ansiedlung von grünen Pflanzen abhängig von den anorganischen Nährstoffquellen eines Biotops, das Vorkommen von Konsumenten erster Ordnung, von Pflanzenfressern also, ist abhängig vom Vorkommen ihrer bevorzugten Nahrungspflanzen, während Konsumenten zweiter und höherer Ordnung, die Fleischfresser (Carnivoren), wiederum vom Vorkommen ihrer bevorzugten Beutetiere abhängig sind. Zudem stehen die einzelnen Arten der »funktionellen Gruppen« von Ökosystemen und die Individuen einer Art, vor allem die Jugendstadien, in ständiger Nahrungskonkurrenz, so daß sich – insgesamt betrachtet – zwischen den Mitgliedern einer Biozönose ein überaus kompliziertes Netz von Abhängigkeiten ergibt, das man als »biozönotischen Konnex« bezeichnet.

Thienemann hat 1920 zwei »Grundprinzipien der Biozönotik« formuliert, in denen er die Bedingungen, unter denen sich artenreiche und artenarme Biozönosen entwickeln, allgemein darlegt. Das erste Biozönotische Grundprinzip lautet: »Je variabler die Lebensbedingungen einer Lebensstätte, um so größer die Artenzahl der zugehörigen Lebensgemeinschaft ...« Jede Art stellt artspezifische Mindestansprüche an ein Ökosystem. Man bezeichnet diese für die Ansiedlung einer Art notwendigen ökologischen Bedingungen auch als ihre Minimalumwelt oder ihre ökologische Nische. Jedes Ökosystem besitzt eine Vielzahl »ökologischer Planstellen«, die von Arten mit »passenden« Eigenschaften besetzt werden können. So wird zum Beispiel in den Grassteppen Australiens die »ökologische Planstelle für große Pflanzenfresser« von Känguruhs eingenommen, in den Grassteppen Ostafrikas hingegen von Zebras, Gnus und anderen Antilopen. Die gleiche Planstelle wird also in ähnlichen Ökosystemen, die geographisch voneinander getrennt sind, von ökologisch gleichwertigen, aber systematisch oft verschiedenen Tierarten besetzt. Man bezeichnet dieses Phänomen als Stellenäquivalenz.

Die Anzahl der Planstellen, die ein Ökosystem »bereitstellt«, ist abhängig von der Variabilität des Ökosystems, das heißt von der Mannigfaltigkeit der abiotischen und biotischen Faktoren. Vielseitige Lebensbedingungen bieten zum Beispiel die tropischen Regenwälder, die Korallenriffe, unsere Mischwälder und auf nährstoffreichen Böden wachsenden Laubwälder sowie die nährstoffreichen (eutrophen) Seen. Vielzahl der Planstellen und somit der Arten eines Ökosystems geht gleichzeitig mit geringen Individuenzahlen der einzelnen Arten, also kleinen Populationen, einher, da das »Fassungsvermögen«, die Umweltkapazität des Ökosystems begrenzt ist; denn ein Ökosystem ist nicht unerschöpflich in seinen Nahrungsquellen (Ressourcen) und bietet deshalb nur einer begrenzten Anzahl von Individuen Lebensmöglichkeiten.

Nach Krogerus (1932) erreichen »in vielseitigen Lebensräumen ... die Arten mit großer Reaktionsbreite (euryöke Spezies), in einseitigen und extremen dagegen die mit geringer Reaktionsbreite (stenöke Spezies) die größte Abundanz« (Häufigkeit).

Das zweite Biozönotische Grundprinzip besagt: »Je mehr sich die Lebensbedingungen eines Biotops vom Normalen und für die meisten Organismen Optimalen entfernen, um so artenärmer wird die Biozönose, um so charakteristischer wird sie, in um so größerem Individuenreichtum treten die einzelnen Arten auf.«

Es gibt zahlreiche Ökosysteme mit »monotonen« Lebensbedingungen. Hierzu gehören insbesondere die extremen Lebensräume, in denen ein Faktor in einer für die meisten Tiere nicht erträglichen Intensität ausgebildet ist, wie zum Beispiel die Salzseen des Binnenlandes mit sehr hohem Salzgehalt, die Halbwüsten- und Wüstengebiete mit ihren sehr hohen Luft- und Bodentemperaturen und geringem Wasserangebot, die Hochgebirgsregionen mit extrem schwieriger Raumstruktur aus Fels und Eis. An derartige extreme Umweltbedingungen haben sich nur wenige Arten im Laufe der Evolution anpassen können. Beispiele für naturferne Ökosysteme mit monotonen Umweltbedingungen sind die als Monokulturen angelegten Kultursteppen, die zu einem nicht geringen Teil das Bild der Erde bestimmen, etwa die Baumwoll-, Sojabohnen- und Weizen-Anbaugebiete in den USA, in Kanada und in der UdSSR oder die Fichtenmonokulturen, die bei uns im Mittelgebirgsraum das Bild der Landschaft prägen. Daß die Biozönosen mit zunehmender Monotonie charakteristischer werden, liegt daran, daß die wenigen vorkommenden stenöken Arten (Arten mit geringer Reaktionsbreite) diesen Bedingungen optimal angepaßt sind, so daß sich große Populationen entwickeln können. Während die naturnahen artenarmen Ökosysteme, die das Ergebnis eines langen Anpassungsprozesses darstellen, stabile Ökosysteme sind, erweisen sich naturferne artenarme Ökosysteme, die meist kurzlebig sind (z. B. Getreidefelder), als ausgesprochen labil; in ihnen kann sich kein ökologisches Gleichgewicht einstellen.

Ein weiteres wichtiges biozönotisches Prinzip ist das »Konkurrenzausschlußprinzip« (Monardsches oder Gausesches Prinzip). Es besagt, daß Arten mit der gleichen ökologischen Nische nicht in demselben Ökosystem nebeneinander existieren können. Dabei kann man zwischen »historischer« und »aktueller« Konkurrenz unterscheiden: Das Artenspektrum heutiger Biozönosen ist ursprünglich durch Konkurrenz vieler Arten um die vorhandenen Planstellen entstanden. Dementsprechend kann es nicht zwei Arten mit der gleichen ökologischen Nische in einem Ökosystem geben, es sei denn, es läge kein Konkurrenzdruck vor, etwa wenn die Umweltkapazität des Ökosystems ausreichend groß ist. So bevorzugen die in bezug auf ihre ökologische Nische sehr ähnlichen Meisenarten etwas unterschiedliche Nahrungsplätze. Dadurch werden die Nahrungsquellen besser genutzt, und ein Nebeneinander der verschiedenen Arten wird möglich. Blaumeise und Kohlmeise, die zur selben Zeit brüten, konkurrieren außer um Nahrung um Nistplätze, doch weichen sie sich durch die Wahl der bevorzugten Nisthöhlen etwas aus: Die Blaumeise bevorzugt alte Spechthöhlen, deren Einflugloch vom Kleiber verkleinert wurde, und besetzt auch Höhlen in großer Höhe.

Ähnliches gilt für die konkurrierenden Arten Baumläufer (Gattung Certhia) und Kleiber (Sitta europaea), deren bevorzugte Nahrungsplätze fast identisch sind, die sich jedoch durch die Wahl der Nahrung etwas ausweichen: Der Baumläufer ist in der Lage, mit seinem pfriemförmigen Schnabel selbst aus feinen Ritzen in der Borke Insekteneier und kleine Insekten herauszuholen; dies gelingt dem Kleiber nicht. Dieser kann jedoch mit seinem kräftigen Schnabel Samen aufmeißeln. Beide Arten, die gleichzeitig brüten, konkurrieren jedoch nicht um Nistplätze: Der Kleiber besiedelt Spechthöhlen, deren Einfluglöcher er mit Speichel und Erde bis auf den Durchmesser seines Körperquerschnitts zuklebt, während der Baumläufer Spalten in Borke und Holz als Nistplatz bevorzugt. Kleiber und Meisen sind jedoch Konkurrenten um Nistplätze. Diese Konkurrenz wird aber dadurch abgeschwächt, daß sie zu unterschiedlichen Zeiten brüten. Die beiden nahe verwandten Spechte, der Große Buntspecht (Dendrocopos major) und der Grünspecht (Picus viridis) sind ebenfalls Konkurrenten um Nistplätze, bei der Nahrungsaufnahme weichen sie sich hingegen weitgehend aus: Der Große Buntspecht ist ein »Baumspecht«, der sich hauptsächlich von unter der Borke lebenden Insekten ernährt, der Grünspecht ein »Erdspecht«, der fast ausschließlich von Ameisen lebt. Auch der Star (Sturnus vulgaris) findet seine Nahrung hauptsächlich auf dem Boden. Doch vermeiden Star und Grünspecht dadurch Konkurrenz, daß sie sich auf unterschiedliche Beutetiere spezialisiert haben. Der Star konkurriert jedoch als Höhlenbrüter mit den anderen Arten um verlassene Spechthöhlen. In unseren meist stark durchforsteten Waldökosystemen kann der Faktor »Nisthöhlen« für Höhlen- und Halbhöhlenbrüter zum begrenzenden Faktor werden, der die Ansiedlungsmöglichkeiten einschränkt. Würde man die Nahrungsplätze, die Nahrungsspektren sowie die Brutzeiten aller insektenfressenden Vogelarten eines artenreichen Wald-Ökosystems miteinander vergleichen, so würde man erkennen, daß die meisten Arten ihre Nahrungsreviere in vielfältiger Weise nutzen, daß sie allerdings bestimmte Bereiche innerhalb der Nahrungsreviere sowie bestimmte Beutetiere bevorzugen, daß ferner die Brutzeiten teilweise gegeneinander verschoben sind, so daß sich insgesamt eine gleichmäßige Nutzung der Nahrungsquellen des Ökosystems während der Vegetationsperiode ergibt. Dies ist die notwendige Voraussetzung für eine Co-Existenz von Arten mit ähnlicher ökologischer Nische.

Nahrungsbeziehungen in einem Ökosystem

Die Pflanzenfresser (= Konsumenten erster Ordnung) bilden die Nahrungsbasis für alle übrigen Konsumenten. Sie stellen gewissermaßen die »Schlüsselindustrie« der Ökosysteme dar. Das gilt insbesondere für die kleinen Arten mit kurzer Lebensdauer, schneller Generationsfolge und hohen Fortpflanzungsraten, zu denen die meisten Gliederfüßer – Insekten wie Urinsekten, Zweiflügler, Käfer und Schmetterlinge sowie Spinnen und Milben – gehören, deren Populationen in schneller Folge neue Biomasse aufbauen, die für die übrigen Konsumenten »greifbar« ist. Hingegen binden große Pflanzenfresser unserer Waldökosysteme wie Reh oder Hirsch, die eine relativ lange Lebensdauer besitzen, Biomasse langfristig, so daß sie für Konsumenten höherer Ordnung nicht verfügbar ist.

Die Pflanzenfresser konsumieren – je nach Ökosystem – acht bis zwanzig Prozent der pflanzlichen Biomasse pro Jahr. In unseren Laubwäldern geht der größte Teil der jedes Jahr vor allem in Form von Blättern gebildeten pflanzlichen Biomasse jedoch in die Destruenten-Nahrungsketten ein, in der das abgefallene Laub, das die Laubstreu bildet, im Laufe einiger Jahre von Bodenorganismen bis zur Stufe der Mineralien abgebaut wird und damit den Pflanzen wieder als Nährstoff zur Verfügung steht. Ein geringer Teil bleibt als Dauerhumus liegen. Der Verbrauch an pflanzlicher Biomasse ist in Grassteppen mit großen Pflanzenfressern, wie in Australien (Känguruhs) und Afrika (Antilopen, Zebras), erheblich höher als in Wäldern. Sie kann in Gebieten, in denen Wildtierherden mit Viehherden (Rinder, Schafe, Ziegen) konkurrieren, zu einer völligen Abweidung und Vernichtung der pflanzlichen Primärproduzenten führen (s. Sahel-Zone).

Die Konsumenten erster Ordnung haben sich im Laufe der Evolution an das breite Nahrungsangebot, das ihnen die Pflanzen bieten, in vielfacher Weise angepaßt. Alle Pflanzenteile werden als Nahrungsquelle genutzt: So gibt es Wurzelfresser wie die Wühlmäuse und die Larven (Engerlinge) von Maikäfer (Melolontha melolontha) und Hirschkäfer (Lucanus cervus); zahlreiche Arten ernähren sich von lebendem Rindengewebe (Weichbast) unter der Borke oder schließen die Zellulose des Holzes, die aus zahlreichen Glukosemolekülen besteht, mit Hilfe symbiontischer Darmbakterien auf. Zu diesen Bast- und Holzfressern gehören zum Beispiel der Eichenholzbohrer (Xyleborus monographus), der Eichensplintkäfer (Scolytus intricatus) und der Eichenbock (Cerambyx cerdo). Eine kleine Gruppe von Spezialisten zapft den »Saftstrom« in Blättern und jungen Sprossen durch Anstechen mit ihren Mundwerkzeugen an. Zu diesen Pflanzensaugern gehören die Blatt- und Rindenläuse sowie die Blattwanzen.

Die größte Artenvielfalt haben jedoch die Blattfresser entwickelt. Zu dieser Gruppe zählen unter den Schmetterlingen die Larven ver-

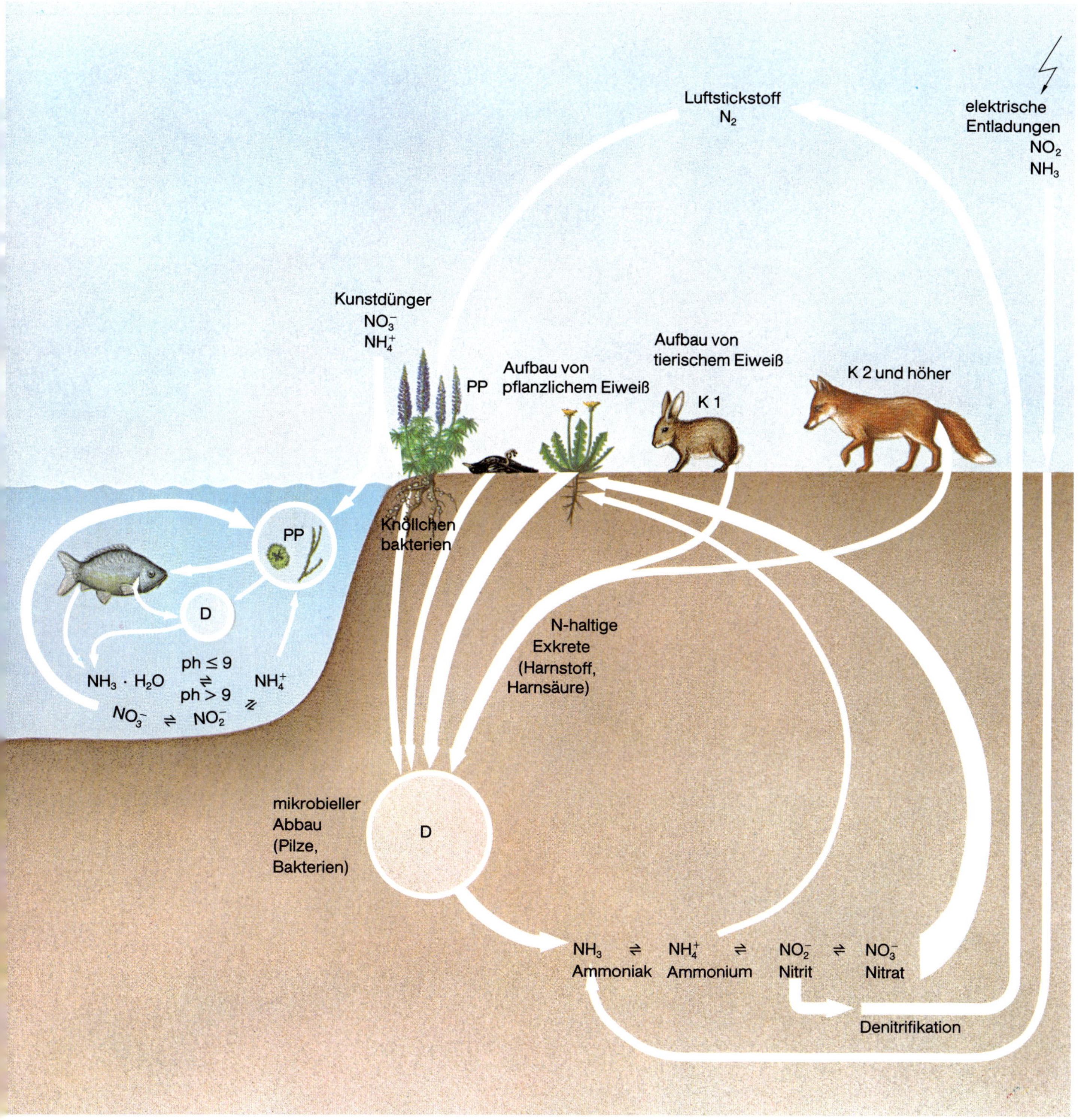

***Der Stickstoffkreislauf.** Die grünen Pflanzen (PP) benötigen zum Aufbau körpereigener Eiweiße Stickstoff, den sie in Form von Nitrat (NO_3^-), in geringen Mengen auch als Ammonium (NH_4^+), aus dem Boden aufnehmen können. Pflanzliches Eiweiß bildet die Nahrungsgrundlage für die Tiere (K). Diese wiederum scheiden Stickstoff in Form von Harnstoff und Harnsäure aus. Hierdurch und durch Exkremente sowie vor allem durch Tier- und Pflanzenleichen gelangt der Stickstoff in den Boden zurück. Endprodukt des Abbaus der Eiweiße durch Pilze und Bakterien (D) ist das Ammoniak (NH_3). In geringer Menge gelangt NH_3 auch durch elektrische Entladungen in den Boden. Das NH_3 wird von spezialisierten, »nitrifizierenden« Bakterien über das Ammonium und das für Bodentiere giftige Nitrit (NO_2^-) zu Nitrat oxidiert. Knöllchenbakterien, die mit Hülsenfrüchtlern in Symbiose leben, können – im Gegensatz zu den grünen Pflanzen – sogar den Luftstickstoff direkt in körpereigene Verbindungen einbauen, von denen die Pflanze bei Zerfall der »Knöllchen« profitiert. In schlecht durchlüfteten Böden kommt es zum Vorgang der Denitrifikation: Das Nährsalz Nitrat wird über die Zwischenstufe Nitrit bis zum elementaren Stickstoff reduziert, der in die Atmosphäre entweicht und damit für die Pflanzen verlorengeht.*

schiedener Spinner und Wickler, aber auch Kaninchen und Reh sowie die größten Landsäuger, die Afrikanischen Elefanten. Viele Tiere ernähren sich überwiegend von Blüten und Früchten: Blütennektar wird von vielen Insekten, zum Beispiel Bienen, Hummeln und Nachtschmetterlingen, sowie von Vögeln, zum Beispiel Kolibris und Nektarvögeln, aufgenommen. Neben diesen Nektarsaugern gibt es auch Pollenfresser, zu denen ebenfalls zahlreiche Insekten gehören, zum Beispiel die Honigbiene und der Pinselkäfer (Trichius fasciatus). Früchte dienen vielen Tieren, vor allem Vögeln und Säugern, als vitaminreiches »Beifutter«. Einige Arten haben sich auf Samen spezialisiert, zum Beispiel die Körnerfresser unter den Vögeln (Hühnervö-

Nahrungsspezialisten

Die von den Pflanzen in reicher Fülle bereitgehaltene Nahrung hat im Laufe der Evolution bei manchen Tieren ausgeklügelte Sonderanpassungen ermöglicht, die man »den« Pflanzenfressern auf den ersten Blick nicht zutraut. Daß Bienen (4) Nektarsauger und Schmetterlingsraupen (5, Wolfsmilchschwärmer) Blattfresser sind, ist allgemein bekannt, aber schon hier beginnen die Sonderanpassungen: Nicht alle Blütenformen können von »der« Biene erfolgreich besucht werden, weil die Rüssellänge oft nicht ausreicht, um zum Nektar zu gelangen. Deshalb werden manche Hummeln zum Einbrecher und beißen durch die Blütenblätter einen räuberischen Weg zu Pollen und Nektar. Die meisten Schmetterlingsraupen sind eng an bestimmte Wirts-

1

2

3

4

5

pflanzen angepaßt, weil ihnen nur deren Blattbestandteile bekömmlich sind. Das gilt besonders für hochgradig spezialisierte Schadinsekten wie den Kartoffelkäfer (3), der nur Blätter von Kartoffel- und Tomatenverwandten verdauen kann. Solche ernährungstechnischen Spezialisten gibt es auch unter den Wirbeltieren: Nur für lange Giraffenhälse ist das Laub der Akazien erreichbar (2). Kolibris können mit ihrer langen Tupf- und Saugzunge an Nektar und Pollen der zahlreichen Tropenblüten gelangen, wobei sie im Schwirrflug vor der Blüte »stehen« (6). Während die meisten Fledermäuse Insektenfresser sind, haben sich einige Arten auf Früchte umgestellt (1). Der australische Koalabär ernährt sich ausschließlich von Eukalyptusblättern (7), und zwar nur von bestimmten Blättern einiger weniger Eukalyptusarten.

gel, Tauben und Sperlingsartige), andere Vögel sind ausgesprochene Fruchtfresser, zum Beispiel der Riesentukan (Rhamphastos toco).

Die meisten Konsumenten erster Ordnung sind in bezug auf ihre Nahrungspflanzen nicht sehr wählerisch. Sie konsumieren die von ihnen als Nahrungsquelle bevorzugten Teile (z. B. Blätter) zahlreicher Pflanzen, das heißt, sie sind mehr oder weniger polyphag. Daneben gibt es jedoch eine Reihe von Pflanzenfressern, die in ihrem Vorkommen an bestimmte Futterpflanzen gebunden, das heißt monophag, sind. Zu diesen Arten gehören die Spinner- und Wicklerraupen, Eichenbock und Eichensplintkäfer, ferner die Raupen der meisten Schwärmer, die nach ihren Futterpflanzen benannt sind, zum Beispiel Linden-, Pappel-, Liguster-, Oleander- und Wolfsmilchschwärmer. Weitere bekannte Beispiele sind der Kartoffelkäfer (Leptinotarsa decemlineata), dessen Vorkommen an Nachtschattengewächse wie die Kartoffelpflanze (Solanum tuberosum) gebunden ist, sowie der Koalabär (Phascolarctos cinereus), der die Blätter bestimmter Eukalyptus-Bäume als einzige Nahrungsquelle nutzt.

In Destruenten-Nahrungsketten wird tote pflanzliche und tierische Substanz abgebaut. Man unterscheidet zwischen rein »detritischen« Nahrungsketten, die von Detritusfressern (Partikelfressern) gebildet werden und deren Endglieder die Bakterien als Mineralisierer darstellen, sowie Nahrungsketten, in die Aasfresser und Kotfresser eingeschaltet sind. Typische Arten detritischer Nahrungsketten von Laubwäldern sind die zu den Ringelwürmern (Anneliden) gehörenden farblosen Enchyträen und die durch Haemoglobin rötlich gefärbten Regenwürmer, ferner die zu den Gliederfüßern (Arthropoden) zählenden Springschwänze (Collembolen), die das Laub grob zerkleinern, dessen weiterer Abbau von anderen Detritusfressern wie den Hornmilben (Oribatiden) und Amöben übernommen wird. Den Endabbau, die Mineralisation, übernehmen pflanzliche Organismen, die heterotrophen Pilze und Bakterien.

Der Abbau der Exkremente der Tiere erfolgt in einer Nahrungskette, in die Kotfresser eingeschaltet sind. Der noch relativ energiereiche Kot – in Entwicklungsländern wird zum Beispiel mit Kamel- und Rinderdung geheizt – wird von Nahrungsspezialisten wie Mistkäfern, Dungkäfern und Pillendrehern zum Aufbau ihrer Biomasse verwertet.

Parasiten-Nahrungsketten können auf pflanzlichen Primärproduzenten, Destruenten und Konsumenten aufbauen. Parasiten sind Organismen, die ständig oder zeitweilig auf (Ektoparasiten) oder in (Endoparasiten) einer »Wirtspflanze« oder einem »Wirtstier« leben. Parasiten sind in der Regel erheblich kleiner als ihre Wirte. Sie betreiben keinen eigenen Nahrungserwerb, sondern profitieren von der Nahrungsaufnahme des Wirtes. Sie entnehmen als Endoparasiten die Nährstoffe überwiegend direkt aus den Transportsystemen, vor allem aus dem Darm, man betrachte nur die zahlreichen parasitischen Wurmarten wie Band- und Spulwürmer, und aus dem Blut, zum Beispiel die Erreger der Malaria (Plasmodium) und der Schlafkrankheit (Trypanosoma). Als Ektoparasiten leben zum Beispiel die Zecken, etwa die bei uns häufig vorkommenden »Holzböcke« (Ixodes), die mit ihren stechend-saugenden Mundwerkzeugen dem Wirt Blut »abzapfen« und dabei Krankheiten übertragen können. Starker Parasitenbefall kann zum Tode des Wirts und damit auch zum Absterben der Parasiten führen. Zahlreiche Parasiten machen eine komplizierte Entwicklung über ein oder mehrere Zwischenstadien durch, die vielfach in anderen Wirten parasitieren als die ausgewachsenen Individuen. Dementsprechend bezeichnet man die eine Wirtsgruppe als Zwischenwirte, die andere als Endwirte.

Parasiten haben sich im Laufe ihrer Evolution an extreme ökologische Bedingungen, zum Beispiel an das sauerstoffarme Darmmilieu, angepaßt. Diejenigen Arten, die ständig am oder im Wirt leben, zeigen im Vergleich zu verwandten, freilebenden Arten charakteristische Änderungen ihres Bauplans, zum Beispiel eine Verkümmerung der Extremitäten, des Verdauungssystems und der Sinnesorgane. Die massenhafte Fortpflanzung der Parasiten ist Ausdruck dieser extremen ökologischen Bedingungen, die zu hohen Verlusten führen.

Die Konsumenten-Nahrungsketten. Unter den natürlichen Bedingungen des Ökosystems geht die Mehrzahl der Individuen einer Beuteart durch Krankheiten oder Altersschwäche zugrunde, nur ein geringer Teil wird zur Beute der Räuberarten. Das Artenspektrum der Beutetiere eines Beutegreifers hängt von mehreren Faktoren ab: von der Zusammensetzung der jeweiligen Biozönose, von der Entwicklung der einzelnen Beutetierpopulationen und von der Jahreszeit; denn nicht alle Beutetierarten kommen das ganze Jahr über in gleicher Häufigkeit vor. In unseren Laub abwerfenden Wald-Ökosystemen fehlen im Winter große Gruppen von möglichen Beutetieren, zum Beispiel die insektenfressenden Kleinvögel (Sommervögel) und die meisten Insekten.

Die Glieder von Konsumenten-Nahrungsketten stehen in einer »Räuber-Beute-Beziehung« zueinander, das heißt, die Räuber bauen ihre Biomasse durch Erbeuten anderer Tiere auf; sie vermindern und regulieren damit in gewissem Umfang den Bestand der Beutearten.

Die Konsumenten-Nahrungsketten unterscheiden sich noch in anderer Hinsicht von Destruenten- und Parasiten-Nahrungsketten: In ihnen sind die Energieverluste, bedingt durch die intensive Bewegungsaktivität von Räuber und Beute, erheblich größer als in anderen Nahrungsketten. Der weitaus größte Teil der »erbeuteten« Biomasse, etwa neunzig Prozent, wird zur Deckung des Energiebedarfs benötigt, nur etwa zehn Prozent werden in Form von Biomasse des Räubers festgelegt. So muß ein Dorsch, um nur ein Kilogramm Körpermasse zuzunehmen, etwa zehn Kilogramm Heringe erbeuten; diese zehn Kilogramm Heringe wurden aus der Biomasse von hundert Kilogramm tierischer Schwebeorganismen (Zooplankton) aufgebaut, deren Biomasse wiederum aus fünfhundert Kilogramm pflanzlicher Schwebeorganismen (Phytoplankton) stammt. Im Endverbraucher dieser Nahrungskette, dem Dorsch, sind also nur noch zwei Prozent (!) der Ausgangsbiomasse gebunden, die restlichen 98 Prozent sind in Form von Wärme, die bei der Zellatmung entsteht, verlorengegangen.

Die Konsumentenketten unterscheiden sich ferner dadurch von den anderen Nahrungsketten, daß die Jungtiere vielfach Glieder anderer Nahrungsketten sind als die ausgewachsenen Tiere, was das Gesamtsystem außerordentlich verkompliziert. So sind zum Beispiel die Larven mancher Insekten, wie etwa der Zuckmücken (Chironomiden), Glieder von detritischen Nahrungsketten, während die Imagines, die ausgewachsenen Insekten, Glieder von Konsumentenketten sind. Die Larven des Kolbenwasserkäfers (Hydrous piceus) sind Konsumenten höherer Ordnung (Fleischfresser), während die Imagines Konsumenten erster Ordnung (Pflanzenfresser) sind. Jungtiere können in derselben Nahrungskette »rangtiefer« als die ausgewachsenen Individuen stehen: So ist für Gewässer zum Beispiel die Nahrungskette Jungfisch (bis etwa sieben Zentimeter Länge) – Gelbrandkäferlarve – ausgewachsener Fisch charakteristisch, das heißt, daß sich in diesem Fall von einem bestimmten Zeitpunkt an das Räuber-Beute-Verhältnis umkehrt. Vielfach fressen die ausgewachsenen Individuen auch ihre eigenen Jungen. Derartiger »Kannibalismus« ist bei zahlreichen Tiergruppen entwikkelt, besonders ausgeprägt bei Fischen. Selbst zwischen den ausgewachsenen Individuen einer Art können Nahrungsbeziehungen bestehen: So fressen zum Beispiel die Weibchen einer Reihe von Spinnenarten nach erfolgter Begattung die Männchen auf; die nunmehr »nutzlos« gewordene Biomasse des Männchens geht in die des Weibchens ein.

Die Produktivität der Lebewesen

Unter Produktivität versteht man den Aufbau von Biomasse eines Individuums oder der Individuen einer Art innerhalb eines bestimmten Zeitraums. Diese Biomasse bezeichnet man auch als »aberntbare« Biomasse; sie stellt die Nettoproduktion dar. Die Bruttoproduktion ist die Nettoproduktion zuzüglich der hohen Energieverluste, die bei den Konsumenten durch die Zellatmung auftreten. Die Energieverluste nehmen von der Ebene der Primärproduzenten bis zur Ebene der »ranghöchsten« Konsumenten ständig zu (s. Beispiel Dorsch), die Biomasse entsprechend ab. Diese abnehmende Produktivität von der Pflanzen bis zu den Konsumenten höherer Ordnung hat auch Konsequenzen für die Sicherstellung der menschlichen Ernährung.

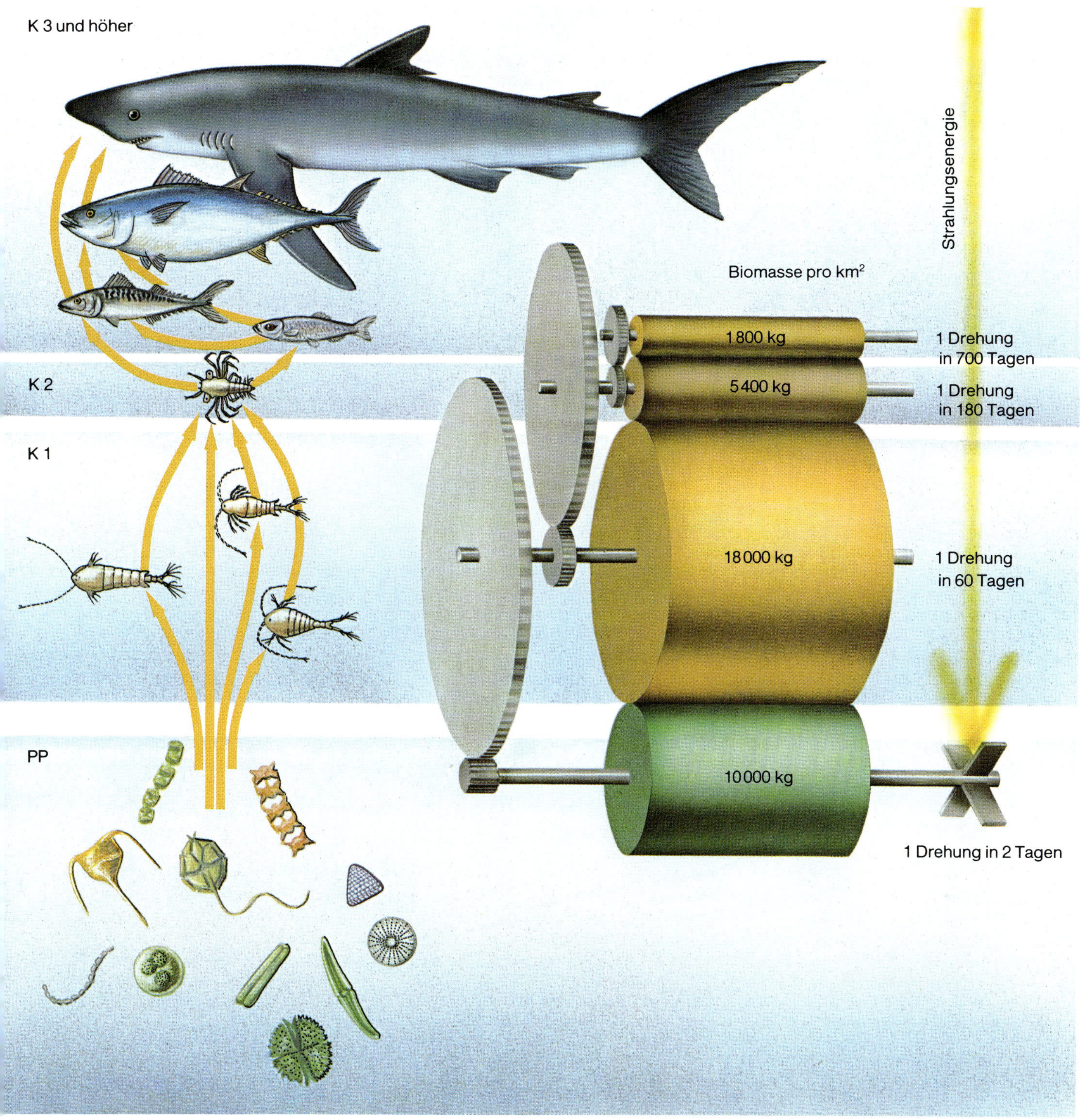

Mechanisches Modell der Produktivität. *Das Modell veranschaulicht, wieviel Biomasse von den Organismen der verschiedenen Ernährungsebenen in einem Ökosystem (Beispiel Meer) aufgebaut wird, also von den Primärproduzenten bis zu den Konsumenten höherer Ordnung. Die Walzen stellen die zu einem bestimmten Zeitpunkt ermittelte Biomasse/km² auf den verschiedenen Ernährungsebenen dar. Doch ist damit noch nichts über die Produktivität der Lebewesen ausgesagt. Um sie zu bestimmen, ist die Generationszeit wichtig, also die Zeit, in der sich die Biomasse erneuert. Sie wird in unserem Modell durch die Drehung der Walzen symbolisiert.*

Angetrieben wird die Produktion von Biomasse durch die Energie der Sonne: Mit ihrer Hilfe bauen die Primärproduzenten (PP) ihre Biomasse auf. Beträgt diese zu einem bestimmten Zeitpunkt 10000 kg, so bedeutet dies bei einer Generationszeit von 2 Tagen eine Jahresproduktion an Biomasse von 365 : 2 × 10000 kg = 1,825 Mio. kg.

Durch die Biomasse der Primärproduzenten wird der Aufbau von Biomasse durch die Konsumenten »angetrieben«. Für die Konsumenten 1. Ordnung (K1) ergibt sich bei einer aktuell gemessenen Biomasse von 18000 kg und einer Generationszeit von 60 Tagen eine Jahresproduktion von 365 : 60 × 18000 kg = 0,11 Mio. kg. Das entspricht nur etwa 6 Prozent der Jahresproduktion der Primärproduzenten. Mehr als 90 Prozent an Biomasse sind also von einer Ernährungsebene zur anderen verlorengegangen. Sie wurden zum größten Teil für die Deckung des Energiebedarfs verbraucht. In Gewässern ist also aufgrund der längeren Lebensdauer der Konsumenten 1. Ordnung deren aktuelle Biomasse größer als die der Primärproduzenten, ihre Jahresproduktion jedoch erheblich geringer.

Von den Konsumenten 1. Ordnung ernähren sich die Konsumenten 2. Ordnung (K2). Ihre Jahresproduktion von 365 : 180 × 5400 kg = 0,011 Mio. kg macht wiederum nur etwa 10 Prozent der Jahresproduktion der Konsumenten 1. Ordnung aus. Wiederum gehen etwa 90 Prozent an Biomasse verloren. Das gleiche gilt für die nächsthöheren Ebenen.

Ökologisch am effektivsten ist demnach die Ernährung auf der Basis pflanzlicher Produkte, da hier am wenigsten Energie verlorengeht. Nahrungsproduktion auf tierischer Basis bedeutet hingegen relativ hohe Energieverluste und einen relativ hohen Flächenbedarf, der zum Kultivieren der Futterpflanzen benötigt wird.

In naturnahen Ökosystemen gehen – wie bereits dargelegt – etwa neunzig Prozent der Biomasse als Energieverluste durch die Atmung verloren. Unter künstlichen Bedingungen, etwa bei der Rinder- und Schweinemast in Stallungen, erreicht man durch eine Reihe von Maßnahmen eine erheblich höhere Produktivität: Haltung der Tiere auf kleinstem Raum, so daß die Bewegungsaktivität und damit die Energieverluste eingeschränkt werden, zudem Ruhigstellen der Tiere durch Beruhigungsmittel, Spritzen von Geschlechtshormonen, Anabolika, die den Eiweißstoffwechsel und damit den Muskelzuwachs fördern. Durch diese heute sehr umstrittenen und zum Teil strafbaren Maßnahmen wird bei der Tiermast eine deutliche Produktionssteigerung erreicht. In naturnahen Ökosystemen erreichen die kleinen Formen mit kurzer Generationenfolge die höchste Produktivität, zum Beispiel die einzelligen Grünalgen, tierische Einzeller oder Kleinkrebse, das heißt, bei der Produktivität ist die »Umschlagsrate«, das Verhältnis von Produktion zur Biomasse, entscheidend. So produzieren Algen pro Zeiteinheit ein Vielfaches ihrer Biomasse, Kleinkrebse mit sieben Generationen im Jahr zeigen ein Verhältnis von Produktion zur Biomasse von 13:1, Elefanten als größte pflanzenfressende Landsäuger hingegen nur von 0,05. Allgemein kann man sagen, daß Arten mit kleiner Biomasse eine größere Produktivität als Arten mit großer Biomasse aufweisen.

Nahrungspyramiden

Die mengenmäßigen Beziehungen zwischen den verschiedenen Gruppen eines Ökosystems werden vielfach in Form von Nahrungspyramiden veranschaulicht. Die verschiedenen Stufen der Pyramide stellen die verschiedenen Ernährungsniveaus, die »trophischen Ebenen«, dar. Die Basis der Pyramide bilden die Primärproduzenten, die die Ernährungsbasis für die Organismen der höheren trophischen Ebenen darstellen. Die Zuordnung der verschiedenen Tierarten einer Biozönose zu einer bestimmten trophischen Ebene ist nicht immer einfach, da die meisten Konsumenten ein breites Nahrungsspektrum besitzen. So ist zum Beispiel der Fuchs – als gelegentlicher Beerenfresser – sowohl Konsument erster Ordnung als auch – als Beutegreifer zum Beispiel von Igeln – Konsument dritter Ordnung. Die Zuordnung wird daher nach der mengenmäßig überwiegenden Ernährungsweise getroffen. Danach ist der Fuchs aufgrund seiner Hauptbeutearten, Kaninchen, Hühnervögel und Mäuse, die Konsumenten erster Ordnung sind, überwiegend ein Konsument zweiter Ordnung.

Die ökologische Pyramide. *Die mengenmäßigen Beziehungen zwischen den Organismen verschiedener Ernährungsebenen in einem Ökosystem (Individuenzahl, Biomasse- und Energieproduktion, Flächenbedarf) lassen sich in Form einer Pyramide darstellen. Dabei veranschaulicht die ökologische Pyramide, daß Individuenzahl und Biomasse von einer Ernährungsebene zur nächsthöheren abnehmen: Von einer breiten Basis von Primärproduzenten (PP) ernährt sich eine geringere Anzahl von Pflanzenfressern, Konsumenten 1. Ordnung (K 1). Von diesen lebt wieder eine kleinere Zahl von Konsumenten 2. Ordnung (K 2), also Fleischfresser, die sich überwiegend von Pflanzenfressern ernähren, und an der Spitze schließlich steht eine geringe Zahl von Konsumenten 3. Ordnung (K 3), die überwiegend andere Fleischfresser erbeutet. In bestimmten Lebensräumen können solche ökologischen Pyramiden auch einmal mehr als vier Stufen aufweisen.*

Es ist eine Reihe von verschiedenen Nahrungspyramiden-Typen entwickelt worden:

- □ die Eltonschen Zahlenpyramiden, in denen die Individuenzahlen der Arten aufgeführt sind, die die trophischen Ebenen eines Ökosystems bilden;
- □ Biomasse-Pyramiden, in denen die zu einem bestimmten Zeitpunkt in einem Ökosystem vorhandene Biomasse auf die verschiedenen trophischen Ebenen verteilt wird;
- □ Energiepyramiden, in denen der gesamte Energiegehalt der innerhalb eines bestimmten Zeitraums produzierten Biomasse erfaßt ist;
- □ die umgekehrten »Biotoppyramiden« nach Elton, in denen die Zunahme der Größe der Nahrungsreviere mit zunehmender Körpergröße dargestellt ist.

Die Zahlenpyramiden sagen verhältnismäßig wenig aus: Sie zeigen im typischen Fall, daß mit höherer trophischer Ebene die Zahl der Konsumenten abnimmt. Sie vermitteln jedoch zum Teil ein »schiefes Bild« von den Nahrungsbeziehungen: Betrachtet man zum Beispiel die Zahlenpyramide für einen Laubwald der gemäßigten Breiten, so wundert man sich zunächst über die untypisch schmale Basis der Primärproduzenten, von der sich die zahlreichen Konsumenten ernähren. Diese wenigen Individuen sind jedoch Bäume und Sträucher mit großer Biomasse. Würde man für diesen Waldtyp eine Biomasse-Pyramide aufstellen, so entspräche sie in etwa der des tropischen Regenwaldes. Diese Darstellung würde den tatsächlichen Nahrungsbeziehungen besser gerecht werden.

Aber auch die Biomasse-Pyramiden geben vielfach die tatsächlichen Produktionsverhältnisse nicht richtig wieder, da sie nur etwas über die aktuelle Biomasse aussagen. Nur eine Energiepyramide, die die Gesamtproduktion von Biomasse durch Organismen in einer bestimmten Zeiteinheit (zum Beispiel pro Jahr) berücksichtigt, kann die Produktionsverhältnisse deutlich machen.

Die umgekehrten »Biotoppyramiden« kann man als Ergänzung zu den Zahlenpyramiden betrachten. Sie zeigen, daß größere Tiere zur Deckung ihres höheren Nahrungsbedarfs einen größeren Flächenbedarf als kleine Arten haben. Große Fleischfresser wie etwa die Greifvögel haben zudem einen weit größeren Flächenbedarf als gleich große Pflanzenfresser. Die Nahrungsreviere werden vielfach durch bestimmte Verhaltensweisen gegenüber Artgenossen verteidigt. Dies stellt einen natürlichen Schutz vor »Überschreiten der Umweltkapazität« dar, das heißt vor »Übernutzung« der Nahrungsquellen, denn diese hätte unter Umständen den Hungertod zur Folge. Ein gutes Beispiel hierfür sind die Greifvögel. Seitdem vor einigen Jahren in den Bundesländern die Greifvogelschutzverordnungen in Kraft getreten sind und Verstöße streng geahndet werden, haben sich die Bestände einiger Arten, zum Beispiel die des Habichts, gut erholt, so daß bereits wieder vor

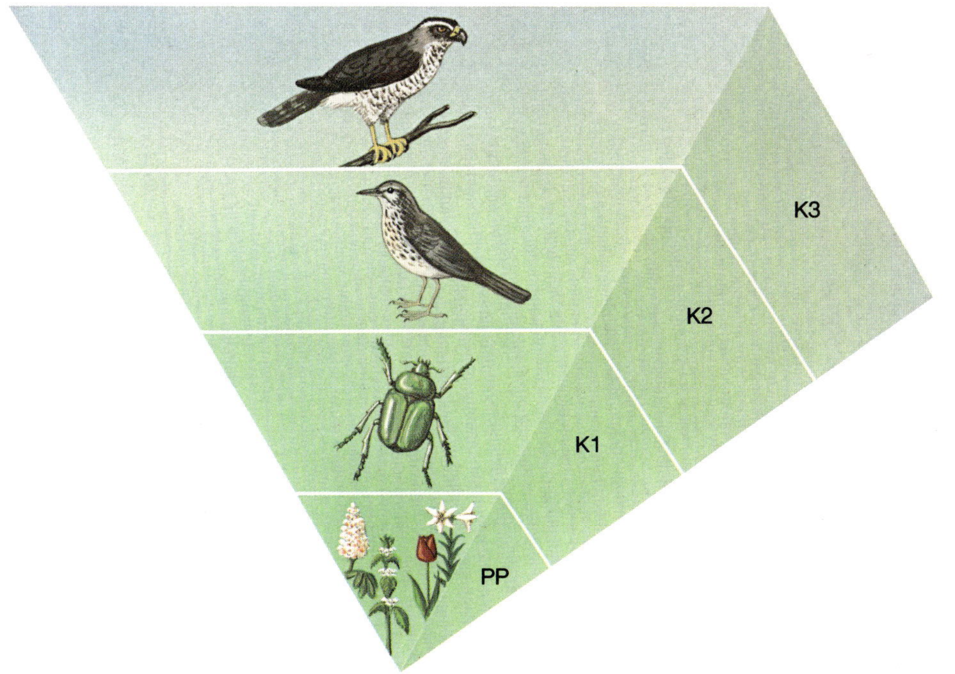

seiten der Jäger und Taubenzüchter die Aufhebung der Schutzverordnungen gefordert wird. Beide Gruppen vertreten die – ökologisch betrachtet – falsche Auffassung, daß die Bestände des Habichts weiter stark anwachsen werden, entsprechend der logarithmischen Wachstumskurve. Es handelt sich jedoch wie bei allen Populationen in begrenzten Ökosystemen um ein logistisches Wachstum, das heißt, daß das Anwachsen der Population beendet ist, wenn eine bestimmte Sättigung erreicht ist. Dieser Sättigungspunkt ist bei den Habichtpopulationen bereits eingetreten. Die Sättigung ist durch Verhaltensmechanismen bedingt: Habichte verteidigen ihre Nahrungs- und Brutreviere, die je nach den Nahrungsbedingungen etwas unterschiedliche Größen haben, intensiv gegen Artgenossen. Nicht selten kommt es zu Beschädigungskämpfen, die den Tod eines Kontrahenten zur Folge haben. Allgemein bedeutet das: Ein vorhandener Raum »verträgt« nur eine bestimmte Individuenanzahl von Räuberarten.

Die umgekehrte »Biotoppyramide« veranschaulicht, daß die Organismen verschiedener Ernährungsebenen in einem Ökosystem einen unterschiedlichen Raum für ihre Ernährung beanspruchen: Den geringsten Flächenbedarf haben die grünen Pflanzen, die Primärproduzenten (PP), die deshalb in diesem Fall die schmale Basis der Pyramide bilden. Die Konsumenten 1. Ordnung (K 1), also die Pflanzenfresser, benötigen bereits eine größere Fläche, und auf den höheren Ernährungsebenen steigt mit der Zunahme der Körpermasse auch der Nahrungsbedarf und damit die Größe des Nahrungsreviers. Konsumenten 3. Ordnung (z. B. Greifvögel) bestreichen nicht selten Areale von mehreren Quadratkilometern.

Populationsökologie

Während die Autökologie den Lebensraum der einzelnen Art, das »Habitat«, sowie ihre ökologische Nische, also die Summe der existenziell notwendigen Ökofaktoren, betrachtet und die Synökologie die mannigfaltigen Wechselwirkungen zwischen den verschiedenen Arten einer Biozönose untersucht, beschäftigt sich die Populationsökologie oder Demökologie mit den Populationen, insbesondere mit den Bedingungen ihres Wachstums.

Unter einer Population versteht man die Individuen einer Art innerhalb eines Ökosystems. Jede Population besitzt ein bestimmtes »Inventar« von Erbanlagen, Genen, das man als Gen-Pool bezeichnet. Da Ökosysteme offene Systeme sind, kommt es bei beweglichen Arten durch Zuwanderung von Individuen aus benachbarten oder entfernten Populationen zu einem Zufluß von Genen, durch Abwanderung und Tod von Individuen der Stammpopulation zu einem Verlust von Genen. Der Gen-Pool ist also ständigen Änderungen unterworfen, die jedoch im allgemeinen so geringfügig sind, daß sie äußerlich den Individuen der Population nicht anzusehen sind. Der Gen-Pool ändert sich auch durch sprunghaft auftretende Mutationen (→ S. 85 f.). Werden Populationen räumlich voneinander getrennt (geographische Isolation), so können sie sich durch Mutationen zu eigenen Arten entwickeln (→ S. 46). Der Gen-Pool bestimmt auch die Anpassungsfähigkeit einer Art an ihre Umwelt. Verändert sich das Ökosystem, so verändert sich auch seine Biozönose. Die Anpassung an die geänderten Umweltbedingungen gelingt nur denjenigen Arten, die die genetischen Voraussetzungen hierfür mitbringen, die »präadaptiert« sind. So kommt es zur Ausbildung von sogenannten Ökotypen, das heißt von Populationen, die sich in besonderer Weise den speziellen Gegebenheiten ihres Lebensraums angepaßt haben und die sich vielfach äußerlich – in Körperform und Färbung – oder physiologisch von anderen Populationen ihrer Art unterscheiden. Ökotypen sind zum Beispiel die schwarzbraune Moor- und Alpenform der Kreuzotter sowie die schwarze Form des Birkenspanners.

Eine Anpassung aufgrund von Präadaptation stellt auch die Resistenz (Widerstandskraft) von Populationen einiger Insektenarten gegenüber bestimmten Insektenvernichtungsmitteln, Insektiziden, dar. So ist zum Beispiel in zahlreichen Gebieten der Erde die Malariamücke (Anopheles) inzwischen resistent gegenüber dem Kontaktinsektizid »DDT«. Dazu konnte es kommen, weil bereits vor der Anwendung des Giftes Mutanten (erbveränderte Individuen) in Populationen existierten, die in der Lage waren, das Gift in ihrem Körper in eine ungiftige Form zu überführen.

Das Wachstum von Populationen kann so verlaufen, daß sich die Tieranzahl innerhalb konstanter Zeiträume verdoppelt. Dieses Wachstum bezeichnet man als logarithmisch oder exponentiell. Die menschlichen Populationen, die durch hohe Geburtenraten bei sin-

Populationswachstum. *Populationen, also die Gesamtheit der Individuen einer Art in einem begrenzten Lebensraum, können logarithmisch oder logistisch anwachsen. Beim logarithmischen Wachstum verdoppelt sich die Individuenzahl in jeweils gleichen Zeitabschnitten. Ein solches Wachstum ist allerdings nur theoretisch denkbar. Unter den Normalbedingungen eines naturnahen Ökosystems wachsen Populationen logistisch, das heißt, ihr Wachstum strebt einer Sättigung zu. Dabei lassen sich typischerweise folgende Wachstumsphasen unterscheiden: Nach einer langsamen Anlaufphase schließt sich bei günstigen Umweltbedingungen eine logarithmische Phase (log-Phase) an, die schließlich in eine »stationäre« Phase übergeht, in der das Populationswachstum stagniert. Der Grund für diesen Wachstumsstillstand liegt darin, daß jedes Ökosystem nur eine bestimmte maximale Individuenzahl pro Art verkraften kann, seine Umweltkapazität ist also begrenzt. Einem ungehemmten Populationswachstum setzen ökologische Faktoren wie Nahrung und Raum den sogenannten Umweltwiderstand entgegen.*

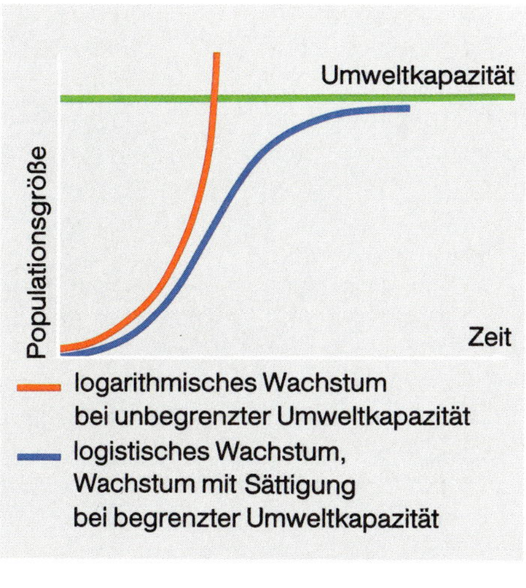

kender Sterblichkeit aufgrund verbesserter medizinischer Versorgung gekennzeichnet sind, stellen ein gutes Beispiel für diesen Typ dar. Man kann das derzeitige Wachstum sogar als »überexponentiell« bezeichnen, da die Zeiträume, in denen sich die Menschheit verdoppelt, immer kürzer werden. Da jedoch Raum und Nahrungsproduktion der Biosphäre begrenzt sind, ist zu erwarten, daß die derzeit exponentielle Wachstumskurve in eine logistische übergeht. Logistisches Wachstum bedeutet »Wachstum mit Sättigung«: Die Anlaufphase zu Beginn des Populationswachstums geht zunächst in eine exponentielle Phase über, diese mündet jedoch in eine »stationäre Phase« mit Null-Wachstum.

Wichtige Ökofaktoren, die zum Minimumfaktor werden, setzen dem Populationswachstum einen zunehmenden Widerstand entgegen, den man als »Umweltwiderstand« bezeichnet. Das Populationswachstum hört auf, wenn das Fassungsvermögen des Ökosystems für eine bestimmte Tierart, seine Umweltkapazität, erschöpft ist.

Die wichtigste Voraussetzung für eine hohe Populationsdichte ist ein optimales Nahrungsangebot. Je mehr Nahrung vorhanden ist, um so weniger macht sich der Konkurrenzfaktor störend bemerkbar. Inner- und zwischenartliche Konkurrenz um Nahrung bedeuten großen Zeit- und Energieaufwand für die Nahrungssuche, zudem vielfach Kampf um die Nahrung. Diese Energieverluste wirken sich negativ auf die Fortpflanzungsrate aus.

Neben der Nahrung kann auch das Angebot an Nistplätzen das Populationswachstum begrenzen, zum Beispiel bei Seevögeln, die auf »Vogelfelsen« brüten, und bei Höhlenbrütern. So finden die Höhlenbrüter unter den Waldvögeln in unseren zumeist gut durchgeforsteten Wäldern kaum Nistmöglichkeiten vor. Versuche haben gezeigt, daß sich die Populationsdichte der Höhlenbrüter durch ein optimales Nistangebot in Form künstlicher Nisthöhlen deutlich erhöhen läßt, allerdings nur in gewissen Grenzen. Dies liegt daran, daß die Männchen der meisten Vogelarten Reviere abgrenzen, die sie gegen Artgenossen verteidigen. Mit zunehmender Bestandsdichte werden die Reviere kleiner, gleichzeitig nimmt die Aggression der Revierinhaber zu, die einen Großteil ihrer Energie mit dem Vertreiben von Artgenossen aus ihren Revieren verschwenden. Auch dies wirkt sich negativ auf die Fortpflanzungsrate aus. Die zunehmende innerartliche Aggression kann zu Beschädigungskämpfen führen, zum Beispiel bei den bei uns in großer Dichte vorkommenden Amseln und bei den bereits erwähnten Habichten.

Die Regulation der Populationsdichte einer Beuteart erfolgt somit in vielen Fällen nicht durch ihre Räuberarten, sondern vor allem durch Nahrungsmangel, durch die Individuen der Population selbst (Beschädigungskämpfe) sowie durch Infektionskrankheiten, die durch Körperkontakt oder Kontakt mit Exkrementen übertragen werden. Die Bedeutung von Kontaktinfektionen, die sich epidemieartig in Populationen ausbreiten, ist aus der Nutztierhaltung bekannt. Die Tiere werden hier in unnatürlicher Populationsdichte gehalten, so daß durch ständigen Körperkontakt Infektionskrankheiten, zum Beispiel die Schweine- oder die Geflügelpest, innerhalb kürzester Zeit zum Untergang eines ganzen Bestandes führen können. Daß Nutztierbestände jedoch verhältnismäßig selten durch derartige Epidemien vernichtet werden, liegt nur daran, daß die Tierhalter dem Futter als vorbeugende Maßnahme ständig Antibiotika beimischen. Dies kann sich für den Menschen schädlich auswirken, der als Endkonsument die Antibiotika-Rückstände in Milch, Fleisch und Eiern aufnimmt. So kann unter anderem eine Antibiotikaallergie hervorgerufen werden.

In natürlichen Populationen spielen Krankheiten als regulierender Faktor im allgemeinen nur bei hohen Bestandsdichten eine Rolle, da dann die Kontakthäufigkeit zwischen den Artgenossen zunimmt. Ein »klassisches« Beispiel ist die Kaninchenpest (»My xomatose«), eine häufig vorkommende Virus infektion, die zum Zusammenbruch der Be stände führt. Man hat in Australien bewuß Kaninchen mit diesem Virus infiziert, um di dort herrschende Kaninchenplage zu be kämpfen. Der größte Teil der Beutetiere geh also nicht in Konsumenten-Nahrungsketten sondern direkt in Destruenten-Nahrungsket ten ein.

Die bisher behandelten Faktoren, die di Populationsdichte beeinflussen, sind von de eigenen Populationsdichte und der der Räu ber direkt abhängig. Sie werden daher al dichteabhängige Faktoren bezeichnet. Dane ben wirken als Störfaktoren dichteunabhän gige Faktoren, die passiv die Populations

Jedes Ökosystem besitzt nur ein begrenztes Fassungsvermögen für jede Tierart. Vogelfelsen zeigen das besonders anschaulich: Auf so engem Raum begrenzt das Angebot an Nistplätzen das Wachstum der Population.

dichte beeinflussen. Es sind dies vor allem klimatische Einflüsse. So sterben infolge naßkalter Witterung im Mai und Juni zahlreiche Jungvögel unserer insektenfressenden Kleinvögel, kalte Winter haben hohe Verluste bei mäusefressenden Greifvögeln wie Mäusebussard, Turmfalke und Schleiereule zur Folge. Die im Mai an der Nordseeküste gelegentlich auftretenden Hochfluten vernichten regelmäßig einen Teil der Gelege der auf den Wattwiesen brütenden Vogelarten wie Seeschwalben und Austernfischer.

In vielen naturnahen Ökosystemen haben heute die Umweltgifte als dichteunabhängige Faktoren eine außerordentlich große Bedeutung erlangt. Der Eintrag von Insektiziden und Schwermetallen hat schwerwiegende Folgen für die Populationsentwicklung; denn durch die Anwendung chemischer Mittel werden nicht nur die »Schädlinge« vernichtet, sondern auch ihre für uns so nützlichen Beutegreifer. So hat die Vernichtung von Blattläusen zum Beispiel die Vernichtung ihres natürlichen Feindes, des Siebenpunkt-Marienkäfers (Coccinella septempunctata), zur Folge, mit dem Negativeffekt, daß sich die stark dezimierte Beutepopulation schneller erholt als die des Räubers (→ S. 154). Durch den Eintrag von Insektiziden in Ökosysteme werden jedoch nicht nur die Insekten, sondern direkt oder indirekt die gesamte Biozönose geschädigt. Insektenfressende Kleinvögel zum Beispiel werden dadurch geschädigt, daß sie nicht mehr genügend Nahrung finden. Außerdem werden sie auch direkt durch Aufnahme der Insektizide in ihren Stoffwechsel geschädigt, denn die meisten dieser Substanzen, wie zum Beispiel die chlorierten Kohlenwasserstoffe, sind auch für Wirbeltiere ausgesprochen giftig. Sie reichern sich zudem im Organismus, vor allem im Fettgewebe, an. Diese gefährliche Akkumulation von Schadstoffen nimmt in der Nahrungskette mit höherer trophischer Ebene zu, das heißt, die Endkonsumenten – wie zum Beispiel die Greifvögel und der Mensch – sind am stärksten belastet. So nimmt die schwedische Restpopulation des Seeadlers trotz intensiven Schutzes nicht zu, da aus den mit Schadstoffen angereicherten Eiern keine Jungvögel mehr schlüpfen. Auch die mitteleuropäischen Populationen des Sperbers sind stark durch Umweltgifte belastet und haben vielerorts nur noch niedrige Fortpflanzungsraten. Schließlich wird auch der Mensch als Endkonsument in zunehmendem Maße mit Schadstoffen belastet, deren Langzeitwirkung noch weitgehend unbekannt ist. Die krebserzeugende Wirkung zahlreicher Umweltgifte (chlorierte Kohlenwasserstoffe, Asbest u.a.) wurde jedoch im Tierexperiment nachgewiesen, so daß der Verdacht naheliegt, daß die zunehmende Zahl von Krebserkrankungen unter anderem auch durch die zunehmende Umweltbelastung bedingt ist.

Die Alterszusammensetzung der Populationen ändert sich in bestimmten Zeiträumen in charakteristischer Weise, insbesondere während der Fortpflanzungsphasen. Dann ist der Nahrungsbedarf der Populationen, deren

Umweltgifte gefährden vielfach in besonderem Maße die Endkonsumenten: So sind die Eier des schwedischen Seeadlers schon derartig mit Schadstoffen angereichert, daß aus ihnen keine Jungen mehr schlüpfen.

Dichte durch die Jungtiere stark zunimmt, besonders hoch. Die Fortpflanzungsphasen von Arten mit ähnlichen ökologischen Nischen sind im allgemeinen etwas gegeneinander verschoben, so daß die Aufzucht der Jungtiere nicht durch Nahrungsmangel aufgrund von Nahrungskonkurrenz gefährdet wird. Jungtiere sind in besonderer Weise Beutegreifern ausgesetzt, da sie vielfach wehrlos sind und zudem in das Beuteschema von Räuberarten passen, die die ausgewachsenen Tiere der Population nicht erbeuten können. Durch Räuber und andere Faktoren sinkt die Populationsdichte nach der Fortpflanzungsphase relativ schnell wieder ab, so daß nur wenige Jungtiere zur Fortpflanzung gelangen. Die Fortpflanzungsrate stellt eine Anpassung an die Gegebenheiten des Ökosystems dar. Tiere, die ihre Eier im Boden oder im Wasser ablegen, wo sie sich ohne Schutz der Eltern entwickeln, müssen zur Erhaltung der Art höhere Fortpflanzungsraten aufweisen als Tierarten, die »Brutpflege« betreiben und bei denen wenige Jungtiere, die von den Eltern aufgezogen und gegen Freßfeinde verteidigt werden, zur Erhaltung der Art ausreichen. Brutfürsorge betreiben die meisten Insekten, Fische, Amphibien und Reptilien, wohingegen vor allem Vögel und Säuger Brutpflege betreiben. Die meisten Arten mit Brutpflege zeigen charakteristische Schwankungen der Fortpflanzungsrate. So sind die Geburtenraten nach einem Jahr mit niedriger Populationsdichte bei guten Nahrungsbedingungen relativ hoch, während sie bei hoher Populationsdichte sowie in Jahren mit Nahrungsmangel verhältnismäßig niedrig ausfallen.

Auch die Jagd kann als regulierender Faktor wirksam werden. Eine Regulation der Populationsdichte durch Bejagung verträgt eine

Population in gewissem Umfang, sie wird hierdurch sogar im Zustand hoher Produktivität (= hoher Fortpflanzungsraten) gehalten. Es muß jedoch im einzelnen untersucht werden, wieviel Prozent Individuen einer Population erlegt werden dürfen, ohne die Population zu schädigen, das heißt, um sie im Zustand des exponentiellen Wachstums zu halten. Starker Jagddruck ohne vorherige möglichst genaue Ermittlung der Populationsdichte kann hingegen zum Aussterben der Art führen. Negative Beispiele für unkontrollierte Bejagung stellen die Populationen der Bartenwale sowie die Heringspopulation der Nordsee dar. Das größte Säugetier, der Blauwal (Balaenoptera musculus), ist inzwischen dem Aussterben nahe.

Ellenberg, H. (Hrsg.): *Ökosystemforschung,* Berlin 1973. – Theoretische Begründung der Ökosystemforschung als selbständige ökologische Teildisziplin mit ausgewählten praktischen Beispielen. Spezialwerk, das ökologische Grundkenntnisse voraussetzt.

Fellenberg, G.: *Umweltforschung,* Berlin 1977. – Auch für naturwissenschaftlich etwas vorgebildete Laien verständliche Einführung in den Problemkreis Umweltverschmutzung und Umweltzerstörung.

Odum, E. P.: *Grundlagen der Ökologie.* Band 1 und 2, Stuttgart 1980. – Deutsche Übersetzung des bewährten amerikanischen Lehrbuchs. In weiten Teilen auch für den an ökologischen Fragen interessierten Laien verständliche Darstellung.

Remmert, H.: *Ökologie,* Berlin 1980. – Interessante, gut lesbare Einführung in die allgemeine Ökologie, die den aktuellen Stand der Wissenschaft dokumentiert. Biologische Vorkenntnisse sind für das Verständnis erforderlich.

Schwerdtfeger, F.: *Ökologie der Tiere.* Band 1, Band 2, Band 3, Hamburg 1977, 1979, 1975. – Ausführliches Ökologie-Lehrbuch in deutscher Sprache, umfaßt alle Kapitel der allgemeinen und speziellen Ökologie; sehr detailliert, vor allem als Nachschlagewerk für Biologielehrer und Biologen geeignet.

Schwoerbel, J.: *Einführung in die Limnologie.* UTB 31, Stuttgart 1980. – Gute, in den meisten Teilen auch für den biologisch interessierten Laien verständliche Einführung in die Ökologie der Süßwasser-Ökosysteme.

Stugren, B.: *Grundlagen der Allgemeinen Ökologie,* Stuttgart 1978. – Gute Einführung in den Problemkreis, zum Teil etwas schwierig durch die Terminologie, daher für biologische Laien weniger geeignet.

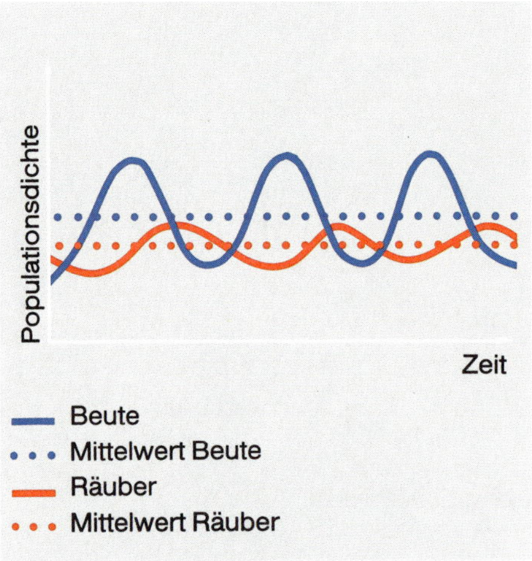

Das Räuber-Beute-Verhältnis. *Die Populationsdichten von Beutetieren und Beutegreifern (»Räubern«) schwanken um einen Mittelwert. Diese Schwankungen bezeichnet man als Fluktuationen. Die Populationsdichte von Beutetieren ist normalerweise erheblich größer als die der Beutegreifer, denn andernfalls würde die Beutegreifer-Population aussterben. Dabei ist die Populationsdichte des Beutegreifers direkt von der des Beutetiers abhängig. Die maximale Populationsdichte des Beutegreifers stellt sich phasenverschoben, also einige Zeit nach dem Maximum der Populationsdichte des Beutetiers, ein: Auf ein »Mäusejahr« folgt also ein »Mäusebussardjahr«, in dessen Verlauf die Mäusepopulation durch die zunehmende Zahl von Beutegreifern dezimiert wird. Fluktuationen von Beutearten finden aber auch statt, ohne daß ein Beutegreifer wirksam sein müßte, und zwar infolge von Nahrungsmangel oder Krankheiten.*

Das Räuber-Beute-Verhältnis

Bei der Betrachtung der Regulation von Populationen natürlicher Ökosysteme wird immer der Faktor des Beutegreifers, des »Räubers«, besonders betont. Volterra hat die Räuber-Beute-Beziehung genauer untersucht und danach 1931 drei »Gesetze«, die besser als »Regeln« bezeichnet werden, formuliert:

Volterra 1: »Gesetz der Erhaltung der Durchschnittszahlen«: Bei konstanten Bedingungen liegen die Populationsdichten von Räuber und Beute trotz periodischer Schwankungen konstant bei einem Durchschnittswert.

Volterra 2: »Gesetz des periodischen Zyklus«: Die Individuenmengen von Beute und Räuber sind auch bei konstanten Umweltbedingungen periodischen Schwankungen unterworfen. Die Maxima der Wachstumskurven von Räuber und Beute sind phasenverschoben.

Volterra 3: »Gesetz der Störung der Durchschnittszahlen«: Werden Räuber- und Beutepopulation proportional zu ihrer Anfangsdichte bis auf Restpopulationen vernichtet, so wächst nach Ausschalten des Störfaktors die Beutepopulation schneller als die des Räubers.

Die Volterraschen »Gesetze« gehen von dem Spezialfall eines abgeschlossenen Systems aus, das aus einem monophagen Räuber und seiner Beute besteht, die ökologische Wirklichkeit sieht jedoch anders als das mathematische Modell aus: Zwar bevorzugen Räuber bestimmte Beutetiere, doch haben sie im allgemeinen ein breites Nahrungsspektrum. Eine Regulation der Beuteart im Sinne Volterras kann daher nur in Ökosystemen vorkommen, die ständig oder zeitweilig (z. B. im Winter) extrem artenarm sind, oder aber bei Konsument-Parasit-Beziehungen. Diese spielen zum Beispiel bei der biologischen Schädlingsbekämpfung eine Rolle: So ist es zum Beispiel gelungen, mit Hilfe einer bestimmten Schlupfwespenart die Populationen der San-José-Schildlaus, die in Süddeutschland an Obstkulturen große Schäden angerichtet hat, bis auf eine unbedeutende Restpopulation zu reduzieren.

Die Räuberart ist als Konsument höherer Ordnung abhängig von den Populationen rangniederer Beutearten. Daher kontrolliert nicht der Räuber die Beute, sondern die Beute den Räuber! Das dritte Volterrasche »Gesetz« deckt den Teufelskreis auf, der mit der chemischen Schädlingsbekämpfung verbunden ist: Vernichtet man den Schädling bis auf eine Restpopulation, so vernichtet man auch die Nützlinge, wobei sich nach Ende der Giftaktion die Population der Beute schneller als die des Beutegreifers erholt. Denn dieser ist im allgemeinen größer und benötigt eine längere Entwicklungszeit. Hieraus ergibt sich für die Landwirtschaft die Notwendigkeit, noch mehr Insektizide einzusetzen, was zu einer noch höheren Belastung des Ökosystems mit Umweltgiften führt, so daß schließlich auch andere Organismen geschädigt werden. Zudem kann ständiger intensiver Insektizideinsatz, wenn präadaptierte Populationen existieren (→ S. 46), zu einer Resistenz beim Schädling führen. So sind – wie bereits dargelegt – inzwischen in vielen Teilen der Erde Populationen der Malariamücke (Anopheles) gegenüber dem jahrzehntelang gegen sie eingesetzten Insektizid DDT resistent. Das DDT wird von Destruenten (Bakterien) des Bodens sehr langsam abgebaut, so daß es sich im Boden und in den Nahrungsketten stark anreichert. Diese Akkumulation führt schließlich bei Konsumenten höherer Ordnung zu Vergiftungen, vor allem in Form von Störungen des Nervensystems (Lähmungen). So ist der seit etwa fünfzehn Jahren zu beobachtende extreme Bestandsrückgang der Populationen der Dorngrasmücke (Sylvia communis) wahrscheinlich die Folge von DDT-Vergiftungen: Die Dorngrasmücke überwintert in den Trokkensavannen südlich der Sahara, wo immer noch große Mengen DDT, zum Beispiel gegen die regelmäßig auftretenden Heuschrekkenplagen, ausgebracht werden. In insektenfressenden Vogelarten wie der Dorngrasmücke akkumuliert das DDT, das sich vor allem in den Fettdepots anreichert. Beim Rückflug in die mitteleuropäischen Brutge-

In den letzten fünfzehn Jahren ist der Bestand der Dorngrasmücke alarmierend zurückgegangen. Man führt dies auf DDT-Vergiftung zurück: Dieses Insektizid wird noch immer in den Überwinterungsgebieten der Dorngrasmücke eingesetzt. Als Insektenfresser ist sie dadurch besonders gefährdet.

biete werden die Fettdepots als Energiereserve mobilisiert, wodurch plötzlich verhältnismäßig große Mengen von DDT freigesetzt werden, so daß die Tiere vergiftet werden.

Zahlreiche Populationen, insbesondere von Insekten und Nagern winterkalter Gebiete, zeigen regelmäßig wiederkehrende (zyklische) Schwankungen ihres Populationswachstums (Massenwechsel). Beispiele hierfür liefern die Maikäfer – es gibt regelrechte »Maikäferjahre« im Vier-Jahres-Rhythmus –, die Feldmäuse, bei denen »Mäusejahre« im Drei-Jahres-Rhythmus vorkommen, die Lemminge, die einen Massenwechsel im Vier-Jahres-Rhythmus zeigen, und der Schneeschuhhase mit einem Zehn-Jahres-Rhythmus. Diese Rhythmen sind unabhängig von der Dichte der Räuber! Ihre Ursache ist bisher weitgehend ungeklärt. Zu übernormalen Populationsdichten während dieser Massenwechsel kommt es jedoch nur, wenn die Nahrungs- und klimatischen Bedingungen optimal sind. Charakteristisch für derartige Massenvermehrungen ist, daß die Population nach Erreichen eines Maximums sehr schnell bis auf kleine Restbestände vernichtet wird. Das klassische Beispiel hierfür ist die Feldmaus, deren Massenentwicklung durch ein optimales Nahrungsangebot und trockene Witterung begünstigt wird. Die »Kontakthäufigkeit« der Tiere nimmt mit steigender Populationsdichte zu und wirkt sich schließlich als Streßfaktor aus, den man auch als »Gedrängefaktor« bezeichnet. Hierdurch und durch den eintretenden Nahrungsmangel kommt es bei den Tieren zu einem plötzlichen Absinken des Blutzuckerspiegels, zu einem hypoglykämischen Schock, der sich in verstärkter Aggressivität der Individuen gegenüber Artgenossen äußert. Durch Verhaltensweisen wie Kannibalismus und Kronismus (Auffressen der Jungen) wird die Population schließlich bis auf eine Restpopulation vernichtet.

Lebensformen

Die Körperform der Tiere ist Ausdruck der Anpassung an abiotische und biotische Faktoren des Ökosystems, sie ist nach Koepcke (1973), der sich intensiv mit dem Problem der Lebensformen beschäftigt hat, Ausdruck der »Selbstbehauptung« der Organismen. In ähnlichen Ökosystemen, das heißt mit ähnlichen ökologischen Planstellen, haben verschiedene Tiergruppen im Laufe der Evolution unabhängig voneinander (konvergent) ähnliche morphologische und anatomische sowie auch physiologische Anpassungen entwickelt. So werden zum Beispiel die ökologischen Planstellen für nektarsaugende Vogelarten in Nord- und Südamerika von Kolibris, in Afrika und Asien von Nektarvögeln, auf Hawai von Kleidervögeln und in Australien und Neuguinea von Honigfressern eingenommen. Ähnliche Lebensformen haben auch die verschiedenen großen Laufvögel der Grassteppen, Strauß, Nandu und Emu, entwickelt.

Ähnliche ökologische Bedingungen haben auch bei nicht näher miteinander verwandten Tieren zu ähnlichen Lebensformen geführt. Der Strauß (oben) lebt als großer Laufvogel in den Grassteppen Ostafrikas.

Oben: Der Emu ähnelt in seinem Erscheinungsbild dem Strauß und noch mehr dem Nandu. Er ist der große Laufvogel der australischen Steppe.

Links: Der Nandu ist der südamerikanische Laufvogel. Er lebt in den Grassteppen des Tieflands und in den Hochebenen der Anden und wird auch als Pampasstrauß bezeichnet.

Auch die nicht miteinander verwandten Altweltgeier, zum Beispiel der Mönchsgeier, und Neuweltgeier, zum Beispiel der Anden-Kondor, stellen nahezu identische Lebensformen dar. Die Beispiele für »stellen-äquivalente« Lebensformen könnte man beliebig fortführen.

Daneben kann man insbesondere in extremen Lebensräumen bei zahlreichen – auch miteinander verwandten – Tierarten konvergente Anpassungen an einen Hauptökofaktor beobachten. Ein gutes Beispiel hierfür bilden verschiedene Arten von Wimpertierchen (Ciliaten), Strudelwürmern (Turbellarien) und Ruderfußkrebsen (Harpacticiden), die zur Lebensgemeinschaft des Sandlückensystems gehören. In Anpassung an die besondere Raumstruktur, das Lückensystem zwischen den mehr oder weniger locker geschichteten Sandkörnern im Uferbereich von Gewässern, haben sich zahlreiche Arten von Kleinlebewesen (Mikroorganismen) mit charakteristischer »Wurmform« entwickelt.

Heinrich-Otto v. Hagen

Vorkommen und Verbreitung der Tiere: Tiergeographie

Tiergeographie ist ein Teilgebiet der Wissenschaft, die sich mit der Gliederung der Biosphäre befaßt. Als »Biosphäre« bezeichnet man die belebte Hülle der Erde, die sich Pflanzen und Tiere teilen. Entsprechend gliedert sich die Biogeographie in eine Pflanzen- und eine Tiergeographie.

Die Tiergeographie untersucht die Verbreitung oder Verteilung der Tiere im geographischen Raum, und zwar zunächst die Verteilung der Wildtiere. Da der Mensch aber auf vielerlei Weise die ursprünglichen Verteilungsmuster verändert hat und es praktisch keine vom Menschen unberührten Teile der Biosphäre gibt, muß auch die Einflußnahme des Menschen tiergeographisch mit berücksichtigt werden.

Verteilung der Tiere im Raum

Ziel der Tiergeographie ist die Erklärung der Verteilungsmuster, doch muß vor jedem Erklären zunächst eine beschreibende Bestandsaufnahme erfolgen, eine Tatsachensammlung. Das geschieht im wesentlichen auf zweierlei Weise:

1. Die Arealkunde oder Chorologie kartiert für die einzelnen Tierformen möglichst genaue Verbreitungsgrenzen. Schlägt man einen »Feldführer« auf, zum Beispiel ein Bestimmungsbuch für Vögel, so entdeckt man darin für jede Vogelart außer einer Abbildung und dem zugehörigen beschreibenden Text gewöhnlich auch eine kleine Landkarte, die das Areal (Verbreitungsgebiet) der betreffenden Art angibt. Diese Verbreitungskarte ist ein Teil der Tierbeschreibung: Ohne Karte wären nicht alle wichtigen Merkmale der jeweiligen Vogelart angegeben.

2. Die Faunistik geht nicht von den einzelnen Tierarten aus, sondern von einem bestimmten größeren oder kleineren Gebiet. Sie versucht, den Artenbestand dieser ausgewählten Teilfläche (z.B. eines Naturschutzgebiets, eines Sees oder eines ganzen Gebirges) möglichst vollständig zu erfassen.

Man sollte meinen, daß beide Verfahren zusammen inzwischen ein vollständiges Bild der Verteilung der Tierwelt unserer Erde geliefert hätten. Angesichts von mehr als einer Million bekannter Tierarten und schätzungsweise zwei bis drei Millionen weiteren, noch unbekannten Kleintierarten ist das jedoch keineswegs der Fall. Viele Verbreitungsangaben beruhen auf der Route, die irgendeine Expedition zufällig genommen hat. Selbst in so gut erforschten Gebieten wie Europa und Nordamerika erstreckt sich unsere einigermaßen gesicherte Verbreitungskenntnis ganz überwiegend auf Wirbeltiere und solche Wirbellosen, für die es viele Interessenten gibt (z.B. Schmetterlinge). In vielen Fällen muß die Tiergeographie mit vorläufigen Ergebnissen arbeiten. Die Geschwindigkeit, mit der vielerorts die Lebensräume der Tiere durch den Menschen zerstört werden, läßt zudem wenig Hoffnung aufkommen, daß jemals ein vollständiger Überblick erreicht werden kann.

»Wanderer zwischen zwei Welten«. Ein zweiter Blick auf die Verbreitungskarten des schon erwähnten Vogelbestimmungsbuchs läßt uns rasch auf eine weitere Schwierigkeit stoßen. Viele Vögel haben als Zugvögel oder Teilzieher im Winter ein anderes Verbreitungsgebiet als im Sommer. Generationen von Vogelkundlern haben mit Hilfe von Vogelberingungen die Überwinterungsgebiete und Wanderwege ermittelt. Man muß also zwischen einem Fortpflanzungsraum und einem Wanderraum unterscheiden und beide berücksichtigen.

Es fragt sich allerdings, wo diese »Wanderer zwischen zwei Welten« denn nun in tiergeographischer Hinsicht »eigentlich« zu Hause sind. Man hat sich auf das im Zusammenhang mit der Artbildung wichtige Brutgebiet geeinigt. Diese Festlegung gilt auch für weit umherschweifende Vertreter der robbenartigen Raubtiere. Auch wenn ihr eigentliches Element das Meer ist, dem sie angepaßt sind und in dem sie die meiste Zeit ihres Lebens verbringen, gehören sie tiergeographisch zu denjenigen Küsten, wo sie sich paaren und ihre Jungen werfen.

Entsprechendes trifft für die anadromen Fische zu, das heißt die Lachse und Störe, die zum Laichen aus dem Meer in ihre Heimatflüsse aufsteigen. Es gibt jedoch gerade unter den Fischen Wanderer, bei denen die Entscheidung für den Fortpflanzungsraum weniger angemessen erscheint. Man nennt unsere Aale mit Recht Europäische Flußaale, obwohl sie als sogenannte katadrome (d.h. herabsteigende) Fische zur Fortpflanzung aus den Flüssen ins Meer, und zwar in die Sargassosee (→S. 188f.), wandern.

Großgliederung der Landfauna. Der Sprung von der mühseligen tiergeographischen Einzelforschung zu einer weltweiten Untergliederung der Tierwelt ist schon früh versucht worden. Im Mittelpunkt des Interesses stand von Anfang an die landbewohnende Tierwelt, auf die wir uns hier weitgehend beschränken wollen. Die regionale Untergliederung der Meeresfauna übergehen wir mit dem Hinweis, daß sie schwierig ist, weil man das freie Wasser, die Tiefseeböden und die küstennahen Gebiete gesondert berücksichtigen muß. Die Tierwelt der küstennahen Schelfmeere verteilt sich auf drei Faunenreiche: Nordreich, Tropisches Reich und Südreich.

Bei der Großgliederung der Landfauna orientiert man sich vor allem an der Verbreitung der auffälligsten und am besten untersuchten Landtiergruppen, nämlich der Säugetiere, Vögel und Reptilien. Man kommt dann auf etwa fünf größere Gebietseinheiten, deren Grenzen zwar viel mit den Grenzen der Kontinente zu tun haben, aber nicht immer mit ihnen übereinstimmen. Es sind die fünf klassischen tiergeographischen Regionen Holarktis, Äthiopis, Orientalis, Australis und Neotropis, die im wesentlichen auf die Begründer der tiergeographischen Wissenschaft, Sclater (1858) und Wallace (1860), zurückgehen.

Das Informationskästchen (→S. 159) faßt neuere Überlegungen zur regionalen Gliederung zusammen und berücksichtigt auch Übergangsgebiete. Besonders im Falle der Archinotis (des »Alten Südens«) sind erstmals wichtige Erkenntnisse über die Verbreitung von Gliederfüßern einbezogen worden. Die Zahl der unterschiedenen Regionen hat sich inzwischen auf acht erhöht, allerdings ist man bei der teilweisen neuen Einteilung der Faunenreiche wiederum zu einer Fünfzahl gekommen. Dabei lassen sich die ersten beiden überwiegend auf der Nordhalbkugel gelegenen Reiche Holarktis und Paläotropis auch als Mega- oder Arktogäa zusammenfassen. Einen ähnlichen Zusammenschluß hat man mit den übrigen drei Reichen Notogäa, Neogäa und Archinotis, die ihren Schwerpunkt auf der Südhalbkugel haben, bisher nicht vorgenommen.

Die neue Faunengliederung stimmt besser als die alte mit den von botanischer Seite unterschiedenen Pflanzenregionen überein. Ein wichtiger Unterschied bleibt jedoch bestehen: Die Abgrenzung des afrikanischen Kaplandes als eigene Region (Capensis) ist weiterhin nur botanisch zu begründen.

Die berechtigte Frage nach den Kriterien oder Richtlinien, die allen diesen Großeinteilungen zugrunde liegen, kann an dieser Stelle noch nicht beantwortet werden, weil hierfür zunächst einige weitere Tatsachen und Begriffe bekannt sein müssen, die im folgenden dargestellt werden.

Kosmopoliten und Endemiten. Kosmopoliten (»Weltbürger«) sind Tierformen, die in allen

Regionale Einteilung der Landtiere

a) Regionale Großgliederung

	Faunenreiche	Regionen	zugehörige Gebiete
Mega- oder Arktogäa	Holarktis	Paläarktis	Eurasien (außer Südasien) und Atlasländer
		Nearktis	Nordamerika
	Paläotropis	Äthiopis	Afrika südlich der Sahara
		Madegassis	Madagaskar und vorgelagerte Inseln
		Orientalis	Süd- und Südostasien
	Notogäa	Australis	Australien, Neuguinea, Neuseeland, große Teile von Ozeanien
	Neogäa	Neotropis	Südamerika und Antillen
	Archinotis (Reste eines im Eis untergegangenen Faunenreiches)	Antarktica	Antarktis mit vorgelagerten Inseln

b) Wichtige Übergangsgebiete

Paläarktis	-	Äthiopis	Nordafrika und Arabien
Paläarktis	-	Orientalis	Südostchina und Formosa
Nearktis	-	Neotropis	Mittelamerika
Australis	-	Orientalis	Wallacea (östliche Sunda-Inseln)
Australis	-	Neotropis	Hawaii-Inseln
Australis	-	Archinotis	südwestliches Neuseeland (Südteil der Südinsel)
Neotropis	-	Archinotis	südwestliches Südamerika (südliches Chile)

Reichen und Regionen vorkommen, und zwar von Natur aus. Bei den Meerestieren, besonders den Bewohnern des freien Wassers, findet man Kosmopoliten zu einem höheren Prozentsatz als bei Land- und Süßwassertieren. Bekannte Kosmopoliten unter den aktiven Fliegern sind: Schleiereule, Fischadler, Graureiher und Wanderfalke, ferner die Schmetterlinge Plutella maculipennis (Kohlmotte) und Nomophila noctuella.

Der fast-kosmopolitische Distelfalter (Vanessa cardui), der nur in Südamerika fehlt, leitet über zu den zahlreichen Tierbeispielen, die in einigen, aber nicht in allen Faunenreichen und -regionen vorkommen. Manche sind nur noch zwei Regionen gemeinsam. Am anderen Ende dieser Stufenleiter stehen dann schließlich (als Gegenbegriff zu den Kosmopoliten) die Endemiten. Das sind Tierformen und -gruppen, die auf eine bestimmte Erdgegend beschränkt sind und an allen anderen Stellen natürlicherweise fehlen. Manche kommen nur auf einem winzigen Raum vor, etwa einer einzigen kleinen Insel. Es gibt endemische Unterarten, Arten und Gattungen. Aber auch höhere systematische Einheiten wie Familien und Ordnungen können mit allen ihren Vertretern Endemiten sein.

Es ist einsichtig, daß man tiergeographische Gebietseinheiten nur mit Hilfe solcher Endemiten charakterisieren kann. Nach einer Faustregel muß ein Faunenreich durch mindestens 75 Prozent endemische Tiergattungen charakterisiert sein, eine Region durch 50 bis 75 Prozent und eine Provinz (die nächsttiefere Einheit) durch 25 bis 50 Prozent.

Interregionale Gemeinsamkeiten. Viele in der Graphik (→S. 160/161) abgebildete Säugetiere sucht man in der Endemiten-Übersicht des Informationskästchens (→S. 159) vergebens. Sie sind zum Teil zwei bis mehreren Regionen gemeinsam und begründen als »interregionale Gemeinsamkeiten« den Zusammenschluß der betreffenden Regionen zu Faunenreichen. So vereinen mehrere gemeinsame Endemiten Nearktis und Paläarktis zur Holarktis. Unter den Säugetieren gehören dazu vor allem: Maulwürfe, Biber, Hüpfmäuse, Pfeifhasen, Bisons, Rentiere und Elche. Zwei sehr bekannte holarktische Säugetiergruppen, die Bären und Hirsche, kommen auch in der Neotropis und Orientalis vor.

Die orientalische Region weist wiederum eine ganze Fülle von Gemeinsamkeiten mit der Äthiopis auf. Säugetier-Endemiten für beide Regionen zusammen sind Hirschferkel, Nashörner, Elefanten, Hyänen, Stachelschweine, Schuppentiere, Menschenaffen, Hundsaffen und Loris. Besonders unter den Raubtieren gibt es Gemeinsamkeiten sogar auf der Ebene der Arten: Streifenhyäne, Leopard, Löwe und Gepard bewohnen sowohl Afrika als auch Asien und unterscheiden sich von einem Erdteil zum anderen nur auf der Ebene der Unterarten.

Ganz anders verhält es sich mit Neotropis und Australis. Jede dieser beiden Regionen besitzt eine so eigenwillige, endemitenreiche Tierwelt, daß man jeder Region für sich den Rang eines eigenen Faunenreiches zugesprochen hat. Das Problem der Archinotis wird weiter unten (→S. 164) behandelt.

Löwen in Indien. Daß es in Asien Löwen gibt, ist nur wenigen Mitteleuropäern bekannt. Das asiatische Verbreitungsgebiet ist allerdings sehr klein. Es umfaßt heute nur noch den Gir Forest, ein ca. 1300 Quadratkilometer großes Waldgebiet an der Westküste Vorderindiens. Der Bestand von höchstens zweihundert freilebenden indischen Löwen (Panthera leo goojratensis) war bis in die späten siebziger Jahre unseres Jahrhunderts auf das äußerste gefährdet, weil das angebliche Schutzgebiet zugleich als Weidegrund für das Vieh der eingeborenen Maldhari-Hirten diente und der schützende Wald durch Abholzungen ständig verkleinert wurde. Die Löwen rissen das Weidevieh, hatten aber meist nichts von ihrer Beute, weil hungrige Menschen ihnen das Fleisch gleich darauf wieder wegnahmen. Mehrere Löwen kamen durch Giftköder um. Die Regierung hat inzwischen versucht, das Löwenreservat und die Weidegründe mit Hilfe einer künstlich angelegten 165 Kilometer langen Wallhecke zu trennen. Der Erfolg bleibt abzuwarten. Verschiedene Zoos bemühen sich intensiv, den indischen Löwen durch Gefangenschaftszuchten über die Zeiten zu retten.

Rückgriff auf die Vergangenheit. Der Fall des indischen Löwen ist für unsere weiteren tiergeographischen Überlegungen von Wichtigkeit. Nehmen wir an, daß er trotz aller Naturschutzbemühungen eines Tages ausgestorben sein wird. Löwen gäbe es dann nur noch in Afrika, und man müßte sie folgerichtig als Endemiten der Äthiopis bezeichnen. Das aber würde uns wie eine Fälschung vorkommen – weil wir doch wissen, daß bis vor kurzem noch indische Löwen existierten. Viel schlimmer noch: Man weiß aus zahlreichen geschichtlichen und vorgeschichtlichen Überlieferungen, daß Löwen ursprünglich nicht nur Südasien, sondern auch Vorderasien (z. B. Palästina) und Südeuropa (z. B. Griechenland) bewohnt haben. Fossilfunde belehren uns schließlich darüber, daß die Löwen in Eurasien entstanden und nach Afrika nur eingewandert sind.

Das sind für denjenigen, der Löwen gedanklich stets fest mit Afrika verbunden hatte, ganz überraschende Feststellungen, die ihn nachdenklich stimmen müssen. Heißt das nicht, daß wir uns eigentlich in allen Fällen für die vergangene Verbreitung der Tiere interessieren sollten? Wie steht es zum Beispiel mit der Giraffe, einem weiteren für unsere Begriffe typisch afrikanischen Säugetier? Giraffen trifft man heute nur südlich der Sahara an, doch lebten sie noch in historischer Zeit in Nordafrika, und vor Beginn der Eiszeit waren

Einige Endemiten der tiergeographischen Regionen

	Säugetiere	Vögel	Sonstige
Paläarktis	Blindmäuse, echte Schlafmäuse	Braunellen	Blindschleichen
Nearktis	Taschenratten, Gabelböcke	Truthühner	Krustenechsen
Äthiopis	Rüsselspringer, Springhasen, Paviane, Giraffen	Turakos, Sekretäre	Krallenfrösche, Flösselhechte
Madegassis	Tanreks, Lemuren, Frettkatze	Stelzenrallen, Erdracken	Plattschwanzgecko
Orientalis	Rattenigel, Spitzhörnchen, Gibbons, Pelzflatterer	Blattvögel, Baumsegler	Taubwaran, Gavial
Australis	Kloakentiere, Känguruhs und andere Beuteltiergruppen	Kakadus, Paradiesvögel, Kiwis	Brückenechse, Neuseeländische Urfrösche
Neotropis	Beutelratten, Faultiere, Ameisenbären, Breitnasenaffen	Steißhühner, Wehrvögel, Tukane	Tejus, Panzerwelse
Antarktica	Weddell- und Ross-Robbe, Krabbenfresser	Kaiserpinguin, Adeliepinguin	endemische Gliederfüßer (nur noch in den Übergangsgebieten)

sie noch wesentlich weiter verbreitet: von Westeuropa bis Ostasien. Allerdings weiß man aus neueren Fossilfunden, daß die Giraffen im Unterschied zu den Löwen echte Afrikaner sind. Sie entstanden in Afrika und sind nach Eurasien nur eingewandert.

Schon diese beiden Beispiele (Löwe und Giraffe) zeigen, daß man in der Tiergeographie mit der räumlichen Betrachtung allein nicht auskommt. Man braucht überall auch die zeitliche Dimension, den Rückgriff auf die Vergangenheit. Diese Berücksichtigung der Verbreitungsgeschichte macht die Tiergeographie in starkem Maße zu einer historischen Wissenschaft und rückt sie nahe an die Abstammungslehre und an die Paläontologie heran, die sich mit Fossilien beschäftigt.

Disjunktionen. Dabei handelt es sich um Verteilungsmuster, die besonders stark nach einer Erklärung verlangen. Angehörige derselben Tierart bewohnen ihr Areal meist nicht »flächendeckend«, das heißt gleichmäßig über das Verbreitungsgebiet verteilt. Sie sind oft an eine bestimmte Vegetation gebunden und fehlen dort, wo diese Vegetation fehlt. Darüber hinaus können sie aber auch auf inselartige, weit auseinander liegende Teilareale verstreut sein. Man spricht dann von Arealzersplitterung (Disjunktion, disjunkter Verbreitung). In Mitteleuropa ist die arktoalpine Disjunktion am bekanntesten, das heißt, einige Teilareale liegen im hohen Norden und andere in den höheren Gebirgen Mitteleuropas. In den Gebieten dazwischen fehlen die betreffenden Tierarten völlig. Beispiele für ein derartiges Verteilungsmuster sind Schneehase, Schneehuhn und Ringdrossel.

Noch eigenartiger sind Disjunktionen, die über Tausende von Kilometern hinweg reichen, so daß die Teilareale bereits zu verschiedenen tiergeographischen Regionen gehören. Solche extrem zersplitterten Verbreitungsgebiete kommen gar nicht so selten vor. Sie gelten allerdings in der Regel nicht für Arten, sondern für größere Verwandtschaftsgruppen. Bekannt sind in diesem Zusammenhang die Beuteltiere, die einmal in Australien und dann wieder in Südamerika auftreten, außerdem die Tapire mit einem Teilareal in Südostasien und einem zweiten in Süd- und Mittelamerika und schließlich die Lungenfische, die es in Südamerika, Afrika und Australien gibt. Solche Disjunktionen gehören zu den ältesten Puzzlen der Tiergeographie.

Erklärung der Verteilungsmuster

Den Einstieg in die kausale oder erklärende Tiergeographie (alles Bisherige gehörte zur beschreibenden oder deskriptiven Tiergeographie) nimmt man am besten bei jener schwierigen Frage extremer Disjunktion (Arealzerteilung), mit der der vorausgegangene Abschnitt endete. Wie läßt sich erklären, daß eng verwandte Tiere auf weit voneinander getrennten Kontinenten leben? Die historische Tiergeographie hat im Laufe der Zeit vier Erklärungsmöglichkeiten entwickelt: Tiere können auf Baumstämmen gewissermaßen als Flößer über den Ozean reisen, über schmale, später wieder untergegangene Landbrücken wandern, sich von Insel zu Insel vorarbeiten (Inselhüpfen), oder sie werden ohne ihr eigenes Zutun dadurch getrennt, daß sich das Meer zwischen sie schiebt. Anders ausgedrückt: Die Kontinente driften auseinander, wodurch ursprünglich zusammenhängende Tierareale zertrennt werden.

Trotz ihres geringen Wahrscheinlichkeitsgrades ist die letztgenannte Erklärung (Kontinentaldrift) für die heutige Tiergeographie die entscheidende – und um so häufiger anzuwenden, je größer die Disjunktion ist. Allerdings behalten die anderen drei Erklärungsmöglichkeiten ihre Bedeutung als wichtige Ergänzungen, sogar die überwiegend überholte Landbrücken-Theorie.

Landbrücken – überwiegend Hirngespinste. Von Inseln, die zwischen den heutigen Kontinenten liegen, scheint für Tiergeographen eine besondere Verlockung auszugehen. Es liegt so nahe, sie als Reste einstiger Landverbindungen anzusehen. Zwei Striche mit dem Bleistift an den Inseln vorbei quer über das Meer – und schon sind die Kontinente verbunden und schwierige disjunkte Verbreitungsmuster »spielend« erklärt.

Es gibt kaum einen Ozean, den man nicht schon durch eine solche eilig konstruierte, versunkene Landverbindung überbrückt hätte. Dieses leichtfertige »Brückenbauen« hat dem Ansehen der Tiergeographie sehr geschadet, denn die Geologie entlarvte fast alle Landbrücken als Hirngespinste: so »Lemuria«, das über Mauritius, die Tschagos-Inseln und die Malediven bis ins frühe Tertiär Madagaskar und Vorderindien verbunden haben sollte, ferner »Archatlantis«, einen kreidezeitlichen Brückenkontinent von den Antillen nach Nordafrika und Spanien unter Einschluß der Azoren, Kanaren und Kapverden, und schließlich die »Archhelenis«, die sich im Erdmittelalter angeblich zwischen dem östlichen Südamerika und Südafrika (über die Insel Tristan-da-Cunha) ausspannte.

Wenige Brücken haben der Kritik der geologischen Forschung standgehalten. Die wichtigste von ihnen ist Beringia, die subarktische Landbrücke zwischen Nordostasien und Nordamerika im Gebiet der heutigen Beringstraße. Zahlreiche geologisch-paläontologische Befunde haben bestätigt, daß hier vom frühen Tertiär bis gegen Ende der Eiszeit wiederholt eine vorübergehende landfeste Verbindung zwischen den beiden Kontinenten bestand und daß hier tatsächlich immer wieder ein Faunenaustausch stattgefunden hat. Elefanten, Hirsche und Bären breiteten sich in östlicher Richtung, Kamele und Pferdeartige in westlicher Richtung über die Beringbrücke aus. Die drei erstgenannten erreichten

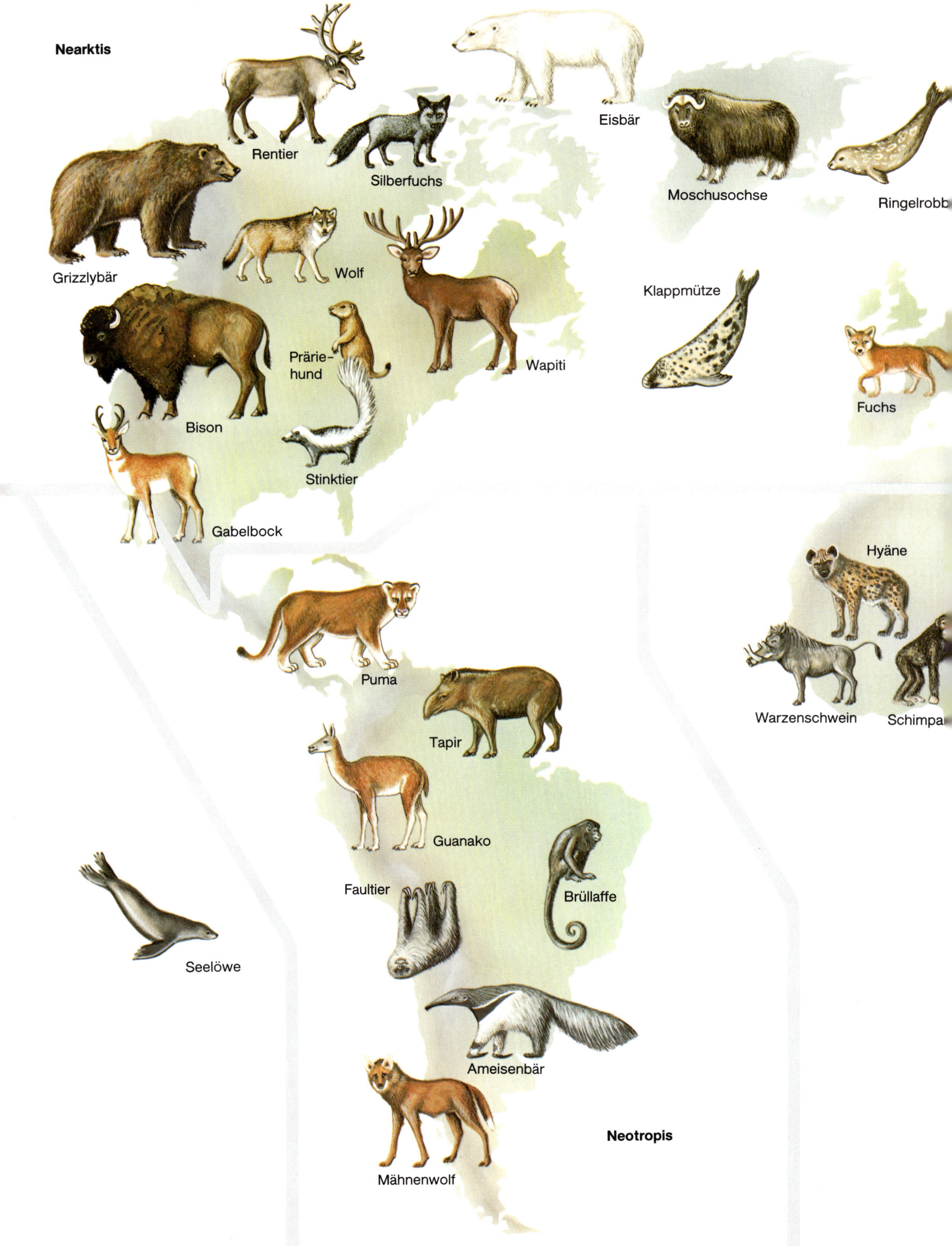

Nearktis
Rentier
Eisbär
Silberfuchs
Moschusochse
Ringelrobb
Grizzlybär
Wolf
Klappmütze
Prärie-
hund
Wapiti
Fuchs
Bison
Stinktier
Gabelbock
Hyäne
Puma
Warzenschwein
Schimpa
Tapir
Guanako
Faultier
Brüllaffe
Seelöwe
Ameisenbär
Neotropis
Mähnenwolf

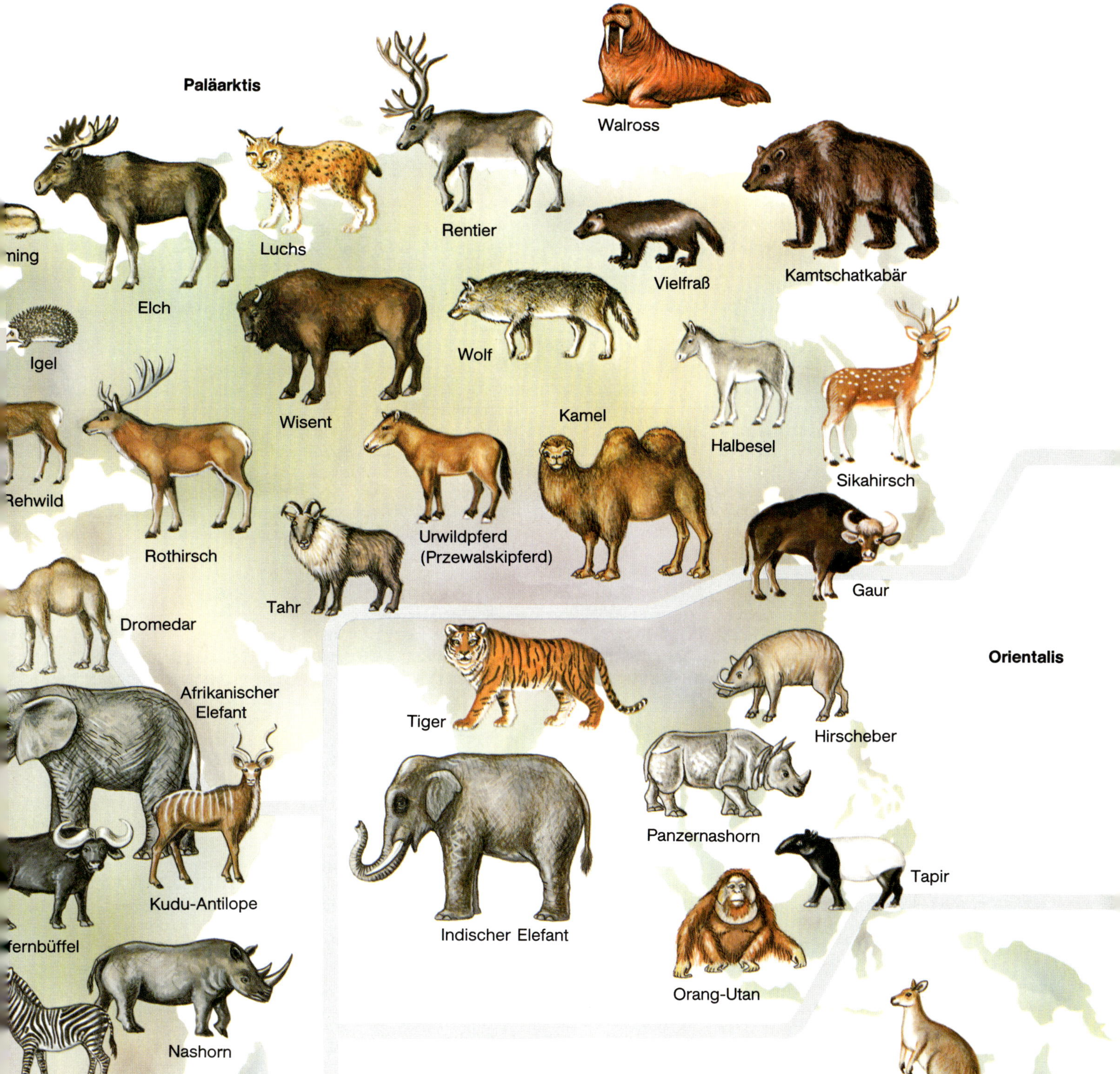

Regionale Tiergeographie

Die fünf »klassischen« tiergeographischen Regionen, hier jeweils gekennzeichnet durch bekannte Säugetierarten:

1. Holarktis, unterteilt in Nearktis (Nordamerika) und Paläarktis (Eurasien außer Süd- und Südostasien)
2. Neotropis (Südamerika)
3. Äthiopis (Afrika außer den nördlichen Teilen)
4. Orientalis (Süd- und Südostasien)
5. Australis (Australien, Neuseeland und Teile von Ozeanien)

über die Panamabrücke Südamerika (wo die Elefanten später ausstarben), die Kamele und Pferdeartigen wanderten über die Arabische Halbinsel nach Afrika ein, und zwar zu Zeiten, als die Sinai-Halbinsel noch keine Wüste war.

Leider hat man die Beringbrücke tiergeographisch »überstrapaziert«. Es wurde ihr weit mehr aufgebürdet, als sie tragen konnte. Sie sollte alle großräumig-disjunkten Verbreitungsmuster erklären, die es auf der Erde gibt, zum Beispiel auch das Vorkommen von nahe verwandten Süßwassertieren in Afrika und Südamerika: Die Fisch-Unterordnung der Salmler (Characoideer) und die Familie der Zungenlosen Frösche (Pipiden) sind nur in Afrika und Südamerika vertreten und sonst in keinem anderen Erdteil. Auch diese Gruppen sollten – wohlgemerkt: als Süßwassertiere – früher einmal über die Beringbrücke gewandert sein, und zwar von Afrika über Asien und Nordamerika nach Südamerika.

Wie kam man überhaupt auf eine solche für uns heute abwegige Vorstellung? Man hatte die Verbreitungsmuster anderer Süßwasserbewohner als Modell vor Augen: Zum Beispiel sind die Lungenfische heute nur noch auf den Südkontinenten verbreitet (es gibt einen afrikanischen, einen australischen und einen südamerikanischen Lungenfisch), doch kennt man sie fossil nicht nur von der Südhalbkugel, sondern auch von den Nordkontinenten. Sie waren also ursprünglich einmal Kosmopoliten. Ihre heutige disjunkte Verbreitung stellt eine Areal-Einengung auf Rückzugsgebiete dar. Man spricht in diesem Falle auch von einer reliktären Verbreitung. Es lag also nahe, das Verbreitungsmuster der Salmler und Zungenlosen Frösche ebenfalls als reliktär zu deuten. Doch wurde dabei Zweierlei nicht beachtet:

1. Man hat nie fossile Salmler und Zungenlose Frösche auf der Nordhalbkugel gefunden.

2. Auch die Lungenfische waren nicht von Anfang an kosmopolitisch verbreitet, sondern sie sind – wie alle Tiere – in einem bestimmten, eng umgrenzten Raum entstanden und haben sich von dort aus über die ganze Erde ausgebreitet. Dafür reichte die überstrapazierte Beringbrücke allerdings nicht aus – besonders nicht für eine Reise nach Australien.

Nein, Lungenfische (seit dem Devon bekannt) haben sich zu einer Zeit über die Kontinente verteilt, als diese Kontinente noch alle eine relativ einheitliche Landmasse bildeten. Das reliktäre Verbreitungsmuster der Lungenfische ist ebenso wie das nichtreliktäre Muster der Salmler und Zungenlosen Frösche das Ergebnis von Kontinentalzerfall und Kontinentaldrift.

Alfred Wegeners später Sieg. Noch 1967 schrieb der bekannte deutsche Tiergeograph de Latin: »Es kann daher mit großer Sicherheit angenommen werden, daß zumindest während des ganzen Tertiärs keine derartigen kontinentalen Verschiebungen von umfassender zoogeographischer Bedeutung stattgefunden haben; eine Tatsache, für die übrigens auch fast alle geologischen Befunde sprechen.« Ein Jahr später schon veröffentlichte die amerikanische Zeitschrift »Scientific American« einen Artikel mit der Überschrift: »Die Kontinentaldrift bestätigt« – eine Feststellung, an der inzwischen nur noch sehr wenige zweifeln.

De Latin war der große Umschwung entgangen, der sich in der internationalen Geologie und Geophysik der sechziger Jahre anbahnte. Die gleichen Wissenschaftler hatten zuvor fast einstimmig die Drift-Theorie des berühmten deutschen Meteorologen Alfred Wegener abgelehnt, die er 1912 zum erstenmal öffentlich vertrat und durch ein umfangreiches Tatsachenmaterial zu stützen versuchte. Die Zweifel wichen erst aufgrund zahlreicher neuer Ergebnisse verschiedener wissenschaftlicher Forschungsrichtungen (paläomagnetische und geographische Entdeckungen auf den Tiefseeböden und mittelozeanischen Rücken, neue Befunde zur »Plattentektonik« und zur Paßform der Kontinentalsockelränder).

Der Tiergeographie wurde durch diesen späten Sieg von Wegeners Theorie entscheidend geholfen. Andererseits trug sie selbst zum neuen Gesamtbild wesentliche Teile bei: Sie half vor allem, den Gesamtablauf der Kontinentaldrift zeitlich zu untergliedern. Damit das verständlich wird, muß dieser Gesamtablauf zunächst in seinen Hauptereignissen skizziert werden.

Die Hauptereignisse der Kontinentaldrift. Man kann davon ausgehen, daß noch in der Triaszeit (Übersicht über die Erdzeitalter → S. 26) die Kontinente als »Pangäa« weitgehend zusammenhingen und im Jura durch das Tethysmeer zunächst in eine nördliche und eine südliche Landmasse (Laurasia und Gondwana) getrennt wurden. Von der Kreide an, also seit etwa 135 Millionen Jahren, begann der allmähliche Zerfall dieser Landmassen in die heutigen Kontinente, wobei der Atlantische Ozean von Süden nach Norden zwischen der Neuen und der Alten Welt aufriß und Indien und Australien erheblich nach Norden drifteten.

Vorderindien als ein ehemaliger Teil des Gondwana-Kontinents traf mit einer Wandergeschwindigkeit von mindestens fünf Zentimetern pro Jahr auf die asiatische Landmasse, türmte bei diesem Zusammenprall den Himalaya auf und wurde somit ein Teil von Laurasia. Australien sowie Neuseeland und Madagaskar hingen zunächst noch über das antarktische Festland mit Südamerika zusammen. Später trennten sich alle genannten Teile, und Australien bewegte sich bis an die südostasiatische Inselwelt heran, wobei die Gebirge Neuguineas entstanden.

Das Zeugnis der Muschelkrebse. Die Entstehung des Atlantischen Ozeans begann also im Süden und setzte sich dann später nach Norden fort. Die historische Tiergeographie kann nun zeigen, daß Südamerika und Afrika in der Unterkreide noch nicht durch einen echten Meeresarm getrennt waren, sondern zunächst nur durch ein Riftsystem (Grabenbruch) ähnlich dem heutigen ostafrikanischen Graben, in dem die großen Seen liegen. Die kreidezeitlichen Muschelkrebse (Ostracoden), die man bei Erdölbohrungen in Nordostbrasilien und in Gabun in Westafrika gefunden hat, sind nämlich in den tieferen Schichten völlig artgleich, auch noch zu einer Zeit, als von Süden her längst Brackwasser in den Spalt zwischen Südamerika und Afrika eingedrungen war. Zu einer artentrennenden, durchgehenden südatlantischen Meeresstraße zwischen den beiden Kontinenten kam es erst in der Oberkreide.

Kein Wunder also, daß sich diejenigen südamerikanischen und afrikanischen Tiergruppen noch heute sehr ähnlich sehen, die sich bis zum Beginn der Oberkreide entwickelt hatten. Zu ihnen gehören außer den schon erwähnten Lungenfischen, Salmlern und Zungenlosen Fröschen verschiedene wirbellose Tiere (bestimmte Regenwürmer, Tausendfüßer und Landschnecken) und weitere Süßwasserfische: die Knochenzüngler (Osteoglossiden), unter denen der südamerikanische Arapaima und der Afrikanische Knochenzüngler (Clupisudis) einander am ähnlichsten sind.

Die letzte Chance zum Sprung über den Süd-Atlantik. Als Südamerika und Afrika allmählich auseinanderwichen, trat etwas Eigenartiges ein: Afrika vollzog keine reine Ostdrift, sondern rotierte zugleich etwas gegen den Uhrzeigersinn. Infolgedessen bestand im Eozän, das heißt in der zweiten Epoche des Tertiärs, zwischen Ostbrasilien und Gabun bereits ein 2000 Kilometer breiter Ozean, zwischen Nordostbrasilien und der Goldküste aber erst eine breite Meeresstraße. Die Meeresströmung verlief in diesem Bereich wie heute von Ost nach West und eröffnete damit eine Ausbreitungsmöglichkeit für tertiäre Säugetiere, die erst nach der Trennung der Kontinente entstanden waren. Sie mußten allerdings den Anforderungen einer Seereise auf Treibholz gewachsen sein.

Da Nagetiere durchaus den mittelguten Flößern zuzurechnen sind, haben sie aller Wahrscheinlichkeit nach diese letzte Chance zum Sprung über den Süd-Atlantik genutzt. Auf diese Weise klärt sich nämlich plötzlich eins der größten tiergeographischen Rätsel auf: die schon länger bekannte enge Verwandtschaft zwischen den altweltlichen Stachelschweinen und den neuweltlichen meerschweinchenartigen Nagetieren (Meerschweinchen, Agutis, Wasserschweine usw.), die man heute nun erstmals mit gutem Gewissen beide in einer einzigen Unterordnung (Hystricomorphen) zusammenfassen kann. Die gemeinsame Wurzelgruppe der Hystricomorphen muß aufgrund der Fossilgeschichte bereits im Eozän in Afrika existiert haben. Ob die Vorfahren der Neuweltaffen den gleichen Weg wie die Nagetiere benutzt haben, ist allerdings noch strittig.

Auf jeden Fall tritt hier erstmals die Ausbreitung mit Hilfe von Treibholz als wichtige Ergänzung zur Kontinentalverschiebungs-

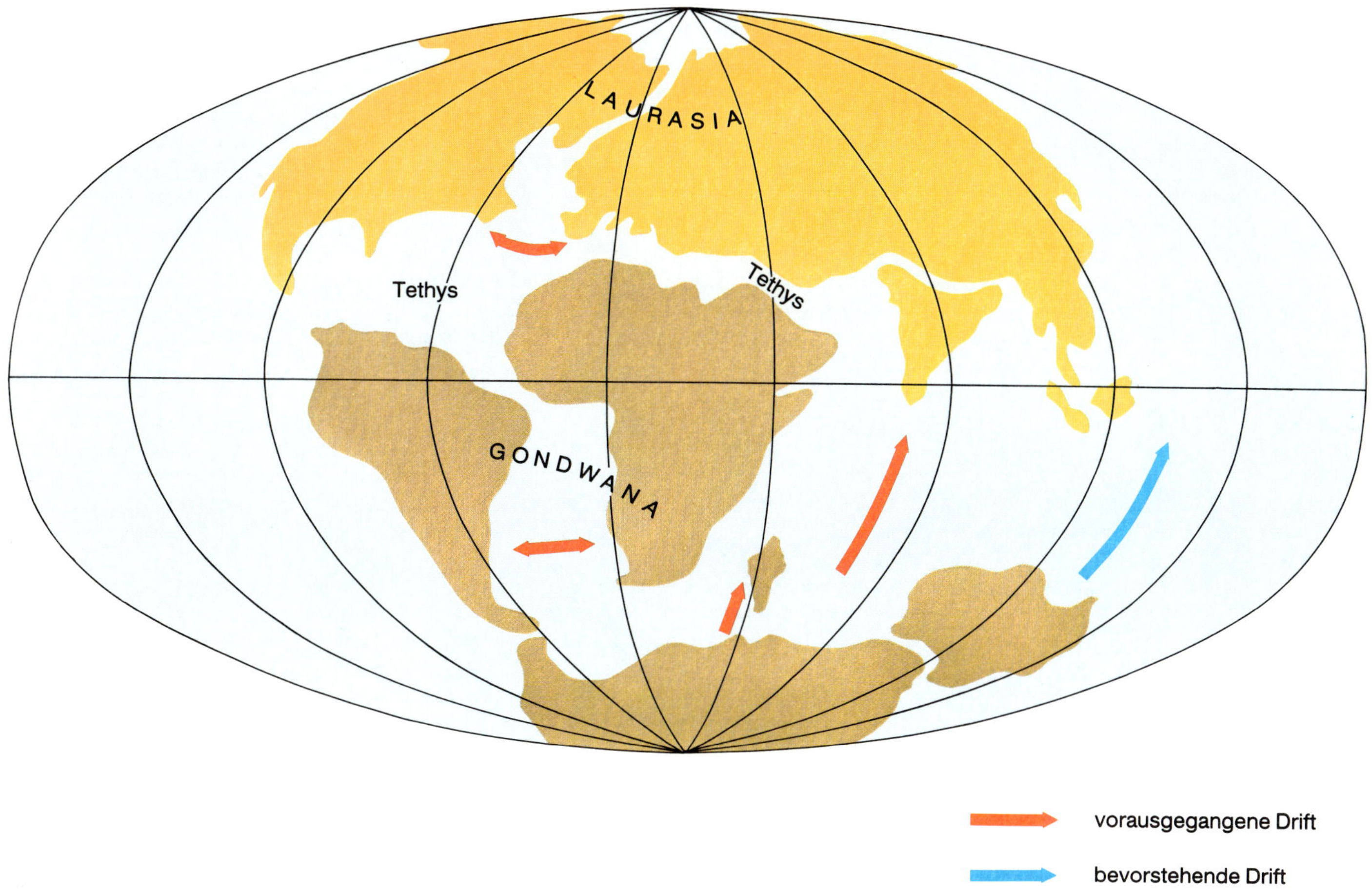

Die Kontinente im frühen Tertiär.
Seit sich die alte Wegenersche Theorie der Kontinentaldrift auf der Grundlage moderner geologischer und geophysikalischer Forschungsergebnisse durchgesetzt hat, kann man die für die Tiergeographie wichtige Lage der Kontinente in verschiedenen Erdepochen rekonstruieren. Im Eozän, der zweiten Epoche des Tertiärs, als Vorderindien auf Asien traf und Europa noch zahlreiche Tierformen mit dem kürzlich abgetrennten Nordamerika gemeinsam hatte, reisten wahrscheinlich die Vorfahren der südamerikanischen Nagetiere auf Bauminseln von Afrika über die schmalste Stelle des sonst schon recht breiten Südatlantiks.

theorie in den Blick – eine Ergänzung, die uns noch bei der Besprechung von Inseltieren (→S. 166) näher beschäftigen wird.

Fossilienfundgrube Messel. Die weitere Öffnung des Atlantischen Ozeans spaltete schließlich auch Nordamerika und Europa, die noch bis in das mittlere Eozän über die Baffin-Insel, Grönland und Spitzbergen fest zusammenhingen. Europa war also früher nichts anderes als eine Provinz Nordamerikas.

Das bezeugt am eindrucksvollsten die berühmte Fossilienfundstelle Messel, jene 1971 stillgelegte eozäne Ölschiefergrube nordöstlich von Darmstadt. Vor etwa 50 Millionen Jahren, das heißt kurz nach der Unterbrechung der breiten Landverbindung zwischen Europa und Nordamerika, bestand hier ein großer Süßwassersee, in dessen Grundschlamm sowohl Wassertiere als auch ertrunkene Landbewohner eingebettet wurden. Unerhört vollständige und oft noch mit Weichkörperresten zusammen erhaltene Wirbeltierskelette sind hier gefunden worden, und zwar in überwältigend großer Anzahl. Im Laufe von drei Jahrzehnten wurden geborgen: etwa 1500 Fische, 430 Amphibien, über 650 Reptilien (darunter mehr als 100 Krokodile), zahllose Vögel und Säugetiere.

Zahlreiche Funde von in Europa inzwischen ausgestorbenen Tiergruppen zeigen die enge Beziehung zur nordamerikanischen Fauna an: Schlammfische (Amia), Knochenhechte (Lepisosteus), Leguane, Alligatoren und der große Laufvogel Diatryma. Fast jede Grabungsaktion führt zu neuen Erkenntnissen über die Lebensweise ausgestorbener Tiere, aber auch zu tiergeographisch aufschlußreichen Entdeckungen. Das Neueste ist der Fund eines Ameisenbären († Eurotamandua joresi). Keiner hatte vorher geahnt, daß Ameisenbären jemals außerhalb von Südamerika gelebt haben. Es ist nur zu hoffen, daß die Pläne, Messel in eine riesige Mülldeponie zu verwandeln, begraben werden.

Der Zerfall von Gondwana. Während uns bis jetzt das Schicksal der Tierwelt links und rechts des neu entstandenen Atlantischen Ozeans beschäftigte, wollen wir im folgenden noch einen Blick auf den Rest des in Auflösung befindlichen Südkontinents Gondwana werfen.

Von allen driftenden Kontinentalschollen, die Gondwana wie ein kalbender Gletscher entließ, startete Vorderindien als erste. Im schon erwähnten Eozän, als die Nagetiere von Afrika nach Südamerika reisten und in Deutschland die Messel-Fossilien entstanden, stieß die Indische Platte bereits mit dem asiatischen Festland zusammen. Auch hier half die Faunengeschichte bei der Bestimmung des genaueren Zeitpunkts. Vorderindien, das sich wohl an der Wende vom Jura zur Kreide von Gondwana gelöst hatte, brachte offenbar keinerlei eigene Säugetiere mit. Die ältesten fossilen indischen Säugetiere mußten also aus Asien stammen und den Zeitpunkt angeben, zu dem Indien »angekommen« war. Man hat sie inzwischen gefunden: Sie ähneln Säugetieren, die man in der Mongolei ausgegraben hat, und sind 45 Millionen Jahre alt, was dem mittleren Eozän entspricht.

Nach Indien spaltete sich von Gondwana die afrikanische Großscholle ab, deren Schicksal schon weiter oben besprochen wurde. Madagaskar folgte Afrika offenbar erst mit einiger Verzögerung. Dadurch bekam diese Insel einige typisch südamerikanische Tiergruppen mit auf den Weg, die in Gondwana erst nach der Abtrennung Afrikas entstanden sein müssen. Zu diesen versprengten Südamerikanern, die noch heute auf Madagaskar leben, gehören die madegassischen Boa-Schlangen und Leguane, außerdem die

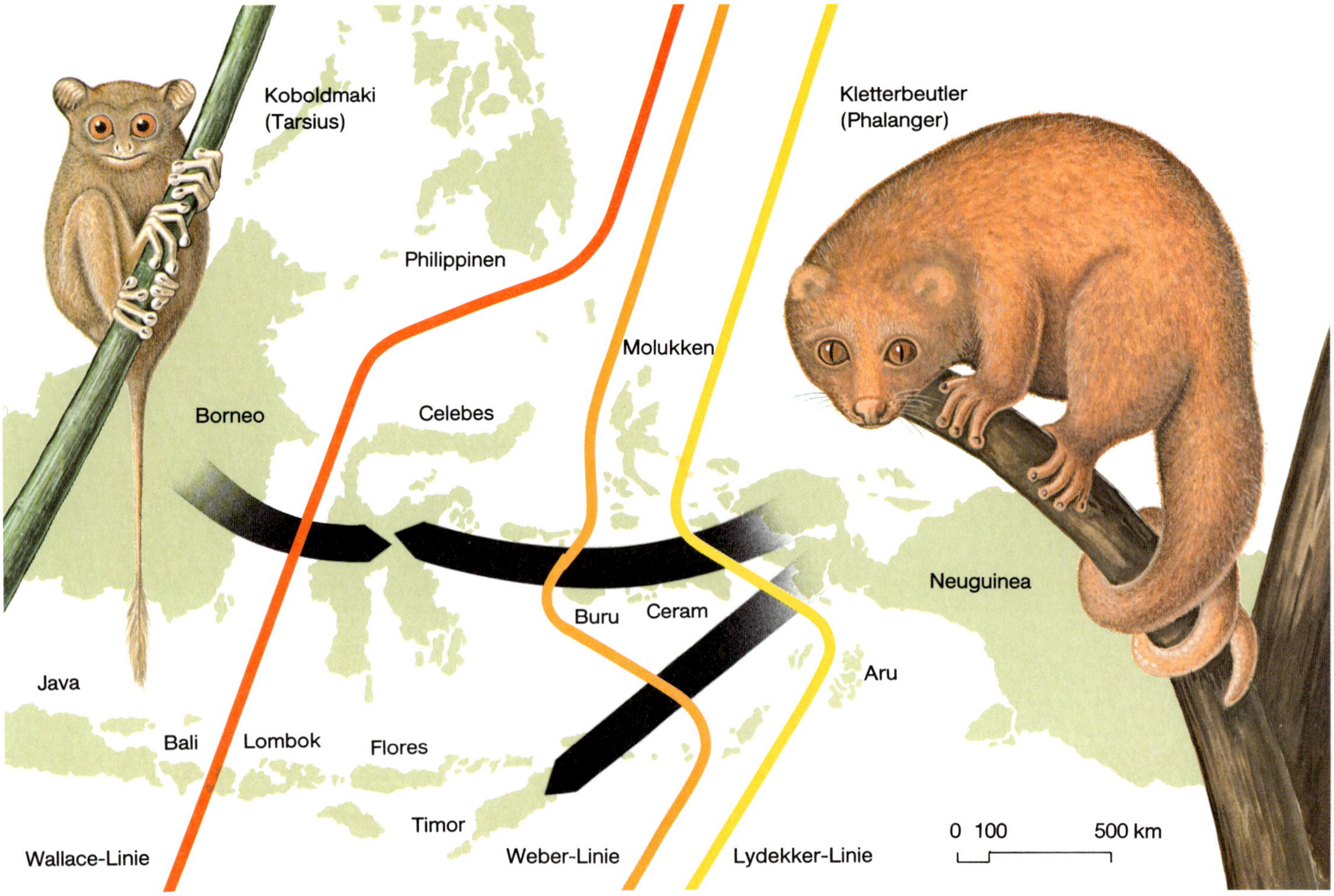

Stelzenrallen, die den neotropischen Sonnenrallen nahestehen. Säugetiere scheinen auf Madagaskar – ebenso wie auf der Indischen Platte – zunächst vollständig gefehlt zu haben. Die Vorfahren der heutigen madegassischen Säugetiere (der Lemuren, Tanreks usw.) müssen zu verschiedenen Zeiten als Flößer aus dem relativ nahen Afrika eingewandert sein (→ S. 176).

Archinotis, der »Alte Süden«. Die restlichen Schollen von Gondwana, nämlich Südamerika, Antarktis, Australien und Neuseeland, haben wohl am längsten zusammengehangen. Alle diese Schollen besitzen oder besaßen (Antarktis) vor allem an ihren kühleren Südrändern einen Wald aus Südbuchen (Nothofagus-Arten), zu dem eine charakteristische Fauna aus überwiegend endemischen und altertümlichen Familien von Pflanzensaugern, Zuckmücken, Steinfliegen, Schnabelfliegen, Käfern und Süßwasserkrebsen gehört.

Der Hauptanteil dieses alten Floren- und Faunenreiches, das man Archinotis (»Alter Süden«) nennt, liegt heute unter dem Festlandeis der Antarktis begraben. Die bis zur Gegenwart erhaltenen Reste bezeichnet man meist als Übergangsgebiete der Archinotis zur Neotropis bzw. Australis (→ Infokasten S. 158).

In welcher Reihenfolge sich die Teile der Archinotis ablösten und auseinanderdrifteten, ist noch unklar. Auf jeden Fall erhielt nur Australien, nicht aber Neuseeland die in der Neuen Welt entstandenen Beuteltiere mit auf den Weg.

Die Entstehung der Wallacea. Während Australien völlig isoliert durch die Jahrmillionen auf die malayische Inselwelt zudriftete, hatten die Beuteltiere genügend Zeit, sich in zahlreiche endemische Linien aufzuspalten und fast alle ökologischen Nischen zu besetzen (→ S. 176).

Erst im obersten Tertiär (Pliozän) kam Australien den asiatischen Inseln so nahe, daß ein Faunenaustausch möglich wurde. Er ist jedoch verhältnismäßig gering geblieben und beschränkte sich bei den Säugetieren auf wenige Gruppen. Obwohl in Asien alle wesentlichen höheren (plazentalen) Säugetierordnungen vertreten sind, kamen doch nur aktive Flieger (Fledermäuse) und gute Flößer (Nagetiere) nach Australien (der Dingo ist wahrscheinlich ein verwilderter Haushund der ersten menschlichen Einwanderer).

Man erkennt daran, daß selbst eine verbindende Inselkette (hier die Sunda-Inseln) Landtieren die Wanderung über das Meer nicht generell erleichtert. Auch das »Inselhüpfen«, also das etappenweise Flößen von einem Eiland zum anderen, ist nur kleineren Säugetieren möglich und muß auch nicht immer zu einer dauerhaften Besiedlung des anderen Erdteils führen, wenn dort die betreffenden ökologischen Nischen durch überlegene Tierformen besetzt sind. Es ist wohl kein Zufall, daß die den höheren Säugetieren insgesamt unterlegenen Beuteltiere nur sehr wenige erfolgreiche Wanderer hervorgebracht und beim »Inselhüpfen« von Australien aus niemals das asiatische Festland erreicht haben, sondern in der Zwischenregion »steckengeblieben« sind. Kletterbeutler der Gattung Phalanger (die einzigen indomalayischen Beuteltiere) sind nach Westen weitestens bis Celebes vorgedrungen. Sie sind jedoch zusammen mit orientalischen Gattungen, die wie der Koboldmaki (Tarsius) in der Gegenrichtung ebenfalls nicht weiterkamen, einer der Gründe dafür, daß man zwischen Asien und Australien-Neuguinea ein tiergeographisches Übergangs- oder Zwischengebiet errichten mußte, das nach dem berühmten englischen Tiergeographen Alfred Russel Wallace »Wallacea« getauft wurde.

__Zwischenregion Wallacea.__ Die nach dem englischen Tiergeographen Alfred Russel Wallace benannte Inselregion Wallacea stellt ein Übergangsgebiet zwischen den großen tiergeographischen Regionen Orientalis und Australis dar. Über die Westgrenze (Wallace-Linie) drangen zum Beispiel die orientalischen Koboldmakis (Tarsius) nach Osten vor; über die Ostgrenze (Lydekker-Linie) wanderten australische Kletterbeutler (Phalanger) ein. Entlang der Weber-Linie (die durch das tiefere Wasser verläuft) kommen Wirbeltiere orientalischer und australischer Herkunft etwa gleich häufig vor.

Viele Tiergeographen haben sich mit der Wallacea beschäftigt. Einige ihrer Namen wurden zur Benennung von drei wichtigen Grenzlinien benutzt. Durch das tiefere Wasser verläuft – stark nach Osten verschoben –

als wichtigste tiergeographische Grenze die Weber-Linie. Sie stellt die eigentliche Faunenscheide dar: Wirbeltiere australischer und orientalischer Herkunft kommen entlang dieser Linie etwa gleich häufig vor. Die Wallace-Linie und die Lydekker-Linie bilden die West- bzw. Ostgrenze der Wallacea. Wie man im Atlas nachsehen kann, entsprechen diese Grenzen weitgehend den Meerestiefenlinien von zweihundert Metern. Nur bis dahin fiel während der Eiszeit das Meer zeitweilig trokken, so daß auch größere Landtiere (z.B. Orang-Utans) von einer Insel zur anderen überwechseln konnten. Dadurch erhielten die festlandnahen Inseln abweichend von den Inseln der Wallacea ein rein orientalisches bzw. australisches Gepräge.

Auswirkungen der Eiszeit. Die Eiszeit (Pleistozän, Diluvium), die vor etwa zwei Millionen Jahren begann und vor etwa zehntausend Jahren endete, setzte sich aus verschiedenen Kaltzeiten und wärmeren Zwischenperioden zusammen. Bestimmte Auswirkungen der Kaltzeiten haben uns im Zusammenhang mit Beringia und Wallacea bereits beschäftigt: die Trockenlegung von Flachmeeren und die damit verbundene Entstehung örtlicher Landbrücken, also die Verschiebung der Grenze Land-Meer. Diese Meeresspiegelsenkungen waren die Folge davon, daß damals große Wassermassen in Gestalt gewaltiger Polkappen aus Eis festgelegt waren. In Eurasien und Nordamerika kam es darüber hinaus zur zeitweiligen kontinentalen Vereisung, das heißt zur Bildung mächtiger Inlandeisschilde über den Gebirgen. Vor allem in Grönland und auf dem antarktischen Festland dauert diese Inlandvergletscherung an, und vieles spricht dafür, daß unsere geologische Gegenwart (das Holozän) nur eine Zwischeneiszeit darstellt.

Die verschiedenen Vereisungen der Kaltzeiten hatten Folgen, die man in bestimmter Hinsicht mit denen der Kontinentaldrift vergleichen kann. Allmähliche Vorstöße von Inlandeis wirken sich tiergeographisch aus wie ein Meer, das sich mit der Zeit zwischen zwei auseinanderdriftende Festlandschollen schiebt: Das vorher zusammenhängende Areal der Tiere wird zerrissen. In beiden Fällen muß die geographische Trennung (Separation) nicht endgültig sein. So wie Gletscher schließlich tauen, können (wie wir eben sahen) Meeresarme wieder austrocknen. Allerdings ist die driftbedingte Trennung schließlich doch meist endgültig, während die Auswirkung von Eiszeiten gewöhnlich nur vorübergehend ist.

Wird ein vorher durch Gletscher oder Eisrandwüsten und Tundren »verbauter« Raum wieder frei, so wird er zum Schauplatz eines dramatischen Naturexperiments mit wechselndem Ausgang: Rückwandernde, ursprünglich artgleiche Tiere treffen sich nach längerer Trennung erneut in ihren alten Gefilden, etwa in Mitteleuropa. Manche erkennen sich nach einigen Zehntausenden bis Hunderttausenden von Jahren noch als Artgenossen und paaren sich (z.B. Raben- und Nebelkrähe). Sie zeigen damit, daß sie noch Unterarten (»geographische Rassen«) derselben Art sind. Andere (z.B. Nachtigall und Sprosser) kennen sich nicht mehr und leben fortan als gesonderte Arten in kleinen oder großen Arealüberschneidungen nebeneinander: Aus einer Art sind zwei geworden. Tiergeographische Verteilungsmuster lassen somit Rückschlüsse darauf zu, wie es im Laufe der Evolution gewöhnlich zur Artaufspaltung kommt, nämlich durch Separation (→S. 46).

Nacheiszeitliche Zwillingsarten. Es existiert für Mitteleuropa eine längere Liste von sehr ähnlichen Tierarten (Artenpaaren, Zwillingsarten), die alle auf die beschriebene Weise nacheiszeitlich jeweils aus einer einzigen voreiszeitlichen Stammart hervorgegangen sind. Dazu gehören außer Nachtigall und Sprosser vor allem: Grünspecht und Grauspecht, Garten- und Waldbaumläufer, Zilpzalp und Fitislaubsänger, Blaßspötter und Gartenspötter, Sommer- und Wintergoldhähnchen sowie die Laufkäfer Carabus purpurascens und Carabus violaceus. Noch an der Grenze zur Artbildung stehen (ähnlich wie Raben- und Nebelkrähe) zum Beispiel Gelbbauch- und Rotbauchunke sowie Braunbrust- und Weißbrustigel.

Die Reihenfolge, in der die Arten jedes »Zwillingspaares« aufgezählt wurden, ist nicht zufällig. Die erstgenannte Art hat jeweils ihren Verbreitungsschwerpunkt mehr oder weniger deutlich im westlichen Europa, die zweitgenannte im östlichen. Das hängt mit der Richtung zusammen, aus der die Tiere bei der Wiederbesiedlung des zeitweilig vereisten Raumes kamen. Da der Fluchtweg direkt nach Süden durch die starke Vergletscherung der Alpen für viele seinerzeit versperrt war, mußten sie zu Beginn der Eiszeit entweder nach Südwesten auf die Iberische Halbinsel und ins nordwestliche Afrika ausweichen oder aber nach Südosteuropa bis hin ins südliche und östliche Asien.

Die Glazialrefugien, wie diese eiszeitlichen Ausweichgebiete oder Rest-Areale genannt werden, wurden dann später zum Ausbreitungszentrum, das heißt zu Ausgangsgebieten für die nacheiszeitliche Wiederbesiedlung. Die Angehörigen ein und desselben Ausbreitungszentrums bezeichnen manche Tiergeographen als Faunenelemente. Der Grünspecht wäre dann zum Beispiel ein südwestliches (atlantomediterranes) Faunenelement, der Grauspecht ein östliches (wohl ostasiatisch-orientalisches).

Unvollständige Artbildung.
Die Vereisung Mitteleuropas vertrieb große Teile seiner Tierwelt in südwestliche und südöstliche Rückzugsräume. In diesen Glazialrefugien wurden vorher einheitliche Tierpopulationen allmählich verschieden und erreichten das Stadium von Unterarten. In der Nacheiszeit (Postglazial) erkannten sich die Rückwanderer aus West und Ost teilweise nicht mehr als Artgenossen wieder. Sie leben seither im Überlappungsgebiet ihrer Areale und unvermischt nebeneinander: Damit ist die Bildung zweier neuer Arten abgeschlossen. Bei anderen – so der westlichen Raben und der östlichen Nebelkrähe – blieb die Artbildung unvollständig: sie paaren sich im Grenzgebiet auch weiterhin und bringen Bastarde hervor, sind also noch Unterarten einer einzigen Art.

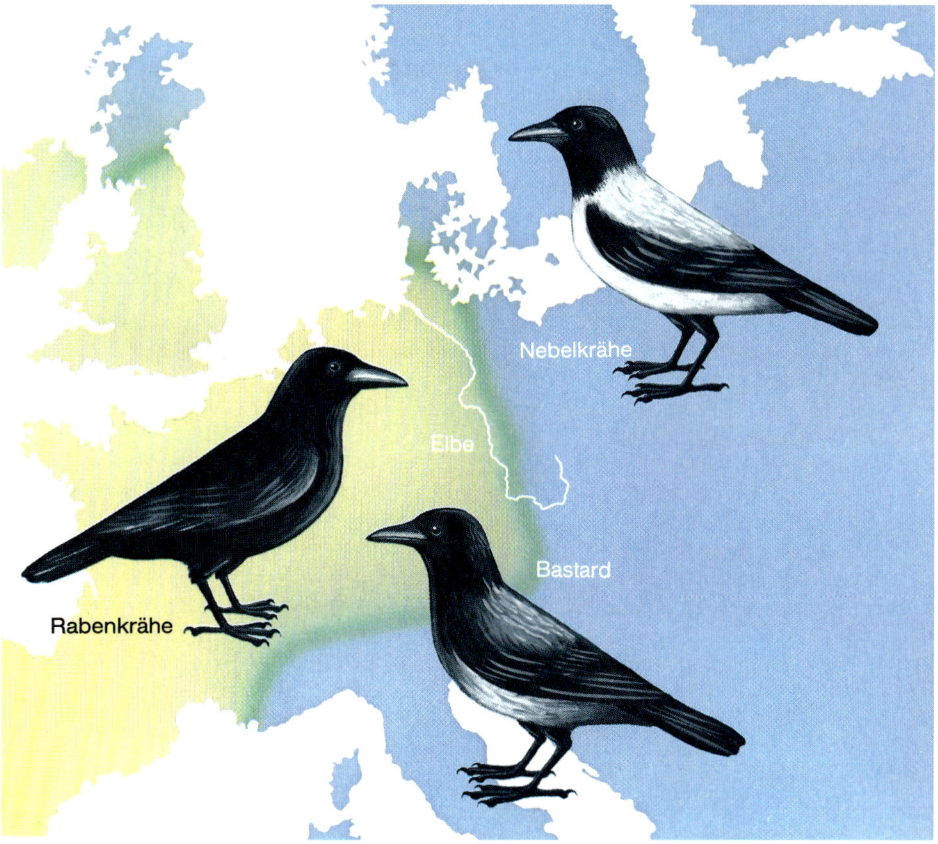

»Wanderunlustige« und späte Wanderer. Allem Anschein nach sind viele voreiszeitliche Bewohner Mitteleuropas nach Abzug der Gletscher nicht wieder in ihr früheres Wohngebiet zurückgekehrt, sondern in den warmen »Exilen« geblieben. Manche von diesen »Wanderunlustigen« verraten durch ein auffälliges Verbreitungsmuster ihre ursprüngliche Herkunft aus dem Norden und bestätigen auf glänzende Weise die Lehre von den Glazialrefugien.

Die voreiszeitlich offenbar von Europa nach Ostasien durchgehend verbreitete Blauelster (Cyanopica cyanus) lebt heute in zwei weit auseinander liegenden Arealen, im Südwesten der Iberischen Halbinsel und im östlichen China. Zwei Fischarten (Schlammpeitzger und Bitterling), deren voreiszeitliche Verbreitung derjenigen der Blauelster entsprach, haben im Westen zwar die Rückwanderung begonnen, aber die disjunkten Teilareale nicht wieder vereinigen können. Diese Fische bewohnen gegenwärtig bereits wieder Mittel- und Osteuropa, ihre Ostgrenze am Ural ist jedoch noch immer mehr als dreitausend Kilometer von der Westgrenze der chinesischen Areale entfernt.

Einige Tierarten (vor allem Girlitz und Türkentaube), die sich etwa seit dem 18. Jahrhundert und noch gegenwärtig über Europa ausbreiten, sind wahrscheinlich keine Wiedereinwanderer, sondern Neueindringlinge.

Bei einer letzten Gruppe europäischer Tiere müssen wir völlig umdenken. Sie haben sich nicht während der Eiszeit, sondern vielmehr danach in Refugien »geflüchtet« und leben noch heute darin. Es handelt sich um die schon weiter oben erwähnten Beispiele für arktoalpine Disjunktion, vor allem um Schneehuhn und Schneehase. Diese kälteliebenden arktischen Arten sind offenbar während der Eiszeit zwischen den nordeuropäischen und alpinen Gletschern in einem einheitlichen Areal verbreitet gewesen. Als sich diese Region in der Nacheiszeit (Postglazial) wieder bewaldete, folgten sie dem schmelzenden Eis teils nach Norden und teils nach Süden, bis sie die inselartigen nacheiszeitlichen Restareale (Postglazialrefugien) im hohen Norden und in den höheren Gebirgen (z. B. Alpen) erreichten, wo sie als Überbleibsel der Eiszeit (Glazialrelikte) bis heute überdauern.

Somit bietet nicht nur die Theorie der Kontinentaldrift, sondern auch die Lehre von den Glazial- und Postglazialrefugien gute Erklärungsmöglichkeiten für disjunkte Verbreitungsmuster.

Überreste aus dem Tertiär. Die Eiszeit hat das heutige tiergeographische Gesamtbild Mitteleuropas entscheidend bestimmt. Da die anderen Kontinente der Nordhalbkugel im Diluvium ähnlich vergletschert waren, gilt Entsprechendes für das gesamte Faunenreich der Holarktis. Während in anderen Faunenreichen große Teile der Tierwelt des Tertiärs noch heute leben, wurden die Altformen in der Holarktis vernichtet oder nach Süden vertrieben. Danach wurde die Tierwelt gewissermaßen neu »aufgebaut«.

Um so erregender ist die Feststellung, daß sich an einigen Stellen dennoch echte Restfaunen aus dem Tertiär (Tertiärrelikte) halten konnten, und zwar in drei verschiedenen Süßwasserbiotopen: im Grundwasser (einschließlich Höhlengewässern), in bestimmten Fließgewässern und in tiefen Seen.

Im Sandlückensystem des Grundwassers überlebten verschiedene ursprüngliche Gruppen von Kleinkrebsen (z. B. Bathynelliden), in Höhlengewässern zum Beispiel der jugoslawische Grottenolm (Proteus anguineus), ein blinder und farbloser Molch, dessen bekanntester Fundort das Höhlensystem von Postojna (Adelsberger Grotte) ist. In manchen Fließgewässern Nordamerikas und Asiens (besonders Fernost) erhielten sich als letzter Abglanz einer ehemals reichen wärmeliebenden Tertiärfauna einige sehr urtümliche Fische (Löffel- bzw. Schwertstöre), gewaltige Molche (Amerikanischer und Asiatischer Riesensalamander) und Krokodile (die bekannten Alligatoren des Mississippi bzw. Yangtsekiang).

Der bekannteste aus dem Tertiär überkommene See Europas ist der bis 286 Meter tiefe pliozäne Ochridsee an der jugoslawisch-albanischen Grenze. Ihm fehlen viele gegenwärtig in seiner Umgebung häufige Süßwassertiere. Dafür ist er reich an Endemiten, die meist einen altertümlichen Charakter aufweisen. Zu ihnen gehören mehrere Arten von Strudelwürmern, 24 von 26 Schneckenarten, zahlreiche Kleinkrebse und drei Fischgattungen. Diese heute auf den Ochridsee beschränkten Tierformen waren im Tertiär viel weiter verbreitet.

In der ganzen Holarktis ist der im südlichen Mittelsibirien gelegene Baikalsee der älteste und tiefste. Bei einer Länge von 636 Kilometern ist er bis zu 1741 Meter tief und enthält deshalb ebensoviel Wasser wie alle fünf amerikanischen Großen Seen zusammen. Sein Südteil ist seit dem ältesten Tertiär (Paläozän), vielleicht sogar schon seit der Kreidezeit ununterbrochen ein Süßwassersee gewesen. Von den über siebenhundert bekannten Tierarten, die in ihm leben, sind nicht weniger als neunzig Prozent Endemiten.

Diese Endemiten gehen auf Einwanderer verschiedener Erdepochen zurück. Die ältesten Bewohner (manche Schwämme, Strudelwürmer, Schnecken und Fische), die schon im frühen Tertiär, das heißt vor rund 65 Millionen Jahren, in den See kamen, haben bereits den Rang von endemischen Familien erlangt. Besonders eigenartig ist unter ihnen die Familie der Ölfische (Comephoriden), schuppenlose, glasig-durchsichtige Schwarmfische, die pro Weibchen zweitausend bis dreitausend lebende Junge hervorbringen. Spätere Einwanderer stellen heute endemische Gattungen, Arten und Unterarten dar. In diese Gruppe gehört zum Beispiel die mit der Ringelrobbe verwandte Baikalrobbe, die erst während der Eiszeit über einen großen westsibirischen Eisstausee aus dem Nordpolarmeer in den Baikalsee gelangte. Eine besondere Entwicklung haben die Flohkrebse (Amphipoden) durchgemacht, die 239 endemische Arten (in 33 endemischen Gattungen) herausgebildet haben. In keinem anderen Binnengewässer der Erde findet man eine solche Häufung von Vertretern dieser Krebsordnung.

Artbildung bei Inseltieren

Zu den »Spielregeln« der Evolution gehört die adaptive Radiation (→ S. 47). Darunter versteht man die vielfältige Verzweigung einer Stammeslinie von Lebewesen, das »Ausschwärmen« eines bestimmten Ausgangstyps in Anpassung an alle verfügbaren ökologischen Nischen. Dabei kommt es zur Ausbildung vieler neuer Arten, also eines ganzen »Artenschwarmes«.

Bei der Erklärung der eiszeitlich bedingten Artenverteilung in der Holarktis gerieten wir unversehens in spezielle Fragen der geographischen Artbildung hinein. Es ging jedoch dabei stets um die Entstehung von Artenpaaren (Zwillingsarten), nicht um die Bildung größerer Artenschwärme, die man in verschiedene Gattungen und Familien unterteilen muß. Auf solche größeren Gruppen führte erst die Betrachtung des Baikalsees. Das erweckte den Anschein, als sei die Erzeugung von Artenschwärmen eine reine Frage der Zeitspanne, die seit der Einwanderung einer Gründerart vergangen ist.

Daß es nicht nur auf die Zeitdauer, sondern auch auf andere Faktoren ankommt, läßt sich besonders gut an der Radiation von Tieren auf Inseln und Inselkontinenten zeigen. Man muß jedoch bei »Adam und Eva« anfangen, das heißt bei den Gründern (Kolonisatoren) oder Stammeltern und der Art und Weise, wie sie auf die Inseln gekommen sind. Das wiederum kann man am besten bei Inseln beobachten, die einst durch einen unterseeischen Vulkanausbruch als völliges Neuland entstanden sind. Von solchen »meergeborenen« Inseln gibt es auf der Erde gar nicht so wenige. Gelegentlich kann der Mensch sogar bei ihrer Entstehung zusehen wie zum Beispiel im Falle der Insel Surtsey, die den Namen eines Riesen der nordischen Sagenwelt trägt und dreißig Kilometer südlich von Island liegt.

Surtsey wurde in Begleitung einer acht Kilometer hohen Säule aus Dampf und vulkanischer Asche am 14. November 1963 erstmals sichtbar. Zahlreiche Lavaergüsse sorgten dafür, daß die Insel 1967 bereits eine Flächenausdehnung von ca. 2,5 Quadratkilometern erreicht hatte. Biologen untersuchen seit 1964 die allmähliche natürliche Besiedlung dieser ursprünglich unbelebten Insel mit Pflanzen und Tieren.

Krakatau. Eine weit längere Tradition hat das Studium der Neubesiedlung der vulkanischen Krakatau-Inseln, die in der Sunda-Straße zwischen Sumatra und Java liegen. Die ehemals 832 Meter hohe und bis zum Gipfel bewaldete Hauptinsel Krakatau war am 26. und 27. August des Jahres 1883 mit einem Getöse in die Luft geflogen, das man bis Ceylon hören konnte. Aufgestaute vulkanische Gasmassen hatten sie einschließlich ihres Sockels

Wiederbesiedlung von Krakatau. *Im August des Jahres 1883 explodierte unter gewaltigem Getöse die Vulkan-Insel Krakatau in der Sunda-Straße zwischen Sumatra und Java. Auf den Inselresten war alles Leben vernichtet. Wissenschaftler verfolgten die Wiederbesiedlung dieses natürlichen »Freilandlaboratoriums«, die erst ungefähr fünfzig Jahre nach der Katastrophe zum Abschluß kam. Sie erfuhren dabei Näheres über die Reihenfolge der Besiedlung, aber auch manches über die unterschiedlichen Ausbreitungsmethoden der verschiedenen Ankömmlinge: Sie reisen als Luftplankton (Spinne, Blattlaus) und im aktiven Flug (Fledermaus, Seeschwalbe, Schmetterling, Libelle), als Flößer auf Treibholz (Schleichkatze, Frosch, Igel, Ratte, Schlange, Schildkröte, Leguan, Schnecke, Spinne) und als Langstreckenschwimmer. Zu den letztgenannten gehörten im Fall von Krakatau große Reptilien wie Bindenwaran (Varanus salvator), Leistenkrokodil (Crocodylus porosus) und Netzpython (Python reticulatus).*

bis vierhundert Meter unter die Wasseroberfläche größtenteils zerpulvert. Der in die Atmosphäre geschleuderte Staub umzog den ganzen Erdball und schwächte über Jahre hinweg die Sonneneinstrahlung.

Im näheren Umkreis der Explosion war alles pflanzliche und tierische Leben vernichtet. Der Rest der alten Hauptinsel (die heutige Insel Rakata) und die kleineren Nebeninseln blieben zunächst tote Berge aus Lava und Asche. Krakatau entsprach damit den Bedingungen von Surtsey: hier wie dort »neugeborenes«, noch lebensfreies Land. Aber Krakatau liegt nahe am Äquator, umgeben von tropischer Lebensfülle, die nächste Insel etwa zwanzig Kilometer entfernt. Wie lange würde es dauern, bis Krakatau von neuem von

1

2

3

Papageien Australiens

Papageien leben vorzugsweise in den Tropen der Alten und der Neuen Welt. Ihre größte Formenvielfalt erreichten sie aber in Neuguinea und Australien, wo man auch ihre Urheimat vermutet. Alle etwa 320 bekannten Papageien-Arten sind leicht an ihrem kräftigen, gebogenen »Krummschnabel« zu erkennen, mit dem sie harte Pflanzensamen und sogar Paranüsse knacken können und den sie oft auch beim Klettern im Geäst zu Hilfe nehmen. Die Füße sind zu wirksamen Greifwerkzeugen umgestaltet. Die beiden äußeren Zehen (der 1. und 4.) sind nach hinten gerichtet, die beiden mittleren weisen nach vorn. So besitzen die Papageien eine regelrechte Greifhand (»Handfüßler«) und halten denn auch oft Nahrungsbrocken mit dem rechten oder linken Fuß in mundgerechter Höhe. Fast alle sind »intelligent«, neugierig und lernbegabt: Manche nutzen diese Eigenschaften zum Nachahmen verschiedenster Geräusche, also auch der menschlichen Stimme. Die Kakadus bilden eine eigene Unterfamilie. Sie sind tauben- bis rabengroß und damit die größten Papageien Australiens (Gelbhaubenkakadu, 1). Zu den farbenprächtigsten Papageien gehören die Loris (2, 5), die mit ihrer Pinselzunge Blütensäfte aufnehmen, und die Prachtsittiche (3). In großen Trupps durchstreifen Wellensittiche die australische Steppe (4).

4

5

Pflanzen und Tieren besiedelt wäre? Diese Frage wurde auch damals schon gestellt. Krakatau wurde zum großen biologischen »Freilandlaboratorium«.

Neun Monate nach dem Ausbruch setzte der erste Wissenschaftler seinen Fuß auf die Restinsel. Er fand nur eine einsame Spinne, die auf der Lava ihr Netz baute – vergeblich, denn es gab nichts zu fangen. Diese Spinne war ihrer Zeit zu weit voraus. Damit das Tierleben zum zweitenmal beginnen konnte, mußten erst die Pflanzen zurückkehren. Sie taten es: 1886 registrierte man außer Algen bereits 26 verschiedene Arten höherer Pflanzen, 1897 waren es 62, 1906 bereits 114.

Die Tiere folgten rasch. 1898 zählte man 40 Arten von Gliederfüßern (hauptsächlich Insekten und Spinnen), 2 Reptilien- und 16 Vogelarten. Die Vögel brachten an ihren Füßen und in ihrem Darm weitere Pflanzensamen mit. 1923, also vierzig Jahre nach dem Ausbruch, ergaben sich für die Tiere dann folgende Artenzahlen: Gliederfüßer ca. 500, Landschnecken 7, Reptilien 3 (Bindenwaran, Netzpython und Leistenkrokodil), Brutvögel 26, Säugetiere 3 (2 Fledermausarten und eine Rattenart). Fünfzig Jahre nach der Katastrophe hatten sich die Verhältnisse auf Krakatau bei über 1200 Tierarten weitgehend stabilisiert. Inzwischen waren auch kleinere Reptilien angekommen (Geckos, Schönechsen und Skinke). Noch etwas ist besonders erwähnenswert: Von den 26 Brutvogelarten des Jahres 1923 waren 1933 fünf nicht mehr da. Dafür waren andere gekommen.

Flieger, Schwimmer, Flößer. Landtiere gelangen auf verschiedene Art und Weise auf unbesiedelte Vulkaninseln. Spinnen (an »Altweibersommer«-Fäden hängend) und viele Insekten werden als Luftplankton herangeweht (→ S. 229ff.). Fledermäuse, Vögel und größere Insekten kommen als aktive Flieger, Krokodile sowie größere Schlangen und Echsen als aktive Schwimmer. Innerhalb der auf Treibholz reisenden Tierarten muß man zwischen guten, mittleren und schlechten Flößern unterscheiden. Die guten halten es auf See recht lange aus, die schlechten nur über geringe Entfernungen.

Im Hinblick auf das »Floß« ist die Vorstellung eines in den Wellen rollenden Baumstamms wahrscheinlich unangemessen. Man spricht heute mehr von treibenden »Bauminseln«: Hohe Fluten reißen größere Teile der Vegetationsdecke ab, die dann mit allen darauf befindlichen Tieren von der Meeresströmung erfaßt werden. Unter solchen Bedingungen ist auch eher gewährleistet, daß gleich mehrere Tiere einer Art, mindestens aber je ein Männchen und Weibchen, das neue Ufer erreichen. Daß derartige Bauminseln nicht alle Tage entstehen, verdeutlichen im Falle von Krakatau die Reptilien. Kleine, auf Flöße angewiesene Arten schafften die Besiedlung erst zwischen 1923 und 1933.

Sowohl das Beispiel der zu früh gekommenen Spinne als auch der Artenaustausch der Vögel auf Krakatau zeigen, daß es mit dem Landen auf der neuen Insel allein nicht getan ist. Es genügt nicht, ein guter Flieger, Schwimmer oder Flößer zu sein. Wer nicht zur rechten Zeit kommt, stirbt wieder aus. Die Gesamtzahl der schließlich fest etablierten Tierarten ist gewöhnlich kleiner als die Gesamtzahl der Ankömmlinge.

Zur rechten Zeit am rechten Ort. Man sollte etwas darüber nachdenken, was es in diesem Zusammenhang heißt: zur rechten Zeit kommen. Zu früh darf es nicht sein, denn wenn die nötigen Lebensgrundlagen (pflanzliche oder tierische Nahrung, Verstecke, Rast- und Brutplätze) fehlen, wird sich der Einwanderer nicht lange halten können, es sei denn, er findet wenigstens einen vorläufigen Notbehelf. Aber zu spät kommen kann auch von Nachteil sein. Dann hat sich die Konkurrenz bereits häuslich eingerichtet, vielleicht sogar in der eigenen ökologischen Nische. An die langfristige (stammesgeschichtliche) Eroberung weiterer Nischen ist erst gar nicht zu denken.

Der günstigste Zeitpunkt scheint demnach zu sein, wenn ein gedeckter Tisch vorhanden ist und noch keine oder fast keine Konkurrenten da sind. Wünschenswert wäre es auch, wenn in den kommenden Jahrhunderttausenden keine weiteren Einwanderer eintreffen würden. Solche Umstände sind ideal für eine adaptive Radiation, jenes »Ausschwärmen« in alle verfügbaren ökologischen Nischen.

Das Ausbleiben weiterer Einwanderer für lange Zeiträume ist allerdings eine Bedingung, die auf Krakatau nicht zu erfüllen war. Bei der relativen Nähe der nächsten Insel mußten Neuankömmlinge relativ häufig eintreffen. Es kommt also zusätzlich auf den rechten Ort an. Am besten geeignet sind Vulkaninseln weit draußen im Meer, sogenannte ozeanische Archipele. Die bekanntesten »Versuchsstationen« dieser Art sind die Galápagos- und die Hawaii-Inseln.

Die Fauna der Galápagos-Inseln. Die Galápagos-Inseln, eine Gruppe von 5 großen und 19 kleineren Inseln und ca. 45 Riffen, sind vulkanischen Ursprungs und waren also zunächst ebenso unbewohnt wie Surtsey und Krakatau. Darüber hinaus aber liegen sie einsam im Pazifischen Ozean, fast tausend Kilometer westlich von Ecuador und rund fünftausend Kilometer östlich der äußersten Inselgruppen Polynesiens. Wegen dieser geographischen Lage gelten für die Galápagos-Inseln sämtliche Regeln, die man für ozeanische Archipele aufgestellt hat:

1. Die Fauna ist artenarm. Auf dem gegenüberliegenden Festland, in Ecuador, leben zum Beispiel über 1300 Landvogelarten, auf den Galápagos-Inseln nur etwa 20. Die Gesamtzahl der Landwirbeltierarten beträgt knapp 50, das heißt, in den rund 10 Millionen Jahren seit der Entstehung der Inseln hat es nur selten erfolgreiche Einwanderungen gegeben. Die isolierte geographische Lage garantierte also eine große Konkurrenzarmut.

2. Die Inselformen gehören zu Tiergruppen, die über gute Ausbreitungsmittel verfügen. Durch aktives Schwimmen und Fliegen kamen allerdings nur Meeres- und Küstentiere (z. B. Seelöwen, Tölpel) nach Galápagos. Es ist anzunehmen, daß die geflügelte Landfauna (außer den erwähnten Landvögeln nur eine Fledermausart) insgesamt durch Stürme verfrachtet wurde. Die restlichen Wirbeltiere sind Reptilien und Nager – also jene Gruppen, die wir schon im Falle von Krakatau als gute oder mittelgute Flößer kennengelernt haben. Amphibien und echte Süßwasserfische fehlen.

3. Die engsten Verwandten der Galápagos-Bewohner leben auf dem nächstgelegenen Festland, also in der Neotropis. Alle Landtiere (mit Ausnahme einer einzigen Lungenschnecke, die aus Ozeanien stammt) sind südamerikanischer Herkunft.

4. Trotz der Verwandtschaft mit Festlandtieren unterscheiden sich die Inselformen von ihnen. Es besteht also ein Endemitenreichtum, und zwar kein Relikt-Endemismus (wie z. B. beim Ochridsee, → S. 166, und bei manchen anderen Inseln), sondern ein Entstehungs-Endemismus, das heißt, alle Sonderformen des Archipels sind auch fossil nur aus dem heutigen Verbreitungsgebiet bekannt.

5. Trotz allgemeiner Artenarmut liegt bei einzelnen Tiergruppen ein überraschender Formenreichtum vor. Offensichtlich hat in diesen Fällen eine adaptive Radiation stattgefunden. Zwei Beispiele sollen das veranschaulichen.

Die Darwinfinken. Ein vom Sturm nach Südwesten verwehtes Pärchen kleiner Ammern aus der Verwandtschaft der heute in Mittelamerika heimischen Schwarzammern (Melanospiza) und Kubafinken (Tiaris) waren wohl die Stammeltern der Darwinfinken (Geospizinen), die auf den Galápagos-Inseln eine adaptive Radiation erreichten und insgesamt 14 Arten hervorbrachten.

Die Darwinfinken haben in der Geschichte der Abstammungslehre eine besondere Rolle gespielt. Charles Darwin (→ S. 34ff.), der die Galápagos-Inseln im Herbst 1835 besuchte, verdankt ihnen seine ersten Rückschlüsse auf einen Artenwandel. Er schreibt darüber 1839: »Wenn man diese Abstufung und Verschiedenartigkeit der Struktur in einer kleinen Gruppe nahe verwandter Vögel sieht, so kann man sich wirklich vorstellen, daß infolge einer ursprünglichen Armut an Vögeln auf diesem Archipel die eine Vogelart hergekommen und zu verschiedenen Zwecken abgewandelt worden sei.« Mit diesem Satz ist zugleich alles Wichtige über adaptive Radiation gesagt: eine einzige Ausgangsart – keine oder schwache Konkurrenz durch andere Vögel – Abwandlung zu verschiedenen Zwecken in Abstufung der Struktur.

Vor allem die verschiedenen Schnabelformen, die vom groben Kernbeißer- bis zum zarten Laubsänger-Typ reichen, veranschaulichen, daß die Darwinfinken viele verschiedene Nahrungsnischen erobert haben: Einige knacken harte Samen, andere stecken ihren verlängerten Schnabel in Kaktusblüten und -früchte, wieder andere fangen Insekten. Besonderheiten sind der berühmte Spechtfink, der in Ermanglung von Spechtschnabel und -zunge mit einem Stöckchen oder Dorn nach Insektenlarven stochert, und der Spitzschnabelgrundfink, der gelegentlich das Blut von Seevögeln (Tölpeln) anzapft.

Alle diese Unterschiede haben sich in der wissenschaftlichen Namengebung niedergeschlagen: Man unterscheidet bei den Darwinfinken nicht nur verschiedene Arten, sondern verschiedene Gattungen (Geospiza, Cactospiza, Certhidea u.a.) und stellt die Gesamtheit der Darwinfinken in eine besondere Gattungsgruppe oder Unterfamilie (Geospizinen).

Das Prinzip der vielfältigen Separation. In eine besondere Gattung (Pinaroloxias) hat man auch den Cocosinselfink gesteckt, den einzigen Darwinfinken, der nicht die Galápagos-Inseln bewohnt, sondern die knapp siebenhundert Kilometer nordöstlich gelegene Cocos-Insel. In dieser Sonderbenennung kommt zum Ausdruck, daß sich der Cocosinselfink deutlich von den anderen Darwinfinken unterscheidet, und das wiederum heißt, daß er nicht erst kürzlich auf sein Eiland verschlagen worden sein kann. Wenn er genügend Zeit hatte, warum hat er dann nicht auf der Cocos-Insel eine Sonderradiation begonnen?

Vor allem wohl deshalb, weil die Cocos-Insel eine Einzelinsel ist, Galápagos aber ein ganzer Archipel. Wie immer bei der Artbildung kommt es auch hier wieder auf die räumliche Sonderung (Separation, geographische Isolation) an. Eine Inselgruppe bietet von Anfang an die Möglichkeit vielfältiger Separation. Wenn heute auch bis zu zehn Finkenarten auf derselben Inselgruppe vorkommen und durch ihr überwiegend unvermischtes Nebeneinanderleben ihren Artcharakter beweisen, so hat es ursprünglich zweifellos damit begonnen, daß jede Insel ihre eigene Finkenform ausbildete. Dafür war genügend Zeit vorhanden, denn selbst ein Sprung von Insel zu Insel ist für kleine Landvögel ein seltenes Ereignis.

Die Riesenschildkröten. In dem erwähnten Zwischenstadium – eine Form pro Insel – befinden sich heute noch die Galápagos-Riesenschildkröten, deren Vorfahren offensichtlich später als die der Finken vom Festland herübergedriftet sind. Man billigt den Schildkröten darum nur den Rang von Unterarten (geographischen Rassen) zu. Sie gehören alle zu derselben Art (Testudo oder Geochelone elephantopus), und nur der dritte wissenschaftliche Name ist jeweils verschieden. Die Hauptunterschiede betreffen Panzerform und -muster. Zwei Unterarten haben in Anpassung an ihre Baum-Opuntien-Nahrung vorn eine sattelartige Panzeraufwölbung ausgebildet, die das Hochrecken des langen Halses erlaubt.

Mit vier Unterarten (statt nur einer) durchbricht die Hauptinsel Isabela scheinbar das allgemeine Verteilungsprinzip. Die Insel ist jedoch aus mehreren Vulkankratern zusammengewachsen, und für jede der vier Unterarten haben bestimmte Krater die Rolle einer Insel übernommen. Die Riesenschildkröten sind nämlich extrem ortstreu. Von den trockenen Lavaböden der Niederungen wandern sie regelmäßig zu ganz bestimmten Kratern, wo sie trinken und sich suhlen. Auf den immer gleichen Trampelpfaden, die sie seit ungezählten Generationen benutzen, sind die Steine von den Bauchpanzern glattgeschliffen. Wenn man Trinkwasser sucht, braucht man nur diesen Schleifspuren zu folgen.

Die Radiation der Galápagos-Schildkröten wird vermutlich nie über die gegenwärtig erreichte Zwischenstufe hinauskommen, da die einzelnen Unterarten teils schon ausgestorben, teils trotz moderner Schutzmaßnahmen unmittelbar von der Ausrottung bedroht sind. Der Schuldige ist in allen Fällen der Mensch, der die Tiere zunächst als Schiffsproviant in Massen abschlachtete und später in Gestalt von Ratten und verwilderten Hunden und Schweinen Räuber ihrer Eier und Jungtiere einführte.

Die Formenvielfalt der australischen Beuteltiere ist einzigartig. Sie haben die Funktionsgestalten fast aller übrigen Säugetierordnungen wiederholt. Der Koala-Bär ist ein träger Kletterbeutler.

Die Radiation der Beuteltiere und Lemuren. Die adaptive Radiation der Kleidervögel (Drepanididen) auf den Hawaii-Inseln bestätigt die auf Galápagos gewonnenen Erkenntnisse: auch hier ein Formenreichtum (22 Arten in 2 Unterfamilien, aus einer einzigen Gründerart hervorgegangen), der offensichtlich mit der Vielzahl von Einzelinseln (acht große und elf kleinere) zusammenhängt.

Wie aber steht es mit größeren Einzelinseln wie Madagaskar und ganzen Inselkontinenten wie Australien? Auch dort hat es ja berühmte adaptive Radiationen gegeben. Ihr Ergebnis ist die Formenvielfalt der madegassischen Lemuren (21 lebende und 19 erst in den letzten dreitausend Jahren ausgestorbene Arten) und der australischen Beuteltiere (165 le-

Adaptive Radiation auf den Galápagos-Inseln

Adaptive Radiation – eine der Spielregeln der Evolution – ist die vielfältige und relativ rasche Verzweigung einer Stammeslinie von einem Ausgangstypus aus. In Apassung an alle verfügbaren ökologischen Nischen wird ein ganzer »Schwarm« neuer Tierformen gebildet. Bekannte Schauplätze für adaptive Radiationen sind Inselkontinente und Inselgruppen, besonders ozeanische Archipele, die – wie die Galápagos-Inseln – weit draußen im Meer liegen. Die berühmten Darwinfinken (insgesamt 14 verschiedene Arten von Geospizinae) gehen wahrscheinlich auf ein einziges sturmverwehtes Pärchen kleiner südamerikanischer Ammern zurück. Da auf Galápagos die Konkurrenz anderer Kleinvögel fehlte, eroberten die Darwinfinken viele verschiedene Nahrungsnischen und entwikkelten dabei mehrere unterschiedliche Schnabelformen. Spechtschnabel und Spechtzunge wurden nicht erfunden, aber der Spechtfink sorgte für Ersatz: Er stochert mit einem Stöckchen oder Dorn nach Insektenlarven.

Spechtfink

Adaptive Radiation der Darwinfinken

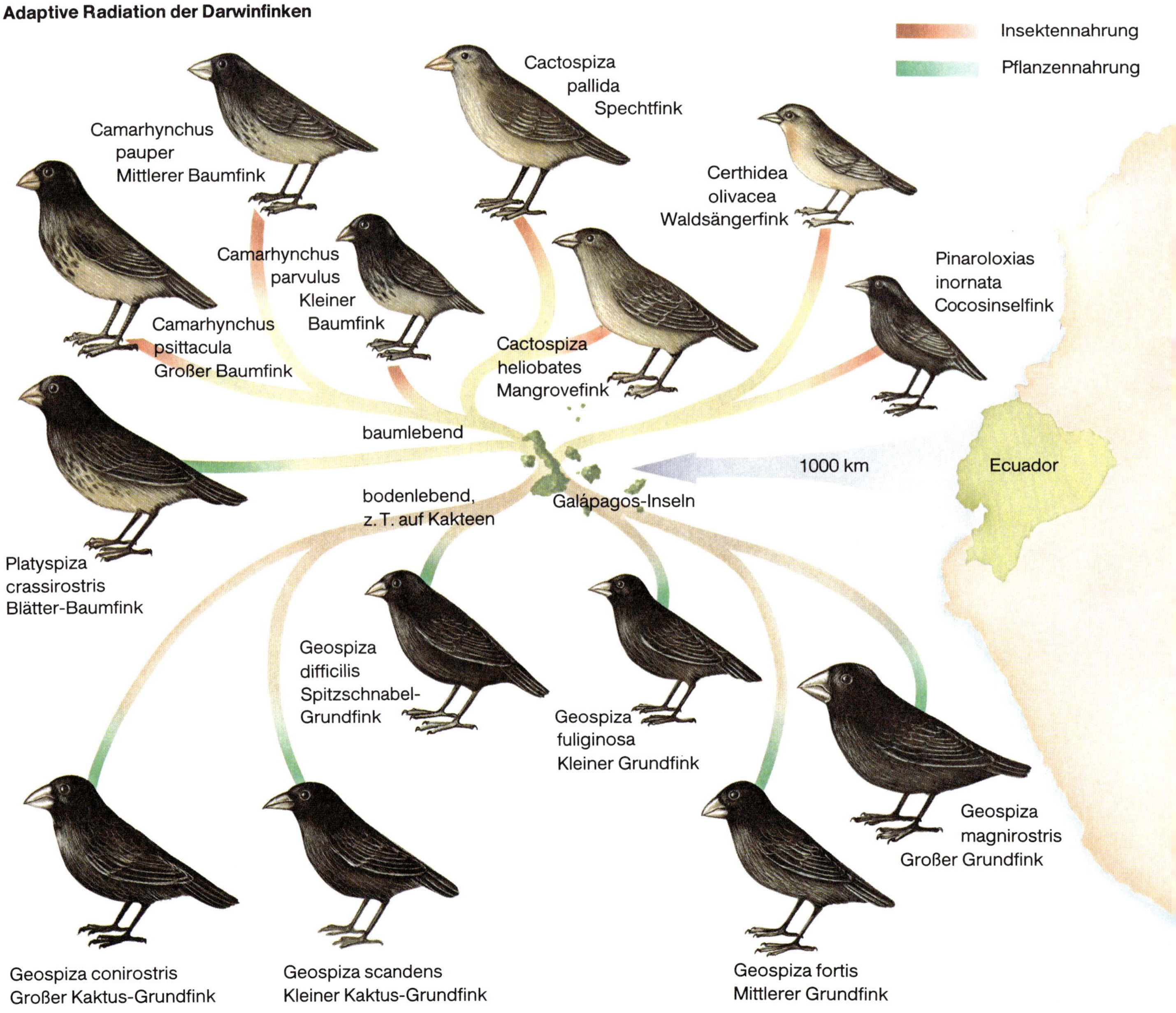

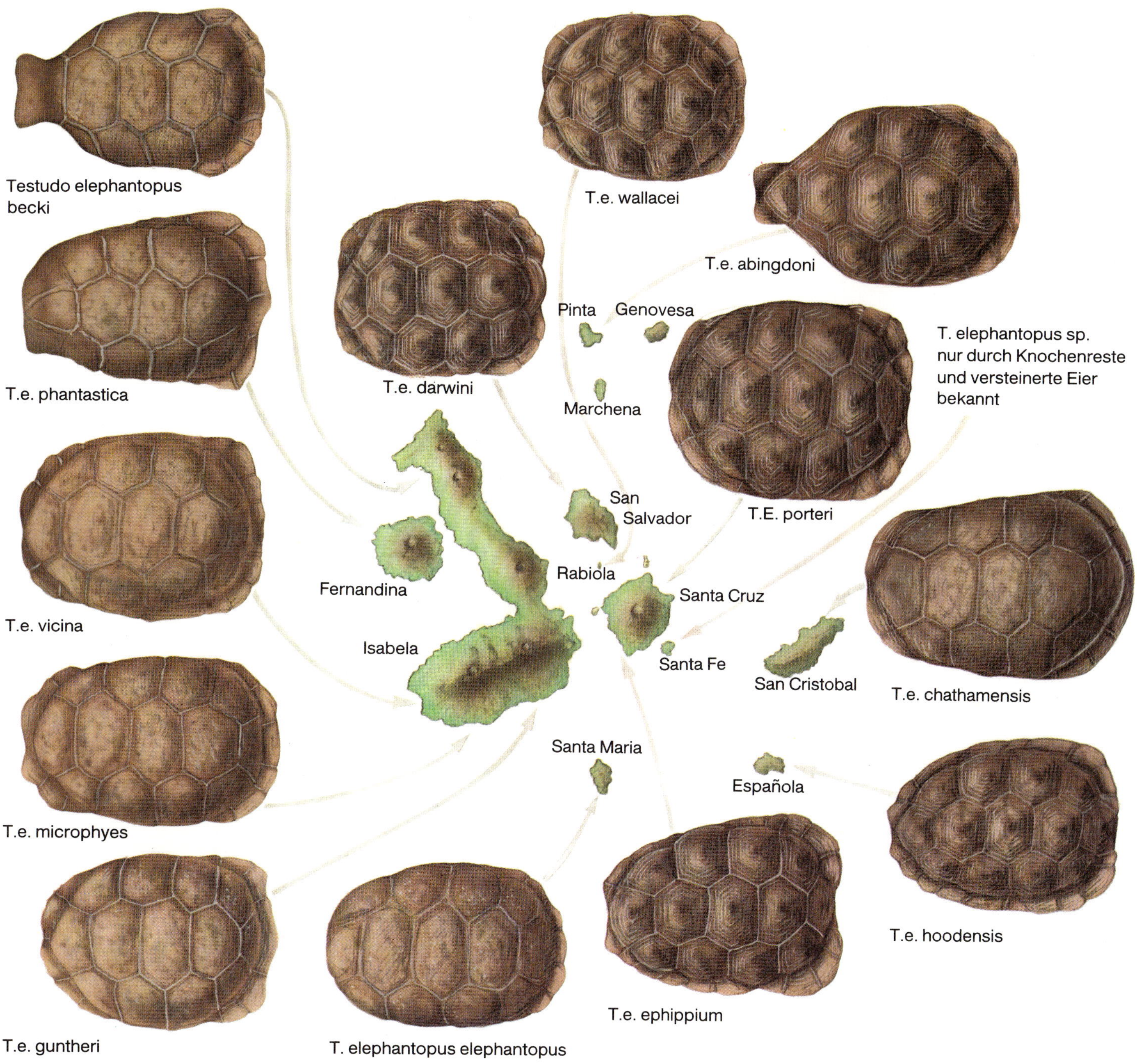

Auch den Riesenschildkröten ist auf Galápagos eine adaptive Radiation geglückt. Ihr gemeinsamer Ahn kam vom südamerikanischen Festland aus offenbar als Flößer auf treibenden Bauminseln herübergedriftet. Panzerform und -muster der Galápagos-Schildkröten sind von Insel zu Insel etwas verschieden, aber man billigt den einzelnen Schildkrötenformen nur den Rang von Unterarten zu: Lediglich der dritte wissenschaftliche Name ist jeweils verschieden, Gattungs- und Artnamen sind gleich (Testudo elephantopus). Die adaptive Radiation ist hier noch nicht so weit fortgeschritten wie bei den Darwinfinken, bei denen sich verschiedene Formen auf ein und derselben Insel begegnen, unvermischt bleiben und damit ihren Artcharakter beweisen. Elefantenschildkröten begegnen sich in der Natur nirgendwo. Normalerweise lebt (oder lebte: einige wurden ausgerottet) jede Form auf ihrer eigenen Insel, und auf der großen Insel Isabela hält sich jede der vier Unterarten an ihren eigenen Vulkan und sucht immer dieselben Kratertümpel zum Trinken und Baden auf.

Galápagos-Schildkröten

1

2

3

Lemuria: ein lebendes Museum

Trotz der Nähe zu Afrika hat Madagaskar ein lebendes Museum von ansonsten weitgehend verschwundenen Tierformen bewahrt, weil die Insel durch einen tiefen Graben vom afrikanischen Kontinent getrennt wurde und die dort erfolgende Höherentwicklung von Halbaffen zu echten Affen nicht mitbekam. Wurden dort die Halbaffen von den überlegenen echten Affen verdrängt, so konnten sich viele Lemuren auf Madagaskar erhalten. Den Halbaffen ist eine hundeartig vorgezogene Mundpartie eigen (2, Brauner Maki; 5, Mohrenmaki), der Besitz von Krallen (4, Vari) und Nägeln an Hand und Fuß und ein meist langer Balancierschwanz mit sozialer Anzeigefunktion (Kattas, 8). In sehr verschiedener Körpergröße vom Mausmaki (7) bis zum 60 Zentimeter großen Indri (6) erlaubte der Lemuren-Bauplan die Erschließung aller ökologischen Nischen vom tropischen Regenwald bis zur trockenen Wolfsmilch-Savanne. Auch in verhaltensbiologischer Sicht liefern die Lemuren Madagaskars ein museales Spektrum: hochgeordnetes Gruppenleben bei Kattas (3, 8), Dämmerungsgesänge in durchdringendem Chor als Territorialanzeige bei Indris, fast völliges Einzelgängertum beim Mausmaki. Besonders bizarr: das Fingertier (1) mit verlängertem skelettdünnem Mittelfinger zum Erlangen von Bambusmark und Insekten.

4

5

6

7

8

bende und zahlreiche fossile Arten). Auch große Einzelinseln und Kontinente können wie Archipele wirken, wenn sie geographisch genügend gegliedert sind. Flüsse, Gebirge, Wüsten oder auch nur waldlose Ebenen trennen viele Einzelräume ab, die man durchaus mit meerumspülten Inseln vergleichen kann.

Wichtig ist nur hier wie überall das Fehlen von ernsthafter Konkurrenz. Wie weiter oben (→S. 164) erwähnt, bekam Australien beim Abdriften von der Archinotis neuweltliche Beuteltiere mit auf den Weg, wahrscheinlich primitive Beutelratten. Über Jahrmillionen, nämlich bis Australien in die Nähe Südostasiens kam, blieben diese Beuteltiere ohne Wettbewerber. Die australischen Kloakentiere (Schnabeltier und Ameisenigel), deren Herkunft noch in Dunkel gehüllt ist, stellten für die Beutler offenbar keine ernsthafte Konkurrenz dar.

Den Beuteltieren in Südamerika ging es schlechter. Sie bekamen sehr bald fähige Konkurrenten in Gestalt von höheren (plazentalen) Säugern: Zuerst waren es nur Nager, Affen, Zahnarme und primitive Huftiere, so daß die südamerikanischen Beuteltiere sogar noch Raubtiere ausbilden konnten, und zwar die mit den australischen Raubbeutlern nicht näher verwandten – inzwischen ausgestorbenen – Borhyaeniden. Aber als sich nach längerer Unterbrechung im späten Tertiär (Pliozän) die Panamabrücke endgültig landfest ausbildete, strömten weitere Plazentalier (vor allem Raubtiere) nach Südamerika und hielten die Beuteltiere seither klein (auch im wörtlichen Sinne).

Die Radiation der australischen Beutler war dagegen spektakulär. Sie wiederholten innerhalb einer einzigen Säugetierordnung die Funktionsgestalten fast aller übrigen 17 Säugetierordnungen. Sie brachten Erdgräber, Tiere mit Nagezähnen, affenartig flinke und faultierartig träge Klettertiere, Gleitflieger, marder- und wolfsähnliche Räuber und laufende und springende Offenlandtiere hervor. Innerhalb der letztgenannten känguruhartigen Beutler kam es nochmals zu einer Sonderradiation mit nicht weniger als 51 Arten, darunter die Baumkänguruhs Neuguineas.

Die Vorfahren der Madagaskar-Halbaffen (Lemuren) erreichten die driftende, zunächst völlig säugetierfreie Großinsel wohl schon recht früh auf Treibholzflößen von Afrika aus. Wegen der relativen Nähe dieses Festlands blieben die Lemuren jedoch nicht die einzigen Säugetiere. Doch ihre wichtigsten Konkurrenten, die echten Affen, haben den Sprung von Afrika aus nie geschafft, und so konnten die Lemuren auf Madagaskar wenigstens fast alle Anpassungen der Affen vorwegnehmen. Sie bildeten echte Tagtiere aus (die afrikanischen und asiatischen Halbaffen blieben Nachttiere), ferner Vokalisten (»Brüller«), Blattfresser, Hangler, Bodenformen und sogar Riesentiere von Menschenaffengröße, die allerdings ausgerottet worden sind.

Ökologische Tiergeographie

Von den zahlreichen allgemeinverständlichen Tierbüchern, die einen Überblick über das gesamte Tierreich geben wollen, gehen wohl die meisten von der Systematik aus, also vom natürlichen Verwandtschaftssystem der Tiere. Diese Bücher gliedern nach Tiergruppen, zum Beispiel Insekten, Fische, Säugetiere usw. Eine Reihe von Gesamtdarstellungen des Tierreichs richtet sich jedoch nach der Verteilung der Tiere im Raum, also nach tiergeographischen Gesichtspunkten (→Infokasten S. 159). Diese Bücher kann man nochmals in zwei Gruppen unterteilen. Die Mehrzahl wählt als oberstes Einteilungsprinzip die tiergeographischen Regionen (→Infokasten S. 184). Innerhalb der regionalen Kapitel wird dann zum Teil nach Landschaften gegliedert, das heißt, das Kapitel Paläarktis hätte dann zum Beispiel Unterkapitel mit den Überschriften: Tiere der Tundra, Steppe, Wüste usw. Einige wenige Werke orientieren bereits ihre Haupteinteilung an diesen Landschaften und fragen erst bei den Unterkapiteln danach, in welcher tiergeographischen Region die Landschaften jeweils liegen.

Nur dieser letztgenannte Buchtyp benutzt das Denkschema der ökologischen Tiergeographie oder Landschaftsökologie, die ein Grenzgebiet zwischen der Ökologie (→S. 129ff.) und der eigentlichen oder regionalen Tiergeographie darstellt und mal der einen, mal der anderen Wissenschaft zugerechnet wird.

Was sind Biome? Da der erdkundliche Begriff »Landschaft« vieldeutig ist, benutzen die Ökologen zur Kennzeichnung der gemeinten Einheiten (Tundra, Steppe, Wüste usw.) gewöhnlich die Bezeichnung Bioregion oder Biom. Biome sind den Klimazonen entsprechende Vegetationsgürtel (Pflanzenformationen) mit einer charakteristischen Tierwelt.

Die bekanntesten Känguruhs sind die Grasfresser der australischen Buschsteppen.

Tiere gleicher Biome haben meist gleichsinnige Anpassungen entwickelt, die zu ähnlichen Lebensformtypen führen, auch wenn die Biome in ganz verschiedenen tiergeographischen Regionen liegen. Ein Beispiel: In der Steppe gibt es gute Läufer – ganz gleich, ob die Steppe nun zur Paläarktis gehört und es sich um Saiga-Antilopen handelt oder ob die neotropische Steppe Patagoniens mit ihren Guanakos gemeint ist. Man kann auch sagen: Zwischen Saiga und Guanako besteht eine zwischenregionale Entsprechung des Lebensformtyps oder eine »Stellenäquivalenz«.

Grenzen ökologischer Erklärungen. Als Biomforschung erhebt die ökologische Tiergeographie oft den Anspruch, ein Teil der kausalen Tiergeographie, das heißt, maßgeblich an der Erklärung der Verteilungsmuster beteiligt zu sein. Zweifel an dieser Auffassung sind der Grund dafür, weshalb ökologische Begründungen in dem entsprechenden Abschnitt (»Erklärung der Verteilungsmuster« → S. 159 ff.) weitgehend weggelassen wurden. Es ist zuzugeben: Die Ökologie kann aus der Kenntnis der Lebensraumansprüche der Tiere zum Beispiel verständlich machen, welche Tiere gute Treibholzflößer sind (z. B. Eidechsen) und welche schlechte (z. B. Frösche). Sie kann auch verdeutlichen, warum es etwa in Grasländern immer wieder zur Evolution von guten Läufern gekommen ist. Aber alles tiergeographisch Wesentliche kann sie nicht erklären. Im obigen Beispiel bleibt ökologisch unerklärbar, warum die Steppenläufer in Patagonien gerade Guanakos (also kamelartige Paarhufer) sind und wie und wann sie überhaupt nach Südamerika kamen. Das läßt sich nur aus der Vergangenheit verstehen, also durch die geologisch-fossilgeschichtlichen Untersuchungen der historischen Tiergeographie (→ S. 158 ff.).

Selbst anscheinend typisch ökologische Erklärungen sind zum Teil in Wirklichkeit historische Erklärungen. Die auffällige Armut an Meerestierarten im Nordatlantik im Vergleich zum Nordpazifik ist ein Temperatureffekt.

Die känguruhartigen Beuteltiere haben noch einmal eine Sonderradiation durchgemacht. Unter den 51 Arten gibt es auch baumlebende Känguruhs.

Die Temperatur stellt einen wichtigen ökologischen Faktor dar. Doch sind nicht die gegenwärtigen Temperaturen an der Verarmung der Meeresfauna schuld, sondern die durchschnittlichen Wassertemperaturen, die während der Eiszeit herrschten und die man neuerdings mit zwei getrennten Verfahren erschließen kann. Sie lagen im Nordatlantik lange Zeit besonders niedrig. Auch hier gelingt die Erklärung also nur mit Hilfe der Vergangenheit.

Klimaregeln. Außer den Gesetzmäßigkeiten, die in bestimmten Biomen herrschen, untersucht die ökologische Tiergeographie auch allgemeine Regeln über den Zusammenhang von Tiergestalt und Klima (sogenannte Klimaregeln), die quer über alle Biome hinweg gelten. Die beiden wichtigsten Regeln sind:

1. Bergmannsche Regel: Die Körpergröße von Warmblütern (Säugetieren und Vögeln) nimmt in kälteren Klimaten zu. Beispiel: Im Norden leben die größten Unterarten des Braunbären, nämlich der Kodiak- und der Kamtschatkabär, in Nordafrika lebte die kleinste, der in historischer Zeit ausgerottete Atlasbär.

2. Allensche Regel: Die Länge von Körperanhängen (Gliedmaßen, Ohrmuscheln, Schwanz) nimmt bei Warmblütern in kälteren Klimaten ab. Beispiel: Der Eisfuchs hat die kürzesten Ohren, der Fennek oder Wüstenfuchs die längsten, unser Rotfuchs mittellange.

Drei weitere bekannte Regeln sind:

3. Glogersche Regel: Die Unterarten einer Tierart sind in warmen und feuchten Gebieten dunkler gefärbt als in kühleren und trockneren.

4. Renschsche Haarregel: Die Haardichte geht bei Säugetieren in den wärmeren Klimaten zurück.

5. Hessesche Regel: Das relative Herzgewicht nimmt in kühleren Klimaten zu.

Tundra, Taiga und Silvaea. Abschließend soll eine Übersicht über die Biome und typische Züge ihrer Tierwelt gegeben werden.

Die Tundra als Biom, das heißt als baumlose Kältelandschaft, tritt wie ein Gürtel rings um den nördlichen Polarkreis, aber auch in Hochgebirgen und auf einigen subantarktischen Inseln auf. Im Mittelpunkt des Interesses steht die holarktische Tundra. Typisch für das Gesicht dieser Landschaft sind die zahlreichen Zugvögel (überwiegend Wat- und Entenvögel), die den kurzen, intensiven Sommer zur Brut und Nahrungsaufnahme nutzen. Viele halten sich an die Larven der riesigen Mückenschwärme. Auch einige der größeren Säugetiere, deren Ernährungsgrundlage Moose, Flechten und Gräser bilden, weichen im Winter nach Süden aus: Typische Jahreszeitenwanderer sind die Rentiere, denen Wolf und Vielfraß folgen. Andere Säuger bleiben auch während der winterlichen Polarnacht in der verschneiten Tundra, darunter die zu den Nagetieren zählenden kleinen Lemminge, die nicht etwa Winterschläfer sind, sondern unter der schützenden und wärmenden Schneedecke ein munteres Leben entfalten.

Die Taiga, der nordische Nadelwald, schließt sich als breiter Gürtel im Süden an die Tundra an und ist ebenfalls ein typisch holarktischer Biom. Viele Vögel (z. B. Kreuzschnäbel und Tannenhäher) und Nager (Hörnchen und Rötelmäuse) ernähren sich von den Samen der Nadelbäume. In Jahren mit magerer Samenernte fallen sibirische Kreuzschnäbel und Tannenhäher auf der Suche nach günstigeren Gegenden als »Invasionsvögel« in Mittel- und Westeuropa ein. Charakteristische Huftiere der Taiga sind verschiedene Hirscharten (z. B. Elche). Mit der anschließenden Laubwaldzone hat die Taiga winterschlafende Säugetiere gemeinsam.

Die laubwerfenden Wälder der gemäßigten Zone, die sich an den nordischen Nadelwald anschließen, bezeichnet man als Silvaea. Sie fanden sich ursprünglich sowohl in Ostasien als auch im östlichen Nordamerika und im größten Teil Europas, doch wurden sie in Nordamerika und Europa ganz weitgehend durch Kulturlandschaft ersetzt. Wahrscheinlich vermittelt nur noch der Wald von Bialowieza (Polen), der Wald der letzten Wisente, ein Bild des ursprünglichen europäischen Urwaldes. Typisch für die Silvaea ist der Reichtum an Vogelarten, der sich mit dem der afrikanischen und australischen Savanne messen kann. Die einzige echte Silvaea der Südhalbkugel wird von den Südbuchenwäldern (Nothofagus) gebildet, die man vor allem noch in Patagonien findet.

Auf Süd- und Nordhalbkugel gibt es verschiedene immergrüne Waldtypen, die zwischen der Silvaea und der anschließend zu besprechenden Hylaea vermitteln. Am bekanntesten sind die zum Mittelmeerklima (Winterregen und Sommertrockenheit) gehörenden Hartlaubgehölze (die sogenannte Sklerea). Wie die Pflanzenwelt nimmt auch die Tier-

2

3

4

5

6

Tiere verschiedener Landschaftstypen

Manche der großen Landschaftstypen sind außer durch die ihnen eigene Vegetation durch bestimmte Tierformen gekennzeichnet, die sich in diese Landschaften (Biome) besonders gut eingefügt haben. Das hat meistens handfeste Gründe: So sind die Giraffen ausgezeichnet an die in einiger Höhe wachsende Blattnahrung der Steppenakazien angepaßt (5). Die scharfkantigen Klauen des Steinbocks (2) ermöglichen das Ausnutzen kleinster Felsvorsprünge und eine rasche Flucht über Hänge und Grate. Rentiere (3), typische Tundrabewohner, müssen sich oft mit der Rentierflechte begnügen, die sie mit ihren Schaufelgeweihen unter dem Schnee hervorfegen. Bisons (4) sind die Charaktertiere der Prärien, der weiten Graslandschaften Nordamerikas. Der Elch wiederum ist das typische Tier der Taiga (1), der sumpfigen Nadelwälder Nordeuropas, -asiens und -amerikas. In den landwirtschaftlich umgestalteten Parklandschaften der gemäßigten Zonen finden sich Rehe (6) als charakteristische Tiere dieses Bioms.

welt dieser immergrünen Wälder eine Zwischenstellung ein.

Die Hylaea. Die tropischen Regenwälder, die den Biom der Hylaea bilden, kommen an drei Stellen der Erde in Äquatornähe vor: von Mittelamerika bis Brasilien (Schwerpunkt Amazonasbecken), im mittleren Afrika und von Ceylon über Hinterindien und Indonesien bis Nordaustralien. Der gewöhnlich auf die Hylaea angewandte Ausdruck »Urwald« ist zwar nicht ganz korrekt (es gibt auch in anderen Biomen Urwälder, → Silvaea), weist aber auf etwas Richtiges hin: Tropische Regenwälder sind klimatisch recht stabile und darum uralte Lebensräume, in denen altertümliche Tierarten lange erdgeschichtliche Epochen überdauern konnten. Zu diesen »lebenden Fossilien« (→ S. 52ff.) gehören zum Beispiel Tapire, Spitzhörnchen und Hirschferkel. Das hohe Alter der Hylaea hat außerdem dazu beigetragen, daß sie allgemein sehr artenreich ist. Wenn man bei uns im Wald kurz hintereinander zwei Schmetterlinge fängt, erhascht man meist dieselbe Art, im tropischen Regenwald sind es gewöhnlich zwei verschiedene.

Die hohe Feuchtigkeit im Regenwald erlaubt es manchen Wassertieren, auf dem Land zu leben. So gibt es landbewohnende Blutegel, Kiemenschnecken und Flohkrebse. Die vor allem im südostasiatischen Regenwald häufigen Landegel (Haemadipsiden) sind äußerst lästige blutsaugende Schmarotzer, die eifrig »witternd« durch das Gezweig von allen Seiten eilig auf einen Urwaldwanderer zukriechen und unbemerkt in seine Kleidung eindringen. Sie winden sich sogar durch die Ösen von Schnürschuhen.

Typisch für die Tierwelt der Hylaea sind außerdem Kletteranpassungen (z. B. Greifhände und Wickelschwänze) und Tarntrachten sowie eine allgemeine Tendenz, das Leben aus dem dunklen »Erdgeschoß« in die oberen Stockwerke des Waldes zu verlagern, die darum besonders tierreich sind. Selbst einige Frösche bleiben zeitlebens hoch oben in den Wipfeln. Ihre Eier und Kaulquappen entwickeln sich in sogenannten Pflanzengewässern (Phytotelmen), das heißt in kleinen Wassertanks, die sich in Baumhöhlen und Blattachseln bilden.

Grasländer: Savannen und Steppen. Trockeneres Klima, das einen tieferen Grundwasserspiegel bedingt, läßt die Bäume zurücktreten. Gräser rücken in den Vordergrund. Grasfluren der Tropen heißen Savannen, die der gemäßigten Zone Steppen (von einer afrikanischen Steppe spricht man also heute nicht mehr). In beiden Fällen gibt es zahlreiche Übergänge zum Wald einerseits und zur Wüste andererseits. Savannen und Steppen gemeinsam ist der Reichtum an laufenden und grabenden Tierformen mit einem häufig ausgeprägten »Gesellschaftstrieb«. Sie bilden vielfach große Herden, Schwärme oder Kolonien. Alle Graslandtiere müssen außerdem mit dem Feuer fertig werden, das schon lange vor den durch Menschen gelegten Bränden regelmäßig in der Trockenzeit durch Blitzschlag entzündet wurde. Manche Vögel, die Insekten und kleine Wirbeltiere fressen, nutzen die Graslandfeuer zur Nahrungssuche. So sieht man in der afrikanischen Savanne gewöhnlich Raubvögel (vor allem den langbeinigen Sekretär), Störche, Bienenfresser und Krähen an der Feuerfront entlang »patrouillieren« und das fliehende Kleingetier erbeuten.

Das Gesicht der Savannenlandschaft wird meist durch Einzelbäume mit schirmförmiger Krone bestimmt, zum Beispiel Dornakazien, deren Laub in Afrika die Giraffen abweiden. Oft sind aber auch große Termitenbauten beherrschend. Sie können sehr zahlreich auftreten und Höhen von acht Metern erreichen.

In den Steppen erzeugt die Grabtätigkeit der Nagetiere (z. B. Präriehunde und Ziesel) zum Teil eine regelrechte Hügellandschaft. Singvögel der Steppen (z. B. Lerchen) lassen ihren Gesang oft während des Fluges erschallen.

Wüste. Die trockenwarmen Wüsten und Halbwüsten der Erde gruppieren sich überwiegend um die Wendekreise. Die größte trockenkalte Wüste ist die Gobi. Wüsten sind sehr unwirtliche Gegenden, in denen das vorhandene Tierleben oft schwer zu entdecken ist, weil es sich auf bestimmte Stellen konzentriert, die etwas feuchter sind oder wenigstens Schlupfwinkel bieten. Walt Disneys berühmter Film »Die Wüste lebt« veranschaulicht jedoch, daß die Trockengebiete eine reichere Tierwelt beherbergen, als gewöhnlich angenommen wird.

Allen Wüstentieren gemeinsam ist die Fähigkeit, mit Wasser sehr sparsam umzugehen. Sie geben trockenen Kot und stark konzentrierten Harn ab. Das Überdauern der Tageshitze in Erdbauen und die Beschränkung auf nächtliche Aktivität (so z. B. beim Wüstenfuchs) begrenzen den Wasserverlust durch Verdunstung. Manche Wüstentiere (besonders Nager) beziehen ihren Wasserbedarf insgesamt aus ihrer Nahrung, andere (wie Kamel und Wildesel) können in wenigen Minuten 25 bis 30 Prozent ihres Körpergewichts trinken und dann sehr lange dursten. Und die mitten in der Wüste brütenden Flughühner tragen ihren Jungen von weit her Wasser im Brustgefieder herbei.

Sandwüsten stellen besondere Anforderungen an die Fortbewegung. Manche Reptilien (z. B. einige Wüstengeckos) und Säugetiere (z. B. Mendesantilopen) haben stark verbreiterte Füße bzw. Hufe, die wie »Sandschuhe« wirken. Auch das »Seitenwinden«, eine besondere Fortbewegungsart mancher Wüstenschlangen, stellt eine Anpassung an nachgiebigen Sandboden dar.

Hochgebirge und Gewässer. Hochgebirge machen etwa 5 Prozent der Landoberfläche aus. Ihr Pflanzenkleid zeigt je nach Höhenstufe Anklänge an verschiedene der großen Biome. Als alpinen Bereich bezeichnet man die Region zwischen Wald- oder Schneegrenze. Diese Zone ähnelt entweder Tundren oder gewissen Steppen. Die Tierwelt zeigt Anpassungen an den geringen Druck und Sauerstoffgehalt der Luft (erhöhte Zahl von roten Blutkörperchen) und an das Klettern. Pflanzenfressende Großsäuger mit scharfen, schmalen Hufen und guter Kletterfähigkeit sind auf der Nordhalbkugel im wesentlichen Paarhufer aus der Unterfamilie der Ziegenartigen (Gemsen, Steinböcke, Wildschafe u. a.).

Die Gewässer der Erde lassen sich bekanntlich in Binnengewässer (limnische Lebensräume) und Meere (marine Lebensräume) unterteilen. Das Meer bedeckt etwa 71 Prozent der Erdoberfläche und bildet damit den größten Lebensbereich. Die verschiedenen marinen Lebensräume werden in einem eigenen Kapitel ausführlich behandelt (→ S. 185ff.) Zu den Binnengewässern gehören sowohl Grund- und Höhlengewässer als auch alle fließenden und stehenden Oberflächengewässer einschließlich der Moore und Sümpfe. Oberflächengewässer reichen größenmäßig von der Regenpfütze und der wassergefüllten Wagenspur bis zum 6600 Kilometer langen Nil und dem ca. 400000 Quadratkilometer großen brackigen Kaspisee. Alle Binnengewässer sind in irgendeinen der besprochenen Biome einbezogen und dadurch geprägt.

Wir beschränken uns deshalb darauf, einige Unterschiede der limnischen Lebewelt gegenüber den Meerestieren zu nennen. Im Süßwasser gibt es eine geringere Zahl von festsitzenden (sessilen) und bohrenden Tierarten, außerdem weniger Sedimentfresser und kaum planktische Larven. An der Wasseroberfläche schwimmende Großpflanzen stellen einen zusätzlichen Lebensraum dar. Die tropischen Blatthühnchen (Jacaniden) haben sich mit ihren stark verlängerten Zehen (Fußspannweite bis 16 cm) so sehr an das Leben auf Schwimmblättern spezialisiert, daß sie an Land nicht mehr gut zu Fuß sind. Bei der Ausbreitung vieler limnischer Kleintiere (Einzeller, Schwämme, Moostierchen und Rädertiere) spielen Dauerstadien eine große Rolle, die meist an den Füßen von Wassergeflügel von einem Gewässer zum anderen transportiert werden. (Mehr über die Lebewelt im Süßwasser → S. 249ff.)

Einflußnahme des Menschen

Seit 1969 beobachten Friedhofswärter und -besucher auf dem Hauptfriedhof der Stadt Freiburg im Breisgau entzückende gelblichgraue Tierchen mit fünf breiten schwarzbraunen Längsstreifen auf dem Rücken und einem mäßig buschigen Schwanz. Wie man inzwischen herausbekam, sind es Streifenhörnchen oder Burunduks (Eutamias sibiricus). Diese Nagetiere kommen in den nördlichen Waldgebieten Eurasiens von Finnland bis Japan vor. Die Freiburger Tiere gehören zu einer auf Hokkaido (Nordjapan) verbreiteten Unterart und sind zweifellos über den Tierhandel nach Deutschland gekommen. Wahrscheinlich sind sie aus der Privatzucht eines Tierliebhabers entsprungen oder bewußt ausgesetzt worden.

Streifenhörnchen können zwar klettern wie unser Eichhörnchen, wohnen aber in Erdbauen, in denen sie auch ein- bis zweimal im Jahr ihre drei bis fünf Jungen aufziehen. Das taten sie denn auch in Freiburg, so daß sich der Bestand bei einer 1976 durchgeführten Zählung bereits auf etwa 150 Tiere belief. Inzwischen sind es weit mehr. Man stellte die Frage, ob Schaden zu befürchten sei. Nichts spricht dafür. Die Freiburger Kolonie begnügt sich mit Linden- und Ahornsamen und den Nüssen, die ihnen tierliebe Friedhofsbesucher reichen. An tierischer Nahrung sah man sie nur Blattlauslarven verzehren. Nester mit jungen Vögeln beschnupperten sie nur, rührten sie aber nicht an. Wer selber in Freiburg freilebende Streifenhörnchen füttern will, sollte nicht im Winter kommen, denn von Anfang November bis Mitte Februar halten sie Winterschlaf.

Man sollte dieses Bild des Friedens auf dem Freiburger Friedhof nicht weiter stören. Man sollte nur leise daran erinnern, daß man die Tiere bereits im angrenzenden Freiburger Klinikviertel gesichtet hat, daß sie in Gefangenschaft sehr wohl vorgelegte Jungvögel verzehrten und daß sie in Sibirien als Getreideschädlinge verrufen sind.

Man sollte auch daran erinnern, daß die 1889 in Großbritannien ausgesetzten nordamerikanischen Grauhörnchen inzwischen die englischen Eichhörnchen weitgehend verdrängt haben und durch Schälen von Laub- und Nadelbäumen jährlich forstwirtschaftliche Verluste von mehreren hunderttausend Pfund verursachen. Weiterhin sollte man daran erinnern, daß auch der in vielen Wäldern Mitteleuropas heimisch gewordene nordamerikanische Waschbär bereits zur Plage zu werden beginnt.

Was heute harmlos ist, muß nicht, aber kann in ein paar Jahrzehnten zur Plage werden. Faunenfälschungen, wie man solche Aussetzungen von Fremdlingen nennt, haben meistens harmlos angefangen.

Die australische Kaninchenplage. Weil sie ihr heimatliches Jagdwild nicht missen wollten, setzten australische Rancher 1859 bei Geelong in Victoria zwei Dutzend europäische Wildkaninchen aus. Der Bestand entwickelte sich gut – viel zu gut, aber von einer Katastrophe begann man erst etwas zu ahnen, als in den folgenden Jahrzehnten die Verbreitungsgrenze der Kaninchen jährlich um über hundert Kilometer nach Norden und Westen wanderte. Am Ende des 19. Jahrhunderts war der gesamte Südteil Australiens bevölkert, bis 1950 auch Zentral-Australien.

Die Tiere zerstörten durch ihr Massenauftreten die Vegetation und verwüsteten zahlreiche Weidegründe der Schafe und der heimischen Beuteltiere. Zur Bekämpfung ausgesetzte europäische Rotfüchse konnten der Plage nicht Herr werden, sondern wurden ihrerseits zur Plage, indem sie sich ihre Beute vor allem unter den heimischen Kleinbeutlern holten. Erst die künstliche Infektion der Kaninchen mit Myxomatose, einer durch blutsaugende Insekten (Stechmücken, Flöhe) übertragenen Kaninchenkrankheit, löste ab 1950 das große Kaninchensterben in Australien aus.

Die Landwirtschaft atmete auf, aber sechs Beuteltierarten waren für immer ausgelöscht und 32 weitere waren so selten geworden, daß sie seither auf der »Roten Liste« (→ S. 384) stehen.

Die Sekundärfauna Neuseelands. Obgleich in Australien noch andere Fremdlinge vorkommen (z. B. verwilderte asiatische Büffel und Kamele), ist die Fauna dort nicht so extrem überfremdet wie im benachbarten Neuseeland. Bevor der Mensch nach Neuseeland kam, gab es dort als Säugetiere nur einige Fledermäuse, darunter eine endemische Familie, die Neuseeland-Fledermäuse (Mystaciniden). Die rund fünfzig Säugetierarten, die man heute zählt, gehören also fast alle zu einer künstlich importierten Zweitfauna (Sekundärfauna).

Die »ökologische Explosion« begann mit der Einwanderung der Europäer, von denen sich viele bemühten, das klimatisch europaähnliche Neuseeland mit den gewohnten Zügen ihrer Heimat auszustatten. Kaninchen, Wildschweine, diverse Hirscharten, Gemsen, Steinböcke, Igel, Füchse und Marder sowie zahlreiche verwilderte Haustiere bevölkern heute die Doppelinsel. Aus dem nahen Australien holte man den Ringelschwanz-Kletterbeutler (Pseudocheirus, genannt »Possum«) als Pelztier. Von 130 importierten Vogelarten bürgerten sich rund 30 fest ein, darunter Amsel, Singdrossel, Sperling und Fasan. Die Flora Neuseelands mußte außerdem etwa 500 neue Pflanzenarten verkraften.

Für viele der eingeführten Tiere und Pflanzen fehlten in ihrer neuen Heimat die gewohnten Krankheiten, Parasiten und Verfolger. Es kam zu explosiver Massenvermehrung. Die ursprüngliche Fauna und Flora wurde vielerorts verdrängt oder schwer geschädigt. Die einheimischen Kiwis und Erdpapageien sind heute fast ausgestorben.

Vorkoloniale Ausrottungen. Verglichen mit den Taten der europäischen Kolonisten Neuseelands sind die Veränderungen gering, die zu Lasten der Maoris gehen, der voreuropäischen Bewohner. Die Maoris hatten Neuseeland vor etwa sechshundert Jahren in Besitz genommen und nur den Hund und die Polynesische Ratte als Neulinge mitgebracht. Aber sie sind an der Ausrottung der neuseeländischen Fauna nicht unbeteiligt. Sie haben mindestens einige der ursprünglich 19 Arten von Moa-Straußen auf dem Gewissen, die sie wegen ihres Fleisches, ihrer Knochen und ihrer Eierschalen verfolgten und deren Lebensraum sie durch Brandrodungen schädigten. Man nimmt an, daß die letzte Moa-Art erst in der Mitte des 18. Jahrhunderts verschwand, also relativ kurz vor der ersten Landung des englischen Weltumseglers James Cook.

Auch in anderen Erdteilen waren die europäischen Einwanderer nicht die ersten, die in den natürlichen Faunenbestand zerstörend eingriffen. Die Indianer Südamerikas sind mit Sicherheit für die Ausrottung der bodenlebenden Riesenfaultiere verantwortlich und die Madegassen für das Verschwinden der Riesenlemuren und Madagaskar-Strauße. Wahrscheinlich gibt es weder heute noch gab es zu Beginn der Kolonialzeit irgendwo auf der Erde natürliche, das heißt vom Menschen noch nicht veränderte, Ökosysteme und Faunenspektren. Freilich sollte man nochmals betonen, daß die tiergeographisch besonders weitreichenden Eingriffe in der Moderne geschahen.

Kulturflüchter und Kulturfolger. Wenn immer der Mensch heimische Tierarten durch Verfolgung ausrottet oder die ursprüngliche Fauna indirekt durch Zerstören der ursprünglichen Landschaft schädigt, trifft er vor allem die Kulturflüchter, das heißt die zahllosen Tierarten, die den Menschen meiden und in seiner Kulturlandschaft keine passenden Lebensbedingungen finden.

Anders steht es mit den sogenannten Kulturfolgern. Sie finden gerade in der Umgebung des Menschen die Lebensbedingungen, die ihnen zusagen, und breiten sich in dem Maße aus, wie sich der Mensch und die Kulturlandschaft ausbreiten.

Da sind zunächst die Tierarten, die sich gar nicht eigens auf den Menschen umzustellen brauchten. Für Hausrotschwanz, Mauersegler und Dohle sind unsere Städte nichts weiter als viele neue »Felsgebiete«, in denen sie Brutplätze finden. Daß es sich eigentlich um »Kulturfelsen« handelt, stört sie nicht, zumal man sie in Ruhe läßt. Ähnlich steht es mit dem Sumpfrohrsänger, der erst in jüngerer Zeit vielfach die großen Getreidefelder mit der Flußufervegetation »verwechselte« und seither auch als »Getreiderohrsänger« bezeichnet wird. Die Amsel wurde erst vor kurzem vom scheuen Waldvogel zum häufigsten Gartenvogel, aber auch sie brauchte ihre Ansprüche an Brut- und Nahrungsplätze nicht grundlegend zu verändern.

Alle bisher genannten Arten existieren auch noch in ihren ursprünglichen »kulturfernen« Biotopen. Einen Schritt weiter ging die Rauchschwalbe, die heute fast nur noch in menschlichen Gebäuden brütet, und zwar nicht nur in Viehställen, sondern auch in Bauernstuben und sogar in Nomadenzelten der asiatischen Steppe.

»Plagegeister«. Manche Kulturfolger sind zu unliebsamen »Plagegeistern« des Menschen geworden. Außer einer Fülle von schädlichen Insekten sind vor allem die kulturfolgenden Nagetiere (Ratten und Mäuse) als Vorratsschädlinge lästig und als Krankheitsüberträger gefährlich. Das Seltsame ist, daß es trotz eines jahrtausendelangen Kampfes dem Menschen bis heute nicht gelang, mit Tieren fertig zu werden, die ihm gewissermaßen nachlaufen und bestrebt sind, in seiner Nähe zu leben. Der Mensch hat vielmehr selbst dafür gesorgt, daß sie zu Kosmopoliten geworden sind. Wanderratten wurden zum Beispiel durch den internationalen Schiffsverkehr weltweit verschleppt.

1

2

4

3

Kulturfolger

Im Zuge fortschreitender Umgestaltung der Landschaft durch den Menschen – bisheriges Endstadium: Betonwüsten und Hochhausdschungel – konnten vorangepaßte (präadaptierte) Tierformen sich erfolgreich in diesen neuen Biotopen ansiedeln. Ratten und Mäuse als die wohl am wenigsten erwünschten Kulturfolger sind sicherlich jedermann bekannt. Aber auch zahlreiche Vögel nutzen für sich menschliche Errungenschaften. Mit dem Verschwinden natürlicher Baumhöhlen weichen zum Beispiel Kohlmeisen auf menschengemachte Brutplätze aus, und das können manchmal sogar Briefkästen sein (1). Amseln nutzen die regengeschützte und mechanisch stabile Halbhöhe des Stopsignals einer Verkehrsampel als Nistplatz (3), und Türkentauben bauen ihr luftiges Nest auf Leitungsmasten (2). In vegetationsarmen Großstädten wie Kalkutta und Dacca (Bangladesh) benutzen die allgegenwärtigen Glanzkrähen Schrotteisen und rostige Drähte zum Bau ihrer Nester, die besser halten als ihre normalen Vorgängermodelle aus Naturfasern und Zweigen und auch mehr als eine Regenzeit überstehen, also deutlich erfolgreicher sind: Verstädterung demnach als evolutiver Fortschritt? Man wird diese Frage wohl nur mit Skepsis beantworten können. So haben Lach- und Silbermöwen solcherart städtische Vorteile zwar mit einer ungeheuren Massenvermehrung beantwortet. In riesigen Scharen fallen sie auf unseren Müllkippen ein und durchstöbern die Abfälle nach Freßbarem (4), statt wie bisher im Watt ihre Nahrung zu suchen. Doch hat man inzwischen bei den Silbermöwen bedenkliche Verhaltensentgleisungen festgestellt. Reicht das Nahrungsangebot für die Vogelmassen nicht aus, so fallen sie über andere Vögel her, jagen ihnen die Beute ab, plündern ihre Nester und scheuen nicht einmal davor zurück, die Jungen von Artgenossen aufzufressen.

Fauna. Das große Buch über das Leben der Tiere, München 1971–1973. – Dieses mehrbändige, in vielen Einzelteilen erschienene Buch geht ebenfalls von den tiergeographischen Regionen aus. Dem ausführlichen Text sind zahlreiche gute Farbfotos und Skizzen beigegeben.

Grzimek, B. (Hrsg.): *Tierleben, Ergänzungsband. Unsere Umwelt als Lebensraum,* München 1978. – Die Kapitel 11–19 (»Lebensräume und ihre Tierwelt«) befassen sich allgemeinverständlich mit ökologischer und regionaler Tiergeographie. Mit 10 farbigen Übersichtstafeln der Regionen und ihrer Tiere.

Müller, P.: *Tiergeographie,* Stuttgart 1977. – Ein wissenschaftliches Taschenbuch, nicht leicht zu lesen.

Reader's Digest *Bildatlas der Tierwelt,* Stuttgart 1971. – Der einzige große farbige Tieratlas, der von den Bioregionen ausgeht, also nach Gesichtspunkten der ökologischen Tiergeographie gliedert. Außer guten Farbfotos zahlreiche farbige Verbreitungskarten.

Thenius, E.: *Meere und Länder im Wechsel der Zeiten* (Verständliche Wissenschaft, 114), Berlin 1977. – Behandelt die moderne Bestätigung von Wegeners Theorie der Kontinentaldrift und die Rolle, welche die Tiergeographie dabei gespielt hat.

Tischler, W.: *Einführung in die Ökologie,* Stuttgart 1979. – Der zweite Teil des Buches (»Landschaftsökologie«) enthält eine wissenschaftliche, aber gut verständliche Beschreibung der Biome, also eine ökologische Tiergeographie.

Weltatlas des Tierlebens, Amsterdam 1974. – Die Tierwelt der einzelnen tiergeographischen Regionen wird vor allem mit farbigen Graphiken hervorragend veranschaulicht. Der erklärende Text ist sehr kurz, aber informativ.

Die Hauptschwierigkeiten bei der Bekämpfung liegen nur zum Teil in der unwahrscheinlichen Anpassungsfähigkeit dieser Nager. Zum anderen Teil sind sie im Menschen selbst begründet: in der Art und Weise, wie er mit seinen Abfällen umgeht.

Auf der Grundlage von Müll hat sich auch in den letzten Jahrzehnten ein gewaltiges Heer von Silbermöwen an den Nordseeküsten entwickelt. Untersuchungen auf Helgoland ergaben, daß 85 Prozent der Silbermöwennahrung aus dem Bereich des Menschen stammen. Die durch menschliche Abfälle geförderten Silbermöwen werden zwar gewöhnlich dem Menschen nicht schädlich, doch verdrängen sie durch ihre wachsende zahlenmäßige Überlegenheit auf die Dauer alle anderen Küstenvögel. Mancherorts wurden sie auch zu Räubern von Eiern und Nestlingen anderer Seevogelarten. Verschiedene Vogelkundler fürchten, daß es eines Tages an der Nordsee nur noch Silbermöwen geben wird – eine tiergeographisch sehr einschneidende Veränderung. Nicht sehr leichten Herzens mußte man sich inzwischen zu einer Bekämpfung der Silbermöwen (vor allem mit Gift) entschließen.

»Haustier-Landschaften«. In einem abgeleiteten Sinn sind natürlich auch alle Haustiere Kulturfolger, und es besteht kein Zweifel, daß große Herden eingeführter, oft kosmopolitischer Haustiere heute das Gesicht bestimmter Landschaften und Faunenprovinzen prägen. Wir haben oft den Eindruck, sie gehörten dort schon immer hin: so zum Beispiel die Schafherden in die argentinische Pampa und die australischen Grasländer, die Watussi-Rinder in die ostafrikanische Savanne und das »typische« Höhenvieh auf die sommerlichen Matten der Alpen.

Die Mehrzahl aller heute lebenden großen Säugetiere sind Haustiere. Ihre Gesamtkopfzahl (ohne Kleintiere) liegt weit über 3 Milliarden. Noch um 1700 waren die Gewichte wahrscheinlich anders verteilt, denn damals lebten in Nordamerika von Alaska bis Nordostmexiko und vom Felsengebirge bis fast zum Atlantik noch etwa 60 Millionen Bisons, und Afrika beherbergte noch riesige Wildbestände.

Überfremdete Binnengewässer. Vergleichsweise wenig beachtet sind die Einflüsse geblieben, die der Mensch auf die artliche Zusammensetzung der Gewässerfauna ausgeübt hat. Die ursprünglich auf das westliche Nordamerika beschränkte Regenbogenforelle wurde in vielen Ländern Eurasiens, Südamerikas und Afrikas sowie in Australien und Neuseeland ausgesetzt. Die ursprüngliche Flußkrebsfauna Europas, vor allem der bekannte Edelkrebs (Astacus astacus), ist um 1870 durch eine als »Krebspest« bezeichnete Pilzkrankheit stark dezimiert worden. Zwei als Ersatz aus Nordamerika eingeführte weitgehend pilzfeste Arten, der kleinere Kamberkrebs (Orconectes) und neuerdings der größere Signalkrebs (Pacifastacus), breiten sich immer mehr aus. Sie verdrängen dabei zugleich Restbestände der alten Flußkrebsfauna, die nicht nur den Edelkrebs, sondern noch drei weitere Arten umfaßt.

Die zahlreichen Kanalbauten für die europäische Binnenschiffahrt haben dazu geführt, daß die früher auf den Kaspisee und das Schwarze Meer beschränkte Wandermuschel (Dreissena) inzwischen fast alle größeren Binnengewässer Ost- und Mitteleuropas besiedelt. Im Bodensee wurde sie schon manchmal zur Plage, weil sie bei Massenentwicklung Abwasserrohre verstopft.

Faunenwanderung durch den Suezkanal. Kanäle für die Seeschiffahrt bringen unter Umständen Faunenwanderungen von größerem Ausmaß mit sich. Die tiergeographischen Auswirkungen des Suezkanals sind inzwischen recht genau bekannt. Nach dem Erbauer des Suezkanals, Ferdinand Lesseps, wird die Ausbreitung von Tieren durch diese Schiffahrtsstraße als »Lessepsianische Wanderung« bezeichnet. Sie verlief interessanterweise bisher fast ausschließlich von Süd nach Nord, also vom Roten Meer in das Mittelmeer. Über zweihundert Arten von erfolgreichen Einwanderern in das östliche Mittelmeer wurden bisher schon registriert. Man schätzt ihre Gesamtzahl jedoch auf mindestens fünfhundert.

Das Vorherrschen einer Süd-Nord-Wanderung hängt damit zusammen, daß das Rote Meer wesentlich reicher an Tierarten ist als das östliche Mittelmeer, dessen Fauna während der Eiszeit verarmte. Die Überfremdung der Mittelmeerfauna ist also vorerst als Bereicherung anzusehen. Die weiteren Folgen bleiben abzuwarten.

Panama und die giftige Seeschlange. Eine Faunenwanderung durch den Panamakanal hat bisher kaum stattgefunden. Das liegt daran, daß große Strecken des Kanals durch ein erhöht liegendes Süßwasserbecken, den Gatunsee, verlaufen. Nur wenige von den Meerestieren, die sich im Außenbewuchs von Schiffskörpern festhalten, überstehen diese Süßwasserpassage. So kennt man bisher nur drei Fischarten, die auf diesem Weg vom Pazifik in die Karibik eingedrungen sind, und sechs Arten, die den Weg in umgekehrter Richtung zurückgelegt haben.

Diese wenigen Zahlen deuten bereits die artenmäßige Überlegenheit der Karibik an. Man schätzt, daß bei einem Fortfall der Süßwasserbarriere sehr schnell mehr als sechstausend karibische Meerestierarten in den Pazifik einwandern würden, aber nur etwa viertausend pazifische Arten in die Karibik. Auf alle Fälle wären Verdrängungen und Ausrottungen vieler Arten beiderseits der Landenge unvermeidbar. Eine biologische und tiergeographische Katastrophe größten Ausmaßes würde damit zu einem Zeitpunkt eintreten, zu dem die betreffenden Meerestiere nicht einmal alle bekannt, geschweige denn erforscht sind.

Leider ist das Reden über diese biologische Katastrophe keine bloße Gedankenspielerei. Es bestehen Pläne, in Panama oder weiter nördlich einen neuen größeren Schiffahrtskanal auf Meeresniveau zu bauen, das heißt eine durchgehende Meerwasserverbindung wie beim Suezkanal. Die Gegner dieses Projekts haben glücklicherweise einen unerwarteten Bundesgenossen gefunden. Er heißt Pelamis platurus. Gemeint ist eine hochgiftige schwarzgelbe Seeschlange (→ S. 206) des östlichen Pazifiks. Obwohl ein Fischfresser der Hochsee, wird Pelamis von Stürmen an Land geworfen. Dringt sie in die Karibik ein, könnte sie dort die zahlreichen gewinnbringenden Touristenstrände gefährden. Die Angst vor der Schlange allein könnte ausreichen, das Geschäft zu verderben. Hoffentlich ist dieser Bundesgenosse stark genug, um den Bau einer durchgehenden Meerwasserverbindung zu verhindern.

Heinrich-Otto v. Hagen

Vielfalt eines Lebensraumes: das Meer

Das Leben ist einst im Meer entstanden, und eine Zeitlang gab es auf der Erde nur Meeresbewohner. Noch heute kann man erkennen, daß das Meer die Urheimat aller Lebewesen ist. Ihr Körper besteht zu einem großen Teil aus Wasser: bei einer Qualle zu 99 Prozent, bei einem Wasserfrosch zu 80 und beim Menschen immer noch zu 60 bis 65 Prozent.

Überdies: Von den ungefähr fünfundzwanzig Tierstämmen, die man heute unterscheidet, haben die meisten das Wasser nie verlassen, und viele (z. B. Rippenquallen, Stachelhäuter und mehrere Stämme wurmförmiger Tiere) sind dem Meer so verhaftet geblieben, daß sie nicht einmal das Süßwasser erobert haben. Nur zehn Stämme (einschließlich parasitischer Gruppen) sind an Land gegangen, aber keineswegs mit allen ihren Vertretern; eine große Zahl der zugehörigen Tierarten blieb in der Urheimat wohnen. Sogar von denjenigen Tierklassen, die ausdrücklich als Landbewohner konstruiert wurden (z. B. Spinnentiere, Reptilien, Säugetiere), sind einige Formen später wieder für dauernd ins Meer zurückgekehrt (→ S. 203 ff).

Daß das Meer und das Leben so eng zusammengehören, ist nicht verwunderlich. 360 Millionen Quadratkilometer, das heißt ungefähr 71 Prozent der Erdoberfläche, sind bei einer mittleren Wassertiefe von etwa 3600 Metern vom Meer bedeckt. An der tiefsten Stelle (– 11 033 m, Vitiaz-Tief im Marianen-Graben) könnte man den Mount Everest versenken, und sein Gipfel läge dann immer noch mehr als 2000 Meter unter dem Meeresspiegel. Die Kontinente sind eigentlich nur Inseln in den Meeresfluten unseres Globus, den man darum nicht Planet Erde, sondern »Planet Ozean« oder »Wasserstern« nennen sollte.

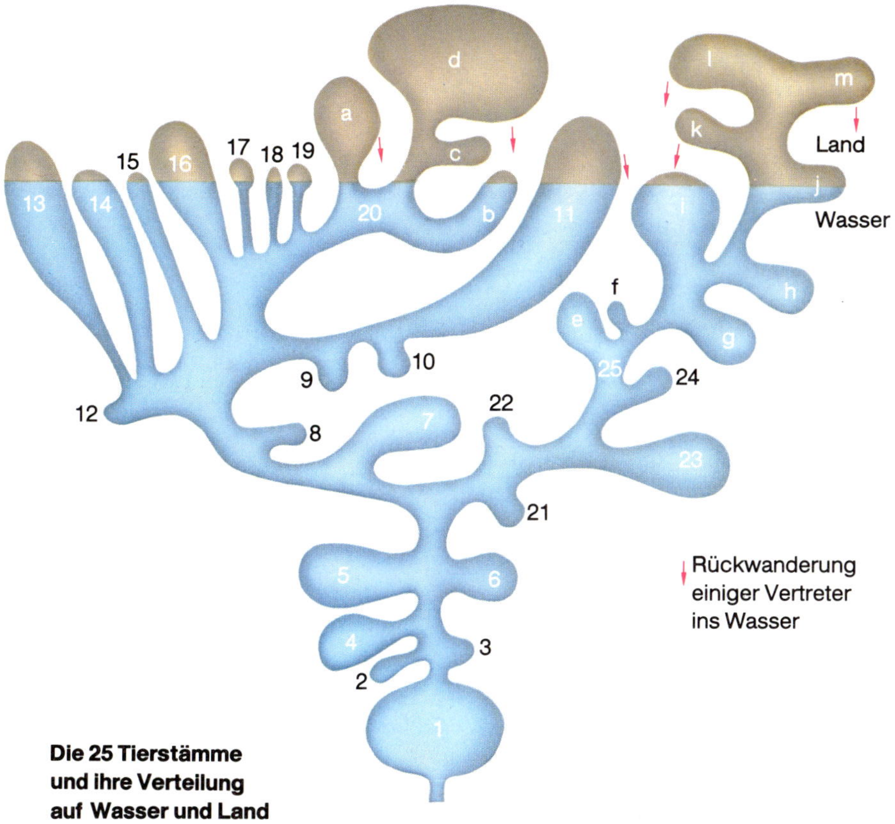

Die 25 Tierstämme und ihre Verteilung auf Wasser und Land

1 Protozoa (Urtiere)
2 Mesozoa (Mitteltiere)
3 Placozoa (Plattentiere)
4 Porifera (Schwämme)
5 Cnidaria (Nesseltiere)
6 Ctenophora (Rippenquallen)
7 Tentaculata (Kranzfühler)
8 Kamptozoa (Kelchwürmer)
9 Echiurida (Igelwürmer)
10 Sipunculida (Spritzwürmer)
11 Mollusca (Weichtiere)
12 Priapulida (Priapswürmer)
13 Nemathelminthes (Fadenwürmer)
14 Plathelminthes (Plattwürmer)
15 Nemertini (Schnurwürmer)
16 Annelida (Ringelwürmer)
17 Onychophora (Stummelfüßer)
18 Tardigrada (Bärtierchen)
19 Pentastomida (Zungenwürmer)
20 Arthropoda (Gliederfüßer)
a Chelicerata (Fühlerlose: Pfeilschwänze und Spinnentiere)
b Crustacea (Krebse)
c Myriapoda (Tausendfüßer)
d Insecta (Insekten)
21 Pogonophora (Bartwürmer)
22 Hemichordata (Kragentiere)
23 Echinodermata (Stachelhäuter)
24 Chaetognatha (Pfeilwürmer)
25 Chordata
e Tunicata (Manteltiere)
f Acrania (Schädellose)
g Agnatha (Kieferlose)
h Chondrichthyes (Knorpelfische)
i Osteichthyes (Knochenfische)
j Amphibia (Lurche)
k Reptilia (Kriechtiere)
l Aves (Vögel)
m Mammalia (Säugetiere)

Die Bewohner des freien Wassers

Obwohl alle Ozeane und ihre Nebenmeere letztlich miteinander in Verbindung stehen, sind sie durch Landbarrieren doch so weitgehend unterteilt, daß sie verschiedene tiergeographische Regionen bilden (→ S. 157 ff.). Darüber hinaus gibt es eine Gliederung des Meeres nach Wassertiefe und Nähe bzw. Ferne zum Land. So kann man in einer ersten Großeinteilung das Benthal (Meeresboden) und das Pelagial (freies Wasser) unterscheiden (→ Graphik S. 186). Die Lebensräume des Meeresbodens werden weiter unten behandelt, während es hier zunächst um die Lebensräume des freien Wassers geht.

Man unterteilt das Pelagial in der Waagerechten in zwei Bereiche, in den landnahen neritischen oder Flachseebereich und den landfernen ozeanischen oder Hochseebereich. In der Senkrechten richtet sich die Zonierung hauptsächlich nach der Menge des eindringenden Lichts. Der Hellbereich (euphotische Zone), in dem das Licht für die Neuproduktion organischer Substanz durch die Photosynthese der Meeresalgen noch ausreicht, erstreckt sich höchstens bis zu einer Meerestiefe von 200 Metern. Nach unten schließt sich ein Dämmerungsbereich an, und unterhalb von etwa 800 Metern folgt dann der

Lebensbereiche des Meeres

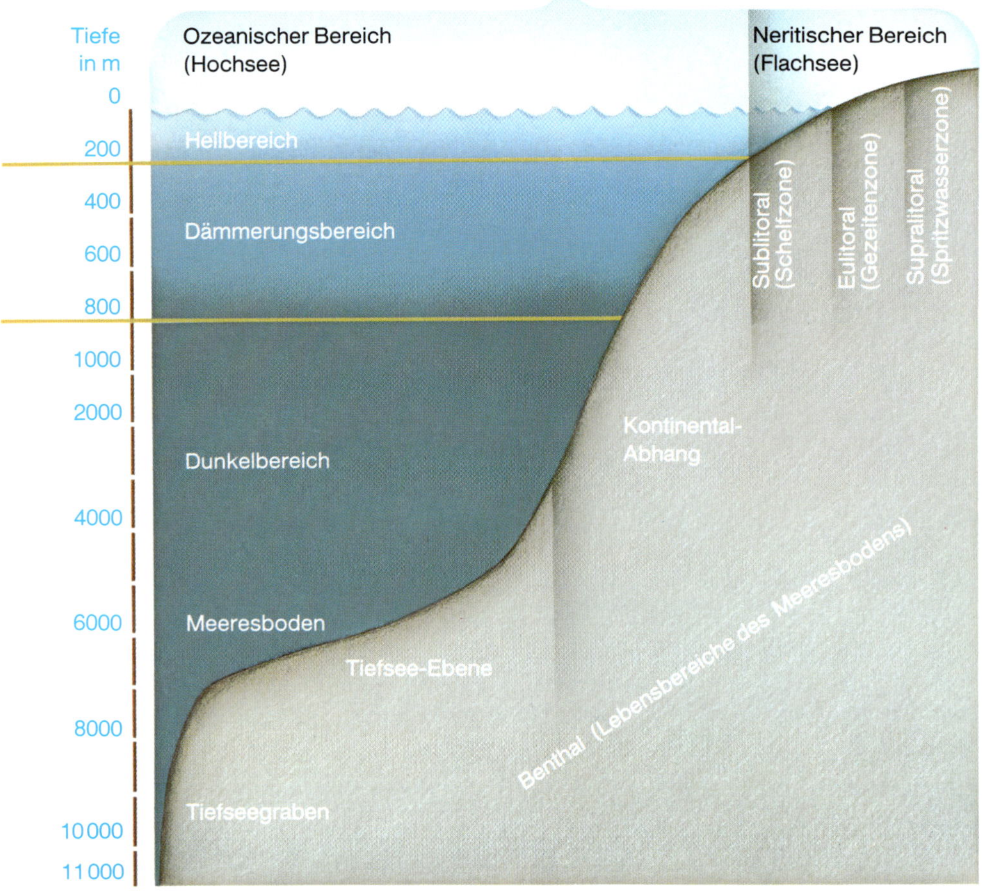

Dunkelbereich (aphotische Zone), in dem es nur das schwache Licht von leuchtenden Meerestieren gibt. Die Bewohner dieses Dunkelbereichs ernähren sich von dem, was von oben herabrieselt, oder fressen sich gegenseitig.

»Treibende Welt«. Von den tierischen Bewohnern des Pelagials gehört die Hauptmasse zum Plankton. Unter Plankton (griech.: das Umhergetriebene, Herumirrende) versteht man im freien Wasser schwebende, passiv umhertreibende Lebewesen, deren Eigenbewegung im Vergleich zur Wasserbewegung unbedeutend ist. Über die Größe der planktischen Lebewesen (die gebräuchlichen Eigenschaftswörter »planktonisch« und »planktontisch« sind sprachlich unkorrekt) ist damit nichts ausgesagt. Zum Plankton gehören sowohl winzige Bakterien (unter 0,002 mm) als auch riesige Quallen. Die Gelbe Haarqualle (Cyanea capillata) kann einen Schirmdurchmesser von 2,10 Metern und eine Fangarmlänge von 40 Metern erreichen. Zwischen diesen Größenextremen liegt das ganze Heer der übrigen pflanzlichen und tierischen Plankter. Die meisten werden jedoch nur unter dem Mikroskop sichtbar, und der Blick auf eine reichhaltige Planktonprobe ist immer wieder faszinierend. Der Zoologe Ernst Haeckel hat bereits im vorigen Jahrhundert viele dieser »Kunstformen der Natur« in eigenhändigen Mikrozeichnungen auf Kupfertafeln festgehalten.

Dieser lebendigen »treibenden Welt« des Planktons steht einerseits das Nekton gegenüber, worunter man die aktiv schwimmenden Lebewesen (hauptsächlich Fische und Seesäugetiere) versteht, und andererseits das Tripton, totes organisches Driftmaterial, also abgestorbene Tiere und Pflanzen oder ihre Reste (Detritus).

Die Ökologen nennen das Plankton meist die »Weiden des Meeres«, weil es am Anfang der großen Nahrungskette steht, die uns vor allem bei der Behandlung der Meeresvögel (→S. 211 f.) noch beschäftigen wird.

Das Plankton-Paradox. Wer mit dem Schiff über das Meer fährt und tagelang nichts anderes sieht als eine graue oder blaugrüne Wasserwüste, dem erscheint das Meer einförmig und überall gleich. Wenn er hört, daß sich in einem einzigen Liter Meerwasser nicht nur Hunderttausende von Lebewesen finden, sondern daß sie dazu auch noch Hunderten von verschiedenen Pflanzen- und Tierarten angehören können, so wird er die erstaunte Frage stellen: Wie kann ein so gleichförmiger Lebensraum eine Lebewelt von so großer Mannigfaltigkeit hervorbringen? Er hat damit auf einen widersinnigen Sachverhalt hingewiesen, den man auch als das sogenannte Plankton-Paradox bezeichnet.

Eine erste Antwort bietet die Lehre von den »Wasserkörpern«: Auch das freie Wasser ist nicht so gleichförmig, wie es für den Schiffsreisenden gewöhnlich aussieht. Es setzt sich vielmehr aus einzelnen großen »Wasserkörpern« zusammen, die durch eine bestimmte Temperatur und Trübung und vor allem durch Abweichungen vom durchschnittlichen Salzgehalt des Meeres (35 Promille = 35 g Salz pro Liter) charakterisiert sind. Die Grenzen, wo zwei solche Wasserkörper aufeinanderstoßen, kann man manchmal allein an der unterschiedlichen Färbung deutlich erkennen. Jeder Wasserkörper stellt andere Anforderungen an sein Plankton und fördert damit den Artbildungsprozeß (→S. 46), also das Verschiedenwerden der Planktonorganismen.

Die Evolution des Planktons. Zur Erklärung des Plankton-Paradox ist speziell für das tierische Plankton (Zooplankton) noch etwas anderes wichtig: Die Verschiedenheit der Plank-

ter spiegelt im wesentlichen die Verschiedenheit ihrer bodenlebenden Eltern oder Ahnen wider. Um das zu verstehen, muß man etwas über die stammesgeschichtliche Entstehung des Planktons wissen.

Es setzt sich immer mehr die Auffassung des schwedischen Zoologen Jägersten durch, daß gleich am Anfang der Evolution der vielzelligen Tiere die Erfindung des pelagobenthischen Lebenszyklus stand. Darunter versteht man den Wechsel zwischen einer frühen Larvenphase im Plankton und einer bodenlebenden Erwachsenenzeit. Einen solchen Lebenslauf zeigen auch heute noch Vertreter von nicht weniger als 17 Tierstämmen. Die Erwachsenen nutzen also die Nahrungsquellen des Meeresgrundes aus. Dieser aber ist so reich gegliedert und bietet so viele verschiedene ökologische Nischen, daß hier der eigentliche Anlaß für die Tiere lag, so verschieden zu werden, wie sie heute sind.

Je unterschiedlicher die Tierkonstruktionen, desto unterschiedlicher natürlich auch ihre Larven. Diese Larven bevölkern das »eintönige« freie Wasser und nutzen als Nahrung das »Gras des Meeres«, die grünen Primärproduzenten, also die mikroskopischen Algen (Phytoplankton). Im Laufe der Jahrmillionen haben es sich dann manche Tiergruppen gewissermaßen »überlegt«: Einige entließen ihre Larven nicht mehr ins Plankton und wurden bodenlebend vom Ei bis zum Erwachsenen (holobenthisch), andere kehrten auch im Erwachsenenstadium gar nicht mehr zum Bodenleben zurück, sondern blieben zeitlebens in der »treibenden Welt« (holoplanktisch, z. B. Pfeilwürmer, Salpen, Leuchtkrebse). Aber natürlich bewahrten diese Dauerplankter die bodengeprägte Verschiedenheit ihrer Ahnen.

Schwebe-Anpassungen. Wie verschieden die planktischen Lebewesen auch aussehen – alle müssen dafür sorgen, daß sie nicht »ins Bodenlose« absinken. Ein geringes Absinken ist zwar »eingeplant«, weil das Plankton tagsüber in etwas tiefere Wasserschichten abwandert und nur nachts direkt unter der Oberfläche schwebt. Von diesen tageszeitlichen Vertikalwanderungen abgesehen, müssen aber alle Plankter ihre Höhenposition halten können.

Die »Tricks«, das Absinken zu verhindern, nennt man Schwebe-Anpassungen; es gibt ihrer eine ganze Menge:

□ ruckweises, rasches Aufwärtsschwimmen und langsames Wiederabsinken (viele Zooplankter); z. T. Ausbildung von flügelartigen Schwimmorganen (pelagische Schnekken);

□ Verringerung der Sinkgeschwindigkeit durch lange Borsten und andere Fortsätze (Ruderfußkrebse), Stabform (Pfeilwürmer) bzw. Großflächigkeit des Körpers (Quallen, einige Krebslarven);

□ Verminderung des spezifischen Gewichts durch Wasserreichtum des Körpers (Quallen, Salpen und viele andere stark durchsichtige Tiere), Anreicherung leichter Salze (z. B. Ammoniumchlorid statt Kochsalz bei Tintenfischen und Noctiluca), Einlagerung von Ölkugeln (Ruderfußkrebse und Einzeller) bzw. Gasblasen (Staatsquallen);

□ Anheftung an Treibgut (Entenmuscheln).

Einlagerung von Gas kann dazu führen, daß das betreffende Tier nicht nur in der Schwebe gehalten wird, sondern als »Pleuston« sogar über die Wasseroberfläche hinausragt. Das ergibt ganz neue Möglichkeiten, wie die folgenden Beispiele zeigen.

Die Segler der Hochsee. Die gashaltigen Staatsquallen (Siphonophoren) stellen schwimmende Tierstöcke dar (→ Graphik S. 99), das heißt, sie bestehen aus mehreren verschiedengestaltigen Polypen und Medusen (Quallen). Sie ernähren sich von Krebsen und kleinen Fischen, die sie mit Hilfe von Nesselfäden fangen. Bei der stark giftigen Portugiesischen Galeere (Physalia physalis, → Infokasten S. 202) ragt eine bläuliche oder grünliche, bis zwanzig Zentimeter lange Gasblase aus dem Wasser, die oben eine aufrichtbare segelförmige Kammleiste trägt. Das von einer Drüse erzeugte Gas setzt sich überwiegend aus Stickstoff und Sauerstoff zusammen. Bei der blauen, fünf Zentimeter breiten Segelqualle (Velella) steht auf einer luftgefüllten gekammerten Schwimmscheibe ein dreieckiges starres Segel.

Beide Quallen sind Hochseebewohner, die durch den Wind fortbewegt werden. Ihr Segel stellt sich dabei in einem Winkel von etwa 40° zur Windrichtung ein. Physalia erreicht gewöhnlich eine Geschwindigkeit von 20 m/min und kann ihren Kurs ändern, so daß ein Hin- und Herkreuzen in bestimmten nahrungsreichen Meeresgebieten möglich ist. Stürme können diese Hochseesegler zu gewaltigen Schwärmen zusammentreiben und schließlich ans Ufer spülen. Im Atlantik fuhr ein Expeditionsschiff einmal durch einen Velella-Schwarm von 260 Kilometern Länge, und am Mittelmeer bilden die angetriebenen toten Segelquallen gelegentlich einen Kilometer lange Spülsäume von einem halben Meter Höhe.

Sehr eigenartig ist die Tatsache, daß sich im Sturm umgekippte Segelquallen nicht wieder aufrichten können und dann auch auf offener See verenden müssen. Aber dort drohen der Segelqualle noch andere Gefahren: Als weiterer Hochseesegler verfolgt sie die Veilchenschnecke (Janthina). Sie treibt an einem selbstgebauten, bis zwölf Zentimeter langen Floß aus luftgefüllten Schleimblasen, das wie Schaum aussieht. Die Veilchenschnecke ernährt sich fast ausschließlich von Segelquallen. Meist frißt sie nur die weichen Polypen und Fangfäden ab, die von der Schwimmscheibe der Segelqualle herabhängen. Die Schnecke scheidet dabei einen purpurnen Farbstoff aus, der wahrscheinlich dazu dient, das Opfer zu betäuben und seine Nesselkapseln unschädlich zu machen.

Meeresleuchten. Die meisten Menschen wissen, daß es in der Tiefsee leuchtende Meerestiere gibt. Vielen ist jedoch unbekannt, daß schon eine Sommer- oder Herbstreise an die Nordsee genügt, um das grünblaue »Geisterlicht« der Biolumineszenz bei Nacht vom Strand oder vom Schiff aus zu sehen, denn das oberflächennahe Plankton enthält zahlreiche leuchtende Formen. »Man könnte beinah fragen«, schreibt der schottische Meeresbiologe Fraser, »ob es überhaupt Plankton-Organismen gibt, die nicht leuchten.«

Eine Planktonprobe offenbart erst unter dem Mikroskop ihre Schönheit. Von links nach rechts: Nauplius-Larve, das typische Larvenstadium der Krebse; Ruderfußkrebs; Larvenstadium eines Zehnfußkrebses; Ruderfußkrebs mit Eiern; einzelliges Wimpertierchen; Flohkrebs

Das hellste »lebende Licht« stammt in unseren Breiten wohl von den Rippenquallen (Pleurobrachia), die vor allem in Herbst- und Wintermonaten aus größeren Tiefen heraufgewirbelt werden und die Nordseebrandung zum Leuchten bringen können.

Das bekannte Meeresleuchten in den warmen Nächten des Spätsommers und Frühherbstes wird durch das zu den Dinoflagellaten gehörende Geißeltierchen Noctiluca (lat.: Nachtleuchte) hervorgerufen. Obwohl ein Einzeller, kann Noctiluca immerhin bis zu zwei Millimeter groß werden. Die am Tage rosafarbenen Tierchen können bei Massenentwicklung das Meer in eine »Tomatensuppe« verwandeln. Das Leuchtfeuer ist um so schöner, je dichter die Noctiluca-Schwärme auftreten.

Das Meeresleuchten wird von dem einzelligen Geißeltierchen Noctiluca hervorgerufen, das in riesigen Schwärmen unter der Wasseroberfläche vorkommt.

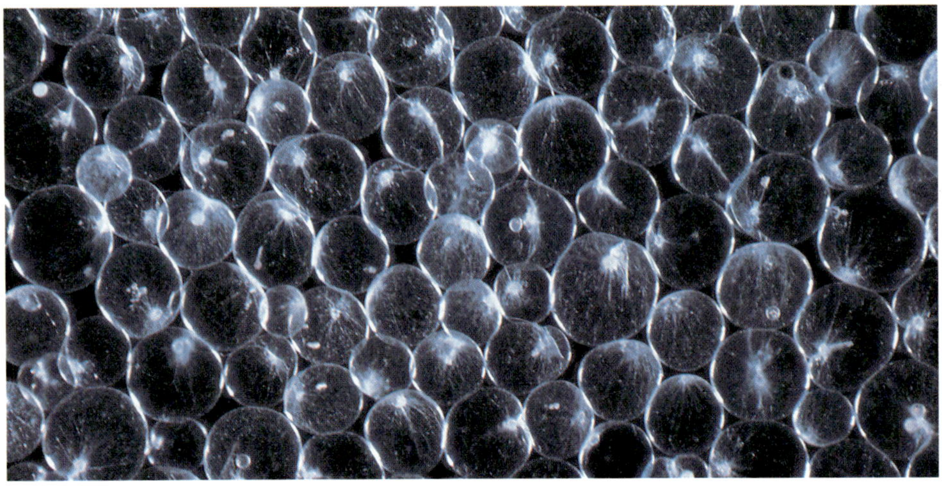

Wie entsteht das Leuchten? Voraussetzung ist bei Noctiluca eine mechanische Reizung: durch einen Steinwurf, ein fahrendes Boot oder auch nur durch heftigen Wellenschlag. Das Aufleuchten selbst ist das Ergebnis einer chemischen Reaktion. Ein Leuchtstoff, das Luciferin, wird durch die Vermittlung des Enzyms Luciferase und unter Mitwirkung des Energiespenders ATP (Adenosintriphosphat) oxidiert. Es entsteht ein »kaltes Licht«, das heißt, nur etwa fünf Prozent der umgesetzten Energie gehen als Wärme verloren. Bei einer Glühbirne beträgt umgekehrt die Lichtausbeute nur etwa fünf Prozent.

Die Frage nach der biologischen Bedeutung des Leuchtens ist bei Noctiluca (anders als bei Tiefseetieren) bisher weitgehend ungeklärt. Manche halten die Lichterzeugung der Planktontiere für ein Nebenprodukt anderer Aktivitäten. Es gibt jedoch eine interessante Deutung, die man als »Hilferuf-Hypothese« bezeichnen kann: Im Plankton fressen immer die größeren die kleineren Lebewesen. Greift ein Räuber Noctiluca an, so wird er von einem Lichtstrahl getroffen, der den Angreifer allen sichtbar macht, auch seinen eigenen Feinden. Wenn sie rasch zufassen, ist Noctiluca gerettet. Das Ganze gleicht einer nächtlichen Überfallszene, in der die Polizei dadurch herbeigelockt wird, daß der Überfallene den Räuber mit der Taschenlampe anleuchtet und ruft: »Da ist er, haltet ihn!«

Rätselhafte Sargassosee. Im nördlichen Atlantik – so erzählt die alte Seefahrersage von der Sargassosee – gibt es südöstlich der Bermuda-Inseln ein Meeresgebiet, vergessen von den Winden und umkreist von den Meeresströmungen, das einen riesigen Sumpf aus Seetang darstellt. Jedes Schiff, das in die tödlichen Umschlingungen dieses Tangs gerät, ist verloren. Unter der sengenden Sonne bleichen dann die Gerippe der verhungerten Besatzung, bis der vermoderte Schiffsrumpf im Sumpf versinkt. Die Meeresforschung hat schon vor geraumer Zeit mit dieser schauri-

Die Veilchenschnecke ist der gefürchtete Feind aller Segelquallen. An einem selbstgebauten Floß aus luftgefüllten Schleimblasen treibend, nähert sie sich der Qualle und frißt die weichen Polypen und Fangfäden ab.

Der Sargassotang beheimatet eine eigene Tierwelt, die täuschend an ihre Umgebung angepaßt ist. Der Sargassofisch (in der Mitte des Photos) ist nur mit Mühe an den Augen, den aufgerichteten Rückenflossen und den handförmigen Brustflossen zu erkennen.

gen Legende vom »Schiffsfriedhof« aufgeräumt, doch gibt die Sargassosee auch heute noch viele Rätsel auf.

Aus der Sargassosee stammen die sogenannten Weidenblatt-Larven (Leptocephalus) des europäischen Flußaals, die nach dreijähriger Wanderzeit im Plankton des Golfstroms die vier- bis fünftausend Kilometer lange Reise nach Europa beenden, dort als Glasaale in die Flüsse aufsteigen und zu fetten Gelbaalen heranwachsen. Wenn sie das Süß- oder Brackwasser nach sechs bis zehn Jahren als geschlechtsreife Blank- oder Silberaale wieder verlassen, machen sie sich in Richtung Sargassomeer auf. Aber keiner hat sie dort je ankommen sehen. Vielleicht verenden sie unterwegs. Dann würden alle nach Europa wandernden Larven von amerikanischen Aalen abstammen, die alljährlich in mehr als fünfhundert Meter Tiefe in der Sargassosee laichen und deren Brut dann nicht nur Amerika, sondern auch Europa beliefern könnte. Keiner weiß es bisher.

Die Tierwelt der treibenden Tange. Keiner weiß auch bisher Genaues über die Herkunft der treibenden Tange, die es in der Sargassosee wirklich gibt, und zwar in einer Gesamtmenge von schätzungsweise neun bis elf Millionen Tonnen – wenngleich nicht in einer Dichte, die die Schiffahrt gefährden könnte. Gasgefüllte, beerenartige Schwimmblasen halten den Sargassotang nahe der Wasseroberfläche. Sehr wahrscheinlich stammt dieser Beerentang, wie sein ebenfalls gebräuchlicher Name »Golfkraut« bereits andeutet, ursprünglich wirklich aus dem Golf von Mexiko und ist mit dem Golfstrom in das Sargassomeer gedriftet. Vielleicht ist der dortige Tang aber auch schon seit Jahrmillionen nicht mehr auf Nachschub aus dem Golf angewiesen und hat sich schon vor langer Zeit als Pseudopelagial (unechter Hochseelebensraum) verselbständigt. Denn seine Tierwelt ist zum Teil endemisch, das heißt, manche Formen kommen nur dort vor und sind im Golf von Mexiko bisher nicht gefunden worden (so z. B. die Garnele Latreutes ensiferus).

Die Tierwelt der treibenden Tange wird als verarmte und verzwergte Küstenfauna bezeichnet. Man hat insgesamt nur etwa siebzig Tierformen gefunden, die meist kleiner als nahe verwandte Küstenformen sind. Die Sargassofauna umfaßt Fische, Krebse, Nacktschnecken, Moostierchen und Nesseltiere. Die meisten Tiere sind – wohl um die Augen von Seevögeln zu täuschen – in Farbe und Form dem Golfkraut in besonderer Weise angepaßt. Der Tang hat eine gelbbraune Farbe und erscheint durch die Kolonien von Moostierchen und die kleinen Röhren von Meeresborstenwürmern weiß gefleckt. Diese Kombination von Gelbbraun und Weiß wird nun von vielen Tieren, zum Beispiel der häufig vorkommenden Kolumbuskrabbe (Planes minutus), täuschend nachgeahmt. Andere Tiere, wie der berühmte Sargassofisch (Histrio histrio) und die Nacktschnecke Scyllaea pelagica, zeigen außerdem lappige Fortsätze, die den »Blättern« des Tanges ähneln.

Schwimmrekorde. Das Nekton umfaßt – wie oben schon angedeutet – die aktiv schwimmenden Lebewesen des freien Wassers, die von Strömungen und Wellengang weitgehend unabhängig sind: Tintenfische, Fische, Schildkröten und Seesäugetiere. Es versteht sich von selbst, daß sich unter den Hochseevertretern dieser Tiergruppen die eigentlichen Schnellschwimmer des Meeres finden.

Aus der Seefahrt ist bekannt, daß große Schiffe durchschnittlich schneller fahren als kleine. Auch die schwimmenden Tiere scheinen sich im großen und ganzen nach dieser Regel zu richten. So wie es aber auch bei den Schiffen Ausnahmen gibt (z. B. Schnellboote), finden sich auch bei den Tieren des Nektons kleine Formen mit erheblichen Spurtleistungen: so die Fliegenden Fische und die kleinen Wale. Die fliegenden oder richtiger gleitfliegenden Fische (denn sie bewegen ihre Flossen-Tragflächen nicht) brauchen hohe Anfangsgeschwindigkeiten, um auf der Flucht vor Raubfischen das Meer für eine Gleitstrecke von bis zu zweihundert Metern verlassen zu können. Über ähnliche Gleitflugkünste verfügen auch verschiedene Kalmare, doch sind ihre Flugstrecken kürzer. Die Schwimmleistungen dieser zur Klasse der Tintenfische zählenden Kalmare werden jedoch meist unterschätzt. Am wenigsten bekannt ist, daß die »Hochseeflotten« dieser Räuber mühelos Fischschwärme (z. B. Makrelen) einholen und sich daraus ihre Beute greifen.

Erstaunlich hoch (im Vergleich zu ihren großen Vettern) liegen auch die Geschwindig-

Höchstgeschwindigkeiten von ozeanischen Vertretern des Nektons

Tiergruppen und Beispiele	Körperlänge in Metern	Geschwindigkeit in Stundenkilometern
Tintenfische		
Hochseekalmare (z. B. Stenoteuthis bartrami)	1	30
Reptilien		
Lederschildkröte (Dermochelys coriacea)	2	35
Vögel		
Pinguine (z. B. Aptenodytes forsteri)	1,1	35
Fische		
Makrele (Scomber scombrus)	0,40	15
Fliegende Fische (z. B. Cypselurus californicus)	0,40	55
Thunfisch (Thunnus thynnus)	5	60
Blauer Marlin (Makaira ampla)	4	60–80
Wale		
Delphin (Delphinus delphis)	2,6	35–40
Schwertwal (Orcinus orca)	9	40
Blauwal (Balaenoptera musculus)	30	40
Finnwal (Balaenoptera physalus)	24	65
Vergleichswerte		
Mensch (Weltrekord 100 m Crawl)	1,8	7
Motorfrachtschiff	61	20
größeres Motorfrachtschiff	162	35
Torpedo-Schnellboot	26	90

keiten der kleinen Delphine. Sie erreichen mit 22 bis 26 Stundenkilometern sogar die gleichen Dauerleistungen wie große Wale (Grays Paradox) und können darum Schiffen lange Zeit mühelos folgen. Man nimmt an, daß ein schwammiges und federndes, 1,5 Zentimeter starkes Außenlager ihrer Haut für eine laminare (flächige) Wasserströmung am Delphinkörper entlang sorgt, das heißt, die Bildung bremsender Turbulenzen (Wirbel) wird weitgehend verhindert.

Vom »Schlaf« der Hochseetiere. Ein Mensch, der mitten auf dem Ozean über Bord geht, kann sich einige Zeit über Wasser halten. Gute Schwimmer haben bei höheren Wassertemperaturen und ruhigem Wetter sogar schon länger als einen Tag ausgehalten und sind, sofern man sie suchte, zum Teil auch wieder geborgen worden. Natürlich kommt der Punkt, wo sie schließlich vor Erschöpfung einschlafen und versinken, das aber bringt uns auf die Frage nach dem Schlaf der genannten Wirbeltiere des Nektons, die in den Weiten des Ozeans viele tausend Meter über dem Meeresgrund zu Hause sind. Selbst wenn wir voraussetzen, daß nicht alle Tiere in unserem Sinne schlafen müssen, bleibt doch die Frage bestehen: Wann und wie ruhen sie sich aus, ohne zu ersticken oder abzusinken?

Von den Luftatmern, vor allem den Meeressäugetieren, ist bekannt, daß sie ihren Schlaf in viele kurze Abschnitte aufteilen können. Sie schlafen dann untergetaucht in den wenigen Minuten von einem Luftholen zum anderen. Robben hängen dabei teilweise in senkrechter Schweblage im Wasser, der Luftvorrat ihrer Lungen verhindert ein rasches Absinken. Viele Seesäugetiere schlafen auch an der Oberfläche treibend, Wale sogar mehrere Stunden hintereinander. Den tiefsten Schlaf hat dabei wohl der Pottwal, was zur Folge hat, daß er sowohl nachts als auch tagsüber dann und wann von Schiffen gerammt wird.

Fische sind von der Oberflächenluft unabhängig, denn sie besitzen bekanntlich Kiemen, mit denen sie den lebenswichtigen Sauerstoff direkt aus dem Wasser gewinnen können. Ihre Schwimmblase (die sich übrigens von den Lungen der Urfische ableitet) hält sie in der Schwebe. Sie können sich also im Wasser stehend überall ausruhen, sofern den Kiemen auch im »Schlaf« ständig frisches Wasser zugeführt wird.

Aber es gibt auch einige pelagische Fische ohne eine Schwimmblase. Dazu gehören alle Knorpelfische (z. B. Haie) und einige Knochenfische (z. B. Makrelen). Ohne ständige Schwimmbewegungen würden sie wie ein Stein in die Tiefe sinken und in kurzer Zeit ersticken, weil das Wasser nur beim Dauerschwimmen durch die Kiemen strömen kann: Meeresaquarien bestätigen, daß man Haifische – abgesehen von Grundbewohnern – und Makrelen nur in Rundbecken halten kann, wo sie pausenlos zirkulieren. Zum rastlosen Schwimmen verdammt scheinen diese Fische zu sein, doch weiß man schon länger, daß sich die Makrelen vom November bis in den Februar hinein ins tiefere Wasser zurückziehen, wo sie im Bereich untermeerischer Kaskaden, der »Wasserfälle« des Schelfrandes, in Schwärmen am Boden ruhen. Neuerdings gibt es Augenzeugenberichte darüber, daß sich auch Haie (größere Arten der Braunhaie u.a.) zeitweilig von ihrer »Schwimmpflicht« befreien. An den Küsten von Mexiko und Japan fand man Unterwasserhöhlen, die mit »schlafenden« Haien vollgepackt waren. In Japan lagen sie unregelmäßig gestapelt »wie Berauschte in einer Opiumhöhle«. Japanische Fischer fangen die wie betäubt wirkenden Tiere, indem sie vorsichtig ein Lasso über ihren Schwanz streifen. Die Devise für diese Fische lautet also wohl doch nicht »schwimm oder stirb«, sondern eher »schwimm oder schlaf« – wobei man noch nicht genau weiß, ob es sich hier wirklich um echten »Schlaf« handelt.

Die Bodenbewohner

Die Lebensgemeinschaft der bodenbewohnenden Meerestiere (Benthos) ist mit mehr als 150000 Tierarten weit artenreicher als die Tierwelt des freien Wassers, die nur etwa 30000 holopelagische Arten umfaßt, das heißt solche Arten, die nicht nur das Larvenstadium, sondern ihr ganzes Leben im Pelagial verbringen. Wie im freien Wasser kommt auch in der Bodenregion (Benthal) die Mehrzahl der Arten in den oberen zweihundert Metern, also im Hellbereich, vor. Dieser Bereich erstreckt sich am Meeresboden ungefähr bis zum Unterrand der Schelfzone (Oberrand des Kontinentalabhangs → Graphik S. 186).

Die Gliederung des Benthals in der Senkrechten geht teilweise auf den Einfluß der Gezeiten zurück und wird weiter unten (→ S. 202) behandelt. Hier kommt es zunächst auf Einteilungen an, die vom Untergrund und der Wohnweise der Tiere ausgehen: Es gibt Fels- und Sedimentuntergrund, wobei man die Sedimentböden wiederum in Sand- und Schlammböden unterteilen kann. Die Tiere können als Epifauna oben auf dem Untergrund wohnen oder als Endo- oder Infauna im Boden verborgen leben. Auf Felsuntergrund sind die Verhältnisse noch etwas komplizierter.

Felsbewohner in der Brandung. Je fester der Untergrund, um so reicher die Epifauna, denn Felsen stellen eine stabile, verläßliche Unterlage zum Festheften dar. Allerdings bilden sie oft steile Wände, die von Strömung und Wellen stark beansprucht werden, vor allem oben in der Brandungszone. Um nicht weggerissen zu werden, muß sich die Fels-Epifauna, das sogenannte Epilithon, festsaugen, festkleben und festzementieren. Beim Festsaugen ist eine große, konkave (nach innen gewölbte) Fußfläche hilfreich, wie sie Käfer- und Nacktschnecken besitzen. Manche bodenlebenden Fische, zum Beispiel der Seehase (Cyclopterus) und der Saugfisch (Lepadogaster), haben ihre Bauchflossen zu einem richtigen Saugnapf umgewandelt. Actinien

Oben: Das Leben auf felsigem Untergrund erfordert besondere Anpassungen, um nicht von der Brandung weggerissen zu werden. Miesmuscheln scheiden klebrige Fäden ab, Byssusfäden oder »Meerseide«, die erhärten und wie Halteseile wirken.

Unten: Napfschnecken richten sich im Fels – offenbar mit Hilfe von Säureausscheidungen – regelrechte Sitzplätze ein, die vollkommen an die jeweilige Körperform angepaßt sind und zu denen die Tiere immer wieder zurückkehren.

(Seerosen) kleben ihre Fußscheibe an den Felsen, und Miesmuscheln scheiden aus einer Fußdrüse viele klebrige Fäden aus, die im Wasser zu zähen Miniatur-Halteseilen erhärten (Byssus oder »Meerseide«). Da Miesmuscheln ihre Byssusfäden auch an die Schalen ihrer Artgenossen kleben, entstehen oft große Miesmuschelbänke – sogar auf weichem Untergrund. Einen hochwirksamen Unterwasserzement wenden die zu den Krebsen gehörenden Seepocken an. Damit kitten sie ihren zur Bodenplatte gewordenen Vorderkopf so fest an ein passendes Gestein, daß sie von sich aus zeitlebens nicht wieder loskommen, während bei den anderen genannten Tieren eine Ortsveränderung noch möglich ist.

Seepocken, Käfer- und Napfschnecken haben eine flach gewölbte Schale, an der das anbrandende Wasser keinen Ansatzpunkt findet – im Gegenteil: Es drückt die Tiere noch fester an den Felsen. Napfschnecken kehren immer wieder zu einem bestimmten Ruheplatz zurück, weil nur dort der Unterrand ihrer Schale genau in die Unebenheiten des Felsuntergrunds hineinpaßt.

Das Leben im Unterschlupf. Nicht alle Bewohner des Felsens trotzen in dieser Weise der Brandung. Strandschnecken und Kreiselschnecken sehen wie »gewöhnliche« Schnecken aus und leben mitten unter den beschriebenen hochspezialisierten Brandungsformen. Sie ziehen sich jedoch vor reißender Strömung und hartem Wellenschlag in schützende Felsspalten oder unter den Tangaufwuchs zurück. Zu diesen Spaltenbewohnern (Mesolithon) gehören außer diesen Schnecken Tiere aus vielen anderen Gruppen, zum Beispiel Krebse und Meeresborstenwürmer.

Die eigentliche Endofauna (hier Endolithon genannt) ist im Felsuntergrund nicht so reichhaltig wie im Sediment (Schwemmboden). Es handelt sich im wesentlichen um spezialisierte Muscheln, die sich in jahrelanger Arbeit in den Felsen bohren und dann in ihrer schützenden Miniaturhöhle gefangen sind. Sie leiten sich wahrscheinlich von grabenden Formen ab. Man kennt bei Muscheln alle Übergänge: Gräber im sandigen Schlick (z. B. Klaffmuscheln), Bohrer in Torf und Ton (z. B. Amerikanische Bohrmuschel), im weichen Sandstein (z. B. Felsenbohrer) und schließlich im harten Fels (z. B. Dattelmuschel).

Eine weitere Gruppe bohrender Muscheln ist wurmförmig geworden und bewohnt Pfähle und Schiffswände aus Holz, weshalb man sie auch Schiffsbohrwümer (Teredo) nennt. Sie verzehren das Holz, das sie beim Bohren abraspeln. Landüberflutungen in den Niederlanden im Jahre 1730 gehen darauf zurück, daß von Bohrmuscheln durchlöcherte Schleusen brachen.

In einer Muschelsammlung erkennt man Bohrmuscheln meist auf Anhieb daran, daß ihre Schale am Vorderende wie eine Raspel oder Feile aussieht.

Strudler und Weidegänger. Muscheln gehören mit Ausnahme der Schiffsbohrwürmer zu den zahlreichen Meerestieren, die ihre Nahrung durch Strudeln gewinnen, indem sie mit Hilfe des Wimper- und Schleimbandapparats ihrer großen Kiemen das feine Geschwebe aus dem Meerwasser filtern. Dieses Geschwebe besteht teils aus Plankton, teils aus Tripton oder Detritus (→ S. 148).

Es gibt an den Felsküsten noch viele andere Strudler, zum Beispiel Schwämme, Moostierchen, Seepocken, Manteltiere, Meeresborstenwürmer. Allen gemeinsam ist (außer den Filtriereinrichtungen aus Wimpern oder Borsten) die Neigung, seßhaft (sessil) und damit pflanzenähnlich zu werden. Selbst so bewegliche Tiere wie Würmer geben ihre vagabundierende Lebensweise auf und bleiben zeitlebens in Röhren wohnen, aus denen sie ihre großen, oft sehr farbenprächtigen Tentakelkronen wie bunte »Staubwedel« herausstrecken und damit an dem nahezu unerschöpflichen Nahrungsreichtum des Meerwassers teilhaben.

Die vorhin erwähnten Schnecken und Käferschnecken gehören zur Gruppe der Weidegänger. Sie schaben den feinen Algenüberzug der Felsen mit ihrer Radula (Raspelzunge) ab, die wie ein kleiner Schaufelbagger arbeitet. Auch unter den Stachelhäutern gibt es Weidegänger: die Seeigel, die meist unterschlupfreiches Felsgelände des tieferen Wassers bevorzugen. Sie haben statt der Radula einen komplizierten Kieferapparat mit beweglichen Zähnen ausgebildet, den man nach seiner Form »Laterne des Aristoteles« nennt.

Mit Knackschere und Hydraulik. Den Strudlern und Weidegängern stellt eine große Zahl räuberischer Felsbewohner nach. Da ist zunächst das Heer kleiner und großer Krebse. Größere Krebse unserer Breiten wie Strandkrabbe, Taschenkrebs und Hummer können beschalte Weichtiere mit ihren kräftigen Scheren aufknacken. Der Hummer hat für diese Tätigkeit die Greifzange der einen Körperseite als nußknackerartige Knackschere entwickelt, die andere Körperseite trägt die schlankere und spitzere Zwick- oder Schneideschere, die als Pinzette und Messer eingesetzt wird.

Was Krebse mit einfacher Muskelkraft zustande bringen, erreichen hochspezialisierte Räuber mit Hydraulik und Drillbohrern. Seesterne ziehen Muschelschalen mit Hilfe ihrer Ambulakralfüßchen auseinander. Diese Saugfüßchen, die man auf den Armunterseiten in Reihen angeordnet findet, sind als Teile des komplizierten Wassergefäßsystems der Stachelhäuter wassergefüllte Hohlorgane, die mit einer Kombination von Muskelkraft und Hydraulik arbeiten. Sobald der Seestern die Schale der überfallenen Muschel ein wenig zum Klaffen gebracht hat, schiebt er seinen ausstülpbaren, dünnhäutigen Magen in den Spalt und verdaut die Muschel in ihrer eigenen Schale. Einige Muscheln springen fort, wenn sie einen Seestern in der Nähe wittern. Pilgermuscheln entkommen sogar schwimmend.

Bohrende Schnecken. Verschiedene räuberische Schnecken haben sich darauf spezialisiert, Muscheln, andere Schnecken und auch Seepocken durch kleine Bohrlöcher hindurch auszufressen. Zu diesen räuberischen Bohrschnecken gehört im Felsbereich vor allem die Nordische Purpurschnecke (Nucella lapillus), die überall an den europäischen Atlantikküsten – auch auf Helgoland – in der Brandungszone vorkommt und hauptsächlich mit Hilfe von kalklösenden Abscheidungen einer besonderen Bohrdrüse vor allem Seepocken und Miesmuscheln anbohrt.

Im tieferen Wasser leben die Nabelschnekken (Natica, Lunatia u. a.), die verschiedene Muschel- und Schneckenarten mit Schleimbändern fesseln, um sie dann ungestört in etwa sechsstündiger Arbeit anbohren zu können. Das Ausfressen des Weichkörpers einer 15 Millimeter langen Muschel dauert zweieinhalb Tage. Die Schnecke verdoppelt dabei ihr Körpergewicht. Die Nabelschnecken gehören bereits überwiegend zur Lebewelt der Sedimentböden, der wir uns im folgenden zuwenden. Wir sparen dabei die Tiefseeböden aus und konzentrieren uns auf den Flachwasserbereich.

Wattwanderung. Wer die Nordseeküste oder ihre Inselwelt zum Badeurlaub aufsucht, mei-

Diese wunderschönen Tentakelkronen gehören Fächerröhrenwürmern, festsitzenden Tieren, die in Röhren leben, aus denen sie ihre Tentakeln herausstrecken, um Schwebeteilchen aus dem Wasser zu filtern.

det nach Möglichkeit das eintönige graubraune Schwemmwatt und überläßt es einigen Vogelkundlern, im »schmutzigen« Schlick herumzuwaten und Seevögel zu beobachten. Das Watt ist jedoch alles andere als eintönig. Die Vögel besuchen es nicht zufällig, sondern deshalb, weil es dort von Leben nur so wimmelt und für sie dadurch ein reicher Tisch gedeckt ist (→ S. 194/195).

Eine zunehmende Zahl von Badegästen nimmt inzwischen unter Leitung von kundigen Führern an Ebbewanderungen teil und erhält damit Einblick in die faszinierende Lebewelt des Watts. Im Gegensatz zum Felsuntergrund gehören hier zwar die meisten Tiere zur Endofauna, aber wer die zahlreichen Spuren der Wattoberfläche zu deuten weiß, kann rasch eine Fülle von Tiergestalten ausgraben. Diese Oberflächenspuren hängen damit zusammen, daß die im Boden lebenden Tiere zur Versorgung mit Sauerstoff und Nahrung die Verbindung zur Bodenoberfläche aufrechterhalten müssen.

In sandigeren Teilen des Watts stammen die auffälligsten Spuren fraglos von dem bekannten Watt- oder Pierwurm (Arenicola marina), der häufig von Anglern ausgegraben und als Köderwurm benutzt wird. Auf der Oberfläche kann man Haufen geringelter Kotschnüre und beim genaueren Hinsehen daneben einen Trichter im Boden erkennen. Der Wattwurm liegt in einem U-förmigen, mit Schleim ausgekleideten Gang mit dem Kopfende unter dem Trichter und frißt sandigen Schlick, der von der Oberfläche her nachstürzt. Sein Darm entnimmt dem Schlick alles Verdauliche, und der sandige Rest wird in bestimmten Abständen als Kotschnur zur Oberfläche abgegeben.

An anderen Stellen des Watts schauen die seltsamen »Fransenkronen« aus dem Boden, mit denen der Bäumchenröhrenwurm (Lanice conchilega) bei Flut nahrhaftes Geschwebe fängt. Unauffällige sternförmige Spuren gehen auf weidende Seeringelwürmer (Nereis diversicolor) zurück oder auf Pfeffermuscheln (Scrobicularia), die zwei Siphonen (Ein- und Ausstromrohr) aus dem Boden strecken und mit der Einströmröhre bei Flut staubsaugerartig die besonders nahrhafte Oberflächenhaut des Watts einschlürfen.

Wattgeräusche. Die allerkleinsten Sternmuster stehen dicht an dicht und geben der Wattoberfläche ein rauhes Aussehen. Sie stammen von dem höchstens einen Zentimeter langen Schlickkrebs (Corophium volutator), der auch bei Ebbe von der Mündung seiner Wohnröhre aus die kieselalgenreiche Schlickoberfläche mit seinem vergrößerten zweiten Antennenpaar abkratzt. Bevor er die Antennen herausstreckt, spreizt er dieses »Eßbesteck«, und dabei platzt das Wasserhäutchen, das sich dazwischen ausspannt, mit einem feinen »Klick«. Wenn Millionen dieser kleinen Krebse bei Niedrigwasser ihre Antennen betätigen, vereinigen sich die vielen Einzelklicks zu einem dauernden Knistern, dem sogenannten Wattgeräusch. Wahrscheinlich hat der Dichter Theodor Storm dieses Wattgeräusch gemeint, als er in der dritten Strophe seines Gedichts »Meeresstrand« schrieb: »Ich höre des gärenden Schlammes geheimnisvollen Ton.«

Im tiefergelegenen, schlickigen Teil des Watts stößt man auf flache Ebbetümpel. Beim Durchwaten stöbert man Dutzende schlanker Gestalten auf. Es sind teils kleine Fische (Sandgrundeln), teils Krebse (Sandgarnelen, im Fischhandel »Nordseekrabben« genannt). Ein Plätschern läßt den Wanderer aufhorchen. Es stammt von einer Scholle, die bei ablaufendem Wasser den nahen Priel nicht mehr erreicht hat und hier auf die nächste Flut warten muß. Im flachen Wasser kann man gut beobachten, wie sie durch die Tarnfärbung ihrer rechten Körperseite (die linke ist weiß) und durch zusätzliches oberflächliches Eingraben vor unseren Augen verschwindet.

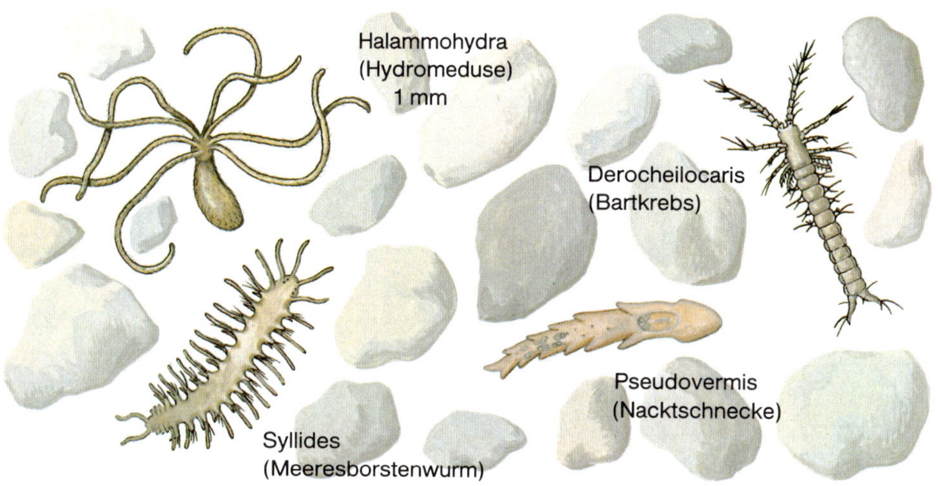

***Sandlückenfauna.** Selbst der Sand des Brandungsstrandes ist keineswegs völlig lebensfeindlich, vielmehr konnte sich zwischen den Sandkörnern eine charakteristische Kleinlebewelt entwickeln, die Sandlückenfauna. Eine kleine Auswahl dieser verborgenen Tierwelt zeigt bereits etwas sehr Typisches: Die Vertreter der verschiedensten Tierklassen haben hier eine längliche, wurmförmige Gestalt entwickelt. Von links nach rechts: Hydromeduse, Bartkrebs, Nacktschnecke, Meeresborstenwurm.*

»Heuler«. Große Aufregung und Ratlosigkeit entsteht meist, wenn Wattwanderer auf einen »Heuler« stoßen. »Heuler« sind Seehundbabys, die man einsam auf Sandbänken, im Watt oder im Meer treibend findet und die eigentümlich klagende Laute von sich geben. In einigen Fällen sind sie von der Mutter, die sich auf Nahrungssuche befindet, nur vorübergehend verlassen worden. Im Regelfall ist die Mutter jedoch umgekommen, und das Seehundkind geht demselben Schicksal entgegen, weil es sich noch nicht allein ernähren kann.

Die Aufzucht junger Seehunde ist außerordentlich schwierig und gelingt dem Laien nicht. »Heuler« sind über die Polizei den »Heuler-Stationen« (Tiergrotten Bremerhaven, Senckenberg-Institut Wilhelmshaven) zu melden, die langjährige Erfahrungen in der Seehundaufzucht haben.

Sandlückenfauna. Der grobe Sand des Brandungsstrandes, also das bevorzugte Milieu des menschlichen Badebetriebs, galt lange Zeit als lebensfeindlich. Nur wenige Muscheln, Krebse und flache Seeigel werden – so schien es – mit diesen ständig wandernden Sanden fertig. Erst in den fünfziger Jahren unseres Jahrhunderts entdeckte der Kieler Zoologe Adolf Remane in den winzigen Lücken oder Porenräumen zwischen den Sandkörnern eine eigenartige und überraschend reichhaltige Kleinlebewelt, die Sandlückenfauna (Mesopsammon).

Man kann die Tierchen mit Hilfe von schmelzendem Seewasser-Eis aus den Sandlücken heraustreiben und dann lebend im Mikroskop beobachten. Mit Ausnahme einiger bis zu 1,5 Zentimeter langen Ringel- und Strudelwürmer sind die wenigsten Tiere größer als 2 bis 3 Millimeter. Viele Tierklassen sind hier durch ihre kleinsten bekannten Zwergformen vertreten (z. B. 0,3 mm große Medusen und Ringelwürmer). In Anpassung an die winzigen Spalten wurden vielfach längliche Körperformen entwickelt, selbst Krebse sehen hier wurmförmig aus. Haftorgane zum Festhalten an den Sandkörnern sind verbreitet.

Die Erforschung der Sandlückenfauna, die noch in vollem Gange ist, brachte schon verschiedene Überraschungen. Außer einer bisher unbekannten Unterklasse von Krebsen (Bartkrebse oder Mystacocariden) wurde eine völlig neue Tierklasse entdeckt (Kiefermäulchen oder Gnathostomuliden), die man in das bisherige natürliche System nirgends bedenkenlos einordnen kann.

Tropischer Gezeitenwald. In den letzten Abschnitten dieses Kapitels unternehmen wir einen Abstecher in die Tropen. An den Küsten warmer Meere steigt der Urwald bis in das Meer hinab und bedeckt besonders im Bereich von Flußmündungen große Flächen der Gezeitenzone. Dieser von jeder Flut überschwemmte tropische Gezeitenwald wird Mangrove genannt. Läge Deutschland in den Tropen, so wären auch die Nordseewatten

1
2

3

Das Leben im Watt

Wer schon einmal an der Nordsee war, dem ist das Wattenmeer wohlvertraut: Bei Ebbe weicht das Wasser zurück und hinterläßt eine einförmige Sand- und Schlicklandschaft (8). Nur in tiefer gelegenen Rinnen und Senken bleibt jetzt noch Wasser stehen. Doch der erste Eindruck täuscht: Das Watt ist alles andere als eintönig, vielmehr wimmelt es hier nur so von Leben, das sich jedoch meist im Verborgenen abspielt und sich nur dem erschließt, der seine Spuren zu deuten versteht. So kann man auf der Oberfläche unzählige geringelte Häufchen erkennen (5). Es sind die Kotschnüre des Watt- oder Pierwurms, der eingegraben im Boden in einem U-förmigen Gang liegt. Er frißt sandigen Schlick und gibt die unverdaulichen Reste als Kotschnur an die Oberfläche ab. Ein weiterer Bodenbewohner ist die Sandklaffmuschel (6). Sie streckt ein Ein- und Ausstromrohr aus dem Boden und schlürft die nahrhafte Oberflächenhaut des Watts ein. In den flachen Tümpeln des tiefer gelegenen Schlickwatts gräbt sich eine Scholle in den Sand (3) und wartet auf die nächste Flut. Ein Seestern saugt eine Miesmuschel aus (2). Auch Vögel finden hier reichlich Nahrung (1, Lachmöwen; 4, Brandenten). Hin und wieder trifft man auch auf einen »Heuler« (7), ein Seehundbaby, das von seiner Mutter verlassen wurde und nun klagende Laute ausstößt.

7

4

5

6

8

zwischen Inseln und Festland vielerorts mit Mangrove bewachsen.

In keinem anderen Lebensraum der Küste begegnen sich so viele Meeres- und Landtiere wie in der Mangrove. Kronenraum und Stamm der Mangrovenbäume (z. B. Rhizophora) beherbergen eine überwiegend landlebende Fauna: Insekten (besonders Termiten), Eidechsen und Baumschlangen, Vögel und Fledermäuse. Bei Niedrigwasser dringen weitere Landtiere als »Ebbegäste« auch auf den Waldboden vor, zum Beispiel Stelzvögel, Rallen und Wildschweine sowie krebsfangende Säugetiere: Krabben-Waschbären (Procyon cancrivorus) und Javaner-Affen (Macaca irus).

Der Waldboden und der Wurzelraum der Bäume sind jedoch hauptsächlich der Lebensbereich der Meeresfauna. Die Mangrovewurzeln (oft als Stelzwurzeln ausgebildet) tragen einen Aufwuchs aus Seepocken, Manteltieren und Austern. Der schlickige Untergrund ist durchlöchert von zahllosen Grabgängen verschiedener Krebse (z. B. Pistolenkrebse, Winkerkrabben, Landkrabben). Die großen Landkrabben (Gecarciniden) verzehren das gesamte Fallaub der Mangrovebäume, so daß der Boden immer wie gefegt aussieht.

Die Mehrzahl der Krebse verbringt die Hochwasserperiode unterirdisch, da mit der Flut eine große Zahl von Fischen und räuberischen Schwimmkrabben in die Mangrove eindringt, die sogenannten »Flutgäste«. Eigenartigerweise gibt es eine Reihe von Mangrovekrabben und im Indopazifik sogar einige Fische (Periophthalmus), die vor diesen Flutgästen nicht in unterirdische Höhlen ausweichen, sondern bei steigendem Wasser die Bäume erklimmen und dort sogar Insekten fangen. Die amerikanische Baumkrabbe (Aratus) verbringt fast ihr ganzes Leben hoch in den Baumwipfeln und benagt die Mangroveblätter.

Die Mangrove ist also ein ganz unglaublicher Wald, ein Urwald mit Ebbe und Flut, in dem Affen Krebse fangen und Fische und Krabben auf die Bäume steigen.

Unterseeische Riesenbauwerke. Korallenriffe sind die größten Bauwerke der belebten Natur. Einzelne Riffe gibt es in allen Weltmeeren. Vor Norwegen und an der Westküste Schottlands hat man in größerer Tiefe sogar Kaltwasserriffe (aus Steinkorallen der Gattung Lophohelia) entdeckt. Zweifellos sind aber die gewaltigsten Korallenbauten in den Tropen und ihren Randgebieten zu finden. Das Große Barriereriff vor der Nordostküste Australiens ist 2000 Kilometer lang und zwischen 300 und 2000 Metern breit. Die Korallen bedecken dort eine Fläche von insgesamt 200 000 Quadratkilometern.

Größere Korallenriffe liegen zumeist auf den Ostseiten der Kontinente in einem Gürtel zwischen 25° nördlicher und südlicher Breite, in Gebieten, wo die Wassertemperatur im Jahresmittel bei 23,5° C liegt und 20° C nicht unterschreitet. Das Wasser muß außerdem reich an Plankton und Sauerstoff sowie möglichst klar (d. h. ohne Sedimente, die das Riff zuschütten könnten) und lichtdurchflutet sein. Licht brauchen weniger die kleinen Korallenpolypen selbst – sie sind meist nachtaktiv – als vielmehr die zahlreichen mikroskopischen Algen (Zooxanthellen aus der Gruppe der Dinoflagellaten), die mit den Polypen in Symbiose leben. Man hat bis zu 30 000 Algen in einem einzigen Kubikmillimeter Korallengewebe gezählt. Der gegenseitige Nutzen dieser Partnerschaft ist bis heute nicht restlos aufgeklärt. Auf jeden Fall beschleunigt jedoch die Photosynthese der Algen die Ausscheidung von Kalk, aus dem die Steinkorallen das Riff aufbauen.

Winzige koloniebildende Korallenpolypen sind für die Entstehung der Atolle, ringförmiger Korallenriffe, verantwortlich. Sie scheiden ein Außenskelett aus Kalk ab und bauen so die Riffe auf.

Diese Steinkorallen (Blumentiere aus der Ordnung der Madreporaria) sind gegenwärtig die wichtigsten Riffbaumeister des Meeres. Ihr Hauptentfaltungsgebiet liegt im Indopazifik, wo sie mit etwa 700 Arten vertreten sind, während man aus der Karibik nur etwa 35 Arten kennt. Neben den Steinkorallen spielen weitere Nesseltiere, vor allem die zu den Hydroidpolypen gehörenden Feuerkorallen (Milleporiden) eine wichtige Rolle als Riffbildner. In früheren Epochen der Erdgeschichte haben sich auch ganz andere Tierstämme maßgeblich an der Riffbildung beteiligt. Die Riffe des Erdaltertums (Paläozoikums) bestanden größtenteils aus Stromatoporiden und Tabulaten, die man bis vor kurzem noch nicht richtig in das System der Tiere einzuordnen wußte. Dann aber fand man in unterseeischen Höhlen vor Jamaika »lebende Fossilien« (→ S. 54) aus beiden Gruppen und konnte sie dadurch als echte Schwämme entlarven.

Riff-Forschung. Seit den Tagen Darwins geben die Korallenriffe der Wissenschaft manche Rätsel auf. Charles Darwin hat als erster versucht, die Entstehung der Atolle zu erklären, der bekannten ringförmigen Korallenriffe weitab vom Land mitten im Ozean. Nach Darwin waren Atolle früher Saumriffe um kleine vulkanische Inseln herum. Die Inseln sind im Laufe der Jahrmillionen abgesunken und die Korallenriffe mit ihnen. In lichtarmen Tiefen von mehr als 50 bis 80 Metern starben die Korallen ab, aber oben in der Lichtzone bauten sie ständig neue Kalkmassen an, so daß das Riff zu allen Zeiten bis an die Meeresoberfläche reichte.

Tiefbohrungen am Eniwetok-Atoll im Pazifischen Ozean haben diese Theorie in neuerer Zeit bestätigt. Als man schließlich auf die Spitze des abgesunkenen Vulkans traf, hatte man 1400 Meter Korallenkalk durchbohrt. Nimmt man ein jährliches Riffwachstum von einem Millimeter an, so ist dieser gewaltige Felsen das Ergebnis eines Korallenwachstums von 1,4 Millionen Jahren. Kommt die Annahme einer jährlichen Zuwachsrate von einem Millimeter der Wirklichkeit nahe? Keiner weiß es genau. Man hat gemessen, daß die Seitenzweige der Geweihkoralle Acropora jährlich um 2,5 bis 5 Zentimeter wachsen können. Aber der Gesamtzuwachs eines Riffes ist der schwer meßbare Kompromiß zwischen Auf- und Abbau. Außer der Brandung arbeiten zahlreiche Lebewesen (wie Papageifische, Seesterne, Schnecken, Bohrschwämme) ständig an der Zerstörung der Riffe. Einer der gefürchtetsten Feinde der Korallen, der Dornenkronen-Seestern (Acanthaster), wird weiter unten ausführlich besprochen (→ S. 216f.).

Symbiosen der Riffbewohner. Korallenriffe bieten einer Vielzahl von Meerestieren Unterschlupf, Verankerungsmöglichkeiten und Nahrung. Seit man erkannt hat, daß das Korallenriff neben dem tropischen Regenwald der artenreichste Lebensraum der Erde ist, arbeiten zahlreiche Meeresbiologen an der intensiven Erforschung dieser korallophilen (»korallenliebenden«) Tierwelt und ihrer vielfältigen Beziehungen. Wegen der vielen giftigen Riffbewohner (→ Infokasten S. 202) ist diese Forschungsarbeit oft nicht ungefährlich.

Eine Fülle von Symbiosen (Lebensgemeinschaften zum beiderseitigen Nutzen) ist bei diesen Untersuchungen aufgedeckt worden, so die Putzsymbiosen zwischen verschiedenen Korallenfischen und dem Putzerfisch (Labroides) bzw. der Putzergarnele (Stenopus), außerdem die Symbiosen zwischen Seeanemonen und Anemonenfisch (Amphiprion) und zwischen Diademseeigeln und Kardinalfisch (Siphamia). Die Partnerschaften zwischen verschiedenen Seerosen und Einsiedlerkrebsen waren schon länger bekannt.

Die »Mördermuschel« kann sogar einem Menschen gefährlich werden, wenn sein Fuß zwischen die mächtigen Schalenklappen gerät.

Typische Bewohner von Felsspalten und Korallenriffen sind die Muränen. Der Giftbiß einiger Arten kann auch für den Menschen tödlich sein.

Außer den Korallenpolypen selbst leben auch andere Riffbewohner in Symbiose mit Algen. Die größte Muschel der Erde, die vor allem aus dem Australischen Barriereriff bekannte Riesenmuschel (Tridacna gigas), verdankt ihren Riesenwuchs (Schalenklappen bis zu 1,4 m lang und fast 250 kg schwer) der Symbiose mit Zooxanthellen. Diese Algen sind im Mantelsaum der Muschel untergebracht und werden dort durch eigene »Sammellinsen« mit besonders viel Licht für die Photosynthese versorgt. Um den Mantelsaum dem Licht auszusetzen, klaffen die Schalen dieser Muschel gewöhnlich. Bei Störungen werden sie geschlossen. Die zuklappenden Schalen könnten den Fuß eines Tauchers sehr wohl festhalten, doch sind derartige Unglücksfälle bisher nicht sicher überliefert und – so kann man immer wieder lesen – kaum möglich, weil sich die »Mördermuschel« so langsam schließe (sie brauche 6 bis 7 Sekunden), daß man Zeit genug finde, den Fuß rechtzeitig in Sicherheit zu bringen.

Als jedoch der bekannte Pionier der Tauchkunst, Hans Hass, die Harmlosigkeit der Riesenmuscheln unter Beweis stellen wollte, machte er eine andere Erfahrung. Er wollte zunächst sein Bein in den Spalt hineinstecken, nahm dann aber auf den Rat seiner Frau doch ein künstliches Bein aus Gips und stieß es in eine »Mördermuschel« mittlerer Größe. Er schreibt: »Sie schloß sich so jäh und heftig, daß ich es nicht mehr herausziehen konnte.«

Die Wirkung der Gezeiten

Dichter haben Ebbe und Flut den »Atem des Meeres« genannt. Nüchterner ausgedrückt handelt es sich bei den Tiden oder Gezeiten um periodische Änderungen des Wasserstandes, die sich besonders im Küstenbereich auswirken, weil hier ein bestimmter Uferstreifen, die Gezeitenzone, regelmäßig trockenfällt. Die Frage nach den Ursachen der Gezeiten führt rasch in relativ schwierige geophysikalische Probleme hinein, die wir hier mit dem Hinweis auf die Anziehungskraft von Mond und Sonne nur andeuten wollen. Da die Gezeiten vor allem auf den Einfluß des Mondes zurückzuführen sind, zeigen sie eine Lunarperiodik, das heißt, sie richten sich zeitlich nach der Umlaufgeschwindigkeit des Mondes. Weil der Mondtag etwas länger ist als der Sonnentag, verspätet sich das Hoch- bzw. Niedrigwasser von einem Tag zum anderen jeweils um etwa fünfzig Minuten. Die Sonne verstärkt die Mondwirkung bei Voll- und Neumond. Man mißt dann die höchsten Fluten und tiefsten Ebben: Es herrscht Springtide. Dazwischen, also im ersten und letzten Mondviertel, schwächt die Sonne die Mondwirkung hingegen ab. Hoch- und Niedrigwasser erreichen geringere Werte: Es herrscht Nipptide.

1

2

3

4

5

Artenvielfalt im Korallenriff

Korallenriffe bergen einen ungeheuren Artenreichtum, da sie vielfältige Lebensbedingungen bieten. Es handelt sich bei diesen unterseeischen Bauwerken um die Kalkabscheidungen winziger, nach und nach abgestorbener Blumentiere (Anthozoen), wobei es eine Vielzahl verschiedener Korallen gibt, die Kalkskelette unterschiedlicher Farbe und Form hervorbringen, etwa die Hornkorallen (Gorgonia, 8), die Feuerkorallen (2) und die Steinkorallen (2). Korallenriffe kommen nur in warmen Meeren vor, weil die winzigen Korallenpolypen zum ungestörten Wachstum eine Mindesttemperatur von 20 °C benötigen. Zwischen den Korallen tummeln sich Scharen leuchtender Juwelenfische (1), bunte Gauklerfische (Chaetodon, 6), Doktorfische (7) und winzige Soldatenfische (3). Viele Korallenfische stellen plakativ leuchtende Farben und auffällige Zeichnungsmuster zur Schau wie etwa die Kaiserfische (5). Diese »Plakatfarben« erfüllen eine wichtige Funktion: Sie signalisieren dem Artgenossen optisch den Besitzanspruch auf ein bestimmtes Revier und helfen so für alle einen genügend großen Lebensraum sichern. Ganz anders der Stachelrochen (9): Er ist recht unauffällig an seine Umgebung angepaßt. An seinem Hinterende befindet sich eine Giftdrüse, die auch dem Menschen gefährlich werden kann. Seeigel (2, 4) schützen sich durch wehrhafte Stacheln.

6

7

8

9

Tiere des Roten Felsens (Helgoland)

Das einzige natürliche Felslitoral der Deutschen Bucht findet man auf Helgoland. Das bei Niedrigwasser mit einiger Vorsicht begehbare Felswatt der roten Hauptinsel ist das Eulitoral, also die Gezeitenzone, die sich von der Mittleren Hochwasserlinie (MHW) bis zur Mittleren Niedrigwasserlinie (MNW) erstreckt. Dort kann man unter den dichten Büscheln des Sägetangs (einer Fucus-Art) vor allem Strandschnecken, aber auch die selteneren Kreisel- und Käferschnecken finden.

Die nach unten anschließende Zone des Sublitorals – das Reich des Helgoländer Hummers – bleibt ständig wasserbedeckt, aber Teile seiner Tierwelt (Schwämme, Seescheiden, Seerosen und Taschenkrebse) dringen als Vorposten auch in die Gezeitentümpel des unteren Eulitorals ein und können dort vom Ebbewanderer bewundert werden. Die Seepocken am Oberrand des Eulitorals und die Meerasseln der anschließenden Spritzwasserzone (Supralitoral) leben vor allem auf den Betonmauern. Unter den angespülten Ledertangen, von Stürmen massenweise im Sublitoral losgerissen, mischt sich eine Tierwelt, deren Heimat teils das Meer ist (Küstenhüpfer) und teils das Land (Meerstrandtausendfuß und Tangfliegen). Nach oben geht das Supralitoral in den Brutfelsen der Seevögel über. Zu den Lummen und Möwen hat sich neuerdings auch der Eissturmvogel gesellt.

Eissturmvogel

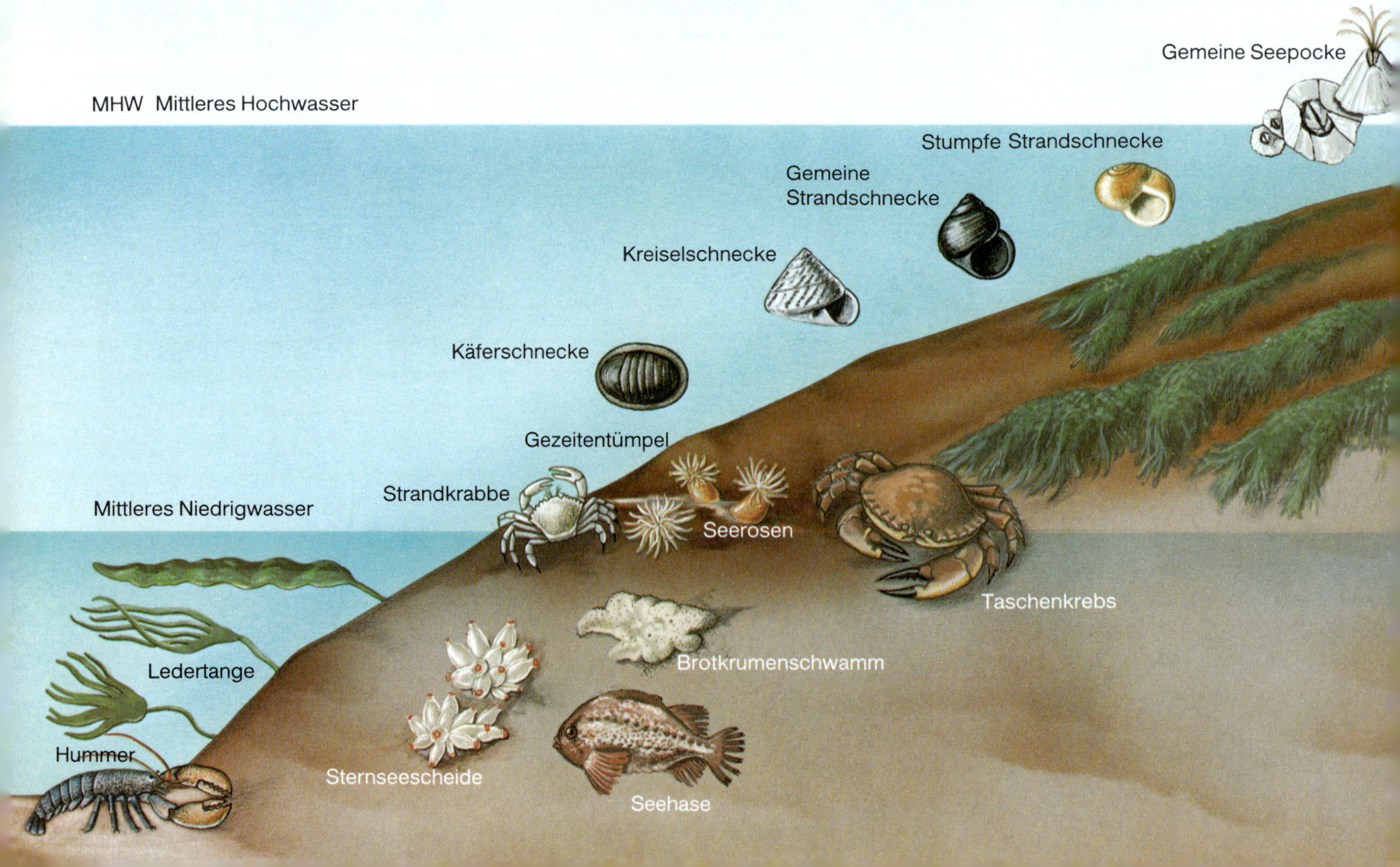

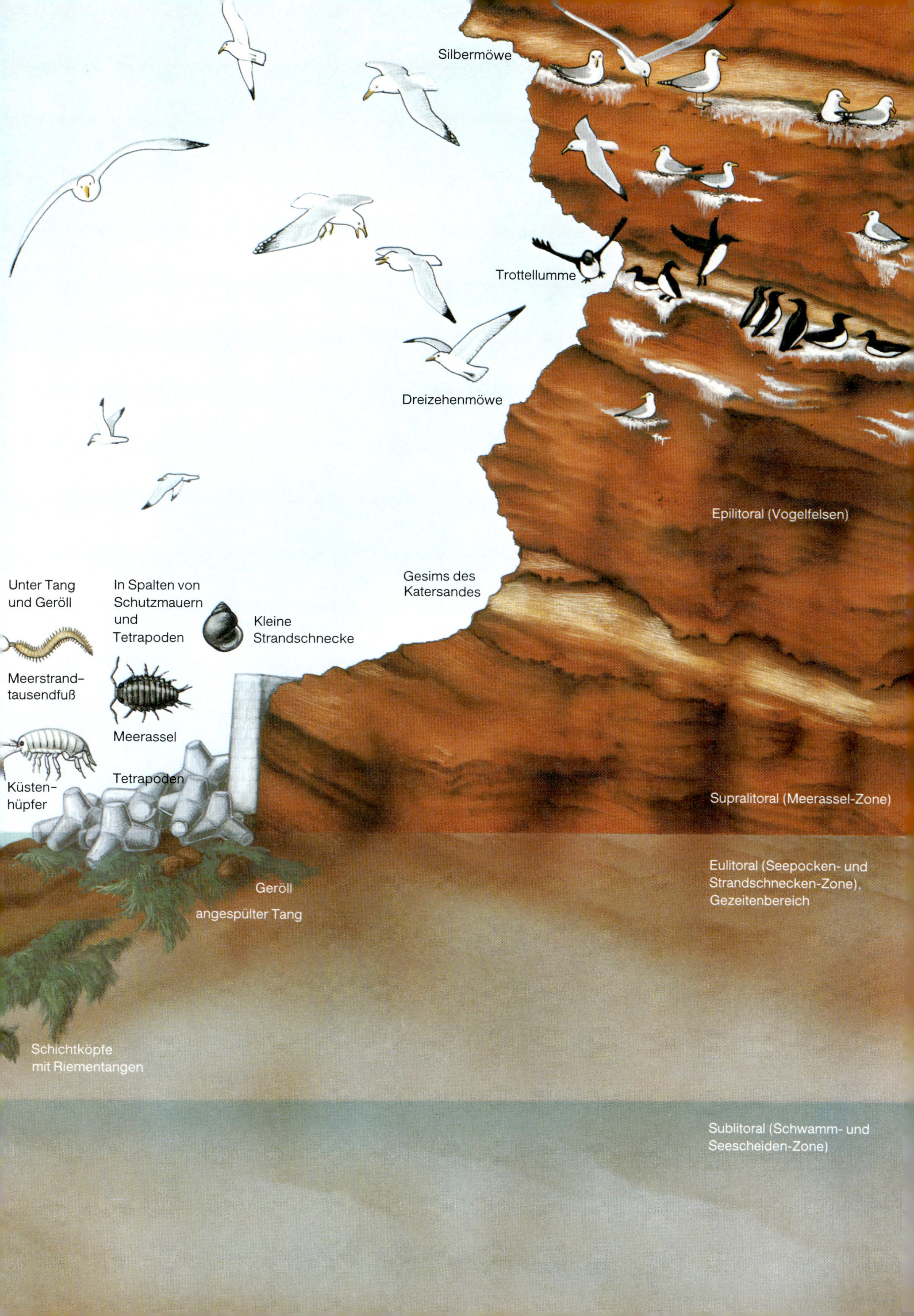
Silbermöwe
Trottellumme
Dreizehenmöwe
Epilitoral (Vogelfelsen)
Gesims des Katersandes
Unter Tang und Geröll
In Spalten von Schutzmauern und Tetrapoden
Kleine Strandschnecke
Meerstrand-tausendfuß
Meerassel
Küsten-hüpfer
Tetrapoden
Supralitoral (Meerassel-Zone)
Eulitoral (Seepocken- und Strandschnecken-Zone), Gezeitenbereich
Geröll
angespülter Tang
Schichtköpfe mit Riementangen
Sublitoral (Schwamm- und Seescheiden-Zone)

Der mittlere Gezeitenhub, das heißt der durchschnittliche Unterschied zwischen Hoch- und Niedrigwasser, ist an jedem Küstenort verschieden. An den deutschen Küsten beträgt er zwischen zwei Zentimetern (Usedom, Ostsee) und 3,5 Metern (Wilhelmshaven), in Europa maximal 11,5 Meter (am Britischen Kanal). Den größten Gezeitenhub der Erde (14 Meter) findet man in der Fundy Bay (Neuschottland, Kanada). Wenn die Fundy Bay bei Ebbe leergelaufen ist (100 Milliarden Tonnen Wasser haben sie dann verlassen), sammeln die Fischer vom Pferdewagen aus die Fische ein, die in den Maschen von dauerhaft aufgestellten Netzwänden hängengeblieben sind. Manche Fische hängen so hoch über den Köpfen der Fischer, daß Leitern benutzt werden müssen.

Zonenbildung an der Küste. Ebbe und Flut haben den küstennahen Lebensbereich der Meerestiere in Zonen gegliedert (→Graphik S. 186). Man unterscheidet Supra-, Eu- und Sublitoral. Das Eulitoral (die intertidale oder Gezeitenzone) dehnt sich zwischen dem mittleren höchsten und mittleren tiefsten Wasserstand aus. Darüber liegt das Supralitoral (Spritzwasserzone), und darunter folgt das Sublitoral, die ständig wasserbedeckte Schelfzone, an die sich nach unten der Kontinentalabhang und der Tiefseeboden anschließen.

Diese Zonenfolge gilt für alle Formen von Gezeitenküsten. Wie das Beispiel des Helgoländer Felslitorals (→Graphik S. 200/201) zeigt, kann man den Zonenbezeichnungen mehr Anschaulichkeit verleihen, indem man die Benennung nach den jeweils charakteristischen Tierformen wählt: Meerasselzone für Supralitoral, Seepocken- und Strandschnekkenzone für Eulitoral und Schwamm- und Seescheidenzone für Sublitoral. Manchmal wird der Brutfelsen der Seevögel noch als Epilitoral vom Supralitoral abgegrenzt. Natürlich lassen sich die Zonen auch nach ihrem Pflanzenbewuchs charakterisieren: das Supralitoral als Flechtenzone, das Eulitoral als Zone der Riementange (Fucus-Arten) und das (obere) Sublitoral als Zone der Ledertange (Laminaria-Arten).

Tiere des oberen Grenzbereichs. Das Beispiel Helgolands läßt erkennen, daß in das Supralitoral auch typische Landgliederfüßer eingedrungen sind, zum Beispiel der Meerstrand-Tausendfuß (Strigamia maritima), der unter anderem Jagd auf kleine Meerestiere wie die Küstenhüpfer (Orchestia) macht.

Auch an den Flachküsten der Nordsee leben Landtiere im oberen Grenzbereich des Meeres. In der Verlandungszone des Watts trifft man auf kleine krümelige Sandhaufen, deren Durchmesser ein bis zwei Zentimeter beträgt. Unter jedem Haufen verbirgt sich der Eingang zu der fünf bis zwölf Zentimeter tiefen Wohnröhre eines rotflügeligen Kurzflügelkäfers (meist Bledius spectabilis). Dieser Käfer lebt von dem Rasen aus blaugrünen Bakterien, den man im Supralitoral findet, und verträgt die Überflutung seines Biotops mit Salzwasser.

Bekannte Gifttiere des Meeres

Gifttier	Wissenschaftlicher Name	Giftorgan	Giftwirkung und typische Unfallsituation
»Rote Tide« (rote Geißeltierchen des Planktons)	Dinoflagellaten (Gymnodinium- und Gonyaulax-Arten)	Körper gibt Neurotoxine (Nervengifte) ans Meerwasser ab	z. T. tödliche Vergiftungen nach Verzehren von Meerestieren, die das Gift angereichert haben
Portugiesische Galeere	Physalia physalis	Nesselkapseln der bis 50 m langen Fangfäden	Schmerzen, Lähmungserscheinungen und Herzbeschwerden (Badeunfälle, so auch bei den beiden folgenden Gruppen)
Würfelquallen (»Seewespen«)	Cubomedusen, vor allem die pazifischen Arten Chironex flekkeri und Chiropsalmus quadrigatus	Nesselkapseln der 30 cm langen Fangfäden	extreme Schmerzen, Krämpfe, Kollaps, oft Tod durch Herzversagen (Australien: über 50 Todesfälle)
Nesselquallen, besonders die Gelbe Haarqualle	Cyanea capillata	Nesselkapseln der bis 40 m langen Fangfäden	Heftig brennende Ausschläge, allergische Schocks
Kegelschnecken	Conus-Arten, z. B. C. geographus aus dem Indopazifik	Nadelförmige, hohle Giftzähne auf der Rüsselspitze	Lähmungen und Todesfälle bei Touristen, die Kegelschnecken wegen ihrer Schönheit aufheben
Kraken, mehrere Arten, z. B. der kleine australische Blauringel-Krake	Octopoden, z. B. Hapalochlaena maculosa	»Papageischnabel« mit Giftdrüse	Lähmungserscheinungen, z. T. mit tödlichem Ausgang (Taucherunfälle)
Diadem-Seeigel	Diadematiden, z. B. Diadema antillarum	Bis 33 cm lange, brüchige Giftstacheln mit Widerhaken	Schmerzen und Entzündungen (nach versehentlichem Drauftreten)
Stachelrochen	Dasyatiden	Giftiger Schwanzstachel	Schmerzen und monatelange Erkrankung, Todesfälle (durch Aufstöbern ruhender Rochen)
Rotfeuerfische und Steinfische	Pteroiden und Synancejiden	Rückenstacheln mit Giftdrüsen	Todesfälle durch Treten auf die gut getarnten Steinfische
Muränen	Muraeniden	Giftdrüsen der Gaumenschleimhaut am Grunde der Zähne	Bißfolgen bei 5 Arten z. T. tödlich (Taucherunfälle)
Seeschlangen	Hydrophiiden	Gefurchte Giftzähne (Nervengift)	Lähmungen, z. T. mit tödlichem Ausgang

Entsprechendes gilt für die Tierwelt der Salzwiesen im Deichvorland, die unregelmäßig vom Meer überschwemmt werden. Besonders die Spinnenfauna ist hier ausführlich untersucht worden. Es handelt sich überwiegend um Zwerg-, Baldachin- und Wolfsspinnen, die – meist ohne Netze – Springschwänze (kleine Insekten) und Flohkrebse jagen. Manche dieser Spinnenarten (z. B. die Baldachinspinne Leptorhoptrum robustum) können im

Experiment bis zu zwanzig Tage untergetaucht im Meerwasser überleben.

Das Niedrigwasser überdauern. Landlebende Eindringlinge in den Grenzbereich des Meeres müssen Überflutungen vertragen können. Umgekehrt müssen Meerestiere des Eulitorals damit fertig werden, daß ihnen bei Ebbe ihr eigentliches Lebenselement, das Wasser, vorübergehend entzogen wird. Es droht dann vor allem die Gefahr der Austrocknung, aber auch der Halt für den Körper geht verloren. Für den Hummer, einen typischen Sublitoral-Bewohner, wäre die Gezeitenzone kein geeigneter Lebensraum: Man hat festgestellt, daß größere Hummer-Exemplare außerhalb des Wassers nicht einmal ihre eigenen Scheren hochheben können.

Die Schale der Weichtiere ist eine vorzügliche Körperstütze und zugleich ein Behälter, in dem man einen kleinen Wasservorrat über die wasserlose Zeit retten kann. Voraussetzung ist allerdings, daß das Wasserreservoir gut verschließbar ist. Miesmuscheln pressen ihre gut abdichtenden Schalenklappen dauerhaft mit Schließmuskeln zusammen, die nicht ermüden. Napfschnecken passen ihre Schale auf dem Ruheplatz genau in den Felsuntergrund ein – eine Einrichtung, die auch gegen starke Brandung hilfreich ist. Strandschnekken können wie fast alle Vorderkiemerschnecken ihr Gehäuse mit einem Deckel verschließen, der genau auf die Mündung paßt. Auch die Kalkdeckel der Seepocken und einiger Röhrenwürmer (z. B. beim Posthörnchenwurm Spirorbis) stellen einen wirksamen Verdunstungsschutz dar.

Eine große Zahl von Tieren des Eulitorals überdauert die wasserlose Ebbezeit versteckt unter Pflanzen, in Felsspalten oder im Sedimentboden. Das Leben im Wattuntergrund ist also eine günstige Lösung – sofern es gelingt, die Sauerstoffversorgung in der meist extrem sauerstoffarmen Tiefe zu sichern. In die entsprechenden Verbindungsröhren zur Wattoberfläche können allerdings bei Niedrigwasser nahrungsuchende Vogelschnäbel leicht eindringen. Wie intensiv die bei Ebbe freiliegenden Watten von Watvögeln genutzt werden, zeigen Freilandbeobachtungen in Südengland: Ein einziger Austernfischer holt sich täglich 214 bis 315 Herzmuscheln aus dem Boden, ein Alpenstrandläufer frißt pro Tag etwa 350 Seeringelwürmer der Gattung Nereis.

Es scheint, daß den Bewohnern des Eulitorals diese Feinde oft gefährlicher werden als Hitze und Frost. Viele Gezeitenzonenbewohner vertragen extreme Temperaturunterschiede: Im Experiment halten Strandschnekken kurzfristig Temperaturen über 40° C aus, und Sandklaffmuscheln (Mya arenaria) sogar mehrere Wochen lang –7° C.

Streng nach Tidenplan. Unser menschliches Leben richtet sich nach dem Wechsel von Tag und Nacht. In der Gezeitenzone geht hingegen in erster Linie alles streng nach Tidenplan. Viele Tiere ruhen während der Niedrigwasserzeit und erwachen mit Eintritt des Hochwassers zu neuem Leben: Die Seepokken öffnen dann ihren Deckel und fangen mit ihren Rankenfüßen Plankton. Die Muscheln öffnen sich zum Filtrieren, die Schnecken kriechen weidend umher, die Seerosen »erblühen«, und die Strandkrabben verlassen ihre Verstecke und gehen auf Raub aus.

Aber auch das umgekehrte Verhalten kommt bei Tieren des Eulitorals vor. Am Tropenstrand gibt es viele Krabben (z. B. Winkerkrabben und Rennkrabben), die das Hochwasser untätig in Grabschächten im Untergrund verbringen und bei Niedrigwasser eine Oberflächenaktivität entfalten, die ungeahnt buntes Leben auf die Schlick- und Sandoberfläche zaubert. Diese Oberflächenaktivität folgt ihrerseits einem tidengerechten Plan. Nach dem Ablaufen des Wassers tauchen die Tiere aus ihren Höhlen auf und widmen sich zunächst der Nahrungsaufnahme und dem Höhlenausbau. Es folgen soziale Aktivitäten wie Kampf, Balz und Paarung, dann erneute Nahrungsaufnahme und Höhlenreparatur und endlich kurz vor Aufziehen der Flut der Verschluß der Höhle von innen mit Hilfe eines Schlickpfropfens.

In der nördlichen Bretagne und auf den Kanalinseln lebt im Sand der Gezeitenzone ein kleiner, wenige Millimeter langer Strudelwurm (Convoluta roscoffensis). Seine Körperzellen enthalten symbiontische Algen (Zoochlorellen). Diese Strudelwürmer kriechen bei Ebbe auf die Wattoberfläche, weil dann die Algen besonders günstige Bedingungen, viel Licht und Wärme, für ihre Photosynthese finden. Bei Flut ziehen sich die Würmer in den Boden zurück.

Rachel Carson berichtet in ihrem berühmten Buch »Geheimnisse des Meeres«, daß man Kolonien dieser Würmer ins Laboratorium versetzt hat, wo es keine Gezeiten gibt. Dennoch steigt dort Convoluta zweimal täglich gezeitengerecht aus dem Aquariumssand empor. Sie läßt es sich nicht nehmen, »ihr Leben an diesem fremden Ort zu Ende zu leben, indem sie sich mit jeder Fiber ihres kleinen Körpers an den Gezeitenrhythmus des fernen Meeres erinnert«.

Stelldichein der Grunions. Eine tief eingewurzelte Gezeitenrhythmik reguliert nicht nur den Alltag der Eulitoral-Bewohner, sondern auch das Fortpflanzungsgeschehen vieler Meerestiere, auch solcher, die, wie zum Beispiel Auster und Palolowurm, gar nicht in der Gezeitenzone leben. Meist finden Paarung und Eiablage zur Zeit der Springtiden statt. Da diese Zeit mit bestimmten Mondphasen (Voll- und Neumond) zusammenfällt, richten sich manche Meerestiere direkt nach dem Mondlicht, andere jedoch nach der zugehörigen Gezeitensituation.

Eine unglaublich präzise Gezeitenverabredung treffen die kalifornischen Grunions (Leuresthes tenuis), schlanke, 15 bis 20 Zentimeter lange Fische, die von März bis August nachts zum Laichen auf den flachen Sandstrand kommen. Sie geben sich ihr Stelldichein nach dem Motto: »Nimm die höchste Welle in der Nacht nach Springflut.« Die höchste Welle – das ist genau der Hochwasserzeitpunkt, der Umschlag von Flut in Ebbe. In der Nacht nach Springflut – das bedeutet: Es darf nicht das allerhöchste Hochwasser sein, sondern das in der Nacht darauf.

Weibchen und Männchen lassen sich von der besagten höchsten Welle möglichst weit landeinwärts tragen. Die Weibchen bohren sich mit dem Schwanz voran binnen zehn Sekunden in den halbflüssigen Sand ein und legen unter Kopfnicken tausend bis dreitausend Eier ab. Zwei bis drei (seltener bis zu zehn) Männchen ringeln sich um das Vorderende des legenden Weibchens. Ihre Spermien sickern durch den Sand zu den Eiern herab. Nach dreißig Sekunden ist alles vorüber. Die Fische schlängeln sich zappelnd einer der nächsten Wellen entgegen und lassen sich ins Meer zurücktragen. Da diese Welle niedriger ist als die, mit der sie kamen, besteht keine Gefahr, daß sie die Eier wieder freispült.

Zwei Wochen lang wird kein Hochwasser mehr den Laichplatz erreichen. Die Sonne wird die Eier erwärmen, der Sand wird sie zugleich feucht halten und vor Feinden schützen. Nach zehn Tagen sind die Jungfische schlüpfreif und warten in der Eihülle auf die nächste Springtiden-Periode. Deren höchstes Hochwasser, die eigentliche Springflut, wird höher sein als das Hochwasser in der Laichnacht. Es wird also bestimmt die Eier ausspülen und die schlüpfenden Jungfische mit ins Meer hinausnehmen.

Rückkehr ins Meer

Auswanderung seit dem Devon. Das feste Land unseres Globus, nach Aussagen der modernen Astronomie zunächst »eine Strahlenhölle unter unruhiger Sonne«, war ab Ende Silur (→ Infokasten S. 26) allmählich etwas einladender geworden. An der Wende vom Silur zum Devon, also vor 400 Millionen Jahren, begannen die ersten Pflanzen (Psilophyten), das Land zu erobern. Ihnen folgten allmählich im Mitteldevon einige Gliederfüßer und schließlich im Oberdevon die Wirbeltiere. Die ältesten landbewohnenden Gliederfüßer waren urtümliche Insekten und Spinnentiere, die ältesten Landwirbeltiere Amphibien (→ S. 220ff.).

In der nächsten Periode, im Karbon (Beginn vor 345 Millionen Jahren), war die Erde bereits mit einer üppigen Pflanzendecke bekleidet, in der es viele Landtiere gab, darunter auch die ersten Landschnecken und Reptilien. Aus den Reptilien gingen erst viel später, in der Trias, die Säugetiere hervor und im Jura dann die Vögel.

Rückwanderung von Gliederfüßern. Obwohl für das Landleben konstruiert, sind Vertreter mancher Landtiergruppen wieder in die »Urheimat Meer« zurückgekehrt. Wann die einzelnen Formen landbewohnender Gliederfüßer diese Rückwanderung ins Meer begannen, ist nur lückenhaft bekannt. Bedeutend ist ihre Rückkehrtendenz nie gewesen. Die Mehrzahl der Rückwanderer sind Spinnen-

»Insekten des Meeres«

Die Insekten haben alle Lebensräume des Festlands erobert, das Meer aber mit ganz wenigen Ausnahmen gemieden. Ihren Platz nehmen dort die ökologisch ähnlich vielseitigen Krebstiere (Crustaceen) ein. Wie bei den Insekten sind unter den Krebsen Großformen selten. Die größten Krebse (Felsenlangusten und Riesenkrabben) sind bodenlebend. Von den Bodenbewohnern tarnen sich manche mit Algen (Seespinnen), andere sehen selber wie der Aufwuchs aus, auf dem sie leben (Gespenstkrebschen). Viele leben in Spalten oder im Boden eingegraben. Die schwimmenden Krebse sind überwiegend klein und meist Angehörige des Planktons (Leuchtkrebse, Ruderfußkrebse). Nicht wenige Krebstiere leben parasitisch auf anderen Meerestieren, wie Quallen, Fischen und Walen, einige der Parasiten (z. B. Lernaeocera) sind im erwachsenen Stadium nicht mehr als Krebse erkennbar. Stark abgewandelt sind auch die mit dem Kopfende festsitzenden Seepocken (→ Grafik Helgoland), Walpocken und Entenmuscheln. Die Krebse haben wenige wirkliche Landbewohner (z. B. Landasseln) hervorgebracht, dafür aber eine Reihe von Bewohnern des Grenzbereichs Meer-Land. In den Tropen wird dieser Bereich bevölkert von Winkerkrabben, Landkrabben und Landeinsiedlern, zu denen auch der bekannte Palmendieb gehört.

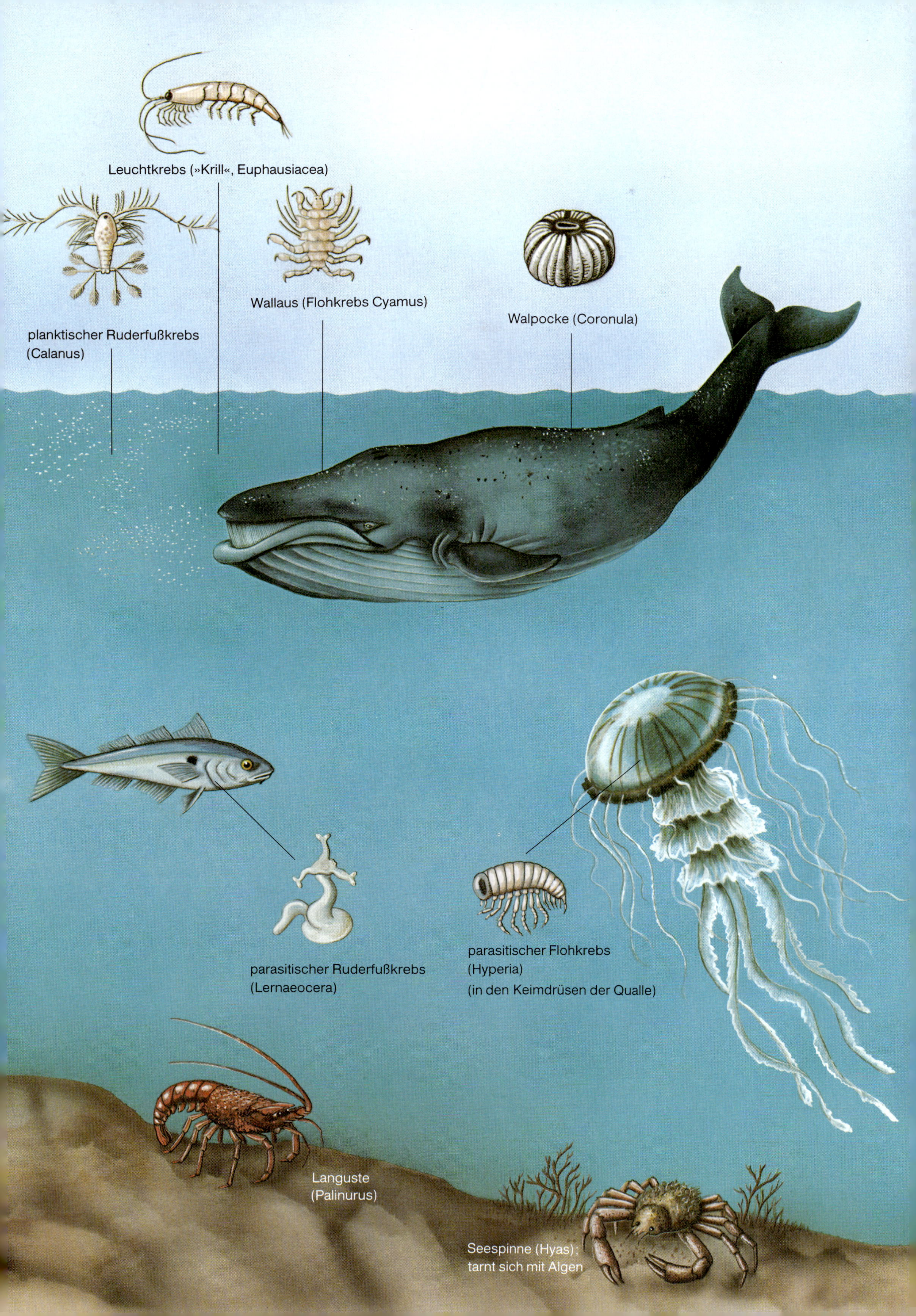
Leuchtkrebs (»Krill«, Euphausiacea)
planktischer Ruderfußkrebs
(Calanus)
Wallaus (Flohkrebs Cyamus)
Walpocke (Coronula)
parasitischer Ruderfußkrebs
(Lernaeocera)
parasitischer Flohkrebs
(Hyperia)
(in den Keimdrüsen der Qualle)
Languste
(Palinurus)
Seespinne (Hyas);
tarnt sich mit Algen

tiere, und zwar vor allem Milben, die teils als freilebende Tiere (besonders die Halacariden), teils als Parasiten ins Meer eindrangen. Die Parasiten paßten sich zusammen mit ihren Wirten, den Robben, an das salzige Element an. Die kleinen Robbenmilben der Gattung Halarachne leben überwiegend in den Nasenlöchern ihrer Wirte, während die Zekken (eine Gruppe größerer Milben) von Walroß und Bärenrobbe außen auf ihren Wirtstieren herumklettern.

Auf Walen haben sich dagegen im Laufe der Stammesgeschichte »ortstypische« Parasiten, also echte Meeresbewohner, angesiedelt, nämlich Wallaus und Walpocke, die beide zu den Krebsen gehören. Die Krebse beweisen damit ihre große Anpassungsfähigkeit. Sie haben im Meer ähnlich viele ökologische Nischen erobert wie die Insekten auf dem Land und werden darum oft auch »Insekten des Meeres« genannt. Die wirklichen Insekten aber sind dem Meer ganz weitgehend ferngeblieben. Lediglich einige wenige Stelzmücken und Zuckmücken verbringen ihr gesamtes oder fast ihr gesamtes Leben im Meer. Auf der offenen Meeresfläche kommt in den Tropen und Subtropen der zu den Wanzen zählende, drei bis fünf Millimeter lange Meerwasserläufer (Halobates) vor.

Ein Frosch und viele Reptilien. Die Amphibien haben als einzige Klasse der Tetrapoden (der landlebenden vierfüßigen Wirbeltiere) in der langen Zeit ihrer Evolution das Meer ganz weitgehend gemieden. Einzig der Philippinenfrosch (Rana cancrivorus) lebt in Südostasien teilweise in der Gezeitenzone und benutzt Krabbenhöhlen als Unterschlupf. Auch seine Kaulquappen vertragen immerhin einen Salzgehalt von 26 Promille (26 g Salz pro Liter).

Demgegenüber haben die Reptilien schon im Perm eine erste Rückwanderungswelle ins Meer gestartet und die Rückkehr von der Trias an in großem Maßstab betrieben. Man kennt im ganzen mehr als zehn Reptiliengruppen, die unabhängig voneinander zu echten Meerestieren geworden sind, darunter auch zwei Linien von Hochseekrokodilen. Ähnlich wie bei den Vögeln und Säugetieren ist dabei fast durchgehend das reiche Angebot des Meeres an Fischnahrung der eigentliche Beweggrund gewesen. Nur die Meerechsen der Galápagos-Inseln (→ S. 43) sind reine Pflanzenfresser und die Meeresschildkröten überwiegend Gemischtköstler.

»Seeschlangen« und Seeschlangen. Von den ca. sieben ausgestorbenen Meeresreptiliengruppen sind vor allem die delphinartigen Fischechsen († Ichthyosaurier) und die zu den Paddelechsen († Sauropterygiern) zählenden Schwanenhalsechsen († Plesiosaurier) allgemein bekannt. Die Schwanenhalsechsen sind jene Formen, die so aussehen, »als hätte man eine Schlange durch eine Schildkröte gezogen«. Ihre größten Formen († Elasmosaurus) erreichten eine Länge von 15 Metern. Der Glaube, daß einige dieser Tiere das große Sauriersterben am Ende der Kreidezeit überlebten und als »Seeschlangen« ab und zu aus der Tiefsee an die Oberfläche aufsteigen und Seereisende erschrecken (über sechshundert »Augenzeugenberichte«), ist genauso abwegig wie die Annahme, daß »Nessie«, das Ungeheuer von Loch Ness, ein Plesiosaurier sein könnte.

Reptilien sind eigentlich für das Landleben konstruiert, doch sind einige ihrer Vertreter wieder ins Meer zurückgekehrt. Die Seeschlangen sind an das Leben im Meer angepaßte Giftschlangen.

Es gibt jedoch unter den ins Meer zurückgekehrten Reptilien echte Seeschlangen (Hydrophiiden), ein bis drei Meter lange Fischfresser, die im Indopazifik mit fünfzig Arten verbreitet sind. Als »ins Meer zurückgekehrte Kobras« sind sie sehr giftig – zumeist aber wenig angriffslustig.

Seesäugetiere: Vom Vierfüßer zur Fischgestalt. Unter den Vögeln sind hauptsächlich die Pinguine wirkliche Rückwanderer zu nennen. Sie werden weiter unten besprochen (→ S. 213 f.). Bei den Säugetieren, die seit dem frühen Tertiär (Eozän) mit der Ausbildung von meerlebenden Formen begannen, findet man alle Abstufungen vom normalen Vierfüßerbau bis hin zur Fischgestalt. Ordnet man die Seesäugetiere in diesem Sinne, so ergibt sich folgende Reihenfolge: Meerotter, Ohrenrobben, Walrosse, Seehundartige, Seekühe, Wale. Systematisch gehören die ersten vier Gruppen zu den Raubtieren (Carnivora), die beiden letztgenannten bilden eigene Ordnungen (Sirenia und Cetacea), die man in die Nähe der Huftiere stellt, wobei eine nähere Verwandtschaft der Seekühe zu den Elefanten gesichert ist. Die Seekühe, die einzigen tangfressenden Meeressäugetiere, haben wie die Elefanten bruständige Zitzen und dadurch wahrscheinlich Anlaß zur Sage von den Seejungfrauen gegeben.

Aus der Fülle interessanter Seesäugetiere können hier nur die Extreme besprochen werden: der Meerotter und die Wale.

Ohne Speckschicht im kalten Nordpazifik. Der Meerotter oder Kalan (Enhydra lutris) ist wie unser Fischotter ein ins Wasser zurückgekehrtes marderartiges Raubtier. Von allen Meeressäugetieren ist dieser bis zu 1,5 Meter lange »Seemarder« am meisten an die Küste gebunden – also mehr ein »in der Entstehung begriffener« Meeresbewohner. Im Meer finden Nahrungssuche und Paarung statt, an Land nicht nur die Geburt (wie auch bei allen Robben), sondern oft auch der Schlaf. Die Jungtiere schlafen in ihrem ersten Lebensjahr regelmäßig auf dem Trockenen, erst danach riskieren sie wie die alten Meerotter eine Ruhe auf der Meeresoberfläche oder »vertäut« auf der »Schlafmatratze« der großen Kelp-Tangfelder (Alaria), die es im nordpazifischen Verbreitungsgebiet des Meerotters von Kalifornien bis zu den Kurilen gibt. Bei Sturm ziehen sich jung und alt meist auf das sichere Land zurück.

Aber noch etwas anderes ist beim Meerotter unvollkommen geblieben: Diese Tiere besitzen keine isolierende Speckschicht, die sie vor Wärmeverlust im kalten Wasser schützt. Alle Robben sind mit einer solchen Schicht ausgestattet, wobei die Pelzrobben (Seebären) zusätzlich eine dichte Unterwolle aufweisen. Meerotter besitzen nur diese Unterwolle – gleichsam ein wollenes Unterkleid unter dem Obergewand aus Grannenhaaren. In dieser Unterwolle fängt sich eine wärmeisolierende Luftschicht, die auch unter Wasser erhalten bleibt – vorausgesetzt, daß die ca. 800 Millionen feinen Wollhaare gut gebürstet sind und eine zusammenhängende Decke bilden. Meerotter sind also zwangsläufig sehr häufig mit der Fellpflege beschäftigt.

Erst neuerdings hat man herausgefunden, daß diese Luftschicht nicht nur den einzigen Wärmeschutz, sondern auch eine wesentliche Schwimmhilfe darstellt: Ein gefangener Meerotter, dessen Käfig mit Holzwolle ausgepolstert war, konnte sich in seinem Schwimmbecken nur mit äußerster Anstrengung über Wasser halten. Offensichtlich hatte die grobe Holzwolle seine empfindliche Luftdecke an vielen hundert Stellen versehrt, und er konnte diese Schädigung durch sein Putzverhalten nicht mehr ausgleichen.

Meerotter sind darauf angewiesen, daß sie auf dem Rücken liegend ohne Schwimmbewegungen auf der Wasseroberfläche treiben können, denn in dieser Lage säugen sie ihre Jungen und nehmen ihre eigene Mahlzeit ein. Schon länger ist bekannt, daß der Meerotter zu den wenigen Tieren gehört, die bei der Nahrungszubereitung ein Werkzeug benutzen. Er taucht zehn bis dreißig Meter tief (selten auch bis sechzig Meter) auf den Meeresgrund hinab und sucht nach Seeigeln, Krabben oder Seeohren (großen Schnecken). Wenn die Seeohren sehr fest auf der Unterlage sitzen, sucht er sich einen Stein und hämmert sie damit los. Mit diesem Stein und der Nahrung in einer Hautfalte unter der Achsel kehrt der Meerotter zur Oberfläche zurück, legt sich den Stein auf die Brust und zertrümmert harte Schalentiere, indem er den Stein als Amboß benutzt.

Der Meerotter ist ein gewandter Schwimmer, der sich vorzugsweise von Seeigeln, aber auch von Krabben und Schnecken ernährt, die er auf dem Rücken treibend verzehrt.

Giganten des Meeres. Der afrikanische Elefant ist mit einem Körpergewicht von 5000 bis 7500 kg das größte lebende Landtier. Das größte lebende Meerestier ist bekanntlich nicht der See-Elefant (er erreicht nur 3500 kg), sondern der Blauwal. Dieser Gigant des Meeres ist mit 30 m Länge (selten bis 33 m) und maximal 136000 kg die größte Tierart, die je auf Erden lebte. Selbst der ausgestorbene Brachiosaurus branci, ein Dinosaurier aus dem Jura Ostafrikas, das größte Landtier aller Zeiten, reichte mit fast 23 m Länge und ca. 50000 kg nicht an die großen Wale heran.

Ein Blauwal von 130 Tonnen wiegt soviel wie 1600 starke Männer oder 13 Güterwagen, und man hat ausgerechnet, daß man einen toten Blauwal nicht per Bahn transportieren könnte, da drei offene Güterwagen mit je zehn Metern Länge zusammen nur eine Tragkraft von 45 Tonnen haben.

Daß die großen Wale Meerestiere sind, ist kein Zufall, denn nur die Tragfähigkeit des Wassers ermöglicht die Fortbewegung eines solchen Riesenkörpers. Beine könnten ihn genausowenig tragen wie die erwähnten Güterwagen. Gestrandete Wale ersticken regelmäßig unter ihrem eigenen Gewicht.

Kleine Krebse für große Mägen. Wahrscheinlich kann auch nur das Meer so große Säugetiere wie die Wale ernähren. Es ist, als wenn bei der Konstruktion der Meeresgiganten eine Rechnung aufgestellt worden wäre, die lautet: Es gibt viel mehr Fische als Seehunde und Seevögel, viel mehr tierisches Plankton als Fische und weit mehr pflanzliches Plankton als tierisches. Wenn man einen großen Magen hat – beim Blauwal faßt er mehr als tausend Kilogramm –, so muß man sich möglichst weit unten in der Nahrungspyramide (→ S. 150) schadlos halten.

Die Einstellung ihrer Ernährung auf die unterste Stufe, auf das Phytoplankton, ist den großen Walen aus irgendeinem Grunde nicht gelungen. Wohl aber schafften sie gleich die nächste Stufe, die man die Stufe der Erstverbraucher nennt. Die planktischen Leuchtkrebschen (Euphausiaceen), die den Meeresriesen hauptsächlich als Nahrung dienen und von den Walfängern als »Krill« bezeichnet werden, haben eine Länge von höchstens sieben Zentimetern. Vor allem in kalten Gewässern kommt das Krill in solcher Dichte vor, daß das Meer wie ein rötlicher Brei aussieht.

Mit einem normal bezahnten Maul kann ein großes Tier die Masse dieser kleinen Krebse nicht aus dem Wasser aufnehmen, das geht nur mit einem besonderen Siebapparat. Alle großen Wale (mit Ausnahme des Pottwals, → S. 214) besitzen einen solchen Apparat in Gestalt ihrer Barten, vom Gaumen herabhängender horniger Platten mit haarartigen Fransen, an denen das Krill wie in einem Filter hängenbleibt.

Die kleineren Wale, zu denen auch die bekannten Delphine gehören, sind überwiegend fisch- und tintenfischfressende Zahnwale.

Geburt unter Wasser. Wie erwähnt, haben sich die Wale unter allen Säugetieren am besten an ein Dauerleben im Meer angepaßt. Ihr »halsloser«, torpedoartiger Körper ist – mit Ausnahme der Querstellung der Schwanzflosse – so fischähnlich, daß die Wale im Altertum zu den Fischen gezählt wurden (so bei Aristoteles, 400 v. Chr.). Selbst das Junge wird unter Wasser geboren.

Eigenartigerweise kommt das Walbaby ebenso wie das Jungtier der ausgestorbenen, nicht verwandten Fischsaurier (Ichthyosaurier) meist mit der Schwanzflosse voran aus der Geburtsöffnung hervor. Eine solche Steißlage bedeutet bei denjenigen Landsäugetieren, die wie die Wale gewöhnlich nur ein einziges großes Junges zur Welt bringen, eine lebensgefährliche Komplikation: Die Nabelschnur reißt dann zu früh, und das Junge beginnt zu atmen, wenn sein Kopf noch nicht im Freien ist. Die Nabelschnur der Wale ist allerdings übermäßig lang, so daß das nicht passieren kann. Andererseits ist die Nase während der Geburt bis zuletzt nicht frei, so daß das Tier nicht »in Versuchung« kommt, schon zu atmen. Wenn schließlich auch der Kopf draußen ist, wird das Junge von der Mutter oder auch einer hilfreichen »Tante«, das heißt einem erwachsenen Artgenossen, rasch an die Oberfläche geschubst, wo es seinen ersten Atemzug tut.

Delphine als Lebensretter und Reittiere. Man hat beobachtet, daß Delphine und auch einige andere Walarten nicht nur Neugeborenen helfen, sondern auch kranke und verwundete Artgenossen so stützen, daß die Atemöffnung über Wasser bleibt. Damit hängt zusammen, daß Delphine gelegentlich ertrinkende Menschen retten, wie es schon aus dem Altertum berichtet wurde und wie es 1943 an der Küste von Florida vor einem Augenzeugen geschah. Darauf ist wohl auch zurückzuführ-

1

2

3

Rückkehr in die Urheimat: Meeressäugetiere

Auf dem Umweg über die Konstruktion des Landsäugetiers entstand im Meer das größte Lebewesen aller Zeiten, der 130 Tonnen schwere und über 30 Meter lange Blauwal (3). Die zum Landleben nötigen, hochorganisierten zentralen Nervensysteme und komplexen Sinnesorgane verliehen den Rückwanderern gute Voraussetzungen für ihre überlegene Rolle im neuen Lebensraum. Sie besitzen meist ausgezeichnete Hörorgane und Stimmapparate, die die akustische Verständigung über Tausende von Kilometern ermöglichen. Ausgeprägte Sozialstrukturen äußern sich beispielsweise in einer engen Bindung zwischen Mutter und Kind, etwa beim Galápagos-Seelöwen (4) oder beim Seehund (2), dessen Jungtiere, wenn sie verlassen werden, charakteristische Klagelaute ausstoßen (»Heuler«). Gesellig leben auch Walroß (1), See-Elefant (5) und Seebär (7). Zur Fortpflanzungszeit sammeln die Bullen einen regelrechten Harem um sich, den sie eifersüchtig gegen Rivalen verteidigen. Das hohe Niveau dieser Säugetiere läßt sich auch an der Sprungfreudigkeit von Delphinen (6) und Walen (3) ablesen, handelt es sich hier doch wahrscheinlich um ein zweckfreies Springen, das aus reiner Spiellaune geboren wird.

6

7

4

5

ren, daß man diese hochintelligenten und außerordentlich dressurfähigen Tiere so leicht an einen menschlichen Reiter gewöhnen kann. Der »Knabe auf dem Delphin«, im klassischen Altertum mehrfach beschrieben und abgebildet und in der Neuzeit lange für eine Legende gehalten, ist nun nicht nur bei dressierten Tieren im Delphinarium, sondern auch draußen im Meer Wirklichkeit geworden:

Schon länger war aufgefallen, daß alle Orte, in deren Nähe im Altertum kinderfreundliche Delphine auftraten, (mindestens) ein »o« in ihrem Namen aufweisen: Jasos und Poroselene in Kleinasien, Puteoli in Italien und Hippo in Nordafrika. Der Strand von Opononi auf der Nordinsel von Neuseeland war deshalb zweifellos prädestiniert. Dort entstand 1955 eine länger anhaltende, von Tausenden von Touristen bestaunte Freundschaft zwischen einem freilebenden Delphin (einem Tümmler der Gattung Tursiops) und diesmal keinem Jungen, sondern dem dreizehnjährigen Mädchen Jill Baker. »Opo« nahm das Kind gewöhnlich von sich aus zu einem Spazierritt auf den Rücken. Mit anderen Kindern spielte er ebenfalls, ließ sie aber nur selten reiten.

Anders als bei den Landsäugetieren wird das Junge der Wale mit der Schwanzflosse voran geboren. So kommt es nicht »in Versuchung«, zu früh zu atmen.

Viele Darstellungen aus dem klassischen Altertum zeigen Delphine als Reit- oder Zugtiere, wie diese Wandmalerei aus Pompeji.

Meeresvögel

Die Vögel, die im Jura aus baumlebenden Reptilien entstanden, haben schon frühzeitig auch das Meer und seinen Grenzbereich erobert. Aus der Kreidezeit, wo es noch einige Vögel mit echten Zähnen gab, sind aus den Niobrarakalken in Kansas (USA) neun Seevogelarten bekannt, darunter die Zahntaucher (Hesperornis), die nur noch Flügelstummel, aber gewöhnlich kräftige Paddelfüße besaßen.

Die heutigen Seevögel sind Küsten-, Flachsee- und Hochseebewohner. Sie verteilen sich auf ungefähr sechs Ordnungen: Wat- und Möwenvögel, Ruderfüßer, Röhrennasen, Pinguine, Seetaucher und Gänsevögel. All diesen teilweise sehr verschiedenen Gestalten ist ihre Fähigkeit gemeinsam, das beim Trinken und mit der Nahrung aufgenommene, überschüssige Meersalz durch besondere »Nasendrüsen«, die über den Augenhöhlen sitzen, wieder auszuscheiden. Die Vogelnieren sind nämlich genausowenig wie unsere Nieren in der Lage, große Salzmengen zu bewältigen.

Eine weitere Gemeinsamkeit fast aller Seevögel ist ein hervorragend schützendes Federkleid. Die gut eingefetteten Federstrahlen schließen trotz aller Bewegungen des Vogels stets so dicht zusammen, daß kein Wasser eindringen und die wärmeisolierende Luftschicht verdrängen kann. Nur die Kormorane (→ S. 213) bilden in dieser Hinsicht die große Ausnahme.

Der Albatros ist ein echter Hochseevogel, der sogar auf dem Meer schläft und das Land nur alle zwei Jahre zum Brüten aufsucht. Bei starken Windströmungen ist er ein ausgezeichneter Segler.

Nordseevögel auf Nahrungssuche. Die meisten Seevogelvertreter stellen die Wat- und Möwenvögel, die man wissenschaftlich Lari-Limicolae oder Charadriiformes nennt. Auf einer Wattwanderung an der Nordseeküste kann man – besonders zur Zeit des Vogelzuges – ohne viel Mühe die Vögel dieser Ordnung bei der Nahrungssuche beobachten und herausfinden, welche unterschiedlichen Techniken oder »Strategien« sie dabei anwenden.

Da gibt es zunächst die »Augenjäger«, die ihre Nahrung (z. B. Weichtiere und Krebse) über »Sichtsuche« finden: Möwen, Rotschenkel und viele andere. Manche sind besonders spezialisiert, so die Seeschwalben (eine Gruppe kleiner Möwenvögel), die aus der Luft kleine Fische im Wasser erspähen und sie stoßtauchend (→ S. 212f.) erbeuten, und die Austernfischer, die ihren langen, seitlich zusammengedrückten Schnabel als Brechstange zum Muschelöffnen einsetzen. Eine weitere Gruppe (vor allem Gold- und Kiebitzregenpfeifer) betreibt eine eigenartige »Hörsuche«: Diese Tiere bleiben lauschend eine Weile unbeweglich stehen und laufen plötzlich zielgerichtet auf eine Stelle der Wattoberfläche zu, die oft hinter ihnen liegt. Der Ringelwurm, den sie dort mit schlafwandlerischer Sicherheit herausziehen, hatte sich vorher durch ein feines Geräusch bemerkbar gemacht. Der dicke Kopf dieser großen Regenpfeifer erleichtert das Richtungshören, weil die Ohren verhältnismäßig weit auseinanderliegen.

Eine dritte Gruppe kommt durch »Tastsuche« zu ihrer Nahrung: Die kleinen Alpenstrandläufer sieht man geschäftig »nähen«, das heißt, sie stoßen den Schnabel auf gut Glück in rascher Folge in den Schlick. Pfuhlschnepfen und Brachvögel »sondieren« den Boden langschnäblig auf Ringelwürmer und kleine Krebse. Säbelschnäbler »mähen« meist mit seitlichen Bewegungen ihres aufwärts gekrümmten Schnabels über die nasse Wattoberfläche. Sie sieben dabei kleine Weichtiere aus dem fast flüssigen Schlick. Beim Fang von Schlickkrebsen führen sie »rührende« Schnabelbewegungen durch.

Besonders auffällig verhalten sich die »Stöberjäger«: Lachmöwen trampeln mit beiden Füßen in Wattpfützen und jagen dabei Kleintiere auf, die sie dann rasch mit dem Schnabel ergreifen. Der harlekinartig gemusterte Steinwälzer wendet am Strand Steine, Muscheln und Tang mit dem Schnabel um und stöbert darunter Insekten und Flohkrebse auf.

In den »stürmischen Vierzigern«. Die besprochenen Wat- und Möwenvögel sind überwiegend Küstentiere, die das offene Meer nur im Frühjahrs- und Herbstzug überfliegen und auch nur dann, wenn sie zu den Zugvögeln gehören. Ganz anders die Hochseevögel: Für sie ist das offene Meer der eigentliche Lebensraum. Die bekanntesten Hochseevögel sind die Albatrosse.

Albatrosse gehören zusammen mit den Sturmvögeln, Sturmtauchern, Tauchsturmvögeln und anderen zu der Ordnung der Röhrennasen (Procellariiformes), die sämtlich Hochseebewohner sind und ihren Verbreitungsschwerpunkt auf der Südhalbkugel unserer Erde haben. Von den dreizehn Albatros-Arten kommen neun nur auf den Meeren zwischen der Antarktis und den Tropen vor. Viele von ihnen, darunter der bekannte Wanderalbatros (Diomedea exulans), halten sich fast ausschließlich im Gürtel der »braven Westwinde« auf, der (auf die Breitenkreise anspielend) auch die Zone der »stürmischen Vierziger« heißt.

Die schmalen, langen, bis 3,3 Meter spannenden Flügel und die sogenannte dynamische Segelflugtechnik (→ S. 235) der Albatrosse sind nämlich auf die Nutzung von horizontal gerichteten Luftströmungen eingestellt. Albatrosse wechseln in geschickten Bogenflügen zwischen wassernahen und höheren Luftschichten hin und her, und das alles fast ohne jeden Flügelschlag; nur der Anstellwinkel der Flügelflächen wird durch leichte Drehungen des Handgelenks reguliert. Je größer die Windgeschwindigkeit, desto müheloser der Flug. Schwierigkeiten macht nur der Start vom Land, das die Wanderalbatrosse alle zwei Jahre zum Brüten aufsuchen. Die übrige Zeit sind sie ganz auf See zu Hause. Sie schlafen auf der unruhigen Meeresoberfläche, trinken Seewasser und ernähren sich vorwiegend von oberflächennahen Fischen und Tintenfischen, die sie sogar nachts fangen können.

Ganz unglaublich ist die Reichweite der großen Wanderzüge, an denen sich auch schon die eben flügge gewordenen jungen Wanderalbatrosse beteiligen. Wiederfunde beringter Exemplare haben gezeigt, daß Wanderalbatrosse in der Zone der Westwinde in einem Jahr mehrmals um die Erde fliegen können.

Die Wirkung kalter Meeresströmungen. Gewaltige Ansammlungen von Seevögeln findet man dort, wo es besonders viel Nahrung oder besonders sichere Brutplätze oder beides gibt. Letzteres trifft vor allem auf den Bereich der kalten Meeresströmungen an den Westküsten von Afrika (Benguelastrom) und Südamerika (Humboldt- oder Perustrom) zu. Diese Meeresströmungen, erzeugt durch den Südost-Passatwind, setzen sich aus einer Reihe von Auftriebsgebieten kalten Tiefenwassers zusammen. Mit diesem kalten Auftriebswasser kommen vom Meeresgrund große Mengen an Mineralstoffen (besonders Phosphate) an die Oberfläche. Ein ungeheuer reiches Wachstum planktischer Algen ist die Folge.

Von diesem pflanzlichen Plankton, das das Meer grün oder gelbgrün färbt, ernährt sich

als Erstverbraucher ein ähnlich dichtes tierisches Plankton, das vor allem aus kleinen Krebsen besteht. Diese Krebse wiederum sind die Nahrung von Zweitverbrauchern, von sardinenähnlichen Fischen (an der Küste Perus vor allem Engraulis ringens, Anchoveta genannt). Sie treten in solchen Mengen auf, daß das Wasser förmlich brodelt. Das letzte Glied in dieser natürlichen Nahrungskette oder richtiger Nahrungspyramide (→S. 144ff.) sind dann Millionen von Seevögeln, die sich vom Morgengrauen bis zur Abenddämmerung unermüdlich in das Meer stürzen und mit Fischen im Schnabel wieder auftauchen. Nach Schätzungen haben diese Vögel an der peruanischen Küste früher jährlich 3 bis 5,5 Millionen Tonnen Fische verzehrt. Die Vogelschwärme können so dicht sein, daß sie zum morgendlichen Starten von den Rastplätzen und zum abendlichen Landen insgesamt Stunden brauchen, weil nicht alle gleichzeitig abfliegen und landen können.

Warme Meeresströmungen, die in Abständen von ca. sieben Jahren von Norden her vordringen und den Perustrom zeitweilig außer Kraft setzen, bewirken einen Rückgang des Planktons und der Fische und eine vorübergehende drastische Bestandsminderung der Vogelschwärme.

Guano-Produktion. Die Vögel dieser Kaltstromküsten nennt man Guanovögel. Die Hauptmasse bilden Kormorane und Tölpel: in Peru und Chile Guanay (Guanokormoran) und Guanotölpel, in Südwestafrika Kapkormoran und Kaptölpel. Eine geringere Rolle spielen Brauner Pelikan, Tauchsturmvogel und Humboldtpinguin (Südamerika) sowie Brillenpinguin (Afrika). Das Wort »Guano« bezeichnet den getrockneten Kot dieser Vögel, der infolge des trockenen Klimas der wüstenhaften Kaltstromküsten nicht fortgeschwemmt wird, sondern bei einem jährlichen Zuwachs von acht Zentimetern bald meterhohe Schichten bildet (man hat früher bis zu vierzig Meter gemessen).

An den bevorzugten Ruheplätzen der Guanokormorane sind die Felsen oft schwarz von Tausenden von Vögeln, den Hauptlieferanten des begehrten Guano-Düngers.

»Guano« (ursprünglich »Huano«) ist ein Wort der Inkasprache. Das deutet darauf hin, daß in Südamerika schon vor dem Eindringen der Europäer der phosphat- und stickstoffreiche Vogelkot abgebaut und als Dünger verwendet wurde. Die europäischen Einwanderer, die den Wert des Guanos zunächst nicht erkannten, haben diese Tradition erst zu Beginn des 19. Jahrhunderts wiederaufgenommen, zeitweilig im Raubbau und unter Zerstörung der auf dem Guano brütenden Vogelkolonien. Zwischen 1848 und 1875 wurden aus Peru 20 Millionen Tonnen Guano ausgeführt.

Mauern gegen Füchse. In neuerer Zeit wird der Guano-Abbau wieder schonender und unter Schutz der Vögel vorgenommen. Man wartet jeweils zwei bis drei Jahre und gräbt dann außerhalb der Brutzeit den Dünger ab, der sich inzwischen angesammelt hat. Er wird in Säcke gefüllt und mit Schiffen abtransportiert. Es gelang sogar, eine Ausweitung der Brutgebiete der Vögel zu erreichen.

Die Vögel hatten früher nur auf den vorgelagerten Inseln gebrütet; vor der peruanischen Küste sind es dreißig Inseln (z.B. die San-Lorenzo-Inseln vor Callao) und 54 Inselchen und Riffe. Diese Beschränkung auf das Inselbrüten steht in Peru in Zusammenhang mit dem Vorkommen eines Fuchses (Dusicyon sechurae), der in den Küstenwüsten auf dem Festland häufig ist, auf den Inseln jedoch fehlt. Die Guano-Verwaltungsgesellschaft hat inzwischen einige weit ins Meer vorspringende Halbinseln (beliebte Ruhe-, aber nicht Brutplätze der Vögel) durch hohe Mauern abgeriegelt, die die Füchse fernhalten. Die Vögel haben daraufhin tatsächlich auf diesen Halbinseln zu brüten begonnen und abbaufähige Guanofelder produziert.

Dennoch sind die peruanischen Guanovogelbestände in den letzten beiden Jahrzehnten immer mehr zusammengeschrumpft. Der Grund dafür ist weniger in den erwähnten Störungen durch warme Meeresströmungen zu suchen als vielmehr in der Tatsache, daß der Mensch verstärkt als Nahrungskonkurrent der Vögel auftritt. In einem Fischereifeldzug sondergleichen hat Peru seine Anchoveta-Bestände ausgebeutet und zu Fischmehl verarbeitet. Der Bereich des Humboldtstroms gehört heute zu den überfischten Meeresgebieten (→S. 218).

Tauchende Meerestiere

Wenn man von tauchenden Meerestieren spricht, meint man nicht so sehr das Absteigen von Fischen oder Tintenfischen von der Meeresoberfläche ins tiefere Wasser (obwohl natürlich auch das ein Tauchvorgang ist), sondern man denkt in erster Linie an die Tauchgänge luftatmender Meerestiere, also vor allem von Vögeln und Säugetieren.

Bei den tauchenden Vögeln gibt es Stoßtaucher und solche, die auch aus dem Schwimmen heraus unter die Oberfläche hinabstoßen können. Stoßtaucher, vor allem Tölpel, Seeschwalben und Braune Pelikane, erspähen ihre Beute, vor allem Fische, aus der Luft. Sie müssen zum »genaueren Hinsehen« auch langsam fliegen können; die Voraussetzung dafür ist eine leichte Bauweise. Andererseits müssen diese Vögel aber auch in der Lage sein, ein Stück in das Wasser einzudringen. Ein Eintauchen leichter Vögel in das Wasser ist nur mit Schwung möglich – also im Sturzflug.

Die besten Stoßtaucher sind Tölpel. Der Camanay oder Blaufußtölpel (Sula nebouxii), der kürzlich bei den Galápagos-Inseln gefilmt wurde, steigt bis in dreißig Meter Höhe auf und kippt dann senkrecht in die Tiefe. Zunächst beschleunigt er den freien Fall noch durch einige Flügelschläge und erreicht auf diese Weise bis zu 110 Stundenkilometer. Dann streckt er die Flügel immer weiter nach hinten, bis er kurz über dem Meer eher einer

Die Braunen Meerespelikane gehören zu den Stoßtauchern: Sie erspähen ihre Beute aus der Luft und durchstoßen im Sturzflug die Wasseroberfläche.

Zigarre oder Rakete als einem Vogel gleicht. Er durchschlägt die Wasseroberfläche fast ohne Widerstand und erreicht Tauchtiefen von zwanzig Metern. Dabei werden offenbar selbst schnellschwimmende Fische im Überraschungsangriff erjagt. Von anderen Tölpelarten sind Sturzhöhen von hundert und Tauchtiefen von dreißig Metern berichtet worden.

Der in Amerika heimische Braune Meerespelikan ist der einzige Stoßtaucher unter den Pelikanen. Seine Sturzflugkünste wirken viel ungeschickter, manchmal klatscht er »unbeholfen« mit dem Rücken auf das Wasser auf. Im flachen Wasser, wo dieser Vogel hauptsächlich jagt und mit seinem Kescherschnabel überraschend in Jungfisch-Schwärme hineinfährt, ist eine große Eintauchtiefe auch gar nicht erforderlich – sie kann im Gegenteil sogar gefährlich werden. Auf jeden Fall ist auch dieses Stoßtauchen erfolgreich: Ein vor der Nachtruhe erlegter Brauner Pelikan hatte den Magen prall gefüllt mit sechshundert kleinfingerlangen Fischen.

Der »Trick« der Kormorane. Unter den übrigen Tauchvögeln unterscheidet man zwischen Fußtauchern und Flügeltauchern. Der Unterwasserantrieb erfolgt mit kräftigen Füßen bei Tauchenten, Kormoranen und Seetauchern. Seetaucher erreichen Tauchtiefen von sechzig Metern. Die Flügel als Ruder benutzen die Alkenvögel, die Sturmtaucher, Tauchsturmvögel und Pinguine. Es bestehen hier also ähnliche Unterschiede wie innerhalb der Robben, von denen die Hundsrobben und Seehunde mit den Hinterflossen und die Ohrenrobben (Seelöwen und Seebären) mit den Vorderflossen schwimmen.

Bei Fuß- und Flügeltauchern hat die Natur die Tendenz verfolgt, das spezifische Gewicht zu vergrößern, damit der Auftrieb nicht so stark ist und größere Tauchtiefen gewonnen werden. Erreicht wird das durch ein schwereres Skelett (weniger Lufträume in den Knochen), das die Vögel natürlich auch zu schwerfälligeren Fliegern macht. Ein guter Taucher und ein guter Flieger zugleich kann man wohl nicht sein, sollte man denken, und doch gibt es eine Tauchvogelgruppe, die das durch einen »Trick« erreicht: die Kormorane. Sie besitzen ein wasserdurchlässiges Gefieder, das bei jeder Tauchfahrt völlig durchnäßt und die Vögel im Wasser schwer macht, weil fast alle Luft entwichen ist. Sie trocknen ihre Federn anschließend mit ausgebreiteten Flügeln wie »lebende Wäscheständer« und verdauen zugleich die verschluckten Fische. Mit trockenem Gefieder und leerem Darm sind sie hervorragende Flieger. Ihre Nahrungs- und Schlafplätze liegen zuweilen hundert Kilometer auseinander.

»Unterwasserflieger«. Bei den Flügeltauchern oder »Unterwasserfliegern« treten Tauch- und Fluganpassungen noch stärker in Konkurrenz, weil beim »Unterwasserflug« ein kräftiger, flossenhaft verkürzter Flügel günstig ist. Flügeltaucher stellen entweder (wie Tauchsturmvögel und Lummen) eine Kompromiß-Konstruktion dar, das heißt, sie sind einigermaßen gute Taucher, die noch eben fliegen können – oder aber sie haben ihr Flugvermögen völlig verloren. Diesen extremen Anpassungsgrad haben unabhängig voneinander die auf die Südhalbkugel beschränkten, mit den Tauchsturmvögeln entfernt verwandten Pinguine und die möwenverwandten Alkenvögel der Nordhalbkugel erreicht. Allerdings ist der einzige flugunfähige Alkenvogel, der Riesenalk, im 19. Jahrhundert durch den Menschen ausgerottet worden.

Pinguine sind vollendete Tauchvögel. Ihre Körpergestalt entspricht der Torpedoform eines Fisches, die Flügel sind zu kräftigen Flossen geworden: Vor allem Ober- und Unterarm sind stark verkürzt und verbreitert, Ellenbogen- und Handgelenk unbeweglich. Die Federn auf diesen Flossen wurden zu kleinen, schuppenähnlichen Gebilden. Die Wirbelsäule ist bei Pinguinen nicht mehr so starr wie bei flugfähigen Vögeln, sondern wieder beweglich geworden. Das macht die Pinguine zu sehr wendigen Schwimmern und Tauchern.

Die größten lebenden Pinguine, die bis zu 115 Zentimeter großen Kaiserpinguine der Antarktis (ausgestorbene Formen waren bis zu 180 Zentimeter groß), kommen bei der Jagd nach Fischen und Tintenfischen auf Tauchtiefen von 250 Metern und bleiben zwanzig Minuten und länger unter Wasser.

Eisrandspringer und Felsenhüpfer. Pinguine erreichen allgemein relativ hohe Schwimmgeschwindigkeiten. 35 Stundenkilometer sind nachgewiesen, manchmal liest man auch von 50 km/h. Hohe Geschwindigkeiten sind vor

Adeliepinguine können – nach einem gewaltigen Unterwasseranlauf – auch aus dem Wasser auf Eisschollen springen.

allem bei solchen Formen wichtig, die aus dem Wasser auf Eisschollen springen müssen. Adeliepinguine springen nach einem gewaltigen Unterwasseranlauf zum Beispiel viermal so hoch wie ihre Körperlänge.

Manche Pinguine müssen gut zu Fuß sein, um die nachteiligen Folgen des Flugverlusts auszugleichen. Auf der Trinity-Insel (Südgeorgien) brüten große Kolonien von Goldschopf- oder Haubenpinguinen (Eudyptes chrysolophus) auf den Felsen hoch über dem Meer. Diese Pinguine und ihre Verwandten watscheln nicht, sondern hüpfen als »rock hoppers« (Felsenhüpfer) mit beiden Füßen gleichzeitig von einem Felsbrocken zum andern. Ihre besonders kräftigen, hakenförmigen Fußkrallen geben ihnen Halt. Diese Tiere können einen zweihundert Meter hohen Geröllhang in weniger als zwanzig Minuten erklimmen. In der Hauptbrutzeit legen sie einen solchen Weg zum Meer täglich zwei- bis dreimal mühelos zurück.

Die nahe verwandten Felsenpinguine (oben) und die Haubenpinguine (unten) machen den Verlust ihrer Flugfähigkeit wett, indem sie behende mit beiden Füßen zugleich von einem Felsbrocken zum anderen hüpfen.

Tauchrekorde der Säugetiere. Von den luftatmenden Meerestieren halten ohne Frage die Seesäugetiere die Tauchrekorde. Die längste Tauchzeit ist vom Nördlichen Entenwal oder Dögling (Hyperoodon ampullatus) bekannt, hinsichtlich der Tauchtiefe hält der Pottwal (Physeter catodon) die Spitze (→Graphik S. 215). Woher aber weiß man, daß Pottwale so tief tauchen können? Sie verfangen sich eigenartigerweise zuweilen mit ihrem sägeartigen Unterkiefer in transozeanischen Telefonkabeln am Meeresboden und müssen dann elend ertrinken. Bei Reparaturarbeiten an diesen Kabeln hat man inzwischen insgesamt 13 tote Pottwale gefunden. In fünf Fällen war der Unfall ca. 900 Meter tief geschehen, bei einem Tier gar in einer Tiefe von 990 Metern. Aus neuester Zeit liegen Echolotmessungen an tauchenden Pottwalen vor, die sogar auf Tauchtiefen von 3000 Metern hinweisen!

Was suchen Pottwale in diesen ungeheuren Tiefen? Sie verzehren hauptsächlich Tintenfische, und da sie mit einer Körperlänge bis zu zwanzig Metern und einem Körpergewicht bis zu sechzig Tonnen die größten Zahnwale sind, fangen sie möglichst große Tintenfische. Die größten aber, die existieren, die Riesenkalmare (Architeuthis), sind Tiefseebewohner. Ein luftatmendes Meeressäugetier taucht also hinab in das finstere Tiefenreich und überwindet die dort »herrschenden« größten wirbellosen Tiere der Erde. Im Magen eines Pottwals fand man einen noch gut erhaltenen Tintenfisch, der 186 Kilogramm wog und einschließlich seiner Arme zehn Meter lang war.

Es gibt jedoch noch wesentlich größere Riesenkalmare. Vor Neuseeland strandete 1933 ein 22 Meter langes Exemplar. Seine Augen waren jedoch keineswegs so gewaltig wie das vierzig Zentimeter große Kalmar-Auge, das man in einem Pottwalmagen fand. Man schätzt, daß zu diesem medizinballgroßen Organ ein Körper von mindestens 25 Metern gehört hat – und selbst mit diesem Riesentier wurde der Pottwal fertig. Allerdings tragen die meisten Pottwale große, runde Narben, die bezeugen, daß es nicht ohne Kampf abgeht. Die Narben stammen von den mit scharfen Hornzähnen bewaffneten Saugnäpfen an den Fangarmen der Riesenkalmare.

Lunge beim Tauchen außer Betrieb. Wer etwas vom Tauchsport versteht, kennt den Begriff der Caisson- oder Taucherkrankheit. Sie ist die Folge davon, daß sich im Blut eines einigermaßen tief tauchenden Menschen durch den hohen Umgebungsdruck (er steigt je 10 m um 1 Atmosphäre) ein Übermaß an Luft löst – von der Luft, die der Taucher in Lunge und Atemgerät mit sich führt. Steigt der Taucher dann zu rasch wieder nach oben, so sammelt sich infolge der schnellen Druckabnahme der zusätzlich gelöste Luftstickstoff in Bläschenform im Blut an – so wie in einer Sekt- oder Sprudelflasche das gelöste Kohlensäuregas ausperlt, wenn man den Verschluß öffnet.

Die Bläschen im Blut sind gefährlich, weil sie kleine Blutgefäße verstopfen können. Die Verstopfungen führen zu Störungen des Blutkreislaufs und können Sauerstoffmangel im Gehirn mit sich bringen. In schweren Fällen treten Lähmungen oder sogar der Tod ein. Die Gefährdung ist um so größer, je tiefer und länger man taucht. Bei kurzen Tauchgängen in mäßigen Tiefen wächst die Gefahr mit jeder Wiederholung.

Was unternehmen tieftauchende Wale gegen die Taucherkrankheit? Verhalten sie sich ähnlich wie menschliche Taucher, die beim Aufsteigen in bestimmten Abständen eine Pause einschalten, damit die Luft Zeit hat, vom Blut wieder in die Lunge zurückzukehren? Und vermeiden sie das Kettentauchen, das heißt eine Wiederholung des Tauchens in kurzen Abständen? Offenbar beides nicht.

Interessanterweise nehmen tieftauchende Meeressäugetiere fast gar keine Luft mit hinab. Sie haben entweder ohnehin kleine Lungen, oder aber sie atmen vor der Tauchfahrt aus (nicht ein wie wir). Die Lunge wird dann in der Tiefe so zusammengedrückt, daß kaum ein Gasaustausch zwischen Lungenbläschen und Blut stattfinden kann. Die wenige Restluft befindet sich ohnehin überwiegend in der Luftröhre oder in den Bronchiolen (kleinen Lungengängen), die bei Walen durch Knorpelspangen versteift sind. Zusätzlich wird die Blutzufuhr zu den Lungen gedrosselt.

Faßt man alle diese Vorkehrungen der tieftauchenden Säugetiere gegen die Taucherkrankheit zusammen, so kommt man zu einem verblüffenden Ergebnis: Die Maßnahmen bedeuten, daß die Lunge während des Tauchens als Atemorgan weitgehend »außer Betrieb« ist – zu einer Zeit also, wo die vermehrte körperliche Anstrengung gerade eine verstärkte Atmung mit sich bringen müßte.

Auf dreierlei Weise werden die Wale mit dieser schwierigen Situation fertig:

□ Die Walmuskeln sind besonders reich an rotem Blutfarbstoff (Myohämoglobin) und enthalten darum von Anfang an größere Sauerstoffvorräte als unsere Muskulatur (Walfleisch sieht infolgedessen viel dunkler aus als das Fleisch von Landsäugetieren).

__Tauchrekorde.__ Unter den luftatmenden Meerestieren halten die Seesäugetiere die Tauchrekorde. Die längste Tauchzeit von zwei Stunden ist vom Nördlichen Entenwal bekannt. Den Tiefenrekord hält jedoch mit weitem Abstand der Pottwal. Waren Pottwale bisher noch in 900 bis 1000 Metern Tiefe gefunden worden, deuten Echolotmessungen neuerdings sogar auf Tauchtiefen von 3000 Metern hin.

□ Die für die Schwimmbewegungen nötige Energie wird teilweise durch eine kurzfristige Umstellung des Stoffwechsels auf eine Atmungsform gewonnen, die ohne Sauerstoff auskommt.

□ Die meisten Körperprozesse werden »auf Sparflamme« gesetzt.

Tauchen mit Echolot. Tauchen im Meer bringt nicht nur Atemprobleme mit sich, sondern stellt auch besondere Anforderungen an die Orientierungsfähigkeit. Ein tauchendes Säugetier muß sich auch im trüben Wasser, bei Nacht und in der finsteren Tiefe zurechtfinden. Die Robben der Polargebiete haben zusätzliche Schwierigkeiten: Sie müssen ihre Atemlöcher an der Oberfläche wiederfinden, wenn sie auf Nahrungssuche unter das Eis hinabtauchen.

Staunenswerte Leistungen sind bei der Weddell-Robbe (Leptonychotes weddelli) entdeckt worden, die auf dem Meereis am Rande des antarktischen Festlandes lebt. Die Spalten und Risse in der geschlossenen Eisdecke, die diese Robben als Tauch- bzw. Atemlöcher benutzen, sind nur ein bis zwei Meter lang und drohen ständig wieder zuzufrieren. Die Robben halten die Löcher offen, indem sie die Ränder und neugebildete Eisschichten mit den Zähnen abraspeln. Bei älteren Tieren sind die Schneide- und Eckzähne dadurch oft abgebrochen oder bis an das Zahnfleisch abgeschliffen.

Wenn bei uns die warme Jahreszeit und in der Arktis die Zeit der hellen Nächte beginnt, dann fängt in der Antarktis die monatelange Dauernacht an. Dann ist es bald bei −30° Lufttemperatur auf dem Eis nicht mehr gemütlich, und die Weddell-Robben ziehen sich »zum Aufwärmen« in das −2° kalte Wasser zurück. Aber Luft aus den Eislöchern brauchen sie auch dann noch.

Man hat kleine Sender am Körper der Robben befestigt, die fortlaufend Tauchtiefe und Entfernung zur Meßstation funken. Man stellte fest, daß die Weddell-Robbe bis sechshundert Meter tief nach Nahrung (Fischen und Tintenfischen) taucht und auch nach Ausflügen in der Horizontalen mit und ohne Tageslicht sicher zum Atemloch zurückfindet. Aufnahmen mit einem Hydrophon (Unterwassermikrophon) haben offenbart, wie das alles möglich ist: Die auf dem Eis sehr schweigsamen Weddell-Robben verhalten sich unter Wasser äußerst geräuschvoll, sie trillern und quieken. Vermutlich benutzen sie genau wie die Fledermäuse eine Art Echolot, mit dem sie unter Wasser Beute orten und Atemlöcher wiederfinden.

Dieses Prinzip der aktiven akustischen Orientierung scheint bei Seesäugetieren viel weiter verbreitet zu sein, als man früher ahnte. Vor allem die Zahnwale (Delphine, Pottwale u. a.) sind Meister der Echo-Ortung. Nur an Flachküsten scheint sie zu versagen, so daß es immer wieder zum tödlichen Stranden von Walen kommt.

Langstreckensignale. Alle Wale geben außer den Orientierungslauten noch andere Lautäußerungen von sich, mit denen sie sich unter Wasser verständigen. Berühmt geworden sind die »Pfeifsprache« der Delphine und die »Gesänge« der Buckelwale (Megaptera).

Die großen Finnwale (Balaenoptera) senden Langstreckensignale aus, Laute, die im Meer unter günstigen Bedingungen zwischen 800 und 6500 km weit (vielleicht noch weiter) gehört werden können. Denken wir uns den Wal im Mittelpunkt eines Kreises mit einem Radius von 6500 km, so müssen ihn bei gleichmäßiger Ausbreitung der Schallwellen in alle Richtungen seine Artgenossen in einem Bereich von 130 Millionen km² (Inhalt der Kreisfläche) hören – das sind ca. 45 Millionen km² mehr als die Fläche des Atlantischen Ozeans ohne Nebenmeere. Aber wahrscheinlich schränken die Geräusche unzähliger Schiffsschrauben die akustischen Verständigungsmöglichkeiten der Wale inzwischen drastisch ein. Seit dem Auftreten des Menschen hat sich auch für die Meerestiere manches geändert.

Meeresfauna und Mensch

Der Mensch begegnet dem lebendigen Reichtum des Meeres auf dreierlei Weise: als Bewunderer, als Erntender (→ Infokasten S. 216) und als Zerstörer. Bewunderung für die Vielfalt und Schönheit der Meerestiere steht am Anfang der wissenschaftlichen Meeresbiologie – nicht so sehr das wirtschaftliche Interesse an der Erhöhung von Fischfangquoten.

Tierische Meeresprodukte für den Menschen *(Auswahl)*

Nahrung: Fische, Krebse (besonders Garnelen oder Granat, fälschlich »Krabben« genannt; Hummer und Langusten), Weichtiere (Auster, Miesmuschel, Seeohr, Tintenfische u. a.), Wale (besonders für die Margarine-Herstellung), Seegurken (»Trepang«), Ringelwürmer (Palolo). – Planktonfang für Ernährungszwecke ist bisher weder populär noch rentabel.

Heilmittel: Vitamine und Hormone aus den inneren Organen von Bartenwalen, blutstillende Mittel aus Seegurken.

Düngemittel und Tierfutter: Seevogelkot (Guano), Fischmehl, Walfleischmehl.

Bekleidung: Robbenpelze, Fischleder (Lachs, Haifisch), Muschelseide des Altertums, Purpurfarbe aus Schnecken (z. B. Nucella lapillus).

Schmuck: Korallen (besonders die Edelkoralle Corallium), Perlen von Seeperlmuscheln (Pinctada), Schneckenhäuser.

Gebrauchsgegenstände: Zahnpulver aus Tintenfisch-Schulps (Sepia), Sepia-Tusche, »Muschelgeld« (Kaurischnecken, z. B. Cypraea moneta), Badeschwämme (Spongia), Borsten aus Walbarten, Leim aus Walknochen, Riffkalk als Baumaterial.

Bereits der 1810 geborene englische Naturforscher Gosse begeisterte seine Zeitgenossen dafür, am Strand Tiere zu sammeln. Sein Sohn schrieb über diese frühen zoologischen Lehrausflüge: »Wie Apollo die Musen, so führte mein Vater die Prozession an ... Bebrillte Männer aller Altersklassen und Damen in den weiten Kleidern des Jahres 1855 folgten ihm.« Gosse erklärte den Sammlern auch, wie sie die mitgenommenen Tiere zu Hause in Salzwasser halten konnten. Er selbst verbrachte die meiste Zeit seines Lebens am Strand mit Beobachtungen, schrieb verschiedene Bücher und regte die Gründung öffentlicher Aquarien an.

Die ersten meeresbiologischen Stationen wurden in Frankreich gegründet: 1863 eröffnete man die Station von Arcachon, etwas später folgte Roscoff in der Bretagne. 1873 gründete der deutsche Naturforscher Anton Dohrn unter Einsatz seines Privatvermögens die berühmte zoologische Station von Neapel, die zum Treffpunkt für Meereszoologen aus aller Welt wurde. Weitere wichtige zoologische Forschungen fanden auf den großen ozeanischen Expeditionen statt. Grundlegend war hier die Fahrt der »Challenger« (1872–1876), die insgesamt 68890 Seemeilen zurücklegte. Zahlreiche weitere Forschungsfahrten folgten. Den Tiefen der Weltmeere und ihrer Lebewelt galten verschiedene Tauchexpeditionen, von denen Jacques Piccards Abstieg im Bathyskaph »Trieste« 1960 auf den Grund des Marianengrabens (Challenger-Tief, –10916 m) die größte Berühmtheit erlangte.

Heute unterhalten über zwanzig Nationen größere Schiffe für die Meeresforschung. Zahllose Küstenstationen in aller Welt widmen sich der Meeresbiologie. Allein in Rußland sollen es über hundert sein. In Deutschland arbeiten entsprechende wissenschaftliche Institute auf Helgoland, in List, Bremerhaven, Wilhelmshaven und Kiel. Das Tauchen für die Zwecke wissenschaftlicher Forschungen wird immer weiter perfektioniert.

Ein Ausschnitt aus einem Küstenspülsaum offenbart bereits den Reichtum und die Schönheit der Meeresfauna.

Von Unterwasserhäusern aus können freischwimmende Taucher als »Aquanauten« bereits in über sechshundert Metern Tiefe arbeiten.

Aber auch heute noch erwacht manches wissenschaftliche Interesse vor einem einfachen Meeresaquarium oder auf Wanderungen im Spülsaum des Meeres – aus Bewunderung für die Vielfalt und Schönheit der Meerestiere.

Herstellung eines einfachen Seestern-Trockenpräparats

Nur Seesterne aus dem flacheren Wasser benutzen, die sich fest anfühlen. Weichere Exemplare aus dem tiefen Wasser sind ungeeignet.

In der Apotheke eine ca. 35prozentige Formalinlösung kaufen (Vorsicht: stark giftig und ätzend!) und im Verhältnis 1:8 mit Seewasser verdünnen, so daß eine etwa 4prozentige Lösung entsteht.

Seesterne 1–2 Tage in diese Lösung einlegen. Bei größeren Exemplaren muß man die Flüssigkeit mit einer Spritze durch die Mundöffnung in die Arme einspritzen.

Tiere mit Süßwasser abspülen und kurz in kochendes Wasser legen.

Saugfüßchen auf der Arm-Unterseite abschaben. Bei größeren Exemplaren Arme unten längs aufschneiden und die braunen Magenblindsäcke aus dem Innern entfernen.

Aufgeschnittene Arme mit Zwirn umwikkeln (so daß sie nicht mehr klaffen) und das Präparat an einem schattigen Ort längere Zeit trocknen lassen.

Schmuck für Kamine und Vitrinen. Überall, wo sich der Mensch mit der Natur befaßt, droht ihr direkt oder indirekt Gefahr. Selbst aus der Bewunderung kann den Meerestieren Bedrohung erwachsen, besonders dann, wenn sich zusätzlich geschäftliche Interessen einstellen.

Auf den Korallenriffen des Indopazifiks leben die mit den Sturmhaubenschnecken (Cassiden) verwandten Tritonshörner (Charonia tritonis), die man wegen ihrer Schönheit gern als Schmuck für Kaminsimse und Vitrinen verwendet. Für Prachtexemplare zahlen »Konchylien«-Sammler 35 Dollar oder auch mehr – kein Wunder, daß diese Schnecken erwerbsmäßig gefangen werden. Nach Schätzungen von australischen Wissenschaftlern wurden aus dem Großen Barriereriff vor der Nordostküste Australiens in den Jahren 1949 bis 1959 mehr als hunderttausend Exemplare erbeutet.

Tritonshörner sind die Hauptfeinde des Dornenkronen-Seesterns (Acanthaster planci). Sie sind in der Lage, diesen vielarmigen giftigen Stachelseestern (der einen Durchmesser von sechzig Zentimetern erreichen kann) in Stücke zu reißen und zu verspeisen. 1960 tauchten die ersten Nachrichten über eine Massenvermehrung der Dornenkronen im Großen Barriereriff zwischen Cooktown und Townsville auf. Schreckensmeldungen über den Tod der Riffe folgten.

Der Tod der Riffe. Die Dornenkronen-Seesterne waren zuvor als seltene, nachtaktive Riffbewohner bekannt gewesen. Seit 1960 fand man sie in großen Herden, die Flächen von tausend Quadratmetern geschlossen bedeckten und mit einer Geschwindigkeit von fast einem Kilometer pro Woche über die Korallenriffe krochen. Da Dornenkronen darauf spezialisiert sind, Korallenpolypen mit Hilfe ihres mehr als handtellergroßen ausgestülpten Magens zu verdauen, bleiben hinter ihnen nur bleiche, tote Korallenstöcke zurück. Die toten Riffteile werden rasch von Algen überwuchert, die damit eine Wiederbesiedlung mit Polypen erschweren. Auf die Dauer werden abgestorbene Riffe durch Wellen und Strömung abgetragen. Mit den Riffen gehen aber wichtige Fischgründe und Sturmflutbarrieren verloren, so daß schließlich der Mensch selbst in Mitleidenschaft gezogen wird.

Im Jahre 1970 war das Große Barriereriff auf einer Strecke von fünfhundert Kilometern von Dornenkronen befallen, und man sprach davon, daß fast zehn Prozent des Gesamtriffs bereits abgestorben seien. Zugleich aber häuften sich Meldungen über ein Massenauftreten von Acanthaster aus anderen Teilen des Indopazifiks von Malaysia im Westen bis nach Tahiti im Osten. Auf der mikronesischen Insel Guam hatten die Seesterne binnen zweieinhalb Jahren vierzig Kilometer des nordwestlichen Küstenriffs zum Absterben gebracht. Taucher mit Formalinspritzen mußten gegen die Riffzerstörer eingesetzt werden.

Inzwischen scheint der Höhepunkt der Bevölkerungsexplosion der Dornenkronen-Seesterne überwunden: Die Massenheere nehmen allmählich wieder ab, wahrscheinlich infolge von Krankheiten. Das alte Gleichgewicht stellt sich langsam wieder ein – und mit ihm die Zweifel an der Theorie, daß der Mensch an allem schuld sei. Für das Große Barriereriff bleibt die bisherige Erklärung jedoch die wahrscheinlichste: Man hatte durch die Jagd nach Tritonshörnern die natürlichen Feinde der Dornenkronen zu stark dezimiert. Auch für andere Riffe des Indopazifiks fehlt es nicht an Hinweisen dafür, daß der Mensch das natürliche Gleichgewicht in den Lebensgemeinschaften der Korallenriffe auf andere Weise gestört hatte. Auf unbewohnten Inseln trat die Seesternplage nicht auf.

Das Meer schluckt nicht alles. Der beliebte Satz, daß die Natur trotz aller Eingriffe des Menschen immer wieder von sich aus ins Gleichgewicht zurückfindet, wurde bisher besonders gern auf das Meer angewandt. Es mehren sich jedoch die Anzeichen dafür, daß dieser Satz auch für das Meer zunehmend weniger gilt. In maßloser Überschätzung der sogenannten reinigenden Kraft des Meeres (»das Meer schluckt alles«) wird die See langsam, aber sicher zum Sammelbecken von Stoffen, die seine Lebewelt vergiften. Bereits durch den Lufttransport von Schmutzstoffen und die Abwasserführung der Flüsse wurden zum Beispiel Ost- und Nordsee zu Meeresgebieten, die man international als stark gefährdet bezeichnet. Als weitere schwere Belastungen treten hinzu: die bekannte Ölpest (weltweit gelangen jährlich mehr als 5 Millionen Tonnen mineralisches Öl ins Meer) und die »Chemikalien-Verklappung«, das heißt mit Schiffen eigens in das Meer transportierte Restprodukte der Industrie.

Man weiß heute, daß zahlreiche giftige Substanzen, vor allem Chlorkohlenwasserstoffe (DDT, PCB), Schwermetalle (Quecksilber, Blei) und radioaktive Abfälle im Meer nicht abgebaut oder unschädlich gemacht werden, sondern sich ständig anreichern. Selbst die fernsten Meeresteile werden von ihnen erreicht: DDT im Körperfett von Pinguinen am fernen Südpol und die Erhöhung des Bleigehalts auf das Fünffache im nördlichsten Atlantik sind alarmierende Beispiele.

Dornenkronen-Seesterne sind darauf spezialisiert, Korallenpolypen zu fressen. Treten sie in Massen auf, werden sie zu einer Gefahr für die Korallenriffe.

Wie kann man verölten Seevögeln helfen?

Mineralisches Öl (das meist beim »normalen« Auspumpen von Ballastwasser aus Treiböltanks von Motorschiffen ins Meer kommt und nur selten durch Tanker-Unglücke) sammelt sich oft in bestimmten Meeresgebieten an. Die Meeresoberfläche ist dort ruhiger und lädt Seevögel zum Rasten ein. Durch Verölung des Gefieders verlieren die Vögel ihr Flugvermögen und die Fähigkeit der Temperaturregulation. Beim Gefiederputzen mit dem Schnabel verschlucken sie Öl und vergiften sich dadurch allmählich. Häufig kann man sie erst fangen, wenn sie so stark geschädigt sind, daß jede Hilfe zu spät kommt. Aber auch das Entölen und langwierige Gesundpflegen von weniger geschwächten Vögeln gelingt meist nur Fachleuten auf entsprechenden Naturschutz-Stationen. In manchen Fällen ist eine Behandlung durch Laien erfolgreich gewesen (z.B. auf Schiffsreisen), und zwar nach folgenden Regeln:

□ Vor jedem Reinigungsversuch Tier in einem Karton mit Luftlöchern warm und ruhig halten und am eigenen Gefiederputzen hindern (so mit Stoff umhüllen, daß nur Kopf und Füße heraussehen), Füße gegen Rissigwerden einfetten.

□ Nach einer Ruhepause Fütterung oder Zwangsfütterung mit verfügbarer tierischer Nahrung (am besten Fisch).

□ Zum Waschen verölte Gefiederteile in handwarmes Süßwasser (ca. 40° C) tauchen, dem ein Geschirrspülmittel (1 Eßlöffel pro Liter) zugesetzt wurde. Federn vorsichtig voneinander trennen und abreiben. Dieses Spülmittelbad wiederholen.

□ Nach gründlichem Abspülen mit klarem, handwarmem Wasser den Vogel mit einem Tuch abtrocknen und in seinem Karton an einen warmen Ort stellen.

□ Fütterung in Abständen fortsetzen. Vogel nicht mehr am eigenen Gefiederputzen hindern. Nicht zu früh wieder freilassen.

Die Jagd auf den Pottwal begann bereits am Ende des 18. Jahrhunderts in großem Stil.

Überfischung und Ausrottung. Die Bestände wichtiger Nutzfische wie Kabeljau (jung Dorsch genannt), Schellfisch, Scholle, Hering und Anchoveta (→ S. 212) sind heute eindeutig überfischt. Die Anlandungen (Fangerträge) sind überall zurückgegangen, beim Hering zum Beispiel zwischen 1970 und 1971 um siebzig Prozent. Die Fischereiflotten arbeiten schon längere Zeit nur deshalb noch rentabel, weil die herkömmlichen Fangmethoden durch moderne Verfahren (Echolot, elektrischen Fang, Unterwasserfernsehen, Fischpumpen u. a.) ergänzt wurden. Es wird nicht mehr ein verläßlicher Produktionsüberschuß des »unerschöpflichen« Fischreichtums der Meere abgeerntet, sondern die Bestände sind längst durch Raubbau gefährdet. Vor allem die Fische des Nordatlantiks hätten eine Erholungsperiode (wie während der beiden Weltkriege), mindestens aber eine Schonung der Aufwuchsgebiete dringend nötig, da zu viele Jungfische erbeutet werden.

Wie auf dem Land hat der Mensch auch im Meer in historischer Zeit verschiedene Tierarten ausgerottet. Die bekanntesten Beispiele sind der bis 85 Zentimeter große flugunfähige Riesenalk (†Pinguinus impennis), dessen letzte Exemplare 1844 erlegt wurden, und die Stellersche Seekuh (†Rhytina gigas), die 1768, knapp dreißig Jahre nach ihrer Entdeckung, verschwand. Spätere Berichte (zuletzt 1979), nach denen man in der Beringsee doch noch Exemplare dieser acht Meter langen Riesenseekuh gesichtet haben will, beruhen wohl insgesamt auf Verwechslungen mit weiblichen Narwalen.

Es ist möglich, daß Blauwal, Grönlandwal und Nordkaper – obwohl sie inzwischen völlig unter Schutz stehen – durch den Walfang so dezimiert worden sind, daß ihr Aussterben unaufhaltsam angebahnt wurde. Weitere Arten gehen einer ähnlichen Situation entgegen, da die IWC (Internationale Walfang-Kommission) den seit 1972 mehrfach vorgelegten Vorschlag auf einige Jahre Schonzeit wegen des Widerstandes weniger Nationen nicht durchbringen konnte.

»Schrecken der Meere«. Der Mensch ist nach alledem unbestritten das größte »Raubtier« der Meere. Vom technisch perfektionierten Fisch- und Walfang bis hin zum alljährlichen spektakulären Thunfisch-Schlachten im Mittelmeer und Grindwal-Gemetzel auf den Färöer-Inseln beherrscht er die Szene völlig. Es will ihm nicht in den Kopf, daß es im Meer auch andere Raubtiere gibt, Raubtiere, die gelegentlich sogar den Menschen selber angreifen. Er bezeichnet daher die großen Haie als »Freßmaschinen des Meeres« und den Schwertwal als »Großen Mörder«, und zu-

Auch heute noch werden auf den Färöer-Inseln die Grindwale gejagt. Das Fleisch ist für die Inselbewohner eine wichtige Kostbeigabe, und die Jagd gefährdet den Bestand nicht.

sammenfassend nennt er sie »Schrecken der Meere«.

Die amerikanische Haifisch-Spezialistin E. Clark, die seit 26 Jahren Haifische im Meer und im Laboratorium untersucht, ist der Ansicht, daß Haie zwei andere Prädikate verdienen: majestätisch und mißverstanden. Wir müssen schon deshalb Achtung vor ihnen haben, weil ihr Bauplantyp (Knorpelfische) schon seit über 300 Millionen Jahren besteht und es auch heute noch 350 verschiedene Haifischarten gibt (allein in den letzten zehn Jahren hat man etwa hundert neue Arten entdeckt). Die Gruppe der Haie brachte auch das größte räuberische Wirbeltier aller Zeiten hervor, den tertiären †Procarcharodon megalodon, dessen Einzelzähne fast 15 Zentimeter lang waren und dem man daraufhin eine Körperlänge von 25 Metern zutraut. Das Ostberliner Museum für Naturkunde zeigt eine Rekonstruktion seiner gewaltigen Kiefer.

Die größten der heute lebenden Haie sind harmlose Planktonfresser, auf denen Sporttaucher gelegentlich einen Spazierritt wagen: der Riesenhai (Cetorhinus maximus, 12 bis 13 m) und der Walhai (Rhinodon typus, 15 bis 18 m). Warum sich große Meerestiere in der Nahrungspyramide des Meeres gern an die untersten Stufen (Plankton) halten, wurde bereits bei den Bartenwalen (→S. 207) besprochen.

Die übrigen Haie leben freilich räuberisch, aber ihre Hauptbeute sind Fische, Tintenfische und Kadaver. Nur zehn Prozent aller Arten greifen Menschen an, und jährlich registriert man weltweit nur etwa fünfzig ernstliche Attacken, davon etwa zehn mit tödlichem Ausgang. Die meisten Haie fliehen vor dem Menschen. Gefährlich sind hauptsächlich drei größere Arten, die gewöhnt sind, auch andere Objekte von Menschengröße zu erbeuten, nämlich Robben, Delphine und andere Haie. Dazu gehören der Blau- und der Tigerhai (beide bis zu 6 m lang) und vor allem der Menschen- oder Weiße Hai, der 9 m (vielleicht sogar 12 m) Länge erreicht, der kleine Bruder des erwähnten †Procarcharodon.

Schwertwal-Sitten. Die Bezeichnung Mordwal oder Mörder (englisch »killer«) für den Schwertwal (Orcinus orca) stammt von Walfängern. Sie beobachteten, daß dieser bis neun Meter lange, schwarzweiße Riesendelphin nicht nur Fische fängt wie die kleinen Delphine, sondern außer Pinguinen und Robben auch andere Waltiere. Im Magen eines 6,5 Meter langen Schwertwals fand man die Reste von dreizehn Tümmlern und vierzehn Seehunden (ein fünfzehnter Seehund steckte noch im Rachen). Vor allem aber werden bisweilen große Bartenwale (selbst Blauwale) durch Horden von dreißig bis vierzig Schwertwalen angefallen, die es als erstes auf Flossen und Zunge des großen Verwandten abgesehen haben. Der starke Blutverlust läßt das Opfer dann bald verenden.

Natürlich hat es nichts mit »Mord« oder Kannibalismus zu tun, wenn Tiere ihre Beute in ihrer näheren zoologischen Verwandtschaft suchen. Das ist auch unter anderen Meerestieren Sitte. Die gurkenförmige Rippenqualle Beroë gracilis lebt ausschließlich von einer anderen Rippenqualle, der bekannten Seestachelbeere (Pleurobrachia pileus).

Die Flucht des Photographen. Auf Eisschollen ruhende Robben werden vom Schwertwal auf eine Weise gefangen, die sowohl Klugheit als auch Kraft verrät: Der Schwertwal schaut aus dem Wasser und erspäht seine Beute von weitem, unterschwimmt die Eisscholle und zertrümmert sie im raketenartigen Vorstoß aus der Tiefe. Die überraschten Robben fallen ins Wasser, wo sie dann das Schicksal rasch ereilt.

Durch diese Fangtechnik können Schwertwale gelegentlich auch dem Menschen gefährlich werden: M. Ponting, der Photograph einer britischen Arktisexpedition, stand einmal am Eisrand und photographierte die Köpfe von Schwertwalen, die draußen im Wasser auftauchten. Plötzlich hob sich das einen Meter dicke Eis unter seinen Füßen und zerbarst. Er hörte ein lautes Blasen und wurde von einem Schwall heißer, nach Fisch riechender Atemluft getroffen. Unversehens sah sich Ponting auf einer kleinen, wild schaukelnden Eisscholle isoliert, umgeben von acht Schwertwalen, die drohend ringsum aus dem Wasser schauten. Bei seinen verzweifelten Sprüngen von Eisscholle zu Eisscholle schnappten sie nach ihm wie ein Rudel hungriger Wölfe. Mit einem letzten gewaltigen Sprung erreichte er das feste Eis und rannte aus Leibeskräften. Im Umschauen sah er noch, so erzählt er selbst, »wie ein großer . . . Kopf aus dem Wasser hochstieß, sich auf das Eis stützte und mit seinen kleinen Schlitzaugen umherspähte, um zu sehen, wo ich geblieben war«.

Andererseits wurde ein Schwertwal im Delphinarium von Seattle so zahm, daß sein Pfleger zu ihm ins Wasser steigen und ihn aus der Hand füttern konnte. Und ein anderer ließ während der Dressurvorstellung seinen Trainer sogar unbeschadet den Kopf in seinen zähnestarrenden Rachen stecken.

Zu Beginn des 20. Jahrhunderts wurde die Jagd auf den Blauwal mit Hilfe moderner Fabrikschiffe weiter perfektioniert. Dadurch wurden die Bestände so dezimiert, daß sie sich möglicherweise nicht wieder erholen können.

Angel, M. und H.: *Leben im Meer,* München 1976. – Sorgfältig erläuterte, ausgezeichnete Farbfotos. Schwerpunkt: Tierwelt des freien Wassers.

Carson, R. L.: *Geheimnisse des Meeres,* München 1967. – Ein dichterisches Sachbuch: um das Meer liebzugewinnen.

Fioroni, P.: *Einführung in die Meereszoologie,* Darmstadt 1981. – Sehr originelle und für ihren Umfang sehr erstaunlich inhaltsreiche Kurzdarstellung; viele Übersichten, auch ein Kapitel »Phantastische Meereszoologie«.

Fraser, J.: *Treibende Welt* (Verständliche Wissenschaft, 85), Berlin 1965. – Kurze, gut bebilderte Planktonkunde.

Jensen, A. C.: *Knaurs Tierleben im Meer,* München 1979. – Eine bunte Themenauswahl, allgemeinverständlich behandelt und verschwenderisch illustriert.

Kuckuck, P.: *Der Strandwanderer,* Hamburg 1980. – Bewährtes Bestimmungsbuch für Seetiere, Meeresalgen und Strandpflanzen, speziell für die deutschen Meeresküsten geschrieben.

Schuhmacher, H.: *Korallenriffe,* München 1982. – Gut verständliche, aber anspruchsvolle allgemeine Riffkunde mit sehr ausdrucksvollen Farbbildern.

Slijper, E. J.: *Riesen des Meeres* (= Verständliche Wissenschaft, 80), Berlin 1962. – Die Anpassungen der Wale und Delphine in der Darstellung des großen niederländischen Spezialisten.

Tait, R. V.: *Meeresökologie,* Stuttgart 1981. – Behandelt besonders die Beziehungen der Meerestiere zur physikalischen Umwelt und die Seefischerei.

Tardent, P.: *Meeresbiologie,* Stuttgart 1979. – Für Studenten geschriebene wissenschaftliche Einführung; viele instruktive Graphiken.

Wattenmeer, Neumünster 1976. – Großformatiges erdkundlich-biologisches Werk. Behandelt allgemeinverständlich sämtliche Nordseewatten von Holland bis Dänemark und ihre Lebewelt in Wort und Farbbild.

Hartmut Greven

Die Eroberung des Landes

Das Meer bot über lange Zeiträume den ersten Lebensformen die Möglichkeit, sich zu entwickeln, und es bietet auch heute noch einer Fülle von Tierarten ideale Lebensbedingungen. Temperatur und Salzgehalt ändern sich – abgesehen von den verschiedenen Übergangsbereichen zum Land (z. B. Gezeitenzonen, Lagunen, Flußmündungen) – während eines Tages oder eines Jahres nur geringfügig. Wasser und Salze stehen den Organismen in reichem Maße zur Verfügung, und die Dichte des Meerwassers hält auch weiche Körper weitgehend formstabil, behindert aber die Schnelligkeit der Bewegungen stärker als Luft.

Trotz der zahlreichen Vorteile, die das Leben im Meer bietet, haben im Laufe der Jahrmillionen viele Tierarten das Festland erobert, und manche wasserlebende Tiere können sich zumindest vorübergehend außerhalb des Wassers aufhalten. Die Erschließung dieser neuen Lebensräume erfordert weitreichende Anpassungen des gesamten Organismus und seiner physiologischen Leistungen. Besonders erfolgreich waren hierin viele Gliederfüßer (Arthropoden), unter ihnen vor allem die Insekten, und die Wirbeltiere.

Anpassungen an das Leben auf dem Land

Das Hauptproblem landlebender Tiere ist die Verfügbarkeit von Wasser. Wasser ist auf dem Lande nicht immer in ausreichender Menge vorhanden oder verdunstet, begünstigt durch Sonneneinstrahlung und Luftbewegung, mehr oder weniger schnell. Kleine Tiere sind besonders von der Austrocknung bedroht, da ihre Oberfläche im Verhältnis zum Körpervolumen groß ist. Landtiere müssen daher geeignete feuchte Lebensräume aufsuchen, regelmäßig Wasser aufnehmen, eventuell überschüssiges Wasser speichern, mit einem Verdunstungsschutz ausgestattet sein sowie Wasserverluste bei der Atmung oder der Abgabe ihrer Ausscheidungen möglichst gering halten.

Nur unvollkommen an das Landleben angepaßte Organismen wie Würmer, Schnecken und Amphibien, die alle noch auf feuchte Lebensräume angewiesen sind, bedecken die Haut mit Schleimen – komplexen Verbindungen aus Proteinen und Polysacchariden –, die in der Lage sind, Wasser zu binden. Einen wirksamen Verdunstungsschutz stellt die Cuticula der Gliederfüßer dar, ein fester Panzer, der mit einer gänzlich wasserundurchlässigen Wachsschicht bedeckt sein kann. Auch Keratin, ein Gerüsteiweiß, das Epidermiszellen (Zellen der Oberhaut) während der Verhornung bilden und aus dem die Schuppen der Reptilien, die Federn der Vögel und die Haare der Säugetiere bestehen, schützt gegen Verdunstung.

Der atmosphärische Sauerstoff kann nur über feuchte Flächen aufgenommen werden. Zur Atmung ist daher im Prinzip jede feuchte Körperbedeckung, sofern sie dünn genug ist, geeignet. Größere Wasserverluste bei der Atmung lassen sich vermeiden, wenn Atemorgane in das Innere des Körpers verlegt werden, wie die Tracheen der Insekten oder die Lungen der Wirbeltiere, und wenn die Atemöffnungen klein oder verschließbar sind.

Wasserlebende Tiere sind ammoniotelisch, das heißt, sie können als Endprodukt des Eiweißstoffwechsels das hochgiftige Ammoniak ausscheiden, das im umgebenden Wasser sofort verdünnt und damit unschädlich gemacht wird. Landtiere hingegen müssen mit höherem Energieaufwand Harnstoff (ureotelische Tiere), Harnsäure (uricotelische Tiere) oder Guanin bilden. Vor allem Harnsäure und Guanin helfen zusätzlich Wasser sparen, da sie stark konzentriert werden können. Ferner besitzen alle gut an das Landleben angepaßten Tiere Mechanismen, dem Harn und Kot Wasser zu entziehen. Extreme Wassersparer haben daher häufig einen hochkonzentrierten Harn (Wüstenmäuse) oder staubtrockenen Kot (Mehlkäfer).

Für eine erfolgreiche Besiedlung des Landes sind formstabile Körper, ein leistungsfähiger Bewegungsapparat und ein gut entwikkeltes Nervensystem und Sinnesorgane notwendig. Ein panzerartiges Außenskelett wie die Cuticula der Gliederfüßer oder ein knorpeliges oder knöchernes Innenskelett wie bei den Wirbeltieren garantieren Stabilität und liefern die Ansatzflächen für die Muskulatur. Weniger erfolgreich war die bei Würmern und Schnecken verwirklichte Methode, mit Hilfe eines hohen Binnendruckes (Turgor) die Körperform zu erhalten.

Einschneidende Änderungen bei der Eroberung des Landes betreffen auch die Fortpflanzung. Im Wasser können Eier und Spermien entlassen werden, ohne daß die Geschlechtspartner näheren Kontakt miteinander bekommen. Im Wasser schwimmend treffen die Geschlechtszellen dennoch aufeinander und können miteinander verschmelzen.

Die ausgestorbenen Trilobiten oder Dreilappkrebse sind frühe Vertreter der Gliederfüßer, die schon die Meere des Kambriums besiedelten. Aus der Gruppe der Gliederfüßer kamen die ersten Tiere, die das Land eroberten.

Dieser Stummelfüßer vermittelt einen Eindruck, wie Übergangsformen zwischen Ringelwürmern und Gliederfüßern ausgesehen haben könnten.

Die ersten fossil überlieferten Landbewohner waren Skorpione und Tiere, die so ähnlich wie die heutigen Tausendfüßer aussahen.

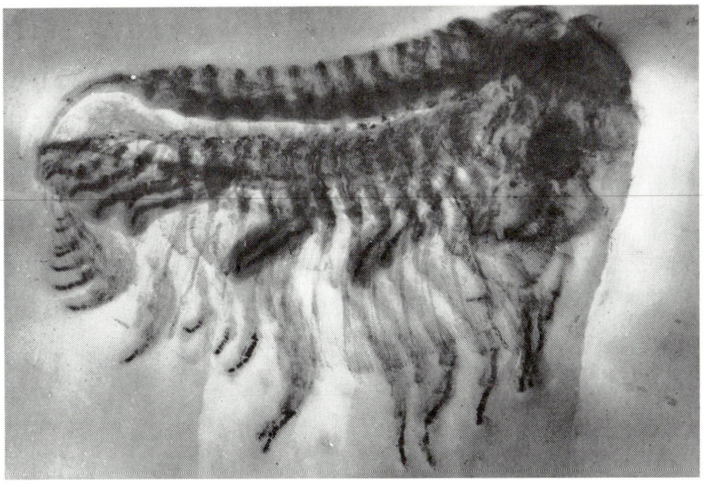

Die Röntgenaufnahme eines fossilen Trilobiten macht die gegliederten Beine sichtbar, die für die Gliederfüßer charakteristisch sind.

Aus den meist relativ dotterarmen Eiern schlüpfen Larven, die sogleich Nahrung aufnehmen und häufig der Verbreitung dienen. Auf dem Lande hingegen finden Besamung und Befruchtung meist im weiblichen Genitaltrakt statt. Dazu werden Begattungsorgane und besondere Verhaltensweisen ausgebildet, die zur Paarung führen. Die mit einer schützenden Hülle umgebenen oder in Kokons abgelegten Eier sind dotterreich, so daß die Jungen relativ weit entwickelt schlüpfen. Die beste Anpassung an das Leben auf dem Land stellt jedoch die Ausbildung embryonaler Hüllen dar, die den Embryo schützen und ihm innerhalb des Eis einen wäßrigen Lebensraum schaffen.

Erste Landtiere

Gliederfüßer waren die ersten Tiere, die das Festland besiedelten. Sie entwickelten sich im Meer aus ringelwurmartigen Vorfahren und bevölkerten in zahlreichen Arten – zum Beispiel Dreilappkrebse oder Trilobiten – bereits die Meere des Kambriums und – zum Beispiel Seeskorpione – die Meere des Silurs. Noch heute gibt es Tiere, die auf den ersten Blick ein Verbindungsglied zwischen Arthropoden und Ringelwürmern sein könnten: die in tropischen Gebieten an feuchten Stellen lebenden Stummelfüßer (Onychophoren). An Ringelwürmer erinnern eine äußere und innere Gliederung des Körpers, der typische Hautmuskelschlauch und die Anordnung der Ausscheidungsorgane (Metanephridien). Arthropodenhaft sind die chitinhaltige Cuticula, Tracheen zur Atmung und die aus Beinen entstandenen Mundwerkzeuge.

Skorpione, Vorfahren der Spinnen (Cheliceraten) sowie den heutigen Hundert- oder Tausendfüßern (Myriapoden) ähnliche Tiere sind die ersten Landbewohner, die fossil überliefert sind. Möglicherweise bezogen sie ihre Nahrung zunächst noch aus dem Wasser. Die endgültige Eroberung des Landes war jedoch mit der Nutzung von Pflanzen verbunden, die bereits einige Zeit vorher den neuen Lebensraum besiedelt hatten.

Der Bauplan der Gliederfüßer ist für die Lebensweise auf dem Land besonders gut geeignet. Bei Spinnentieren und Tausendfüßern blieb er bis heute nahezu unverändert. Aus tausendfüßerähnlichen Vorfahren entwickelten sich im Devon auch die ersten Insekten, typische Landtiere, von denen manche erst später wieder zum Wasserleben übergegangen sind. Insekten sind mit ca. 800000 bekannten Arten (geschätzte Gesamtartenzahl: zwei bis fünf Millionen) die artenreichste Tiergruppe überhaupt, die sich alle Lebensräume auf dem Land einschließlich der Luft erobert haben. Sie sind in ihrer Organisationshöhe, Anpassungsfähigkeit und der Ausbildung sozialer Strukturen durchaus mit Wirbeltieren vergleichbar.

Ein festes Außenskelett aus Chitin und Protein, die Cuticula, verleiht ihnen Schutz gegen schädliche mechanische und chemische Einwirkungen. Eine ausreichende Beweglichkeit wird durch elastische Cuticulabezirke (Membranen) gewährleistet, die die harten Abschnitte (Sklerite) untereinander verbinden. Um das Wachstum der Tiere zu ermöglichen, muß die Cuticula regelmäßig gehäutet werden. Die Erfindung dieses Außenskeletts erlaubte außerdem die Auflösung des Hautmuskelschlauches der ringelwurmartigen Vorfahren in Einzelmuskeln. Bei vielen Gliederfüßern, zum Beispiel Krebsen und manchen Tausendfüßern, wird die Cuticula durch Einlagerung von Kalksalzen, vornehmlich Calciumcarbonat, noch zusätzlich stabilisiert und gehärtet.

Die Cuticula der Insekten besitzt eine feine, meist nur im Elektronenmikroskop sichtbare Schicht aus Fetten und Wachsen (Epicuticula), die sie für Wasser und Gase undurch-

1

2

3

4

5

Eroberung des Landes

Amphibien waren die ersten Wirbeltiere, denen der Schritt an Land gelang, dennoch sind sie noch nicht vollkommen unabhängig vom Wasser: Zur Fortpflanzung müssen die meisten von ihnen wieder den alten Lebensraum aufsuchen, denn nur hier können Eiabgabe und Besamung erfolgen, und so findet die Krötenhochzeit im Wasser statt (1). Während das Weibchen die Eier ablegt, gibt das Männchen seinen Samen darüber, dabei hält es das Weibchen fest umklammert. Auch die Larvenentwicklung der meisten Amphibien erfolgt im Wasser (hier die Larven des Grasfrosches, 2). Da bedeutete es einen enormen Fortschritt, als die Reptilien mehr oder weniger derbschalige Eier hervorbrachten, in denen der Embryo, umgeben von Embryonalhüllen, in einer flüssigkeitsgefüllten Höhle wie in einem Miniaturteich schwimmt und sich von dem Dottervorrat bis zum Schlüpfen ernährt (3, 4, Grasschlange; 5, Krokodil). Erst mit dieser Eikonstruktion war man wirklich vom Wasser unabhängig, und sie erwies sich dann auch als so erfolgreich, daß sie bei den Vögeln beibehalten wurde (7). Von nun an konnte auch die Begattung an Land erfolgen. Eine äußere Besamung war allerdings nicht mehr möglich, und so wurden Kopulationsorgane entwickelt und die Besamung in das Körperinnere des Weibchens verlagert (6).

6

7

Oben: Die Asseln haben alle nur denkbaren Lebensräume auf dem Land erobert, sogar Steppen und Wüsten, bleiben hier jedoch auf feuchte Kleinlebensräume angewiesen.

Links: Spinnen besitzen fünf deutlich gegliederte Laufbeinpaare und ein umgewandeltes sechstes Gliedmaßenpaar in der Mundregion für die Nahrungsaufnahme.

lässig macht. Daher wurde für diese Tiere ein besonderes Atmungssystem in Form feiner, den ganzen Körper durchziehender, von der Cuticula gebildeter Röhren, der Tracheen, notwendig, deren Öffnungen nach außen (Stigmen) bei vielen Arten verschlossen werden können. Tracheen sind jedoch keine idealen Atmungsorgane, da sie schlecht zu ventilieren sind und nur Organismen bis zu einer bestimmten Größe mit genügend Sauerstoff versorgen können.

Gegliederte Beine, die bereits die Vorfahren der landlebenden Gliederfüßer besaßen und die schon im Meer für unterschiedliche Aufgaben wie Schwimmen, Laufen oder Eingraben dienten, waren auch für das Landleben geeignet.

Da im Laufe der Entwicklung die ursprünglich recht zahlreichen Körperabschnitte, von denen jedes wie bei den heutigen Tausendfüßern ein Paar Beine besaß, in Gruppen zusammengefaßt wurden – so besteht beispielsweise der Kopf aus fünf bis sechs Abschnitten, das Bruststück aus drei Abschnitten –, übernahmen die freiwerdenden Beine andere Aufgaben. Sie wurden zu Trägern von Sinnesorganen, zu Mundwerkzeugen oder zu Hilfsstrukturen für die Samenübertragung und Jungenaufzucht.

Mit den Malpighischen Gefäßen haben Insekten neuartige, für das Landleben besonders geeignete Organe für die Regulation ihres Wasser- und Salzhaushalts und für die Ausscheidung entwickelt. Sie bestehen aus zahlreichen zarthäutigen Schläuchen, die am Übergang vom Mittel- zum Enddarm in den Verdauungstrakt münden und den Primärharn bilden. Ihre Endabschnitte, vor allem aber vergrößerte Zellen des Enddarms, sorgen für eine fast vollständige Rückresorption (Wiederaufnahme) des Wassers aus den Exkrementen.

Landlebende Wirbellose

Außer den Insekten haben sich nur wenige andere wirbellose Tiere auf dem Festland ansiedeln können. Von den Gliederfüßern sind die Tausendfüßer auch heute noch auf feuchte Lebensräume angewiesen. Spinnen und Skorpione hingegen können sich, oft durch ähnliche Anpassungen wie Insekten, auch in trockenen Lebensräumen behaupten.

Von den Krebsen (Crustaceen) haben lediglich die Asseln Formen hervorgebracht, die in allen Entwicklungsstadien unabhängig von Gewässern leben können; dennoch sind alle auf feuchte Kleinlebensräume (z.B. unter Steinen) angewiesen. Bei den heute lebenden Asseln gibt es alle Übergänge vom Strandbewohner über Arten, die sumpfige Gebiete besiedeln, bis hin zu Feuchtluft-, Steppen- und Wüstenbewohnern. Dabei kann man auch die allmähliche Verbesserung des Verdunstungsschutzes, der Kälte- und Hitzetoleranz sowie der Aufnahme des Luftsauerstoffes verfolgen. Landasseln atmen wie die Wasserasseln mit Kiemen, hohlen Beinabschnitten mit einer besonders dünnen Cuticula, und, je trockener der Lebensraum wird, mit nach innen in die Beine eingestülpten Luftsäckchen, die mit den Tracheenlungen der Insekten und Spinnen vergleichbar sind.

Von den zehnfüßigen Krebsen (Decapoden) der Tropen und Subtropen leben einige amphibisch, das heißt teils im Wasser, teils auf dem Land oder sogar ausschließlich auf dem Land. Winkerkrabben und Rennkrabben bevölkern die schlammigen und sandigen Küstenstreifen der tropischen Meere, so auch

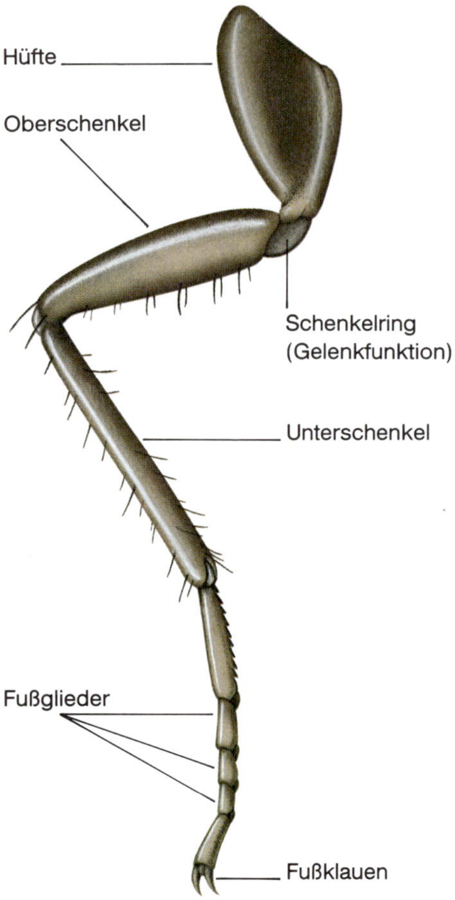

Gliederung eines Insektenbeins. *Das Schreitbein einer Schabe ist noch verhältnismäßig unspezialisiert.*

Der Palmendieb gehört zu den am besten ans Landleben angepaßten Zehnfußkrebsen: Er klettert sogar auf Palmen.

Mangrovensümpfe, die im Wechsel der Gezeiten dem Meerwasser ausgesetzt sind und die häufig auch im Bereich von Flußmündungen liegen. Winkerkrabben bauen bis zum Grundwasser hinabreichende Gänge, in die sie sich von Zeit zu Zeit zurückziehen, um den Wasservorrat in ihrer Atemhöhle zu erneuern. Rennkrabben und Landkrabben besitzen über ihren Kiemen eine reich durchblutete Höhle, die zur Aufnahme atmosphärischen Sauerstoffs dient. Sie ist bei Landkrabben so leistungsfähig geworden, daß die Tiere weit ins Land vordringen konnten und nur zum Absetzen ihrer Larven auf das Meer angewiesen sind.

Die am besten ans Landleben angepaßten Zehnfußkrebse sind die Landeinsiedlerkrebse, zum Beispiel der bis zu dreißig Zentimeter lange Palmendieb (Birgus latro), der sich nicht mehr für längere Zeit im Wasser aufhalten kann. Er erklettert hohe Palmen und kann mit seinen gewaltigen Scheren Kokosnüsse aufbrechen. Sein Hinterleib ist von einem festen Panzer bedeckt, ganz im Gegensatz zu seinen Verwandten der Gattung Coenobita, die leere Schneckenhäuser als Wohnung benutzen. Coenobita-Arten besitzen als neue Atmungsorgane reich verzweigte Blutlakunen im Hinterleib. Auch diese Krebstiere suchen zur Fortpflanzung das Wasser auf.

Schnecken (Gastropoden) bewohnen nur in geringer Artenzahl extrem trockene Gebiete. Der größte Teil der an Land lebenden Nackt- und Gehäuseschnecken ist jedoch an schattige, feuchte Plätze gebunden und nur während der Nacht und nach Regenfällen aktiv. Als Atmungsorgan dient ihnen ein stark durchbluteter Teil der Mantelhöhle, der bei Gehäuseschnecken verborgen unter der Schale liegt. Diese bietet Schutz und kann durch rasch erhärtenden Schleim verschlossen werden. Auf diese Weise werden der Winter und auch Trockenperioden überdauert. Bei Zebrina, einer besonders wärmeliebenden Schneckenart, ist das Gehäuse schneeweiß, extrem dick und reflektiert die einfallenden Sonnenstrahlen. Weitere Anpassungen an das Landleben sind die Fähigkeit, hohe Wasserverluste zu ertragen (bei den gehäuselosen Wegschnecken der Gattung Arion bis zu sechzig Prozent des Gesamtgewichtes), und die Abgabe eines trockenen, Harnsäure und Guanin enthaltenden Kots.

Die Mehrzahl der im Boden lebenden Wirbellosen ist weder durch ihre Schleimschicht (Planarien, Regenwürmer) noch durch ihre Cuticula (Regenwürmer, Springschwänze, Fadenwürmer, Bärtierchen) ausreichend vor Austrocknung geschützt. Ihren Sauerstoffbedarf decken sie meist über die Haut und sind daher auf gut durchlüftete Böden angewiesen. Bei längeren Trockenzeiten müssen sie in tiefere Bodenschichten ausweichen; manche verfallen in eine Trockenstarre.

Fossile Funde von rein weichhäutigen wirbellosen Tieren sind naturgemäß sehr spärlich und vermitteln nur ein unvollkommenes Bild ihrer Entwicklung. Lungenschnecken sind jedoch seit dem Karbon bekannt und Regenwürmer bereits aus dem Ordovicium.

Die Entwicklung der Wirbeltiere

Im Silur traten die ersten Wirbeltiere auf, die sich aus primitiven Chordatieren entwickelt hatten. Im Devon lebten bereits die ersten Knochenfische (Osteichthyes), die sich schon früh in die Strahlflosser (Actinopterygier) und die Fleischflosser (Sarcopterygier) aufspalteten. Die Flossen der Strahlflosser bestehen aus einfachen Hautverdoppelungen, die durch knöcherne Strahlen aufgespannt und gestützt werden. Alle modernen Knochenfische (Teleostier) gehören zu dieser Gruppe. Die Fleischflosser spielen dagegen heutzutage nur eine untergeordnete Rolle; entwicklungsgeschichtlich sind sie jedoch von größter Bedeutung, da unter ihnen die Vorfahren der vierfüßigen Landwirbeltiere (Tetrapoden) zu suchen sind. Die wesentlichsten Unterschiede zu den Strahlflossern bestehen im knöchernen Aufbau der Gliedmaßen und des Schädels sowie der Beschuppung. An den Knochen der Flossen setzen kräftige Muskeln an, die von der beschuppten Haut überzogen werden. Innerhalb der Fleischflosser lassen sich anhand des Schädelbaus und der Zahnstruktur die Lungenfische (Dipnoer) und die Quastenflosser (Crossopterygier) unterscheiden.

Lungenfische leben auch heute noch in Australien, Afrika und Südamerika. Sie verdanken ihren Namen der Tatsache, daß sie zusammen mit Flösselhechten und Flösselaalen – beide sind urtümliche Fische, die sich aus dem Erdmittelalter bis in die Jetztzeit erhalten haben – die einzigen heute lebenden Fische mit echten Lungen sind. Allerdings besaßen auch viele der frühen Strahlflosser neben den Kiemen Lungen oder lungenähnliche Organe, die jedoch bald aufgegeben und zur Schwimmblase umgewandelt wurden.

Das Vorhandensein von Lungen bei den frühen Fischen kann im Zusammenhang mit den klimatischen Verhältnissen gesehen werden. Geologische Ablagerungen deuten darauf hin, daß im Devon in weiten Gebieten der Erde ein tropisches Klima mit einem jahreszeitlichen Wechsel von Trocken- und Regenzeiten herrschte. Während der Trockenzeiten war es vor allem in kleineren Gewässern, die von Austrocknung bedroht waren, von Vorteil, zusätzlich oder sogar ausschließlich Sauerstoff aus der Luft zu entnehmen.

Die heute lebenden Lungenfische besiedeln Gebiete mit ähnlichen klimatischen Bedingungen. Der australische Lungenfisch Neoceratodus – er besitzt noch fleischige Flossen wie seine Vorfahren vor 400 Millionen Jahren – kann in kleinen Pfützen und feuchtem Schlamm überleben, stirbt aber bei völliger Austrocknung des Gewässers, da er keinen Ortswechsel vornehmen kann. Seine afrikanischen (Protopterus) und südamerikanischen Verwandten (Lepidosiren) besitzen zwar nur fadenförmige Flossen, deren knöchernes Innenskelett belegt jedoch ihre Zugehörigkeit zu den Fleischflossern. Bei beiden Gattungen übertrifft die Lungenatmung die Kiemenatmung wesentlich. Trocknen ihre Wohngewässer aus, wühlen sich die Fische tief in den Schlamm ein. Protopterus scheidet außerdem eine Lage zähen Schleims ab, der allmählich erhärtet. In der so entstandenen Cyste, die nur durch einen schmalen Gang mit der Außenwelt verbunden ist, der ihm den notwendigen Sauerstoff zuführt, überdauert dieser Lungenfisch Trockenperioden bis zu vier Jahren. Während dieser Zeit wird der Stoffwechsel reduziert; das Tier lebt von seinen Fettreserven und baut einen Teil der Muskulatur ab.

Lungenfische wurden eine Zeitlang aufgrund anatomischer und embryologischer Merkmale als mögliche Vorfahren der Amphibien angesehen. Da jedoch besonders der Schädel und die Zähne stark abgewandelt sind – die Zähne sind zu mächtigen Platten verschmolzen, um Muscheln, Schnecken und Krebstiere aufzubrechen –, die hinteren Nasenöffnungen nicht den inneren Nasenöffnungen der Landwirbeltiere entsprechen und das Flossenskelett einachsig ist, betrachtet man sie heute als spezialisierten Seitenzweig der Fleischflosser.

Von den Quastenflossern, deren Name auf die breite quastenförmige Schwanzflosse zurückgeht, sind zwei Linien bekannt: die Rhipidistier und die Coelacanthiden. Die ältesten Funde dieser bis zu dreißig Zentimeter langen Fische sind ca. 400 Millionen Jahre alt und stammen aus dem Devon. Die Rhipidistier starben bereits im Perm aus, die Coelacanthiden indes erlebten im Erdmittelalter eine neue Vermehrungs- und Verbreitungsphase und starben, so glaubte man zumindest bis Ende der dreißiger Jahre aus dem völligen Fehlen von Fossilien schließen zu dürfen, vor 50 Millionen Jahren aus.

Ein lebendes Fossil. Im Jahre 1938 fingen Fischer an der Ostküste Südafrikas nahe der

Mündung des Flusses Chalumna einen plumpen, fast zwei Meter langen Fisch mit spitzen Zähnen, der von dem Fischfachmann J. B C. Smith als ein Vertreter der längst ausgestorben geglaubten Coelacanthiden bestimmt wurde. Smith nannte den Fisch zu Ehren von Mrs. Latimer, die als erste die Bedeutung des Fundes geahnt und Smith benachrichtigt hatte, und in Erinnerung an den Fangort Latimeria chalumnae. Erst 14 Jahre später wurde ein zweites Exemplar in der Nähe der Komoren, dreitausend Kilometer von der ersten Fundstelle entfernt, gefangen. Es stellte sich heraus, daß hier in Tiefen von achtzig bis mehreren hundert Metern die Heimatgewässer von Latimeria liegen und der Fisch der dortigen Bevölkerung nicht unbekannt war.

Latimeria besitzt die typische Flosse der Quastenflosser, in der die Knochen ähnlich angeordnet sind wie in den Gliedmaßen der späteren Landwirbeltiere. So ist zum Beispiel die Vorderflosse mit einem Knochen am Schultergürtel befestigt, der dem Oberarmknochen entspricht; es folgen zwei nebeneinanderliegende Knochen, die mit Elle und Speiche übereinstimmen, und eine Anzahl kleinerer Knochen, aus denen später Handwurzelknochen und Fingerglieder entstanden. Die Lunge ist zu einem nicht mehr zur Atmung befähigten fettgefüllten Sack umgewandelt.

Das Leben in der Tiefsee erklärt auch die auffallende Lücke in den Fossilfunden. Die Coelacanthiden waren aus dem Flachwasser der Süßgewässer, wo sie sich entwickelt hatten, ins Meer und schließlich in die Tiefsee unterhalb des Kontinentalsockels gewandert.

Von Latimeria sind mittlerweile etwa zwei Dutzend Exemplare gefangen worden. Es ist bisher jedoch nicht gelungen, den Fisch längere Zeit am Leben zu erhalten. Die Tiere sind meist vom Fang beschädigt und vertragen keine hohen Temperaturen. Der Druckunterschied zwischen Tiefsee und Wasseroberfläche scheint sich hingegen weniger nachteilig auszuwirken. Immerhin zeigten kurzfristige Lebensbeobachtungen im flachen Wasser, daß Latimeria tatsächlich die fleischigen Flossen benutzt, um sich am Boden abzustützen und sich vorwärts zu schieben. Es konnte auch ein trächtiges Weibchen gefangen werden, das relativ weit entwickelte Embryonen mit großen Dottersäcken in seinem Leib trug. Dieser Fund belegt, daß Latimeria lebendgebärend ist.

Latimeria gilt als lebendes Fossil (→ S. 54), das fast unverändert Jahrmillionen überdauert hat. Sie gehört jedoch nicht zu der Fischgruppe, aus der die ersten Amphibien hervorgegangen sind. Darauf deuten der Bau des Schädels sowie das Fehlen innerer Nasenöffnungen hin, die für den Übergang an Land bedeutsam waren.

Die Vorläufer der Landwirbeltiere müssen vielmehr bei den Rhipidistiern gesucht werden. Aus Süßwasserablagerungen des Devons ist uns als Vertreter dieser Linie das Fossil Eusthenopteron erhalten geblieben, das zahlreiche Merkmale mit den frühen Amphibien gemeinsam hat, so die inneren Nasenöffnungen, Lungen, das knöcherne Skelett der Flossen, Schädelmerkmale und besondere Zähne mit ausgeprägten Schmelzfalten. Auch die Rhipidistier lebten in kleinen Gewässern, in denen immer wieder Sauerstoffmangel herrschte und Austrocknungsgefahr bestand, so daß die Fähigkeit, über die inneren Nasenöffnungen Luftsauerstoff in die Lungen zu leiten oder sich mit Hilfe der Flossen in einen anderen, noch mit Wasser gefüllten Tümpel zu retten, von entscheidendem Vorteil war.

Über Land wandernde Fische. Unter den heutigen echten Knochenfischen (Teleostiern) gibt es Arten, die in etwa die Vorstellung vermitteln, wie solche Landwanderungen ausgesehen haben könnten. Die Kletter- oder Labyrinthfische der Gattung Anabas bewegen sich hüpfend auf dem Lande, indem sie mit der Schwanzflosse schlagen und Brustflossen und Kiemendeckel als Stützorgane benutzen. Als zusätzliches Atemorgan dient das Labyrinth, ein oberhalb der Kiemen gelegener Hohlraum mit reich durchbluteten Gewebsfalten, der ein charakteristisches Merkmal aller Anabantiden ist.

Noch eindrucksvoller verhalten sich die Schlammspringer (Periophthalmus), Bewohner der Mangrovensümpfe und nahe Verwandte unserer einheimischen Grundeln. Sie können sich längere Zeit außerhalb des Wassers aufhalten, indem sie Wasser in ihre Kiemenhöhlen aufnehmen, das als physikalische Lunge wirkt: Der Sauerstoff, den die Kiemen dem Wasser entziehen, diffundiert aus der Luft nach. Die Atmung wird durch die reiche Ausstattung des Schwanzes mit Blutkapillaren noch unterstützt. Die Haut ist mit kräftigen Schuppen bedeckt, die vor allzu rascher Austrocknung schützen. Die Vorderflossen der Schlammspringer haben eine muskulöse Basis und sind an einem besonders kräftigen Schultergürtel befestigt. Mit Hilfe dieser Flossen und des Schwanzes kriechen und hüpfen die Tiere über den Schlamm, wo sie nach Kleinkrebsen und Insekten jagen, und klettern sogar Mangrovenwurzeln hinauf. Ihre vorspringenden drehbaren Augen können auch außerhalb des Wassers sehen, da sie wie diejenigen der Amphibien auf verschiedene Entfernungen eingestellt werden können.

Aus Fischen entstehen Amphibien. Da während des Devons viele Millionen Jahre lang tropisches Klima herrschte, wurde die einmal eingeschlagene Entwicklung in Richtung kräftigerer Gliedmaßen und Anpassungen an längere Aufenthalte außerhalb des Wassers gefördert. Vor etwa 350 Millionen Jahren waren bereits die ersten Amphibien entstanden, die sich überwiegend an feuchten Stellen des Landes aufhielten und zunehmend vom Aufenthalt im Wasser unabhängig wurden. Nach diesem entscheidenden Schritt konnten sie

Die Schlammspringer sind echte Fische, können sich aber durchaus längere Zeit außerhalb des Wassers aufhalten.

sich rasch in verschiedene Richtungen entwickeln, da sie auf dem Land zunächst ohne Konkurrenz waren.

Fossil erhaltene Übergangsformen zwischen Fischen und Amphibien sind bisher nicht gefunden worden. Als fischähnliche Amphibien kennen wir lediglich die Ichthyostegalier, die aus Ablagerungen der Devon-Karbon-Grenze (vor ca. 350 Millionen Jahren) Grönlands bekannt geworden sind. Die zwar noch einfachen Landwirbeltiergliedmaßen sowie das Rumpfskelett zeigen, daß Ichthyostega ein echtes Amphib ist. Arme und Beine sind an einem kräftigen Schulter- bzw. Beckengürtel eingelenkt, die der größeren Belastung, welche die schlängelnde Bewegung auf vier Beinen mit sich bringt, gerecht werden. Der Schultergürtel, bei den Fischen noch mit dem Kopfskelett verbunden, hat sich von diesem gelöst, so daß erstmalig eine Halsregion entsteht. Der Beckengürtel ist fest mit der Wirbelsäule verbunden. Der Bau des Schädels, Reste von Kiemendeckeln, ein Seitenlinienorgan und der Flossensaum des Schwanzes sind jedoch typische Fischmerkmale.

Ichthyostega steht sicher am Anfang der Amphibienentwicklung. In den folgenden 100 Millionen Jahren erlebten diese ihre Blütezeit und brachten sogar Riesenformen, zum Beispiel Eryops mit zwei Metern Länge, hervor.

Die Altamphibien (Stegocephalen) lebten vom Ende des Devons bis zur Trias. Die zu ihnen gehörende Gruppe der Labyrinthodontier – benannt nach der starken Faltenstruktur ihres Zahnschmelzes – stehen über Ichthyostega mit den Quastenflossern in Verbindung und leiten mit Seymouria zu den Reptilien über.

Heute lebende Amphibien. Von der damaligen Formen- und Artenfülle haben sich heutzutage nur drei Ordnungen mit insgesamt etwa dreitausend Arten erhalten: die Schwanzlurche (Urodelen), die Froschlurche (Anuren) und die Blindwühlen (Gymnophionen). Sie alle zeigen viele Sonderanpassungen, die bei Froschlurchen mit der springenden, bei den beinlosen Blindwühlen mit der grabenden Lebensweise zusammenhängen. Die Schwanzlurche ähneln noch am ehesten den alten Amphibien.

Ihre Herkunft liegt jedoch völlig im dunkeln, da zwischen dem Aussterben der Altamphibien und dem Auftreten der ersten Schwanzlurche und Froschlurche am Ende der Kreidezeit eine Fundlücke von vielen Millionen Jahren klafft.

Amphibien waren zwar die ersten vierfüßigen Tiere, die an Land gingen, doch wurden sie nie in dem Maße vom Wasser unabhängig wie später die höheren Wirbeltiere. Ihre von Drüsensekreten ständig feucht gehaltene Haut ist nur schwach verhornt und bietet keinen ausreichenden Verdunstungsschutz. Die Lungen sind wenig gekammert, so daß die meisten Arten einen großen Teil ihres Sauerstoffbedarfs über die Haut decken. Die später wieder lungenlos gewordenen Molche (Plethodontiden) atmen nur noch über die Haut und die reich durchblutete Mundschleimhaut.

***Ichthyostega**, Bindeglied zwischen Fischen und Amphibien. Obwohl bereits ein echtes Amphib, zeigt die ausgestorbene Ichthyostega noch eine Reihe von Merkmalen, die typisch für Fische sind.*

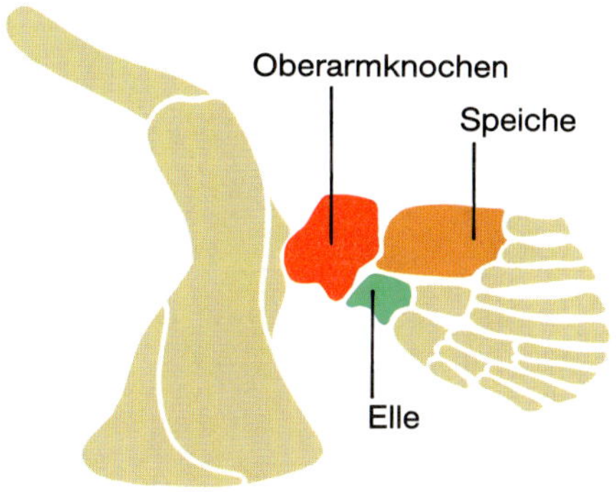

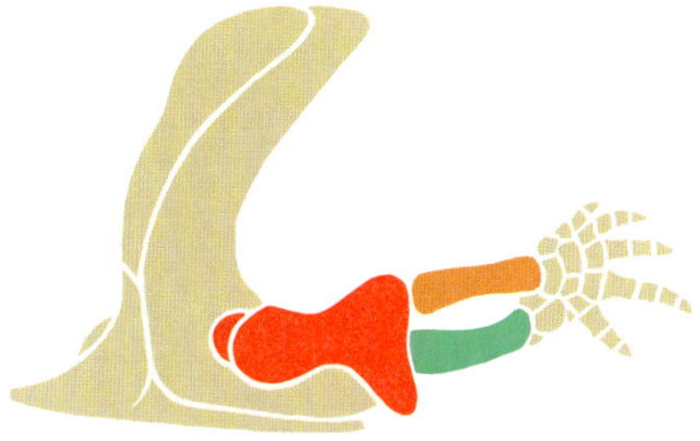

***Ähnlichkeit der Gliedmaßen.** Die Brustflosse eines fossilen Quastenflossers (links) und das Vorderbein eines primitiven Amphibs (rechts) zeigen im Aufbau weitgehende Übereinstimmung.*

Die größte Abhängigkeit vom Wasser zeigt sich in der Fortpflanzung: Besamung und Befruchtung finden in der Regel im wäßrigen Milieu statt. Aus den mit einer gallertigen Hülle versehenen Eiern schlüpfen beinlose Larven, die mit ihrer langgestreckten Gestalt und dem gut entwickelten Schwanz fischähnlich aussehen. Sie bewegen sich durch Schwanzschläge und Schlängeln des Körpers fort und atmen mittels Kiemen, die frei an der Außenseite des Kopfes hängen (Schwanzlurche) oder später von einer Kopffalte bedeckt werden (Froschlurche). Ihr Kreislauf ist dem der Fische ähnlich. Amphibienlarven ernähren sich räuberisch wie die Eltern (Schwanzlurche), oder sie raspeln mit speziellen Hornzähnen Pflanzen oder totes organisches Material ab (Froschlurche).

Die zum Teil beträchtlichen Umkonstruktionen und Neubildungen während der Metamorphose (Umwandlung) bereiten die Larven auf das Leben auf dem Lande vor. Ähnlich weitreichende Veränderungen müssen im Laufe der Jahrmillionen stattgefunden haben, als sich die Amphibien aus fischähnlichen Vorfahren entwickelt haben.

Während der letzten Tage im Wasser nehmen die Tiere keine Nahrung mehr zu sich und suchen flache Uferbereiche auf, da sie bei der Umstellung von der Kiemen- zur Lungenatmung Gefahr laufen zu ertrinken. In dieser Zeit erfolgt auch die Umstellung von Stoffwechselprozessen, wie zum Beispiel im Eiweißabbau, als dessen Endprodukt sie nun statt Ammoniak Harnstoff ausscheiden.

Es gibt in allen drei Amphibienordnungen Versuche, sich ganz oder zumindest teilweise von einem Laichgewässer unabhängig zu machen. So läuft bei einigen Fröschen, zum Beispiel bei den südafrikanischen Kurzkopffröschen der Gattung Breviceps, die gesamte Larvenentwicklung bis zum fertigen Jungfrosch in der Eihülle ab; die Eier werden lediglich auf feuchtem Untergrund abgelegt. Das Männchen von Rhinoderma darwini, einem kleinen Frosch Südamerikas, befördert die befruchteten Eier in seine Schallblasen, wo sich die Embryonen entwickeln, und manche Blindwühlen graben ihre Eier in feuchte Erde ein und bewachen sie. Die Larven verwandeln sich im allgemeinen noch vor dem Ausschlüpfen. Vertreter aller drei Amphibienordnungen bringen auch lebende Junge zur Welt. Der europäische Feuersalamander, dessen Junge sich im weiblichen Genitaltrakt entwickeln, ohne zusätzlich ernährt zu werden, sucht nur noch zum Absetzen seiner kiementragenden Larven das Wasser auf. Sein naher Verwandter, der Alpensalamander, gebiert manchmal erst nach vier Jahren meist nur zwei bereits vollständig verwandelte Junge. Am weitesten verbreitet ist das Lebendgebären bei Blindwühlen.

Alle diese Versuche waren jedoch nicht so erfolgreich wie die Entwicklung des Amnioteneis. Es tritt erstmals bei den Reptilien auf. Amnioteneier sind durch eine ziemlich derbe, weitgehend wasserundurchlässige Schale vor mechanischen Einwirkungen geschützt. Sie sind zudem mit einem großen

Dottervorrat versehen, der dem Embryo als großer Dottersack anhängt und ihm eine relativ lange Entwicklungszeit ermöglicht. Reptilien schlüpfen daher nicht als unreife Larven, sondern sehr weit entwickelt und selbständig.

Die entscheidende Neuerung sind jedoch embryonale Hüllen: Eine Hülle, das Amnion, umgibt die flüssigkeitsgefüllte Amnionhöhle, in der der Embryo heranwächst. Eine Ausstülpung seines Enddarms bildet eine zweite Hülle, die Allantois, die sich eng an die Eischale anlegt und reich durchblutet ist. Sie dient einmal als Speicher für Stoffwechselendprodukte, die die embryonale Niere ausscheidet, und außerdem als Atmungsorgan, das über Blutkapillaren Sauerstoff durch die luftdurchlässige Schale aufnimmt. Eine dritte Hülle, das Chorion, liegt der Eischale dicht an und umhüllt den Embryo mitsamt der Amnionhöhle, der Allantois und dem Dottersack.

Gleichzeitig mit dieser »Erfindung« entwickelten die Reptilien eine wasserundurchlässigere Haut und leistungsfähigere Lungen. Seymouria, ein kleines vierfüßiges Landwirbeltier aus dem oberen Kambrium, vereint sowohl Amphibien- als auch Reptilienmerkmale in sich. Ohne Kenntnis seines Eityps ist eine Entscheidung über die genaue Zugehörigkeit zu einer der beiden Gruppen jedoch nicht möglich.

Erst mit dem Amniotenei gelang der endgültige Durchbruch zur Eroberung des Landes. Dieses Ei war die Voraussetzung dafür, daß sich die Wirbeltiere weiter vom Wasser entfernen und neue, trockenere Gebiete besiedeln konnten. Es wurde später auch von den Vögeln übernommen. Und selbst die Säugetiere mit ihren dotterlosen Eiern haben während ihrer Entwicklung im Mutterleib die drei Embryonalhüllen beibehalten.

Links: Amphibien waren die ersten Wirbeltiere, die sich an ein Leben auf dem Land anpassen konnten, wenn auch nur unvollkommen, denn sie blieben – vor allem in ihrer Fortpflanzung – noch vom Wasser abhängig.

Unten: Feuersalamander bringen kiementragende Junge zur Welt, die bis zur Metamorphose noch im Wasser bleiben müssen.

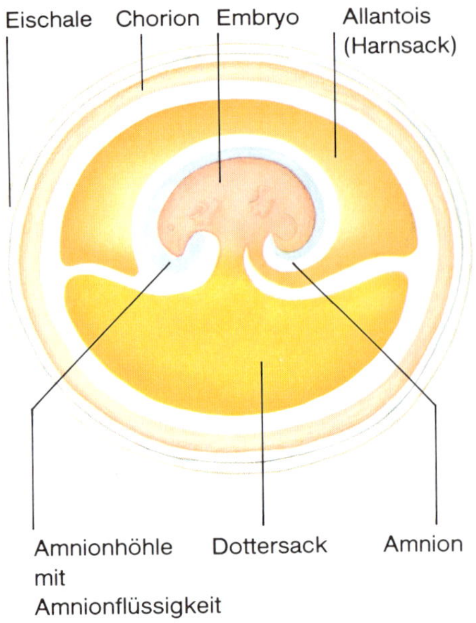

***Das Amniotenei** war die entscheidende Voraussetzung für die erfolgreiche Eroberung des Landes durch die Wirbeltiere. Es trat erstmals bei den Reptilien auf und wurde später von den Vögeln übernommen. Es besitzt eine derbe Schale und als wichtige Neuerung embryonale Hüllen: Das Amnion umgibt eine flüssigkeitsgefüllte Höhle, in der der Embryo wie in einem Miniaturteich schwimmt. Eine zweite Hülle, die Allantois, entsteht als Ausstülpung des embryonalen Enddarms und dient zunächst der Aufnahme des Harns. Sie kann sich mit der dritten Hülle, dem Chorion, zum Atmungs- und Ernährungsorgan verbinden. Diese embryonalen Hüllen wurden bei den Säugetieren beibehalten.*

Rudolf Altevogt

Tiere in der Luft

Jeder kennt – und die meisten von uns genießen – das Gefühl, die Last unseres Eigengewichts zu verringern und sozusagen schwerelos zu schweben, was im Wasser am ehesten möglich scheint. Das dabei erlebbare Glücksgefühl der Erleichterung läßt sich seit Archimedes (287–212 v. Chr.) mit einer handfesten Formel genau erfassen: Ein Körper verliert im Wasser soviel an Gewicht, wie die Wassermenge wiegt, die er verdrängt. Dieser Auftrieb, also der erwähnte scheinbare Gewichtsverlust, reicht im recht dichten Medium Wasser allein vollkommen aus, um den Boden unter den Füßen zu verlieren und das Gefühl der Freiheit beim Schweben zu erleben. Es läßt sich leicht einsehen, daß man um so besser schwebt, je weniger Eigengewicht man hat und je mehr Wasser man durch das Eigenvolumen verdrängt. Die Forderung, die ein Körper erfüllen muß, wenn er sich gut zum Schweben eignen soll, lautet also: großes Volumen und geringes Eigengewicht. Dieser Notwendigkeit gehorcht man am besten mit leichten, aber genügend formstabilen Baumaterialien: So schwimmt der Korken auf dem Wasser, und das U-Boot schwebt je nach veränderbarem Eigengewicht (durch Hereinnahme bzw. Hinauspressen von Wasser) in verschiedener Tiefe im Wasser.

Solches Schwimmen und Schweben mit Hilfe des Auftriebs beruht zum wesentlichen Teil auf der großen Dichte des Wassers, und die Schwebe- und Schwimmtiere in den Gewässern aller Erdregionen machen davon Gebrauch. Während die passiven Schweber (das Plankton) zu keiner Eigenbewegung fähig sind, können die Schwimmer (das Nekton) mit Beinen, Flossen und raketenartig wirkenden Rückstoßvorrichtungen (Quallen, Tintenfische) oder Schlängelbewegungen (Würmer, Fische) sich aktiv durch das Wasser fortbewegen. Für solche Bewegungsweisen ist neben der genannten Dichte (uns wohlvertraut als Gewicht von einem Liter Wasser = 1000 Gramm) die Zähflüssigkeit (Viskosität) des Wassers eine wichtige Eigenschaft. Sie bestimmt die Absinkgeschwindigkeit im wäßrigen Lebensraum. Man kann sich als guter Schweber mit langen, gefiederten oder beborsteten Körperanhängen gegen ein Absinken zu wehren versuchen, indem man die Reibung am zähflüssigen Medium Wasser vergrößert und auf diese Weise länger oben bleibt. Obenbleiben bringt auch hier wichtige Vorteile, vor allem den, daß man so in neue Lebensräume verdriftet werden kann: Der Beweglichere hat auch hier die besseren Chancen.

Luft – ein schwieriger Lebensraum

Das gilt auch für den schwierigsten Lebensraum: die Luft. Sie ist beinahe tausendmal leichter als Wasser (ein Liter Luft wiegt nur 1,293 Gramm), und entsprechend gering ist der in ihr erzielbare Auftrieb. Mühsam gewinnt ihn der Mensch mit gas- oder heißluftgefüllten Ballons. Kein Tier hat diese Fähigkeit bisher entwickelt, und die Chancen, daß sie irgendwann einmal erlangt wird, sind gleich Null.

Gleichwohl gibt es eine dem Wasserplankton entsprechende Schwebewelt tierischer Organismen in der Luft. Aus den genannten physikalischen Gründen kann sie zum Obenbleiben nur von Luftbewegungen wie Wind und Aufwind (Thermik) Gebrauch machen. Sie heißt deshalb auch das Anemo- oder Aeroplankton (griech.: Wind bzw. Luft) und umfaßt neben Pollen und pflanzlichen Samen mit Schwebevorrichtungen Dauerformen (Zysten) von Bakterien und Einzellern wie Wimper- und Geißeltierchen und sogar die Verbreitungsstadien von Rädertierchen (Rotatorien) und Bärtierchen (Tardigraden). Selbst Spinnen, vor allem die Jungspinnen der Baldachinspinnen (Linyphiiden), lassen sich an Schwebfäden, die für den »Altweibersommer« so charakteristisch sind, vom Wind davontragen und erobern so recht bequem neue und oft genug günstigere Lebensräume. Die Eroberung aus der Luft war also längst vor jedem militärischen Feldzug eine höchst wirksame Strategie der Evolution, also der stammesgeschichtlichen Entwicklung der Lebewesen.

Wie aber bleibt man oben, wenn man schwerer ist als die Luft? Zum Schwebeflug dieser Art gehört ein Körper mit sehr großer Oberfläche und geringem Eigengewicht, damit die Viskosität der Luft ausgenutzt und die Sinkgeschwindigkeit stark herabgesetzt werden kann. Durch Ausbildung von Rauhigkeiten (Höcker, Warzen, Härchen) auf der Körperoberfläche bietet man der bewegten Luft wirksame Angriffsflächen, und die damit ausgerüsteten Körper können horizontal und vertikal »verweht« werden. Ein solcher Aufwindtransport hat nachweislich Höhen von 6000 Metern erreicht, und »Altweibersommer«-Spinnen wurden fadenflößend in 1500 Metern Höhe angetroffen.

Sind solche Verdriftungsbeispiele in ihren physikalischen Grundlagen uns allvertraut und verständlich, so hat die Untersuchung des Fadenflugs der Spinnen erst in jüngerer Zeit Kenntnisse erbracht, von denen einige besonders interessante hier dargestellt werden sollen.

Der Fadenflug der Spinnen. Obwohl schon 1678 von Lister in den »Historiae animalium Angliae« (Geschichten über englische Tiere) als wunderbare Erscheinung genannt, konnten erst in unserer Zeit entwickelte Methoden genauere Einblicke in das Wunder des Spinnenflugs eröffnen: Luftschleppnetze in verschiedenen Höhen zur Ermittlung der Spinnenflughöhe, Fangvorrichtungen an Schiffsmasten auf hoher See zur Feststellung der Flugweite, Magenuntersuchungen von so hervorragenden Flugkünstlern wie den Mauerseglern zur Ermittlung der Häufigkeit fliegender Spinnen und schließlich messende Untersuchungen mit Windkanal, Zerreißmaschine und Elektronenmikroskop an den benutzten Fäden.

Besonders an warmen und fast windstillen Tagen mit günstiger Thermik erklettern die fluglustigen Spinnen einzelne Stengel etwa auf Stoppelfeldern oder vorstehende Steine und dergleichen, stellen sich »auf die Zehenspitzen« (Streckposition) und richten sich gegen den Wind. Dann produzieren sie aus den Spinndrüsen am Körperhinterende mehrere

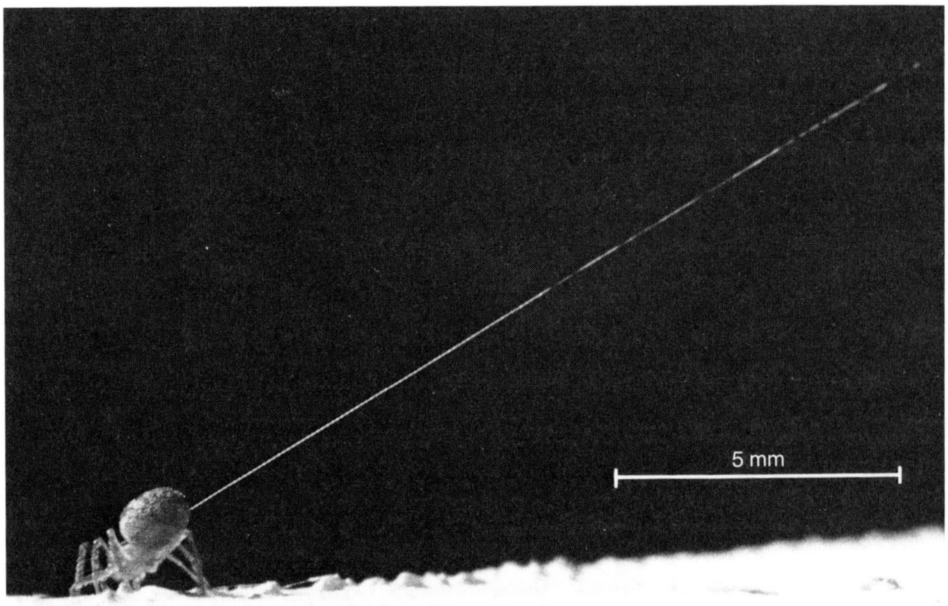

Diese Spinne zeigt die Streckposition, in der sie ihre Startfäden spinnt, mit denen sie sich in die Luft schwingt.

Startfäden, die sie im nicht zu starken Wind (bis zu drei Meter pro Sekunde) wehen lassen. Indem sie prüfend an diesen Fäden zupfen, stellen sie fest, ob das Luftfloß genügend tragfähig ist. Im erfolgreichen Fall lösen sie sich vom Untergrund und beginnen ihre Luftreise.

Andere Spinnen befestigen einen Faden am Boden, lassen sich an überhängenden Stellen an ihm in den Abgrund hinab und starten aus dieser Hängeposition an vier bis zehn frisch gesponnenen Startfäden. Man kann dieses Startverhalten recht leicht beobachten, wenn man im Sommer den Finger als Flugplatz für Spinnen hergibt: Sie lassen sich am Faden vom Finger herab, erzeugen einige Startfäden und fliegen davon, wenn man ihnen durch sanftes Pusten eine günstige Flugwetterlage vorgaukelt. Den Flug selbst können sie allenfalls durch teilweises Einholen und somit Verkürzen des Fadens etwas beeinflussen, wobei die Angriffsfläche und damit die Auftriebskräfte geändert werden.

Die Fäden dürfen vor dem Start nicht in der Luft »flattern«, sondern müssen stabil »stehen«. Notfalls wird die Stabilität dadurch erreicht, daß man um den Erstfaden bis zu elf weitere Fäden herumkräuselt, so daß der Wind bei dem jetzt größeren Widerstand ein Strecken der Gesamtkonstruktion bewirkt, der man sich nun anvertrauen kann.

Bei solchem Strecken im Luftzug ist die Dehnungsfähigkeit der Spinnfäden wichtig. Es handelt sich ja um eiweißhaltige Fibroinfäden von seidenartigem Charakter. Tatsächlich fertigte man für die Königinnen von Madagaskar Handschuhe aus der Spinnseide der einheimischen Riesenspinne Nephila. Mit Fadendurchmessern von nur sieben Tausendstelmillimetern sind diese Fäden so elastisch und reißfest, daß sie sich um 22 Prozent dehnen lassen, wobei der Einzelfaden bis zur Reißgrenze vier Gramm tragen kann (zum Vergleich: die übliche Seidenraupenseide dehnt sich nur um 13 Prozent bis zum Zerreißen).

Viele unserer heimischen Kleinspinnen produzieren Startfäden von fast zwei Metern Länge. Man kann ihre Tragfähigkeit für Luftfracht mit kleinen Gewichten messen und kommt dabei bis auf 145 Milligramm bei 170 Zentimetern Fadenlänge. Kürzere Fäden tragen zwar deutlich weniger (bei 35 Zentimetern nur noch 25 Milligramm), aber immer noch sind solche Zuladungswerte mehr als genug für die nur 0,1 bis 1 Millimeter langen und nur wenige Milligramm wiegenden Luftschiffer vom Spinnenstamm. In günstigen Fällen, wenn die Fadenkonstruktion der Luftströmung guten Angriff bietet, beträgt das Verhältnis zwischen Tragfähigkeit und Spinnengewicht etwa 150:2, das heißt, ein solcher Faden könnte mehreren, ja vielen Passagieren zur Fahrt über Land und Meer verhelfen. So überrascht es nicht, daß schon Darwin 100 Kilometer vom Land entfernt plötzlich große Mengen winziger Spinnen im Takelwerk des Segelschiffs »Beagle« entdeckte und daß in jüngerer Zeit sogar 350 Kilometer westlich der Küste der USA viele Spinnenfäden auf einem Schiff niedersanken.

Weitere Arten des Luftplanktons. Der Besitz von rauhen Oberflächen bzw. stark zergliederten Körperformen mit guten Angriffsmöglichkeiten für Luftströmungen kennzeichnet weitere Tierarten, deren eigenes Flugvermögen nur gering entwickelt ist und die sich allenfalls nach einem Start aus eigener Kraft vom Wind hoch und weit verdriften lassen. Das gilt für viele Kleininsekten, von denen sich pflanzenschädliche Blattläuse (Aphiden) und Blasenfüßer (Thrips-Arten) nicht zuletzt wegen dieser Verbreitungsmethode als besonders bekämpfungsschwierig erwiesen. Erspähen diese Schädlinge aus luftiger Höhe günstige Lebensräume, die Blattläuse etwa gelb blühende Rapsfelder, die Blasenfüße große Getreidefluren, lassen sie sich absinken und erreichen so ihr Schlaraffenland. Auch andere Kleininsekten, etwa Federmotten (»Geistchen«) mit stark gefiederten und tief zerklüfteten Flügeln und winzige Hautflügler (Hymenopteren) sowie Kurzflüglerkäfer (Staphyliniden), die vor Gewitterregen oft als »Gewitterwürmchen« lästig werden, gehören zum Luftplankton. Immerhin können sie aus physikalischen Gründen mit ihren nur stummelartigen, aber lang beborsteten Flügeln von nicht einmal einem Millimeter Länge, ihrer geringen Körpergröße und nur langsamen Fluggeschwindigkeit in der somit für sie sehr »zähen« Luft sozusagen herumpaddeln, ohne dramatisch schnell abzusinken.

Fliegen als Flucht. Dem Reisenden in wärmeren Meeren, schon im Mittelatlantik und Mittelmeer, bietet sich ein besonders eindrucksvolles Beispiel für Flugfähigkeit dar: Die fliegenden Fische haben schon seit alters her die Seefahrer in Erstaunen versetzt. Die bekanntesten Flugfische sind der atlantische Flughahn (Dactylopterus), der kalifornische Doppeldecker-Flugfisch (Cypselurus) und der »Schwalbenfisch« (Exocoetus), der sogar neuerdings einer niedrig über die Meeresoberfläche fliegenden Kriegsrakete (»exocet«) seinen Gattungsnamen abtreten mußte. Es gibt rund dreißig Arten solcher fliegenden Fische. Bei den meisten dienen die ohnehin zum Fischbauplan gehörenden kräftigen Brustflossen dieser spektakulären Fähigkeit (so bei Exocoetus und Dactylopterus), während bei anderen auch die Bauchflossen zum Fliegen herangezogen werden und so den Eindruck eines Doppeldecker-Amphibienflugzeugs entstehen lassen. Werden solche Fische von Feinden verfolgt, so nehmen sie immer mehr Fahrt auf, wobei ihnen der stark vergrößerte untere Teil der gegabelten Schwanzflosse sehr zustatten kommt. Schließlich erreicht der Fischkörper eine Aufwärtsneigung von 30 Grad zur Wasseroberfläche, die er mit Höchstgeschwindigkeit durchstößt. Dabei wird der im Wasser sehr hohe Fahrtwiderstand – Schiffbauer kennen dafür präzise Formeln – in der Luft plötzlich sehr viel geringer, der Bewegungsimpuls des Fischkörpers aber bleibt ungebrochen und verleiht dem Tier eine jetzt viel höhere Überwassergeschwindigkeit. So entkommt der Flugfisch manchen Verfolgern.

Während des Anlaufnehmens im Wasser waren Brust- und Bauchflossen eng gefaltet und an den Körper gelegt, und nur der Schwanz bewirkte die Geschwindigkeitszunahme. Nach Durchbrechen der Wasseroberfläche breitet der Schwalbenfisch die Flossen aus und benutzt die untere Schwanzflossenhälfte noch im Wasser als Außenbordmotor mit etwa fünfzig Schlägen pro Sekunde, wobei der Startwinkel von rund 30 Grad beibehalten wird. Nach Erreichen von etwa 20 Meter/Sekunde (m/s), das sind 72 Kilometer/Stunde (km/h), beginnt der echte Gleitflug in der Luft. Dabei dienen die jetzt ausgebreiteten Flossen als Gleitflügel, die das Absinken des Fisches verringern und diesem Gleitflüge von zweihundert Metern und mehr ermöglichen. Solche Flüge können zwanzig Sekun-

Analoge Entwicklung des Flugvermögens. Die Flugfähigkeit hat sich bei verschiedenen Tieren aus ganz verschiedenen Körperbauteilen entwickelt, aber stets wurden flugphysikalisch ähnlich wirkende Strukturen hervorgebracht. Solche »Flügel« entstanden aus Flossen (Flugfisch), aus Schwimmhäuten (Flugfrosch), aus Rippenverlängerungen (Flugechse) oder aus Körperhäuten zwischen Vorder- und Hinterbeinen (Flugmaki und Flughörnchen).

Flugmaki

Flughörnchen

Flugechse

Flugfrosch

Flugfisch

Unter den wenigen Säugetieren, die die Fähigkeit des Fliegens entwickelt haben, sind die Fledermäuse flugtechnisch am weitesten gekommen. Flughäute, die sich zwischen dem zweiten Finger und den Beinen ausspannen, machen es möglich.

den lang dauern. Dabei flattern die Flossenflügel oft sichtbar im Fahrtwind, was Alexander von Humboldt zu der Meinung veranlaßte, diese Fische vollführten einen aktiven Flatterflug. Einen solchen gibt es tatsächlich bei den Beilbauchfischen, von denen noch die Rede sein wird.

Die Flugfische verlieren nach etwa fünfzig Metern Gleitflug und maximal acht Metern Flughöhe etwa die Hälfte ihrer Geschwindigkeit und sinken bei etwa 30 km/h wieder auf die Wasseroberfläche herab, wo sie das Spiel mit dem Schwanzflossenmotor wieder beginnen und erneut durchstarten können zur nächsten Etappe, ohne ganz einzutauchen (»Rollgleiten«). So werden Flüge von vierhundert Metern Gesamtstrecke und gut einer halben Minute Dauer möglich. Starker Gegenwind verringert diese Strecke natürlich und kann manchmal solche Fische sogar auf das hoch aufragende Deck von Schiffen transportieren. Immer aber handelt es sich bei diesen Leistungen um Gleitflüge, das heißt, der fliegende Körper verliert mit Beginn des Fluges dauernd an Höhe.

Bescheidenere Gleitflugleistungen genügen den malaiischen Flugbarben (Esomus) und den westafrikanischen Süßwasser-Schmetterlingsfischen (Pantodon buchholzi). Bei zehn Zentimetern Körperlänge können sie immerhin nach dem Sprungschnellen aus dem Wasser etwa zwei Meter lange Gleitsprünge vollführen.

Den im Wirbeltierreich ersten Versuch, aktiv mit bewegten, »schlagenden« Flossenflügeln zu fliegen, haben offenbar die in Oberflächennähe lebenden Beilbauchfische (Gasteropelecus) unternommen. Diese allenfalls zehn Zentimeter langen und seitlich abgeplatteten Fische Südamerikas besitzen in ihrem beilartig vergrößerten Bauchraum enorme Muskelpakete, die ein Viertel ihres Körpergewichts ausmachen. Nach einem mehrere Meter langen »Anlauf« hebt sich der Fischkörper mit seiner oberen Hälfte aus dem Wasser, wobei die sichelartig gebogenen Brustflossen ein hörbares Surren hervorbringen. Bei den so möglichen, bis zwölf Meter weiten »Flügen« bleibt also das Unterteil des Fisches eingetaucht: Die seitliche Abplattung bietet ja nur geringen Wellenwiderstand. Damit erinnert diese Technik an unsere Renn- und Gleitmotorboote, die sich mit steigender Geschwindigkeit auch teilweise auf einer Gleitkufe aus dem Wasser herausheben. Einige Beilbäuche sollen sogar vom Wasser ganz freigekommen sein und drei Meter echte Flugstrecke geschafft haben. Leider sind das alles nur unter Laborbedingungen ermittelte Daten; Freilanduntersuchungen stehen noch aus.

Somit sind schon auf dem Fischniveau zwei wichtige Flugtypen Wirklichkeit geworden: der Gleitflug mit stets abwärts führender Bahn und der – wenn auch nur bescheidene – Flatterflug der Beilbäuche.

Ein dritter Flugtyp, der Segelflug, dessen Kennzeichen ein Höhengewinn beim Fliegen ist, wird sich bei günstigen Wind- und Wellenverhältnissen bei den Flughähnen gewiß auch beobachten lassen, nämlich dann, wenn an den Wellenkämmen »Hangaufwinde« entstehen, die dem gleitfliegend herankommenden Fisch eine deutliche Startüberhöhung verleihen können.

Fliegende Frösche und Flugdrachen. Bei den genannten Vorteilen, plötzlich in die Luft zu gehen oder durch die Luft entschwinden zu können, überrascht es nicht, daß auch innerhalb der Tierstämme der Amphibien (Lurche) und der Reptilien (Kriechtiere) der Versuch unternommen wurde, die vorhandenen Bauplantypen zur Flugfähigkeit umzukonstruieren. Tatsächlich finden sich im indomalaiischen Gebiet Flugfrösche der Gattung Rhacophorus, die mit stark verlängerten Zehen an Vorder- und Hinterfüßen die zur Normausstattung der Frösche gehörenden Schwimmhäute zu richtigen Tragflächen ausspannen können. So gewinnen ihre Laubfrosch-Sprünge von Baum zu Baum gleitflugartige Weiten, indem der Frosch Arm und Bein an den Körper winkelt, aber die Zehen und Zwischenzehenhäute völlig spreizt und als Gleitflächen nutzt. Dabei kann der Gleitflieger durch Veränderung der Zehenstellung und damit der Gleitflächengröße die Flugrichtung schon einigermaßen beeinflussen. Vor der Landung kann er sogar wieder etwas an Höhe gewinnen, so daß auch die im Fluge fast waagerechte Körperhaltung sich wieder aufrichtet: keine Bruchlandung also, sondern ein fast sanftes Aufsetzen am Baumstamm mit dem Kopf nach oben.

Diese Technik wirkt noch weit eindrucksvoller beim 15 Zentimeter langen Flugdrachen (Draco volans), der ebenfalls die Wälder Indonesiens bewohnt, was auch für den Flug- oder Faltengecko (Ptychozoon) gilt. Die Gleitflächen entstehen beim Flugdrachen durch Abspreizen von seitlichen Rippenfortsätzen mit Flughäuten und werden beim Fluggecko durch seitliche Körperlappen gebildet, die sich in verschieden guter Ausprägung vom Kopf bis zum Schwanzende finden. Die Drachenflüge überbrücken Baumabstände von rund zehn Metern.

Die für das Gleitfliegen nötige Anfangsgeschwindigkeit erreichen die Flugfrösche und -kriechtiere, indem sie sich vom Baum herunterfallen lassen. Dabei befindet sich ihr Körperschwerpunkt vorn-unten, womit eine gewisse Flugstabilität erreicht wird. Diese Tatsache ist jedem jugendlichen Erbauer von Papier-»Schwalben« bekannt, deren Schwerpunkt man notfalls mit einer Büroklammer austarieren kann, bis sich ein gleichmäßiger und ruhiger »stabiler« Gleitflug einstellt.

Man darf nicht übersehen, daß die genannten fliegenden Tiere stammesgeschichtlich nicht eng miteinander verwandt sind. Vielmehr handelt es sich bei ihren Flugeinrichtungen um unabhängig voneinander entstandene Sonderbildungen am Amphibien- und Reptilienkörper, analoge Entwicklungen also (→ S. 30 f.). Sie haben sich ganz verschiedene Teile des Tierkörpers für den Flug zunutze gemacht und beweisen damit erneut, daß es vorteilhaft ist, wenn man fliegen kann.

Im Gegensatz hierzu übernimmt bei den Vögeln und fliegenden Säugern stets der Arm mit jeweils verschieden ausgeprägter Hand die Aufgabe des Flügels. Es handelt sich bei ihnen also um die Umgestaltung ein und desselben Bauplanelements, nämlich der Vorderextremität. Auch wenn Vogelflügel und Fledermausflughaut recht verschieden gebaut sind, entstammen sie doch der gleichen stammesgeschichtlichen Anlage: Sie sind einander homolog (→ S. 30 f.).

Die größten Flieger aller Zeiten. Auch bei den Flügeln der ausgestorbenen Flugsaurier handelte es sich um Bildungen der Vorderextremitäten. Sie haben die größten, bisher bekannt gewordenen tierischen Flugmaschinen hervorgebracht: Pteranodon hatte eine Flügelspannweite von etwa acht Metern, und der erst 1972 fossil in Texas entdeckte Quetzalcoatlus northropi übertraf diesen Wert noch mit einer Spannweite von zwölf Metern und etwa 86 Kilogramm Körpergewicht. Bei solch großen Flügelflächen ist ein aktiver Flatterflug schwer vorstellbar: Wohin mit den dafür nötigen Muskelbergen, und woher das zum Flattern nötige leichte, aber verformungsfeste Baumaterial für solche Dimensionen?

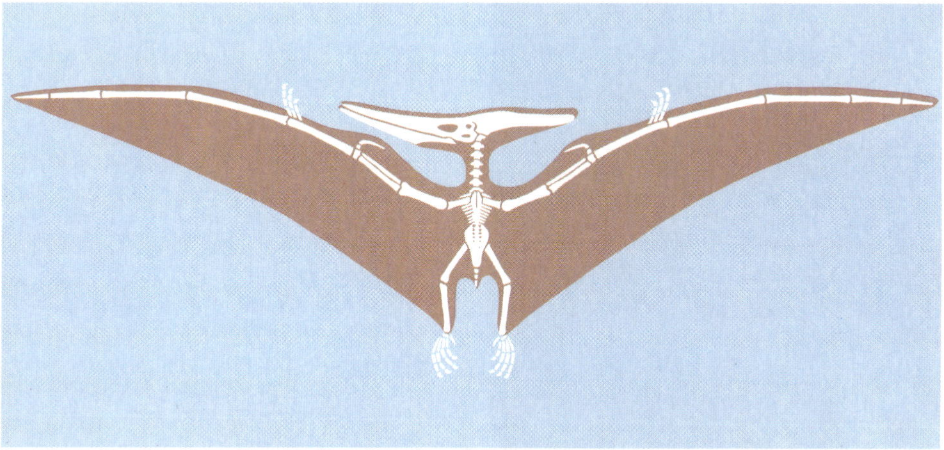

Riesenflugechse Pteranodon. *Dieses ausgestorbene Reptil erreichte eine Spannweite von acht Metern; seine Flughäute reichten vom verlängerten vierten Finger zu den Hinterbeinen.*

Homologie der Flugorgane. *Der Begriff Homologie bezeichnet die Entstehung von Strukturen aus dem gleichen Ausgangsorgan. So haben sich die Flügel bei so verschiedenen Tieren wie der ausgestorbenen Flugechse, Vogel und Fledermaus, einem Säugetier, aus den Vorderextremitäten ihrer gemeinsamen Vorfahren entwickelt.*

Die Flughäute spannten sich zwischen dem riesig verlängerten vierten Finger und dem Hinterbeinansatz aus, wobei die Beine von diesem sogenannten Patagium zum Teil noch mit eingeschlossen wurden. Aus allen bisher bekannten Tatsachen ergibt sich die recht sichere Erkenntnis, daß die großen Flugsaurier gute Gleiter und sogar Segler waren – über den sich unterschiedlich erwärmenden Meeres- und Landflächen der Jura-Zeit vor etwa 150 Millionen Jahren bildeten sich gewiß zahlreiche Thermikaufwinde, und die Meeresklippen boten wohl günstige Hangaufwindfelder.

Die mit Fingern und Hinterbeinen verstellbaren Patagien erlaubten eine Steuerung des Fluges, wozu bei dem etwa 150 Zentimeter spannenden Rhamphorhynchus noch ein drachenschwanzartiges Endsegelchen in Rhombusform beigetragen haben dürfte. Interessanterweise waren die von Reptilien abgeleiteten Pterosaurier behaart – und warmblütig? Man weiß es nicht. Die wohlbekannten Reptilienschuppen stellen ja auch den Ursprung der Vogelfedern und der Säugerhaare dar.

Fliegende Säugetiere. Vor der Betrachtung der bislang höchstentwickelten tierischen Flugmaschinen, der Vögel, und ihrer beeindruckenden Eigenschaften und Fähigkeiten ist ein kurzer Blick auf die zum Fliegen entwickelten Säugetiere angebracht. Auch sie sind ja behaart, mit gleichbleibender Körpertemperatur versehen und besitzen in der Gruppe der Fledertiere (griech.: Chiropteren – Handflügler) Patagien, die denen der Flugsaurier entsprechen. Es handelt sich hier um homologe Organe. Daß sich die Häute bei den Fledertieren zwischen dem zweiten bis fünften Finger ausspannen, ist nur ein anatomischer, aber kein flugbiologischer Unterschied zu den Sauriern. Auch der Schwanz trägt mit dem sogenannten Uropatagium zur Gleit- und Flügelfläche bei. Tatsächlich lassen sich vor allem bei den bis 180 Zentimeter spannenden fliegenden Hunden der Altwelt-Tropen deutliche Gleit- und Segelperioden zwischen den meist bevorzugten Ruderflugaktionen (→ S. 236) beobachten.

Die kleineren, meist auf Insektennahrung angewiesenen Mikrochiropteren verlassen sich dagegen weitgehend auf ihren sehr wendigen und – unter Nutzung ihres Ultraschall-Echolotverfahrens zur Ortung der Beute – sehr zielsicheren Ruderflug. Über dessen flugphysikalische Grundlagen ist weiter unten bei den Vögeln nachzulesen. Auch der Rüttelflug und der Schwirrflug auf der Stelle, der zum Beispiel für blütenbesuchende und nektarsaugende Fledertiere lebenswichtig ist, werden dort geschildert.

Von den übrigen Säugetieren haben nur wenige den Startversuch zum luftigen Leben unternommen und sind dabei über den Gleitflug nicht hinausgekommen. Immerhin wurde die gute Idee des Fliegens auch bei den – den Fledermäusen nahestehenden – Pelzflatterern (Dermopteren) verwirklicht. Die hierher gehörenden Riesengleitflieger (Cynocephalus) Indonesiens und der Philippinen sind etwa katzengroß und mit einer Flughaut ausgerüstet, die unter Einbeziehung des Schwanzes den ganzen Körper umschließt und aus Palmenhöhe über dreißig Meter weite Gleitflüge ermöglicht. Wenn auch Messungen über den von diesen Tieren erreichbaren Gleitwinkel noch ausstehen, gibt es doch ernst zu nehmende Berichte über Gleitweiten bis zu siebzig Metern.

Selbst auf dem Niveau der urtümlichsten Säuger, der Beuteltiere, ist die Fähigkeit zum Gleitflug verwirklicht: Das australisch-indonesische Beutelflughörnchen Petaurus und der Zwerg- oder Mausgleitbeutler mit dem bezeichnenden Gattungsnamen Acrobates sind sogar ausgezeichnete Gleitflieger. Beim katzengroßen Petaurus trägt die Mutter im Gleitflug sogar ihr Baby auf dem Rücken.

Gleithörnchen sind zwar zu keinem aktiven Fliegen fähig, sind aber ausgezeichnete Gleitflieger.

Unten: Das Beutelflughörnchen Petaurus wird nur nachts aktiv. Es ist ein geschickter Kletterer und überwindet größere Baumabstände im Gleitflug.

Fliegen in Vollendung

Dieses Prinzip der Leichtbauweise ist bei den Vögeln bis zur eben noch tragbaren Grenze verwirklicht worden: Die Pneumatisierung der Knochen (Durchsetzung mit Luftgewebe bzw. Luftsäcken) und die damit gewonnene Gewichtsersparnis sowie die Umbildung von Fisch- und Reptilienschuppen zu toten und damit leichten Federn bilden das Erfolgsrezept für den vollkommenen Wirbeltierflug. Am Vogelflug sollen die wesentlichen und allgemeinen Grundlagen des Fliegens dargestellt werden, die auch die bisher behandelten Beispiele aus flugphysikalischer Sicht erklären können. Dabei lassen sich folgende Flugtypen unterscheiden:

□ der schon genannte Gleitflug, bei dem man nach dem Start unweigerlich und dauernd Flughöhe verliert,

□ der Segelflug, bei dem man in aufsteigenden Luftmassen (Hang- oder Wärmeaufwinden) Höhen erreicht, die über der Starthöhe liegen. Gleichwohl ist dieses Segeln nichts anderes als ein Gleiten im aufsteigenden Luftstrom und heißt deshalb auch statisches Segeln. Das davon zu unterscheidende dynamische Segeln (Schichtenwindsegeln) von Meeresvögeln (Albatros, Sturmvögel)

All diese Gleitflieger spannen seitliche Körperhäute zwischen Vorder- und Hinterbeinen aus und nutzen in der Art unserer Skispringer ein sich darunter bildendes Luftkissen, um größere Flugweiten zu erreichen.

Auch die Nagetiere besitzen ihre Vertreter in der fliegenden Tierwelt. Es sind die waldbewohnenden Gleithörnchen der nördlichen Halbkugel, die mit Pteromys volitans (16 Zentimeter Kopf-Rumpf-Länge) sogar Nordosteuropa erreichen, ansonsten aber in Asien und Nord- und Mittelamerika (Glaucomys) verbreitet sind. Sie erreichen Gleitflugweiten bis zu hundert Metern und führen in Gefangenschaft solche Akrobatik offenbar auch im reinen und zweckfreien Spiel aus.

Beim afrikanischen Dornschwanzhörnchen oder Gleitbilch (Anomalurus) spannt ein am Ellbogen entspringender Knorpelstab die seitliche Flughaut zwischen Vorder- und Hinterbeinen. Auch diese Nager legen gleitfliegend bis zu hundert Meter zurück.

Trotz all dieser beachtlichen und auch den Fachzoologen immer wieder faszinierenden Flugleistungen – manche dieser Flieger sind noch weitgehend unerforscht – kranken die hierzu benutzten Flugmaschinen an einem entscheidenden Nachteil, der durch die seit den Fischen vorgegebenen Baupläne bedingt ist: der doppelhäutigen Flugfläche. Sie besteht aus den beiden Oberhäuten der Flügelober- und -unterseite, sie wird von – leider schweren – Blutgefäßen durchzogen, sie enthält eine bindegewebige Mittelschicht, und sie muß durch verlängerte Gliedmaßen ausgespannt werden. Das ist nur durch – leider schwere – Knochen oder Knorpel zu bewerkstelligen. Immerhin läßt sich deren Gewicht durch eine Art Leichtbauweise verringern: unter Opferung von Knochenwanddicke.

Die Gleithörnchen sind mit unseren Eichhörnchen verwandt. Es sind Waldtiere, die dank ihres Gleitvermögens mühelos von Baum zu Baum gelangen.

Aufwindsegeln der Landvögel
am Beispiel des Bussards

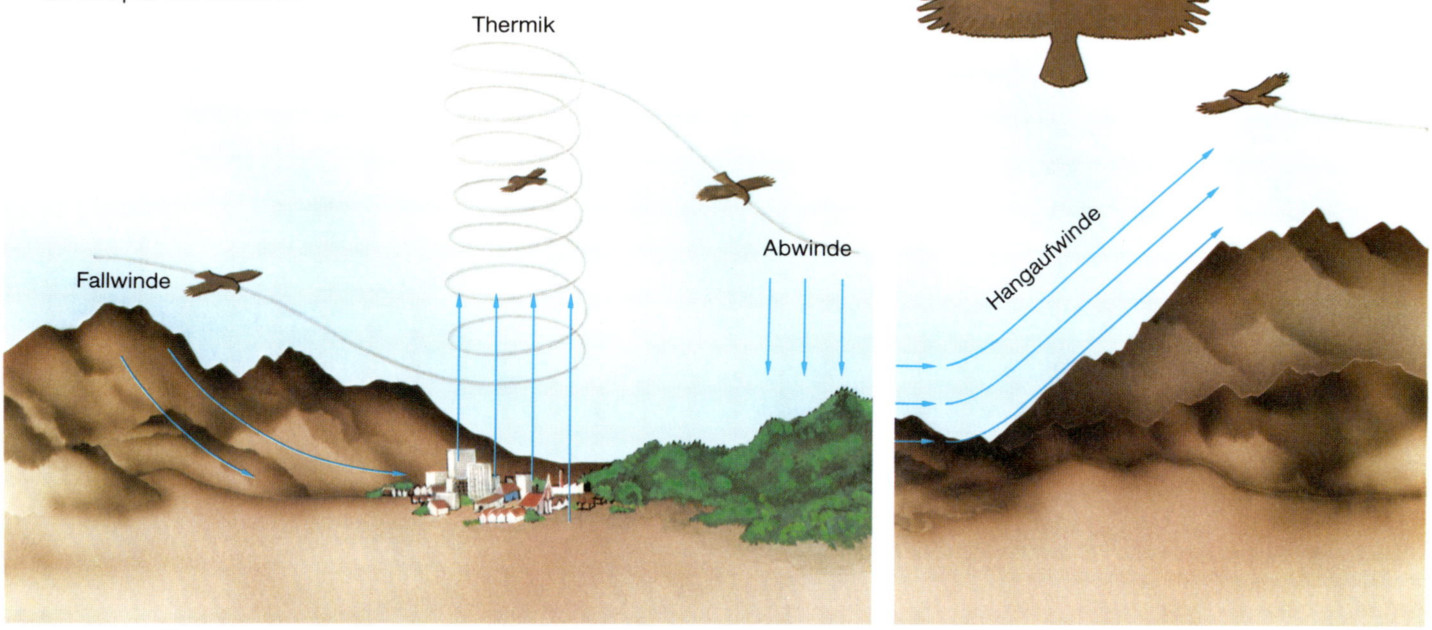

Dynamisches Segeln der Seevögel
am Beispiel des Albatros

Segelflug der Vögel

Beim Gleitflug nimmt die Flughöhe dauernd ab, beim Segelflug aber gewinnt der Flieger an Höhe, etwa durch Hangaufwinde. Diese entstehen durch Ausgleich von Luftdruckunterschieden als Winde, die an Berghängen aufwärts geleitet werden und dabei Vögel mitnehmen können.
Beim Flug im Wärmeaufwind nutzt man die über Sand- und Steinflächen (Städten) erwärmte Luft aus, die sich mit bis zu 15 m/sec nach oben bewegt und dabei den Flieger mitnimmt. Dieser muß ausreichend Fahrt beibehalten, um genügend starken Auftrieb zu erzeugen. Das kann er nur, indem er sich im Thermikschlauch kreisend abwärts gleiten läßt: Da dieser sich aber als Ganzes nach oben bewegt und als Thermikblase vom Boden lösen kann, gewinnt der Flieger so an Höhe. Thermiksegeln kennt man von Greifvögeln, Möwen, Störchen und einigen Libellen, Wanderheuschrecken und Faltern.

Beim dynamischen oder Schichtenwind-Segelflug nutzen manche Meeresvögel die über dem Meer sich einstellenden verschiedenen Windgeschwindigkeiten. Wenn eine Windböe einen Vogel von vorn trifft, bewirkt das erhöhten Auftrieb. Er wird emporgehoben und kann dann im Gleitflug Strecke gewinnen, bis eine neue Böe ihm den gleichen Vorteil wiederum verschafft. Solche Strömungsunterschiede stellen sich zum Beispiel in Passatregionen ein. Durch Reibung an der Wasseroberfläche werden die strömenden Luftmassen verlangsamt, weiter oben ist die Windgeschwindigkeit größer. Dort erfährt der Schichtenwindsegler starken Auftrieb, der ihn auf einen »Gipfel« trägt, von dem er gleitend lange Strecken überbrücken kann, dabei Fahrt(wind) aufnimmt und in steiler Aufwärtskurve wieder die oberen Schichten erreicht. Dort beginnt er das Spiel von neuem: ohne Flügelschlag über lange Strecken.

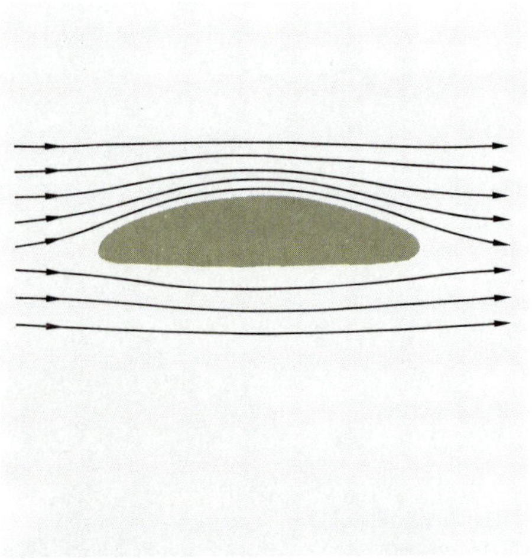

Stromlinienverlauf an einem Tragflächenprofil. *Infolge der Wölbung müssen die Stromlinien oben einen längeren Weg zurücklegen als unten. Deshalb ist über der Wölbung die Geschwindigkeit groß und der Druck klein, während unter ihr die Geschwindigkeit klein und der Druck groß ist. Daraus resultiert der Auftrieb.*

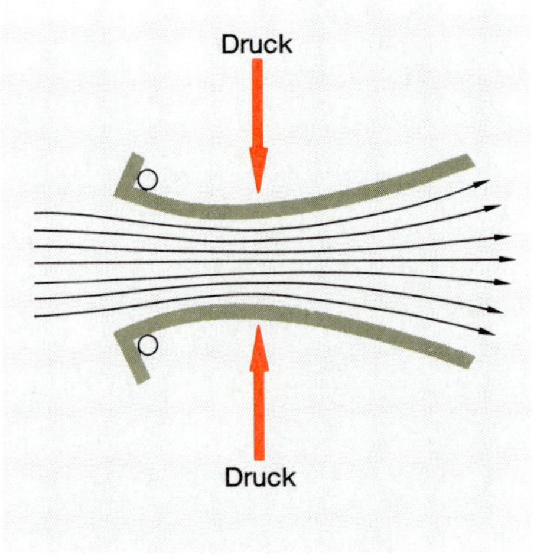

Wirkung des Flügelprofils. *Die beiden Profilwölbungen zwingen die zwischen ihnen hindurchströmende Luftmenge, ihre Geschwindigkeit zu erhöhen. Dadurch sinkt der Druck, und die beiden Profile rücken zusammen.*

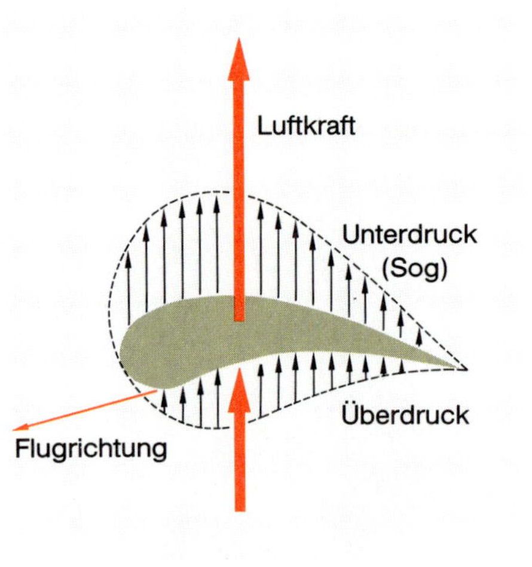

Auftrieb und Widerstand. *Aus Auftrieb und Widerstand ergibt sich nach dem Parallelogramm der Kräfte die hebende Luftkraft.*

wird in der Graphik (→S. 235) dargestellt. Beim reinen Segeln gibt es keinen Flügelschlag. Man benötigt also nur die für die Entfaltung der Gleitflügel bzw. die für ihre Stellung erforderliche Haltekraft der Muskeln zur Ausnutzung der jeweiligen Windenergie.

□ Der aktive Flug ist gekennzeichnet durch Erzeugung von Auftrieb und Vortrieb an Flügeln durch eigene Muskelarbeit. Dabei sind folgende Flugarten möglich: der Ruderflug, der Rüttelflug und der Schwirrflug.

Schließlich gelten noch für Start und Landung einige Besonderheiten, und auch der Insektenflug erfordert einige Ergänzungen des Bildes vom Fliegen.

Zum Fliegen gehören in jedem Fall Flügel als Tragflächen. Solche Tragflächen sind bei den Tieren in aller Regel mit einer verformungsfesten Vorderkante versehen und können an den Körper angelegt werden. So erklärt sich manche Wölbung des Flügelquerschnitts (Profil). Ein solches Profil bietet entscheidend wichtige Voraussetzungen für das Fliegen selbst. Denkt man sich ein solches Profil ruhend in einem parallel von vorn kommenden Luftstrom (Wind), so bietet die Vorderkante den Luftteilchen einen Widerstand, teils als Aufprall-, teils als Reibungswiderstand, und die vorbeiströmenden Luftmassen, die »Stromlinien«, werden oben und unten am Flügel vorbeigelenkt. Dabei müssen die über die gewölbte Oberseite strömenden einen längeren Weg zurücklegen als die an der Flügelunterseite. Damit sich beide Linien an der Flügelhinterkante wieder vereinen können, müssen die oberen Luftmassen schneller strömen, da sie einen längeren Weg haben, während die unteren sich für ihren kürzeren Weg entsprechend mehr Zeit lassen können. Nun hängen Geschwindigkeit und Druck in strömenden Flüssigkeiten und Gasen so zusammen, daß an den Stellen, wo die Stromlinien eng gedrängt sind, der Druck kleiner ist als da, wo ihr Abstand größer ist. Vereinfacht, aber für das Verständnis der entscheidenden Vorgänge am Flügel voll ausreichend, gehören folgende Eigenschaften als meßbare Vorgänge zusammen: enge Stromlinien, große Geschwindigkeit und geringer Druck einerseits, andererseits weite Stromlinien, kleine Geschwindigkeit und großer Druck.

In einem höchst einfachen Versuch kann man sich von diesem Sachverhalt ein anschauliches Bild verschaffen: Man hängt zwei

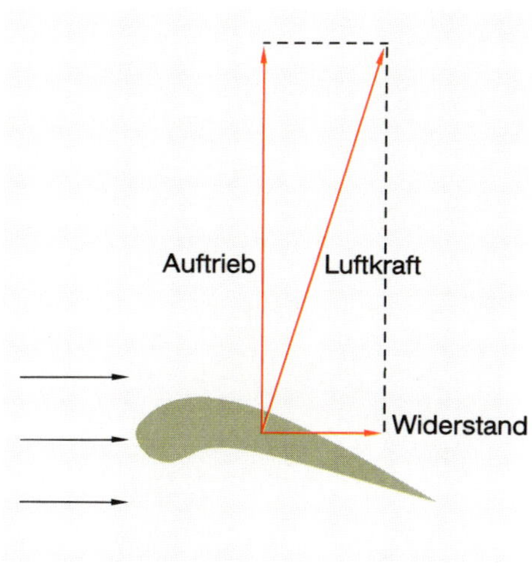

Die Kräfte am Flügel. *Die hebende Luftkraft aus Auftrieb und Widerstand ergibt sich zu rund zwei Dritteln aus dem Sog oberhalb des Flügels, zu einem Drittel aus dem Druck unter ihm.*

Verteilung der Kräfte beim Ruderflug. *Der Armteil liefert den Auftrieb, der Handteil den Vortrieb.*

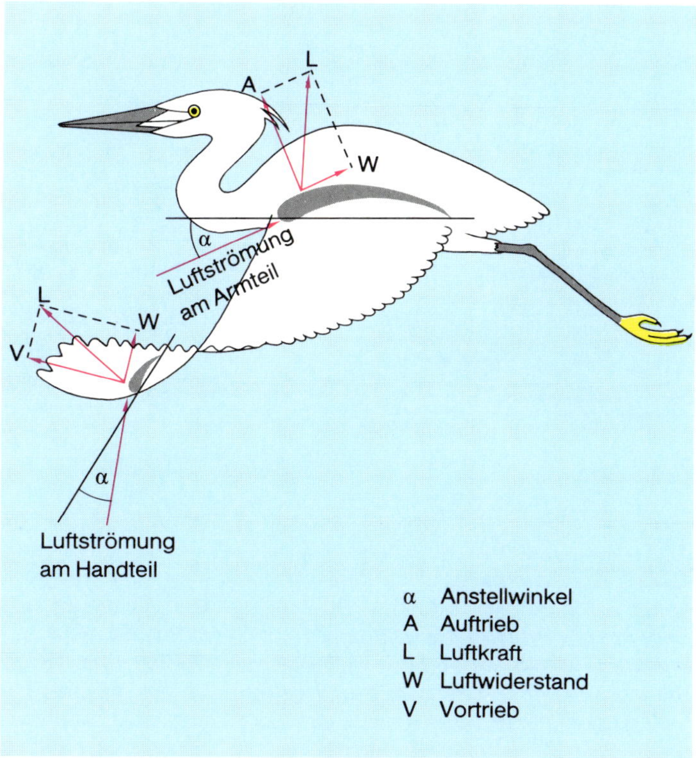

Postkarten so auf zwei Stricknadeln, daß ihre leicht gewölbten Flächen mit den »Buckeln« nach innen zeigen. Bläst man dann leicht von oben zwischen den Postkarten hindurch, so weichen sie nicht – wie wohl erwartet – auseinander, sondern nähern sich einander deutlich, weil die zwischen ihnen zusammengedrückten Stromlinien über den »Buckeln« eine größere Geschwindigkeit erreichen als die außen vorbeiströmenden. Dadurch sinkt der Druck zwischen den Postkarten, und der entstehende Unterdruck (»Sog«) sorgt im Verein mit dem außen höheren Druck für das genannte Zusammenrücken der Karten.

Es ist jetzt leicht, sich den Flügel an die Stelle der Postkarte zu denken und sich vorzustellen, was passiert, wenn von vorn Luft anströmt. Man kann mit Hilfe von Messungen feststellen, daß der nach oben ziehende Sog die Hälfte bis zwei Drittel der gesamten, dem Flügel Auftrieb gebenden Kräfte ausmacht, während der unter dem Profil wirkende Druck nur den kleineren Rest liefert.

Der Auftrieb ist um so größer, je kleiner das zu tragende Gewicht ist und je größer die Flügelfläche und die sie umströmende Geschwindigkeit sind. Dabei geht die Geschwindigkeit sogar mit ihrem Quadrat in diese Beziehung ein, ist also um ein Vielfaches so wirksam wie die anderen Mitspieler beim gemeinsamen Erzeugen der Hebekraft »Auftrieb«. Es gilt also der Zusammenhang, daß ein großer Flügel (mit günstigem Profil) mit schneller Umströmung erheblich mehr Auftrieb erfährt als ein kleiner mit nur langsamer Umströmung.

Linke Seite: Erst nach längerem, ungefügem »Anlauf« mit seinen wasserschaufelnden Füßen hat ein Schwan genügend Luft unter den Schwingen, um von der Wasserfläche freizukommen.

Links: Die Graugans hat zwar den Vorteil, festen Boden unter den Füßen zu haben, aber auch sie braucht einen mächtigen Anlauf, um sich in die Luft zu erheben.

Die Richtung dieses so entstehenden Auftriebs verläuft stets im rechten Winkel zur Anströmungsrichtung. In Wirklichkeit aber bietet das Profil noch den erwähnten Widerstand (der eine komplizierte Größe ist, die hier vereinfacht gesehen werden darf), der sozusagen nach »hinten« zeigt und das Profil mit bestimmter Kraft entgegen der Anströmung festzuhalten sucht. Beide Komponenten, Auftrieb und Widerstand, ergeben zusammen nach dem Parallelogramm der Kräfte die Richtung und Größe der am Profil angreifenden Luftkraft.

Durch Verändern der bei diesem Spiel beteiligten Partner und deren jeweiligem Einfluß lassen sich beliebige Richtungen der resultierenden Luftkraft einstellen, und das tut ein fliegender Vogel denn auch. Man kann nämlich die am ruhenden Profil geschilderten Vorgänge in gleicher Weise ablaufen sehen bzw. messen, wenn man das Profil bewegt und die Luft als ruhend betrachtet. Dabei erkennt man sofort, daß ein nun fliegendes Profil eine bestimmte Mindestgeschwindigkeit nicht unterschreiten darf, soll es nicht plötzlich ohne Auftrieb dastehen und »durchsacken«. Diesem zu plötzlichen Durchsacken kann man begegnen, indem man den Anstellwinkel vergrößert. So bleibt man trotz eigentlich zu geringer Eigengeschwindigkeit dennoch oben. Diesem Prinzip gehorcht die Haltung des Flügels zur Strömungsrichtung. Man spricht von einem positiven Anstellwinkel, wenn das Profil schräg nach oben gegen die Strömung steht, wodurch seine Unterseite stärker getroffen wird. Auf diese Weise verlängert sich der Weg über den Flügel, während sich der Weg unter ihm durch verkürzt: Oben werden Geschwindigkeit und Sog größer, und unten wächst der Druck nach oben.

Eine so gewünschte Zunahme des Auftriebs, etwa beim Landen, wenn ja aus nahe-

Abschlag

Technik des Ruderfluges. *Beim Abschlag drehen sich die Federn entlang ihrer Längsachse, so daß eine geschlossene Tragfläche entsteht. Beim Aufschlag hingegen läßt diese Tragfläche zwischen den Federn Luft hindurch. Beim Abschlag wird der Handteil des Flügels nach vorn verwunden und liefert so den Vortrieb, also die Geschwindigkeit, der Armteil sorgt dabei für den Auftrieb.*

liegenden Gründen die Geschwindigkeit im Idealfall bis auf Null vermindert werden sollte, will man keine tödliche Bruchlandung riskieren, läßt sich allerdings nur bis zu Anstellwinkeln von etwa 10 Grad erreichen. Bei noch größeren positiven Anstellwinkeln lösen sich die Strömungslinien durch Verwirbelung an der Hinterkante beginnend immer mehr vom umströmten Profil. Dadurch reißt die Strömung ab, und das Profil trägt nicht mehr: Der Vogel stürzt ab. Wenn diese Auftriebsminderung jedoch beabsichtigt und kontrolliert erfolgt, ist das schon fast eine brauchbare Landung.

Die Technik des Startens und Fliegens. Für den Start benötigt man Geschwindigkeit in bezug auf die umgebende und als ruhend gedachte Luft. Man braucht also einen Vortriebserzeuger, einen Flugmotor. Zum Abheben ist Wind unter den Flügeln erforderlich, den man durch eigene Geschwindigkeitsproduktion gewinnen kann. Dazu springt man von Klippen oder Bäumen – die oben erwähnten Flugsaurier starteten so, und ebenso machen es die Gleitflieger unter den Säugetieren – und nutzt die Fallgeschwindigkeit als Lieferant der Anströmung, für die man dann nur noch die Gleit- und Tragflächen auszubreiten braucht. So ergibt sich der einfache Gleitflug. Hierbei liefert das Körpergewicht den Antrieb, der wegen der geschilderten Vorgänge an den Tragflächen das Tier auf schräg geneigter Bahn abwärts führt. Die dabei erreichbaren Gleitweiten werden mit der Gleitzahl erfaßt. Sie beträgt für Finkenvögel allenfalls 1:1, das heißt, ein Grünfink kann aus 1 m Höhe gleitend nur etwa 1 m Strecke überwinden. Für große Greifvögel wie Bussard, Adler, Geier und einige Storchenverwandte gelten Gleitzahlen von 1:10; sie erleiden also auf 10 m Strecke nur 1 m Höhenverlust. Der Albatros kann aus 100 m Höhe sogar 2 km Gleitstrecke überbrücken; seine Gleitzahl beträgt also 1:20. Moderne Hochleistungssegelflugzeuge, auch das legendäre Spähflugzeug U 2, erreichen Gleitzahlen von 1:50 und mehr.

Nun ist schon das einfach scheinende Gleitfliegen ein Vorgang, der viele einander widerstrebende Komponenten umfaßt, von denen hier noch ein weiterer Gesichtspunkt genannt werden soll. Wie oben festgestellt, bewirkt eine größere Strömungsgeschwindigkeit einen größeren Auftrieb. In unserem Gleitbeispiel wird die Geschwindigkeit durch das Körpergewicht entscheidend beeinflußt. Es wäre also von Vorteil, viel Körpergewicht mitzubringen, damit man möglichst schnell und dadurch möglichst weit gleitet. Die für dieses Problem wichtige Größe ist die Flächenbelastung, die das Verhältnis von auftriebliefernden Tragflächen und abwärts ziehenden Gewichten ausdrückt. Sie kennzeichnet auch die obere Grenze des Körpergewichts, das noch eben fliegend durch die Luft bewegt werden kann.

Man kann aber auch durch eigenen Muskelantrieb genügend Fahrt zum Start bekommen, wie das Beispiel der Flugfische zeigt, oder man kann einfach Anlauf nehmen, wie es große Vögel und menschliche Drachenflieger machen. Dabei kann dieser Anlauf zum Start recht ungefüge aussehen wie zum Beispiel bei Kranichen, Störchen, Reihern und Geiern, und auch ein vom Wasser startender Pelikan hat seine liebe Not, sich mit hopsenden und wasserschaufelnden Schüben seiner Füße von der Oberfläche freizumachen und Luft unter die Schwingen zu bekommen.

Schließlich aber kann man die Flügel selbst neben ihrer auftriebliefernden Tragefunktion auch als Antriebsmotor benutzen: Die »normalen« Vögel und viele Insekten fliegen so. Es kommt also darauf an, Vortrieb und Auftrieb – beim Flugzeug durch Propeller bzw. Düse und Tragflügel deutlich getrennt – in kluger Weise zu verbinden. Das ist in technisch höchst vollendeter Weise beim Vogelflügel geschehen. Dieser läßt sich nämlich entlang seiner Längsachse verschieden stark verdrehen (verwinden). So werden verschiedene Anstellwinkel möglich, die sich vom Flügelansatz bis zur Flügelspitze allmählich verändern lassen. Dabei ist der körpernahe Flügelteil, der eigentliche Wirbeltierarm, aus anatomischen Gründen normalerweise am wenigsten in der Längsachse verdrehbar und liefert deshalb in seiner Normalstellung den größten Auftrieb. Er stellt also die eigentliche Tragfläche dar.

Da beim Auf- und Abschlagen der Flügel die Flügelspitzen jeweils den längsten Weg überstreichen müssen, ist die Geschwindigkeit (Bahngeschwindigkeit) der körperfernen Flügelteile (der »Hand« des Wirbeltiervorderbeines) am größten. Größere Strömungsgeschwindigkeit aber – siehe oben – bedingt besseren Auftrieb. Da das Handflügelprofil beim Abschlag fast senkrecht zur Vogellängsachse, das heißt zur Flugrichtung, weist, richtet sich die nach den oben erläuterten Regeln erzeugte Luftkraft nach vorn und wird als erwünschter Vortrieb wirksam. Die Flügelenden sind also die eigentlichen Motoren für

Flügelschläge in der Sekunde (Minute) bei einigen Vögeln

Pelikan	1	(60)
Albatros	1	(60)
Fischreiher	2	(120)
Storch	2	(120)
Bussard	3	(180)
Silbermöwe	3	(180)
Taube	5	(300)
Rabenkrähe	5	(300)
Amsel	7	(400)
Specht	8	(480)
Stockente	8	(480)
Goldhähnchen	10	(600)
Sperling	12	(720)
Zaunkönig	16	(960)
Hummelkolibri	50	(3000)
Pinguin (unter Wasser)		(120–200)

Aufschlag

den Vorwärtsflug. Durch entsprechende Änderung des Anstellwinkels entlang des Arm- und vor allem Handteils des Flügels lassen sich auf diese Weise sehr variantenreiche Kombinationen von Auf- und Vortrieb erreichen. Immer aber bleiben die körpernahen Armteile die Hauptlieferanten des Auftriebs. Das gilt für Ab- und Aufschlag in fast gleicher Weise, obwohl hier für sehr große Vögel einerseits und sehr kleine andererseits doch sehr verschiedene Situationen vorliegen, die eine Fülle von Sonderabläufen nötig machen, über die man ein Spezialbuch zu Rate ziehen muß.

Beim Aufschlag bleibt der kaum verwundene Armteil meist voll gestreckt, während der Handteil jetzt deutlich abgewinkelt oder gar eingefaltet wird. Bei manchen Vögeln wird er fast parallel zur Körperlängsachse hochgezogen, wobei natürlich kein Auftrieb erzeugt werden kann; den liefert ja derweil der Armteil. Auch entsteht beim Aufschlag kein Vortrieb; der speist sich noch aus der Massenträgheit des bewegten Vogelkörpers. Der Armteil »zieht« sozusagen den in der Handwurzel bis zu 90 Grad eingeknickten und angewinkelten Handteil »nach« und erreicht so als erster die obere neue Abschlagstellung. So kann das hier sehr vereinfacht dargestellte Geschehen mit dem nächsten Abschlag erneut beginnen.

Beim Abschlag erzeugt der Flügel einen etwa doppelt so großen Auftrieb wie beim Aufschlag. Dabei sinkt der Vogel meist etwas ab und verliert auch ein wenig an Geschwindigkeit, was dem ganzen Geschehen einen etwas wellenförmigen Verlauf verleiht. Von diesem Vorgang ist der echte Wellen- oder Bolzenflug mancher Kleinvögel (besonders deutlich bei Bachstelzen ausgeprägt) zu unterscheiden. Bei diesem lassen einige rasche Flügelschläge die Flugbahn ansteigen, eine dann folgende Schlagpause läßt sie aber wieder rhythmisch absinken, bis der nächste Schlagtriller einsetzt.

Die von Vögeln erreichbaren Fluggeschwindigkeiten liegen zwischen den bescheiden wirkenden 30 km/h mancher Drosseln und über 150 km/h bei Mauerseglern und Baumfalken und gar 300 km/h bei Steinadlern und Wanderfalken, die im Sturzflug ihre Beute erjagen können. Sie hängen natürlich sehr stark von den bautypischen Flügelformen, Körpergewichten, Flügelflächenbelastungen und vor allem den jeweiligen Wetterbedingungen ab. So berichtet der angesehene Vogelforscher Stewart Baker von einem asiatischen Segler, den er mit 320 km/h gestoppt habe. Nun sind Segler wohl die am eindeutigsten für das Luftleben ausgerüsteten Vögel überhaupt. Man darf wohl glauben, was Vogelkundler immer wieder behauptet haben, daß nämlich Segler in der Luft übernachten, natürlich fliegend, wenn auch dabei ein gewisser Wärmeaufwind etwa über Städten dabei helfen mag, und daß Segler in der Luft die Begattung vollziehen, natürlich ebenfalls fliegend. So könnte man diesen Vögeln die 320 km/h noch am ehesten zutrauen.

Zu solchen Leistungen sind offensichtlich sehr schnelle Flügelschläge erforderlich. Sie zeigen aus vergleichender Sicht eine Abhängigkeit vom Körpergewicht und somit eine Gesetzmäßigkeit, die von den ein bis zwei Flügelschlägen pro Sekunde beim Pelikan (10000 g Körpergewicht) und Storch (3000 g)

Rechts: Mauersegler sind wie geschaffen für das luftige Element.

Unten: ***Der Bau des Vogelflügels.*** *Vogelflügel stellen umgewandelte Wirbeltierextremitäten dar und ähneln diesen im Aufbau. Allerdings sind die Handknochen stark reduziert, und von den ursprünglich fünf Fingern sind nur noch drei übriggeblieben.*

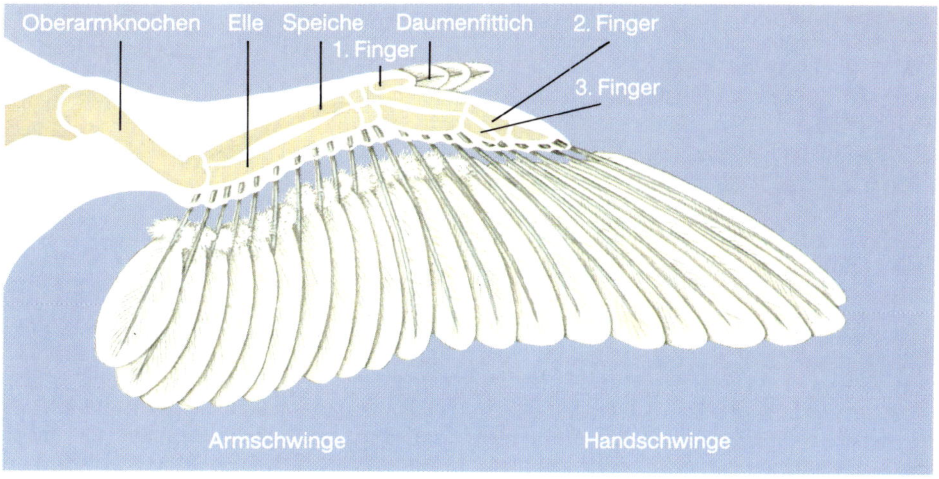

über etwa zehn Schläge pro Sekunde bei Seglern und Sperlingen bis zu über siebzig in der Sekunde bei Kolibris reicht.

Daß größere und damit schwerere Vögel mit ruhigen, langsamen Flügelschlägen »oben bleiben«, liegt an den besseren Flugeigenschaften der größeren Flügel, die auch in den Hubpausen bei langsamer Schlagfolge noch genügend Auftrieb bewirken, so daß der nächste Abschlag ganz allmählich erfolgen kann. So hat das »Majestätische« des Fluges großer Vögel einfache physikalische Gründe, die aber keineswegs immer einfach zu verstehen sind.

Das gilt auch für zahlreiche weitere ungeklärte Vorgänge bei fliegenden Vögeln: So ist keineswegs klar, warum die Elstern und Eichelhäher beim Flügelaufschlag auch den Armteil einknicken, was auch für viele Kleinvögel zu gelten scheint. Auf der anderen Seite benehmen sich Krähen und Schwalben in dieser Hinsicht »normal« und führen den Armteil bei Auf- und Abschlag gestreckt nach oben bzw. unten.

Die Luftakrobatik der Kolibris. Lange Zeit widerstand die phänomenale Luftakrobatik der Kolibris der photographischen und filmischen Analyse, und erst in den letzten Jahrzehnten hat die Hochfrequenzkinematographie – also extreme Zeitlupentechnik mit mehreren tausend Bildern pro Sekunde – hier Klarheit geschaffen. Man wußte vorher nur, daß diese winzigen, manchmal das Körpergewicht von Insekten unterschreitenden Blütenbesucher der Neuen Welt hörbar surrend vor den Blüten in der Luft »stehen« können, um ihre Pinselzunge in die nektarhaltigen Kelche zu senken. Man sah weiterhin, daß diese oft nur zwei Gramm wiegenden Edelsteine der Vogelwelt senkrecht empor und sogar rückwärts fliegen können. Sie beherrschten also längst vor dem Wehrtechniker das VTOL-Verfahren (**v**ertical **t**ake-**o**ff and **l**anding), also das senkrechte Starten und Landen ohne An- und Auslauf.

Es lohnt sich, dem senkrechten Start und dem Schwebe- oder Schwirrflug der Kolibris, der sich in prinzipiell gleicher Weise auch bei manchen Libellen, Nachtfaltern und manchen Fliegen findet, einige Betrachtungen zu widmen. Dieser besondere Flugtyp hat manches mit der Flugtechnik eines Hubschraubers gemeinsam. Bei diesem vollführt ja das kreisende und »tragende« Flügelblatt der Luftschraube bzw. des Rotors lange Serien vollständiger 360°-Kreisbewegungen in immer gleichem Drehsinn. Solche Kreisbewegungen sind in der Natur jedoch bei keinem Gelenk möglich, weil dabei die versorgenden Blutgefäße, Nerven, Sehnen und Bänder hoffnungslos stranguliert würden. Dementsprechend können die Flügel schwebschwirrender Tiere auch nur jeweils Teile von Kreisen bestreichen, die etwa bei Kolibris für jeden Flügel einen Drittelkreissektor ausmachen. Anders als das technische Beispiel der stets in gleicher Richtung drehenden Propeller bleibt der tierische Flügel außerdem mit dem stammesgeschichtlichen Erbe des Ab- und Aufschlags – hier Vor- und Rückschlag genannt – behaftet. Um in der Luft »stehen« zu können, vollführen die Schwebflieger deshalb mit den Flügeln horizontale, flache Achterfiguren, wobei die Flügel in ihrer Längsachse völlig in sich verdreht werden.

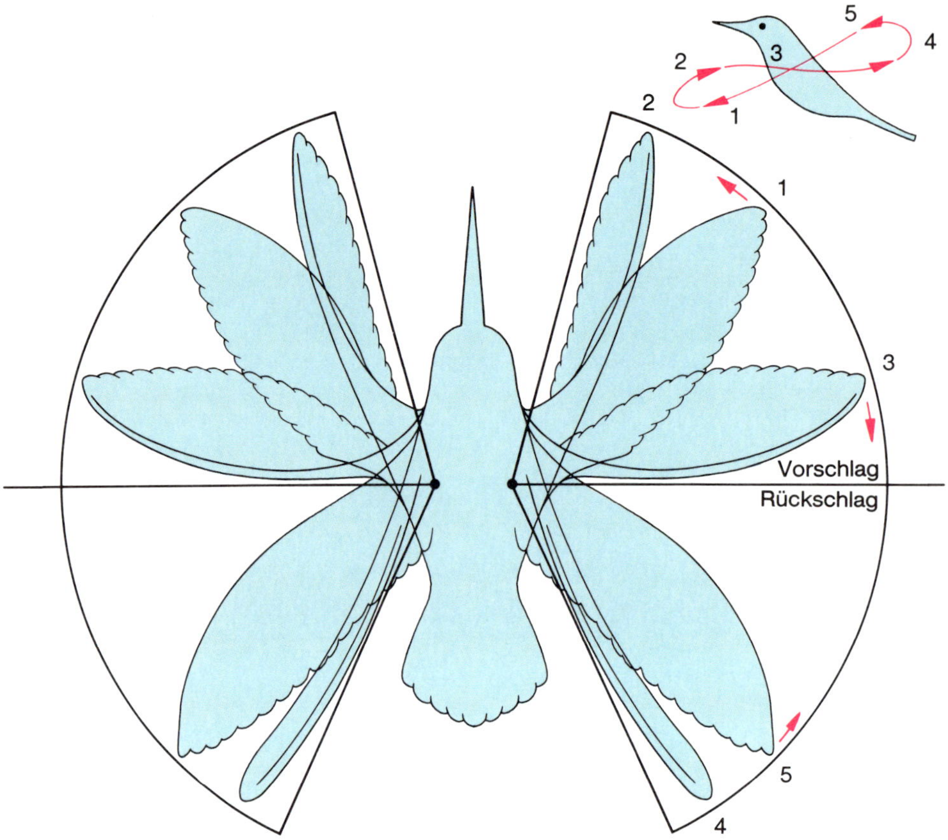

Schwirrflug der Kolibris. *Beim Ausführen von Vor- und Rückschlag beschreiben die Flügel eine liegende Acht, wobei der Vogel sie entlang der Längsachse jeweils um 180° dreht. So entsteht ein tragender Hubstrahl, wie zum Beispiel bei einem Hubschrauber.*

Beim Vorschlag (entspricht dem Abschlag) zeigt die Flügeloberseite wie im »Normalfall« nach oben, dreht sich aber im vorderen Totpunkt mit ihrer Oberseite nach unten, so daß die Flügelvorderkante beim Rückschlag (entspricht dem Aufschlag) nach hinten weist. Um sich diese gar nicht einfachen Vorgänge besser vorstellen zu können, bringt man den Arm mit dem Handrücken nach oben weisend so weit wie möglich nach vorn (Vor- oder Abschlag) und führt dann unter Drehung der Hand mit dem Rücken nach unten weisend den Arm in die weitestmögliche Stellung nach hinten (Rück- oder Aufschlag).

Ein solcher Schwenkflügel erzeugt beim Vor- oder Rückschlag gemäß den oben beschriebenen Vorgängen am Flügelprofil einen aerodynamischen Zustand, der oberhalb der Flügelfläche einen Sog und unterhalb einen Druck ergibt. Für das »Stehen« in der Luft müssen diese Kräfte das Eigengewicht des Schwirrers gerade aufheben, und es darf auch kein Vortrieb entstehen. Deshalb wird sowohl beim Vor- als auch beim Rückschlag ein nach oben gewölbtes Flügelprofil eingestellt, so daß die Luftkräfte stets in Richtung nach oben wirken. Die dabei auftretenden Luftströmungen – es werden ja tragende Luftmassen bewegt – sind recht gering und entsprechen einem Hauch aus Menschenmund oder dem Schnaufen aus der Nase: Man erreicht dabei etwa 2 m/s, und diese Geschwindigkeit entspricht der des Hubstrahles von Kolibris. Insekten erreichen meist nur kleinere Werte, Stubenfliegen 0,3 m/s, Bienen und Wespen 0,7 m/s. Zum Vergleich sei angemerkt, daß ein nicht zu auffällig bewegter Damenfächer schon etwa 2 m/s »Strahlgeschwindigkeit« liefert.

Je nach Richtung des so erzeugten, von oben kommenden Hubstrahles, entweder nach vorn oder hinten vom Vogel aus gesehen, ergibt sich eine Flugrichtung vorwärts oder rückwärts. Dabei muß natürlich der Auftrieb das Körpergewicht übertreffen und in die entsprechende Richtung zeigen. Auch beim Senkrechtstart muß die Luftkraft offenbar größer sein als das Körpergewicht. Ein solcher Senkrechtstarter braucht keinen Anlauf, kein Sichfallenlassen oder andere der erwähnten Starthilfen. So sind denn auch die Beine der Kolibris nur schwach mit Muskeln versehen, weshalb diese Kleinstvögel keine guten Fußgänger sind. Ihre Brustmuskulatur, besonders der für das Fliegen zuständige große Brustmuskel, macht dagegen fast ein Viertel des Gesamtgewichtes aus, bei schlechten Fliegern wie etwa Rallen aber nur 8 Prozent. Das zur Versorgung solcher Muskelberge nötige Herz beträgt bei den Schwirrern fast 3 Prozent des Körpergewichts, beim Menschen aber nur 0,7 Prozent.

Sonderanpassungen an einen anstrengenden Lebensstil. Auch die Pulsschlagfrequenzen sind bei allen Vögeln während des Fliegens erhöht, beim Schwirren der Kolibris aber in besonderem Maße. Bekanntlich beträgt die Pulsschlagnorm des Menschen etwa sechzig bis achtzig Schläge pro Minute, Kolibris und Kleinfledermäuse bringen es jedoch leicht auf über tausend. Daß bei solchen Anforderungen das ehemals für das schwerearme Gleiten oder gar Liegen im Wasser oder allenfalls für die Fortbewegung an Land entstandene Herz- und Kreislaufsystem hoffnungslos überlastet ist, leuchtet ein. Fliegen ist sicherlich der energetisch und stoffwechselmäßig anstrengendste Lebensstil überhaupt. Das zeigt auch ein Blick auf die Dauermuskelleistung etwa von Hochleistungssportlern (Ruderern): Sie beträgt mit 0,022 PS/kg Muskel nur ein Viertel der Kolibrileistung von 0,088 PS/kg.

Ein Ruderflug auf der Stelle kann zustande kommen, wenn ein Vogel seine Körperlängsachse so schräg stellt, daß der Abschlag keinen Vortrieb, sondern nur Auftrieb liefert. Das Kunststück eines solchen Rüttelfluges bringen zum Beispiel unsere Turmfalken (oft an Autobahnen zu beobachten) und schwarzen Milane fertig, aber kurzfristig können auch Gartenrotschwänze rütteln und sogar für Augenblicke rückwärts fliegen.

Angesichts solcher Leistungen nimmt es nicht wunder, daß die Stammesgeschichte dem fliegenden Vogel und Insekt – von Fledertieren war schon oben die Rede – einige materielle Erleichterungen und Sonderanpassungen spendiert hat. Dazu gehören vor allem wichtige Umgestaltungen des typischen Wirbeltier-Körperbaus (Knochen, Organsysteme) und das Geschenk der Feder.

Das Knochengerüst ist durch Gewichtseinsparung bei dennoch großer Festigkeit gekennzeichnet. Jeder Hundefreund kennt die Härte von Vogelknochen. Daß sie bei dieser Härte dennoch leicht sind, verdanken sie ihrem im Vergleich zum Säugerknochen fast hohlen Inneren, das allerdings mit verstärkenden Streben nach Art von Brückenbögen und Flugzeugtragflächen durchsetzt ist und so außerordentlich formstabil wird. So können Skelette mit geringem Eigengewicht (beim 3,5 Meter spannenden Albatros gut 100 Gramm) beachtliche Körpergewichte tragen (beim Albatros etwa 10 Kilogramm). Nichttragende Knochen, etwa die Schädeldeckknochen, sind nur papierdünn, und auch die Zähne und Kaukiefer sind im Laufe der Stammesgeschichte bei den Vögeln völlig verschwunden: Der Urvogel Archaeopteryx besaß hingegen noch welche.

Auch in der Hüftregion gab es eine starke Gewichtsersparnis. Der beim Urvogel noch lang ausgebildete Reptilienschwanz mit den schweren Knochenwirbeln des alten Rückgrates verschmolz zu einem aus wenigen Wirbeln bestehenden und von außen nicht mehr als Schwanz erkennbaren Rest.

Knochenspangen von Rippe zu Rippe versteifen den Brustkorb, dessen Innereien bei beweglichen Rippen wohl durch die am Brustbein ansetzenden Flugmuskeln enorm durcheinandergebracht würden. Knochenbrücken stabilisieren auch den Beckengürtel mit dem hinteren Teil der Wirbelsäule.

Von den inneren Organen verschwand die Harnblase ganz, die Harnprodukte werden in fast kristalliner Form dem Kot beigegeben. Das Weiße im Hühner- und Fasanenkot sind solche Harnsäurekristalle. Von den ehemals zwei Eierstöcken blieb nur einer übrig, und außerhalb der Fortpflanzungszeit wird auch dessen Größe (= Gewicht!) enorm verringert.

Dennoch bleibt aktives Fliegen ein anstrengender Sport und würde den Schweiß aus allen Poren treiben, wenn Vögel solche hätten: Ihre Hautdrüsen für Schweiß und Talg wurden jedoch ebenfalls zurückgebildet. So werden wieder einige Gramm eingespart. Das Einfetten gegen feuchtes Verkleben des Gefieders übernimmt die an der Wurzel des Federschwanzes gelegene Bürzeldrüse, deren Sekret mit dem Schnabel entnommen und beim nimmermüde scheinenden Putzen auf den Federn verteilt wird. Bei einigen Vogelfamilien, den Reihern und Kakadu-Papageien etwa, dienen mikroskopisch kleine Hornspäne von oft bizarrer Gestalt (Puderdunen) dieser Gefiederpflege: Man spürt sie als mehligen Überzug an der Hand, wenn man seinen Kakadu oder afrikanischen Graupapagei gestreichelt hat.

Die im Vergleich zu anderen Warmblütern (Mensch 37° C) erstaunlich hohen Normaltemperaturen der meisten Vögel von etwa 44° C (Nichtflieger Pinguin, Strauß, Kiwi: 37° C) unterstreichen die hohe Stoffwechselleistung vor allem der kleineren Arten. Dazu ist eine gute Atemtechnik nötig, der bei den Vögeln ein einzigartiges Hilfsmittel zur Verfügung steht, das dem Kondor in 8000 Metern, dem Kranich und Brachvogel in 6000 Metern und der Saatkrähe in 3000 Metern Höhe beim anstrengenden Flug eine gute Sauerstoffversorgung garantiert: Ein System von Luftsäkken, die als Hilfslungen arbeiten, macht es möglich. Diese können sogar mehr Luft aufnehmen als die eigentlichen Lungen; sie reichen zwischen die Muskeln, die Eingeweide und sogar in einige Knochen hinein.

Das brachte schon 1758 den englischen Chirurgen John Hunter zum Staunen. Er band einem Huhn die Luftröhre zu, machte aber ein Loch in dessen Oberarmknochen: Das Huhn erstickte nicht, sondern atmete durch dieses Armloch. Gleiches ergab sich für einen Falken, der das durch ein Loch im Oberschenkelknochen schaffte.

Der Pelikan putzt so hingebungsvoll sein Gefieder, um es mit dem Sekret der an der Schwanzwurzel gelegenen Bürzeldrüse einzufetten und es so gegen feuchtes Verkleben zu schützen.

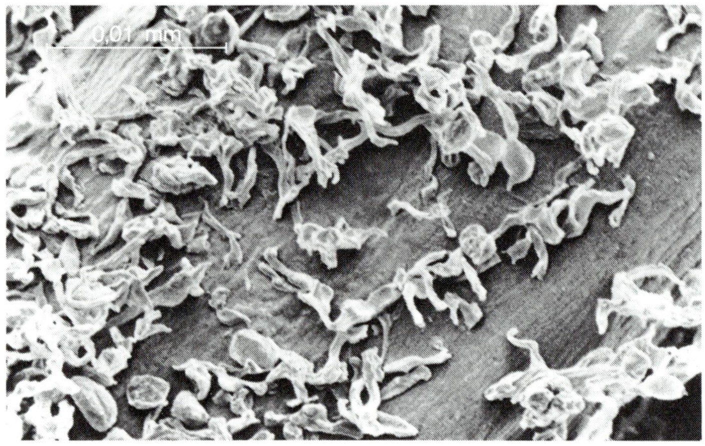

Die beiden Photos zeigen Puderdunen in unterschiedlicher Vergrößerung. Dabei handelt es sich um feinsten Puderstaub, der bei einigen Vogelarten, wie zum Beispiel Reihern und Papageien, das Gefieder überzieht und es so ebenfalls wirkungsvoll vor Feuchtigkeit schützt.

Dieses System der Luftsäcke arbeitet mit der Lunge so zusammen, daß beim Einatmen die Lunge sich nicht, die Luftsäcke hingegen stark ausdehnen und sich also mit Luft füllen. Erst bei der Ausatmung, wenn sich die Luftsäcke zusammenziehen, wird Luft aus den hinteren Luftsäcken in die ein wenig gedehnte Lunge gedrückt, wo sie ihren Sauerstoff an das Blut abgeben kann. Dies geschieht über ein gut ausgebildetes Kapillarsystem. Beim anschließenden neuerlichen Einatmen vollzieht sich der oben beschriebene Vorgang, und die verbrauchte Luft aus der Lunge fließt in die vorderen Luftsäcke, sobald diese sich ausdehnen, und wird durch die Luftröhre ausgeblasen.

So wird die Vogellunge – anders als die Säugerlunge mit Sackbahnhofbetrieb (rein – raus) – immer nur im Einbahnbetrieb durchlaufen. Ein technisch ausgeklügeltes Gegenstromsystem entlang winziger und sehr zahlreicher Kapillargefäße erlaubt eine ausgezeichnete Ausnutzung des Sauerstoffs. So werden die Atemleistungen in großer Höhe verständlich, und auch die noch zu schildernden Rekordflugleistungen basieren auf diesem kombinierten Luftsack-Lungen-Prinzip. Überdies ist dieses Durchlüftungssystem auch noch ein vorzügliches Mittel zur Wärmeregulation, eine Art innerer Klimaanlage.

Auch die Federn tragen zur Verbesserung des Wärmehaushalts bei; sie können je nach Bedarf aufgerichtet oder angelegt werden. Dadurch werden sie dank ihrer wenig wärmeleitenden Eigenschaften und der zwischen ihnen zur Ruhe gebrachten Luftschicht zu einem wärmenden Kleid, das zum Beispiel dem Pinguin die in seiner antarktischen Heimat fast üblichen Kältegrade von minus 40° C zu ertragen ermöglicht.

Genau wie die Schuppen der Kriechtiere und die Haare der Säuger besteht auch die Feder aus totem hornartigem Eiweißmaterial, dem Keratin. Dieses wird beim Bau der Feder in höchst ökonomischer Leichtbauweise verwandt, bei der sich eine große Biegefestigkeit ergibt. Die Basis des Federkiels ist hohl und fast kreisrund, während der Federschaft weiter endwärts fast viereckig und innen mit einer Art Schaumstoff aus Horn ausgefüllt ist. Entlang des Federkiels stehen sich die breitere Außen- und die schmalere Innenfahne gegenüber. Beide sind aus kompliziert gebauten Ästen (Rami, Einzahl: Ramus) und Strahlen (Radii, Einzahl: Radius) so beschaffen, daß sie sich mit kleinen Häkchen zu tragenden Flächen schließen lassen. Eine Schwungfeder des Schwans weist etwa 600000 verhakte Strahlen auf, die nach dem Reißverschlußprinzip bei Überdruck oder Überdehnung geöffnet und durch Putzen mit dem Schnabel wieder geschlossen werden können. Dabei ist die Elastizität, also die Biegefähigkeit mit Rückkehrgarantie in die Ausgangsform, von Horn etwa dreimal so groß wie die von Kunststoffen. Tatsächlich muß ja die Feder bei Wandstärken von etwa zwei Hundertstelmillimetern beim Fliegen enorme Verbiegungen aushalten.

Rekordleistungen. Damit schließt sich der Kreis zur Ergänzung einiger weiterer Besonderheiten des Vogelflugs. Das mag mit einigen Rekordwerten von Flugweiten beginnen, wie sie von den Zugvögeln alljährlich bewältigt werden. Dabei fliegen Mauersegler täglich rund 14 Stunden mit Geschwindigkeiten von rund 65 km/h. Ihre Gesamtflugstrecke beträgt beim Hin- und Rückflug von Afrika bis zu uns etwa 12000 Kilometer. Diesen Wert übertrifft der Weißstorch mit 20000 Kilometern deutlich, und die Küstenseeschwalbe hält mit rund 40000 Kilometern wohl den Rekord. Diese Strecke entspricht dem Erdumfang auf Äquatorbreite.

Alle Zugvögel (in Deutschland gut 150 Arten) wandern jährlich einmal meist von Süden nach Norden in die Brutgebiete der Eltern bzw. ihr eigenes Geburtsgebiet und einmal von Norden nach Süden. Das ist allerdings von Art zu Art verschieden, und manchmal erfolgen die jährlichen Züge auch in Schleifenform wie etwa bei Störchen.

Tagesleistungen von 200 bis 800 Kilometern sind bei Zugvögeln durchaus normal, allerdings kann ein günstiger Umstand, etwa gut erreichbare Nahrung am Tagesziel, oder aber Schlechtwetter einige Stunden oder Tage Zwischenruhe erzwingen. Dabei werden solche Pausen eher auf dem Herbstzug nach Süden eingelegt als auf der durch das bevorstehende Brutgeschäft offenbar unter Zeitdruck stehenden Wanderung nach Norden im Frühjahr.

Es gibt also durchaus Ruhepausen zwischen den einzelnen Etappen des großen Trecks. Das gilt jedoch nicht für den Rubinkolibri der US-amerikanischen Südstaaten, der mit einer Geschwindigkeit von rund 80 km/h die etwa 800 Kilometer lange Strecke über den Golf von Mexiko nonstop bestreiten muß, und es gilt auch nicht für den Braunachsel-Regenpfeifer, der die 4000 Kilometer von Alaska nach Hawaii ohne eine einzige Ruhepause zurücklegt. Für solche Leistungen wird vor dem Start Fett gespeichert, das während des Fluges abgebaut wird. Ein etwa 150 Gramm schwerer Regenpfeifer enthält vor dem Abflug rund 25 Prozent Depotfett, was ihm eine Flugdauer von 37 Stunden und eine Flugstrecke von 1900 Kilometern ohne Nahrungsnachschub ermöglicht.

Die Flughöhen richten sich nicht nur nach den jeweils überflogenen Landschaftseigentümlichkeiten (Gebirge o.ä.), sondern auch nach ökonomischen Gesichtspunkten. So bietet zum Beispiel die Luft in größerer Höhe einen geringeren Widerstand, hält in wechselnden Höhen günstige Luftströmungen bereit (Rückenwind, Wärmeaufwinde), und auch

Verweildauer einiger Vögel in Mitteleuropa

Bergfink	Oktober–April
Zilpzalp	April–Oktober
Fitis	Mitte April–Mitte September
Mönchsgrasmücke	Mitte April–Oktober
Gartenrotschwanz	Mai–August
Hausrotschwanz	Ende April–August
Gelbspötter	Mai–Mitte August
Mauersegler	Mai–August
Trauerschnäpper	Mai–Mitte August
Rauchschwalbe	Mitte April–Oktober
Girlitz	Mitte März–Oktober
Buchfink ♀	März–Oktober
Buchfink ♂	ganzjährig

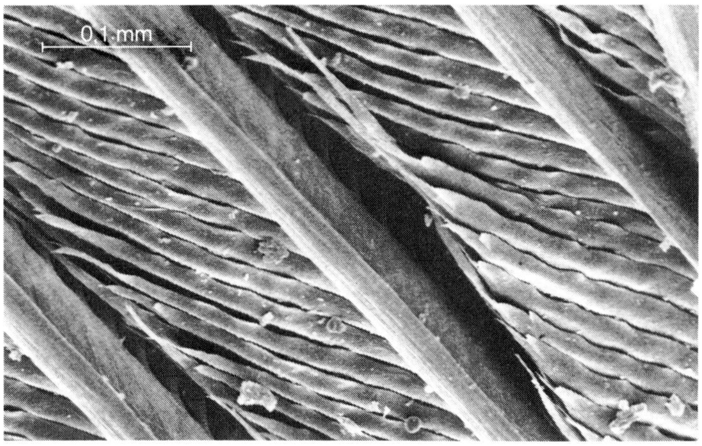

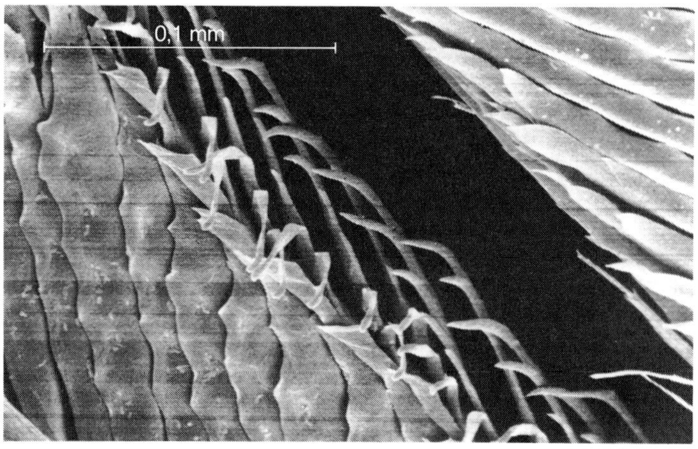

die Temperatur mit ihrem Einfluß auf den beim Fliegen ohnehin drohenden Wasserverlust durch Atmung und Fahrtwind kann über die jeweils eingehaltene Flughöhe entscheiden. So ist zum Beispiel die Überquerung von Wüsten in Bodennähe deshalb kaum möglich, und die meisten Transsahara-Zugvögel überfliegen die wasserarmen Strecken in Höhen von etwa 3000 Metern. In gemäßigten Breiten bevorzugen kleine Zugvögel von Finkengröße etwa 100 Meter Flughöhe, während man zum Beispiel im Himalaya-Gebiet auf durchschnittlich 5700 Meter gehen muß. Aus atemtechnischen, wasserökonomischen und flugphysikalischen Gründen sind 1000 bis 3000 Meter wahrscheinlich der von Vögeln am häufigsten benutzte Flughöhenbereich.

Bei so hervorragenden Beherrschern großer Höhen, wie es die meisten Geier sind, stellt sich die Frage, ob die Sinnesorgane unter diesen Bedingungen ihre Aufgabe überhaupt erfüllen können. Geier sind als Aasfresser zur Nahrungsfindung auf ihren Gesichts- oder Geruchssinn angewiesen. Während man seit langem annimmt, daß die Neuweltgeier tatsächlich in manchen Fällen durch den Aasgeruch zur Beute geleitet werden, konnte man sich kaum vorstellen, daß etwa die riechschwachen Altweltgeier diese Leistung mit dem Gesichtssinn vollbringen könnten. Die dazu benötigte Sehschärfe schien ein Wirbeltierauge einfach nicht erreichen zu können. Die Sehschärfe des Menschen beträgt im besten Fall 18 Bogensekunden, das heißt, alle Dinge, die unter einem kleineren Gesichtswinkel erscheinen, können nicht mehr genau gesehen werden. Damit hielt der Mensch bis in unsere Zeit hinein den Sehschärferekord. Seit 1969 weiß man es jedoch besser: Bei indischen Geiern stellte man in Freiland- und Dressurversuchen die bisher mit Abstand größte Sehschärfe aller Lebewesen fest. Der Rekord wird seitdem mit rund 13 Bogensekunden vom Indiengeier (Gyps indicus) gehalten. Diese Fähigkeit bedeutet, daß aus 1000 Metern Höhe Dinge von 6,4 Zentimetern Durchmesser und aus 3650 Metern immerhin noch solche von 23,5 Zentimeter Durchmesser gesehen werden können, und das Fliegen in solcher Höhe ist für Geier keine Seltenheit. Das wird unter anderem auch durch Unfallisten über Kollisionen zwischen Flugzeugen und Geiern unterstrichen.

Vom Schaft einer Vogelfeder gehen seitlich die Äste ab, an denen wiederum rechts und links die Strahlen sitzen. Über Häkchen können sie sich zu einer geschlossenen Fläche verbinden (links), sich aber auch wieder nach dem Reißverschlußprinzip öffnen (rechts).

Die Zahl der jährlich zweimal ihrem angeborenen Wandertrieb folgenden Zugvögel kann man einigermaßen verläßlich schätzen: Von Europa und Nordasien ziehen etwa 5 Milliarden Vögel nach Mittelafrika. Von diesen sind etwa 500 Millionen Wasser- bzw. Watvögel. Auch Wachteln ziehen über den Vorderen Orient in den Süden, und es gibt ernsthafte Hinweise darauf, daß das »vom Himmel fallende Manna«, das den Juden auf ihrem Zug durch die Wüste das Leben rettete, aus Scharen von Wachteln bestand, die sich erschöpft im Sinai niederlassen mußten.

Wie finden Vögel den Weg? Die Frage nach den Orientierungsmechanismen für solche riesigen Wanderstrecken hat eine intensive Vogelzugforschung hervorgerufen. Dabei versuchte man seit den dreißiger Jahren unseres Jahrhunderts mit Hilfe von Ringmarkierung und Fundrückmeldung (Vogelwarte Rossitten/Ostpreußen, Helgoland u.a.), nach dem Zweiten Weltkrieg durch Radarbeobachtung und Funkpeilung und in jüngster Zeit durch Mitfliegen per Flugzeug Daten zu gewinnen über das geheimnisvolle Verschwinden und Wiederauftauchen von Zugvögeln im selben Gebiet, manchmal im selben Nest auf demselben Baum oder Kirchturm.

Langsam ergaben sich so durch internationale Zusammenarbeit die genannten Einzelheiten über offenbar erblich festgelegte Wanderwege. Schon die erfahrungslosen Jungvögel fliegen »richtig« und kehren, falls sie überleben, im nächsten Frühjahr wieder in ihr Heimatland zurück. Forschungen über kleinere, überschaubare Flugstrecken und im Labor haben in jüngster Zeit höchst beeindrukkende Ergebnisse erbracht und lassen den Zugvogel als wahres Pfadfindergenie erscheinen. Dabei gilt es, die Richtungs- oder Kompaßorientierung von der echten Zielorientierung oder Navigation zu unterscheiden. Ersteres ist die Fähigkeit, eine bestimmte Richtung, etwa zur Sonne, zu bestimmten Sternbildern oder im Erdmagnetfeld, beizubehalten. Navigation hingegen bedeutet, sich in unbekanntem Gelände ohne Landmarken so zurechtzufinden, daß ein bestimmter Zielort angesteuert werden kann. Diese Fähigkeit müssen zum Beispiel die Störche beherrschen, die alljährlich denselben Kirchturm mit »ihrem« Nest darauf ansteuern.

Während die Navigationsforschung erst sehr lückenhafte Befunde ergeben hat, weiß man von der Kompaßorientierung der Zugvögel schon viel mehr. Bisher hat man nachweisen können, daß sich manche Zugvögel mit einem Sonnenkompaß orientieren, also mit Hilfe ihres Zeitsinns, einer »inneren Uhr«, den täglichen Sonnengang zur Kursgabe benutzen. Stare und Brieftauben orientieren sich so. Der Sternenkompaß kann etwa Grasmükken zur Orientierung dienen: Sie stellen fest, welche Sternbilder am wenigsten rotieren. Am Nordhimmel ist das die Gegend des Polarsterns, am Südhimmel gilt das für die Nachbarschaft des Orion.

Dem Magnetkompaß dienen bei Zugvögeln, anders als beim Schiffskompaß, der die horizontalen Feldlinien (Deklination) benutzt, die vertikal einfallenden Magnetlinien des Erdfeldes (die Inklination) als Bezugssystem. Im Hirn von Brieftauben hat man magnetithaltige Bereiche gefunden, die der Wahrnehmung solcher Felder dienen könnten. Offensichtlich können Zugvögel vom einen zum anderen Orientierungssystem umschalten, wenn etwa Wolken die Sicht auf Sonne oder Sterne verdecken.

Schließlich sind neuerdings Hinweise auf Vogelorientierungen nach Geruchsquellen (italienische Brieftauben), nach Infraschall (sehr tiefe »Töne« entlang bestimmter Erdregionen) und mit Hilfe der auch in der Raumfahrt benutzten Trägheitsmessung gefunden worden. Bei letzterer werden alle zurückgelegten Wege nach Länge und Richtung als Beschleunigung registriert sowie auch alle Kurven (Richtungsänderungen), aus deren Gesamtergebnis sich wohl ein Heimfindevermögen erklären ließe.

Hochzeit im Tal der Falter. Die damit angedeuteten noch offenen Fragen gelten im Prinzip auch für die zahlreichen anderen wandernden Tiere, also die Meeresschildkröten, die Wanderfische (Aal, Lachs) und die flie-

Der Monarchfalter ist ein Wanderfalter, der von Kanada und Nordamerika auf festgelegten Wanderwegen im Herbst nach Süden zieht und hier überwintert.

Unten: Alljährlich finden sich die Russischen Bärenspinner auf Rhodos pünktlich zur Hochzeit im »Tal der Falter« ein.

genden Wanderinsekten wie Wanderheuschrecken, die zu einer richtigen Plage werden können (→ S. 369 f.), Totenkopfschwärmer, die alljährlich von Nordafrika über das Mittelmeer bis zu uns nach Mitteleuropa fliegen, sowie Monarchfalter, die von Südkanada und Nordostamerika über Florida in ein kleines Tal im mexikanischen Hochland fliegen und sich dort fortpflanzen.

Auch auf der uns näher gelegenen griechischen Insel Rhodos gibt es ein Modellbeispiel wandernder Schmetterlinge, die sich mit großer Pünktlichkeit im »Tal der Falter« (Petaloudes) einstellen. Dort sind sie sogar zu einer Touristenattraktion geworden, weil sie sich zum vorhersagbaren Zeitpunkt zur Liebessaison einfinden, so daß Reiseunternehmen sich nach ihnen richten. Aus allen Teilen der Insel fliegen die leuchtendroten Russischen Bärenspinner (Panaxia quadrimacularia) herbei und bedecken am Zielort Baum, Strauch und Fels. Ihnen dient ein in Richtung auf das kühlere und feuchte Tal weisender Temperaturgradient als Wegweiser. Die unter den günstigen Bedingungen des Tals aus den Eiern schlüpfenden Nachkommen verteilen sich wieder über die ganze Insel. Im nächsten Sommer ist dann im August wieder Hochzeit im Tal der Falter.

Der Flug der Insekten

Von den rund 800000 Insektenarten unserer Erde können etwa zwei Drittel fliegen. Das unterstreicht noch einmal die genannten Vorteile dieser Fortbewegungs- und Ausbreitungsart. Dabei reicht ihr Flugvermögen von den meist nur kurzen Hüpfflügen mancher kleinerer Heuschrecken (Schnarrschrecke Psophus) und der Sandlaufkäfer (Cicindela) bis zum reißend schnellen Flug der Libellen (45 km/h) und vom gemütlichen Segelflug des südeuropäischen Segelfalters sowie des größten Falters überhaupt, des südasiatischen »Vogelflüglers« Ornithoptera, bis zum Schwirrflug von Nachtfaltern und Schwebfliegen.

Die Flügel der Insekten sind, anders als die der Wirbeltiere, keine umgewandelten Extremitäten, sondern entstanden als seitliche Hautausstülpungen der Rückendecken der drei Brustabschnitte (Segmente). Dieser Vorgang ist bei den nicht selten fossil gefundenen Urflüglern (Palaeodictyopteren) aus der Zeit des Karbons sozusagen noch nachzulesen: Diese ursprünglichen und wirklich noch primitiven Insekten besaßen an allen Körperabschnitten Ansätze von Flügeln, an den Bauchsegmenten am bescheidensten in Form kleiner, starrer Hautlappen, am zweiten und dritten Brustsegment am besten verwirklicht als abstehende Flügel, die sie nicht einmal nach hinten legen oder gar falten konnten, und am ersten Brustsegment noch einmal in mittlerer Güte als eine Art Hilfstragdeck. So gab es bei diesen großen Insekten ein Tragdeckpaar und zwei Flügelpaare, von denen bei den einigermaßen nahen Verwandten, unseren heutigen Libellen, nur die zweiten und dritten Brustflügel erhalten blieben.

Wahrscheinlich haben die Libellenartigen mit der Riesenlibelle Meganeura (Spannweite 70 Zentimeter), die in der Karbon- bis Jura-Zeit lebte, das größte Insekt aller Zeiten hervorgebracht. Daß solche großen Tragflächen wohl nur langsam auf und ab bewegt werden konnten, leuchtet ein. Auch dürften diese Urlibellen lange Segelflugphasen zwischen die Ruderflugschübe eingeschaltet haben. Gleiches ist noch heute bei den größten unserer Libellen, etwa bei der Königslibelle (Anax imperator) oder der Blauen Teufelsnadel (Aeschna cyanea), zu beobachten, die etwa elf Zentimeter Spannweite aufweisen.

Solche Insekten, die durch langsame, allenfalls bis 25mal pro Sekunde erfolgende Flügelschläge gekennzeichnet sind, besitzen eine direkte Flügelmuskulatur, etwa Libellen und Schmetterlinge. Dabei wird jeder Flügelschlag durch eine Salve von Nervenimpulsen an die kräftigen Flügelmuskeln bewerkstelligt.

Bei den meisten übrigen Fluginsekten setzen die Flugmuskeln aber nicht direkt an den Flügelwurzeln, sondern an der Rückenseite der Brustsegmente an. Diese übertragen den auf sie ausgeübten Zug indirekt auf die Flügel. Eine solche indirekte Flugmuskulatur ist zum Beispiel bei Bienen, Wespen, Käfern, einigen Wanzen, Fliegen und Mücken verwirklicht. Ein derartiger Motor hat eine einmalige Besonderheit zu bieten: Er nutzt die physikochemischen Eigenschaften des Baumaterials Chitin (ein Kohlenhydrat) und des darin eingelagerten Resilins (ein Eiweiß mit riesiger Molekülgröße). Durch verhältnismäßig langsame Nervenimpulse – etwa 30 pro Sekunde – kann dieser ausgeklügelte Flugmotor in so schnelle Aktionen versetzt werden, daß viel höhere Flügelschlagfrequenzen als bei der direkten Flugmuskulatur möglich werden: bei Fliegen rund 200, bei Mücken 300 und bei einer winzigen blutsaugenden Zwergmücke von weniger als einem Millimeter sogar 1200 Flügelschläge pro Sekunde. Dieses zu den Stech-

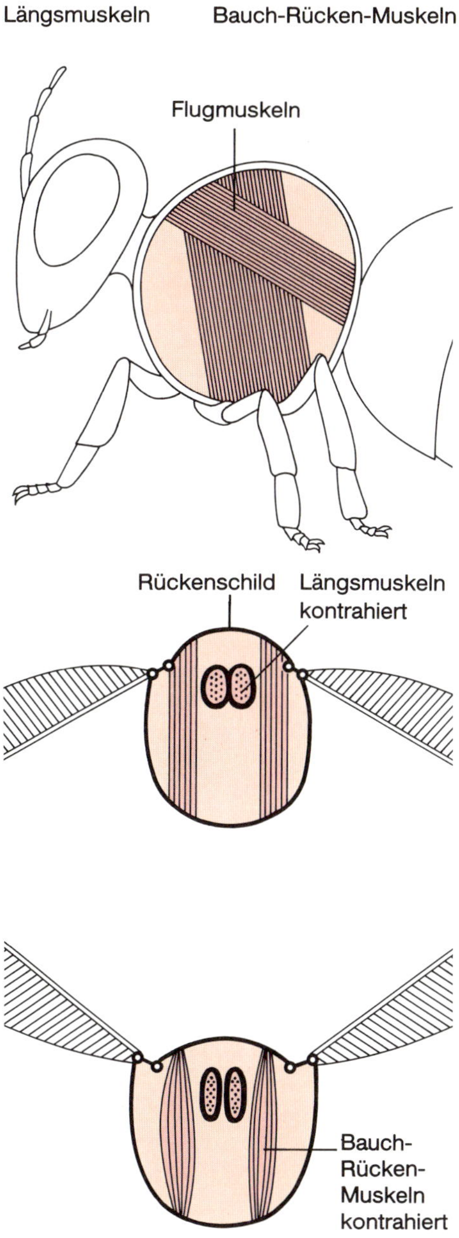

Indirekte Flugmuskulatur der Insekten. *Indem sich die Rücken-Längsmuskeln zusammenziehen, senken sich die Flügel, durch Zug der Bauch-Rückenmuskeln am Rückenschild werden sie gehoben.*

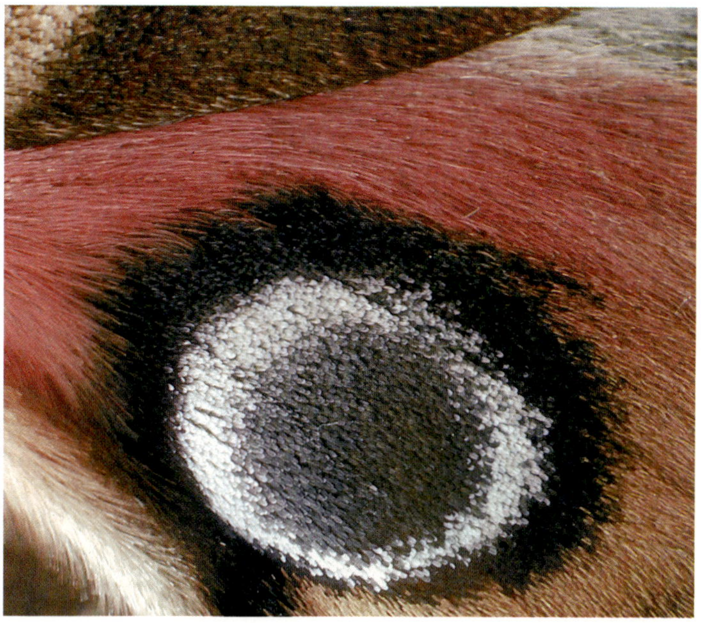

Rechts: Die herrlichen Farben und Zeichnungen der Schmetterlingsflügel werden von kleinen, dachziegelartig angeordneten Schuppen hervorgerufen.

Unten: Zwei Flügel sind flugtechnisch offensichtlich günstiger als vier, und so verbinden manche Insekten Vorder- und Hinterflügel so, daß eine einzige Fläche entsteht.

mücken gehörende winzige Insekt trägt den Namen Forcipomyia aus der Familie der Heleiden und macht immer wieder einmal Schlagzeilen wegen seiner in Schwärmen erfolgenden blutdürstigen Attacken.

Die Wundermaschine indirekter Flugmotor der Insekten basiert auf einem Mechanismus, der dem in Lichtschaltern ähnelt, die mit einem hörbaren Klick nach Überwindung eines Blattfederwiderstandes in die Ein- bzw. Aus-Position schnappen (bistabiles System). Im Flugmotor wirken, stark vereinfacht dargestellt, drei mit verschieden langen Hebeln verbundene Gelenke im Sinne einer »schnappenden« Kippbewegung so aufeinander, daß am Ende ein Heben und Senken des Flügels entsteht, der dabei auch noch jedesmal in eine zum erwünschten Flugzustand passende Drehschwingung um seine Längsachse versetzt wird. So wird der Flügel beim Abschlag mit der Vorderkante nach vorn-unten gedreht, beim Aufschlag aber nach hinten-oben. Das ergibt den jeweils passenden Anstellwinkel für den richtigen Auftrieb und Vortrieb bzw. die für den Aufwärts-, Seitwärts- oder Rückwärtsflug nötige Hubstrahlrichtung.

Die für dieses komplizierte Zusammenspiel nötigen Muskeln sind einmal die kräftigen Muskelstränge, die von bauch- nach rückenwärts ziehen und den chitinigen Deckel des Rückenschilds senken. Mit dem Senken des Deckels werden passiv einige Rücken-Längsmuskeln gedehnt. Nach einem alten Gesetz ziehen sich gedehnte Muskeln jedoch »gern« wieder zusammen, und das gilt auch für den Rücken-Längsmuskel; indem er sich zusammenzieht, hebt sich der Deckel erneut und so fort. Bei jedem Senken des Deckels wird über günstige Hebelwirkungen der entsprechende Flügel gehoben. Zarte Stellmuskeln besorgen die erwähnte Verdrehung zur Einstellung des richtigen Anstellwinkels.

Der indirekte Flugmotor der Insekten ist mit großer Wahrscheinlichkeit das komplizierteste Antriebs- und Steueraggregat in der Tierwelt. Sein elastisches System aus Muskeln und Chitin-Resilin-Material läuft als automatischer Motor und benötigt nur gelegentliche Nervenimpulse. Bei der Schmeißfliege Calliphora sind es nur etwa drei bis vier pro Sekunde, die aber die genannten 120 bis 200 Flügelschläge in der Sekunde bewirken. Die hohen Flugleistungen der Insekten basieren teilweise auf dem Baumaterial Resilin, das – vereinfacht gesagt – elastische Verformungen im Mikrobereich mitmacht und einen Teil der Muskelarbeit als »Elastizität« speichert und bei der folgenden Aktion wieder ohne erneute Muskelaktivität freisetzt. Der Resilin-Chitin-Energiespeicher nimmt bei Wanderheuschrecken gut achtzig Prozent der Muskelenergie auf und gibt sie zum passenden Zeitpunkt wieder frei.

Flugkünstler Insekten

Wegen ihrer geringen Körpergröße fallen fliegende Insekten nicht so auf wie fliegende Vögel, und doch sind Fluginsekten eigentlich die besseren Luftakrobaten. Sie können reißend schnell fliegen (Libellen, 1, Schwärmer, Schwebfliegen, 6), gemächlich gaukeln (z. B. Kleiner Fuchs, 2) oder gar segeln (Schwalbenschwanz, Segelfalter) und sogar in der Luft »stehen«, also etwa zum Nektarsaugen vor einer Blüte schwirren (Schwärmer, Schwebfliege, 7). Zu solchen Flugleistungen dienen bei Libellen, Heuschrecken und Faltern vier Flügel, bei den Mücken und Fliegen aber nur zwei (»Zweiflügler«). Beim Maikäfer (5) und beim Rosenkäfer (4) bedeckt das vordere Flügelpaar (Elytren) als Schutzschild das eigentliche Flugflügelpaar und bleibt beim Rosenkäfer sogar während des Fluges geschlossen: Die Flugflügel werden aus seitlichen Aussparungen hervorgestreckt. Elytren und Flugflügel der Insekten sind meist bunt gefärbt, wobei diese Pigmentfärbungen oft noch durch den physikalischen Trick der Interferenz, einer durch die Struktur dünner Plättchen hervorgerufenen Farbwirkung, leuchtend und schillernd betont werden. Die größten Falter (Ornithoptera oder »Vogelflügler«, 3) wirken mit Flügelspannweiten von 25 Zentimetern schon fast vogelhaft.

1

3

2

4

5
6

7

Bauer, E. W.: *Fliegen, Schweben, Fallen,* Esslingen 1977.

Grzimek, B. (Hrsg.): *Tierleben,* München 1979, 1980.

Hertel, H.: *Struktur, Form, Bewegung,* Mainz 1963.

Herzog, K.: *Anatomie und Flugbiologie der Vögel,* Stuttgart 1968.

Jacobs, W.: *Fliegen, Schwimmen, Schweben,* Berlin 1954.

Nachtigall, W.: *Gläserne Schwingen,* München 1968.

Perrins, C. und Cameron, A.: *Die Welt der Vögel. Evolution, Körperbau und Verhalten,* Freiburg 1980.

Rüppell, G.: *Vogelflug,* Reinbek 1980.

Schwoerbel, W.: *Zwischen Wolken und Tiefsee. Anpassung an den Lebensraum.* Dynamische Biologie, Band 3, Ravensburg 1976.

Auch die Insektenflügel sind ein technisches Wunderwerk an Festigkeit, Leichtigkeit und häufig auch Schönheit dank bunter Pigmentfarben und regenbogenartig schillernder Interferenzmuster. Sie sind in Leichtbauweise aus Chitin gearbeitet und oft nur drei Tausendstelmillimeter dick. Ein Quadratmeter Libellenflügel würde nur 3,7 Gramm wiegen.

An den ursprünglich zwei Flügelpaaren der Libellenartigen sind im Lauf der Stammesgeschichte deutliche Um- und Rückbildungen erfolgt, und die »Altflügler« mit den rechtwinklig abstehenden und nicht einfaltbaren oder auch nur anlegbaren Flügeln wurden durch die »Neuflügler« ergänzt. Diese können die Flugflügel in oft raffinierter Weise in der Ruhelage zusammenfalten.

Da offenbar zwei (oder gar mehrere) Flügelpaare flugdynamische und steuerungstechnische Schwierigkeiten machen können, zeigt die Stammesgeschichte eine fortschreitende Änderung des ursprünglichen Vierflügeltyps. Schon einige der vierflügeligen Libellen können beide Flügelpaare gleichzeitig auf- und abschlagen, während andere das getrennt in abwechselnder Folge vollbringen: Vorderflügel auf, Hinterflügel ab und so fort. Manche Insekten verbinden Vorder- und Hinterflügel mit technisch aufwendigen Haken- und Schnallenverriegelungen, so daß aus beiden eine einzige Flügelfläche mit leichter manövrierfähigen Eigenschaften entsteht (einige Schmetterlinge, Bienen, Wespen, Köcherfliegen). Das vordere Flügelpaar kann zum starren und unbeweglichen Deckflügelpaar (Elytren) werden wie bei vielen Käfern. Ein solches meist arttypisch gefärbtes Elytrenpaar wird bei unseren Rosenkäfern selbst beim Flug nicht mehr ausgebreitet, sondern bleibt geschlossen, so daß die Flugflügel mühsam unter ihm hervorgestreckt werden müssen.

Bei den modernsten Fluginsekten, den Zweiflüglern (Dipteren), also den Mücken und Fliegen, ist das hintere Flügelpaar zu Flugstabilisatoren mit Sinnesfunktion, den Schwingkölbchen oder Halteren, umgewandelt. Umgekehrt hat bei den Männchen einiger Fächerflügler (Strepsipteren) das Vorderflügelpaar diese Umwandlung erfahren. Die Halteren dienen der Flugüberwachung, das heißt der Kontrolle der Lage im Raum und deren Wiederherstellung etwa nach einer einseitigen Bö.

Schließlich sind auf manchen sturmumtosten Inseln (Kerguelen) manche Fliegen, Mücken und Schmetterlinge wieder flügellahm oder gar flügellos geworden. Schon Darwin erkannte, daß die hier früher eventuell geflügelten Formen längst vom Sturm auf das todbringende Meer getrieben worden sein dürften.

Es ist nicht sicher, ob die hier nur beispielund gewiß bruchstückhaft geschilderten Ergebnisse von Beobachtungen im Freiland und Untersuchungen der verschiedensten Art in den Labors der Biologen der menschlichen Flugtechnik wesentliche Hilfen gegeben haben – die echte Flugphysik ist seit den dreißiger Jahren ohne deutlichen Rückgriff auf Bau und Funktion flugfähiger Tiere entwickelt worden. Immerhin aber hat der Anblick im Aufwind segelnder Vögel den ersten Flugpionieren vom Typ eines Lilienthal, Wright und anderen den begeisternden Anstoß gegeben, es jenen gleichzutun. Und immerhin hat der Wunsch nach dem Fliegen mit menschlicher Muskelkraft seit Jahrtausenden die Mythen der Völker beschäftigt; Dädalus und Ikarus aus der griechischen Sage, die fliegenden Apsaras der Hindus und die Engel der Christen sind Beispiele hierfür.

In der Neuzeit wurden mehrfach handfeste Preisgelder für Pioniertaten auf dem Gebiet des Menschenkraftflugs bezahlt: Fünfzigtausend britische Pfund (etwa 210000 DM) für einen echten Flug aus eigener Kraft über eine Strecke von 1000 Metern gingen 1977 an den Amerikaner Paul MacReady mit seinem Ultraleichtflugzeug »Gossamer Condor«. Und 1979 kassierte er sogar hunderttausend britische Pfund (etwa 420000 DM) für den »menschlichen« Erstflug über den Kanal durch den Biologen Bryan Allen mit dem »Gossamer Albatros«. Der beziehungsreiche Name »Gossamer« kommt vom englischen Wort goose summer für den einleitend beschriebenen Altweibersommer: Sollte der nächste Pionier vielleicht doch an einem Faden vor unseren erstaunten Augen durch die Lüfte schweben, wie es die Spinnen schon seit Jahrmillionen tun?

Horst Müller

Tiere in Brack- und Süßwasser

Unter Brackwasser-Ökosystemen versteht man Lebensräume mit einem Salzgehalt, der *über* dem von Süßwasser-Ökosystemen und *unter* dem von Meerwasser-Ökosystemen liegt. Als »echte Brackwassergebiete« gelten nur die Gewässer mit einem Salzgehalt von fünf bis acht Promille. Die größten geschlossenen Brackwassergebiete sind die Brackwassermeere wie Ostsee, Schwarzes Meer und Kaspisches Meer.

Die charakteristischsten Brackwasser-Ökosysteme sind jedoch die Mündungsgebiete der Flüsse ins Meer, Ästuare genannt, die auf kleinem Raum eine Übergangszone zwischen limnischen (Süßwasser-) und marinen (Meerwasser-)Ökosystemen bilden. Sie sind durch besonders extreme ökologische Bedingungen gekennzeichnet: Der Salzgehalt, der den bestimmenden Faktor dieser Ökosysteme darstellt, unterliegt nicht nur horizontalen Schwankungen – im unmittelbaren Mündungsbereich des Flusses ist er erheblich niedriger als im direkten Grenzbereich zum reinen Meerwasser –, sondern auch vertikalen Schwankungen – das Oberflächenwasser ist weniger salzhaltig als das Tiefenwasser. Zudem zeigt der Salzgehalt vielfach charakteristische Tages- und Jahresschwankungen. So ändert er sich zum Beispiel im Wechsel der Gezeiten. Auch nach starken Regenfällen, wenn der Fluß besonders viel Wasser führt, nimmt der Salzgehalt im Ästuar schnell ab, wenn er hingegen nach einer Trockenperiode wenig Wasser führt, nimmt der Salzgehalt entsprechend zu. Die Schwankungen des Salzgehalts treten – von Gebiet zu Gebiet unterschiedlich – regelmäßig oder nur zeitweise auf, immer aber wirken sie als »Streßfaktoren« auf die Organismen ein. Nur Arten, die starke Schwankungen des Salzgehaltes vertragen (euryhaline Arten), haben sich an das Leben im Brackwasser anpassen können.

Neben dem Salzgehalt sind in den Brackwassergebieten der Flußmündungen weitere Ökofaktoren für die Verbreitung der Tierarten wichtig: Durch die Gezeiten und durch den Fluß, der sich ins Meer ergießt, entstehen mehr oder weniger starke Strömungen. Außerdem kann die Wassertemperatur in Ästuarien mit ausgeprägten Gezeiten beträchtlich schwanken. In manchen Ästuaren lagern die Flüsse in großer Menge mitgeschleppte Bodenteilchen ab; auch feinkörnige Sedimente setzen sich aufgrund der abnehmenden Fließgeschwindigkeit ab. Bedingt durch Sedimentation und Strömungen verändert sich der Lebensraum des Gewässerbodens, das Benthal, ständig in Form und Struktur; dadurch sind zum Beispiel festsitzende (sessile) Tierarten von Zeit zu Zeit zum Ortswechsel gezwungen. Die Zufuhr von Sedimenten führt ferner zu einer natürlichen Nährstoffanreicherung in den Ästuaren. (Die nährstoffreichen Sedimente des Nils wurden bereits im alten Ägypten als Dünger für den intensiven Getreideanbau genutzt!)

Diese natürliche Nährstoffanreicherung (Eutrophierung) wird in dicht besiedelten Gebieten noch dadurch künstlich verstärkt, daß die Flüsse mit Nährstoffen aus der Landwirtschaft (Kunstdünger, tierische Fäkalien) und aus häuslichen Abwässern (phosphathaltige Waschmittel, menschliche Fäkalien) belastet werden. Dieser zusätzliche Stoffeintrag führt nicht nur zu einer Überdüngung der Flüsse, sondern auch der Ästuare und der angrenzenden Meeresgebiete. Hierfür stellt die Ostsee ein besonders schlimmes Beispiel dar.

Natürliche und künstliche Nährstoffanreicherung sind die Ursache für die zumeist außerordentlich hohe Produktion von Biomasse der Brackwassergebiete, deren Produktivität im allgemeinen deutlich höher als die der angrenzenden limnischen und marinen Ökosysteme ist. Hohe Produktivität, das heißt »Massenproduktion« von tierischen und pflanzlichen Lebewesen, ist jedoch nicht gleichzusetzen mit Vielfalt, also Artenreichtum. Brackwasser-Ökosysteme besitzen vielmehr aufgrund der extremen ökologischen Bedingungen, an die sich nur wenige Organismen haben anpassen können, ausgesprochen artenarme Lebensgemeinschaften (Biozönosen). Die vorhandenen Arten treten allerdings zumeist in großer Häufigkeit auf (→ S. 144).

Die Lebensgemeinschaft des Brackwassers

Als Primärproduzenten – darunter versteht man die grünen Pflanzen, die mit Hilfe der Photosynthese organische Substanz aufbauen, von der alle übrigen Organismen leben (→ S. 132 f.) – kommen sowohl im Gewässerboden wurzelnde Pflanzen, im Nordseebereich zum Beispiel das Seegras Zostera, als auch benthische Algen, zum Beispiel die Darmalge Enteromorpha, sowie in großer Menge pflanzliche Schwebeorganismen, Phytoplankton, vor. Als Konsumenten – darunter versteht man die Tiere, die sich von Pflanzen oder anderen Tieren ernähren – sind tierische Schwebeorganismen (Zooplankton) in großer Zahl vertreten, die sich vor allem von Phytoplankton ernähren. Das Zooplankton besteht überwiegend aus Ruderfußkrebsen (Copepoden) sowie aus den Larven zahlreicher Tiere des Gewässerbodens (Benthal) und des freien Wassers (Pelagial). Vom Zooplankton wiederum ernähren sich zahlreiche Fische und andere Tiere mit ausgeprägter Eigenbewegung, das sogenannte Nekton.

Die geringe Artenzahl der Brackwasser-Ökosysteme im Vergleich zu reinen Süß- und Meerwasser-Ökosystemen zeigt, daß die Grenze zwischen Süß- und Salzwasser eine »biologische Schranke« darstellt, die nur wenige Süß- und Meerwasserarten haben überwinden können, das heißt, nur wenige dieser Arten haben sich an die speziellen ökologischen Bedingungen dieses extremen Lebensbereichs anpassen können.

Der bedeutende Zoologe und Meeresbiologe Adolf Remane hat in diesem Zusammenhang drei wichtige Fragen formuliert (1940):

1. Welche physiologischen Eigenarten ermöglichen marinen Tierarten ein Vordringen in Gebiete mit schwächerem und stark schwankendem Salzgehalt?
2. Welche Eigenarten der Süßwasserorganismen sind entscheidend dafür, daß diese in so geringem Maße in das marine Gebiet vordringen?
3. Welche Eigenarten binden eine Anzahl von Organismen an den Salzgehalt des typischen Brackwassers?

Um die Problematik zu erkennen, die in diesen Fragen steckt, muß man zunächst etwas über die Wirkung unterschiedlicher Salzkonzentrationen auf Organismen wissen. Körperflüssigkeiten wie das Blut der Wirbeltiere und die Gewebeflüssigkeit (Lymphe) stellen Salzlösungen mit einer bestimmten Konzentration dar. So entspricht zum Beispiel die Salzkonzentration des menschlichen Blutes einer 0,9prozentigen Kochsalzlösung. Auf Wasserorganismen wirkt die Salzkonzentration des Außenmediums, also des Aufenthaltswassers, ein. Ist dessen Salzkonzentration niedriger als die der Körperflüssigkeiten, das heißt hypotonisch, so strömt Wasser passiv (Osmose) über die Körperoberfläche so lange in den Körper hinein, bis ein Konzentrationsausgleich erreicht ist. Die Folge ist ein Aufquellen der Gewebe. Ist die Salzkonzentration des Wassers hingegen höher als die der Körperflüssigkeiten, das heißt hypertonisch, so wird dem Körper Wasser entzogen, und das Gewebe schrumpft.

Wasserorganismen haben im Laufe der Evolution Mechanismen entwickelt, die Gewebeveränderungen durch osmotische Vor-

Kein Hindernis kann die Lachse aufhalten, wenn sie, geschlechtsreif geworden, aus dem Meer in ihren Heimatfluß zurückkehren und stromaufwärts zu ihren Laichplätzen wandern.

gänge weitgehend verhindern. Im einfachsten Fall – er trifft für die meisten wirbellosen Meerestiere zu – entspricht die Salzkonzentration der Körperflüssigkeiten der des Wassers, das heißt, beide Medien sind konzentrationsgleich (isotonisch); solche Tiere, deren Salzkonzentration der sich ändernden Salzkonzentration des Aufenthaltsmediums angepaßt ist, werden als poikilosmotisch bezeichnet. Zahlreiche Wassertiere – alle Süßwassertiere und marinen Wirbeltiere sowie einige marine Krebse – sind hingegen homöosmotisch, das heißt, sie halten unabhängig von den äußeren Bedingungen eine bestimmte Salzkonzentration der Körperflüssigkeiten aufrecht, sie betreiben Osmoregulation. Für die zu leistende »osmotische Arbeit« muß Energie aufgewendet werden.

Süßwassertiere betreiben eine »Hypertonieregulation«, das heißt, sie halten eine gegenüber dem Außenmedium erhöhte Innenkonzentration aufrecht. Das aufgrund des Konzentrationsgefälles ständig in den Körper einströmende Wasser kann durch verschiedene Mechanismen entfernt werden: Im einfachsten Fall, bei Amöben und Wimpertierchen (Ciliaten), wird das überschüssige Wasser durch »pulsierende Vakuolen« herausgepumpt. Bei Süßwasserfischen wird eingedrungenes Wasser über die Ausscheidungsorgane entfernt.

Im Gegensatz zu Süßwassertieren betreiben marine Wirbeltiere und zahlreiche Krebsarten eine »Hypotonieregulation«, das heißt, sie halten einen gegenüber dem Außenmedium niedrigeren Innendruck aufrecht, indem sie ständig aktiv (unter Energieverbrauch) Salz ausscheiden, Fische zum Beispiel über die Kiemen, Meeresschildkröten und Meeresvögel, zum Beispiel die Silbermöwen, über spezielle Salzdrüsen. Außer diesem aktiven Schutz gegen die osmotischen Wirkungen des Wassers ist von Fischen noch ein passiver Schutzmechanismus bekannt: Der Hautschleim von Aal, Scholle und Schleimfischen bildet eine osmotisch isolierende Schicht, die die Schrumpfung der Haut verhindert.

Betrachtet man diese Zusammenhänge, so müßte man meinen, daß marine wie limnische Tierarten in großer Artenzahl Brackwassergebiete besiedeln. Warum dies jedoch keineswegs der Fall ist, ist noch weitgehend unbekannt. Offenbar können die meisten Meerwassertiere nur geringe Abweichungen vom normalen Salzgehalt des Meerwassers (etwa 35 Promille) ertragen; bei 17 bis 18 Promille Salzgehalt kann nur noch etwa die Hälfte der marinen Tierarten existieren. Nur solche Arten, die starke Schwankungen im Salzgehalt vertragen – euryhaline Arten – besiedeln das eigentliche Brackwasser.

Ähnliches gilt für die Süßwassertiere. Sie reagieren sogar noch empfindlicher als die marinen Tiere auf Änderungen im Salzgehalt des Wassers, obwohl eine Erhöhung der Salzkonzentration der Körperflüssigkeiten einen geringeren Energieaufwand und damit eine Entlastung ihres Energiestoffwechsels bedeuten würde. Bereits bei etwa 3 Promille Salzgehalt nimmt die Artenzahl etwa um die Hälfte ab; bei etwa 18 Promille kann keine Süßwasserart mehr existieren. Die Gründe für das Versagen der Osmoregulation von Süßwassertieren mit zunehmendem Salzgehalt sind bisher nicht bekannt.

Von den Süßwassertieren leben keine zwanzig Arten in den Brackwassergebieten von Nord- und Ostsee. Zu diesen gehören die Flußdeckelschnecke (Theodoxus fluviatilis) und die Wasserassel (Asellus aquaticus). Zu den wenigen echten Brackwassertieren, die weder Süß- noch Meerwasser besiedeln, zählen vor allem kleine wirbellose Tiere, während von den Wirbeltieren nur Flunder (Pleuronectes flesus) und Meeräsche (Mugil) als echte Brackwassertiere zu bezeichnen sind. Meeräschen sind mit verschiedenen Arten weltweit im Brackwasser verbreitet.

Besonders charakteristisch für Lebensgemeinschaften des Brackwassers sind die wenigen »holoeuryhalinen« Arten, vor allem die Wanderfische Lachs (Salmo) und Aal (Anguilla), deren Osmoregulation sowohl im Süß- als auch im Meerwasser ausgezeichnet funktioniert. Die geschlechtsreifen Aale ziehen flußabwärts, bleiben dann eine Zeitlang im Brackwasser und wandern schließlich zu ihren einige tausend Kilometer entfernten

Zur Zeit der großen Lachswanderungen ist der Tisch für Bären reichlich gedeckt. Mit Vorliebe postieren sie sich an den Stromschnellen und fangen einen Fisch nach dem anderen.

Laichplätzen in der Sargassosee im Atlantik östlich von Florida. Die geschlechtsreifen Lachse hingegen wandern zum Laichen aus dem Meer in ihren Heimatfluß zurück. Sie finden die »richtige« Flußmündung durch Sonnenkompaßorientierung, die Laichplätze im Oberlauf der Flüsse mit Hilfe ihres ausgezeichneten Geruchssinns: Als Jungfische werden sie auf den Geruch ihres Geburtsbaches geprägt (→ S. 294).

Tiere des Süßwassers

Unter Süßwasser-Ökosystemen oder limnischen Ökosystemen versteht man allgemein Gewässer mit einem Salzgehalt von unter 5 Promille, normalerweise liegt der Salzgehalt jedoch nur bei 0,2 bis 0,3 Promille. Limnische Ökosysteme sind ähnlich vielgestaltig wie Wald-Ökosysteme. Entsprechend mannigfaltig sind auch die Anpassungen der Organismen, die unter diesen unterschiedlichen ökologischen Bedingungen leben.

Man kann die Gewässer nach verschiedenen Kriterien untergliedern. Je nach den Strömungsverhältnissen kann man Stillgewässer und Fließgewässer unterscheiden. Stillgewässer werden nur vom Wind bewegt, sie weisen nur in kleinen Bereichen beziehungsweise nur gelegentlich schwache Strömungen auf. Fließgewässer verfügen hingegen ständig über eine mehr oder weniger ausgeprägte Strömung. Eine charakteristische Anpassung zahlreicher Wassertiere des freien Wassers (Pelagial) an starke Strömungen stellt die Entwicklung strömungsgünstiger Körperformen dar. So haben Fische schnell fließender Gewässer, wie die Bachforelle (Salmo trutta fario), unabhängig voneinander, das heißt konvergent, die typische Spindelform ausgebildet. Larven von Libellen (Odonaten) und Eintagsfliegen (Ephemeriden), die am Boden von Fließgewässern leben (Benthos-Organismen), sind abgeplattet; dadurch verringert sich der Strömungswiderstand. Andere Insektenlarven, zum Beispiel die Larven der Lidmücken (Liponeura), heften sich mit Saugnäpfen ihrer Bauchseite am Untergrund fest, Larven der Kriebelmücken (Simulium) sitzen mit einer Haftscheibe am Hinterende des Körpers auf Steinen oder anderem festen Substrat, so daß sie auch von starken Strömungen nicht weggerissen werden. Die Gemeine Flußnapfschnecke (Ancylus fluviatilis), die in schnell fließenden Gewässern und in der Brandungszone von Seen vorkommt, besitzt ein breites, kegelförmiges Gehäuse und saugt sich mit dem Fuß auf dem Untergrund fest. Die an starke Strömungen angepaßten Tierarten werden als rheophile (strömungsliebende) Arten bezeichnet.

Die Gewässer lassen sich darüber hinaus noch weiter aufgliedern nach der Menge der in ihnen produzierten pflanzlichen Organismen, das heißt nach ihrer Trophie, sowie nach der Intensität des Stoffabbaus durch die Destruenten (→ S. 132), das heißt nach ihrer Saprobie. Nährstoffreiche (eutrophe) Gewässer sind – bedingt durch ihr größeres Nahrungsangebot – artenreicher als nährstoffarme (oligotrophe) Gewässer. Beide Gewässertypen unterscheiden sich jedoch nicht nur durch das unterschiedliche Nährstoffangebot, sondern auch durch einen unterschiedlichen Sauerstoffgehalt: Die größere Zahl von pflanzlichen und tierischen Organismen führt in eutrophen Gewässern vor allem nachts zu einem starken Sauerstoffverbrauch, zu einer Sauerstoffzehrung durch die Organismen, so daß in diesen Gewässern nur solche Arten existieren können, die auch starke Schwankungen des Sauerstoffgehaltes vertragen (euroxybionte Arten).

Ein weiterer wichtiger Faktor, durch den sich Gewässer-Ökosysteme unterscheiden, ist die Wassertemperatur. Heiße Gewässer (z. B. Thermalquellen) beherbergen eine andere, spezialisiertere Tiergemeinschaft als warme, kühle oder kalte Gewässer. Zudem spielen tageszeitliche Schwankungen, zum Beispiel in Flachwassergebieten, und jahreszeitliche Schwankungen, zum Beispiel in unseren »wechselwarmen« Gewässern, eine wichtige Rolle für die Verbreitung der Tierarten. Heiße Quellen, mit Temperaturen von 40 bis 50° C, werden von einigen Amöben, Wimpertierchen, Rädertieren, Wasserkäfern (z. B. Bidessus thermalis in den Thermalquellen von Abano in Italien) und Schnecken (z. B. Bithynia thermalis, bei 53° C gefunden) besiedelt; selbst einige Fischarten ertragen Wassertemperaturen von bis zu 37° C. Tiere heißer Quellen sind ausgesprochen thermophil (wärmeliebend). Manche Wassertiere sind an enge Temperaturbereiche gebunden, das heißt, sie sind stenotherm, andere ertragen große Temperaturunterschiede; solche Arten sind eurytherm. Zu den warmstenothermen Tierarten gehört eine große Zahl von Warmwasserfischen, so zum Beispiel die tropischen Buntbarsche (Cichliden). Kaltstenotherm sind zum Beispiel der Antarktische Eisfisch (Trematomus), der bei einer konstanten Wassertemperatur von minus 1,6° C lebt, und der bei uns im Oberlauf der Mittelgebirgsbäche vorkommende Bachstrudelwurm (Planaria alpina).

Nach den Temperaturschwankungen im Verlauf eines Jahres und der Beschaffenheit des Gewässerbodens kann man die Fließgewässer in verschiedene Ökosysteme unterteilen, deren Grenzen weitgehend mit den Verbreitungsgrenzen bestimmter Fischarten zusammenfallen. Diese sind aufgrund ihrer Vorzugstemperaturen und Laichgewohnheiten für die verschiedenen Lebensräume eines Fließgewässers charakteristisch, das heißt, sie stellen »Indikatorarten« dar.

Ein weiteres Unterscheidungsmerkmal für Gewässer-Ökosysteme ist die Stetigkeit der Wasserführung. So lassen sich die Still- und Fließgewässer in permanente (ständig Wasser führende) und temporäre (periodisch oder episodisch trockenfallende) Gewässer untergliedern. Schwankungen des Wasserstandes, insbesondere zeitweiliges Austrocknen der Gewässer, wie es bei uns für Tümpel und Regenwasserlachen, in heißen Gebieten der Erde zum Teil auch für Seen und Fließgewässer charakteristisch ist, erfordern spezielle Anpassungen. Die meisten Tiere temporärer Gewässer haben Schutzeinrichtungen gegen Austrocknung entwickelt.

So ist zum Beispiel für die meisten Tümpelbewohner eine kurze Entwicklungszeit typisch, ferner die Ausbildung von Dauerstadien. So überstehen Einzeller (Protozoen), einige Ruderfußkrebse (Copepoden) und Ringelwürmer (Anneliden) die Trockenperiode, indem die Tiere eine feste Hülle ausscheiden und sich darin abkapseln (Enzystierung). Außerdem beginnen zahlreiche Arten – zum Beispiel Wasserflöhe, Süßwasserpolypen (Gattung Hydra), Rädertiere (Rotatorien) und Ruderfußkrebse –, bevor das Gewässer vollständig ausgetrocknet ist, mit der Produktion von Dauereiern, die in einer festen Hülle eingeschlossen sind und einige Jahre ohne Wasser überstehen können. Süßwasserschwämme sondern von ungeschlechtlichen Zellen sogenannte Brutkapseln ab, die man auch als Gemmulae bezeichnet, Moostierchen (Bryozoen) bilden sogenannte Dauerknospen (Statoblasten), deren ungeschlechtliche Zellen von einem chitinhaltigen, aus luftgefüllten Zellen bestehenden »Schwimmring« umschlossen sind. Lungenfische und einige andere Fischarten, zum Teil auch Frösche, Kröten, Schildkröten und Krokodile, können im Schlamm »eingebacken« Trockenzeiten überdauern. Diese Anpassung wird auch als Trockenruhe oder Trockenstarre bezeichnet. Afrikanische Lungenfische der Gattung Protopterus und südamerikanische Verwandte der Gattung Lepidosiren sowie der zu den Labyrinthfischen gehörende Kletterfisch (Anabas scandens) graben sich, sobald das Gewässer auszutrocknen beginnt, im Schlamm ein und umgeben sich mit einer schützenden Schleimkapsel, die zu einer harten Hülle eintrocknet. Der über den Kopf gelegte Schwanz mit seiner Fadenspitze hält einen Gang nach außen frei, durch den der Lungenfisch atmet.

Gewässer unterscheiden sich ferner durch den Gehalt an Schwebstoffen, die eine unterschiedliche Sichttiefe bedingen. Einige Fischarten trüber, weitgehend undurchsichtiger Gewässer haben unabhängig voneinander (konvergent) eine besondere Form der Orientierung entwickelt, eine Art Elektro-Ortung, die es ihnen ermöglicht, Hindernisse wahrzunehmen. Dazu erzeugt der Fisch – sein Schwanzbereich ist negativ, der Kopfbereich positiv geladen – ein elektrisches Feld, das durch Gegenstände wie Steine, Wasserpflanzen, Beutetiere und Artgenossen, die in das elektrische Feld geraten, in charakteristischer Weise gestört wird; denn jeder Gegenstand besitzt eine andere elektrische Leitfähigkeit als das Wasser. Die Störungen des elektrischen Feldes werden von Sinneszellen im Hautbereich registriert und vom Kleinhirn ausgewertet.

Es gibt »Hochspannungsfische« und »Niederspannungsfische«. Zu den Hochspannungsfischen, die Stromspannungen von bis zu sechshundert Volt und Stromstärken bis zu zwei Ampere erzeugen, durch die Beutetiere getötet werden, gehören der afrikanische Zitterwels (Malapterurus electricus) sowie der südamerikanische Zitteraal (Electrophorus electricus), dessen elektrische Organe, die umgewandelte Skelettmuskelfasern darstellen, fast sechzig Prozent der Körpermasse ausmachen. Niederspannungsfische wie die Nilhechte (Familie Mormyridae) und die im Körperbau ähnlichen südamerikanischen Messeraale produzieren ständig mit ihren kleinen, im Schwanzbereich beziehungsweise in der hinteren Körperregion liegenden elektrischen Organen geringe Spannungen von etwa zwei bis sieben Volt. Die Impulsfrequenz variiert je nach der Tierart zwischen vierzig und fünfhundert Hertz (1 Hertz = 1 Schwingung/Sekunde).

Für die Verbreitung der Wasserorganismen in bestimmten Schichten des Gewässers ist das Licht ein wichtiger Ökofaktor. Die meisten Wassertiere leben in der »euphotischen« Zone; hierunter versteht man die lichtdurchfluteten Bereiche der Uferzone (Litoral) und des freien Wassers (Epilimnial). Das Licht dient tagaktiven Wassertieren nicht nur zum Aufspüren von Nahrung und dem Erkennen von Freßfeinden und Artgenossen, sondern auch zur Orientierung bei Ortsveränderungen. So bewegen sich zum Beispiel Augentierchen wie das Grüne Augentier (Euglena viridis) und Wasserflöhe (Cladoceren) gerichtet zum Licht hin. Man bezeichnet dieses Verhalten als positive Phototaxis. Bei anderen Wassertieren wie zum Beispiel einigen Schnecken, Krebsen und Fischen erfolgt die Orientierung nach dem Sonnenstand (→ S. 134). Ferner dient das Licht – zumeist zusammen mit dem Gleichgewichtsorgan – bei zahlreichen Krebsen, Insektenlarven und ausgewachsenen Insekten sowie bei Fischen der Stabilisierung der Lage im Raum. Ein Reflex, der sogenannte Lichtrückenreflex, sorgt dafür, daß sich die Tiere mit dem Rücken zur Lichtquelle ausrichten.

Einige wenige Süßwassertiere haben sich an die schwach belichteten oder sogar völlig finsteren Bereiche des Tiefenwassers (Hypolimnial), des Grundwassers und der Höhlengewässer angepaßt. Als charakteristische Anpassungen an diese Lebensbereiche sind bei ihnen die Hautpigmente und Lichtsinnesorgane reduziert. Zu den typischen Höhlentieren (Troglobionten) gehören einige Krebse, zum Beispiel der Höhlenflohkrebs (Niphargus puteanus), die Höhlenassel (Asellus cavaticus), die Höhlengarnele (Troglocaris schmidti), der amerikanische Höhlenfluß-

Die Abschnitte eines Fließgewässers

Nach dem unterschiedlichen Gehalt an Sauerstoff und Mineralsalzen und anhand der Fließgeschwindigkeit kann man ein Fließgewässer in mehrere Regionen einteilen, die nach ihren charakteristischen Fischen benannt werden. In der *Quellzone* ist das Wasser ziemlich kalt, arm an Sauerstoff und gelösten Mineralstoffen. Tiere und Pflanzen fehlen oder sind nur spärlich vertreten. In der *Forellenregion* weist das Wasser auch im Sommer niedrige Temperaturen auf, strömt schnell und enthält viel gelösten Sauerstoff. Der typische Fisch ist die Bachforelle. In der *Äschenregion* ist das Wasser noch immer sauerstoffreich und kühl, strömt aber langsamer. Der charakteristische Fisch ist die Äsche. In der *Barbenregion* herrscht noch immer eine ausgeprägte Strömung, doch lagert sich bereits feineres Material am Grunde ab. Die Wassertemperatur schwankt mit den Jahreszeiten. Am Grund und im Uferbereich wachsen viele Wasserpflanzen und Algen, ideale Lebensbedingungen für Barben und Karpfen. Darauf folgt im Flachland die *Brachsenregion*, die den größten Artenreichtum ermöglicht, wenn sie nicht durch zu starke Verschmutzung und bakterielle Sauerstoffzehrung verarmt. In der *Brackwasserregion* der Flußmündung herrscht eine wechselnde Strömung, Salzgehalt, Sauerstoffgehalt und in gewissem Maße auch die Temperaturen schwanken beträchtlich. Der Artenreichtum nimmt hier bereits wieder ab, da nur wenige Fische wie Flunder und Kaulbarsch diese Verhältnisse ertragen können.

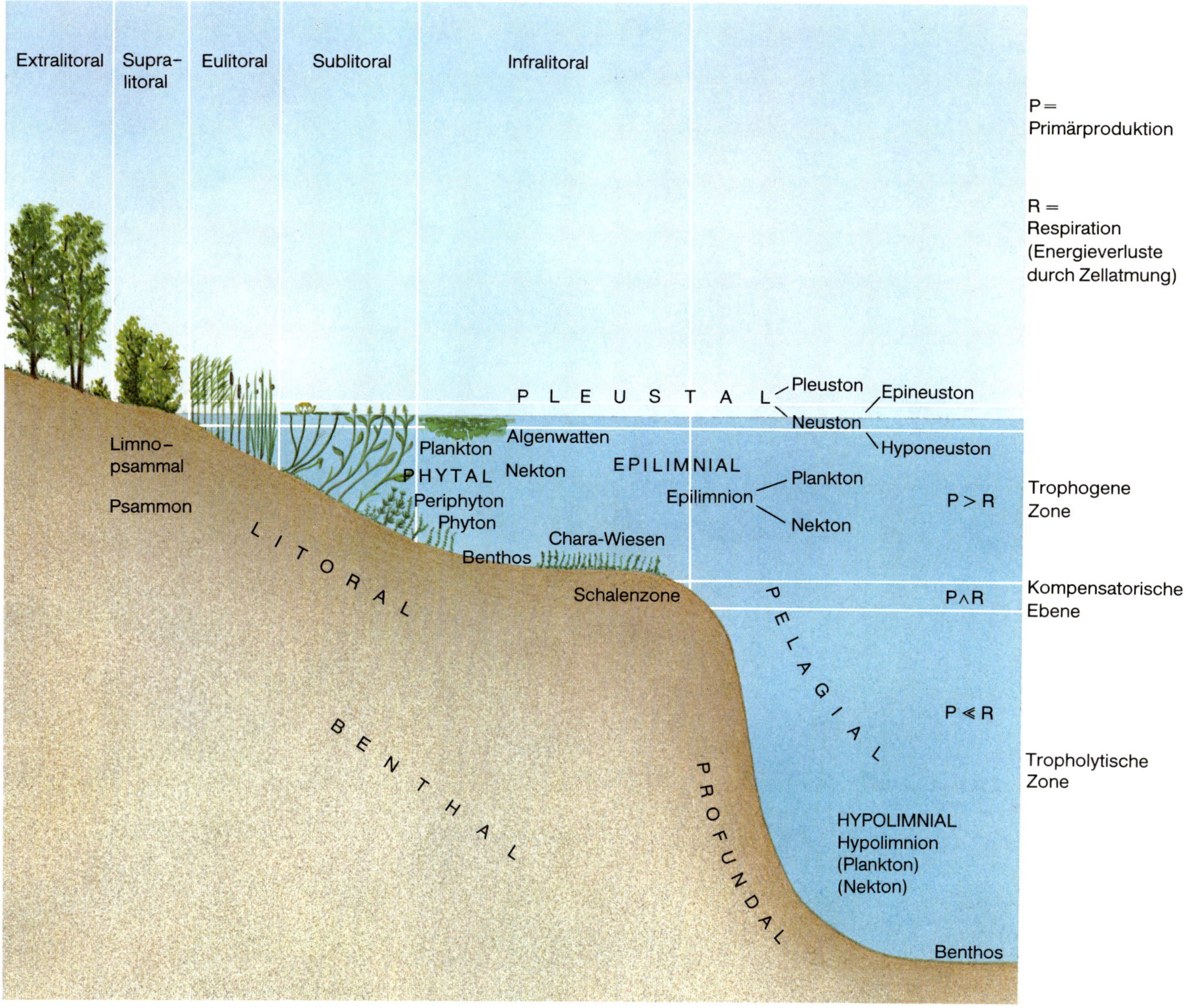

krebs (Cambarus pellucidus), ferner der Höhlenstrudelwurm (Planaria cavatica), der Grottenolm (Proteus anguineus), der amerikanische Höhlensalamander (Typhlomolge spelaeus), einige Höhlenschnecken und eine Reihe von blinden Höhlenfischen.

Gliederung eines tiefen Süßwassersees

Man kann einen Süßwassersee in zahlreiche, charakteristische Teilsysteme untergliedern, die miteinander in ständigem Stoffaustausch stehen und die für sich allein nicht zur Selbstregulation fähig sind.

Das Benthal ist der Gewässerboden, der sich vom Uferbereich (Limnopsammal und Litoral) bis in den Tiefenbereich (Profundal) erstreckt. Das Litoral ist der Bereich des Gewässerbodens, der ständig oder zeitweilig vom Wasser bedeckt ist und eine Mindestmenge Licht erhält, so daß grüne Pflanzen in diesem Bereich erfolgreich Photosynthese betreiben können. Die Grenze des Litorals verläuft nicht starr, sondern ist abhängig vom

Gliederung eines Süßwassersees. *Man kann einen See nach seinen Lebensräumen (-al) sowie nach seinen Lebensformen und Lebensgemeinschaften (-on, -os) gliedern. Innerhalb der Großlebensräume Benthal, Phytal, Pelagial und Pleustal lassen sich noch einmal kleinere Bereiche abgrenzen. So ist das Litoral die Zone des Gewässerbodens, die ständig oder periodisch von Wasser bedeckt ist und eine Mindestmenge Licht erhält, so daß höhere Pflanzen Photosynthese leisten können. Das Litoral läßt sich weiter untergliedern: Das Supralitoral ist bei hohen Wasserständen überflutet und fällt bei Niedrigwasser trocken. Das Eulitoral reicht bis in etwa 2 Meter Wassertiefe. Es fällt nur selten trocken und bietet echten Wasserpflanzen wie Schilfrohr, Rohrkolben und Teichbinse günstige Lebensbedingungen. Das Sublitoral ist die Zone der Schwimmblattpflanzen (Seerose, Teichrose). Es geht in das Infralitoral über, wo vor allem untergetauchte Wasserpflanzen, wie Laichkräuter, Tausendblatt und Hornblatt, gedeihen. Bei Seen mit sandigem Untergrund ist ein kleiner Uferbereich als Limnopsammal ausgebildet, für das eine Lebensgemeinschaft von Mikroorganismen, die Sandlückenfauna (Psammon), charakteristisch ist. Die Lebensgemeinschaft des Benthals wird von Organismen gebildet, die im oder auf dem Boden leben (Benthos).*
Das Phytal ist der Bereich der Wasserpflanzen, Armleuchteralgen und Algenwatten. Es liefert zahlreichen Pflanzenfressern Nahrung, bietet Versteckmöglichkeiten und sessilen Tieren Möglichkeiten der Anheftung. Diese auf den Pflanzen siedelnden Organismen bezeichnet man als Periphyton, die übrigen als Phyton.
Das Pelagial ist das »freie Wasser«, also der nicht mit Pflanzen besiedelte Bereich. Es wird nochmals untergliedert in das Epilimnial, die trophogene Zone, in der der Aufbau von Biomasse größer ist als ihr Abbau, und das Hypolimnial, die tropholytische Zone, in der mehr Biomasse ab- als aufgebaut wird.
Die Wasseroberfläche bezeichnet man als Pleustal. Typische Lebensgemeinschaften sind das Pleuston, Pflanzen und Tiere, die auf dem Wasser schwimmen, und das Neuston, Tiere, die an der Oberfläche oder an der Unterseite des Wasserhäutchens haften.

1

2
3

4
5

Leben im Schilfgürtel

Die recht einheitliche Vegetation des Schilfgürtels von Binnengewässern bietet einer typischen Lebensgemeinschaft Raum. Die dicht an dicht stehenden Schilfrohrstengel geben dem Teichrohrsänger (1) die Möglichkeit, sein Nest sicher anzubringen, und die Rohrdommel (2) verschmilzt bei Gefahr optisch dank ihrer Tarnfärbung und starren »Pfahlstellung« mit diesem Stengelwald. Auch die seltenen Bartmeisen Südeuropas (6) nisten bevorzugt im Schilf, während der Haubentaucher (4) sein schwimmendes Nest gern zu einem Ausflug auf den freien Wasserflächen verläßt und den Nachwuchs dabei auf dem Rücken trägt. In genügend breiten Schilfgürteln größerer Binnenseen siedelt sich die Rohrweihe an (5). Sie ernährt sich von bodenlebenden Kleintieren und ist wie alle Weihen sehr nützlich. Das gilt nicht unbedingt für den Biber Nordeurasiens und -amerikas, der mit seinen starken Zähnen bis zu 20 Zentimeter dicke Bäume so geschickt annagt, daß sie umstürzen und zu Staudämmen verarbeitet werden können. So wird Wasser für eventuelle Trockenzeiten angestaut. Der Eingang zu den Wohnbauten in der Uferböschung liegt stets unter der Wasseroberfläche. Die ursprünglich in Nordamerika beheimatete Bisamratte (3) ist ein unerwünschter Einwanderer in Mitteleuropa, weil sie Deiche und Uferbefestigungen unterwühlt.

6

7

Libellenlarven gehören zur Lebensgemeinschaft der Bodenorganismen. Sie ernähren sich räuberisch und fallen auch schon mal über einen Artgenossen her.

Typische Bodenbewohner sind auch die Larven der Köcherfliege. Der Name rührt daher, daß sie köcherartige Gehäuse, etwa aus Steinchen, herstellen, in denen sie gut getarnt auf Beute lauern.

jahreszeitlichen Sonnenstand, vom Planktongehalt, vom Gehalt an Schwebepartikeln (Detritus, Humus oder andere Bodenpartikeln). Das Litoral zeigt insbesondere bei großen, flachen Seen eine charakteristische Untergliederung in Extralitoral, Supralitoral, Eulitoral, Sublitoral und Infralitoral.

Das Supralitoral ist eine Übergangszone zwischen Land und Wasser. Bei hohen Wasserständen wird es überflutet, bei Niedrigwasser fällt es trocken. Es steht in ständigem Stoffaustausch einerseits mit dem Landbereich, dem Extralitoral, das mit Bäumen und Sträuchern bestanden ist, die einen hohen Grundwasserspiegel vertragen, andererseits mit dem Eulitoral, dem Gewässerbodenbereich bis in etwa zwei Meter Wassertiefe, der nur selten trockenfällt.

Das Eulitoral wird bevorzugt von Pflanzen besiedelt, deren Blätter hauptsächlich über das Wasser hinausragen und deren Wurzeln ständig im Grundwasserbereich liegen, wie Schilfrohr (Phragmites communis), Rohrkolben (Typha spec.) oder Teichbinse (Scirpus lacustris).

Das Eulitoral geht über in das Sublitoral, das ebenfalls Wasserpflanzen Lebensraum bietet, deren Blätter jedoch nicht hoch über das Wasser ragen, sondern der Wasseroberfläche aufliegen: Es ist die Zone der Schwimmblattpflanzen, zu denen zum Beispiel die Seerose (Nymphaea alba) und die Teichrose (Nuphar lutea) gehören.

Das nur unter extremen Bedingungen trokkenfallende Sublitoral geht in das ständig von Wasser bedeckte Infralitoral über, das vor allem von Unterwasserpflanzen wie Laichkräutern (Potamogeton), Tausendblatt (Myriophyllum), Hornblatt (Ceratophyllum) und Wasserpest (Elodea) besiedelt wird.

Der über die Wasseroberfläche des Litorals hinausragende Schilfgürtel stellt das Nist- und Nahrungsrevier zahlreicher wasserabhängiger Vogelarten dar, unter anderem von Rohrsängern, von Bartmeisen, Rallenvögeln wie dem Bläßhuhn und der Wasserralle, Reihern wie der Großen Rohrdommel und Taggreifen wie der Rohrweihe. Der Schilfgürtel ist auch Nistgebiet zahlreicher Entenvögel – Tauch- und Schwimmenten, Schwäne und Gänse – und Lappentaucher (z. B. Haubentaucher) sowie der Bisamratte, die an flachen Gewässern aus Schilf ihre »Burgen« baut.

Zu den charakteristischen tierischen Bodenorganismen (Zoo-Benthos) des Litorals gehören zahlreiche Einzeller, insbesondere Amöben und Wimpertierchen sowie Strudelwürmer, Muscheln wie die auf weichem Boden vorkommende Teichmuschel (Anodonta) und die steinigen Boden besiedelnde Wandermuschel (Dreissena polymorpha), die für Tausende von auf dem Bodensee überwinternden Tauchenten die wichtigste Nahrung darstellt. Ferner gehören zur Lebensgemeinschaft der Bodenorganismen wurmförmige Ruderfußkrebse (Harpacticiden), Muschelkrebse (Ostracoden), Flohkrebse (Gammariden), Wasserasseln (Asellus aquaticus), Zehnfußkrebse (Dekapoden) und zahlreiche Insektenlarven, so zum Beispiel die Larven von Schwimmkäfern (Dytisciden) und Libellen (Odonaten), die – gut getarnt – auf Beutetiere lauern.

Weitere typische Tiere des Benthos sind die Larven der Köcherfliegen (Trichopteren), die aus Pflanzenteilen oder Steinchen mit Hilfe von Speicheldrüsensekret köcherförmige Gehäuse herstellen, die Larven von Eintagsfliegen (Ephemeriden) und Zuckmücken (Chironomiden), die als Detritusfresser (Bodenpartikelfresser) – häufig zusammen mit Schlammröhrenwürmern (Tubifex tubifex) – zur Mineralisation der am Gewässerboden sich ansammelnden toten organischen Substanz beitragen.

Zu den Bodenbewohnern von Gewässern gehören auch Fische, zum Beispiel bei uns in klaren Bächen die Schmerle (Noemacheilus barbatulus) und in sedimentreichen Gewässern der Schlammpeitzger (Misgurnus fossilis), die sich überwiegend von Insektenlarven und kleinen Krebstieren ernähren, sowie in großen Seen der bis ins Profundal vorkommende Wels (Silurus glanis), der als großer Beutegreifer (bis 150 Kilogramm schwer) überwiegend Fische, teilweise auch Amphibien und Wasservögel erbeutet.

Der direkte Uferbereich (Supralitoral) vor allem großer Gewässer mit sandigem Untergrund bildet einen besonderen Lebensraum, das sogenannte Limnopsammal. Es wird von einer charakteristischen Gemeinschaft tierischer Kleinlebewesen (Mikroorganismen), der sogenannten Sandlückenfauna (Psammon), besiedelt. Es handelt sich hierbei überwiegend um Formen aus verschiedenen Klassen wirbelloser Tiere wie Wimpertierchen, Rädertiere, Strudelwürmer und Ruderfußkrebse, die unabhängig voneinander (konvergent) in Anpassung an die Beschaffenheit ihres Lebensraumes, die Lücken zwischen Sandkörnern, eine wurmförmige Körpergestalt entwickelt haben (→ S. 156).

Die Artenvielfalt der Benthosorganismen nimmt mit zunehmender Wassertiefe ab; sie ist am geringsten im lichtarmen bis lichtlosen Profundal. Ein ausgedehntes Profundal besitzen zum Beispiel die schleswig-holsteinischen Seen wie der Plöner See und die alpinen Seen wie Bodensee und Königssee. Das Profundal wird in großer Individuenzahl vor allem von detritusfressenden Zuckmückenlarven besiedelt. Einige Seen wie zum Beispiel der Neusiedlersee im Burgenland sind so flach, daß sie kein Profundal besitzen. Derartige Flachseen bezeichnet man auch als Weiher.

Neben Litoral und Profundal als Lebensbezirke des Gewässerbodens bestehen Gewässer-Ökosysteme aus weiteren charakteristischen »Schichten«: Das artenreiche Phytal ist der Bereich oberhalb des Gewässerbodens, der mehr oder weniger dicht mit Wasserpflanzen und fadenförmigen Algen besiedelt ist. Die grünen Pflanzen stellen die Nahrung für Pflanzenfresser und Allesfresser dar: Zahlreiche Wasserschneckenarten, zum Beispiel Schlammschnecken (Gattung Lymnaea), Tellerschnecken (Familie Planorbidae) und Sumpfdeckelschnecken (Viviparus viviparus) weiden von Stengeln und Blättern der Wasserpflanzen den Algenbewuchs ab. Ruderwanzen (Gattung Corixa) und einige Zuckmückenlarven fressen lebende und tote pflanzliche Substanz. Kolbenwasserkäfer (Hydrous piceus) ernähren sich überwiegend von Laichkräutern (Gattung Potamogeton). Einige Fische wie zum Beispiel Karpfen (Cyprinus carpio) sowie der Edelkrebs (Astacus astacus) fressen neben Tieren auch Pflanzen. Von den Pflanzenbeständen des Phytals ernähren sich außerdem einige Entenvögel, bei uns vor allem Stockente (Anas platyrhynchos) und Höckerschwan (Cygnus olor), die als auf dem Wasser schwimmende Tiere zur Lebensgemeinschaft des Pleustons gerechnet werden, sowie einige wenige Säugetiere wie die Bisamratte (Ondatra zibethica) und der Biber (Castor fiber).

Große Wassertiere, die in beträchtlicher Menge Pflanzen konsumieren, fehlen in unseren Gewässern. Ihre Verbreitung ist auf die überaus pflanzenreichen Gewässer der Subtropen und Tropen beschränkt. Beispiele hierfür sind das in afrikanischen Gewässern weit verbreitete Flußpferd (Hippopotamus amphibius), die südamerikanischen Wasserschweine (Hydrochoerus hydrochaeris), die südamerikanischen und südostasiatischen Tapire (Gattung Tapirus), die im Bereich des Extralitorals leben und zur Nahrungsaufnahme das Phytal aufsuchen, sowie die Seekühe oder Sirenen (Ordnung Sirenia), die große tropische Flüsse wie den Amazonas, insbesondere die Mündungsgebiete, besie-

Der Europäische Flußkrebs wurde schon im 19. Jahrhundert durch die »Krebspest« nahezu ausgerottet. Heute droht ihm durch die zunehmende Gewässerverschmutzung das Ende.

Unten: In großen Seen kommt der Wels vor, ebenfalls ein Bodenbewohner und mit 3 Metern Länge der größte einheimische Süßwasserfisch.

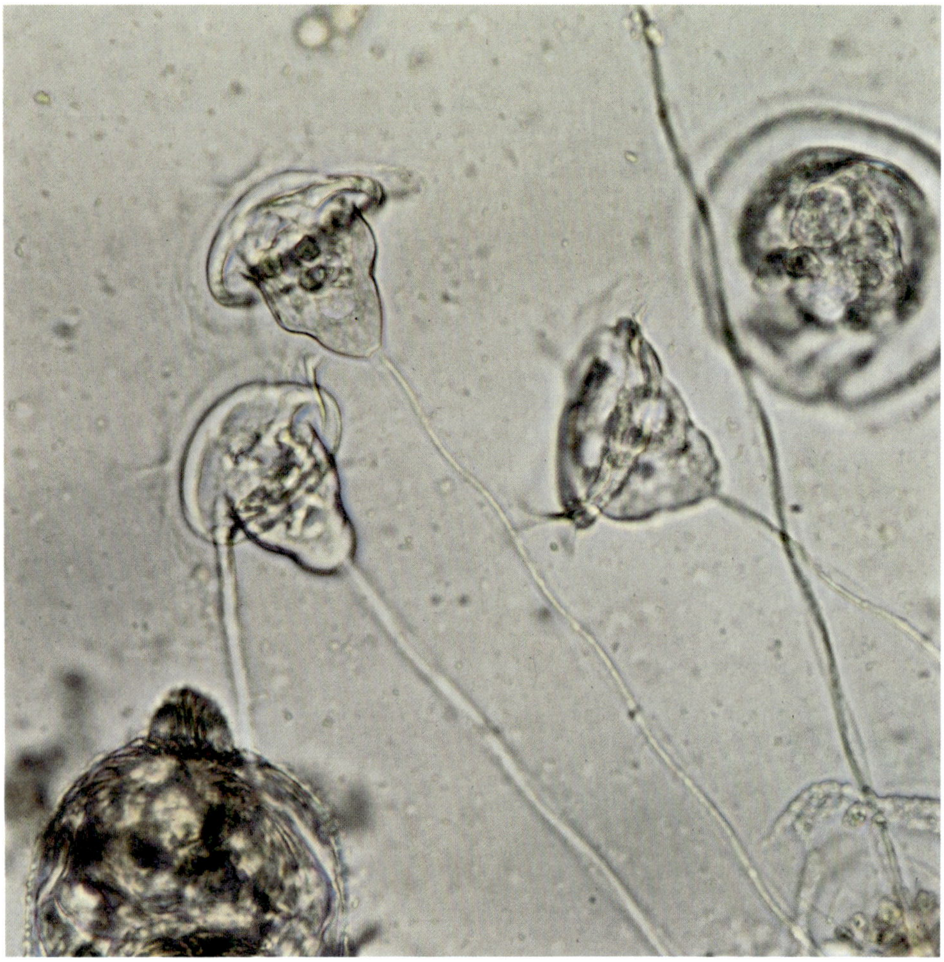

Die mikroskopisch kleinen einzelligen Glockentierchen gehören zur Lebensgemeinschaft des Periphytons, das heißt, sie heften sich an Wasserpflanzen fest.

deln. Einige Seekuharten wie der südostasiatische Dugong (Dugong dugong) dringen sogar weit in rein marine Ökosysteme vor.

Die Bestände der Wasserpflanzen bilden ferner für zahlreiche Wassertiere wichtige Laichplätze, zum Beispiel für eierlegende Wasserschnecken, Amphibien, Eintagsfliegen, Wasserwanzen, Libellen sowie für verschiedene Fischarten wie Karpfen (Cyprinus carpio), Flußbarsch (Perca fluviatilis) und Hecht (Esox lucius). Auch Fische anderer Gewässerbereiche, zum Beispiel des Profundals (Wels) und des Pelagials (Zander), suchen zum Ablaichen Litoral und Phytal auf. Weibchen von Kleinlibellen (Zygopteren) und Großlibellen (Anisopteren) der Gattung Aeschna sowie einige Wasserwanzen wie der Rückenschwimmer (Notonecta) legen ihre Eier mit Hilfe eines speziellen Eilegeapparates in Pflanzenstengeln ab.

Für eine Vielzahl von mikroskopisch kleinen Wasserorganismen (Mikroorganismen) ist die Unterwasservegetation zeitweiliger oder ständiger Aufenthaltsort. Sie bilden mit kleinen Algen, vor allem Kieselalgen (Diatomeen), die Lebensgemeinschaft des Periphytons. Charakteristische festsitzende Formen sind die einzelligen Glockentierchen (Vorticella), das Trompetentierchen (Stentor), Sauginfusorien (Suktorien), Süßwasserpolypen der Gattung Hydra, Blumen-Rädertiere der Gattungen Limnias und Floscularia sowie Süßwasserschwämme und Moostierchen (Bryozoen).

Den dritten großen Bereich stellt das Pelagial dar. Hierunter versteht man das »freie Wasser«, das heißt die nicht mit Wasserpflanzen besiedelten Bereiche des Gewässers. Das Pelagial ist aufgrund der fehlenden Pflanzen ein relativ eintöniger Bereich, der nur wenigen Tierarten Lebensmöglichkeiten bietet. Die vorkommenden Arten treten jedoch in großer Artenzahl auf (→ S. 144).

Das Pelagial untergliedert man – aufgrund unterschiedlicher ökologischer Bedingungen wie zum Beispiel Belichtung, Temperatur, Kohlendioxid- und Sauerstoffgehalt – in das Epilimnial und Hypolimnial, die untereinander ebenfalls in stetigem Stoffaustausch stehen. Die vertikale Ausdehnung des Epilimnials entspricht der »trophogenen Zone«, das heißt dem Bereich des Gewässers, in den genügend Licht fällt, so daß pflanzliche Organismen hier existieren und Photosynthese betreiben können. Die Pflanzen des Epilimnials sind Mikroorganismen, Phytoplankton, von dem sich vor allem mikroskopisch kleine Tiere, das Zooplankton, ernähren, das wiederum die Nahrungsbasis vor allem für Jungfische darstellt.

Allgemein werden als Plankton Wasserorganismen bezeichnet, die entweder – wie das Phytoplankton – passiv schweben oder aber – wie die meisten Zooplankter – aktiv durch Schwimmbewegungen ein Absinken auf den Boden verhindern. Bei den passiv schwebenden Formen sind teilweise Schwebefortsätze ausgebildet, die den Widerstand des Körpers erhöhen, oder aber eingelagerte Öltröpfchen oder Gasansammlungen vorhanden, die zu einer Verringerung des spezifischen Gewichts führen; ferner verhindern Turbulenzen im Wasser (durch Temperaturunterschiede) ein Absinken der Organismen. Die meisten Zooplankter führen mit Hilfe ihrer Fortbewegungsorgane täglich charakteristische Vertikalwanderungen durch, die über die Lichtintensität in der jeweiligen Wasserschicht geregelt werden (→ S. 252). Charakteristische Plankter des Epilimnions sind einige Wasserfloharten (Cladoceren), Ruderfußkrebse (Copepoden) und Rädertiere (Rotatorien). Diese pelagischen Formen pflanzen sich – im Unterschied zu den zahlreichen im Phytal vorkommenden nahe verwandten Arten – fast ausschließlich durch »Jungfernzeugung« (Parthenogenese) fort, bei der sich die Eier ohne Befruchtung zu neuen Lebewesen entwickeln (→ S. 111).

Die Lebensgemeinschaft des Epilimnials, das Epilimnion, besteht neben dem Plankton aus dem Nekton, dessen Nahrungsgrundlage das Plankton bildet. Mit Nekton bezeichnet man diejenigen Wasserorganismen, die nicht nur durch ihre Schwimmbewegungen ein Absinken verhindern, sondern auch zu schnellen, zielgerichteten Ortsveränderungen befähigt sind. Zum Nekton gehören vor allem Fische, zum Beispiel die Seeforelle (Salmo trutta), das Bodenseefelchen (Coregonus lavaretus) und der Zander (Lucioperca lucioperca) sowie einige wenige Larven und Imagines (ausgewachsene Insekten) von Wasserinsekten, zum Beispiel Larven der Büschelmücke (Chaoborus crystallinus). Die Populationen der zahlreichen Fischarten des Nektons werden unter anderem von tauchenden Vögeln, zum Beispiel vom Haubentaucher (Podiceps cristatus) dezimiert, ferner von Entenvögeln, zum Beispiel vom Gänsesäger (Mergus merganser), von Taggreifvögeln wie Fischadler (Pandion haliaëtus) und Seeadler (Haliaëtus albicilla) sowie von fischfressenden Säugern, zum Beispiel vom Fischotter (Lutra lutra).

Die Lebensgemeinschaft des Hypolimnials, das Hypolimnion, unterscheidet sich in der Zusammensetzung der Arten und in der Zahl der Organismen von der des Epilimnials: Phytoplankter kommen nur im oberen Bereich vor, in den noch genügend Licht gelangt. In den lichtlosen Tiefen fehlen sie ganz, so daß sich die Lebensgemeinschaft des Hypolimnials im wesentlichen aus Beutegreifern sowie detritusfressenden Mikroorganismen (Destruenten, → S. 132) wie zum Beispiel Bakterien, einigen Insektenlarven und Zooplanktern zusammensetzt. In diesem Bereich überwiegt der Stoffabbau bei weitem den Stoffaufbau, so daß man diesen Bereich auch als »tropholytische Zone« (Zone des Abbaus) bezeichnet.

Das vierte Teilsystem des Ökosystems See bildet neben Benthal (Gewässerboden), Phytal (Pflanzenbestände) und Pelagial (freies

Wasser) das Pleustal: Hierunter versteht man den Lebensbereich des Oberflächenwassers, die Grenzschicht zwischen Wasser und Atmosphäre.

Die typischen Lebensformen dieses Bereichs sind das Pleuston und das Neuston. Unter Pleuston versteht man im allgemeinen größere (makroskopische) Pflanzen und Tiere, die auf der Wasseroberfläche schwimmen. Charakteristische Pflanzen sind zum Beispiel die Wasserlinsen (Lemna), der Froschbiß (Hydrocharis morsus-ranae) und – in tropischen Gebieten – die Wasserhyazinthe (Eichhornia crassipes). Charakteristische Tiere sind vor allem die schwimmfähigen Wasservögel wie Enten, Gänse, Schwäne, Taucher und Möwen.

Mit Neuston bezeichnet man diejenigen mikroskopischen und makroskopischen Wassertiere, die die Oberflächenspannung des Wassers nutzen und entweder an der Oberfläche des Wassers haften (Epineuston) oder an seiner Unterseite leben (Hyponeuston). Zum Epineuston gehören zum Beispiel die verschiedenen Wasserläuferarten und an das Wasserleben angepaßte Landwanzen; zum Hyponeuston zählen zahlreiche Insektenlarven und -puppen, die zum Atmen die Wasseroberfläche aufsuchen bzw. ständig an ihr hängen. Die meisten Insektenlarven und ausgewachsenen Insekten, die zum Atmen an die Wasseroberfläche kommen, haben charakteristische Atemröhren ausgebildet, mit denen sie das Wasserhäutchen durchstoßen und atmosphärische Luft aufnehmen. Zum Hyponeuston zählen auch der Taumelkäfer (Gyrinus) und einige Kleinkrebse wie zum Beispiel der »Kahnfahrer« (Scapholeberis mucronata).

Der größte Teil der an der Wasseroberfläche zu beobachtenden Organismen ist nur zeitweilig dem Neuston zuzuordnen, so die Insektenlarven, die nur zum Atmen an die Oberfläche schwimmen, das heißt, sie verbringen die meiste Zeit im Phytal, Benthal oder Pelagial und sind daher den Lebensgemeinschaften dieser Schichten zuzurechnen.

Hier wird besonders deutlich, daß – wie bereits erwähnt – zwischen den charakteristischen Teil-Lebensgemeinschaften eines Gewässers ein ständiger vertikaler und horizontaler Austausch von Organismen stattfindet: So wandern zum Beispiel einige Insektenlarven ständig zwischen verschiedenen Teilbereichen des Gewässers hin und her. Zur Nahrungsaufnahme sind sie am Boden und gehören somit zur Lebensgemeinschaft des Benthos. Zur Aufnahme von Atemluft steigen sie im Wasser hoch und hängen sich an das Oberflächenhäutchen des Wassers; sie gehören somit für kurze Zeit auch zur Lebensgemeinschaft des Neustons. Andere Tiere wie einige Fische des Pelagials suchen nur während der Laichzeit die flachen, pflanzenreichen Gebiete des Gewässers, das Litoral, auf. Zahlreiche Zuckmücken (Chironomiden) leben als Larven auf dem Boden und steigen erst nach erfolgter Verpuppung bis unter die Wasseroberfläche hoch, wo sie bis zum Schlüpfen dem Neuston angehören. Teichmuscheln sitzen als Larven (Glochidien) festgehakt auf den Kiemen von Fischen und führen ein Leben als Parasiten, als »fertige« Muscheln werden sie jedoch zu sich selbständig ernährenden Benthosorganismen. Wasserfrösche schließlich zeigen eine jahreszeitlich bedingte Vertikalwanderung: Vom Frühjahr bis zum Herbst leben sie als Tiere des Pleustons und Neustons an der Wasseroberfläche; im Spätherbst wandern sie auf den Gewässerboden, in dessen Schlamm sie überwintern, und werden so für diese Zeit zu Benthosorganismen.

Ein Blick durchs Mikroskop auf eine Süßwasserprobe zeigt, daß am Stengel einer Wasserpflanze zahlreiche Rädertiere und Glockentierchen sitzen.

Auswirkungen von Umweltbelastungen auf Süßwassertiere

Wie zahlreiche Landtiere, so sind heute auch zahlreiche Wassertiere vom Aussterben bedroht. Dies hat mehrere Gründe. Allgemein ist festzustellen, daß weltweit ungünstige Veränderungen der Lebensräume stattfinden, die zu einer zunehmenden Artenverarmung der Lebensgemeinschaften in Gewässern führen. Zudem verschwinden zahlreiche Süßgewässer, vor allem Kleingewässer und landwirtschaftlich nutzbare Feuchtgebiete, völlig von der Landkarte. Die wichtigsten Eingriffe in naturnahe Gewässer-Ökosysteme sind:

- □ künstliche Nährstoffanreicherung (Eutrophierung) durch Einleitung stickstoff- und phosphathaltiger organischer und anorganischer Verbindungen in die Gewässer;
- □ thermische Belastung der Gewässer, zum Beispiel durch Einleitung von Kühlwasser aus Kernkraftwerken;
- □ Belastung der Gewässer mit Schwermetallen (z. B. Quecksilber, Cadmium und Blei);
- □ Belastung der Gewässer mit Schädlingsbekämpfungsmitteln, Pestiziden (z. B. Insektizide);
- □ Belastung der Gewässer mit radioaktiven Substanzen;
- □ Übersäuerung der Gewässer durch schwefelhaltige Emissionen aus Verbrennungsprozessen, bei denen fossile Brennstoffe eingesetzt werden (Kohlekraftwerke, Heizungen mit Öl- und Kohlefeuerung);
- □ Versalzung der Gewässer (durch Salzfrachten, Kunstdüngung);
- □ »planerische Eingriffe« (»Bodenverbesserungsmaßnahmen«, Abtorfen, Flurbereinigungen, Bach- und Flußregulierungen, Verwendung der Gewässer als Mülldeponien, siedlungs- und verkehrstechnische Maßnahmen);
- □ Überjagung und Überfischung;
- □ Ausrottung seltener Arten (Tierhandel, Lederindustrie);
- □ übermäßige touristische Nutzung (Gewässer als Freizeitgebiete).

Engelhardt, W.: *Was lebt in Tümpel, Bach und Weiher,* Stuttgart 1980. – Auch für Laien gut verständliche Einführung in die Biologie und die Formenvielfalt von Pflanzen und Tieren der Binnengewässer.

Geiler, H.: *Ökologie der Land- und Süßwassertiere,* Reinbek 1975. – Kurze Einführung in die allgemeine und spezielle Ökologie von Land- und Süßwassertieren. Auch für Laien mit geringen biologischen Vorkenntnissen geeignet.

Grimpe, G./Remane, A. (Hrsg.): *Die Tierwelt der Nord- und Ostsee,* Leipzig 1940. – Ausführlichste und beste Darstellung der Verbreitung von Brackwassertieren und Meerwassertieren im Bereich von Nord- und Ostsee. Spezialwerk für Biologen, Biologielehrer und Laien mit guten biologischen Vorkenntnissen.

Illies, J. (Hrsg.): *Limnofauna Europaea. Eine Zusammenstellung aller die europäischen Binnengewässer bewohnenden mehrzelligen Tierarten mit Angaben über ihre Verbreitung und Ökologie,* Stuttgart 1978. – Spezialwerk für Ökologen und Systematiker.

Streble, H./Krauter, D.: *Das Leben im Wassertropfen. Mikrofauna und Mikroflora des Süßwassers,* Stuttgart 1976. – Bestimmungsbuch auf der Basis von Zeichnungen. Vor allem für »fortgeschrittene Mikroskopiker« geeignet.

Wesenberg-Lund, C.: *Biologie der Süßwassertiere. Wirbellose Tiere,* Lehre 1967.

Wesenberg-Lund, C.: *Biologie der Süßwasserinsekten,* Braunschweig 1980. – Beide Werke sind noch heute Standardlehrbücher, in denen auf verständliche Art und Weise Biologie und Ökologie der wirbellosen Süßwassertiere ausführlich dargestellt werden.

Eutrophierung und thermische Belastung. In dem Maße, wie die menschliche Bevölkerung zunimmt, nimmt auch die Eutrophierung der Gewässer zu. Eutrophierung bedeutet eine Zunahme der Biomasse der pflanzlichen Organismen, ihrer Produktivität, durch erhöhte Zufuhr der für Pflanzen wichtigsten Nährstoffe Nitrat und Phosphat. Diese Nährsalze gelangen auf unterschiedliche Art und Weise in die Gewässer. Hauptquelle für Nitrate sind Haushaltsabwässer und Abwässer aus landwirtschaftlichen Produktionsbetrieben, deren Fäkalien vor allem Harnstoff in großen Mengen enthalten. Harnstoff wird im Gewässer von Bakterien teilweise zu Nitrat umgewandelt. Eine weitere Nitratquelle ist die unsachgemäße, übertriebene Anwendung von Kunstdünger in der Landwirtschaft. Hauptquelle für Phosphate sind Haushaltsabwässer mit ihrem hohen Gehalt an phosphatreichen Waschmitteln. Die meisten unserer Kläranlagen besitzen inzwischen zwar eine sogenannte biologische Stufe, in der Bakterien die zugeführten organischen Stoffe bis zu Mineralsalzen abbauen, nicht aber eine sogenannte chemische Stufe, in der die entstehenden Mineralsalze, die ja pflanzliche Nährstoffe darstellen, durch bestimmte chemische Reaktionen entfernt werden.

So kommt es, daß im sogenannten Vorfluter, dem Gewässer (Bach, Fluß, See), an dem die Kläranlage liegt und in das das »geklärte« Wasser eingeleitet wird, Nährstoffe künstlich angereichert werden, was dazu führt, daß sich die Pflanzen explosionsartig vermehren. Dies wäre an sich noch nicht problematisch, wenn man den Überschuß an Pflanzen aus dem Gewässer entfernen und zum Beispiel zur Tierfütterung oder Gründüngung benutzen würde. Da dies jedoch nicht geschieht, verursacht die Zunahme der Pflanzen, die nur zu einem geringen Teil von Wassertieren gefressen werden, erhebliche Probleme: Der Abbau des toten Pflanzenmaterials durch Bakterien erfordert große Mengen von Sauerstoff (aerober Abbau), das heißt, die Bakterien zehren durch ihre Abbautätigkeit am Sauerstoffgehalt des Gewässers; dadurch tritt eine »Sauerstoffzehrung« ein, die im Bodenbereich, wo sich das tote organische Material absetzt, schließlich zu einem völligen Verlust an Sauerstoff führen kann, so daß nur noch ohne die Zuhilfenahme von Sauerstoff (anaerob) abgebaut werden kann. Beim anaeroben Abbau entstehen unter anderem giftige chemische Verbindungen wie Ammoniak, Nitrit und Schwefelwasserstoff. Das beim anaeroben Abbau entstehende Bodensediment wird als Faulschlamm (Sapropel) bezeichnet. Mit zunehmendem Sauerstoffschwund im Gewässer verarmt auch seine Lebensgemeinschaft.

Tierarten, die viel Sauerstoff brauchen, gehen als erste zugrunde. So verschwinden zum Beispiel in unseren Gewässern von den Fischen als erstes die Lachsartigen (Salmoniden), die empfindlicher als die Karpfenartigen (Cypriniden) auf das Absinken des Sauerstoffgehaltes reagieren.

Eine ständig zunehmende Eutrophierung kann vor allem in Seen ohne Abfluß, in denen sich im Gegensatz zu Flüssen die Nährstoffe immer mehr anreichern, schließlich dazu führen, daß fast alle Schichten des Gewässers sauerstofffrei sind. Im Milieu dieses »umgekippten« Gewässers können nur noch wenige Organismen, zum Beispiel anaerobe Bakterien, existieren.

Durch thermische Belastung, zum Beispiel durch Einleiten von Kühlwasser, wird der Prozeß der Eutrophierung noch gefördert: Jede Temperaturerhöhung bedeutet für die zahlreichen wechselwarmen Tiere eine Erhöhung der Stoffwechselintensität (→S. 136) und somit einen höheren Sauerstoffbedarf, gleichzeitig sinkt jedoch mit steigender Wassertemperatur die Löslichkeit des Wassers für Sauerstoff, so daß die Sauerstoffzehrung sich erheblich beschleunigt.

Eine Temperaturerhöhung in stark organisch verunreinigten Gewässern führt ferner zu einem verstärkten Wachstum von krankheitserregenden Bakterien, zum Beispiel des Erregers des »Botulismus« (Clostridium botulinum), eines Bakteriums, das nur in sauerstofffreiem Milieu existieren kann und beim Menschen schwere »Lebensmittelvergiftungen« hervorrufen kann. Durch Botulismus sind vor einigen Jahren in holländischen und spanischen Gewässern Tausende von Schnepfen- und Entenvögeln zugrunde gegangen, die sich als Detritusfresser durch Aufnahme von Bodenschlammteilchen infiziert hatten.

Schwermetalle und Schädlingsbekämpfungsmittel (Pestizide) spielen weltweit als Schadstoffe für Wasserorganismen eine immer größere Rolle. Betroffen sind vor allem die Endkonsumenten wie zahlreiche fischfressende Vögel und Säuger, da sich Schwermetalle und Pestizide in der Nahrungskette anreichern (Problem der Akkumulation von Schadstoffen →S. 153). Die Belastung der Gewässer mit Schwermetallen und Pestiziden hat zum Beispiel dazu geführt, daß bei uns der Seeadler (Haliaeëtus albicilla) und in Nordamerika das Wappentier der Amerikaner, der Weißkopfseeadler (Haliaeëtus leucocephalus), vom Aussterben bedroht sind. Das gilt auch für Populationen des Braunen Pelikans (Pelecanus occidentalis) im nordamerikanischen Bereich des Golfs von Mexiko, die durch Störung der Eientwicklung infolge von Schwermetall- und Pestizidanreicherung kaum mehr erfolgreich brüten.

Nicht nur bei Tieren, sondern auch beim Menschen wurden zahlreiche Beispiele von akuten und chronischen Schwermetallvergiftungen beobachtet. »Klassisches Beispiel« ist die »Minamata-Krankheit«, eine Vergiftung mit hochgiftigem Methylquecksilber, die zuerst 1953 bei Bewohnern der Meeresbucht von Minamata in Japan festgestellt wurde. Sie ist gekennzeichnet durch fortschreitende, irreversible Störungen der Funktion des Nervensystems. Ein Chemieunternehmen hatte jahrelang quecksilberhaltige Abwässer ins Meer eingeleitet. Quecksilber wird vom Phytoplankton in Methylquecksilber umgewandelt, das sich in der Nahrungskette (→S. 148) anreichert. Betroffene Endkonsumenten waren die vom Fischfang lebenden Bewohner der Bucht, in denen sich das hochgiftige Methylquecksilber durch Genuß des Hauptnahrungsmittels Fisch anreicherte. Zahlreiche Menschen erkrankten, viele starben, jedes dritte Kind wurde mit schweren Mißbildungen des Nervensystems geboren. Auch Vergiftungen mit dem Schwermetall Cadmium wurden das erste Mal in Japan in großem Ausmaß bei Reisbauern beobachtet, die jahrelang Reis aßen, der von Feldern geerntet wurde, die mit cadmiumhaltigem Flußwasser bewässert wurden. Die Anreicherung von Cadmium im Körper führt zu schweren Skelettdeformierungen und irreversiblen Nierenschädigungen (»Itai-Itai-Krankheit«).

Die Schädigung von Wassertieren durch Übersäuerung der Gewässer ist seit längerem in Gebieten zu beobachten, die starken Schwefeldioxid-Emissionen ausgesetzt sind. Das gilt zum Beispiel für die skandinavischen Gewässer, die durch Schwefeldioxid-Emissionen aus den mitteleuropäischen Schwerindustriegebieten (England, Belgien, Ruhrgebiet) über die Westwinddrift sowie durch die eigene Industrie so stark mit sauren Niederschlägen – aus Schwefeldioxid und Regenwasser bildet sich schweflige Säure – belastet sind, daß in einigen Gewässern der pH-Wert bereits bis auf drei (stark sauer) abgesunken ist, was den Tod von Pflanzen und Tieren bedeutet.

Bei großen Seen, die als Fischgewässer wichtig sind, versucht man, mit großem Kostenaufwand durch Einbringung von Kalk die eingetretene Übersäuerung rückgängig zu machen. Bereits ein geringes Absinken des pH-Wertes in den sauren Bereich stört die Embryonalentwicklung der Fische.

Ein nicht unerhebliches Problem stellt auch die Versalzung der Gewässer dar. So ist zum Beispiel die Weser durch hohe Salzfrachten aus den thüringischen Kalibergwerken so stark belastet, daß man sie als Brackwassergebiet bezeichnen kann. Es haben sich jedoch nur wenige Lebewesen des Brackwassers ansiedeln können, da die Schwankungen des Salzgehalts zu groß sind.

Ungleich schwerer als die nur an manchen Stellen auftretende Versalzung der Gewässer wiegen »planvolle« Eingriffe in Gewässer, die bei uns zur Vernichtung wertvoller Lebensräume geführt haben: So wurden unter anderem im Zuge der Regulierung des Rheinbettes zahlreiche Altwasserarme zugeschüttet oder entwässert. Die allerorts stattfindenden Regulierungen der Bachläufe führten zum Verschwinden der zahlreichen, an die strömungsarmen Bachbereiche angepaßten Pflanzen- und Tierarten; die Senkung des Grundwasserspiegels durch die Flußbegradigung hatte die Vernichtung von Auwäldern mit ihrer charakteristischen Fauna und Flora zur Folge; die Moorgebiete wurden zum größten Teil abgetorft und in wenig ertragreiche landwirtschaftliche Nutzflächen umgewandelt. Mit dieser und anderen Formen der »Bodenverbesserung« wurden in Deutschland große Feuchtgebiete mit ihrer einzigartigen Tierwelt vernichtet. Das letzte Projekt dieser Art ist der Bau des Rhein-Main-Donau-Kanals. Zudem wurden von vielen Gemeinden Gewässer, vor allem kleine stehende Gewässer, zu Mülldeponien umfunktioniert. Tümpel, die wichtigsten Laichgewässer für Amphibien, wurden vielfach gleichfalls zugekippt mit der Folge, daß heute zahlreiche Amphibienarten in ihrer Existenz bedroht sind.

Zur Ausrottung von Wassertieren tragen auch Jagd und Fischfang bei: So sind in Deutschland in der Vergangenheit zahlreiche Wasservögel, zum Beispiel einige Reiherarten, Rohr- und Wiesenweihe sowie die Graugans, und Wassersäuger wie Biber und Fischotter durch Überjagung bis auf kleine Restbestände vernichtet worden. In Entwicklungsländern, in denen man von traditionellen zu modernen Methoden des Fischfangs übergeht, zum Beispiel Elektrofischen, findet eine Überfischung der Gewässer statt; so ist einer der größten Süßwasserfische, der im Amazonasgebiet und seinen Nebenflüssen lebende Arapaima (Arapaima gigas), der zu einer stammesgeschichtlich sehr alten Fischgruppe, den Knochenzünglern (Osteoglossidae), gehört, aus weiten Teilen seines ursprünglichen Verbreitungsgebietes verschwunden. Seltene Tiere, wie zum Beispiel die großen Buntbarsche der Gattung Symphysodon (Diskusfische), Wasserschildkröten, Krokodile und Kaimane, Wasserschlangen wie die Anakondas (Gattung Eunectes), die mit rund zehn Metern Länge die längsten Schlangen sind, werden aufgrund starker Nachfrage von seiten des Tierhandels beziehungsweise der Lederindustrie so stark verfolgt, daß ihre Ausrottung nur eine Frage der Zeit ist.

Rudolf Altevogt

Härtetests: Anpassungen an extreme Lebensräume

Die uns am häufigsten begegnenden Tiere sind Bewohner des Erdbodens, sei es auf oder in ihm. Nun hat uns die Entwicklung des Erdballes sehr verschiedene Typen von »Boden« beschert: den felsig-glatten, den sandig-körnigen und den schlickig-schlüpfrigen. Auch das Wasser bietet ja physikalisch gesehen eine durchaus beständige und »feste« Oberfläche, was jeder, der sich an seinen ersten mißglückten Kopfsprung erinnert, bestätigen wird.

Es sieht gefährlicher aus, als es ist: Dank ihrer Schleimabsonderungen kann eine Weinbergschnecke über eine scharfe Rasierklinge kriechen, ohne sich zu verletzen.

Leben auf glattem Boden

Glatte Oberflächen verlangen den darauf lebenden Tieren als größte Schwierigkeit ab, sich auf ihnen festzuhalten und fortzubewegen, ohne daß die Schwerkraft sie hinunterfallen läßt oder Wind und Wellen sie fortreißen. Nun haben wohl alle natürlich entstandenen Felsen eine Oberflächenstruktur mit – wenn auch noch so kleinen – Vertiefungen, in die etwa ein Alpenmauerläufer (Tichodroma muraria) mit seinen gut entwickelten Zehenkrallen hineingreifen kann. Viel größere Probleme noch bieten den Tieren künstliche, von Menschen geschaffene Oberflächen von großer Glätte, das heißt Rutschgefahr, wie Glas-, polierte Stein- und Kunststoffflächen. Schließlich kann auch ein noch so griffiger Boden durch periodische Überflutung, Bewuchs mit feucht-glatten Algen oder Flechten und natürlichen Abrieb bis zur Polierglätte durchaus »Parkettcharakter« erlangen. Derartige Lebensräume laden natürlich nur solche Tierformen ein, die, vom allgegenwärtigen Konkurrenzdruck genötigt, sich zu neuen Ufern bemühen müssen. Zur Tritt- und Marschsicherheit auf diesen glatten Oberflächen finden sich bei Tieren höchst wirksame Anpassungen, von denen im folgenden einige dargestellt werden sollen.

Viele Spinnen und Insekten besitzen an den Endgliedern ihrer Füße neben Haken und Borsten aus dem hier üblichen Chitin (einem Kohlenhydrat) besondere Haftorgane in Form häutiger Haftlappen, die man Pulvillus (Mehrz.: Pulvilli) nennt. Ist die belaufene Oberfläche für ein Krallengreifen zu glatt, so klappt man die Chitinkrallen ein und bringt den Pulvillus in Aktion. Dabei treten höchst komplizierte physikalische Kräfte in Wechselwirkung: Die Oberflächenspannung des Steins, Glases oder Kunststoffs muß sich dabei gefallen lassen, daß ein Teil ihrer für die Bewahrung der eigenen Oberflächenform notwendigen Kraft sozusagen vom Pulvillus gestohlen wird, indem dieser sich in engem

Unten: Laubfrösche können mit Hilfe verbreiterter Zehenlappen und Schleimabsonderungen an senkrechten Glasscheiben haften.

Geckos können über senkrechte Flächen und sogar unter der Zimmerdecke laufen. Ihr weich anschmiegsamer Fuß (unten) preßt Millionen mikroskopisch kleiner Borstenenden an die glatte Fläche.

ten Flächen nichts zu bestellen. Dennoch haben die den Eidechsen verwandten Geckos aus dieser Zehigkeit eine Struktur und Technik entwickelt, die ihnen das Belaufen von senkrechten Glaswänden und sogar überhängenden Flächen wie Zimmerdecken erlaubt. Sie bedürfen dazu keines Schleimsekretes oder ähnlicher Hilfsmittel, sondern pressen eine nach Millionen zählende Menge von sehr fein aufgefaserten Borstenenden in den molekularen Kraftkreis der belaufenen Ober-

Kontakt in die Oberflächen-Kraftsphäre des jeweiligen Berührungspunktes zwängt. Eine Benutzung von flüssigen Sekreten nach der Methode des »In-die-Hand-Spuckens« zum festeren Griff um den Spatenstiel ist also hierbei nicht nötig. Und so hinterlassen Bienen und Fliegen auch auf noch so blankem Spiegelglas keine Fußspuren.

Feuchte Gangspuren aber kennt wohl jeder, der auf seiner Gartentreppe den dort unerwünschten Nacktschnecken nachgegangen ist: Sie sondern am Vorderende ihrer Kriechsohle (»Fuß«) ein zähes Schleimsekret ab, mit dem sie zum einen Rauhigkeiten ausgleichen und zum anderen sich selbst mit Hilfe der Adhäsion (»Haft-Kraft«) der sich berührenden Flächen Stein–Schleimteppich–Schnecke festheften können. Auf diese Weise werden sogar senkrechte Wände und Fensterscheiben ersteig- und begehbar. Über die Brauchbarkeit dieses Verkehrsmittels zum Besteigen von Pflanzenstengeln, Baumstämmen und Felsen im Gebirge und am Meer bedarf es wohl keiner weiteren Ausführungen. Natürlich ist dieses Adhäsions-Schleimlaufen nicht auf Nacktschnecken beschränkt, sondern findet sich auch bei den mit oft schweren Gehäusen ausgerüsteten Schnecken wie zum Beispiel der Weinbergschnecke (Helix). In einem immer wieder aufs Neue eindrucksvollen Versuch kann man dieses Lieblingstier mancher Feinschmecker sogar eine chirurgisch scharfe Rasierklingenschneide überqueren lassen: Ihrem weichen Fuße erwächst dabei kein Schaden.

Mit ähnlichem Trick gelingt es Fröschen von nicht zu großem Körpergewicht, nach dem Sprung an Fensterscheiben und glatten Baumstämmen zu landen und dort haftenzubleiben. Das war vor etwa einer Generation allenthalben noch in unseren Breiten am damals noch nicht seltenen Laubfrosch (Hyla) zu bewundern und ist noch heute für den Tropenreisenden – etwa an den Flugfröschen Südasiens (Rhacophorus) zu beobachten – ein schönes Erlebnis. Verbreiterte Zehenlappen und die Absonderungen der in der Amphibienhaut ohnehin reichlich vorhandenen Schleimdrüsen bewirken ein inniges Berühren der beteiligten Oberflächen unter Nutzung der Oberflächenspannungskräfte: So kann man im Modellversuch zwei senkrechte Glasscheiben mit einem dünnen Wasserhäutchen dazwischen regelrecht »zusammenkleben«. Frösche hinterlassen denn auch deutliche Fußspuren auf dem Spiegel.

In trockeneren Gebieten aber ist ein solches Verfahren wegen des drohenden Wasserverlustes durch Verdunstung nicht recht erfolgreich. Dennoch bieten Trockengebiete durchaus wichtige und von typischen Tierformen wie Insekten, Reptilien, Vögeln und Säugetieren besiedelte Lebensräume.

Wie oben beschrieben, können Insekten ohne Wassernutzung auf glatten Flächen spazierengehen. Sie stellen bekanntlich für Kriechtiere eine willkommene Beute dar, was jede Eidechse, die auf die Fliege lauert, beweist. Nun ist der Eidechsenfuß mit Zehen und Krallen versehen, hat also auf sehr glat-

fläche und »stehlen« so in gleicher Weise Energie wie die oben beschriebenen Spinnen und Insekten. Dabei verhilft ihnen eine blutgefüllte, also weich-anschmiegsame Zehenkonstruktion zur bestmöglichen Annäherung dieser winzigen Borsten, die oft noch mit lappigen Verbreiterungen enden, an die glatte Fläche. Solche Borstenenden sind bei manchen Gecko-Arten nur 0,0005 Millimeter breit.

Die Anhaftungsfähigkeit von Geckonen ist so wirksam, daß ein 20 Gramm schwerer Mauergecko (Tarentola, auch in Südeuropa nicht selten) ein Zusatzgewicht von 150 Gramm tragen kann, ohne von der Fensterscheibe zu fallen. Es überraschte seinerzeit, daß dieses Haftvermögen um so wirksamer wird, je glatter die Oberfläche ist, aber dann kann die Berührung nicht durch mikroskopisch kleine Täler und Höhen mit dabei unvermeidbaren Luftschichten gestört werden. Die rein physikalisch wirkende Kraft, die dieser Höchstanpassung an glatte Lebensräume zugrunde liegt, zeigt sich auch daran, daß selbst ein toter Gecko aus seiner haftenden Position nicht herunterfällt. Es ist allerdings leicht auszurechnen, daß diese Methode oberhalb eines bestimmten Körpergewichtes nicht mehr tragfähig ist.

Immerhin zeigen auch einige Säugetiere erstaunliche Anpassungen an das Leben auf glatten Flächen, zum Beispiel in felsigen Lebensräumen. Das wird besonders deutlich bei den Klippschliefern (Hyracoidea). Diese kaninchengroßen Huftiere leben in Westasien,

Äthiopien und Südafrika und besitzen Fußsohlen, die ihnen sogar das Erklimmen fast senkrechter und recht glatter Felswände ermöglichen.

Sand und Schnee als Lebensraum

Auch wenn die rauh-körnige Oberfläche von Sand und Schnee für das Stehen und Gehen günstiger zu sein scheint und trickreiche Anhaftungsmechanismen entbehrlich macht, so fordert doch das Leben auf und im Sand oder Schnee ein hohes Maß von Sonderbildungen und Anpassungsmechanismen. Das gilt für das Einsinken in den lockeren Fließsand von Dünen und Wüsten ebenso wie für die Besiedlung von Schneeflächen in Gebieten mit langen Wintern: Schneehasen, Schnee-Eulen, Dickhornschafe im hohen Norden und Pinguine im antarktischen Süden bezeugen dies.

Sand und Schnee bieten für die Fortbewegung gleiche Schwierigkeiten: Man sinkt ein, der Fuß findet beim Vorwärtsschritt nicht die nötige Gegenkraft zum Abdrücken, und die lebenswichtige Fluchtgeschwindigkeit wird stark herabgesetzt.

Dem Einsinken in solchen Untergrund begegnet man durch verlängerte, das heißt die Auflagefläche vergrößernde, Borsten und Haare an Fuß und Bein. Auch die Zehen selbst können diese Wirkung erzielen, wenn sie gegenüber der Grundform deutlich verlängert sind. Das ist zum Beispiel der Fall beim in der Sahara lebenden Fransenfinger (Acanthodactylus), der auch beim schnellen Start und Lauf, das heißt bei großer Druckentfaltung auf den Untergrund, kaum einsinkt, weil seine langen Zehen die Kraft auf eine größere Fläche verteilen. Da Druck gleich Kraft pro Fläche ist, wird der beim Starten auftretende Druck um so kleiner, je größer die belastete Fläche ist. Mit dem gleichen Prinzip können die vorderorientalischen Springmäuse (Jaculus) auch auf lockerem Sand große Sprünge machen. Die haarige Verbreiterung ihrer Hinterbeine macht es möglich.

Wo Leben auf lockerem und wenig standfestem Sand nicht bestehen kann, bietet die darunter gelegene Etage noch Lebenschancen: In der obersten Sandschicht läßt es sich wohl leben, wenn man in ihr vorwärts kommen kann, um Beute zu machen und Beutemachern zu entkommen. Zahlreiche Schlangenarten sind geradezu typisch für das Leben auf und im Sand. Das wird deutlich an der Hornviper (Cerastes cornutus) der nordafrikanischen Wüsten und der Sandviper oder Sandotter (Vipera ammodytes) in Südosteuropa. Die an den Sand bestens angepaßten Schlangen bewegen sich dabei nach Art einer Drahtspirale fort, indem sie seitwärts durch Heben und Senken bestimmter Körperabschnitte den Boden berühren und sich so von ihm wie mit vielen Füßen (das sind die jeweiligen Berührungsstellen der sich seitwärts windenden Schlange) abstemmen. So wird eine überraschend schnelle Flucht oberirdisch möglich, die notfalls auch das schnelle Eingraben und unterirdische Fortschlängeln erlaubt.

Die Zwergpuffotter bewegt sich über den Sand, indem sie ihren Körper seitlich in doppelter Spirale (seitenwindend) vorwärtsstemmt. Dabei scheint sie förmlich über den Sand zu »fliegen«.

Dabei erzwingt sehr lockerer Sand ein geradezu schwimmend wirkendes Schlängeln wie bei den Wüstenskinken, Eidechsen von walzenförmiger Gestalt mit rückgebildeten oder gar fehlenden Gliedmaßen. Sie »schwimmen« sozusagen durch den Sand.

»Sandige« Eigenschaften bietet auch die Oberfläche frisch gefallenen Schnees. So überrascht es nicht, an den Füßen des alpinen und schottischen Schneehuhns (Lagopus) ähnliche Vorrichtungen gegen Einsinken zu finden wie bei Sandbewohnern. Hier sind die Zehen und Beine dicht befiedert, was keineswegs nur als Kälteschutz zu verstehen ist. Auch die mit Haarverbreiterungen versehenen Füße der Schneehasen in Nordeuropa und den Alpen (Lepus timidus) bzw. Nordamerika (L. arcticus) sind solche Beweise guter Anpassung an die Schneeoberfläche.

Bei den übrigen, im Deutschen mit der Vorsilbe »Schnee-« bedachten größeren Säugern hilft wegen des zu großen Körpergewichtes eine Sohlenverbreiterung natürlich nicht mehr gegen Einsinken, aber immerhin zeigen diese Schneebewohner deutliche Anpassungen an ihren unwirtlichen Lebensraum: langhaarige, oft weiße Fellkleider, die gut wärmehaltend sind und darüber hinaus noch als Verbergetracht gegen Raubfeinde dienen. Schneeschaf (Ovis canadensis nivicula) und Schneeziege (Oreamnos americanus) in Nordamerika, Schnee- oder Eisfuchs (Alopex lagopus) und Eisbär (Ursus maritimus) sind solche Warmhaltekünstler. Dabei ist der Eis- oder Polarfuchs sogar das am weitesten nördlich lebende Säugetier, und sein Winterfell, von Schneeweiß bis Blau und Braun reichend, wird als Silberfuchspelz hoch geschätzt. Von den auf und über Schneeflächen besonders intensiven Strahlungsbedingungen ist weiter unten in diesem Kapitel die Rede.

Die klassischen Schneebewohner aber sind noch immer die winzigen Gletscherflöhe (Isotoma saltans), die zu den Springschwänzen, also den Urinsekten, gehören und ungeflügelt sind. Sie leben in oft dichtgedrängten Mengen selbst auf Gletschern, wo sie dann graue Überzüge bilden. Sie ernähren sich von herabfallendem Staub und herbeigewehten Mikroorganismen, wobei ihre flohartig hüpfende Bewegungsweise sie ohne lange Fußmärsche auf neue und hoffentlich nahrungsreiche Gletscherflächen bringt.

Leben im Schlick

Auf und im Schlick der Meeresküste und – seltener – der Binnengewässer erfordert das Leben besondere Anpassungen, ohne die man im meist schlecht durchlüfteten, also sauerstoffarmen, weichen Schlamm nicht gut aufgehoben wäre. Auch ein langsames Absinken stellt eine Gefahr dar, denn im Schlick schwimmt es sich schlecht. Der Nahrungsreichtum, durch eine Fülle von Mikroben und Algen bedingt, ist andererseits eine Verlokkung für nicht wenige Tierstämme, anpassungsfähige Vertreter dorthin zu entsenden. Einige auffällige Beispiele mögen dies verdeutlichen.

Die im freien Meer so erfolgreichen vielborstigen Ringelwürmer (Anneliden, Polychaeten) haben zum Beispiel mit der »Seemaus« (Aphrodite) und dem Pierwurm (Arenicola) auch den Schlick erobert. Dabei ist der nach Schönheit klingende Name Aphrodite (griechische Göttin der Schönheit) eine einzige Infamie, denn das mausgroße, plumplängliche Wesen ist fast stets mit Schlick bedeckt, der sich in seinem stacheligen Borstenkleid verfängt. Erst unter dem scharfen Wasserstrahl enthüllt die schaumgeborene Sagengestalt ihre schillernde Schönheit, wenn die dünnblättrigen Borsten in allen Regenbogenfarben glänzen.

Wie Aphrodite so bestreiten auch Lanice und Arenicola – oft gibt es keinen sinnvollen deutschen Namen für diese Schlickwühler – ihre Ernährung durch Verdauung der organischen Anteile des Schlicks, der dafür durch den Magendarmkanal geschleust werden muß. Bei Arenicola werden die unverdauten Häufchen am Ende einer U-förmigen Wohnröhre ausgeschieden. Sie sind bei Ebbe im Wattenmeer allenthalben zu sehen. Zur Aufnahme des meist nur spärlich verfügbaren Sauerstoffs bedienen sie sich besonderer dünner Hautläppchen (Außenkiemen), die an Borsten ausgespannt sind.

Die »Seemaus« mit dem wohlklingenden wissenschaftlichen Namen Aphrodite ist ein Schlickbewohner.

Unten: Winkerkrabben bevölkern die Gezeitenzone warmer Meere. Der Name rührt daher, daß die Männchen mit ihrer großen Schere Winkbewegungen ausführen und so um die Gunst der Weibchen werben.

Atemnot kennzeichnet wohl auch die Situation anderer Schlickbewohner, so etwa die der oft vergraben lebenden Muscheln und Schnecken, von denen hier die Klaffmuschel (Mya) und die Netzreusenschnecke (Nassa) genannt seien.

Der Nahrungsreichtum des Schlicks lockt auch an seiner Oberfläche manche Spezialisten an, die dann in oft ungeheuren Individuenzahlen auftreten. Das ist zum Beispiel bei den sogenannten Epistratfressern (griech.-lat.: epistratum – oberste Schicht) der Fall, also bei den die schlickige Oberfläche abweidenden Tieren. Die schon aus der Kolonial- und Entdeckerzeit bekannten Armee- oder Soldatenkrabben (Dotilla, Mictyris u.a.) der Tropenstrände gehören hierher. Sie und auch die Winkerkrabben (Uca) nehmen mit zierlicher Geste die oberste Schlicklage in ihre kleinen Freßscheren, führen sie zu den Mundwerkzeugen, wo die Sortierung in Genießbares und Ungenießbares erfolgt. Letzteres tritt als feuchtes Sandkügelchen an der Basis der Mundwerkzeuge hervor, von wo es mit der Freßschere seitlich neben die essend vorrückende Krabbe abgesetzt wird und oft schöne Strahlenmuster bildet.

Schlickfresser finden sich sogar unter den Wirbeltieren: Manche Fische der tropischen Schlickflächen ernähren sich von den im Schlick zerfallenden pflanzlichen und tierischen Bestandteilen (Detritus). Das gilt zum Teil für die Vieraugenfische Tetrophthalmus und den Schlammspringer Periophthalmus. Letzterer schnellt sich in spektakulären Sprüngen über die Schlickflächen, wobei man nicht recht weiß, ob es Balzsprünge sind oder einfach die im Schlick einzig mögliche Fortbewegungsart. Der Fisch benutzt dazu die auf armartigen Stielen sitzenden Brustflossen und natürlich den kräftigen Schwanz. Obwohl er tierische Beute (Insekten, Schnecken) vorzieht, die er außerhalb des Wassers zu fangen sucht, und dabei sogar auf die Bäume steigen kann, ist er wohl meist auf die im Schlick sozusagen vor der Haustür angebotenen Nahrungsbestandteile angewiesen. Die Atmung bewerkstelligt er in Fischmanier mit Kiemen bzw. über dünne Körperhäute, wobei er durchaus einige Stunden außerhalb des Wassers bzw. wäßrigen Schlickes verbringen kann. Allerdings dürfen die atmenden Oberflächen nie austrocknen.

Leben im Wasser

Sorgen dieser Art haben die im Wasser lebenden Tiere nicht, dafür ergeben sich für sie andere Probleme. Da Wasser keine Balken hat, sinkt man darin ab, wenn man nicht schwimmen oder wenigstens schweben kann. In der Schwebe bleibt man, wenn man die gleiche Dichte hat wie das umgebende Wasser. Tiere mit annähernd solcher Dichte gibt es tatsächlich: Die Rippenquallen (Ctenophora) unserer europäischen Meere gehören dazu, die birnenförmige Beroe in Nordsee und Atlantik und der schöne Venusgürtel (Cestus veneris) der wärmeren Meere. Ihre Körper bestehen zu über 99 Prozent aus Wasser, und ein wenig Schlängeln beim Venusgürtel und etwas Schlagen mit den Plättchenreihen bei Beroe genügen, um nicht abzusinken.

Die Zahl der echten Wasserbewohner ist Legion, schließlich entstand das Leben einst im Meerwasser. Aber auch manche schon an das Luft- und Landleben angepaßte Tiere sind nachträglich wieder in das Wasser zurückgekehrt. Das trifft sogar für Spinnen, Schmetterlinge und andere Insekten zu.

Unsere heimische Wasserspinne (Argyroneta aquatica) befördert von der Wasseroberfläche mit Hilfe ihres behaarten Hinterleibes Luftblasen nach unten in ihr Trichternetz am Boden des Gewässers. Ähnliche Luftvorräte nimmt auch der Gelbrandkäfer (Dytiscus) für den Eigenbedarf unter den Flügeldecken mit unter Wasser. Beide sind ja auf die Atmung von Luftsauerstoff angewiesen, da sie Tracheenatmer (→ S. 224) sind. Schneidet man einem Gelbrandkäfer die Flügeldecken ab und beraubt ihn so seiner Luftpumpe, so ertrinkt er, während er in feuchter Luft durchaus lebensfähig ist.

Gewiß wird es manchen erstaunen zu erfahren, daß die gemeinhin als echte Lufttiere geltenden Falter auch das Wasser erobert haben: Die Weibchen mancher Spezialisten unter den Schmetterlingen leben sogar zeitlebens im Wasser. So kann man in manchen unserer Binnenseen die Weibchen der kleinen Zünsler (Acentropus und Paraponyx) antreffen, die ihren Hinterleib den normal in der Luft lebenden und also fliegenden Männchen durch die Wasseroberfläche zur Begattung entgegenstrecken.

Auch die mechanischen Eigenschaften des Wassers können das Leben dort erschweren. Man denke an die Kräfte, die Brandung, Wellen und Strömungen auf die Tiere ausüben und sie wegzuspülen drohen. Dagegen helfen Saugnäpfe, mit denen man sich am steinigen Untergrund festhalten kann. Die Larven mancher Frösche und Kröten besitzen solche Saugnäpfe am Mund, und jeder, der diese Kaulquappen einmal beobachten konnte, wird die Wichtigkeit solcher Saugnäpfe verstehen. Sie erlauben den Tieren, Ruheperioden am Stengel der Wasserpflanze oder der Aquarienwand einzulegen.

Auch bei Fischen sind Saugnäpfe ausgeprägt, wobei diejenigen, die im Oberlauf rei-

Oben: Der Gelbrandkäfer kommt immer wieder an die Wasseroberfläche, um seinen Luftvorrat zu erneuern, den er unter den Flügeldecken mit unter Wasser nimmt.

Links: Rippenquallen bestehen zu über 99 Prozent aus Wasser und haben daher annähernd die gleiche Dichte wie das umgebende Wasser.

ßender Flüsse leben, besonders kräftige Saugnäpfe brauchen, um sich in ihrem Lebensraum halten zu können. In den vom Himalaya herabstürzenden Gebirgsflüssen finden sich die nach ihrem Erforscher benannten Hora-Fische, die sich allesamt wirksamer Saugorgane erfreuen, die ihnen sogar das Übersteigen von Wasserfällen und Wehren und damit die Kolonisation stromaufwärts gelegener Regionen ermöglichen. Dabei mußten zur Verwirklichung solcher im Fischbauplan nicht vorgesehener Saugorgane meist die Flossen herhalten.

Das gilt auch für den Schiffshalter oder Schiffsreiter Echeneis, der sich mit seiner ehemaligen, längst zum nackenständigen Saugorgan gewordenen Rückenflosse an Schiffsrümpfe oder auch an Wale oder große Haie heftet und sich so arbeitssparend transportieren läßt. Bei Bedarf – etwa zum Nahrungserwerb – löst er sich vom Trägerschiff und agiert selbständig, hält sich aber meist in der Nähe seines Transporters auf und heftet sich dann erneut fest. Saugnäpfe haben sogar einige Insektenlarven erfunden, die meist in den Oberläufen von Fließgewässern leben. Die Netzmücken (Familie Blepharoceridae) entwickeln sich in Gebirgsflüssen und besitzen mehrere Paare von bauchständigen Saugnäpfen, die ihnen auch bei starker Wasserströmung festen Sitz auf steinigem Untergrund verleihen.

Links: Der Wasserläufer bewegt sich ruckweise und oft sogar in Sprüngen über die Wasseroberfläche.

Unten: Die Staatsqualle Physalia ragt zum Teil aus dem Wasser heraus. Mit Hilfe ihres Segels kann sie sich vom Wind treiben lassen.

Tiere, die weder flug- noch sprungfähig sind und die dennoch nicht auf Insektennahrung verzichten mögen, benutzen Fangnetze, die uns von den Spinnen gut bekannt sind. In ihnen verheddern sich Fliegen, Käfer und Kleinschmetterlinge, die so der in Wartehaltung lauernden Spinne zum Opfer fallen. Am Boden von Flüssen finden sich ganz entsprechende Fangnetze und -trichter, die von den dort träge auf dem Grund einherkriechenden Köcherfliegenlarven (Trichopteren) gesponnen werden.

Als Nahrung fangen sich in diesen Unterwasserfangnetzen Mikroorganismen (manche Netze sind enorm eng gesponnen), Zerreibsel von Pflanzen und Tieren sowie kleine Schnekken und Insekten. Dementsprechend gibt es Pflanzen- und Fleischfresser unter den Köcherfliegenlarven.

Tierwelt auf der Wasseroberfläche

Das recht zäh zusammenhängende Oberflächenhäutchen des Wassers trägt in einem immer wieder überraschenden Versuch eine sanft darauf gelegte Stecknadel: Sie sinkt nicht ab, und auch andere Gegenstände können sich diese Oberflächenspannung des Wasserhäutchens zunutze machen und bleiben oben, obwohl sie schwerer als das von ihnen verdrängte Wasser sind. Auf dem Wasser lebt also eine ganz typische Tierwelt, die an

eben dieses Wasserhäutchen angepaßt ist. Solche Tiere können sich von oben oder von unten an der Wasseroberfläche befestigen. Auf dem Oberflächenhäutchen können sich dank besonders borstiger Fußendglieder manche Wasserwanzen, unsere Wasser- und Schlittschuhläufer (Velia, Ranatra), tummeln und nach herabgefallenen Insekten jagen. Die Borsten vermeiden ein Durchstoßen und damit Aufreißen des Wasserhäutchens, was das Versinken der Wasserwanze zur Folge hätte. Da aber das Wasserhäutchen neben ausreichender Tragfähigkeit für nicht zu schwere Tiere infolge seiner Zähigkeit (Viskosität) die Beine am Ort festzuhalten sucht, sind Start und Fortbewegung durch den zähen Wasserfilm sehr behindert.

Als Starthilfe muß also die Oberflächenspannung möglichst herabgesetzt werden, damit die Beschleunigungsenergie im vollen Umfange ausgenutzt werden kann. Mit einem überraschenden Trick bewirken diese Wasserwanzen, aber auch die ebenfalls dort jagenden Käfer Stenus und Gyrinus (Taumelkäfer) eine solche Herabsetzung der normalerweise tragenden, beim Start aber hinderlichen Oberflächenspannung: Sie spucken auf die Wasseroberfläche. Ihr Speichel setzt die Oberflächenspannung des Wassers herab, wie es unsere »wasserentspannenden« Waschmittel auch tun, und der Start kann in voller Nutzung der aufgebrachten Energie mit hoher Anfangsgeschwindigkeit (150 Körperlängen pro Sekunde) erfolgen. Der Ozeanläufer Halobates bejagt in ähnlicher Weise die Meeresoberfläche.

Hier findet sich auch das zwar artenarme, aber technisch interessante Spektrum der tierischen Segler, die die fast nie ganz ruhige oberflächennahe Luft- und Wasserschicht segelnd zur Fortbewegung nutzen. Das gilt zum Beispiel für die Segelquallen (Velella) und andere Staatsquallen wie Physalia und Physophora, die ihr Gewicht durch Fetttropfen und Gasblasen verringern, somit zum Teil aus dem Wasser herausragen und wie Velella mit einem Segel (lat.: velum) vor dem Winde davonfahren können.

Neben dieser Auftriebs- und Segeltechnik haben die Staatsquallen auch das wichtige Prinzip der Arbeitsteilung verwirklicht (→ S. 99f.): Ursprünglich gleiche Individuen schließen sich zusammen und übernehmen, ihre Form wandelnd, unterschiedliche Aufgaben wie Nahrungsaufnahme mit Tentakeln, Fortpflanzung mit Geschlechtsorganen und Fortbewegung eben mit dem Segel.

Auch die Floß- oder nach ihrer Farbe so benannten Veilchenschnecken (Janthina) bewerkstelligen mit Luftblasen am schleimigen Fuß einen brauchbaren Auftrieb und eine Existenz in und an der Wasseroberfläche der Meere.

An der Unterseite des Wasserhäutchens nutzen ebenfalls zahlreiche Tiere die tragende Kraft der Oberflächenspannung. Alle Mückenlarven (Anopheles, Corethra, Culex) hängen sich mit ihren Atemrohren an dieses Häutchen und pumpen dort Luft in ihr Tracheensystem.

Natürlich kann die Oberflächenspannung des Wassers wirklich schwere Tiere wie Fische, Frösche oder Kriechtiere nicht tragen; diese müssen sich auf das Schweben oder Schwimmen im Wasser verlassen: Seeschlangen der tropischen Meere (Laticauda) und Meerechsen (Amblyrhynchus) von den Galápagos-Inseln können das meisterhaft. Eine Ausnahme macht hier allerdings der südasiatische Schlittschuhläuferfrosch (Rana cyanophlyctis), der vom Ufer stiller Waldtümpel aus startet und in meterlangen Stößen auf der Wasseroberfläche dahingleitet, bis er dann doch zum froschartigen Schwimmen übergehen muß.

Selbst ein Kriechtier von über fünfzig Zentimetern Körperlänge, der amerikanische Bindenbasilisk (Basiliscus vittatus), kann auf dem Wasser wandeln: Nur auf den Hinterbeinen mit breit hautgesäumten Zehen laufend, hat man ihn Seen von einigen hundert Metern überqueren sehen. Stark zeitgedehnte Filmaufnahmen zeigten, daß dabei die Beine jeweils nur in sehr kurzen Kontakt mit der Wasseroberfläche geraten: Zum Einsinken bleibt sozusagen keine Zeit.

Leben über dem Wasser

Noch größere Tierformen haben sich dem Leben über dem Wasser angepaßt. Nicht wenige Fische schnellen sich mit Hilfe ihrer Schwanzflossen, die im Sinne eines Ruders wie beim Wricken benutzt werden, zu kurzen Sprüngen aus dem Wasser. Regelmäßig und in hoher Vollendung gehört diese Fähigkeit aber zum Verhalten der Flugfische, die man schon bei einer Schiffsreise im Mittelmeer, gewiß aber in tropischen Breiten beobachten kann (Cypselurus, Exocoetus). Auch der fünfzig Zentimeter lange Flughahn Dactylopterus des Atlantiks und Mittelmeeres kann bis zu vierhundert Meter weit fliegen. Dabei helfen verbreiterte und abspreizbare Brustflossen, den Gleitflug vom höchsten Punkt des Sprunges fast zum Segelflug am Aufwind von Wellenhängen auszudehnen. Näheres steht im Kapitel über das Fliegen (→ S. 231).

Auffällige Flieger sind auch die zahlreichen Arten der Sturmvögel (Procellariiden) und Sturmschwalben (Hydrobatiden): Oft nur starengroß, fliegen sie in Wellenkammhöhe über die Meere und ernähren sich vom dortigen tierischen Treibgut bis zu Tintenfischgröße. Dabei nutzen sie die Brust manchmal wie den Rumpf eines Flugbootes, wobei die Schwimmhäute die Füße dann zu einem wirksamen Paddel machen. So wirkt dieses Fliegen manchmal wie ein Laufen bzw. Hüpfen auf dem Wasser und hat vor allem den Sturmschwalben den englischen Namen »petrels« eingetragen, was auf den auf dem Meer einherwandelnden Heiligen Petrus hindeutet. Hierher gehören auch die Wellenläufer (Oceanodroma).

Die Beutetiere in der oberflächennahen Wasserschicht haben auch ein Säugetier zu hoher Nahrungsanpassung gezwungen: Das mittelamerikanische Hasenmaul (Noctilio leporinus), eine etwa dreizehn Zentimeter lange Fledermaus, ortet anhand der Rippeln, die ein oberflächennaher Fisch auf der Wasserfläche erzeugt, diese Beute und ergreift sie mit den überaus kräftig bekrallten Beinen im Fluge.

Leben ohne Wasser

Auch der gegenteilige Zustand, ein Leben ohne Wasser, hat höchst interessante und äußerst zweckmäßige Tierkonstruktionen hervorgebracht. Wüsten im herkömmlichen Sinne sind ja keineswegs wasserfrei, was jedes Überlebenstraining in ihnen beweist: Der nächtliche Tau läßt sich mit Kondensationsfolien sogar in tropfbarer Menge gewinnen.

Wirklich frei von Wasser, das Tiere und Pflanzen nutzen könnten, sind jedoch Anhäufungen von wasseranziehenden (hygroskopischen) Stoffen wie etwa Mehl, manche Kornarten in Getreidesilos, Pelz- und Wollager, also auch vielleicht manche unserer Kleiderschränke. Selbst Korklager bzw. die im Inneren sicher sehr trockenen Korkstopfen in Weinkellereien sind der vielleicht nicht ideale, aber typische Lebensraum von Motten, hier der Korkenmotte (Tinea cloacella). An Pelzen tut sich die Pelzmotte (T. pellionella), an Wollkleidern, Federbetten und Kissen mit Haarfüllung die Kleidermotte (Tineola bisselliella) gütlich, soweit sich das angesichts des dort herrschenden Wassermangels sagen läßt. Das zum Bestreiten der Lebensvorgänge unentbehrliche Mindestmaß an Wasser gewinnen diese Trockenheitskünstler aus dem Stoffwechsel der von ihnen verzehrten und dabei zerstörten Kohlenhydrate (Korn, Korken, Mehl) bzw. Eiweiße (Keratin der Haare, Federn und Häute). Auch Wachs scheint für manche Motten ein Material zu sein, das ausreichend Wasser enthält: Die Wachsmotte (Galleria mellonella) ist in Bienenstöcken ein gefürchteter Schädling.

Durstkünstler gibt es auch unter den Käfern, von denen der Kornkäfer (Calandra granaria) und der Bohnenkäfer (Bruchidius obtectus) in Kornvorräten und Hülsenfruchtlagern oft schlimme Schäden anrichten. Schließlich hat ein Verwandter der in strahlungsintensiven Wüstenklimaten lebenden Schwarzkäfer (Tenebrioniden) sogar die Höchstanpassung an vom Menschen geschaffene Trockenzonen bewerkstelligt: Die Larve des Mehlkäfers (Tenebrio molitor), wohl jedermann als »Mehlwurm« bekannt, fühlt sich in Mehlvorräten durchaus wohl.

Neben solchen Einzelrekordlern bestimmter Tierklassen haben auch einige Tiergruppen als Ganzes die hohe Kunst des Lebens bzw. Überlebens in nahezu wasserlosen Lebensräumen erworben. So findet man die Fähigkeit der Anhydrobiose (griech.: Leben ohne Wasser) generell bei den Bärtierchen (Tardigraden, lat.: Langsamgeher). Diese winzigen Bewohner von Moos- und Flechtenpolstern auf unseren Dachziegeln sind bei Wasseranwesenheit aktiv und steigen bedächtig in ihrem Pflanzenwald einher, wo sie sich meist vegetarisch ernähren. Beim häufigen und intensiven Trockenheitsschub durch Sonnenschein tritt jedoch abrupter Wassermangel ein, und die etwa einen Millimeter langen Tierchen bilden sogenannte Tönnchen, trokkene Dauerformen mit eingezogenen, ja eingeschmolzenen Gliedmaßen, die praktisch wasserfrei sind und dennoch das Leben in diesem anhydrobiotischen Zustand bewahren. Das zeigt sich an dem in wenigen Stunden erfolgenden Wiederaufwachen und Entfalten der Körperorgane, sobald wieder Wasser verfügbar ist. Dieser Vorgang kann offenbar beliebig viele Male wiederholt werden, und eine Tardigraden-Art hat denn auch die Bezeichnung Macrobiotus (griech.: der lange Lebende) erhalten.

Die winzigen Bärtierchen können sogar Zeiten völliger Austrocknung überleben, indem sie Dauerstadien bilden, sogenannte Tönnchen, die kaum noch Wasser enthalten.

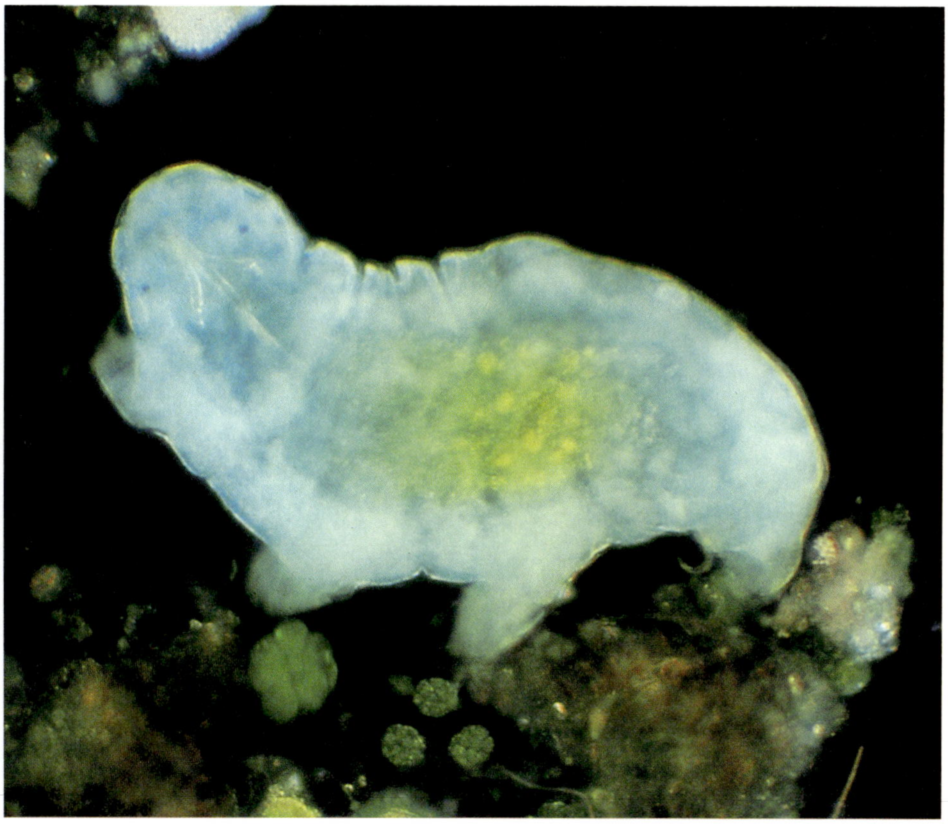

Weniger spektakulär, aber gleichwohl auf dem Fischniveau sehr unerwartet, findet sich ein solches Vermögen, Trockenperioden in reduziertem Stoffwechselzustand zu überstehen, auch bei den Lungenfischen. Diese altertümlich wirkenden und schon aus dem Devon bekannten Fische überstehen das periodische Austrocknen ihrer Flüsse, indem sie sich mit einer Schleimkapsel umgeben und im austrocknenden Schlamm übersommern.

Die Eroberung des Luftraums

Die mit der Eroberung des Luftraumes einhergehenden technischen und sinnesphysiologischen Leistungen werden im Kapitel über das Fliegen (→S. 229ff.) beschrieben. Hier sollen nur noch einige besonders eindrucksvolle Rekordwerte genannt werden.

Die schnellsten Flieger überhaupt sind unter den Vögeln zu finden. Wenngleich der schwirrende Flug von Libellen oder Schwärmerfaltern uns enorm schnell vorkommt, erreicht er doch nur gut 50 km/h und bei der Schmeißfliege nur 10 km/h. Die höheren Werte bei Vögeln betragen zum Beispiel für den Mauersegler 150 km/h und für Brieftauben immerhin noch 90 km/h. Die Werte der Kleinvögel von Spatzengröße bewegen sich bestenfalls um 50 km/h und können meist nur kurzfristig eingehalten werden. Bei den Zugvögeln wie Mauersegler, Star (70 km/h), Kranich (50 km/h) und Neuntöter (40 km/h) werden die genannten Werte jedoch als Durchschnittsgeschwindigkeit über Stunden beibehalten. So können enorm lange Zugwege bewältigt werden, die im Falle der in Nordamerika brütenden Küstenseeschwalbe fast 18000 km betragen und in das Winterquartier in der Antarktis führen. Bei den Grasmücken (Sylviiden) ergeben sich Strecken von 4000 bis 6000 km bis zum Winterquartier.

Ist damit die wohl weiteste Flug*strecke* genannt, so gehören auch die größten Flug*höhen* zum Bild der Höchstleistungen von Vögeln. Tummeln sich die meisten Vögel in wenigen 100 Metern Flughöhe, so sind der Kondor in den Anden und andere Geier im Himalaja vom messenden Flugzeug in Höhen von 6000 Metern angetroffen worden. Solche Werte werden auch durch einige von ihnen in diesen Höhen verursachten Flugzeugunglücke bestätigt.

Von den Rekorden im Dauerflug war schon weiter oben beim Albatros die Rede. Vom Mauersegler als einem kleinen Dauerflieger ist inzwischen gesichert bekannt, daß er sogar die Nacht in der Luft verbringt und dort im Flug auch schlafen dürfte. Diesen Rekord erlaubt wohl die über den Großstädten des Nachts aufsteigende Warmluft (Thermik), die ihm den einfacheren Gleitflug ermöglicht. Selbst den Liebesakt vollziehen Mauersegler im Fluge.

Überleben in Eiseskälte

Neben den vorstehend betrachteten Umweltbedingungen spielt für alle Lebewesen ein weiterer Faktor eine Hauptrolle: die als Temperatur meßbare Wärme. Sie entscheidet über den Ablauf aller Lebensprozesse, da die Reaktionsgeschwindigkeit aller chemischen Umsetzungen von der Temperatur abhängt. Im biologischen Bereich heißt das, daß eine chemische Reaktion im Körper bei einer Temperaturerhöhung um 10° C doppelt so rasch abläuft (RGT-Regel). Bei höheren Temperaturen können manche Stoffwechselprozesse so rasch ablaufen, daß darunter die Gründlichkeit der Umsetzung leidet. Nähert sich die Temperatur hingegen dem Nullpunkt, so bewegt sich im wahrsten Sinne bald nichts mehr: Die Lebensvorgänge erstarren. Außerdem treten durch die Bildung von Eisnadeln im wäßrigen Zellinhalt nicht reparierbare mechanische Schäden auf, während am heißen Ende unserer Betrachtungsskala die hohen Wärmegrade die Eiweiße in Zellen und Geweben wie in einem gekochten Hühnerei unbelebbar zerstören. Nun ist Wasser aufgrund seiner Verdunstungskälte ein gutes Mittel zur Wärmeregulation, was wir beim Schwitzen als Erfrischung wahrnehmen. Leider geht Wasser beim Schwitzen bzw. Verdunsten dem Körper verloren, und auch beim Atmen verlieren wir ungewollt Wasser in Form von Wasserdampf. Die folgenden Beispiele, obwohl auf Wärme und Temperatur gemünzt, können also ohne den stetigen Seitenblick auf Wassergehalt, -verfügbarkeit und -verlust nicht auskommen.

Am unteren Ende der Temperaturskala stellt die dann kristallin-nadelige Struktur des Wassers (Eis) eine mechanische Todesgefahr dar. Es ist also gut, in sehr kalten Klimaten wasserarm zu sein. Tatsächlich zeichnen sich die in solch sibirischen Kälten überdauernden Schneeinsekten (Gletscherflöhe u.ä.), Bärtierchen (Tardigraden) und Dauerstadien durch enorm verringerte Wassergehalte aus. Die im kalten Wasser lebenden Fische unter dem Arktis- und Antarktis-Eis können diesen Trick natürlich schon aus Gründen ihrer Körpergröße nicht anwenden. Bei diesen erst vor wenigen Jahrzehnten entdeckten antarktischen »Eisfischen« (Chaenichthyiden) findet sich in den Körperflüssigkeiten eine Art Gefrierschutz, wie er im Autokühlwasser im Winter nötig ist. Wegen des Salzgehaltes des Meerwassers ist sein Gefrierpunkt – üblicherweise bei 0° C – sehr niedrig, so kann Meerwasser kälter als 0° C und dennoch flüssig sein. In den antarktischen Meeren sind denn auch Kältewerte von −2° C durchaus

1
2

3

Leben im Schnee

Leben im Schnee heißt Überleben unter außerordentlich schwierigen Umweltbedingungen. Niedrige Außentemperaturen bedeuten dauernden Wärmeverlust, der durch erhöhten Stoffwechsel (= größerer Nahrungsbedarf als in wärmeren Regionen) ausgeglichen werden muß. Dieses bedingt größere Kreislaufanforderungen: Warmblütige Tiere in kalten Zonen besitzen größere Herzen als ihre Verwandten in wärmeren Gegenden (Hessesche Regel), kürzere Ohren, Beine und Schwänze, was die Wärmeabstrahlung verringert (Allensche Regel), und sie sind größer (Bergmannsche Regel). Außerdem fordert der oft einheitliche weiße Biotop eine Anpassung der Körperfärbung (Tarnung), die aber andererseits genügend Schutz gegen die über Schneeflächen stärkere UV-Einstrahlung bieten muß. Beim Eisbären (1) und beim Polar- oder Eisfuchs (5) sind diese

4
5

Bedingungen weitgehend erfüllt: kurze Ohren, dicker, weißer Pelz, der sogar die Fußsohlen bedeckt. Im arktischen Sommer erlaubt sich der Polarfuchs eine graue bis bräunliche Färbung, die im Winter zum strahlenden Blau-Weiß (Blaufuchs) wechselt. Auch das Winterhaar der Schneehasen (2) ist weiß. Der kleinere Alpenschneehase entwickelte sich nach der Eiszeit zu einer eigenen Unterart. Die Schneehühner (3) zeigen ebenfalls einen Wechsel zwischen braunem Sommer- und weißem Wintergefieder. Wie der Alpenschneehase ist auch das Alpenschneehuhn ein solches Eiszeit-Relikt. Seine nordischen Verwandten leben als Moorschneehuhn in Skandinavien und Finnland. Auf »Lemmingjahre« folgt die massenhafte Vermehrung der Schnee-Eule (4), die dann aus Platz- und Nahrungsgründen aus den arktischen Tundren nach Süden wandert.

üblich. Dank ihrer Frostschutzsubstanzen erfolgt bei diesen Fischen jedoch keine innere Eisbildung. Das gilt auch für die in den kalten arktischen Meeresteilen – etwa bei Labrador – lebenden Fische. Diese Frostschutzstoffe sind in jüngster Zeit bei fast hundert Kältefischarten als großmolekulare Glykoproteide erkannt worden, bestehen also aus einer Verbindung von Eiweiß- und Kohlenhydratmolekülen.

Überleben in Gluthitze

Auch am anderen Ende der biologisch erträglichen Wärmeskala gibt es technisch und verhaltensmäßig hohe Anpassungsmechanismen. Dabei versuchen manche in Wüsten und Steppen brütende Vögel eine Temperatursenkung durch Wasserverdunstung zu erreichen. Das Sandflughuhn (Pterocles) bewältigt gar einen Wassertransport zu den hitzeempfindlichen Nestjungen über fünfzig Kilometer Entfernung. Dabei tauchen die Altvögel an der Wasserstelle das Brustgefieder ein, wobei sich schwammartige Dunenfedern mit Wasser vollsaugen. Dieses bringen die Eltern im Fluge zu den Jungen, die es aus dem Gefieder trinken. Andere Nestlinge kommen in den Genuß von temperatursenkendem Flügelschatten – Störche breiten die Flügel über die Jungtiere – oder verdunstendem Wasser, das die Eltern versprengen.

Andere Tiere schützen sich vor zu starker Erwärmung durch entsprechendes Regulierverhalten, indem sie Schatten oder Höhlen aufsuchen und so ihre Körpertemperatur sogar weitgehend konstant halten (afrikanische Dornschwanzechsen Uromastix, karibische Rennechsen Cnemidophorus). Auch die Wüstenrennmäuse Afrikas und Südasiens und die Springmäuse bedienen sich dieser Methoden.

Unter den Wirbellosen halten einige Kleinkrebse erstaunliche Hitzerekorde: In heißen Quellen Nordafrikas findet sich Thermosbaena gracilis noch bei 51° C, und die Schnecke Bithynia thermalis existiert sogar noch bei 53° C. Dabei stimmen bei diesen Beispielen Außen- und Innen-, also Wasser- und Körpertemperatur überein, denn es gibt ja keine Abkühlungsmöglichkeit. Diese enorme Hitzeverträglichkeit scheint in besonderen Körpereiweißen begründet zu sein, die erst oberhalb der genannten Wärmegrade gerinnen.

Den Rekord im Ertragen extremer Temperaturen dürften wohl die Larven der in Nigeria und Uganda lebenden Zuckmücken Polypedium vanderplanki halten, die in winzigen Felsentümpeln leben, die sich sehr rasch erhitzen, bevor sie austrocknen. Unter solch harten Bedingungen kommt diesen Larven ihre Fähigkeit, Temperaturen von +120° C bis −270° C lebend zu überstehen, gewiß zugute. In eiskalter flüssiger Luft überlebten sie sogar 77 Stunden, im noch weit kälteren flüssigen Helium immerhin 6 Minuten.

Viele andere Wirbellose, die nicht zum Leben im – heißen – Wasser gezwungen sind, sondern »nur« heiße Wüsten bewohnen, gewinnen aus trickreich erworbenem Wasser Verdunstungskälte. Das ist besonders deutlich an den in den letzten Jahren gut untersuchten Schwarzkäfern der Namib-Wüste zu

Rechts: Sandflughühner transportieren Wasser von entfernt gelegenen Wasserstellen im Brustgefieder zu ihren Jungen.

Unten: Die afrikanische Dornschwanzechse schützt sich vor Überhitzung, indem sie Schatten oder Felsspalten aufsucht.

Auch die Australischen Hüpfmäuse sind Wüstenbewohner. Sie entgehen der sengenden Mittagshitze, indem sie den Tag in ihren Erdbauten verschlafen und erst nachts aktiv werden.

beobachten. Diese bauen abends etwa einen Meter lange Gräben von rund zwei Zentimetern Tiefe. Durch Temperaturunterschiede bedingt, dringt nachts warme Meeresluft über den kalten Küstenstrom Südwestafrikas, läßt den mitgebrachten Wasserdampf zu Nebeltröpfchen kondensieren, und an den Wänden des Käfergrabens schlägt sich Wasser in Tropfenform nieder. Der Käfer marschiert durch seinen Gang und kann diese Tropfen auf noch nicht ganz geklärte Weise aufnehmen. Die Hitze des kommenden Tages – 70° C an der Sandoberfläche – kann so durch Wasserverdunstung erträglich gemacht werden. Andere Schwarzkäfer (Onymacris) stellen sich in Nebelnächten mit dem Kopf gegen den Wind und drücken das Hinterende auf gestelzten Beinen nach oben. An der schräggestellten Tiergestalt sammeln sich Nebeltropfen und fließen zum tieferen Kopfende. Dort können diese Nebeltrinker die kostbaren Wassertropfen aufnehmen.

Hohe Wärmegrade verdanken ihre Entstehung der Sonneneinstrahlung. Es liegt also nahe, daß man deren Aufheizungseffekt im Tierkörper durch geeignete, physikalisch wirkende Verpackungen, also Körperdecken mit bestimmten Färbungen, beeinflußt. Generell wirken helle Färbungen strahlungs-, also wärmeabweisend, dunkle umgekehrt wärmeaufnehmend. So sind viele Wüstenbewohner gelblich hell gefärbt, aber manche auch dunkel wie die Schwarzkäfer. Neben den langwelligen (Wärme-)Strahlen enthält das Sonnenlicht aber auch noch energetisch reichere kurze Wellen bis zum zellschädigenden Ultraviolett, das am ehesten durch feingekörntes Braunschwarz vom Melanin-Typ von Zelle und Kern ferngehalten wird. Melanine sind dunkelbraune bis gelbliche Farbstoffe aus dem Eiweißstoffwechsel.

Leben in der Finsternis

Neben solchem Zuviel an Licht aller Wellenlängen gibt es Lebensräume mit stark verringertem bis völlig fehlendem Lichtangebot. Das ist natürlich in der Tiefsee, aber auch in lichtlosen Höhlen der Fall. Beide Lebensräume stellen Höchstanforderungen an die Lebensleistungen der dort lebenden Tierformen, denn schon der wichtige Nahrungserwerb muß hier im Dunkeln stattfinden. Prompt besitzen einige in absoluter Finsternis lebende Tiefseefische ihre eigenen Lampen in Form von Leuchtorganen: Bei den Beilfischen und Großmäulern (Stomiatiden) sind diese entlang den Körperseiten verteilt und vor allem im Schlundbereich betont. So können in die Nähe geratende Neugierige gleich entdeckt und verschlungen werden (Argyropelecus, Eupharynx).

Aber auch ganz ohne Licht, jedenfalls ohne Augen, kann Leben ablaufen. Der mexikanische Höhlenfisch, früher mit dem zungenbrecherischen, aber bezeichnenden Namen Anoptichthys (griech.: Fisch ohne Augen) benannt (heute Astyanax), verläßt sich ausschließlich auf seine Tast- und Vibrationswahrnehmung. In der Jugend besitzt dieser offenbar erst vor kurzem zum Höhlenleben gekommene Salmlerfisch jedoch noch mehr oder weniger funktionstüchtige Augen.

Tiefsee-Beilfische meistern das Leben in ewiger Dunkelheit mit Hilfe eigener Leuchtorgane und extrem lichtempfindlicher Teleskopaugen.

Mit langen Antennen und verlängerten Beinen zur Wahrnehmung ihrer lichtlosen Umwelt sind auch die Höhlengarnelen (Troglocaris) und der Brunnenkrebs (Niphargus) ausgerüstet, der zu den Flohkrebsen gehört. Solche allenfalls zentimeterlangen Flohkrebse (Orchomene) besiedeln auch die lichtlosen Tiefen, 600 Meter unter dem antarktischen Packeis, wo es ewig etwa 2° C kalt ist.

Der dauernde Aufenthalt im lichtlosen wäßrigen Milieu hat sich trotz aller Angepaßtheit und ausgeklügelter Technik nur bis zum Fisch- und Amphibienniveau als machbar erwiesen. Die bekanntesten Beispiele für in lichtlosen Lebensräumen lebende Amphibien sind der Grottenolm (Proteus anguinus) der Karsthöhlen Jugoslawiens (Adelsberger Grotten) und einige Höhlensalamander (Hydromantes) im Apennin und den Rocky Mountains, wobei letztere sich allerdings doch hauptsächlich in den Eingängen ausgedehnter Höhlensysteme aufhalten, also noch nicht völlig dem lichtlosen Leben angepaßt sind.

Unter den Säugetieren sind der wohlbekannte europäische Maulwurf (Talpa europaea), der australische Beutelmull (Notoryctes) und die afrikanische Blindmaus (Spalax) zum fast bis ganz lichtlosen Leben im Erdboden übergegangen. Im extremen Fall besitzen solche Tiere keine Augen mehr.

Der Grottenolm lebt in den lichtlosen Karsthöhlen Jugoslawiens. Seine Augen sind rückgebildet und mit Haut überzogen.

Joachim Weiss

Wie Tiere sich verhalten: Ethologie

Wir beobachten eine Katze. Sie liegt auf einem Holzstapel im Hof eines dörflichen Wohnhauses. Plötzlich steht sie auf, streckt ihren Körper, wartet einen Moment und springt von dem Holzstapel herunter. Langsam trabt sie davon. Auf einer nahe gelegenen Wiese bleibt die Katze einen Augenblick lang stehen. Sie richtet ihren Vorderkörper auf, bewegt ihre Ohrmuscheln und blickt in Richtung einer ganz bestimmten Stelle vor ihr auf der Wiese. Anschließend läuft sie in geduckter Haltung rasch auf diese Stelle zu. Dann hält sie wiederum inne und beobachtet – wie wir jetzt erkennen können – eine etwa fünf Meter von ihr entfernt sitzende Feldmaus, die, von kurzen Pausen unterbrochen, unablässig nach Nahrung sucht. Den Körper tief heruntergedrückt, Kopf und Hals vorgestreckt, schleicht die Katze langsam näher an die Maus heran. Jetzt – ihr Abstand zur Maus beträgt vielleicht noch zwei Meter – duckt sie sich flach auf den Boden und streckt ihren Kopf deutlich vor. Plötzlich schießt sie in zwei oder drei flachen Sprüngen auf die Maus zu, drückt mit einer ihrer Vorderpfoten das Beutetier nieder und beißt es unmittelbar darauf in den Nacken. Nun richtet sich die Katze auf, schaut über die Wiese, dann hinunter zur totgebissenen Maus. Schließlich ergreift sie ihre Beute mit den Zähnen und läuft zum Holzstapel zurück. Dort beginnt sie die Maus zu fressen.

Das sprichwörtliche Verhältnis zwischen »Katz und Maus« ist jedermann geläufig. Doch haben sicherlich nur wenige Leser bisher den Beutefang einer Katze genau beobachtet. Die ausführliche Schilderung eines solchen Beutefangs erfolgte deshalb, um zu zeigen, was dabei »passiert« – und es passierte recht viel. Was wir beobachten konnten, nennen wir Verhalten. Es stellt die höchste Stufe der Lebensäußerungen dar. In das Verhalten fließen alle »untergeordneten« Vorgänge auf biochemischer, zellulärer und organbezogener Ebene ein: Es umfaßt die Lebensäußerungen des Gesamtorganismus. Hierzu zählen alle Bewegungen, Körperhaltungen, rasche Farbänderungen, Ruhezustände und Lautäußerungen der Tiere. Die einzelnen, klar unterscheidbaren Elemente des Verhaltens werden als Verhaltensweisen bezeichnet. So sind der Beutesprung und der darauffolgende Tötungsbiß Beispiele für zwei verschiedene Verhaltensweisen des Beutefangverhaltens der Katze.

Verhalten ist das, was wir an lebenden Tieren beobachten können. Die Beobachtung lebender Tiere faszinierte die Menschen schon immer. Bei der Faszination lassen wir es jedoch nicht bewenden: Wir wünschen uns auch Erklärungen für das, was wir beobachten.

Sachlichkeit tut not. Vielfach hat man es sich mit der Erklärung des Tierverhaltens einfach gemacht. Es wurde mit eigenen, menschlichen Empfindungen in Zusammenhang gebracht, ja sogar oft fälschlich gleichgesetzt. Eine Katze jagt eben Mäuse, weil sie »hungrig« ist. Und wenn sie ein Rotkehlchen erbeutet, das gerade Junge im Nest hat, dann ist sie nicht nur hungrig, sondern scheint auch »böse« oder gar »mordlustig« zu sein. Noch verwerflicher verhält sich ein Tier, zum Beispiel ein Fuchs, der sich »erdreistet«, dem Menschen Hühner zu »stehlen«.

Solche vermenschlichten Betrachtungsweisen erklären das Verhalten der Tiere nicht, sondern bewerten es oberflächlich nach subjektiven menschlichen Maßstäben und führen dadurch zu einer gefährlichen Einstellung des Menschen gegenüber den Tieren. Zum richtigen Verständnis der Tiere und ihres Verhaltens bedarf es einer von menschlichen Bewertungen freien und sachlichen Verhaltensaufklärung. Warum verhält sich ein Tier gerade so und nicht anders? Welche Bedeutung kommt den einzelnen Verhaltensweisen zu? Auf diese Fragen versucht die Verhaltensforschung (Ethologie) als Teilbereich der Zoologie objektive Antworten zu geben.

Der wichtigste Schritt zur Aufklärung des Tierverhaltens ist seine sachliche Beschreibung. Eine solche Beschreibung des Verhaltens muß frei sein von Vermenschlichungen und unbewiesenen Deutungen. In unserem Einführungsbeispiel haben wir eine solche nüchterne Beschreibung kennengelernt. Mit ihrer Hilfe kann man das Verhalten eines Tieres, das Verhalten mehrerer Individuen einer Tierart und das Verhalten verschiedener Tierarten vergleichen und analysieren. So läßt sich das Beutefangverhalten der Katze aufgrund unserer Beobachtung in verschiedene Phasen einteilen:

□ Die Katze verläßt ihren Ruheort und sucht ihr Jagdgebiet auf: Beutesuchverhalten.

□ Die Katze entdeckt ein Beutetier: Erkennen der Beute.

□ Die Katze nähert sich dem Beutetier rasch: Schleichlaufen.

□ Die Katze nähert sich dem Beutetier langsam und in geduckter Haltung: Schleichen.

□ Die Katze beobachtet das Beutetier und bereitet den Absprung vor: Lauerstellung.

□ Die Katze springt auf das Beutetier zu: Beutesprung.

□ Die Katze drückt das Beutetier mit den Vorderpfoten auf den Boden und beißt zu: Ergreifen und Töten der Beute.

Jetzt könnte man untersuchen, ob diese Phasen beim Beutefang immer auftreten und ob sie immer in der gleichen Reihenfolge ablaufen; oder wie das Beutefangverhalten einer anderen Katze aussieht; oder einer anderen Katzenart; oder eines hundeartigen Beutegreifers und so fort.

Fragestellungen der Ethologie. Die genaue Erfassung des Verhaltens bildet die Voraussetzung dafür, weitergehende Untersuchungen anzustellen und die Grundprobleme des Tierverhaltens zu erforschen. Dabei geht es einmal um die Funktionen des Verhaltens, also um seine Bedeutung für das einzelne Tier oder für eine Tiergruppe. Wenn ein Tier frißt, nimmt es Nährstoffe auf, die es zum Überleben benötigt. Beim Fressen ist die Verhaltensfunktion für jeden einsichtig. Aber warum singen die Vögel? Und wozu schlägt der Pfau ein Rad? Warum rollt der Igel sich zusammen, wenn ein Auto auf ihn zufährt, anstatt wegzurennen? Oder warum führen bestimmte Bienen in ihrem Stock merkwürdige Bewegungsfolgen aus, denen andere Bienen nachlaufen? Die Funktion derartiger Verhaltensweisen ist keineswegs so ohne weiteres klar.

Neben der Funktion ist die Verursachung des Verhaltens ein wesentlicher Gesichtspunkt, der von der Verhaltensforschung untersucht wird, also die Frage: Was passiert im Organismus, wenn Verhalten abläuft? Welche Vorgänge liegen den Verhaltensäußerungen zugrunde? Hierbei handelt es sich um kausale Fragestellungen, wie sie auch in anderen Naturwissenschaften wie Physik und Chemie behandelt werden. Die Biologie muß neben den Verhaltensmechanismen und den ihnen zugrundeliegenden Prozessen auch die Art und Weise der stammesgeschichtlichen Entwicklung (Evolution) von Verhalten und die Jugendentwicklung (Ontogenese) von Verhalten untersuchen. Erst dann läßt sich die Frage beantworten, warum Verhalten gerade so und nicht anders abläuft. – Auf den folgenden Seiten soll das Verhalten der Tiere so dargestellt werden, wie es die biologische Verhaltensforschung (Ethologie) heute sieht. Dadurch soll dem Leser ein wissenschaftlich begründetes Verständnis des Tierverhaltens nahegebracht werden. Am Anfang steht die Frage, wie Verhaltensabläufe in Gang gesetzt werden können.

Verhaltensforschung am Menschen: Humanethologie

Verhaltensforschung scheint eine große Faszination auszustrahlen: Immer wieder begegnen wir Versuchen, Dinge des menschlichen Lebens, die uns in unerklärlicher Weise besonders fesseln, mit den Regeln der Ethologie zu deuten. So wollen populäre Darstellungen uns glauben machen, daß die weltweite Begeisterung und die regelmäßig auflodernden Emotionen beim Fußball mit wenigen ethologisch klingenden Behauptungen erklärbar wären. Der menschliche Jagdtrieb – natürlich zutiefst in unserem Erbgut verankert – äußere sich im Nachjagen des Balles, und das gemeinsame Spiel innerhalb der Mannschaften leite sich von der gemeinsamen Jagd auf Beutetiere ab. Oder beispielsweise das jubelnde Hochhalten des mit viel Schweiß erspielten Fußballpokals gehe auf ein Verhalten zurück, das schon unsere Vorfahren in grauer Vorzeit an den Tag legten, wenn sie schwer erkämpfte Beutetiere gemeinsam zu ihrer Sippe trugen.

Die Suche nach biologischen Grundlagen in unserem Verhalten ist berechtigt; sie ist für ein umfassendes Verständnis notwendig, da das Verhalten des Menschen aufgrund seiner Stammesgeschichte biologische Wurzeln besitzt. Doch darf diese Suche nicht zu unkritischen und simplen Erklärungen (nach dem Motto: »Vom Beutejäger zum Torjäger«) oder zu leichtfertigen Übertragungen von an Tieren gewonnenen Ergebnissen führen.

Die »Humanethologie«, ein moderner Zweig der Verhaltensforschung, bemüht sich auf naturwissenschaftlicher Grundlage um die Erforschung des menschlichen Verhaltens. Sie überträgt jedoch nicht die Ergebnisse der Tierforschung auf den Menschen, sondern sie benutzt lediglich Fragestellungen und Methoden der Tierethologie.

Als wichtige Forschungsthemen der Verhaltensforschung am Menschen ergeben sich zum Beispiel folgende Fragen:

- ☐ Gibt es angeborene Anteile im menschlichen Verhalten?
- ☐ Spielen beim heute lebenden Menschen noch stammesgeschichtliche Verhaltensanpassungen eine Rolle?
- ☐ Lassen sich auch beim Menschen genetisch vorgegebene Lerndispositionen nachweisen?
- ☐ Nach welchen Gesetzmäßigkeiten verläuft die Verhaltensentwicklung während der Embryonal-, Kind- und Jugendzeit?
- ☐ Welche Bedeutung haben Außenreize für die Verhaltensauslösung und -steuerung?
- ☐ Welche Gemeinsamkeiten, Ähnlichkeiten oder Unterschiede gibt es zwischen hochentwikkelten Säugetieren und Menschen bei Lernvorgängen, im Aggressions- oder Revierverhalten, im Sozial- und Werbeverhalten?

Auf besonderes Interesse stößt häufig das Problem von angeborenen Anteilen im menschlichen Verhalten. Kaspar-Hauser-Versuche (→ S. 291 f.) oder genetische Experimente scheiden beim Menschen aus ethischen Gründen allerdings aus. Hier bewährt sich die vergleichende Beobachtungsmethode; sie läßt sich im sogenannten Kulturenvergleich anwenden. Man beobachtet das Verhalten verschiedener Naturvölker, die kaum Berührung untereinander hatten, und führt zusätzlich Vergleiche mit Kulturvölkern durch. Bewegungsabläufe, die in Form und Funktion große Ähnlichkeiten aufweisen, sind für die Frage nach der Stammesgeschichte des menschlichen Verhaltens besonders aufschlußreich. So treten zum Beispiel Augengruß, Küssen oder Umarmung sowie andererseits Androhen durch Anstarren oder durch Entblößen der Zähne in fast allen Kulturen (und zum Teil sogar bei Menschenaffen) auf.

Ein zweiter methodischer Weg ist die »Babyforschung«. Das wohlausgebildete Verhalten neugeborener Kinder läßt den Schluß auf angeborene Grundlagen zu. Kinder atmen, saugen und schlucken in koordinierter Weise unmittelbar nach der Geburt. Sie können schreien und lächeln. Berührt das Baby mit seinem Gesicht die mütterliche Brust, so setzen pendelnde Suchbewegungen des Kopfes nach der nahrungspendenden Brustwarze ein. Neugeborene führen Schreitbewegungen aus, wenn man sie aufrecht über eine ebene Unterlage führt.

Schließlich ermöglicht die Untersuchung taubblind geborener Kinder manche Rückschlüsse auf ein stammesgeschichtliches Erbe im Verhalten. Der Humanethologe Eibl-Eibesfeldt wies nach, daß solche in »ewiger Nacht und Stille« heranwachsenden Menschen lachen und weinen können wie wir und auch viele Ausdrucksbewegungen in Mimik und Gestik sich von denen gesunder Menschen nicht unterscheiden lassen. Das trifft auch für contergangeschädigte taubblinde Kinder zu, bei denen nicht nur ein Lernen über Seh- und Hörsinn, sondern zusätzlich auch über den Tastsinn der Hände ausgeschaltet war. Die geringe Rolle des Lernens bei der Entwicklung des Ausdrucksverhaltens wird dadurch bestätigt, daß die komplizierten Gesichtsbewegungen selbst von schwer hirngeschädigten Kindern beherrscht werden, denen man mit großer Mühe kaum beibringen konnte, einen Löffel selbständig zum Munde zu führen.

Die Humanethologie hat nicht nur angeborene Bewegungselemente im menschlichen Verhalten wahrscheinlich machen können, sondern ebenso ein angeborenes Erkennen bestimmter Signalreize. Angeborene Anteile im menschlichen Verhalten schließen Möglichkeiten der Verhaltensänderung durch Lernen und eine Selbstbestimmung des eigenen Handelns jedoch nicht aus. Im Gegenteil: Die Kenntnis unserer Verhaltensursachen hilft uns, eigenes Verhalten besser zu verstehen, und eröffnet dadurch vielleicht besonders günstige Möglichkeiten, selbstkontrolliert Verhalten zu ändern. »Selbsterkenntnis trägt in diesem Sinne zur Freiheit des Menschen bei« (Eibl-Eibesfeldt).

Signalreize und Auslösemechanismen

Im einführenden Beispiel vom Beutefang einer Katze ließen sich verschiedene Verhaltensphasen ermitteln. In der ersten Phase ist kein Zusammenhang zwischen Verhalten und bestimmten Umweltereignissen zu erkennen, anders jedoch in den folgenden Phasen. Hier konnte der Beobachter feststellen, daß die Katze mit ihrem Verhalten auf die Feldmaus reagierte. Umweltereignisse und Umweltobjekte, auf die ein Tier mit bestimmten Verhaltensweisen reagiert, werden in der Ethologie auslösende Reize oder Signalreize genannt. Den Zusammenhang zwischen Reizen und reagierendem Verhalten untersuchte der holländische Verhaltensforscher Niko Tinbergen in einem klassisch gewordenen Experiment; er benutzte dabei die Attrappen-Methode. Attrappen sind Modelle von Reizen.

Versuche mit Attrappen. Wenn hungrige Silbermöwenküken an den Schnabel ihrer Eltern picken, würgen die alten Silbermöwen vorverdautes Futter aus. In kleinen Stückchen verfüttern sie es dann an ihre Jungen. Alte Silbermöwen tragen an der Unterseite ihres Schnabels einen auffälligen roten Flecken.

Für die Pickreaktion der Küken – ein »Bettelverhalten« um Futter – muß der rote Fleck am elterlichen Schnabel von Bedeutung sein, denn die Küken lassen sich durch die verschiedensten roten Dinge zum Picken bewegen. Das erscheint unverständlich: Warum erwarten die Silbermöwenküken beispielsweise von einem roten Ball, daß er Futter auswürgt?

Tinbergen wollte diese Frage klären. In seinem Buch »Die Welt der Silbermöwe« schreibt er dazu: »Darum zog ich im Sommer 1946 ... mit meinen Studenten zwei Wochen lang in eine der Silbermöwenkolonien auf den holländischen friesischen Inseln. Das Hauptgepäck war eine wunderliche Sammlung von Silbermöwenattrappen, und damit begannen wir unsere Arbeit, die uns in vier aufeinanderfolgenden Brutzeiten beschäftigte und fesselte ... Neugeborene Küken waren verhältnismäßig leicht täglich zu finden, und alle pickten eifrig nach den meisten unserer Attrappen ... Im ganzen zählten wir 16000 Pickreaktionen. Als erstes untersuchten wir, ob der Fleck auf dem Elternschnabel unbedingt rot sein muß.« Tinbergen fertigte dazu aus Pappe fünf Modelle (Attrappen) von Silbermöwenköpfen an. Das »Standardmodell« glich dem natürlichen Silbermöwenkopf mit gelbem Schnabel und rotem Schnabelfleck. In den anderen Modellen wurde die Farbe des Schnabelflecks verändert. Ein Modell bekam keinen Schnabelfleck. »Es war richtig spannend, den Kleinen zuzusehen. Immer wieder blickten sie nach dem ›Kopf‹, folgten seinen Bewegungen mit den Augen und pickten ... Nachdem sie ihren wichtigen Beitrag zu unserer Arbeit geleistet hatten, durften sie zurück ins elterliche Nest.«

Die Ergebnisse der ersten Versuchsreihe ergaben, daß ein Schnabel mit einem roten

Fleck wirksamer ist als ein vollständig gelber Schnabel ohne Fleck, aber auch wirksamer als Schnäbel mit einem schwarzen, blauen oder weißen Fleck. Wenn also Schwarz, obwohl es sich doch von Gelb stärker abhebt als Rot, eine nicht so starke Reaktion hervorruft wie der rote Fleck, so liegt der Schluß nahe, daß vor allem die Farbe reaktionsauslösend wirkt und weniger die Kontrastwirkung.

Tinbergen stellte aber noch weitere Attrappenversuche mit den Silbermöwenküken an. So überprüfte er auch die Wirksamkeit der Kopfform für die Auslösung der Pickreaktion. Dabei löste die »Hahnenkopfattrappe« annähernd so viele Reaktionen aus wie das Standardmodell. Die Kopfform spielt demnach keine Rolle. Die große Bedeutung des roten Flecks am Schnabel bestätigte sich jedoch in allen Versuchen. Wichtig war schließlich auch die Bewegung der Attrappe. Hielt man den Küken das Standardmodell unbewegt hin, so löste es weniger als die Hälfte der Reaktionen aus, die man mit einer bewegten Attrappe erzielte.

Mittels Attrappenversuchen hatte Tinbergen die Reizsituation, die das Bettelverhalten junger Silbermöwen auslöst, weitgehend analysiert: Nicht die Reize »erwachsene Silbermöwe« oder »Kopf einer erwachsenen Silbermöwe« stellen Signalreize für das Bettelverhalten junger Silbermöwen dar, sondern lediglich der Schnabel der Altmöwe liefert die auslösenden Reize durch den roten Schnabelfleck und die Bewegung. Einzelne, einfache Merkmale oder Merkmalskombinationen wirken als auslösende Reize. Diese Erkenntnis ist für die Verhaltensforschung von großer Bedeutung. Bei der großen Zahl von Umweltreizen, denen ein Tier begegnet, muß man zwischen den überhaupt wahrnehmbaren und den verhaltensauslösenden Reizen unterscheiden. Die Silbermöwenküken können natürlich ihre Eltern sehen, sie können auch ihre Geschwister und andere Objekte ihrer Umwelt wahrnehmen. Aber die Verhaltensweise »Bettelreaktion« wird durch den spezifischen Signalreiz eines bewegten Schnabels mit rotem Fleck ausgelöst.

Das Balzverhalten der Stichlinge. Auf Tinbergen geht auch das folgende Beispiel zurück. Er untersuchte die Reize, die bei einem Stichlingsmännchen das Balzverhalten um ein Weibchen auslösen. Nach genauer Beobachtung des Balzverhaltens kam er zu dem Schluß, daß der dicke (mit Eiern gefüllte) Bauch des Weibchens der entscheidende Signalreiz sein müßte. Diese Annahme überprüfte er mit Hilfe von zwei Attrappen: einer naturgetreuen Nachbildung eines nicht brünstigen Weibchens mit normalem Bauch und eines groben, stark vereinfachten Fischmodells, das jedoch einen ausgesprochen dikken Unterleib besaß.

Die Ergebnisse bestätigten Tinbergens Annahme: Die naturgetreue Nachbildung wurde kaum beachtet, die Attrappe mit geschwollenem Bauch löste dagegen intensives Balzverhalten aus. Die übrigen Merkmale des Stichlingsweibchens waren also ohne Bedeutung. Diese Feststellung gilt jedoch nur für die Auslösung des Balzverhaltens beim Männchen, so wie die Ergebnisse des ersten Beispiels nur für die Auslösung des Bettelverhaltens junger Silbermöwen gelten. Die Wirkung eines Umweltreizes als Signalreiz ist verhaltensspezifisch, das heißt, jeder Signalreiz ist immer einem ganz bestimmten Verhalten zugeordnet.

Auslösemechanismen filtern die Reizwelt. Wie funktioniert nun die »Filterung der Reizwelt«? Wie erkennt ein Tier die Signalreize aus der Fülle aller wahrnehmbaren Umweltreize? In vielen Attrappenversuchen bestätigte sich immer wieder die strenge Abhängigkeit der Verhaltensweisen von spezifischen und relativ einfachen Signalreizen. Diese Tatsache ließ schon die Väter der Verhaltensforschung, Konrad Lorenz und Niko Tinbergen, auf einen Mechanismus im Zentralen Nervensystem schließen, der ein bestimmtes Verhalten nur dann »freigibt«, wenn die passenden Signalreize in der Umwelt vorhanden sind und vom Nervensystem »erkannt« werden. Dieser Mechanismus wurde Auslösemechanismus, abgekürzt »AM«, genannt. Er überprüft die Informationen, die von den Sinnesorganen über die Umwelt gemeldet werden, dahingehend, ob ein bestimmter Signalreiz vorhanden ist oder nicht. Für jedes Paar, bestehend aus Signalreiz und Verhaltensweise, ist ein solcher Auslösemechanismus erforderlich.

Man kann sich das Zustandekommen von Verhalten folgendermaßen vorstellen: Zur Aufnahme eines Reizes benötigt der Organismus ein Sinnesorgan. Das Sinnesorgan übersetzt den Reiz in reizspezifische, körpereigene Erregung. Diese wird auf Nervenbahnen zum Zentralnervensystem (ZNS) weitergeleitet. Die Signalerkennung findet im Auslösemechanismus statt. Stimmt die Sinnesinformation mit dem Erkennungsprogramm des Auslösemechanismus überein, so wird das zugehörige Verhalten ausgelöst.

Diese Vorstellungen über die Verhaltensauslösung sind das Ergebnis sorgfältiger Beobachtung von Tierverhalten. In neuerer Zeit wurden sie durch physiologische Untersuchungsverfahren bestätigt. Verhaltensphysiologen konnten beispielsweise beim Frosch und bei der Katze Nervenimpulse an Gehirnnerven registrieren, die sich je nach Form und Bewegungsweise der Außenreize deutlich unterschieden. Für bestimmte Reizformen stellten die Forscher typische und wiedererkennbare Antwortimpulse in den Nerven fest.

Signalreize gibt es für fast alle Sinnesgebiete: Eine Zecke erkennt ihre »Opfer« (Säugetiere) am Geruch der in Schweißabsonderungen enthaltenen Buttersäure und an der abgestrahlten Wärme; ein Hai antwortet auf den Geruch von Blut mit Beutesuche; bestimmte Erschütterungen des Spinnennetzes lösen bei der Spinne Beutefangverhalten aus; Hühnerglucken reagieren auf Rufe verlorengegangener Junge mit Suchverhalten; Hühnerküken laufen zu ihrer Mutter, wenn sie Warnrufe ausstößt; der röhrende Ruf eines Rothirschmannes in der Brunftzeit wirkt auf seine Rivalen vertreibend, auf paarungsbereite Hirschkühe dagegen anziehend.

»Übernormale Reize.« Der Auslösemechanismus spricht nur auf ganz bestimmte Reizkonstellationen an. Welche Reize auslösend wirken, kann man durch schrittweise Abänderung von Reizmodellen, den Attrappen, herausfinden. Sind die Signalreize erst einmal gefunden, lassen sie sich in Form von Attrappen übertrieben darstellen. Solche »übernormalen« Reize übertreffen die natürlichen Signalreize an Wirksamkeit.

An unseren Küsten lebt der Sandregenpfeifer. Seine Eier sind dunkelbraun und dunkelgrau gesprenkelt. Bietet man ihm gleich große, aber schwarzgesprenkelte Eiattrappen an, so bevorzugt er diese vor seinen eigenen Eiern. Und der ebenfalls im Küstenbereich vorkommende Austernfischer entscheidet sich in einem Wahlversuch mit verschieden

Niko Tinbergen

Nikolaas (Niko) Tinbergen (geb. 1907 in Den Haag) verbrachte während seiner Kindheit und Jugendzeit viele Stunden mit Tier- und Naturbeobachtungen in der Strand- und Dünenlandschaft der Nordseeküste. Hier erwachten seine Begeisterung für die Tiere und seine wissenschaftliche Neugierde an der Untersuchung des Tierverhaltens. Im Alter von vierzig Jahren erhielt er den Lehrstuhl für experimentelle Zoologie an der Universität Leiden. Später wurde er Professor für Verhaltenslehre an der Universität Oxford, wo er heute noch lebt.

Niko Tinbergen ist einer der großen Meister der Ethologie; er verkörpert den Freilandforscher unter den Ethologen. Seine genauen und vergleichenden Verhaltensbeobachtungen verschiedener Tierarten in freier Natur waren wesentliche Bausteine für die noch junge ethologische Wissenschaft. Daneben entwickelte er die quantitative Verhaltensanalyse, also das Zählen und Messen von Verhaltensmerkmalen mit anschließender statistischer Auswertung der Daten. Tinbergen beherrschte vor allem auch das Experimentieren in meisterhafter Weise. Geistreich ausgedachte Versuche führte er sowohl im Freiland (z. B. an der Silbermöwe, → S. 275 f.) als auch im Labor (z. B. am Stichling, → S. 276) durch. Seine Art zu experimentieren und damit Fragen an die lebendige Natur zu stellen, wurde richtungsweisend für einen großen Teil der Verhaltensforschung.

Das erste Lehrbuch der Verhaltensforschung wurde von Tinbergen geschrieben (»Instinktlehre«, 1951). Viele weitere Schriften erschienen, darunter seine fesselnden, lebendig und verständlich formulierten Berichte »Die Welt der Silbermöwe«, »Wo die Bienenwölfe jagen« und »Tiere untereinander«.

Oben: Wenn Silbermöwenküken an den Schnabel ihrer Eltern picken, würgen diese Futter für die Jungen hervor.

Links: Hält man dem Silbermöwenküken die Attrappe eines elterlichen Kopfes hin, so pickt es ebenfalls nach dem Schnabel.

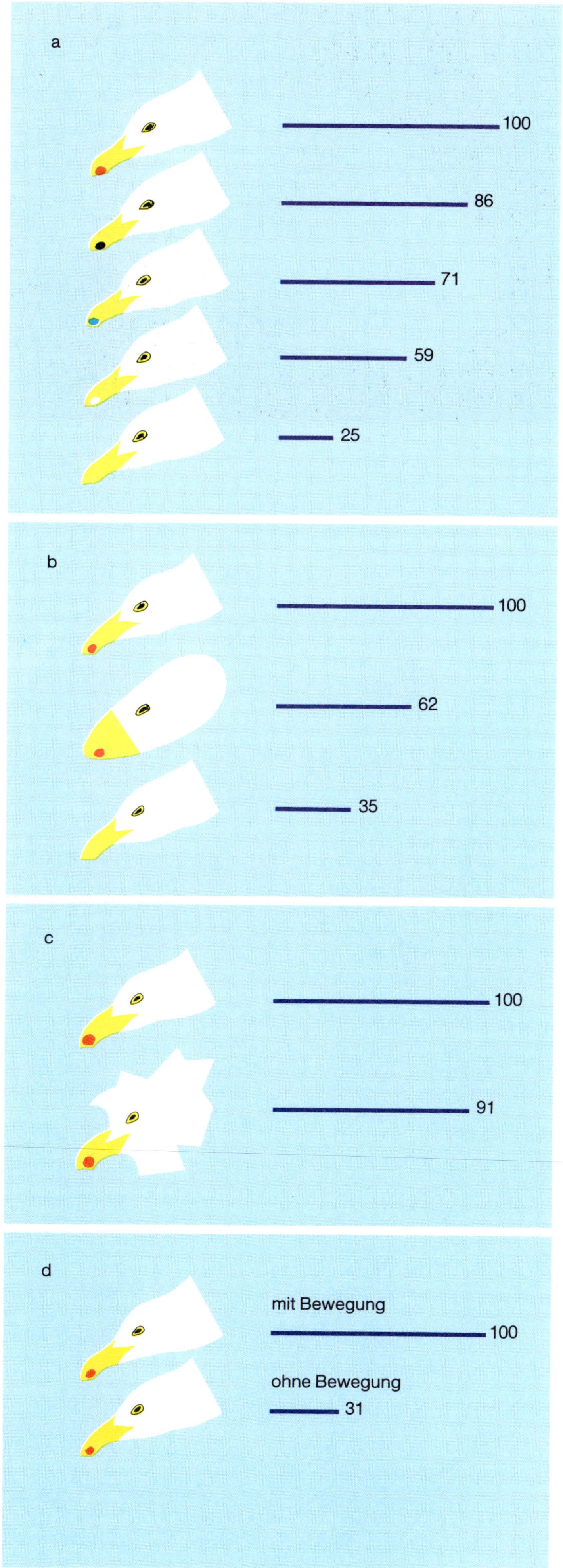

***Attrappenversuche mit Silbermöwenküken** zur Klärung der Frage, wodurch das Bettelpicken um Futter ausgelöst wird. Bei den vier Versuchsreihen entspricht die jeweils obere Attrappe dem natürlichen Silbermöwenkopf. Die Pickreaktionen auf jede Attrappe wurden 30 Sekunden lang gezählt. Die Anzahl der Pickreaktionen auf diejenige Attrappe, die innerhalb einer Versuchsreihe die meisten Reaktionen auslöste, wurde gleich 100 gesetzt, und die Pickreaktionen auf die anderen Attrappen innerhalb jeder Versuchsreihe prozentual auf diesen Wert bezogen. Resultat: Die Farbe des Fleckes am elterlichen Schnabel ist von Bedeutung (a). Der rote Fleck ist wichtiger als die Schnabelform (b). Auf die Kopfform kommt es nicht an (c), aber Bewegung spielt eine Rolle (d).*

Während die Guppy-Weibchen einheitlich schlicht gelbgrau gefärbt sind, hat züchterische Arbeit bei den Männchen die verschiedensten Farbvarianten und Flossenformen hervorgebracht.

großen Eiern für ein Riesenei, auf dem er jedoch nicht mehr sitzen und brüten kann! Die hohe Wirksamkeit der übernormalen Signalreize bestätigt den Schematismus in der Arbeitsweise der Auslösemechanismen. Sie können biologisch sinnvolle von biologisch sinnlosen Reizen nicht unterscheiden, sondern arbeiten nach festgelegten Erkennungsprogrammen. Reizsituationen, die vom Auslösemechanismus als Signalreize erkannt werden, lösen zugehöriges Verhalten aus.

Nachrichtenübermittlung zwischen Artgenossen. Signalreize spielen eine große Rolle bei der Nachrichtenübermittlung zwischen Artgenossen. Eine solche »innerartliche Kommunikation« ist im Tierreich weit verbreitet. Damit sich Tiere untereinander verständigen können, müssen die Signalreize, die eine mitteilende Funktion besitzen, vom Empfänger richtig verstanden werden. Signalreize und Auslösemechanismen, die im Dienste der innerartlichen Verständigung stehen, müssen sich daher in gegenseitiger Abhängigkeit entwickelt haben.

Diejenigen Signalreize, die der Nachrichtenübermittlung dienen, werden auch »Auslöser« genannt. Der rote Fleck am Silbermöwenschnabel oder der dicke Bauch des Stichlingsweibchens sind solche Auslöser. Dagegen stellen Signalreize, mit deren Hilfe Gegenstände der unbelebten Umwelt, Pflanzen oder andere Tierarten erkannt werden, keine Auslöser dar. In diesen Fällen liegt der Informationsgewinn nur auf seiten des Empfängers. Die Hauskatze erkennt ihre Beute an Merkmalen, die das Beutetier ohnehin besitzt. Ein Beutetier entwickelt keine Merkmale, die das Erkennen für Freßfeinde erleichtern könnten, im Gegenteil, sein Aussehen und Verhalten sind darauf angelegt, möglichst unentdeckt zu bleiben. Eine gegenseitige Nachrichtenübermittlung findet hier also nicht statt.

Als innerartliche Auslöser dienen Form-, Farb- und Geruchsmerkmale der Artgenossen. Solche Merkmale haben sich in vielen Fällen zur Erleichterung der Kommunikation in auffälliger Weise entwickelt. Eine besondere Bedeutung bei der innerartlichen Verständigung kommt Verhaltensweisen zu, die selbst die Funktion eines Auslösers besitzen (»Signalbewegungen«). Je nach Tierart haben ganz unterschiedliche Verhaltensweisen innerartliche Mitteilungsfunktion erlangt: zum Beispiel Farbmusterveränderungen, Körperhaltungen, Mimik, Ortsbewegungen, Lichtsignale oder Lautäußerungen.

Unter den innerartlichen Signalreizen lassen sich artspezifische und individuelle Auslöser unterscheiden. Artspezifische Signalreize und ihre entsprechenden Auslösemechanismen müssen in hohem Maße unveränderlich sein. Solche Auslöser dienen einerseits der Erkennung von Artgenossen, andererseits spielen sie bei der Übermittlung weiterer Nachrichten eine Rolle. Von Vogel- und Säugetierarten, die in sozialen Gemeinschaften leben (→ S. 310f.), ist auch eine individuelle Kenntnis von Artgenossen bekannt. Für ein individuelles Erkennen sind abwandelbare Auslöser und Auslösemechanismen erforderlich (Lernen, → S. 293f.). In Frage kommen hierfür optische, geruchliche oder akustische Signalreize. Natürlich können auch Signalreize aus verschiedenen Sinnesbereichen kombiniert werden: So erkennen sich die Mitglieder eines Wolfsrudels an geruchlichen und optischen Auslösern.

Zwischenartliche Verständigung. Neben den zahlreichen Beispielen solcher innerartlichen Mitteilungssysteme hat die Verhaltensforschung auch mehrere Fälle von zwischenartlicher Verständigung nachgewiesen. Die Evolution von Signalen und zugeordneten Auslösemechanismen muß hier in wechselseitiger Abhängigkeit von Sender und Empfänger

Färbungsmuster der Guppy-Männchen. *Kann eine Tierart das eigene Farbmuster verändern, so wachsen dadurch die Möglichkeiten für die Nachrichtenübermittlung an Artgenossen. So »verraten« Guppy-Männchen ihre Handlungsbereitschaft für Sexualverhalten, indem sie ihre Körperfärbung wechseln. Von oben nach unten in der Reihenfolge verschiedener Körperzeichnungen nimmt die Balzintensität der Guppy-Männchen zu.*

über Artgrenzen hinweg erfolgt sein. Ein eindrucksvolles Beispiel liefert die Verhaltenssymbiose von Putzerfischen und ihren »Wirten«. Die Putzerfische befreien andere Fischarten von Außenparasiten, indem sie die in der Haut steckenden Parasiten abfressen. Dabei befächeln sie ihren Wirt mit den Bauchflossen, so daß er über das Putzgeschehen an seinem Körper informiert wird. Der Wirtsfisch hält seinerseits die Körperteile (Schwanz, Flossen) still, an denen gerade geputzt wird. Sollen auch Parasiten in der Mundhöhle beseitigt werden, so lädt der Wirtsfisch seinen Putzer durch weites Maulöffnen dazu ein, worauf der Putzerfisch in der gewünschten Weise reagiert. Will der Wirt, daß der »Putzdienst« beendet wird, schließt er ruckartig das Maul bis zur Hälfte und öffnet es sofort darauf wieder. Das ist für den Putzerfisch das deutliche Signal, den Mundraum seines Wirtes schnell zu verlassen.

Koordination der Bewegung

Bewegungen kommen durch die Tätigkeit von Muskeln zustande. Je nachdem, wie sich die einzelnen Muskeln oder Muskelfasern zusammenziehen, ergeben sich unterschiedliche Bewegungsformen. Denken wir an die möglichen Fortbewegungen der Tiere, etwa an Gehen, Traben, Galoppieren, Springen, Klettern, Schleichen und so fort; für diese Bewegungsformen sind vor allem Muskeln in den Beinen zuständig, die jedoch in jeweils anderer Weise aktiviert und koordiniert werden. Wie wichtig eine Bewegungskoordination ist, zeigt sich darin, daß selbst einfache Bewegungen auf der Aktivität mehrerer Muskeln beruhen. So sind allein an der Schluckbewegung des Hundes etwa zwanzig verschiedene Muskeln beteiligt.

Noch erheblich aufwendiger ist die Steuerung von Verhaltensweisen, die weitaus komplexer als eine Schluckbewegung sind und beispielsweise den ganzen Körper eines Tieres betreffen. Verdeutlichen wir uns das an der sehr genauen Beschreibung einer Verhaltensweise aus dem Beutefangverhalten der Katze. Die »Lauerstellung« schildert der Katzenforscher Paul Leyhausen folgendermaßen: »Der ganze Körper der Katze liegt flach am Boden, die Vorderbeine sind stark angewinkelt, die Ellenbogen ragen über die Schulterblätter hinaus, und die Pfoten stützen den Körper unmittelbar unter dem Schultergelenk. Der Körper ist leicht zusammengezogen, die Hinterbeine liegen mit der ganzen Fußsohle auf, der Schwanz ist weit nach hingen gestreckt oder im Bogen an den Körper gelegt, die Schwanzspitze zuckt leise; der Kopf wird flach vorgestreckt, die Schnurrhaare sind weit gespreizt, die Ohren aufgestellt und nach vorn gerichtet. In dieser Stellung kann das Tier die Beute mehrere Minuten lang unablässig beobachten, wobei der Kopf jeder ihrer Bewegungen genauestens folgt ... Das Tier ... bereitet sich auf den Absprung vor: Die Hinterbeine schieben sich allmählich weiter zurück, die Fersen heben sich

Körperhaltungen der Silbermöwe. *Körperhaltungen können Auskunft über innere Bereitschaften und Stimmungen der Tiere geben. Die Silbermöwe besitzt als eine in Gruppen lebende Tierart ein großes Repertoire an Drohgebärden. Die »Aufrechtstellung« ist ein Drohverhalten mit ängstlich-abwehrender Komponente. Es tritt bei Revierstreitigkeiten und bei der Paarbildung auf. Das »Aufrechtdrohen« ist eine starke Form des Drohverhaltens männlicher Silbermöwen. Oft leitet es aktive Kampfhandlungen ein. In der »Schrägstellung« ruft der Vogel laut aus weit geöffnetem Schnabel. Dieses Verhalten tritt bei aggressiven Auseinandersetzungen auf. Das »Stößeln« ist eine Verhaltensweise, mit der Männchen und Weibchen gemeinsam ihr Revier verteidigen. Das »Wegsehen« tritt bei aggressiven Begegnungen auf.*

1

2

3

4

5

Leben im Ameisenstaat

Die am eindeutigsten und für das Individuum am einschneidendsten durchorganisierten Tierstaaten finden sich bei Ameisen und Bienen. Hier ist jedem an jedem Tage seines Lebens eine dem höheren Ganzen dienende Funktion zugeordnet. Die durch solche Sozialarbeit ermöglichten Leistungen sind enorm und reichen von gemeinsamen Jagdzügen zum Erbeuten von Raupen, Schnecken und Insekten bis zum Aufrechterhalten der richtigen Temperatur und Feuchtigkeit im Stock bzw. Nesthügel etwa bei der einheimischen Roten Waldameise (1). Eine ausgeklügelte Kastendifferenzierung liefert Soldaten mit großen Köpfen und kräftigen Kampf-Mundwerkzeugen, Arbeiterinnen mit unterdrückter Geschlechtlichkeit und Königinnen, denen die Produktion der Nachkommenschaft obliegt. Auch das »Melken« von Blattläusen, um deren zuckerhaltige Ausscheidungen zu bekommen (2), erfolgt im sozialen Verband wie auch das Bergen und Umtransportieren der Puppenbrut (4) oder das Überwältigen von Beute (7, Waldmistkäfer). Die Nahrung wird vom Beschaffer dem Verzehrer in bestimmtem Ritual überreicht (5), während die dann nötige Putzhandlung (3) Aufgabe jedes Einzelnen ist: Ameisenwohnungen sind peinlich sauber und werden gegen Angreifer durch Verspritzen von Ameisensäure aus dem Hinterleib verteidigt (6).

6

7

vom Boden ab, die Hinterpfoten beginnen in rhythmischem Wirbel auf und ab zu zucken, bis schließlich das ganze Hinterteil in diesem Rhythmus hin und her schwankt.«

Die verschiedenen Bewegungs- und Haltungsformen der Tiere können nicht vom Bau oder von der Arbeitsweise der Muskeln selbst abhängen, denn die Muskeln besitzen keine Information darüber, wie sie sich bei einer bestimmten Verhaltensweise zusammenzuziehen haben. Steuerung, Koordination und Kontrolle der Bewegungen übernehmen vielmehr bestimmte Bereiche im Zentralnervensystem. In ihnen gibt es – vergleichbar mit den Erkennungsprogrammen in den Auslösemechanismen – Koordinationsprogramme, die für die Kontrolle der Bewegungen verantwortlich sind. Jede Bewegung ist Ergebnis von Nervenaktivitäten im Zentralnervensystem.

Formstarre und formvariable Bewegungen. Bei der vergleichenden Analyse von Verhaltensweisen fallen zwei verschiedene Typen von Bewegungsmustern auf. Wir können Bewegungen, die sich in ihrer Form und in ihrem Ablauf immer wieder genau gleichen, von solchen unterscheiden, die stark veränderbar (variabel) sind und je nach Situation unterschiedlich ausfallen. Erstere bezeichnen wir als formstarre, letztere als formvariable Bewegungen. Zwischen beiden Typen gibt es fließende Übergänge.

Bei den formstarren Bewegungen sind die zugrundeliegenden Koordinationsprogramme festgelegt. Die Formbeständigkeit einer solchen Verhaltensweise wies die Zoologin Christiane Buchholtz am Beispiel des Beutefangschlages von Libellenlarven nach. Die Larven der Libellen leben im Wasser und ernähren sich »räuberisch« von Kleintieren. Mit einer herausschleuderbaren Greifzange, der »Fangmaske« (einem Teil des Mundes), fangen sie ihre Beute. Der etwa 150 Millisekunden dauernde Bewegungsvorgang wurde mit Hilfe von Hochgeschwindigkeits-Filmaufnahmen (1600 Bilder/Sekunde), also starker Zeitdehnung, untersucht. Die einzelnen Elemente der Bewegung (Vorschleudern, Zupacken, Zurückziehen) laufen immer in der gleichen Weise ab. Es stellte sich heraus, daß selbst bei unterschiedlichen Geschwindigkeiten, mit denen die Gesamtbewegung von den Larven ausgeführt werden kann, die Zeitbeziehungen zwischen den nur wenigen Millisekunden dauernden Bewegungselementen in einem konstanten Verhältnis blieben.

Die Bewegungskoordination für formvariable Verhaltensweisen muß dagegen auf Außenreize bzw. Reizveränderungen reagieren können. In diesen Fällen wird das Verhalten während des Ablaufs korrigiert. Ein Beispiel dafür liefert das Fortbewegungsverhalten, die Lokomotion. Untersuchungen der rhythmischen Schwimmbewegungen bei Fischen ergaben für die Bewegungskoordination ein kompliziertes Zusammenspiel zwischen Steuerungsprogramm im zentralen Nervensystem und Rückmeldungen von den Muskeln. Bei Säugetieren spielt die Rückmeldung von den Muskeln eine ausschlaggebende Rolle. Unterbricht man die Nerven, die von den Muskeln zum Zentralnervensystem laufen, kommt es in vielen Fällen zum Ausfall der Fortbewegungsaktivitäten. Die Bewegungskoordination ist hier auf die Rückmeldung von den Muskeln angewiesen.

Bei der Fortbewegung spielt vor allem die Möglichkeit zur Korrektur von Störgrößen eine wichtige Rolle. So muß der Fisch, der in eine stärkere seitliche Strömung gerät, über Veränderungen seiner Muskelaktivität ausgleichend darauf reagieren, will er nicht von der Strömung weggetragen werden. Vergleichbar sind die Verhältnisse bei einem Vogel, der sich bei Wind bzw. bei wechselnden Windstärken fliegend fortbewegt. Starre Bewegungsmuster wären zur Fortbewegung deshalb gänzlich ungeeignet.

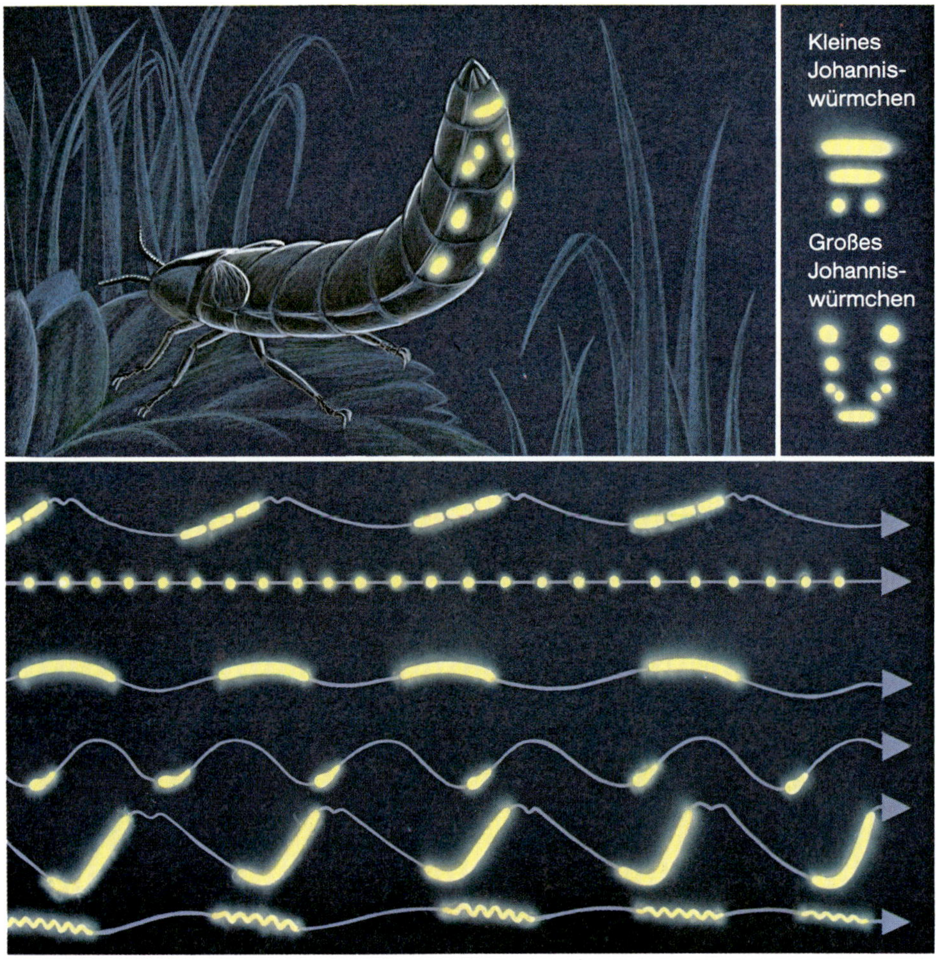

***Signalsprache der Leuchtkäfer.** Es gibt rund 2000 Arten von Leuchtkäfern, und alle senden mit Hilfe von Leuchtorganen charakteristische, unverwechselbare Signale aus. Diese Leuchtsignale dienen dem Zueinanderfinden der Geschlechtspartner. Bei den beiden einheimischen Arten, dem Johanniswürmchen (Lampyris noctiluca) und dem Kleinen Glühwürmchen (Phausis splendidula), leben die Weibchen flügellos am Boden und weisen mit ihren Leuchtsignalen paarungsbereiten Männchen den Weg (rechts oben: Leuchtsignal vom Kleinen Johanniswürmchen, darunter vom Großen Johanniswürmchen). Bei den amerikanischen Leuchtkäfern senden Männchen der Gattung Photinus im Flug sogar charakteristische Blinksignale aus, die auf Photoplatten als unterschiedlich gemusterte Ketten erscheinen und auf die paarungsbereite Weibchen antworten. Auf diese Signale antworten allerdings auch Weibchen der Gattung Photuris. Nähert sich ihnen nun ein hoffnungsvolles Photinusmännchen, so wird es von den gattungsfremden Weibchen verspeist.*

Verhaltensketten. In vielen Situationen tritt Verhalten als Kette von Verhaltensweisen auf. Eine solche Verhaltenskette haben wir eingangs am Beispiel des Beutefangverhaltens der Hauskatze kennengelernt. Nachdem die Katze die Maus entdeckt hatte, liefen die Verhaltensweisen Schleichlaufen, Schleichen, Lauerstellung, Beutesprung, Ergreifen und Töten der Beute hintereinander und geordnet ab. Verschwindet der auslösende Reiz »Beutetier«, wird die Verhaltenskette unterbrochen. Die einzelnen Verhaltensweisen können je nach äußerer Situation auch in anderer Reihenfolge auftreten oder sich gegenseitig vertreten.

Auch die Balz der Stichlinge verläuft in Form von Verhaltensketten. Wie wir wissen, erkennt ein Stichlingsmännchen ein fortpflanzungsbereites Weibchen an dessen angeschwollenem Bauch. Taucht ein trächtiges Weibchen im Revier eines Stichlingsmannes

***Mimik des Wolfes.** Mimische Signale spielen unter Säugetieren eine außerordentlich wichtige Rolle bei der innerartlichen Verständigung. Die Abbildung zeigt einen kleinen Ausschnitt aus dem reichen mimischen Repertoire des Wolfes. Ausgehend vom normalen Gesichtsausdruck (links) werden Stadien des Drohverhaltens gezeigt (Mitte und rechts), wobei die Angriffsbereitschaft von links nach rechts zunimmt.*

auf, so beginnt er mit einer typischen Balzverhaltensweise, dem »Zickzacktanz«. Dabei schwimmt das Männchen zwischen seinem Nest und dem Weibchen hin und her. Das Weibchen reagiert auf den Zickzacktanz mit einem besonderen Zeigeverhalten seines dikken Bauches (der Kopf zeigt schräg nach oben, der Rücken ist aufwärtsgekrümmt); darauf schwimmt das Männchen zum vorbereiteten Nest; das Weibchen folgt; dann stößt das Männchen seine Schnauze mehrmals in den Nesteingang (»Nestzeige-Verhalten«); daraufhin schwimmt das Weibchen in das Nest hinein; das Männchen betrillert nun das Weibchen mit schnell aufeinanderfolgenden Schnauzenstößen; jetzt laicht das Weibchen ab und verläßt anschließend das Nest; hierauf schwimmt das Männchen in das Nest hinein und entleert sein Sperma auf die frisch abgelegten Eier.

In dieser Verhaltenskette löst jede Verhaltensweise des Männchens die nächstfolgende des Weibchens aus und umgekehrt. Dies wurde auch durch Attrappenversuche belegt. Die einzelnen Verhaltensweisen sind Signalreize für die Geschlechtspartner (Auslöser, → S. 276). Die Kette läuft bei der Stichlingsbalz nicht immer in der geschilderten Weise ab. Die Abweichungen sind jedoch nicht zufälliger Art; immer stellen die Verhaltensglieder eine Reaktion auf vorhergegangenes Verhalten dar. Fällt ein erwartetes Antwortverhalten aus, so wird die Verhaltenskette an der betreffenden Stelle unterbrochen. Die Steuerung solcher komplizierter Verhaltensabläufe ist also von den jeweiligen aktuellen Signalen abhängig. Außenreize bestimmen beispielsweise, wie weit das Stichlingsmännchen dem Weibchen entgegenschwimmen muß oder wie intensiv das Männchen tanzen muß, bis es eine Reaktion des Weibchens ausgelöst hat.

Reflexe. Viel einfacher aufgebaut sind die Reflexe. Sie benötigen weder Auslösemechanismen noch aufwendige Bewegungskoordinationen. Umweltreize treffen Sinneszellen, die in einer relativ einfachen Nervenschaltung mit den Muskeln verbunden sind. Eine Nervenzelle leitet die Sinnesinformation in das Zentralnervensystem; dort stellen eine oder wenige Nervenzellen, sogenannte »Zwischenneuronen«, eine direkte Verbindung zu derjenigen Nervenzelle her, die den Befehl zur Bewegung an die beteiligten Muskeln leitet. Die Zwischenneuronen können zwar zusätzlich mit anderen Bereichen des Gehirns verbunden sein, doch reicht für die normale Funktion eines Reflexes die direkte Verbindung (»Reflexbahn«) zwischen Sinnesorgan und Muskeln aus.

Trifft ein Luftzug ein Wirbeltierauge, so löst dieser Reiz einen Lidschlagreflex aus. Berührt man eine Kröte vorsichtig an ihrer Körperflanke, so antwortet die Kröte hierauf mit einer gezielten Wischbewegung ihres Hinterbeines. Die Wischbewegung ist so angelegt, daß sie den störenden Hautreiz entfernt. Ebenso schützt der Lidschlagreflex das empfindliche Auge vor Fremdeinwirkungen. Die biologische Bedeutung der einfach organisierten und sehr schnell ablaufenden Reflexe besteht sehr oft in solchen Schutzfunktionen (»Schutzreflexe«).

Reflexe spielen darüber hinaus auch eine große Rolle bei Reiz-Reaktions-Beziehungen innerhalb des Körpers. Bei der Koordination von Bewegungen und Körperhaltungen sind die sogenannten »Muskelreflexe« von Bedeutung. Sie melden Veränderungen im Muskelzustand und lösen korrigierende Einstellungen aus.

Als Beispiel für eine einfach organisierte, reflexartige Bewegung sei die Fluchtreaktion der Schabe erwähnt. Sehr empfindliche Sinneshärchen am Hinterteil der Schabe reagieren auf den leichtesten, plötzlichen Luftzug, der zum Beispiel durch die Annäherung eines Freßfeindes erzeugt wird. Die Information der Windrezeptoren wird über eine Nervenzelle zum Zentralnervensystem der Schabe geleitet. Dort übernimmt ein Riesenzwischenneuron die Informationsweiterleitung in Richtung Vorderkörper. In den Brustnerven wird die Erregung auf eine weitere Nervenzelle übertragen, die zur Beinmuskulatur führt. Diese Verschaltung ist so einfach, daß unter günstigen Umständen das Fluchtverhalten schon elf Millisekunden nach der Reizung der Sinneshaare einsetzt. Die Flucht einer Schabe kann daher selbst dann noch erfolgreich sein, wenn eine herangepirschte Erdkröte ihre klebrige »Fangzunge« schon in Richtung der Schabe herausgeschleudert hat.

Handlungsbereitschaft

Die bisher behandelten Verhaltensmechanismen erklären Auslösung und Bewegungskoordination des Verhaltens. Sie erklären jedoch nicht die zum Teil erheblichen Verhaltensunterschiede, die trotz gleicher Reizsituationen auftreten können. So ist es bei einer Katze ohne weiteres möglich, daß sie nach erfolgreichem Beutefang ihr Beutetier nicht auffrißt. Vielleicht spielt sie mit der Maus (oder dem Vogel), oder sie läßt das totgebissene »Opfer« einfach liegen. Das Beutefangverhalten läuft dann bis zum Ergreifen der Beute regulär ab, doch bleibt der Tötungsbiß oder das anschließende Fressen aus, obwohl der Signalreiz für Töten bzw. für Fressen vorhanden ist. Oder denken wir an eine Löwengruppe in der afrikanischen Savanne. Die Löwen liegen im Halbschatten eines Baumes auf einer kleinen Anhöhe und schauen auf die weite Graslandschaft, die vor ihnen liegt. Mehrere Herden von Zebras, Gnus und Gazellen ziehen im Abstand von wenigen hundert Metern vorüber, ohne daß sich auch nur ein Löwe »rührt«. Signalreize zum Beutefang sind reichlich vorhanden, doch wird das entsprechende Verhalten nicht ausgelöst.

Verhalten kann sich auch im Jahresverlauf ändern; dabei treten oft ganz unterschiedliche Reaktionsweisen auf. So gründen Buchfinkenpärchen im Frühjahr feste Reviere und vertreiben jeden Artgenossen aus diesem Gebiet. Im Herbst und Winter hingegen haben die Buchfinken ihre Reviere aufgegeben; sie vergesellschaften sich nun mit vielen Artgenossen zu großen gemeinschaftlichen Flügen. Der Reizkomplex »Buchfink« löst im Frühjahr auf Abstandswahrung gerichtetes Revierverhalten aus, im Herbst bewirkt er dagegen eine soziale Anziehung.

Die Reaktionsweisen auf auslösende Reize sind also veränderlich. Die Reiz-Reaktionsbe-

1

2

3

Kontaktverhalten

Viele Tiere leben in Gruppen zusammen, da ein Leben in der Gemeinschaft zahlreiche Vorteile bietet: gemeinsame Jungenaufzucht, besseren Schutz der Jungtiere, größere Jagderfolge, wirksamere Möglichkeiten der Feindabwehr usw. Um den Gruppenzusammenhalt zu gewährleisten, ist eine Fülle von Verhaltensweisen ausgeprägt, die man als Kontaktverhalten zusammenfassen kann. Kontaktverhalten kommt durch verschiedene soziale Signale zustande, etwa in Form von Berührungsreizen oder Lautäußerungen vor allem bei Vögeln und Säugetieren. Für Affenkinder sind Körperkontakte derartig wichtig, daß sie manchmal sogar ein Bettelverhalten um die begehrten »Streicheleinheiten« zeigen (junge Schimpansen, 1). Das bei nahezu allen Affenarten praktizierte »Lausen« dient weniger der Fellpflege als dem sozialen Kontakt, wobei zunächst der sozial niedriger Stehende den »Vorgesetzten« laust, der sich - manchmal - zu einer lausenden Gegengeste herabläßt. Bei Katzenartigen, hier Löwen (3), bietet das Kontaktliegen ein wichtiges Mittel zum Rudelzusammenhalt. Elefanten scharen sich bei Gefahr zu einer dicht an dicht stehenden Leiberburg zusammen (5). Kaiserpinguine bilden zum Brüten und zur Aufzucht der Jungen große Brutkolonien. Die zusammengehörigen Vögel erkennen einander an ihren Rufen (4).

4
5

Methoden der Ethologie

Der Verhaltensforscher untersucht die komplexesten Lebensäußerungen der Tiere: ihr Verhalten. So etwas läßt sich nicht in kurzer Zeit erfolgreich bewerkstelligen. Es ist nicht damit getan, ein Gerät einzuschalten, Daten abzulesen und sie anschließend auszuwerten. Zum Studium des Tierverhaltens muß man sich mit seinen Untersuchungsobjekten ausdauernd beschäftigen. Daher nimmt beispielsweise auch die Anfertigung einer ethologischen Doktorarbeit in der Regel besonders lange Zeit in Anspruch.

Lebende Tiere können im Freiland oder in Gefangenschaft beobachtet und untersucht werden. Freilandstudien haben den Vorteil, daß sich die Tiere in ihrer natürlichen Umgebung befinden und daß ihre Verhaltensweisen nicht durch künstliche Bedingungen verfälscht werden. Oft ist hier jedoch die Beobachtung erschwert, denn viele Tiere leben versteckt oder sind erst während der Dunkelheit aktiv. Auch sind manche Lebensräume so unübersichtlich, daß der Verhaltenskundler nicht imstande ist, die Tiere längere Zeit in Aktion zu verfolgen. Viele Feinheiten im Verständigungs- und Sozialverhalten lassen sich im Freiland nicht oder nur unbefriedigend erkennen.

Eine notwendige Ergänzung stellen für die Verhaltensforschung daher Beobachtungen und Untersuchungen an gefangengehaltenen Tieren dar. Sie bieten vielfältige Möglichkeiten für systematisch angelegte, kontrollierte und wiederholbare Datensammlungen. Neben der Tierhaltung in »halbnatürlichen«, großen Gehegen oder derjenigen von zahmen Tieren steht die Laborhaltung, bei der die Versuchstiere in meist enger, künstlicher Umgebung leben müssen. Gerade hierbei hat der Ethologe sorgfältig darauf zu achten, daß keine haltungsbedingten Beeinträchtigungen die Forschung zu falschen Ergebnissen führen.

Besten Schutz vor Fehldeutungen gewährt dem Verhaltensforscher die genaue Kenntnis »seiner« Tierart und ihres natürlichen Verhaltens. Ein zuverlässiger, aber mühevoller Weg zu diesem Ziel führt über die Erstellung eines Inventars aller beobachtbaren Verhaltensweisen (»Ethogramm«). »Um eine auch nur annähernd genügende Vollständigkeit der Inventare zu erreichen, muß der Untersucher Tag um Tag, Jahr um Jahr mit den Tieren leben«, schreibt Konrad Lorenz.

Die Wahl der Untersuchungsmethode sollte immer im Zusammenhang mit der Fragestellung der Forschungsunternehmung stehen. In der Verhaltensforschung unterscheidet man dabei zwischen indirekten und direkten Methoden.

Der indirekte Forschungsweg ist die ethologische Methode im engeren Sinn. Dabei wird aus beobachteten oder gemessenen Gesetzmäßigkeiten des Verhaltens auf zugrundeliegende und verursachende Mechanismen geschlossen. Die Untersuchung kann rein vergleichend-beschreibend oder experimentell sein. Ein Experiment findet immer dann statt, wenn der Forscher verändernd in eine Verhaltenssituation eingreift. Ein weit verbreitetes experimentelles Verfahren haben wir in den Attrappenversuchen (→ S. 275 f.) kennengelernt. Ein weiteres Beispiel einer indirekten Methode sind die quantitativen Verhaltensanalysen, wie sie zum Beispiel mit Hochgeschwindigkeits-Filmen (extreme Zeitlupe) durchgeführt werden. Sie erweitern in entscheidender Weise den Bereich des Meßbaren im Verhalten (→ S. 282).

Bei der direkten Methode greift der Forscher mit Apparaten oder chemischen Stoffen in das Versuchstier ein: Er wendet Untersuchungsverfahren der Physiologie an, um Vorgänge, die dem Verhalten zugrunde liegen, unmittelbar erfassen zu können (Nerven- und Muskelvorgänge, Stoffwechsel). Wir begegneten solchen Untersuchungen bei der Registrierung von Nervenimpulsen im Gehirn, die ihrerseits als Reaktionen auf Signalreize auftraten (→ S. 276); oder bei den künstlichen elektrischen Reizungen in Gehirnzellen von Hühnern, durch die bestimmte Verhaltensweisen in Gang gesetzt werden konnten (→ S. 287). Auch Veränderungen des Hormonspiegels bei Versuchstieren durch Kastration oder Injektion von Hormonen (→ S. 287 f.) gehören in diese Gruppe.

Forschungsarbeiten, die solche direkten Methoden anwandten, haben das Verständnis des tierischen Verhaltens wesentlich erweitert; sie sind jedoch nur bei der Suche nach physiologischen Mechanismen des Verhaltens sinnvoll. Fragt man jedoch beispielsweise, welchen Anpassungswert eine Verhaltensweise besitzt oder über welchen Weg sich eine Verhaltensweise stammesgeschichtlich entwickelt hat oder welche Sozialbeziehungen eine in Gruppen lebende Tierart charakterisieren, lassen sich Erkenntnisse nur über die indirekte, die vergleichend-beschreibende oder experimentelle, ethologische Methode gewinnen. Das gilt grundsätzlich – also auch dann, wenn die Entwicklung von physiologischen Verfahren und Apparaturen ungeahnte Fortschritte erleben würde.

Ideal für die Erforschung des Verhaltens von sozial organisierten Vögeln und Säugetieren ist es, wenn es gelingt, die freilebenden Tiere so an den Beobachter zu gewöhnen, daß ihr Verhalten durch seine Anwesenheit nicht gestört wird. Berühmt wurden die Untersuchungen der Engländerin Jane Goodall, die viele Jahre lang in unmittelbarer Nähe einer Schimpansengruppe in den Urwäldern am Tanganjikasee lebte. Die Schimpansen akzeptierten nach 14monatiger Gewöhnungszeit Jane Goodall als ständige Begleiterin. Dadurch gelangen ihr dramatische Erkenntnisse über das Verhalten und über die Sozialstruktur unserer nächsten Verwandten.

ziehung funktioniert nicht automatenhaft. Bei gleichen Signalreizen können Verhaltensweisen einer Tierart in Häufigkeit und Intensität variieren, oder es können andere Verhaltensweisen statt dessen auftreten. Diese Verhaltensunterschiede machen die Annahme eines weiteren Verhaltensmechanismus im Zentralnervensystem notwendig, der in Ergänzung zu den auslösenden Reizen über Auftreten und Intensität des Verhaltens entscheidet. Er wird »Handlungsbereitschaft« genannt.

Das Zentralnervensystem verwertet neben Informationen aus der Umwelt auch solche über den inneren Zustand des Tieres und verrechnet sie zu Handlungsbereitschaften. Als innere Faktoren kommen beispielsweise Magenfüllung, Zuckerkonzentration im Blut, Hormone, Tages- und Jahresrhythmen oder Einflüsse vorherigen Verhaltens in Frage. Als äußere Faktoren spielen neben Signalreizen zum Beispiel Verhaltensbelohnungen, Tageszeit oder ökologische sowie soziale Einflüsse eine Rolle. Das Ausmaß der Bereitschaft zu einem bestimmten Verhalten kann der Ethologe daran feststellen, wie häufig und wie intensiv dieses Verhalten von einem Tier geäußert wird.

Handlungsbereitschaften sind verhaltensspezifisch, das heißt, für jedes Verhalten wird eine eigene Handlungsbereitschaft angenommen. So läßt sich bei der Katze eine Handlungsbereitschaft für Beutefangverhalten von einer solchen für Freßverhalten unterscheiden. Ist die Katze gesättigt, so liegt das Handlungsbereitschaftsniveau für Fressen sehr niedrig. Auch ein starker freßauslösender Reiz, zum Beispiel eine Maus, kann jetzt kein Freßverhalten in Gang bringen. Unabhängig davon kann jedoch die Handlungsbereitschaft für Beutefang so groß sein, daß bei Auftauchen eines Signalreizes die Beutefanghandlung sofort ausgelöst wird: Die Katze fängt zwar die Maus, frißt sie aber nicht. In dem Löwenbeispiel hingegen ist nicht nur die Handlungsbereitschaft für Fressen, sondern auch diejenige für Beutefang bei den Tieren sehr niedrig: »Beste« Signalreize bleiben folglich unbeantwortet!

Die spezifische Wirkung der Handlungsbereitschaften läßt sich in Wahlversuchen nachweisen: Ein durstiges Tier sucht Wasser und läßt angebotenes Futter unbeachtet, ein sexuell »gestimmtes« Tier beachtet weder ein Beuteobjekt noch einen geeigneten Ruheplatz, sondern reagiert nur auf sexuelle Signalreize.

Den Zusammenhang zwischen Einfluß von Signalreizen und Handlungsbereitschaft untersuchten der Holländer Baerends und seine Mitarbeiter. Sie hatten herausgefunden, daß sich das Färbungsmuster von Guppymännchen, eines verbreiteten Aquarienfisches, in Abhängigkeit von der Handlungsbereitschaft für Balzverhalten in charakteristischer Weise verändert. Am Farbkleid läßt sich der innere Zustand der Guppymännchen leicht ablesen. Die Forscher überprüften nun die Auslösewirkung unterschiedlich großer Weibchen bei verschiedenen Stärken der Handlungsbereitschaft für Balzverhalten: Je höher beim Männchen die Handlungsbereitschaft zum

Balzen war, desto kleinere Weibchen reichten zur Auslösung des Verhaltens aus; oder: Je größer das Weibchen war, desto niedriger konnte das Niveau der Handlungsbereitschaft beim Männchen sein.

Hiermit wurde eine allgemeine Gesetzmäßigkeit gefunden: Zur Auslösung eines Verhaltens werden bei zunehmender Wirkung eines Signalreizes geringere Werte der zugehörigen Handlungsbereitschaft benötigt und umgekehrt. Die Wirkung der auslösenden Reize und die Höhe der Handlungsbereitschaft ergänzen sich gegenseitig.

Erreicht die Handlungsbereitschaft sehr hohe Werte, so können die Tiere Verhaltensweisen äußern, ohne daß der typische Signalreiz auftritt: Sie reagieren dann auf »Ersatzobjekte«. Unter den Buntbarschen gibt es Arten mit einer besonders ausgeprägten Handlungsbereitschaft für aggressives Verhalten, zum Beispiel Etroplus maculatus. Ihre Kampfhandlungen richten die Männchen normalerweise gegen andere Männchen ihrer Art. Fehlen solche, so bekämpft das Männchen sein Weibchen so heftig, daß es zum Tod des Weibchens kommen kann. Vertreter anderer Fischarten können ebenfalls als Ersatzobjekte für die Kampfhandlungen dienen.

Appetenzverhalten. Schließlich kann man bei Tieren Verhalten beobachten, das weder typische Signalreize noch Ersatzobjekte benötigt. Es sei hier an die Hauskatze erinnert (→ S. 274), die – ohne ein Beutetier wahrgenommen zu haben – ihren Ruheplatz verließ und ihr Jagdgebiet aufsuchte. Die Handlungsbereitschaft für Beutefang hatte einen so hohen Wert erreicht, daß die Katze ein Suchverhalten nach auslösenden Reizen für den Beutefang ausführte. Suchverhalten nach auslösenden Reizen (z. B. für Beutefang, Sozialkontakt, Balz, Reviergründung usw.) wird als Appetenzverhalten (lat.: appetentia – Begehren, Verlangen) bezeichnet. Es ist für den Verhaltensforscher erster, sichtbarer Ausdruck der zugrundeliegenden Handlungsbereitschaft.

Ein Verhaltensmodell. Die dargestellten Mechanismen der Steuerung und Kontrolle des Verhaltens lassen sich in einem Modell zusammenfassen: Ein Umweltreiz erregt ein Sinnesorgan. Wenn die anschließende Analyse des Umweltreizes im Auslösemechanismus einen Signalreiz erkennt, meldet der Auslösemechanismus dieses an die Handlungsbereitschaft. Hier wird die Nachricht mit den vorliegenden Informationen über »Innen- und Außenwelt« verrechnet und gegebenenfalls der Befehl zur Bewegungskoordination weitergegeben. Es kommt nur dann zur Verhaltensauslösung, wenn ein genügend hoher Wert der Handlungsbereitschaft vorliegt. Dieses Modell beruht auf starken Vereinfachungen; es stellt nur wesentliche Beziehungen zwischen den wichtigsten Instanzen des Verhaltens dar. Es dient dazu, das Verständnis der komplizierten und noch nicht endgültig aufgeklärten Vorgänge der Verhaltenssteuerung zu erleichtern.

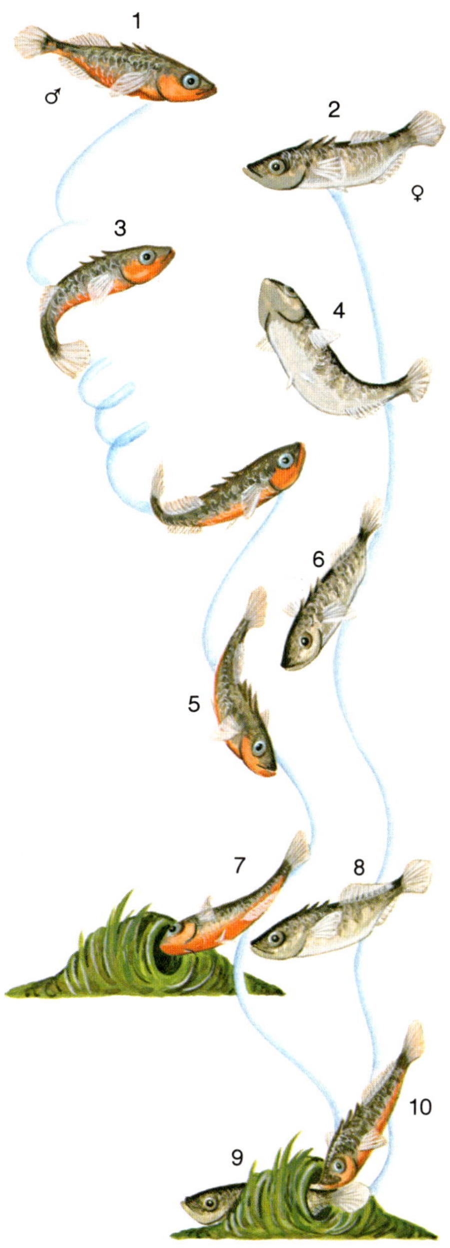

Balzverhalten des Stichlings. *Die Balz der Stichlinge verläuft in Form einer Verhaltenskette, das heißt, jede Verhaltensweise des Männchens löst eine bestimmte Reaktion des Weibchens aus und umgekehrt. (1) Ein Stichlingsmännchen schwimmt in seinem Revier. (2) Ein Weibchen erscheint. (3) Der Anblick des dickbäuchigen Weibchens löst den »Zickzacktanz« des Männchens aus. (4) Das Weibchen »zeigt« seinen dicken Bauch und schwimmt auf das Männchen zu. (5) Jetzt schwimmt das Männchen zum Nest. (6) Das Weibchen folgt dem Männchen. (7) Daraufhin zeigt das Männchen die vorbereitete Nesthöhle, indem es seinen Kopf in den Eingang steckt. (8) Das Weibchen schlüpft ins Nest. (9) Während sich das Weibchen im Nest befindet, stößt das Männchen (10) in schneller Folge seine Schnauze gegen den Leib des Weibchens. Daraufhin laicht das Weibchen ab, und die Eier werden vom Männchen besamt.*

Gehirnreizungen und Handlungsbereitschaft. Ähnlich wie bei der Erforschung der Auslösemechanismen konnten auch für die – durch Verhaltensbeobachtung erschlossene – Handlungsbereitschaft physiologische Befunde ermittelt werden. Eine wesentliche Untersuchung geht auf den Verhaltensphysiologen Erich von Holst und seine Mitarbeiterin Ursula von Saint Paul zurück. Er pflanzte operativ feinste Elektroden in die Gehirne lebender Hühner ein und konnte durch Heben und Senken der Elektroden an verschiedenen Gehirnpunkten elektrische Reize setzen. Dabei arbeitete von Holst eng mit einem der besten Kenner des Hühnerverhaltens, dem Siegerländer Landarzt Erich Bäumer, zusammen. So konnten die Verhaltensweisen, die die Hühner während der Versuche zeigten, zuverlässig erkannt und erklärt werden.

Auf die Reizung verschiedener Gehirnorte reagierten die Hühner mit den einzelnen Verhaltensweisen des Bodenfeind-Fluchtverhaltens. Schließlich fand von Holst ein Reizfeld, das es ihm erlaubte, durch allmähliche Steigerung der Reizstärke an ein und derselben Stelle alle Elemente des Fluchtverhaltens vom Aufmerken bis zum Abflug auszulösen. Wurde gleich mit der vollen Reizstärke gearbeitet, so reagierte das Huhn sofort mit Abflug. Verschiedene Verhaltensweisen mit ganz unterschiedlicher Bewegungskoordination ließen sich also durch Reizung eines Punktes im Nervensystem in Gang setzen. Mit zunehmender Reizstärke wurde demnach die Handlungsbereitschaft in zunehmendem Maße erhöht. Die künstliche Reizung ersetzte die natürlichen Informationsmeldungen im Zentralnervensystem.

Mit Hilfe der Gehirnreizung gelang auch eine Umstimmung der Versuchstiere. Mit Umstimmung werden Änderungen im Zustand der Handlungsbereitschaften bezeichnet. Infolge vorheriger Fluchtreize befand sich ein Huhn in großer Erregung: Es gakkerte anhaltend. Nach elektrischer Reizung konnte die »Schimpfstimmung« abgelöst werden: Das Huhn setzte sich, rief nicht mehr und war völlig beruhigt. In anderen Versuchen ließen sich die Hühner von Hunger oder Durst auf Flucht oder Brüten oder auch von Balz auf Kämpfen umstimmen.

Verhaltenssteuerung durch Hormone. Für längerfristige Einstellungen der Handlungsbereitschaften spielen Hormone eine entscheidende Rolle. Hormone werden von besonderen Hormondrüsen in die Blutbahn abgegeben; auf diesem Weg erreichen sie bestimmte, hormonempfindliche Stellen im Gehirn. Hier gibt es Nervenzellen, die als Hormonrezeptoren wirken und die hormonalen Informationen an die Handlungsbereitschaftszentren weitergeben.

Besonders der Verhaltensbereich Fortpflanzung ist von der Hormonsteuerung abhängig. Dies läßt sich durch einen Versuch an männlichen Ratten zeigen: Kastration der Tiere senkt den Spiegel der Geschlechtshormone im Organismus; daraufhin geht die sexuelle Verhaltensaktivität erheblich zurück.

Eine später erfolgte künstliche Verabreichung von Geschlechtshormonen bewirkt einen starken Anstieg des Sexualverhaltens, bis der Ausgangswert wieder erreicht ist.

Der Einfluß von Hormonen auf die Verhaltenssteuerung wird besonders deutlich, wenn man Jungtieren, die ein bestimmtes Verhalten normalerweise noch nicht zeigen, verhaltensspezifische Hormone verabreicht. So äußern Haushuhnküken nach Behandlung mit Testosteron, einem männlichen Sexualhormon, die Krährufe erwachsener Hühner und vollführen Kopulationsbewegungen.

Auch jahreszeitliche Änderungen im Verhalten können auf Hormonwirkungen zurückgeführt werden. So zeigen Buchfinken beispielsweise (→ S. 283) unter dem Einfluß eines hohen Spiegels an Geschlechtshormonen im Frühjahr ausgeprägtes Revierverhalten. Mit dem Rückgang der Geschlechtshormone im Sommer verstärkt sich das Kontaktverhalten gegenüber Artgenossen.

Einige Hormone entfalten keine verhaltensspezifische Wirkung, sondern sorgen für die Erhöhung der allgemeinen Reaktionsbereitschaft. Das bekannteste Hormon dieses Wirkungstyps ist das Adrenalin. In Situationen, die höchste Reaktionsbereitschaft verlangen, gibt das Nebennierenmark, eine Hormondrüse, Adrenalin in die Blutbahn ab. Dies ist zum Beispiel der Fall, wenn ein Beutetier von einem Freßfeind aufgespürt wird: Nimmt eine Maus eine herannahende Katze wahr, so bewirkt das ausgeschüttete Adrenalin eine Erhöhung des Blutzuckerspiegels (die Energiebereitstellung nimmt zu), eine Beschleunigung des Kreislaufs, eine Anspannung der Bewegungsorgane und eine Herabsetzung der Verdauungstätigkeiten. Der ganze Organismus wird auf schnelles Reagieren eingestellt, so daß sich die Fähigkeit zum Flucht-(beziehungsweise Abwehr- oder Angriffs-)Verhalten erhöht.

Hierarchie der Verhaltenszentren. Offen blieb bisher die Frage, wie die notwendige Ordnung im Gesamtverhalten der Tiere erreicht wird. Oft treten in der Umgebung eines Tieres mehrere Signalreize gleichzeitig auf. Welcher von ihnen löst Verhalten aus? Wie werden verschiedene Handlungsbereitschaften miteinander in Einklang gebracht? Auf diese Fragen versucht das Modell der »hierarchischen Ordnung der Verhaltenszentren« (Tinbergen, von Holst, Baerends) eine Antwort zu geben. Ergebnisse vieler Verhaltensuntersuchungen liegen diesem Modell zugrunde. Zuerst muß geklärt werden, was unter einem Verhaltenszentrum zu verstehen ist.

Mit der Methode der Hirnreizung untersuchte der Schweizer Walter Hess das Zwischenhirn der Hauskatze. Er konnte durch Reizung an verschiedenen Orten des Zwischenhirns dieselben Handlungsbereitschaften aktivieren. Die jeweils wachgerufene Bereitschaft wurde am Verhalten der freibeweglichen Versuchstiere abgelesen. Andererseits lagen die Reizorte für die Auslösung ganz unterschiedlicher Verhaltensweisen (wie zum Beispiel Bewegung oder Koten) eng beieinander. Ähnliche Ergebnisse wurden inzwischen an weiteren Tierarten gewonnen. Sie führten zu der Erkenntnis, daß für die Steuerung des Verhaltens keine räumlich eng begrenzten Gehirnbereiche, sondern zum Teil ausgedehnte Netzwerke von Nervenzellen verantwortlich sind. Das für ein bestimmtes Verhalten zuständige Nervennetzwerk im Zentralnervensystem heißt im ethologischen Sprachgebrauch »Zentrum«.

Eingehende Verhaltensbeobachtungen und verhaltensphysiologische Untersuchungen lehren, daß die Verhaltenszentren miteinander in Verbindung stehen und hierarchisch organisiert sind. Es gibt über- und untergeordnete Zentren. Auf der höchsten Stufe der Hierarchie befinden sich die Zentren für die großen Verhaltensbereiche wie Nahrungserwerb, Fortpflanzung oder Sozialverhalten. An der Basis der Hierarchie stehen die Zentren für Bewegungskoordinationen. Sie können an verschiedene übergeordnete Verhaltenszentren, die den Handlungsbereitschaften für einzelne Verhaltensweisen entsprechen, angeschlossen sein. Beispielsweise tritt der schnelle Lauf eines Feldhasen sowohl bei der Verfolgung von Artgenossen im Rahmen der Balz als auch bei der Flucht vor einem Feind auf. Gerade Verhaltensweisen der Fortbewegung lassen sich häufig unterschiedlichen Handlungsbereitschaften zuordnen wie derjenigen für Beutefang, Balz- und Revierverhalten, Flucht oder Angriff. Beißbewegungen der Katze treten in gleicher Form beim Tötungsbiß, bei der Paarung und beim Jungentransport auf – nur jeweils mit unterschiedlicher Intensität.

Die möglichen Beziehungen zwischen den Handlungsbereitschaftszentren und ihre hierarchische Ordnung kann man sich folgendermaßen vorstellen. Höhere Zentren gleicher Stufe (konkurrierende Handlungsbereitschaften) hemmen sich gegenseitig. Ist beispielsweise das Zentrum für die Handlungsbereitschaft Balzverhalten stark aktiviert, so werden dadurch andere Zentren (wie solche für Fressen oder Schlafen) deutlich gehemmt. Durch die gegenseitige Hemmung von Handlungsbereitschaften kann zu diesem Zeitpunkt immer nur ein Verhalten ablaufen. Auf diese Weise wird die notwendige Ordnung im Verhalten aufrechterhalten.

Die gegenseitige Hemmung von Handlungsbereitschaften kann auch die zugeordneten Auslösemechanismen betreffen. Das konnte mit folgender Untersuchung nachgewiesen werden. In der Nähe einer Katze ließ man ein Metronom schlagen, dessen Wahrnehmung unter verschiedenen Handlungsbereitschaften des Tieres erforscht werden sollte. Vorher waren der Katze Elektroden in das Gehirn eingeführt worden – diesmal jedoch nicht, um damit künstlich zu reizen, sondern um Nervenaktivitäten zu messen. Die aus Hörregionen des Gehirns abgeleiteten Impulse entsprachen den rhythmischen Lauten des Metronoms: Die Katze hörte demnach das Metronom ticken. Bot man der Katze jetzt eine Maus an, so ließen sich keine Nervenreaktionen auf das Metronom in der Hörregion feststellen. Hieraus zogen die Forscher den Schluß, daß sich die Katze nach Anblick der Maus in Beutefangbereitschaft befand und die Metronomschläge nicht mehr registrierte.

Die Wechselbeziehungen zwischen Handlungsbereitschaftszentren beeinflussen also auch die Verarbeitung von Sinnesinformationen; sie verhindern dadurch eine Reizüberflutung und lassen nur solche Signalreize wirksam werden, die im Zusammenhang mit aktivierten Handlungsbereitschaften stehen.

Übersprungbewegungen. Auf ein bemerkenswertes Tierverhalten soll abschließend noch eingegangen werden: Es gibt Situationen, in denen vom inneren Zustand des Tieres und den äußeren Reizbedingungen her zwei Handlungsbereitschaftszentren gleichermaßen aktiviert sein können. Denken wir zum Beispiel an einen brütenden Kiebitz. Ein Beutegreifer (Fuchs, Steinmarder) nähert sich; die Fluchtbereitschaft des Kiebitzes erhöht sich, sie erlangt mit zunehmender Annäherung des Beutegreifers einen ähnlich hohen Wert wie die Brutpflegebereitschaft. Solche Reizsituationen werden Konfliktsituationen genannt.

Wie verhält sich nun der Kiebitz? Er setzt weder das Brutgeschäft fort, noch flüchtet er, vielmehr steht er vom Nest auf und beginnt, sich zu putzen. Diese Putzbewegungen stehen in keinem direkten Zusammenhang mit der Brut- oder Fluchtbereitschaft. Bildlich gesprochen »springt« die Erregung, die sich aus der Konfliktsituation ergibt, in ein »unbeteiligtes« Zentrum über. Von dieser Vorstellung leitet sich die Bezeichnung »Übersprungbewegung« ab, sie darf jedoch nicht als physiologische Erklärung mißverstanden werden. Eine solche steht immer noch aus.

Orientierung in Raum und Zeit

Die meisten Verhaltensweisen bedürfen einer räumlichen Ausrichtung auf die umgebende Umwelt bzw. auf bestimmte Umweltreize, damit sie ihre Funktion erfüllen können. Eine Kratzbewegung am eigenen Körper entfernt nur dann den störenden Hautreiz, wenn sie an der betroffenen Körperstelle erfolgt. Ein beutefangendes Tier muß seine Fanghandlung präzise auf das Beuteobjekt ausrichten, sonst wäre das Verhalten umsonst. Ein Zugvogel erreicht sein Überwinterungsgebiet nur dann, wenn er sein Fortbewegungsverhalten über die gesamte Strecke orientiert. Erst aufgrund dieser Raumorientierung entfalten Verhaltensleistungen ihre Nutzwirkungen. Es gibt nur wenige Verhaltensweisen, die ohne Raumorientierung ablaufen. Hierzu gehören verschiedene Reflexe, zum Beispiel Husten- und Niesreflexe, oder das Gähnen oder einige Lautäußerungen der Tiere. Neben der räumlichen Orientierung einzelner Verhaltensweisen muß ein Tier seinen gesamten Körper in Lage, Haltung und Gleichgewicht gegenüber dem umgebenden Raum ausrichten.

Lageorientierung. Für diese Lageorientierung ist als richtender Reiz vor allem die Schwerkraft verantwortlich. In den entsprechenden Sinnesorganen (Statocysten) üben eingebaute Partikeln auf druckempfindliche Sinneszellen einen schwerkraftorientierten Reiz aus. Bei allen Wirbeltieren befindet sich das Schwerkraft-Sinnesorgan in Form des Labyrinthes im Innenohr. Bei vielen wasserlebenden Tieren wird das – in der Regel von oben – einfallende Licht für die Lageorientierung genutzt. Diese Tiere stellen ihren Körper zum Licht so ein, daß es senkrecht auf ihren Rücken fällt. Bei manchen Tierarten arbeiten Schwerkraft-Sinnesorgane und Lichtsinnesorgane zusammen. Wird zum Beispiel ein Fisch von der Seite beleuchtet, so stellt er sich in der Halbierenden des Winkels ein, der aus der Lotrechten der Schwerkraft und der Lichteinfallsrichtung gebildet wird. Daß es sich bei dieser Reaktion um eine Verrechnung zweier Meßsysteme handelt, wird deutlich, wenn das Schweresinnesorgan operativ außer Funktion gesetzt wird. Dann reagieren die Fische nur noch auf das einfallende Licht.

Objektorientierung. Bei der Objektorientierung wird das Verhalten auf einen Umweltreiz hin ausgerichtet. Den orientierten Verhaltensweisen liegen zwei Komponenten zugrunde: eine »Grundkoordination«, die von einem im Zentralnervensystem gespeicherten Programm gesteuert wird, und eine (häufig auch als Taxis bezeichnete) »Orientierungskomponente«, die von steuernden Außenreizen abhängig ist und die Grundkoordination auf diese Umweltreize ausrichtet.

Das Zusammenspiel von Grundkoordination und Orientierungskomponente kann auf zweierlei Art verwirklicht sein: Bei der sukzessiven Kopplung laufen beide Komponenten nacheinander ab. Löst beispielsweise eine Fliege den Beutefang eines Frosches aus, so erfolgt erst die orientierende Einstellbewegung. Wenn sich der Frosch in Entfernung und Richtung auf seine Beute ausgerichtet hat, läuft die Grundkoordination, der Zungen-Fangschlag, ab.

Sind hingegen beide Bewegungskomponenten simultan (gleichzeitig) gekoppelt, so treten während des Ablaufs der Grundkoordination ständig orientierende Korrekturbewegungen auf. Dies ist in dem klassischen Beispiel der Eirollbewegung der Graugans verwirklicht, das Konrad Lorenz und Niko Tinbergen gemeinsam untersuchten. Aus dem Nest gerollte Eier werden von Graugänsen und vielen anderen bodenbrütenden Vogelarten wieder ins Nest zurückgeholt. Dabei schieben die Graugänse ein solches Ei mit dem Schnabel rückwärts zum Gelege, verbunden mit ständigen »Balancierbewegungen« des Schnabels, die ein Wegrollen des Eies auf unebenem Boden verhindern. Entfernt man das Ei, wenn die Eirollbewegung schon begonnen hat, so führt der Vogel dieses Verhalten zu Ende, jedoch ohne die korrigierenden Orientierungsbewegungen.

Solche gleichzeitigen Kopplungen von Grund- und Orientierungskomponenten sind für die meisten raumorientierten Bewegungen charakteristisch, so auch für die Verhaltensweisen der Fortbewegung. Die Orientierung bei der Fortbewegung kann über die Messung von Intensitätsunterschieden in einem Reizfeld (z. B. bei der Geruchsorientierung), über die direkte Fixierung eines Zielobjektes im Sinnesorgan (nur mit den Augen möglich) oder auch über sogenannte Kompaßorientierungen erfolgen. Bei Kompaßorientierungen hält das Tier zu einem bestimmten Bezugspunkt eine feste Richtung ein. Häufig ist der Bezugspunkt die Sonne (z. B. bei Strandkrebsen, Bienen, Vögeln). Da die Sonne im Tagesverlauf wandert und sich damit der Bezugspunkt mit der Tageszeit verändert, müssen diese Tiere eine »innere Uhr« besitzen, mit deren Hilfe sie den jeweiligen Sonnenstand für ihre Verhaltenssteuerung verrechnen.

Zeitliche Orientierung. Eine Messung der Tageszeit spielt nicht nur bei der Sonnenkompaßorientierung eine Rolle. Alles Verhalten eines Tieres muß tageszeitlich geordnet auftreten. Neben der Orientierung im Raum ist daher eine Zeitorientierung notwendig. Sie wird in ihren Grundzügen durch die zeitliche Verteilung von Ruhe und Aktivität erreicht. Die periodisch wechselnden Ruhe- und Aktivitätsphasen bilden Aktivitätsrhythmen. Das Muster der Aktivitätsverteilung ist von Tierart zu Tierart verschieden. Man unterscheidet Tages-, Nacht-, Dämmerungs- und polyphasische Aktivität. Bei der letzteren Möglichkeit wechseln Aktivitäts- und Ruhephasen in relativ kurzen Abständen während des 24stündigen Tageslaufes miteinander ab.

Der Aktivitätsrhythmus des Eichhörnchens wurde genau untersucht. Eichhörnchen sind ausgesprochen tagaktive Tiere. An den langen Sommertagen weist ihr Aktivitätsmuster zwei Gipfel auf: einen am frühen Morgen und einen am Nachmittag. Zur Mittagszeit läßt die Aktivität stark nach. Eine solche zweigipflige Aktivitätsverteilung ist für viele Tierarten charakteristisch. Beim Eichhörnchen ändert sie sich jedoch im Jahresverlauf. Je kürzer die Tage werden, um so mehr bildet sich ein einziges Aktivitätsmaximum heraus: Im Winter konzentrieren sich die Verhaltensäußerungen

Karl von Frisch

Der Österreicher Karl von Frisch (1886–1982) begeisterte sich wie Lorenz und Tinbergen schon als Kind für die lebendige Natur. In seinen »Erinnerungen« schreibt er: »Noch bevor ich zur Schule ging, hatte ich meinen kleinen zoologischen Garten im Zimmer. Wir waren damals alljährlich um Pfingsten für einige Tage zu Gast bei Freunden auf einem ungarischen Gut. Die Umgebung war reich an Tümpeln, die mit Molchen und Wasserfröschen bevölkert waren. Sie zu fangen, nach Wien mitzunehmen und da zu pflegen und zu beobachten, wurde zu einer wahren Leidenschaft. Stundenlang konnte ich vor ihrem Behälter sitzen, um jede Regung wahrzunehmen.« Über seine Zeit als Abiturient berichtet er: »Mein Interesse an Tieren war ebenso eindeutig wie meine Interesselosigkeit für Sprachen, Geschichte und dergleichen . . . so schien der Weg zur Zoologie vorgezeichnet.«

Mit 35 Jahren wurde von Frisch zum Zoologie-Professor berufen. Als solcher wirkte er an verschiedenen deutschen und österreichischen Universitäten, am längsten im Münchener Zoologischen Institut.

Karl von Frisch wurde durch seine Arbeiten zur Sinnesphysiologie bekannt. Neben vielen anderen Forschungen bewies er das Hörvermögen der Fische, und er erbrachte den Nachweis, daß Fische und Bienen Farben sehen können. Im Mittelpunkt seiner Untersuchungen standen scharfsinnige Verhaltensexperimente mit Tieren, vor allem mit Honigbienen. So beruhten seine Entdeckungen des Hör- und Farbensehvermögens auf Dressurversuchen: Er dressierte beispielsweise Bienen auf Zuckerwasserschälchen, die auf blauem Papier standen. Die Alternativen, gleichartige Schälchen ohne Zuckerwasser, standen auf grauen Papieren verschiedener Helligkeit. Nach Beendigung der Dressur suchten die Bienen nur dort nach Futter, wo sie die Dressurfarbe wahrnahmen. Papiere verschiedener Graustufen lösten kein Futtersuchverhalten aus. Die Reaktion der Bienen ist nur durch die Annahme echten Farbensehens zu erklären.

Von Frisch setzte nicht nur mit Erfolg Verhaltensversuche zur Klärung sinnesphysiologischer Probleme ein, sondern das Tierverhalten selbst war häufig sein Beobachtungs- und Forschungsgegenstand. Gerade in der Kombination der Erforschung von Sinnes- und Orientierungsleistungen mit genauen Verhaltensanalysen liegt der besondere wissenschaftliche Erfolg Karl von Frischs begründet. Dies wurde bei seiner berühmten Enträtselung des Bienentanzes (→ S. 290) deutlich. Der Bienentanz als Signalverhalten im Dienste der Orientierung beruht auf einer Verschlüsselung von Entfernungs- und Winkelgrößen in Bewegungsmuster und Zeitgrößen. Er gilt als eine der kompliziertesten Verhaltensleistungen im Tierreich. Die Kenntnis der verwickelten Vorgänge und ihrer sinnreichen Bedeutung weckt Staunen über die Möglichkeiten tierischer Verständigung. Große Anerkennung erfordert die geduldige und ideenreiche Erforschung solch komplexen Verhaltens.

Karl von Frisch läßt auch den Nicht-Zoologen an seinen großartigen Entdeckungen teilhaben. Es war ihm immer ein Anliegen, auch andere Menschen für die Natur und die Biologie zu begeistern. Unter denjenigen seiner Schriften, die sich an ein breites Publikum wenden, befinden sich neben verständlichen Berichten über seine Forschungsarbeit auch solche, die allgemeine Biologie vermitteln: »Aus dem Leben der Bienen«, »Du und das Leben«, »Zehn kleine Hausgenossen«, Schulbuch »Biologie«, »Bienenfibel«, »Tiere als Baumeister«.

Tanzsprache der Bienen

Der Bienentanz ist eine der kompliziertesten Signalbewegungen im Tierreich. Mit dem Schwänzeltanz teilen Sammlerinnen ihren Stockgenossen auf der senkrechten Wabe im Dunkeln des Stockes Richtung und Entfernung einer ergiebigen Futterquelle mit. Dabei gibt die Richtung der Schwänzelgeraden die Richtung zur Futterquelle in bezug auf den Sonnenstand an. Die Schwänzelbewegungen werden um so heftiger, je weiter die Futterquelle entfernt liegt. Die Abbildungen zeigen, wie der Schwänzeltanz bei verschiedenen Lagen des Futterplatzes auf der senkrechten Wabe orientiert wird.

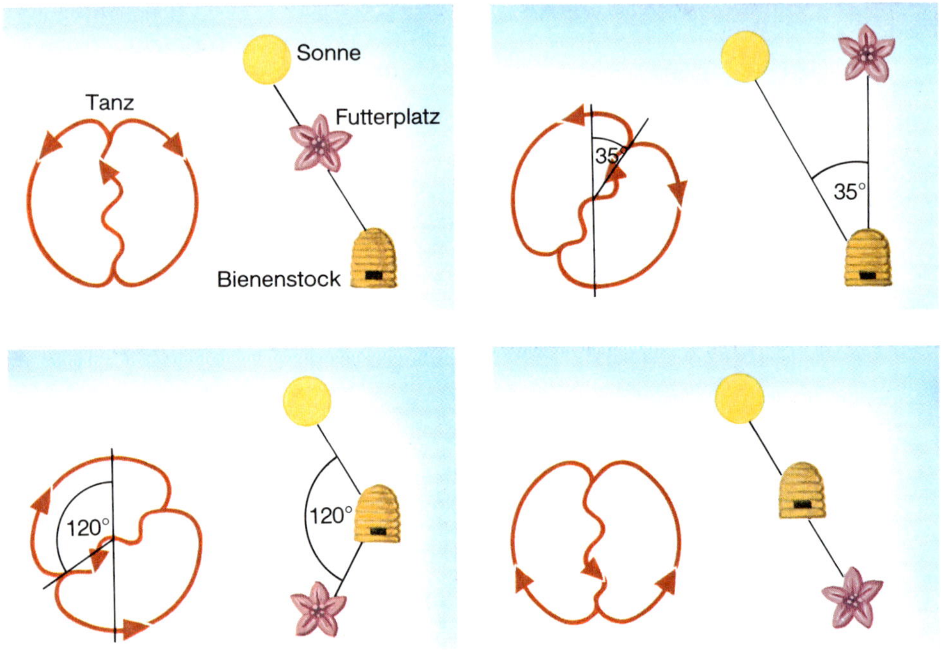

außerhalb des Nestes auf den Vormittag. Das Muster der Tagesaktivität wird beim Eichhörnchen also von einer Jahresperiodik überlagert.

Neben den Tagesrhythmen spielen im Tierreich verschiedene jahresrhythmische Veränderungen im Verhalten eine große Rolle.

Außer Umweltfaktoren als Steuerungsreize für die zeitliche Ordnung des Verhaltens sind innere, im Organismus festgelegte Zeitrhythmen inzwischen für sehr viele Tierarten nachgewiesen worden. Diese »endogenen Rhythmen« liegen vielen körperlichen Funktionen zugrunde. Sie stellen auch die inneren Uhren dar, die für die komplexen Formen der Raumorientierung wie den Sonnenkompaß erforderlich sind.

Die Tanzsprache der Bienen. Raum- und Zeitorientierung sind in eindrucksvoller Weise in der Orientierungsbotschaft des Bienentanzes miteinander verbunden. Kundschafterbienen, die eine neue, ergiebige Blütentracht gefunden haben, fliegen zurück zu ihrem Stock und teilen dies ihren Stockgenossen mit Hilfe des Schwänzeltanzes mit (→Graphik oben). Der Österreicher Karl von Frisch hat den Bienentanz beschrieben und seine Bedeutung entschlüsselt: »Beim typischen Schwänzeltanz läuft die Biene eine kurze Strecke geradeaus, kehrt in einem Halbbogen zum Ausgangspunkt zurück, läuft wieder die gerade Strecke, beschreibt einen Halbbogen nach der anderen Seite und so fort in regelmäßigem Wechsel. Der Geradeauslauf erhält eine besondere Betonung durch ein lebhaftes Schwänzeln. Dieses entsteht durch rasche, rhythmische seitliche Ausschläge des ganzen Körpers, die an der Hinterleibsspitze am größten, am Kopf am kleinsten sind.«

Von Frisch stellte bei seinen Untersuchungen fest, daß sich die Dauer der Schwänzelläufe in Abhängigkeit von der Entfernung der Futterquelle verändert: Je weiter entfernt die Futterquelle liegt, desto länger dauert ein einzelner Schwänzellauf. Die genaue Analyse ergab, daß die Dauer der Schwänzelphase pro Tanzfigur das maßgebende Signal für die Entfernung ist. Die Schwänzelphase wird zusätzlich durch ein schnarrendes Geräusch der Tanzbiene betont. Da Entfernungsangaben in der Bienensprache in die Zeitdauer eines Signalverhaltens verschlüsselt werden, müssen die Honigbienen einen Zeitmeßmechanismus in sich tragen.

Der Schwänzeltanz enthält auch die Information über die Richtung, in der die Nahrungsquelle zu finden ist. Da bei der Richtungsorientierung der Bienen die Sonne als Kompaß benutzt wird, müssen die Kundschafterbienen den auf dem Flug eingehaltenen Winkel zur Sonne im Inneren des dunklen Bienenstockes ihren Stockgenossen mitteilen. Sie übertragen dabei im Schwänzeltanz den Winkel zur Sonne auf die Richtung zur Schwerkraft: Laufen sie bei der Schwänzelstrecke der Tanzfigur senkrecht nach oben, so bedeutet dies, daß der Futterplatz in Richtung der Sonne liegt. Schwänzelläufe nach unten geben die umgekehrte Richtung an, also geradewegs von der Sonne weg. Schwänzelläufe 80° nach rechts von der Richtung senkrecht nach oben weisen auf eine Futterquelle hin, die sich 80° nach rechts von der Richtung der Sonne befindet. Die Richtungsänderungen des Sonnenstandes im Tagesverlauf werden sowohl von der tanzenden Biene als auch von den Artgenossen bei der Richtungsfindung berücksichtigt. Auch für die Verschlüsselung der Richtungsangabe im Bienentanz ist eine innere Uhr notwendig, genauso wie bei der Kompaßorientierung während des Fluges.

Angeborenes und erlerntes Verhalten

Viele Informationen besitzen Tiere darüber, wie und wann sie welches Verhalten situationsgerecht äußern müssen. Diese Informationen sind in den Auslösemechanismen, in den Programmen für Bewegungskoordinationen und in den Handlungsbereitschaftszentren gespeichert. Woher stammen die Informationen über das eigene Verhalten?

Eine junge Kreuzspinne baut ihr erstes Fangnetz. Sie hat ein solches Netz weder bei ihrer Mutter, ihrem Vater noch bei einem anderen Artgenossen kennengelernt. Dennoch entspricht das komplizierte Netzmuster in allen Einzelheiten der arttypischen Form von Kreuzspinnennetzen.

Ein junger Kuckuck ist vor wenigen Stunden im Nest seiner Stiefeltern geschlüpft. Seine Augen sind noch geschlossen, und seine Bewegungen wirken sehr unbeholfen. Er kriecht im Nest seiner Wirtseltern umher und spürt dabei an seiner Haut ein Ei der noch nicht geschlüpften Stiefgeschwister. Daraufhin drückt er sich unter das Ei und schiebt es mit einer komplizierten Rückwärtsbewegung zum Nestrand hoch. Das Ei fällt aus dem Nest hinaus. Dasselbe Schicksal wird die weiteren im Nest befindlichen Eier treffen.

Aus den Beobachtungen können wir folgendes schließen: Die Kreuzspinne »wußte«,

Links: Die Kreuzspinne befolgt beim Bau ihres Netzes feststehende, artspezifische gestalterische Regeln, deren Kenntnis ihr angeboren ist.

Rechts: Unter Drogeneinfluß kann die Spinne das angeborene Verhaltensprogramm nicht mehr richtig ausführen: Es entstehen völlig chaotische Netze.

daß sie ein Spinnennetz bauen muß, und sie »kannte« die Merkmale für eine günstige Ortswahl. Sie »wußte« darüber hinaus, wie sie ein Kreuzspinnennetz zu bauen hat. Immerhin ist ein Spinnennetz Ergebnis eines hochkomplexen Verhaltensmusters. Mit unterschiedlichen Fadensorten aus verschiedenen Drüsentypen werden streng geometrische Formen gewoben. Auch jedem der vier Beinpaare kommen dabei bestimmte Aufgaben zu.

Wenn der junge Kuckuck Berührungsreize von Eiern empfängt, »weiß« er nicht nur, daß er diese Objekte aus dem Nest zu werfen hat, sondern er »weiß« auch, wie er dabei vorgehen muß. Die Informationen über das Verhalten der Kreuzspinne und des jungen Kuckucks müssen in den Tieren gelegen haben; sie besaßen ihre Verhaltenskenntnis »von Geburt« an. Solches Verhalten nennen wir angeboren. Die entscheidenden Informationen für angeborenes Verhalten eines Tieres liegen in seinen Erbanlagen gespeichert.

Anders müssen die Verhältnisse in den folgenden Fällen liegen: Honigbienen fliegen während ihrer Sammelflüge bevorzugt Blüten ein und derselben Pflanzenart an. An Duft und Farbe können die Bienen »ihre« Blüten sicher erkennen. Die Blütenstetigkeit hält so lange an, bis das Nahrungsangebot der besuchten Blüten nachläßt. Dann wechseln die Bienen auf eine neue, jetzt ergiebige Blütenart. Die Blütenstetigkeit der Sammelbienen ist zeitlich begrenzt und wechselt je nach Nektar- und Pollenangebot.

Graugansjunge kennen ihre Eltern genau. Obwohl sich alle Graugänse zum Verwechseln ähneln, können junge Graugänse ihre Eltern unter vielen Artgenossen erkennen.

Sobald der junge Kuckuck einen Berührungsreiz empfängt, beginnt er, den betreffenden Gegenstand aus dem Nest zu schieben. Er »weiß« genau, wie er dabei vorgehen muß. Sein Verhalten ist angeboren.

Das Verhalten im Honigbienen- und Graugansbeispiel kann nicht im Erbgut der Tiere festgelegt sein. Es ist nur durch die Aufnahme und Speicherung von Informationen über aktuelle Umweltsituationen erklärbar. Die Honigbienen haben Ort, Geruch und Farbe einer ergiebigen Blütenart gelernt, und die Gransküken lernten ihre Eltern individuell kennen. Damit sind die zwei grundsätzlichen Möglichkeiten für die Herkunft von Informationen in den verhaltenssteuernden Instanzen der Tiere gefunden: Die Informationen können entweder im Erbgut gespeichert sein oder durch Lernen erworben werden.

Kreuzungsexperimente. Die Frage, ob Verhalten angeboren oder erlernt ist, läßt sich experimentell untersuchen. Die eindeutigsten Ergebnisse liefern genetische Experimente. Man kreuzt nahe verwandte Arten, die sich in bestimmten Verhaltensweisen unterscheiden. Dabei besteht jedoch die Schwierigkeit, die arttrennenden Mechanismen zu überwinden, die eine Vermischung zweier Arten normalerweise verhindern. Bisher liegen nur wenige Untersuchungsbeispiele an Fisch- und Vogelarten vor, doch die Ergebnisse beweisen, daß Verhaltensunterschiede erblich bedingt sein können, denn die Mischlinge zeigten Verhalten von beiden Elternarten.

Kaspar-Hauser-Versuche. Ein weiteres, häufig benutztes Verfahren zum Nachweis angeborenen Verhaltens ist die Aufzucht unter Erfahrungsentzug (Kaspar-Hauser-Versuche). Dabei werden Jungtiere möglichst früh von ihren Eltern getrennt und isoliert aufgezogen – isoliert von Artgenossen und von denjenigen Reizsituationen, die mit dem zu überprüfenden Verhalten in Zusammenhang stehen. Dadurch sollen Lernmöglichkeiten ausgeschlossen werden. Der Reizentzug darf aber nur entsprechend der Fragestellung erfolgen, um Verhaltensschädigungen durch einen zu umfassenden Reizentzug zu vermeiden. Nach der Isolationszeit wird überprüft, ob das untersuchte Verhalten von dem Versuchstier geäußert werden kann oder nicht. Beherrscht das Tier die Signalerkennung oder die Verhaltensweise und lag keine Möglichkeit einer Eigendressur vor, so darf man schlußfolgern, daß sich das in Frage stehende Verhalten angeborenermaßen entwickelt hat. Die Isolierungsmethode deckt auf, welche Verhaltensleistungen nicht gelernt zu werden brauchen. Umkehren läßt sich die Schlußfolgerung nicht. Verhalten, das bei isoliert aufgezogenen Tieren während des Versuchs oder später ausbleibt, muß nicht notwendigerweise erlerntes Verhalten sein, denn immer besteht die Möglichkeit von versuchsbedingten Verhaltensausfällen und -schädigungen.

Mit Kaspar-Hauser-Versuchen ließ sich beispielsweise klären, inwieweit die reichen Repertoires an Lautäußerungen bei Vögeln angeboren sind oder nicht. Eier der Versuchsvogelarten wurden in Brutschränken ausgebrütet; die geschlüpften Jungvögel zog man anschließend sozial- und schallisoliert auf. Später überprüfte man, welche Laute die Versuchstiere von sich gaben, wenn man ihnen die notwendigen auslösenden Reize anbot. Die Lautäußerungen der meisten Nicht-Singvogelarten erwiesen sich als angeboren, ebenso die Rufe der Singvögel. Die aus vielen Lauten zusammengesetzten Gesänge der Singvögel (die in der Brutzeit im Rahmen der Paarbindung und Reviermarkierung eine wichtige Rolle spielen) sind dagegen häufig erlernt. Durch Nachahmung (→S. 295f.) übernehmen die Singvögel Lautäußerungen von Vorbildern. Als solche kommen meistens Artgenossen in Frage.

Vergleich verwandter Tierarten. Neben experimentellen Untersuchungsmethoden kann auch die vergleichende Beobachtung verwandter Tierarten einen Beitrag zur Frage des Angeborenseins liefern. Konrad Lorenz untersuchte eingehend verschiedene Signalbewegungen bei Schwimmenten. Es handelt sich um eine Tiergruppe, die reich an Arten mit abgestuften Verwandtschaftsgraden ist. Sie erlaubt daher in günstiger Weise das vergleichende Studium von Verhaltensweisen, ihren Ähnlichkeiten und Unterschieden. Lorenz beobachtete an den Schwimmenten viele Signalbewegungen, die neben Abwandlungen von Art zu Art, in Form und Funktion auffällige Gemeinsamkeiten zeigten. Das Auftreten von Signalbewegungen großer Ähnlichkeit bei verschiedenen Arten ist nicht durch Zufall, sondern nur durch Gemeinsamkeiten im Erbgut zu erklären. Es spricht dafür, daß die untersuchten Verhaltensweisen angeboren sein müssen.

Was heißt »angeboren«? Der Begriff des angeborenen Verhaltens hat immer wieder zu Mißverständnissen geführt. Er besagt, daß die Steuerungsprogramme der Verhaltensmechanismen erblich vorgegeben sind. Die Verwirklichung der in den Erbanlagen gespeicherten Verhaltensinformationen während der individuellen Entwicklung eines Lebewesens läuft über die Ausbildung bestimmter Strukturen und Verschaltungen des Zentralnervensystems. Angeborenes Verhalten ist das Ergebnis angeborener Gehirnstrukturen. Auch die Struktur anderer Körperorgane ist angeboren und bestimmt dadurch eine angeborene Funktionsweise, wie zum Beispiel Struktur und Funktion des Herzens, des Auges, des Magens.

Die angeborenen Verhaltensprogramme entwickeln sich jedoch nur in Umweltsituationen, die geeignete Entwicklungsbedingungen dafür bieten, daß es zur Verwirklichung der in den Erbanlagen gespeicherten Informationen kommen kann. Das gilt übrigens selbst für körperbauliche Merkmale. Wächst ein Tier beispielsweise im Dauerdunkel auf, so können Schrumpfung und Rückbildung der Netzhaut eintreten. Umweltreize können auch in bestimmten Grenzen für Abwandlungen erblich vorgegebener Strukturen und Funktionen – einschließlich des Verhaltens – verantwortlich sein. Angeborenes Verhalten bedeutet daher nicht, daß es völlig umweltunabhängig und damit ausschließlich »genetisch fixiert« ist.

Der Begriff des Angeborenen beinhaltet gleichzeitig den Gesichtspunkt der Artspezifität. Artspezifisch ist ein Verhalten, wenn es in typischer Form allen Angehörigen einer Tierart eigen ist. Nahe verwandte Tierarten weisen häufig abgestufte Verhaltensunterschiede auf. Das wird im Netzbauverhalten der Radnetzspinnen besonders deutlich. Das Netzbauverhalten der Kreuzspinne und ihrer Verwandten gilt in allen seinen Teilen als angeboren und ist artspezifisch. Artspezifisch sind demzufolge auch die Netze, die sich in Anlage, Form und – selbst bei nahe verwandten Arten – in den geometrischen Beziehungen unterscheiden. Spinnenspezialisten können an den Netzen die Artzugehörigkeit der Erbauer erkennen. Wir haben hier den seltenen Fall, daß ein Tier sein angeborenes und artspezifisches Verhalten bis ins Detail für den Verhaltensforscher dokumentiert. »Ein Radnetz ist die perfekte grafische Darstellung einer lebenswichtigen Verhaltensweise« (Horst Stern). Verabreicht man den Spinnen Drogen, so zeigen die Spinnennetze seltsame bis chaotische Verformungen; die koordinierte zentralnervöse Steuerung des komplizierten Netzbauverhaltens bricht zusammen. Unter Drogeneinfluß wird das angeborene Programm auf das schwerste gestört. Die Veränderungen sind zum Teil drogenspezifisch. So weben die Spinnen bei Verabreichung bestimmter Substanzen charakteristische und wiedererkennbare, »krankhafte« Netzformen.

Ein Blick in die Begriffsvielfalt der Ethologie. Angeboren oder erlernt können sowohl Signalerkennung, Handlungsbereitschaft oder auch die Bewegungskoordination sein. Erkennen Tiere Signalreize angeborenermaßen, so ist dafür ein »angeborener Auslösemechanismus« verantwortlich. Die Signalreize selbst werden dann »Schlüsselreize« genannt; sie passen so zu einem Auslösemechanismus wie ein Schlüssel zum Schloß. Beispiele für Schlüsselreize sind der rote Fleck am Silbermöwenschnabel (→S. 275) und der angeschwollene Bauch der Stichlingsweibchen (→S. 276).

Wird dagegen die Signalerkennung erlernt, so bildet sich ein »erworbener Auslösemechanismus« im Zentralnervensystem aus. Erlernte Signalreize sind zum Beispiel für die Honigbienen Blütenduft und -farbe und für Grauganskükenn das elterliche Aussehen.

Angeborene Bewegungen werden »Erbkoordinationen« genannt. Sie gehören in den meisten Fällen zu dem formstarren Bewegungstyp. Beispiele sind der Fangschlag der Libellenlarven (→S. 282), das Netzbauverhalten der Kreuzspinne, die »Rausschmeißbewegungen« des jungen Kuckucks, die Signalbewegungen der Enten, die Eirollbewegung der Bodenbrüter, die Rufe der Vögel und schließlich der Tötungsbiß der Hauskatze. Erlernte Verhaltensweisen werden als »Erwerbskoordinationen« den Erbkoordinationen gegenübergestellt. Als Beispiel sei auf die Gesänge der Vögel verwiesen. Genaueres über Bewegungslernen ist auf Seite 295f. zu lesen.

Der häufig verwendete Begriff »Instinkt« wird oft uneinheitlich benutzt und hat zu vielen Mißverständnissen Anlaß gegeben. Sinnvoll ist er vielleicht im Sinne von Niko Tinbergen, der darunter in seinem Lehrbuch der Verhaltensforschung (»Instinktlehre«) einen angeborenen Verhaltensmechanismus verstand, der die Auslösung, Bewegungskoordination und vor allem die Handlungsbereitschaften umfaßte. Zum Instinkt zählte er auch die beobachtbaren, angeborenen Verhaltensweisen, die er »Instinkthandlungen« nannte. Letztere entsprechen den Erbkoordinationen. Hiernach sollte man den Begriff Instinkt nur dann anwenden, wenn sichergestellt ist, daß ein Verhalten von der Auslösung bis zur Bewegungsäußerung auf weitgehend angeborener Grundlage beruht. In der Umgangssprache wird Instinkt oft völlig falsch benutzt. Ein Kraftfahrer, der »instinktiv« reagiert, reagiert gerade nicht angeborenermaßen, sondern in einer durch Lernen eingespielten Weise.

Zwischen den Extremen. Inwieweit angeborene Anteile durch Lernen erweitert oder vollständig erlernte Anteile in der Signalerkennung, in den Handlungsbereitschaften oder in der Bewegungskoordination vorherrschen, ist von Verhalten zu Verhalten und von Tierart zu Tierart verschieden. Die Extrempositionen »rein angeboren« und »rein erlernt« treten nach dem heutigen Kenntnisstand bei Tieren relativ selten auf. Das meiste Verhalten liegt zwischen den Extremen, besitzt also angeborene Grundmuster, die in unterschiedlich starkem Ausmaß durch Lernen eingespielt, verfeinert oder auch abgewandelt werden können. Wird ein Verhalten als angeboren bezeichnet, so bedeutet das in vielen Fällen, daß dieses Verhalten auf weitgehend angeborenen Grundlagen beruht, gewisse Lerneinflüsse wie zum Beispiel Übungseffekte jedoch nicht auszuschließen sind.

Die genetische Lerndisposition. Das Ausmaß der jeweiligen Lernmöglichkeit wird durch die genetische Lerndisposition bestimmt. Hierunter verstehen wir eine im Erbgut vorgegebene Rahmenbedingung, die bestimmt, bei welchem Verhalten und in welchem Ausmaß Lernen möglich ist. So wird eine Kreuzspinne nicht lernen können, ein dreidimensionales »Hängemattennetz« einer Baldachinspinne zu bauen oder auch nur das ähnliche Netz einer nahe verwandten Art. Bei vielen Singvögeln, die ihren Gesang von einem Vorbild lernen müssen, bestimmt die Lerndisposition genau, welche Gesangsvorbilder sie einspeichern können. Die artspezifischen Gesänge werden mit großem Erfolg gelernt. Spielt man ihnen hingegen im Isolationsexperiment Gesänge anderer Arten vor, so bleibt ein nennenswerter Lernerfolg aus. Bei einigen Arten (wie z. B. der Haubenlerche) erlaubt die Lerndisposition jedoch auch die Übernahme artfremder Gesangselemente. Bei Menschenaffen ist in vielen Verhaltensbereichen die Lerndisposition so weit gefaßt, daß sie die verschiedensten Signale und Bewegungen – auch artfremde – erlernen und diese auch neu kombinieren können.

Die genetische Lerndisposition umfaßt nur die vom Zentralnervensystem bestimmten Lernmöglichkeiten. Eingrenzungen des Lernverhaltens durch den Körperbau sollten nicht unter diesem Begriff verstanden werden. Daß ein Fisch nicht lernen kann, sich wie ein Vierfüßler zu bewegen, hat ebensowenig mit der genetischen Lerndisposition zu tun wie das Unvermögen von Schimpansen, die menschliche Sprache zu erlernen. Der Kehlkopf der Schimpansen ist so gebaut, daß diese Tierart selbst bei einem so großen Lernvermögen, wie es uns Menschen eigen ist, nicht in der Lage wäre, sich mit menschlichen Lauten zu verständigen. Wie groß die Lerndisposition der Schimpansen im »Sprachbereich« von der Leistungsfähigkeit ihres Gehirns her anzusehen ist, wird an anderer Stelle noch dargestellt (→ S. 296).

Die Entwicklung des Verhaltens. Im Laufe der Embryonal-, Kindes- und Jugendentwicklung (Ontogenese) werden die genetischen Programme der Verhaltenssteuerung in Gehirnstrukturen umgesetzt, und es muß die genetische Lerndisposition durch Lernvorgänge »ausgefüllt« werden. Die Verhaltensentwicklung umfaßt die Entwicklung der Signalerkennung, der Handlungsbereitschaften und der Bewegungsmuster. Voraussetzung dafür ist die Entwicklung der Sinnesorgane, des Zentralnervensystems und der Bewegungsorgane. Die ontogenetische Entwicklung angeborenen Verhaltens wird als Reifung bezeichnet. Verhalten, das kurz nach der Geburt zur Verfügung steht (»Rausschmeißbewegung« des jungen Kuckucks, Fortbewegung eines Fohlens), hat seine Reifungsphase schon während der Embryonalentwicklung durchgemacht. Viele Verhaltensleistungen reifen jedoch erst im Kindheits- und Jugendalter.

Die Entwicklung erlernter Verhaltensanteile verläuft über verschiedene Formen von Lernprozessen, die später behandelt werden (→ unten). Zunächst folgen jedoch einige Beispiele für die Entwicklung angeborenen Verhaltens. Niko Tinbergen untersuchte die Entwicklung der Auslösung von Sperreaktionen bei jungen Amseln und Singdrosseln. Wie alle Singvögel sperren junge Drosseln ihren Schnabel weit auf, wenn die Altvögel mit Futter kommen. Die dadurch sichtbar werdende farbige Rachenzeichnung und der auffällige Schnabelwulst sind für die Altvögel das Signal zur Fütterung. Die Sperrbewegung wird nicht durch den Hunger in Gang gesetzt, sondern durch bestimmte Signalreize. In den ersten zehn Tagen nach dem Schlüpfen sind die jungen Drosseln noch blind. Ein optischer Reiz kann folglich nicht auslösend wirken. Tinbergen fand heraus, daß die Sperrbewegung durch Erschütterungen ausgelöst wird (im Normalfall beim Landen des Altvogels auf dem Nestrand). Können die Jungvögel sehen (etwa vom elften Tag an), werden die Erschütterungsreize durch optische Signale ersetzt. In den ersten Tagen nach dem Augenöffnen sperren die Drosseln senkrecht nach oben, genauso wie sie es während der ersten zehn Tage taten. Für die Orientierungskomponente ist die Schwerkraft der richtende Reiz. Erst vom fünfzehnten Tag an veranlassen optische Signalreize ein gerichtetes Sperren zu der Reizquelle hin. Auf diese Weise stellte Tinbergen fest, daß die optischen Signale für die Orientierungskomponente nicht mit denen für die Auslösung der Grundkoordination (Sperrbewegung) identisch sind. Für diese beiden Bewegungskomponenten des Sperrverhaltens sind demnach verschiedene Auslösemechanismen zuständig, deren ontogenetische Entwicklung unabhängig voneinander verläuft.

Eine Untersuchung über Handlungsbereitschaften im Bereich der Nahrungsaufnahme vermittelt einen Einblick in die Entwicklung dieser Verhaltensinstanz. Junge Katzen wurden durch künstliche Nahrungsverabreichung direkt in den Magen ernährt. Ein Teil der Versuchstiere hatte pro Tag sechs Stunden lang Gelegenheit, an einem milchgebenden Weibchen zu saugen, die andere Gruppe desgleichen an einem narkotisierten Weibchen, das keine Milch gab. In den ersten drei Wochen saugten die Tiere beider Versuchsgruppen gleich lange bei ihren »Müttern«. Weder der Hunger noch eine Verhaltensbelohnung durch erfolgreiches Saugen beeinflußten in dieser Zeit die Saugaktivität. Die – für junge Säugetiere charakteristische – Handlungsbereitschaft für Saugen schwächt sich bei älteren Jungtieren allmählich ab und wird zunehmend ersetzt durch eine Handlungsbereitschaft zur Aufnahme fester Nahrung.

Der Verhaltensforscher Wilsson untersuchte die Entwicklung von Verhaltensweisen beim Biber. Jungtiere sind noch nicht befähigt, die bekannten Verhaltensweisen »Bäumefällen« und »Bau von Staudämmen« auszuführen. Der Forscher zog junge Biber in Isolation auf, so daß sie während des Heranwachsens keine Gelegenheit bekamen, Bäume zu fällen oder Dämme zu bauen. Hatten die Versuchstiere das Alter erlangt, in dem normal aufgewachsene Biber die in Frage stehenden Bewegungen zeigten, wurden ihre Verhaltensleistungen überprüft: Die isoliert aufgewachsenen Tiere konnten die komplizierten Verhaltensweisen jetzt ebenfalls ausführen. Die Bewegungsmuster hatten sich normal entwickelt, ohne daß die Biber bisher die zugehörigen Reizsituationen sowie die betreffenden Verhaltensweisen beobachten oder letztere gar üben konnten. Mit der Kaspar-Hauser-Methode wurde somit der Nachweis einer Reifung von angeborenen Verhaltensprogrammen erbracht.

Lernvorgänge bei Tieren

Die situationsgerechte Blütenstetigkeit der Sammelbienen und die individuelle Kenntnis der Eltern bei jungen Graugänsen machten die Annahme von Lernvorgängen zur Verhaltenserklärung erforderlich. Lernen ist bei Tieren weit verbreitet. Im Gegensatz zum angeborenen Verhalten, bei dem die wesentlichen Verhaltensinformationen genetisch vorgegeben sind, beinhalten Lernvorgänge die Neuaufnahme von Informationen zur Verhaltenssteuerung. Welche Besonderheiten die Eltern eines Graugansküken von anderen erwachsenen Graugänsen unterscheiden, ist nicht im Erbgut vorprogrammierbar, sondern muß während einer konkreten Begegnung erlernt werden.

Neben der Aufnahme stellt die Speicherung von Informationen eine notwendige Lernbedingung dar. Schließlich muß das Gelernte in passenden Situationen dem Tier zur Verfügung stehen und »abrufbar« sein. Die Abrufung führt zu einer Veränderung des Verhaltens. Anhand der beobachtbaren Verhaltensänderungen kann ein Lernvorgang erkannt und untersucht werden. Die Analyse von Lernsituationen und Lernverhalten führte zur Unterscheidung bestimmter Lernformen.

Die Speicherung der Lerninformationen im zentralen Nervensystem erfolgt über Gedächtnisprozesse. Eine erste Speicherung im Kurzzeitgedächtnis ist nur von kurzer Dauer. Durch Wiederholung des Lernvorgangs wird die im Kurzzeitgedächtnis erfaßte Information in ein Langzeitgedächtnis überführt. Das Langzeitgedächtnis ist relativ stabil, doch bleiben auch die hier gespeicherten Inhalte nicht notwendigerweise immer verfügbar. Das Gelernte kann vergessen werden. Ob Vergessen auf einer Löschung des Langzeitspeichers oder »nur« auf einer mangelnden Abrufbarkeit des Gespeicherten beruht, kann zur Zeit noch nicht entschieden werden. Über den Mechanismus des Gedächtnisses gab und gibt es viele Hypothesen. Viele Befunde sprechen für eine Speicherung in Form bestimmter Schaltnetze von Nervenzellen im Gehirn.

Während des Lernvorgangs müssen sich nach dieser Vorstellung informationsspezifische Schaltungsverbindungen und Schaltungsnetze ändern bzw. neu ausbilden.

Gewöhnung: eine einfache Lernform. Eine der am einfachsten organisierten Lernformen ist die Gewöhnung. Bei wiederholter Darbietung eines Reizes läßt seine auslösende Wirkung allmählich nach. Klopft man gegen die Wand eines Aquariums, so reagieren die Fische mit plötzlichem Wegschwimmen, sie zeigen Fluchtverhalten. Wiederholt man diese Reizdarbietung mehrmals am Tag und über mehrere Tage, so geht die Fluchtreaktion immer mehr zurück, bis sie ganz ausbleibt. Der Klopfreiz ist nicht mehr wirksam, die Fische haben sich an diesen Reiz gewöhnt. Die Gewöhnung hält eine Zeitlang an, dann tritt die Fluchtreaktion erneut auf. Das Gelernte – auf einen bestimmten Reiz nicht zu reagieren – wird vergessen. Vergessen heißt bei der Lernform der Gewöhnung, daß die normale Reaktion wieder auftritt.

In der Umgangssprache hat der Begriff Gewöhnung eine viel breitere Bedeutung: Man gewöhnt sich an eine kleinere Wohnung, an einen neuen Arbeitsplatz, an die tägliche Autofahrt. Der verhaltensbiologische Fachbegriff Gewöhnung darf damit nicht verwechselt werden. Er bezeichnet einen Lernprozeß, bei dem ein reizspezifisches Verhalten verschwindet, nachdem aufgrund wiederholter Reizung die auslösende Wirkung des Reizes abgebaut wurde. Ein vorher auslösender Reiz wird während der Gewöhnung zu einem neutralen Reiz. Die biologische Bedeutung dieser Lernform liegt in dem Abbau von Reaktionen auf primär auslösende Reize, die jedoch in der gegebenen Umwelt des Tieres keine positiven oder negativen Konsequenzen nach sich ziehen.

Die Nachfolgeprägung. Die Lernformen der Prägung spielen in der frühen Kindheitsentwicklung eine große Rolle. Gut untersucht ist die sogenannte Nachfolgeprägung. Sie ist für die Entstehung von individuellen Mutter-Kind-Bindungen bei Nestflüchtern innerhalb der Vögel (z.B. Gänse, Enten, Hühner, Schnepfenvögel) und Säugetiere (z.B. Huftiere) verantwortlich. Experimente mit frisch geschlüpften Graugansküken, die von ihren Eltern isoliert waren, zeigten, daß sie während einer bestimmten Zeit ihres frühkindlichen Lebens (»sensible Phase«) lernten, Ersatzobjekte als Eltern anzunehmen und ihnen zu folgen. Als Prägungsobjekte werden Attrappen verschiedener Form akzeptiert, wenn sie nur die von den Küken angeborenermaßen erkennbaren Eltern-Merkmale Fortbewegung und Lautgebung aufweisen.

So lernen Küken über die Nachfolgeprägung in experimentellen Situationen Holz- oder Plastiktiere, Bälle, Stiefel oder Menschen als »Eltern« kennen. Graugansküken, die während ihrer sensiblen Phase mit Pflegepersonen konfrontiert waren, die schwarz punktierte gelbe Stiefel trugen, folgten später in Wahlversuchen nur Personen mit genau solchen Stiefeln. Gelbe Stiefel mit schwarzen Streifen blieben unbeachtet. Während des Prägungsvorgangs werden feinste Merkmale gespeichert; bisher neutrale Merkmale erlangen die Funktion auslösender Reize. Durch die Lernform der Nachfolgeprägung ist gewährleistet, daß auch bei Tieren, die sich äußerst ähnlich sehen, ein individuelles Erkennen der Eltern durch die Jungtiere kurz nach dem Schlupf bzw. der Geburt schnell und sicher möglich ist. Dies ist für die Nestflüchter eine überaus sinnvolle Einrichtung.

Neben der Nachfolgeprägung, die der individuellen Eltern-Kind-Bindung dient, sind auch noch andere Prägungsvorgänge wie Sexualprägung oder Lebensraumprägung bekannt. Kennzeichnend sind immer eine sensible Phase, in der das Lernen möglich ist, und eine große Stabilität des Gelernten, die oft ein Leben lang wirksam ist.

Lernen durch Belohnung. Weit verbreitet sind im Tierreich Lernformen, bei denen Verhaltensweisen eines Tieres von einer positiven (»Belohnung«) oder negativen (»Bestrafung«) Verhaltenskonsequenz gefolgt werden. Dabei kann die Wahrnehmung eines Signals ebenso belohnt werden wie die Ausführung einer Verhaltensweise. Beide Belohnungsmöglichkeiten verändern das vorherige Verhalten. Dieses Lernen aus den Folgen des Verhaltens kann man Lernen durch Belohnung nennen, worunter das Lernen durch Bestrafung als negativ wirkende »Belohnung« mit erfaßt sein soll. Häufig wird diese Lernform auch als »Dressur« bezeichnet.

Karl von Frisch, der durch seine Verhaltensuntersuchungen an Bienen berühmt wurde, hielt in einem Aquarium einen Zwergwels, mit dem er über einen einfachen Versuch zum Lernen durch Belohnung die alte Streitfrage klärte, ob Fische hören können oder nicht. Er fütterte den Zwergwels, der sich gewöhnlich in einer Röhre am Grunde des Aquariums aufhielt, indem er ein Stückchen Futter an einem Stab unmittelbar an die Röhrenöffnung hielt. Der Lernversuch begann damit, daß der Forscher zur Futtergabe jedesmal einen Pfiff ertönen ließ. Auf solche Pfiffe hatte der Zwergwels bisher nicht reagiert. Fünf Tage nach Versuchsbeginn pfiff von Frisch, ohne dem Zwergwels Futter zu reichen. Der Fisch verließ daraufhin sofort seinen Unterschlupf und schwamm suchend im Aquarium hin und her.

Neben dem Nachweis des Hörvermögens ist dieser Versuch auch für die Analyse des Lernverhaltens von Bedeutung. Der Umweltreiz »Pfiff« hatte vor Versuchsbeginn keinerlei Bedeutung für den Zwergwels, er war ein neutraler Reiz. Während des Lernvorgangs traten bei dem Fisch die Wahrnehmung des Pfiffs und die »belohnende« Wahrnehmung des Futters bzw. das anschließende Freßverhalten zeitlich gekoppelt auf. In dem Lerntest reagierte der Zwergwels auf die Wahrnehmung des Pfiffs mit der Suche nach Futter. Der vorher neutrale Reiz »Pfiff« wurde zu einem auslösenden Reiz für die Nahrungssuche.

Dieses Beispiel ist ein typischer Fall für ein Signallernen durch Belohnung. Wahrnehmbare Reize können durch wiederholte Darbietung mit Belohnungsfolge zu einem auslösenden Reiz werden. Während des Lernvorgangs bildet sich bei dieser Lernform ein neuer, erworbener Auslösemechanismus (EAM) aus. Signallernen bedeutet immer Veränderung vorhandener oder Ausbildung neuer Auslösemechanismen. Auch Prägungen, soweit sie die Signalerkennung betreffen, beruhen auf Lernvorgängen im Bereich von Auslösemechanismen.

Ein zweites Beispiel für Signallernen durch Belohnung stellt das Erlernen von Blütenfarben, -formen und -gerüchen bei Bienen dar. Die uns schon bekannte Blütenstetigkeit der Bienen beruht auf dieser Lernform. Die Bienen fliegen beispielsweise eine rote Blüte mit fünfstrahliger Form und bestimmtem Duft an und werden durch das anschließende erfolgreiche Nektarsaugen belohnt. Untersuchungen ergaben, daß schon eine einmalige Belohnung einen deutlichen Lernerfolg bewirken kann. Verläßt die Biene die Blüte, so wird sie anschließend mit hoher Wahrscheinlichkeit wiederum eine Blüte mit derselben Merkmalskombination anfliegen.

Die Wahrnehmung einer Reizsituation mit anschließender Belohnung wird als Lernakt bezeichnet. Lernvorgänge, die nach einem oder wenigen Lernakten zu einem hohen Lernerfolg führen, beruhen auf einer ausgeprägten Lerndisposition für die zugrundeliegende Lernform. Die Honigbiene benötigt zum Signallernen von Blütenmerkmalen weniger Lernakte als der Zwergwels, der den menschlichen Pfiff als Futterzeichen erlernt. Die Lerndisposition steht in engem Zusammenhang mit der Lebensweise und der natürlichen Reizwelt eines Tieres.

Auch das Erlernen bestimmter Verhaltensweisen kann über ein Lernen durch Belohnung erfolgen. Führt ein Tier eine bestimmte Bewegung, vielleicht zufällig oder – zum Beispiel bei Zirkusdressuren – unter Zwang, aus und macht es unmittelbar danach eine gute Erfahrung, so kommt es zu einer Kopplung dieser Bewegung mit derjenigen Handlungsbereitschaft, die durch die Belohnung befriedigt wurde (Bewegungslernen durch Belohnung).

Wiederum verdanken wir Karl von Frisch ein bemerkenswertes Beispiel. Sein Kollege Konrad Lorenz erzählt: »Von Frisch hielt einen brasilianischen Blumenau-Sittich, den er im Zimmer frei fliegen ließ. Um Beschmutzung der Möbel möglichst zu verhindern, ließ er den Vogel immer dann frei, wenn er gerade Kot abgesetzt hatte. Der Vogel hatte bald heraus, daß diese Tätigkeit durch Freiflug belohnt wurde, und es war im höchsten Maße komisch zu sehen, wie er sich geradezu krampfhaft bemühte, ein ›Batzi‹ zu machen, wenn von Frisch an den Käfig herantrat.«

Bei dem Blumenau-Sittich wurde die Verhaltensweise Koten an die Handlungsbereitschaft zum Freiflug angekoppelt. Bewegungslernen durch Belohnung kann neben der Ankopplung vorhandener Bewegungsmuster an

Konrad Lorenz

Konrad Lorenz (geb. 1903 in Wien) wurde schon in früher Jugend zum Tierfreund und begeisterten Tierbeobachter. In seinen Schriften betont er immer wieder die Wichtigkeit einer positiven emotionalen Beziehung zur Natur. »Der ganze Zauber der Kindheit hängt für mich . . . an einem Käscher . . . Mit einem solchen Gerät habe ich mit neun Jahren die ersten Daphnien (winzige Krebse) für meine Fische gefangen und dabei die kleine Wunderwelt des Süßwassertümpels entdeckt, die mich sofort in ihren Bann schlug. Der Käscher hatte die Lupe im Gefolge, diese wiederum ein bescheidenes Mikroskop, und damit war mein Schicksal unverwandelbar bestimmt. Denn wer . . . die Schönheit der Natur anschaut . . . ist dieser Natur anheimgegeben.«
Zunächst studierte er zwar Medizin, doch sobald sich die Gelegenheit bot, wurde er Berufsverhaltensforscher. Seine reichen Erfahrungen über Verhaltensweisen von Tieren, die er als Jugendlicher und nebenberuflich als Student und Assistent der Medizin erworben hatte, bildeten dafür eine zuverlässige Basis. Nach Lehr- und Forschungsjahren in Wien, Königsberg, Buldern und Seewiesen, wo er das Max-Planck-Institut für Verhaltensphysiologie leitete, lebt er heute wieder in Altenberg bei Wien.
Konrad Lorenz gilt zusammen mit Niko Tinbergen als Begründer der Ethologie und hat zugleich wesentlichen Anteil an dem eindrucksvollen Gedeihen dieser neuen wissenschaftlichen Disziplin. Die grundlegenden Konzepte der Ethologie (unter anderen: arttypische, angeborene Bewegungsweisen; Schlüsselreize und Auslösemechanismen; verhaltensspezifische Erregungsbildung im zentralen Nervensystem; Kombination von angeborenen und erlernten Anteilen in der Verhaltensentwicklung) gehen weitgehend auf seine Ideen zurück. Nicht aufgrund umfangreicher, quantitativ-statistischer Analysen entwickelte Lorenz seine wissenschaftlichen Konzepte, sondern durch eine von anderen Forschern bisher unerreichte Fähigkeit, mittels geduldiger und aufmerksamer Beobachtung Gesetzmäßigkeiten im Tierverhalten wahrzunehmen. Der Schwerpunkt seiner Forschungsmethode lag dabei auf der vergleichenden Beobachtung biologisch verwandter Arten. Seine zahmen, oft selbst aufgezogenen Tiere hielt er freilebend unter halbnatürlichen Bedingungen im Bereich seiner Institute. In Anerkennung seiner großen wissenschaftlichen Leistungen wurde er 1973 – zusammen mit Niko Tinbergen und Karl von Frisch – mit dem Nobelpreis ausgezeichnet.
Eine reiche Literatur stammt aus seiner Feder. In einem weiten Leserkreis wurden vor allem seine allgemeinverständlichen Bücher bekannt: »Er redete mit dem Vieh, den Vögeln und den Fischen«; »So kam der Mensch auf den Hund«; »Das sogenannte Böse«. 1978 erschien sein zusammenfassendes Lehrbuch »Vergleichende Verhaltensforschung – Grundlagen der Ethologie«, in dem er die Summe seines Wissens und seiner Einsichten allen interessierten Lesern zur Verfügung stellt.

andere Handlungsbereitschaften auch die Neukombination von Bewegungselementen zu einer neuartigen Verhaltensweise umfassen.

Besonders intensiv wurde das Lernen durch Belohnung mit Hilfe von »Lernkammern« untersucht. In einer solchen Apparatur müssen die Versuchstiere eine bestimmte Verhaltensweise, zum Beispiel das Drücken eines Hebels, erlernen. Dafür werden sie über eine Futterautomatik mit einer Futtergabe belohnt. Durch die Automatik wird ein Kausalzusammenhang zwischen zu erlernendem Verhalten und der Futterbelohnung hergestellt. Solche Versuchsanlagen gehen auf den amerikanischen Verhaltensforscher Burrhus Frederic Skinner zurück und werden daher oft als »Skinnerboxen« bezeichnet.

Labormäuse, die in einer Lernkammer das Drücken eines dort installierten Hebels lernen sollten, blieben pro Versuchstag so lange in der Kammer, bis sie zehnmal die gewünschte Verhaltensweise ausgeführt hatten. Zu Beginn des Versuchs erkunden die Versuchstiere die für sie neue Umgebung der Kammer und führen dabei verschiedene Verhaltensweisen wie Schnuppern, Kratzen, Laufen und Klettern aus. Zufällig drücken sie dabei auch einmal auf den Hebel, die Futterautomatik tritt in Funktion und spendet eine Futterbelohnung. Die Maus riecht das Futterstückchen und findet es nach einigem Suchen im Futtermagazin. Sie frißt es auf und versucht, noch mehr Futter zu bekommen. Sie läuft umher, sie kratzt hier und dort, sie klettert. Und wieder drückt sie dabei den Hebel. Die nächste Futterkugel rollt in das Futtermagazin. Jetzt richtet die Maus ihr Verhalten ganz auf die Stelle in der Versuchskammer aus, wo sich der Hebel befindet. Die Zeit bis zum nächsten Hebeldruck verkürzt sich. Die Maus lernt, daß sie ihr Verhalten auf den Hebel orientieren muß; sie kratzt, schnuppert, beißt und drückt jetzt bevorzugt am Hebel. Schließlich beginnt die Maus zu lernen, den Hebel gezielt zu drücken, wenn sie Futter haben will. Die Lernleistung nimmt immer mehr zu, bis das Tier während des Aufenthaltes in der Lernkammer nur noch Verhalten in der Reihenfolge Hebeldrücken–Fressen–Hebeldrükken–Fressen usw. ausführt. Der Lernfortschritt von Tag zu Tag zeigt sich in der geringer werdenden Zeit, die das Versuchstier für zehn Lernakte benötigt.

Die Darstellung des Lernfortschritts mittels einer graphischen Kurve wird als Lernkurve bezeichnet. Ab einem bestimmten Niveau der Lernkurve spricht man von der »Kannphase«. Der vorhergehende Abschnitt des Lernvorgangs, der durch deutliche Veränderungen der Lernleistung gekennzeichnet ist, heißt »Lernphase«. Die Dauer der Lernphase und das Leistungsniveau in der Kannphase unterscheiden sich unter gegebenen Versuchsbedingungen von Tierart zu Tierart. Hierin zeigt sich wiederum der Einfluß der genetischen Lerndisposition.

Das Lernen von Bewegungen äußert sich – wie das Beispiel der Mäuse in der Lernkammer zeigt – nicht nur in der Wahl der Verhaltensweisen, die sich in der Kannphase weitgehend auf Hebeldrücken und Fressen beschränken. Auch die Form des Bewegungsmusters Hebeldrücken ändert sich von einem undifferenzierten, veränderlichen, »kratzenden Drücken« hin zu einer stereotypen Bewegung mit ein und derselben Pfote, die gezielt und mit hoher Geschwindigkeit abläuft. Häufig bilden sich sehr wirkungsvolle Bewegungsmuster und Positionen der Versuchstiere heraus.

Lernen durch Belohnung ist natürlich nicht nur auf Futtergaben angewiesen. Alle Reizsituationen, die der Befriedigung einer bestimmten Handlungsbereitschaft dienen, können Belohnungsfunktion erhalten. So kann man Kampffische dressieren, durch einen Ring zu schwimmen, wenn man ihnen anschließend einen Spiegel anbietet. Ihr eigenes Spiegelbild nehmen sie als Rivalen wahr, auf den sie mit Kampfverhalten reagieren. Der Anblick eines Rivalen und die Möglichkeit, Kampfverhalten zu zeigen, wirken als Belohnung des vorher geäußerten Verhaltens (Schwimmen durch den Ring). Hauskatzen konnten auf die Wahl bestimmter Beuteattrappen dressiert werden, indem sie jeweils bei der richtigen Wahl mit der Möglichkeit, an der Attrappe zu spielen, belohnt wurden.

Eichhörnchen beherrschen angeborenermaßen die Bewegungen, die sie zum Öffnen von Nüssen benötigen: das Nagen und Sprengen mit den Zähnen. Sie müssen jedoch lernen, wie und in welcher Reihenfolge sie diese Erbkoordinationen beim Nüsseöffnen erfolgreich einsetzen. Irenäus Eibl-Eibesfeldt fand heraus, daß Eichhörnchen die Technik des Nüsseöffnens auch dann erlernten, wenn er vorher die Haselnüsse entkernt und wieder fest zusammengeklebt hatte. Die Belohnung durch das Fressen der Nuß war also nicht notwendig. Wahrscheinlich wirkte die Möglichkeit, bei entsprechender Handlungsbereitschaft bestimmte Erbkoordinationen ablaufen lassen zu können, an sich bereits belohnend. Vor allem aber dürfte das Erfolgserlebnis beim Nüsseöffnen eine Belohnungsfunktion besitzen.

Nachahmung. Ganz auf Bewegungslernen beschränkt ist die Lernform der Nachahmung. Bei der Nachahmung wird eine Bewegung oder Lautäußerung eines Vorbildes in das eigene Verhaltensrepertoire übernommen. Akustische Nachahmung ist von Papageien und Singvögeln bekannt. Unter den heimischen Singvögeln treten besonders Haubenlerchen, Sumpfrohrsänger, Gelbspötter und Stare als gute Nachahmer in Erscheinung. Sie – aber auch viele weitere Singvogelarten – überneh-

Bei diesen japanischen Makaken hat sich durch Nachahmung die Tradition herausgebildet, Kartoffeln vor dem Essen zu waschen.

»Julia« soll einen Eisenring mit einem Magneten durch das Labyrinth geradewegs zum Ausgang ziehen. Dazu muß sie »nachdenken« und planen.

men Rufe und Gesangselemente anderer Arten in ihren eigenen Gesang. Bemerkenswert ist das Beispiel der Haubenlerchen, die die Kommandopfiffe eines Schäfers nachahmten, der in ihrem Lebensraum seine Schafe hütete, wobei die Genauigkeit der Imitation erstaunt. Die Pfiffe der Haubenlerche waren denen des Schäfers zum Verwechseln ähnlich.

Nachahmung von Bewegungen ist nur von einigen Säugetierarten bekannt und nur innerhalb der Primaten weit verbreitet. Vor allem Schimpansen sind in der Lage, Handlungsfolgen ohne Fehler von einem Vorbild zu übernehmen.

Bei hoher Lerndisposition zur Nachahmung können sich bestimmte Verhaltensweisen in einer Tierpopulation ausbreiten und von Generation zu Generation weitergegeben werden. Wir sprechen dann von Traditionen. Berühmt geworden ist der Fall japanischer Makaken. Auf der Insel Koshima wurde ein Affentrupp an der Küste regelmäßig mit Süßkartoffeln gefüttert. Ein junges Weibchen begann damit, den Sand vor dem Verzehr der Kartoffeln in einem Gewässer abzuwaschen (Lernen durch Belohnung). Allmählich breitete sich diese Verhaltensweise durch Nachahmung in der Affengruppe aus und wurde später auch von den Jungtieren neuer Generationen übernommen. Es war somit zu einer Traditionsbildung gekommen.

Einsichtiges Verhalten. Als höchste Form des Lernens – oder als erste Stufe des Denkens – wird das einsichtige Verhalten aufgefaßt. Es kommt, von wenigen anderen Fällen abgesehen, nur bei Primaten vor. Beim einsichtigen Verhalten erfaßt das Tier eine neue Situation ohne Lernakte und führt das situationsgerechte Verhalten schon beim ersten Mal vollständig aus.

Bernhard Rensch führte zusammen mit Jürgen Döhl Einsichtsversuche an einem komplizierten Labyrinth mit der Schimpansin »Julia« durch.

Viele Vorversuche hatten dazu gedient, Julia zu »erklären«, daß sie die Labyrinth-Aufgaben nicht durch »Versuch und Irrtum« (Belohnungslernen), sondern durch vorausschauende Planung mit nur einem anschließenden richtigen Zug lösen sollte. Sie mußte dazu mit einem Magneten einen Eisenring vom »Start« zum »Ziel« durch die von einer Plastikscheibe abgedeckten Labyrinthwege ziehen. Das Wegesystem wurde von Versuch zu Versuch verändert, so daß Julia keinen bestimmten Weg erlernen konnte. Auch bei komplizierten Bahnsystemen fand Julia durch »Überlegen« den richtigen Weg und zog anschließend zügig und ohne Fehler den Eisenring zum Ziel. Bernhard Rensch testete mit der gleichen Versuchsanlage auch einige seiner Studenten. Das Ergebnis war überraschend: Die Studenten lagen auf dem gleichen Leistungsniveau wie die Schimpansin Julia!

Die Bedeutung des Lernens. Für viele Tierarten sind Lernvorgänge lebenswichtig. Ob im Rahmen eines Verhaltens gelernt werden *muß* (obligatorisches Lernen) oder gelernt werden *kann* (fakultatives Lernen), bestimmt die genetische Lerndisposition. Beim obligatorischen Lernen sind Lernform, Lernobjekt bzw. -inhalt und oft auch der Zeitpunkt des Lernens festgelegt.

Hierher gehören die Prägungsvorgänge. Prägungen laufen in einer bestimmten Altersphase ab, unabhängig von der Situation, in der sich das Tier gerade befindet. In der natürlichen Situation begegnet die junge Graugans in ihrer Prägungsphase in aller Regel den eigenen Eltern. Obligatorisches Lernen läuft wie angeborenes Verhalten in vorprogrammierter Weise ab, ohne Kontrolle des Tieres in die jeweilige Zweckmäßigkeit des Verhaltens.

Das fakultative Lernen ist nicht minder bedeutsam. Hierbei sind jedoch Umfang, Inhalte und Zeitpunkte des Lernens weniger festgelegt. Die zugrundeliegenden Lerndispositionen sind in besonderer Weise darauf ausgerichtet, Lernmöglichkeiten für sich verändernde Umweltbedingungen zu gewähren. Lernen führt zu einer individuellen Anpassung an die Umwelt.

In einer biologischen Sichtweise des Lernens sollte immer die anpassende Leistung des Lernvorgangs betont werden. Was in der Ethologie als Anpassung verstanden wird, soll im folgenden erläutert werden.

Evolution und Anpassung des Verhaltens

Alle Organismen haben eine stammesgeschichtliche Vergangenheit und unterliegen den Gesetzen der Evolution (→S. 26ff.). Gruppen von Lebewesen, die für die entscheidenden Merkmale das gleiche Erbgut besitzen und die infolgedessen auch untereinander fortpflanzungsfähig sind, werden als biologische Art zusammengefaßt. Das arttypische Erbgut bestimmt, wie die Artangehörigen aussehen, wie sie anatomisch aufgebaut sind, wie die Organe funktionieren und welche Verhaltensausstattung sie besitzen. Der Teil des Erbguts, der die Ausbildung eines bestimmten Merkmals veranlaßt – sei es nun ein anatomisches oder ein Verhaltensmerkmal –, ist eine genetische Anlage. Die artspezifische Ausstattung mit Anlagen hat sich im Verlauf der Stammesgeschichte einer Art über den Evolutionsmechanismus von Mutation und Selektion (Erbänderung und Auslese) entwickelt. Die Anlagen sind auf den Chromosomen von Eizelle und Spermazelle (und allen weiteren Körperzellen) gespeichert und werden während der Entwicklung eines Lebewesens unter dem Einfluß von Umweltfaktoren in konkrete Merkmale des Körperbaus, der physiologischen Funktion oder des Verhaltens umgesetzt.

Mutationen treten ungezielt im Erbgut auf. Die Selektion wird durch die Umwelt, genauer durch bestimmte Umweltbedingungen, betrieben. Sie »wählt« aus dem genetisch bedingten Merkmalsangebot einer Art die jeweils erfolgreichsten Merkmalskombinationen dadurch aus, daß unter dem Druck von Umweltbedingungen Individuen mit bestimmten Merkmalskombinationen eine höhere Durchsetzungs- und Fortpflanzungschance besitzen als andere. Die Merkmale, die eine Art zeigt bzw. im Verlauf der stammesgeschichtlichen Entwicklung neu hinzugewinnt, stellen damit Anpassungen an diejenigen Umweltbedingungen dar, die eine Selektion veranlaßt haben. Anpassung bedeutet, daß Organismen Merkmale besitzen, die sich in der Evolution gebildet haben und die sich unter bestimmten Umweltbedingungen als vorteilhaft erweisen.

Dabei sollte jedoch berücksichtigt werden, daß alles, was wir als Anpassungsergebnis sehen, oft ein Kompromiß zwischen verschiedenen Selektionsvorgängen ist. Einfache, auf einem Faktor beruhende Erklärungen des Anpassungsgeschehens müssen daher in der Regel scheitern. Für das Verständnis der artspezifischen Verhaltensausrüstung und Lebensweise einer Tierart ist es wichtig zu erkennen, daß die Strategie der Evolution darin besteht, eine Konkurrenz mit anderen Arten um die Nutzungsangebote, die ein Lebensraum zur Verfügung stellt, zu vermeiden oder möglichst gering zu halten. Es setzen sich daher in der Regel Mutationen erfolgreich durch, die neuartige Nutzungsmöglichkeiten erschließen. Hierdurch führt die Evolution zu einer Vielfalt verschiedener Körperstrukturen und Verhaltensweisen – auch bei solchen Tierarten, die im selben Lebensraum leben. So unterscheiden sich in der artenreichen Gruppe der Schnepfenvögel bei prinzipiell gleicher Grundform des Nahrungserwerbs die Verhaltensweisen der Nahrungsaufnahme im einzelnen deutlich voneinander. Bei den im selben Lebensraum vorkommenden Schnepfenarten haben sich stammesgeschichtlich die Schnäbel als Organe der Nahrungsaufnahme und das Nahrungsverhalten artspezifisch entwickelt. Eine Nahrungskonkurrenz zwischen diesen Arten wird daher weitgehend eingeschränkt.

Zur Stammesgeschichte von Verhaltensweisen. Die stammesgeschichtliche Entwicklung von angeborenem Verhalten wird vor allem mit der vergleichenden Verhaltensanalyse untersucht. Sie ist jedoch häufig selbst für verbreitete Verhaltensweisen schwierig. Ein Beispiel mag das erläutern.

Vögel bewegen sich auf dem Boden oder im Geäst laufend (d.h. schreitend) oder hüpfend fort. Welches ist die stammesgeschichtlich ältere Bewegungsform? Welche hat sich aus der anderen entwickelt? Vergleicht man alle Vogelordnungen, so stellt man die weite Verbreitung des Laufens fest. Für die meisten Vogelordnungen ist Laufen typisch, beispielsweise für Störche, Enten, Rallen, Möwen, Schnepfenvögel, Tauben, Papageien, Eulen. Es könnte also vermutet werden, daß die Bewegungsform, die bei Vögeln am verbreitetsten ist und die die großen systematischen Gruppen kennzeichnet, die ältere ist.

In die gleiche Richtung weist ein anderes Argument: Die vermutlich ältesten der heute lebenden Vogelordnungen, Hühner und Pinguine, laufen ebenfalls. Eine stammesgeschichtlich jüngere Gruppe ist die Ordnung der Singvögel. Hier hüpfen die meisten Vertreter. Es spricht also einiges dafür, das Laufen als die ältere Fortbewegungsweise anzunehmen.

Wolfgang Wickler analysierte das Laufen und Hüpfen im ökologischen Zusammenhang: Läufer sind durchweg Bodenbewohner, Hüpfer meist Baumbewohner. Diese Beziehung läßt sich bei Arten, die beide Bewegungen beherrschen, ebenfalls feststellen. So laufen zum Beispiel Hühner und Bartmeisen am Boden, sie hüpfen aber im Gezweig. Da mit Sicherheit angenommen werden kann, daß der »Urvogel« Archaeopteryx ein Baumvogel war, läßt sich mit hoher Wahrscheinlichkeit sagen, daß innerhalb der Vogelgruppe das Hüpfen älter ist als das Laufen. Andererseits stammen die Vögel von bodenlebenden Echsen-Ahnen ab, die sicher gelaufen sind und es vielleicht auch zweifüßig konnten.

Aus diesen Überlegungen läßt sich folgendes grobes Bild der stammesgeschichtlichen Entwicklung des Hüpfens und Laufens bei Vögeln zeichnen: Bodentiere mit laufender Fortbewegungsweise sind zu Baumbewohnern geworden und dabei zum Hüpfen übergegangen. Vogelgruppen, die im Verlauf der Evolution sekundär zum Bodenleben zurückkehrten – und das geschah in den meisten Vogelordnungen –, begannen sekundär wieder zu laufen. Die typischen Baumbewohner wie Spechte und Singvögel behielten jedoch die hüpfende Fortbewegungsweise bei. Innerhalb der Singvögel wurden Lerchen, Pieper und Stelzen sekundär zu Bodenvögeln, infolgedessen kehrten sie zum Laufen zurück. Diese Sichtweise wird durch die ontogenetische Entwicklung bei Lerchen bestätigt: Junge Lerchen bewegen sich hüpfend fort, erst ältere Vögel beginnen mit dem Laufen! Häufig spiegeln sich in der Ontogenese stammesgeschichtliche Entwicklungen wider (biogenetische Grundregel, →S. 32).

Ebenso kompliziert ist die Untersuchung der Stammesgeschichte von Verhaltensweisen, die der Nachrichtenübermittlung dienen. In der schon erwähnten vergleichenden Studie über das Signalverhalten bei Entenarten stellte Konrad Lorenz für viele Verhaltensweisen Reihen abgestufter Ähnlichkeit zwischen einzelnen Arten fest. Solche Abwandlungsreihen können in manchen Fällen für die stammesgeschichtliche Entwicklung Modell stehen. Dies gilt beispielsweise für das sogenannte »Scheinputzen«, eine Verhaltensweise, die Entenerpel bei der Begegnung mit einem Balzpartner äußern. Diese Verhaltensweise entwickelte sich aus regulärem Putzverhalten. So zeigt die Brandente während der Balz weitgehend vollständige Putzbewegungen mit ihrem Schnabel im Flügelgefieder. (Daß eine Putzbewegung überhaupt im Rahmen des Balzverhaltens eine Funktion übernommen hat, ist wahrscheinlich auf die Konfliktsituation zwischen den Bereitschaften für Annäherung und Distanz während der Balz zurückzuführen. In solchen Konfliktsituationen treten gerade Putzbewegungen häufig als Übersprungbewegungen auf, →S. 288.) Der Schnatterentenerpel bewegt mit seinem Schnabel nur noch die Federn eines auffällig gefärbten Bereichs im Flügel, des »Flügelspiegels«, der für die Gattung der Schwimmenten (Anas) typisch ist. Die Putzbewegungen haben hier nur noch »symbolischen« Wert; sie sind zu einem Scheinputzen geworden. Das Scheinputzen der Knäkentenerpel beschränkt sich auf eine leichte und kurze Bewegung außen auf dem blaugrauen Feld vor dem Flügelspiegel. Mandarinerpel berühren schließlich mit ihrem Schnabel nur noch eine stark vergrößerte, rostrote Flügelfeder. Elemente einer Putzbewegung sind bei ihnen nicht mehr vorhanden.

Verhaltensentwicklungen, bei denen sich im Verlauf der Stammesgeschichte aus »Gebrauchsbewegungen« mit unmittelbarer Nutzfunktion stereotype »Symbolbewegungen« mit Verständigungsfunktion gebildet haben, werden als Ritualisierung bezeichnet. Parallel mit dem Funktionswechsel geht dabei ein Formwechsel einher. Über Ritualisierung sind viele innerartliche Signalbewegungen entstanden. Der schon mehrfach erwähnte Zickzacktanz des balzenden Stichlings kann als ritualisiertes Hin- und Herschwimmen zwischen Weibchen und Nest gedeutet werden. Im Balzverhalten treten auch häufig ritualisierte Verhaltensweisen aus der Brutpflege auf: So zeigen die Weibchen mancher Vogelarten Verhaltensweisen, die dem Betteln der Jungvögel um Futter ähneln. Dementsprechend füttern die Männchen dieser Arten ihre Weibchen im Rahmen der sexuellen Werbung.

Verhalten und Körperstrukturen. Die Evolution des Verhaltens ist in engem Zusammenhang mit der Evolution zugrundeliegender Körperstrukturen zu sehen. Die Fortbewegungsorgane entsprechen der Fortbewegungsweise und umgekehrt, die Organe des Nahrungserwerbs und der Nahrungsaufnahme entsprechen der Ernährungsweise und umgekehrt. Das gilt auch für die Signalbewegungen.

Das auffällige, prachtvoll gefärbte Rückengefieder eines Pfaus hat seine konkrete Funktion als innerartliches Signal. Bei der Werbung um ein Weibchen schlägt der Pfau mit diesen Federn ein Rad, wobei er dem umworbenen Weibchen sein Hinterteil zudreht. Die dadurch sichtbar werdenden leuchtend weißen Federkiele und Federn dienen als Balzsignal, das vom Weibchen verstanden wird. Auch die Geweihe von Hirschen und Rehen haben ihre spezifische Verhaltensfunktion: Sie dienen im innerartlichen Nachrichtenverkehr als Zeichen für die Stärke und soziale Stellung ihres Trägers und in Auseinandersetzungen mit Rivalen zur Brunftzeit als Waffe.

Der Igel rollt sich bei Gefahr zusammen. Diese Verhaltensweise erhält ihren biologischen Sinn durch das dichte Stachelkleid. Eine zusammengerollte, mit abstehenden Stacheln umgebene Kugel wird kaum ein Freßfeind (eine Ausnahme macht hier der Uhu) angreifen. Die Evolution des Stachelkleides und des Einrollverhaltens gewährte dem Igel ein Höchstmaß an Schutz – bis die Autos in seinen Lebensraum eindrangen. Wird ein Igel beim Überqueren einer Straße von einem herannahenden Kraftfahrzeug überrascht, so rollt er sich gemäß seinem angeborenen Verhaltensprogramm zusammen. Die in Jahrtausenden bewährte Schutzreaktion versagt jedoch in dieser Situation: Der Igel wird überrollt. Eine schnelle Flucht wäre in diesem Fall ein besserer Schutz; doch der Igel kann sich nicht anders verhalten, da Art und Weise seines Schutzverhaltens streng fixiert sind.

Stammesgeschichtliche Anpassung und Überleben heute. Das Igelbeispiel zeigt, daß die Tiere in der Regel keine Einsicht in die Zweckmäßigkeit ihres Verhaltens haben. Verhalten, insbesondere angeborenes, läuft nach vorprogrammierten, jedoch angepaßten und dadurch biologisch meist sinnvollen Mechanismen ab. Ändern sich jedoch die Umweltbedingungen, an die sich eine Tierart angepaßt hatte, und läßt das angeborene Verhaltensprogramm keine Verhaltensänderung durch Lernen zu, so kommt es zur Katastrophe, die zum Aussterben einer Art führen kann. Die hohe Zahl der jährlich dem Verkehrstod zum Opfer fallenden Igel ist ein bedauernswerter, aber eindrucksvoller Beleg.

Lernen ermöglicht dem einzelnen Individuum eine Anpassung an feinste Gegebenheiten und Unterschiede in seiner Umwelt. Die Öffnungstechniken für hartschalige Früchte beruhen bei den Nagetieren auf Lernvorgängen. Eine angeborenermaßen festgelegte Technik wäre wenig erfolgreich, da die Vielfalt der Nüsse verschiedene Öffnungstechniken verlangt. Hirschgeweihe können auch zu anderen Zwecken als den angeborenen benutzt werden. So berichtet Bernhard Grzimek, daß sich ein im Gatter gehaltener Rothirsch auf die Hinterbeine stellte und dann mit seinem Geweih die reifen Äpfel von einem Baum herunterschlug, die er anschließend verzehrte.

Während der Pfau sein Rad schlägt, kehrt er dem Weibchen die Rückseite zu. Dabei werden leuchtend weiße Federn sichtbar. Sie sind das eigentliche Balzsignal.

Lernen ermöglicht darüber hinaus eine schnelle Anpassung an Umweltveränderungen in Stunden oder Tagen, während die Veränderung angeborenen Verhaltens über eine genetische Anpassung viele Generationen beansprucht. Lernen bietet daher Tieren die Chance, in einer sich verändernden oder gar neuen Umweltsituation leben zu können. Füchse lernen schnell, neue Nahrungsquellen zu nutzen und sich in ihrem Verhalten darauf einzustellen – ein Grund für ihre Anpassungsfähigkeit in der modernen Kultur- und Industrielandschaft. Sie jagen Beutetiere in Gebieten, die nicht im entferntesten ihrem angestammten Lebensraum entsprechen, wie Hinterhöfen und Industrieanlagen; sie durchstöbern Mülltonnen nach Futter und holen aus scharf gestellten Kastenfallen die Köder heraus, ohne den Fangmechanismus in Gang zu setzen.

In der Feinanpassung und in der kurzfristigen Anpassung liegen wesentliche Vorteile des Lernens, die sich in der zunehmenden Bedeutung widerspiegeln, die Lernvorgänge bei der Höherentwicklung der Tierarten im Verlauf der Evolution einnehmen. Die evolutive Entwicklungstendenz des Verhaltens verläuft von den überwiegend angeborenen zu den überwiegend erlernten Verhaltensanteilen. So muß die genetisch vorgegebene Möglichkeit zum Lernen ebenso als stammesgeschichtliche Anpassung an die Bewältigung von Lebenssituationen angesehen werden wie das angeborene Verhalten auch.

Die Kenntnis der Stammesgeschichte und der Anpassungsrolle an bestimmte Umweltbedingungen ermöglicht eine sachlich richtige, eine biologische Beurteilung des Tierverhaltens. Der Igel, der bei der Konfrontation mit der modernen, vom Menschen gestalteten Umwelt mit seinem Schutzverhalten scheitert, ist nicht geringer einzuschätzen als der Fuchs, der sie zu nutzen versteht. Im Verhalten des Igels und des Fuchses spiegeln sich verschiedene Anpassungsstrategien wider, die sich beide in der Evolution bewährt haben, die jedoch für das Überleben in der schnell veränderlichen technischen Umwelt unterschiedlich günstige Überlebenschancen bieten.

Funktionen von Verhalten. Zur biologisch sachgerechten Beurteilung des Tierverhaltens zählt auch das Verständnis der Funktionen von Verhaltensweisen. Sieht man einmal von bestimmten stammesgeschichtlichen »Verhaltensresten« ab, so kommt jeder Verhaltensweise eine konkrete Funktion zu, die sie im Verlauf der Evolution erlangt hat. Die Tiere selbst haben – ausgenommen das einsichtige Verhalten – wahrscheinlich keine bewußte Kenntnis ihrer Verhaltensfunktionen. Der Begriff »Funktion« bedeutet in der Verhaltensbiologie daher keine vom Tier bewußt oder willentlich bezweckte Wirkung, sondern es ist mit ihm die evolutiv entwickelte Anpassungsleistung gemeint.

Die funktionelle Ordnung im Verhalten wird durch das hierarchische System der Handlungsbereitschaften bewirkt (→ S. 288). Aufgrund dieser Ordnung läßt sich das Verhalten nach »Funktionskreisen« oder »Verhaltensbereichen« einteilen bzw. zusammenfassen. Hierunter versteht man Gruppen von Verhaltensweisen mit ähnlicher Aufgabe oder Wirkung. Wichtige Verhaltensbereiche sind zum Beispiel Ruhe und Schlaf, Fortbewegung, Ernährung, Körperpflege, Sozialverhalten, Fortpflanzung, Brutpflege und Reviernutzung. Anschließend an diese Einführung in allgemeine Grundlagen der Ethologie werden die Verhaltensbereiche Ernährung, Sozialverhalten, Fortpflanzung und Brutpflege sowie Revierverhalten näher behandelt.

Nahrungsverhalten

Die Nahrung der Tiere dient zur Herstellung körpereigener Baustoffe und liefert die Energie für alle Lebensvorgänge. Für die Suche der Nahrung, für ihre Beschaffung und für ihren Verzehr besitzen Tiere eine besondere Verhaltensausstattung: das Nahrungsverhalten. Es umfaßt ein System von Handlungsbereitschaften, das für die notwendigen Verhaltensantriebe sorgt, und entsprechende Verhaltensweisen sowie zugeordnete Auslösemechanismen. Nur extreme Parasiten benötigen kein besonderes Verhalten für ihre Ernährung. So schwimmen beispielsweise die Bandwürmer, die im Darm von Wirbeltieren leben, in »ihrem« Nahrungsbrei und nehmen mit der gesamten Körperoberfläche Nahrung auf.

Unter Gesichtspunkten des Nahrungsverhaltens können – von Sonder- und Zwischenformen abgesehen – vor allem zwei Gruppen von Tieren unterschieden werden: Arten, die Pflanzen und ihre Produkte verzehren – die Pflanzenfresser –, sowie Arten, die sich von anderen Tieren ernähren – sie werden als »Fleischfresser« zusammengefaßt. Mischkost-Verwerter sind entsprechend als Allesfresser zu bezeichnen. Hierzu zählen beispielsweise die Krähenvögel, die echten Mäuse, die Schweine und auch verschiedene Affenarten.

Pflanzenfresser. Pflanzenfresser müssen ihre Futterpflanzen finden und erkennen. Dazu dienen in der Regel geruchliche oder optische Reize der Pflanzen (Duft, Geschmack, Formen, Farben), an die sich die Auslösemechanismen der Pflanzenfresser im Laufe der Stammesgeschichte angepaßt haben oder die durch Lernvorgänge gespeichert werden. Es gibt kaum Pflanzenfresser, die alles verzehren, was ihnen vor den Mund kommt. Weidetiere können ringsum von Futter umgeben sein und deshalb auf besondere Tätigkeiten der Nahrungssuche verzichten, eine Auswahl des Futters findet jedoch meistens statt.

So nehmen zum Beispiel Murmeltiere, die auf den alpinen Grasflächen leben, nur weiche und saftige Pflanzen bzw. Pflanzenteile auf; und auch Rehe fressen vorwiegend junge Blättchen, Knospen und Blüten. Viele Insekten und ihre Larven ernähren sich von grünen Blättern – aber bei einigen Arten müssen es Blätter von Holzgewächsen sein, Blätter von krautigen Pflanzen werden von diesen Arten abgelehnt. Besprüht man solche Blätter jedoch mit dem in Baumgewächsen vorhandenen Gerbstoff Tannin, so werden auch sie gefressen. Ähnlich reagieren die Maikäfer. Ihr Verzehr baumfremder Grünkost steigt, je stärker diese mit Tannin behandelt worden ist.

Extreme Spezialisten sind auf wenige Pflanzenarten, manche sogar auf nur eine einzige Futterart angewiesen. Zu den extremen Nahrungsspezialisten unter den Pflanzenfressern gehören die Raupen einiger Schmetterlingsarten. Die Erkennung und die Bindung an diese Pflanzenarten kommen in vielen Fällen über die sogenannten sekundären Pflanzenstoffe zustande. Die hierzu gehörenden ungenießbaren Stoffe wie Phenole oder Alkaloide haben sich möglicherweise im Laufe der Evolution als natürliche »Pflanzenschutzmittel« gegen Tierfraß herausgebildet. Bestimmte Tierarten entwickelten daraufhin eine Widerstandsfähigkeit gegen diese Stoffe und benutzten sie gleichzeitig als chemisches Erkennungsmerkmal »ihrer« Futterpflanze.

Fleischfresser. Pflanzenfresser nutzen die Nährstoffe, die die Pflanzen mit Hilfe der Photosynthese selbst aufgebaut haben. Fleischfresser verwerten dagegen das organische Material der Pflanzenfresser oder anderer fleischfressender Tiere. Als Aasfresser nehmen sie tote tierische Substanz auf, die sie über chemische Reize (viele Insekten) oder auf optischem Wege (Geier) auffinden. Dagegen müssen lebende Tiere als Nahrungsquelle erbeutet werden – so entstanden die Bezeichnungen »räuberisches Verhalten« bzw. »Räuber«. Um keine Anklänge an die moralische Bewertung menschlicher Räuber aufkommen zu lassen, spricht man jedoch besser von »Beutegreifern«.

Formen des Beutefangs. Die einzelligen Amöben umfließen ihre Beute, zum Beispiel ein ebenfalls einzelliges Wimpertierchen, und nehmen es mit der Oberfläche ihres Plasmakörpers auf. Polypen und Quallen sind mit einer Vielzahl von Nesselkapseln ausgestattet. Berührt ein Beutetier die Auslösestifte solcher Nesselkapseln, so schnellt ein Stilett vor, dringt dolchartig in das Beutetier ein und injiziert ein giftiges Sekret. Bei den Beuteobjekten der Nesseltiere führt dieser Angriff zur schnellen Lähmung, bei größeren Tieren und bei uns Menschen kann es zu erheblichen Reizwirkungen auf der Haut kommen. Muscheln strudeln sich mit gleichgerichteten Schlägen einer Vielzahl von Wimpern kleinste Lebewesen zu. Diese Strudelmethode kann sehr wirkungsvoll sein. So fand man in einem einzigen Muschelmagen weit über fünfhunderttausend einzellige Nahrungsorganismen.

Der Fang von kleinen Beutetieren, die frei im Wasser schweben oder schwimmen, gelingt auf wirksame Weise mit der Filtertechnik. Nahrungsreiches Wasser wird dabei in Mundöffnungen eingesogen und durch kammartige Reusen geführt, an denen die Kleinlebewesen haften bleiben. Als Filtrierer ernähren sich u. a. viele Krebse, Fische (z. B. das Blaufelchen) und Vögel (z. B. die Flamingos) sowie die Bartenwale. Es verdient hervorgehoben zu werden, daß die Bartenwale, zu denen die größten je auf unserer Erde lebenden Tiere gehören, sich als Filtrierer vor allem von kleinen Krebsen ernähren. Ein Blauwal, der – ausgewachsen – etwa soviel wiegt wie 25 Elefanten, verzehrt Nahrungseinheiten, zum Beispiel den Krill-Krebs, die nur wenige Zentimeter groß sind und etwa fünf Gramm wiegen. Das Sieb zum Fang der Kleintiere besitzen die Bartenwale in Form von Barteln, vom Gaumenknochen herabhängende Hornleisten mit haarartig gefranster Innenseite, die eine Reuse bildet. Die Wale schwimmen zur Nahrungsaufnahme in große Krebsschwärme hinein, öffnen dabei weit ihr Maul und nehmen viel Wasser mit den darin schwimmenden Beutetieren auf. Anschließend pressen sie das Wasser wieder aus dem Mundraum heraus. Dabei bleiben die Nahrungsobjekte an den feinen Reusen hängen und können verzehrt werden. Um immer genügend Nahrung zu erlangen, müssen die Bartenwale in den Weltmeeren den riesigen Schwärmen ihrer kleinen Beutetiere folgen. Das oft über weite Strecken und von Ozean zu Ozean führende Wanderverhalten mancher Bartenwale ist somit auch als Teil des Nahrungsverhaltens aufzufassen.

Manche Tierarten erlangen ihre Beute mit Hilfe von eigens dafür gebauten Fangvorrichtungen. Die Herstellung der oft komplizierten »Fallen« zählt zu den komplexesten Bewegungsweisen im Bereich des Beutefangverhaltens. Eine besondere Vielfalt haben dabei die Spinnentiere entwickelt. Über den Typ des Radnetzes wurde schon berichtet (→ S. 292). Eine ganz andere Netzkonstruktion führen die Deckennetz- oder Baldachinspinnen aus. Sie besteht aus einem dichten, oft kuppelförmig nach oben gewölbten Deckennetz, über dem sich – in einer zweiten Etage – ein dichtes Fadengewirr erstreckt. Entweder verfangen sich die Beutetiere in dem Hauptnetz oder in den darüberliegenden »Stolperfäden«.

Die »Falldeckelspinnen« bauen kleine Gruben mit zuklappbarem Deckel. Zum Beutefang öffnen sie diesen Deckel ein wenig. Kommt ein Beutetier vorbei, springt die Spinne heraus, ergreift die Beute, zieht sie in ihre Grube und schließt den Deckel. Das Spinnen der Falldeckel ist so kompliziert wie dasjenige von Netzen. Bei der Herstellung geht die Spinne schichtweise vor; Fäden verschiedener Dicke werden zusammen mit Steinchen verwoben. Dazu mischt die Spinne eine vermutlich von Darmzellen gelieferte, erhärtende Flüssigkeit. Die Oberfläche des Deckels wird haargenau der Umgebung angepaßt. Schließlich webt die Spinne für den Falldeckel ein feines Scharnier.

Die Larve des Ameisenlöwen baut im lockersandigen Boden einen Trichter. Gerät ein Beutetier in diese Grube, so rutscht es an den Wänden hinab zum tiefsten Punkt, wo die Larve es mit ihren Fangkrallen ergreift. Sollte das Beutetier versuchen zu entkommen, so wird es vom Ameisenlöwen gezielt mit Sand beworfen und gerät daraufhin erneut ins Abrutschen.

Die Larven der Sandlaufkäfer sitzen in selbstgegrabenen Röhren, in die sie vorbeilaufende Beutetiere hineinziehen.

Beutegreifende Tierarten ohne Fangeinrichtungen müssen sich nach dem Erkennen einer Beute an diese auf Fangabstand heranschleichen oder sie durch schnelle Verfolgung erjagen. Während sich zum Beispiel die Libel-

Techniken des Beutefangs

Das Fangen tierischer Beute erfordert oft Methoden von ausgeklügelter Raffinesse und hoher Technik, denn Aufmerksamkeit und Sicherheitsbestreben des Beutetieres müssen überwunden werden. Dazu bedarf es blitzschneller Zungenschläge wie beim Chamäleon (5), das mit griffig-klebrigem Zungenkolben am Schleuderlasso mit überkörperlangen Reichweiten das Insekt überrascht. Auch nur nach Millisekunden währt der Beutefangschlag bei vielen Schlangen, sei es, um die Giftzähne tief in die Beute zu senken, diese in blitzschneller Umschlingung zu zerquetschen und zu erdrosseln (4) oder im ersten Zugriff heil zu verschlingen (6). Mühsamer erscheint da die Ermüdungsjagd von Löwe (2) und Wildkatze (7), die die Beute oft über lange Strecken in schnellem Lauf verfolgen müssen, bis sie schließlich zum Fangschlag und Tötungsbiß ermattet ist. Ungewöhnlich und technisch von hohem Schwierigkeitsgrad ist bei luftatmenden Tieren der Nahrungserwerb aus dem Wasser: So muß der Fischadler (1) im Flug die Lage des oberflächennahen Fisches genau mit seinen Sturzflugdaten verrechnen, um seine Krallen griffsicher in die Beute zu schlagen. Die Wasserspinne (3), die neben kleinerem Getier auch manchmal Fische überwältigt, muß ihren Luftvorrat und die Dauer der Nahrungsaufnahme in Einklang bringen.

1
2

3

5

4

6

7

lenlarven an die Beute heranschleichen, um sie mit ihrer Fangmaske ergreifen zu können, erbeuten die erwachsenen Libellen ihre Nahrung im reißenden Flug. Mit hoher Geschwindigkeit, die 40 bis 50 km/h erreichen kann, jagen sie auf ihre Opfer zu, stellen die Beine nach vorne zu einem Fangkorb zusammen und prallen auf die Beute, die anschließend zerlegt und gefressen wird.

Die Chamäleonarten hingegen bewegen sich sehr langsam auf ein Beuteobjekt zu, mindestens so weit, wie ihre Zunge lang ist. Zum Beutefang ziehen sich dann ruckartig die vielen Ringmuskeln in der Zunge zusammen, die dadurch nach vorne schnellt. An ihrem verdickten Ende bleibt das Beutetier kleben. Bei manchen Chamäleonarten kann die Länge der Zunge die anderthalbfache Körperlänge erreichen. Auch Kröten und Frösche nutzen ihre Zunge als Fangorgan. Sie können damit Würmer, Schnecken, Insekten, Kaulquappen und selbst kleine Mäuse erbeuten.

In der Schlangenevolution haben sich drei Techniken des Ergreifens und Tötens der Beute entwickelt. Giftschlangen beißen blitzschnell zu und injizieren dabei mit ihren Giftzähnen ein tödliches Gift. Danach lassen sie das gebissene Tier wieder frei. Sie verfolgen es mit Hilfe ihres Geruchssinnes, finden es nach kurzer Zeit gelähmt oder verendet und verschlingen es. Riesenschlangen und einige Nattern (z.B. die heimische Schlingnatter) halten ihre Beute dagegen mit den Zähnen fest, umschlingen in schnellen Bewegungen und mehreren Windungen ihre Beutetiere und töten sie durch Erdrosseln. Die meisten Nattern schließlich verschlingen ihre Beute lebend.

Vögel und Säugetiere erbeuten ihre Nahrungstiere mit dem Schnabel bzw. den Zähnen oder mit den Füßen. Bei den meisten Vögeln dient der Schnabel zum Ergreifen der Beute. Reiher fangen so ihre Fische, Waldschnepfen ihre Regenwürmer, Schwalben und Rotkehlchen ihre Insekten. In den Vogelordnungen der Greifvögel und Eulen sind die Füße als wirkungsvolle Fangorgane mit gebogenen, dolchartigen Krallen und Greifzehen ausgebildet (»Greiffüße«). Auch die Schnäbel dieser beiden Vogelordnungen sind an die beutegreifende Lebensweise durch scharfe Schneidekanten und eine stark nach unten gebogene Reißhakenspitze (»Krummschnabel«) angepaßt. So tötet zum Beispiel der Habicht mit seinen starken Greiffüßen, indem die besonders langen Krallen der Hinterzehe und der vorderen Innenzehe in das Beutetier eindringen. Seinen Schnabel benutzt er zur Zerkleinerung der Nahrung. Andere Greifvögel, die Falken, töten die Beutetiere durch einen Biß mit dem Schnabel.

Die Säugetiere töten ihre Opfer mit Hilfe ihrer Zähne. Dazu haben sie ein auf die Funktion des Greifens und Tötens angelegtes Gebiß entwickelt. Ähnlichkeiten der Gebisse lassen sich bei so verschiedenen Ordnungen wie Insektenfressern (Igel, Spitzmäuse), Fledermäusen und Raubsäugern feststellen. Sie alle haben im Gegensatz zu pflanzenfressenden

Sobald der Eisvogel einen Fisch erspäht hat, taucht er pfeilschnell senkrecht ins Wasser und packt mit sicherem Schnabelgriff seine Beute.

Eine raffinierte Art des Beutefangs haben die Falldeckelspinnen entwickelt. Sie lauern in einer Grube mit selbst gefertigtem Deckel. Sobald ein Beutetier vorbeikommt, schießen sie aus ihrem Versteck und ergreifen die Beute.

Säugetieren spitze und zum Teil lange Zähne, mit denen lebende Tiere festgehalten und totgebissen werden können.

Das Beutefangverhalten der Katze. Abschließend soll noch einmal das einführende Beispiel des Beutefangverhaltens der Hauskatze betrachtet werden: Eine innere Handlungsbereitschaft setzt die Beutesuche in Gang, der Anblick eines Beutetieres löst gerichtetes Appetenzverhalten (Schleichlaufen, Schleichen, Lauerstellung, Beutesprung) und schließlich auch das Ergreifen und den Tötungsbiß aus.

Untersucht man die Signalreize und die angeborenen wie erworbenen Anteile beim Beutefang, so stellt sich heraus, daß bestimmte Geräusche die Beutesuche und bestimmte Bewegungsreize die Beutefanghandlung angeborenermaßen auslösen können. Um den Tötungsbiß auszulösen, muß ein Beuteobjekt fellartig überzogen sein. Wohin gebissen wird, ist von einer Kopf-Rumpf-Gliederung des Beutetieres abhängig. Fehlt eine solche, so beißen unerfahrene Katzen an beliebigen Stellen zu. Ist die Kopf-Rumpf-Struktur vorhanden, so wird der Biß hinter den Kopf orientiert. Zu den angeborenermaßen auslösenden und richtenden Reizen kommt eine Reihe erlernter Signale hinzu. So lernt die Katze, auch unbewegte Objekte als Beute zu erkennen, und welche Tierarten überhaupt als Beute in Frage kommen. Die Orientierungen werden verfeinert. Die Katze lernt Gerüche und Lautäußerungen der Beutetiere als Signale kennen. Von großer Bedeutung sind auch die Ortserinnerungen. Katzen besitzen ein außerordentlich gut entwickeltes Ortsgedächtnis, so daß sie bereits nach einmaliger positiver Erfahrung bestimmte Orte mit erstaunlicher Treffsicherheit wieder aufsuchen.

Menschliche Wertungen sind unangebracht. Alle Formen der Ernährung mit ihren vielfältigen Verhaltensweisen haben sich stammesgeschichtlich entwickelt und sind als evolutive Anpassung zu verstehen. Wertungen im Sinne menschlicher Moralbegriffe sind daher ganz und gar unangebracht. Dies gilt genauso für eine Schnecke, die einen Algenrasen abweidet, wie für einen Sperber, der beide Eltern einer Singdrosselfamilie schlägt – so daß deren Jungen verhungern müssen –, oder für einen Hai, der einen Menschen anfällt. Menschliche Wertungen drücken sich in den Begriffen wie Raubfliege, Raubfische, Raubvögel und Raubsäuger aus. Die Bezeichnung Raubvögel für eine Vogelordnung ist inzwischen durch »Greifvögel« ersetzt worden. Raubsäuger als Ordnungsname für die Säugetierfamilien der Hunde, Katzen, Marder und Bären ist jedoch beispielsweise immer noch üblich. Der ethologisch Informierte weiß jedoch, daß all diese Tiere niemandem etwas rauben, sondern nur ihrem arttypischen Nahrungserwerb nachgehen.

Sozialverhalten

Tiere einer Art leben nicht für sich allein – wenigstens zur Fortpflanzung müssen sie mit einem Artgenossen in sozialen Kontakt treten. Viele Tierarten pflegen jedoch weit darüber hinausgehende soziale Beziehungen, die alle Lebensbereiche durchdringen. Im Tierreich haben sich vielfältige Formen des Sozialverhaltens und der sozialen Organisation entwikkelt. Soziale Organisationsformen von Tiergruppen werden als Sozialstrukturen bezeichnet. Sie reichen vom Einzelgängertum bis zum komplexen Zusammenleben in Gruppen. Den verschiedenen Sozialstrukturen liegen bestimmte Reaktionsnormen des Sozialverhaltens zugrunde. Sozialverhalten setzt sich aus Signalen, Handlungsbereitschaften und Verhaltensweisen des sozialen Kontaktes einerseits und der sozialen Distanz (Aggression) andererseits zusammen. Im Einzelgängertum überwiegt die Verhaltensnorm der Distanzierung. Aber auch das Leben in Gruppen wird nicht nur vom Kontaktverhalten be-

1

2

3

4

Strategien des Überlebens

Wenn übermächtige Feinde drohen, bleibt für aktive Gegenwehr kaum eine Chance. Besser ist es, sich durch Nachahmung der unbelebten Umgebung nahezu unsichtbar zu machen, wie es die europäische Nachtschwalbe (6) und ihre tropischen Verwandten meisterhaft verstehen. Ein Lehrstück psychologischer Täuschung liefert der Sandregenpfeifer (1, 2, 3), der bei Gefahr durch »Verleiten« den Angreifer vom Nest wegzulocken sucht, indem er sich humpelnd und hinkend, flügellahm und fast gehunfähig stellt, so daß der Beutegreifer sich ihm als vermeintlich leichtem Opfer zuwendet. Doch wenn der Beutegreifer sich schon am Ziel glaubt, fliegt der Vogel auf und davon. Ansonsten wehrlose Tiere wie die Igel (5) bringen bei einem Angriff durch Raubfeinde ihre Verteidigungsmittel zur Entfaltung, indem ein Unterhautmuskel die Stacheln des zur Kugel zusammengerollten Körpers nach allen Seiten abstehen läßt: keine Chance für empfindliche Hundenasen und -lippen. Im Falle einer Gefahr bleiben unseren Rehen und ihren zahlreichen Verwandten in allen tiergeographischen Regionen aufgrund totaler Unterlegenheit mangels jeder Bewaffnung nur hohe und weite Fluchtsprünge, um sich in Sicherheit zu bringen.

5

6

stimmt, sondern in erheblichem Maße über Aggressionsverhalten geordnet.

Der Begriff Sozialverhalten besitzt in der Verhaltensbiologie damit nicht die Bedeutung, die ihm im zwischenmenschlichen Bereich aufgrund von emotionalen Bindungen und ethischen Normen zukommt. In der Ethologie zählt alles Verhalten, das sich auf Artgenossen bezieht, zum Sozialverhalten. Sozialverhalten und Sozialstrukturen sind – wie alle anderen Verhaltensbereiche auch – als stammesgeschichtliche Entwicklungen zu sehen. Selbst die gegenseitige Hilfe von Artgenossen beruht bei Tieren nicht auf moralischen Überzeugungen, sondern auf evolutionsbiologischen Vorteilen.

Kontaktverhalten. Unter Kontaktverhalten verstehen wir die Verhaltensweisen, die zu Verständigung, Annäherung, Körperkontakt oder kooperativem Verhalten zwischen Artgenossen führen. Kontaktverhalten kommt durch verschiedene soziale Signale zustande. Wahrnehmung und Erkennung des Artgenossen sind dafür Grundlage und Voraussetzung. Bei der Arterkennung können – je nach Tiergruppe – Sinnesleistungen wie Tasten, Riechen, Hören oder Sehen beteiligt sein. Was ein Tier gerade an Verhalten zeigt, kann Signal für die übrigen Gruppenpartner sein, sich ebenso zu verhalten. Fliegt eine Ente von einem Teich auf, so fliegen oftmals andere anwesende Artgenossen hinterher. Große Bedeutung für die Aufrechterhaltung des sozialen Kontaktes innerhalb von Gruppen haben viele Lautäußerungen, vor allem bei Vögeln und Säugetieren (»Kontaktrufe«, »Stimmfühlungslaute«).

Solche Lautäußerungen spielen auch im Kontakt zwischen Eltern und Jungtieren eine Rolle. Überhaupt ist im Bereich der Brutpflege ein hohes Maß an Kontaktverhalten notwendig. Auf seiten der Eltern sind es Verhaltensweisen wie Füttern, Hudern (Wärmen der Jungen unter den Flügeln) und Führen. Die Jungtiere zeigen Bettel- und Nachfolgeverhalten. Wichtig ist auch die Aufnahme des von den Eltern zur Verfügung gestellten Futterangebotes, zum Beispiel durch Saugen der mütterlichen Milch bei den Säugetieren. Auch die vielfältigen Balzbewegungen führen zur sozialen Beziehung zwischen Artgenossen. Aus den Verhaltensbereichen Brutpflege und Balz entstammen manche Verhaltensweisen der allgemeinen sozialen Kontaktaufnahme.

Der Herstellung des Kontakts dienen auch die »Begrüßungsbewegungen«. Sie sollen den oder die Partner auf den beginnenden sozialen Kontakt einstimmen. Sie sind – wie die meisten Signalbewegungen – durch Ritualisierung (→S. 297) entstanden. Manchmal lassen sie sich sogar von Distanzierungsverhalten ableiten. Finden sich beispielsweise Weißstörche nach der Nahrungssuche, die sie einzeln betrieben haben, wieder gemeinsam auf dem Horst ein, so begrüßen sie sich mit lautem Schnabelklappern. Schnabelklappern ist jedoch ein typisches Element des Drohverhaltens. Das der Kontaktherstellung dienende Klappern machte neben der Bedeutungsänderung allerdings auch eine Formveränderung durch: Zur Begrüßung klappern die Störche mit weit zurückgelegten Köpfen.

Bei anderen Vögeln spielen zur Begrüßung häufig Lautäußerungen und das sogenannte Schnäbeln eine Rolle, bei dem es zu einem unmittelbaren Schnabelkontakt zweier Partner kommt. Gegenseitiges Kraulen und Putzen ist von Vögeln und Säugetieren als intensives Kontaktverhalten bekannt. Häufig ist es bei den Primaten zu beobachten. Das »Lausen« dient meist nicht nur der Befreiung von Parasiten, sondern es hat vor allem soziale Bedeutung. Es festigt die Bindungen zwischen Artgenossen. Oft geht der unmittelbare Körperkontakt über die soziale Hautpflege hinaus. Viele Nagetiere ruhen eng aufeinandergepackt in ihren Nestern. Primaten umarmen sich oder halten Handkontakt. Rangniedere Schimpansen zeigen sogar Bettelverhalten um körperlichen Kontakt.

Unmittelbarer Körperkontakt wird andererseits bei einem großen Teil sozial lebender Tiere streng vermieden. Eine Individualdistanz darf bei ihnen nicht unterschritten werden, sonst stellen die Artgenossen einen solchen Mindestabstand durch Distanzierungsverhalten wieder her.

Leben Tiere in Dauerehe zusammen, verlassen sich die Partner also während des ganzen Lebens nicht (wie bei Graugänsen, Feldsperlingen, Kolkraben, Bibern oder Gibbons), so sind neben der individuellen Kenntnis besondere Signale und Verhaltensweisen zur Aufrechterhaltung dieser Bindung notwendig. Bei den Graugänsen dient dieser Funktion das Schnattern. Hierbei stehen beide Gänsepartner mit vorgestreckten Hälsen einander gegenüber und rufen die Schnatterlaute. Die gleichen Bewegungsformen zeigen auch schon die Gänseküken, wenn sie nach einer Trennung auf einen der Eltern oder Geschwister treffen. Wahrscheinlich hat sich aus dem Begrüßungsverhalten für Gruppenmitglieder ein Bindungsverhalten für die in Dauerehe lebenden Geschlechtspartner entwickelt.

Aggressionsverhalten ist Distanzierungsverhalten: Es sorgt für die Schaffung oder Aufrechterhaltung von Distanzen zwischen Artgenossen (und in einigen Fällen auch zwischen Artfremden). Die Distanzierung wird mit verschiedenen Signalen und Verhaltensmustern erreicht, die zugrundeliegende Handlungsbereitschaft wird als Aggressivität bezeichnet. Aggressionsverhalten tritt besonders häufig in Situationen der Konkurrenz um Objekte und Artgenossen auf. Hierzu gehören einerseits Wohn-, Nist-, Futterplätze und die Nahrung sowie andererseits Geschlechts-,

Der in die Enge getriebene Pavian reagiert überraschend mit Gegenwehr und zeigt wütende Drohgebärden, woraufhin der Leopard tatsächlich in seinem Angriff innezuhalten scheint.

Spiel- und andere soziale Kontaktpartner. Auseinandersetzungen zwischen Artgenossen entstehen darüber hinaus bei der Verteidigung eines Reviers (→S. 317), bei der Aufrechterhaltung der Individualdistanz, beim Behaupten oder Erringen von Rangordnungspositionen und bei der Entwöhnung der Jungtiere von der elterlichen Betreuung.

Eine besondere Situation, in der Kampfverhalten zwischen Vertretern verschiedener Arten auftritt, ist die Verteidigung gegenüber Beutegreifern. Eltern verteidigen ihre Jungen, Angegriffene verteidigen sich selbst. Deutlich unterlegene Beutetiere ergreifen die Flucht. Wird ein flüchtendes Tier in die Enge getrieben, so stellt es sich in manchen Fällen dem Angreifer entgegen und zeigt aggressive Verhaltensweisen wie Drohen oder Kämpfen – auch wenn die Aggression aufgrund der Überlegenheit des Angreifers aussichtslos erscheint. Da ein sich wehrendes Tier nicht unbedingt zum Beuteschema eines Beutegreifers paßt, können solche aggressiven »Notreaktionen« in manchen Fällen zum Abbruch des Beutefanges führen.

Man kann verschiedene Formen aggressiven Verhaltens unterscheiden. Am häufigsten sind Verhaltensweisen, die eine Beschädigung des Artgenossen verhindern und die darüber hinaus kräftesparend sind. Eine solche Aggressionsform ist das Drohverhalten. Tiere drohen, indem sie Kampforgane oder andere auffallende Signale zur Schau stellen und indem sie ihre wahrnehmbare Körperoberfläche durch Spreizen von Gefieder, Sträuben von Fell, Aufblasen von Kehlsäcken, Aufrichten von Hautkämmen oder Querstellen des Körpers vergrößern. Verhaltensweisen, die Kampfhandlungen vorbereiten oder deren erste Stufe darstellen, können auch die Funktion von Drohsignalen erhalten, oft in ritualisierter Form. Das Drohen dient der »Einschüchterung« des Gegners und soll ohne Kampfhandlungen zur Distanzierung führen.

Beim Imponieren zeigen Tiere gleiche oder ähnliche Verhaltensweisen wie beim Drohen, jedoch im Zusammenhang mit der Anlokkung von Artgenossen des anderen Geschlechts. Häufig wird Imponierverhalten von Männchen während der Fortpflanzungszeit geäußert. Auf gleichgeschlechtliche Artgenossen wirkt es distanzierend. Dem Imponieren muß neben der Aggressivität die Handlungsbereitschaft für Balzverhalten zugrunde liegen.

Unter Artgenossen sind auch echte Kämpfe weit verbreitet. Sie spielen insbesondere bei der Reviergründung und bei Auseinandersetzungen um Rangordnungspositionen und Geschlechtspartner eine Rolle.

Kommentkämpfe vermitteln zwischen Drohverhalten und Beschädigungskämpfen. Typisch für sie ist, daß der Kampf nach strengen Regeln in solcher Form abläuft, daß eine Verletzung des Partners ausgeschlossen wird. Gefährliche Waffen werden hierbei nicht oder nicht in beschädigender Weise eingesetzt. So kämpfen Kreuzottern miteinander eine Art Ringkampf. Die kämpfenden Tiere umschlingen gegenseitig ihre Körper und ver-

Ein zur Weißglut gereizter Mantelpavian reißt das Maul weit auf und zeigt seine Waffen, ein mächtiges Gebiß. Durch derartige Drohgebärden werden kämpferische Auseinandersetzungen häufig vermieden.

suchen, den Kopf des Gegners seitlich wegzudrücken. Beißen und Einsatz der Giftzähne sind im Verhaltensprogramm für den innerartlichen Kampf nicht vorgesehen.

Bekannt sind die Kommentkämpfe der Huftiere, die Stirnwaffen tragen. Diese können zwar verletzend wirken, jedoch bestimmen die artspezifischen Kampfregeln eine meist ungefährliche Benutzung. Unfälle können jedoch bei Kommentkämpfen als seltene Ausnahme auftreten. So können sich die sprossenreichen Geweihe zweier kämpfender Rothirsche so ineinander verklemmen, daß sich die beiden Rivalen nicht mehr trennen können und zugrunde gehen. Von den in die biologische Verwandtschaft der Schafe gehörenden Moschusochsen wird berichtet, daß sie bei ihren Kampfturnieren so heftig mit ihrer Stirn aufeinanderprallen können, daß die Schädel dabei reißen. Im Regelfall beschränkt sich der Kommentkampf jedoch auf ein Kräftemessen. Der Sieger wird vom Unterlegenen akzeptiert.

Auch bei Tieren können Beschädigungskämpfe zwischen Artgenossen auftreten. Gelangen Ameisen in gruppenfremde Kolonien derselben Art, so werden sie getötet. Ähnlich kompromißlos reagieren Bienen und andere sozial organisierte Insekten. Auch bei Säugetieren sind innerartliche Kämpfe mit tödlichem Ausgang bekannt, so bei Wanderratten, bei Löwen und auch bei Primaten. Beschädigungskämpfe führen jedoch in der Regel zu Verletzungen, die wieder verheilen, wie Biß-, Schlag-, Kratz- und Quetschwunden. Durch Ausweichen und Parieren der Angriffe können solche Verletzungen oft vermieden werden.

Komment- und Beschädigungskämpfe können als Ernstkämpfe zusammengefaßt

1

2

3

4

Innerartliche Aggression

Bei gesellig lebenden Tieren ist die Abgrenzung der Individualdistanz ein lebenswichtiges Problem, denn auch im Rudel ist zunächst jeder sich selbst der Nächste bei der Nahrungssicherung, Partnerfindung, Etablierung der sozialen Stellung u. ä. Diesem Zweck dienen verschiedene aggressive Verhaltensweisen, die vom Drohen bis zu echten kämpferischen Auseinandersetzungen reichen. Zu echten Kämpfen kommt es insbesondere bei der Reviergründung, bei der Festlegung der Rangordnung und beim Buhlen um den Geschlechtspartner. Aber selbst dann noch ist eine Tendenz zur Vermeidung von Verletzungen zu beobachten: Gefährliche Waffen werden in der Regel »harmlos« eingesetzt (2, Rothirsche). Wenn der Unterlegene aufgibt, hat der Kampf seinen Zweck erfüllt. Da diese Kämpfe nach strengen Regeln, nahezu »ritterlich« ausgetragen werden, spricht man auch von Kommentkämpfen: Boxkampf zwischen Känguruhs (3), Halskampf der Giraffen (4), Angriffsstoß afrikanischer Elefanten (5) und ein seltenes Dokument: Hasen, die nach allen Regeln der Kunst boxen (1).

5

werden. Sie tragen den Charakter ernster, mit hohem Kraftaufwand geführter Kämpfe. Den Kampfverlauf bestimmen Regeln, die beim Kommentkampf besonders ausgeprägt sind. An die Regeln halten sich alle Beteiligten – auch die Unterlegenen. Die Regeln sind in Form von Verhaltensmustern und Signalen häufig angeborenermaßen festgelegt.

Den Ernstkämpfen werden die spielerischen Kämpfe gegenübergestellt. Bei ihnen fehlt – wie bei allem Spielverhalten – der Ernstbezug. Kampfspiele treten vor allem bei Jungtieren der Raubsäuger und Primaten auf; sie können der Einübung von Bewegungskoordinationen des Kampfverhaltens und der Kontrolle eigener Aggressionen dienen sowie zu wichtigen Erfahrungen im sozialen Rollenspiel führen.

Vom aggressiven Kampfverhalten sollte das Beutefangverhalten streng unterschieden werden. Beide Verhaltensbereiche lassen sich in der Regel durch ihre Signale, Auslösemechanismen und Verhaltensweisen deutlich voneinander trennen.

Formen der Kampfvermeidung. Neben ritualisierten Formen von Kämpfen (wie Kommentkämpfen und Drohverhalten) schränken auch Verhaltensformen der Kampfvermeidung die Häufigkeit von Beschädigungskämpfen ein. An erster Stelle steht hier das Fluchtverhalten. Wenn Unterlegene die Flucht ergreifen, ist damit häufig der Kampf beendet. In den meisten Fällen sieht der Überlegene von einer längeren Verfolgung des Rivalen ab. Nicht nur verlorene Kämpfe, sondern schon der Anblick eines Gegners oder dessen Drohsignale lösen häufig Ausweichen oder Flucht aus.

Andererseits hat sich im Tierreich ein besonderes Signalverhalten mit aggressionshemmender Wirkung entwickelt. Mit solchen »Beschwichtigungsgebärden« zeigen Artgenossen ihren Kampfpartnern, daß sie sich geschlagen geben; dadurch werden weitere Angriffe verhindert. Im Rahmen des Beschwichtigungsverhaltens zeigen die Tiere demonstrativ verwundbare Körperstellen, oder die Verteidigungs- und Kampforgane werden vom Partner weggedreht. Wölfe legen sich beispielsweise wie Jungtiere auf den Rücken und teilen dadurch ihre Kampfaufgabe mit. Vielfach wird in einer Auseinandersetzung, die sich zum Beschädigungskampf entwickelt, durch Beschwichtigungsgebärden die Verletzungsphase rechtzeitig verhindert. Bei Rangordnungskämpfen zeigen auf diese Weise Artgenossen ihre Unterwerfung gegenüber Ranghöheren an.

Bei solitären, als Einzelgänger lebenden, Arten löst der Anblick eines Artgenossen zumeist Ausweichverhalten aus: Die Tiere gehen sich aus dem Wege. Kommt es doch zu einer Begegnung, zum Beispiel an einer Reviergrenze, so wird die Distanz mittels Aggressionsverhaltens wiederhergestellt. Die Überwindung des Distanzierungsbedürfnisses im Rahmen des Sexualverhaltens macht besonders bei diesen Arten oft komplizierte Mechanismen der Balz notwendig (→ S. 311 f.).

Leben in der Gemeinschaft. Tiere, die in sozialen Verbänden leben, halten die Verbindung mit ihren Artgenossen über Kontaktverhalten aufrecht. Jedes Gruppenmitglied muß die übrigen Gruppenangehörigen erkennen können. In den sogenannten »geschlossenen anonymen Verbänden« kennen sich die Artgenossen nicht individuell; jedoch erkennen sie an bestimmten Merkmalen, ob ein Artgenosse zur eigenen Gruppe gehört oder nicht. Diese gruppenspezifischen Signale sind sehr oft Duftreize. So besteht wahrscheinlich der Koloniеduft bei den Ameisen aus einer erblichen und einer »Lokalkomponente«, die sich aus chemischen Reizen der Nahrung, des Nestmaterials und des Bodens zusammensetzt. Die Erkennung der Lokalkomponente muß erlernt werden. Das Erlernen von chemischen Signalen durch Prägung wurde für mehrere Ameisenarten nachgewiesen.

Anonyme Verbände mit gruppenspezifischer Geruchserkennung sind auch bei den Nagetieren weit verbreitet. Die Großfamilien der Hausmaus bewohnen ein abgegrenztes Revier mit gemeinsamen Futter-, Freß-, Harn-, Kot- und Ruheplätzen. Die Mitglieder einer solchen Kolonie, die besonderen Revierplätze und alle Verbindungspfade zwischen ihnen tragen den gruppenspezifischen Duft. Artgenossen, die anders riechen, werden bekämpft. Die Gruppenbindung kommt in den anonymen Verbänden durch Gruppensignale zustande. Die Abstoßung zwischen den verschiedenen Gruppen spielt eine wichtige Rolle, damit der Raumanspruch der Gruppe und die soziale Ordnung innerhalb der Gruppe gewährleistet werden.

In »individualisierten Verbänden« kennen sich die Artgenossen individuell. Individualspezifische Signale (Gerüche, Laute, Aussehen) gewährleisten neben ebenfalls vorhandenen gruppenspezifischen Reizen das notwendige Erkennen bestimmter Mitglieder einer Gruppe und sorgen neben vielfältigem Kontaktverhalten für die gegenseitige Bindung. Rangordnungen bestimmen die soziale Ordnung innerhalb der Gruppe; sie sind nur bei individueller Kenntnis der Artgenossen möglich und sinnvoll. Jedes Individuum muß sich merken, welches Gruppenmitglied ihm über- oder unterlegen ist. Hierbei spielt wahrscheinlich die Lernform des Signallernens durch Belohnung (Erfolg bzw. Mißerfolg) eine wichtige Rolle.

Rangordnungen kommen über aggressive Verhaltensweisen zustande. Gleichzeitig leiten sie die Aggressivität innerhalb der Gruppe in geordnete Bahnen. Bei Rangverschiebungen brechen Aggressionen wieder aus. Durch Rangordnungskämpfe gelangen in der Regel nur erfahrene, starke Gruppenmitglieder in Spitzenpositionen, mit denen besondere Führungs-, Schutz- und Schlichtungsaufgaben verbunden sind. Eine Rangordnung kann ihre Funktion nur erfüllen, wenn die Gruppenmitglieder die erzielten Rangpositionen akzeptieren. Haustiere, die von sozial lebenden Wildtieren mit individueller Artgenossenkenntnis abstammen – wie zum Beispiel der Hund –, lassen sich daher viel leichter erziehen. Der Hund akzeptiert seinen Herrn als ranghöheres Mitglied einer Gemeinschaft. Als Einzelgänger lebende Tiere bleiben dagegen trotz aller Betreuungs- und Erziehungsmaßnahmen »eigensinnig«. Jeder, der Katzen zu Hause hält, wird dies bestätigen können.

Die verschiedenen sozialen Verbände besitzen vielfältige Funktionen, die sich bei der Selektion vorteilhaft ausgewirkt haben und so für die evolutive Entstehung der Verbandsformen verantwortlich sind. Dabei kommt dem Schutz vor Feinden besondere Bedeutung zu. Gemeinsames oder abwechselndes Überwachen, frühzeitiges Warnen, Verwirrung des Beutegreifers durch die Vielzahl der Anwesenden und gemeinsame Verteidigung sind solche Selektionsvorteile. Im Funktionskreis Ernährung ergeben sich weitere Vorteile: erfolgreichere Nahrungssuche durch viele Verbandsmitglieder bei räumlich verteilter Nahrung; effektivere Nutzung von Nahrungsquellen, die nicht gleichmäßig über das Jahr hin verfügbar sind, sondern Wanderungen erfordern (Huftiere, Wale); gemeinsame Jagd auf Beutetiere, die ein einzelner Beutegreifer nicht oder nur schwer erreichen oder überwältigen könnte. Schließlich sind Vorteile im Rahmen der Fortpflanzung und Brutpflege gegeben. Da alle sozial lebenden Arten eine besonders intensive Brutpflege betreiben, wird in diesem Verhaltensbereich ein möglicher evolutiver Ausgangspunkt für soziale Gruppenbildungen zu suchen sein.

Charakteristisch für die hoch organisierten sozialen Verbände sind Aufgabenteilung und Rollenverteilung. In einer Gruppe kommt den Gruppenmitgliedern zugute, was das Einzeltier tut. Dies kann zu höchst wirkungsvollen, sozialen »Überorganismen« führen, die in den »Staaten« der sozialen Insekten (Ameisen, Bienen, Hummeln, Termiten) in (fast) vollkommener Weise verwirklicht sind. In diesen Insektenstaaten sind das komplexe, aber starre soziale Beziehungsgefüge und Verständigungssystem angeboren. Ein umfassendes genetisches Programm sorgt für die höchste soziale Organisationsform, die wir im Tierreich kennen.

Anders liegen die Verhältnisse in den Sozialverbänden der höheren Primaten. Auch sie weisen eine komplex aufgebaute Sozialstruktur auf. Hans Kummer, der sich jahrelang mit Affengesellschaften im Freiland beschäftigte, charakterisiert die Primatenverbände so: »Die Gruppe ist ein kompliziertes Netzwerk von Rang- und Rollenbeziehungen, von Bündnissen und Wettbewerbsverhältnissen, engen Verbindungen zwischen nahen Verwandten und losen Zusammenschlüssen zwischen Tieren, die in der Mitte der Gruppe, und solchen, die zeitweise am Rande der Gruppe leben.« Struktur und Funktionieren der Primatengesellschaft sind nur durch die lange Kindheitsentwicklung und die hohe Lernfähigkeit zu erklären. Die Jungtiere wachsen lernend allmählich in die Sozialstruktur des eigenen Verbandes hinein, unter ständigem Kontakt mit Männchen und Weibchen aller Altersklassen. Jede Gruppe hat ihr eigenes soziales Beziehungsgefüge, das von

Extreme Einzelgänger wie Spinnen müssen durch ein ausgeklügeltes Balzverhalten erst ihr Distanzierungsbedürfnis überwinden. Das kleine Männchen der »Schwarzen Witwe« betrillert das viel größere Weibchen und »fesselt« es symbolisch, um dem Beutetrieb des Weibchens zu entgehen.

den Eigenarten der Gruppenmitglieder beeinflußt wird und sich mit deren Altern oder Ausscheiden verändert. Den ererbten Verhaltensformen steht eine Fülle erlernter Signale und Bewegungsmuster gegenüber, mit denen die Primaten ihre gesellschaftlichen Anforderungen meistern.

Abschließend sei darauf hingewiesen, daß die Evolution bei den sozial lebenden Tierarten zu hochdifferenzierten Verständigungsformen geführt hat. Das Kommunikationsverhalten (Verhalten, das der Verständigung dient) ist engstens mit dem Sozialverhalten verbunden. Eine besonders reichhaltige Entfaltung von Kommunikationsverhalten läßt sich daher bei den am höchsten entwickelten Sozialsystemen im Tierreich finden: bei den sozialen Insekten (»Bienensprache« → S. 290), bei den sozialen Raubsäugern (z. B. bei Wölfen mit differenzierten geruchlichen, optischen und akustischen Signalen) und schließlich bei den höheren Primaten (reichhaltige optische, akustische und taktile Signalsysteme).

Fortpflanzungsverhalten

Zum Fortpflanzungsverhalten zählen alle Verhaltensweisen, die zur Kopulation gehören bzw. führen, die Geburt sowie die Aufzucht der Jungtiere. Fortpflanzung auf ungeschlechtlichem Wege (Teilung, Knospung → S. 96 ff.) erfordert keine besonderen Verhaltensanpassungen. Bei allen Tierarten jedoch, die sich sexuell fortpflanzen, müssen sich Männchen und Weibchen gegenseitig erkennen, sie müssen zusammenfinden, sie müssen sexuell gleichgestimmt werden, sie müssen zeitlich koordiniert ablaichen bzw. eine Kopulation durchführen und dabei das individuelle Distanzierungsbedürfnis überwinden. Diesen Teilbereich des Fortpflanzungsverhaltens bezeichnet man als Sexualverhalten. Zum Brutpflegeverhalten gehören Aufzucht der Jungtiere und ihre Eingliederung in die soziale sowie ökologische Umwelt durch die Eltern.

Das Kopulationsverhalten ist in den Grundzügen innerhalb der großen Tiergruppen sehr ähnlich und zeigt vor allem Anpassungen an den Körperbau der Tiere. Im Wasser lebende Tierarten erreichen die Besamung vielfach auch ohne Kopulation, indem entweder Männchen und Weibchen zur gleichen Zeit riesige Mengen von Samen- und Eizellen ins Wasser abgeben oder indem Ei- und Samenzellen nacheinander an einem ausgewählten Ort abgelaicht werden.

Balzverhalten. Ein hochdifferenziertes Signal- und Bewegungssystem hat sich in dem Verhalten entwickelt, das der Vorbereitung der Kopulation dient. Dieses Balzverhalten muß die Geschlechter zusammenführen, ihre Gleichstimmung bewirken und die Aggressionen überwinden. Die Verhaltensformen der Anlockung des Partners, die in den meisten Fällen vom Männchen ausgeht, dienen häufig gleichzeitig der Abstoßung gleichgeschlechtlicher Rivalen. Ein und dieselbe Verhaltensweise kann also unterschiedliche, geschlechtsspezifische Signalfunktionen haben: Überwindung der Distanzierung einerseits und hohe Aggression andererseits.

Die Signale der Anlockung müssen in vielen Fällen Fernwirkung besitzen. Bei Insekten und Säugetieren werden deshalb zur Fortpflanzungszeit häufig Duftstoffe produziert und abgegeben, die als chemische Signalreize wirken. Die Empfangsorgane der Partner reagieren darauf oft so empfindlich, daß selbst wenige Moleküle des Duftstoffes signalspezifische Erregungen veranlassen und den entsprechenden Auslösemechanismus aktivieren. Akustische Signale bewirken bei Insekten (z. B. Zirpen der Heuschrecken), bei Amphibien (z. B. Quaken der Frösche) und Vögeln (Gesang der Singvögel, Trommeln der Spechte) sowie einer Reihe von Säugetieren (z. B. Bellen der Füchse oder Schreien der Hauskatzen) die Anlockung des Geschlechtspartners. Schließlich dienen dieser Funktion auch vielfältige optische Reize wie Körperfarben, Muster und Signalbewegungen. Es sei an das Beispiel der Stichlingsbalz erinnert, an das »Pfauenrad« und an die Lichtsignale der Leuchtkäfer.

Eine besondere Bedeutung kommt dem Balzverhalten bei ausgesprochenen Einzelgängern zu: Hier ist die Überwindung des Distanzierungsbedürfnisses besonders schwierig. Einige Beispiele mögen das erläutern. Spinnen sind überwiegend extreme Einzelgänger. Ihre Aggressivität und Beutefangbereitschaft sind vor allem bei den Weibchen, die für die Aufzucht der Jungen sorgen müssen, besonders groß. Nachgewiesenermaßen stehen bei ihnen auch Qualität und Menge der Eier in direktem Zusammenhang mit der Nahrungsmenge. So ist das Verhalten der Spinnenweibchen vor allem auf die Sicherung von Nahrungsquellen und auf die Beschaffung von Nahrung ausgerichtet. Dieser hohen

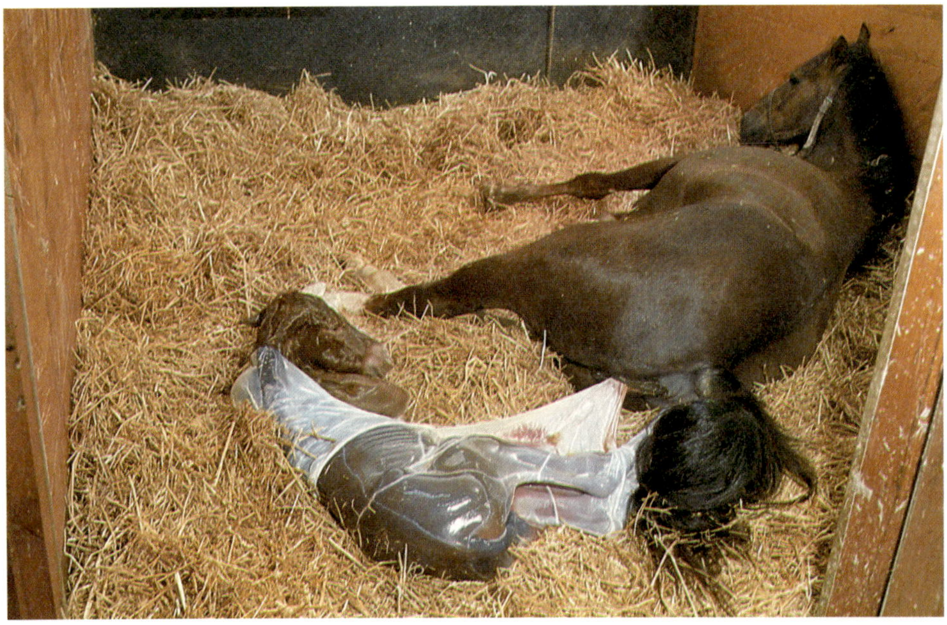

die Brutpflege. Zum Brutpflegeverhalten gehört es, wenn Eltern ihre Jungen bewachen, bei Gefahr warnen, sie in Sicherheit bringen, sie aktiv verteidigen, sie füttern, Nahrung besorgen und die Jungen in Bereichen des ökologischen und sozialen Verhaltens anleiten. Allein der unmittelbare Kontakt zwischen Eltern und Jungtieren bietet vor allem bei Vögeln und insbesondere bei höheren Säugetieren reiche Möglichkeiten für Lernvorgänge. Hier spielt vor allem die Nachahmung eine große Rolle, zum Beispiel beim Nahrungsverhalten, beim Feindverhalten oder im sozialen Bereich. Innerhalb der Primatenordnung nimmt die Zeit, die von der Geburt bis zum Selbständigwerden eines Jungtieres vergeht, mit der Höherentwicklung und der allgemeinen Lernfähigkeit zu.

Je nach Entwicklungstyp der Jungtiere unterscheidet man innerhalb der brutpflegenden Arten Nestflüchter, Nesthocker und Traglinge. Nestflüchter kommen körperlich wohl-

Beutefangbereitschaft können auch Männchen zum Opfer fallen, die sich einem Weibchen zwecks Kopulation nähern, wenn sie nicht in allen Einzelheiten das artspezifische Erkennungs- und Balzverhalten zeigen. Dazu haben sich in der Stammesgeschichte der Spinnen verschiedene Signalbewegungen und Berührungstriller am Netz oder am Weibchen entwickelt. Das Männchen der einheimischen Raubspinne Pisaura mirabilis fängt eine Fliege, die es dem Weibchen vorlegt. Während die mitgebrachte Beute vom Weibchen ausgesaugt wird, kann das Männchen ohne Gefahr für das eigene Leben kopulieren. Der Name »Schwarze Witwe« für eine andere Spinnenart weist darauf hin, daß auch hier den Weibchen immer wieder mal ein Männchen vor oder nach der Kopulation zum Opfer fällt. Um diesem Schicksal zu entgehen, betrillert das Männchen das Weibchen und »fesselt« es mit einigen Spinnfäden. Diese Fesselung kann das kräftige Weibchen nicht wirklich hindern, es handelt sich hier vielmehr um eine Signalhandlung zur Dämpfung des Beutefangverhaltens bzw. der Aggression des Weibchens.

Die Balz mancher ebenfalls weitgehend solitär lebender Kolibris setzt sich aus zwei Teilen zusammen: Das Männchen lockt das Weibchen zunächst mit Gesang und Singflügen. Wenn es die Aufmerksamkeit des Weibchens auf sich gezogen hat, beginnt der Hochzeitsflug, an dem sich das Weibchen schließlich auch beteiligt. In weitem Bogen fliegen die Partner umher, unterbrochen von Schwirrflügen. Diese Balzflüge schaffen die notwendige Gleichstimmung und den Kontakt zwischen Männchen und Weibchen. Sie werden mit der Kopulation beendet. Danach verschwindet das Männchen wieder aus dem Revier des Weibchens.

Das Brutpflegeverhalten beginnt mit der Eiablage bzw. mit der Geburt der Jungen. Es soll die Überlebenschancen des Nachwuchses möglichst groß halten. Eine andere Strategie der Evolution, Fortpflanzung und Vermehrung zu gewährleisten, ist die Produktion großer Mengen von Eiern, die ihrem Schicksal überlassen werden. Letztere Methode wird von vielen Tieren wie Nesseltieren, Würmern, Weichtieren, Krebsen, vielen Spinnen und Insekten sowie Fischen angewandt. Der Weg über eine elterliche Betreuung ermöglicht geringere Nachkommenzahlen, er erspart Material, erfordert aber höhere Energieinvestitionen für das Verhalten.

Die einfachere Brutvorsorge wird der aufwendigeren Brutpflege gegenübergestellt. Bei der Brutvorsorge (oft als Brutfürsorge bezeichnet) werden geschützte Eiablageplätze geschaffen, Nester, Höhlen und Kokons für die frühe Entwicklung der Jungtiere gebaut, einmalige Nahrungsvorräte für den Nachwuchs deponiert, oder die Eier werden in unmittelbarer Nähe der Nahrungsquelle für den Nachwuchs abgelegt. Ein direkter Kontakt zwischen Jungtier und Eltern ist nicht vorhanden.

Ein solcher Kontakt ist aber wesentlich für

ausgebildet und mit einer vollen Verhaltensausstattung »zur Welt«. Sie sind kurze Zeit nach ihrem Schlupf aus dem Ei bzw. nach ihrer Geburt in der Lage, selbständig ihren Eltern zu folgen und Nahrung aufzunehmen. Zu dieser Gruppe gehören unter den Vögeln zum Beispiel die Enten, Hühner- und Schnepfenvögel, unter den Säugetieren zum Beispiel die Huftiere und Wale.

Die Nesthocker erreichen erst mit dem Verlassen des »Nestes« den Reifegrad der körperlichen und Verhaltensentwicklung, den die Nestflüchter schon unmittelbar nach ihrer Geburt besitzen. Die Nesthocker kommen nackt und blind zur Welt (Ausnahmen: Greifvögel, Möwen), können sich nicht über weitere Strecken fortbewegen und sind nicht zur selbständigen Nahrungsaufnahme befähigt. Im Nest, in der Höhle oder in der Brutkammer werden sie von den Eltern versorgt. Die Eltern der Nesthockerarten besitzen zwei Verhaltensprogramme der Brutpflege: eines für die Nestlingsphase ihrer Jungen und eines für die darauffolgende Zeit der Jungenbetreuung. Das zweite Programm ist vergleichbar mit der Brutpflege der Nestflüchterarten.

Bei Säugetieren ist schließlich noch ein dritter Kindheits- beziehungsweise Brutpflegetyp verwirklicht – der Tragling. Typisch ist diese Entwicklungsform für fliegende oder kletternde Säugetiere: für Fledermäuse und Affen, einschließlich der Menschenaffen. Die Jungtiere bleiben am Körper der Mutter und werden von ihr getragen und intensiv betreut.

Brutpflege kommt in verschiedenen systematischen Tiergruppen vor. So weiß man, daß Weibchen bestimmter Spinnenarten ihre Jungen von Mund zu Mund füttern. Vertreter der Buntbarsche bewahren die befruchteten Eier in ihrem Mundraum auf, bis die Jungtiere selbständig geworden sind. Aber auch später noch kehren die Jungfische, beispielsweise bei Gefahr, immer wieder in den Mund der Mutter zurück. Pythonschlangen bebrüten ihre Gelege, indem sie ihren Körper um die Eier schlingen. Dabei können sie – obwohl sie zu den wechselwarmen Tieren gehören – die Körpertemperatur aktiv um 3 bis 4° C erhöhen.

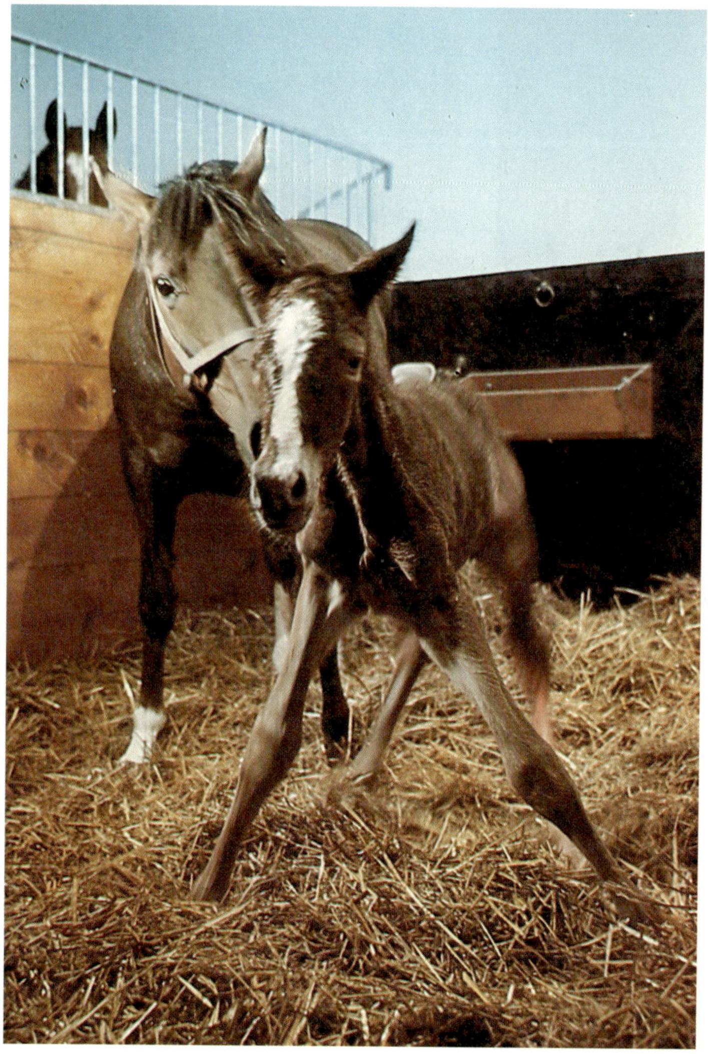

Pferde sind Nestflüchter. Bereits kurz nach der Geburt steht das Fohlen, wenn auch noch etwas wackelig, auf seinen langen Beinen und kann schon selbständig bei der Mutter trinken.

Hochentwickelt und geradezu typisch ist die Brutpflege bei den sozialen Insekten, Vögeln und Säugetieren. In diesen Tiergruppen betreiben alle Arten eine Brutpflege. So säubern Waldameisen ihre Eier und Larven und tragen sie dorthin, wo in der Kolonie besonders günstige Entwicklungsbedingungen herrschen. Sie füttern die Larven und helfen den aus der Puppe schlüpfenden Jungtieren beim Verlassen der Hülle.

Die Brutpflege als hochentwickelte soziale Verhaltensleistung findet immer innerhalb bestimmter sozialer Gruppenstrukturen statt. Bei den sozialen Insekten ist es die Kolonie, der »Staat«. Bei den Vögeln und Säugetieren ist es in der Regel die Familie. Familien sind bei den als Einzelgänger oder als Paare lebenden Arten selbständige soziale Einheiten, bei soziallebenden Tieren kann die Familie als Untergruppe in einen größeren sozialen Verband eingegliedert sein. Die Beteiligung der Eltern an der Brutpflege ist sehr unterschiedlich. Beteiligen sich beide Eltern, so sprechen wir von einer Elternfamilie (Greifvögel, Eulen, hundeartige Raubsäuger). In der Mutterfamilie besorgt nur die Mutter die Brutpflege (viele Hühnervögel, die meisten Säugetiere), in der selten vorkommenden Vaterfamilie übernimmt der Vater diese Rolle (z. B. beim Mornellregenpfeifer und den Wassertretern – zwei Vogelarten, die in die Verwandtschaft der Schnepfenvögel gehören).

Mutter-Kind-Bindung. Beim Brutpflegeverhalten ist die Kindheitsentwicklung von der Betreuung durch die Eltern abhängig. Ein fester Zusammenhalt zwischen Eltern und Kindern ist notwendig, er wird über den Verhaltensmechanismus der Mutter-Kind-Bindung (Vater-Kind-Bindung) gewährleistet. Bei der nicht-individuellen Bindung kennen sich Elterntier und Jungtier nicht »persönlich«, sondern nur als Art- oder Gruppengenossen (z. B. bei brutpflegenden Insekten und Fischen). Individuelles Kennen zwischen Jungtieren und Elterntieren ist nur von Vögeln und Säugetieren bekannt. Es kommt durch Lernvorgänge zustande und führt zur gegenseitigen Bindung: Kinder binden sich an Mütter, Mütter binden sich an Kinder. Die Bindung der Jungtiere an die Eltern beruht bei Nestflüchtern auf der Lernform der Nachfolgeprägung (→ S. 294). Diese garantiert kurz nach dem Schlupf bzw. der Geburt ein schnelles und stabiles Erlernen individueller Merkmale des Elterntieres. Bei Nesthockern und Traglingen steht mehr Zeit für den Aufbau individueller Bindungen zur Verfügung.

Der amerikanische Verhaltensforscher Harlow untersuchte die Mutter-Kind-Beziehungen bei Rhesusaffen. Die frühe Kind-

1

2

3

4

5

6

7
8

Brutvorsorge und Brutpflege

Bei der Fürsorge für den Nachwuchs haben sich höchst unterschiedliche und vielfach erstaunliche Verhaltensweisen entwickelt. Dabei kann man die einfachere Brutvorsorge von der aufwendigeren Brutpflege unterscheiden. Im Rahmen der Brutvorsorge werden lediglich geschützte Eiablageplätze geschaffen oder Nahrungsvorräte für die Brut angelegt. Eine derartige Strategie wendet z.B. die Schildkröte an: Sie vergräbt ihre Eier im Sand (1) und läßt sie von der Sonne ausbrüten. Die Brutpflege hingegen beginnt nach der Eiablage bzw. der Geburt der Jungen und umfaßt alle Handlungen der Elterntiere zur Aufzucht und zum Schutz der Jungen. Besonders intensiv ist der Kontakt zwischen Eltern und Kindern bei den höheren Säugetieren. Die Pavianmutter trägt ihr Kind auf dem Rücken mit sich herum (3), die Orang-Utan-Mutter drückt ihr Baby liebevoll an sich (4), und die Löwin transportiert ihr Junges behutsam im Maul (6). Brutpflege betreiben aber auch bereits die urtümlichen Schnabeltiere (5), und auch in anderen Tierklassen ist sie verwirklicht: Vögel füttern ihre Brut nach dem Schlüpfen (7). Die Maulbrüter brüten ihre Eier gar im Maul aus und gewähren ihren Jungen bei Gefahr auch Schutz in ihrem Maul (8). Selbst in der Familie der Spinnentiere gibt es Beispiele für Brutpflege: Skorpione tragen ihre Jungen auf dem Rücken mit sich herum (2).

Das Rhesusaffenkind zieht die weiche, mit Stoff bezogene Ersatzmutter der milchspendenden vor.

heitsphase der Rhesusaffen ist durch einen intensiven Körperkontakt zwischen Mutter und Kind charakterisiert (Tragling-Typus). Harlow isolierte einige Affenbabies kurz nach ihrer Geburt von den Müttern. Als Ersatzmütter stellte er ihnen zwei Drahtpuppen mit Köpfen aus Holz zur Verfügung. Die eine war mit weichem Stoff bezogen, die andere enthielt eine Trinkflasche mit Milch. Die Versuchstiere nahmen diese Attrappen als Ersatzmütter an und zeigten ihnen gegenüber enges Kontaktverhalten.

Durch welche Faktoren wurde der Körperkontakt, der die Basis für die Entwicklung einer individuellen Bindung darstellt, ausgelöst? Die Puppenform bot Möglichkeiten zum Anklammern, der weiche Stoff löste Anschmiegen aus, die Trinkflasche war Signal zur Nahrungsaufnahme. Die Rhesusaffenkinder bevorzugten deutlich die Stoffattrappe, obwohl sie keine Nahrung spendete. Die Bevorzugung der »Stoffmutter« nahm bis zum 25. Lebenstag ständig zu. Hierin wird die wachsende Bindung an diejenige Ersatzmutter deutlich, die die entscheidenden Auslöser für das frühkindliche Kontaktverhalten trug. Die Möglichkeit, sich an ein weiches Fell zu schmiegen und zu klammern, war wichtiger als die Belohnung durch Nahrung. In der natürlichen Situation wird die Bindung des Jungtieres an seine Mutter durch die Möglichkeit des Saugens im weichen Fell und aktives Kontaktverhalten seitens der Mutter noch verstärkt.

Lebensraumnutzung und Revierverhalten

Jede Tierart stellt bestimmte Ansprüche an ihren Lebensraum. Zu diesen gehört an erster Stelle die artspezifische Nahrung. Aber auch bestimmte Raumstrukturen oder Böden sind – neben Licht-, Feuchtigkeits- und Klimabedingungen – notwendig.

So ist das Vorkommen verschiedener Heuschreckenarten beispielsweise von der Struktur der Vegetation wie Bodendeckung, Durchwachsung und Stockwerkbildung abhängig. Die Larven des Ameisenlöwen sind auf lockeren Sandboden angewiesen, damit sie dort ihren Beutefang-Trichter anlegen können. Libellen aus der Familie der Quelljungfern setzen ihre Eier nur in sandigen oder feinkiesigen Böden von Gebirgsbächen ab. Molcharten benötigen in ihren Laichgewässern Wasserpflanzen, an die sie ihre Eier anheften. Die Nestbautechnik des Pirols erfordert eine waagerecht liegende Astgabel, an der das Nest aufgehängt wird. Der Waldlaubsänger ist auf eine tief herabreichende Beastung der Bäume mit dünnen, waagerechten Ästen angewiesen, die er ständig als Anflugplätze nutzt. Tierarten, die in großen Baumhöhlen unserer Wälder brüten, wie Hohltaube, Rauhfußkauz oder Fledermäuse, benötigen alte Bruthöhlen des Schwarzspechtes, dieser wiederum legt seine Höhlen nur in Buchen und Kiefern an, die ein Alter von über 120 Jahren erreicht haben. Das Vorkommen der Murmeltiere ist im alpinen Raum auf Orte beschränkt, wo sie einen grabfähigen Boden zur Anlage ihrer Baue finden. Im Lebensraum der Mantelpaviane müssen hohe Felsen vorhanden sein, die von den Pavianen als nächtliche Schlafplätze genutzt werden.

Die Inanspruchnahme des Lebensraumes mit seinem Nahrungs- und Strukturangebot (»Lebensraumnutzung«) ist für jedes Individuum lebensnotwendig, weil das artspezifische Verhalten an diese »Ressourcen« angepaßt und auf sie angewiesen ist. Wo durch Umweltveränderungen lebenswichtige Elemente dem Lebensraum einer Art entzogen werden, kann sie nicht mehr existieren – sie stirbt aus. Bei der Haltung von Tieren sollte man nicht nur für ausreichend Nahrung sorgen, sondern ebenso für ein möglichst großes Angebot an Strukturen des artgemäßen Lebensraumes. Je vielfältiger dieses Angebot ist, um so vollständiger zeigen Tiere ihr umfangreiches Verhaltensrepertoire.

Zur Sicherung der Ressourcennutzung hat sich bei vielen Tierarten ein Verhalten entwikkelt, das einen bestimmten Bereich des Lebensraumes gegen Artgenossen abgrenzt: Ein »Revier« wird von Einzeltieren, Paaren oder Gruppen bewohnt, markiert und gegen Artgenossen verteidigt (Revierverhalten). Der Besitz eines Reviers bringt den Revierbewohnern eine Reihe von Vorteilen. So werden die häufige Konkurrenz und Auseinandersetzung um lebensnotwendige Ressourcen ausgeschaltet. Die Bekanntheit des Revierareals sorgt für eine optimale Nutzung der Ressourcen und für wirkungsvolle, energieökonomische Verhaltensabläufe. Die Kenntnis von Fluchtwegen und von Versteckmöglichkeiten bietet erhöhten Schutz vor Feinden. Schließlich erleichtert der Revierbesitz die Fortpflanzung, indem Konkurrenz um Weibchen vermindert, erhöhter Schutz der Jungtiere gewährleistet und ein ausreichendes Nahrungsangebot für die Familiengruppe ermöglicht werden.

Der Zusammenhang zwischen innerartlicher Konkurrenz und Revierverhalten wird am Beispiel der tropischen Leguanart Anolis aeneus besonders deutlich. Diese Leguane ernähren sich je nach ihrer Größe von unterschiedlich großen Beutetieren. Die Intensität des Revierverhaltens ist ebenfalls vom Größenverhältnis der Rivalen abhängig. Höchste Aggression tritt auf, wenn Revierbesitzer und Eindringling gleich groß sind; dann ist die Konkurrenz um Nahrung am stärksten ausgeprägt.

Markierung des Reviers. Der Aufrechterhaltung eines Reviers dienen markierende und verteidigende Verhaltensweisen. Die Grenzen zwischen Revierverteidigung und -markierung sind jedoch häufig fließend. Oft handelt es sich dabei um gleiche Verhaltensweisen unterschiedlicher Intensität. Reviermarkierung kann in typischer Weise mit Duftstoffen stattfinden. Dabei werden im Revier und an seinen Grenzen von den Revierinhabern Duftstoffe abgesetzt, die im Kot und Harn enthalten sein können, wie bei manchen Säugetieren (z. B. Nager, Katzenartige, Hundeartige). Andere Arten haben besondere Duftdrüsen entwickelt. So markieren die Murmeltiere ihr Revier, indem sie an Pfaden, Baueingängen und Steinblöcken ihre Wangendrüsen reiben. Marder besitzen Duftdrüsen in der Nähe des Afters, die sie über markante Stellen im Revier hinwegziehen. Duftmarkierung ist auch bei Insekten nachgewiesen. So setzen einige Ameisenarten Duftstoffe in ihrem Revier ab, das daraufhin von Revierfremden gemieden wird, auch wenn die Revierbesitzer selbst nicht anwesend sind.

Neben optischen Reizen sind besonders akustische Signale zur Reviermarkierung weit verbreitet. Vielfach haben sie gleichzeitig die Funktion der Anlockung von Weibchen. Revieranzeigende Lautäußerungen sind von Insekten und aus allen Wirbeltierklassen bekannt. Besonders auffällig sind die »Konzerte« der Frösche, die Gesänge der Vögel und die weitschallenden Rufe mancher Affenarten (Brüllaffen, Gibbons).

Ein experimenteller Nachweis, daß reviermarkierende Lautäußerungen tatsächlich auf andere Artgenossen als Signal mit der Bedeutung »Betreten verboten« wirken, wurde erst vor wenigen Jahren erbracht. Der englische Vogelkundler Krebs entfernte Kohlmeisenmännchen aus ihrem Revier. In einigen dieser nun leerstehenden Reviere spielte er vom Tonband den artspezifischen Gesang der Kohlmeisen ab, in den anderen Revieren zur Kontrolle Töne von Blechpfeifen. Schon nach wenigen Stunden wurden die Kontrollreviere von anderen Männchen neu besiedelt. Die Reviere, in denen der Kohlmeisengesang ausgestrahlt wurde, blieben erheblich länger unbesetzt.

Artgenossen, die die Signale der Reviermarkierung nicht beachten und Reviergrenzen überschreiten, werden von den Revierinhabern angegriffen. Im Rahmen der Revierverteidigung spielen die verschiedenen aggressiven Verhaltensweisen wie Drohen und Kämpfen eine Rolle, über die bereits berichtet wurde.

Verschiedene Revierformen. Bei streng reviergebundenen Arten finden normalerweise alle Aktivitäten der Tiere innerhalb des verteidigten Gebietes statt, so zum Beispiel beim Feldhamster, der als Einzelgänger nur zur Paarungszeit sein Revier verläßt. Die als Paare zusammenlebenden Waldkäuze besitzen »Paarreviere«, die in Gruppen organisierten Languren aus der Familie der Schlankaffen »Gruppenreviere«. Bei anderen Tierarten setzt sich der Aktionsraum aus einem verteidigten Kernbereich und einer Außenzone zusammen, die nicht verteidigt wird. Solche »Streifgebiete« benachbarter Artgenossen können sich daher überlappen. Beispielsweise gehen Murmeltiere aus verschiedenen Familiengruppen auf den Weideflächen außerhalb der verteidigten Familienreviere der Nahrungssuche nach. Ganz ähnlich verhalten sich die Gibbons, die im »Niemandsland« zwischen den Familienrevieren gemeinsam Nahrung aufnehmen.

Schließlich gibt es im Tierreich Reviere, die nur im Rahmen eines bestimmten Funktionskreises aufrechterhalten werden. Sie weisen oft geringe Größen auf. So verteidigen viele koloniebrütende Seevögel nur ihr eigenes Nest und seine unmittelbare Umgebung – soweit der Schnabel des brütenden Vogels reicht. Bei gemeinschaftlich in Gruppen balzenden Vögeln (Birkhühner, Kampfläufer) oder Säugetieren (einige Antilopenarten) verteidigt jedes Männchen eine kleine Fläche um seinen Standort herum: hier balzen sie, und hier finden auch die Kopulationen statt, wenn sich ein Weibchen ein Männchen ausgesucht hat.

Revieransprüche des Haselhuhns. Abschließend sollen am Beispiel einer reviergebundenen Tierart, die hohe Ansprüche an die Ausstattung des Reviers stellt, Lebensraumnutzung und Revierverhalten geschildert werden. Das Haselhuhn ist ein Verwandter von Auer- und Birkhuhn und lebt in Mitteleuropa nur noch in wenigen Gebirgswäldern. Sein Verhalten in den Bereichen Nahrungssuche und Nahrungsaufnahme, Körperpflege, Schlafen und Brutverhalten ist so spezialisiert, daß eine Vielfalt an Lebensraumstrukturen vorhanden sein muß, damit ein Haselhuhnpaar ein Revier besetzt. Benötigt werden reich gestufte Wälder mit vielen Pflanzenarten, die wohlausgebildete Kraut-, Strauch- und Baumschichten bilden. Zur Ernährung sind neben Insekten insbesondere Blätter, Triebe, Knospen, Blüten, Beeren, Samen von Gräsern, von Heidelbeer- und Preiselbeersträuchern und von verschiedenen Laubhölzern wichtig. Daneben müssen die Haselhühner Steinchen geeigneter Größe für die Zerkleinerungsarbeit in ihrem Muskelmagen finden. Zum Bereich des Körperpflegeverhaltens gehören die Sandbäder. Dazu suchen die Haselhühner freie Bodenstellen mit lockerem Material auf, in dem sie scharren und Körperteile eintauchen und reiben. Mit den Flügeln werfen sie Sand auf ihren Rücken. Solche Sandbadeplätze besitzen eine große Bedeutung und liegen meistens im Zentrum des Reviers. Schlafplätze befinden sich ebenfalls im Revierzentrum und in dichtbeblätterten, Deckung gewährenden Bäumen. Das bodenbrütende Haselhuhn legt seine Nestmulden gut versteckt, etwa unter umgestürzten Bäumen oder am Fuße von Baumstämmen oder Felsen, an.

Die hohen Anforderungen an den Lebensraum machen das intensive und reichhaltige Revierverhalten verständlich, das hauptsächlich vom Männchen geäußert wird. Akustische Signale spielen aufgrund des unübersichtlichen Lebensraumes eine besondere Rolle. Der Reviermarkierung dient vor allem der Gesang, den der Haselhahn von einer Warte aus vorträgt. Ein weiteres akustisches Signalverhalten ist der sogenannte Revierflug. Hierbei wird während des Fluges mit den Flügeln ein deutlich hörbares Geräusch erzeugt. Diese Flügelgeräusche kann der Haselhahn auch in einem Flattersprung äußern, bei dem er vom Boden aus bis zu zwei Meter hochfliegt. Ein Imponierruf ergänzt das reviermarkierende Lautinventar. Bei Sichtkontakt mit Rivalen zeigt der Haselhahn eine Drohhaltung und ein Drohlaufen. Führen die Drohungen nicht zum Rückzug des Rivalen, so eröffnen die aggressiven Haselhähne den Kampf, wobei ihnen verschiedene Methoden zur Verfügung stehen. Auch Beschädigungen des Gegners sind nicht ausgeschlossen.

Die hohe Aggressivität ist für eine stark spezialisierte Tierart Strategie zum Überleben. So kann der Besitz eines Reviers gesichert werden, das die besonderen Nahrungsvorräte in ausreichendem Maße zur Verfügung stellt und die notwendigen Lebensraumstrukturen enthält. Die dem Haselhuhn zusagenden Lebensräume sind durch die moderne Forstwirtschaft so rar geworden, daß diese an spezifische Lebensraumbedingungen hochangepaßte Tierart heute zu den vom Aussterben bedrohten Tieren in Deutschland zählt. Wälder gibt es zwar noch viele, aber kaum solche, die dem Haselhuhn die artgemäße Lebensraumnutzung ermöglichen.

Rudolf Altevogt

Dem Menschen zum Nutzen: Haustiere

Beim Gedanken an Tiere als Nutzungsobjekte des Menschen fallen einem wohl zuerst die Lieferanten saftiger Steaks, aromatischer Schinken und frischer Frühstückseier, also unsere Haustiere, ein. Tatsächlich sind sie ja seit rund 15000 Jahren im Hausstand des Menschen, in der Domestikation (lat.: domus – Haus), unser wichtiger kulturtragender Begleiter gewesen.

Aber auch noch in der wilden oder fast wilden Freiheit lebende Tiere sind wesentliche Nutzungsobjekte des Menschen, und gerade in der Gegenwart mit schwindenden Naturvorräten werden wir uns dieser Tiere mehr und oft schmerzlich, weil sie oft bedroht sind, bewußt: Die Rede ist von den Fischen und Krebsen im Meer und Süßwasser, den wilden Pelztieren im hohen Norden, den riesigen Walen in den Weltmeeren als Lieferanten von Tran und Walrat, den für Luxusledersorten gejagten Reptilien der Tropen, Krokodilen, Schildkröten, Schlangen, und den modegefragten und -bejagten Vögeln wie Straußen (Federn, Leder), Reihern und Paradiesvögeln. Schließlich kann man nicht verschweigen, daß Tiere noch aus ganz anderen Gründen Nutzungsobjekte des Menschen sind: als Jagdwild und als Sport- und Freizeitobjekte. Von letzteren handelt ein eigenes Kapitel des Buches, die Betrachtungen der übrigen aber sind hier anzusiedeln und beginnen mit den wichtigsten Haustieren.

Voraussetzung und Verlaufsformen der Domestikation

Haustiere sind domestizierte, in den Hausstand übernommene Wildtiere. Dabei ist dieses Anpassen an die Bedingungen des Zusammenlebens mit dem Menschen noch keineswegs in allen Fällen geklärt. Wie jede Zirkusdressur beweist, lassen sich fast alle Wildtiere zähmen und dressieren, aber keineswegs auch so leicht und erfolgreich domestizieren. Wildformen, die zu Haustieren werden, müssen bestimmte Eigenschaften besitzen, die sich vor allen Dingen in ihrem Verhalten ausprägen. Dieses muß so beschaffen sein, daß die in Frage stehenden Tiere nicht nur den Haustierstand ertragen, sondern in ihm sogar zu neuen Eigenschaften entwickelt werden können. Beim Vorliegen solcher Eigenschaften spricht man von Präadaptationen, und diese sind am leichtesten im Bereich des Sozialverhaltens zu kennzeichnen. Hier treten sie besonders deutlich bei den auch im Freiland rudelbildenden Tieren zutage, also den Hundeartigen, den Rinderverwandten und den Pferden. Andererseits darf nicht verkannt werden, daß auch nichtrudelbildende Tiere durchaus zu echten Haustieren geworden sind, was sich etwa bei den Katzen deutlich zeigt.

Eine weitere wichtige Vorbedingung für die Domestikation ist eine möglichst erblich verankerbare Bereitschaft zur Zähmung, also ein Abbau der Fluchtdistanz sogar bis zur Berührungsfreundlichkeit. Erst dadurch wird ja die menschliche Nähe für das Haustier erträglich.

Ein für alle Haustiere gültiges Verlaufsschema für die Domestikation hat der Schweizer Zoo-Zoologe Hediger entworfen, und es ist nützlich, diesem Gedankengang zu folgen. Danach verläuft die Domestikation in der Reihenfolge: Freileben des Tieres, Gefangennahme, Eingewöhnung, Eingewöhntheit, Zähmung, Zahmheit, Dressur, Dressiertheit.

Nach diesen am Einzeltier abgelaufenen Vorgängen muß sich dann nach Generationen ein Zähmbarkeits- bzw. Zahmheitszustand der betreffenden Tierart (Spezies) oder Rasse einstellen. Zoologisch gesprochen: Zur phänotypischen Zahmheit (des Individuums) muß sich die genotypische, das heißt erblich verankerte, einstellen. In aller Regel muß sich bei noch so erblich zahmen Haustieren das jeweilige Individuum noch der Dressur unterziehen, wie sie jedem Hunde- und Pferdebesitzer, jedem Bauern und Tierliebhaber am jungen Haustier geläufig ist.

Obwohl die ersten Beweise für eine Haustierhaltung etwa 15000 Jahre zurückliegen, gibt es eine Forschung an Haustieren erst seit Mitte des vorigen Jahrhunderts. Charles Darwin ließ in seinem Hauptwerk über den Ursprung der Arten (1859) die Haustiere als Träger der Wandlungsfähigkeit tierischer Gestalten in breiter Front auftreten. Neun Jahre später ließ er das zweibändige Werk »Über die Variation von Tieren und Pflanzen in der Domestikation« folgen, das noch im selben Jahr auch in deutsch erschien. Daß die darin geäußerten, allgemeinbiologischen Gedanken an Haustieren gewonnen worden waren, wurde in der durch sie ausgelösten stürmischen Diskussion der neuen Thesen fast vergessen. Die wissenschaftliche Zoologie hat sich des hier zu hebenden Schatzes lange nicht bemächtigt.

Bezeichnenderweise haben sich die Humanpsychologen als erste der Haustiere bedient, indem zum Beispiel Wolfgang Köhler 1915 und 1918 an der in sozialer Hinsicht sehr ausgeklügelten Struktur einer Haushühnerschar wichtige Erkenntnisse auch für den Menschen gewann. Der Mitbegründer des Behaviorismus, William McDougall, forderte 1923 sogar, daß die Haltung und Pflege eines Haustieres als wesentliches Element für die Ausbildung eines Humanpsychologen eingeführt werden sollten.

Haustierkunde als Wissenschaft gibt es erst etwa seit 1930, wo in Wien der Zoologe Antonius und in Hamburg der Zoologe Klatt international anerkannte Zentren für diese neue Richtung begründeten. Etwa zur gleichen Zeit führte in Berlin der Genetiker Hans Nachtsheim an Haustieren grundlegende Forschungen zur Art und Verursachung der Änderungen am Erbgut durch, und in Kiel hat die Domestikationsforschung um den Zoologen Wolf Herre bis in die jüngste Zeit ihr wichtiges Zentrum beibehalten. Ein Zitat von Herre mag noch einmal unterstreichen, welche wichtigen und weitreichenden Folgerungen man aus der Erforschung der Haustiere ziehen kann: »Die Domestikation ist wohl das großartigste Experiment des Menschen über lange Zeiträume, bei dem durch Ausschaltung der natürlichen Auslese ein Einblick in die überhaupt mögliche erbliche Vermannigfaltigung, also in die Potenz des Erbgutes, gewonnen werden kann.« Damit ist ein neues Element der Domestikation gekennzeichnet: Fortpflanzung, Pflege, Ernährung und Nutzung der Haustiere werden weitgehend vom Menschen bestimmt und gesteuert, während die natürlichen Umweltfaktoren mit ihren auslesenden Wirkungen fast vollständig ausgeschaltet bleiben.

In jüngerer Zeit hat sich auch die Humanmedizin der Haustiere als Modellorganismen für wichtige Forschungen bemächtigt, und in Göttingen und den USA ist etwa ein verzwergtes Laborschwein das ideale und in vieler Hinsicht menschenähnliche Testobjekt für neue Operationstechniken und pharmazeutische Therapien.

Bei der Frage nach dem Beginn »der« Domestikation ist festzustellen, daß es sich immer um einen langwierigen Prozeß gehandelt hat, der in verschiedenen geographischen Regionen der Welt verschieden früh begann und in einzelnen Gebieten noch heute andauert. Das gilt zum Beispiel für die Zebrafinken, die Wellensittiche, die Honigbienen und die Seidenspinner.

Auch läßt sich der Ort der ersten Haustierwerdung nicht angeben. Immerhin kann man drei Hauptzentren der Domestikation nennen, die sich in Südostasien, dem »Fruchtbaren Halbmond« der Alten Welt und in der Neuen Welt Süd- und Mittelamerikas befinden. Von diesen Zentren gelangten einige Haustiere mit den normalen Wanderungen und mit den Völkerwanderungen an andere Orte, so daß es dort besonders schwierig ist festzustellen, wer wo und wann in den Hausstand übernommen wurde.

Im südostasiatischen Zentrum wurden mit dem Entstehen einer Hackbauernkultur Schwein und Rind, Huhn, Gans und Ente sowie der Hund in den Hausstand übernommen. Dabei konnten selbstverständlich nur die lokalen Wildformen als Ausgangsarten dienen. So wird es verständlich, daß anders als bei uns im südostasiatischen Raum nicht das europäische Wildschwein der Lieferant der dortigen Hausschweinrassen gewesen sein kann. Das gleiche gilt für die europäische Graugans (Anser anser), die es in Südostasien nie gegeben hat. Trotz solcher verschiedenen Ausgangsformen sind jedoch meist sehr ähnliche Wildtierarten oder mindestens im Verhalten gleichartige Formen hier und dort domestiziert worden. Die Bedingung der Präadaptation an den Haustierstand hat schon Darwin in seinem obengenannten Haustierbuch gekennzeichnet: »Vollständige Unterordnung unter den Menschen hängt allgemein von den sozialen Verhaltensweisen des Tieres ab und davon, daß das Tier den Menschen als Haupt der Herde oder Familie annimmt. Um ein Tier domestizieren zu können, muß es auch unter veränderten Lebensbedingungen fruchtbar bleiben.«

Das uns in jeder Hinsicht nächstgelegene Domestikationszentrum im »Fruchtbaren Halbmond« beruhte ebenfalls auf den in diesem Gebiet möglichen Ackerbaukulturen, bis zu denen ja auch wir selbst unsere kulturellen Wurzeln hinabverfolgen können. In dieser Region gerieten vor allem Ziegen, Rinder, Schafe, Esel und Schweine, aber auch Hund, Katze, Taube und im äußersten nordöstlichen Zipfel das Huhn in den Haustierstand.

Das auf dem Anbau von Süßkartoffeln und Mais beruhende kulturelle Zentrum der frühen Menschheit in Südamerika bemächtigte sich der wilden Kamele, Lama und Vikunja, des Meerschweinchens und der Moschusente, die zwar domestiziert wurden, aber doch nicht den Grad engen Zusammenlebens mit dem Menschen erreichten, wie wir ihn aus unserer eigenen Kultur gewohnt sind. Von den Maisbauern Mittelamerikas wurde diesen Haustieren noch der Truthahn hinzugefügt, der bis heute als traditioneller Weihnachtsbraten seine wichtige Rolle beibehalten hat.

Aus zoologischer Sicht handelt es sich bei den heutigen Haustierformen um Rassen, also Gruppen von Unterarten, die sich in mehreren, subjektiv abgrenzbaren Merkmalen unterscheiden. Beispiele für solche Rassen sind unter den Trivialnamen »Brauner Hannoveraner«, »Weißes Leghorn«, »Collie« usw. bekannt.

Der Haushund

In neuerer Zeit sind vom Hund über 12000 Jahre alte Funde aus Israel und Sibirien bekannt geworden. Auch die Analyse der eiszeitlichen Höhlenzeichnungen in Nordspanien und Mittelfrankreich liefert immer mehr Informationen über die frühe Entwicklung des Haushundes. So ist bei ihm die gegenseitige Anpassung von Mensch und Haustier besonders deutlich verfolgbar. Dabei stellt sich heraus, daß man den wichtigen Begriff der Selbstdomestikation nicht übersehen darf. Damit ist gemeint, daß auch vom Hund selbst eine verhaltensmäßige Tendenz bestand, sich dem Menschen als Leittier anzuschließen und sich sozusagen aktiv in dessen Hausstand zu begeben.

Es gilt heute als sicher, daß der alleinige wilde Vorfahre aller Haushundrassen der Wolf (Canis lupus) ist. Als rudelbildendes Tier mit ausgeprägter Sozialgestik (Zeichengebung durch bestimmte Schwanzhaltungen und Gesichtsmimiken) eignete er sich besonders als Haustier, bei dem der Mensch sogar die Rolle des Rudelführers übernehmen konnte. Das hat sich auch in jüngster Zeit durch eingehende Forschungen an wilden Wolfsrudeln gezeigt, bei denen ein Mensch ohne große Schwierigkeiten in den sozialen Verband solcher Rudel eingefügt werden konnte. Aus dieser Sicht wird die oft wiederholte Geschichte von den Wolfskindern glaubhaft, denn auch Menschenkinder können offensichtlich in Wolfsrudeln durchaus überleben. Umgekehrt wird die Zuwendung des Menschen zu den jungen Wölfen bzw. Hunden durch den Besitz kindlicher Merkmale begünstigt, die den Pflege- und Schutztrieb ansprechen. Dabei wirken handfeste gestaltliche Eigenschaften wie kindliche Gesichtsausformung, patschige Gliedmaßen und unbeholfene Bewegungen als recht sichere Auslöser für diesen Pflegetrieb, was durch die meist hohe Stimme von Jungtieren mit bittend-aufforderndem Charakter noch unterstützt wird.

Die Gestalt der frühen Haushunde ist uns durch verschiedene bildliche Darstellungen aus dem Kulturkreis der ostspanischen Höhle Altamira und durch die Höhlenbilder im französischen Perigord einigermaßen gut überliefert. Danach war der Haushund dieser Zeit (etwa 16000–5000 v. Chr.) ein wolfsartiges Tier mit aufrechten Stehohren und hängend bis waagerecht getragenem Schwanz. Solche Merkmale gelten auch heute noch als besonders wolfsnahe; sie finden sich zum Beispiel beim Deutschen Schäferhund. Schon überraschend schnell muß dann eine Aufspaltung dieser frühen Hunde in vier Hauptgruppen erfolgt sein, die teilweise aus den Höhlenzeichnungen von Jericho (rund 10000 v. Chr.) und bildlichen Darstellungen aus Algerien und Ägypten (5000 v. Chr.) bekannt geworden sind. Die vier Gruppen früher europäischer Hunde lassen sich folgenden Typen zuordnen:

- ☐ Wolfsartiger bzw. Eskimohund, der als Schlittenhund am Rande der Vereisungen der verschiedenen Eiszeitalter geeignet war,
- ☐ primitiver Schäferhund,
- ☐ mittelgroßer Hund,
- ☐ Torfspitz (der z. B. aus den Pfahlbauten am Bodensee bekannt geworden ist).

Die alten Ägypter haben uns Darstellungen hinterlassen, die neben einem greyhoundartigen Typ etliche Vertreter kleinerer Rassen zeigen. Dabei fällt vor allem eine Variante mit Ringelschwanz auf, der wohl besonders beliebt gewesen ist. Wie oben bemerkt, gehört der dauernd in Ringelhaltung gehaltene Schwanz gewiß nicht zu den Wildmerkmalen des Wolfes, ist also offenbar eines der ersten Kennzeichen einer Domestikation. Wegen der meist als Mutation auftretenden und demnach seltenen Merkmale solcher Haustierwerdung sind sie im allgemeinen sehr beliebt und finden sich besonders kennzeichnend auf bildlichen Darstellungen. Die Archäologen haben uns belehrt, daß im alten Ägypten solche Individuen als Spieltiere und Luxussymbole gehalten wurden, was sich z. B. in goldenen Halsbändchen mit dem Namen des entsprechenden Hundelieblings ausdrückte.

Ein weiteres Domestikationsmerkmal sind herabhängende Schlappohren, und auch Hunde mit Dackelbeinen finden sich auf frühen Darstellungen der alten Ägypter und aus der Hochkultur des Industales (etwa 4000 v. Chr.). Bei diesen Hängeohrrassen ist ein echtes Kindheitsmerkmal zum Dauerzustand geworden: Junge Hunde haben ja in aller Regel hängende Schlappohren, da die Muskulatur und Innervierung zum Aufrichten der Ohrmuscheln sich erst langsam entwickeln. Auch bei den kindlich kurzen Beinen des jungen Hundes handelt es sich um ein Jugendmerkmal, das bei unseren dackelbeinigen Rassen zum Dauerzustand geworden ist.

Auch im Zweistromland zwischen Euphrat und Tigris lassen sich schon in der Zeit der dortigen frühesten Hochkultur (etwa 4000 v. Chr.) die gleichen Rassentypen nachweisen wie in Ägypten und im Industal: Wolfs- bzw. Schäferhunde, doggenartige Schutz- und Kampfhunde, schnelle Laufhunde sowie Zwergformen und Dackelbeinige.

Nach Amerika kam der Hund erst mit der Einwanderung der Eskimo. Dort splitterte er in ähnlicher Weise in sehr verschiedene Rassen auf wie in der Alten Welt.

Noch heute ist in manchen menschlichen Kulturen der Hund das einzige Haustier. Das trifft zum Beispiel für bestimmte Urwaldgebiete Hinterindiens und einige Inseln Indonesiens zu, wo sich Pariahunde mit Steh- bzw. Kippohren finden. Hierbei ist bemerkenswert, daß dieser Hund auch als Fleischvorrat dient und in proteinarmen Zeiten gegessen wird. Das gilt auch für das nördliche China, wo der dort als Gebrauchshund übliche Chow-Chow oft gegessen wird. Sein Name bedeutet bezeichnenderweise »Lecker-Lekker«! So ist es gar nicht überraschend, daß im Januar 1980 im Nordosten der Volksrepublik China ein Restaurantbesitzer sich unabhängig von der staatlichen Hundefleischzuteilung einen Vorrat an Hundefleisch zu verschaffen suchte, indem er sich mit einem Aufruf an die Bevölkerung wandte. Prompt bildete sich vor dem Lokal eine Schlange von Menschen, die Hunde verkaufen wollten. So konnten in einem Monat 1369 Hunde angekauft werden, was den Jahresbedarf des Restaurants deckte.

1

2

3

4

5

6

7

8

Hunde: Helfer und Gefährten

Durch Züchtung entstand eine Fülle sehr verschiedener Hunderassen, die jedoch alle auf den Wolf als gemeinsamen Urahnen zurückgehen. Der noch am stärksten dem Wolf ähnelnde Deutsche Schäferhund (13) besitzt vor allem dessen Talent zur Fährtensuche und wird daher gerne im Polizeidienst eingesetzt, während ausgesprochene Zier- und Schoßhunde wie der Pekinese (4) und der Hochlandterrier (9) keinerlei praktische Funktion mehr haben. Das gilt nicht für den nützlichen Labradorhund (11), der die Jagdbeute apportiert, und die Bulldogge (5), die sich als Wachhund eignet. Auch Collie (1), Dackel (2) und Basset (7) blicken auf eine nützliche Tradition zurück: ersterer als schottischer Hirtenhund, letztere als Jagdhelfer beim Aufstöbern von Dachs und Fuchs in ihren Bauten. Daß durch Züchtung einzelne Merkmale überbetont werden können, zeigt sich an den langen Hängeohren des Cockerspaniels (3), dem zur ständigen Überlegenheitsgeste gewordenen Ringelschwanz des Chow-Chows (10) und dem nach Niederlage aussehenden eingezogenen Schwanz und Rundrücken des Bedlington-Terriers (12). Trotz der modischen Haarschur ist der Königspudel (6) eigentlich ein Jagd- und Hütehund. Die Deutsche Dogge (8) ist mit 90 Zentimetern Schulterhöhe die größte Hunderasse.

9

10

11

12

13

Die obengenannten Pariahunde finden sich in besonders ausgeprägter Form in Indien und in dem sekundär in Australien wieder verwilderten Dingo. Die Paria-Dingos kamen mit den australischen Ureinwanderern von Südindien in den weitgehend raubtierfreien Kontinent und verwilderten rasch wieder. Sie verdrängten dabei die nicht eben sehr beweglichen Beuteltiere und konnten sich dieser als Beute bemächtigen. So konnten sich die Hunde aus dem symbiosehaften Verband Mensch–Hund wieder lösen. Heute stellen sie noch immer eine angebliche oder echte Bedrohung bestimmter Tierarten Australiens dar. Die australische Einwanderung scheint während unserer letzten Eiszeit erfolgt zu sein. In der Gegenwart laufen Bestrebungen, den Dingo vom öffentlich gebrandmarkten »Schafskiller« zum nützlichen Fährtensuchhund im Dienst der Behörden umzufunktionieren.

Die Zahl der heutigen Hunderassen wird auf etwa achthundert geschätzt und ist subjektiv abhängig von den jeweils von den Hundezüchterverbänden festgelegten Regeln. Mit dieser großen Zahl von anerkannten Rassen hält der Hund wohl den Rekord unter allen Haustieren. Trotz dieser großen Vielfalt lassen sich bestimmte Rassengruppen zu bestimmten geographischen Zonen zusammenfassen:

Im Norden Europas, Asiens und Amerikas finden sich Hunde, die denen der Neueren Steinzeit noch recht ähnlich sind und wolfsartige Hunde bis herab zur Spitzgröße umfassen. Dabei sollte die Bezeichnung Spitz keineswegs die Vorstellung eines kleinen Schoßhündchens heraufbeschwören, denn die Lappen- und Finnenspitze sind von durchaus respektabler Größe und erreichen beim Wolfsspitz mindestens 45 Zentimeter Schulterhöhe.

Eine zweite Rassengruppe ist in Inner- und Ostasien angesiedelt: die Hirtenhunde der Mongolen, die Tibet-Doggen als Schutzhunde der Tibetaner und der schon genannte Chow-Chow.

Eine dritte Rassengruppe ist nach Meinung mancher Haustierkundler aus den kleineren Hunden der Pfahlbauzeit in Form von Terriern, Dackeln und Pinschern herzuleiten, aber Züchtungsversuche zeigen, daß auch aus wolfsartig großen Hunden immer wieder einmal kleinere Rassen entstehen. Das belegen auch die Zwerghundrassen an so verschiedenen Stellen wie Malta (Malteser mit 20 Zentimetern Schulterhöhe), Tibet (Lhasa Apso von 15 Zentimetern Höhe) und Mexiko mit dem berühmten Chihuahua, den man mit Vorliebe in oder neben einem Bierseidel abbildet.

Wie schnell eine solche Vielfalt sich unter der züchterischen Obhut des Menschen beim Hunde einstellt, läßt sich am Bedlington-Terrier zeigen, der auf Darstellungen vom Jahre 1900 noch einen »gesunden« wolfsartigen Eindruck macht, während er heute eher einem krummrückigen Schaf ähnelt. Auch der Chow-Chow stellt sich auf Fotografien vor etwa fünfzig Jahren noch mit wölfischem Kopf und spitzen, aufrechtstehenden Ohren dar, während er heute eher zu Kipp- bzw. Schlappohren neigt.

Die starken Unterschiede in der Körpergröße heutiger Hunderassen reichen vom Bernhardiner mit rund 70 Kilogramm Körpergewicht bis zum hundertmal leichteren Chihuahua, und ein Whippet mit rund 10 Kilogramm Gewicht ist doppelt so schulterhoch wie ein gleich schwerer Dachshund. Das zeigt, daß es sich bei diesen beiden Hunderassen um Vertreter mit außerordentlich unterschiedlichem Körperbau handelt.

Die Beinlängen unserer Hunde reichen von etwa 50 Zentimetern beim Afghanen und Barsoi bis zu den rund 8 Zentimeter »langen« gekrümmten Beinen des Dackels und der Terrier. Durch solche enormen Unterschiede von Körpergröße und -gestalt bzw. Beinlänge sind bei den Hunderassen beträchtliche Unterschiede im Laufvermögen, also in Schnelligkeit und Ausdauer, bedingt. Laufgeschwindigkeiten von 50 bis 70 km/h sind bei Greyhounds und Whippets nachgewiesen worden, und auch die Barsois, Afghanen und Salukis sind zu solchen Geschwindigkeiten fähig, denn diese langbeinigen Hunde wurden ursprünglich zur Jagd in steinigen Gegenden des mittleren Orients benutzt.

Mit Beinlänge und Körperbautyp ist auch die Fähigkeit, Hindernisse im Sprung zu überwinden, gekoppelt. Die Hundenorm beträgt dabei das Anderthalbfache der Eigenhöhe. Diese Norm wird von einem Deutschen Schäferhund spielend um das Zweifache überschritten, während sie bei den Dackeln, Bulldoggen und untersetzt gebauten Mastiffs kaum gemeistert wird.

Solche Angaben zur Geschwindigkeit sind selbstverständlich nur kurzfristig gemessene Werte und besagen noch nichts für die Laufausdauer. Diese ist ja bei den Haushunden der Nomaden, die immer wieder gezwungen waren, neue Weidegebiete aufzusuchen, ein wesentliches Merkmal. Gleiches gilt für die Schlittenhunde in Sibirien, Alaska und anderen arktischen Gebieten. Bislang ermittelte Werte zur Ausdauer von Schlittenhunden sind eindrucksvoll: Sie haben in 118 Stunden rund achthundert Kilometer hinter sich gebracht.

Aber nicht nur als Zugtier, sondern auch als Lastenträger wird der Hund benutzt. Im stark gebirgigen Britisch-Kolumbien werden Hunde regelmäßig als Tragtiere benutzt und tragen dort immerhin rund die Hälfte ihres Eigengewichts an Last über die felsigen Saumpfade.

Es ist gewiß überraschend, daß einige Hunde auch ausgezeichnete Kletterer sind, obwohl sie ja anders als etwa Katzen und Bären keine vor- und zurückziehbaren Krallen besitzen. Einige Jagdhunde können sehr rasch Bäume ersteigen, wobei sie geschickt von Ast zu Ast klettern. Selbst im Wasser sind manche Hunderassen zu außerordentlichen Leistungen befähigt, was besonders für die Neufundländer und Retriever gilt, die offensichtlich gern schwimmen und oft dazu benutzt werden, Schiffstaue und Fischernetze an Land bringen zu helfen.

Haustiermerkmale. Neben den genannten Unterschieden in Körpergröße und -bau zeigen sich solche vor allem in der Schädelform der Hunderassen. Systematische Überprüfungen solcher Merkmale (Biometrie) an verschiedenen Generationen von wilden und im Hausstand gehaltenen Wolfs- und Hundegenerationen haben gezeigt, daß Wölfe schon in der ersten Generation eine Abnahme der Körpergröße und eine Verkürzung des Schnauzenschädels erleiden. Die damit gegebene stark verkürzte Mundpartie ist eine typische Eigenschaft von Säugetierjungen, die auch für das menschliche Kind gilt. Kennzeichnenderweise kann auch dieses Jugendmerkmal isoliert bestehenbleiben und damit besonders deutlich die Zuwendung der Erwachsenen zu einem mit so kindlichen Merkmalen versehenen Wesen auslösen. Beispiele für einen solchen Typ sind der Mops – man spricht geradezu von einem Vermopsungsprozeß – und der Pekinese.

Dieses Pekineser Palasthündchen kam erst 1860 nach Europa, weil seine Ausfuhr mit der Todesstrafe bedroht war. Am chinesischen Kaiserhof wurden manche gut geratene Schoßhündchen mit Wachtelbrüstchen und Drosselfleisch gefüttert. Einige chinesische Kaiserinnen hatten sogar zu dem jeweiligen Prachtseidenkleid den entsprechend gefärbten Schoßhund bereit.

Ein weiteres kindliches bzw. jugendliches Merkmal von Säugetier und Mensch sind die Babyfalten des Gesichts, in die hinein sozusagen die Wachstumszunahme erfolgen kann. Auch diese Jugendeigenschaft kann im Haustierstand manchmal lebenslang bestehenbleiben und führt dann zum »nachdenklich« zerfurchten Gesicht der verschiedenen Rassen unserer Boxerhunde.

Die damit angesprochene Schlaffheit der Haut ist auch beteiligt bei der Ausprägung der Hänge- oder Schlappohren mancher Hunderassen. Sie erreicht ihren höchsten Grad beim Cockerspaniel, bei dem die Ohren dazu noch besonders lang geraten sind. Eine der Konsequenzen aus dieser Züchtungsbesonderheit ist die Notwendigkeit, daß Spaniels aus einer besonders geformten hochrandigen Schüssel gefüttert werden müssen. Es ist leicht einzusehen, daß durch eine solche Schlappohrigkeit das Hörvermögen nicht gerade verbessert wird.

Auch am anderen Ende des Hundekörpers können sich Haustiermerkmale besonders deutlich ausprägen. Das gilt für die bereits erwähnte, beim Wolf für die Stimmungs- und Informationsübermittlung so wichtige Schwanzgestik. Wird der Schwanz aufgerichtet oder gar nach oben und dabei nach vorn gestellt, so heißt das im Wolfsrudel so etwas wie: Ich bin der Chef! Umgekehrt zeigt das nach hinten und unten weisende Schwanzsignal oder gar das Zwischen-die-Beine-Klemmen große Angst an. Solche beim Wolf und wolfsnahen Schäferhund nur vorübergehenden Schwanzgesten sind bei manchen Haushundrassen zum Dauerzustand geworden. Beim Mops ist der Schwanz zu einer ständig über dem Rücken fixierten geringelten Rute entartet, was selbstverständlich keineswegs mit der Stimmung des jeweiligen Augenblicks in Zusammenhang zu bringen ist. Auch beim Bedlington-Terrier, dessen lange Rute sich dauernd in hängender Position nach unten neigt, bedeutet dieses Signal keineswegs: »Ich habe Angst und werde gleich fliehen«, obwohl das von manchen Menschen und Artgenossen so gedeutet wird. Trotz dieser »ängstlich« wirkenden Schwanzhaltung gehört der Bedlington zu den durchaus kämpferisch veranlagten Hunderassen.

Mit solchen verschiedenen Schwanzformen und -haltungen ist eine meist deutlich von der Norm abweichende Anzahl von Schwanzwirbeln verbunden. Solche Abweichungen stellen sich am deutlichsten dar in der manchmal völligen Reduzierung des Schwanzes, also dem Auftreten von schwanzlosen Hunderassen. Die von belgischen Flußschiffern seinerzeit bevorzugte Hunderasse des Schipperke hat allenfalls noch einige Schwanzwirbel und manchmal nur einen winzigen Schwanzstummel.

Das für den Wolf typische Haarkleid hat sich bei unseren Haushundrassen zu dem weiten Spektrum von extremer Langhaarigkeit wie beim Afghanen bis zur fast völligen Haarlosigkeit beim mexikanischen Nackthund entwickelt. Auch die Färbung reicht vom tiefen Lackschwarz des Modepudels bis zum Goldgelb des Howawarts und natürlich zum farblosen, albinotischen Weiß des Spitzes.

Solch ein Albinismus entsteht durch totalen Mangel an gelben bis braunschwarzen Körnchen des farbgebenden Melanins, das dem Abbau der Aminosäure Tyrosin entstammt, also ein Nebenprodukt des Eiweißstoffwechsels ist. Die Haarpigmente können entweder gleichmäßig über den ganzen Körper verteilt sein oder mehr oder weniger stark zerrissene Streifen und Inseln bilden.

Die ehemals graubraune Wolfsfärbung zerfällt bei den Haushunderassen in mehrere Grundkomponenten, wobei die Färbungen Schwarz, Gelbbraun, Dunkelbraun, Blond bis Weiß auftreten oder neue Mischungen eingehen, so daß auch im Wildzustand nicht vorhandene Farbspiele auftreten können.

Ähnlich wie die genannten Unterschiede in Körpergröße, -bau und -färbung sind Einzelkomponenten auch im Verhalten selbständig geworden, die ehemals das Gesamtverhaltensprogramm des Wolfes darstellten.

Das auffälligste Verhaltensmerkmal des Haushundes ist wohl seine Tendenz, bestimmte Gebiete, bestimmte Gegenstände und Personen zu bewachen, also als die Seinigen anzusehen. Dieses Verhalten leitet sich leicht aus dem Territorialsinn ab, der dem Hund und Wolf das Gebiet, in dem sich die täglichen Lebensleistungen vollziehen, in bestimmter Weise räumlich und zeitlich gliedert. Dadurch ergeben sich bestimmte Schlafplätze und bestimmte Schlaftermine, ebensolche für die Nahrungsaufnahme und das Absetzen von Urin und Kot.

Eine solche Wahl bestimmter Plätze für die Ablage von Ausscheidungsprodukten ist aus parasitologischer Sicht nützlich, denn so wird weitgehend vermieden, daß an diesen Orten Nahrungsaufnahme getrieben wird, womit eventuelle Darmparasiten, die mit den Fäkalien abgesetzt werden, wieder zu Neuinfektionen führen. Da bei allen Säugetieren die Ausscheidungsprodukte einen besonders typischen Geruch besitzen, der normalerweise die Wiederaufnahme verhindert, ist leicht verständlich, daß mit diesen Gerüchen auch die Markierung der eigenen Territorien durchgeführt wird. So erkennt ein Nachbar am Duft sofort, wer hier wohnt bzw. in wessen Revier man besser nicht eindringen sollte.

Gewiß ist es für manche Leser überraschend zu erfahren, daß das von Hunden geübte, so unvollständig scheinende Verscharren des eigenen Kotes wohl eher der Verbreitung des Kotduftes als dem Verbergen dieser Markierungen dient. Gleiches gilt in noch stärkerem Maße für die Benutzung von Urin als Markierung. Die Stellung eines markierenden Hundes ist bei uns ein allvertrauter Anblick, wobei mit dem Harnblaseninhalt keineswegs verschwenderisch umgegangen wird. Im Gegenteil: Jeweils wenige Spritzer an bestimmten Stellen des ausgedehnten Reviers genügen, um hier eindeutig durch den Duft mitzuteilen, daß dieses das Territorium des Pudels X und des Schäferhundes Y ist. Man hat in jüngerer Zeit sogar zeigen können, daß man an solchen Duftmarken feststellen kann, wer hier wann vorbeigekommen ist und in welche Richtung der Markierer seinen Weg genommen hat.

Die so markierten Territorien werden gegen Eindringlinge zunächst mit Drohen und Bellen verteidigt, denen man dann notfalls massiven Angriff und Kampf folgen läßt. Aus dieser Verhaltensweise wird die Bewachungstendenz des »treuen« Hundes, die sich auf einzelne Gegenstände oder Personen richten kann, verständlich, und so läßt sich die Rolle des Wach- und Schutzhundes im neuen Licht sehen.

»Treue« ist ja beim Hund nichts anderes als das wichtigste Band innerhalb des Rudelverhaltens, mit dem man dem Ranghöheren bzw. Rudelchef unbedingt folgt. Solch ein Rudelverhalten ist im Wildzustand manchmal überlebenswichtig, denn Wölfe jagen gern im Rudel, wobei die gegenseitige Zusammenarbeit und Beachtung entsprechender Signale zum gemeinsamen Tun sehr wichtig sein können.

Auch die Kampfbereitschaft hat sich bei manchen Haushunderassen verselbständigt und ist übertrieben stark ausgeprägt. So entstanden durch Züchterabsicht spezielle Kampfhundrassen, die zu Hundekämpfen schon in alter Zeit eingesetzt wurden. Dabei wurden vor allem die Kreuzungen mit den ca. 90 Kilogramm schweren Molosserhunden bekannt, die nach der griechischen Stadt Molossos ihren Namen tragen, wo unter Alexander dem Großen dafür eine eigene Zuchtstation eingerichtet wurde. Solche Kolosse, die man heute Mastinos Napolitanos nennt, benötigen pro Tag etwa 8 Kilogramm Frischfleisch. Im alten Rom wurden sie mit stachelbesetzten Halsbändern ausgerüstet und griffen als Alleinkämpfer Roß und Reiter an, ja wurden sogar zu Zweikämpfen mit Bären und Gladiatoren im römischen Colosseum benutzt.

Auch das Bellen ist als Domestikationsmerkmal ganz außerordentlich verschieden ausgeprägt und hat sich etwa beim zentralafrikanischen Basenji ganz verloren. Auch der Dingo ist im rassereinen Schlag nicht mehr in der Lage zu bellen. Das Gegenteil solcher Schweigsamkeit ist uns durch die bei sogenannten Promenadenmischungen ausgeprägte Kläffhäufigkeit allgegenwärtig vertraut. Die stammesgeschichtliche Herkunft des Bellens ist keineswegs das zur Gemeinschaftsjagd aufrufende Heulsignal der Wölfe, sondern das erschreckte kurze Blaffen, wie man es etwa bei jungen Hunden erleben kann. Aus dem Heulen des Wolfes ist bei manchen Hunderassen das in mondhellen Nächten zu hörende, den entfernten Kumpanen geltende Jaulen geworden, hat also mit dem eigentlichen Bellen nichts zu tun.

Sinnesleistungen. Das hiermit umrissene Verhaltensspektrum setzte beim Wolf ausgezeichnete Sinnesorgane voraus, wenn die entsprechenden Signale für die Gemeinschaft nutzbringend verstanden werden sollten. Von diesen Eigenschaften sind einige bei unseren Haushundrassen mehr oder weniger verkümmert bzw. sogar noch verbessert worden. Auch das paßt ja in den im Haustierzustand durchaus üblichen Zerfall ganzer Verhaltenskomplexe in einzelne Komponenten.

Trotz dieser gewiß für den Wissenschaftler herausfordernden Feststellung wissen wir über die Sinnesleistungen unserer Haustiere nur unvollkommen Bescheid. Selbstverständlich machen die Erfolge von Rauschgift aufspürenden Hunden und fährtensicheren Helfern von Kriminalpolizei und Detektiven immer wieder Schlagzeilen. So nimmt es nicht wunder, daß gerade auf dem Geruchssektor einige Haushundleistungen von Rekordcharakter bekannt geworden sind. So stellte man 1959 fest, daß Polizeihunde ein Stückchen Fleisch noch unter sieben Lagen von Zeitungspapier riechen konnten. Diese enorme Fähigkeit konnte man durch Einspritzen eines »Wachmachers« (Amphetamin) noch steigern, so daß auch unter fünfzehn Papierlagen eine solche Geruchsprise noch geortet werden konnte.

Besonders empfindlich reagiert der Geruchssinn der Hunde auf Säugetierschweiß. Dabei wird ein solcher Hautgeruch vor allem durch die Buttersäure bestimmt, was auch für den Menschen gilt. Rudelbildende Säugetiere haben dafür sogar besondere Duftdrüsen an den Füßen, womit eine Geruchsspur gelegt wird, die dem nachfolgenden Rudelgenossen den richtigen Weg weist. Die berühmten Fährtenhunde sind also nichts weiter als auf eben diese Spuren ausgezeichnet ansprechende Rudelmitglieder, nur daß die Fährtensicherheit des Polizeihundes dann meist auf den zu verfolgenden Übeltäter abgestellt ist.

In Laborversuchen hat sich herausgestellt, daß ein gut dressierter Fährtenhund die auch im Menschenschweiß enthaltene Buttersäure in unvorstellbar geringer Konzentration noch geruchlich wahrnehmen kann: $1,3 \times 10^{-18}$ Gramm dieser Substanz werden noch wahrgenommen, wenn sie in einem Kubikzentimeter verteilt sind. Dazu paßt der Befund der Anatomen, die herausgefunden haben, daß die Riechschleimhaut des Schäferhundes 7000 Quadratmillimeter groß ist, gegen die sich der Wert des Menschen mit nur 500 Quadratmillimetern bescheiden ausnimmt.

Bei solcher geruchlichen Tüchtigkeit ist es fast selbstverständlich, daß die Hundebegrüßung vor allem durch den Geruchssinn erfolgt. Sie wendet sich meist zunächst der Genital- und Afterregion des begegnenden Kollegen zu. Ist dieser Kollege ein potentieller Geschlechtspartner, so liefert die Geruchsinspektion auch Informationen über den jeweiligen Sexualzustand der Hündin, wobei besondere Sexualduftstoffe (Pheromone) die entsprechende Information preisgeben.

Auch das Gehör des Hundes ist bei den noch wolfsnahen Rassen ausgezeichnet ausgeprägt und übersteigt die bei den meisten Menschen vorliegende obere Hörgrenze von 15000 bis 16000 Hertz beträchtlich. So erklärt sich die bei der Hundedressur benutzte Signalgebung mit der Galtonpfeife, die Töne oberhalb von 20000 Hertz hervorbringt, die der Mensch nicht, der Hund aber sehr wohl hört. Auch die Unterscheidungsfähigkeit für silbenartig gegliederte Lautsignale ist beim Hund sehr gut ausgeprägt. Diese Tatsache kennt jeder Hundehalter, der von seinem Hund am Motorgeräusch des Autos bzw. Schrittrhythmus sicher erkannt wird.

Ein abschließendes Beispiel für solche aus der Stammesgeschichte erklärbaren Verhaltensweisen unserer Hunde mag diese Reihe beschließen: Das »Pfötchengeben« gehört zum Milchtritt der Junghunde an der Mutter, mit dem sich die Milchabgabe steigern läßt. Es hat sich als Jugendmerkmal bei manchen Hunderassen erhalten und ist durch Dressur leicht und eindrucksvoll zu verfeinern.

Folgen der Hundehaltung. Die mit den obigen Beispielen angedeutete Reichhaltigkeit des Hunderassenspektrums und die damit verbundene ausgezeichnete Brauchbarkeit für sehr verschiedene Aufgaben hat vor allem in jüngster Zeit zu einer starken Übervölkerung mit Hunden geführt. Dabei liegt die entscheidende Schwierigkeit bei solch großen Hundezahlen vor allem in den großen Städten darin begründet, daß die dortigen Hundereviere ja nicht mehr die natürliche Strukturiertheit besitzen können. So wird es für die meisten Hunde unmöglich, ihr Gebiet mit den üblichen Markierungen zu versehen, und der Hundekot wird ein Problem für die Stadtverwaltung. Allein in unseren Großstädten wie München oder Köln fallen täglich große und nach Tonnen zählende Mengen von Hundekot an. Dieser wird gerne im Sand der Kinderspielplätze abgesetzt, was man aus hygienischer Sicht unbedingt abstellen muß. So sind manche Städte dabei, die Hundehaltung hoch zu besteuern oder ganz zu verbieten.

Ein Vorfall, der diese Situation charakterisiert, ist im Jahre 1979 in Paris bekannt geworden, wo ein Verkehrspolizist auf dem sonst für Verkehrsvergehen vorgesehenen Formular einen unerkannt gebliebenen Fußgänger und Hundehalter mit 50 Francs Strafe belegte. Das entsprechende Formular plazierte er neben den Hundekothaufen, und der Text lautete: »Dieser Fußgänger hat seinen Hund nicht an der Leine geführt, so daß dieser seine Ausscheidungen auf dem öffentlichen Fußweg absetzen konnte.« Auch im letzten Amtsjahr des französischen Staatspräsidenten Giscard hat man sich in Paris Mühe gegeben, mit einer großangelegten Plakataktion die Hunde zum richtigen Toiletteverhalten zu erziehen.

In unserem Lande waren schon 1977 Haushunde dabei, einige unserer neu gegründeten Universitäten zu erobern. Der Rektor der Universität Osnabrück verbot schließlich den Mitarbeitern seiner Hochschule das Mitbringen von Hunden in die Dienstgebäude, weil sie durch ihr Bellen erhebliche Störungen verursachten.

Die hundesauberste und aus Hundehaltersicht hundefeindlichste Großstadt ist die isländische Hauptstadt Reykjavik, wo schon 1924 ein totales Hundeverbot erlassen wurde, das noch heute gültig ist. Es hat aber beinahe zweihundert heimliche Hundebesitzer nicht daran hindern können, ihre Lieblinge in der Wohnung zu halten und sie zum Ausführen auf das Land zu fahren.

Ein weiteres Problem mit den »geliebten« Vierbeinern taucht vor allem in der jährlichen Urlaubszeit auf, wo man sich nur allzu leicht des Hausgenossen entledigt, indem man ihn einfach aussetzt oder an Autobahnen »vergißt«. Alljährlich erreichen solche streunenden Hunde neue Rekordzahlen, von denen nur einige wenige genannt sein mögen. Der Welttierschutzverband hat 1977 für Frankreich 7 Millionen Haushunde angegeben, von denen etwa 200000 herrenlos herumstreunen. Die entsprechende Zahl für England lautet 6 Millionen Hunde, davon 400000 herrenlos, während man für die Bundesrepublik Deutschland von 5 Millionen spricht und die Zahl der »wilden« Hunde nicht kennt. Eine Schätzung der von den US-Amerikanern gehaltenen Hunde für 1979 nannte etwa 25 Millionen, von denen in bestimmten Städten ernste Gefahren für die Bürger ausgehen. Von manchen amerikanischen Großstädten sind die Kosten der Straßensäuberung aus den jeweiligen Budgets zu entnehmen: Sie lauten zum Beispiel für Los Angeles 400000 Dollar, und Chicago hat im Jahre 1979 für die Jagd und Tötung umherstreunender Hunde 1 Million Dollar ausgegeben.

Abschließend soll noch eine Zahl über die Fortpflanzungsfähigkeit genannt werden, die solch große Hundeprobleme mit heraufbeschwören: Wie manche anderen Merkmale, so kann auch die Fruchtbarkeit von Haustieren im Zustand der Domestikation enorm zunehmen, und das gilt gewiß für die Foxterrier-Hündin, die im Jahre 1977 in Herford einen Wurf von 33 Welpen lieferte und damit den bisherigen Weltrekord hält. Von den 23 überlebenden erwies sich keiner als reinrassig, denn der Vater schien ein schwarzer Pudel zu sein.

Es ist möglich, ja wahrscheinlich, daß die fortschreitende Züchtung reiner Rassehunde vor allem bei den größeren Formen wie Schäferhund, Dalmatiner, Neufundländer zu einer immer stärkeren Gefährdung von Kleinkindern führt, die in Familien mit solchen großen Hunden aufwachsen. Dabei können vorher noch so gut in die Familie eingeführte Schäferhunde durch bestimmte Reizsituationen und falsche Erziehung zu wahrhaft gefährlichen Beißungeheuern werden, indem eine normalerweise vorhandene Beißhemmung gegenüber dem Rudelmitglied – in diesem Falle also dem etwa hundegroßen Kind – versagt. Menschlich gesprochen, will in solchen Situationen der Hund nämlich dem als gleichberechtigt empfundenen Rudelmitglied Kind in einem zunächst harmlosen Kampf beweisen, daß er, der Hund, der jetzt Überlegene ist. Der dabei entstehende Kampf ist für das Kind gewiß ungleich, so daß es nicht selten dabei getötet wird.

Vermarktung. Bei der großen Beliebtheit von Haushunden ist es nicht überraschend, daß sich die Herstellung entsprechender Hundefuttersorten zu einem wichtigen Wirtschaftszweig entwickelt hat. So findet man neben den Reklamen für Kindernahrung in unseren Illustrierten und auf dem Fernsehschirm immer wieder ausgedehnte Anpreisungen der Vorteile von Hundefutter, und auch das übrige Hundezubehör wird offenbar immer lukrativer vermarktet: Hundekörbchen, Hundehaarschleifen und Hundeshampoo.

Auch das schönste und längste Hundeleben findet einmal sein Ende, und selbstver-

Auf dem Hundefriedhof von Paris findet man derartig liebevoll gepflegte Gräber.

ständlich wird auch das in der darwinistisch freien Marktwirtschaft noch ausgenutzt bzw. benutzt. Manche Städte haben auf Drängen ihrer Bürger schon vor mehreren Jahrzehnten Hundefriedhöfe angelegt. Das gilt vor allem für Paris, wo 1899 im nördlichen Stadtteil Asnieres der erste Hundefriedhof der Welt gegründet wurde. Dabei ist nicht ganz klar, ob es sich dabei um den Ausfluß von Hundeliebe oder das Bedürfnis nach Hygiene und Befreiung von Tierkadavern handelt, denn vorher wurden solche Leichen einfach in die Seine geworfen bzw. der Müllabfuhr anvertraut.

Heute finden sich in den dreitausend Grabstätten dieses Friedhofes neben Hunden auch Affen, Katzen, Tauben und Hühner in würdiger Form bestattet. Auch die bedeutendste Hundepersönlichkeit Frankreichs, der Bernhardiner Barry vom Kloster Sankt Bernard, hat hier seine Grabstätte und sein Grabdenkmal gefunden. Er hat 41 Menschen aus dem Schnee der Alpen gerettet und wurde durch einen Irrtum bei der Rettung des 42. ums Leben gebracht.

In Deutschland ist man im Augenblick in Frankfurt an der Gründung eines Tierfriedhofes ernsthaft interessiert, und die Begründung dafür lautet durchaus überzeugend, daß angesichts der zurückgehenden Kinderzahlen in Deutschland die Haltung von Haustieren besonders durch ältere Menschen sich vervielfachen dürfte. Daraus würde sich ein starker Bedarf nach Bestattungsraum für Haustiere auf entsprechend großen Friedhöfen vorhersagen lassen.

Zebus oder Buckelrinder werden in Indien als heilige Kühe verehrt und dürfen nicht getötet werden – eine volkswirtschaftliche Katastrophe für das meist unterernährte Volk der Inder.

Das Hausrind

Die Wichtigkeit der Rinder als Haustiere läßt sich schon an den bloßen Zahlen ablesen, die zuletzt 1971 weltweit ermittelt bzw. geschätzt worden sind. Dabei ergaben sich 1080 Millionen Hausrinder, 1060 Millionen Hausschafe, 600 Millionen Hausschweine, 384 Millionen Hausziegen, 120 Millionen Hauswasserbüffel, 62 Millionen Hauspferde und 57 Millionen Hausesel und Mulis. Eine Anzahl weiterer Haussäuger wie Balirind, Hausyak, Gayal, Hausren und Lama und Alpaka spielen nur eine örtliche Rolle und sind nur in kleineren Anzahlen vertreten.

Mit der Unterscheidung von Hausrindern und Hauswasserbüffeln ist schon gesagt, daß man bei der Domestikation des Rindes lieber von einer solchen der Rinder sprechen sollte, denn von sechs Rindergattungen sind immerhin drei an verschiedenen Orten zu Haustieren geworden. Aus der Gattung Bos entstanden das eurasiatische Hausrind Bos taurus und das tibetanische Hochlandrind Yak, während vom hinterindischen Banteng das Balirind seinen Ursprung nahm und vom wilden Büffel Südostasiens der meist nur locker domestizierte Wasserbüffel der südostasiatischen Reiskulturen herzuleiten ist.

Die kultische Bedeutung des Rindes. Die Rinderdomestizierung erfolgte an verschiedenen Stellen in einem Zeitraum von etwa 6500 bis rund 2000 v. Chr., was vor allem durch kretische und südostasiatische Hausrindfunde belegt wird. Überall fand sich hier zu dieser Zeit bereits eine seßhafte Bauernkultur, denn es ist schwer, sich vorzustellen, daß Nomaden die zur Domestikation nötigen Haltungs- und Zuchtbedingungen für Rinder bereithalten konnten.

Durch die intensive Analyse der archäologischen und paläontologischen Beweisstücke aus den genannten Gebieten mit frühen Hochkulturen wissen wir besonders gut Bescheid über die Einzelheiten der Domestizierung, ihre Voraussetzungen und Gründe. Dabei war es überraschend festzustellen, daß bei der Domestizierung des Rindes nicht in erster Linie ein handfester Nutzungseffekt beabsichtigt war, man also nicht auf Leder-, Fleisch-, Milch- und Buttergewinnung aus war. Vielmehr war mit großer Wahrscheinlichkeit ein kultischer Zweck die Ursache für die Übernahme der lokalen Wildrinder in den Hausstand.

Wie auch heute noch bei naturnahen Völkern erlebbar, spielt das Geschehen der Mondphasen, das Zu- und Abnehmen und das zeitweilige Verschwinden des Mondes bei Neumond bei solchen Völkern eine wichtige Rolle. In alten Mythen vieler Völker wird dabei der Mond in der Neumondphase von Ungeheuern verschlungen, denn er ist ja eine bestimmte Zeitlang nachts nicht sichtbar. Da außerdem die Sexualperiodik der Frau scheinbar mit den Mondphasen zusammenhängt, lag der Schluß von den Mondphasen auf die Fruchtbarkeit der Frau und der Ernte nahe.

Der frühe Mensch suchte solche gefährlich scheinenden Vorgänge wie das Verschlingen des Mondes und das mögliche Versiegen der Fruchtbarkeit durch Darbringen von Opfertieren zu mildern. Dabei dürften die ersten Opfer nicht selten die eigenen Kinder gewesen sein. Das nächst Wertvolle war aber dann ein Tier als Fleischangebot an die Götter bzw. Ungeheuer. Da lag es offensichtlich nahe, das lokale Wildrind für ein solches Opfer auszuersehen, zumal der Stier sogar die Mondsichel in Form des Hornes auf der Stirn trug.

Aus dem Wunsch nach Fruchtbarkeit für das Feld des Hackbauern lassen sich noch heute die in manchen ländlichen Traditionen geübten Fruchtbarkeitsbräuche verstehen. Um für die regelmäßig sich wiederholenden bedrohlichen Perioden der furchtbaren Mondlosigkeit (Neumond) genügend Opfertiere zu haben, hielt man wohl Jungtiere in entsprechenden Umzäunungen. Aus den Kulturen der alten Ägypter, Sumerer und Mesopotamier sind zahlreiche bildliche und figurale Darstellungen bekannt geworden, die das Rind bzw. dessen Horn zusammen mit einer Axt abbilden, was eindeutig auf den Opferzweck des Rindes hinweist.

Die kultische Bedeutung des Rindes konnte später auch durch die im Hausstand oft und früh auftretende sichelförmige Stirnzeichnung in Form einer Blesse unterstützt werden. Auch besonders stark geschwungene Hörner dürften große Beliebtheit erlangt haben, denn sie zeigten ja besonders deutlich die Vorherbestimmung, den göttlichen Ungeheuern geopfert zu werden. Solche Mutanten wurden wohl besonders ausgelesen und zur Weiterzucht benutzt, womit der Beginn einer echten Tierzucht, ja Rassenzucht verständlich ist. Aus zoologischer Sicht wurde damit auch die Grundlage einer intensiven Inzucht gelegt, wodurch eine weitere Zunahme sonderbarer Formen von Gehörn und Färbungsverteilung eingeleitet wurde.

***Der Ur oder Auerochse** war die Stammform des Hausrindes. In Mitteleuropa ist er durch die fortschreitende Landwirtschaft schon um 1400 verdrängt worden, überlebte aber zunächst noch in Polen und Ostpreußen. Doch wurde 1627 auch hier das letzte überlieferte Exemplar getötet.*

Unten: Das Watussirind gilt bei dem afrikanischen Hirtenvolk der Watussi als Zeichen von Reichtum und Stand.

Auch die Benutzung des Rindes als Zugtier scheint sich aus dem Ziehen heiliger Tempelwagen mit der Mondgöttin als Urmutter in den Tempelbezirken ableiten zu lassen. Die Kastration des Bullen, eine für die Fortentwicklung der Fleischgewinnung wichtige Entdeckung, denn kastrierte Tiere sind leichter zähmbar, und ihr Fleisch ist zarter, geschah wohl aus religiösen Motiven. Die Selbstkastration von Priestern ist aus dem Vorderen Orient wohlbekannt und als Teil des mitleidenden Mysterienspiels für manche Fruchtbarkeitsgöttinnen zu deuten.

Die verschiedenen übrigen Arten der Nutzung des Rindes künden von einer höchst bemerkenswerten Entwicklung im Sinne eines Lernvorganges beim Menschen. Die frühesten Darstellungen des Melkens durch einen Priester zum Beispiel zeigen diesen hinter den Hinterbeinen, wobei er durch ein eventuelles Ausschlagen des Tieres gewiß gefährdet war. Heute noch gibt es diese Melkart bei manchen afrikanischen Stämmen. Erst später kam man offensichtlich auf die Idee, daß das Melken von der Seite her ungefährlich war. Somit hatte man auch die Kuh als Milchproduzentin entdeckt, und die Menge der Milch ließ sich steigern, indem man möglichst viele Trächtigkeiten herbeiführte. Bei jeder dieser Schwangerschaften ist ja die Milchproduktion hormonal enorm gesteigert, weil für das Jungtier gemeint.

An typischen Domestikationsmerkmalen finden sich schon auf den mykenischen Fresken von Knossos auf Kreta gefleckte Rinder, was mindestens auf halbdomestizierte Rassen hindeutet. Auch die manchmal übergroß dargestellten Euter und hornlosen Schädel aus den bildlichen Darstellungen des 3. bis 2. Jahrtausends v. Chr. aus Ägypten sind eindeutige Beweise für schon bald eingetretene Domestikationsmerkmale.

Als Stammform des Hausrindes kommt nur der Auerochse oder Ur in Frage. Es handelt sich um ein Wildrind, das ursprünglich vom Pazifik über Asien und Europa verbreitet war

Der Wildyak lebt in Nordtibet. Der kleinere Hausyak wird dank seiner Genügsamkeit und Kälteunempfindlichkeit in weiten Teilen Asiens, vor allem in Höhenlagen, gehalten.

Unten: Der Hausbüffel ist neben dem Zebu das wichtigste Haustier Asiens. Er eignet sich besonders gut zur Bestellung der überfluteten Reisfelder.

und sogar die Gebiete zwischen nördlicher Tundra und Nordafrika bevölkerte. Bei Tieren mit so großer Verbreitung gilt generell die zoologische Regel, daß sich Unterarten entwickeln in Anpassung an die jeweiligen Außenbedingungen.

Für solche geographischen Unterarten gibt es sogar wohletablierte Regeln, die über Körpergröße, Färbung und Körperbautyp etwas aussagen. Dabei gilt nach der Bergmannschen Regel, daß verwandte Tierarten in kühleren Klimaten zu größeren Körperdimensionen neigen, während sie in wärmeren Gebieten eher zu kleinen Formen tendieren. In gleicher Weise formuliert die Allensche Regel, daß warmblütige Tiere in kalten Klimaten kürzere Körperanhänge, also Ohren, Schwänze und Gliedmaßen, besitzen als ihre Verwandten in wärmeren Regionen. Schließlich sagt die Glogersche Regel hinsichtlich der Fellfärbungen aus, daß sich helle, wüstenfarbige Töne in trockenwarmen Gebieten einstellen, während dunkelbraune bis schwarze Fellfarben in feuchtwarmen Gebieten anzutreffen sind.

Der europäische Ur (Bos primigenius) ist uns sogar aus historisch gesicherter Zeit durch Zeichnungen überliefert, und Markgraf Siegesmund von Brandenburg erlegte 1595 noch einen Bullen von 14 Zentnern. Während der Auerochse in Mitteleuropa um 1400 n. Chr. bereits durch die fortschreitende Landwirtschaft verdrängt worden war, überlebte er in Polen und Ostpreußen, wo er für die Jagden des Adels gehegt wurde. Das letzte bekannte und historisch gesicherte Exemplar, eine Ur-Kuh, wurde im Jahre 1627 bei Warschau getötet. Von einem Holzschnitt aus dem Jahre 1495 aus Mainz und einer Zeichnung nach einem Ölgemälde des 16. Jahrhunderts, die man 1827 in einem Augsburger Antiquariat entdeckte, wissen wir über das Aussehen des Urs ausgezeichnet Bescheid. Es handelte sich um ein starkes Rind von über zwei Metern Schulterhöhe mit langen Hörnern, das den Kopf fast waagerecht in Schulterhöhe trug, so daß Kopf- und Rückenlinie eine Gerade bildeten. Dabei war der Bulle deutlich größer als die zugehörige Kuh.

Man hat versucht, in den dreißiger Jahren unseres Jahrhunderts in Berlin und München den Auerochsen aus verwilderten Rindschlägen rückzuzüchten. Aber die wissenschaftliche Sicherung dieser Versuche ist nicht recht tragfähig, zumal nach einer grundlegenden Regel von Dollo (1857–1931) ein einmal ver-

lorengegangenes Erbgut sich in der Originalzusammensetzung nicht wieder gewinnen läßt.

Neben diesen großen Rassen traten im Laufe einer langen Verbreitungsgeschichte der Rinder auch Zwergrassen auf, die zum Teil aus dem Schweizer Neolithikum bekannt geworden sind, andererseits auch auf dem Balkan und im Kaukasus um etwa 2000 v.Chr. verbreitet waren. Die dortigen Kulturen des Menschen hatten deutlich stärker unter widrigen Umweltbedingungen zu leiden als etwa die im »Fruchtbaren Halbmond«. Möglicherweise ist es dabei einfach praktischer gewesen, sich kleinerer Rinderrassen zu bedienen, und noch heute finden sich solche Kurzhornrinder in Mangelgebieten und werden mit eigenen Zuchtnamen belegt: Spanische Bergrinder, bulgarische Rhodop-Rinder und italienische Piedmont-Kühe sind hierfür nur einige Beispiele.

Das ursprüngliche Rind, der Ur also, hat sich im europäischen Raum allenfalls mit einigen seiner Wildtiermerkmale erhalten, die sich in den spanischen Kampfstieren, im englischen Longhorn, dem nordischen Telemark-Rind und den Camargue-Rindern am deutlichsten zeigen. Alle diese Rassen leben in einer Quasi-Freiheit, sind aber selbstverständlich jederzeit dem Menschen zur Nutzung zugänglich und also deutlich den Haustieren zuzurechnen.

Auch das indische Buckelrind oder Zebu ist vom Ur abzuleiten, und die typische Fettansammlung im Nacken ist nicht so ausgefallen, wie es zunächst scheinen mag. Solche Fettansammlungen an bestimmten Körperteilen stellen sich in heißen Klimaten auch bei Schafen (Fettschwanzschaf), Kriechtieren (Rübenschwanzgecko) und sogar beim Menschen ein, bei dem der Fettsteiß der Hottentottenfrauen keine andere Deutung zuläßt als die für die genannten Tiere geltende: Eine gleichmäßige Verteilung des Reservefettes um den Körper herum würde in heißen Klimaten zu einer Überhitzung des Körperkerns führen und damit den Wärmehaushalt empfindlich stören. Im alten Kreis der indischen Hochkulturen ist das Zeburind schon im 4. Jahrtausend v.Chr. nachgewiesen. Seine Rolle im Hinduismus der heutigen Tage wird unten noch näher erläutert.

Der Yak auf den Höhen des Himalaya wurde erst um etwa 1000 v.Chr. domestiziert. Auch hierbei fällt auf, daß der wilde Yak einfarbig, der Hausyak aber oft verschiedenfarbig und gemustert ist.

Der in den Sumpfgegenden Südostasiens höchst wichtige Büffel schließlich (Bubalis bubalis) entstand aus dem Wildbüffel oder Arni der vorder- bis mittelasiatischen Gebiete, was aus der Industalkultur, also um etwa 3000 v.Chr., bereits bildlich belegt ist. Arnis und die Hausbüffel oder Kerabauen sind widerstandsfähiger gegen manche Tropenkrankheiten und Parasiten als die europäischen Rinder.

Verhaltensweisen. Anschließend an die Befunde zur Rinderdomestikation in verschiedenen Gebieten der Alten Welt mögen einige Bemerkungen zu den Verhaltensweisen und Sinnesleistungen des Rindes die Kenntnis über den Haustierwerdungsprozeß dieser wichtigen Art abrunden.

Wildrinder leben in aller Regel im Freiland in wohlgegliederten sozialen Herden, bei denen eine deutlich ausgeprägte Verhaltenshierarchie das Funktionieren der Gruppe garantiert. Freilandstudien an Halbwildrindern etwa in der Carmague haben ergeben, daß körperliche Stärke über die Position in der Herde entscheidet. So wird es verständlich, daß junge, erwachsene und kräftige Bullen dabei meist eine beherrschende Rolle spielen.

In diese Rolle konnte der Mensch bei lokalen Zwergformen einsteigen und so das Verhalten der »unterlegenen« Rinder, vor allem der Jungtiere, leiten. Außerdem gibt es bei Tieren mit Rangordnungskämpfen immer wieder einmal solche Individuen, die von der Herde abgesprengt werden. Solche Tiere sind meistens schwache oder jugendliche Individuen, deren sich der Mensch mit Zuwende- und Pflegereaktionen annahm. Dazu paßt gewiß ausgezeichnet die Tendenz des Kalbes, alle möglichen Gegenstände als eventuell nahrungspendende Zitze durchzuprobieren, das heißt, sich saugend auf jede Hand, jeden Vorsprung am Holz der Umzäunung und anderes mehr zu stürzen und da sozusagen blind zu saugen.

Auf diese Weise wurde eine Ernährung durch den Menschen möglich, wobei dieses Saugeverhalten bei den meisten Haustierrassen lebenslang beibehalten wird und manchmal sogar zu Schäden in der Herde führen kann. Anders als beim Hund spielen die Exkremente in sozialer oder territorialer Hinsicht bei Rindern keine Rolle. Mit Exkrementen verunreinigtes Gras wird gemieden, was das manchmal buntscheckige Grasbild auf den Weiden erklärt.

Im indischen Kulturkreis hat der Kuhdung schon seit Urzeiten als mit Streu handgemischtes Brennmaterial seine Rolle gespielt und gewinnt gegenwärtig noch größere Bedeutung als Grundlage für die Produktion von Biogas (Methan aus Kuhdung). In entsprechenden Gärungsbehältern entsteht dabei unter Mitwirkung von Bakterien brennbares Methangas. Auf diese Weise können schon acht Kühe den Wärmeenergiebedarf einer indischen Großfamilie decken. Auch in unseren Breiten hat man sich angesichts der Energiekrise bereits dieses wirtschaftlich und ökologisch vernünftigen Verfahrens angenommen, und manche Betriebe mit intensiver Kuhhaltung gewinnen neben dem Biogas aus dem Dung auch aus der Körperwärmeproduktion und dem Kühlprozeß bei der Milchkonservierung beachtliche Energiebeträge zur Erhitzung von Brauchwasser und zur Raumheizung.

Ebenso ungebrochen ist im indischen Kulturkreis die Verehrung des Rindes als heilige Kuh, was man vielleicht als direkte Fortsetzung der kultischen Rolle verstehen kann. Diese Tatsache unterstreicht, daß am Beginn der Rinderhaltung nicht das Fleisch gemeint war, sondern die oben umrissene Rolle im Vordergrund stand. Auch der Stier hat im hinduistischen Kult seine Rolle als Symbol der göttlichen Zeugungskraft bis jetzt beibehalten. Allenthalben sieht man im indischen Raum in entsprechenden Tempeln den Stier Nandi, der dem Gott Shiwa zugeeignet ist und oft in grotesker Übertreibung die Attribute seiner Männlichkeit aufweist.

Vereinfachte Wahrnehmung. Bei den Wildrindern ist die Brunstzeit auf jährlich wenige Tage bis Wochen beschränkt, aber bei den meisten Hausrindrassen ist die sexuelle Bereitschaft das ganze Jahr über vorhanden. So läßt sich beim Zuchtbullen auf leichte Weise die Kopulation provozieren, wobei die visuelle Wahrnehmung eines umgekehrt V-förmigen Gegenstandes genügt, um das Aufreiten zur Kopulation hervorzurufen. Auch ein gebückter Mensch bietet ja einen solchen verkehrt V-förmigen Anblick, und so werden manche Unglücksfälle zwischen dem sich bückenden Viehhalter und dem diese Haltung mißverstehenden schweren Zuchtbullen verständlich.

Eine ähnliche Vereinfachung der Wahrnehmung läßt sich auch bei der Spermagewinnung feststellen. Dabei haben sich die Besamungsstationen zur Gewinnung des Spermas von Hochzuchtbullen lange Jahre einigermaßen grober Kopulationsattrappen bedient, bei denen eine künstliche Vagina den kostbaren Samen aufnahm. Mit dieser Methode wurde von manchen Zuchtbullen in sechs Stunden 77mal die Samenentleerung erreicht. Inzwischen sind die Stationen aber dazu übergegangen, durch elektrische Reizung das Sperma zu gewinnen.

Milchrekorde. Das gilt auch für die Milchausschüttung bei Kühen, bei denen man durch Dauerelektroden im Hypothalamus (Teil des Zwischenhirns) enorme Milchleistungen erzielen kann. Aber auch ohne solche labormäßigen Behandlungen liefern gute Milchkühe unserer Hochzuchtrassen über 60 Liter pro Tag, wobei Jahresdurchschnitte von 36 Litern pro Tag durchaus nicht ungewöhnlich sind. Der Milchrekord scheint von der siebzehnjährigen englischen »Eva« gehalten zu werden, die bis zum Jahre 1979 157 Tonnen Milch und neunzig Nachkommen geliefert hat. Im Vergleich dazu ist die Milchleistung des Auerochsen mit großer Sicherheit nur sehr bescheiden gewesen. Leider kennen wir sie ja nicht mehr direkt, aber die Angaben über den Yak mögen als Vergleichswert dienen: Während der kurzen Säugezeit des Yakkalbes liefert die Mutter nur etwa 5 Liter Milch pro Tag, die mit 8 Prozent Fett allerdings doppelt so fettreich ist wie die unserer Rinderrassen.

Aus solchen Milchrekorden hat sich seit dem Ende des letzten Weltkrieges ein immer deutlicher werdendes Problem ergeben: die Überproduktion von Milch, Butter und Kälbern. So zeigten sich schon früh in den USA ernste Schwierigkeiten in der markttechni schen Bewältigung solcher Rekordproduktionen, und auch der gegenwärtige »Butterberg« der europäischen Wirtschaftsgemeinschaft stellt ein solches Problem dar, das mit oft bizarren Mitteln gelöst werden muß: Schleuderpreise für Butter, Wegschütten von Milch und Abschlachten von Hochleistungsmilchkühen gegen Prämie.

Intensivhaltung. Im Zuge dieser Bemühungen um eine weitere Steigerung der Produktion von Rindererzeugnissen hat sich auch die Intensivhaltung von Kälbern und Kühen in Batterien ergeben. Dabei werden auf kleinstem Raum Kälber gleichen Alters sozusagen im Fließbandverfahren gemästet. Durch (verbotene) Zugabe von Antibiotika und Östrogenen (weiblichen Geschlechtshormonen) versucht man, die Fleischqualität gezielt zu beeinflussen. In solchen gefängnisartigen Zellen kann sich natürlich die normale Verhaltensentwicklung der Kälber nicht abspielen, und oft wird das Ohr des Nachbarkalbes immer wieder bis auf das Blut angesaugt, weil normale Jugendstadien nicht durchlaufen werden konnten. Immer wieder einmal erschüttern Gerichtsprozesse mit allem Pro und Contra über diese Art der Haustierhaltung die Öffentlichkeit.

Auch die in beachtlichen Mengen anfallenden Urin- und Kotabfälle aus solchen Intensivhaltungen stellen ein Problem dar, denn kein Ackerbau kann solche Massen verkraften, so daß man sich mit dem Abtransport und der sinnvollen Nutzung solcher »Gülle« immer erneut beschäftigen muß.

Trotz all dieser manchmal futuristisch anmutenden Bemühungen und erreichten Erfolge hat das Rind in der Mehrzahl der Länder unserer Welt noch seine alte Rolle beibehalten: Die Kuh zieht den Pflug, dreht den Schwengel des Schöpfbrunnens, zieht den Wagen, tritt beim einfachsten Dreschverfahren mit den Hufen das Korn aus den Ähren und liefert schließlich Milch, Butter, Käse, Leder und tierische Wärme.

Sinnesleistungen und Lernleistungen. Es gilt wohl inzwischen als sicher, daß die Farbwahrnehmung des Rindes nur gering ausgeprägt ist. So ist die rote Capa des spanischen Stierkämpfers nicht als Farbe der Anreiz zum – meist gar nicht vom Stier beabsichtigten – Kampf, sondern ihre dauernde Bewegung durch den Matador. Die Fähigkeit, optische Anweiser, das heißt Formen, zu lernen, ist aber beim schwarz-weißen Niederungsvieh zum Beispiel ganz erstaunlich gut ausgeprägt. In Laborversuchen stellte sich heraus, daß bis zu dreizehn Paare solcher »Verkehrstafeln« gleichzeitig als richtig bzw. falsch im Gedächtnis behalten werden konnten und daß sich dieses Behalten auch noch nach über einem Jahr als außerordentlich ungestört erwies. Es ist also sicherlich falsch, den deutschen Schimpfnamen »dumme Kuh« in des Wortes direkter Bedeutung zu gebrauchen.

Auch die Fähigkeit, Töne und Geräusche zu unterscheiden, ist bei den Rindern gut ausgeprägt. Das zeigt sich bei dem berühmten muhenden Ballett des Moskauer Staatszirkus. Diese Rindertruppe wiegt sich im Walzertakt oder nach anderen Volksweisen im entsprechenden Rhythmus, was auf eine außerordentlich gute akustische Wahrnehmungs- und Unterscheidungsfähigkeit hindeutet.

Es ist erfreulich, daß sich der Mensch bei aller intensiven Nutzung des Rindes hin und wieder noch einiger sympathischer Beziehungen zu diesem Haustier besinnt: So wurde 1977 der Weltrekord im Kuhfladenweitwurf mit 54,55 Metern aufgestellt.

Przewalskipferde sind in freier Wildbahn inzwischen ausgerottet, lediglich in einigen Tiergärten haben sie überlebt. Mehrere lokale Unterarten dieses Urwildpferdes waren die Ahnen unserer Hauspferde.

Das Hauspferd

Unsere heutigen Pferde haben sich aus der gut hasengroßen, vierzehigen Frühform Hyracotherium des nordamerikanischen Miozäns entwickelt. Dort erfolgte mit der Entstehung der großen Prärien der Verlust des ersten Zehs, und der zweite und vierte Zeh wurden stark verkürzt, so daß wir zum Unpaarhufer als dem Urahnen des heutigen Pferdes kommen, das sich von Nordamerika aus über Asien, Europa und Afrika verbreitete. Wie bei den anderen Arten mit großem Verbreitungsgebiet findet sich auch bei diesen Frühpferden eine reiche Untergliederung in lokale Unterarten. Damit ist schon gesagt, daß das heutige Pferd eigentlich ein Steppenbewohner ist.

Die ältesten sicheren Nachweise von domestizierten Pferden finden sich in der Ukraine aus dem Jahr 3000 v. Chr., aber auch in China wurden Wildpferde bereits vor etwa 6000 Jahren domestiziert. Auch alle übrigen Kulturen des »Fruchtbaren Halbmonds« haben sich mit der Hauspferdehaltung befaßt, und selbstverständlich findet man auch in Altägypten bereits Pferde als Zugtiere vor Kampfwagen gespannt.

Dabei sollte nicht vergessen werden, daß das Pferd ursprünglich als Fleischlieferant gejagt wurde. Diesen Sachverhalt findet man in manchen Darstellungen der Höhlenmalereikultur überzeugend wiedergegeben, vor allem in den Grotten Nordspaniens und der Dordogne. Die hier dargestellten Pferde machen einen gedrungenen und schwergliedrigen Eindruck und könnten also die Ausgangsform eines Lastpferdes sein. Manche Pferdezüchter meinen tatsächlich, daß hier unsere schweren »Kaltblüter« ihren Ursprung genommen haben, während sich die leichteren und trockenen »Warmblüter« aus dem grazileren russischen Steppen- oder Waldtarpan ableiten lassen könnten.

Ahnen unseres Hauspferdes. Die als Ahnen für unsere Hauspferde in Frage kommenden lokalen Unterarten des Wildpferdes Equus przewalskii sind vor allem der südrussische Steppentarpan mit mausgrauer Färbung und mittlerer Pferdegröße, der kleinere Waldtar-

1

2

3

4

5

6

7

8

Pferde: stets richtig eingesetzt?

Das Pferd war ursprünglich als Bewohner von Grassteppen auf ein Leben in der Herde und ein gutes Laufvermögen angewiesen. Das erklärt, daß Pferde aus anatomischen und verhaltensmäßigen Gründen nicht zum Springen ausgerüstet sind und dabei, von Sportreitern zusätzlich belastet, meist hoffnungslos überfordert werden (6). Schon der zur Kapriole dressierte Lippizaner (3) der Wiener Hofreitschule ist vom sinnvollen Tun meilenweit entfernt, denn freiwillig überspringt kein Pferd auch nur niedrige Hindernisse, schließlich muß sein Körpergewicht bei der Landung auf dem Mittelfinger, dem Huf, aufgefangen werden: ein schier unbiologisches Unterfangen mit manchmal schlimmen Folgen für das solcherart überforderte Tier. Da ist Galopprennen (4) viel pferdevernünftiger. Der ursprüngliche Traberzustand spiegelt sich noch heute in Wildpferd-Gruppen wider, wie etwa im Merfelder Bruch in Westfalen oder in der Camargue (1), dem Rhônedelta. Die dem Wildpferd formal noch nahestehenden meist kleinwüchsigen Ponys haben sich zum Beispiel auf den Shetland-Inseln (2) erhalten. Die englischen Exmoor- (5) und Norweger-Ponys (8) zeigen in ihrer gedrungenen Statur Anklänge an Kaltblüter-Rassen. Alle Ponys sind anspruchslose Trag-, Zug- und Reittiere.

pan aus den Steppen- und Wüstengebieten und schließlich der Osttarpan mit rötlich-gelber Fellfarbe. So erklärt sich die vorgeschichtlich bewiesene Tatsache, daß schon bald nach der Domestikation um etwa 3000 v.Chr. verschiedene, in der Körpergröße und im Körperbau sich unterscheidende Schläge von Pferden auftauchten.

Das westliche Przewalskipferd war etwa 155 Zentimeter hoch (Widerristhöhe) und besaß einen massiven, grobknochigen Körperbau. Die kurze Mähne stand aufrecht, so daß die heutigen lang herabhängenden Pferdemähnen wohl eindeutige Domestikationsmerkmale sind. Ist also bei heutigen Pferderassen eine aufrecht stehende, kurzhaarige Mähne vorhanden, so ist das als Wildtiermerkmal zu deuten. Gleiches gilt für die im Profil typische Ramsnase, also eine nach oben gewölbte Nasenpartie. Die heutigen Hochzuchtrassen zeigen denn auch nicht die Spur einer solchen Ramsnase. Über dieses und andere Rassenmerkmale für Hochzuchtpferde wachen verschiedene Zuchtvereinigungen mit strengen Vorschriften.

Der südrussische Steppenvertreter starb 1879 in Südrußland aus. Aus der damaligen Jagdliteratur wissen wir aber noch recht gut über das Aussehen dieses Wildpferdes Bescheid: Es war ponyartig und hatte einen ramsnäsigen Kopf, kleine, spitze Ohren und eine kurze, aufrechte Mähne. Über Rücken und Schulter dehnte sich eine kreuzartige dunklere Zeichnung (die als Aalstrich auch bei anderen Huftieren bekannt ist und als Merkmal für eine ursprüngliche Rasse gilt.)

Der Tarpan lebte in Rudeln von etwa 15 Exemplaren unter der Führung eines Leithengstes. Der leichte südrussische Tarpan wird als Ausgangsform der leichteren Pferderassen angesehen und lebt offenbar auch in den genügsamen Panjepferden der russischen Steppensiedlungen weiter, sowie in den Shetland- und Islandponies.

Nutzungsarten. Die nach Vorderasien gelangenden Südtarpane wurden in frühgeschichtlicher Zeit von arabischen Adelsgeschlechtern zum Lauf- und Rennpferd hochgezüchtet. Auch bei den Skythen im europäischen Ostrußland erfreuten sich solche Hochzuchtpferde großer Wertschätzung und sind archäologisch überliefert. Die im Vergleich zum bedächtigen und nicht sehr lauffreudigen Rind sehr viel beweglicheren Pferde ermöglichten ein sekundäres Nomadentum, was ja auch nach Erschöpfung der nur kurzfristig und ohne Düngung benutzten Ackerflächen nötig war. So wurde das Pferd zum wertvollen Zugtier, mit dem man schnell zu neuen Futter- und Wasserplätzen kommen konnte.

Entsprechend dieser ursprünglichen Benutzung der Pferde war das Reiten noch nicht entdeckt, vielmehr wurden Pferd-Wagen-Kombinationen benutzt. In den klassischen Kulturen der Ägypter und Perser und in der griechischen Antike spielte das Pferd noch lange Zeit die Rolle eines Zugtieres von Kriegs-, Gebrauchs- und Prunkwagen. Auch die Vorstellung, daß die Götter mit solchen Prunkwagen über das Himmelsfirmament stürmen bzw. daß Sternbilder als Wagen gedeutet werden, mag von der Hochschätzung des Pferdes als Zugtier zeugen.

Die Benutzung des Pferdes als Reittier ist erst in frühgeschichtlicher Zeit erfolgt. Damit erhält auch der wissenschaftliche Name für das Pferd Equus przewalskii forma caballus, das heißt Reitpferd, seine volle Berechtigung. In der Folgezeit wurde das Pferd dann zum tragenden Pfeiler einer ganzen höfischen Kultur (Kavalier, Kavallerie), und dieser Aspekt hat sich mit etwas snobistischem Beigeschmack bis in unsere Tage erhalten. Reit- und Rennsport gelten immer noch ein wenig als den oberen Zehntausend vorbehalten. Die Herrschenden jener Zeit richteten besondere Pferdezuchtstätten ein, und manche Ortsnamen weisen noch heute darauf hin, wie etwa die Bezeichnung für Stuttgart, die auf Stutengarten zurückgeht.

Es nimmt nicht wunder, daß bei der Beliebtheit des Pferdes für solche exklusiven Betätigungen die Machthaber aller Kulturen sich im Austausch der besseren Zuchttiere zu übertreffen suchten. Ein Paradebeispiel dafür ist die Entstehung der Warmblüter im späten Mittelalter. Die Engländer holten sich drei Hengste und neun Stuten aus Arabien und brachten mit Hilfe schärfster Inzucht das englische Vollblut zu Wege. Dabei beziehen sich die Namen Warm- bzw. Kaltblut natürlich nicht auf die Bluttemperatur, sondern auf das Temperament. Die aus den Araberpferden gezogenen englischen Vollblüter sind Rennpferde mit besonders leistungsfähigem Herz- und Gefäßsystem. Als Halbblut bezeichnet man Pferde, die durch Kreuzung von Vollblut mit Kalt- oder Warmblut entstehen, was im allgemeinen sogar eine Steigerung von Ausdauer und Schnelligkeit bedeutet.

Die heutigen Pferderassen kann man etwa in folgender Weise aufteilen, obwohl die schon genannten häufigen Kreuzungen über Generationen und weite Entfernungen hinweg die Herkunft der einzelnen Blutlinien oft schwer verfolgbar machen:

Ponies sind kleine Pferde mit allenfalls 150 Zentimetern Widerristhöhe, die oft aus den lokalen Wildpferdschlägen weitergezüchtet wurden und also meist noch wildpferdhafte Merkmale aufweisen. Beispiele hierfür sind die »Wildpferde« aus der Camargue, von Korsika, dem Meerfelder Bruch und die Fjordpferde aus Westnorwegen. Auch das Haflingerpferd der Alpenländer gehört dazu. Heute kennt man 65 Ponyrassen, wovon allein 51 in Europa gezüchtet wurden.

Kaltblüter sind schwerwüchsige, bis 1000 Kilogramm schwere und etwa 180 Zentimeter hohe Pferde. Hierher gehören die Belgier, Schlesier, Thüringer und dänischen Kaltblüter sowie die Berkshirepferde.

Warmblüter existieren in schwereren und leichteren Schlägen, aber die meisten wiegen nicht mehr als 750 Kilogramm. Sie sind durch die bekannten Hochleistungspferde des modernen Pferdesportes bekannt geworden. Zu ihnen zählen die Holsteiner, die Ostpreußen, die Hannoveraner und Trakehner.

Sinnesleistungen. Wie beim Rind läßt sich auch beim Pferd manches im Verhalten der heutigen Rassen aus der Vorgeschichte erklären. Als ehemals grasendes Steppentier ist es in keinem Fall auf das Überqueren von Hindernissen ausgelegt, die man nur im Sprung überwinden kann. Vielmehr ist es auf die Wahrnehmung kleinster Bewegungen auch in großer Entfernung angewiesen, denn nur so kann ein Raubfeind genügend früh ausgemacht werden. Dem dazu nötigen Rundumblick entspricht die Position der Pferdeaugen, die weit seitlich angesetzt sind und ein ausgedehntes, flächenhaftes Panoramabild ergeben. Andererseits sind die Augen wenig geeignet, Dreidimensionalitäten wahrzunehmen. Folglich ist das körperliche Sehen beim Pferd nur schwach ausgeprägt.

Umgekehrt ist die Sehschärfe etwa so gut wie die des Schweines, des Esels und der Ziege. Sie wird in Winkelminuten bzw. -sekunden angegeben und beträgt beim Pferd 8,5 Minuten, was im Vergleich zu den 20 Sekunden des Menschen natürlich einen deutlich schlechteren Wert darstellt. Er sagt etwas aus über die Güte, mit der ruhende Gegenstände visuell wahrgenommen werden. Gewissermaßen als Ersatz ist beim Pferd die Wahrnehmungsfähigkeit für kleinste Bewegungen sehr ausgeprägt, die unter anderem erklärt, daß der berühmte »kluge Hans« aus Elberfeld angeblich Rechenaufgaben und andere schwierige Dinge lösen konnte. Die jeweils »richtige« Antwort klopfte dieses Pferd mit den Hufen in Form einer bestimmten Anzahl von Klopfgeräuschen. Erst nach mehreren Jahren erkannte man, daß der Dompteur diesem Pferd unmerkliche Zeichen gab, die sich etwa als Erwartungshaltung und Erwartungsgeste an Gesicht und Händen ablesen ließen.

Die stammesgeschichtliche Herkunft dieser guten Wahrnehmungsfähigkeit erklärt sich aus dem Sozialleben des Pferdes in der Gruppe. Dabei ist die Erkennung bestimmter Handlungsabsichten beim Kumpan höchst wichtig, ja kann lebensrettend sein. So bedeuten etwa nach hinten gelegte Ohren Unlust und Angriffsbereitschaft, und die Drohgeste mit dem Entblößen der Zähne wird selbstverständlich auch vom Menschen leicht als Ankündigung des nunmehr fälligen Zubeißens verstanden.

Aus dem Freilandleben in der Herde mag sich eines Tages auch die Lösung für das noch immer ungeklärte Phänomen ergeben, daß Pferde aus großen Entfernungen zu ihrem Heimatort zurückfinden können. Es ist bisher nicht ganz auszuschließen, daß dabei der Geruchssinn der Pferde eine entscheidende Rolle spielt, denn mexikanische Kuhhirten beobachteten, daß Cowboy-Pferde verlorene Kühe über Entfernungen von achthundert Metern wiederfinden können. Damit ist ein weiterer Schlüssel gegeben, die Wichtigkeit des Geruchssinnes zu verstehen. Mit Hilfe dieses Sinnes wird nämlich der jeweilige Zustand im Sexualzyklus der Weibchen geruch-

lich festgestellt. Dabei lösen Spuren von Sexualduft schon eine typische Gesichtsgestik aus, die man Flehmen nennt. Offensichtlich hilft sie, durch eine bestimmte Lippenposition die Luft besonders sorgfältig auf die entsprechenden Duftpartikeln hin zu prüfen.

So nimmt es nicht wunder, daß der Geruchssinn auch eine Rolle spielt bei der Abgabe der Ausscheidungen. Im Freiland setzen Hengste ihren Kot immer an derselben Stelle des Reviers ab, wobei sich der Hengst zunächst geruchlich über die Qualität des Ortes informiert, sich dann um 180° dreht und so genau die Losung absetzen kann. Bei den Stuten, die eine ähnliche ortstreue Kotabgabe pflegen, unterbleibt diese Kehrtwendung, so daß Stutenaborte langsam an Fläche zunehmen. Bezeichnenderweise gehen kastrierte Hengste immer mehr zu diesem Stutenmodus über. Eine wichtige Funktion solchen ortstreuen Verhaltens mag darin bestehen, daß mit dem gezielten Absetzen von Ausscheidungsprodukten die Verbreitung von Parasiten verringert wird, indem durch Meidung solcher Stellen dort keine Nahrungsaufnahme und Neuinfektion mit Parasiten erfolgen.

Auch bei der Züchtung von Pferderassen macht man sich in jüngerer Zeit immer mehr die Genauigkeit der geruchlichen Wahrnehmung zunutze. Von wertvollen Zuchthengsten gewinnt man mit Hilfe einer Kopulationsattrappe, die man notfalls mit dem Urin brünstiger Stuten bespritzt, die entsprechenden Samenmengen zur künstlichen Befruchtung der ausgewählten weiblichen Partner. Dazu ist es nötig, die Kopulationsbereitschaft der Hengste unter Umständen durch Massage und Elektroreizung zu stimulieren, denn anders als beim Bullen ist der Hengst nur durch Bluteinstrom in das Begattungsglied zur Erektion fähig, während beim Bullen ein immer bereites Begattungsglied aus elastischem Bindegewebe vorliegt, das nicht erst über Nerven, Muskeln und Blutgefäße bereit gemacht werden muß. Beim Wildpferd gibt es jährlich nur eine Phase der Kopulationsbereitschaft, die sich bei manchen Pferderassen zu einem vervielfachten Auftreten solcher Perioden pro Jahr steigert.

Pferdesport. Schließlich ist neben der Nutzung des Pferdes als Zug- und Lasttier, als Lieferant von Leder, Pelzen (Fohlenmantel) und Fleisch auch seine Verwendung zum Reitsport von Bedeutung. Zur richtigen Beurteilung der immer wieder aufflackernden Kontroversen zwischen Freunden und Gegnern dieses Sportes, womit vor allem der Springsport gemeint ist, ist festzuhalten, daß der heutige Pferdehuf aus der Mittelzehe des Hyracotheriums hervorgegangen ist. Somit steht unser Pferd eigentlich auf der Spitze des Mittelfingers, und auf diesen einen Finger hat man die inzwischen beträchtlich schwerer gewordene Körpermasse wie auf einer Reißzwecke zusammengefaßt. Nach Überqueren eines Rekordhindernisses – der Weltrekord im Pferdehochsprung steht seit 1949 bei 2,47 Metern – landet das manchmal beträchtliche Pferdegewicht von mehreren hundert Kilogramm auf dieser einen Fingerspitze. Daß es dabei häufig nicht ohne Dauerschäden oder gar Brüche abgeht, läßt sich in den Sportnachrichten immer wieder feststellen. Der Tod solcher verunglückter Pferde durch die »Gnadenkugel« ist mit gutzuheißendem Sport wohl nicht recht vereinbar, wohl aber mit einer bis über die erlaubte Grenze hinausgehenden Ausnutzung des Pferdes.

Vom Trabsport dagegen kann man dieses gewiß nicht behaupten, denn als ehemaliges Steppentier ist auch das Hauspferd durchaus noch für das Überbrücken großer Entfernungen mit hoher Geschwindigkeit ausgelegt. Dabei lassen sich solche auf das natürliche Laufen ausgerichtete Pferde schon durch sechzig Zentimeter hohe Einzäunungen zurückhalten, denn normalerweise gibt es ja in den Steppen keine Drahtverhaue und Gräben.

Der Hausesel

Außer dem Pferd ist der Esel der einzige Vertreter der Unpaarhufer, der in den Hausstand übernommen wurde. Dieses erfolgte im Nordosten Afrikas, in Nubien und Eritrea, wo man spätestens seit 6000 v. Chr. aus dem afrikanischen bzw. nubischen Wildesel den Hausesel domestizierte. Im alten Ägypten finden sich auf der berühmten Negada-Platte von Gizeh, also aus der Zeit von 5000 bis 4500 v. Chr., Darstellungen des Hausesels. Die dortige Unterart zeichnete sich durch eine starke Schulterkreuzzeichnung (Aalstrich) aus, die bis zu den Beinen hinabreichte. Auf den alten Darstellungen der Esel ist denn auch das lange Schulterkreuz des nubischen Wildesels meist ganz deutlich zu erkennen und weist auf die Wildform hin.

Frühe Nutzungsarten. Esel lebten in Gruppen von zehn bis fünfzehn Tieren und wurden von einem Leithengst geführt, wie man das auch vom Wildpferd kennt. Schon in dieser frühen Zeit diente der Esel als Lasttier und wurde zum Dreschen des Getreides benutzt. Wegen seiner im kargen Freiland nötigen Fähigkeit, auch auf engen Saumpfaden auf Kurs zu bleiben und trittsicher zu sein, war er auch das ideale Tier zum Ziehen des Göpels beim Wasserschöpfen. Schließlich dienten zwei Esel mit einer zwischen ihnen ausgespannten Sänfte als Tragetier für den Menschen bzw. dessen höhere Ränge. Dabei ließen die Ägypter dem Esel beim Lastentragen offenbar freien Lauf, denn auf ihren Darstellungen sind Zügel oder ähnliche Leitinstrumente nicht abgebildet.

Als echtes Reittier ist der Esel offenbar zunächst bei den Nubiern und Juden benutzt worden. In manchen Gegenden Ägyptens und Marokkos wird der Esel bis heute mit dem Kamel zusammen vor den Pflug gespannt, wobei der Esel offensichtlich das ganggenaue und im guten Sinne verhaltenssture Leittier ist, das Kamel aber die eigentliche Kraft liefern muß.

Die Milch des Esels galt schon in alter Zeit als geschätztes Bleichmittel für die Haut und als guter Ersatz der Muttermilch. Die von den Eselmüttern erzeugte Milch ist an Menge zwar nur gering, aber an Fettgehalt deutlich reicher als etwa Kuhmilch. Auch das Eselfleisch wird von einigen Völkern gegessen, und auch unsere Salamiwurst wurde in alten Zeiten aus dem Fleisch von Eseln hergestellt.

Bei den verschiedenen Kulturen stand der Esel in recht verschieden hohem Ansehen, was auch heute noch der Fall ist. Die Ausbreitung des Hausesels aus dem Niltal erfolgte wahrscheinlich erst nach der übertriebenen Bodenausbeutung und der damit verbundenen Wüstenbildung. In deren Gefolge war es notwendig, daß einige Bevölkerungsgruppen neue Lebensräume aufsuchten. Dabei wurden die Esel als genügsame Hausgenossen offensichtlich besonders häufig mitgeführt. Manchmal scheint dabei die Übergabe eines Esels als Geschenk die Beziehung zu den Bewohnern des neuen Landstriches verbessert zu haben. Wahrscheinlich spiegelt sich eine solche Eselsausbreitung durch Übergabe eines Esels sogar im Alten Testament wider, indem der König von Ägypten dem Abraham Eselinnen und Esel schenkt. Die Ägypter waren offensichtlich stolz auf ihre weißen oder hellgrauen Esel, und noch heute sind manche Sultanate auf die Zucht besonders großer und besonders heller Esel sehr erpicht.

Die heutigen Esel lassen sich leicht in zwei Hauptrassengruppen untergliedern, nämlich in die Riesenesel Südfrankreichs, Spaniens und Nordamerikas sowie in die Zwergesel im Mittelmeerraum und im Orient. Solche Zwergformen finden sich besonders auf Inseln wie Sri Lanka, den Balearen und auf Sardinien, wo sich der nur pudelgroße Sardinienesel als wahrscheinlich kleinste heutige Eselrasse antreffen läßt. Insgesamt gesehen ist die Zahl der Eselrassen deutlich geringer als die der Pferderassen. Auch die Färbung der Hausesel ist einigermaßen einheitlich geblieben und reicht nur von den verschiedenen Graufärbungen bis zu fast weißen Mutanten. Scheckigkeit ist eine höchst seltene Färbungsvariante.

Von den Verhaltensweisen des Esels ist seine angebliche Störrigkeit wohl am besten bekannt, aber durch nichts anderes begründet als seine im Freileben notwendige vorsichtige Trittweise, die ihm hilft, die Begehbarkeit eines Gebirgspfades oft besser zu beurteilen als der Mensch. Selbstverständlich ist das Schlagwort vom »dummen Esel« nur eine Umschreibung für die vom Menschen oft mißverstandenen, bei unseren Haustieren aber aus ihrer Vorgeschichte meist sinnvoll und überzeugend zu erklärenden Verhaltensweisen. Allerdings wissen wir über Lernfähigkeiten und Sinnesleistungen unserer Esel nur sehr wenig. Lediglich die Sehschärfe ist mit 8 Minuten 35 Sekunden ermittelt worden und erweist sich damit als etwa so gut wie die eines Elefanten oder eines Pferdes.

Maulesel und Maultier. Da Pferd und Esel sich in ihrer Entwicklung noch nicht allzu

Onager sind Halbesel. Sie weisen sowohl eselartige als auch pferdeartige Merkmale auf. In ihrer nordpersischen Heimat sind sie heute sehr gefährdet.

weit voneinander entfernt haben und da die Chromosomensätze mit 64 Chromosomen beim Pferd und 62 Chromosomen beim Esel nicht allzu verschieden ausgefallen sind, lassen sich beide Arten noch miteinander kreuzen. Die so erhaltenen Tiere mit einem Chromosomensatz von 63 Chromosomen heißen Maulesel, wenn die Mutter eine Eselin und der Vater ein Pferd ist. Im umgekehrten Fall, also wenn die Mutter ein Pferd und der Vater ein Esel ist, erhält man das Maultier. Die so entstandenen Individuen sind aufgrund der Chromosomenzahl immer unfruchtbar und hinsichtlich ihrer Sexualität weniger lebhaft als Pferd oder Esel.

Immerhin sind beide in manchen Gebieten sehr gefragte Tragtiere und die Grundlage mancher Wirtschaftszweige (etwa Salz- oder Erztransport). Auch bei Gebirgstruppen fast aller Nationen werden Maultiere (Mulis) wegen ihrer ausdauernden Gebirgstüchtigkeit benutzt. Eine besonders bekannt gewordene Maultierzucht befindet sich in Südfrankreich (Poitou), wo man großgewachsene Eselhengste mit schwergebauten Kaltblutpferdestuten kreuzt und so außerordentlich leistungsfähige Maultiere erhält.

Kamele

Die beiden heutigen Kamele, das einhöckerige Kamel oder Dromedar (Camelus dromedarius) und das zweihöckerige Kamel oder Trampeltier (C. bactrianus), sind voneinander nicht so weit entfernt, wie es anhand des Körperbaus scheinen möchte. Embryonal sind nämlich auch beim Dromedar zwei Höcker angelegt, die auch beim erwachsenen Tier noch als Reste nachweisbar sind. In der Türkei werden seit alter Zeit Dromedar und Trampeltier gekreuzt, wobei die Kreuzungsprodukte fruchtbar sind. Bei ihnen kann die Bildung der Geschlechtszellen nämlich normal ablaufen. Dabei ist es interessant, daß die Kreuzungsprodukte von Dromedarmutter und Trampeltiervater einen Höcker besitzen und deutlich schwerer und vitaler als die Ausgangspartner sind.

Echte Wildkamele scheint es heute nur noch in der Wüste Gobi und vielleicht im Altaigebirge zu geben. Sie besitzen nur kleine Höcker und sind recht zart gebaut. Wegen der schon jahrhundertelang geübten Kamelzucht, die vor allem von nomadisierenden Völkern in Asien getragen wurde und wird, ist es schwer zu entscheiden, ob man der Meinung einiger Autoren folgen soll, nach der die wilden Kamele bereits völlig ausgestorben sind.

Das stammesgeschichtliche Zentrum der Kamele liegt in Nordamerika, wo sich im Tertiär aus hasengroßen Vorfahren langsam die heutigen Vertreter der Kamele entwickelten. Über die Behringstraße gelangten diese in die Alte Welt, wo das Domestikationszentrum für das Dromedar in Süd- bis Mittelarabien gelegen war, wo seit etwa 4000 v. Chr. Kamele im Quasi-Hausstand gehalten wurden. Von dort begann die Ausbreitung der domestizierten Formen etwa seit 2000 v. Chr.

Weniger klar ist die Domestikationsgeschichte des Trampeltieres, von dem man nur weiß, daß sich um etwa 1000 v. Chr. im alten Persien bereits domestizierte Trampeltiere fanden, so daß der Zeitpunkt der Haustierwerdung des Trampeltieres noch um einiges früher liegen dürfte. Die Zentren der Trampeltierzucht waren schon immer Iran und Turkistan.

Existenzgrundlage für Nomaden. Kamele brauchen lange Weideperioden, da ihr Verdauungstrakt weitgehend auf die Auswertung von zellulosehaltigen Pflanzen eingestellt ist. Somit werden sie meistens im Quasi-Wildzustand gehalten, da man sie unter diesen Bedingungen nicht gut einpferchen kann. Außerdem ist in ihren natürlichen Lebensräumen das Holz zur Herstellung von Umzäunungen längst knapp geworden oder gar nicht verfügbar.

Wegen ihrer extremen Genügsamkeit hinsichtlich Ernährung und Trinkwasser bilden die Kamele für viele Nomadenstämme, die am Rande von Minimalbedingungen der menschlichen Existenz zu leben gezwungen sind, im wahrsten Sinne des Wortes die Grundlage dieser Kultur. Hier liefert ein Kamel pro Jahr etwa zehn Kilogramm Wolle (»Kamelhaar«) und kohlenhydratreiche Milch als kostbare und seltene Nahrungsquelle, Leder für Gurte und Sattel und schließlich im Notfalle – nur ungern werden Kamele geschlachtet – Fleisch als oft letzte Rettung. Daß der Dung noch als Brennmaterial benutzt wird, überrascht angesichts der auch beim Rind geübten Nutzung dieser Abfälle gewiß nicht.

So haben die Kamele der Alten Welt anscheinend noch nicht ganz überzeugende Haustiereigenschaften erlangt, was u. a. auch daran liegen mag, daß sie erst mit fünf Jahren fortpflanzungsfähig werden und auch danach nur etwa alle drei Jahre ein Kalb zur Welt bringen. In der Brunst sind die Kamelbullen meist recht aggressiv und gefährlich, wobei

Das einhöckerige Kamel oder Dromedar wird in lockerem Hausstand gehalten. Es ist extrem genügsam und läßt sich sogar vor den Pflug spannen.

sie schmerzhafte Bißwunden und oft tödliche Verletzungen durch Ausschlagen mit den Hinterbeinen herbeiführen können. Wegen des durchdringenden Geruchs der Kamelhengste pflegten die Römer diese bei ihren Kriegszügen meist außerhalb des eigentlichen Lagers zu halten.

Da die alten Kulturen in ihren Lebensräumen immer mehr Vegetation und andere natürliche Ressourcen vernichteten, erwies sich das genügsame Kamel immer stärker als das ideale, im lockeren Hausstand gehaltene Tier, das zu harter Arbeit geeignet war: im Frieden als Last- und Renntier, bei weniger ausgeprägtem Nomadentum auch als Zugtier, das unter »Anleitung« eines Esels den Pflug zieht, im Kriege aber als Kampf- und Botentier. Aus dieser Vergangenheit ist die Vorliebe mancher Machthaber und Wüstenscheichs verständlich, die ihre Kamelkorps gern mit weißen Tieren durchsetzen und in hohen Ehren halten.

schert und danach wieder in die Freiheit entläßt. Diese Vikunjawolle ist dünner und elastischer und liefert demnach feinere Gewebe, die auf dem Weltmarkt sehr gefragt sind.

Schaf und Ziege

Schafe und Ziegen sind stammesgeschichtlich noch deutlich enger miteinander verwandt als etwa Pferde und Esel. Die im mittleren Miozän begonnene Trennung von der gemeinsamen Urform lieferte einerseits die zum Herdenleben mit vorwiegender Grasernährung bestimmten Schafe, zum anderen die in lockeren Gruppen lebenden Ziegen, die sich vorwiegend von Kräutern und dem Laub von Büschen und Bäumen ernähren. Diese mit einem Verhaltensmerkmal einhergehende Differenzierung zeigt sich auch noch bei den Jungtieren: Junge Schafe halten sich stets in der Nähe der Muttertiere auf, die jungen Ziegen aber »erstarren« dort, wo sie von einem Feind überrascht werden, auch wenn sich die Mutter oft hundert Meter und mehr von ihnen entfernt beim Grasen befindet.

Bei beiden Jungtieren kann der Mensch offensichtlich sehr leicht die Rolle der Mutter übernehmen, was ihm angesichts der kindlichen Körpermerkmale von Zicklein und Lämmlein besonders auf den Leib geschneidert zu sein scheint. Die Pflege eines solchen Tierkindes kann ja durchaus Ersatz für die Aufzucht eigener Kinder sein.

Die südamerikanische Gattung der Lamas gehört ebenfalls zu den Kamelen. Im Hausstand werden zwei Arten gehalten: das Lama (links) zum Lastentragen und das Alpaka (rechts) als Wollelieferant.

Die Kamele in der Neuen Welt sind vor allem durch die Gattung Lama aus Südamerika repräsentiert. Die heutigen Wildkamele sind dort das Guanako (Lama guanacoe) und das Vikunja (Lama vicugna). Sie finden sich auf den harten Hochebenen Südamerikas, dem Altiplano, wo sie der täglichen Hitze und empfindlichen nächtlichen Kälte mit Temperatursprüngen von manchmal 40° C in beeindruckender Weise widerstehen.

Das wilde Lama wurde schon in der Prä-Inkazeit domestiziert, in Peru also mindestens um 2500 v. Chr. Dabei haben sich zwei Hauptnutzungsabsichten herausgestellt: Diese sind einmal durch die Wolle liefernden Alpakas und zum anderen durch die zum Lastentragen benutzten Lamas charakterisiert. Das Alpaka (früher Lama pacos) liefert dem Staat Peru als Wollproduzent einen weit höheren Erlös als die deutlich größere Zahl der Schafe. Wolle wird auch noch immer vom wilden Vikunja gewonnen, das man jährlich ein- bis zweimal in große Krals treibt, dort

Die Domestikation der Schafe setzt man um etwa 8000 v. Chr. im »Fruchtbaren Halbmond« an, wo sich bei den verschiedenen Unterarten der Wildschafe (Ovis ammon) vier Hauptgruppen unterscheiden lassen, die sich auch in den heutigen Schafrassen noch widerspiegeln:

□ In Westasien, Kleinasien und Südeuropa waren es die Mufflons, die auf Sardinien und Korsika noch wild vorkommen (Ovis ammon musimon) und auf Zypern sogar die kleinste Unterart darstellen (O. a. ophion).

□ In Afghanistan und Westasien findet sich das asiatische Mufflon oder der Urial (Ovis ammon orientalis).

□ In Zentral- bis Fernostasien ist das seit den klassischen Expeditionen bekannte Marco-Polo-Schaf oder Argali der Lieferant dortiger Hausschafrassen geworden.

□ In Nordamerika und Nordasien ist das heimische Dickhornschaf (Ovis ammon canadensis) erst teilweise domestiziert, kann aber immerhin als Lieferant einiger Hausschafrassen angesehen werden.

Die ersten drei Gruppen lassen sich in ihrer Bedeutung für unsere Hausschafe einigermaßen klar typisieren. Mit etwa siebzig Zentimetern Schulterhöhe sind die Mufflons auf Korsika und Sardinien die kleinsten Wildschafe; sie sind außerdem durch eine typische Sattelfleckenzeichnung gekennzeichnet. Neben einer kleineren westlichen Form gibt es die mit achtzig Zentimetern etwas größere Mufflongruppe in Kleinasien und auf Zypern. Auch die Hornform ist bei beiden Gruppen unterschiedlich, und selbst hornlose Mufflons sind bei beiden Gruppen gefunden worden. Ursprünglich lebten wahrscheinlich alle Wildschafe in der grasreichen Ebene bzw. im buschigen Hügelland, von wo sie durch die Hausschafrassen vertrieben und an die Hänge und Gebirgsgrate zurückgedrängt wurden.

Der Urialgruppe aus Transkaspien, Nordpersien, Afghanistan, Westtibet und dem Punjab verdanken die meisten unserer heutigen Schafrassen ihre Herkunft. Urials sind mit etwa neunzig Zentimetern Schulterhöhe durchaus stattliche Wildschafe. Sie besitzen stark geringelte, fast zum Kreis gebogene

Das Wildschaf kommt in zahlreichen Unterarten vor. Eine wichtige Gruppe wird von den Mufflons repräsentiert, die heute noch wild auf Sardinien und auf Korsika leben.

Hörner. Bei manchen Schlägen sind die Weibchen allerdings sogar völlig hornlos. Die aus dieser Gruppe entstandenen Hausschafe lassen sich in folgende fünf Gruppen einteilen:

- □ das schon auf ägyptischen Darstellungen erkenntliche Schraubenhorn-Hausschaf mit ziegenartig geraden Haaren, das also kaum als Wollelieferant genutzt wurde; man findet es heute noch im Sudan;
- □ das Schraubenhorn-Wollschaf, bei dem das Wollhaar stark betont ist, womit seine Nutzung schon angedeutet ist;
- □ das Zackelschaf mit korkenzieherartigen, gewaltigen Schraubenhörnern;
- □ das Ammonshorn-Wollschaf, das ursprünglich in Mesopotamien gezogen und dann nach Ägypten überführt wurde;
- □ das wollige Ammonshorn-Fettschwanzschaf mit oft beträchtlichen Fettansammlungen an Steiß und Schwanz. Bei diesen Fettschwanzschafen ist die normale Zahl von 12 bis 13 Schwanzwirbeln auf über 35 erhöht.

Der Argaligruppe verdanken die in Tibet und Indien domestizierten Schafe ihre Herkunft. Das Marco-Polo-Schaf ist etwa 120 Zentimeter hoch und mit starken Hörnern versehen, die an der Basis so dick sind, daß sie sich beim Männchen in der Mitte fast berühren. Dabei weisen sie in zwei Windungen mit der Spitze nach außen.

Ursprüngliche Nutzung. Es gilt heute als sicher, daß die Schafhaltung in Westasien begann, wo in den kalten Wintern die Schafe eine dichte Winterdecke anlegen, die sie im Frühjahr in verfilzten Fetzen abstoßen. Noch heute kann man bei den dortigen Nomadenstämmen die Nutzung solcher verfilzter Wollfetzen als wärmende Zudecke bzw. Ausgangsmaterial für Stiefel und Hüte verfolgen. Es bleibt also zu betonen, daß die erste Nutzung der Wolle keineswegs das Verspinnen und Verweben derselben mit einschloß. Eine solche Technik wurde erst später auf das Schaf übertragen, denn sie entstand ja in Regionen mit günstigem Klima für Faserpflanzen (Liane, Sisalagave, Flachs). Aus kultureller Sicht ist auch die Herstellung von Filzteppichen mit bescheidenen Verzierungen bedeutsam, wie sie heute noch in Form der Kashmir-Filzteppiche (Numdahs) in Indienshops anzutreffen sind.

Das Auftreten von Fettschwanzschafen ist schon aus der mesopotamischen Hochkultur um 2400 v.Chr. bekannt; heute finden sich diese auffälligen Schafschläge in Äthiopien und Indien. Auch in der Levante und in Nordafrika gibt es solche bizarren Fettansammlungen bei den dortigen Breitfettschwanzschafen, bei denen der hier kürzere Schwanz das Fettreservoir beiderseits des Schwanzes anlegt. Bei 25 Kilogramm Körpergewicht entfallen rund 5 Kilogramm auf diesen Schwanz. Wie beim Rübenschwanzgecko, bei den Kamelen und bei den Menschenrassen mit Fettsteißen, wie etwa den Hottentotten, ist leicht einzusehen, daß es einen inneren Wärmestau im Körper geben würde, wenn diese Fettmasse gleichmäßig um den Körper herum, etwa als Unterhautfettgewebe, angelegt würde. Das genaue Gegenteil in puncto Körperwärmehaushalt findet sich beim mexikanischen Nacktschaf, das fast haarlos ist und somit an die Umgebungstemperatur besondere Anforderungen stellt.

Vom asiatischen Mufflon oder Urial stammen mehrere Hausschafarten ab. Eine davon ist das Zackelschaf mit korkenzieherartig gebogenen Hörnern.

Heutige Schafrassen. Heute sind etwa fünfzig Schafzuchtrassen anerkannt. Von diesen ist das mit weiten Hautfalten ausgerüstete Merinoschaf das am weitesten verbreitete. Es stammt ursprünglich aus der mesopotamisch-ägyptischen Urialgruppe. Wie alle Säugetierfelle besitzen auch die der Schafe die beiden Haartypen Grannen- oder Deck- und Wollhaare. Bei den Merinos hypertrophierten nun die Wollhaare zu außerordentlichen Längen und Dichten und Wachstumsintensitäten. Natürlich handelt es sich dabei um die isolierte Überzüchtung und Betonung des Wintermerkmals, ein langes, schützendes Winterfell auszubilden.

Da die Fleischqualität des Merinos nicht überzeugend war, andererseits aber die meisten Schafrassen vor allem auch aus Gründen der Fleisch- und Fettgewinnung gehalten wurden, lag im Spanien des 18. Jahrhunderts die Betonung ausschließlich auf der Gewinnung der Merinoschafwolle. Erst am Ende des 18. Jahrhunderts gelangten Merinos entgegen dem strengen Ausfuhrverbot der spanischen Regierung nach Frankreich und England, von wo auch die klimatisch günstigen Gebiete Südafrikas, Australiens und Südamerikas mit diesen Zuchtrassen besiedelt wur-

den. In einigen dieser neuen Gebiete wurde die Merinozucht grotesk übertrieben, was zu einer verurteilungswürdigen Nutzung dieser zu großen Herden führte: 1835 verbot der König von Spanien den beim Bau von Buenos Aires eingerissenen Brauch, angesichts der Holzknappheit zum Beheizen der Kalköfen Schafe als Brennmaterial zu benutzen.

Auch an anderen Schafrassen läßt sich manches Bizarre, aus Züchtungswahn gespeist, feststellen. Beim Karakulschaf der Steppen zwischen Kaspischem Meer und Persien besitzen die Embryonen vor der Geburt stark gekrauste und gewellte Locken, die sich etwa am zehnten Tage zu strecken beginnen. Deshalb schlachtet man die Lämmer mit drei Tagen und erhält so das Material der Persianermäntel. Entnimmt man die Embryonen aus dem Mutterleib, so gewinnt man das sogenannte Breitschwanzmuster in Moiré-Welligkeit.

Wenn an diesen Beispielen die überaus starke Ausprägung der Wollhaare abzulesen ist, so gibt es auch Schafrassen, bei denen die Kontur-, Deck- oder Grannenhaare so übertrieben ausgeprägt sind. Das gilt zum Beispiel für das Kamerunschaf, das nur wenige Flaumhaare, aber dafür viele grobe Grannen besitzt. Solche Haarschafe sind natürlich für die Wollproduktion nicht, wohl aber für die Milch- und Fleischgewinnung geeignet.

Auch das Gehörn kann in sehr verschiedener Weise ausgeprägt sein und reicht von geraden Hörnern bis zu ammonshornartig aufgerollten Prachtgebilden. Dabei sind die verschiedenen Windungen (entlang der Längsachse) und Krümmungen der Hörner aus der Wechselwirkung von Längen- und Krümmungswachstum zu erklären. Je nach der Stärke dieser beteiligten Komponenten erhält man lange bzw. kurze gerade oder leicht bzw. stark geschraubte Hörner. Dabei kann die Wachstumstendenz in die Länge bzw. geschraubte Länge so stark übertrieben sein, daß die Hornspitze in die Kopfpartie hineinzuwachsen droht, was man mit Absägen zu vermeiden trachtet.

Weil sich Inseln in aller Regel durch eine besondere Beschränkung der Wirtschaftsmöglichkeiten auszeichnen, ist es verständlich, daß die Bewohner dort besonders sorgfältig eine Zuchtwahl bei Schafen und Ziegen betreiben, damit optimale Ergebnisse erzielt werden. So erklären sich die hohen Ansprüche der Züchter von Wollschafrassen etwa auf den Shetlandinseln. Gleiches gilt für die kargen Hochgebirgstäler im Himalaya (Kashmirwolle) und im Hohen Atlas (Berberwolle).

Bei aller damit angedeuteten Nutzung des Schafes bleibt noch eine weitere Besonderheit zu vermelden: die wichtige Funktion der Heidschnucken in der Lüneburger Heide zum Verbeißen der jungen Birkensämlinge, womit überhaupt erst der Fortbestand der Heide als Landschaftstyp garantiert werden kann. Als man die Heidschnucken seinerzeit durch die konkurrenzüberlegenen Merinos abzulösen versuchte, drohte die Heide völlig zu verweiden. Heute hat sich ein gesundes Gleichgewicht zwischen zum Verbiß gehaltenen Heidschnucken und zur Wollgewinnung genutzten Merinos eingestellt, das den Fortbestand unserer Heidelandschaft wenigstens in reduzierter Form erlaubt. Dabei führt ein Abweiden durch Schafe wegen ihrer kleinen Mundöffnung und kurzen Lippen viel tiefer an die Wurzeln der Pflanzen als etwa der Biß durch Kühe oder Ziegen. So wird eine Überweidung durch Schafe viel rascher zur Gefahr als etwa bei Kuhhaltung. Zudem sind Schafe noch weniger wählerisch als Ziegen, was einerseits eine völlige Vernichtung aller Vegetation bedingt, andererseits aber dem Menschen auch erlaubt, jahrelang Schafe mit der gleichen eintönigen Nahrung zu versorgen.

Heidschnucken sind die Charaktertiere der Lüneburger Heide mit außerordentlich wichtiger Funktion: Sie verbeißen die jungen Birkenschößlinge und sorgen so für den Fortbestand der Heidelandschaft.

Zu den typischen Verhaltensmerkmalen der Schafe gehören die ausgeprägte Angst vor Ekken und eingeengten Plätzen, was sich zum Beispiel beim Betreten von neuen oder veränderten Ställen äußert. Die wilden Vorfahren unserer Schafe lebten ja auf freien Flächen ohne jede Einengung. Bei Gefahr durch einen Raubfeind rotten sich die Schafe sofort zu einer geschlossenen Herde zusammen. Auf dieser Grundlage ist überhaupt erst die Funktion eines Schäferhundes zu verstehen, der somit schon durch sein einfaches Umkreisen der Herde zu deren Zusammenhalt beiträgt. Erst bei extremen Furchtzuständen flieht eine Schafherde als Ganzes unter Führung eines meist männlichen Alttieres.

Auch das Kampfverhalten von Schaf und Ziege ist durchaus verschieden: Schafe kämpfen mit dem Stoß Stirn gegen Stirn, während sich Ziegen auf den Hinterbeinen aufrichten und von oben seitlich eine schlagende Bewegung gegen den Feind ausführen. Selbst im Spielverhalten kann man diese beiden angeborenen Komponenten schon beim Jungtier beobachten.

Ein abschließender Blick auf den Nutzeffekt heutiger Hochzuchtschafe mag andeuten, daß die Meinung mancher Züchter wohl berechtigt ist, daß das aus dem Wildschaf Machbare bereits erreicht ist. Vom deutschen ostfriesischen Milchschaf gewinnt man im Durchschnitt jährlich 650 Kilogramm Milch mit rund 6 Prozent Fettgehalt, wobei das bisher erreichte Extrem bei 1498 Kilogramm Milch liegt. 70 bis 110 Kilogramm schwere Schafe (Rekord: 161 Kilogramm) liefern jährlich etwa 6 Kilogramm Wolle, die sich trotz aller synthetischer Fasertechnik noch immer einer hohen Nachfrage erfreut.

Die Ziege. Wie das Schaf, so war auch die Ziege für die Domestikation präadaptiert, das heißt, ihre Jungtiere lösten den Pflegetrieb des Menschen unmittelbar aus und stellten sich in einem offensichtlich raschen Lernprozeß auf den Menschen als Elternersatz ein. Hinsichtlich ihrer Anforderungen an die Ernährung stellten sie selbst in vegetationsarmen Gegenden kaum ein Problem für den Menschen dar, denn Ziegen nehmen ein weites Spektrum von Pflanzennahrung an. Schließlich kam dem Domestikationsprozeß noch die »praktische« Körpergröße der Ziegen zu Hilfe.

Die ersten Nachweise domestizierter Ziegen finden sich gemeinsam mit solchen der Schafe etwa um 8000 v. Chr. in Kleinasien und Nordgriechenland. Die Unterscheidung solcher fossilisierter Funde ist am ehesten an den Horn- und Schädelpartien möglich, und auch die langen Röhrenknochen helfen den Wissenschaftlern weiter bei der Unterscheidung zwischen Schaf- und Ziegenfunden.

Ziege und Schaf sind gewissermaßen durch den Himalaya-Thar (Capra hircus) verbunden, den man je nach Geschmack Halbziege bzw. Halbschaf nennen kann. Der wichtige Wildahn unserer Hausziegen ist die Bezoarziege (Capra aegagros), die sich in Kleinasien, auf Kreta und einigen Kykladeninseln sowie in den westlichen Gebieten Indiens findet. Die Bezoarziege besitzt säbelförmige Hörner ohne Drehung, wobei allerdings einige lokale Rassen, wie etwa die Dorcaziege (Capra aegagros dorca), wiederum eine im Uhrzeigersinn zu einer offenen Spirale gedrehte Hornform zeigen. Auch die ausgestorbene Korkenzieherziege (Capra aegagros prisca) hat gewiß einige Gene zu manchen unserer heutigen Hausziegenrassen beigesteuert. Sie lebte früher im Gebiet von Niederösterreich bis zu den Karpaten.

Die Bezoarziege verdankt ihren Namen der persischen Bezeichnung für Schutz- oder Gegengift. Seit alters her war Arsen das wohl am meisten angewandte Gift zur Beseitigung ungeliebter Machthaber, und schon die römischen Kaiser entwickelten verschiedene Schutzmethoden gegen diese ungeliebte Beikost. Dazu bedienten sie sich der »Vorkoster«, die die jeweiligen Speisen unter eigenem Risiko probieren mußten, bevor der Herrscher davon aß. Da nun im Magen von Ziegen, Antilopen und anderen Wiederkäuern aus bei der Körperpflege verschluckten Haaren sich in deren Darmtrakt mit Kalk umgebene Kugeln bilden, die auch Magenstein oder Gamskugeln genannt werden, hat man sich dieser Bezoarsteine als Gegenmittel gegen die Arsengaben bedient.

In der Tat haben moderne Untersuchungen gezeigt, daß Arsen sich mit den proteingebundenen Schädelbestandteilen tierischer Haare zum Teil binden, das heißt unschädlich machen, läßt. Somit kann man eine gewisse Schutzwirkung von Bezoarsteinen wohl nicht abstreiten. Auch Napoleon bekam eine Bezoarsteinsendung vom Schah von Persien geschenkt, die er aber in Unkenntnis der eventuellen Nützlichkeit in das Feuer werfen ließ. Möglicherweise war das ein schwerer Fehler, denn in jüngerer Zeit wurde aus dem Laborbefund an Haaren von Napoleon demonstriert, daß dieser wahrscheinlich an Arsenvergiftung gestorben ist.

Wo am Boden nichts mehr wächst, steigen Ziegen sogar auf Bäume, um an Blätter und Früchte heranzukommen. Mit verblüffender Trittsicherheit wagen sie sich auch auf sehr schmale Äste vor.

Unten: Die prächtigen Schraubenhörner der Markhorziege aus dem Westhimalaya sind stets im Gegenuhrzeigersinn gedreht, während die europäischen Ziegen uhrzeigersinnige Hörner besitzen.

Genügsamkeit. Die meisten Ziegenrassen haben im Vergleich zu Schafen eine deutlich heraufgesetzte Geschmacksschwelle für Bitterstoffe. So können Ziegen sich eher auf Inseln und in Wüstengebiete hinein ausbreiten, wo die dort oft salz- und bitterstoffhaltigen Pflanzen ihnen noch eine Existenz ermöglichen, die den Schafen längst verwehrt ist. Auch die Trittsicherheit der schmalen und mit scharfen Kanten versehenen Ziegenhufe erweist sich als Vorteil etwa in den Gebieten, wo die Bodenvegetation längst verschwunden ist und allenfalls das Laub der Bäume noch als Nahrung in Frage kommt. Das zeigt sich etwa in Südmarokko, wo die halbwilden Ziegen von nomadisierenden Stämmen die dort üblichen Eisenholzbäume (Sideroxylon) mit erstaunlicher Trittsicherheit auf sehr schmalen Ästen bis in zehn Meter Höhe ersteigen, um an die frischen Blätter und ölhaltigen Früchte zu gelangen, die fast Oliven gleichen.

In Gebieten, wo Wasser und Gras knapp sind und die steppige bis wüstige Dornenvegetation vorherrscht, ist die Ziege dem Schaf deutlich überlegen. So sieht man bei den echten Nomadenstämmen auch heute noch häufiger Ziegen als Schafe, zumal Ziegen die Pflanzenkulturen eher verbeißen als Schafe und somit dem Beginn einer Seßhaftigkeit nicht gerade förderlich sind. Aus dieser Sicht wird verständlich, daß manche Forscher glauben, daß die Ziege vielleicht schon vor dem Schaf domestiziert wurde, denn schon seßhaft gewordene Bauern bedienen sich eher der Schafe als Haustiere.

Die ursprüngliche Nutzung der Ziege bestand wahrscheinlich darin, sie als Tieropfer den Göttern darzubringen. Das zeigt sich immer wieder auf den Abbildungen der alten menschlichen Kulturkreise, und das Opferlamm hat ja seine wichtige Funktion bis in die Religionen unserer Zeit hinein beibehalten. Solche Tieropfer sind wohl als Ersatz für das Opfern der eigenen Kinder zu verstehen, denn nach Auffassung vieler Religionen ist den Göttern das Opfer am wertvollsten, das der Mensch am schwersten erlangen und ersetzen kann: Das ist nächst den eigenen Kindern das Jungtier mit besonders kindlichen Eigenschaften. Im heutigen Hinduismus ist die Ziege der Göttin Durga zugeordnet, und noch immer werden bei Durgafesten zahlreiche Ziegen mit Schwertstreich enthauptet und der Göttin dargebracht.

Die weiteren Nutzungsprodukte der Ziege sind wie beim Rind selbstverständlich die Milch und Butter, wobei die Ziegenmilch etwa so eiweiß- und milchzuckerreich ist wie die des Rindes, aber einen größeren Fettgehalt besitzt.

Schließlich ist noch die Nutzung der Ziegenhaut in Form des zarten Chevreauleders zu Geldbörsen, Taschen, Sitzkissen u.ä. zu erwähnen. Auch Safianleder wird aus Ziegenhäuten gewonnen. Im alten Ägypten wurden die Toten manchmal in Ziegenhäute gebettet, und den Lebenden diente die Ziegenhaut als kühlendes Wasserreservoir, was man noch heute in Marokko selbst nachprüfen kann. Auf den Kanarischen Inseln hat man noch im Mittelalter mit Ziegenhörnern die Äcker bestellt, indem man sie als Pflugschar benutzte.

Heutige Rassen. Heute sind etwa zwanzig Ziegenrassen als Zuchtformen anerkannt, von denen die weißen und bunten die Hauptgruppen darstellen. Weiße Rassen finden sich in Form der hornlosen und dünnhäutigen Saanen- und Appenzellerziegen in der Schweiz. Sie liefern pro Jahr bis zu 2000 Kilogramm Milch mit rund 4 Prozent Fettgehalt. Bei den bunten Ziegen finden sich Haarfarben von Rotbraun bis Schwarzbraun. Für diesen Schlag sind die Tauenburger Ziegen der Ostschweiz typisch.

Da in der klassischen Segelschiffszeit Ziegen oft als Frischfleischreservoir an Bord genommen wurden und manche Besatzung auf dem Hinweg solche Ziegen auf Inseln aussetzte, um sie für den Heimweg wiederaufzunehmen, verwilderten auf solchen Inselgruppen diese Ziegen und bildeten im Laufe der Zeit eigene Ziegenrassen. Das gilt etwa für die Juan-Fernandez-Inseln im Pazifik.

Wie bei den meisten anderen Haustieren auch, so hat sich der Mensch der Zucht von Zwergziegen besonders hingegeben. Sie kommen in verschiedenen Gegenden vor und stellen in unseren Zoos die beliebten »Streicheltiere« dar.

Aus allgemeinzoologischer Sicht bedarf noch die Bezeichnung Angorahaarigkeit der Erklärung. Sie wird durch die Angoraziege aus der Türkei geliefert, bei der das wollige Unterhaar stärker wächst als das Grannen- oder Konturhaar. Ein solcher Angorismus ist auch vom Kaninchen, vom Schaf und vom Meerschweinchen sowie der Katze bekannt.

Eine umgekehrte Diskrepanz liegt bei der schwarzen Mamberziege aus dem Taurus vor: Bei ihr ist das markhaltige Oberhaar überentwickelt, während das Wollhaar reduziert ist. Die langen Oberhaare werden für Seile und zum Weben der schwarzen Nomadenzelte etwa in Nordafrika verwendet.

Das wahrscheinlich am meisten geschätzte Produkt der Ziege wird von der Kashmirziege geliefert. Diese besitzt eine außerordentlich feine Unterhaarsorte, die also dem Wollhaar entspricht und zur Herstellung der bekannten Kashmirwolle dient. Hierbei kann der Qualitätsanspruch besonders gekennzeichnet werden: Diese Wolle muß den Ring-Schal-Test bestehen. Dabei muß sich ein Kashmirschal von etwa fünfzig Zentimetern Breite mit Leichtigkeit durch einen Fingerring ziehen lassen und sofort danach wieder voll elastisch zur alten Flauschigkeit zurückkehren. Angesichts der meist nur spärlichen Vegetation in den Berggegenden Kashmirs wundert es nicht, daß ein Tier pro Jahr nur etwa vierhundert Gramm dieser Wolle liefert, was gerade für einen halben Quadratmeter Gewebe genügt.

Die Zahl der Ziegen ist in den westlichen Kulturländern seit etwa 1950 stark zurückgegangen, und die Hausziegenanzahl verhält sich sozusagen umgekehrt zum jeweiligen Wohlstand. 1950 hat man in Deutschland etwa 1,3 Millionen Ziegen geschätzt. Sie galt ja als »Kuh des kleinen Mannes«. Im außereuropäischen Kulturkreis lieferten die dort jeweils vorkommenden Unterarten der Ziegen die Urahnen der dort domestizierten Ziegen. Das gilt vor allem für den Markhor (Capra falconeri). Diese Schraubenziege mit im Gegenuhrzeigersinn gedrehten Hörnern findet sich im Westhimalaya. Aus Zuchtversuchen hat sich in jüngerer Zeit ergeben, daß diese Hornform sich dominant vererbt. Daraus folgt, daß der Markhor für die europäischen Ziegenrassen keine genetischen Beiträge geliefert hat, denn diese haben allenfalls uhrzeigersinnige Hörner.

Die Hauskatze

Alle Hauskatzen verdanken ihren Ursprung der Groß- oder Überart (Superspezies) Felis silvestris, also der Wildkatze, die in mehreren Unterarten von Europa bis Asien, in Afrika und Amerika verbreitet ist. Lange Zeit galten die kulturgeschichtlichen Darstellungen der Katzen aus dem alten Ägypten als die ältesten Dokumente für die Katzendomestikation. Danach wäre aus der dortigen Falbkatze vor etwa 4500 Jahren die Hauskatze entstanden. Durch Zusammenarbeit von Vor- und Frühgeschichtlern, Archäologen und Zoologen ist aber jetzt gesichert, daß schon im späten 6. Jahrtausend v. Chr. Katzen in Jericho und in Anatolien gehalten worden sind. Auch auf Felsbildern in Jordanien aus etwa dem gleichen Zeitabschnitt kennen wir Katzen, die fraglos im Hausstand gehalten wurden. Somit dürfte schon in früher Zeit eine Vermischung der ägyptischen Falbkatze mit den lokalen Wildahnen der kleinasiatischen Hauskatzen erfolgt sein.

Aus dem Verhalten der Katzen läßt sich mit ziemlicher Sicherheit folgern, daß ihre Dome-

Wildkatzen sind in mehreren Unterarten in Europa, Asien, Afrika und Amerika verbreitet und stellen mit der nubischen Falbkatze die Stammutter der Hauskatze. Diese kreuzte sich auch mit der europäischen Wildkatze, die bei uns noch an einzelnen Stellen überlebt hat.

stikation nur von seßhaften Menschen geleistet werden konnte. Katzen sind nämlich viel zu ortstreu, als daß sie sich dem nomadisierenden Leben von noch nicht seßhaften Stämmen anschließen könnten. Nur seßhafte Menschen legen Vorräte, etwa in Form von Kornspeichern, an. Wie man noch heute in den Ländern der dritten Welt vor Augen geführt bekommt, sind die dort allgegenwärtigen Nagetiere Ratte und Maus die ärgsten Schädlinge an solchen Kornspeichern. Man schätzt, daß auf jeden der über 600 Millionen Einwohner Indiens neun Ratten kommen. Es ist leicht einzusehen, daß die standorttreue Katze als Kleinraubtier sich besonders dieser Nagetiere bemächtigte und so dem Menschen in dessen Kampf gegen die Ratten und Mäuse in idealer Weise entgegenkam.

Verehrung der Katze. Bei der Bedeutung dieser Rolle überrascht es nicht, daß man der Katze bald besondere Verehrung entgegenbrachte, die sie bis zur Gottähnlichkeit emporhob. Dieser gewichtigen Funktion der Katze kam auch noch die Tatsache zugute, daß die Jungtiere anschmiegsame Spielkinder sind und dem Menschen meistens liebevolle Zuwendung entlocken. Da die Katzengenetik gezeigt hat, daß auffällig schwarze, rötliche, gescheckte und weiße Varianten überaus häufig auftreten, da weiterhin die Katzenfruchtbarkeit im Hausstand beträchtlich ist, ist es verständlich, daß sich der Mensch solcher Sonderformen und -färbungen besonders annahm und sie gezielt weiterzüchtete.

Im mittleren Reich Ägyptens war die Göttin Bast oder Bastet die Verkörperung der heiligen Katze, der man in Bubastis im Niltal einbalsamierte Katzenmumien darbrachte. Katzentötung wurde mit dem Tod des Mörders bestraft, und beim Tod einer Lieblingskatze trauerte man, indem man sich die Augenbrauen abrasierte.

Noch heute berichten manche Geschichten über Hausbrand, daß dabei die Katze den Tod fand. Das läßt sich durch ihre ausgeprägte Ortstreue erklären, und schon die Ägypter hatten dieses erkannt, denn bei einem Hausbrand retteten sie zunächst die Katze. Das Ausmaß der ägyptischen Katzenverehrung zeigt sich daran, daß in der englischen Kolonialzeit Katzenmumien aus Bubastis als Dünger nach England verschifft wurden. Erfreulicherweise wurde dieser Düngeversuch nicht der erhoffte Erfolg, aber er erklärt den Reichtum der meisten englischen Museen an ägyptischen Katzenmumien.

Abstammung. Die Katze hat sich merkwürdig langsam nach Europa ausgebreitet. Erst um etwa 800 v. Chr. gelangten die ersten Tiere nach Germanien, und bis 1500 waren sie in Mitteleuropa noch selten. Wenn auch die europäische Wildkatze zur gleichen Zeit noch ein gewichtiges Faunenelement Europas darstellte, so darf doch nicht geschlossen werden, daß sie etwa die wichtigste Urahnin unserer Hauskatzen wäre. Das hat sich durch sorgfältige Vererbungsversuche ergeben, denn Hauskatzen haben normalerweise die dunklen Fußsohlen der nubischen Falbkatze, während die europäische Wildkatze dieses Merkmal nicht besitzt.

Die ägyptisch-nubische Falbkatze in der für die Haustierwerdung wichtigen Unterart der Gegenden am Roten Meer besitzt eine Kopf-Rumpf-Länge von etwa fünfzig Zentimetern und zeigt auf fahlgelb-rötlichem Grunde etwas dunklere bräunliche Querbinden an Rumpf und Schwanz.

Die europäische Wildkatze ist von ihrem ursprünglichen Verbreitungsgebiet von Schottland bis Spanien und von Westeuropa bis zum Kaukasus und nach Kleinasien heute stark zurückgedrängt. So finden sich kleinere Bestände nur noch im Harz, dem Spessart, dem Schwarzwald sowie in Schottland und Polen.

Färbung. Das von manchen Hauskatzen bekannte grauschwarze Streifenmuster, dort »Wildfärbung« genannt, ist typisch für die europäische Wildkatze. Diese Wildkatzenfärbung vererbt sich übrigens dominant, soweit man reinerbige Linien benutzt. Die meisten Hauskatzen sind allerdings in dieser Hinsicht keineswegs mehr reinerbig, sondern in puncto Fellfärbung heterozygot, das heißt mischerbig. Daraus folgt, daß die meisten Jungtiere eines Wurfes sich stark voneinander unterscheiden. Immerhin läßt sich sagen, daß dreifarbige Scheckung (schwarz, weiß, gelbbraun) sich in der überwiegenden Zahl der Fälle nur bei weiblichen Katzen findet.

Aus solchen Vererbungsversuchen hat sich u.a. ergeben, daß das Auftreten gänzlich schwarzer Katzen (Totalmelanismus), das als spektakuläre Variante vom berühmten schwarzen Panther bekannt ist, nur dann erfolgt, wenn es reinerbig (homozygot) wird. Dann überdeckt die totale Schwärzung das wildfarbene Grundmuster.

Das Gegenteil, der Albinimus, ist durch den totalen Mangel an Farbstoffkörnchen in den Haaren gekennzeichnet, und auch die Regenbogenhaut (Iris) des Auges ist bei solchen Tieren völlig farbstofffrei. Daher sind normalerweise die Augen bei solchen Albinos von jener auffälligen Rotfärbung, die durch die roten Blutgefäße des Augenhintergrundes bedingt wird. Wenn allerdings die Iris bei manchen Zuchtschlägen sehr dick ausfällt, kann es durch Streuung der kurzen Wellenlängen am trüben Medium zur leuchtenden Blaufärbung der Iris kommen, was bei manchen Siamkatzen geradezu als Rassenmerkmal gefordert wird. Auf der gleichen Grundlage ist die zunächst blaue Irisfärbung von neugeborenen Katzen auch bei pigmentführenden Schlägen zu erklären, bei denen die endgültige Pigmenteinlagerung erst nach einigen Lebenstagen einsetzt und so die blaue Streufärbung durch die jeweils typische grünliche, gelbliche oder bräunliche endgültige Färbung ablöst.

Im Zuge solcher genetischer Untersuchungen zur Pigmentierung von Katzenrassen hat man sich auch des Phänomens des Akromelanismus (Russenscheckung) angenommen, was man auch mit Spitzenschwärzung bezeichnen kann. Damit meint man die Schwarzfärbung von Pfoten, Schwanz, Ohrenspitzen sowie der Nasenpartie bei im übrigen hellen bis weißen Tieren. Diese Russenscheckung wird erst im Laufe der ersten Wochen bei zunächst völlig weißen Tieren ausgeprägt und beruht auf der Tatsache, daß für die Ausfällung des Pigmentes ein Enzym (Tyrosinase) temperaturempfindlich ist. Diese Tyrosinase kann nämlich nur unterhalb von 37° C wirken, oberhalb dieses Wertes wird sie thermisch zerlegt und kann also nicht mehr die Ausfällung bewirken. Da aber die Temperatur an den Spitzen der genannten Körperteile unterhalb dieses Wertes liegt, kann dort das nicht wärmezerstörte Enzym die Pigmentausfällung leisten, so daß sich die typische Gesichtsmaske der Siamesen und die schwarzen Spitzen von Schwanz, Pfoten und Ohren erklären. Die Russenscheckung findet sich übrigens auch auf gleicher Grundlage bei anderen Haustieren.

Katzenfeindlichkeit. Mit rationalen Mitteln läßt sich nicht verstehen, daß bis in die Jetztzeit Hauskatzen bei zahlreichen Menschen eine hochgradige Abneigung hervorrufen. Im Mittelalter galten sie sogar als Hexentiere des Satans, was sich auch auf den Darstellungen des christlichen Abendmahls zeigt. Hier sitzt zu Füßen des bösen Judas oft die »böse« Katze. In manchen Gebieten Mitteleuropas, so im Elsaß und in Westfalen, wurden bis in das Spätmittelalter Katzenverbrennungen zur Feier des im Frühjahr üblichen Teufelsaustreibens benutzt. Möglicherweise ist die Ursache für solche Katzenfeindlichkeit darin zu suchen, daß der Mensch die nächtliche Lebensweise und manchmal unerklärlichen Sinnesleistungen, wie Heimfindevermögen, außerordentlich genaues Orten der Beute durch den Gehörsinn u.ä., nicht verstehen konnte.

Katzenliebe. Erfreulicherweise ist dieser verbreiteten Katzenfeindlichkeit in jüngerer Zeit in den meisten Kulturnationen eine eindeutige und manchmal sogar übertriebene Katzenfreundlichkeit gefolgt. Übertriebene Katzenliebe zeigt sich gewiß in der Vereinsmeierei mancher Edelzüchterverbände und der Pseudowissenschaftlichkeit, die deren Vertreter manchmal üben.

Sie bezieht sich vor allem auf die gestaltlichen und farblichen Monstrositäten, die durch Mutation im Haustierstand auch bei der Katze besonders deutlich auftreten. Sie sind nur wegen der praktischen Körpergröße der Katze und ihrer außerordentlichen Fruchtbarkeit häufiger und demnach auffälliger und werden deshalb öfter bewußt weitergezüchtet. Es handelt sich also um die mutativ entstandenen Eigenschaften veränderter Haarlänge (Angorakatze, Perser) bis zur totalen Haarlosigkeit (Nacktkatzen), um Dackelohrigkeit (Hängeohrkatzen), Dackelbeinigkeit und andere Skelettdeformationen, wie sie etwa bei der mopsköpfigen Perserkatze ausgeprägt sind. Schließlich gibt es Schwanzwirbeldefekte, die bis zur totalen Schwanzlosigkeit reichen können. Das gilt etwa für den japanischen Bobtail und die schwanzlose Manx- oder Isle-of-Man-Katze.

Die rund fünfzig Zuchtrassen lassen sich wohl nur nach der Haarlänge in die Kurz- und Langhaargruppe einteilen. Zur ersteren gehören die Siamesen, die streifengefärbten Kurzhaartiger, die marmoriert gemusterten Kurzhaarmarmor und die »Schlankkatzen«, die dem ägyptischen Mumienkatzentyp ähnlich sein dürften. Auch gehören hierzu natürlich die Nacktkatzen und die schwanzreduzierten Rassen.

Zu den Langhaarkatzen gehören u.a. die Angoras, die Birmanesen, die Khmer-Katze und das deutsche Langhaar sowie die Perser. Alle diese Rassen können in verschiedenen Farbschlägen auftreten (»blauer Perser«).

Lernvermögen. Wegen der sprichwörtlichen Zähigkeit ist die Katze neben Ratte und Maus, Kaninchen und Meerschweinchen zum oft benutzten Labortier geworden, an der eine Fülle von pharmakologischen und verhaltensphysiologischen Untersuchungen durchgeführt wird. Aus dieser wahrscheinlich notwendigen, aber gewiß nicht unbedingt zu bejahenden Rolle der Katze weiß man über deren Verhaltensweisen einigermaßen gut Bescheid.

Dabei hat sich gezeigt, daß Katzen ein besonders hohes Maß des Lernens beherrschen: das Lernen durch Abgucken und Nachahmen (Imitationslernen). Katzen können durch diese Fähigkeit des »Abguckens« auch bestimmte Verhaltensweisen des Menschen nachahmen. Auch von Artgenossen lernen sie, etwa in der zu Verhaltensversuchen benutzten Skinner-Box die Hebel zu drücken, die zur Lösung bestimmter Aufgaben nötig sind. Wahrscheinlich spielt diese Art des Lernens auch eine entscheidende Rolle im Mutter-Kind-Verhalten, was sich an einer jedem Katzenhalter bekannten Verhaltensweise zeigt: Nicht selten bringen frei umherstreunende Katzen die draußen geschlagenen Beutetiere, Vögel, Ratten, Mäuse, Kaninchen, zum »Zeigen« ihrem Pfleger nach Hause. Normalerweise dient dieses Verhalten dazu, den Jungen die noch lebende Mäusebeute zuzutragen, vor ihnen laufen zu lassen und ihnen damit zu »zeigen«, wie man die Beute schließlich mit dem richtigen Tötungsbiß verzehrbereit macht.

Sinnesleistungen. Zum Erbeuten ist die wahrscheinlich wichtigste Sinnesleistung der Katze entscheidend: Ihre sehr sensibel einstellbaren und ausrichtbaren Ohren nehmen zwischen links und rechts noch einen Zeitunterschied von 0,00003 Sekunden wahr, womit die genaue akustische Anpeilung der Geräuschquelle, das heißt des Beutetieres, sogar im fast dunklen Umfeld ermöglicht wird. Die Genauigkeit solcher Ortungsvermögen wird in Winkelgraden angegeben: linkes Ohr – Beute – rechtes Ohr. Beim Menschen beträgt der so unterscheidbare Winkel 8,5°, beim Hund 2,5°, bei der Katze aber 1,5°.

Beim endgültigen Sprung auf die Beute sind die Augen selbstverständlich nicht unbeteiligt, denn im völligen Dunkel kann auch eine Katze keine Beute schlagen. Ein gewisses Maß an Beleuchtungsstärke muß also vorhanden sein. Dabei erlaubt die senkrecht stehende Schlitzpupille der Katze die Beherrschung eines großen Helligkeitsbereiches von Tageshelle bis zu tiefer Dämmerung. Auch eine reflektierende Schicht im Augenhintergrund hilft der Katze, noch bei sehr schwachen Helligkeiten genügend sehen zu können. Dieses sogenannte Tapetum lucidum ist für den Menschen bei Dunkelheit wahrnehmbar, wenn Licht unter bestimmtem Einfallswinkel in das Katzenauge hinein und wieder aus ihm heraus gelangt.

Die bisher ermittelte Sehschärfe bei der Katze beträgt 5 Minuten 30 Sekunden, aber wahrscheinlich ist dieser Wert noch verbesserungsfähig, was durch genaue Laboruntersuchungen bewiesen werden müßte. Auf der mit dieser Sehfähigkeit bestrichenen Helligkeitsskala fällt es der Katze leicht, Helligkeitsunterschiede wahrzunehmen und im Gedächtnis zu behalten. Dafür sind nur rund hundert Versuche nötig, während die Unterscheidung von schwarzweißen Formenmerkmalen (z.B. Dreieck und Viereck) durchschnittlich vierhundert Versuche erfordert. Immerhin werden bei solchen Lernversuchen die Verbesserungen deutlich, die der Katze von einem Lernvorgang zum anderen zu gesteigerten Leistungen verhelfen.

Erwartungsgemäß ist bei einem vor allem in der Dämmerung aktiven Tier wie der Katze das Farbsehvermögen nicht gut ausgeprägt. Über ein halbes Jahrhundert gingen die Lehrmeinungen über die Farbtüchtigkeit der Katze stark auseinander, und erst 1978 konnte gezeigt werden, daß Katzen mindestens einige Farben voneinander und von entsprechenden Grauwerten unterscheiden können (z.B. Blau, Grün).

Der Geruchssinn ist wahrscheinlich nur für die Nahorientierung von Bedeutung, und man kann sich leicht davon überzeugen, daß für die Katze angenehm duftende Nahrungsstücke ihr ziemlich nahe vor die Nase geraten müssen, bis sie sie geruchlich wahrnimmt. Immerhin spielt offensichtlich diese geruchliche Nahorientierung eine wichtige Rolle bei der Erkennung des Partners. Die typische Katzenbegrüßung, das Köpfchenreiben, dient dem Absetzen von Duftmarken aus den Wangendrüsen. Mit diesem Verhalten wird auch der vertraute Mensch begrüßt. In der Balzzeit – bei uns jährlich zweimal, im Januar und im Mai – setzen die Kater auf ihren Streifzügen und der Suche nach einem Weibchen stark duftende Urinmarken ab, die die begattungsbereiten Katzendamen im Sinne einer Pheromonwirkung auf Kurs bringen und gefügig machen dürften.

Alle diese Sinnesleistungen aber erklären noch nicht die außerordentlich leistungsfähige Orientierungs- und Heimfindefähigkeit mancher Hauskatzen. Dabei ist offensichtlich die 450 Kilometer lange Strecke zwischen neuem und altem Heimatort, die eine Katze in Texas in vier Monaten zurücklegte, der bisherige Rekord.

Bei der genannten Balz ist das nächtliche Katzenkonzert wahrscheinlich jedem bekannt und hat wohl manchen schon zu nächtlicher Stunde gestört. Diese Lautäußerungen umfassen Töne von 100 bis 10000 Hertz, die also auch das menschliche Stimmspektrum umfassen. Allerdings können junge Katzen Töne bis zu 80000 Hertz hervorbringen, was die Mütter nur in dieser Phase mit solchen von 50000 Hertz beantworten. Es ist ein weitverbreitetes Prinzip, daß Jungtiere und Mütter in der Pflegephase besonders hohe Stimmen besitzen. Dabei lassen sich die Lautäußerungen der Katze zu etwa zehn gut voneinander unterscheidbaren »Vokabeln« gruppieren, und es ist bemerkenswert, daß die Zahl solcher »Wörter« auch bei den Menschenaffen nicht höher zu sein scheint.

Der Erfolg solcher Balzbemühungen stellt sich in unseren gemäßigten Klimazonen zweimal im Jahr ein (»Maikatzen«, »Stoppelkatzen«). In den tropischen Gebieten gibt es solche Fortpflanzungsphasen bis zu viermal jährlich. Die dabei beim Weibchen auftretende »Rolligkeit« äußert sich unter dem Einfluß von Sexualhormonen in seltsamen Schiebebewegungen auf dem Boden, wobei schließlich die Hüftregion abgeplattet und der Schwanz seitwärts gebogen wird, so daß dem Kater die sexuelle Vereinigung nicht besonders schwerfällt. Dabei wird in einem typischen Nackenbiß (Paarungsbiß) die Erregung noch gesteigert, und auch ein verhornter stacheliger Besatz am Ende des Begattungsgliedes läßt die Kopulation zu einer höchst intensiven Affäre geraten. Sie kann bis zu achtmal in zwanzig Minuten ausgeführt werden.

Aus solcher Liebesfreudigkeit ergibt sich schließlich die in allen Kulturnationen zu beobachtende zu große Katzenhäufigkeit und auch der Rekord an Nachkommenproduktion, den die US-Katze »Dusty« zu halten scheint, die bis zum Alter von 17 Jahren 420 Nachkommen in die Welt setzte.

Vermarktung. Da die Katze im Vergleich zum Hund wohl der »praktischere« Hausgenosse ist, dessen Größe auch eher in die Stadtwohnungen hineinzupassen scheint, verwundert es nicht, daß sich diesem sehr beliebten Haustier eine ganze Anzahl von Industriesparten auf die Spur gesetzt haben. Das zeigt ein Blick in die Werbekampagnen unserer Tage vom Fernsehschirm bis zur Litfaßsäule, wobei Dosenfleischprodukte und Trockenfutterbrocken mit oft gewaltigem Werbeaufwand an den Mann bzw. die Katze gebracht werden sollen.

Bei aller wissenschaftlichen Ernährungsforschung für die »gesunde« Katze überrascht den Katzenliebhaber manchmal die Vorliebe seiner Katze für Gras, für Gras bestimmter Arten. Dabei werden mit seitlich geneigtem Kopf – Katzen besitzen ja keine funktionsfähigen Schneidezähne, sondern verlassen sich eher auf ihre Eck- bzw. Reißzähne – harte Grashalme abgebissen, die sich im Magen mit den bei der Körperpflege verschluckten Haaren zu Klumpen formen, die durch einen Brechreiz wieder zutage gefor-

1

Hauskatzen

Hauskatzen gehören zur höchstentwickelten Gruppe der Raubtiere, was sich vor allem am sehr spezialisierten Gebiß (mit Reißzahn) zeigt. Urahn unserer Hauskatze ist die nubische Falbkatze, eine in Ägypten beheimatete Unterart der Wildkatze mit einfarbig fahl gelblichgrauem Fell. Sie ist leichter zähmbar als die europäische Wildkatze (graues Fell mit schwarzen Querstreifen und buschigem, schwarz geringeltem Schwanz) und wurde schon im alten Ägypten zur Mäusejagd domestiziert und als heilig verehrt. Erst im 14. Jahrhundert wurde sie auch in Deutschland häufiger gehalten. Unbeabsichtigte Kreuzungen mit der europäischen Wildkatze führten zu zahlreichen Varianten mit mehr oder weniger deutlichen Falb- bzw. Wildkatzenmerkmalen. Das zeigt sich vor allem an der Fellfarbe: einheitlich gelblich wildfarben (3), schwarz oder braun gestreift (10), gescheckt, mit schwarzen Fußballen (von der Wildkatze), dreifarbig schwarz-braun-weiß (meist weiblich), ganz schwarz, ganz weiß und alle Farbtöne als Mischung aus den genannten Grundfarben. Auch die Haarlänge kann als Rassemerkmal von ganz nackt bis angorahaarig lang (4, 5, 6, 8) reichen (»Perser«). Züchtervereinigungen widmen sich der Herausbildung neuer »Schläge«, die meist mit phantasievollen Namen belegt werden.

2

3

4

5

6

7

8

9

10

dert werden. Solche vegetarischen Perioden im Leben eines ansonsten durchaus fleischfressenden Kleinraubtieres sind etwas völlig Normales.

Mit fallender Kinderzahl und steigendem Anteil älterer Bürger an der Bevölkerung der Industrienationen dürfte auch die Zahl der Katzen weiter zunehmen. Die damit angesprochene emotionale Rolle der Katzenhaltung stellt gewiß eine wichtige Tatsache für unsere Gesellschaft dar, und daraus dürfte sich wohl eine gesunde Basis für den sich ständig erweiternden Markt ergeben, der sich u.a. in der Gründung von Katzen-Blutbanken (1979 in New York), von Wiederbelebungs- und Intensivpflegefahrzeugen für verunglückte und kranke Katzen und Hunde (in Paris) und den Katzen zugedachten Begräbnissen auf Tierfriedhöfen manifestiert. Ein solcher Tierfriedhof im Pariser Norden verlangte 1981 für die Beerdigung einer Katze und das Aufstellen eines Gedenksteines rund 450 DM. Auf diesem Tierfriedhof findet man etwa dreitausend Grabstätten, von denen zahlreiche den Katzen vorbehalten sind. Unter den oft mit rührend menschlichen Texten versehenen Grabsteinen liegen die Katzenlieblinge großer Literaten und bekannter Philosophen.

Maßnahmen gegen streunende Katzen. Das genaue Gegenteil solcher Katzenliebe kann man alljährlich zu Beginn der großen Reisesaison erleben, wenn wohl in jedem westlichen Land große Anzahlen von Jungkatzen bedenkenlos ausgesetzt und so meist dem Tode überantwortet werden. Dabei spielt die öffentliche Meinung über die Gefährdung der Vogelwelt durch Katzen durchaus eine Rolle. Die Auffassung über die Vogelvorliebe der Katze ist zwischen den Vogelschützern, Jägern, Katzenhaltern und einigen Wissenschaftlern durchaus geteilt, aber immerhin haben sich bei der überwiegenden Mehrheit die Meinung und das sichere Wissen durchgesetzt, daß frei umherlaufende Katzen durchaus eine Gefährdung der Vogelwelt darstellen. Aus dem Stand kann eine Katze bis etwa 1,50 Meter hoch springen und mit gezieltem Pfotenschlag den vorbeifliegenden Vogel erwischen. So ist es verständlich, daß manche Städte und einige europäische Jagdgesetze den Abschuß streunender Hauskatzen erlauben. Dabei hat sich Reykjavik in sympathischer Weise hervorgetan, indem im städtischen Binnenbereich alle Katzen ein Glöckchen und die Anschrift des Besitzers bei sich tragen müssen. Noch einen Schritt weiter ist in jüngerer Zeit Paris gegangen, indem dort diese Daten in die Innenseite der Ohrmuschel tätowiert werden sollen.

Das Hauskaninchen

Der Wildahn unseres Hauskaninchens ist das europäische Wildkaninchen (Oryctolagus cuniculus). Dieser Vertreter der Hasenartigen (Familie Leporidae) war bis zum frühen Diluvium über ganz Mittel- und Südeuropa sowie

Unser Hauskaninchen stammt vom europäischen Wildkaninchen ab. Es erwies sich als Haustier dem Hasen überlegen, weil es keine großen Reviere benötigt und leicht massenweise zu züchten ist.

in Nordamerika verbreitet. Am Ende der letzten Eiszeit jedoch waren die europäischen Populationen auf die Iberische Halbinsel und Nordwestafrika zusammengedrängt. Nach dem Ende der letzten Eiszeit gab es eine Wiederausbreitung der dortigen Populationen, und es kam zur Ausbildung neuer Unterarten. Diese unterscheiden sich vor allem durch das Körpergewicht. So ist das »spanische« Kaninchen im Mittelmeerbereich mit 1,25 Kilogramm Körpergewicht kleiner als die Unterart von Nord-, Mittel- und Osteuropa sowie England mit über zwei Kilogramm Gewicht. Die Inselrasse von Porto Santo dagegen wiegt nur etwa sechshundert Gramm. Entgegen einem immer wieder geäußerten Volksaberglauben sind die heutigen Kaninchen mit den heutigen Hasen nicht kreuzbar.

Das Kaninchen wurde erst ziemlich spät domestiziert, was an der damals herrschenden Vegetation gelegen haben mag: Die dichten Wälder der Nacheiszeit im Kulturbereich Nord- und Mitteleuropas boten ihm als Steppenbewohner nicht die richtigen Bedingungen. So wurde das Wildkaninchen erst um etwa 1100 v. Chr. im Zuge der Phönizierwanderungen in Spanien bekannt. Aus ihrer Heimat kannten die Phönizier die dort häufigen Klippschliefer (Hyrax) und bezeichneten sie mit ihrem heimischen Wort »shephan«. So wurde Spanien zum Klippschlieferland »i-shephan-im«. Die Sprachwissenschaftler haben uns leicht überzeugen können, daß aus diesem Wort über das latinisierte Hispania die heutige Bezeichnung Spanien entstand. Nach dem Zurückweichen des Eises dauerte die Wiederausbreitung des Kaninchens von Spanien aus länger als der Transport, den die wandernden Horden der Völkerbewegung dem Kaninchen boten.

Um etwa 100 v. Chr. kam das Kaninchen nach Italien. Da Hasen sich in der Quasi-Gefangenschaft nur mühsam züchten lassen, ersetzte man sie durch Kaninchen, die man auf leichtere Weise zur Massenzucht bringen kann. Außerdem erwiesen sich Kaninchen als potentielle Haustiere dem Hasen überlegen, denn sie beanspruchen kaum große Revierflächen. Anders als Hasen bringen die Kaninchen ihre Jungen in selbstgebauten Höhlen zur Welt, die oft als wahre Kolonien dicht bei dicht angelegt werden. Hasen dagegen bauen nur oberirdische »Nester«, so daß die Jungtiere dort gegen Störungen sehr empfindlich sind.

Mit den in umzäunten Gebieten gehaltenen Kaninchen wurde den Hofdamen und Machthabern bei Hofe eine leichte Jagdbeute bereitgehalten. Wenn auch in solchen umzäunten Krals eine echte Haustierwerdung beim Kaninchen nicht stattfinden konnte, so gab es doch zwischen den wilden und diesen fast domestizierten Kaninchen deutliche Unterschiede vor allem in der Fluchtdistanz bzw. Zahmheit. Andererseits erfolgten immer wieder Rückkreuzungen von entwichenen Kaninchen mit den wirklich noch frei lebenden der Umgebung, und diese leichte Verwilderung ist manchen Gebieten, in die man Kaninchen gewollt oder ungewollt als neues Element in die Tierwelt hineinbrachte, zum Verhängnis geworden. Das gilt zum Beispiel für die Massenplagen in Australien und Neuseeland, wohin Einwanderer das Kaninchen mitbrachten.

Um solche verwildernden Ausbrüche und den Beginn von Massenplagen zu steuern, hat man bis in das Mittelalter hinein versucht, die Kaninchen auf besonderen Inseln unterzubringen, was sich noch heute in manchen Bezeichnungen ausdrückt: Kaninchenwerder, die heutige Pfaueninsel bei Berlin, war das Kaninchendorado der preußischen Könige, aber auch englische und französische Herrscher hatten ihre Kanincheninseln.

Beginn der Domestikation. Die einigermaßen ernst zu nehmende Domestikation der Kaninchen erfolgte durch die mittelalterlichen Mönche, die sich mit einem religionswissenschaftlich interessanten Trick den Vorschriften der Fastenzeit entzogen: Kaninchenembryonen galten als Pflanzen, und diese »pflanzliche« Speise war den Mönchen offenbar erlaubt. Wegen der schon genannten Fruchtbarkeit der Kaninchen war diese Speise das ganze Jahr hindurch verfügbar.

Das galt auch für die Erlangung der Jungen bzw. der schwangeren Mutterkaninchen in den Erdhöhlen, die man mit dackelbeinigen Hunden fing und oberirdisch zum Werfen der Jungen brachte. An diesen Jungen konnte man nicht nur seinen Pflegetrieb abreagieren, sondern aus dem reich variierenden Merkmalsschatz diejenigen Eigenschaften auswählen, die man sich für den Hausstand wünschte: guten Fleischansatz, ergiebige Körpergröße, erbliche Zahmheit und für die Zuchtfreunde verschiedene Farbspiele bis zur albinotischen Weißheit. Das erste albinotische Kaninchen ist auf einem Gemälde von Tizian aus dem Jahre 1530 (Madonna mit dem Kanine) zu sehen.

Rund hundert Jahre vorher, nämlich 1423, entstanden verläßliche Aufzeichnungen über Hauskaninchen aus Wengen im Allgäu, und schon 1149 bat der Abt von Solignac um

Aus dem ursprünglichen Wildkaninchen wurden inzwischen zahlreiche verschiedene Rassen gezüchtet. Anfangs erzielte man nur verschiedene Farbschläge, später auch angorahaarige Formen.

die Übersendung zweier offensichtlich domestizierter Kaninchenpaare. Die weitere Züchtung in Rassen erfolgte offenbar sehr rasch, denn bereits um 1650 beschrieb der Erfinder des Mikroskops, Antonie van Leeuwenhoek, eine bestimmte Anzahl von Farbvarianten. Auch über weitere Varianten des Kaninchens sind wir recht gut orientiert. So kam 1723 aus dem Vorderen Orient das erste Angorakaninchen nach Bordeaux.

Die oben erwähnte Kaninchenplage in Australien wurde im Jahre 1849 verursacht, als Einwanderer zum Jagdvergnügen mitgebrachte domestizierte Kaninchen freiließen. Diese vermehrten sich enorm, da sie keine natürlichen Feinde hatten, stiegen auf die Sträucher und Bäume und vernichteten in weiten Landstrichen jedwede Vegetation. Da sich Südafrika mit strengen Vorschriften der Kanincheneinfuhr widersetzte, konnte es sich gegen eine solche Kalamität bisher schützen.

Verhaltensweisen. Aus dem Leben der Wildkaninchen lassen sich manche Verhaltenseigenschaften der Hauskaninchen verstehen bzw. ableiten. Wildkaninchen legen in verzweigten Höhlensystemen, die bis in drei Meter Tiefe hinabreichen, immer einige Notein- und -ausgänge an, so daß es mühsam ist, sie auszugraben. Dabei liegen solche Höhlensysteme mit denen der Nachbarn in engem sozialem Kontakt, und eine solche Kaninchenwohngemeinschaft wird durch bestimmte soziale Mechanismen geordnet. Dazu gehört zum Beispiel, daß die Nahrungsaufnahme vor allem in der Dämmerung morgens und abends erfolgt und daß bestimmten Höhlen ein bestimmtes Grasterritorium zugeordnet ist, in dem bestimmte Wechsel die Pflanzennahrung leichter verfügbar machen.

In solchen Territorien werden die Körperausscheidungen nur an bestimmten Plätzen (»Latrinen«) abgesetzt, wobei aber diese Produkte offensichtlich keine Markierfunktion besitzen. Eine solche Markierung von Territorien wird vielmehr mit dem Sekret der Unterkinndrüsen geleistet, indem die Tiere an bestimmten Bodenerhebungen, Bäumen u.ä. ihre Kinnpartie reiben und so die Duftstoffe absetzen.

Duftstoffe aus dem Urin scheinen nur im Sexual- und Kampfverhalten eine Rolle zu spielen, denn beide Geschlechter können gut gezielte Harnstrahlen auf den potentiellen Partner bzw. Angreifer loslassen. Das erfolgt vor allem beim Bock in vollem Lauf oder gar, indem der Spritzende dem zu Markierenden aus dem Sprung über ihn hinweg seinen Strahl auf den Körper spritzt.

Im Freiland werden die meisten Jungkaninchen zwischen Januar und Juni geboren, doch kann das auch je nach Witterung in den übrigen Monaten erfolgen. Das gilt auch für die Hausrassen der Kaninchen, von denen heute etwa fünfzig anerkannt sind. Diese umfassen über sieben Kilogramm schwere Belgische Riesen, Deutsche Silberriesen, Blaue Wiener und die in jüngerer Zeit geradezu zur Mode gewordenen Zwergkaninchen von allenfalls einem Kilogramm Körpergewicht. Von den besten Angorakaninchen lassen sich pro Jahr etwa sechshundert Gramm Wolle gewinnen, die für besonders warme Strick- und Wirkwaren noch immer gesucht ist.

Neben der Nutzung des Kaninchens als Fleischlieferant und Wollproduzent steht in jüngerer Zeit gewiß seine Rolle als Labor- und Versuchstier obenan.

Das Meerschwein

Der Vorläufer des heute vor allem als Labortier benutzten Meerschweinchens (Cavia cobaya) ist das wilde Meerschwein (Cavia aperea), das schon in Vor-Inkazeiten als Opfertier in Mittel- und Südamerika domestiziert wurde. Angesichts des harten Klimas und der schwierigen Umweltbedingungen auf den Hochebenen Südamerikas ist Fleisch allenthalben selten und kostbar, also ein um so willkommeneres und wertvolleres Opfer. In Südamerika finden sich sogar vier Gattungen von wilden Meerschweinen, und die Vorfahren unseres Meerschweinchens sind zwischen Karibiksüdrand und Argentinien verbreitet, wobei vorwiegend steppige und grasige Gebiete bevorzugt werden.

Aus den Zeugnissen der Inkazeit ist bekannt, daß es schon damals zahlreiche Hausrassen des Meerschweinchens gab, die sich vor allem in der Fellfarbe unterschieden. Dabei sind einfarbige Schläge sehr selten; meistens findet man gefleckte Individuen mit den Grundfarben Rot, Gelb, Schwarz und Weiß. Selbstverständlich ist auch der Albinismus bei den Meerschweinchen vertreten.

Die Wichtigkeit des oben erwähnten Fleischopfers zeigt sich sogar noch in geschichtlicher Zeit, das heißt, nachdem die Christianisierung der dortigen Hochkulturen versucht wurde. In der Kathedrale von Cuzco, der peruanischen Inkastadt auf dem Hochplateau, findet sich im Altarbild an Stelle des christlichen Opferlamms ein Meerschweinchen. Der vom Priester zum Christentum bekehrte Maler dieses Werkes kannte selbstverständlich nicht das im christlichen Kult hier übliche Opferlamm. So nahm er das lokal wertvollste und einigermaßen handliche Opfertier, das Meerschweinchen.

Erst nach der Entdeckung Amerikas kamen Meerschweinchen als Mitbringsel holländischer Seefahrer nach Europa. Für die Namengebung – im Englischen heißt das Meerschweinchen guinea pig – ist anzunehmen, daß die Küste von Guinea als Anlaufhafen gedient haben mag. Auch im Deutschen deutet ja die Bezeichnung Meerschweinchen auf eine Herkunft von jenseits des Meeres hin.

Wie bei fast allen anderen Haustieren auch, hat sich beim Meerschweinchen im Zuge der Herauszüchtung von Haustierrassen eine Fülle von Sondermerkmalen herausgebildet, die sich vor allem an den Haaren ausprägen. So kennt man langhaarige Angorameerschweine, albinotische Individuen und eine Fülle von bunten Scheckigkeiten und Fleckigkeiten. In der Körpergröße hat sich bisher noch keine starke Abweichung von der Normausprägung eingestellt, so daß die Entwicklung eines Riesen- und Zwergmeerschweinchens noch aussteht.

Das Hausschwein

Nebst Mensch, Rind und Schaf ist heute das Schwein das häufigste Großtier der Welt. Für 1980 wurden weltweit insgesamt etwa 760 Millionen Schweine ermittelt, wovon rund 300 Millionen in China, 73 Millionen in Rußland, 60 Millionen in den USA und 23 Millionen in der Bundesrepublik Deutschland gehalten wurden. Schon diese Zahlen unterstreichen die Bedeutung des Schweines in fast allen Kulturen. So ist denn auch über die Hausschweinabstammung und über die Sinnesleistungen des Schweines, über seinen Körperbau und seine Körperfunktionen sowie über seine Brauchbarkeit für Laborversuche besonders intensiv gearbeitet worden, so daß unser Wissen über das Schwein wahrscheinlich zu dem umfassendsten bei allen Haustieren gediehen ist.

Abstammung. Alle heutigen Hausschweinrassen gehen auf das eurasiatische Wildschwein Sus scrofa zurück. Es verdankt seine Herkunft einem etwa hasengroßen, vierzehigen Tier, das als Propalaeochoerus im Oligozän der Alten Welt verbreitet war. Erst in den folgenden Erdepochen nahm die Körpergröße zu, und damit wuchs auch in übertriebenem Ausmaße ein Teil des Gebisses, so daß sich die beachtlichen Eckzähne schließlich sogar zu aus dem Kiefer ragenden gekrümmten Hauern entwikkelten. Diese Schweinevorläufer lebten im dichten Wald, und auch noch heute sind die Wildschweine vorwiegend in waldigen und baumreichen Gebieten anzutreffen.

Die bei einer so weiten Verbreitung zu erwartenden geographischen Unterarten der Wildschweine sind in historischer Zeit in Nordeuropa und Nordrußland ausgerottet worden, finden sich aber heute noch von Frankreich bis Ostasien, also auch in

Alle heutigen Hausschweinrassen gehen auf das Wildschwein zurück, das in Europa und Asien beheimatet ist und in zahlreichen geographischen Unterarten vorkommt.

Deutschland, Polen und sogar in einigen Gebieten des Mittelmeerraumes und Nordafrikas. Auch auf einigen Inseln haben sich besondere Schweine zu Unterarten entwickelt, was zum Beispiel für die Andamanen, Sumatra, Java und Neu-Guinea gilt. Entsprechend den geographischen Klimaregeln der Biologie trifft man die größten und schwersten Unterarten in den nördlichen Gebieten an, während die südlicheren Vertreter einen deutlich kleineren Körperwuchs aufweisen und auch in der Färbung der Körperdecke heller sind als ihre nördlichen Verwandten.

Während der Steinzeiten befanden sich in Mitteleuropa große Eichen- und Buchenwälder, und auch im »Fruchtbaren Halbmond« gab es reichlichen Bewuchs, so daß dort die Schweinedomestizierung schon um 7000 v. Chr. anzusetzen ist. In Europa dürfte dieser Vorgang etwa tausend Jahre später begonnen haben.

Dabei ist es schwer vorstellbar, daß sich noch im Nomadenzustand befindliche Kulturen mit der Domestizierung von Schweinen befassen konnten, denn Hausschweine sind wegen ihrer im allgemeinen kurzen Beine nicht gerade bewegungsfreudig und konnten so wohl kaum die beim Nomadentum nötigen längeren Strecken zu Fuß zurücklegen.

So war bei den seßhaften Kulturen des Altertums, das heißt bei den Griechen, Römern und Germanen, das Schwein wichtig und stand in hohem Ansehen. Das mag sich in der bis heute gültigen Bedeutung des »Glücksschweinchens« widerspiegeln. Bei nomadisierenden Kulturen dagegen kann man noch heute eine gewisse Verachtung des Schweines oder gar Tabuisierung des Schweinefleisches feststellen. Man hat den Grund für solche Tabus manchmal im häufigen Parasitenbefall der Schweine gesehen, wobei solche Parasiten, wie etwa Bandwürmer, Trichinen u. ä., auch dem Menschen gefährlich werden können. Hinzu kommt ein psychologisches Moment: Nomaden sind im allgemeinen dem kriegerischen Tun zugetan und fühlen sich den seßhaften Bauern meist hoch überlegen. Da sie zum Fleischerwerb meistens der Jagd obliegen, halten sie das Mastfleisch von Hausschweinen für durchaus unwürdig und unterwertig.

Nützliche Eigenschaften. Bei den seßhaft gewordenen Völkern zeigte sich eine nützliche Nebeneigenschaft der Schweinehaltung vor allem darin, daß das wühlende Schwein durch Verbeißen der Wurzeln von Baum und Strauch mithalf, die meist mühsam gerodete Fläche im Walde offenzuhalten. Außerdem ernährte es sich wohl durch die in den Eichen- und Buchenwäldern reichlichen Angebote der entsprechenden Früchte. Kulturgeschichtlich wurde das Schwein somit ein wichtiger Helfer auf dem Wege zur Weide- und Ackerwirtschaft. Schon bei den Griechen und Römern war demnach der Schweinehirt eine höchst angesehene Person, und auch der Aphrodite und der Venus wurden Schweine geopfert.

Im kulinarisch sich immer exaltierter gebenden alten Rom kamen regelmäßig neue Arten von Schweinefleischgerichten auf die fürstlichen und bürgerlichen Tafeln. Neben ganzen gerösteten Schweinen wurden vor allen Dingen bestimmte Körperteile (Euter, Geschlechtsorgane der Sau u. ä.) als Delikatesse in einschlägigen Kreisen geschätzt. Von den Graeco-Römern wurde auch die Technik der Wurstherstellung erfunden, und vorher war schon in Kleinasien die Methode des Räucherns an saftigen Schinken erprobt worden.

Neben der Nutzung als Fleisch-, Fett- und Lederlieferant sowie als Opfertier gewann das Schwein in einigen Kulturen auch noch überraschende andere Funktionen. Im Gebiet der Nilüberflutungen diente es zum Beispiel dazu, nach den ersten Regenfällen und Hochwassern mit den spitzen Hufen die ausgesäten Samenkörner festzutreten, so daß die neue Saat am vorgesehenen Ort keimen konnte. Bei den ärmeren Schichten bediente man sich des Schweines gern als Zugtier, und der Schweinekarren ist in älteren Darstellungen bis zum Mittelalter auch im europäischen Kulturkreis keine Seltenheit.

Dank der ausgezeichneten Sinnesqualitäten, wobei vor allem der Geruchs- und Gesichtssinn zu nennen sind, bediente man sich im England des Mittelalters der Schweine zum Aufspüren von Wild. Das gute Riechvermögen des Schweines soll dabei den Jägern ähnlich gute Dienste geleistet haben wie ein fährtensicherer Suchhund.

Diese gute geruchliche Aufspürfähigkeit zeigt sich auch bei einer Schweinerasse aus dem Perigord (Südfrankreich). Dort benutzt man dressierte Sauen, seltener auch Eber, zum Aufspüren der unterirdischen Edelpilze der bekannten schwarzen Trüffeln. Solche Trüffelschweine können noch unter zehn

Zentimetern Schnee und in einer Tiefe von rund zwanzig Zentimetern kleine Fruchtkörper selbst dann finden, wenn diese nur erbsengroß sind.

Hausschweinmerkmale. Bis etwa 1850 ließ man die Hausschweine bei der sogenannten Trifthaltung von Frühjahr bis zum Herbst in der Nachbarschaft der Siedlungen, wobei sie sich weitgehend selbst ernährten. Daß sie dabei keine starken Gewichtszunahmen verzeichnen konnten, ist nicht überraschend. So benötigten sie anderthalb Jahre bis zum Erreichen von rund hundert Kilogramm Körpergewicht. Heute sind solche Mastleistungen in weit kürzerer Zeit und mit weit größeren Endgewichten möglich: In sieben Monaten wird eine Schweinepersönlichkeit durch intensive Mast zu einem Gewicht von hundert Kilogramm und mehr aufgeblasen.

Dabei haben manche unserer Zuchtrassen die normale Anzahl von 14 Rippen auf 16 vermehrt, damit man auf diese Weise mehr von dem als Mastfleisch begehrten Produkt erzeugen kann. Ein typisches Domestikationsmerkmal ist auch der im Vergleich zum langgestreckten Schädel des Wildschweins mopsartig verkürzte Schädelbau der hochgezüchteten Hausschweinrassen. In gleicher Weise können die jugendlichen Hautfalten, die beim normalen Wildschwein sozusagen der Aufnahme des rasch anwachsenden Fleisches dienen, ein Leben lang beibehalten werden. Dieses zeigt sich etwa bei den chinesischen Falten- bzw. Hängebauchschweinen.

Auch die bei den meisten Hausschweinrassen vorhandenen Hängeohren sind als Merkmal der Domestikation zu werten, denn beim Wildschwein sind die steil aufgerichteten Ohren ein wichtiges Instrument zur Wahrnehmung akustischer Signale und können dementsprechend durch noch stark ausgeprägte Muskeln in die jeweilige Richtung gedreht werden. Schließlich hat sich der bei Wildschweinen gerade herabhängende Schwanz bei den meisten Hochzuchtrassen zum Dauerringel gewandelt und liefert damit ein Parallelbeispiel für die entsprechenden Erscheinungen bei Haushunden.

Das Mangalicza-schwein oder ungarische Speckschwein gehört zu den kleineren Rassen des Mittelmeerraumes. Im Namen drückt sich schon die Mastfähigkeit aus.

Unten: Ein Domestikationsmerkmal führt bei den Hängebauchschweinen zu der namengebenden Körperfülle: Jugendliche Hautfalten bleiben bei ihnen zeitlebens erhalten.

Die heutigen Hausschweinrassen lassen sich zu vier Gruppen zusammenfassen:

□ Die mitteleuropäischen Hausschweinrassen sind groß, lang, schmal, spätreif und ziemlich anspruchslos. Es handelt sich dabei meistens um die Landschweinrassen in Mittel-, Nord- und Osteuropa mit meist weißen, schwarzweißen oder rostfarbenen Körperdekken. Hierher gehören die Braunschweiger, Hannoveraner und Bayrischen Landschweine.

□ Im Mittelmeerraum finden sich kleinere Rassen, deren Kopf kürzer und breiter ist. Sie werden auch früher reif als die Nordrassen und zeigen eine Tendenz zur Mastfähigkeit, was sich etwa im ungarischen Speckschwein (Mangalicza-Schwein) ausdrückt, das außerdem noch lockige Angorahaare besitzt.

□ Die Bindenschweingruppe war früher von Asien bis Osteuropa verbreitet, ist aber heute fast nur noch in Südasien anzutreffen. Es handelt sich dabei um sehr mastfähige, kurzbeinige Schweine mit gescheckter Schwarzweißfärbung. Schon aus dem Jahre 3468 v. Chr. kennt man ein chinesisches Regierungsdekret, das die Zucht dieses Mastschweines befahl. Typischerweise findet sich in dem entsprechenden Gebiet heute das chinesische Maskenschwein.

□ Im Zeitalter der industriellen Produktion von Schweinefleisch sind heute die wichtigsten Rassen aus Kreuzungen entstanden, bei denen die Vorgenannten mehr oder weniger die Ahnen gewesen sind. So hat man raschwüchsige, frühreife und mastfähige Schläge erhalten, die als Deutsches Edelschwein, Deutsches veredeltes Landschwein, Berkshire- und Yorkshire-Schwein bekannt sind.

Die damit angesprochene Mastfähigkeit hat zu einer Fülle von Nebenwirkungen geführt, unter denen die meisten Mastschweinrassen leiden. Es handelt sich dabei um eine dauernde Überlastung von Knochen und Gelenken durch die zu große Fleischlast. Das ursprüngliche Knochengerüst des Wildschweines war nur für 50 bis 70 Kilogramm Körpergewicht geschaffen, und auch die Kreislaufbelastung hat sich durch die zu stark angestiegene Körpermasse enorm vergrößert. Das zeigt sich daran, daß immer wieder auf dem Wege zu den Schlachthöfen solche übermästeten Schweine an Herzversagen eingehen.

Diese traurige Folge der überzüchteten Bestrebungen hat 1979 erstmals zu einem Symposium in Bonn geführt, das als Hauptthema die Erforschung des Streßsyndroms beim Schwein hatte. Dabei zeigte sich, daß solche gestreßten Schweine ausgedehnte Fleischpartien besaßen, die durch besondere Blässe auffielen. Das war dadurch begründet, daß die Kreislaufversorgung den immens gewachsenen Muskel- und Fleischmengen nicht nachkommen konnte. So blieben ganze Fleischpartien sozusagen unterernährt. Man will jetzt versuchen, gegen Streß widerstandsfähigere Schweinerassen zu züchten.

Dabei ergab sich als nützlicher Nebeneffekt, daß sich das Schwein auch als Modellfall für die Erforschung mancher menschlicher Streß- und anderer Belastungen eignete. So kam man in USA und Göttingen zur Züchtung eines kleinen Laborschweines mit etwa siebzig Kilogramm Körpergewicht, und dieses Endgewicht hat man inzwischen durch züchterische Maßnahmen beim Minischwein auf dreißig Kilogramm senken können. Dabei sind einige Daten des Schweines denen des Menschen erstaunlich ähnlich: Das Menschenherz schlägt etwa 60- bis 80mal pro Minute, was auch für das des Schweines gilt.

Schweine sind keineswegs dumm. Aufgrund ihres guten Sehvermögens können sie Formen und Figuren unterscheiden lernen (rechts und unten). In Tests hat man festgestellt, daß sie die einmal erlernten »Signale« auch noch nach Monaten erkennen und unterscheiden können.

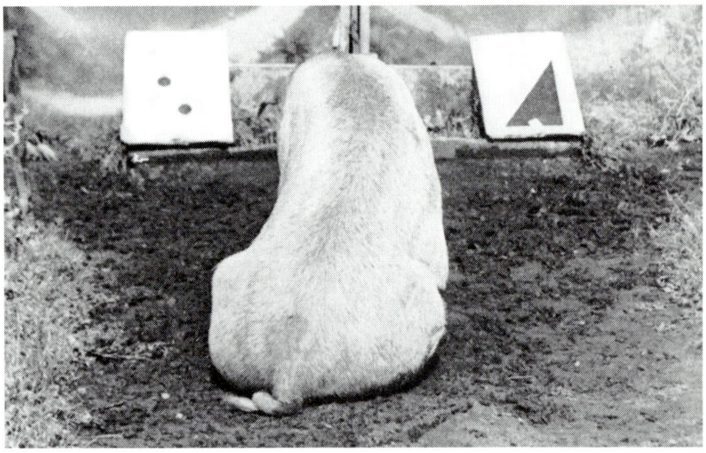

übergeben werden. Der Eber hält mit 150 bis 600 Milliliter Spermavolumen wahrscheinlich den Weltrekord. Auch seine Ejakulationsdauer von bis zu neun Minuten ist wohl rekordverdächtig.

Sinnesleistungen. Zum Gehörsinn des Schweines ist zu bemerken, daß noch Tonschritte von 24 Hertz eindeutig unterschieden wurden. Das gilt für den Bereich von 480 bis 1000 Hertz. Erstaunlich ist auch die Merkfähigkeit des Schweines für erlernte akustische Signale bzw. Rufe und Namen. Noch dreißig Monate nach Beendigung einer Lernstudie an Hausschweinen konnte eine besonders gute Lernerin mit bestimmten akustischen Signalen aus ihrer Herde gelockt werden.

Auch für den visuellen Bereich hat sich ein außerordentlich gutes Lernvermögen des Hausschweines ergeben. Seine Sehschärfe ist mit 7 Minuten 18 Sekunden besser als die des Indischen Elefanten. Bei der Unterscheidung von Formen und Figuren, die man im psychologischen Test auf zweidimensionalen Signal-

Auch die meisten Blutwerte (Hämoglobin-, Protein-, Kalium- und Calciumwerte) gleichen denen des Menschen. Sogar die Haut der hellen Schweinerassen hat eine typisch menschliche Eigenschaft offenbart: Sie wird wie die des Menschen vom Sonnenbrand befallen.

Eine weitere Eigenschaft verbindet Schwein und Mensch: der Besitz von sehr ähnlichen oder sogar gleichen Sexualduftstoffen (Pheromone), die im Achselschweiß des Mannes vorkommen, in gleicher Weise aber auch im Eberfleisch vorhanden sind. Das erklärt, daß bei den meisten Kulturen Eberfleisch als nicht genießbar angesehen wird. Die Funktion solcher Pheromone ist beim Schwein, das einen ausgezeichneten Geruchssinn besitzt, besonders ausgeprägt. Der Geruchssinn dient dabei zur Prüfung des Sexualpartners bzw. dessen Bereitschaft zur Vereinigung. Wenn eine solche Begattung stattfindet, können dabei Rekordmengen von Sperma

Die moderne Schweinemast bedient sich heute der Intensivhaltung, um Fleisch möglichst rationell zu produzieren. Keine Frage, daß dabei die Bedürfnisse der Schweine unter den Tisch fallen.

karten erlernen läßt, konnte die beste Lernerin noch nach dreißig Monaten 26 solcher »Verkehrssignale« mit etwa neunzigprozentiger Sicherheit unterscheiden. Sie hatte also das gesamte Vokabular ausgezeichnet behalten. Dazu mag das ganz befriedigend ausgeprägte Farbensehen kommen, das in dem Bereich zwischen Violett und Tiefrot eine gute Farbunterscheidung garantiert.

Schon aus diesen kurzen Hinweisen über die Sinnesleistungen und die Lernfähigkeit des Schweines geht hervor, daß die häufig benutzte Bezeichnung »dummes Schwein« ganz gewiß nicht auf Tatsachen, sondern schlechten Vorurteilen beruht.

Solche Vorurteile sind wohl auch die Quelle gewesen für die Annahme, das Schwein sei immer schmutzig bzw. liebe den Schmutz. Das genaue Gegenteil scheint richtig: Schweine sind bei genügend großem Raumangebot außerordentlich wählerisch in der Anlage ihrer Abortplätze. Sie setzen Urin und Kot weit entfernt von den Schlafplätzen ab und unterweisen auch die Jungtiere in dieser hygienischen Verhaltensweise. Da das Schwein ursprünglich in kühleren Klimaten mit kühlender Vegetation zu Hause war, liebt es hohe Temperaturen nicht allzu sehr. Daraus folgt, daß es sich bei größerer Hitze gern und ausgiebig in Wasserkuhlen suhlt, woraus die Mißdeutung entstand, es liebe den Schmutz.

Intensivhaltung. Solche Mißdeutungen ursprünglicher Verhaltensweisen haben besonders traurige Folgen für die in Intensivhaltungen aufwachsenden Schweine. Dabei werden in engen Gelassen Schweine gleichen Alters zu großen Gruppen zusammengefaßt, die wegen der Käfigsituation keine normalen Sozialstrukturen ausbilden können. Auch die Körperausscheidungen können nicht mehr an bestimmten Stellen abgesetzt werden, sondern sammeln sich in einer meist darunter vorbeiführenden Rinne. Sie stellen dennoch für die Umwelt eine schwere Geruchsbelästigung dar, und auch ihre Beseitigung birgt große Probleme.

In großen belgischen Schweinezuchten sind in jüngerer Zeit dazu bizarr anmutende Lösungen versucht worden: Da der anfallende Schweinemist nicht in der heimischen Landwirtschaft benutzt werden konnte, wurde er verdünnt und in leere Öltanker verladen, um ihn als Ballast für die sonst leer in die Ölländer zurückfahrenden Schiffe an Bord zu nehmen. Dort wird der Flüssigmist wieder rückverdickt und als Humusschicht über den Wüstensand gebreitet.

Zu solchen Intensivhaltungen mit dem Zweck, den Fleischbedarf der Bevölkerung zu decken, bedarf es immer wieder wirtschaftlicher und ökologischer Überlegungen, ob solches Tun weiter verantwortet werden kann. Zur intensiven Fleischproduktion in Massenbatterien von Schweinen, Rindern, Kälbern, Hühnern usw. werden meist große Mengen von pflanzlichen Nährstoffen, in aller Regel in Form von Getreide, verfüttert. Im Jahre 1978 betrug die Menge der so verfütterten Getreidenahrung rund 370 Millionen Tonnen in den Industriestaaten, was den Getreideverbrauch aller Menschen in den Ländern der Dritten Welt überschreitet. Umgekehrt errechnet, ergibt sich, daß ein Hektar Land nötig ist, um hundert Kilogramm Pflanzenfett in Form von Erdnußbutter, Sonnenblumenöl oder Kokosfett zu erzeugen, für die Produktion von hundert Kilogramm Tierfett aber bedarf es dazu der erheblich größeren Fläche von sechs Hektar. Wenn man den Fleischbedarf nur eines Europäers decken will, so müssen dafür so viele pflanzliche Nährstoffe als Viehfutter aufgewendet werden, daß man mit dieser Menge siebzig Menschen der Dritten Welt auf pflanzlicher Basis ernähren könnte.

Unsere Haushühner stammen vom südasiatischen Bankivahuhn ab. So prächtig gefärbt ist der Hahn der Wildform nur im Hochzeitskleid.

Das Haushuhn

Die wilden Vorfahren unserer Haushühner sind vor allen Dingen die in Südasien lebenden Bankivahühner, denen man in waldigen Gebieten Vorder- und Hinterindiens sowie einiger indonesischer Inseln begegnen kann. Das Bankivahuhn läßt sich am ehesten mit unseren rebhuhnfarbigen Italienern vergleichen, ist allerdings von diesen durch seine stets dunkelgrauen Füße unterschieden.

Bankivas leben in kleinen Gruppen, die unter Führung eines Hahns meist drei bis fünf Hennen umfassen. In aller Frühe kann man auf manchen Waldlichtungen solche Gruppen beobachten, die sich meist durch das unfertig wirkende, dreisilbige Krähen des Hahnes verraten. Die Hühner legen nur einmal pro Jahr etwa zehn gelblich-braune Eier von ungefähr fünfzig Gramm Gewicht. Das bei unseren Haushühnern bekannte Legegackern nach Ablage eines Eies ist bei der wilden Stammutter deutlich kürzer. Wie manche anderen Eigenschaften sind also auch die Rufe der Wildformen im Haustierstand übertrieben entwickelt worden. Das früher manchen Langschläfer ärgernde Dauerkrähen von Nachbars Haushahn hätte im Dschungel als viel zu auffälliges Signal gewiß manche vierbeinigen Feinde der kleinen Hühnergruppe auf den Plan gerufen.

Auch die imponierende Schwanzhaltung unserer Haushähne zeigt sich beim Wildhahn allenfalls in kurzen Augenblicken bei der Balz. Ansonsten aber wird der Bankivaschwanz fasanenartig herabhängend getragen. Selbst das auffällige Prachtkleid des Haushahns fast aller Rassen hat beim wilden Vorfahren nur kurzen Bestand während der Balzsaison und macht in der übrigen Zeit einem fast hennenartig wirkenden unauffälligen Federkleid Platz.

Obwohl die Bankivagruppen im Freilandleben recht scheu sind, kommt es doch immer wieder zu Kreuzungen mit den schon domestizierten Hühnern der Dorfbewohner. Die wache Kampfbereitschaft des Bankivahahns, der seine kleine Hennenschar zu schützen trachtet, wird vom Menschen auch beim Haushahn gern gesehen, kann er doch so mit seinem Krähen vor Gefahr warnen und außerdem zur Nutzung der kühlen Tagesstunden in der Frühe aufrufen.

Der »Sonnenvogel«. Im Iran heißt der Hahn noch heute »Sonnenvogel«, und auch die alten Chinesen haben ihm einen klangvollen Namen beigelegt, der auf das Tier hinweist, »das die Zeit kennt«. Auch bei der alten Hochkultur des Industales (etwa 2000 v. Chr.) war der Hahn dem Sonnenkult zugeordnet. Im alten Babylon spielte der Hahn schon im 3. Jahrtausend v. Chr. eine entsprechende Rolle. In all diesen Kulturen gewann er auch bald eine wichtige Bedeutung als Opfertier, und im etwas helleren Lichte der Geschichte unserer Antike ist das Hahnenopfer vor allem in Persien, Griechenland und Rom wohlbekannt.

Neben diesen Formen der Nutzung trat möglicherweise die Gewinnung von Eiern stark zurück. Immerhin kennt man aus dem

alten China bereits eine einfache Technik zum Erbrüten von Eiern in Tontöpfen mit Holzkohlefeuerung, und auch aus Ägypten ist um 500 v. Chr. eine Brutkammer mit Strohheizung für 36000 Eier bekannt geworden.

Weitere Vorfahren. Neben dem Bankivahuhn haben noch einige andere Wildhuhnarten aus dem südasiatischen Bereich Erbanlagen für unsere Haushuhnrassen geliefert. Das gilt für das südindische Sonnerathuhn (nach dem französischen Forschungsreisenden benannt, 1749–1814) und das Gabelschwanzhuhn von Java und einigen Nachbarinseln. Letzteres bezieht seinen deutschen Namen von dem Spalt zwischen den langen Mittelfedern des schwarz-grün glänzenden Schwanzes. Dieses Merkmal findet sich bei manchen unserer Zuchtrassen wieder. Das gilt auch für die besonders ausgeprägte Angriffslust des Gabelschwanzhahnes, die die Grundlage für die javanischen Hahnenkämpfe bildet. Dabei befestigen die Besitzer an den ohnehin scharfen Sporen ihrer Hähne Stahlklingen, so daß diese öffentlichen Hahnenkämpfe fast immer mit schweren Verletzungen und nicht selten mit dem Tod der Kämpfer enden.

Vom Sonnerathuhn hat sich vor allem ein Erbmerkmal in manchen Haushuhnrassen fortgesetzt: Ein besonderer Federtyp im Halsbehang des Hahnes zeigt eine breite Endplatte mit glänzend goldgelber Färbung. Dabei sind offenbar mehrere Federstrahlen zu einer hornigen Platte verschmolzen. Solche

Die Braunen Italiener gehören zum Typ der Landhühner, bei denen die jährliche Eierproduktion enorm gesteigert werden konnte. Legehennen, die 300 Eier und mehr im Jahr legen, sind keine Seltenheit.

Federn haben sich bei den Anglern in aller Welt als höchst wirksame Beuteattrappe erwiesen, so daß die Nachfrage nach ihnen so anstieg, daß das Überleben des Sonnerathahnes in Frage gestellt schien. Seit 1972 ist von der indischen Regierung die Ausfuhr dieser Federn verboten worden.

Symbol für Potenz und Fruchtbarkeit. Mit der Gründung großgriechischer Kolonien im Mittelmeerraum kam etwa 480 v. Chr. das Huhn auch nach Sizilien (Magna Graecia), wo es auf Münzen verewigt wurde. Auch auf den anderen Inseln der klassischen Antike spielte der Hahn als Symbol für sexuelle Potenz und Fruchtbarkeit eine immer stärkere Rolle. So kann man etwa noch heute auf Delos Hahndarstellungen mit eben dieser Anspielung auf die männliche Geschlechtlichkeit betrachten. Der Hahn war auch ein beliebtes Geschenk zwischen Männern und ihren Lieblingsknaben, was auch für Vater Zeus und seinen Lieblingsmundschenk Ganymed zutrifft.

Im alten Rom dienten Hühner sogar kriegerischen Zwecken: Sie waren beliebte Orakeltiere und gaben über den Ausgang bevorstehender Feldzüge Auskunft. Dazu sperrte man drei Hühner in einen Käfig, und wenn sie gierig fraßen, war das ein gutes Zeichen für die kommende Schlacht. So war es für den jeweiligen Befehlshaber wohl einfach, mit hungrigen Hühnern seinen Soldaten gierig fressende Orakeltiere vorzustellen, so daß man um so mutiger in den Krieg zog.

Mit den Römerzügen kamen die Hühner auch nach Deutschland. Columbus brachte sie auf seiner zweiten Reise 1493 nach Amerika, wo die Indianer das leicht züchtbare Tier gerne in den lockeren Hausstand aufnahmen und es schnell verbreiteten. So liegen schon für 1530 Berichte vom Oberlauf des Amazonas vor, und auch die heute in der Karibik und Südamerika beliebten Hahnenkämpfe nahmen damals ihren Anfang.

Aus all dem geht hervor, daß man lange Zeit im Huhn nicht den Fleischlieferanten sah. Außerdem brächte ja jede Schlachtung das Ende der Eilieferung mit sich.

Heute kennt man etwa hundert Haushuhnrassen, die sich in drei Hauptgruppen einteilen lassen, nämlich die Kampf- oder Malaienhühner, die Landhühner oder Europäer und die Fleischhühner vom chinesischen Typ.

Während die kampffreudigen Rassen bereits kurz charakterisiert wurden, ist von den Landhuhntypen zu vermelden, daß bei ihnen die Anzahl der Eier pro Jahr enorm gesteigert werden konnte. Zu den Landhühnern gehören zum Beispiel die Italiener, die gegen 1870 nach Deutschland kamen und wegen ihrer robusten Konstitution leicht in ländlichen Gebieten zu züchten waren. Auch bei der heutigen Intensivhaltung von Hühnern als Eierlegemaschinen greift man gerne auf solche Rassen zurück.

Hierher gehören auch die kennfarbigen Italiener, bei denen man bereits beim gerade geschlüpften Küken weibliche und männliche Tiere unterscheiden kann. Weil Hühner wie die meisten Vögel keine äußeren Geschlechtsorgane besitzen, war solch eine an das Geschlechtschromosom gebundene Kennfarbe lange Zeit sehr hilfreich. Inzwischen hat sich die »japanische Methode« der Geschlechtserkennung beim Eintagsküken durchgesetzt, denn beim Hähnchen läßt sich der verkümmerte Penis als winzige Afterpapille doch noch erkennen. So ist der wirtschaftlichen Intensivnutzung von Hennen und Hähnen in getrennten »Fertigungsgängen« das Tor geöffnet.

Die beiden Hauptrichtungen der heutigen Hühnerzüchtung zielen also einmal auf Fleisch- und einmal auf Eierproduktion. Es ist beeindruckend zu erfahren, daß die geringen Eizahlen der Wildform sich vor allem bei den weißen Leghorns (nach dem Zuchtort Livorno in Italien benannt) enorm steigern ließen. So waren bei den Geflügelwettbewerben im Jahre 1936 200 Eier pro Jahr noch der Ausweis für eine gute Legehenne, doch heute sind solche Rekordzahlen bei 360 und mehr Eiern pro Jahr und Henne angelangt. Dieser Befund ist ein Beweis für die außerordentliche Übersteigerung des Sexual- und Fortpflanzungsverhaltens von Tieren im Zustand der Domestikation.

Das gilt auch für die stimmlichen Möglichkeiten des Bankivahahnes, der nur über eine bescheidene dreisilbige Krähstrophe verfügt. Die Vorliebe des Menschen für bizarre Mutanten hat hier die Bergischen Kräher hervorgebracht, die aus dem Bergischen Land um Wuppertal stammen. Für die Tiere aus dieser Züchtung gab es schon 1923 eine strenge Rassenvorschrift, die vor allem das namengebende Krähen betrifft. Es dauert bei diesen Hähnen etwa dreimal so lange wie beim Leghornhahn und muß folgenden Bedingungen genügen: »Unter Flügelklatschen, die Gestalt gestrafft und hochgereckt und den langen Hals vorgestreckt, hebt der Hahn seinen Ruf an, und mit dem allmählichen Abwärtssteigen des langgedehnten Schreies sinkt auch der Kopf immer mehr abwärts, bis am Schluß der Schnabel den Erdboden berührt.« Dabei muß sich der letzte Ton langgedehnt zu Baritonhöhen emporschwingen und in mindestens zehn Tonschritten das tiefe Baß-A erreichen.

Die andere Züchtungsrichtung, die sich mit der Produktion von Fleischrassen beschäftigt, wird vor allen Dingen durch die Riesenhühner der Cochin-Chinas, Orpingtons und Brahmas dargestellt. Wie die Namen andeuten, entstanden diese Riesenhühner von vier bis fünf Kilogramm Körpergewicht in Südostasien. Sie kamen 1843 nach England und gelangten von dort aus in die Vereinigten Staaten. Hier erreichen Cochinhähne heute sieben Kilogramm Körpergewicht, was etwa einer Mastgans entspricht.

Liebhaberrassen. Neben solchen Rassen für Nutzungsrekorde mögen noch einige weitere Liebhaberrassen von Haushühnern genannt sein. Nackthalshühner mit federfreien Flächen am Hals sollen zuerst auf Rhodos aufgetreten sein, sind aber auch in tropischen Gebieten häufig anzutreffen (Indien, Mexiko). Offenbar ist dabei eine Erbanlage wirksam, die das Federwachstum hemmt, denn auch an den übrigen Körperstellen sitzen die Federn weniger fest in der Haut verankert: So lassen sich Nackthalshühner leicht rupfen.

1975 wurde sogar ein völlig federloses Huhn in Kalifornien gezüchtet, das ein Gen für Schuppen-, das heißt Federlosigkeit, besitzt. Es ist leicht einzusehen, daß ein Mehr oder Weniger an Federn den Wärmehaushalt dieser ehemaligen Tropenvögel entscheidend beeinflussen kann. So überstehen totale Nackthühner Hitzegrade, die andere Hühner töten würden, und auch der freie Hals des Nackthalshuhns mag bei heißem Wetter eine angenehme Erleichterung darstellen.

Ein ganz anderer und wirtschaftlich wichtiger Nebenbefund aber wurde erst in jüngster Zeit bekannt. Normalerweise ist beim Huhn das Wachstum der Federn gegenüber dem Körperwachstum deutlich betont, und beim normal befiederten Huhn befinden sich etwa 25 Prozent der Gesamtproteine im Gefieder. Beim federlosen Huhn aber kann der gesamte Eiweißgehalt der Nahrung direkt in das Wachstum der Muskeln gehen. So wird eine frühere Marktreife erreicht. Die einzige unerwartete Schwierigkeit aus dieser hoffnungsvollen Situation erwuchs bei der in den Vereinigten Staaten natürlich maschinisierten Rupfaktion: Die Federrupfmaschinen für normal befiederte Hühner greifen bei den wenigen Primitivfedern der manchmal nicht ganz nackt Gezüchteten zu oft ins Leere bzw. in die Haut, wo sie Verletzungen anrichten.

Das Gegenteil solcher mangelhaften Befiederung findet sich beim japanischen Phönixhahn, bei dem das Wachstum der Schwanzfedern enorm übersteigert ist und bis zu drei Meter lange Schwänze hervorbringt. Solche Prachtindividuen müssen natürlich auf besonders hohen Sitzstangen gehalten werden, und bei den gelegentlich nötigen Ausgängen dieser Stars muß man die kostbaren Schwanzfedern auf »Lockenwickler« rollen oder vom Züchter tragen lassen.

Wie bei anderen Haustierrassen auch, finden sich am Schädel und an den Beinen mancher Hühnerrassen deutliche Skelettveränderungen. So gibt es bei manchen Haubenhühnern neben den namengebenden Federhauben schwammig aufgetriebene Knochenpartien im Schädel, und bei den Krüperhühnern finden sich dackelartig verkürzte und verkrümmte Beine. Beim Kaulhuhn ist die knöcherne Schwanzregion so stark deformiert, daß keine Grundlage für die Ausprägung eines echten Federschwanzes gegeben ist.

Das Seidenhuhn ist ein reines Zierhuhn. Bei ihm sind die Federn zu fast haarartigen Strukturen zurückgebildet, wodurch der seidenweiche Eindruck seines »Gefieders« entsteht.

Das Huhn in der Forschung. Neben den damit gegebenen Hinweisen auf die handfeste Nutzung von Hühnern aller Rassen bedarf noch die Rolle des Huhnes in der reinen Forschung einiger Betrachtungen. Auch bei einigermaßen ungestörter Haltung von Hühnern im Hausstand bilden sich wohlüberschaubare und sozial deutlich gegliederte Hennenscharen heraus, die meist unter Führung eines Hahns stehen. Dabei spielt der ausgeprägte Gesichtssinn eine entscheidende Rolle.

Der deutsche Humanpsychologe Wolfgang Köhler hat 1918 an Hühnern die Grundlagen für die Gestaltpsychologie erarbeitet, das heißt für die Wahrnehmung von Beziehungen zwischen gesehenen Dingen im Sinne von kleiner-größer, heller-dunkler usw. Bei der Unterscheidung von zwei gesehenen Dingen richten sich Hühner nämlich vor allem nach den verallgemeinerbaren Unterschieden im Sinne von größer, heller, kleiner usw. Dieses gestaltpsychologische Prinzip wurde von Köhler auch beim Schimpansen entdeckt. Inzwischen ist diese Verhaltensweise auch bei Menschenkindern und vielen Erwachsenen ein wohlbekanntes Phänomen.

Betrachtet man die stammesgeschichtliche Vergangenheit, so ist leicht einzusehen, daß eine gute Sehfähigkeit auch bei unseren Haushühnern noch vorhanden ist, die durch eine ausgezeichnete Lern- und Gedächtnisleistung unterstützt wird. So lernen Hühner zum Beispiel in rund zwanzig Versuchen Rot und Grün zu unterscheiden, während ihnen die Unterscheidung von Schwarzweißmustern, für die sie doch immerhin rund zweihundert Versuche brauchen, deutlich größere Schwierigkeiten bereitet.

den Marianeninseln im Jahre 1979 gesteigert werden konnten. Eine deutliche Steigerung erfuhr auch das Krähen, was seine Häufigkeit angeht: In Bayreuth wurde vor kurzem ein Hahn zum Sieger erklärt, der in einer Stunde 123mal krähen konnte.

Alle solche erfreuliche Zuwendung zum Huhn nimmt einmal ein natürliches Ende, das manchmal zu wahrhaft menschlichen Äußerungen Anlaß gibt. So fand sich auf dem Pariser Tierfriedhof bis vor kurzem für die Henne »Cocotte« diese Inschrift: »Geliebtes Huhn, 16 Jahre lebtest du mit mir, unzertrennlich wir zwei. Ich bin untröstlich. Ich vergesse dich nie.«

Die Mehrzahl aller Haushühner fristet heute in unseren modernen Legebatterien ein trauriges Dasein, das den Tatbestand der Tierquälerei erfüllt.

In entsprechenden Wahlversuchen mit einem richtigen (futterbelohnten) und einem falschen (unbelohnten) Merkmal offenbarten Hühner, daß sie mindestens sieben solcher Aufgabenpaare gleichzeitig im Gedächtnis behalten können, so ist das Sprichwort vom »dummen Huhn« gewiß nicht berechtigt, und auch auf anderen Gebieten erweist sich das Huhn als außerordentlich sensibles Lebewesen. Die soziale Stellung drückt sich zum Beispiel in der Kraft aus, mit der das Tier das Futterkorn aufpickt: Das ranghöchste wendet dabei deutlich weniger Energie auf als das rangniederste, was sozusagen in aller Hast und demnach mit übertriebener Kraft die Nahrung zu erlangen suchen muß.

Auch Dreiecksverhältnisse haben sich bei den hierarchisch gegliederten Hühnerscharen besonders gut untersuchen lassen. In solchen Dreiecksbeziehungen hackt etwa das Huhn eins das Huhn zwei, Huhn zwei hackt Huhn drei, aber Huhn drei hackt wiederum Huhn eins. Solche Rangordnungen werden ursprünglich durch Kampf mit Sieg und Niederlage festgelegt und später regelmäßig durch weniger heftige Begegnungen überprüft und dann unter Umständen geändert. Bei Erkrankungen sinkt ein Huhn sofort in der Rangordnung und wird manchmal bis zum Tode erbarmungslos von allen gehackt.

Schließlich mag noch eine letzte an Hühnern gewonnene wissenschaftliche Erkenntnis erwähnt sein, die weit über die Zoologie hinaus Bedeutung erlangt hat. Sie betrifft die bei Hühnerküken zwischen der neunten und zwanzigsten Lebensstunde mögliche sogenannte visuelle Prägung. Sie wurde 1873 von Spalding an Hühnerküken in der Brutmaschine entdeckt und beruht auf der während dieser kurzen Lebensphase besonders erleichterten Lernmöglichkeit für gesehene Dinge. Die Konsequenz dieser auch bei anderen Lebewesen nachgewiesenen Prägungsmöglichkeit besteht darin, daß die während dieser Zeit gesehenen Gegenstände eventuell lebenslang als Eltern oder Geschlechtspartner angesehen werden. Die Psychologen sprechen in solchen Fällen von frühkindlicher Fixierung mit allen daraus erwachsenden Folgen.

Amüsante Nutzungen. Zu den erfreulichen oder doch amüsanten Nutzungen von Hühnern gehören auf der ganzen Welt immer wieder einmal auftretende Bestrebungen, Hühner und deren Produkte zu sportlichen Höchstleistungen zu verwenden. Das gilt zum Beispiel für den Weltrekord im Hühnereierweitwurf: Stand er 1980 noch bei 64 Metern (ohne Zerbrechen des Eies beim Auffangen durch den Wurfpartner), so wurden 1981 bereits 92 Meter erreicht. Auch im Weitflug von Hühnern sind beachtliche Werte zu vermelden, die von 100 Metern zurückgelegter Flugstrecke im Jahre 1976 auf 135 Meter bei einer Henne von

Intensivhaltung. Wie bei Kälbern, Rindern und Schweinen hat sich die moderne Tiererzeugungsindustrie in Form der Intensivhaltung auch des Huhnes bemächtigt, und allenthalben beschäftigen gegensätzliche Ansichten von Produzenten und Wissenschaftlern die Gerichte und sorgen für Schlagzeilen in der Öffentlichkeit. Festzustellen bleibt aus zoologischer Sicht, daß in den modernen Legebatterien, in denen nach einem 1981 eingebrachten gesetzlichen Vorschlag dem einzelnen Huhn nur eine Lebensfläche von der Größe eines Schreibmaschinenbogens zur Verfügung stehen soll, angeborene Verhaltensweisen wie Ruhe- und Fluchtverhalten, Scharren und ungestörtes Eierlegen nicht ausgelebt werden können.

Diese Hühner stehen auf Drahtböden, damit der Kot hindurchfallen kann, so daß die normale Abnutzung der Krallen durch Scharren auf natürlichem Boden nicht eintreten kann. Entzündliche Verdickungen an den Zehen sind meist die Folge. Diese Hühner sehen nie das Tageslicht, sie werden 13 Monate lang mit Futter, das die Eierproduktion anstacheln soll, auf ihr Ende in der automatischen Tötungsmaschine und dem Verarbeitungsfließband vorbereitet. Können die Hühner des Federkleides des Nachbarn habhaft werden, so picken sie daran, bis das Blut fließt. Schreckliche Bilder von solchen fast federlos gewordenen Hennen gehen immer wieder einmal durch die Tagespresse.

So wird verständlich, daß 1979 vor einem deutschen Oberlandesgericht diese Art von Hühnerhaltung als Tierquälerei bezeichnet worden ist. Bedauerlicherweise folgt daraus noch keineswegs, daß die Hühnerhaltung in Batterien damit verboten wäre, denn eine einflußreiche Lobby in den westeuropäischen Erzeugerländern hält die rechtlichen Entscheidungen in der Schwebe und die Hühner weiter in diesem gewiß nicht natürlichen Zustand. Selbstverständlich spielen bei diesen Kämpfen finanzielle Überlegungen eine wichtige Rolle, denn es ist ohne Frage weniger arbeits- und kostenaufwendig, wenn Fütterung, Kotbeseitigung und Eiereinsammlung und -sortierung automatisch erfolgen, als wenn man sie von Hand bei freilebenden Hühnern durchführen wollte.

Genau das aber wird erfreulicherweise in einer nordöstlich von Lyon gelegenen Landschaft gesetzlich garantiert. In der Bresse sind

Hühnerfreileben und Hühnersexualität gesetzlich genormt: Jeder Hahn muß sich mit zehn Hennen umgeben können, und 1980 wurde den Bressebauern für 1 kg bratfertiges Hühnchen ein Preis von 25 Francs garantiert. Zu dieser Zeit kostete in Deutschland 1 kg Bressegeflügel 18 DM, 1 kg Batteriehuhn aber nur etwa 2 DM.

Der Truthahn oder Puter

Von den übrigen Hühnervögeln, die man in mehr oder weniger deutlicher Haustierhaltung antrifft, also dem Pfau, dem Perlhuhn, dem Ringfasan und dem Truthahn, hat vor allem der letztere größere Bedeutung erlangt. Er ist nämlich der Lieferant des traditionellen Weihnachtsbratens in der Neuen Welt, vor allem in den Vereinigten Staaten. Der Truthahn (Meleagris gallopavo) wurde bei den maisanbauenden Azteken in Mexiko domestiziert, wobei die wilde Ausgangsform in fünf Unterarten von Südmexiko bis in die nordöstlichen Vereinigten Staaten verbreitet war. Mit den spanischen Eroberungszügen nach Mittelamerika gelangten die ersten domestizierten Puter auch nach Europa. Bei der später erfolgenden Einwanderung zahlreicher Europäer in die USA kam der Truthahn sozusagen in seine Heimat zurück. Heute werden ungefähr sieben Hausrassen unterschieden, wobei auch immer wieder Kreuzungen mit Ringfasanen und Haushühnern versucht worden sind.

Oben: Der Truthahn oder Puter genießt vor allem in den USA großes Ansehen, ist er doch der Lieferant des traditionellen Weihnachtsbratens.

Die Perlhühner gehören wie der Truthahn und der Pfau zur Familie der Fasanenartigen. Sie leben in sechs Arten in Afrika.

Die Verhaltensweisen und Sinnesleistungen der Truthähne gleichen im übrigen in etwa den beim Haushuhn geschilderten. Es überrascht also nicht zu hören, daß auch hier hoher sozialer Rang mit größerer sexueller Freizügigkeit einhergeht: Der ranghöhere Hahn darf öfter und mit mehr Puten der Liebe pflegen als der rangniedere. Dabei ist die sexuelle Bereitschaft bei manchen Truthähnen besonders ausgeprägt, denn schon ein grob die Hennenzüge nachahmendes dreidimensionales Modell provoziert beim Truthahn intensive Begattungsversuche, und im echten Liebesrausch genügt dazu sogar eine flach auf dem Boden liegende Aktentasche.

Bei längerem Zusammenleben von Puten und Truthähnen läßt sich die jeweilige Position auf der sozialen Stufenleiter leicht erkennen: Große abgepickte Federflächen im Nacken bedeuten niederen Rang, gute Befiederung an dieser sozialen Erkennungsfläche aber bezeugt eine hohe Position.

Der Pfau

Der Pfau (Pavo cristatus) ist entgegen der Erwartung mancher Unkundiger, die in ihm wegen seiner farbenfreudigen Befiederung ein Hochzuchtprodukt langer Haustierhaltung sehen, keineswegs ein Haustier mit langer Domestikationsgeschichte. Er lebt nämlich noch heute im gleichen Zustand als wildlebender Hühnervogel in Indien und Burma, und es ist ein besonderes Erlebnis, im frühen Dämmer eines Tropenmorgens Pfauhähne mit ihrer Prachtschleppe buntschillernder Rückenfedern (es handelt sich hier nicht um Schwanzfedern!) sich von Dschungellichtungen in die Lüfte erheben zu sehen. Wie alle Hühnervögel fliegen sie zwar nicht gewandt und über lange Strecken, können aber trotzdem hochgelegene Sitzplätze auf Bäumen leicht erreichen.

Nach der Berührung der antiken Welt mit dem indischen Kulturkreis geriet das exotisch aussehende Tier auch an die Höfe der römischen Machthaber, und auch als Parkvogel bei den Reichen war es sehr beliebt. Obgleich sein Fleisch immer ein wenig zäh bleibt, zierten gebratene Pfauhähne die Schlemmertische römischer Cäsaren. Ansonsten aber ist der Pfau bis heute eher ein Pracht- und Schaustück in Parks und Zoologischen Gärten geblieben, wobei auch die albinotischen Mutanten (weiße Spielarten) besondere Aufmerksamkeit erregen.

Die Hausente

Die wilde Stammform unserer Hausenten ist die europäische Stockente (Anas platyrhynchos), die in mehr oder weniger mit Hausenten vermischter Form wohl jedem Spaziergänger von unseren Flüssen und Seen bekannt ist. Die frühesten Belege von domestizierten Enten stammen aus China, wo man bereits um 1500 v. Chr. Enten hielt, was in Europa erst um etwa 380 v. Chr. begonnen wurde. Aus den Ländern des »Fruchtbaren Halbmonds« sind gemästete Enten aus frühgeschichtlicher Zeit nicht bekannt geworden, so daß man annehmen darf, daß eine Züchtung von Entenrassen noch nicht erfolgte. Das gilt auch für die Römer, die allerdings schon eingefangene Wildenten in umzäunten Gehegen zu mästen versuchten.

Die heutigen Zuchtenten lassen sich in zwei Hauptrassengruppen untergliedern, nämlich in schlanke Lauf- und mastfähige Fleischenten. Bei beiden Gruppen aber reichen die Gefiederfärbungen vom fast noch echten Wildtyp bis zu völlig albinotischen, also weißen, Individuen.

Die Stockente unserer heimischen Gewässer ist die wilde Stammform der Hausenten. Während das Gefieder des Weibchens unauffällig tarnfarben ist, glänzt der Erpel mit einem Prachtgefieder.

Über das Verhalten der Enten sei hier nur angemerkt, daß auch bei ihnen das beim Huhn beschriebene Phänomen der Prägung besonders leicht zu beobachten ist. Wenn man in der sensiblen Prägungsphase einem elternlos aufgezogenen Entenküken etwa eine tickende Weckuhr zeigt, wird es fast zeitlebens auf diesen Wecker als Elterntier geprägt sein. Im Wahlversuch mit natürlicher Entenmutter und eben diesem Wecker wird sich das so geprägte Entenküken stets für den tickenden Wecker entscheiden und seine biologische Mutter schnöde verachten: gewiß ein starker Eindruck für den Nichtbiologen, aber auch noch immer für den Fachmann, denn die Grundlagen dieser auch für den Menschen aussagekräftigen Prägungsmöglichkeit sind noch keineswegs völlig erforscht.

Die Hausgans

Die wilde Graugans (Anser anser), die als Zugvogel alljährlich von Nordeuropa nach Süden fliegt, ist der wilde Vorfahre der europäischen Hausgänse. Sie wurde bei ihren jährlichen Zügen den Römern und Griechen bekannt. Als Zugvogel nimmt sie vor dem großen Flug beträchtliche Mengen an Nahrung auf, wobei sie Reservefett ansetzt. Das mag ihre gute Mastfähigkeit erklären. Da bei ihr außerdem das schon oft genannte Phänomen der Prägung die Zähmbarkeit erleichtert haben dürfte, mag die Domestizierung dieses Vogels leicht gewesen sein.

Bei den Römern wurden Gänse mit Milch und Honig sowie Mehlspeisen bis zur völligen Flugunfähigkeit gemästet. Dabei versucht vor allem die Leber, sich den gesteigerten Stoffwechselanforderungen anzupassen, und gelangt schließlich in einen völlig überfetteten Zustand. Das gilt auch für die heute im südwestfranzösischen Perigord geübte Gänsezucht, wo man mit besonderen Maschinen konzentrierten Nahrungsbrei tief in den Schlund dieser Tiere hineinschießt. Dabei kann man Lebern bis zu 1,5 Kilogramm Gewicht erzielen, die man für die berühmten Gänseleberpasteten verwendet.

Aus der stammesgeschichtlichen Entwicklung erklärt sich die ausgezeichnete Begabung der Gans, jedwede Änderung im Umfeld wahrzunehmen. Zum Überleben auf den weiten Ebenen des Nordens war diese Fähigkeit unbedingt notwendig. Jedes Individuum teilt eine mögliche Gefahr durch lautes Trompeten und Auffliegegesten dem ganzen Verband mit.

Aus dieser Wachsamkeit erklärt sich die wohl auf biologischer Glaubwürdigkeit beruhende Geschichte der Gänse auf dem römischen Kapitol, die bekanntlich die Stadt Rom vor den anrückenden Galliern retteten, indem sie laute Warnsignale ausstießen.

Angesichts der durch die Zugvogeleigenschaft ermöglichten weiten Verbreitung überrascht es nicht, daß in den indogermanischen Kulturen das Wort für Gans überaus ähnlich ist. Im indischen Kulturkreis tritt die Gans in Verbindung mit manchen Göttern auf. Weiße Gänse sind zum Beispiel in den Höhlenmalereien von Ajanta (800 v. Chr.) in Mittelindien dargestellt. Auch den alten Germanen war die Gans bekannt, und bei den alten Griechen ist sie Aphrodite, der Göttin der Schönheit, zugeordnet und auf zahlreichen Vasenmalereien und Stelen anzutreffen.

Bei der Betrachtung von Haustieren als Nutzungsobjekten des Menschen muß man bei der Gans noch einen kulturgeschichtlichen Tatbestand nennen: Sie hat uns die Schreibfeder beschert, denn bis 1830 wurde mit dem Gänsekiel geschrieben, erst danach mit der stählernen Schreibfeder. Ob die Lieferung der Federn für unsere Betten der Gans einen weiteren Platz in der Kulturgeschichte der Menschheit sichern kann, möge der Leser selbst entscheiden.

Die Haustaube

Die Domestikationsgeschichte unserer Haustaubenrassen ist kurz und ziemlich überschaubar, und schon Darwin hat festgestellt, daß alle Haustauben von der wilden Felsentaube (Columba livia) abstammen. Diese bewohnt die felsigen Gebiete des östlichen Mittelmeerraums und Kleinasiens. Zwei schwarze Querbinden über den Flügeln im ansonsten graublauen Federkleid machen ihr Erbe auch bei manchen unserer Haustaubenrassen leicht erkennbar. Wie beim Huhn, so ist auch bei der Haustaube leicht eine Rückkreuzung mit den wilden Vorfahren möglich.

Entsprechend der Brutgewohnheit der Felsentaube, die Jungenaufzucht in Höhlen durchzuführen, war es leicht, im alten Ägypten und alten Rom in besonderen Türmen mit vielen Höhlen Tauben zu halten. Um sie schneller zu mästen und in diesen Columbarien festzuhalten, brach man ihnen oft die Beine und stutzte ihnen die Flügel. In den gehobenen römischen Dynastien mußten Sklaven den Mastobjekten Brot vorkauen. Auch bei der Turteltaube (Streptopelia turtur) wurde dieses versucht, hatte aber wegen der geringeren Körpergröße meist nicht den erhofften Erfolg.

Sonderformen. Trotz der nur kurzen Domestikationszeit der Taube kennt man heute über tausend Rassen, die dank ihrer leichten Züchtbarkeit einige besonders auffällige Formen hervorgebracht haben. Bei all diesen Sonderformen läßt sich feststellen, daß sie ihre Sondereigenschaften nur der übertriebenen Ausprägung von im Wildzustand noch »vernünftig« funktionierenden Verhaltens- und Sinneseigenschaften verdanken.

So ist etwa bei den Trommeltauben die stimmliche Signalgebung, normalerweise zwischen Eltern und Jungen bzw. Ehepartnern üblich, so übersteigert, daß das normale Taubengurren wie Trommeln klingt. Da die Taubenmütter die Jungen mit der sogenannten Kropfmilch füttern, einem vorverdauten Nahrungsbrei, der aus dem Kropf wieder hervorgewürgt wird, läßt sich die namengebende Eigenschaft der Kropftauben aus eben dieser Verhaltenseigenschaft verstehen. Kropftauben blasen den Kropf mit Luft auf und gaukeln so einen besonders nahrungsergiebigen Kropf vor. Auch der schräg nach oben führende Balzflug des Wildtäuberichs, von dessen Höhepunkt er mit ausgebreiteten Flügeln im Gleitflug herabschwebt, ist bei den indischen Hochflugtauben übertrieben und führt oft zu einem ungeordneten Überschlag bzw. Purzelbaum im oberen Totpunkt.

Eine Weiterentwicklung hat dieser übertriebene Balzflug bei den asiatischen Flugtauben erreicht, die aus China, Indien und Indonesien seit Jahrhunderten bekannt sind. Diese steigen bis zu dreitausend Meter hoch auf, kreisen einige Zeit über ihrem Revier und stürzen sich dann in halsbrecherisch anmutenden Flugfiguren zur Erde zurück. Die dabei auftretenden Fluggeräusche hat man schon im alten Peking durch Taubenpfeifchen aus Bambus zu steigern und zu variieren versucht, die den Tauben an das Rückengefieder geschnallt wurden.

Orientierungskünstler. Die wahrscheinlich auffälligste und für die Grundlagenforschung wichtigste Eigenschaft aber ist die ausgezeichnete Orientierungsfähigkeit im Gelände. Diese ist besonders bei den Brieftauben deutlich. Schon Nero sandte seinen Freunden die Erfolgsmeldungen seiner Gladiatoren durch Brieftaubenpost zu. Die Heimfindeleistungen unserer Brieftauben sind noch nicht restlos geklärt, allerdings dürften sich diese Orientierungskünstler wohl nach Landmarken, dem Sonnenstand und dessen Verlauf, möglicherweise auch mit Hilfe ihres Geruchssinnes zurechtfinden. Eventuell ist auch die Wahrnehmungsfähigkeit für das Magnetfeld der Erde mitbeteiligt.

Der ausgezeichnete Gesichtssinn hat manchen Tauben bereits die Rolle von Arbeitstauben eingebracht, indem man sie an Fließbändern fehlerhaft produzierte Schnallen, Knöpfe und sogar Mikroprozessoren aus der Produktion auslesen läßt. Natürlich werden sie für diese billige Arbeitsleistung bescheiden genug mit beliebtem Futter belohnt.

Hobbytiere

Neben den oben angesprochenen Bereichen der Tiernutzung im engeren Sinne, das heißt für Bewachung und Arbeitsleistung, zur Lieferung von Fleisch und Eiern, von Leder und Wolle u. ä., spielen auch die Tiere eine Rolle, die nicht zu so einsehbaren Nutzzwecken im Hausstand des Menschen leben. Es handelt sich um die sogenannten Hobbytiere, die ursprünglich aus emotionalen Gründen, etwa als Mittel gegen die Einsamkeit, gehalten werden. Ihr Markt hat sich in der jüngsten Zeit außerordentlich stark ausgeweitet, sowohl hinsichtlich der finanziellen Bedeutung wie auch in bezug auf die Zahl und die Artenvielfalt der so vom Menschen übernommenen Tierarten.

Wie schon oben erwähnt, läßt sich im Prinzip wohl jedes Wildtier zähmen, und es ist eine Frage der Praktikabilität, ob und welches Tier man sich als Hausgenossen zu gewinnen bemüht. Der Exzentrizität sind hier offenbar fast keine Grenzen gesetzt, wie die von manchen Filmstars gehaltenen zahmen Jaguare, Leoparden u. ä. beweisen. Immerhin sind den feinen Damen bei Hofe schon in alter Zeit bestimmte Hobbytiere zugeordnet gewesen, was zum Beispiel für die chinesischen Schoßhündchen und manche Papageienarten gilt. Im folgenden sollen nur wenige Beispiele für dieses noch in einer Aufblühphase befindliche Gebiet der Hobbytierhaltung aufgeführt werden.

Aquarienfische. Die leichte Züchtbarkeit und praktische Körpergröße vieler Aquarienfische sowie ihre Neigung, in Gefangenschaft in zahlreiche erblich veränderte Varianten aufzusplittern, hat die Aquarianer der ganzen Welt zu einer großen Familie gemacht, die intensiven Austausch pflegen und dabei auch den geldlichen Aspekt nicht vergessen.

Der Goldfisch gilt als »Pionier« der Aquarienfische. Er existiert in zahlreichen Zuchtformen. Besonders dekorativ sehen die Schleierschwänze aus.

Ursache für die Gefangenschaftshaltung und Züchtung solcher Fische sind neben der Befriedigung sozialer Triebe des Menschen auch seine Freude an und sein Sinn für Schönheit. Das gilt gewiß für die auffällig schön gezeichneten bzw. schön gestalteten oder sogar leuchtenden Zierfischarten und -rassen wie die Neonfische, die Black Mollies, die blattartig geformten und quergebänderten Pterophyllum (»Skalaren«) und die zahlreichen Zuchtvarianten der Karausche (Carassius) bzw. der Goldfische (Carassius auratus).

Auch die zahlreichen Arten von Zahnkarpfen (Cyprinodontidae) sind beliebte Aquarienfische geworden, was auch für die Maulbrüter gilt, deren Junge sich bei Gefahr in den Mundraum der Elterntiere flüchten.

Ist hierbei die sonderbare Verhaltensweise wohl die Ursache für die Haltung solcher Fische, so erreicht der Sinn für bizarre Gestaltung seinen Höhepunkt bei den japanischen Schleierschwanz- und Teleskopaugenfischen. Die Entstehung dieser beiden abseitig wirkenden Körpereigenschaften läßt sich aus der im Freilandleben sinnvollen Ausgestaltung einer normalen Schwanzflosse und normaler, wenn auch großer Augen verstehen. Die Schwanzflosse dient bei den meisten Fischen zur Verteidigung und spielt auch im Werbungsritual um einen Geschlechtspartner eine wichtige Rolle. Bei den Schleierschwänzen aber ist die übertrieben lang herabwallende Pracht zu solcher Benutzung nicht mehr geeignet. Bei den Teleskopaugenfischen ist das Bestreben, die Umgebung mit großen Augen genau und dauernd absuchen zu können, zum grotesk wirkenden Extrem ausgewachsen: Die Augen stehen sozusagen auf seitlichen Stielen und dürften dem Schwimmen nicht eben förderlich sein.

Diese und andere Zuchtformen der Goldkarausche verdanken ihre Entstehung einer sehr langen Geschichte, die sich im Zusammenleben mit dem Menschen besonders im ostasiatischen Raum abgespielt hat. Bei der sorgfältigen Buchführung an den Höfen der chinesischen Machthaber ist sogar die Geschichte über den ersten goldenen Fisch mit Datum verzeichnet. Ab 1136 wurden die goldenen Fische, also jene Varianten der normalen Karausche, an den Höfen der Mandarine in künstlichen Teichen gehalten.

Die leichte Haltung dieses Fisches in kleinen Tonbehältern ohne künstliche Lüftung führte bald und rasch zu einer starken Ausbreitung dieses neuen Haustieres. In den nächsten zweieinhalb Jahren scheint sich schon eine enorme Fülle von Varianten eingestellt zu haben, bei denen vor allem die Flossen und Augen durch Mutationen verändert wurden. Auch gegenwärtig wird dieses Spiel der stetigen Neukombination von Form- und Farbmerkmalen beim Goldfisch fortgesetzt und führt zu immer neuen bizarren Absonderlichkeiten.

Oben: Beliebte Aquarienfische sind die Skalare oder Segelflosser. Sie gehören zur Familie der Buntbarsche und stammen aus dem Orinoco- und Amazonasgebiet.

Ein bekannter und interessanter Aquarienfisch ist auch der Black Molly. Er bringt lebende Junge zur Welt.

Der Kanarienvogel. Von den leicht zu haltenden Kleinvögeln hat vor allem der Kanarienvogel eine haustierartige Vorgeschichte. Er entstammt dem wilden Kanarienvogel (Serinus canaria), der von manchen Forschern als geographische Unterart unseres Girlitzes (Serinus serinus) angesehen wird. Es handelt sich also um die auf den Kanarischen Inseln lebende Girlitzunterart, die den Spaniern im Jahre 1478 bei der Eroberung dieser Inseln auffiel.

Wegen der neugierigen Zutraulichkeit dieser Vögel wurden sie bald als beliebte Stubenvögel über ganz Europa verbreitet. Prompt entstanden durch Mutationen und Kreuzungen mit verwandten Finkenarten zahlreiche Sonderformen, die vom intensiven Gelb bis leuchtenden Rot reichen, aber auch gefleckte und gestreifte Färbungen hervorbrachten. Typischerweise wurde im Haustierstand der im Freiland nur unauffällige Werbe- und Reviergesang des Girlitzes bzw. Wildkanarienvogels zu übertriebenen Gesangsstrophen emporgezüchtet, was besonders im Harz zu den bekannten »Harzer Rollern« führte.

Wellensittich und Großpapageien. Die Domestikationsgeschichte des Wellensittichs ist erstaunlich kurz, und angesichts der heute bekannten Fülle verschiedener Farbschläge klingt es fast unglaublich, daß die ersten lebenden Wellensittiche erst 1840 nach England gebracht wurden. Wilde Wellensittiche leben in den wasserarmen Gebieten Australiens, die nur gelegentlich einmal Regen bekommen. Daraus wird verständlich, daß hier durch Trockenheit hohe Verluste unter den Vögeln eintreten, so daß eine besonders intensive Fortpflanzungsfähigkeit in den meist nur kurzen vom Regen und dem Pflanzenwachstum begünstigten Zeiträumen ein wichtiges Überlebensmerkmal darstellt. Diese Fortpflanzungsfreudigkeit hat sich auch im Haustierzustand erhalten, und Wellensittiche können schon im Alter von drei Monaten brüten.

Die erste erfolgreiche Zucht erfolgte im Zoo von Antwerpen erst im Jahre 1850, aber danach ergoß sich eine wahre Flut von Zuchtbemühungen über ganz Europa. Schon 1855 gelangte das erste Zuchtpaar aus London nach Deutschland, und 1882 traten die ersten gelben Varianten in Belgien auf, 1875 in Deutschland, und 1878 gab es den ersten rein blauen Wellensittich, dem 1917 der erste Albino, also rein weiße Sittich, folgte. Die 1940 erstmals aufgetretenen geschecktfarbenen Dänischen Wellensittiche scheinen das bisher erreichte Spektrum von Haustiervarianten abgeschlossen zu haben.

Man sollte nicht übersehen, daß auch im Freiland immer wieder einmal solche farblich auffälligen Varianten aufgetreten sind, die aber rasch anderen Greifvögeln zum Opfer fielen.

Da die Wellensittiche im Freiland gesellige Vögel sind, ist es für den Menschen leicht, eine Art Paarbindung zu seinem Pflegling aufzunehmen. Dabei sind die stimmlichen Äußerungen wie bei den meisten gesellig lebenden Vögeln recht variabel, und auch das Nachahmungsvermögen ist gut ausgeprägt. So kommt es zu den, wenn auch meist nur bescheidenen, Hervorbringungen dressierter Wellensittiche, denen man beim Überreichen der vorgekauten Nahrung die zu erlernenden Wörter immer wieder vorspricht. Im erfolgreichen Falle sind die vom Wellensittich nachgeahmten menschlichen Wörter auch dem Fernerstehenden gut verständlich.

Solche Sprachfähigkeit ist bei einigen Großpapageien jedoch viel deutlicher ausgeprägt. Dieses gilt besonders für die afrikanischen Graupapageien oder Jackos (Psittacus erithacus). Aber auch die Amazonenpapageien von Mittel- und Südamerika sowie die Kakaduarten aus Australien und Indonesien bringen es manchmal zu erstaunlichen Sprechimitationen.

Alle Papageienarten leben im Freiland in geselligen Gruppen, und die drei genannten Großpapageien bevorzugen dabei eine kletternde Lebensweise, verlangen also baumreiche Lebensräume. Ihr Krummschnabel und ihr Greiffuß mit zwei nach vorne und zwei nach hinten gerichteten Zehen ermöglichen ihnen dabei ein bedächtiges Spazierengehen durch die Kronen der Bäume. Dabei schöpfen sie aus dem Vollen des möglichst ungestörten Urwaldes, das heißt, sie zerbeißen weit mehr Früchte und Sämereien, als sie wirklich zur Nahrung benötigen.

Daraus folgt für die Haltung im Quasi-Haustierzustand, daß Jackos, Amazonen und Kakadus wie auch die imposanten südamerikanischen Aras arge Futterverschwender sind. Demgegenüber belohnen sie den Halter aber mit einer wahrhaft rührenden Zuwendung, da sie bei richtiger Pflege den Menschen als lebenslangen Ehepartner ansehen.

Kanarienvögel sind wegen ihres Gesanges als Hausgenossen begehrt. Dieser wurde aus dem unauffälligen Revier- und Werbegesang der Wildform herausgezüchtet.

Darüber hinaus überraschen sie den Papageienliebhaber immer wieder mit unerwarteten sprachlichen Hervorbringungen und der Nachahmung von wirklich jeder nur denkbaren Lautform. Dazu gehören selbstverständlich Türenknallen, Motorgeräusche, das Plätschern beim Füllen des Weinglases, eine Fülle von Stimmen anderer Vögel, die unter Umständen nur einmal gehört zu werden brauchen, um in das Repertoire des Jackos oder Kakadus aufgenommen zu werden.

Laboruntersuchungen haben gezeigt, daß die Genauigkeit der Nachahmung der stimmlichen oder sprachlichen Vorbilder höchsten physikalischen Ansprüchen genügt: Die klangspektrographische Analyse von Vorbild (etwa der Stimme des Menschen) und Nachahmung durch den Papagei beweist fast hundertprozentige Identität.

Man hat lange darüber gerätselt, warum diese enorme Nachahmungsfähigkeit bei den Papageien im Freiland offenbar nicht recht genutzt wird. Immerhin scheinen sich die Ehepartner, die sich im dichten Gebüsch ihrer natürlichen Lebensräume ja nicht immer sehen können, sehr genau an der gegenseitigen Stimme zu erkennen. Das aber würde nicht das große Spektrum der Nachahmungsfähigkeit erklären können. Da die meisten dieser Großpapageien oft mindestens so alt werden wie der Mensch – es gibt Altersrekorde von Gelbhaubenkakadus von 120 Jahren und Amazonen von 99 Jahren –, sind die Berichte Legion, nach denen etwa Jackos situations- und sachbezogene Wörter benutzen. So kann ein Jacko zum Beispiel den Satz »Ich habe Hunger« wirklich nur dann aussprechen, wenn dieser Sachverhalt zutrifft bzw. die Familie sich zu Tisch setzt. Und von zwei verschieden langhaarigen schwarzen Katzen spricht er fast immer die langhaarige mit ihrem richtigen Namen an.

Solchen Berichten ist die wissenschaftliche Zoologie bisher mit Skepsis begegnet, aber in jüngster Zeit hat sich in den USA in Anlehnung an die dort geübten Sprach- und Dialogforschungen zwischen Mensch und Menschenaffen überzeugend gezeigt, daß auch bei Großpapageien eine deutliche Vorstufe zu dieser so echt menschlich scheinenden Fähigkeit festzustellen ist. An einem dort untersuchten Graupapagei wurde bewiesen, daß er durchaus in der Lage ist, eine Anzahl von Gegenständen mit dem richtigen Wort zu bezeichnen, nach diesen auch zu fragen, wenn sie nicht sichtbar waren, und aus einzelnen gelernten Wörtern kleine, aber sinnvolle Sätze zu bilden. Es ist zu vermuten, daß auch dieser Aspekt der Nutzung von Tieren durch den Menschen, wenn auch nur in der lockeren Form eines Hobbys, weitere interessante Einsichten über Gemeinsamkeiten von Tier und Mensch zu Tage fördern wird, was fraglos unserem kulturellen Guthaben zugeschlagen werden müßte.

Klaus-Dieter Richter

In der Hand des Menschen: Versuchstiere

Der Tierversuch ist eine seit dem Altertum praktizierte wissenschaftliche Methode zur Gewinnung von Erkenntnissen auf vielen Gebieten der Biologie, Arzneimittelkunde, Medizin und Tiermedizin. Dabei wurden die Tiere in erster Linie als »Modell« benutzt, um biologische Vorgänge und Gesetzmäßigkeiten aufzuklären und anomale Organfunktionen sowie deren Beeinflussung durch die Behandlung zu studieren. Die Versuchsergebnisse wurden anschließend vom Modell auf das Original, meistens den Menschen, übertragen.

Das Tierexperiment setzt, und hierbei gibt es nichts zu beschönigen, den Aufopferungsanspruch des Menschen an das Tier voraus. So wie bereits unsere Vorfahren ihre Überlegenheit über ihre Mitgeschöpfe ausspielten, indem sie sie als Quelle für Nahrung und Kleidung gebrauchten, so benutzten spätere Generationen die Tiere, um Erkenntnisse zu gewinnen. Dieser Tatsache verdanken wir unser heutiges umfangreiches Wissen über die Baupläne eines komplizierten Säugetierorganismus und seiner einzelnen Organe sowie deren Funktion und Zusammenspiel. Ohne Tierversuche wüßten wir nichts über den Gasaustausch in der Lunge bei der Atmung. Die Funktion des Herzens und die Regulation des Blutkreislaufs wären ebenso unverständlich geblieben wie die Aufbereitung und Ausscheidung des Harns in den Nieren und die Rolle der Sexualhormone bei der Steuerung der Fortpflanzung.

Bereits zur Zeit der ältesten griechischen Naturphilosophie, etwa um 500 v. Ch., wurden mit großer Wahrscheinlichkeit Tierversuche durchgeführt, um Fragen nach den Lebensvorgängen zu klären. Die erste bewußte Anwendung von Tiermodellen wird dem Anatomen Marcello Malpighi (1628 – 1694) zugeschrieben, der die Ansicht vertrat, daß eine Entsprechung im Bau gleicher Organe bei verschiedenen Organismen existiere und daß man Entdeckungen an einfacher gebauten Tieren erfolgreich für das Verständnis eines ähnlichen Baues bei einem höheren Tier verwenden könne.

In der zweiten Hälfte des 19. Jahrhunderts fand das Tierexperiment in der biomedizinischen Forschung allgemeine Anwendung. Diese Tatsache läßt sich besonders eindrucksvoll mit einer Reihe von Beispielen aus der Geschichte der Zuckerkrankheit (Diabetes mellitus) belegen.

Als der Doktorand Paul Langerhans im Sommer 1867 im Berliner Pathologischen Institut von Professor Rudolf Virchow den Auftrag bekam, sich intensiv mit dem feineren Bau der Bauchspeicheldrüse zu befassen, untersuchte er das Pankreas (Bauchspeicheldrüse) von Kaninchen. In seiner Doktorarbeit begründete er die Auswahl dieser Tierart für seine Zwecke wie folgt:

»Ich untersuchte vor Allem und fast ausschließlich das Pankreas des Kaninchens; denn von allen Thieren, die gewöhnlich in den Laboratorien zu unserer Verfügung stehen, ist es dieses, dessen Bauchspeicheldrüse den zur Untersuchung günstigsten Bau besitzt. Sie ist zum großen Teil flächenartig zwischen den Blättern des Mesenteriums ausgebreitet und zwar in so dünnen Schichten, daß man mit der Schere entnommene Theilchen ohne irgend eine weitere Präparation der mikroskopischen Betrachtung unterwerfen kann...., während Mensch und Meerschweinchen, Hund und Katze, Taube und Natter, ebenso wie Frosch und Huhn ganz compacte und demgemäß zu so direkter Beobachtung ungeeignete Bauchspeicheldrüsen besitzen.«

Bei der mikroskopischen Untersuchung derartiger Präparate des Kaninchenpankreas entdeckte Langerhans merkwürdige Flecken aus Zellen. Es handelte sich um die »Langerhansschen Inseln«, (so wurden sie später von Edouard Laguesse nach ihrem Entdecker benannt), von denen wir heute wissen, daß sie unter anderem das lebensnotwendige Hormon »Insulin« produzieren.

Dieses historische Beispiel zeigt einen Tierversuch in seiner einfachsten Form. Er ist durch einige Merkmale charakterisiert, die auch heute noch ihre Gültigkeit für Experimente mit Tieren besitzen: Die Versuchstiere waren leicht verfügbar. Die Tierart war für die zu untersuchende Fragestellung biologisch gut geeignet. Es gelangten technische Hilfsmittel zum Einsatz, und die Untersuchungsergebnisse wurden sorgfältig registriert. Was noch fehlte, waren Schlußfolgerungen. Langerhans enthielt sich nämlich jeglicher Äußerung über die etwaige Funktion der von ihm gefundenen Zellgruppen im Pankreas. Erst die tierexperimentelle Forschung in den folgenden Jahrzehnten führte zu weiteren Erkenntnissen über die Langerhansschen Inseln. Im Jahre 1889 entfernten Oskar Minkowski und Josef von Mehring durch einen operativen Eingriff die Bauchspeicheldrüse bei Hunden. Ursprünglich wollten die beiden Physiologen feststellen, welche Rolle die Drüse bei der Verdauung spielt. Statt dessen erkannten sie, daß die Hunde die typischen Symptome des Diabetes entwickelten und der Harn mehr als zehn Prozent Zucker enthielt. Diese Beobachtungen leiteten eine neue Ära der Diabetes-Forschung ein. Der Versuchsansatz von Minkowski und Mehring läßt noch deutlicher als der von Langerhans den Modellcharakter des Tierversuches erkennen:

Durch einen fest umrissenen Eingriff (die operative Entfernung der Bauchspeicheldrüse) an einem biologisch geeigneten, ursprünglich gesunden Versuchstier (beim Hund läßt sich das kompakte Pankreas leicht als Ganzes entfernen) wurden die Symptome eines bestimmten Krankheitsbildes, in diesem Falle die des Diabetes, hervorgerufen. Die Ergebnisse dieses Tierexperimentes waren reproduzierbar, das heißt, andere Forscher kamen an einem anderen Ort und zu einem anderen Zeitpunkt zu den gleichen Ergebnissen. Dieses Beispiel weist auf zwei Kriterien hin, die für den Aussagewert eines Tierversuches von großer Bedeutung sind: die Genauigkeit und die Reproduzierbarkeit der Ergebnisse.

Aufbauend auf den Erkenntnissen von Minkowski und Mehring gelang es den Kanadiern Banting und Best im Jahre 1921, mit dem Tiermodell des pankreaslosen Hundes das therapeutisch wirksame Prinzip des Diabetes zu klären, indem sie die Tiere mit Insulin behandelten und dadurch die Symptome der Erkrankung zum Abklingen brachten. Heute verdanken Hunderttausende zuckerkranker Menschen dieser tierexperimentell entwickelten Therapieform ihr Leben. Noch werden die Bauchspeicheldrüsen von Rindern und Schweinen gebraucht, um das Insulin zu gewinnen, und Mäuse, um den Wirkungsgrad einzustellen. Aber es zeichnet sich bereits die Möglichkeit ab, mit Hilfe von Bakterienkulturen »menschliches« Insulin zu produzieren, indem man den Bakterien Teile menschlicher DNS (Desoxyribonukleinsäure) einpflanzt, die im Körper die Insulinproduktion kontrollieren.

Diese wenigen Beispiele aus der Geschichte des Diabetes lassen schon in Umrissen erkennen, daß sich unser heutiges medizinisches Wissen noch in einem mittelalterlichen Stadium befinden würde, hätte es in der Vergangenheit keine Tierversuche gegeben.

Versuchstierkunde als selbständige Wissenschaft

Alle Forschungsaktivitäten, die sich heute mit dem Inhalt, den Methoden und den Bedingungen von Modellversuchen mit Tieren befassen, werden unter dem Begriff »Versuchstierkunde« zusammengefaßt und gelten als selbständige Wissenschaft. Lange Zeit bestand ihre Hauptaufgabe darin, den Experimentator mit gesunden Versuchstieren in ausreichender Anzahl zu versorgen. In jüngster Zeit ist jedoch die umfassende wissenschaftliche Beschreibung der Versuchstiere in den Vordergrund getreten, mit deren Hilfe die Voraussagen über die Verwendbarkeit der einzelnen Arten als Modelle verbessert werden soll.

in keimdichten Kammern, sogenannten Isolatoren. Derartige Versuchstiere werden zunächst durch Kaiserschnitt keimfrei gewonnen und später unter keimfreien Bedingungen gehalten.

Die modernen Tierlaboratorien sind in der Regel mit einer Klimatisierung ausgestattet, das heißt Luftqualität, Temperatur und Luftfeuchtigkeit werden automatisch konstant gehalten und sind den verschiedenen Tierarten angepaßt. Frischluftsysteme sorgen für einen zugfreien Luftwechsel. Tageslicht ist, insbesondere für die kleinen, nachtaktiven Laboratoriumstiere (Nager) nicht erwünscht, da unkontrollierbare Schwankungen der Lichtintensität die Experimente beeinflussen können. Im allgemeinen werden die Tiere heute einer 12stündigen Beleuchtung ausgesetzt, der eine 12stündige Dunkelphase folgt.

Hunde werden in der biologisch-medizinischen Forschung benötigt, und sie werden in großer Zahl von der pharmazeutischen Industrie verwendet, um die Giftigkeit von Arzneistoffen zu prüfen.

Eine Senatskommission für Versuchstierforschung der Deutschen Forschungsgemeinschaft hat für die allgemeinen und speziellen Erfordernisse der Versuchstierhaltung Richtlinien erarbeitet, auf die nachfolgend nur schwerpunktmäßig eingegangen werden kann:

Danach sind Tierversuche ausschließlich wissenschaftliche Versuche. Da sie durch Eingriffe oder Behandlungen am lebenden Tier erfolgen, sind sie nur dann vertretbar, wenn die angestrebten Versuchsergebnisse nicht durch andere zumutbare Methoden oder Verfahren zu erreichen sind. Tierlaboratorien sind Räume, die einer biologisch optimalen Haltung von Versuchstieren dienen. In ihnen erfolgt eine tierschutzgerechte Haltung der verschiedenen Versuchstierarten während und nach Beendigung des Experimentes. Man unterscheidet drei hygienische Systeme der Unterbringung von Versuchstieren:

Das »Offene System« verzichtet auf Maßnahmen gegen das Einschleppen von Krankheitserregern. Im »Geschlossenen System« werden die Tiere durch aufwendige technische und hygienische Sicherheitsvorkehrungen gegenüber der Umgebung abgeschirmt. Im »Isolatorsystem«, der aufwendigsten Methode, Versuchstiere zu halten, leben die Tiere

Für die Unterbringung der Versuchstiere in den klimatisierten Tierräumen werden, abhängig von Alter, Körpergewicht, Körpergröße, Gemeinschaftsbedürfnis, Haltungs- und Versuchszweck, verschiedene Haltungseinheiten wie Käfige, Boxen oder Zwinger benutzt. Auch dafür gibt es Richtwerte, die vorschreiben, welche Flächeneinheiten pro Tier vorzusehen sind.

Auch hinsichtlich der Art, Zusammensetzung und Menge des Futters für jede Tierart sowie für die Häufigkeit und den Zeitpunkt der Fütterung existieren inzwischen Richtwerte. Standardisierte Diäten von gleichbleibender Zusammensetzung und Qualität haben sich, insbesondere für die Ernährung der kleinen Laboratoriumstiere, durchgesetzt.

Die Haltung und Pflege von Versuchstieren stellen hohe Anforderungen an das tierpflegerische Personal. Ungelernten oder unerfahrenen Tierpflegern kann eine Pflege von Versuchstieren nicht mehr überlassen werden. Die Pflege umfaßt die Ernährung und alle Maßnahmen zur Gesunderhaltung und medizinischen Versorgung der Tiere sowie die Reinigung und Desinfektion der Haltungseinrichtungen. Besonders wichtig ist dabei die Einhaltung eines bestimmten Arbeitsrhythmus.

Die Leitung und damit die Aufsicht über Versuchstieranlagen wird von Tierärzten wahrgenommen, die über umfassende Kenntnisse in der Versuchstierkunde verfügen und als Fachtierärzte dafür anerkannt sind. Sie sorgen auch dafür, daß kranke Tiere gar nicht erst in einen Versuch gelangen, denn nur gesunde Tiere nützen der Forschung.

Schließlich wird durch eine Gewöhnung der Tiere an den Versuchsablauf und an das Personal der Streß, der Versuchsresultate ungünstig beeinflussen kann, auf ein Minimum beschränkt. Das setzt weiterhin voraus, daß auch der Experimentator die Handhabung der Versuchstiere und die grundlegenden experimentellen Techniken beherrscht.

Die klassischen Laboratoriumstiere

Mäuse, Ratten, Meerschweinchen und Kaninchen haben sich heute als klassische Laboratoriumstiere weltweit durchgesetzt, da ihre Zucht, Haltung und Pflege weniger aufwendig ist als die der größeren Tiere. Sie werden in speziellen Tierzuchtanlagen millionenfach gezüchtet und als konventionelle oder sogenannte SPF-Tiere angeboten. Bei letzteren handelt es sich um »spezifiziert pathogenfreie« Tiere, die nachweislich frei von Krankheitserregern wie Viren, Bakterien, Protozoen, Pilzen und Parasiten sind. SPF-Mäuse und -Ratten werden insbesondere von der pharmazeutischen Industrie in großem Umfang für Langzeitversuche eingesetzt, bei denen man nicht das Risiko einer unerwünschten Infektion eingehen kann.

Die Maus (Mus musculus domesticus). Heute existieren für Forschungszwecke zahlreiche Zuchtlinien, die durch besondere Eigenschaften charakterisiert sind und als Modelle bestimmter Organerkrankungen dienen, wie zum Beispiel die Jackson-Maus mit angezüchtetem Diabetes. Weltweit sind zur Zeit über zweihundert Mäuse-Inzuchtstämme bekannt. Sofern keine besonderen Eigenschaften verlangt werden, eignen sich Mäuse aus sogenannten »Koloniezuchten« als Standardmäuse für die meisten Tierversuche. Hierzu gehören die weltweiten Nachzuchten der weißen NMRI-Maus, benannt nach dem Naval Medical Research Institute in den USA, wo diese Albinos zuerst gezüchtet wurden. Viele Forscher geben der Maus als Versuchstier den Vorzug, weil sie problemlos zu handhaben ist, wenig Raum benötigt, robust und fruchtbar ist und somit auch ein außerordentlich preiswertes Versuchstier darstellt. Die Zahl der Untersuchungen, die mit Mäusen durchgeführt werden, ist heute kaum noch überschaubar. Aus diesem Grunde können nur einige Bereiche der Forschung genannt werden, in denen Mäuse in großem Umfang als Versuchstiere benötigt werden:

Wegen ihrer Empfindlichkeit gegenüber zahlreichen Erregern und Infektionskrank-

Alljährlich werden Zehntausende von Kaninchen für Versuchszwecke gezüchtet. Im Kernforschungszentrum südlich von Bombay werden an diesen Tieren Versuche mit radioaktiver Medizin durchgeführt.

heiten, wie Diphtherie, epidemische Gehirnentzündung, Kinderlähmung und Tollwut, werden sie zur Erforschung dieser Krankheiten und zur Diagnostik krankheitserregender Viren verwendet. Die relativ kurze Lebensdauer der Mäuse von 18 Monaten macht sie für die Krebsforschung zu einem biologisch geeigneten Modelltier, da sich Tumoren häufig erst im Greisenalter spontan entwickeln. Wegen ihrer kurzen Tragzeit von 18 bis 21 Tagen und der großen Anzahl von Jungtieren pro Wurf benutzen die Genetiker diese Tierart, um die Merkmalsvererbung zu erforschen. Für die Immunologen ist die Maus ein wichtiges Versuchstier, um die Probleme der Antikörperbildung zu studieren. In sehr großem Umfang werden Mäuse auch im Rahmen der Arzneimittelforschung und -entwicklung benötigt. Hierbei stehen besonders die Toxizitätskontrollen im Vordergrund. Das Ziel dieser Untersuchungen ist es herauszufinden, nach welcher Dosis bei ein- oder mehrmaliger Verabreichung neu entwickelter, therapeutisch wirksamer Substanzen Vergiftungserscheinungen auftreten. In jüngster Zeit werden in diesem Zusammenhang Nacktmäuse zur Prüfung der Verträglichkeit von Substanzen auf der Haut verwendet. Es handelt sich hierbei um Nachzüchtungen einer Mutante, bei der die Haarlosigkeit angeboren ist. Aufgrund der Tatsache, daß diesen Mäusen auch der Thymus fehlt (eine Drüse am Eingang der Brusthöhle) und sie keine Abstoßungsreaktion zeigen, traten sie einen regelrechten »Siegeszug« durch die Laboratorien der Welt an. Den Krebsforschern boten sich gänzlich neue Möglichkeiten der Verpflanzung von menschlichem Tumorgewebe auf Nacktmäuse.

Die Ratte (Rattus norvegicus). Die ältesten Rattenstämme, über die genauere Informationen vorliegen, sind die »Wistar«-Ratten, so genannt nach dem Wistar-Institut in Philadelphia, USA, und die »Sprague-Dawley«-Ratten aus der gleichnamigen Tierfarm in Wisconsin, USA. Durch gezielte Inzucht und Mutationen sind neue Rattenstämme mit speziellen erblichen Veränderungen entstanden. So entwickelt die Gunn-Ratte eine erbliche Gelbsucht, die SH-Ratte einen erblich bedingten spontanen Bluthochdruck, und bei der Nacktratte ist durch einen genetischen Defekt wie bei der Nacktmaus die Haarlosigkeit mit dem Fehlen des Thymus untrennbar gekoppelt.

Wie die Maus ist auch die Ratte widerstands- und anpassungsfähig, sehr fruchtbar, billig im Unterhalt und gut auf engem Raum im Labor zu halten, was sicherlich dazu beigetragen hat, daß sie nach der Maus das am häufigsten verwendete Versuchstier ist. Die Ratte ist gegenüber bestimmten Infektionen weniger anfällig als die Maus. Sehr empfindlich reagieren Ratten hingegen auf Störungen im Haushalt bestimmter Vitamine des B-Komplexes sowie der Vitamine A, D und E. Das macht sie zum geeigneten Versuchstier für Ernährungsexperimente. Auch die Verhaltensforscher arbeiten gern mit Ratten, weil sie recht »intelligent« sind. Wegen ihrer Größe und Widerstandsfähigkeit sind Ratten für alle chirurgischen Techniken geeignet und deshalb häufig für die experimentell tätigen Chirurgen das Versuchstier der Wahl. Millionen von Ratten werden überdies weltweit für die vom Gesetzgeber vorgeschriebenen Routineuntersuchungen auf Giftigkeit eines neuen Arzneimittels benötigt. Hierzu gehören auch die Prüfungen der Substanzen auf teratogene (Mißbildungen verursachende), mutagene (erbschädigende) oder kanzerogene (krebsauslösende) Eigenschaften.

Welche praktische Bedeutung den neuen Rattenstämmen mit erblichen Veränderungen zukommt, läßt sich an den bereits erwähnten Beispielen nachweisen: So trug das Modell der Gunn-Ratte wesentlich zur Aufklärung der Ursache der Gelbsucht beim neugeborenen Menschen bei, weil bei der Gunn-Ratte durch Veränderung einer Erbanlage das gleiche Enzym defekt wurde, das auch beim Menschen fehlt. Mit Hilfe dieses Rattenmodells konnte auch gezeigt werden, daß Medikamente für Neugeborene besonders sorgfältig auszuwählen sind. Die Rattenstämme mit erblichem spontanem Bluthochdruck sind ein brauchbares Modell des essentiellen Bluthochdrucks beim Menschen. Bei diesen Tieren lassen sich sehr gut die für den Verlauf dieser Erkrankung entscheidenden Komplikationen wie Herzinfarkt, Gehirnveränderungen und Arteriosklerose studieren. Auch die neuesten Erkenntnisse über die blutdrucksteigernde Wirkung einer Kochsalzbelastung des menschlichen Organismus wurden an diesem Modell erarbeitet.

Das Meerschweinchen (Cavia cobaya) ist nach Maus und Ratte das wichtigste Nagetier, das für Versuchszwecke in Frage kommt. Aufgrund seiner hohen Empfindlichkeit gegenüber zahlreichen Erregern ist es für die Diagnostik und Erforschung der Infektionskrankheiten unentbehrlich. Es reagiert auf Tuberkulosebakterien empfindlicher als alle übrigen Warmblüter. Diese Tatsache ließ das Meerschweinchen zum optimalen Versuchstier für die Sicherung der Diagnose dieser Erkrankung, für die Kontrolle und Standardisierung der Tuberkuline (Testsubstanzen zum Nachweis der Tuberkulose) und für die Entwicklung der modernen Tuberkulostatika (Mittel zur Behandlung der Tuberkulose) werden. Weiterhin ist das Meerschweinchen sehr geeignet, um Überempfindlichkeitsreaktionen auszulösen. So reagiert es mit einer allergischen Reaktion auf Penicillin, die hundert- bis tausendmal empfindlicher ist als die der Maus. Diese artspezifische Reaktionsweise hat dazu geführt, daß das Meerschweinchen als Versuchstier für die Prüfung neuer Arzneimittel auf allergische Reaktionen den anderen Nagern vorgezogen wird. Eine weitere Besonderheit der Meerschweinchen ist die Tatsache, daß sie ebensowenig wie der Mensch das Vitamin C im eigenen Körper in ausreichender Menge produzieren können und somit auf die Zufuhr des Vitamins mit der Nahrung angewiesen sind. Damit wurde diese Art zu einem geeigneten Versuchstier für die Ernährungsforschung.

Das Kaninchen (Oryctolagus cuniculus) wurde aufgrund seiner passenden Größe, die chirurgische Eingriffe erleichtert, seiner Anpassungsfähigkeit, seiner großen Fruchtbarkeit und seiner leichten Verfügbarkeit als preiswertes Haustier zu einem traditionell weitverbreiteten Laboratoriumstier. Die Bezeichnung »Versuchskaninchen« soll es schon seit der Mitte des vorigen Jahrhunderts geben, nachdem die Tiere von Delafond in die Bakteriologie eingeführt wurden. Heute werden alljährlich Zehntausende von Tieren für Versuchszwecke gezüchtet. Sie werden in großem Umfang für die Serumgewinnung benötigt. Besonders geeignet sind sie auch für die Kontrolle auf fiebererregende Stoffe. Deshalb werden solche Arzneimittel, die direkt in den menschlichen Blutkreislauf eingeführt werden sollen, zunächst einmal Kaninchen eingespritzt. Steigt die Körpertemperatur der Tiere an, so ist das ein Zeichen dafür, daß das geprüfte Präparat nicht frei von fiebererregenden Verunreinigungen ist. Ohne derartige Prüfungen am Kaninchen gäbe es keine sichere Notfallmedizin mit Infusionen und injizierbaren Arzneimitteln. Eine Vielzahl von Kaninchen wird weiterhin von der pharmazeutischen Industrie alljährlich für lokale Verträglichkeitsprüfungen neuer Arzneimittel benötigt, da Augen und Haut der Kaninchen sehr empfindlich auf lokal reizende Substanzen reagieren. Auch für die Überprüfung von Substanzen auf Mißbildungen erzeugende Wirkung ist das Kaninchen geeignet.

Der Goldhamster (Mesocricetus auratus). Seit den 50er Jahren wurde auf der Suche nach neuen Tiermodellen für die biomedizinische Forschung eine ganze Reihe von anderen Nagetieren rekrutiert. Von diesen hat sich nur der Goldhamster als Labortier in größerem Umfang durchgesetzt. Bestimmte anatomische und physiologische Besonderheiten machten diese Tiere für sehr unterschiedliche Forschungsdisziplinen zu geeigneteren Modellen als andere Nagetiere. Die kurze Tragzeit von nur 16 Tagen und der zeitlich präzise Ablauf des weiblichen Zyklus erlauben sehr gut das Studium von Fortpflanzungsvorgängen. Ihre Backentaschen, Ausstülpungen der Backenschleimhaut, lassen sie zum lebenden Labor für das Studium des Blutstromes in den kleinen Gefäßen werden. Überdies sind sie biologisch optimal geeignete Versuchstiere für solche Laboratorien, die sich mit chemotherapeutischen Behandlungsmethoden bösartiger menschlicher Geschwülste befassen. Da die Goldhamster an Karies erkranken können, sind sie auch ideale Versuchstiere für die Zahnmediziner, um Entstehung, Verlauf und neue Behandlungsmöglichkeiten dieser Erkrankung zu erforschen. Auch in der Virologie haben sie ihren Einzug gehalten, da sie als experimentelle Wirtstiere für eine ganze Reihe von Viren dienen können, und zwar für die Erreger von Kinderlähmung, Mumps, Staupe, Tollwut und Grippe.

Der Hund (Canis domesticus) besitzt einen dominierenden Stellenwert in der biologisch-medizinischen Forschung. Als eine der Erklärungen dafür dürfte die Tatsache anzusehen sein, daß diese Tierart am stärksten domestiziert ist. Seit langem teilen sich Hund und Mensch eine gemeinsame ökologische Nische und haben sich ihr angepaßt.

Die Hunde, die für Tierversuche verwendet werden, waren früher vorwiegend »Straßenhunde«. Heute ist man mehr und mehr dazu übergegangen, nur noch Hunde einzusetzen, die speziell für Versuchszwecke gezüchtet wurden. Der Beagle hat alle wünschenswerten Qualitäten, die man von einem Hund als Versuchstier erwartet: mittlere Größe, kurzhaariges Fell, das keiner besonderen Pflege bedarf, ausgeglichenes Temperament und Gutmütigkeit. Beagles können in Gruppen gehalten werden und sind leicht zu züchten. Aggressivität, Furchtsamkeit oder Schüchternheit kommen sehr selten vor. Lebensrettende Operationen, wie Organtransplantationen, Eingriffe am offenen Herzen, Testung von Herzschrittmachern oder mikrochirurgische Operationstechniken wie die Verbindung kleinster Blutgefäße und Nervenstränge bei der Rücktransplantation abgetrennter Gliedmaßen, wurden zunächst im Tierexperiment, insbesondere an Hunden, durchgeführt. Daß Hunde ein gutes Tiermodell für die Diabetes-Forschung sind, wurde bereits in der Einleitung ausführlich beschrieben. Auch bei der Erprobung künstlicher Gelenke, besonders im Hinblick auf ihr Funktionieren unter Dauerbelastung und ihre Verankerung im Knochen, haben sich Hunde als Versuchstiere bewährt.

Wegen des relativ kleinen Magens und des kurzen Darmtraktes, Verhältnisse, die denen des Menschen sehr ähnlich sind, können Hunde auch für experimentelle Untersuchungen der Magensaftabsonderung und der Verdauung herangezogen werden. Erinnert sei hier an die Experimente des russischen Physiologen Pawlow, der an Versuchshunden die Zusammenhänge zwischen äußeren Reizen und Magensaftabsonderung erkannte.

Der Hund gehört zu den wenigen Tierarten, die wie der Mensch im Alter spontan ein Adenom (gutartige Wucherung) oder ein Karzinom (bösartige Wucherung) der Prostata entwickeln. Damit bietet sich der Hund als biologisch geeignetes Modell für die experimentelle Prostata-Forschung an. Auch für die Entwicklung und Testung von Tierarzneimitteln, zum Beispiel Impfstoffen gegen Tierseuchen wie Staupe und in jüngster Zeit die Parvo-Virusseuche, werden Hunde als Versuchstiere benötigt.

In sehr großem Umfang werden Hunde für Giftigkeitsprüfungen in der pharmazeutischen Industrie eingesetzt, die notwendig sind, um das Risiko bei der Anwendung medizinisch bisher nicht verwendeter Stoffe am Menschen zu vermindern. Immer dann, wenn es darum geht, für derartige, meistens über einen langen Zeitraum laufende Untersuchungen ein Nicht-Nagetier einzusetzen, werden Hunde genommen. An dieser Stelle sei noch erwähnt, daß die Hündin Laika als erster Insasse einer Weltraumrakete im November 1957 die Erde umkreiste und als lebende Registriersonde in unbekannten Strahlungszonen diente.

Das Schwein (Sus scrofa). Die Entwicklung des Schweines vom klassischen landwirtschaftlichen Nutztier zum vielseitig verwendbaren Labortier erfolgte, als experimentell tätige Wissenschaftler herausfanden, daß bestimmte biologische Eigenschaften des Schweines mit denen des Menschen weitgehend übereinstimmen. So bevorzugen Mensch und Schwein eine Mischkost aus Kohlenhydraten und Eiweißen. Beide sind überwiegend unbehaart und haben eine unpigmentierte Haut. Auch Kreislauf und Nervensystem sind vergleichbar, und nicht zuletzt ist das Ferkel in vieler Hinsicht dem menschlichen Neugeborenen sehr ähnlich.

Der eigentliche Durchbruch der Schweine als Versuchstiere erfolgte nach der Zucht von Miniaturschweinen. Sie eignen sich sehr gut für Untersuchungen der Wirkung von Stoffen auf den Magen-Darm-Trakt, auf den Fettstoffwechsel und auf die Haut. Da die Tiere auf Streß ähnlich reagieren wie Menschen, was bis zum Herzinfarkt führen kann, sind sie auch für Untersuchungen, die sich mit diesem Problemkreis befassen, ein biologisch geeignetes Versuchsmodell.

An Baby-Schweinen wurden verschiedene krankhafte Zustände, wie sie bei Kleinkindern vorkommen, untersucht. An Ferkeln erfolgte auch die Entwicklung von Kindermilch und Milchersatzpräparaten. Gynäkologen prüften an tragenden Sauen den Einfluß von Schockzuständen auf die Föten. Die Orthopäden erforschen an noch nicht ausgewachsenen Schweinen das Längenwachstum der Röhrenknochen und seine Beeinflussung durch Hormone, Druck und Verletzungen der Epiphysenfugen, von denen das Wachstum in Gang gehalten wird.

Affen als Versuchstiere. Die Affen gehören wie der Mensch zur Ordnung der Primaten. Wenn also im Zusammenhang mit der Verwendung von Affen für Forschungszwecke immer wieder nachzulesen ist, daß Affen die bestgeeigneten Versuchsobjekte für viele humanmedizinisch ausgerichtete Fragestellungen sind, so ist das sowohl richtig als auch falsch. Die Übereinstimmungen betreffen zahlreiche Einzelheiten des Körperbaus, der Lebensvorgänge, der inneren Sekretion, der serologischen und erbbiologischen Verhältnisse und die Empfindlichkeit gegenüber bestimmten Krankheitserregern. Das läßt sich an einer Reihe von Beispielen zeigen: Die Gliedmaßen der Menschenaffen liegen vollständig außerhalb des Körpers. Die Hände sind Greifhände mit einem sehr beweglichen, den Fingern gegenüberstellbaren (opponierbaren) Daumen. Das in bezug auf den Körper sehr große Gehirn weist ein reiches Furchungsmuster auf. Durch den Nachweis bestimmter im Blut gelöster Serumeiweiße läßt sich zeigen, daß der Schimpanse zu 85 Prozent, der Orang-Utan zu 71 Prozent und der Rhesusaffe nur zu 63 Prozent mit dem Menschen »verwandt« ist. Und mit der Methode der Elektrophorese kann man sogar beweisen, daß Schimpansen- und Gorillablut dem Menschenblut ähnlicher sind als dem des Orang-Utans. Die Blutgruppen A, B und 0 sind auch bei den Menschenaffen anzutreffen, und mit menschlichen roten Blutkörperchen kann es zu sogenannten Kreuzreaktionen kommen. Mit dem Wachstumshormon aus der Hirnanhangsdrüse von Menschenaffen kann der Mensch zum Wachsen angeregt werden. Die weiblichen Menschenaffen haben einen Menstruationszyklus. Die Tragzeit des Schimpansenweibchens beträgt ähnlich wie beim Menschen acht bis neun Monate. Schimpansenbabies brauchen wie menschliche Neugeborene viel persönliche Aufmerksamkeit und Pflege. Die Verhaltensweisen der Menschenaffen sind so »menschlich«, daß namhafte Forscher von kulturellem Verhalten sprechen.

Primaten sind kostspielige Versuchstiere. Sie sind schon nicht billig, wenn sie aus Wildfängen stammen, aber erst recht nicht, wenn es sich um Tiere handelt, die unter Laboratoriumsbedingungen gezüchtet wurden. Durch ihre hohen Ansprüche an Haltung, Pflege und Ernährung und die Tatsache, daß sie meistens nur ein Jungtier großziehen, entstehen enorme Kosten. Trotzdem kann die medizinisch ausgerichtete Forschung nicht auf die Primaten verzichten. Ohne sie wäre es zum Beispiel nicht zur Bestimmung des Rhesusfaktors durch Landsteiner und Wiener gekommen (1940).

Zellkulturen von Altweltaffen, insbesondere Nierenzellkulturen, stellen ein Medium dar, in dem die meisten für den Menschen schädlichen Viren angehen und wachsen. Auf diese Weise gelangte man zu entscheidenden Erkenntnissen über die Ursache der Kinderlähmung und konnte dadurch auch den Impfstoff gegen sie entwickeln. Das Abwehrsystem der höheren Primaten gleicht dem des Menschen. Aus diesem Grunde sind diese Tiere gute Modelle, um die unerwünschten Abstoßungsreaktionen bei der Organtransplantation zu studieren und nach neuen Substanzen zu ihrer Unterdrückung zu suchen. Nur Primaten sind empfänglich für Malaria und damit optimale Versuchstiere bei der weiteren Erforschung dieser Krankheit und ihrer Therapie.

Für eine ganze Reihe von Erkrankungen des Menschen stellen Primaten die besten Tiermodelle dar. Das betrifft in erster Linie Erkrankungen des Herz-Kreislauf-Systems (wobei der aufrechte Gang eine Rolle spielt), das Blutgerinnungssystem, das Nerven- und Skelettsystem und die Zähne (Paviane und Makaken leiden unter Karies). Auch zur Erforschung von Schock- und Streßzuständen sind Primaten bestens geeignet. Einige Krankheiten, die typisch für den Menschen sind, kommen spontan nur bei Primaten vor, wie die Colitis ulcerosa (eine mit ausgedehnten Geschwürsflächen verbundene chronische Entzündung des Kolons, eines Dickdarmabschnittes), die Netzhautablösung oder die Ostitis deformans Paget (eine entzündlich bedingte Verformung des Skeletts).

Primaten werden in großem Umfang für die Testung neuer Arzneimittel, zum Beispiel Psychopharmaka, eingesetzt. Außerdem wird an trächtigen Affen erprobt, ob ein neuer Wirkstoff Mißbildungen oder andere Schäden bei den Nachkommen hervorruft.

Vor allem größere Primaten, wie die Paviane, werden für die Entwicklung neuer Techniken der Organverpflanzung, aber auch zur Prüfung künstlicher Organe wie Herz, Nieren und Gelenke eingesetzt.

Nichtwirbeltiere als Versuchstiere. Ein kleines Insekt, die Taufliege (Drosophila melanogaster), stellt wegen ihrer relativ kurzen Generationszeit und leichten Züchtbarkeit seit etwa siebzig Jahren das klassische Versuchstier der Vererbungsforschung dar. Neuerdings wird sie auch zur Erforschung des Gehirns, einem der aufregendsten Kapitel der modernen Biologie, eingesetzt. Durch sogenannte Punktmutationen, gezielte Eingriffe an den Erbanlagen, kann der Prozeß, der das Gehirn entstehen läßt, gestört werden. Auf diese Weise lernt man etwas über die Spielregeln, die die Gehirnentwicklung leiten. Aus den ersten Ergebnissen war ersichtlich, daß die Entwicklungsprozesse, die zur Ausbildung der einzelnen Funktionssysteme des Gehirns führen, erblich voneinander unabhängig sind. Es zeigt sich außerdem, daß die Aufklärung von grundlegenden biologischen Prinzipien am erfolgreichsten an relativ einfachen Modellsystemen durchzuführen ist.

Übertragbarkeit von Tierversuchen auf den Menschen

Die Konzentration der Forschung auf bestimmte Versuchstierarten hat ein breites Wissensfundament geschaffen. Die als Modell verwendeten Tierarten weisen im Vergleich mit dem Original Mensch einerseits eine große Anzahl von Unterschieden in den Lebensvorgängen auf, andererseits existieren sehr ausgeprägte Ähnlichkeiten zwischen einzelnen Eigenschaften des Menschen und einer Versuchstierart, die für die Forschung und Diagnostik ausgiebig genutzt werden. Das bedeutet, daß es *das* Versuchstier für einen Pauschalvergleich mit den Organfunktionen des Menschen nicht gibt, auch nicht unter den nichtmenschlichen Primaten mit ihrer stammesgeschichtlich engen Verwandtschaft zum Menschen. Der Vergleich zwischen Versuchstier und Mensch kann immer nur einzelne, ganz eng umschriebene physiologische Mechanismen oder Organsysteme betreffen, die zufällig zwischen Mensch und irgendeinem Versuchstier ähnlicher als zwischen anderen sind.

Daraus folgt: Nur bei der Wahl *der* Tierart, die hinsichtlich der jeweiligen biologischen Fragestellung dem Menschen am ähnlichsten reagiert, wird man zu Ergebnissen kommen, die mit großer Wahrscheinlichkeit auch beim Menschen zu erwarten sind. Häufig werden sie in ihrer Aussage lediglich orientierend sein. Die endgültige Bestätigung der Ergebnisse am Menschen bleibt der klinischen Forschung vorbehalten. Trotz dieser Einschränkung ist der Aussagewert eines sorgfältig geplanten Tierversuches für biologisch komplexe Fragestellungen unentbehrlich. Richtig angelegt, gibt der Tierversuch darüber Auskunft, ob eine neue Behandlungsmethode am Menschen gewagt werden darf oder nicht. Absolut sichere Aussagen läßt er jedoch nicht zu. Ein Rest von Risiko bleibt immer.

Alternativen zum Tierexperiment

Zunächst muß einmal klargestellt werden, daß apparative Methoden keine echten Alternativen sind, auch wenn dadurch weniger Versuchstiere gebraucht werden. Der Computer ist lediglich eine Maschine, mit deren Hilfe experimentelle Situationen simuliert und Erkenntnisse aus Versuchen am lebenden Tier optimal genutzt werden können. Die Frage, wie ein Knochen reagiert, in den ein künstliches Gelenk eingepflanzt wird, kann auch er nicht beantworten, sondern nur der Versuch am lebenden Gesamtorganismus.

Mit Trenn- und Meßmethoden wie der Chromatographie, der Isotopenanalyse und dem Radioimmunassay (RIA) ist es zwar möglich, Konzentrationen und Abbauprodukte von Arzneimitteln in Blut- und Harnanalysen zu bestimmen, den Weg eines radioaktiv markierten Stoffes durch den Körper zu verfolgen oder geringste Konzentrationen körpereigener Stoffe zu messen, aber um universell einsetzbare Methoden im Sinne eines vollwertigen Ersatzes für Tierversuche handelt es sich nicht.

Wie verhält es sich in dieser Hinsicht mit den biologischen Testmethoden, die außerhalb des Körpers durchgeführt werden? Gewebekulturen aus menschlichen oder tierischen Zellen können an Stelle von Tieren zur Klärung bestimmter Fragestellungen eingesetzt werden. Sie können jedoch nie ein kompletter Ersatz für das Versuchstier sein, weil dieses aus Millionen hochspezialisierter Zellen besteht, die mittelbar oder unmittelbar aufeinander einwirken und sich so gegenseitig in ihrer Funktion beeinflussen. In der Gewebekultur hat man es aber stets nur mit gleichartigen Zellen oder einem kleinen Verbund miteinander kooperierender Zellen zu tun. Wenn also eine Substanz in der Gewebekultur keine schädigende Wirkung verursacht, so schließt das noch längst nicht aus, daß sie im Körper einen verheerenden Effekt auslösen kann, weil sie unter Umständen erst durch ihre Verstoffwechselung giftig wird oder weil sie den Funktionsablauf zwischen bestimmten Organen beeinflußt.

Mit Hilfe anderer Methoden kann der Funktionsablauf einzelner Organe außerhalb des Körpers untersucht werden, ohne daß die Vorgänge durch den übrigen Organismus »gestört« werden. Dieser Vorteil ist gleichzeitig auch der Nachteil dieser Methoden: Niemals können die komplexen Vorgänge und die vernetzten Wechselwirkungen eines intakten Körpers im Reagenzglas nachvollzogen werden.

Daraus läßt sich das Fazit ziehen: Es gibt zur Zeit keine alternativen Methoden zum Tierversuch mit gleichem Aussagewert. Ein Verbot von Tierversuchen würde die Entwicklung neuer Arzneimittel unmöglich machen.

Die ethische Problematik von Tierversuchen

Die ethische Problematik, Tiere für naturwissenschaftliche Versuche zu verwenden und ihnen dabei Schmerzen, Leiden oder den Tod zuzufügen, wurde erstmals etwa in der Mitte des vorigen Jahrhunderts in der Öffentlichkeit erörtert. Die Kritiker wollten (und wollen auch heute) beweisen, daß Tierversuche aufgrund der Unterschiede zwischen Modell und Original eigentlich sinnlos und somit die Leiden, die man den Tieren zufügt, überflüssig und unmenschlich sind.

In den letzten Jahren haben sich Sprecher von Tierschutzverbänden, aber auch nichtorganisierte Tierfreunde verstärkt mit Argumenten und Anklagen vor allem in den Medien an die Öffentlichkeit gewandt, um auf die in ihren Augen für die medizinische Forschung wertlosen Tierexperimente aufmerksam zu machen. Insbesondere gegen die tierexperimentelle Prüfung von Arzneimittelwirkungen wurden heftige Angriffe vorgetragen. Die Motive der Tierschützer sind dabei sehr unterschiedlicher Natur. Sie reichen von der ehrlichen, individuellen Anteilnahme am Schicksal des einzelnen Versuchstieres über die seelischen Nöte gemäßigt denkender Tierfreunde angesichts Millionen toter Versuchstiere bis hin zur Bereitschaft, auf neue Arzneimittel und sogar weitere Fortschritte der Medizin zu verzichten, wenn damit der Schutz der Tiere gewährleistet ist.

Die heftigsten Gegner verdächtigen die tierexperimentell tätigen Wissenschaftler schlicht als Sadisten, die allen Ernstes dazu aufgefordert werden, die Experimente an sich selber durchzuführen. Die Vertreter solcher Ideen übersehen dabei allerdings, daß die körperliche Integrität und das Leben des Menschen in unserer Gesellschaft die höchsten Rechtsgüter sind, die vom Gesetzgeber geschützt werden, und daß sich eben daraus die Notwendigkeit von Tierversuchen in einem vernünftigen, angemessenen und verantwortbaren Rahmen ergibt. Denn selbst der erfahrenste Toxikologe kann das Risiko eines neuen Arzneimittels für den Menschen nicht abschätzen, wenn ihm keine Ergebnisse aus vorher durchgeführten Tierversuchen zur Verfügung stehen. Außerdem käme die vom Gesetzgeber für bestimmte Arzneimittelprüfungen vorgeschriebene Entnahme von Organ- und Gewebsproben für die feingewebliche mikroskopische Untersuchung dem Tatbestand der Körperverletzung gleich, würde sie am Menschen vorgenommen.

Wie tief zur Zeit die Kluft zwischen Befürwortern und Gegnern von Tierversuchen ist, sollen noch einige Beispiele verdeutlichen. So konfrontiert die neuere deutsche Anti-Tierversuchsliteratur den fachlich ungenügend informierten Leser mit einer Fülle von Berichten über Greueltaten aus den Laboratorien der Welt. Überprüft man diese Berichte genauer, läßt sich feststellen, daß sie insgesamt auf wenige Autoren zurückzuführen sind, die die Literatur der Vergangenheit auf grauenhafte Experimente an Versuchstieren, die es allerdings ohne Zweifel gegeben hat, durchforsten und diese negativen Beispiele als typische Methoden der heutigen Forschung unzulässig verallgemeinern. Die programmatische Kampfschrift aller deutschsprachigen Tierversuchsgegner ist das 1976 erschienene Taschenbuch des Psychiaters Herbert Stiller »Tierversuch und Tierexperimentator«, in dem schwerste moralische Anschuldigungen gegen die Tierexperimentatoren erhoben werden, weil sie angeblich ihre Aggressionen mit Folterwerkzeugen an Tieren abreagieren.

Tiere dienen als Stellvertreter des Menschen, wenn es darum geht, neue Arzneimittel zu testen, neue medizinische Erkenntnisse zu gewinnen oder Grundlagenforschung zu betreiben.

In dem aus dem Amerikanischen übersetzten Buch von Hans Ruesch »Nackte Herrscherin«, das in Auszügen auch durch die deutsche Presse ging und als »Vivisektionsschocker« bezeichnet wurde, werden Gewinnsucht, Karrieresucht und Sadismus als alleinige Ursache für den Tod von Millionen von Versuchstieren hingestellt.

Neuerdings erscheinen in Zeitungen und Zeitschriften mit großen Auflagen immer häufiger reißerisch aufgemachte Geschichten über das Schicksal von Versuchstieren. Ernstzunehmende Wissenschaftler, selbst Vertreter einer modernen Strömung im Tierschutz, sind sich in Stellungnahmen dazu einig, daß derartige Schilderungen über herzzerreißende Szenen aus dem »blutigen Alltag der Versuchstiere« wenig mit echtem Tierschutz zu tun haben. Hier geht es vielmehr um eine Verteufelung der Wissenschaft, die ja aber, was man kaum berücksichtigt, aufgrund von Gesetzesauflagen zum Schutz der Verbraucher gezwungen ist, zahlreiche tierexperimentelle Untersuchungen durchzuführen. Wie heftig die Öffentlichkeit reagiert, wenn sie mit Bildern von Tierversuchen konfrontiert wird, läßt sich am Beispiel des im Oktober 1978 von der ARD ausgestrahlten dreiteiligen Fernsehfilms von Horst Stern »Die Stellvertreter, Tiere in der Pharmaforschung« nachvollziehen. Dieser nüchterne und um Objektivität bemühte Bericht über die tragischste aller Mensch-Tier-Beziehungen empörte Hunderttausende von Zuschauern. Obwohl Horst Stern die Tierversuche nicht befürwortete, ja, sie nicht einmal verteidigte, sondern nur versuchte, sie an menschlichem Leiden zu relativieren, überschütteten ihn viele Stimmen aus dem Publikum mit einem Schwall von Schmähungen. Er wurde als »nützlicher Idiot der Pharmaindustrie« hingestellt, als »blauäugig« beschimpft, weil er die Kellerverliese nicht fand, in denen Tiere angeblich aus purer Lust gefoltert werden, und wurde gar des »Verrats an der leidenden Kreatur« angeklagt.

Hochorganisierte Säugetiere empfinden Angst, Leid und Schmerz genau wie wir. Angesichts solcher Bilder stellt sich die Frage, ob, in welchem Umfang und zu welchem Zweck wir Tierversuche eigentlich zulassen dürfen.

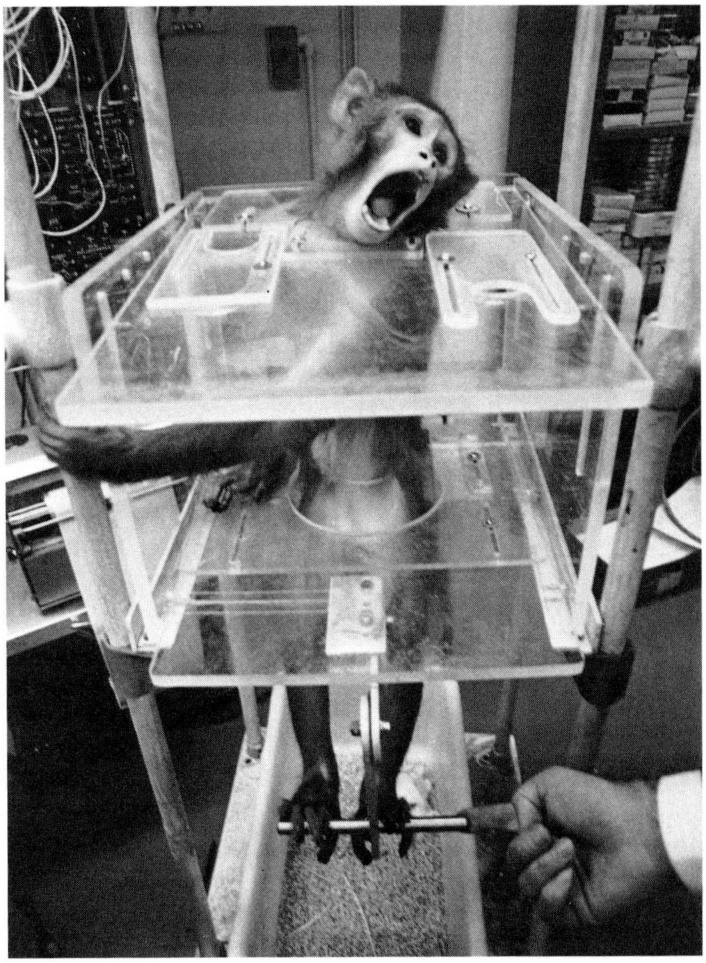

Selbst unter Ärzten findet sich eine Minderheit, die die notwendige Differenzierung und Sachlichkeit bei der Diskussion um Tierversuche vermissen läßt. In einer »Grundsatzerklärung« der Vereinigung »Ärzte gegen Tierversuche« heißt es wörtlich: »Tierversuche sind kein geeigneter Weg, die Krankheiten des Menschen zu erkennen, zu erforschen und zu heilen. Ergebnisse der Tierversuche haben für den Menschen keine Gültigkeit. Zwischen Mensch und Tier bestehen derart gravierende organische und psychische Unterschiede, daß Erkenntnisse aus Tierversuchen im Hinblick auf den Menschen, zumal den Kranken, nicht nur wertlos, sondern oft sogar irreführend und gefährlich sind.« – »Tierversuche werden keineswegs zum Wohle des Menschen gemacht, sie haben nur eine Alibifunktion. Denn bis heute fehlt jeder wissenschaftliche statistische Beweis für die Übertragbarkeit der Ergebnisse auf den Menschen.«

Sollte diesen Ärzten beim Studium der umfangreichen Literatur nicht aufgefallen sein, daß die Entdeckungen zahlreicher therapeutisch wichtiger Arzneimittel, die durchaus zum Wohle der Menschen beigetragen haben, ohne die Mitwirkung von Tierversuchen nicht möglich gewesen wären? Das von Emil von Behring um die Jahrhundertwende entwikkelte Serum gegen Diphtherie wurde zunächst an Meerschweinchen erprobt, um später ungezählten Kindern das Leben zu retten, die bis dahin dieser Krankheit fast rettungslos ausgeliefert waren. Durch Versuche mit Mäusen konnte Robert Koch im Jahre 1876 beweisen, daß die für den Menschen lebensgefährliche Seuche Milzbrand durch ein Bakterium ausgelöst wird. Die im Jahre 1932 von Domagk entdeckten antibakteriell wirkenden Sulfonamide wurden erstmals an Mäusen getestet, ehe damit eine drastische Senkung der Sterblichkeit bei bestimmten Formen der Lungenentzündung des Menschen erreicht werden konnte. Das von Fleming entdeckte Penicillin wurde erst nach umfangreichen Tierversuchen wegen seiner hohen antibakteriellen Wirkung und unerreicht guten Verträglichkeit im Jahre 1940 in die Therapie eingeführt und ist seitdem das am häufigsten angewandte Antibiotikum gegen die verschiedensten bakteriellen Infektionen bei Mensch und Tier. Ohne umfangreiche pharmakologische und toxikologische Untersuchungen an Mäusen, Hamstern, Ratten, Meerschweinchen, Kaninchen, Hunden und Affen wäre die Entwicklung von Präparaten in Tablettenform gegen den Altersdiabetes, sogenannte orale Antidiabetica, die den Patienten von der täglichen Insulininjektion befreien, niemals möglich gewesen. Die Arzneimittel, die heute gegen eine der am weitesten verbreiteten Infektionskrankheiten, die Malaria, eingesetzt werden, wurden im Tierversuch gefunden und haben Millionen erkrankter Menschen das

Im Gegensatz zu uns werden diese Kaninchen gezwungen, den blauen Dunst einzuatmen. In solchen Versuchen werden Nikotinwirkung und möglicherweise darauf beruhende Gefäßerkrankungen erforscht.

Leben gerettet. Ebenfalls im Tierversuch wurde die Wirkung der Substanz Isonicotinsäurehydrazid erkannt, mit der solche Fälle von Tuberkulose des Menschen geheilt werden, die sonst tödlich verlaufen. Die Entdekkung der einzelligen Trypanosomen als Erreger von Erkrankungen bei Mensch und Tier und ihre Übertragbarkeit auf Mäuse führte zur Entwicklung der ersten chemotherapeutisch wirksamen Präparate gegen sie. Das zu einem späteren Zeitpunkt hergestellte Salvarsan ermöglichte eine erfolgreiche Behandlung der bis dahin unheilbaren Syphilis und erwies sich darüber hinaus auch bei der Behandlung anderer durch Einzeller erzeugter Erkrankungen als äußerst wirksam.

Motive der Kritik

Was sind nun die tieferen Beweggründe derjenigen in unserer Gesellschaft, die Tierversuchen kritisch gegenüberstehen oder das derzeit Unmögliche fordern, nämlich ihre gänzliche Abschaffung? Proteste gegen Tierexperimente sind beileibe keine Errungenschaft unserer Zeit. Es hat sie schon vor mehr als hundert Jahren gegeben, und man kann keineswegs bestreiten, daß sie oftmals ihre Berechtigung hatten. Mißbrauch gab und gibt es wie überall leider auch auf diesem Gebiet. Die Proteste fielen interessanterweise häufig zeitlich mit Krisen der Heilkunde zusammen. Auch heute zeichnet sich eine solche Krise ab: Es sieht so aus, als sei die forschende Medizin machtlos gerade gegen die Krankheiten, die an erster Stelle in der Statistik der Industrieländer stehen: Krebs, Herz-Kreislauf-Erkrankungen und die sogenannten Zivilisationskrankheiten. So hat zum Beispiel die weltweite Bereitstellung riesiger finanzieller Mittel für die Krebsforschung Millionen von Laboratoriumstieren das Leben gekostet. Diese Versuche führten wohl auch zu einer Fülle von Basiserkenntnissen und beachtlichen Teilerfolgen bei der Bekämpfung dieses Leidens, aber der durchschlagende therapeutische Erfolg blieb bis jetzt noch aus.

Eine weitere Ursache für das besonders in den letzten Jahrzehnten zunehmend gewachsene tierschützerische Engagement großer Bevölkerungskreise ist in einer Abnahme der kollektiven und einer Zunahme der individuellen Mensch-Tier-Beziehung zu suchen. In der Landwirtschaft gehört die kollektive Mensch-Tier-Beziehung noch zum Alltag. Sie äußert sich in einer art- und verhaltensgerechten Haltung von Herdentieren, denen keine unnötigen Schmerzen, Leiden oder Schäden zugefügt werden (hierzu ist nicht die intensive Massentierhaltung in fabrikähnlichen Anlagen zur Fleisch- und Eierproduktion zu rechnen). Die Bereitschaft, für diese Tiere erhebliche persönliche Opfer zu bringen, ist sehr gering.

Ganz anders ist die Situation der heutigen Stadtbevölkerung. Der Kontakt mit Tieren ist auf wenige Tierarten reduziert. Es sind vor allem Hunde, Katzen und Pferde, zu denen ganz individuelle Beziehungen in Form eines Adoptionsverhältnisses, einer Freundschaft oder einer Kooperation entwickelt werden. Die Bereitschaft der Besitzer, für ihre Haustiere, die sie als Mitgeschöpfe ansehen, persönliche Opfer zu bringen in Form von Futterkosten, Steuern, Stallmieten, Einschränkung der Freizügigkeit im Urlaub und in der Freizeit ist sehr groß. Die Vorstellung, daß diesen Tieren, vielleicht sogar den eigenen, Leiden, Schmerzen und möglicherweise sogar der Tod für wissenschaftliche Zwecke zugefügt werden, läßt diese Bevölkerungsgruppen auf die Barrikaden gehen. Tiere, vor denen man sich ekelt, wie Mäuse und Ratten, bei denen es sich ja auch um warmblütige Säugetiere handelt, werden meistens nicht so stark in das Mitleid mit einbezogen.

Vom Standpunkt des – aus seiner Sicht – verantwortbar handelnden Tierexperimentators darf gesagt werden: Nicht zuletzt ist die Entwicklung der öffentlichen Meinung über die zweifellos vorhandene Problematik der Tierversuche auf einen Mangel an sachlicher, wechselseitiger Kommunikation zwischen den Beteiligten zurückzuführen. Waren in der Vergangenheit die Wissenschaftler auf der einen Seite vor allem an der Veröffentlichung und Diskussion ihrer Versuchsergebnisse, weniger an Aspekten des Tierschutzes interessiert, führten auf der anderen Seite zu lange jene das Wort, die es für überflüssig hielten, mit den Experimentatoren sachliche Gespräche zu führen, geschweige denn ihre Tierlaboratorien zu besichtigen. Gerade deshalb glaubten sie, ein unverfälschtes, neutrales Bild der Lage geben zu können. Wie kann dieses Spannungsverhältnis in Zukunft überbrückt werden? Mit Sicherheit nicht durch weitere Wortschlachten oder anklagende einseitige Monologe. Erst recht nicht durch spektakuläre Versuchstier-Befreiungsaktionen oder durch das Legen von Brandbomben in Tierversuchsanlagen. Vielmehr muß es zwischen allen Beteiligten aus den Bereichen der pharmazeutischen Industrie, der experimentellen Medizin, der universitären Grundlagenforschung, der Behörden und der Öffentlichkeit zu einem echten Informationsaustausch und konstruktiven Diskussionen kommen. Das Ergebnis kann nur ein Kompromiß zwischen dem Wünschenswerten und Möglichen sein.

Berechtigte Forderungen an Tierexperimentatoren, Gesetzgeber und Tierschützer

Zunächst einmal muß festgestellt werden, daß unabhängig von der öffentlichen Diskussion um die sittliche Zulässigkeit von Tierversuchen schon seit Jahren ein Prozeß des Umdenkens seitens der tierexperimentell forschenden Wissenschaft voll im Gange ist und zu einem ganz erheblichen Wandel der Fragestellungen und der methodischen Verfahren in der biologisch-medizinischen Forschung geführt hat. Diese Tatsache soll im folgenden kurz umrissen werden.

Tierexperimentatoren und Fachtierärzte für Versuchstierkunde bekämpfen gemeinsam die uneinheitlichen Umweltbedingungen, die die Ergebnisse von Versuchen beeinflussen oder verfälschen können. Der Bedarf an Versuchstieren wurde in zunehmendem Umfang aus anerkannten Zuchtanlagen gedeckt. Durch Verwendung von Spezialstämmen, insbesondere bei Mäusen und Ratten, die sehr einheitliche Merkmale aufweisen, wurden die Versuchsergebnisse unabhängiger von individuellen Schwankungen und somit auch genauer. Die ausschließliche Verwendung von gesunden Tieren, spezifiziert pathogenfreien (→S. 359) oder keimfreien Tieren schaltete unbekannte Krankheitserreger oder Parasiten als Störfaktoren eines laufenden Versuchs aus. Die Forscher erkannten, daß die Körper- und Organfunktionen der Versuchstiere durch Angst, Streß und Schmerz verändert werden, und trugen dieser Tatsache durch eine möglichst schonende Behandlung Rechnung, um so zu unverfälschten Versuchsergebnissen zu gelangen. Durch die systematische Nutzbarmachung der Immunreaktion zum spezifischen Nachweis von Hormonen und anderen im lebenden Organismus vorkommenden Stoffen sind die Versuche am Ganztier in der Bakteriologie, Virologie, endokrinologischen Gynäkologie und in der Diagnostik allergischer Reaktionen weitgehend überflüssig geworden.

In-vitro-Versuche (außerhalb des Körpers im Reagenzglas) an isolierten Organen haben in der Arzneimittelkunde immer mehr an Bedeutung gewonnen und sind bei der Suche nach neuen Wirkstoffen zur Standardmethode geworden. Auch Zellkulturen spielen eine immer größere Rolle. Sie haben bei der Gewinnung von Impfstoffen gegen Viruserkrankungen die Versuchstiere weitgehend ersetzt. Als deswegen für die Herstellung des Impfstoffes gegen Kinderlähmung keine Affen mehr benötigt wurden, nahm die Öffentlichkeit kaum Notiz davon, da es im Jahre 1956 noch keine breite Diskussion um das Für und Wider von Tierversuchen gab.

Alle diese Entwicklungen haben in jüngster Zeit zu einem Rückgang der Tierverbrauchszahlen geführt und sind als hoffnungsvolle Zeichen einer neuen ethischen Einstellung zum Versuchstier anzusehen.

In ihrer 1981 erschienen Schrift zum Thema »Tierexperimentelle Forschung und Tierschutz« hat die Senatskommission für Versuchstierforschung der Deutschen Forschungsgemeinschaft die Wissenschaftler an ihre Verpflichtung zu einem verantwortungsbewußten Umgang mit Versuchstieren als Mitlebewesen gemahnt. Sie werden aufgefordert, überall dort, wo es vertretbar ist, über die Auflagen des Tierschutzgesetzes hinausgehend Tiere zu schonen, zu ersetzen und zu entlasten. Denn das verfassungsmäßig zugestandene Recht des Wissenschaftlers auf Forschungsfreiheit entbindet ihn nicht von seiner Eigenverantwortlichkeit der lebenden Kreatur gegenüber. Mehr denn je ist er dazu verpflichtet, sorgfältig zu prüfen, ob das geplante Versuchsvorhaben überhaupt notwendig ist

Deutsche Forschungsgemeinschaft: *Tierexperimentelle Forschung und Tierschutz,* Boppard 1981.

Herken, H.: *Tierexperimentelle Prüfung von Arzneimitteln.* Deutsches Ärzteblatt – ärztliche Mitteilungen, 44, 2617–2688, Köln 1980.

Ronner, P. M.: *Zu wahr, um schön zu sein. Tierversuche in der Heilmittelforschung,* Düsseldorf 1981.

Ruesch, H.: *Nackte Herrscherin. Entkleidung der medizinischen Wissenschaft,* München 1978.

Stern, H.: *Tierversuche in der Pharmaforschung.* Originaltexte der Fernsehfilme und neue Materialien – kontrovers diskutiert, München 1979.

Stiller, H., Stiller, M.: *Tierversuche und Tierexperimentator,* München 1979.

und wie es sich am besten im Rahmen des Tierschutzgesetzes ohne Mißachtung des Lebens der Versuchstiere durchführen läßt.

Der Gesetzgeber regelt mit dem Tierschutzgesetz vom 24. Juli 1972 im Abschnitt »Tierversuche« in den §§ 7 bis 10, wann und unter welchen Bedingungen Tierexperimente zulässig sind. So heißt es im § 7: »Wer zu Versuchszwecken Tiere für Eingriffe oder Behandlungen, die mit Schmerzen, Leiden oder Schäden verbunden sein können, verwenden will, hat dies vor Beginn der Versuche der zuständigen Behörde anzuzeigen.« Diese Anmeldepflicht entbindet aber den in der Forschungseinrichtung tätigen Wissenschaftler nicht von seiner Verantwortung für das Versuchstier. Er selbst muß die wirksamste Barriere gegen den Mißbrauch von Tieren sein. Die Genehmigung wird von der Behörde personengebunden an den Leiter des Versuchsvorhabens und seinen Stellvertreter erteilt. Nur Personen mit einem abgeschlossenen Hochschulstudium der Tiermedizin, Medizin oder Biologie dürfen Tierversuche mit operativen Eingriffen durchführen, sofern sie die erforderlichen Fachkenntnisse besitzen. Für die Durchführung von Tierversuchen gilt, daß sie auf das unerläßliche Maß zu beschränken sind. Über den Versuch und seine Ergebnisse sind vom Versuchsleiter Aufzeichnungen zu machen, die er drei Jahre lang nach Abschluß des Versuchsvorhabens aufzubewahren hat und der zuständigen Behörde auf Verlangen zur Einsichtnahme vorlegen muß. Ärzte und Tierärzte stimmen überein, daß die deutsche Tierschutzgesetzgebung als vorbildlich anzusehen ist.

Die Durchführung von Tierversuchen wird aber noch durch andere Gesetze geregelt. So schreiben in aller Welt die Arzneimittelgesetze sowie die darauf beruhenden Rechtsverordnungen und Richtlinien der pharmazeutischen Industrie vor, welche Tierarten in welcher Zahl zur Klärung welcher Fragestellungen bei der Prüfung eines neuen Arzneimittels mit einem neuen, bisher in der Medizin noch nicht verwendeten Wirkstoff herangezogen werden müssen. Im neuen deutschen Arzneimittelgesetz vom 1. Januar 1978 wird die Erprobung eines neuen Arzneistoffs am Menschen davon abhängig gemacht, daß dieser Stoff zuvor sorgfältig und ausreichend am Tier geprüft worden ist. Vor Beginn der klinischen Erprobung müssen die Unterlagen über die tierexperimentelle Prüfung beim Bundesgesundheitsamt zur »Beweissicherung« hinterlegt werden. Sollten während des klinischen Einsatzes unvertretbare Nebenwirkungen am Menschen auftreten, kann die Behörde anhand dieser Unterlagen feststellen, ob zuvor auch wirklich in dem erforderlichen Umfang Tierversuche durchgeführt worden sind. War dies nicht der Fall, muß der Hersteller des neuen Arzneistoffs mit einer Anklage rechnen.

Darüber hinaus gibt es auch internationale Richtlinien, die verbindliche Regeln für Qualität, Umfang und Art der Tierversuche im Rahmen der Arzneimittelkontrolle enthalten. Die international verbindliche »Deklaration von Tokio« des Weltärztebundes verbietet den Ärzten unter anderem, neue Arzneistoffe an Menschen anzuwenden, wenn sie sich nicht zuvor davon überzeugt haben, daß diese Stoffe am Tier ausreichend erprobt worden sind.

Aufgrund dieser und einer Reihe weiterer Gesetze und Vorschriften werden also in großem Umfang Tierversuche zum Schutz des Menschen vom Staat gefordert, die nach Meinung namhafter Toxikologen allerdings weit über das notwendige Maß hinausgehen. Deshalb empfehlen sie dem Bundesministerium für Jugend, Familie und Gesundheit, eine Gruppe von Ärzten mit langjähriger Erfahrung auf dem Gebiet der Arzneimittelprüfung zusammenzurufen, um eine kritische Bewertung der geforderten Tierversuche vorzunehmen und sie gegebenenfalls an den jeweiligen Stand der wissenschaftlichen Erkenntnisse neu anzupassen. Die deutsche Tierärzteschaft machte auf ihrem Tierärztetag 1980 den Vorschlag, mehr als bisher Forschungen, die sich mit der Entwicklung gleichwertiger Alternativmethoden beschäftigen, durch Bereitstellung von Personal- und Sachmitteln zu unterstützen, um dadurch in Zukunft die Verwendung von Versuchstieren einzuschränken. In einer Entschließung forderte sie gleichzeitig die internationale Angleichung tierexperimenteller Vorschriften und die gegenseitige Anerkennung der Ergebnisse von Tierversuchen im Rahmen der Prüfung von Arzneimitteln.

Nicht zuletzt hat die Tierschutzidee als Teil unserer Kultur- und Gesellschaftsordnung mit zu dieser Entwicklung beigetragen. Es ist aber weniger ein Verdienst der Extremisten unter den Tierversuchsgegnern, die generell die Abschaffung aller Tierversuche fordern, als vielmehr der gemäßigten Sprecher von Tierschutzorganisationen, die mit diskussionsfähigen Vorschlägen sowohl an den Tierexperimentator als auch an den Gesetzgeber herantreten. Dazu zählen unter anderem ihre Forderungen nach Ersatzsystemen für bestimmte Testmethoden der akuten Toxikologie, wobei in erster Linie der LD_{50}-Test angesprochen wird, in dem eine neue Substanz so lange in steigenden Dosierungen verabreicht wird, bis die Hälfte der behandelten Tiere, häufig unter einem indiskutablen Ausmaß an Schmerzzuständen, verendet. Hier besteht sicherlich ein ernsthaftes Problem für alle Beteiligten. Den Bewilligungsinstanzen wäre ein Ersatztest mit entsprechender Aussagekraft willkommen. Weitere Forderungen betreffen eine strengere behördliche Genehmigungspraxis für Tierversuche, die Einführung ständiger Tierschutzbeauftragter und Ethik-Komitees in Firmen und Instituten sowie die Schaffung einer Art Nobelpreis für herausragende Arbeiten zur Erforschung alternativer Methoden.

Nicht zuletzt müßte aber auch jeder einzelne Tierschützer in seiner Eigenschaft als Konsument und Mitglied der Gesellschaft umdenken. Der Griff zur Tablette als Maßnahme im Bedarfsfall und ein Verzicht auf kosmetischen Luxus in gewissem Umfange würden allein schon ausreichen, um das Überangebot und die ständigen Neuentwicklungen der umsatzorientierten Industrie einzuschränken und damit unzähligen Versuchstieren das Leben zu retten.

Norbert Kaschek

Schädlinge und wie man sie bekämpft

Der Begriff »Schädling« kann in unterschiedlicher Weise gebraucht werden. Im allgemeinen bezeichnet er Organismen, die aus der Sicht des Menschen schädlich sind, also Wirtschafts- und Gesundheitsschädlinge. Nach einer anderen Definition gibt es aber auch den Begriff des »biologischen Schädlings«, dessen Wirkung sich allgemein gegen eine andere Art, sei es Tier oder Pflanze, richtet. Dazu gehören zum Beispiel Unkrautschädlinge, die für den Menschen durchaus zu Nützlingen werden können. Manche Tiere lassen sich sowohl den Schädlingen als auch den Nützlingen zuordnen. So sind zum Beispiel die Kohlerdflöhe, Käfer aus der Familie der Blattkäfer (Chrysomeliden), sowohl Schädlinge, weil sie die Rapskulturen befallen, als auch Nützlinge, da sie sich ebenso von Unkräutern wie Ackersenf und Acker-Hellerkraut ernähren. Auch der Star erweist sich manchmal als nützlich und manchmal als schädlich. So fängt er während der Aufzucht seiner Jungen zahlreiche Insekten, darunter auch viele schädliche Arten, und erweist sich so als überaus nützlich. Im Spätsommer und Herbst hingegen fallen die Stare scharenweise in Obstgärten und Weinberge ein, fressen die reifen Früchte und werden so zu Schädlingen – natürlich immer aus der Sicht des Menschen betrachtet.

Manche werden erst zu Schädlingen gemacht

Manchmal lassen die Umstände ein Tier auch erst zum Schädling werden. So wurde 1824 in Colorado (USA) eine Blattkäferart (Leptinotarsa decemlineata) entdeckt, die auf einem wildwachsenden Nachtschattengewächs lebte und keineswegs häufig vorkam. In den Jahren nach 1850 gelangte die Kartoffel, ebenfalls ein Nachtschattengewächs, in die Heimat des Käfers, der nun von seiner ursprünglichen Wirtspflanze auf die Kartoffel überwechselte. In den Kartoffelmonokulturen (Anbau einer einzigen Pflanzenart) fanden die Käfer und ihre Larven ein überreiches Nahrungsangebot. Mit der Umstellung auf die Kartoffel erhöhte sich die Eiproduktion der Weibchen beträchtlich, die Populationsdichte stieg an, und die Tiere begannen zu wandern. 1859 kamen die ersten Schadensmeldungen aus dem Nachbarstaat Nebraska. 1874 hatten die Käfer den nordamerikanischen Kontinent bereits von Westen nach Osten durchquert und die Atlantikküste erreicht. Infolge des lebhaften Warenaustausches zwischen Amerika und Europa dauerte es nur wenige Jahre, bis die ersten Kartoffelkäfer die westeuropäische Küste erreicht hatten. 1877 wurden die ersten Vorkommen in Deutschland gemeldet. Mit aufwendigen Bekämpfungsmaßnahmen – die Felder wurden mit Petroleum übergossen und angezündet – gelang es anfänglich, diese Käfer wieder auszurotten. Während des Ersten Weltkrieges konnten die notwendigen Abwehrmaßnahmen jedoch nicht immer durchgeführt werden. Von Bordeaux aus, wohin der Kartoffelkäfer mit amerikanischen Transporten gelangt war, erfolgte die nicht mehr zu stoppende Besiedlung des europäischen Kontinents. Trotz intensiver Bekämpfungsmaßnahmen hat der Käfer den gesamten südwest- und mitteleuropäischen Raum als Verbreitungsgebiet erobert. Gegenwärtig dringt der Kartoffelkäfer nach Skandinavien, Rußland und in den Balkan vor.

Unter natürlichen Bedingungen befinden sich Lebensgemeinschaften im Gleichgewicht. Meistens schaffen erst Eingriffe des Menschen die Voraussetzungen dafür, daß eine Art schädlich wird. So bietet die Anlage von Monokulturen (Getreidefeld, Kartoffelacker, Fichtenwald) günstige Bedingungen für die Massenentwicklung von Schädlingen der jeweiligen Kulturpflanze. Oft werden auch im Zuge von Bekämpfungsmaßnahmen – ungewollt – die natürlichen Feinde des Schädlings vernichtet, während der Schädling nur dezimiert wird, der sich dann – von Feinden verschont – um so ungehinderter vermehren kann. Auch durch gewollte oder ungewollte Einbürgerung in vorher nicht zu ihrem Verbreitungsgebiet gehörende Regionen können Tierarten zu Schädlingen werden, da sie dort andere Umweltfaktoren (Klima, Nahrung, natürliche Feinde) antreffen. Sie können sich leicht zur Plage entwickeln, denn die neu befallenen Wirtsarten haben oft noch keine Abwehrmechanismen gegen den eingeschleppten Schädling entwickelt. Auch im natürlichen Verbreitungsgebiet können Auftreten und Bedeutung eines Schädlings regionalen und zeitlichen Schwankungen unterworfen sein, wobei häufig die Ursachen dieser Schwankungen noch unbekannt sind.

Schadwirkungen

Schädlinge können in vielerlei Weise den menschlichen Interessen entgegenwirken.

Pflanzenschädlinge beeinträchtigen den erwünschten Kulturzweck einer befallenen Pflanzenart. Das Ausmaß der Schädigung kann dabei sehr unterschiedlich sein; es kann von geringfügiger Bedeutung sein, etwa bei gelegentlichem Blattfraß, der die Leistungsfähigkeit und den Ertrag der Kulturpflanze nicht mindert. Im extremen Fall kann jedoch die befallene Kultur völlig vernichtet werden. Die auftretenden Schäden sind vorwiegend wirtschaftlicher Natur, wobei einerseits Ertragsminderung und -ausfälle auftreten, andererseits die erforderlich werdenden Bekämpfungsmaßnahmen (Arbeitskräfte, Material) sehr kostenintensiv sind.

Neben der direkten Schädigung von Kulturpflanzen spielt die Übertragung von Pflanzenkrankheiten eine große Rolle. Dabei kommt den Überträgerorganismen (Vektoren) als Direktschädlingen oft nur eine untergeordnete Bedeutung zu, der durch die übertragenen Erreger – Pilze, Bakterien, Viren – hervorgerufene Schaden kann jedoch intensive Bekämpfungsmaßnahmen gegen die Vektoren erforderlich machen. Als Überträger treten neben einigen Fadenwürmern (Nematoden) und Milben fast ausschließlich Insekten auf, und zwar vor allem pflanzensaugende Insekten wie Blattläuse, Zikaden, Blattwanzen und Schildläuse.

Während Viren durch das Saugen an Pflanzen übertragen werden, gelangen Bakterien und Pilze vorwiegend durch mechanische Übertragung zu neuen Infektionsorten. Dabei spielen sowohl Windübertragung und Berührung von infizierten und gesunden Pflanzen und Pflanzenteilen untereinander eine Rolle als auch die Verfrachtung durch Tiere und auch durch den Menschen. Bei der Verbreitung durch Tiere handelt es sich vorwiegend um die Verschleppung von Erregern, die äußerlich anhaften oder mit dem Kot abgegeben werden.

Vorrats- und Materialschädlinge bedrohen überall auf der Welt große Werte. Deshalb stellt ein erfolgreicher Vorratsschutz eine dringende Aufgabe dar. Bedroht sind Nahrungsmittel, aber auch Materialien und Fertigwaren verschiedenster Art. Zur Bekämpfung von Befallsherden müssen Maßnahmen zur Verhinderung der Weiterverbreitung solcher Schädlinge hinzukommen. Deshalb werden an Grenzen, in See- und auf Flughäfen strenge Kontrollen von Handelsgütern durchgeführt.

Vielfach sind solche Schädlinge dennoch bei uns eingeschleppt worden. Wegen des kühlen Klimas können sie zwar im Freien nicht existieren, aber die gleichbleibenden Bedingungen in Vorratsspeichern bieten einigen

Schädlingen gute Überlebensmöglichkeiten. Manche Arten überstehen zwar den Winter in ungeheizten Lagern nicht, doch da sie regelmäßig neu eingeschleppt werden, treten sie immer wieder als Schädlinge in Erscheinung.

Die Bekämpfung von Vorrats- und Materialschädlingen ist – namentlich, wenn es sich um Nahrungsmittel für den Menschen handelt – nur unter Beachtung besonderer Vorsichtsmaßnahmen möglich, damit keine Gesundheitsgefährdungen auftreten.

Gesundheitsschädlinge des Menschen und seiner Nutztiere stellen eine erhebliche Bedrohung dar. Seuchen, die von Tieren übertragen werden, führten früher in Europa zur Entvölkerung ganzer Landstriche und bedrohen auch heute noch das Leben vieler Menschen in den Entwicklungsländern. Tierseuchen behindern die Einfuhr hochgezüchteter Haustierformen aus Europa in tropische Gebiete erheblich.

Gesundheitsschädlinge können Mensch und Tier als Krankheitsüberträger, aber auch als Schmarotzer schädigen. Schädlinge können sowohl im Inneren eines Organismus leben (Endoparasiten), als auch außen an einem Organismus schmarotzen (Ektoparasiten).

Die Larven der Blattkäfer können durch Pflanzenfraß erhebliche wirtschaftliche Schäden anrichten. Besonders gefährdet sind Monokulturen.

Pflanzenschädlinge

Nicht alle Tiergruppen haben gleichermaßen Pflanzenschädlinge hervorgebracht, in anderen hingegen treten sie gehäuft auf. So umfassen zum Beispiel die Fadenwürmer (Nematoden) derartig viele Schädlinge, daß sich eine eigene Disziplin, die Nematologie, mit ihnen befaßt. In Münster/Westfalen arbeitet die »Biologische Bundesanstalt, Institut für Nematologie« sowohl an der Grundlagenforschung als auch an Fragen der Bekämpfung wirtschaftlich wichtiger Formen.

Pflanzenschädliche Fadenwürmer (»Älchen«) sind durchweg kleine, langgestreckte Tiere, die einen stilettartigen Mundstachel besitzen, mit dem sie Pflanzenzellen anstechen, um sie dann auszusaugen. Nach ihrer Lebensweise unterscheidet man verschiedene Gruppen: Zur ersten gehören freilebende ektoparasitische Wurzelnematoden, die nur die äußeren Schichten der Wurzeln anstechen, jedoch durch ihre Beweglichkeit im Boden von Pflanze zu Pflanze wandern können. Das Anstechen der Wurzeln öffnet zusätzlich Angriffsflächen für parasitische Pilze. Einige Nematodengattungen übertragen dabei auch aktiv Viren. Die zweite Gruppe lebt endoparasitisch im Inneren von Wurzeln. Dabei treten häufig Verletzungen der Wurzeln auf, da die ausgesaugten Zellen absterben. Weitere Gruppen leben in Sproß, Blättern und Blüten der befallenen Pflanzen. Als letzte Gruppe seien noch die Zystenälchen erwähnt. Die Junglarven dringen in das Pflanzengewebe ein, wo sie sich nach Anstechen einer Zelle festsetzen und ihre Bewegungsfähigkeit verlieren. Durch mit dem Speichel ausgeschiedene Stoffe regt das Älchen in der Pflanze die Bildung einer Zyste (Blase, Kapsel) an, von der es sich ernährt. Die Pflanze sorgt dabei für ständige Nährstoffzufuhr in die Zysten. Das Wurzelgewebe unterhalb der Befallsstelle stirbt ab, und die Pflanze bildet vermehrt Nebenwurzeln oberhalb der Zyste (Wurzelbart bei befallenen Rüben).

Einige Schnecken können Schäden im Gemüse- und Zierpflanzenbau anrichten, indem sie mit Hilfe ihrer Radula, einer mit Zähnchen versehenen Reibezunge, große Löcher in die Blätter fressen; junge, weiche Pflanzenteile können auch ganz verzehrt werden. Neben einigen Gehäuseschnecken (z. B. Schäden an Weinreben durch die Weinbergschnecke Helix pomatia) treten in Mitteleuropa vorwiegend Nacktschnecken als schädliche Arten in Erscheinung (besonders die Familie der Egelschnecken, Limaciden). Typischerweise erfolgt der Befall von Kulturen vom Rand her, so daß vorbeugende Maßnahmen recht einfach einzusetzen sind.

In den Plantagen der Tropen richtet die größte Landschnecke Achatina fulica oft enorme Schäden an, und bis heute ist gegen diesen aus Ostafrika stammenden Schädling noch keine wirksame Bekämpfungsmethode gefunden worden.

In den letzten zwei Jahrzehnten haben die zu den Spinnentieren zählenden Schadmilben sehr an wirtschaftlicher Bedeutung gewonnen, was auf verschiedene Ursachen zurückgeführt wird: Zum einen bietet die infolge verstärkter Düngung bessere Nährstoffversorgung der Wirtspflanzen den Milben günstigere Entwicklungsmöglichkeiten, zum anderen hat der verstärkte Einsatz chemischer Pflanzenschutzmittel die natürlichen Feinde der Milben stärker geschädigt als die Schädlinge selbst. In einigen Kulturen – Obstplantagen, Gemüseanbau unter Glas – treten auf diese Weise gehäuft Ertragsausfälle und Qualitätsminderungen auf. Schädlinge finden sich besonders in den Familien der Wurzelmilben, Spinnmilben und Gallmilben.

Die Klasse der Insekten umfaßt etwa 75 Prozent aller heute bekannten Tierarten, über 800000 Arten, und entsprechend zahlreich sind unter ihnen auch die pflanzenschädlichen Formen. Wie sich die Nematologie mit den Fadenwürmern befaßt, so beschäftigt sich die angewandte Entomologie mit den Insekten, mit der Grundlagenforschung ebenso wie mit Fragen ihrer Bekämpfung. Zahlreiche Insektenordnungen haben Pflanzenschädlinge hervorgebracht, von denen hier nur einige genannt werden können: Heuschrecken (Saltatoria), Fransenflügler (Thysanopteren), Wanzen (Heteropteren), Gleichflügler (Homopteren), Käfer (Coleopteren), Schmetterlinge (Lepidopteren), Hautflügler (Hymenopteren) und Zweiflügler (Dipteren).

Insekten treten vielfach als Organismen auf, die sich von Pflanzenteilen ernähren, ohne Schädlinge zu sein. Erst die Monokulturen des modernen Pflanzenanbaus bieten günstige Bedingungen für Massenentwicklungen, die dann wirtschaftliche Schäden verursachen. Auch bei den Insekten nehmen die Schädlinge oft überhand, weil ihre natürlichen Feinde durch den Einsatz breitenwirksamer Insektizide oft – ungewollt – vernichtet werden. Ferner spielen die Verbreitung und Verschleppung von Insektenarten durch den Menschen – gewollt oder ungewollt – eine große Rolle.

Insekten rufen sowohl Fraßschäden hervor, die zu Gewebeverlusten bei den Pflanzen führen – etwa Käfer und Schmetterlingsraupen –, als auch Saugschäden, bei denen Pflanzensäfte entzogen werden – etwa Zikaden und Blattwanzen. Nicht alle Insekten sind in allen Stadien ihrer Entwicklung schädlich: Zweiflügler und Schmetterlinge sind ausschließlich als Larven Pflanzenschädlinge. Gleichflügler (Zikaden, Blattflöhe, Mottenschildläuse und Blattläuse) sind hingegen in allen Entwicklungsstadien gleichermaßen schädlich.

Unter den Wirbeltieren haben nur einige Vögel und Säugetiere Bedeutung als Pflanzenschädlinge erlangt. Der bereits einleitend erwähnte Star tritt nur zeitweise als Schädling in Erscheinung, und ähnliches gilt für viele andere Arten. Die von Vögeln verursachten Schäden entstehen hauptsächlich durch Anpicken und Verzehren von reifen Früchten und Getreide, durch Fressen von Saatgut sowie Knospenverbiß im Winter.

Von den Nagetieren gehören in Mitteleuropa die Feldmaus und die Wühlmaus zu den landwirtschaftlichen Schädlingen. Auch Hase und Kaninchen können schädlich werden, wenn sie in den Wintermonaten an der Rinde junger Obstgehölze und Forstbäume nagen. Auch die in zu großen Stückzahlen gehaltenen Hirsche verursachen im Winter Schäden durch das Abfressen von Rinde. In den Tropen entstehen Schäden durch fruchtfressende Fledermäuse sowie Affen.

Eine biblische Plage: Wanderheuschrecken. Der »klassische« Fraßschädling ist die Wanderheuschrecke, als eine der zehn Plagen Ägyptens bereits in der Bibel erwähnt. Der Einfall von Heuschreckenschwärmen war damals – wie auch heute noch oft – mit totaler Vernichtung der Pflanzendecke über weite Gebiete verbunden.

Wanderheuschrecken treten in zwei Formen auf, die sich in der Gestalt und im Verhalten unterscheiden (»Phasen«). Die Tiere der Einzelphase (Solitaria-Phase) wandern nicht; sie leben einzeln verstreut, wobei sie mehr oder weniger ortstreu sind. Berührungen mit Artgenossen werden weitgehend vermieden. Die Geschlechter finden sich zur Paarung durch Laute, die die Männchen mit ihren Hinterbeinen und Flügeldecken erzeugen und denen die Weibchen folgen. Ein geeigneter Lebensraum für die Solitaria-Phase muß mindestens zwei Bedingungen erfüllen: Für die Eiablage ist unbewachsener, lockerer Boden erforderlich, da die Weibchen die Eier nur in offenen Boden einbringen können; die wärmebedürftigen Eier benötigen starke Besonnung. Andererseits brauchen die frisch geschlüpften Larven schnell Fraßpflanzen, es müssen also Flecken mit dichter Vegetation in die Brutgebiete eingestreut sein. Gebiete, von denen immer wieder Heuschreckenwanderungen ausgehen, entsprechen in der Regel der obigen Beschreibung.

Gallen

Gallen sind abnorme Wachstumsbildungen von Pflanzen. Sie werden durch pflanzliche oder – in den meisten Fällen – durch tierische Parasiten hervorgerufen, die ihre Eier im Gewebe der Pflanzen ablegen. Die Gallen, die daraufhin als Schutzmaßnahme von den befallenen Pflanzen gebildet werden, bieten den sich entwickelnden Larven Nährboden und Lebensraum. Prinzipiell können alle Organe der Pflanze Gallen bilden, und so gibt es Blatt-, Stengel-, Knospen-, Blüten-, Frucht- und Wurzelgallen. Man unterscheidet zwei Arten von Gallen: einerseits die Wachstumsveränderungen von Organen, die auch nach der Gallbildung noch als Ausprägung des Ausgangsorgans erkennbar bleiben, so zum Beispiel die Hexenbesen, die deutlich als übersteigerte Zweigbildung zu erkennen sind, andererseits Neubildungen auf oder in vorhandenen Geweben, deren Äußeres die Zugehörigkeit nicht mehr erkennen läßt, wie etwa die Eichengallen, die gar nicht mehr wie Blattgewebe, sondern fast wie Früchte aussehen.

Oben: Die Galläpfel der Eichengallwespe sind nicht mehr als Blattgewebe erkennbar.
Links: Wie in einer wohlgefüllten Speisekammer wachsen die Larven der Heckenrosengallwespe heran.

Auslöser für die Ausbildung der Schwarmphase (Gregaria-Phase) ist das dichte Zusammenleben zahlreicher Individuen auf engem Raum, also der ständige Kontakt mit Artgenossen. Dieser kann zum Beispiel gegeben sein, wenn auf eine günstige Entwicklungsperiode, bei der es zu starker Vermehrung der Heuschrecken gekommen ist, eine ungünstigere Zeit mit verknapptem Nahrungsangebot folgt; die Tiere müssen dann zusammenrükken. Solchermaßen beengt lebende Tiere beeinflussen sich gegenseitig, sie sind ständig erregt, und ihre Reizbarkeit ist erhöht. Aus den Eiern dieser Solitaria-Tiere entwickelt sich eine Generation, bei der die Entwicklung der Larven verkürzt ist (sechs statt sieben Häutungen) und die Unterschiede zwischen Männchen und Weibchen geringer sind. Die eigentliche Schwarmphase stellt erst die nachfolgende Generation dar; diese Tiere sind stärker pigmentiert, ihr Körper ist schlanker, und die Beine sind etwas kürzer als die der Solitaria-Tiere. Bei ihnen tritt die Neigung auf, sich mit Artgenossen eng zusammenzuschließen, Gruppen zu bilden, in denen die Tiere die Bewegungen der anderen nachahmen. Schließlich kommt es zum Abwandern der Larvenschwärme – bei den Heuschrecken trägt erst die Imago (erwachsenes Insekt) voll ausgebildete Flügel, und nur sie ist flugfähig – in eine weitgehend zufällige Richtung, die dann allerdings u. a. mit Hilfe der Sonnenkompaßorientierung eingehalten wird. Nur große Hindernisse wie Gebirge und ausgedehnte Wasserflächen vermögen, die Zugrichtung zu verändern. Nach der Imaginalhäutung ziehen die nunmehr geflügelten Tiere meist mit der Windrichtung, nur bei schwachem Wind weichen sie von dieser ab. Ein solcher Wanderzug kann sich entweder fliegend mit etwa zwanzig Stundenkilometern in geringer Höhe fortbewegen oder aber »vorwärtsrollen«; dabei fliegen jeweils die hinteren Tiere des Schwarmes über diesen hinweg und setzen sich an seine Spitze. Auf diese Weise werden am Tag dreißig bis fünfzig Kilometer zurückgelegt. Fliegend überwinden die Tiere gewaltige Strecken, es wurden schon Schwärme bis zu zweitausend Kilometer vom Festland entfernt über dem Meer beobachtet.

Ein Wanderheuschreckenschwarm kann mehrere Milliarden Tiere umfassen, die unter Umständen ganze Landstriche kahlfressen, so daß die Menschen aus diesen Gebieten nur noch fortziehen können.

Wanderheuschreckenschwärme umfassen bis zu mehrere Milliarden Tiere, die auf ihren Zügen alles verfügbare Pflanzenmaterial verzehren. Dadurch entstehen gewaltige wirtschaftliche Schäden. In Marokko kommt es zum Beispiel immer wieder zu einer ernsten Bedrohung des gesamten Citrusanbaus.

Auf ihren Wanderungen erreichen die Heuschrecken oft Gebiete, in denen sie sich fortpflanzen können. So liegen die Sommerbrutgebiete der Wüstenheuschrecke Schistocerca gregaria südlich der Sahara, von wo aus sie nach Norden zieht; in Nordwestafrika und Kleinasien liegen ihre Winterbrutgebiete. In ausgesprochenen Einfallszonen – man hat früher noch Schwärme in Mitteleuropa und England beobachtet – verringern sich die Individuenzahlen jedoch rasch durch ungünstige Umweltbedingungen und Feinde. Solche Schwärme werden am Ende völlig vernichtet. Unter geeigneten Bedingungen kann es zur Rückumwandlung in die Solitaria-Phase kommen; auch hier werden ein oder zwei Generationen für den Wechsel zwischengeschaltet.

Heimische Fraßschädlinge. Schädlinge, die vorwiegend im heimischen Feldfruchtbau in Erscheinung treten, sind die Erdflohkäfer. Unter dieser Bezeichnung werden Arten verschiedener Gattungen zusammengefaßt; die Tiere gehören zur Familie der Blattkäfer (Chrysomeliden), zu der auch der Kartoffelkäfer zählt.

Die Erdflohkäfer sind Pflanzenfresser; ihre Larven führen ein verborgenes Dasein, daher bemerkt man meist nur den Fraß der Imagines (erwachsene Tiere). Häufig sind die einzelnen Arten an wenige Wirtspflanzen gebunden, manche sogar nur an eine einzige. Man hat daher die Begriffe »monophag« – nur an einer Nährpflanze fressend –, »oligophag« – eine beschränkte Anzahl von Wirtspflanzen bevorzugend – und »polyphag« – an vielen, oft nicht näher miteinander verwandten Pflanzenarten lebend – eingeführt.

Der Entwicklungsgang soll am Beispiel der Gattung Phyllotreta veranschaulicht werden. Die Fortpflanzungszeit der deutschen Arten fällt in das Frühjahr. Mit der warmen Jahreszeit beginnen Begattung und Eiablage. Hauptzeit der Eiablage sind die Monate Mai und Juni. Bei fast allen Arten legen die Weibchen die Eier in der Erde ab. Nach zwei Häutungen innerhalb weniger Wochen sind die Larven erwachsen; die Verpuppung erfolgt in der Erde. Nach der Ausfärbung verlassen die Jungkäfer den Boden und beginnen sofort mit lebhafter Nahrungsaufnahme. Nach diesem Sommerfraß suchen die Tiere die Winterquartiere auf. Diese befinden sich weit entfernt von den Futterpflanzen an Waldrändern, wo sich die Tiere unter der Laubdecke, hinter Baumrinden und in Holz- und Mauerspalten verbergen. Die einzelnen Arten verlassen die Felder zu unterschiedlichen Terminen und sind demzufolge erst von unterschiedlichen Zeitpunkten an im Winterlager aufzufinden. Zwischen Februar und April beginnt dann die Abwanderung aus den Winterquartieren. Die Zuwanderung auf den Feldern dauert bis Mitte Mai. Hier beginnt mit Paarung und Eiablage die neue Fortpflanzungssaison. Nicht alle Käfer einer Art suchen Winterlager an

Minen

Als Minen bezeichnet man Gänge oder Höhlungen, die - hauptsächlich - von den Larven zahlreicher Insektenarten in lebendes Pflanzengewebe gefressen werden. Nach der Lage in den Pflanzenorganen unterscheidet man Blatt-, Stengel-, Blüten- und Fruchtminen. Auch die Form der Minen wird bei der Benennung berücksichtigt. So kann man Blattminen in Gangminen (schmale, sehr viel länger als breit ausgebildete Fraßhöhlungen), Spiralminen (bei denen der Gang spiralig aufgerollt ist) und Platzminen (mit flächigem Fraßbild) einteilen. Eine Auftreibung der Blattfläche über der Fraßstelle bezeichnet man als Blasenmine. Ein Fraßgang kann nur unter der Blattoberseite, nur unter der Blattunterseite, in der Epidermis (Außenhaut) oder im ganzen Blatt zwischen der oberen und unteren Außenhaut verlaufen.
Form und Verlauf der Gänge sowie die Anordnung des Kotes in den Minen erlauben im Zusammenhang mit der Kenntnis der geschädigten Pflanzenart meist die Bestimmung des Minierers, was für dessen Bekämpfung wichtig sein kann.

Waldrändern auf; ein Teil der Käfer überdauert auch auf den Feldern, wo sich die Tiere in Falten von Pflanzenteilen, unter Blättern und in der Ackerkrume verbergen.

Harte, frostreiche Winter schaden pflanzenfressenden Insekten weniger als milde, in denen die Temperaturen zwischen Minus- und Plusgraden schwanken, denn bei milder Witterung endet die Winterruhe der Tiere vorzeitig; sie beginnen zu wandern, ohne jedoch auf Futterpflanzen zu stoßen. So werden die Energievorräte der Tiere erschöpft, wodurch sie für Witterungsumschläge sowie Parasiten angreifbarer werden.

Die Entwicklung der Larven findet an den Futterpflanzen statt. Die Eiablage erfolgt bei den meisten Arten am Boden. Die Larven leben dann an Wurzeln in der Erde beziehungsweise oberflächennah am Wurzelhals. Der Große Gelbstreifige Kohlerdfloh (Phyllotreta nemorum) legt seine Eier oberirdisch in Blattachseln oder am Wurzelhals, häufig aber auch auf Blattunterseiten ab. Nach sieben bis zehn Tagen schlüpfen die Larven und bohren sich in das Pflanzengewebe ein, zunächst in die Keimblätter, später auch in die Stengelblätter.

Geringer Befall muß nicht zum Absterben des Blattes führen. Die Larve wechselt im Laufe ihrer kurzen Entwicklungszeit mehrfach das Blatt und auch die Pflanze. Zur Verpuppung sucht sie den Erdboden auf, wo sie sich nur wenige Zentimeter tief eingräbt.

Der Schaden, den die Imagines verursachen, besteht in der Regel in Blattfraß, nur selten werden von ihnen andere Pflanzenteile, wie Stengel, Knospen, Blüten, junge Früchte, angenommen. Treffen die Erdflohkäfer auf Felder, auf denen die Saat gerade aufgeht, kann es zur totalen Vernichtung der Pflanzen kommen, da die Keimlinge infolge Zerstörung des Vegetationspunktes leicht absterben.

Steht einer Flohkäferart ihre eigene Wirtspflanze in ausreichender Anzahl zur Verfügung, wird sie immer auf dieser Nährpflanzenart zu finden sein. Fehlt diese Pflanze jedoch, kann es vorkommen, daß ausgehungerte Tiere Ersatznahrungsquellen annehmen, die nicht zu ihrem normalen Wirtspflanzenspektrum gehören. Das kann zu Fehlbeurteilungen Anlaß geben.

Die San-José-Schildlaus. Eine andere Form der Pflanzenschädigung entsteht durch Saugen an Pflanzenorganen. Die mechanische Schädigung ist hierbei zwar nicht so groß wie beim Schadfraß, doch können auch hierdurch erhebliche Schäden an Pflanzen auftreten, wie Wachstumshemmung infolge Verlust von Chlorophyll und Assimilaten, Verfärbungen, Formveränderungen, wie etwa Blattkräuselungen, Verkrüppelungen und Gallbildungen, sowie Sekundärschäden in Form von Pflanzensaftaustritt.

Einer der wirtschaftlich bedeutendsten saugenden Schädlinge ist die San-José-Schildlaus. Schildläuse (Familie Coccidae) gehören zu den Gleichflüglern (Homopteren). Sie erhielt ihren Namen nach dem Ort ihres ersten Schadauftretens, San José in Kalifornien (USA), wo sie 1873 in Obstkulturen bemerkt worden war. Als ursprüngliche Heimat wird Asien (Nordchina) angenommen. Ende des vorigen Jahrhunderts fand man die Art erstmals in Hamburg und Berlin an aus Amerika importiertem Obst. Sofortige Einfuhrverbote konnten die Einschleppung nach Deutschland zunächst für etwa dreißig Jahre verhindern. Nach dem Zweiten Weltkrieg erfolgte jedoch von Italien aus die endgültige Besiedlung der deutschen Obstanbaugebiete. Für die weltweite Verbreitung ist der Mensch selbst verantwortlich, denn die aktive Ausbreitungsfähigkeit der San-José-Schildlaus ist gering.

Oben: Der zu den Borkenkäfern gehörende Buchdrucker ist eine Gefahr für die heimischen Wälder, weil seine Larven Minen ins Holz fressen.

Links: Das typische Fraßbild des Buchdruckers: Von einem breiten Muttergang gehen beiderseits die Fraßgänge der Larven ab.

Die San-José-Schildläuse kommen an Obstbäumen und -sträuchern wie Apfel, Birne, Pflaume, Pfirsich, Johannisbeere, Stachelbeere, den verschiedenen Citrusfrucht-Arten und anderen Pflanzen vor. Den Befall erkennt man an dem Besatz von Früchten, Ästen und Zweigen mit zahlreichen kleinen runden Schilden, die unter der Rinde von karminroten Flecken umgeben sind. Diese Flekken entstehen unter der Einwirkung von Speichelsekreten, die von den saugenden Tieren in das Pflanzengewebe abgegeben werden. Bei starkem Befall kann es in wenigen Jahren zum Absterben der Bäume kommen.

Tiere als Überträger von Pflanzenkrankheiten. Die Übertragung von Krankheitserregern bei Kulturpflanzen kann ausschlaggebend sein für die Schädlichkeit von Tierarten. Ihre Funktion als Überträger übersteigt dabei meist ihre Bedeutung als Direktschädlinge. Der wohl wichtigste Überträger von Virusinfektionen der Pflanzen ist die Grüne Pfirsichblattlaus (Myzus persicae). Bislang sind weit über hundert verschiedene Viren gefunden worden, die diese Art überträgt.

Als Beispiel soll hier der Infektionsgang der Blattrollkrankheit der Kartoffel (Erreger: Blattroll-Viren der Kartoffel) betrachtet werden: Die Eier der Grünen Pfirsichblattlaus überwintern an Pfirsichbäumen. Im Frühjahr schlüpfen Tiere, die virusfrei, also zunächst Nicht-Überträger, sind. Das Virus hat in infizierten Kartoffelknollen den Winter überstanden. Die aus ihnen heranwachsenden Pflanzen tragen also Viren. Im Mai und Juni fliegen Blattläuse diese Kartoffelpflanzen an und saugen an ihnen, wobei sie Viren aufnehmen; fortan – und dies während ihres ganzen Lebens – können virusbeladene Blattläuse beim Saugakt gesunde Pflanzen infizieren, das Virus bleibt also im Überträgerinsekt infektiös (persistentes Virus). Von den infizierten Blättern gelangt das Virus in die Knollen, in denen es den Winter überdauert; im nächsten Jahr wird es von einer neuen Generation von Blattläusen aufgenommen.

Zikaden sind neben den Blattläusen die wichtigsten Virusüberträger, die in den Tropen zahlreiche Viruskrankheiten auf Kulturpflanzen übertragen, in Mitteleuropa allerdings nur eine geringe Bedeutung besitzen. An Zikaden hat man in zahlreichen Untersuchungen interessante Einblicke in Virus-Überträger-Beziehungen erhalten. Alle von Zikaden übertragenen Viren sind persistent. Infizierte Tiere geben die Viren über die Eier an die Nachkommenschaft weiter; doch zuvor muß eine Virusvermehrung im Überträger erfolgen, denn in Versuchen konnte man eine Weitergabe über 21 Generationen beobachten, ohne daß die Übertragungsfähigkeit nachgelassen hätte.

Dieses alles macht deutlich, daß die Bekämpfung von Pflanzenkrankheiten große wirtschaftliche Bedeutung besitzt, wobei es in vielen Fällen nur durch die Übertragung der Erreger zu Infektionen kommt, so daß sich Bekämpfungsmaßnahmen im wesentlichen gegen die Überträger richten müssen.

Vorrats- und Materialschädlinge

Bei Vorräten und Materialien handelt es sich häufig um örtlich konzentrierte Güter, die über einen längeren Zeitraum gleichbleibende Kleinklimate und Nahrungsangebote zur Verfügung stellen. In solchen Lebensräumen treten artenarme Lebensgemeinschaften auf, unter denen es allerdings wegen fehlender Feinde zu Massenvermehrungen kommen kann.

Bestimmende Faktoren bei der Besiedlung von lagernden Gütern sind häufig Luftfeuchtigkeit und Temperatur. Die Feuchte kann relativ hoch sein, etwa in lagerndem Obst und Gemüse, oder auch geringer; immer aber sind die Werte längerfristig konstant. In geheizten Lagerräumen herrschen häufig konstante Temperaturen, wobei die Umgebungstemperatur dauernd überschritten werden kann, so daß »Wärmeinseln« entstehen, die das Überleben eingeschleppter tropischer Schädlinge erst ermöglichen.

Häufig oder dauernd in der Umgebung des Menschen lebende Arten nennt man synanthrop (griech.: mit dem Menschen zusammen); gerade aus dieser Gruppe sind zahlreiche »Haustiere« der Wissenschaft hervorgegangen, da sie unter leicht einzuhaltenden Umweltbedingungen leben. Beispiele sind etwa die Amerikanische Schabe (Periplaneta americana), die Blaue Fleischfliege (Calliphora vicina) und der Mehlkäfer (Tenebrio molitor), der nicht nur als Versuchstier, sondern auch als leicht zu züchtendes Futtertier – der »Mehlwurm« ist die Larve des Mehlkäfers – weite Verbreitung gefunden hat. Wenig bekannt dürfte sein, daß sich gerade diese Art in Westdeutschland an einer einzigen Stelle, dem Naturschutzgebiet »Kühkopf«, einer durch die Begradigung des Rheins entstandenen Insel in Südhessen, noch im Freiland in seiner ursprünglichen Weise – als Altholzbewohner – entwickelt.

Termiten ernähren sich von totem pflanzlichem Material und richten manchmal große Schäden an Gebäuden an, indem sie das verbaute Holz zerfressen.

Die Mehlmilbe (Tyroglyphus farinae) ist die bekannteste Vorratsmilbe. Sie erreicht eine Körperlänge von bis zu 0,6 Millimetern. Die Milben befallen lagerndes Getreide und Mehl sowie daraus gewonnene Produkte in Speichern, Mühlen und Speisekammern. Bei günstigen Temperaturen, zwischen 10° und 20° C, dauert die Entwicklung einer Generation weniger als einen Monat. Die erwachsenen Tiere benötigen 70 bis 95 Prozent relative Luftfeuchtigkeit; da sie keine wirksamen Mechanismen zum Verdunstungsschutz besitzen, sterben sie bei zunehmender Austrocknung ihres Lebensraumes. Wenn der Feuchtigkeitsgehalt des befallenen Getreides unter 13 Prozent absinkt, können nur die inzwischen gebildeten Überdauerungsstadien (Dauernymphen) überleben. Diese allerdings überstehen Temperaturschwankungen zwischen 34° und minus 7° C; sie ertragen Austrocknung bis zu zwei Jahren und können sich dann in feuchter Umgebung immer noch weiterentwickeln. Solche Dauernymphen sorgen auch für die Ausbreitung der Art, da sie an Geräten und ähnlichem haften bleiben und mit diesen verschleppt werden. Ist eine Nahrungsquelle erschöpft, bringen manche Weibchen Wandernymphen hervor. Beim Verzehr befallener Vorräte oder daraus gewonnener Nahrungsmittel können giftige Wirkungen im Darmtrakt von Mensch und Haustier auftreten.

Die Mehlmotte (Ephestia kühniella) wurde aus Amerika eingeschleppt und tauchte 1877 erstmals in Deutschland auf; seitdem hat sie sich zum gefährlichsten Schädling in Mühlen entwickelt. Ihre Larven, die Raupen, schädigen durch Fraß und durch ihre Spinntätigkeit. Die Raupen, die für ihre Entwicklung etwa zwei Monate benötigen, durchziehen das ganze Mehl mit Gespinsten. Das Mehl wird muffig und läßt sich nur noch beschränkt weiterverarbeiten. Zur Verpuppung sammeln sich die Raupen an geschützten Orten. Nach drei Wochen schlüpfen die Falter, die vorwiegend nachts fliegen und ihre Eier in Ritzen und Spalten ablegen.

Die staatenbildenden Termiten sind Schädlinge an verbautem Holz und in anderen Gebäudeteilen. Sie sind in den Tropen heimisch und nur mit wenigen Arten in Europa eingebürgert. Verschiedene Kasten – Königin, Arbeiter, Soldaten – übernehmen in Arbeitsteilung unterschiedliche Aufgaben im Staatswe-

Der Kornkäfer ist aus wärmeren Gegenden bei uns eingeschleppt worden. In Kornspeichern findet er ideale Lebensbedingungen.

sen. Termiten leben vorwiegend von toter pflanzlicher Substanz; gelegentlich verzehren sie aber auch lebendes Pflanzengewebe. In den Tropen treten sie somit als Schädlinge an Gebäuden auf, wobei sie verbautes Holz von unten her aushöhlen. Erst spät treten die Schäden offen zutage, und gelegentlich stürzen von Termiten zerstörte Bauten sogar ein. Nach Hamburg eingeschleppte Termiten konnten an einigen Stellen Fuß fassen, und ihre Zerstörungen führten dazu, daß etliche Häuser abgebrochen werden mußten.

Daneben werden die Termiten im Nutzpflanzenbau der Tropen schädlich; Ernteverluste in Mittelamerika etwa belaufen sich in Zuckerrübenplantagen auf ein Drittel der erzeugten Menge. Demgegenüber darf aber auch der Nutzen der Termiten für die Bodenbildung durch Abbau abgestorbenen Holzes nicht übersehen werden.

Die Wollhandkrabbe. Im Jahre 1912 fing man in Deutschland in der Aller die ersten freilebenden Wollhandkrabben Europas. Ursprünglich stammte die Art (Eriocheir sinensis) aus China, von wo sie wohl im Ballastwasser von Schiffen in die Seehäfen der Nordseeküste eingeschleppt worden war. In der Folgezeit besiedelte die Wollhandkrabbe – nach der Behaarung der Scheren der männlichen Tiere so genannt – die Nord- und Ostseeküstengebiete und drang vielerorts flußaufwärts in das Süßwasser ein. Nur für die Fortpflanzung müssen die Tiere noch die Küstengewässer aufsuchen. Das führt zu periodischen Wanderungen entlang der Flußläufe. Schädlich werden die Wollhandkrabben durch die Wühlarbeit vorwiegend der Jungtiere, die sich Wohnhöhlen und Verstecke in Dammbauten und Deichen an der Meeresküste und an der Elbemündung graben. Darüber hinaus treten die Tiere als Nahrungskonkurrenten der Speisefische in Erscheinung und fressen auch in Netzen oder Reusen gefangene Fische an.

Auch die Bisamratte (Ondatra zibethica) wird wegen des Unterwühlens von Damm- und Deichbauten intensiv verfolgt. 1905 aus Nordamerika nach Europa – in ein Parkgelände in der Umgebung von Prag – eingeführt, begann sich die Bisamratte bald nach dem Entweichen aus der Gehegehaltung in Mitteleuropa zu verbreiten. Beginnende Bekämpfungsmaßnahmen hemmten die Ausbreitung zwar an verschiedenen Stellen, doch kam es an anderen Stellen zu erneuten Ansiedlungen durch den Menschen, da die Bisamratte als jagdbares Pelztier begehrt ist. Heute ist die Art von Norddeutschland und Polen bis zum Schwarzen Meer verbreitet, zudem in Finnland und Nordrußland sowie in einzelnen Gebieten Frankreichs und Belgiens. Intensive Abwehrmaßnahmen haben in den Niederlanden bisher das Vorkommen auf den belgischen Grenzraum beschränken können.

Der Kornkäfer (Sitophilus granarius) ist wohl vor langer Zeit aus den wärmeren Gebieten der Alten Welt nach Europa eingeschleppt worden; er lebt flugunfähig – die häutigen Flügel sind zurückgebildet – in Getreidespeichern und -vorräten. Im Freiland ist er in Deutschland nicht dauernd lebensfähig, da er tiefen Frost nicht erträgt (minus 7° C jedoch bis zu vier Wochen). Die obere Temperaturgrenze (obere Letaltemperatur) liegt bei 39° bis 40° C, was ein Überdauern in den Tropen unwahrscheinlich macht. Zwei nahe Verwandte des Kornkäfers, der Reiskäfer (Sitophilus oryzae) und der Maiskäfer (Sitophilus zeamais), erreichen Mitteleuropa regelmäßig mit Importsendungen. Von beiden Arten sind Freilandvorkommen in wärmeren Gebieten bekannt. Ihre höheren Temperaturansprüche haben zwar bislang eine feste Ansiedlung in Mitteleuropa verhindert, doch da bereits aus Südengland (Einfluß des Golfstroms) Überwinterungen in ungeheizten Speichern gemeldet wurden, besteht für beide Arten die Gefahr dauerhafter Ansiedlung in Deutschland. Würden in milden Wintern Individuen überleben, die tiefere Temperaturen als der Durchschnitt der Art ertragen können, so könnten aus den Nachkommen solcher Tiere Dauerschädlinge entstehen. Aus diesem Grunde betrachtet man die Kornkäfer als sogenannte »Quarantäneschädlinge«, bei deren Auftreten sofort Bekämpfungsmaßnahmen eingeleitet werden.

Gesundheitsschädlinge von Mensch und Haustieren

Seit alters her sind Schmarotzer (Parasiten) des Menschen – und seiner Nutztiere – bekannt. Ein eindrucksvolles Beispiel ist der Medinawurm (Dracunculus medinensis), der zu den Fadenwürmern (Nematoden) gehört. Wie bei zahlreichen Schmarotzern findet auch beim Medinawurm im Laufe seiner Entwicklung ein Wirtswechsel statt, wobei die Zwischenwirte kleine Ruderfußkrebse (Copepoden) sind. Der Medinawurm ist in den Tropen und Subtropen verbreitet und befällt Menschen und einige Haustiere. Die Drakunkulose – so wird das Krankheitsbild, das der Befall mit Medinawürmern hervorruft, genannt – führt zu Juckreiz, Fieber, Hautausschlägen und Hauteiterungen. Aus solchen offenen Stellen geben die Weibchen, die bis zu 1,2 Meter lang werden können – wohingegen die Männchen nur zweieinhalb Zentimeter Körpergröße erreichen – die Larven in das Wasser ab. Diese dringen in die Zwischenwirte, die Ruderfußkrebschen, ein und werden nach zwei Häutungen übertragungsfähig. In den Menschen gelangen sie, wenn dieser befallene Krebschen mit dem Trinkwasser aufnimmt, was bei der oft mangelnden Hygiene in den Tropen und Subtropen leicht geschehen kann. Im Bindegewebe des Menschen wandern die Larven etwa ein Jahr umher, wobei die Entwicklung zum Geschlechtstier abgeschlossen wird. Nach der Begattung setzen sich die Weibchen unter der Haut fest, und zwar an Hautstellen, die besonders oft mit Wasser in Berührung kommen, also zum Beispiel an den Beinen. Hier rufen die Tiere durch Ausscheidungen Geschwüre hervor, die nach etwa zwei bis drei Wochen aufbrechen. Auf einen Kältereiz hin, wie er beim Baden oder beim Durchwaten von Wasser auftritt, strecken die Weibchen das Vorderende aus dem Geschwür und geben große Mengen freischwimmender Larven ab; damit ist der Kreislauf durch Zwischen- und Endwirt geschlossen.

Im Altertum verstanden es die Ärzte, den auf einen Temperaturreiz hin herausgestreckten Kopf des Weibchens zu fassen und in einen gespaltenen Stab zu klemmen. Durch langsames Aufrollen mußte der intakte, vollständige Wurm herausgezogen werden, da das Abreißen zum Absterben des Restes in der Wunde führen konnte. Ein Stäbchen mit dem aufgewickelten Medinawurm soll auch die Vorlage für das Symbol der Heilkunst, den Äskulapstab, gewesen sein.

Bilharziose. Ebenfalls bereits aus dem klassischen Altertum – von ägyptischen Schriften – bekannt ist die Bilharziose, die vor der Entdeckung ihres Erregers durch den in Kairo tätigen deutschen Arzt Bilharz im Jahre 1851 »ägyptisches Blutharnen« genannt wurde. Der Nachweis, daß es sich tatsächlich um die Bilharziose gehandelt hatte, gelang durch Untersuchungen von Mumien, in denen eingekapselte Eier von Pärchenegeln, den Erregern der Bilharziose, entdeckt wurden. Die Pärchenegel gehören zur Klasse der Saugwürmer (Trematoden), die wiederum zum Stamm der Plattwürmer (Plathelminthen) zählen.

Für das vermehrte Auftreten der Bilharziose in jüngerer Zeit wird vorwiegend die Anlage von Staudämmen und Bewässerungsgräben verantwortlich gemacht. Der Entwicklungskreislauf des Pärchenegels kann sich nämlich nur schließen, wenn die Eier in ständig etwa 25°C warmes Wasser gelangen, und das ist bei Bewässerungsprojekten in den Tropen und Subtropen gegeben. Aus den Eiern schlüpfen Wimpern- oder Flimmerlarven (Miracidien), die frei beweglich den Zwischenwirt – Wasserschnecken verschiedener Gattungen, wobei die unterschiedlichen Egel auf unterschiedliche Schneckengattungen angewiesen sind – aufsuchen und in ihn eindringen. Im Zwischenwirt erfolgt die Umwandlung in eine zweite Larvenform, die Muttersporocyste. Aus dieser entstehen zahlreiche Tochtersporocysten; jede von ihnen gibt schließlich eine Vielzahl von Gabelschwanzlarven (Cercarien) frei, die die Schnecke verlassen. Aus einem Ei entstehen auf diese Weise Tausende von Cercarien, die frei schwimmend den Endwirt, den Menschen, der mit dem verseuchten Wasser in Berührung kommt, aufsuchen und sich mit Hilfe eines Sekrets durch die Haut zu den Blutgefäßen durchbohren. An den Eintrittsöffnungen bilden sich zunächst juckende Stellen und kleine Knötchen, nach einigen Wochen tritt eine fiebrige Phase auf. Die Larven gelangen nach einer Wanderung in der Blutbahn über Herz und Lunge in die Pfortadergefäße (die Pfortader ist eine zur Leber führende Vene), wo die aus den Larven entstehenden Parasiten sich zu Paaren zusammenfinden und einige Wochen festgeheftet bleiben.

Pärchenegel sind – im Gegensatz zu vielen verwandten Formen – getrenntgeschlechtlich; die Männchen sind abgeplattet und legen ihre Seiten zu einer Rinne zusammen, in die das fadenförmige Weibchen sich hineinlegt, daher der deutsche Name; dabei ragen Teile des Weibchens oft als Schlingen aus der nicht geschlossenen Bauchrinne hervor, da die Körperlänge der Weibchen die der Männchen etwas übertrifft. Die geschlechtsreif gewordenen Tiere siedeln sich in den Gefäßen der Harnblase oder des Darmgekröses an. Pro Tag legen die Weibchen nun mehrere hundert bis einige tausend Eier, die in der Blutbahn über den ganzen Organismus verteilt werden. Wo sie sich anlagern, entstehen durch heftige Abwehrreaktionen des Gewebes Entzündungsherde. Sterben die Eier ab, so bilden sich vernarbte Stellen. Gelangen die Eier in die Gefäße des Darms oder der Harnblase, durchbrechen sie dort die Innenwand und werden mit dem Kot oder Harn ausgeschieden. Bei starkem Befall entstehen auch hier Entzündungsherde, die beim Aufbrechen zu Blutungen führen, so daß es zu blutigen Ausscheidungen kommt. In diesem chronischen Stadium können die befallenen Organe bis zu totalem Versagen geschädigt werden. Im Spätstadium treten zum Teil bösartige Tumoren im Darm auf, und damit einhergehende Lungenembolien können zum Tode führen. In Ägypten geht bereits jeder fünfte Todesfall auf Bilharziose zurück. Mit der Abwanderung der Bevölkerung vom Land in die Städte erreicht der Parasit auch bis dahin nicht verseuchte Gebiete.

Geißel der Menschheit: Pest. Handelte es sich bei den bisherigen Beispielen um Endoparasiten, so gehört der Floh zu den Ektoparasiten. Verschiedene Arten von Flöhen können dem Menschen und seinen Haustieren äußerst lästig werden, so der Menschenfloh, der nicht nur am Menschen lebt, sondern auch an vielen Tieren, der Hundefloh, der Katzenfloh und der Taubenfloh, die alle vorübergehend auch auf den Menschen überwechseln können. Flöhe sind also nicht streng wirtsspezifisch. Ein Wirtswechsel erfolgt in der Regel bei engem Kontakt oder wenn der Floh keine Nahrung mehr findet, wenn beispielsweise das bisherige Wirtsindividuum stirbt. Dieser relativ geringen Wirtsspezifität kommt große Bedeutung beim Entstehen von Seuchen zu.

Der Flohstich hinterläßt eine stark juckende Hautstelle; durch Kratzen kann es zu Infektionen kommen. Seine Gefährlichkeit erlangt der Floh allerdings erst durch seine Fähigkeit, Krankheitskeime zu übertragen. Die Pest, die von dem Bakterium Pasteurella pestis hervorgerufen wird, war ursprünglich eine Nagetierseuche. Auch heute noch kommt in menschenleeren Gebieten der Erreger in Nagern und ihren Flöhen vor, wobei die Rattenflöhe eine der wichtigsten Gattungen sind. Ein Floh nimmt von seinem erkrankten Wirt bakterienhaltiges Blut auf, wenn er zur Nahrungsaufnahme die Haut ansticht. Im Vormagen des Flohs kommt es zur Massenvermehrung des Erregers, die schließlich zum Verschluß des Verdauungstraktes führt. Bei einem neuen Saugversuch kommt es dann zum Auswürgen von Bakterien in das Blut des besaugten Organismus, wodurch die Infektion weitergegeben wird. Vollständiger Verschluß des Vormagens und des vorderen Mitteldarms kann zum Tod des Flohs führen.

Von verendeten Tieren gehen die hungernden Flöhe gelegentlich auf sich in der Nähe aufhaltende Menschen über, denen sie den Erreger übertragen. Im allgemeinen handelt es sich in solchen Fällen jedoch um Einzelerkrankungen. Erst wenn in der Umgebung der Menschen lebende Nager, etwa Haus- oder Wanderratten, infiziert werden, entsteht ein Seuchenzug unter diesen Nagern. Der Übergang auf den Ersatzwirt Mensch schließlich führt zu Pesterkrankungen, die – besonders unter schlechten hygienischen Verhältnissen – als Epidemie auftreten können. Sind erst einmal Menschen erkrankt, erfolgt die Verbreitung auch durch den Menschenfloh. Daneben kann es auch, da die Lunge ebenfalls von den Bakterien befallen wird, durch Husten zur Tröpfcheninfektion kommen. In den Jahren 1347 bis 1350 hat ein Pestzug in Europa ein Viertel der Gesamtbevölkerung – ungefähr 25 Millionen Menschen – dahingerafft. Weitere, allerdings weniger dramatische Epidemien traten zum Beispiel 1665 in London, 1720 in Marseille und noch 1924 in Los Angeles auf.

Die Nagetiere sind also Träger der Pestbakterien, und damit das »Reservoir«, aus dem »Irrläufer« des Rattenflohs die Erreger auf den Menschen übertragen. Möglich wird dies durch die Fähigkeit der Flöhe, ihre bisherige Wirtsart zu verlassen und Ersatzwirte anzunehmen.

Malaria. Unter den Zweiflüglern (Dipteren) ist die Familie der Stechmücken (Culiciden) wohl die für den Menschen bedeutendste, da viele Arten Blutsauger sind, wobei häufig noch die Gefahr der Übertragung von Krankheitskeimen hinzukommt. Dazu gehören unsere heimische Stechmücke, Culex, und die Fiebermücke, Anopheles. Die Larven beider Gattungen leben im Wasser, wobei Anopheleslarven waagerecht unter der Wasseroberfläche liegen, während die Larven von Culex an einem Atemrohr ihres Hinterleibes schräg an der Wasseroberfläche hängen. Gleiches gilt für die Puppen.

Die meisten Weibchen von Stechmücken benötigen für die Eientwicklung Blutmahlzeiten, die Männchen dagegen nehmen nur Wasser oder Pflanzensäfte auf. Ein hungriges Mückenweibchen sucht ein – meist warmblütiges – Tier auf, etwa Vogel oder Säuger, also auch Menschen. Die Orientierung erfolgt dabei durch Geruchs-, Temperatur- und Tastreize. Auf der Haut wird mit dem Saugrüssel

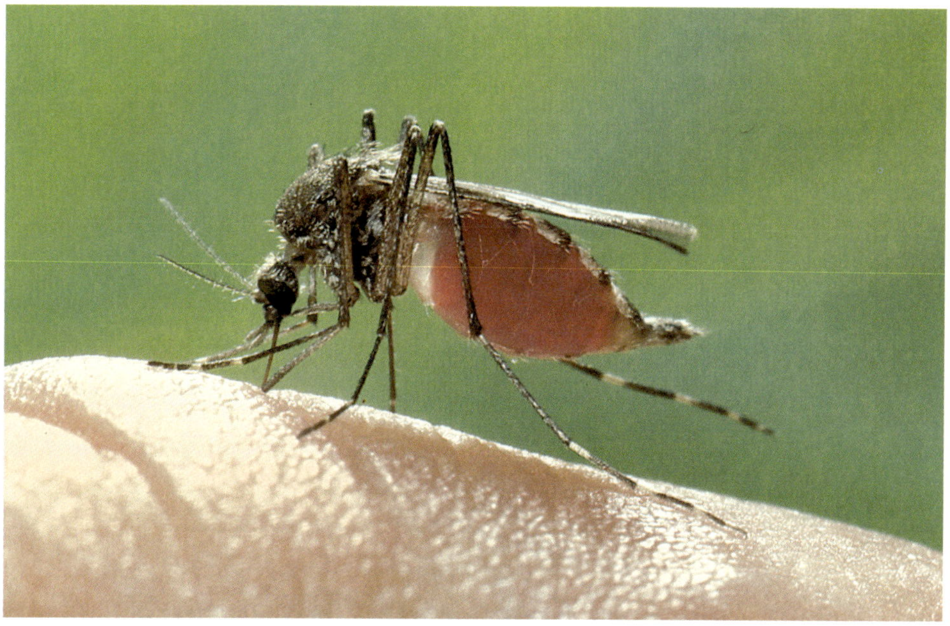

Lästige Plagegeister und vielfach sogar gefährliche Krankheitsüberträger sind die Stechmücken, und zwar nur die Weibchen, die Blutmahlzeiten brauchen, damit sich die Eier entwickeln können.

eine geeignete Einstichstelle über einem Blutgefäß gesucht, wobei Stechborsten in die Haut eindringen. Ausscheidungen der Speicheldrüsen verhindern die Gerinnung des Blutes, das sonst den engen Kanal, in dem es aufgesaugt wird, verstopfen würde.

Weitaus gefährlicher als unsere heimische Hausstechmücke sind die Vertreter der Gattung Anopheles, da sie in den Tropen und Subtropen Seuchen wie die Malaria (Wechselfieber) übertragen. Sie gehören jedoch auch zu unserer heimischen Tierwelt. So war im Mittelalter die Malaria auch nördlich der Alpen noch weit verbreitet. Verschiedene Faktoren haben jedoch zur Eindämmung des Wechselfiebers geführt: das Absinken der Sommertemperaturen (und damit Beeinträchtigung des Erregers in der Mücke), die Entwässerung zahlreicher Anopheles-Brutregionen und die medikamentöse Bekämpfung der Seuche, so daß nur noch gelegentlich – etwa nach dem Zweiten Weltkrieg – Neuinfektionen auftraten. Ein berüchtigtes Malariagebiet in Europa waren zum Beispiel die Pontinischen Sümpfe bei Rom, die man erst in den dreißiger Jahren dieses Jahrhunderts trockenlegte, wodurch die Malaria besiegt werden konnte. Aber auch in Deutschland war die Malaria damals noch heimisch, und zwar im Emsland. In den Tropen hingegen ist die Seuche bis heute nicht besiegt. Im Jahre 1958 zum Beispiel starben weltweit noch 1,5 Millionen Menschen an Malaria.

Die Erreger der Malaria gehören zur Gattung Plasmodium und zum Stamm der – einzelligen – Sporentierchen. Sie wechseln im Laufe ihrer Entwicklung zwischen Wirbeltierwirt – meist dem Menschen – und Mückenweibchen hin und her. Durch diesen Wirtswechsel, der direkt beim Saugakt erfolgt, ist die Gefahr des Austrocknens der übertragenen Keime so weit reduziert, daß im Laufe der Entwicklung die Sporenkapseln überflüssig geworden sind: Plasmodien sind heute »Sporentiere ohne echte Sporen«.

Wenn ein infiziertes Mückenweibchen an einem Menschen saugt, gibt es Speicheldrüsensekrete in dessen Blutbahn, die die Blutgerinnung verhindern helfen. Mit diesem Sekret gelangen die Malariaerreger in das Blut des Gestochenen und mit dem Blutstrom zur Leber. In den Leberzellen beginnt die ungeschlechtliche Vermehrung der Plasmodien, wobei sie heranwachsen und ihr Zellkern sich in viele Kerne teilt. Durch anschließende vielfache Teilung entstehen zahlreiche Tochterzellen (Merozoite), die neue Zellen befallen – zunächst nur weitere Leberzellen, später auch rote Blutkörperchen. In beiden Zelltypen setzt sich die Vielfachteilung (Schizogonie) fort. Dabei platzen die roten Blutkörperchen schließlich auf und geben neue Tochterzellen frei, die wiederum Blutzellen befallen, und so fort. Auf diese Weise kommt es im bestimmten Rhythmus zum Zerfall der roten Blutkörperchen und dadurch zu regelmäßig auftretenden Fieberanfällen.

Einige Merozoite verlieren jedoch schließlich ihre Teilungsfähigkeit und bilden nunmehr Geschlechtsmutterzellen (Gamonten) beiderlei Geschlechts. Diese können sich erst dann weiterentwickeln, wenn sie bei einem erneuten Mückenstich von der Mücke aufgenommen werden und in deren Verdauungskanal gelangen. Hier wandeln sich die Gamonten in befruchtungsfähige Geschlechtszellen um, die schließlich – bei der Befruchtung – miteinander verschmelzen.

Die befruchteten Zellen durchstoßen die Darmwand und setzen sich außen auf ihr fest. Hier entwickeln sie sich zu einer Kapsel, der Oozyste, die sich gewaltig vergrößert. Nach einigen Tagen platzt die Oozyste und entläßt Tausende frei beweglicher Sichelkeime (Sporozoite). Diese überschwemmen den ganzen Körper der Mücke und sammeln sich schließlich in ihren Speicheldrüsen an, wo sie für eine neue Übertragung bereitliegen.

Die Entwicklung der Geschlechtszellen in der Mücke kann nur bei ausreichend hohen Umgebungstemperaturen erfolgen, wobei Dauer und Mindesttemperatur von der Art des Erregers abhängen.

Gelbfieber. Eine weitere Stechmücke (Aëdes aegypti) ist der Überträger des Gelbfiebers, einer Viruserkrankung mit hoher Sterblichkeitsrate (20 bis 30 Prozent). Die Mücke nimmt das Virus mit dem Blut erkrankter Menschen auf. In Mittel- und Südamerika ist das Gelbfieber besonders häufig. Der Bau des Panamakanals kam wegen zahlloser Todesfälle durch Malaria und Gelbfieber zeitweilig völlig zum Erliegen. Erst nach Beseitigung der Mückenbrutplätze durch Trockenlegung und chemische Bekämpfungsmaßnahmen konnte die Arbeit wieder aufgenommen werden.

Schlafkrankheit und Naganaseuche. Einzellige Geißeltierchen (Flagellaten) der Gattung Trypanosoma sind die Erreger der Schlafkrankheit des Menschen sowie der Naganaseuche des Viehs. Für die Übertragung der Erreger sind Tsetsefliegen verantwortlich, die die frei im Blut schwimmenden Trypanosomen beim Saugakt aufnehmen. Aus dem Verdauungstrakt gelangen die Erreger in den Raum zwischen Darmwand und Darmauskleidung. In ihm wandern sie wieder nach vorn, wo sie sich in Vormagen und Saugrüssel der Fliegen sammeln. Diese »Darmformen« können bei einer Infektion jedoch keine Erkrankungen hervorrufen, zur vollständigen Entwicklung müssen sie erst in die Speicheldrüsen der Tsetsefliege gelangen, wo sie sich in infektionsfähige Stadien verwandeln. Der Name Schlafkrankheit geht auf die krankhafte Teilnahmslosigkeit zurück, die dann auftritt, wenn die Trypanosomen die Blut-Hirn-Schranke durchbrochen haben und sich im Zentralnervensystem oft in großer Zahl ansammeln. Kräfteverfall und zunehmende Schlafsucht sind Anzeichen für das bevorstehende Ende der unbehandelt tödlich verlaufenden Erkrankung.

Dasselbeulen. Auch in Mitteleuropa auftretende Schmarotzer der Haustiere sind die Dasselfliegen, die großen Schaden anrichten können. Die Weibchen der Rinderdasselfliege legen ihre Eier vor allem an Haaren der Hinterbeine von Rindern ab. Das Anfliegen der Tiere ruft bei den Rindern starke Erregung, das sogenannte »Biesen«, hervor, das bis zu wilder Flucht führen kann.

Nach wenigen Tagen schlüpfen die Larven und bohren sich in die Haut der Wirtstiere ein. Hier wandern sie entlang der Beinnerven in das Rückenmark. Im Wirbelkanal gelangen die Larven nach vorn, wo sie zwischen den Wirbelkörpern hindurch unter die Haut wandern. Hier durchbohren sie die Haut und atmen von nun an den Sauerstoff aus der Luft. Die Wirtstiere reagieren darauf mit dem Abkapseln der Befallsorte, und es entstehen die sogenannten »Dasselbeulen«. In den Beulen befinden sich Eiter und Lymphflüssigkeit, von denen die Larven sich ernähren. Nach einer Gesamtentwicklungsdauer im Wirtstier von sieben Monaten bohren sich die Larven durch das Atemloch ins Freie, wo sie zu Boden fallen und sich zur Verpuppung eingraben. Unmittelbar nach dem Schlüpfen sind die Fliegen paarungsbereit, und eine Stunde nach der Befruchtung können bereits Eier abgelegt werden.

Die Vermehrung der Dasselfliege wird unterbrochen, wenn der Viehhalter die Dasselbeulen vor dem Verlassen der Larven ausdrückt (Abdasseln). Dies muß jedoch mit großer Vorsicht geschehen, da das artfremde Eiweiß beim Zerquetschen der Larven in der Haut bei den Rindern eine fiebrige Erkrankung hervorruft. In den industrialisierten Ländern ist der Dasselfliegenbefall durch den Einsatz von Insektenvernichtungsmitteln unter Kontrolle gebracht worden.

Schädlingsbekämpfung

Die gewaltigen Schäden, die im Interessenkreis des Menschen durch Tiere hervorgerufen werden, sei es durch Pflanzenschädlinge und die Überträger von Pflanzenkrankheiten, sei es durch Vorrats- und Materialschädlinge, sei es durch Gesundheitsschädlinge des Menschen und seiner Haustiere, machen wirkungsvolle Bekämpfungsmaßnahmen erforderlich. Dazu ist in allen Fällen die genaue Kenntnis der Lebens- und Ernährungsbedingungen des schädigenden Organismus vonnöten. Vielfach kann die wirksame Durchbrechung einer Virus-Überträger-Beziehung oder die Ausschaltung eines Gliedes eines Zwischenwirt-Endwirt-Kreislaufes den Schädling weitgehend vernichten. In manchen Fällen ist jedoch nicht die Vernichtung eines Schädlings das Ziel von Bekämpfungsmaßnahmen, sondern lediglich seine wirksame Reduzierung auf eine erträgliche Individuenzahl.

Bei der Bekämpfung können zwei verschiedene Wege zum Ziel führen: die Vorbeugung (Prophylaxe) soll das Entstehen eines Schadens von vornherein verhindern, die direkte Bekämpfungsmaßnahme (Therapie) hingegen richtet sich gegen den Schadorganismus.

Vorbeugung. Zu den vorbeugenden Maßnahmen zählen Verfahren der Schädlingsabwehr, wobei der potentielle Schädling gehindert werden soll, sich in einer bedrohten Kultur übermäßig zu vermehren. Zu diesem Zweck können Maßnahmen ergriffen werden, die die Lebensbedingungen für den Schädling ungünstiger gestalten, so daß seine Vermehrung unterbleibt oder seine Zahl sogar reduziert wird. Die Trockenlegung von Mückenbrutgebieten gehört ebenso hierher wie die Anlage von Feldern in windigen Lagen, wodurch zum Beispiel das Auftreten von Möhrenfliegen oder Kohlherzgallwespen unterbunden werden kann, die beide nur in windgeschützten Lagen Befallsherde bilden. Zu den Kulturmaßnahmen gehört auch der Fruchtwechsel, der starken Einfluß auf die Leistungsfähigkeit von Kulturpflanzen hat. Ständiger Anbau von nur einer Pflanzenart auf einem Feld begünstigt das Auftreten von Schädlingen, die im Boden den Winter überstanden haben. Auch der zu kleinräumige Wechsel läßt die Gefahr des Befalls weiterbestehen, wenn die im Boden überwinterten Schädlinge ihre Wirtspflanze etwa auf der Nachbarfläche vorfinden.

Die Resistenzzüchtung von Kulturpflanzen hat das Ziel, Sorten zu schaffen, die eine ausreichende Widerstandsfähigkeit gegen sie bedrohende Schädlinge besitzen. Richtet sich der Angriff eines Schadorganismus zum Beispiel gegen die Blüte einer Kulturpflanze, wird es das Ziel der Züchtung sein, eine Sorte heranzuziehen, die möglichst gleichzeitig, für kurze Dauer und nach Möglichkeit noch außerhalb der Erscheinungszeit des Schädlings blüht. So hat sich gegen den Befall durch den Rapsglanzkäfer die Verwendung frühblühender Sorten bewährt.

Vorbeugende Maßnahmen können auch in der Verhängung von Absperrmaßnahmen (Quarantäne) bestehen. Sie sollen die Verschleppung von Schadorganismen in andere Länder und Landstriche verhindern, was jedoch – wie bereits an mehreren Beispielen gezeigt – nicht immer zum Erfolg geführt hat. Quarantänemaßnahmen gegen die Einschleppung von Tier- und Menschenseuchen und von Pflanzenschädlingen werden in der Regel von Behörden auf der Grundlage gesetzlicher Bestimmungen angeordnet.

In sehr viel kleineren Gebieten können Prognose- und Warndienste wirksam sein, die als Teil des Pflanzenschutzes die Aufgabe haben, Vorhersagen für das Auftreten von Schädlingen – etwa in Abhängigkeit von klimatischen Faktoren –, Hinweise auf die aktuelle Lage zum Beispiel der bedrohten landwirtschaftlichen Kulturen sowie Empfehlungen biologisch begründeter Bekämpfung zu geben.

Die direkten Maßnahmen stehen der Vorbeugung gegenüber, da sie sich gegen bereits eingetretenen oder unmittelbar bevorstehenden Schaden richten. Nicht immer ist eine vollständige Trennung jedoch sinnvoll, da auch einzelne Verfahren der Therapie – wie etwa der Einsatz bestimmter Chemikalien – vorbeugend angewandt werden können.

Die physikalische Bekämpfung umfaßt Maßnahmen, mit denen Schädlinge ferngehalten werden sollen. So richten sich etwa Leimringe und andere Fangeinrichtungen an Baumstämmen gegen die Zuwanderung von Schädlingen vom Boden her. Auch der Einsatz von Moskitonetzen in tropischen Gebieten dient als Schranke gegen das Eindringen von blutsaugenden und Krankheitserreger übertragenden Mücken- und Fliegenarten. Zur Abwehr von Vögeln in Obstanbauflächen oder auf Feldern benutzt man mehr oder weniger phantasievolle Scheuchen, die von Menschenähnlichkeit (»Vogelscheuchen«) bis hin zu blitzenden und geräuscherzeugenden Metallstreifen reichen können. Ein Verfahren, das wegen der Lernfähigkeit der Stare, gegen die es gerichtet war, jedoch rasch an Wirksamkeit verlor, war der Einsatz von Tonbandaufzeichnungen mit Angst- und Warnrufen.

Ein großer Teil der physikalischen Bekämpfungsmethoden zielt auf die Vernichtung der Schadorganismen. Der Einsatz von Lichtfallen gegen Insekten ist ein bekanntes Beispiel. Behandlung von Saatgut beziehungsweise gelagerten Vorräten etwa mit Hitze, Kälte, Gas oder Luftabschluß dient ebenfalls der Abtötung vorhandener Schädlinge.

Sammeln und Töten von Hand wird nur in seltenen Fällen und nur sehr kleinräumig wirksam sein. Gegen die Wanderzüge von Larvenstadien der Wanderheuschrecken – die ja wegen ihrer Flugunfähigkeit zunächst am Boden hüpfend vorwärtsziehen – sind in der Nähe bekannter Schwarmbildungszentren oft kilometerlange Wellblechzäune errichtet worden, die es erlauben, den Zügen eine Richtung aufzuzwingen, sie zu konzentrieren und dann zu vernichten.

Chemische Bekämpfungsverfahren benutzen Wirkstoffe, die für die Zielorganismen – leider aber auch für zahlreiche andere Tiere – giftig sind. Sie sind so verbreitet, daß der Laie bei der Erwähnung des Wortes »Schädlingsbekämpfung« vorwiegend oder ausschließlich an chemische Stoffe denkt. Vorteile chemischer Wirkstoffe sind ihre schnelle Anwendungsmöglichkeit, die hohe Abtötungsrate bei richtigem Einsatz und die geringen erforderlichen Vorkenntnisse über ihre Zusammensetzung und Wirkungsweise.

Nach ihrer Wirkung auf unterschiedliche Zielgruppen von Organismen erhielten diese Präparate Bezeichnungen, die sich aus dem Namen der bekämpften Organismen und dem Zusatz »-zide« (von lateinisch caedere = erschlagen, töten) zusammensetzen. So richten sich Bakterizide gegen Bakterien (Bacteria), Fungizide gegen Pilze (Fungi), Herbizide gegen Unkräuter (herba = Kraut), Nematizide gegen Fadenwürmer (Nematoda) Akarizide gegen Milben (Acari), Insektizide gegen Insekten (Insecta) und Rodentizide gegen Nagetiere (Rodentia). Als zusammenfassender Begriff ist der aus dem Englischen stammende Name Pestizide im Gebrauch (pest = Krankheit, Plage).

Eines der bekanntesten Insektizide ist das DDT (Dichlor-diphenyl-trichloräthan), das während des Zweiten Weltkriegs im Rahmen eines Forschungsprogramms, das der Suche nach einem langwirkenden Kontaktinsektizid galt, von Paul Müller entdeckt wurde (eigentlich wiederentdeckt, denn nahezu siebzig Jahre zuvor hatte Otto Zeidler DDT erstmals beschrieben). Die Umstände des Weltkrieges und der Nachkriegszeit, besonders die mangelnde Hygiene, verhalfen dem DDT zu einem raschen Siegeszug. Schwere Seuchen, wie Malaria, Fleckfieber, Typhus und Cholera, konnten durch Bekämpfung der Überträger drastisch reduziert werden. Auch auf dem Gebiet des Pflanzenschutzes stellten sich schnelle Erfolge ein. 1948 erhielt Paul Müller für die Resynthese des DDT und dessen Bedeutung in der Seuchenbekämpfung den Nobelpreis für Medizin.

Neben dem DDT und strukturverwandten

Bei der chemischen Schädlingsbekämpfung werden nicht nur die Schädlinge vernichtet, sondern auch viele nützliche Tiere. Außerdem kommt es zu Resistenzbildungen.

Stoffen – darunter versteht der Chemiker Substanzen mit ähnlichem Molekülaufbau – gehört das HCH (Hexachlorcyclohexan) zu den wirksamsten Insektiziden. HCH zeichnet sich durch höhere Anfangsgiftigkeit, aber kürzere Dauerwirkung aus. Daneben wendet man noch andere chlorierte Kohlenwasserstoffe und organische Phosphorverbindungen als Bekämpfungsmittel an.

Diese Bekämpfungsmittel wirken als Kontakt-, Fraß- oder Atemgifte. DDT zum Beispiel besitzt eine ausgesprochene Kontaktwirkung, Zielgruppe sind besonders Zweiflügler wie Fliegen und Mücken sowie beißende Insekten. Saugende Schädlinge und Spinnmilben werden vom DDT kaum erfaßt. Als Eintrittspforte für das DDT gelten freie Nervenendigungen an den Beinen der Insekten, durch die das Gift in die Tiere eindringt. Durch die Störung des Natriumhaushalts der Nervenmembranen wirkt DDT als Nervengift. Es zeichnet sich durch geringe Anfangswirksamkeit – die Abtötungsrate unmittelbar während des Einsatzes ist nur gering –, jedoch durch langanhaltende Dauerwirkung aus.

Diese langanhaltende Giftigkeit weist bereits darauf hin, daß die wirksame Substanz nur langsam abgebaut wird. Damit erhöht sich die Gefahr der Anreicherung, und tatsächlich kommt es in Warmblütern – also auch im Menschen – zur Speicherung von DDT im Fettgewebe. Eine große Gefahr besteht auch in der Anreicherung des Giftes in der Nahrungskette, denn der DDT-Gehalt der Organismen erhöht sich von Stufe zu Stufe, folglich sind die Endverbraucher, darunter der Mensch, am gefährdetsten. Vom Aussterben bedroht sind inzwischen vielerorts die Greifvögel, die durch ihre Beutetiere so viel Giftstoff aufnehmen, daß offenbar die Bildung widerstandsfähiger Eischalen beeinträchtigt wird. Eine weitere Gefahr chemischer Schädlingsbekämpfungsmittel besteht in ihrer relativen Unspezifität, das heißt, daß neben den Schädlingen fast immer auch Nützlinge (räuberische Arten) und indifferente (weder als nützlich noch als schädlich eingestufte) Arten betroffen sind. Daraus resultiert eine deutliche Verarmung eines mit Pestiziden behandelten Gebietes an Insekten, Spinnentieren und Krebsen. Die nützlichen Arten verlieren außerdem – wenn sie nicht selbst bereits durch den Insektizideinsatz ausgerottet werden – einen großen Teil ihrer Ersatzwirte, auf denen sie überdauern, wenn die Schädlinge selten geworden sind.

Durch Insektizide in besonderem Maße bedroht ist die Honigbiene. Aus diesem Grunde werden heute Insektizide vor der Zulassung auf ihre Bienengiftigkeit überprüft. Die Ergebnisse der Prüfungen sind auf den Verpackungen angegeben, in manchen Fällen werden Beschränkungen, etwa das Verbot der Spritzung von Blüten, ausgesprochen. Schließlich sind auch Wirbeltiere – vor allem Fische – besonders gefährdet, da gerade die langwirkenden Gifte leicht in das Oberflächenwasser abgespült werden.

Unter den Vögeln und Säugern sind solche Arten besonders gefährdet, die behandelte Produkte direkt aufnehmen – zum Beispiel samenfressende Tauben – oder aber räuberische Formen, die unter der Anreicherung des Giftes in der Nahrungskette leiden. Beim Menschen schließlich hat man Pestizide im Fettgewebe von Erwachsenen und in der Muttermilch nachweisen können.

Resistenzentwicklung. Besondere Beachtung verdient in diesem Zusammenhang das Auftretern von Insektizidresistenz. Darunter versteht man die (sich entwickelnde) Fähigkeit innerhalb eines Stammes der Insekten, Giftdosen zu überleben, die für die meisten Individuen einer normalen Population der betroffenen Art tödlich wirken würden (nach einer Definition der WHO = Weltgesundheitsorganisation). Resistenzentwicklung kann auf verschiedene Ursachen zurückgeführt werden. Die »Verhaltensresistenz« beruht auf der Fähigkeit von Schädlingen, Orte mit hohen Insektizidkonzentrationen zu meiden. Resistente Populationen von Anopheles etwa meiden Flächen mit DDT-Rückständen, indem sie nur zur Blutaufnahme Warmblüter aufsuchen, aber ansonsten im Freien leben, also zeitlich weniger Kontakt mit Insektiziden haben, oder aber durch die Wirkung des Bekämpfungsmittels stärker angeregt werden, was zu früherem Verlassen der gifthaltigen Flächen führt. Von »morphologischer Resistenz« spricht man, wenn durch stärkere Behaarung der Beinendglieder, tiefere Lage der freien Nervenendigungen oder stärkere Chitinisierung der Außenhaut dem Wirkstoff das Eindringen erschwert wird. Die »physiologische Resistenz« schließlich besitzt die größte Bedeutung. Wohl alle Bekämpfungsmittel unterliegen im Organismus des Schädlings einem biochemischen Abbau. Bei resistenteren Individuen ist dieser enzymatische Abbau oft deutlich verstärkt. Man deutet diese Erscheinung als erhöhten Verbrauch des Wirkstoffes außerhalb des eigentlichen Wirkortes, im Falle des DDT zum Beispiel Abbau außerhalb der Nervenmembranen. Bei Fliegen konnte man zeigen, daß die Resistenzbildung gegen phosphororganische Verbindungen mit einer Änderung in der Zusammensetzung bestimmter Enzyme (Esterasen) einhergeht, wodurch der Wirkstoff intensiver abgebaut werden kann.

Beim Einsatz eines Insektizids gegen Schädlinge werden die Individuen begünstigt, die widerstandsfähiger gegen den betreffenden Wirkstoff sind. Die Empfindlichkeit von Einzeltieren einer Art gegen ein bestimmtes Gift ist recht unterschiedlich; hält die Einwirkung des Stoffes, also die Selektion, lange genug an, werden die überlebenden (toleranteren) Organismen zu den Stammeltern unempfindlicherer Nachkommen. Heute sind keine wichtigere Schädlingsgruppe und keine Wirkstoffklasse bekannt, bei denen es noch nicht zur Herausbildung von Resistenzerscheinungen gekommen ist. Hinzu kommt, daß die Resistenz gegen einen Stoff oft die Widerstandskraft gegen verwandte Substanzen ebenfalls erhöht (Kreuzresistenz).
Durch Resistenzentwicklung unbrauchbar gewordene Mittel mußten so immer wieder durch neue Substanzklassen ersetzt werden, um noch eine wirtschaftlich lohnende Bekämpfung zu gewährleisten. Wo dies nicht mehr möglich ist, steigt naturgemäß der Wunsch nach anderen, nichtchemischen Verfahren. Dieses hat zur Aktualität der biologischen Bekämpfungsmaßnahmen geführt.

Biologische Schädlingsbekämpfung. Unter biologischer Schädlingsbekämpfung versteht man den Einsatz von Lebewesen zur Begrenzung von Populationen schädlicher Pflanzen- und Tierarten. Zwei Wege sind hierbei gangbar: der Einsatz von natürlichen Gegenspielern, wie Räubern, Parasiten, Krankheitserregern, oder aber die Verwendung von (in ihrem genetischen Material veränderten) Individuen einer Art zur Bekämpfung ihrer Artgenossen.

Bei den letztgenannten Selbstvernichtungsverfahren wird bei Individuen der zu bekämpfenden Art, die durch Aufsammeln gewonnen und durch Massenzucht vermehrt werden, eine physiologische Leistung – meist die Fortpflanzungsfähigkeit – künstlich vermindert oder ausgeschaltet. Die Träger dieser Schädigung entläßt man in die Freiheit, wo sie sich mit den natürlichen Populationen mischen. Das bekannteste Verfahren ist die Sterile-Männchen-Technik, die in einem Fall für die Ausrottung der Schraubenwurmfliege auf der Insel Curaçao (Südamerika) sorgte.

Die Larven der Schraubenwurmfliege parasitieren in Wunden von Haustieren, meist Kühen und Ziegen. Mit Gammastrahlung, einer energiereichen Strahlung, sterilisierte man die Puppen dieser Art. Die geschlüpften Tiere ließ man aus Flugzeugen frei, wonach sie sich mit der natürlichen Population mischten. 1955 konnte so auf der Insel Curaçao die Schraubenwurmplage völlig ausgerottet werden, in größeren Teilen der Südoststaaten der USA brachte man die Plage unter Kontrolle. Heute weiß man, daß bei diesen Erfolgen verschiedene, nicht immer gegebene Bedingungen zusammenkamen. Die Weibchen der Schraubenwurmfliege kopulieren nur einmal mit einem einzigen Männchen; ist dieses ein sterilisiertes, so legt das Weibchen nur unbefruchtete Eier. Ferner war von Bedeutung, daß die Art nur in geringer Individuendichte vorkommt; so ermöglicht der Einsatz zahlreicher steriler Tiere aus den Massenzuchten günstige Verhältnisse zwischen unfruchtbaren und fruchtbaren Männchen, da mit der Häufigkeit der sterilen Tiere auch die Wahrscheinlichkeit »erfolgloser« Kopulationen steigt. Wichtig ist auch die Abgeschlossenheit des Gebietes, in dem die Bekämpfung durchgeführt werden soll. Ideal ist die Situation auf Inseln, da hier ein Zuzug von fruchtbaren Tieren aus der Umgebung, der sonst durch aufwendige Absperrmaßnahmen unterbunden werden müßte, nicht stattfindet. Eine weitere Bedingung ist, daß die behandelten Tiere keine nachteiligen Veränderungen gegenüber den freilebenden Individuen aufweisen dürfen, etwa geringere Aktivität oder schwächere Begattungsintensität.

Kommen alle diese Faktoren zusammen, kann man in wenigen Generationen durch Freilassen jeweils gleicher Anzahlen von sterilen Tieren den Rückgang und schließlich die Ausrottung der natürlichen Population erreichen.

Bei einigen Stechmücken tritt natürliche Unverträglichkeit auf, das heißt, daß die Nachkommen von Tieren derselben Art, aber verschiedener geographischer Herkunft unfruchtbar sind. Für die Gemeine Stechmücke hat man diese Verfahren mittlerweile so weit ausgewertet, daß man für zahlreiche Regionen Stämme aus anderen Gebieten kennt, die sich mit dem örtlichen nicht fruchtbar kreuzen. Durch geschickte Auswahl erhält man mitunter Männchen aus unverträglichen Stämmen, die sich mit den Weibchen der anderen Population aktiver paaren als deren eigene Männchen.

Für den gezielten Einsatz von Krankheitserregern, Parasiten und Räubern gegen Schädlinge ist die Kenntnis der natürlichen Beziehungen unerläßlich. Die Vorteile von biologischen Bekämpfungsmethoden liegen jedoch so klar auf der Hand, daß die für die Grundlagenforschung aufzuwendenden Mittel gerechtfertigt erscheinen. Die dauerhafte Ansiedlung von Nützlingen erlaubt den Verzicht auf die üblichen physikalischen und chemischen Bekämpfungsmethoden gegen den betreffenden Schädling. Durch den Einsatz natürlicher Feinde wird die weitgehende Schonung der Lebensgemeinschaft gewährleistet, da die biologischen Feinde – anders als die chemischen Bekämpfungsmittel – in der Regel gezielt angreifen. Schließlich fallen Rückstands- und Anreicherungsprobleme fort, aber auch Giftresistenzerscheinungen.

Ein frühes Beispiel biologischer Schädlingsbekämpfung veranschaulicht die Wirksamkeit dieser Methode: Seit etwa 1868 trat in den Citruskulturen von Kalifornien (USA) die vermutlich aus Australien eingeschleppte Schildlaus (Icerya purchasi) als außerordentlich schädlicher Pflanzenfeind auf. 1888/89 führten Rilay und Koebele aus Australien die Marienkäferart Rodolia cardinalis zur Bekämpfung ein. Vermutlich rettete dieser Schritt die weitere Existenz der bedrohten Citrusindustrie. Das Unternehmen machte die biologische Bekämpfung populär.

Gelegentlich kommt bei der Entdeckung von biologischen Feinden der Zufall zu Hilfe. Das durch einen Pilz (Ceratocystis ulmi) verursachte Ulmensterben trat in bestimmten Ulmenbeständen in Wales (Großbritannien) nicht auf, obwohl alle Voraussetzungen dafür gegeben schienen. Untersuchungen ergaben jedoch, daß die Fortpflanzung der Überträger, der Ulmensplintkäfer, in diesen Beständen weitgehend verhindert wird, und zwar durch einen Pilz (Phomopsis oblonga). An pilzinfizierten Stämmen unterblieb der Befall mit Borkenkäfern meistens gänzlich, trat er doch einmal auf, so starben die Larven der Borkenkäfer noch während der Entwicklung ab. Phomopsis ist also ein natürlicher Kontrollorganismus für das Auftreten von Borkenkäfern in Ulmen; ob sein Einsatz als biologischer Feind in der Schädlingsbekämpfung möglich werden wird, muß sich in der Zukunft erweisen.

In der »Erprobung« als natürlicher Feind von Heuschrecken ist der zu den Mikrosporidien gehörende Einzeller Nosema locustae. Studien zur Einsetzbarkeit dieser Parasiten, die den Fettkörper von Heuschrecken aufzehren, finden derzeit in den USA statt. Erste Feldversuche in Wyoming (USA) und Argentinien zeigten, daß der Einsatz von chemischen Bekämpfungsmitteln stark reduziert werden konnte. Das Wirtsspektrum von Nosema umfaßt etwa fünfzig Arten von Geradflüglern, darunter auch harmlose Heuschrekken und Grillen. Sein Einsatz gegen Wanderheuschrecken würde also immer auch zur Vernichtung dieser Formen in den betroffenen Gebieten führen. Andere Tiere und Pflanzen greift Nosema locustae dagegen nicht an.

Eingeschleppte Schädlinge vermehren sich häufig aufgrund des Fehlens natürlicher Begrenzungsfaktoren besonders stark. Eine Methode der biologischen Bekämpfung ist die »Nachführung«, das heißt der Import von Nutzinsekten, die in der Heimat des Schädlings als dessen natürliche Feinde auftreten.

In der Mitte des vorigen Jahrhunderts gelangten einige Opuntienarten nach New South Wales und Queensland in Australien. Diese äußerst trockenresistenten Kakteenarten breiteten sich sehr schnell aus und machten die landwirtschaftliche Nutzung weiter Flächen unmöglich. Zu Beginn dieses Jahrhunderts fanden Vorversuche zu einer biologischen Bekämpfung statt, indem zahlreiche Opuntienschädlinge aus Mittel- und Südamerika auf ihre Einsatzmöglichkeiten untersucht wurden. Schließlich bürgerte man dreizehn Arten (eine Milbenart und zwölf Insekten) ein, von denen ein aus Argentinien stammender Kleinschmetterling (Cactoblastis cactorum) die erfolgreichste war. Bis 1936 hatten seine Raupen die Opuntienbestände fast gänzlich vernichtet; auf dem erreichten Niveau pendelte sich ein Gleichgewicht ein, das jede Bekämpfungsmaßnahme entbehrlich macht.

Ebenfalls für Australien wird ein weiterer erfolgreicher Import eines Nutztieres gemeldet: Es handelt sich um die Einfuhr von Mistkäfern zum biologischen Abbau von Kuhfla-

Der Marienkäfer machte die biologische Schädlingsbekämpfung populär. Er erwies sich als überaus nützlicher Helfer im Kampf gegen Blatt- und Schildläuse.

den. Die Rinder sind in Australien nicht heimisch, demzufolge fehlen auch Organismen, die den Kuhdung abbauen können. Die Folge war zunächst, daß die vertrocknenden Fladen jahrelang liegenblieben und das Wachstum solcher Gräser förderten, die nicht als Weidepflanzen dienen, was zur Vernichtung von Weideflächen beitrug. Ferner entwickelten sich in den frischen Dungfladen Fliegenmaden, die als Imagines (erwachsene Tiere) für Mensch und Haustiere lästig oder durch Krankheitsübertragung sogar gefährlich wurden.

Zum Abbau der Kuhfladen führte man aus Afrika den jeweiligen Klimazonen angepaßte Mistkäferarten ein, die für die rasche Beseitigung frischen Dungs sorgten. Dadurch wurde die Erhaltung von Weideland ebenso gesichert wie die Beendigung der Fliegenplage, da den Insekten nun das geeignete Brutsubstrat fehlte.

Schlupfwespen stellen besonders viele Insektenparasiten, die häufig bei ausgesprochenen Schädlingen parasitieren. Verschiedene Entwicklungsstadien des Wirtes, wie Eier, Larven, Puppen, werden von den Weibchen der Schlupfwespen mit Eiern belegt. Die Entwicklung der Eier erfolgt an oder in dem befallenen Wirtstier, das meist als lebender Nahrungsvorrat genutzt wird. Ein eindrucksvolles Beispiel biologischer Schädlingsbekämpfung stellt die Bekämpfung der San-José-Schildlaus mit einer importierten Zehrwespe dar.

Die Zehrwespe (Prospaltella perniciosi) ist streng wirtsspezifisch und entwickelt sich ausschließlich in der San-José-Schildlaus, selbst nahe verwandte Arten nimmt sie nicht als Wirtstiere an. Die nur 0,8 Millimeter langen Weibchen belegen bis zu vierzig Schildläuse mit je einem Ei, das mit Hilfe des Legestachels durch den Rückenschild in junge Läuse eingebracht wird. Im Inneren der Schildlaus wächst die Zehrwespe zum Vollinsekt heran. Zum Schlupf beißt sie sich durch die Reste des Wirtes und den Rückenschild ins Freie. Von Parasitenkulturen aus China, Rußland und verschiedenen Gebieten der USA erwiesen sich diejenigen aus den Neuengland- und den Mittelweststaaten der USA als die in unserem Klima wirksamsten Schildlausfeinde.

Zur schnelleren Einbürgerung in den schildlausbefallenen Gebieten nahm man in Südwestdeutschland Massenzuchten vor, bei denen den parasitischen Zehrwespen mit San-José-Schildläusen besetzte Wassermelonen zur Eiablage unter optimalen Bedingungen zur Verfügung standen. Solche Melonen mit stark parasitiertem Schildlausbesatz hängt man in die Kronen von befallenen Bäumen, wo die schlüpfenden Zehrwespen neue Wirte vorfinden. Die natürliche Ausbreitung von solchen Bäumen aus beträgt achtzig bis mehrere hundert Meter im Jahr.

Die Parasitierung von Schildläusen beträgt örtlich fünf Jahre nach der Freilassung der Zehrwespen etwa siebzig bis neunzig Prozent, nach dem Absinken der Schildlauszahlen pendelt sich der Parasitenbesatz bei vierzig Prozent ein. Damit werden Ausbreitung und Vermehrung der San-José-Schildlaus bereits wirksam eingeschränkt. Der besondere Vorteil dieser Bekämpfungsmethode liegt darin, daß der biologische Feind auch in Zonen außerhalb der Anbaugebiete wirksam wird, die man mit chemischen Mitteln normalerweise nicht erreicht.

Dieser Fall zeigt einige Aspekte der biologischen Bekämpfung besonders eindrucksvoll. Der Parasit stammt aus dem natürlichen Feindspektrum der schädlich gewordenen Art und ist darüber hinaus streng wirtsspezifisch; Nebenwirkungen durch Annahme von Ersatzwirten treten nicht auf. Die Einbürgerung des biologischen Feindes in die neue Umwelt ist gelungen, die Art ist im Freiland vermehrungsfähig, wodurch die fortlaufende Freilassung von Parasiten aus Massenzuchten nicht mehr erforderlich ist. Die Ausbreitung der Parasiten erfolgt von den Freilassungsorten aus kleinräumig und erreicht auf diese Weise hohe Parasitierungszahlen. Die gewählte Form der Ausbringung des Parasiten erlaubt rasche und umfassende Wirkungen, und schon in wenigen Jahren erreicht der Befall Höchstwerte.

Daß auch in der biologischen Schädlingsbekämpfung Fehlschläge nicht ausbleiben, soll der nachfolgende Fall zeigen. Im Jahre 1872 führte man einige Mungos (Schleichkatzen) nach Jamaica (Mittelamerika) ein, wo sie die Rattenplage in den Zuckerrohrplantagen bekämpfen sollten. Die Mungos vermehrten sich stark und vernichteten viele Ratten. Zusätzlich nahmen sie jedoch auch Hausgeflügel, bodenbrütende Wildvögel, einheimische Säuger und Reptilien als Nahrung an, so daß sie zu Schädlingen wurden. Überlegungen zur Vermeidung solcher Fehlschläge gehen dahin, zunächst mögliche Konsequenzen gründlich zu prüfen; ein neuerer Vorschlag lautet, nur Tiere eines Geschlechts freizulassen, um die Vermehrung zu unterbinden, wodurch die Tiere nur während einer begrenzten Zeit wirksam sind.

Neuerdings überlegt man, für die Bekämpfung schädlicher Insekten Pheromone (Boten- und Lockstoffe) einzusetzen. Vorteile dieses Verfahrens sind der Einsatz kleinster Mengen, die hohe Spezifität (in der Regel wirken Pheromone ausschließlich auf eine Art) und das Fehlen jeder Giftwirkung auf die Umwelt sowie verhältnismäßig geringe Kosten.

Der aus Europa nach Nordamerika eingeschleppte Schwammspinner (Lymantria dispar), eine Schmetterlingsart, hat sich dort zum Hauptschädling in Eichenwäldern entwickelt. Mit Hilfe von Sexuallockstoffen wurden schon um 1913 unbegattete Weibchen gefangen, mit deren Hilfe dann Männchen angelockt wurden; so konnten neue Befallsherde ausgemacht werden. Neuerdings hat man die Verwendung von Sexuallockstoff zur Schwammspinnerprognose wieder aufgenommen. Der reine Wirkstoff des Sexuallockstoffs wird heute auch dazu benutzt, durch Erhöhung der Pheromonkonzentration in der Luft die Männchen so zu desorientieren, daß sie nicht mehr zu den Weibchen finden.

Beim Baumwollkapselkäfer (Anthonomus grandis), einem Rüsselkäfer, führt man mit Hilfe von Pheromonen Fänge am Rande von Baumwollfeldern durch, die Aussagen über die Zuwanderungsstärke erlauben; so wird der rationellere Insektizideinsatz auf dem Höhepunkt der Zuwanderung möglich.

Ziel aller Bekämpfungsmaßnahmen muß es sein, neben der Vermeidung von wirtschaftlichen Schäden auch die Erhaltung der Lebensgemeinschaft zu gewährleisten, was den unkontrollierten Einsatz von chemischen Bekämpfungsmitteln ebenso verbietet wie die unüberlegte Einfuhr fremder Tierformen ohne genaue Kenntnis ihrer Biologie. Der Mensch kann es sich einfach nicht mehr leisten, durch falsch angewandte Bekämpfungsmaßnahmen die fortschreitende Verarmung der Tierwelt noch zu beschleunigen.

Martin Berger

Ein aktuelles Problem: Naturschutz

Lange Zeit war der Mensch von der Natur abhängig und hat sich – wie alle übrigen Lebewesen auch – in das natürliche Gefüge eingepaßt. Im Zuge seiner kulturellen und technischen Entwicklung hat sich der Mensch jedoch mehr und mehr von den naturgegebenen Bedingungen gelöst, ja mehr noch, hat nach seinen Erfordernissen erheblich in das natürliche Gefüge eingegriffen und dabei das natürliche Gleichgewicht oftmals zerstört. Aus dieser Entwicklung, die heute bedrohlich weit fortgeschritten ist, ergibt sich die Notwendigkeit eines Naturschutzes, der sich zum Ziel gesetzt hat, noch bestehende natürliche Lebensräume vor Eingriffen und Einflüssen des Menschen zu bewahren – nicht zum Selbstzweck, sondern letztlich für den Menschen, der nur in und mit der Natur überleben kann.

Eine wichtige Aufgabe des Naturschutzes besteht darin, überregional oder sogar weltweit auftretende Störungen des Naturhaushalts, die durch den Menschen hervorgerufen werden, zu bekämpfen. So hat zum Beispiel über den Industriegebieten der Gehalt von Schwefeldioxid in der Luft in den letzten Jahren erheblich zugenommen. Der Wind trägt die verschmutzte Luft über die Grenzen hinaus, wo sie – oft weit entfernt vom Ursprungsort – als saurer Niederschlag wieder abregnet. Dieser Säureregen vernichtet die Wälder und alles Leben in Süßwasserseen. Ziel des Naturschutzes ist es, die bedrohliche Entwicklung zu stoppen.

Seltene Lebensräume in Mitteleuropa:

- Hochmoore
- feuchte Heiden
- trockene Heiden
- Trockenrasen
- Halb-Trockenrasen
- wärmeliebende Kalkrasen
- sandige und schlammige Ufer
- saubere Fließgewässer
- Ufer von Fließgewässern
- nährstoffarme Seen
- Meeresküsten verschiedener Typen
- Dünenregionen der Küste
- Binnendünen
- Salzwiesen der Küste
- Salzstellen des Binnenlandes
- verschiedene alpine Formationen
- Quellgebiete
- Hochstaudenfluren
- Schwemmlandzonen
- verschiedene Typen von Kleinstgewässern

Die in den letzten Jahrzehnten erheblich verstärkten Belastungen unseres gesamten Lebensraumes haben dazu geführt, daß der Begriff »Umweltschutz« geprägt wurde. Er wird in umfassenderer Bedeutung verwendet als der Begriff »Naturschutz« und beinhaltet zusätzlich die Bekämpfung aller den Menschen direkt schädigenden Einflüsse. Umweltschutz umfaßt also neben dem Naturschutz auch Probleme wie Lärmschutz, Lebensmittelreinheit, Ausstoß giftiger Chemikalien in die Luft, Beseitigung von Kernkraftabfällen und vieles mehr. Umweltschutz in seiner umfassenden Form, in dessen Mittelpunkt der Mensch steht, kann hier aufgrund des beschränkten Raumes nicht dargestellt werden, doch soll hier als ein wichtiger Teilaspekt der Naturschutz behandelt werden.

Schützenswerte Lebensräume in Mitteleuropa

Die heutige Landschaft in Mitteleuropa ist überwiegend das Ergebnis mehr oder minder intensiver menschlicher Nutzung. Waldbestand (29%), landwirtschaftlich genutzte Flächen (53%) und bebaute Flächen (12%) lassen nur einen kleinen Rest an Moorflächen, Gewässern, Öd- und Brachland übrig. Diese Zahlen zeigen, welche Landschaften selten und damit in ihrem Bestand besonders gefährdet sind.

Man kann in Mitteleuropa etwa 130 Typen von Lebensräumen mit einer charakteristischen Lebensgemeinschaft (Ökosystem-Typen) unterscheiden, von denen über hundert als selten gelten, da sie nur zwei bis drei Prozent der gesamten Fläche einnehmen. Tierarten, die ohnehin selten vorkommen, sind doppelt gefährdet, wenn sie als Spezialisten an seltene Standorte gebunden sind. Dazu gehören bei uns zum Beispiel wärmeliebende Arten der Grabwespen, Wegwespen und Wildbienen, die auf Magerrasen und an trockenen Steilwänden leben.

Es ist kennzeichnend für die seltenen Lebensräume, daß in ihnen ungewöhnlich viele Arten von Lebewesen vorkommen, und zwar durchschnittlich zweitausend Tier- und Pflanzenarten, in besonders artenreichen Räumen sogar fünf- bis siebentausend (von insgesamt 77000 dort vorhandenen). Hingegen zeichnen sich die häufigen, von Menschen gestalteten und genutzten Landschaften meistens durch Artenarmut aus.

Anforderungen an ein Schutzgebiet. Die Mindestgröße eines Schutzgebietes richtet sich nach den Gebietsansprüchen der in ihm lebenden Arten, wobei die Bedürfnisse jener Arten entscheidend sind, die an der Spitze der Nahrungspyramide (→ S. 150f.) stehen; das sind bei uns Greifvögel und Raubtiere. So ergeben sich Mindestgrößen von 100 bis 10000 Hektar. Diese Erkenntnisse müssen berücksichtigt werden, wenn man Tiere wie den Luchs aussetzt oder Restbestände etwa des Fischotters schützen will. Die Gebietsgröße, die ein Fischotterpaar braucht, wird sogar auf 20000 Hektar geschätzt.

Darüber hinaus werden auch an die Lage und an die Abstände von geschützten Gebieten bestimmte Anforderungen gestellt. Da großflächige Räume nur schwer zu sichern sind, versucht man, kleinflächige Gebiete als Schutzräume einzurichten, die Abstände zwischen ihnen aber nicht zu groß zu wählen, um auf diese Weise ein Netz von Schutzräumen zu schaffen. Das ist deshalb wichtig, weil Vögel und Säugetiere, aber auch viele Insekten beträchtliche Aktionsräume bestreichen, die über viele der bestehenden Schutzgebiete weit hinausgehen. Ein Netz von gleichartigen Lebensräumen kann Voraussetzung für den Erhalt einer Art sein.

Naturschutz in der Bundesrepublik

Geschützte Gebiete oder, im internationalen Sprachgebrauch, Reservate können sich in der Größe, den Schutzzielen und Schutzmöglichkeiten so sehr unterscheiden, daß verschiedene Bezeichnungen angebracht sind (→ Infokasten S. 382). Leider entstehen durch diese vielerlei Namen auch Begriffsverwirrungen. Neben dem gesetzlichen Status eines Naturschutzgebietes kann eine Fläche zum Beispiel gleichzeitig auch noch die Bezeichnung ›Europa-Reservat‹ und ›Feuchtgebiet internationaler Bedeutung‹ erhalten.

Naturschutzgebiete. Es gibt in der Bundesrepublik zur Zeit über 1440 Naturschutzgebiete. Zu den Gebieten auf dem Lande mit 214000 Hektar (ha) – davon liegen 56000 ha in der Alpenregion – kommen über 218000 ha Naturschutzflächen im Wattenmeer. Die geschützten Landgebiete machen nur 0,86 Prozent der Gesamtfläche der Bundesrepublik aus. Ihre Größe reicht von Kleinstgebieten unter einem Hektar bis hin zu großen Flächen wie dem Oberharz (7053 ha), der Lüneburger

Heide (20000 ha) und dem Nordfriesischen Wattenmeer (140000 ha). Großräumigen Schutzgebieten kommt in der Regel eine sehr große Bedeutung zu. Doch lassen sich die oft weit gesteckten Ziele der Naturschützer in dicht besiedelten Bundesländern wie zum Beispiel Nordrhein-Westfalen aus vielerlei ökonomischen Gründen nicht verwirklichen. Statt dessen gibt es hier viele kleinere Gebiete, die allerdings in weit höherem Maße Einflüssen aus der Umgebung ausgesetzt sind, die zu

Moore gehören heute bei uns zu den seltenen Lebensräumen, die es zu erhalten gilt, da sie sich durch besonderen Artenreichtum auszeichnen. Manche Spezialisten finden nur hier geeignete Bedingungen.

Beeinträchtigungen und Schäden führen können.

Nach dem Bundesnaturschutzgesetz sind Natur und Landschaft so zu schützen, zu pflegen und zu entwickeln, daß

□ die Leistungsfähigkeit des Naturhaushalts,

□ die Nutzungsfähigkeit der Naturgüter,

□ die Pflanzen- und Tierwelt sowie die Vielfalt, Eigenart und Schönheit von Natur und Landschaft gesichert sind.

Dabei geht man unter anderem von folgenden Grundsätzen aus:

□ Unbebaute Bereiche sind in genügender Größe zu erhalten;

□ Boden ist zu erhalten;

□ Wasserflächen sind zu erhalten und zu vermehren;

□ Gewässer sind vor Verunreinigungen zu schützen;

□ die Vegetation ist im Rahmen einer ordnungsgemäßen Nutzung zu sichern;

□ wildwachsende Pflanzen und wildlebende Tiere sind als Teil des Naturhaushalts zu schützen und zu pflegen.

Für eine Ausweisung als Naturschutzgebiet ist es auch noch wichtig, ob das Gebiet typisch für einen bestimmten größeren Raum ist, ob es einen Rest einer früher weiter verbreiteten Landschaftsform darstellt und ob eine Bedrohung vorliegt. Unter den Argumenten für einen Schutz ist daher auch meist eine Einstufung als »typisch«, »selten« oder »gefährdet« zu finden.

Ein Schutz wird ausgesprochen für

□ geologische Besonderheiten, wie Vulkan-Seen, Höhlen,

□ großräumige Landschaften, wie Alpenregionen, Heidelandschaften,

□ umgrenzte Lebensräume, wie Moore, Seen, Wälder,

□ Lebensstätten für gefährdete Arten, wie Rast- und Überwinterungsplätze.

Die meisten deutschen Naturschutzgebiete sind aufgrund ihres Pflanzenbestandes von Bedeutung, darauf folgen solche, die wegen ihrer Tiervorkommen und solche, die aufgrund von Fossilienvorkommen wichtig sind. In Nordrhein-Westfalen gelten Fossilien als Bodendenkmäler und unterliegen daher dem Denkmalschutzgesetz, so daß für manche Fundstätten von Fossilien ein doppelter Schutz besteht.

In Naturschutzgebieten sollen bestimmte Lebensräume erhalten werden. Haben diese sich erst durch den Einfluß des Menschen zu schutzwürdigen Gebieten entwickelt, so muß in der Regel die Einflußnahme weitergehen, um das System zu erhalten. So sind unsere Heidegebiete zum Beispiel aus ehemaligen Waldlandschaften durch Kahlschlag und Viehhaltung entstanden. Ohne den Verbiß der aufwachsenden Bäume würden die Heiden verwalden. Daher werden in solchen Naturschutzgebieten Heidschnucken gehalten, oder es werden auf andere Weise junge Bäume und überalterte Heidesträucher beseitigt. Halbtrockenrasen, die ebenfalls durch Beweidung entstanden sind, und künstlich geschaffene Wasser- und Schlammflächen, wie Rieselfelder, die Brut- und Rastplätze für Watvögel bieten, müssen weiter in dieser Form genutzt oder auf andere Weise künstlich erhalten werden.

In Landschaftsschutzgebieten soll der Landschaftscharakter bewahrt werden; in ihnen sollen strukturelle Änderungen möglichst unterbleiben. Wegen ihrer Großräumigkeit spielen sie eine wichtige Rolle im Naturhaushalt, zum anderen gelten sie für den Erholungsverkehr als bevorzugte Bereiche. So sind viele landschaftlich reizvolle Gebiete im Einzugsbereich von Großstädten dem Landschaftsschutz unterstellt. Insgesamt gibt es in der Bundesrepublik etwa fünftausend Landschaftsschutzgebiete, die rund ein Viertel der Landesfläche ausmachen.

In Landschaftsschutzgebieten ist eine ordnungsgemäße Nutzung des Landes nicht eingeschränkt, das heißt, Land- und Forstwirtschaft sind wie in ungeschützten Gebieten möglich. Da eine intensive Nutzung heutzutage aber moderne Methoden erfordert, wie etwa Entwässerungsmaßnahmen und Flurzusammenlegungen, ist der Erhalt einer Landschaft durch eine Landschaftsschutzverordnung nicht immer gesichert. Immerhin sind besondere Bauvorhaben und sonstige Änderungen der Nutzungsform im Vergleich zu ungeschützten Bereichen erschwert, wenn auch nicht unmöglich.

Wenn allerdings in einem unter Landschaftsschutz stehenden Flußmarschgebiet ein Deich gebaut, das Grundwasser abgesenkt wird und Wiesen in Ackerland umgewandelt werden, so stellt die Entscheidung, daß dies mit dem Landschaftsschutz vereinbar sei, eine Ausnahme dar. Meist werden die Schutzverordnungen von den Landschaftsbehörden strenger ausgelegt, wenngleich der Druck auf diese Schutzgebiete, die zwischen Industrie- und Ballungszonen manchmal die einzigen Freiräume darstellen, ständig zunimmt. Immerhin ist die wichtige Erholungsfunktion erkannt und anerkannt und trägt mit zum Erhalt bei.

Naturparks, in der Bundesrepublik seit 1956 verwirklicht, sind mit dem vorrangigen Ziel gegründet worden, die Landschaft für Erholungsuchende zu erschließen. Sie überdecken als großflächige Zonen Landschaftsschutzge-

Kategorien geschützter Gebiete

Naturschutzgebiete: Durch besonderen rechtsverbindlichen Schutz von Natur und Landschaft sollen Lebensgemeinschaften oder Lebensstätten wildwachsender Pflanzen- oder wildlebender Tierarten erhalten werden. Wissenschaftliche, naturgeschichtliche oder landeskundliche Gründe sowie Seltenheit, besondere Eigenart oder hervorragende Schönheit stellen Schutzkriterien dar.

Nationalparke sind großräumige Gebiete, die im überwiegenden Teil die Voraussetzungen für Naturschutzgebiete erfüllen.

Landschaftsschutzgebiete sollen den Charakter einer Landschaft wahren (Vielfalt, Eigenart oder Schönheit des Landschaftsbildes) und besitzen einen besonderen Erholungswert.

Naturparke sind großräumige Gebiete, in denen die Ziele des Landschaftsschutzes mit weitergehenden Entwicklungstendenzen verfolgt werden.

Naturdenkmäler sind besondere Einzelschöpfungen der Natur, die den gleichen Schutzkriterien unterliegen wie Naturschutzgebiete.

Geschützte Landschaftsbestandteile dienen der Leistungsfähigkeit des Naturhaushaltes, der Belebung, Gliederung oder Pflege des Orts- und Landschaftsbildes oder der Abwehr schädlicher Einwirkungen.

Naturwaldzellen sind seit (meist) längerer Zeit nicht genutzte und auf unbestimmte Dauer nicht nutzbare Waldparzellen (in staatlichem Besitz), in denen die natürliche Entwicklung der Wälder bei verschiedenen Standortbedingungen verfolgt werden soll.

Europa-Reservat ist ein Titel, den der Internationale Rat für Vogelschutz (Deutsche Sektion) für Schutzgebiete von internationaler Bedeutung verleiht (auch für Rastgebiete wandernder Arten), wenn gesetzliche Sicherung und Betreuung gegeben sind.

Vogelschutzgebiet, Pflanzenschutzgebiet, Wildschutzgebiet u.ä. sind lokal gebräuchliche Bezeichnungen für geschützte Gebiete mit Angabe der Schutzziele.

biete, Naturschutzgebiete und Ortschaften. Mit Größen von mehreren hundert oder tausend Quadratkilometern machen die 63 deutschen Naturparks rund 19 Prozent der Fläche der Bundesrepublik aus. Die Naturparkidee basiert auf dem Landschaftsschutz. Die meisten investierten Mittel werden für die Erschließung und Entwicklung ausgegeben, zum Beispiel für den Bau von Parkplätzen, Wanderwegen, Lehrpfaden, Grillplätzen, Informationsstellen u.a. Wegen des Vorranges von Erholung und Fremdenverkehr ist die Bedeutung für den Naturschutz zweitrangig.

Nationalparks existieren in der Bundesrepublik bisher nur zwei: im Bayerischen Wald und bei Berchtesgaden/Königssee. Sie sollen allen Anforderungen, die an Naturschutzgebiete gestellt werden, wenigstens in einem wesentlichen Teilbereich genügen. Dazu sollen sie großräumig sein. Nationalparks haben in vielen anderen Ländern eine ganz erhebliche Bedeutung. Weltbekannt sind die großen Parks Nordamerikas und mancher afrikanischer Staaten. Diese Größenordnung werden sie in unserem dicht besiedelten Land allerdings nicht erreichen können.

Naturdenkmäler. Manchmal werden auch einzelne Objekte oder kleine Gebiete als Naturdenkmäler unter Schutz gestellt. Dabei kann es sich um alte und seltene Bäume, Höhlen, Findlinge, geologische Aufschlüsse und Quellen handeln sowie um kleine Tümpel, Trockenrasen und Moore. Erst wenn die Größe einige Hektar übersteigt, werden diese Flächen als Naturschutzgebiete bezeichnet. Auch bezüglich der Schutzkriterien (wissenschaftliche, naturgeschichtliche oder landeskundliche Bedeutung, Schönheit und Seltenheit) stimmen Naturschutzgebiete und Naturdenkmäler überein. Die meisten Naturdenkmäler haben keine besondere ökologische Bedeutung im Gesamthaushalt der Natur, abgesehen von Kleingewässern. Eine Zahlenangabe ist nur annähernd möglich, da es keine offiziellen Daten gibt. 35000 Naturdenkmäler, darunter im wesentlichen Einzelbäume, sind in der Bundesrepublik ausgewiesen.

Geschützte Landschaftsbestandteile sind ebenfalls im Bundesnaturschutzgesetz vorgesehen. Darunter können beispielsweise in bestimmten Gebieten der ganze Baumbestand oder alle Hecken fallen.

Naturwaldzellen. Die Forderung, in der Bundesrepublik weitgehend natürliche Waldparzellen auszuweisen, in denen jede Nutzung unterbleibt, ist schon viele Jahrzehnte alt. Bundesweit wurde jedoch erst 1970 begonnen, »Naturwaldreservate«, »Naturwaldzellen« und »Bannwälder« festzulegen, in denen die wissenschaftliche Erforschung der Entwicklungen der Lebensgemeinschaft Wald im Vordergrund steht. Zuwachsraten und Bestandsveränderungen sollen festgestellt werden, ohne daß irgendeine Nutzung die natürliche Entwicklung stört. Die Gebiete sind überwiegend Staatswald. Eine zeitliche Begrenzung des Schutzes gibt es nicht.

Für den Naturschutz, speziell für den Schutz von Waldgebieten und waldbewohnenden gefährdeten Tierarten, hat dieses Programm eine große Bedeutung; der Artenbestand wird regelmäßig kontrolliert. Es sind in der Bundesrepublik etwa 320 Naturwaldreservate ausgewiesen, die zusammen 8700 ha ausmachen. Mit einer durchschnittlichen Größe von 30 ha und einer oft geschützten Lage inmitten größerer Waldungen können dies die Urwälder der Zukunft werden.

Einschränkung. Die verschiedenen Möglichkeiten, einen Schutz auszusprechen, und die große Zahl geschützter Gebiete und Einzelob-

Gesetze, Verordnungen und Übereinkommen zum Naturschutz

Bundesnaturschutzgesetz (1976)
Dieses Gesetz legt die Grundsätze des Naturschutzes und der Landschaftspflege dar, es enthält Ausführungen zu Landschaftsrahmenplänen, Landschaftsplänen, Eingriffen, Verursacherverpflichtung, geschützten Bereichen, Artenschutz, Mitwirkung von Verbänden u.a.

Landschafts- und Naturschutzgesetze der Länder
Sie regeln Einzelheiten.

Bundesartenschutzverordnung (1980)
Darin werden die besonders geschützten Tier- und Pflanzenarten aufgelistet.

Washingtoner Artenschutzabkommen (1973, Bundesgesetz 1975)
Es regelt den internationalen Handel mit gefährdeten Arten freilebender Tiere und Pflanzen.

Eine Bundesverordnung über den Handel mit Tieren und Pflanzen ist in Vorbereitung.

Die vier folgenden internationalen Übereinkommen beziehen sich auf wildlebende Arten und ihre Jahreslebensräume:

Übereinkommen über Feuchtgebiete, insbesondere als Lebensraum für Wat- und Wasservögel, von internationaler Bedeutung (Ramsar/Iran 1971)

EG-Richtlinie über die Erhaltung der wildlebenden Vogelarten (1979)

Übereinkommen zur Erhaltung der wandernden wildlebenden Tierarten (Bonn 1979)

Europäische Konvention zum Schutz freilebender Tiere und Pflanzen und ihrer Lebensräume (1979)

Zugvögel wie diese Wildgänse müssen auf ihrem Weg nach Süden geeignete Rastplätze in Form von Feuchtgebieten finden, was in unserer trockengelegten Landschaft immer schwieriger wird.

jekte können jedoch nicht darüber hinwegtäuschen, daß vielerorts ganz erhebliche Beeinträchtigungen üblich sind und daß sich ein wirksamer Schutz oft nicht durchsetzen läßt. Die Nutzung eines nährstoffarmen Sees mit geschützter Ufervegetation als Badesee, das Kippen von Müll und selbst die bewußte Zerstörung geschützter oder schutzwürdiger Bereiche sind Schädigungen, die immer wieder vorkommen und sogar von den Behörden geduldet werden. Man kommt bei der Suche nach den wahren Ursachen immer wieder zu dem zentralen Problem: Der Naturschutzgedanke ist im Bewußtsein der Bevölkerung gar nicht genügend verankert. Verstöße werden oft nicht einmal als solche empfunden.

Natur aus zweiter Hand

Trotz intensiver Nutzung der Landschaft geschieht es immer wieder, daß ehemals genutzte Gebiete liegenbleiben, man kann fast sagen, vergessen werden. Ein Ziegeleiteich, der durch die Tonentnahme entstanden ist, wird nach dem Schließen der Ziegelei nicht mehr gebraucht, und seine Ufer werden kaum noch betreten. Er wächst am Rande zu, Tiere wandern ein und vermehren sich, und so wird ein kleiner umgrenzter Bereich zum Lebensraum für eine stabile Lebensgemeinschaft. Auch ein Bombentrichter, eine nicht mehr genutzte Viehtränke, eine Kiesgrube, ein aufgegebener Steinbruch, ja sogar ein Stollen eines nicht mehr betriebenen Bergwerkes kann sich zur Lebensstätte für selten gewordene Tierarten entwickeln. »Natur aus zweiter Hand« ist nicht ursprünglich, sie ist nicht geplant und nicht bewußt gestaltet; sie hat sich oft unbemerkt eingestellt und kann fast überall entdeckt werden.

Bei diesen Lebensstätten handelt es sich also nicht um eine Rückeroberung eines von Menschen veränderten Raumes durch die ehemals verdrängte Natur, sondern die verlassenen, früher meist intensiv genutzten Räume lassen ganz neue Lebensgemeinschaften entstehen. Diese Biotope können auch Ersatzstandorte für nicht mehr vorhandene andere Lebensstätten werden. Im Ziegeleiteich siedeln sich Insekten und Krebse, Unken, Molche, Frösche und Kröten an, die andere für sie geeignete und bewohnbare Plätze in der weiteren Umgebung verloren haben. Die allgemeine Trockenlegung der Landschaft und das Zukippen kleiner Tümpel und Weiher lassen den sekundären Feuchtbiotopen einen hohen Stellenwert zukommen.

Auch wassergefüllte Kiesgruben können die Grundlage für eine vielfältige Lebensgemeinschaft werden. Bei ihnen steht jedoch meist schon eine Weiterverwendung fest, sei es als Angelteich oder als Erholungsgebiet. Beide Folgenutzungen verhindern eine ungestörte Entwicklung der Tier- und Pflanzenwelt von See und Ufer.

Durch den großen Bedarf an Sand für den Straßenbau und andere Vorhaben entstehen vielerorts Sandgruben mit Steilwänden. Diese werden gerne von Uferschwalben besiedelt, auch wenn sie nicht am Wasser liegen, denn ihre ursprünglichen Lebensräume, die Abbruchkanten an Flüssen, in die die Schwalben ihre Röhren graben, sind durch Regulierungen und Uferbefestigungen selten geworden. So ist diese Art wie auch die Rauch- und Mehlschwalbe heute wesentlich auf sekundäre Lebensräume angewiesen.

Einen besonders attraktiven Lebensraum für Watvögel stellen Rieselfelder dar, auf die die Städte früher ihre Abwässer geleitet haben. Das Wasser versickerte im durchlässigen Boden und wurde auf diese Weise von allen Schwebstoffen befreit. Dann wurde es in tief gelegenen Gräben aufgefangen und direkt in Bäche und Flüsse geleitet. Auf den Rieselfeldern konnte sich durch die übermäßige Nährstoffzufuhr aus den Abwässern ein reiches Kleintierleben entwickeln: Besonders Würmer, Kleinkrebse und Larven von Insekten vermehrten sich massenhaft. Watvögel suchen diese großflächigen Schlammgebiete im mitteleuropäischen Binnenland gerne als Rastplätze auf, an denen sie sich auf ihrem Zug von Nordeuropa und den Küsten der Nord- und Ostsee zu den Überwinterungsgebieten und zurück bisweilen tage- und wochenlang aufhalten. Strand- und Wasserläufer, Kampfläufer, Kiebitze und Schnepfen können in manchen Rieselfeldern zu Tausenden beobachtet werden.

Nachdem der Bedarf an Rieselflächen nach dem letzten Krieg zunächst erheblich zugenommen hatte und damit Zugvögel, aber auch manche Brutvögel neue Lebensräume fanden, ist durch den Bau von Kläranlagen und das Aufgeben der Rieselflächen dieses Angebot wieder erheblich eingeschränkt worden. Aus Schutzgründen hat man solche Flächen angepachtet und weiterhin künstlich bewässert, um den Zugvögeln geeignete Rastplätze in unseren mehr und mehr trockengelegten Landschaften anzubieten. Watvögel sind bei der Wahl von Rastplätzen nicht starr an bestimmte Feuchtgebiete gebunden. Sie lernen, geeignete Gebiete aufzusuchen, und sie können, wenn sich neue günstige Flächen anbieten, dort schon in wenigen Jahren in großen Zahlen erscheinen.

Bei Steinbrüchen wurde bisweilen nach Abschluß der Arbeiten großer Wert darauf gelegt, sie aufzufüllen und zu bepflanzen. Dabei übersieht man jedoch, daß verlassene Brüche ein Ersatz für nicht mehr vorhandene Felsbiotope und Trockenstandorte sein können. Oft sprechen botanische Gründe, etwa das Vorkommen von Orchideen, dagegen, einen Steinbruch wieder aufzufüllen. Zudem finden hier auch Felsbewohner wie Wanderfalken, Mauereidechsen und Insekten einen Zufluchtsort.

In den Stollen alter Bergwerke überwintern gerne Fledermäuse. Sie finden dort geschützte Plätze, die auch bei sehr niedrigen Außentemperaturen noch frostfrei sind. Teichfledermaus, Wasserfledermaus, Mausohr, Braunes Langohr, Mopsfledermaus und Kleine Hufeisennase zählen zu den Felsfledermäusen. Ihr

Winterquartier muß ungestört, dunkel und zugfrei sein und eine verhältnismäßig hohe Luftfeuchtigkeit aufweisen. Da natürliche große Höhlen gerne von Touristen besucht und wegen der Störungen daher von Fledermäusen gemieden werden, sind die kleinen, versteckt liegenden und vergessenen Stollen zu regelmäßig aufgesuchten Winterquartieren geworden. Die Fledermäuse hängen kopfunter an den Wänden oder versteckt in Ritzen. Wichtig für den Schutz ist, daß die Tiere ungehindert ein- und ausfliegen und Besucher dennoch nicht eindringen können. Am günstigsten ist es wohl, wenn man die Stollen mit Eisengittern verschließt. Auch überwinternde Insekten haben in diesen künstlichen Höhlen einen neuen Lebensraum gefunden: Zackeneule und Wegdornspanner verbringen hier den Winter.

Artenschutz heißt Lebensraumschutz

Ein Schutz gefährdeter Pflanzen- und Tierarten hat nur dann einen Sinn, wenn er den gesamten Lebensraum der betreffenden Art umfaßt und konsequent verfolgt wird. Schutzmaßnahmen dürfen daher nicht an Staats- oder gar Ländergrenzen haltmachen. Sie setzen überdies eine genaue Kenntnis der Bedürfnisse der zu schützenden Art voraus und müssen den Lebensraum, das Nahrungsangebot, gelegentlich aufgesuchte Räume und auch Durchzugs- und Überwinterungsgebiete mit einschließen. Die Schwierigkeiten beim Durchsetzen solcher umfassenden Maßnahmen sind offenkundig, und so finden wir sowohl in der Praxis als auch schon in der Gesetzgebung zum Teil nur recht unvollkommene Bemühungen, was auch darin begründet ist, daß das Wissen um viele Arten noch recht lückenhaft ist.

Dem Schutz und Erhalt bestimmter Arten stehen häufig wirtschaftliche Interessen entgegen, wie die anderweitige Nutzung der Lebensräume durch Land- und Forstwirtschaft, Industrieansiedlung, Wohnungsbau, Erholungsverkehr sowie auch eine Nutzung der Arten durch Bejagung für die Launen der Mode oder sogar aus Gründen, die allein die Vernichtung der Art zum Ziel haben. Aufgrund dieser Interessengegensätze gibt es immer wieder Kontroversen und oftmals nur Kompromisse auf dem Gebiet des Artenschutzes.

Eingriffe in die Landschaft stehen heute an erster Stelle bei der Bedrohung von Arten. Eine direkte Verfolgung spielt hingegen nicht mehr die Rolle wie in den letzten Jahrhunderten, in denen zum Beispiel Biber, Luchs und Uhu aus Deutschland verschwanden. Die Möglichkeiten des Lebensraumschutzes sind allerdings bei einer sehr ausgeprägten Nutzung der Landschaft gering, da das Naturschutzgesetz die ordnungsgemäße land-, forst- und fischereiwirtschaftliche Bodennutzung nicht als einen Eingriff betrachtet (was ökologisch jedoch einen erheblichen Eingriff darstellen kann).

Gesetzliche Regelungen. Nach dem Bundesnaturschutzgesetz ist es grundsätzlich verboten, »ohne vernünftigen Grund wildwachsende Pflanzen zu entnehmen oder zu nutzen oder ihre Bestände niederzuschlagen oder auf sonstige Weise zu verwüsten, wildlebende Tiere mutwillig zu beunruhigen oder ohne vernünftigen Grund zu fangen, zu verletzen oder zu töten«. Zusätzlich sind in der Bundesartenschutzverordnung noch diejenigen Tier- und Pflanzenarten aufgelistet, die eines besonderen Schutzes bedürfen, weil sie äußerst selten oder aber besonders bedroht oder aus anderen Gründen besonders schützenswert sind. Diese sehr umfangreiche Liste wird aber dort, wo die Bestimmung der Arten schwierig ist – zum Beispiel bei Insekten – unpraktikabel. Auch sind ganze Tiergruppen unberücksichtigt geblieben. Ökologische Bedeutung, Seltenheit und Bedrohung bilden die Auswahlkriterien; doch hat man einige an sich durchaus schutzbedürftige Arten nicht aufgeführt, weil man hier offensichtlich dem Kriterium der Durchsetzbarkeit der Schutzbestimmungen Vorrang eingeräumt hat. Nicht aufgenommen wurden alle Arten, die »ausschließlich durch Beeinträchtigung ihres Lebensraumes gefährdet sind«, zum Beispiel durch Gewässerverschmutzung. Das gilt für Fische, Wasserinsekten wie Eintagsfliegen, Steinfliegen, Köcherfliegen sowie Schwämme, viele Schneckenarten und Meeresmuscheln. Hier erweist sich das Gesetz ganz offenkundig als unzulänglich.

Neben dieser Liste mit Gesetzesfunktion sind mehrere ausführliche Artenlisten der gefährdeten Tiere und Pflanzen veröffentlicht worden, sogenannte Rote Listen. Von den verschiedenen Zusammenstellungen, die zum Teil nur beschränkte Artengruppen oder Regionen berücksichtigen, sei hier die Liste der gefährdeten Arten der Bundesrepublik erwähnt. Diese Liste gibt von den Arten, die sich bei uns fortpflanzen, jeweils den Gefährdungsgrad an: ausgestorben oder verschollen, vom Aussterben bedroht, stark gefährdet, gefährdet, potentiell gefährdet; sie berücksichtigt außerdem gefährdete Gäste. Für die Praxis des Naturschutzes haben diese Listen eine große Bedeutung gewonnen.

Ausmaß der Gefährdung von Tier- und Pflanzenarten in der Bundesrepublik

Säugetiere	63% von 86 Arten
Vögel	64% von 316 Arten
Kriechtiere	67% von 12 Arten
Lurche	58% von 19 Arten
Fische und Rundmäuler	30% von 158 Arten
Libellen	55% von 75 Arten
Stechimmen und Goldwespen	39% von 1090 Arten
Geradflügler	34% von 94 Arten
Groß-schmetterlinge	33% von 1410 Arten
Blatt-, Halm- und Holzwespen	26% von 690 Arten
Zehnfüßige Krebse	16% von 61 Arten
Muscheln	15% von 94 Arten
Schnecken	14% von 384 Arten
Von den Pflanzen sind gefährdet:	
Farn- und Blütenpflanzen	21% von 2600 Arten
Flechten	12–35% von 1960 Arten

Gefährdete Arten in der Bundesrepublik. Es gibt Tier- und Pflanzenarten, die in sehr verschiedenartigen Lebensräumen existieren können und die einem sehr breiten Spektrum der einzelnen Umweltfaktoren, wie Temperatur, Licht und Wasser sowie Nahrungsangebot und Feinden, standhalten (euryöke Arten). Ein Beispiel hierfür ist der Haussperling, der in Dörfern, Städten und auf dem Lande, in gemäßigten Zonen Eurasiens, aber auch in der Taiga sowie in subtropischen und tropischen Gebieten vorkommt. Arten mit derartig vielseitigen Anpassungsmöglichkeiten sind in ihrer Gesamtheit nicht gefährdet, selbst wenn sie lokal vernichtet werden.

Gefährdet und daher schutzbedürftig sind hingegen solche Arten, die nur eine geringe Toleranz gegenüber Änderungen von Umweltfaktoren zeigen (stenöke Arten). Man kann solche Arten an einem viel kleineren Verbreitungsgebiet und an ihrer Bindung an sehr gleichförmige Lebensräume und Nahrung erkennen. Die Frage, welche Faktoren für eine Art begrenzend wirken, muß eingehend untersucht werden und läßt sich bisweilen gar nicht eindeutig beantworten. So können niedrige Temperaturen im Winter für bestimmte Entwicklungsstadien (Larven, Puppen) mancher Insekten einen begrenzenden Faktor darstellen, während für die voll entwickelten Tiere im Sommer zum Beispiel das Angebot an Futterpflanzen von Bedeutung ist. Ein Schutz dieser Tier- und Pflanzenarten ist daher nur möglich, wenn keiner der Umweltfaktoren über den jeweiligen Toleranzbereich hinausgeht.

Goldregenpfeifer zum Beispiel sind in Mitteleuropa streng an Hochmoorgebiete gebunden, und ihre Zahl ist daher, entsprechend dem Schwinden der Moore, auf nur noch etwa dreißig Brutpaare in Niedersachsen abgesunken. In der ersten Hälfte des vorigen Jahrhunderts erstreckte sich ihr Brutgebiet dagegen von Belgien und den Niederlanden über West- und Norddeutschland bis Brandenburg, Pommern und Masuren. Drosselrohrsänger und Rohrdommel können nur in bestimmten Lebensräumen brüten, nämlich in ausgedehnten Schilf- und Rohrbeständen, und so hat auch ihr Bestand in Deutschland stark abgenommen.

Stenök sind auch viele Schmetterlingsarten, deren Larven (Raupen) nur an ganz bestimmte Futterpflanzen angepaßt sind: die Raupen des Schwarzen Apollos an den Lerchensporn, die des Hochmoorgelblings an die Rauschbeere, die von Admiral, Kleinem Fuchs und Landkärtchen an die Brennessel. Bei Schmetterlingen erreicht die Verbreitung

Goldregenpfeifer sind in Mitteleuropa heute vom Aussterben bedroht, weil ihnen ihr Lebensraum, die Hochmoore, mehr und mehr entzogen wird.

Unten: Auch unsere heimische Waldschnepfe ist heute in ihrem Bestand gefährdert, und es brauchte dringend internationale Übereinkünfte, um sie wirkungsvoll zu schützen.

also höchstens diejenige der Futterpflanzen ihrer Raupen, und wenn ihre Nahrungspflanzen vernichtet werden, sind auch die Nahrungsspezialisten vom Aussterben bedroht. Das Einschränken von Unkrautvernichtungsmitteln ist deshalb ein wichtiger Schritt zum Schutz bedrohter Insektenarten.

Für Arten mit großem Verbreitungsgebiet und weiten Wanderwegen sind entsprechend großräumige Maßnahmen erforderlich. Inzwischen wurden international die Bemühungen verstärkt, zu einheitlichen Regelungen zu kommen. Allein im Jahre 1979 sind in Deutschland drei Abkommen unterzeichnet worden (→ Infokasten S. 382), die auch den Wanderungen von Tieren Rechnung tragen. Die Wanderungen betreffen überwiegend Vogelarten; von den etwa 380 Arten der neun EG-Staaten wandern etwa achtzig Prozent, und zwar meistens über die nationalen Grenzen hinaus. Die Bonner Konvention von 1979 enthält unter den gefährdeten Arten jedoch keine mitteleuropäischen, sondern lediglich stärker bedrohte Arten anderer Kontinente. Es werden aber zusätzlich Arten genannt, für die wegen der ungünstigen Erhaltungssituation noch internationale Übereinkünfte erforderlich sind. Dies trifft von unseren heimischen Vögeln auf Storch, Schwarzstorch, Löffler, Entenvögel, Greifvögel, Wachtel, Kranich, Regenpfeifer, Schnepfe, Säbelschnäbler, Odinshühnchen und Fliegenschnäpper zu.

Leitgedanke der Ramsar-Konvention von 1950 war es, weltweit Feuchträume, wie Wattgebiete, Binnenseen, Sümpfe und Flußgebiete, zu sichern, die gerade in der jüngsten Vergangenheit ganz erheblich in ihrem Bestand abgenommen haben. Für die Bundesrepublik ist das Abkommen 1976 in Kraft getreten. Es betrifft siebzehn Gebiete von internationaler Bedeutung mit einer Gesamtfläche von 143 000 Hektar: Wattenmeergebiete, Elbauen, Diepholzer Moorniederung, Dümmersee, Steinhuder Meer, Bodensee, Ammersee, Starnberger See, Chiemsee, Rhein-, Donau- und Inngebiete.

Für die Verminderung von Feuchträumen sind hauptsächlich zwei Ursachen verantwortlich: Grundwasserabsenkung durch verstärkte Förderung oder wegen Landbedarfs (Dränage) und Änderung der Wasserqualität. Ausgelöscht sind bei uns inzwischen die Lebensgemeinschaften der großen Ströme, da Industrierückstände und anderer Abfall Flüsse wie Rhein, Main und Weser für viele Fischarten und ihre Nahrung unbewohnbar gemacht haben. Der Rhein transportiert jährlich über 24 Millionen Tonnen Abfallstoffe aus Deutschland heraus. Der Ausbau und die Regulierung vieler Flüsse mit Hilfe von Schleusen haben ebenfalls dazu beigetragen, daß die im vorigen Jahrhundert noch teilweise recht häufigen Fischarten wie Stör, Sterlet, Maifisch, Finte, Wandermuräne, Strömer, Lachs (Salm) und Meerforelle heute nicht mehr oder nur noch extrem selten in unseren Flüssen zu finden sind. Wie schnell ein geeigneter Lebensraum wiederbesiedelt werden kann, zeigte sich am Ende des Zweiten Weltkriegs, als die Qualität des Rheinwassers wegen der zerstörten Industrieanlagen kurzfristig wieder zunahm. Im Jahre 1950 wurden noch über 4300 Kilogramm Lachse gefangen, doch nahm der Bestand schnell wieder ab: 1953 fing man nur noch 30 Kilogramm. Die Gewässerbelastungen lassen sich in Zukunft vielleicht etwas mindern, eine bedeutende Besserung ist jedoch nicht zu erwarten.

Ausgestorbene Arten

Im Zusammenhang mit dem Naturschutz wird Aussterben im allgemeinen als Auslöschen einer Art durch Vernichtung verstanden, sei es durch Feinde, durch Konkurrenten oder durch Zerstörung ihres Lebensraumes. Es ist dabei aber zu unterscheiden zwischen dem weltweiten Verschwinden einer Art und ihrer nur auf bestimmte Gebiete (Landschaften, Länder, Kontinente) beschränkten Vernichtung. Für beides wird in unserem Sprachgebrauch der Begriff Aussterben verwendet. Der Braunbär ist in Deutschland zwar ausgestorben, in anderen Ländern lebt die Art jedoch noch. Hingegen ist die nordamerikanische Wandertaube als Art ausgestorben, denn es gibt von ihr keine lebenden Tiere mehr.

Die meisten Arten, die in den letzten dreihundert Jahren ausgestorben sind, haben Inseln bewohnt. Ursache ihrer Vernichtung war oft der Mensch. Er verfolgte Säugetiere und

Vögel abgelegener Inseln, um frisches Fleisch auf langen Seereisen zu haben, und er führte bei der Besiedlung absichtlich oder unabsichtlich Tiere ein, die als neue Feinde die einheimischen Arten verfolgten oder als Pflanzenfresser die Vegetation ganzer Inseln veränderten und dadurch so mancher heimischen Art Nahrung und Schutzmöglichkeit nahmen. Ganz besonders durch das Einschleppen von Ziegen, Ratten, Hunden und Katzen sind viele Arten von Inseltieren vernichtet worden.

Auf Neuseeland gab es ursprünglich als einzige Säugetiere nur zwei Fledermausarten. Inzwischen haben sich jedoch von den 53 eingeführten Arten 34 weit ausgebreitet und entscheidend auch die Zusammensetzung der übrigen Fauna verändert. Dabei hat eine wichtige Rolle gespielt, daß manche Arten nur sehr kleine Gebiete bewohnt haben, bzw. daß die Gesamtzahl der Individuen einer Art sehr gering war. Auf den Hawaii-Inseln sind auf diese Weise von den 21 Arten der Kleidervögel 8 Arten augestorben; in den letzten 150 Jahren überdies 15 Rallenarten, die ausschließlich Inseln bewohnten. Die in den letzten Jahrhunderten weltweit ausgestorbenen Tierarten gehören überwiegend zu den Vögeln und Säugetieren. Seit 1600 sind 65 Vogelarten ausgestorben. Von den Säugetieren sind in den letzten 200 Jahren 30 bis 50 Arten ausgestorben, darunter 7 Beuteltierarten aus Australien und Neuguinea und 7 Halbaffenarten von Madagaskar.

Viele Tierarten mit kontinentweiter Verbreitung sind regional ausgestorben. Besonders in Mitteleuropa sind infolge von Landschaftsveränderungen Arten verschwunden oder weitgehend verdrängt, die in Osteuropa und Asien noch existieren. Bisweilen sind so auch eigenständige Rassen vernichtet worden. Wenn auch andere Rassen, und damit die Art, noch weiter existieren, so ist dies doch ein schwerwiegender Verlust, da Rassen die Vorstufe zu neuen Arten bilden. So sind Bär, Wolf und Luchs aus Mitteleuropa verschwunden, und der Nerz, einst in Europa weit verbreitet, lebt nur noch in Westfrankreich und Osteuropa.

Die Aussterberate hat in den letzten Jahrhunderten eine Höhe erreicht, wie es sie vorher bei Säugetieren und Vögeln nicht gegeben hat. Aus der Erdgeschichte ist nur noch ein weiterer Zeitraum bekannt, in dem sehr viele Arten ausgestorben sind: An der Wende von der Kreidezeit zum Tertiär (vor etwa 63 Millionen Jahren) verschwanden nicht nur die Saurier, sondern auch viele andere Tiere, wie Ammoniten, Belemniten, bestimmte Meeresmuscheln sowie Einzeller (Foraminiferen), was auf weltweite Änderungen der Lebensräume hindeutet, deren Ursache in kosmischen/geologischen Vorgängen vermutet wird. Damals gab es noch keine Menschen, es existierten erst wenige Vogelarten, und es begann die Zeit der Säugetiere.

Die tiefgreifende Änderung in der Artenzusammensetzung wird als Faunenschnitt bezeichnet. Der Faunenschnitt der letzten vierhundert Jahre wurde wesentlich durch den Menschen verursacht, und es ist unsicher, ob die mit der Zunahme der Erdbevölkerung parallel gehende Artenabnahme gebremst werden kann. Trotz großer Bemühungen ist es nämlich nicht gelungen, das Tempo des Artenschwundes zu verlangsamen. Einige der genannten Arten wird es wahrscheinlich im nächsten Jahrhundert nicht mehr geben. Das steigende Verantwortungsbewußtsein gegenüber der Natur und das wissenschaftliche Interesse werden es andererseits möglich machen, daß manch eine heute bedrohte Art überlebt – wenn vielleicht auch nur mit technischer Hilfe (Umsiedlung, Zoohaltung).

Züchtung gefährdeter Arten und Aussetzungen

Wurde der Sinn zoologischer Gärten früher fast ausschließlich darin gesehen, Attraktionen zu zeigen, die Schaulust zu befriedigen, zur Unterhaltung und Unterweisung beizutragen, so werden heute schon vielerorts Tiere um ihrer selbst willen gehalten, und manche Zoos haben sich sogar schwerpunktmäßig der Zucht seltener Tierarten verschrieben. Sie leisten damit zum Tierschutz und zur Forschung wesentliche Beiträge. Dabei stellt die Zucht extrem seltener Tiere allerdings auch eine erhebliche Attraktion dar.

Die Haltung seltener Tiere in Zoos ist heute nur zu verantworten, wenn der Wildbestand nicht darunter leidet und Möglichkeiten für ihre Vermehrung bestehen. Die Nachfrage nach sehr seltenen Tieren hat zu Höchstpreisen geführt, was wiederum Tierfänger und Tierhändler veranlaßte, rigoros die Wildbestände auszubeuten. Dadurch wurden zum Beispiel Orang-Utans auf Nordsumatra und Borneo erheblich dezimiert. Die Jungtiere wurden gefangen, indem man die Muttertiere abschoß. Viele der gefangenen Tiere starben dann auch noch durch falsche Ernährung. So muß man rechnen, daß für jedes Tier, das in den Handel kommt, sieben Orang-Utans umkommen. Seriöse Tiergärten sind daher übereingekommen, illegal erworbene Orang-Utans nicht mehr zu kaufen. Auch der Kaufstop für seltene Arten soll die Wildbestände schonen. Ob der Verzicht, die sehr stark gefährdeten philippinischen Affenadler anzukaufen, diese noch retten kann, ist allerdings fraglich.

Wildpferde (Przewalskipferde) sind im Westen ihres Verbreitungsgebietes schon seit langem ausgerottet. Im Osten, in der Mongolei, schienen die wenigen wildlebenden Tiere um 1965 ebenfalls ausgestorben zu sein. Doch gab es 1959 in verschiedenen Zoos insgesamt 56 Tiere, mit denen durch planmäßige Züchtung der Bestand vergrößert werden konnte. Auf ähnliche Weise wurde der Wisent gerettet. 1921 wurde der letzte freilebende Wisent gewildert. Von 54 in Zoos lebenden Tieren konnten so viele Nachkommen gezüchtet werden, daß man inzwischen eine Herde im letzten Vorkommensgebiet an der polnisch-russischen Grenze (Urwald von Bialowieza) freilassen konnte. Der heutige Gesamtbestand dürfte zweitausend Tiere übersteigen.

Neben diesen im Freiland weltweit ausgestorbenen Arten werden auch regional verschwundene in Tierparks oder speziellen Gehegeanlagen gezüchtet, um die Nachkommen später wieder aussetzen zu können. In Mitteleuropa sind in verschiedenen Ländern derartige Programme in Angriff genommen worden, zum Beispiel für Kolkrabe, Uhu, Biber, Wanderfalke, Birkhuhn und Luchs. Die größten Schwierigkeiten treten nicht so sehr bei der Zucht auf, sondern eher dabei, die Tiere an das Leben in Freiheit zu gewöhnen und geeignete, ausreichend große Lebensräume für die Ansiedlung zu finden. Daß solche Programme Anlaufzeiten benötigen und daß Rückschläge eintreten, ist bei so schwierigen Unternehmungen nicht verwunderlich. Immerhin hat es neue Uhu-Bruten in Deutschland gegeben, Biber haben sich in Polen vermehrt, und Luchse kommen wieder in Freiheit in der Bundesrepublik, Österreich, der Schweiz und der CSSR vor.

Bei vielen Aussetzungen hat sich gezeigt, daß die Erfolge beträchtlich steigen, wenn mehr Tiere freigelassen werden. In der Bundesrepublik hat man in den letzten Jahren über dreißig Wanderfalken ausgesetzt, in den USA von 1975 bis 1980 sogar 461 Exemplare. Diese haben sich auch schon wieder in der Natur vermehrt. Trotzdem sind die Chancen bei der Arterhaltung größer, wenn man Restbestände sichert, als wenn man Tiere wieder einbürgert. So ist der Fortbestand deutscher Wanderfalken ganz wesentlich durch eine vollkommene Bewachung der Horste zur Brutzeit gesichert worden.

Neueinbürgerung fremder Arten. Bei den beschriebenen Aussetzungen handelte es sich um Wiedereinbürgerungen in Gebieten, in denen die Tiere früher einmal vorkamen. Die Neueinbürgerung fremder Tierarten ist dagegen sehr selten eine Maßnahme zum Artenschutz. Meist ist sie sogar sehr kritisch zu beurteilen und als »Faunenfälschung« abzulehnen. Ebenso bedenklich ist es, wenn andere Rassen eingebürgert und dadurch heimische Rassen verdrängt werden.

Aussetzungen von Tieren hat es in Europa schon seit langem gegeben, vielfach jedoch mit dem Ziel, das jagdbare Wild zu vermehren oder durch sogenannte »Blutauffrischungen« Tiere mit höherem Gewicht oder größeren Trophäen zu bekommen. Die Fülle der Aussetzungen, die nahezu alle jagdbaren Arten betrafen, ist kaum noch zu überschauen, und die ursprünglichen Formen sind weitgehend mit anderen Rassen vermischt. Auf diese Aussetzungen, die nicht aus Gründen des Artenschutzes erfolgten, soll hier nicht näher eingegangen werden. Das Aussetzen von Arten soll einen vergangenen Zustand wiederherstellen. Es ist offenkundig, daß nicht alle ehemaligen Tierarten wieder eingebürgert werden können, da sich vielfach die erforderlichen Lebensräume in ihrer Ausdehnung und Struktur verändert haben. Die ehemaligen Großraubtiere Bär und Wolf lassen sich nicht wieder in der Bundesrepublik aussetzen (das Wolfsrudel in einem umzäunten Gebiet im

Der lukrative Handel mit Tierprodukten (hier: Hörner von Nashörnern) hat schon manche Tierart an den Rand des Aussterbens gebracht. Erst wenn es keine Nachfrage mehr nach derartigen Produkten gibt, wird dieser Art von Verfolgung der Boden entzogen.

Bayerischen Wald bildet eine Ausnahme). Am erfolgreichsten dürften Aussetzungen bei Arten sein, die erst in den letzten 50 bis 150 Jahren verschwunden sind.

Verfolgung und Handel

Die direkte Verfolgung von Tieren muß das ökologische Gleichgewicht nicht notwendigerweise zerstören. Wir kennen viele Beispiele dafür, daß Eingeborenenvölker seit Jahrhunderten oder Jahrtausenden in ihrem Lebensraum jagen, ohne daß die Beutetierarten dezimiert wurden. So haben Eskimo in Alaska und im Norden Kanadas mit herkömmlichen Waffen seit langer Zeit die rentierartigen Karibus gejagt. Durch verbesserte Jagdmethoden, durch die Jagd mit Gewehren, besonders aber durch die Verfolgung mit Motorschlitten, wurden dann jedoch wesentlich mehr Tiere vernichtet, als zur Ernährung der Eskimo notwendig waren. Das Barren-Ground-Karibu ging von der Jahrhundertwende bis 1964 im Bestand von etwa 2,5 Millionen Tieren auf 200000 zurück. Aus der Jagd war zum Teil ein Sport geworden.

Der Rückgang durch direkte Verfolgung ist besonders kraß bei den Walen. Wurde das Hauptprodukt, das Walöl, früher im wesentlichen als Lampenöl benutzt, so hat man in diesem Jahrhundert Methoden entwickelt, das Walöl auch zur Margarineherstellung zu verwenden. Die geringe Fortpflanzungsrate von meist nur einem Jungtier alle zwei Jahre kann die Abschußzahlen nicht ausgleichen. Der Fang von jährlich über 40000 Walen in den antarktischen Gewässern und von den Landstationen aus hat manche Art selten werden lassen. Insgesamt sieben der zwölf Arten von Bartenwalen werden von der Internationalen Naturschutzunion als vom Aussterben bedroht angesehen: Grönlandwal, Nordkaper, Nordpazifik-Glattwal, Südlicher Glattwal, Buckelwal, Finnwal und Blauwal. Bis auf den Finnwal sind diese Arten dann auch durch internationale Abkommen geschützt worden. Der Weltbestand des Blauwals wird auf nur noch fünfhundert bis zweitausend Stück geschätzt. Wenn auch weltweit Wale als Rohstofflieferanten nicht sehr bedeutend sind (etwa zwei Prozent der gesamten Fetterzeugung basiert auf Walöl), so sind Fangbegrenzungen international doch nur schwer durchzusetzen.

In vielen Fällen ist die oft sprunghaft angestiegene Verfolgung auf einen erhöhten Bedarf an Tieren oder deren Produkten zurückzuführen. Dabei ist die tatsächliche Notwendigkeit, besonders wenn modische Aspekte ausschlaggebend sind, oft mehr als zweifelhaft. Reiherfedern als Zierde am Hut waren in früheren Jahrhunderten bei den Herren der höheren Stände beliebt, und die Federn wurden teuer bezahlt. Schon Konrad Gesner berichtet im 16. Jahrhundert in seinem Tierbuch, daß die Bauern die Federn ihren Landesherren abliefern mußten, sich aber auch ganz gerne nebenbei unter der Hand mit dem Sammeln und dem Verkauf der Schmuckfedern Geld verdienten. Für Silberreiher, Seidenreiher und Edelreiher war dieses lokale Sammeln weltweit zunächst noch nicht bedrohlich. Erst als auch die Damenmode die Federn entdeckte, als der internationale Handel aufblühte und als regelrechte Fangexpeditionen weltweit operierten, nahmen überall die Bestände deutlich ab. Der jährliche Fang ging in die Millionen. Auf den großen Federmärkten in London, Paris und New York wurden Reiherfedern zu hohen Preisen gehandelt, im Wert gleich nach Paradiesvogelfedern. Für ein Kilogramm Federn mußten etwa dreihundert große Silberreiher oder tausend kleine Reiher erlegt werden. In den Jahren 1899 bis 1912 wurden aus Argentinien, Brasilien und Venezuela jährlich über tausend Kilo Federn exportiert. Erst ein Umschwung in der Mode und verstärkte Schutzbemühungen haben in diesem Jahrhundert die Bestände der Reiher wieder leicht zunehmen lassen.

Mode und Handel verursachen auch bei Raubkatzen und Reptilien beträchtliche Bestandsrückgänge. Wegen der dekorativen Zeichnungsmuster sind Groß- und Kleinkatzenfelle begehrt. Von Reptilien werden Krokodilleder, Echsenleder und Schlangenleder gewonnen; dabei sind Panzerechsen, Warzenschlange und Riesenschlange die bevorzugten Tiere. Die Bundesrepublik Deutschland gilt als eine der führenden Nationen im Tierhandel. Im Jahre 1979 wurden unter anderem 150000 Felle gefleckter Katzen, 160000 Krokodilhäute, 30000 Pythonschlangenhäute und 130000 Schildkröten importiert. Daneben spielt der Schmuggel noch eine erhebliche Rolle. Da die Nachfrage wesentlich das Angebot bestimmt und damit Ursache für den Artenrückgang durch Fang, aber auch illegalen Handel und Wilddieberei ist, kann nur eine Änderung der Bedürfnisse eine Wende bringen, wie es bei den weißen Reiherarten schon einmal der Fall war. Ein praktikabler Weg ist die Herstellung synthetischer Felle, die in Färbungsmuster, Haardichte, -länge,

1

2

3

4

5

Durch Modelaunen bedroht

Weich, wärmend, schmeichelnd, exotisch gezeichnet, von dauerhafter Eleganz und teuer: So soll das Material sein, aus dem die Modezaren die Träume der Damen von Welt schneidern. Da ist das Fell des Tigers (1) gerade recht, obwohl er bis auf rund 2000 Exemplare heruntergeschossen wurde und man heute mühsam versucht, ihn zu retten. Noch schmeichelnder sind Pelzmäntel aus Ozelot (2) und Leopard (3), denen ein zweifelhafter Ehrenplatz auf der Liste vom Aussterben bedrohter Arten gewiß ist. Das gilt auch für den Gepard (6), den schnellsten Jäger unter den Säugetieren. Im Freiland noch kaum erforscht, steht der Schneeleopard (4) schon auf dem Aussterbe-Etat, weil sich sein Fell geradezu herausfordernd dem Couturier aufdrängt. Alle bisher genannten Arten stehen unter dem offiziellen Schirm des Washingtoner Artenschutzabkommens, aber noch immer sieht die Praxis anders aus: Schneeleopardenmäntel für über 100000 DM stehen in den Modezentren der Welt zum Verkauf. Auch das dauerhaft gerbbare Glanzleder der Krokodile (5) und das weniger haltbare der Pythonen (Netzschlangen, 7) haben zu erbarmungslosen Ausrottungsjagden Anlaß gegeben, während die Seidenreiher (8) ihre Schmuckfedern, weil aus der Mode, seit einiger Zeit wieder ungefährdeter zum eigenen Bedarf tragen dürfen.

6

7

8

-stärke und -festigkeit echten Fellen so sehr ähneln, daß sie – auch durch den Preis – gute Alternativen darstellen.

Gesetzliche Regelungen. Der Handel mit gefährdeten Tieren wird durch das Washingtoner Artenschutzabkommen geregelt. Bisher haben 68 Länder das Abkommen unterzeichnet und sich damit besonderen Bestimmungen für Import und Export unterworfen. Die im Anhang I genannten stark bedrohten Arten dürfen nur in Ausnahmefällen gehandelt werden; es ist eine Kontrolle des Ausfuhr- und des Einfuhrstaates vorgesehen. Für Tiere der im Anhang II aufgeführten Arten ist bei der Einfuhr nur eine Genehmigung des exportierenden Landes vorzulegen, die bisweilen nur schwer auf inhaltliche Richtigkeit überprüft werden kann. Zudem ist die Kontrolle von ca. 50000 Tier- und Pflanzenarten allein aufgrund mangelnder Kenntnisse bei den Zollbehörden nicht wirkungsvoll durchführbar. Einen Schwachpunkt bildet auch die EG-Klausel, nach der keine Kontrolle im Handel mit den Staaten der Europäischen Gemeinschaft erfolgt, die dem Abkommen beigetreten sind (England, Frankreich, Dänemark, Italien). Wie wenig wirkungsvoll das Abkommen sein kann, ist auch daraus ersichtlich, daß die oben genannten immensen Importe in die Bundesrepublik weiterhin möglich sind, obwohl von 21 Krokodilarten 14 Arten und 2 Rassen im Anhang I, alle übrigen Arten und Rassen im Anhang II aufgeführt sind. Auch sämtliche Arten von Riesenschlangen (Pythons und Boas) und Katzen gehören den Anhängen I oder II an.

Naturschutz und Jagd

Auch die Jagd stellt in unseren Kulturlandschaften einen erheblichen Eingriff in Lebensräume und Artenbestand dar. Sämtliche wildlebenden Tiere werden bei uns in jagdbare (dem Jagdgesetz unterstehende) und nicht jagdbare Arten (dem Naturschutzgesetz unterstehende) eingeteilt. Diese Einteilung ist historisch bedingt: Ursprünglich haben biologische und ökologische Gesichtspunkte keinerlei Rolle gespielt; bejagt wurde alles, was als schädlich angesehen wurde oder was zur Ernährung genutzt werden konnte. Vorstellungen des Artenschutzes haben sich erst viel später entwickelt.

Die heute in der Bundesrepublik gültige Einteilung (→ Infokasten rechts) leitet sich also aus Gewohnheiten und Rechten her und ist daher auch, besonders im Zuge des zunehmenden öffentlichen Interesses am Artenschutz, einem Wandel unterworfen. Die Gründe für das Streichen von Arten aus den Jagdgesetzen können darin bestehen, daß manche Arten nicht mehr wildlebend vorkommen, daß kein jagdliches Interesse mehr besteht oder daß im Hinblick auf Bestandsrückgänge und den Artenschutz die Unterstellung unter das Naturschutzgesetz geboten erscheint. So führte das Reichsjagdgesetz von 1934 noch Braunbär, Pelikan, Eule, Seeschwalbe, Sturmvogel und Weißstorch als jagdbare Tiere auf, die dann aber nicht mehr in das Bundesjagdgesetz von 1952 und 1961 aufgenommen wurden. Dieses enthielt jedoch als neue Arten die Wiesel und die Alkenvögel. Fünfzehn Jahre später wurde dann im heute noch gültigen Bundesjagdgesetz von 1976 eine Reihe von Tierarten aus der Liste der jagdbaren Tiere gestrichen: Biber, Nerz, Steinhuhn, Rallen mit Ausnahme des Bläßhuhns, Schnepfen bis auf die Waldschnepfe, Regenpfeifer, Triel, Kranich, Alken, Kormoran, Schwarzstorch, Löffler, Reiher bis auf den Graureiher, Rohrdommel, Zwergtrappe und Drossel. Es sind dies alles Arten, bei denen vor allem eine Änderung des Lebensraumes zu zahlenmäßig so geringen Beständen geführt hat, daß eine zusätzliche Bejagung eine ernsthafte Bedrohung für ihr Überleben im Bereich der Bundesrepublik darstellen würde. So bestehen zum Beispiel die Brutpopulationen von Kranich und Schwarzstorch nur noch aus wenigen Paaren.

Ein Schutz seltener wildlebender Arten kann auch dadurch gewährleistet sein, daß die Tiere eine mehr oder minder lange Schonzeit genießen, in der keine Bejagung stattfindet. So sind für viele Arten Jagd- und Schonzeiten festgelegt, die dem Fortpflanzungsverhalten der Tiere und dem Erhalt des Bestandes Rechnung tragen. Aus diesem Grund wird eine Reihe von Arten sogar ganzjährig von der Jagd verschont. Für viele Huftierarten werden außerdem aus der Kenntnis des Bestandes und der Bevölkerungsstruktur jährliche Abschußzahlen festgelegt, um einerseits eine Überjagung und andererseits eine zu hohe Wilddichte zu vermeiden.

Von allen in der Bundesrepublik vorkommenden Säugetierarten (80 bis 90) sind 23 jagdbar. Viele Arten, ja sogar ganze Ordnungen, sind jedoch für die Jagd uninteressant oder seit langem geschützt, so zum Beispiel alle Fledermäuse, alle kleineren Nagetiere und Spitzmäuse. Von den Raubtieren und Huftieren sind hingegen alle heimischen Arten jagdbar.

Auch von den Vögeln sind heute manche Ordnungen ganz oder überwiegend von der Jagd ausgeschlossen. Insgesamt ist von 320 heimischen Arten (Brutvögel, Durchzügler und Überwinterer) knapp ein Viertel jagdbar (73 Arten). Während von den Singvögeln nur eine von 120 Arten dem Jagdgesetz unterliegt, nämlich der Kolkrabe, zählen von manchen anderen Ordnungen alle oder fast alle Arten zum jagdbaren Wild: Hühner, Tauben, Gänse, Enten, Säger, Möwen und Greifvögel. Für 28 dieser Arten gelten allerdings laut Bundesverordnung bestimmte Jagd- und Schonzeiten, während die übrigen Arten, darunter die Greifvögel, sogar ganzjährig geschont werden.

Der heutigen Jagd liegt neben einer starken traditionellen Bindung auch eine sportliche Note zugrunde. Der wirtschaftliche Wert der Jagdstrecken (zur Strecke gebrachtes Wild) ist, obwohl er 150 Millionen DM im Jahr übersteigt, gesamtwirtschaftlich nicht bedeutend, wenn man zum Vergleich den Wert landwirtschaftlicher Viehzucht heranzieht.

Ebenso wie Land- und Forstwirtschaft und wie die Nutzung von Bodenschätzen und Grundwasser muß auch die Jagd nach ökologischen Kriterien beurteilt werden. Sowohl das Bundesjagdgesetz als auch das Bundesnaturschutzgesetz erkennen Nutzung und ökologische Prinzipien gleichermaßen an:

»Mit dem Jagdrecht ist die Pflicht zur Hege verbunden. Die Hege hat zum Ziel die Erhaltung eines den landschaftlichen und landeskulturellen Verhältnissen angepaßten artenreichen und gesunden Wildbestandes sowie die Pflege und Sicherung seiner Lebensgrundlagen.« (Bundesjagdgesetz)

»Natur und Landschaft sind ... so zu schützen, zu pflegen und zu entwickeln, daß die Leistungsfähigkeit des Naturhaushalts, die Nutzungsfähigkeit der Naturgüter, die Pflanzen- und Tierwelt sowie die Vielfalt, Eigenart und Schönheit von Natur und Landschaft ... nachhaltig gesichert sind.« (Bundesnaturschutzgesetz)

Wenn es in der Vergangenheit immer wieder zu Konflikten zwischen Naturschützern und Jägern gekommen ist und in Zukunft auch wohl noch kommen wird, so liegt das

Jagdbare Tiere in der Bundesrepublik

Wisent	Seehund
Elchwild	Rebhuhn
Rotwild	Fasan
Damwild	Wachtel
Sikawild	Auerwild
Rehwild	Birkwild
Gamswild	Rackelwild
Steinwild	Haselwild
Muffelwild	Alpenschneehuhn
Schwarzwild	Wildtruthuhn
Feldhase	Wildtauben (4 Arten)*
Schneehase	Höckerschwan (7 Arten)*
Wildkaninchen	Wildgänse (17 Arten)*
Murmeltier	Wildenten
Wildkatze	Säger (3 Arten)
Luchs	Waldschnepfe
Fuchs	Bläßhuhn
Steinmarder	Möwen (7 Arten)*
Baummarder	Haubentaucher
Iltis	Großtrappe
Hermelin	Graureiher
Mauswiesel	Greifvögel (19 Arten)*
Dachs	Kolkrabe
Fischotter	

Die Bundesländer können für ihren Bereich weitere Tierarten bestimmen, die dem Jagdrecht unterliegen. Zur Zeit gehören dazu:

Nutria	Wolf
Waschbär	Bär
Marderhund	

* Es sind nur deutsche Brutvögel, ferner regelmäßig, wenn auch selten vorkommende Durchzügler und Wintergäste erfaßt; keine Irrgäste.

nicht daran, daß eine Nutzung generell in Frage gestellt wird, sondern daran, daß die Grenzen der Nutzung von den verschiedenen Interessenvertretern unterschiedlich weit gesteckt werden.

Jagdbare Tierarten bilden einen Bestandteil in einem natürlichen oder naturnahen Lebensraum. Sie unterliegen wie alle Lebewesen den wechselseitigen natürlichen Einflüssen in ihrem Lebensraum, dazu jedoch auch noch dem regulierenden Eingriff des Menschen. Das Aussetzen von Tieren, Hege und Abschuß stellen erhebliche Eingriffe in Lebensräume dar. Eine verantwortungsvoll betriebene Jagd muß sich mit ihren Auswirkungen auseinandersetzen und kann dann auch aus ökologischer Sicht durchaus vertretbar sein.

Bestandsrückgänge beim Niederwild. Mit den Fragen, wie stark die Greifvögel, besonders Habicht und Mäusebussard, die für die Jagd interessanten Niederwildarten Hase, Fasan und Rebhuhn in ihrem Bestand verringern können, haben sich Naturschützer und Jäger lange auseinandergesetzt. Seit einigen Jahren genießen alle Greifvögel in der Bundesrepublik wegen ihres deutlichen Bestandsrückganges ganzjährigen Schutz, woraufhin ihre Zahl inzwischen wieder zugenommen hat. Gleichzeitig nahm allerdings das Niederwild in der gesamten Bundesrepublik ab. Beide Trends wurden in vereinfachender Weise in ursächlichen Zusammenhang gebracht. Betrachtet man die Bestandsänderungen der einzelnen Räuber- und Beutetierarten jedoch genauer und berücksichtigt noch möglichst viele andere Faktoren, die die Zu- oder Abnahmen im Bestand beider Wildtiergruppen bedingen können, so zeigt sich, daß es so einfache Abhängigkeiten nicht gibt.

So haben die Bestände verschiedener Niederwildarten schon vor dem Aussetzen der Jagd auf Greifvögel abgenommen. Diese Abnahme hat sich dann mit dem Anwachsen der Greifvogelbestände fortgesetzt. Für den Rückgang des Niederwildes waren also sicherlich auch noch andere Faktoren als die Zunahme der Greifvögel verantwortlich, wie niederschlagsreiche, kühle Witterung während der Schlüpfzeiten von Fasan und Rebhuhn, Sommerregenperioden und Infektionen (Kokzidiosen) bei Hasen, Flurbereinigungsmaßnahmen (Verlust von Deckung durch Beseitigung von Feldrainen und Büschen), Einsatz von Unkraut- und Schädlingsbekämpfungsmitteln (Verlust pflanzlicher und tierischer Nahrung). Junge Rebhühner ernähren sich zum Beispiel in den ersten drei Wochen ihres Lebens zu achtzig bis neunzig Prozent von kleinen Tieren, insbesondere Ameisen, kleinen Käfern, Schmetterlingsraupen und Zikaden, und die Sommernahrung erwachsener Rebhühner kann bis fast zur Hälfte aus Insekten und Unkrautsamen bestehen. Die chemische Vernichtung von Insekten und Unkräutern auf bewirtschafteten Flächen und Randzonen entzieht den Rebhühnern ihre Nahrungsgrundlage und bewirkt damit einen Bestandsrückgang. Für England ist der Zusammenhang zwischen der Abnahme des Rebhuhnbestandes und der Anwendung von Schädlingsbekämpfungsmitteln in der Landwirtschaft nachgewiesen, und auch bei uns ist dieser Faktor zweifellos von Bedeutung. Die jahrelang beobachtete große Zahl an Rebhühnern und die darauf folgende Bestandsabnahme in den letzten Jahren sprechen gegen einen natürlichen periodischen Vorgang. In Dänemark nahm die Jagdstrecke an Rebhühnern innerhalb von zwanzig Jahren von rund 35000 (1950) auf rund 5000 (1970) ab. Auch die Angaben aus der CSSR, nach denen der Bestand von 5 bis 6 Millionen Rebhühnern (1935) auf 2,5 Millionen (1955) und schließlich auf 400000 (1963) zurückging, weisen darauf hin, daß in anderen Ländern dieselben Probleme auftreten.

Aus verschiedenen Untersuchungen ist bekannt, daß die Zahl der Beutetiere den Raubtierbestand reguliert: Auf Mäusejahre folgen Eulenjahre. Eine Regulation der Beutetiere durch Räuber scheint hingegen seltener vorzukommen, sie tritt jedoch auf, wenn die Beutetiere in einem Lebensraum so zahlreich werden, daß sie nicht mehr genügend Deckung finden, oder aber wenn Deckungsmöglichkeiten vernichtet werden. Dann fallen etliche Tiere den Räubern zum Opfer, und der Bestand geht zurück. Ein an die vorhandene Deckung angepaßter Bestand wird jedoch durch eine größere Anzahl von Räubern nicht weiter vermindert.

Um größere Niederwildbestände zu erhalten, müßte man also die Verhältnisse des Lebensraumes vielerorts verbessern, oder man müßte die Räuber ganz erheblich dezimieren oder gar total vernichten. Die letztgenannte Alternative einer feindfreien Wildtierhaltung hat dann aber mit einem natürlichen Gleichgewicht nichts mehr zu tun. Sie stellt allerdings eine Möglichkeit dar, wie die großen Schalenwildarten (Rotwild, Damwild, Rehwild, Schwarzwild) zeigen, die bei uns ohne die ursprünglich vorhandenen Großraubtiere leben und in ihrem Bestand im wesentlichen durch den Menschen reguliert werden. Zur Zeit wird diese Alternative jedoch für das Niederwild nicht ernsthaft diskutiert, denn Greifvögel und Raubtiere gehören ebenso in die Kulturlandschaft wie Fasan oder Hase. Hingegen kommt der Lebensraumverbesserung entscheidende Bedeutung zu.

Die Aussetzung neuer Arten kann erhebliche Probleme mit sich bringen, wenn diese die vorhandenen Lebensräume besonders gut nutzen und sich dadurch stark vermehren oder durch verstärkte Hegemaßnahmen große Bestände entwickeln. So hat man die Zunahme des Waschbären aufgrund seiner großen Anpassungsfähigkeit nicht vorhergesehen. Inzwischen hat sich der Bestand in der Bundesrepublik seit der ersten Aussetzung 1945 auf 50000 bis 70000 Tiere vergrößert. Die Art wird jetzt als Raubwild, das Niederwildarten nachstellt, in verstärktem Maße bejagt. Auch die zwischenartliche Konkurrenz kann in diesem Zusammenhang von Bedeutung sein, wenn eine neue Art den Lebensraum in gleicher Weise wie eine bereits vorhandene Art nutzt. Es kann nicht ohne Wirkung auf andere Arten bleiben, wenn zum Beispiel der Bestand des Fasans, der sich (nach den Jagdstrecken) von 1936 bis 1962 nur wenig veränderte, bis Mitte der 70er Jahre plötzlich auf das Dreifache anstieg. Leider fehlen vielerorts ökologische Untersuchungen, die Aussetzungen und Hegemaßnahmen begleiten und über mögliche Folgen Aufschluß geben.

Regulierung der Bestandsdichte. Für eine Reihe von Wildarten werden nach den Bestandsangaben Abschußpläne angefertigt, durch die eine aus der Sicht der Jäger optimale Bestandsdichte einreguliert werden soll. Zu geringe Wilddichten werden bei unserem System der Jagd in Jagdbezirken nicht den Interessen der Jäger gerecht. Außerdem ist bei geringen Stückzahlen die Chance geringer, Tiere mit besonders schönen Trophäen zu erbeuten. Zu große Wilddichten sind andererseits ökologisch oft nicht vertretbar, weil sie zu forst- und landwirtschaftlichen Schäden führen. Wo die goldene Mitte liegt, ist von Art zu Art und regional verschieden.

Buchwald, K. und Engelhardt, W. (Hrsg.): *Landschaftspflege und Naturschutz in der Praxis,* München 1977. – Systematische Darstellung unter besonderer Berücksichtigung von Pflege und Planung.

Grzimek, B. (Hrsg.): *Tierleben, Ergänzungsband. Unsere Umwelt als Lebensraum,* München 1978. – Umfangreiche Darstellung ökologischer Zusammenhänge.

Jahrbuch für Naturschutz und Landschaftspflege, Bonn. – Erscheint jährlich mit Referaten von Fachtagungen, die sich besonderen Themen widmen.

Milne, L. J. und M. M.: *Das Gleichgewicht in der Natur,* Hamburg 1965. – Verständliche Darstellung ökologischer Zusammenhänge anhand von Einzelbeispielen.

Natur und Landschaft. Zeitschrift für Umweltschutz und Landespflege, Stuttgart. – Erscheint monatlich mit Informationen und kritischen Wertungen.

Olschowy, G.: *Natur- und Umweltschutz in der Bundesrepublik Deutschland,* Hamburg 1978. – Ein umfassendes Handbuch, das viele Einzelheiten enthält.

Schuhmacher, E.: *Die letzten Paradiese,* Gütersloh 1972. – Fotos seltener Tierarten und Darstellung ihrer Verbreitung und Gefährdung.

Ziswiler, V.: *Bedrohte und ausgerottete Tiere,* Berlin 1965. – Übersicht über die in historischer Zeit vernichteten Wirbeltierarten.

Für Rebhühner wurden früher (um 1950) Bestandsdichten von etwa hundert Brutpaaren je Quadratkilometer in Dänemark, der CSSR und England ermittelt (allerdings in den besten Rebhuhngebieten). Die jetzigen Bestände umfassen zum Teil weniger als ein Paar je Quadratkilometer. Zu hohe Dichten und damit verbundene Schäden gibt es nicht. Beim Rehwild werden hingegen Bestandsdichten von vier bis zehn Stück je Quadratkilometer jagdwissenschaftlich empfohlen. Es gibt jedoch örtlich Populationen mit bis zu zwanzig Stück je Quadratkilometer.

Einheitliche Jagdregelungen sind nötig. Da für wildlebende Tierarten weder Länder- noch Staatengrenzen existieren, kommt den Bemühungen um einheitliche Jagdregelungen große Bedeutung zu. Zur Zeit ist es jedoch so, daß die für die Bundesrepublik in einer Verordnung angegebenen Jagdzeiten von den Länderregierungen abgeändert werden können. In den meisten Fällen der Abweichung von der Bundesverordnung sind die Jagdzeiten allerdings eingeengt, oder es wird für bestimmte Arten gar eine ganzjährige Schonzeit angeordnet. Dadurch kann es geschehen, daß in einem Bundesland eine Art bejagt, im Nachbarland dagegen geschont wird. So betrug die Jagdstrecke an Dachsen 1979/80 in Bayern und in Baden-Württemberg 4280 Stück (83 Prozent der Bundesstrecke), während die Art im angrenzenden Hessen und in der DDR ganzjährig geschont wird. Gänse (Bläß- und Saatgans) an der Nordseeküste werden in Holland bejagt (vom 1. 9. bis 31. 1.), in Niedersachsen geschont, in Schleswig-Holstein (vom 1. 11. bis 15. 1.) und in Dänemark (vom 1. 8. bis 31. 12.) wiederum bejagt. Während in der Bundesrepublik keine Schnepfen (mit Ausnahme der Waldschnepfe) und keine Regenpfeifer zum jagdbaren Wild gehören, dürfen in den Niederlanden Bekassinen und Goldregenpfeifer, in Dänemark Austernfischer, Regenpfeifer, Brachvögel, Ufer- und Pfuhlschnepfen, Rotschenkel, Bekassinen und Waldschnepfen gejagt werden. In Dänemark sind Wasservögel generell einer intensiven Bejagung ausgesetzt. Es wäre sicherlich sinnvoller, wenn aufgrund ausführlicher Bestandserhebungen auf ökologischer Basis großräumig eine Einheitlichkeit erzielt würde, als wenn Vogelarten abwechselnd Schutz- und Jagdgebiete durchwandern. Neben möglichen regionalen Unterschieden in der Landesstruktur und in der Häufigkeit der Arten spielt auch das Durchsetzungsvermögen verschiedener Interessengruppen eine erhebliche Rolle beim Erlaß der Verordnungen.

Bei den wandernden Tierarten, deren Zugwege erblich festgelegt sind, kann es zu beträchtlichen Bestandsabnahmen führen, wenn sie auf ihren Wanderungen durch Gebiete ziehen, in denen eine Jagd ohne Beschränkung möglich ist. Der in den dreißiger Jahren festgestellte Rückgang der Ringelgans (Branta b. bernicla – dunkelhäutige Rasse) mag verschiedene Ursachen gehabt haben. Offenbar hat aber die Bejagung der Art in ihrem Winterquartier eine erneute Zunahme des Bestandes verhindert. Erst nachdem man die Jagd in Teilen des Überwinterungsgebietes eingestellt hat (in Dänemark 1972, in Schleswig-Holstein darf die Art hingegen noch immer bejagt werden), stieg die Zahl, die noch in den sechziger Jahren bei nur etwa 20000 lag, auf 170000 (1979/80) an.

Die Bedeutung der Jagd für den Naturschutz wird oft unterschätzt, weil in der Vergangenheit gegensätzliche Ansichten zwischen Naturschützern und Jägern zu sehr in den Vordergrund gerückt wurden. Auch wenn Biologen heute eine Unterscheidung von Raubwild, das intensiv zu bejagen ist, und Friedwild aus ihrer Kenntnis ökologischer Zusammenhänge nicht gutheißen können, bleibt doch als wesentliche Gemeinsamkeit zwischen beiden Gruppen die Forderung nach dem Erhalt natürlicher Lebensräume. Dieses Anliegen wird zu weiteren gemeinsamen Bemühungen führen. Die lange währende Tradition der Jagd hat hier bereits vieles geschaffen, auf das der Naturschutz zurückgreifen konnte: Alte Wildschutzgebiete, in denen andere Nutzungen nicht erlaubt waren, sind heute wichtige Naturschutzgebiete.

Register

Halbfett gesetzte Ziffern sollen bei umfangreicheren Themen die Auffindung ausführlicherer Darstellung erleichtern. *Kursive* Ziffern verweisen auf Abbildungen.

A

B

C

L

M

N

Abbildungsnachweis

Farbe: Prof. Dr. Rudolf Altevogt, Münster (6); Toni Angermayer, Holzkirchen/Tierpark Hellabrunn (24) – Elfner (1) – Köster (3) – Mönch (1) – Pfletschinger (38) – Reinhard (6) – Ziesler (15); Animal Photography Ltd., Sally Anne Thompson, London (24); Animals Animals, New York – Austermann (1) – Nees (1); Arbeitsgemeinschaft Astrofotografie, Neustadt (1); Archiv für Kunst und Geschichte, Berlin (2); Archiv für Naturfotografie, Dr. F. Sauer, Karlsfeld (1); ARDEA, London (1) – Bailey (1) – Berirand (1) – Beste (1) – Bomford (3) – Dossenbach (1) – Fatras (2) – Gohier (1) – Vam Grulse (1) – Haagner (1) – Jink (1) – Mason (2) – Morris (1) – Swedberg (1) – Steyn (1) – Taylor (3) – Urry (1) – Warren (1); Peter Arnold Inc., New York – Fuller (1) – Krasemann (2) – Mathis (1) – NASA (1) – Smith (1); Atlas Photo, Paris – LAUROS (1); Dr. Wolf Bartmann, Dortmund (1); Bavaria-Verlag, Gauting – Thau (1); Helmut Bechtel, Düsseldorf (1); Bertelsmann, New York (1); The British Museum, London (1); Arthur Christiansen, Kopenhagen (3); Bruce Coleman, Uxbridge – Bartlett (2) – Boulton (2) – Brownlie (1) – Burton (11) – Calhoun (1) – Camphell (1) – Coates (1) – Compost (1) – Chrichton (1) – Davey (1) – Deane (1) – Duscher (1) – Fogden (3) – Foott (2) – Green (1) – Hughes (1) – Langsbury (1) – Laubscher (1) – Lightfoot (1) – Lyon (1) – Masao Kawai, Orion Press (1) – Murton (1) – NASA (1) – Orion Press/Tsutomu Tsutsui (1) – Ott (1) – Power (1) – Reinhard (1) – Rue (1) – Sauer (2) – Soper (1) – Thompson/Lane (1) – Williams (1) – Wilmshurst (1) – Wood (2); Ben Cropp, Main Beach (1); Naturkundliches Bildarchiv, Dr. E. und H. de Cuveland, Norderstedt (1); M. Danegger, Überlingen (4); Wedigo Ferchland, Varde – Pedersen (1); Dr. Georg Gerster, Zumikon (1); Globe Photos, New York – Hewitt (1); Dr. K. E. Graebner, Kirchberg (2); Greven, Paderborn (7); Gruner + Jahr AG + Co. Syndication, München – Röhrig (1); Dr. R. Hauff, Holzminden (1); Dr. Arnim Haße, Berlin (2); Dr. Joachim Haupt, Berlin (2); Jacana, Paris – Arthus-Bertrand (1) – Ducrot (1) – Ross (1) – Varin (1); Institut für wissenschaftliche Fotografie, Manfred Kage, Weissenstein (9); Jürg Klages, Zürich (2); Dr. Rudolf König, Kiel (4); Prof. Dr. Ernst Kullmann, Köln (1); Bertelsmann LEXIKOTHEK Verlag GmbH, Gütersloh (3); Franz-Karl von Linden, Waldsee (1); Aldo Margiocco, Campomorone (4); Bildagentur Mauritius, Mittenwald – Bach (1) – Photri (1) – Reimer (1) – Reinhard (3) – Skobe (1) – Stock (1); Dr. Giuseppe Mazza, Monte Carlo (21) Museum Holzmaden, Dr. B. Hauff, Holzmaden (1); Johannes Nautsch, Greven (1) Oxford Scientific Films, Oxford (8) – Balton (1) – Cooke (3) – Dalton (2) – Milne (1 – Morris (1) – Parks (4); Klaus Paysan, Stuttgart (4); Johannes Piechatzek, Köln (2) Dr. Eckart Pott, Stuttgart (6); Georg Quedens, Norddorf (9); Rapho, Paris – Silveste (1); Reinhard-Tierphoto, Heiligkreuzsteinach (3); roebild, Frankfurt (8) – Fingerlin (1) – Müller (9) – Philipp (1) – Schindler (1); Dr. Götz Ruempler, Münster (1); Bildarchiv Sammer, Neuenkirchen (1); SCALA, Antella (1); Myron E. Scott, Centerville Ohio (1); Seaphot/Planet Earth Pictures, Bristol (4); Shostal Associated Inc., New York (1); Heinz Sielmann-Produktion, München (2); Silvestris, Jürgen Lindenburger, Kastl – Bandelin (1) – Gerlach (1) – Höfels (1) – Maas (1) – Maier (1) – Meyer (1) – Traub (1) – Walz (1); Susanne Schapowalow, Hamburg (1); Staatl. Museum fü Naturkunde, Stuttgart (2); STERN Syndication, Hamburg – Heintges (2); Will Stüer, Herzebrock (4); Tierbilder Okapia, Frankfurt (2) – Myers (1) – Root (4) Time/Life, New York (2); Transglobe Agency/Image Bank, Hamburg – Lankiner (2); Elisabeth Weiland, Zollikon (7); ZEFA, Düsseldorf – Fahrner (1) – Groendal (1 – Heilmann (1) – Kratz (1) – Layer (2) – Leidmann (1) – M.S. (1) – Park (1) – Phot Researchers-Noonan (1) – P.I.P. photos (1) – Schupe (1) – Stoy (1) – Thau (1) – Ziesler (2); Werner Zepf, Bregenz (16).

Schwarzweiß: Prof. Dr. Rudolf Altevogt, Münster (8); Bayerische Staatsbibliothek München (1); Dr. Werner Bottke, Zoolog. Inst. der Universität, Münster (1); dpa Düsseldorf (1); Deutsches Museum, München (1); F. Fabbri Editori, Mailand (1) Prof. Dr. L. Franzisket, Landesmuseum für Naturkunde, Münster (1); Globe Photos New York – Hewitt (1); Greven, Paderborn (2); Historia-Photo, Hamburg (1); Bertelsmann LEXIKOTHEK Verlag GmbH, Gütersloh (1); Musterschmidt Verlag, Göttingen – Tinbergen (1); Philips, Hamburg (1); Paul Popper Ltd., London (1); Prof. B Rensch, Zoolog. Inst., Münster (1); STERN Syndication, Hamburg – Carp (1) – Seeliger (2) – Ullal (1).

DIE GROSSE BERTELSMANN-LEXIKOTHEK®
Ein neuer Weg zu mehr Wissen und Bildung
– Drei Dimensionen der Informationsvermittlung –

DIE GROSSE BERTELSMANN-LEXIKOTHEK ist heute das umfangreichste, auch hohe Ansprüche erfüllende Nachschlagewerk in deutscher Sprache und gehört zu den international anerkannten großen Enzyklopädien der Welt.

Dieses völlig neu entwickelte Informations- und Bildungssystem umfaßt ein aktuelles *Lexikon von A–Z*, eine Reihe von *Themabänden* zu allen wesentlichen Wissensgebieten und mit den *Phonobänden* eine auch hörbare Darstellung der Zeitgeschichte in Tondokumenten. Ein umfangreicher *Weltatlas* in modernster kartographischer Darstellung rundet das System ab.
Diese Kombination ermöglicht es, sowohl lexikalisches Detailwissen als auch weiterführendes thematisches Zusammenhangwissen im Rahmen eines einzigen Werkes darzustellen.

DIE GROSSE BERTELSMANN-LEXIKOTHEK bietet somit lexikalisch wie auch enzyklopädisch in reicher Auswahl sowie in graphisch modern gestalteter Form das Wissen unserer Zeit und ist eine Informations- und Arbeitsbibliothek mit hohem Nutzeffekt für jedermann, wobei die Visualisierung von besonderem didaktisch-pädagogischem Wert ist.

DIE GROSSE BERTELSMANN-LEXIKOTHEK bietet – zusammen mit dem *Auskunftsdienst* als weiterer Komponente – in optimaler Form das vergleichsweise modernste Angebot für lexikalisches und zugleich enzyklopädisches Wissen.
Damit ist nach 300 Jahren europäischer Lexikon-Geschichte erstmals eine in dieser Art grundlegend neue Idee in der Aufbereitung enzyklopädischen Wissens verwirklicht worden.

Das Informationssystem der LEXIKOTHEK

Das »Bertelsmann Lexikon« in 15 Bänden

bietet mit seinen rund 200.000 Stichwörtern objektiv und aktuell das gesicherte Wissen unserer Zeit von A–Z in verständlicher und anschaulicher Weise und kann darüber hinaus über den *Auskunftsdienst* laufend auf den neuesten Stand gebracht werden. Rund 12.000 ein- und mehrfarbige Abbildungen in Form von Fotos, Karten, Zeichnungen u. a. graphischen Darstellungen sowie Transparentdrucken bereichern die textlichen Informationen und veranschaulichen auch komplizierte Themenbereiche und Sachverhalte.

Die »Themabände« der LEXIKOTHEK

bieten in Form modern gestalteter Sachbücher in enzyklopädisch angelegtem Aufbau das Wissen unserer Zeit auch im thematischen Zusammenhang und damit einen Überblick über alle wichtigen Wissensbereiche von der Geschichte, über die Geographie, Tier- und Pflanzenkunde, Medizin, Kunst und Literatur bis zur Technik, den Naturwissenschaften und unserem Bildungswesen.
Die von zahlreichen qualifizierten Wissenschaftlern und Fachautoren nach modernsten didaktischen Methoden neu erarbeitete Anlage dieser Bände ermöglicht es jedem Leser, sich auf der Basis der allgemeinverständlich geschriebenen Texte auch unbekannte Themen- und Sachgebiete zu erschließen, wozu nicht zuletzt die reiche Ausstattung mit überwiegend mehrfarbigen Fotos, Zeichnungen und Transparentdrucken beiträgt.
Ein Themaband besonderer Art und Qualität ist der *»Bertelsmann Atlas International«*. In großformatigen Karten wird die Erde in physischer und politischer Form vollständig abgebildet, wobei der Schwerpunkt auf der Wiedergabe der Oberflächenformen liegt. Ergänzt werden beide Komplexe durch zahlreiche thematische Karten und Umgebungskarten wichtiger Weltstädte. In der überzeugenden und konsequenten Verknüpfung dieser kartographischen Darstellungsmöglichkeiten liegt die besondere Aussagekraft des Atlas, dessen Erscheinungsbild sich durch eine neue, an den natürlichen Gegebenheiten orientierte Farbgebung auszeichnet.

Die »Phonobände« der LEXIKOTHEK

unter dem Titel *»Unser Jahrhundert in Wort, Bild und Ton«* bieten von der Konzeption her – nicht zuletzt mit dem Medium der Tonfolien – eine besonders lebendige und nicht nur anschau- und lesbare, sondern über die Phonobox als Abspielgerät auch hörbare Darstellung der wichtigsten Ereignisse und Entwicklungen unserer jüngsten Zeitgeschichte aus allen Bereichen von der Politik über die Wirtschaft, Wissenschaft, Technik und Kultur bis hin zu Sport und Unterhaltung und damit *eine völlig neuartige Dimension der Informationsvermittlung.*